山东统计年鉴

SHANDONG STATISTICAL YEARBOOK

2013

(总第25期No．25)

山　东　省　统　计　局
国家统计局山东调查总队　编

Compiled by

Shandong Provincial Bureau of Statistics

Survey Office of the National Bureau of Statistics in Shandong

图书在版编目(CIP)数据

山东统计年鉴. 2013 : 汉英对照 / 山东省统计局，国家统计局山东调查总队编.
-- 北京 : 中国统计出版社, 2013.8
ISBN 978-7-5037-6872-9

Ⅰ. ①山… Ⅱ. ①山… ②国… Ⅲ. ①统计资料－山东省－2013－年鉴－汉、英
Ⅳ. ①C832.52-54

中国版本图书馆 CIP 数据核字(2013)第 166130 号

山东统计年鉴-2013

作　　者/ 山东省统计局　国家统计局山东调查总队
责任编辑/ 佘竞雄　王立群　曹亮
装帧设计/ 丁　娟　孙嘉怡
出版发行/ 中国统计出版社
地　　址/ 北京市丰台区西三环南路甲 6 号　邮政编码/ 100073
电　　话/ 邮购（010）63376909　书店（010）68783171
网　　址/ http://csp.stats.gov.cn
印　　刷/ 山东省统计局印务中心　山东新华印刷厂
经　　销/ 新华书店
开　　本/ 890mm×1240mm　1/16
字　　数/ 1900 千字
印　　张/ 52
版　　别/ 2013 年 7 月第 1 版
版　　次/ 2013 年 7 月第 1 次印刷
定　　价/ 460.00 元

本书附同版本 CD-ROM 一张，光盘内容以书面文字为准。
如有印装差错，由本社发行部调换。

《山东统计年鉴－2013》
编辑委员会

Shandong Statistical Yearbook – 2013

EDITORIAL BOARD AND STAFF

编 辑 说 明

一、《山东统计年鉴》是一部全面反映山东省国民经济和社会发展情况的资料性年刊，是认识和研究山东省情、制定政策、指导国民经济发展的重要资料和历史性工具书。

二、《山东统计年鉴—2013》共包括特载、统计表和附录三大部分。特载部分包括政府工作报告、统计公报和统计工作综述，综合反映全省经济社会发展概况和山东省统计工作情况。

统计表部分收录了 2012 年度山东省国民经济和社会发展方面的统计数据，共有二十一篇：第一篇，综合；第二篇，国民经济核算；第三篇，人口；第四篇，就业人员、劳动报酬和社会保障；第五篇，固定资产投资；第六篇，对外经济、旅游和开发区；第七篇，能源；第八篇，财政和金融；第九篇，价格指数；第十篇，居民生活；第十一篇，城市建设；第十二篇，资源和环境；第十三篇，农业；第十四篇，工业；第十五篇，建筑业；第十六篇，运输和邮电；第十七篇，批发和零售、住宿和餐饮业；第十八篇，教育、科技和文化；第十九篇，卫生和体育；第二十篇，公共管理和社会服务；第二十一篇，各县（市、区）主要经济指标。

各篇章插页后附有简要说明，概括介绍各篇主要内容和资料来源；各篇章最后附有主要统计指标解释，简要介绍指标的概念、统计方法、统计口径和统计范围。

附录部分包括各省（市、自治区）主要经济指标、部分国际统计资料和山东省统计局工作大事记等。

三、本《年鉴》所列各项指标，《政府工作报告》和《统计公报》使用的数字为快报数或初步统计数；其他各部分为正式年报数据。凡与本《年鉴》数字不符的一律以本《年鉴》为准。

四、本《年鉴》的编辑，已根据现行国家统计制度，对统计指标概念、口径、范围、计算方法、计算价格等，作了统一调整，并分别在各部分的主要指标解释或表末加以注释；各表中价值量指标，凡未加说明的，均按当年价格计算。部分数据合计数或相对数由于单位取舍不同而产生的计算误差均未作机械调整。

五、《山东统计年鉴》公开出版以来，受到了广大读者的关心与支持，对此深表谢意。本《年鉴》编辑中难免存在不足之处，恳请广大读者提出宝贵意见，以便改进、提高。

PREFACE

I. *Shandong Statistical Yearbook* is an annual publication, which covers very comprehensive data and reflects various aspects of Shandong's social and economic development. It can also work as an important and historical reference book which will play a great role in comprehending and studying the basic conditions of Shandong, making policies, and guiding the development of society and economy.

II. The yearbook contains the following three parts: part one feature, part two statistics and part three appendixes. Feature mainly includes Government Work Report, Shandong Statistics Communiqué and Summary of Shandong Statistical Undertaking, comprehensively reflecting the development of society and economy and showing the achievements in statistics of Shandong Province.

Part 2 contains the following twenty-one chapters, 1. General Survey; 2. National Accounts; 3. Population; 4. Employment, Wages and Social Securities ; 5. Investment in Fixed Assets; 6. Foreign Trade, Tourism and Development Zone; 7. Energy; 8. Government Finance and Banking; 9. Price Indices; 10. People's Livelihood; 11. City Construction; 12. Natural Resources and Environment; 13. Agriculture; 14. Industry; 15. Construction; 16. Transport, Postal and Telecommunication Services; 17. Wholesale, Retail, Hotels and Catering Services; 18. Education, Science and Technology, Culture; 19. Health and Sports；20.Public Management and Social Services;21. Main Indicators of Counties (Cities and Districts at County Level).

In brief introduction at the beginning of each chapter, main coverage of this chapter, data sources and statistical coverage are concerned. In addition, explanatory notes on main statistical indicators are provided at the end of each chapter, giving a brief explanation of statistical indicators, such as definition, statistical methods, statistical coverage and statistical scope.

Appendix contains the main economic indicators of some other provinces (municipality), international statistics and Events of Shandong Provincial Bureau of Statistics.

III. Data used in Government Work Report and Shandong Statistics Communiqué are preliminary statistics. data in other chapters is official annual data. Data in Shandong Statistical Yearbook are all verified and should be based on this standard.

IV. In *Shandong Statistical Yearbook*, statistical definitions, statistical coverage, statistical methods and prices are adjusted according to the current state statistical standards, and all changes have been noted at the end of the table or in the explanatory notes. Data in value terms are calculated at current prices if there are no notes. Statistical discrepancies on totals and relative figures due to rounding are not adjusted.

V. After this yearbook was published, it has received lots of concerns and support from readers whom we should thank. Because of our ability, it is inevitable that there are shortcomings in this book, so we welcome all candid comments and criticism from our readers to perfect this book and to offer readers better service.

目录 Contents

特 载
ESPECIALLY PRINTED HERE ARE

统 计 表
STATISTICAL TABLE

第一篇 综 合
CHAPTER 1 General Survey

第二篇 国民经济核算
CHAPTER 2 National Accounts

第三篇 人 口
CHAPTER 3 Population

第四篇 就业人员、劳动报酬和社会保障

CHAPTER 4 Employment , Wages and Social Securities

第五篇 固定资产投资

CHAPTER 5 Investment in Fixed Assets

第六篇 对外经济、旅游和开发区
CHAPTER 6 Foreign Trade, Tourism and Development Zone

第七篇 能　源
CHAPTER 7 Energy

第八篇 财政和金融
CHAPTER 8 Government Finance and Banking

第九篇 价格指数

CHAPTER 9 Price Indices

第十篇 居民生活

CHAPTER 10 People's Livelihood

第十一篇 城市建设

CHAPTER 11 City Construction

第十三篇 农 业
CHAPTER 13 Agriculture

第十四篇　工　　业
CHAPTER 14 Industry

第十五篇 建筑业
CHAPTER 15 Construction

第十六篇 运输和邮电
CHAPTER 16 Transport, Post and Telecommunication Services

第十七篇 批发和零售、住宿和餐饮业
CHAPTER 17 Wholesale, Retail, Hotels and Catering Services

第十八篇 教育、科技和文化

CHAPTER 18 Education, Science and Technology, Culture

第十九篇 卫生和体育

CHAPTER 19 Health,and Sports

第二十篇 公共管理和社会服务

CHAPTER 20 Public Management and Social Services

第二十一篇 各县（市、区）主要经济指标

CHAPTER 21 Main Indicators of Counties (Cities and Districts at County Level)

附　　录
APPENDICES

政府工作报告

——2013年1月25日在山东省十二届人大一次会议上

山东省省长　姜大明

各位代表：

现在，我代表省人民政府向大会报告政府工作，请予审议，并请省政协委员提出意见。

一、过去五年工作

本届政府任职的五年，国际经济形势复杂多变，国内改革发展稳定任务艰巨繁重。我们在党中央、国务院和中共山东省委的正确领导下，坚持以邓小平理论、“三个代表”重要思想、科学发展观为指导，紧紧围绕主题主线，坚定不移以富民强省为目标，积极作为、科学务实，凝心聚力、攻坚克难，全省生产总值、地方财政收入、粮食总产量分别跨上五万亿元、四千亿元和九百亿斤台阶，城乡居民收入增幅连续两年超过GDP增速，农民收入增幅连续三年超过城镇居民收入增速，节能、减排两项工作均受到国务院通报表扬，省十一届人大一次会议确定的各项目标任务已经胜利实现。

（一）认真贯彻中央宏观调控政策，经济保持平稳较快发展。积极应对国际金融危机冲击，出台实施扩大内需、促进经济增长一系列措施，“十一五”规划圆满完成，“十二五”规划顺利实施，经济实力显著增强，发展质量明显提高。生产总值接连迈上三个万亿元台阶，达到50013.2亿元，年均增长11.4%。人均生产总值由2007年的3630美元提高到8201美元。地方财政收入接连突破三个千亿元关口，达到4059.4亿元，年均增长19.4%。固定资产投资、社会消费品零售总额分别达到30319.8亿元、19175.3亿元，年均增长22.3%和18.1%。规模以上工业主营业务收入和利税分别达到11.6万亿元、1.2万亿元，均比2007年增长一倍以上。物价得到较好控制，涨幅低于全国平均水平。基础设施建设全面加强，一大批能源、交通、水利项目建成使用，高速铁路实现零的突破，南水北调、胶东调水干线工程基本完工。

（二）大力推进经济结构战略性调整，发展方式加快转变。按照增创农业发展新优势、推动工业由大变强、促进服务业跨越发展的思路，着力推进结构调整，三次产业比例由2007年的9.7∶56.8∶33.5调整为8.6∶51.4∶40.0。投资总量持续增长，投资结构不断优化，服务业投资、民间投资占固定资产投资比重分别达到50%和80%，技术改造投资占工业投资比重达到60%以上。实施千亿斤粮食生产能力规划和农业十大特色产业振兴规划，大力推进农业科技创新，粮食产量实现“十连增”，达到902.3亿斤。加快现代水利示范省建设，158座大中型水库和3882座小型水库除险加固任务全面完成，规划的154条河流治理工程如期完工，现代水网骨干框架基本形成。实施工业“双轮驱动”战略，重点产业调整振兴规划全面落实，培育发展战略性新兴产业取得积极成效，规模以上工业增加值年均增长13.8%，高新技术产业产值占规模以上工业比重达到29.1%。传统服务业优化升级，现代服务业加快发展，旅游总收入达到4520亿元，占生产总值9%。出台加快科技成果转化、提高企业自主创新能力16条政策和加强知识产权工作12条措施，全社会研发投入占生产总值比重达到2%，重大科技创新平台建设走在全国前列，一批科技成果达到国内外先进水平。落实最严格的耕地保护、水资源管理和环境保护制度，省控59条重点污染河流全部恢复鱼类生长，在国家组织的淮河流域和海河流域治污考核中分别夺得“五连冠”和“三连冠”，湿地面积恢复增加到178.5万公顷，森林覆盖率达到23.5%。

（三）突出“蓝黄”引领重点带动，城乡区域发展更趋协调。把山东半岛蓝色经济区和黄河三角洲高效生态经济区两大国家战略作为重要引擎，统筹推进基础设施建设、重大项目布局、要素资源配置、生态环境保护、未利用土地开发等重点工作，产业集群和特色园区培育取得积极进展。预计海洋经济产值达到

9000亿元以上，占全国海洋经济比重18%左右。胶东半岛高端产业聚集区、省会建设步伐加快。钢铁产业结构调整试点扎实推进，日照钢铁精品基地获得国家核准。支持菏泽科学发展和沂蒙革命老区各项政策得到较好落实。聊城、菏泽两市和东平县纳入中原经济区规划。以市为单位整体提升县域经济发展水平成效明显，地方财政收入超过30亿元的县（市、区）达到31个。新型城镇化进程加快，城镇化率达到52.4%。全面完成支援北川灾后恢复重建任务，对口支援新疆、西藏、青海等工作扎实推进。

（四）坚持深化改革扩大开放，发展动力和活力进一步增强。国有企业改革重组深入推进，国有资产监管体系不断完善。民营经济健康发展，非公有制经济比重达到54.7%。财税体制改革继续深化，金融改革创新加快推进，本外币存贷款余额实现倍增，资本市场体系逐步健全，新增境内外上市企业109家、融资再融资1842亿元。农村综合改革、事业单位改革、综合配套改革扎实推进，集体林权制度主体改革全面完成，供销合作社改革发展不断深入。实施全面开放战略，强化外贸稳增长措施，成功举办“香港山东周”、“鲁台经贸文化交流周”等活动，对外开放广度和深度进一步拓展。进出口总额达到2455.4亿美元，年均增长14.9%，累计实际到帐外资488.9亿美元、境外投资超过100亿美元，年均分别增长10.7%和55.7%。国家级经济技术开发区和高新区分别由3家、5家增加到12家和9家，数量位居全国前列。

（五）文化体制改革深入推进，文化强省建设取得积极成效。社会主义核心价值体系建设深入开展，国家级文明城市、文明村镇、文明单位创建活动成效显著，乡村文明行动扎实推进。文化体制改革重点任务基本完成，公共文化设施明显改善，文化惠民工程深入实施，精品力作不断涌现，文化创意产业增加值达到2720亿元。上海世博会山东馆建设和展示活动获得好评，第十届中国艺术节筹备工作进展顺利。群众性体育活动蓬勃开展，我省体育健儿在北京奥运会、伦敦奥运会和广州亚运会上取得优异成绩，圆满完成奥帆赛、残奥帆赛办赛任务，成功举办了第十一届全国运动会、第三届亚洲沙滩运动会。

（六）切实保障和改善民生，社会保持和谐稳定。努力办好民生实事，民生投入占财政支出连续五年保持在50%以上，2012年达到56.1%。城镇居民人均可支配收入、农民人均纯收入达到25755元、9446元，年均分别增长12.5%和13.6%。社会主义新农村建设扎实推进，油路、客车、自来水、有线电视、金融服务基本实现村村通，农村电网改造全面完成。城镇新增就业、农村劳动力转移就业连年双过百万。城乡基本养老保险制度全面建立，新型社会救助体系基本形成，困难群众、特殊群体、优抚对象生活得到有效保障。全民医保基本实现，城乡基本医疗卫生制度初步建立。各级各类教育加快发展，教育投入占财政支出比重达到22.3%，127亿元高校债务得到化解。80万户城镇中低收入家庭住房困难有效解决，450万户农民住房条件根本改善，房地产市场调控平稳健康。平安山东建设深入推进，社会治安群众满意度逐年提高，安全生产和食品药品安全形势总体平稳。人口计生、妇女儿童、慈善、残疾人、老龄事业持续发展，统计、史志、气象、防震减灾、民族宗教、外事侨务、对台工作取得新成绩。

国防动员、人民防空、民兵预备役建设进一步加强，国家级双拥模范城创建荣获“八连冠”，全省17个设区市实现“满堂红”，军政军民团结更加巩固。

五年来，我们以提高执行力和公信力为重点，努力建设法治政府、服务型政府、廉洁政府。提请省人大常委会审议通过地方性法规41件，制定政府规章57件，办理省人大代表建议和政协提案4716件。出台实施《山东省行政程序规定》，开展“行政程序年”活动，全省各级政府共调整取消审批事项4207项。坚持依法科学民主决策，深入推进政务公开和政务服务体系建设，建立健全政府应急管理体系，做好行政复议工作，加强审计监督、行政监察和行政问责。认真解决群众反映的突出问题，努力维护群众合法权益。坚持不懈推进反腐倡廉建设，查处了一批大案要案。

五年的成绩来之不易，是党中央、国务院和中共山东省委正确领导、科学决策的结果，是省人大、省政协和社会各界有效监督、大力支持的结果，是全省上下团结一心、拼搏奋进的结果。在此，我代表省人民政府，向全省各族人民、各民主党派、工商联、各人民团体和各界人士，向驻鲁人民解放军、武警官兵和中央驻鲁单位致以崇高的敬意！向关心支持山东发展的港澳台同胞、海外侨胞和国际友人表示诚挚的感谢！

必须清醒地看到，面对新形势、新任务，全省经济社会发展还面临很多困难和挑战，政府工作还存在不少问题和差距。主要是，国际经济不稳定、不确定因素增多，发展中不平衡、不协调、不可持续问题突出；经济稳定发展的基础还不稳固，外需疲弱短期内

难以改变，扩大内需特别是消费的动力不足；结构调整任重道远，自主创新能力有待增强，资源环境约束日益趋紧，节能减排和环境保护形势更加严峻；公共服务体系不够完善，就业和社会保障压力增大，部分群众生活还比较困难；社会管理、食品药品安全等领域的矛盾增多，一些涉及群众利益的突出问题还未得到有效解决；行政体制改革需要深化，市场在资源配置中的基础性作用还未得到有效发挥；政府工作人员作风建设亟待加强，反腐倡廉任务依然艰巨。对此，一定要高度重视、积极应对、认真加以解决。

二、今后五年工作总体要求

我国已经进入全面建成小康社会的决定性阶段，我省正处在由大到强战略性转变的关键时期。综观国内外形势，我们仍处于可以大有作为的重要战略机遇期，但面临的发展机遇，已不再是简单纳入全球分工体系、扩大出口、加快投资的传统机遇，而是倒逼我们扩大内需、提高创新能力、促进经济发展方式转变的新机遇。我们一定要准确判断重要战略机遇期内涵和条件的变化，全面把握机遇，沉着应对挑战，因势利导，顺势而为，为提前全面建成小康社会、加快实现由大到强战略性转变而努力奋斗。

做好今后五年政府工作，必须深入贯彻落实党的十八大精神，高举中国特色社会主义伟大旗帜，以邓小平理论、“三个代表”重要思想、科学发展观为指导，牢牢把握主题主线和富民强省目标，以改革开放为动力，以提高经济增长质量和效益为中心，大力实施创新驱动发展战略，坚决打好转方式调结构这场硬仗，促进工业化、信息化、城镇化、农业现代化同步发展，切实保障和改善民生，全面推进社会主义经济建设、政治建设、文化建设、社会建设、生态文明建设，促进经济持续健康发展和社会和谐稳定。

按照省第十次党代会“一个提前、六个更加”的部署，今后五年要努力实现以下要求：

——经济综合实力显著提升。在发展平衡性、协调性、可持续性明显增强的基础上，全省生产总值年均增长 9%左右，城乡居民收入年均增长 10%左右，为提前全面建成小康社会、实现全省生产总值和城乡居民人均收入比 2010 年翻一番打下决定性基础。基本建成创新型省份，全社会研发投入占生产总值比重提高到 2.5%以上，高新技术产业产值占规模以上工业比重达到 35%左右。对外开放水平进一步提高，参与国际合作与竞争能力明显增强。城镇化率达到 58%以上，基本形成城乡一体、陆海统筹，东部率先发展、中部加快崛起、西部奋力跨越的区域发展新格局。

——民主法制水平显著提升。人民民主不断扩大，基层民主制度逐步完善，基层群众自治机制更富活力，人民群众参与公共事务管理更加广泛，群众诉求表达、利益协调、权益保障渠道畅通规范，协商民主制度逐步健全，社会管理体制机制更趋成熟，依法行政目标有效实现，法治政府基本建成。

——文化软实力显著提升。社会主义核心价值体系深入人心，公民文明素质和社会文明程度明显提高，覆盖城乡的公共文化服务体系基本建成，文化产业成为国民经济支柱性产业，文化发展主要指标进入全国先进行列。

——人民生活质量显著提升。各项社会事业全面发展，基本公共服务均等化总体实现。全民受教育程度和创新人才培养水平明显提高。实现更高质量的就业，每年城镇新增就业和农村劳动力转移就业均在 100 万人以上。社会保障全民覆盖，在学有所教、劳有所得、病有所医、老有所养、住有所居上持续取得新进展。

——生态文明水平显著提升。节约资源和保护环境的空间格局、产业结构、生产方式、生活方式基本形成，节能减排约束性目标全面完成，水和大气质量明显改善，森林覆盖率达到 26%，生态系统稳定性增强，城乡环境更加舒适宜居。

实现上述要求，必须立足提高发展质量和效益，加快转变经济发展方式；必须以改善需求结构、优化产业结构、促进区域协调发展为重点，推进经济结构战略性调整；必须把科技创新摆在发展全局核心位置，依靠创新驱动增强发展内生动力；必须坚持以人为本，努力让群众过上更好生活，促进社会和谐稳定。

三、2013 年主要工作

今年是全面贯彻落实党的十八大精神的开局之年，是实施“十二五”规划承前启后的关键一年，是为提前全面建成小康社会奠定坚实基础的重要一年，也是机遇和挑战并存、风险和困难较多的一年。做好今年工作任务艰巨，意义重大。今年全省经济社会发展的主要预期目标是，生产总值增长 9.5%左右，地方财政收入增长 12%左右，固定资产投资增长 17%左右，社会消费品零售总额增长 15%左右，进出口总额力争增长 8%左右，实际利用外资稳步增加，城镇新增就业 100 万人，农村劳动力转移就业 120 万人，城镇登记失业率控制在4%以内，城镇居民人均可支配收入和农民人均纯收入均增长10%左右，居民消费价格涨幅控制在3.5%左右，人口自然增长率控制在6‰以内。全面完成国家下达的节能减排各项约束性目标。

今年经济增长目标确定为9.5%左右，主要考虑是，一方面要继续抓住机遇，促进发展，既不追求过高的增长速度，也不抑制合理的经济增长；另一方面要引导各地加快转方式调结构，把推动发展的立足点转到提高质量和效益上来。从这两年我省经济增长的趋势看，实现9.5%左右的增长，必须付出艰苦努力。居民消费价格涨幅控制在3.5%左右，主要考虑今年通胀压力依然很大，还需要给价格改革留出空间，必须加强对通胀预期的管理。

完成今年目标任务，要牢牢把握稳中求进的工作总基调，紧密跟踪研判国内外形势的新变化，落实好积极的财政政策和稳健的货币政策，立足当前，着眼长远，突出重点，扎实开局。

（一）促进经济持续健康发展。把扩大内需作为战略基点，增强消费对经济增长的基础作用，着力提升消费能力、优化消费环境、推动消费升级，努力培育养老、家政、旅游、文化以及节能环保等新的消费热点，有针对性开发农村消费产品，加快发展电子商务等新兴业态。深化流通体制改革，加快流通产业发展，减少流通环节，降低流通成本。扩大“好客山东”文化旅游品牌影响，深入实施国民休闲纲要，打造国际著名旅游城市和著名旅游景区，培育大型旅游企业集团，增强旅游产业综合竞争力。积极应对人口老龄化趋势，加快社会养老服务体系建设，努力在居家养老、社区养老和机构养老服务等方面取得新进展。

发挥投资对经济增长的关键作用。保持投资合理增长，努力优化投资结构，注重提高投资效益，引导各类资金投向现代农业、技术改造、高新技术、现代服务业、民生和社会管理等重点领域，支持100个左右重点项目建设。落实民间投资健康发展的各项政策措施，打破阻碍民间投资的“玻璃门”和“弹簧门”，面向社会推出一批鼓励民间投资的具体项目，民间投资占全部投资比重保持在80%以上。坚持基础设施建设适度超前，抓好现代能源体系、现代水网体系和综合交通体系建设，启动城际轨道交通和城市轻轨规划建设，南水北调东线一期工程三季度实现全线通水。

强化财政金融支撑保障作用。提高财政收入质量，深化税费制度改革，完善税源控管体系，健全非税收入征管机制，加大资产资源性收入征管力度。大力优化支出结构，严格控制一般性支出，把钱用在刀刃上。扩大社会信用总量和直接融资规模，深化银企合作，优化信贷结构，降低实体经济融资成本。认真排查化解财政金融领域风险隐患，坚决守住不发生系统性和区域性风险底线。

保持物价总水平基本稳定。合理安排收储和投放，着力保障市场供应。健全重要商品和服务价格指数体系，强化市场价格监管，严肃查处价格违法行为。完善价格调节基金制度，落实社会救助和保障标准与物价上涨挂钩联动机制。

（二）进一步加大“转、调、创”力度。牢牢把握发展实体经济这一坚实基础。深入实施工业“双轮驱动”战略，巩固扩大传统产业竞争优势，全面落实战略性新兴产业发展规划，技术改造投资突破1万亿元，规模以上工业增加值增长11%以上。把化解过剩产能作为结构调整的重点，通过“消化一批、转移一批、整合一批、淘汰一批”，调整生产力布局，引导产业集约发展，促进产业链向中高端延伸。继续实施质量强省和品牌带动战略，开展“品牌提升年”活动，加强质量管理，创新营销模式，提升鲁企、鲁商、鲁货的质量信誉。促进信息化和工业化深度融合，推动云计算、物联网等信息技术广泛应用，建设包括北斗系统示范工程、量子通信在内的新型信息技术类基础设施，健全信息安全保障体系，加快构建“智慧山东”。改造提升传统服务业，加快发展现代服务业，用好服务业引导资金，提高服务业重点城区、重点园区、重点企业和重点项目建设水平。加快服务业政策和标准体系建设，支持企业剥离非核心业务，力争服务业增加值占比再提高2个百分点左右。

实施创新驱动发展战略。以全面落实加快科技成果转化和加强知识产权工作政策措施为抓手，深化科技体制改革，推动科技与经济紧密结合，加快构建技术创新体系，推进公共创新平台建设，突出企业在技术决策、研发投入、科研组织和成果转化中的主体地位，支持高等院校、科研院所与企业协同创新，增强企业自主创新能力和核心竞争力。用好自主创新专项资金，培育创业风险投资基金，引导重点企业科技经费支出占销售收入的比重达到5%以上。追踪世界科技革命和产业变革，力争在高技术产品研发和市场开拓上取得突破。深入实施人才强省战略，以高层次和高技能人才队伍建设为重点，统筹推进泰山学者、博士后培养、首席技师、乡村之星等重点人才工程，实施重点产业人才支持计划，加大创新创业人才和实用人

才培养引进力度，完善以科研能力和创新成果为导向的科技人才评价标准，健全技术要素参与分配的激励机制，引导人才向产业和科研一线流动。

（三）积极稳妥推进城镇化。把城镇化作为扩内需的最大拉动力。坚持集约、智能、绿色、低碳方针，以人的城镇化为核心，着力提高城镇化质量。启动城镇化“提质加速、城乡一体”行动，把工作着力点放在加快中小城市和小城镇发展上。统筹规划城镇布局，构建以城市群为主体、区域中心城市为依托、县域中心城市为支撑、小城镇和新型农村社区为基础，符合发展规律、具有山东特色的城镇化发展格局。强化城镇基础设施建设和产业支撑，厉行集约节约用地，搞好地下空间规划利用，防止“土地城镇化”和千城一面的畸形发展。以宜居、幸福为目标，提高城市管理和服务水平，增强城镇综合承载能力。实施好“百镇建设示范行动”，支持一批经济强镇、区域重镇、文化旅游名镇加快发展，进入全国百强镇行列。推动户籍制度改革，逐步实现教育、医疗、社保等基本公共服务覆盖全部城镇常住人口，有序推进农业转移人口市民化。

（四）加快建设现代农业。始终把“三农”工作摆在重中之重位置，稳定完善强农惠农富农政策，深入实施千亿斤粮食产能建设规划，继续深化高产创建活动，力争今年粮食生产再获丰收。全面落实农业十大特色产业振兴规划，加快推进现代农业示范区建设，积极创建现代渔业园区。发展循环农业，加强绿色生产，推行标准化种植、养殖，从源头上保证农产品质量安全。加大科技兴农投入力度，培育新型职业农民，实施良种工程和土地综合整治，加快推进农业机械化、信息化。抓好98个农田水利重点县、17处大型灌区续建配套和节水改造工程建设，新增300万亩“旱能浇、涝能排”高标准农田。创新农业经营体制机制，培养新型经营主体，既注重引导一般农户提高集约化、专业化水平，又注重扶持联户经营、专业大户、家庭农场、龙头企业；发展多种形式的新型农民合作组织和多元服务主体，建立新型农业经营体系。深化农村集体产权制度改革，抓好农村土地确权登记颁证，充分保障农民土地承包经营权，为增加农民财产性收入创造条件。发挥供销合作社、邮政公司、大型商贸集团等连接城乡的桥梁纽带作用，畅通农产品进城和工业品下乡双向流通渠道。推动城乡规划、基础设施、公共服务一体化发展，促进城乡要素平等交换和公共资源均衡配置，努力形成以工促农、以城带乡、工农互惠、城乡一体的新型工农、城乡关系，让广大农民平等参与现代化进程、共同分享现代化成果。

（五）推动区域协调发展。突出“蓝黄”两区的主体战略地位，建设好20个海洋特色园区和高效生态产业园，加快推进“四区三园”、四大临港产业区、九大集中集约用海区发展。建立省级土地指标交易平台，开发黄河三角洲未利用土地20万亩。出台省会城市群经济圈发展规划和济莱协作区实施意见，增强省会城市辐射带动能力，促进区内7市优势互补、融合发展。强力推进钢铁产业结构调整试点，全面启动日照钢铁精品基地建设和青钢改造搬迁。深入落实国家支持沂蒙革命老区政策，抓好中原经济区相关政策争取落实，规划建设包括鲁西南、鲁西北在内的西部地区新的经济隆起带。支持老工业基地和资源枯竭城市加快转型。提高以市为单位整体提升县域经济发展水平，推动县域经济竞相发展。

（六）建设生态山东、美丽山东。尊重自然、顺应自然、保护自然，把生态文明建设融入经济文化强省建设各方面和全过程。实施主体功能区规划，实行差别化区域开发、资源环境管理和产业政策，加强海洋资源保护利用，落实海洋功能区划。实行能源消费强度和总量双控制，强化重点领域节能降耗，开展千家企业节能低碳行动，落实淘汰落后产能年度计划，确保实现国家下达的万元GDP能耗下降3.66%目标。严格实施用水总量控制管理办法，积极创建水生态文明城市，加快建设节水型社会。落实最严格的耕地保护制度，开展国土资源节约集约模范县创建活动。严格落实工程减排、结构减排和管理减排措施，确保主要污染物排放量持续削减。积极构建“治、用、保”流域治污体系，深入开展环湖沿河沿海大生态带建设，加强小清河流域生态环境综合治理，确保南水北调干线水质稳定达标。高度重视大气污染治理，实时发布全省主要城市环境空气质量监测信息，实施分阶段逐步加严的大气污染物排放地方标准，建立应对雾霾天气长效机制。强化土壤、重金属和危险废物污染防治，搞好固体废物管理和综合利用。实施重大生态保护和修复工程，开展农村面源污染治理和近岸海域污染防治，抓好造林绿化和湿地建设，加大自然保护区、重点生态功能区保护力度。深入推进生态文明乡村建设，持续开展城乡环境综合整治。健全资源有偿使用和生态补偿制度，强化节能减排和生态山东建设目标责任考核，依法严厉查处破坏生态、污染环境行为。通过我们不懈努力，让齐鲁大地更加美丽，生态山东造福人民。

（七）全面提高开放型经济水平。围绕稳增长、调结构、促平衡，全面落实促进外经贸平稳较快发展的政策措施，促进沿海城市稳定增长、内陆城市加快提升，启动临沂商城国际贸易综合改革试点，巩固和扩大我省出口产品国际市场份额。深入实施科技兴贸战略，继续推进外贸示范基地和出口农产品质量安全示范区建设，加快加工贸易转型升级，积极发展服务贸易和服务外包，培育以技术、品牌、质量和服务为核心的外贸竞争新优势。坚持出口和进口并重，鼓励先进技术设备、关键零部件和能源原材料进口，适度扩大消费品进口。坚持“请进来”与“走出去”结合，精心组织重大境外经贸活动，抓好外商增资扩股、企业境外上市和重大签约项目落实；支持有条件的企业全球布局产业链，搞好境外资源开发、优势产能转移、国际研发合作、跨国并购投资和海外工程承包，加快培育源自山东的跨国公司和世界 500 强企业。引导各类开发区和海关特殊监管区整合提升功能，推动中韩地方经济合作示范区率先起步。加强贸易摩擦应对，提高抵御国际经济风险能力。

（八）加快文化强省建设。积极践行社会主义核心价值观，大力培育新时期山东精神，凝聚起实现伟大“中国梦”的精神力量。深入实施“四德”建设工程，广泛开展志愿服务，推动学雷锋活动常态化。统筹城乡精神文明建设，全面提升文明城市创建水平，深入推进乡村文明行动。依法加强互联网管理，营造良好网络文化环境。完善公共文化服务体系，培育鲁剧、鲁版图书、齐鲁画派、山东地方戏等特色文化品牌，繁荣发展哲学社会科学、新闻出版、史志档案、广播影视、文学艺术事业。依法加强文物保护，推进中华文化标志城和曲阜“文化经济特区”建设。保护传承非物质文化遗产，弘扬齐鲁优秀传统文化。实施重大文化产业项目带动战略，加快文化产业载体建设，壮大一批特色文化产业群，增强我省文化产业实力和竞争力。深入实施文化数字化工程和创意山东计划，促进文化与教育、科技、体育、旅游等产业融合发展，开展好对外文化交流合作。推动已转制国有文化企业建立现代企业制度，深化文化事业单位改革。广泛开展全民健身活动，促进群众体育和竞技体育协调发展。

（九）坚定不移深化改革。改革是我国发展的最大红利。必须把握好顶层设计与基层探索的关系，从全局上谋划好全省改革，发挥基层组织和广大群众推进改革的首创精神；把握好利益增量与存量的关系，着力在利益增量上作文章，在利益预期上作调整，稳妥优化存量利益；把握好政府与市场的关系，尊重市场规律，更好地发挥市场在资源配置中的基础性作用；把握好体制改革与依法办事的关系，更加注重权利公平、机会公平、规则公平，使改革发展成果更多惠及广大群众。按照中央部署，不失时机深化重要领域改革。坚持“两个毫不动摇”方针，深入推进国有企业改革，完善各类国有资产管理体制；鼓励、支持、引导非公有制经济健康发展，保证各种所有制经济依法平等使用生产要素、公平参与市场竞争、同等受到法律保护。培育壮大各类市场主体，支持中小微企业特别是科技型小微企业发展。深化收入分配制度改革，逐步缩小贫富差距，努力实现居民收入增长和经济发展同步、劳动报酬增长和劳动生产率提高同步。稳步推进以资源性产品为重点的价格改革，加快煤炭交易市场体系建设，完善居民阶梯电价政策。落实结构性减税措施，做好营业税改征增值税的准备和实施工作。搞好财政体制改革，健全县级基本财力保障机制，建立公共资源出让收益合理共享机制，推进预决算公开，加强预算绩效管理。深化金融体制改革，优化金融生态环境，有序发展民营金融机构，引进省外优质金融资源，新设村镇银行 15 家左右，小额贷款公司实现全省县域全覆盖，加快农村信用社改革步伐，办好齐鲁股权托管交易中心。深化行政体制改革，进一步转变政府职能，积极稳妥推进事业单位分类改革。

（十）加强民生保障和社会建设。按照“守住底线、突出重点、完善制度、引导舆论”的思路，尽力而为、量力而行，扎实办好民生实事，加强和创新社会管理。

1、在改善农民生产生活条件方面：加大扶贫攻坚力度，完成 100 万农村贫困人口的脱贫任务。扩大农业政策性保险范围。进一步加大对村级公益事业的资金支持力度。继续推进农村住房建设与危房改造，新建农房 50 万户，改造农村危房 10 万户。实施好农村饮水安全工程，解决 400 万人饮水安全问题。建成农村输电线路 2150 公里，改造农村公路 9000 公里。实施渔船更新改造工程。

2、在稳定和扩大就业方面：完善职业培训、就业服务、公益性岗位开发等就业创业扶持政策。促进高校毕业生等重点群体就业，继续实施大学生村官、“三支一扶”、社区就业、高校毕业生就业见习补贴、特困生求职补贴等政策，完成 10 家省级大学生创业孵化

示范基地和创业园区评估认定工作。对退役自主就业士兵免费进行职业教育和技能培训。健全劳动标准体系和劳动关系协调机制，依法维护劳动者权益，构建和谐劳动关系。适时提高全省最低工资标准和企业工资指导线。

3、在完善社会保障体系方面：推进新型农村社会养老保险和城镇居民养老保险制度合并实施，进一步提高基础养老金发放标准。规范企业职工养老保险省级统筹，完善医疗、失业、工伤、生育保险市级统筹。企业退休人员基本养老金再提高10%。继续提高工伤职工伤残津贴、护理费和供养亲属抚恤金标准。全省东、中、西部农村低保标准分别提高到2500元、2200元、2000元，城市低保标准相应提高。对分散供养的城镇“三无”人员按照不低于当地城市低保标准的150%分类施保。提高农村五保供养水平，集中供养率保持在70%以上。落实社会养老服务体系扶持政策，新增养老床位8万张，新建街道综合性养老机构200处、城市社区老年人日间照料中心1500处、县级养老服务信息平台60个。社会散居和机构供养孤儿基本生活保障标准分别提高到每人每月720元和1200元。艾滋病病毒感染儿童基本生活费参照当地孤儿标准全额发放。启动全省残疾人“整体赶平均、共同奔小康”计划，继续对0-6岁残疾儿童实施免费抢救性康复。

4、在支持教育优先发展方面：加大教育投入，新建、改扩建幼儿园2607处，全面完成学前教育三年行动计划。继续实施中小学校舍安全、农村中小学“两热一暖一改”工程，为农村义务教育阶段学生免费发放《新华字典》。推动普通高中特色发展，建立规范办学行为长效监管机制。强化校企合作，推进现代职业教育体系建设。完善中职学校助学金制度，把中等职业教育免学费范围扩大到所有农村学生，以及涉农专业和家庭经济困难的城市学生。省属高职、技校生均经费定额提高1000元，特殊教育学校生均公用经费标准提高1200元。加强高等学校分类指导，促进内涵发展，全省公办普通本科高校生均拨款水平达到1.2万元以上。落实好中小学教师职称制度改革方案，提高教师队伍建设水平。鼓励引导社会力量兴办教育。

5、在提高人民群众健康水平方面：进一步深化医药卫生体制改革，健全全民医保体系，新农合和城镇居民医疗保险政府补助标准由每人每年240元提高到280元，开展城镇居民和新农合大病保险，把肺癌等20种疾病纳入农村大病保障范围。巩固基本药物制度，健全基本药物采购机制。以增强公益性、破除“以药补医”为重点，积极推动公立医院改革，提高医疗水平，降低群众就医用药费用。加快农村三级医疗卫生服务网络和城市社区卫生服务体系建设，人均基本公共卫生服务经费标准由25元提高到30元，继续实施农村孕产妇住院分娩、贫困白内障患者复明等重大公共卫生服务项目。加强以全科医生为重点的基层人才队伍建设，鼓励社会力量办医。落实农村部分计划生育家庭奖励扶助和特别扶助政策，计划生育免费孕前优生健康检查项目覆盖全省，免费进行新生儿疾病筛查。完善突发公共卫生事件应急和重大疾病防控机制，规范药品和医疗器械生产经营秩序。加快发展中医药事业，实施中医药服务能力提升工程。

6、在丰富群众精神文化生活方面：简约、隆重地办好第十届中国艺术节，使之成为文化的盛会、人民的节日。扩大博物馆、纪念馆、图书馆、文化馆和美术馆免费开放范围，加强爱国主义教育基地建设，扶持30个省级爱国主义教育基地改陈布展。提高县以下基层公共文化服务设施建设、利用和管理水平，改造提升1万家农村文化大院，对5000个农家书屋进行数字化升级。为农村放映公益电影100万场，为2万户农村困难家庭免费提供有线电视节目，完成所有20户以下自然村“盲村”通广播电视工程。

7、在住房保障方面：建立市场配置和政府保障相结合的住房制度，保质保量完成国家下达的23.56万套保障房建设任务。进一步完善保障性住房准入、退出和服务管理机制，确保分配公开透明、公平公正。认真落实国家房地产调控政策，促进房地产业健康发展，抑制投机、投资行为，满足居民自住和改善住房需求。

8、在食品安全方面：及时修订完善食品安全相关标准，加强食品抽样检测和风险监测，扩大监督抽检范围和频次，消除监管盲区。完善准入制度，全面建立诚信体系和黑名单制度，对失信企业依法实行行业禁入。搞好重点行业、品种综合治理，深入开展“违禁超限”、“假冒伪劣”专项整治，从严查处食品安全违法违规行为。

9、在安全生产方面：开展“安全生产基层基础提升年”活动，强化企业主体责任、政府和部门监管责任、属地管理责任，加强公共安全体系和企业安全生产基础建设，突出抓好交通运输、煤矿和非煤矿山、危险化学品、建筑施工和人员密集场所等重点领域，深化安全隐患排查治理，坚决遏制重特大事故发生，维护人民群众生命财产安全。

10、在加强和创新社会管理方面：强化基层社会管理和服务体系建设，增强城乡社区服务功能，引导社会组织健康有序发展，充分发挥群众参与社会管理的基础作用。深入推进平安山东建设，完善立体化社会治安防控体系，防范和惩治违法犯罪活动。加强和改进信访工作，健全群众利益诉求表达和社会矛盾调解机制，完善重大决策社会稳定风险评估和突发事件应急管理机制。全面贯彻党的民族政策和宗教工作方针，推进民族团结进步和宗教事业健康发展。

加强国防动员体系规范化建设，广泛开展国防教育和双拥共建，提高国防后备力量和民兵预备役建设水平，落实好优抚安置政策，促进军地、军民融合发展。

改善民生既是党和政府工作的方向，也是人民群众自身奋斗的目标。各级政府要履职尽责，竭诚服务，同时要形成良好的舆论氛围和社会预期，引导广大群众树立通过勤劳致富改善生活的理念，共同创造更加幸福美好的未来。

四、建设为民务实清廉政府

认真贯彻落实中央政治局改进工作作风、密切联系群众的八项规定和省委常委会十条实施办法，坚持以人为本、执政为民，坚持从严治政、依法行政，坚持风清气正、廉洁从政，努力提高各级政府的执行力和公信力。

牢记全心全意为人民服务根本宗旨，对人民群众常怀敬畏之心，为老百姓办事常抱歉疚之情，保持与人民群众的血肉联系。切实转变政府作风，坚持先调研后决策，带着问题下基层，带着感情见群众，深入困难多、群众意见大的地方，接地气，听民意，解难题。领导干部下基层要轻车简从，减少陪同，不搞警车开道。严格控制政府举办的各种展会、论坛、节庆活动。减少会议，改进会风，讲实话、讲管用的话，开解决问题的会。精简文件简报，控制发文规格，提高文件质量。反对官僚主义、形式主义，杜绝“政绩工程”、“形象工程”，坚决整治庸懒散奢等不良风气，促进各级政府和工作人员敢于负责、勇于担当，始终保持奋发有为的精神状态。

自觉接受省人大及其常委会监督，认真落实省人大及其常委会各项决议、决定，定期报告政府工作。积极支持人民政协履行政治协商、民主监督、参政议政职能，主动听取各民主党派、工商联、各人民团体和人民群众的意见建议。认真办理人大代表建议和政协委员提案。深入实施依法行政“五五”规划和“六五”普法规划，全面落实《山东省行政程序规定》，推进行政复议委员会试点，深化行政审批制度改革。创新行政管理方式，加强政府绩效管理，推进电子政务和政务服务中心建设，推动政府职能向创造良好发展环境、提供优质公共服务、维护社会公平正义转变。

把从严治政、廉洁从政要求落实到政府工作的各个环节，政府工作人员特别是领导干部要坚定理想信念、严守政治纪律、把住廉政底线、不谋私利特权，切实做到干部清正、政府清廉、政治清明。健全权力运行制约机制，完善质询、问责制度，强化审计、监察工作，自觉接受人民监督，让权力在阳光下运行。全面推进惩治和预防腐败体系建设，坚持有腐必反，既坚决查处领导干部违法违纪案件，又切实解决发生在群众身边的不正之风和腐败问题，始终保持惩治腐败高压态势。加强反腐倡廉制度创新，防控廉政风险，不断拓展从源头上防治腐败工作领域。坚持和发扬艰苦奋斗精神，厉行勤俭节约，反对铺张浪费，严格执行公务接待制度，严格落实各项节约措施，坚决杜绝各种公款浪费现象，把节省下来的钱用到扶贫和改善民生上。

各位代表，“空谈误国，实干兴邦”。唯有脚踏实地、扎实苦干才能实现宏伟目标。让我们紧密团结在以习近平同志为总书记的党中央周围，高举中国特色社会主义伟大旗帜，坚持以邓小平理论、“三个代表”重要思想、科学发展观为指导，全面贯彻落实党的十八大和省第十次党代会精神，在中共山东省委的坚强领导下，解放思想，改革创新，同心协力，开拓奋进，为加快建设经济文化强省，提前全面建成小康社会，谱写山东人民美好生活新篇章而努力奋斗。

2012年山东省
国民经济和社会发展统计公报

山　东　省　统　计　局
国家统计局山东调查总队
2013年2月28日

2012年，全省人民在省委、省政府的正确领导下，坚持以科学发展观为指导，积极应对复杂严峻的国内外环境，全面贯彻执行中央宏观调控政策，紧紧围绕主题主线，坚定不移以富民强省为目标，积极作为、科学务实，全省经济保持平稳健康发展，物价水平总体稳定，社会事业全面进步，民生状况进一步改善。

一、综合

经济保持平稳发展。初步核算，全省实现生产总值（GDP）50013.2亿元，比上年增长9.8%。其中，第一产业增加值4281.7亿元，增长4.7%；第二产业增加值25735.7亿元，增长10.5%；第三产业增加值19995.8亿元，增长9.8%。产业结构调整稳步推进，三次产业比例由上年的8.8:52.9:38.3调整为8.6:51.4:40.0。人均生产总值51768元，增长9.2%，按年均汇率折算为8201美元。

图1　2008-2012年全省生产总值及增长速度

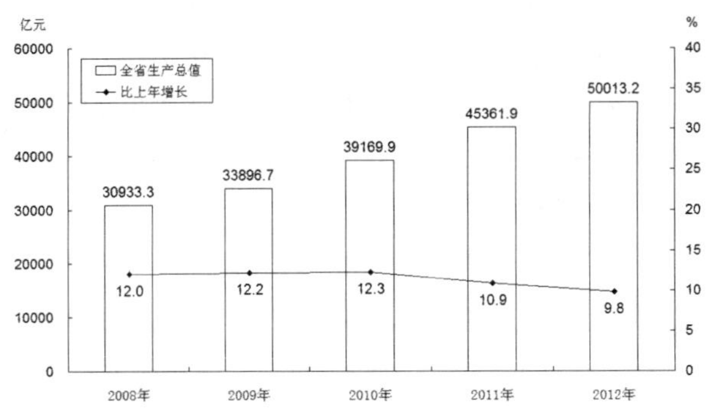

就业形势基本稳定。城镇新增就业119.9万人，新增农村劳动力转移就业137.4万人。失业人员再就业55.6万人，其中困难群体再就业12.0万人，零就业家庭全部实现动态消零。城镇登记失业率为3.33%，低于4%的全年控制目标。

物价水平总体平稳。居民消费价格比上年上涨2.1%。其中，城市上涨2.1%，农村上涨2.0%；服务项目价格上涨2.1%，消费品价格上涨2.1%；八大类商品和服务项目价格全部上涨。农业生产资料价格上涨5.9%。工业生产者出厂价格下降1.6%。工业生产者购进价格下降0.8%。固定资产投资价格上涨0.8%。

图2　2012年各月居民消费价格指数
（以上年同期为100）

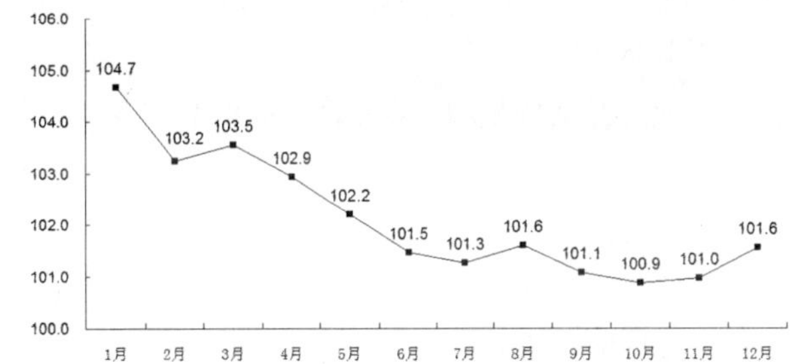

表1　2012年居民消费价格指数（以上年为100）

指　　标	全省	城市	农村
居民消费价格指数（CPI）	102.1	102.1	102.0
食品	103.5	103.6	103.1
#粮食	102.5	102.4	102.9
油脂	107.5	108.2	106.6
肉禽及其制品	101.6	103.0	99.3
蛋	95.9	96.1	95.7
鲜菜	112.9	112.2	114.6
烟酒	102.8	102.9	102.6
衣着	103.3	103.0	104.6
家庭设备用品及维修服务	101.2	101.3	101.1
医疗保健和个人用品	102.1	102.3	101.6
交通和通信	100.2	99.8	101.0
娱乐教育文化用品及服务	100.3	100.2	100.8
居住	101.8	102.0	101.1

区域县域经济发展良好。山东半岛蓝色经济区实现生产总值23645.8亿元，比上年增长10.7%。黄河三角洲高效生态经济区实现生产总值7274.0亿元，增长11.8%。县域经济实力不断壮大。公共财政预算收入过

10亿元的县（市、区）达到94个，比上年增加12个；其中过30亿元、40亿元、50亿元的县（市、区）分别达到31个、19个和10个。

市场主体平稳较快发展。年末实有各类市场主体367.9万户，比上年增长8.1%；注册资本（金）41379.1亿元，增长16.3%；户均注册资本（金）112.5万元。其中，年末实有各类企业81.3万户，增长8.3%；注册资本（金）39168.2亿元，增长15.5%；户均注册资本（金）481.7万元。

经济社会发展中存在的主要困难和问题：外需紧缩的局面仍在持续，进一步扩大内需难度加大，稳定物价的任务依然艰巨，节能减排压力不容忽视，城乡居民增收长效机制尚需完善。

二、农林牧渔业

农林牧渔业平稳发展。农业增加值2329.9亿元，比上年增长2.8%；林业增加值75.5亿元，增长4.1%；牧业增加值946.7亿元，增长7.7%；渔业增加值771.2亿元，增长4.9%。

主要农产品质优量增。粮食总产量4511.4万吨，比上年增长1.9%，连续10年增产。农产品质量安全水平进一步提升。果、菜、茶标准化基地总面积219.3万公顷；无公害产地认定面积121.5万公顷，增长10.0%；绿色食品原料产地环境监测面积62.5万公顷，增长8.0%。“三品一标”（无公害农产品、绿色食品、有机农产品和农产品地理标志）产品5740个，新认证登记1615个。

图3　2008-2012年粮食总产量

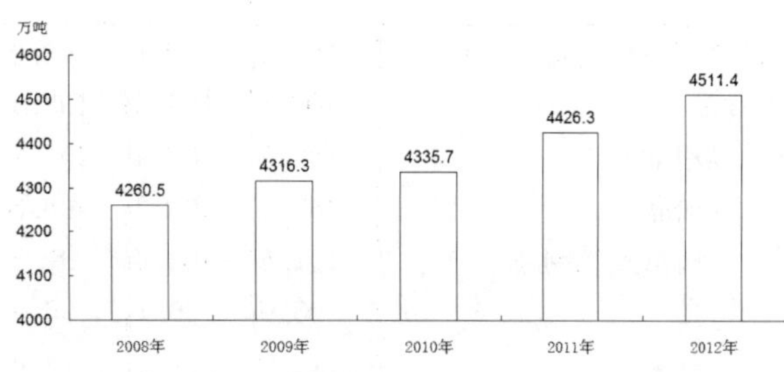

表2　2012年主要农产品产量及增长速度

产品名称	单位	产量	比上年增长（%）
粮食	万吨	4511.4	1.9
夏粮	万吨	2179.9	3.6
秋粮	万吨	2331.5	0.4
棉花	万吨	69.8	-11.0
油料	万吨	351.0	2.9
蔬菜	万吨	9386.0	2.2
园林水果	万吨	1523.8	2.4

林业生态建设进展顺利。木材产量551.6万立方米，新增造林面积19.8万公顷。森林和湿地保护力度加大。国家级森林公园39处，新建1处；省级森林公园72处，新建4处；国家级湿地公园14处；省级湿地公园61处，新建24处。

畜牧业生产保持稳定。猪牛羊禽肉产量752.5万吨，比上年增长7.5%；禽蛋产量402.0万吨，增长0.2%；牛奶产量283.9万吨，增长5.6%。

渔业生产健康发展。水产品总产量841.9万吨，比上年增长3.4%。其中，海水产品产量686.1万吨，增长3.2%；淡水产品产量155.8万吨，增长4.5%。渔业资源修复养护力度加大。投放苗种58.1亿单位，建设人工鱼礁区15处，新建国家级水产种质资源保护区6处，省级水产种质资源保护区10处。新改造开发老旧鱼塘0.4万公顷。远洋渔业发展较快。从事远洋作业的渔船达654艘，总功率28.1万千瓦。

农田水利建设扎实推进。农田有效灌溉面积499.7万公顷，增长0.2%，其中，节水灌溉面积252.6万公顷，增长5.5%。开工建设平原水库8座，建成3座。综合治理水土流失面积1662.0平方公里，整治河道3829.0公里。国家级和省级水利风景区177处，新增30处。

农村生产生活条件持续改善。农机总值748.0亿元，农机总动力1.2亿千瓦，农作物生产综合机械化水平达到78.2%。生活设施得到进一步改善。农村自来水普及率达到92.0%，新建农村户用沼气池12.3万户。

三、工业

工业企业规模不断扩大。规模以上工业企业36858家，比上年增加1296家。其中，年主营业务收入过10亿元的企业1401家，增加213家；过100亿元的企业123家，增加21家。

工业生产平稳增长。全部工业增加值22789.3亿元，比上年增长11.1%。其中，规模以上工业增加值增长11.4%。在规模以上工业中，轻工业增长11.2%，重工业增长11.5%；非公有企业增长14.1%，私营企业增长16.7%。

表3　2012年规模以上工业增加值增长速度

	比上年增长（%）
规模以上工业总计	11.4
#轻工业	11.2
重工业	11.5
#国有企业	6.1
集体企业	10.5
股份合作企业	10.7
股份制企业	12.3
外商及港澳台商投资企业	7.8
其他经济类型企业	14.3

多数工业行业实现增长。规模以上工业41个大类行业中有39个行业增加值比上年实现增长，占95.1%。其中，化学原料和化学制品制造业增长17.3%，农副食品加工业增长11.6%，纺织业增长14.8%，通用设备制造业增长12.4%，有色金属冶炼和压延加工业增长21.3%，专用设备制造业增长12.7%，橡胶和塑料制品业增长13.4%，金属制品业增长15.0%。

工业企业效益保持稳定。规模以上工业企业实现主营业务收入116222.0亿元，比上年增长15.9%；实现利润7443.3亿元，增长10.9%；实现利税12090.7亿元，增长12.1%；亏损工业企业亏损额328.8亿元。

重点工业产品产销良好。在国家重点调度的120种工业产品中，产量增长的有92种，占76.7%。规模以上工业产品销售率为98.8%。出口交货值7833.4亿元，比上年增长3.4%。

表4　2012年主要工业产品产量及增长速度

产品名称	单位	产量	比上年增长(%)
原煤	万吨	17667.6	1.3
天然原油	万吨	2774.7	0.3
发电量	亿千瓦时	3195.2	1.4
水泥	万吨	15386.0	1.3
平板玻璃	万重量箱	9199.4	-0.7
粗钢	万吨	5957.0	2.0
钢材	万吨	7817.9	8.9
纱	万吨	832.5	16.7
布	亿米	143.4	20.0
机制纸及纸板	万吨	2025.0	7.0
塑料制品	万吨	453.1	18.4
合成氨	万吨	764.4	7.7
啤酒	万千升	665.1	6.1
橡胶轮胎外胎	万条	38123.6	21.5
数控金属切削机床	万台	2.6	4.0
金属成形机床	万台	2.6	18.2
动车组	辆	1017.0	-12.6
汽车	万辆	132.0	10.6
摩托车整车	万辆	68.8	-13.1
手机	万台	4111.5	-5.5
彩色电视机	万台	1504.6	22.0
家用电冰箱	万台	575.0	-20.0
家用洗衣机	万台	624.0	0.3
化学药品原药	万吨	58.2	20.5
微型计算机设备	万台	254.0	-37.2
#笔记本计算机	万台	233.6	-21.3
环境污染防治专用设备	万台(套)	6.2	15.7
工业锅炉	蒸发量吨	39884.9	11.0

四、固定资产投资和建筑业

固定资产投资较快增长。全社会固定资产投资31256.0亿元，比上年增长20.2%。其中，固定资产投资（不含农户）30319.8亿元，增长20.5%。新开工项目28612个，增长29.3%；其中，亿元以上新开工项目4230个，增长71.9%。

投资结构调整优化。三次产业投资结构由上年的2.1∶47.9∶50.0调整为2.2∶47.6∶50.2。重点领域投资力度加大。服务业投资15207.1亿元，比上年增长20.1%；改建和技术改造投资7721.9亿元，增长23.9%；高新技术产业投资4617.0亿元；文化及文化创意相关产业投资2782.0亿元。民间投资完成投资24285.6亿元，增长23.3%，占固定资产投资的80.1%。

房地产调控效果明显。房地产开发投资4708.3亿元，比上年增长14.6%，增速比上年回落11.8个百分点。从商品房建设用途看，住宅投资3473.2亿元，增长8.6%，占全部房地产开发投资的73.8%；商业营业用房投资576.3亿元，增长20.8%，占12.2%。房屋施工面积42958.9万平方米，增长18.2%；房屋竣工面积7325.0万平方米，增长15.2%；商品房销售面积8632.8万平方米，下降9.9%。

保障性安居工程建设加快实施。新开工保障性安居工程34.3万套，开工任务完成率为116.1%。竣工保障性安居工程20.5万套，竣工任务完成率为173.9%。

建筑业平稳发展。资质三级及以上建筑企业5809家，比上年增加62家；完成建筑业总产值7203.7亿元，增长11.1%；实现利税553.1亿元，增长11.0%。其中，国有及国有控股企业完成建筑业总产值1802.0亿元，增长7.2%，实现利税110.0亿元，增长12.1%；非国有企业完成建筑业总产值5401.7亿元，增长12.5%，实现利税443.1亿元，增长10.7%。

五、国内贸易

消费品市场平稳运行。社会消费品零售总额19175.3亿元，比上年增长15.0%。其中，餐饮收入2081.3亿元，增长15.6%；商品零售17094.0亿元，增长14.9%。限额以上批发和零售业、住宿和餐饮业企业23841家，比上年增加1515家；实现零售额10278.4亿元，增长18.1%，占零售总额的53.6%，比重提高0.5个百分点。

城乡市场协同发展。城镇消费品零售额15403.1

亿元，比上年增长15.2%；乡村消费品零售额3772.2亿元，增长14.3%，城乡市场零售额增幅差距比上年缩小1.8个百分点。

热点商品销售兴旺。在限额以上批发和零售企业中，粮油、食品、饮料、烟酒类零售额1632.3亿元，比上年增长19.4%；服装、鞋帽、针纺织品类零售额943.3亿元，增长20.4%；日用品类零售额345.1亿元，增长19.5%；建筑及装潢材料类零售额283.6亿元，增长35.6%；家具类零售额363.4亿元，增长24.2%；汽车类零售额2088.8亿元，增长10.3%。

六、对外经济

对外贸易低速增长。进出口总额2455.4亿美元，比上年增长4.1%。其中，出口1287.3亿美元，增长2.4%；进口1168.1亿美元，增长6.0%。主要外贸市场出口低迷。对欧盟出口下降6.3%，出口份额占15.9%，仍为全省第一大出口市场；对美国出口增长2.2%，对日本出口增长2.5%，对韩国出口下降7.6%。私营企业外贸活力不断增强。进出口总额949.3亿美元，增长22.2%，占全省进出口总额的38.7%。

利用外资结构优化。新批外商直接投资项目1333个；合同外资165.6亿美元，比上年增长4.9%；实际到帐外资123.5亿美元，增长10.7%。其中，新批服务业投资项目637个，实际到帐外资44.7亿美元，增长16.8%；新批制造业投资项目584个，实际到帐外资70.2亿美元，增长9.4%。新批世界500强企业投资项目53个，实际到帐外资9.0亿美元。

对外经济合作进展顺利。境外投资步伐加快。新核准设立境外企业（机构）361家；协议投资总额44.3亿美元，比上年增长49.7%，其中中方投资36.6亿美元，增长35.2%。对外承包工程和劳务合作稳步发展。对外承包劳务工程完成营业额81.1亿美元，增长8.6%；外派各类劳务人员51425人，增长5.3%。

七、交通、邮电和旅游

交通运输业稳定发展。全年铁路、公路、水路共完成旅客运量26.5亿人次，比上年增长5.8%；完成货运量33.0亿吨，增长5.7%。年末高速公路通车里程4975.0公里，新增624.9公里。沿海港口货物吞吐量10.7亿吨，增长10.9%。年末民用汽车拥有量1122.3万辆，增长15.9%；其中，私人轿车531.2万辆，增长28.7%，占轿车拥有量的91.0%。

表5　2012年客货运输量及增长速度

	旅客			
	运输量（亿人次）	比上年增长(%)	周转量（亿人公里）	比上年增长(%)
合计	26.5	5.8	1832.0	5.8
公路	25.5	5.5	1310.0	4.2
铁路	0.8	14.5	509.5	10.3
水路	0.3	7.1	12.5	5.2

续表

	货物			
	运输量（亿吨）	比上年增长(%)	周转量（亿吨公里）	比上年增长(%)
合计	33.0	5.7	10991.2	5.0
公路	29.7	6.2	7059.2	6.6
铁路	2.0	0.5	1493.8	-2.5
水路	1.4	3.5	2438.1	5.5

邮电通信业增长较快。完成邮电业务总量849.2亿元，比上年增长10.1%。其中，电信业务总量797.6亿元，增长10.2%；邮政业务总量51.6亿元，增长8.3%。光缆线路总长度58.4万公里，增长14.5%；长途自动交换机容量45.7万路端，与上年持平。年末固定电话用户1888.1万户，下降1.8%；移动电话用户7588.9万户，增长6.6%。电话普及率达到每百人98.3部。

旅游业发展迅速。实现旅游总收入4519.7亿元，比上年增长21.0%。其中，入境旅游收入29.2亿美元，增长14.6%。A级旅游景区达583家，新评66家。其中，5A级景区7家，新评2家；4A级景区145家，新评19家。省级旅游度假区27家，新评1家。

八、财政和金融

财政收支平稳增长。公共财政预算收入4059.4亿元，比上年增长17.5%。其中，税收收入3050.2亿元，增长17.2%，占全省财政收入的75.1%。公共财政预算支出5901.7亿元，增长18.0%。民生领域支出力度加大。支出3312.0亿元，增长20.6%，占全省财政支出的56.1%，比重比上年提高1.2个百分点。其中，教育支出增长25.7%，文化体育与传媒支出增长27.1%，社会保障和就业支出增长17.8%，医疗卫生支出增长17.9%，农林水事务支出增长18.6%。

图 4　2008-2012 年公共财政预算收入及增长速度

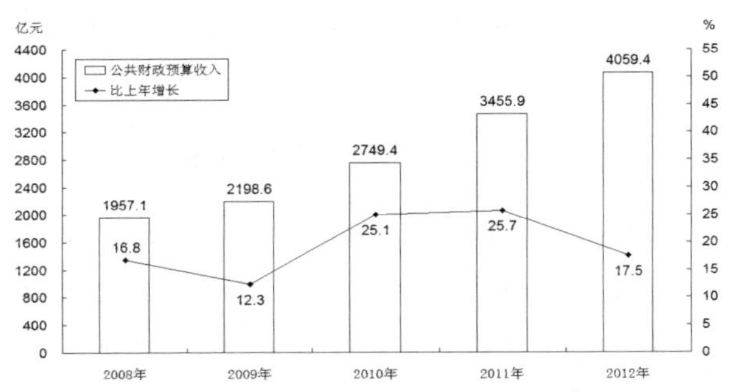

金融信贷向重点领域倾斜。年末金融机构本外币各项存款余额 55386.4 亿元，比年初增加 8401.7 亿元。其中，居民储蓄存款余额 26494.1 亿元，增加 4188.4 亿元，占全部新增存款的 49.9%。年末金融机构本外币各项贷款余额 42899.9 亿元，增加 5345.1 亿元。涉农贷款余额 16760.3 亿元，占全省贷款余额的 39.1%，比重比上年提高 1.4 个百分点。县域贷款新增 2236.6 亿元，占全省新增贷款的 41.8%，比重比上年提高 6.4 个百分点。小微企业贷款新增 1360.4 亿元，占全省企业新增贷款的 36.7%。

企业上市融资进展顺利。新增上市公司 15 家，上市公司实施再融资 24 家次，总融资额 463.5 亿元。其中，境内新增上市公司 9 家，融资 39.1 亿元；境外新增上市公司 6 家，融资 14.4 亿元；境内上市公司再融资 22 家次，再融资 391.8 亿元；境外上市公司再融资 2 家次，再融资 18.2 亿元。证券公司总交易金额 2.7 万亿元，下降 10.0%，其中股票基金交易额 1.8 万亿元。期货公司代理交易量 5827.6 万手，代理交易金额 6.6 万亿元。

保险业持续较快发展。共有省级保险公司 77 家，法人机构 2 家，从业人员 34.8 万人，保险业总资产 2531.2 亿元，比上年增长 15.4%。保费收入 1128.0 亿元，增长 8.9%。其中，财产险保费收入 382.6 亿元，增长 15.1%；人身险保费收入 745.5 亿元，增长 5.9%。为经济社会承担各类风险责任 19.4 万亿元，增长 23.3%；支付各项赔款与给付 324.6 亿元，增长 19.7%。农业保险承保种植面积 553.9 万公顷，增长 1.4 倍；保费收入 8.6 亿元，增长 1.7 倍；为 1658.4 万农户提供了 281.7 亿元的风险保障。

九、科学技术

科技事业谱写新篇章。获得国家级科技成果奖励 26 项，其中，国家技术发明奖 9 项，国家科学进步奖 17 项。评选省科学技术奖励 499 项。取得重要科技成果 2393 项，其中，农业领域 338 项，工业领域 853 项，医疗、卫生领域 963 项，其他领域 239 项。各项专利申请量 12.9 万件，比上年增长 17.4%，其中发明专利申请量 4.0 万件，增长 57.6%。各项专利授权量 7.6 万件，增长 28.3%，其中发明专利授权量 7454 件，增长 27.3%。每万人口发明专利授权数 0.77 件，比上年提高 0.16 件。

人才队伍建设富有成效。实施重点引智项目 15 项，高端外国专家项目 51 项，建立引智示范推广基地 12 家。新当选“两院”院士 2 人，享受国务院政府特殊津贴专家 107 人，山东省有突出贡献中青年专家 100 人，国家“海外高层次人才引进计划”15 人，“泰山学者海外特聘专家”21 人。新增博士后科研流动站 21 个，在站人数 1664 人。新增国家级高技能人才培训基地 6 所，国家级技能大师工作室 7 个，培养高级技工 19.2 万人，技师、高级技师 3.1 万人。

创新平台建设积极推进。拥有国家级工程技术研究中心 30 家；省级工程技术研究中心 1095 家，新增 172 家。国家重点实验室 3 个，企业国家重点实验室 10 个，省部共建国家重点实验室培育基地 5 个，省重点实验室 215 个。国家级科技合作基地 20 个。院士工作站 256 个，新建 81 个。拥有国家级创新型（试点）企业 45 家，新认定 10 家。

质量强省战略成效显著。拥有国家地理标志保护产品 51 个，新增 4 个；山东名牌产品 1826 个，新增 98 个；山东服务名牌 445 个，新增 61 个。全国驰名商标 430 件，新增 130 件。获省长质量奖企业 35 家，个人 18 名。创建山东省优质产品生产基地 72 个，龙头骨干企业 148 家。拥有国家级质检中心 35 家，省级质检中心 105 家。获得质量管理体系认证企业 19293 家，环境管理体系认证企业 5910 家。新制定省地方标准 252 项，新增采用国际标准 169 项。

气象地震服务能力提高。发布气象灾害预警信号 48 次，重要天气预报 110 期。济南气象防灾减灾预警中心主体工程完工，蓬莱、济南风廓线雷达投入运行，聊城鲁西、东营黄河三角洲人工增雨防雹基地投入使用。新的省地震台网中心及技术系统启用，省、市、县三级地震监测台网初步建成，共有测震台 126 个，强震台 146 个。

十、教育、文化、卫生和体育

教育事业全面发展。共有研究生培养机构 33 所，招生 2.5 万人，在校生 7.0 万人。普通高等教育学校

137 所，招生 49.9 万人，在校生 165.8 万人。中等职业学校（不含技工学校）560 所，招生 40.5 万人，在校生 114.7 万人。普通中学 3522 所，招生 159.9 万人，在校生 492.6 万人。小学 1.2 万所，招生 109.6 万人，在校生 627.7 万人。特殊教育学校 145 所，招生 0.4 万人，在校生 2.1 万人。幼儿园 1.8 万所，招生 112.6 万人，在园幼儿 251.9 万人。

文化事业与文化产业日益繁荣。共有艺术表演团体 104 个，艺术表演场馆 93 个，博物馆 200 个，公共图书馆 150 个，群众艺术馆、文化馆 158 个，文化站 1828 个，农村文化大院 5.9 万个。国家级文化产业示范基地 12 个，省级文化产业示范基地 104 个。全国重点文物保护单位 101 处，省级文物保护单位 687 处。全年出版各类图书 14892 种，报纸 87 种，杂志 261 种。年末广播人口综合覆盖率为 98.3%，电视人口综合覆盖率为 98.0%。全年发行影片 305 部，票房收入 5.8 亿元，比上年增长 39.3%。年末加入城市电影院线的影院达 225 家。第十届中国艺术节筹备工作进展顺利。

卫生服务水平继续提高。拥有医疗卫生机构 68851 所，其中，医院 1549 所，基层医疗卫生机构 66461 所，专业公共卫生机构 689 所，其他卫生机构 152 所。各类医疗卫生机构拥有床位 47.6 万张，卫生技术人员 53.1 万人，其中，执业医师及执业助理医师 20.1 万人，注册护士 19.2 万人。基本公共卫生服务均等化水平继续提高，城乡居民健康档案建档率达 85.7%。

体育事业再创佳绩。在伦敦奥运会上，共有 50 名运动员入选中国代表团，获得金牌 7 枚、银牌 4 枚、铜牌 1 枚，打破 1 项世界纪录和 2 项奥运会纪录，实现全省竞技体育新的历史性突破。成功举办第三届亚洲沙滩运动会和第二届全民健身运动会。青少年体育工作继续加强，相继开展了全省中小学足球、篮球、排球、乒乓球、田径和游泳联赛。

十一、城乡建设

城镇化进程稳步推进。全省城镇化率达到 52.4%，比上年提高 1.5 个百分点。

村镇建设成效显著。村镇建设完成投资 1189 亿元。农村住房建设与危房改造步入常态化。开展农房整村迁建项目 2138 个，新建农房 60.0 万户，改造危房 12.6 万户。

城市载体服务功能不断提升。城市基础设施建设完成投资 1037 亿元，比上年增长 9.3%。新建生活垃圾无害化处理场 2 座，新增垃圾日无害化处理能力 1400 吨；新建污水处理厂 25 座，新增日污水处理能力 56.5 万吨。新增城市道路面积 3000 万平方米，供热面积 5525 万平方米。

十二、节能降耗、环境保护和安全生产

节能降耗成效明显。万元 GDP 能耗降低率超额完成年度和进度目标任务。淘汰生铁落后产能 150.0 万吨，粗钢 40.0 万吨，铁合金 2.2 万吨，水泥 3672.0 万吨，平板玻璃 133.0 万重量箱，焦炭 60.0 万吨，造纸 47.7 万吨，酒精 16.0 万吨。在重点调查的 76 种单位产品能耗指标中，比上年下降的有 56 种，占 73.7%。风力发电建设增长较快。风电装机容量累计 382.1 万千瓦，比上年增长 55.0%；风力发电 63.2 亿千瓦时，增长 49.5%。完成既有居住建筑节能改造 3373.0 万平方米，公共建筑节能改造 240.1 万平方米，太阳能光热建筑一体化应用面积 2506.7 万平方米。

环境质量逐步改善。省控 59 条重点污染河流化学需氧量和氨氮年均浓度分别比上年下降 6.3%和 18.3%。全省二氧化硫、二氧化氮和可吸入颗粒物年均浓度分别下降 10.8%、10.9%和 4.4%。新建省级自然保护区 1 个，新增国家级生态乡镇 79 个，省级生态乡镇 217 个，省级生态村 159 个。

安全生产形势稳定。发生各类生产安全事故 17345 起，比上年下降 1.1%；死亡人数 4219 人，下降 4.5%。亿元 GDP 生产安全事故死亡 0.08 人，下降 1.3%。

十三、人口、居民生活和社会保障

人口保持低速平稳增长。全省出生人口 114.97 万人，出生率 11.90‰；死亡人口 67.14 万人，死亡率 6.95‰；自然增长率 4.95‰。年末常住人口 9684.87 万人。其中，0-14 岁人口占总人口的 16.05%，15-64 岁人口占 73.53%，65 岁及以上人口占 10.42%。

城镇居民生活进一步改善。城镇非私营单位在岗职工年平均工资 42837 元，比上年增长 12.8%。城镇居民人均可支配收入 25755 元，增长 13.0%，扣除价格因素，实际增长 10.7%。城镇居民家庭人均总收入中，人均工资性收入 19856 元，增长 12.6%；人均经营净收入 2621 元，增长 14.2%；人均财产性收入 705 元，增长 14.5%；人均转移性收入 4823 元，增长 10.9%。城镇居民人均消费性支出 15778 元，增长 8.4%。其中，食品支出 5201 元，增长 7.7%，城镇居民恩格尔系数为 33.0%。城镇居民人均现住房总建筑面积 33.4 平方米，增加 0.2 平方米。

图 5　2008-2012 年城镇居民人均可支配收入及增长速度

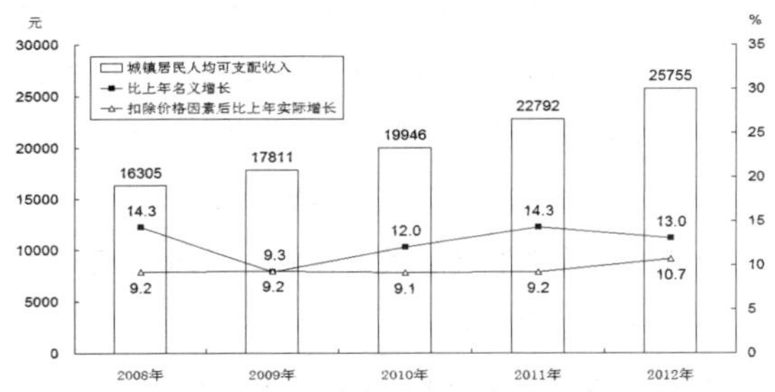

表 6　城镇每百户居民家庭主要耐用消费品拥有量

消费品名　称	单位	数量	消费品名　称	单位	数量
钢琴	架	4.5	摄像机	架	13.9
微波炉	台	56.2	照相机	架	60.8
电冰箱	台	105.1	空调器	台	112.3
消毒碗柜	台	7.0	固定电话	部	61.0
淋浴热水器	台	92.9	移动电话	部	220.0
洗衣机	台	99.1	健身器材	套	6.7
彩色电视机	台	121.3	助力车	辆	66.7
组合音响	套	20.7	摩托车	辆	26.7
家用计算机	台	88.8	家用汽车	辆	31.2

农村居民生活水平稳步提高。农村居民人均纯收入 9446 元，比上年增长 13.2%，扣除价格因素，实际增长 11.0%。其中，人均工资性收入 4383 元，增长 18.0%；人均家庭经营纯收入 4234 元，增长 7.6%；人均财产性纯收入 257 元，增长 4.4%；人均转移性纯收入 572 元，增长 28.4%。农村居民人均生活消费支出 6776 元，增长 14.8%。其中，食品支出 2322 元，增长 10.2%，农村居民恩格尔系数为 34.3%。农村居民人均居住住房面积 38.4 平方米，增加 2.1 平方米。

图 6　2008-2012 年农村居民人均纯收入及增长速度

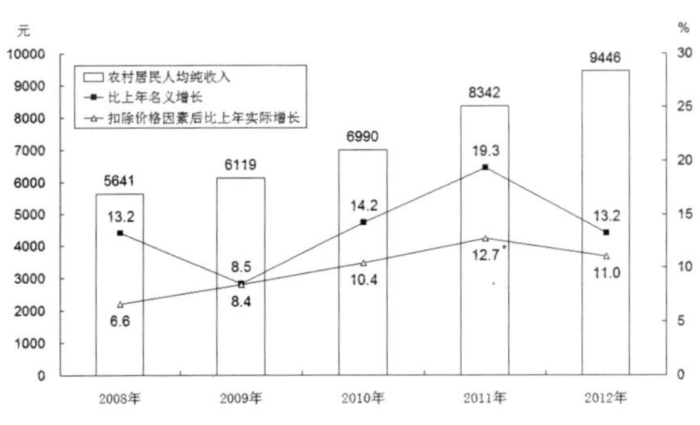

表 7　农村每百户居民家庭主要耐用消费品拥有量

消费品名称	单位	数量
洗衣机	台	86.3
电冰箱	台	84.1
空调器	台	26.9
抽油烟机	台	20.0
微波炉	台	11.5
热水器	台	62.4

续表

消费品名称	单位	数量
电动自行车	辆	94.0
汽车(生活用)	辆	11.7
移动电话	部	198.2
彩色电视机	台	113.5
照相机	架	5.5
家用计算机	台	31.5

社会保障体系建设日趋完善。城镇职工基本养老、城镇基本医疗、失业、工伤、生育保险参保人数分别比上年增加 156.1 万人、153.5 万人、45.0 万人、63.5 万人和 61.2 万人。被征地农民纳入城乡居民社会养老保险制度，城乡居民社会养老保险参保人数 4401.2 万人，1257.5 万人按月领到养老金。企业退休人员基本养老金平均增长 14.5%，失业保险金标准平均增长 23.6%，1 至 4 级工伤职工伤残津贴平均增长 12.0%。启动失业保险金标准与物价上涨挂钩联动机制。新型农村合作医疗覆盖面继续巩固扩大，参合率达 99.9%，人均筹资标准 302 元，政策范围内住院报销比例达 75% 以上。

困难群众生活保障水平提高。城镇最低生活保障人数 53.0 万人，月人均保障标准 370 元，比上年提高 52 元。农村最低生活保障人数 250.7 万人，年人均保障标准 2214 元，比上年提高 521 元。

社会救助事业稳步发展。安排城乡医疗救助资金 6.9 亿元，比上年增长 21.0%；救助和资助居民 240.6 万人次，增长 3.3%。已建救助管理站 36 处，流浪未成年人救助保护中心 23 处。现有收养性社会福利单位 2405 个，床位数 35.2 万张，收养 25.4 万人；其中农村五保供养服务机构 1629 个，床位数 23.9 万张，集中供养率达 75.0%。社会福利企业 1385 个，安置残疾人员 3.8 万人。各级慈善总会支出善款 11.0 亿元，用于朝阳助学、夕阳扶老、情暖万家、康复助医、爱心助残五大工程。

注：1. 本公报中数据均为初步统计数。

2. 全省生产总值、各产业增加值绝对数按现价计算，增长速度按不变价格计算。

3. 各类市场主体包括在工商部门登记注册的国有集体性质企业、外商投资企业、私营企业、个体工商户和农民专业合作社；各类企业包括在工商部门登记注册的国有集体性质企业、外商投资企业和私营企业。

4. 规模以上工业企业指年主营业务收入 2000 万元及以上的工业法人企业。

5. 全社会固定资产投资包括固定资产投资（不含农户）和农户固定资产投资。其中，固定资产投资（不含农户）包括城镇和非农户计划总投资 500 万元及以上固定资产投资项目的投资、房地产开发项目的投资。

6. 限额以上批发业企业指年主营业务收入 2000 万元及以上的批发业企业，限额以上零售业企业指年主营业务收入 500 万元及以上的零售业企业，限额以上住宿和餐饮业企业指年主营业务收入 200 万元及以上的住宿和餐饮业企业。

7. 邮电业务总量按 2010 年不变价格计算。

2012 年山东统计工作综述

2012 年是“十二五”时期承前启后的重要一年，党的十八大在这一年隆重召开。一年来，全省统计系统在省委、省政府的正确领导下，深入贯彻科学发展观，紧紧围绕全省转方式调结构工作大局，奋发有为，攻坚克难，积极主动为全省经济社会发展提供优质统计服务，各项统计工作取得新成绩。

一、精心组织，认真学习贯彻党的十八大精神。党的十八大是在我国进入全面建成小康社会决定性阶段召开的一次十分重要的大会，是中国改革开放、实现民族伟大复兴道路上的一个重要里程碑。十八大召开后，全省统计系统结合省委十届二次会议精神，迅速兴起了学习贯彻十八大精神的热潮。省统计局制定专项学习方案，党组中心组带头深入学习，开辟专题网页广泛宣传，取得良好效果。各级统计部门也开展了形式多样的学习贯彻活动。通过学习，全省统计系统真正把思想和行动统一到党的十八大精神上来，统一到中央和省委的重大决策部署上来，切实把科学发展观贯彻落实到统计工作的各个方面、各个环节，广大统计人员的大局意识、责任意识和服务意识进一步增强，凝聚力、战斗力、创造力进一步提高。

二、全力以赴，企业一套表联网直报取得决定性阶段成果。全省统计系统扎实推进企业一套表联网直报工作，实现了统计生产方式新变革。年初下发文件进行周密部署，建立分片包干制度，成立应急办公室，制定应急预案，加强对企业直报工作的调度、分析和指导。省局成立由局领导带队的 9 个督导组，加大对调查单位的督导检查。大力加强联网直报山东分节点软硬件系统和网络建设，17 市到省局的专线全部升级为 30M 线路，为企业联网直报顺畅高效提供了有力保障。国家五部委《关于做好联网直报工作保障数据质量的通知》和马建堂局长给市县统计局长的一封信下发后，我省率先召开由各市统计局长参加的紧急会议，各级统计机构严格执行企业一套表联网直报的各项部署和要求，做到“四个坚持”，严守“四条红线”，不断适应新的上报方式，提高统计数据质量。全省统计系统上下联动，形成了工作合力。菏泽以市政府名义下发《关于做好企业一套表联网直报工作的通知》，并开展“大走访、大排查”活动；滨州市局建立了统计失信企业名单档案；济南市局引入“行业云”理念重组升级软硬件系统；东营市局投入使用网站群系统。在各级统计部门的共同努力下，我省企业一套表联网直报工作顺利实现并轨，全省 6 万多家企业直报率达到 99%以上，各专业数据基本反映经济发展趋势，企业一套表联网直报工作取得决定性阶段成果，在全国企业一套表总结评比中获得特等奖。

三、围绕中心，统计服务水平进一步提升。全省统计系统紧紧围绕省委、省政府中心工作，积极提供全方位、多角度的统计服务。统计监测预警范围扩大，时效性增强。针对复杂的国内外经济环境，加强对工业、投资、能源、房地产、贸易等重点领域敏感指标的监测预警，实现对经济动向的跟踪监测和快速反映。正式对外发布《山东半岛蓝色经济区和黄河三角洲高效生态经济区月报》，及时反映区域经济发展情况。开展全面建设小康社会统计监测，为党委、政府科学决策提供参考依据。统计分析质量提高，针对性增强。加大对企业的调研密度，定期召开部门座谈会、数据联席会和经济形势分析会，准确把握经济运行中的新情况、新问题，统计分析的时效性、针对性和实用性不断增强。为迎接党的十八大和省第十次党代会的胜利召开，撰写多篇反映不同时期山东经济社会发展成就的专题分析，得到省领导充分肯定。统计评价水平提升，权威性增强。积极配合开展科学发展综合考核，完成 17 市 89 个定量指标的搜集测算、结果分析及图示制表工作，认真开展科学发展综合考核群众满意度电话调查，得到省委组织部充分肯定和社会各界广泛认可。围绕科学发展和保障民生，调整完善社会发展和城镇化水平综合评价指标体系，科学地描述、评价和引导全省社会发展和城镇化进程。统计新闻宣传力度加大，公信力增强。首次召开全省统计新闻宣传工作专题会议，设计建成统计展示厅，精心打造中国统计开放日宣传平台，通过多种载体和形式不断拓展统计新闻宣传领域，提高了统计工作的透明度和公信力。各市围绕主题主线开展了各具特色的统计服务。青岛市局建立统计服务“三大平台”，临沂市局建立了六大千亿级主导产业统计监测制度，枣庄市局建立统计分析智囊团，烟台市局建立完善统计信息立体交换及共享体系，济宁市局与市电视台联合推出“数说十年新跨越”系列报道，这些做法都为促进地方经济发展发挥了积极作用。

四、突出重点，各项统计改革和调查进展顺利。扎实做好服务业统计工作。进一步明确各部门服务业统计工作职责和任务，统筹处理好服务业统计纵向和横向关系，整合服务业统计资源和力量，完善服务业三大载体统计监测制度，加大服务业统计培训和考核力度，开展重点服务业企业调查，并首次实现重点服务业企业联网直报，服务业统计水平进一步提高。全力推进山东文化及文化创意产业统计改革。建立协调机制，制定完善一系列指标体系和方法制度，做了大量富有开创性的工作，形成一批基础数据、分析报告和研究成果，为促进全省文化及文化创意产业发展提供了及时准确的统计信息。圆满完成资源产出率统计试点工作。与省经信委、省节能办协作配合，与试点单位淄博、滨州两市联合制定试点工作方案，完善工作机制，落实试点经费，深入企业调研，圆满完成了试点工作任务，为全面实施循环经济统计探索了道路，积累了经验。认真做好投入产出调查、物流统计、社情民意调查等重点工作，第六次人口普查资料的开发和利用卓有成效。各市积极采取措施，做好各项重点统计调查工作，淄博以市政府名义下发了《关于做好全市重点服务业企业调查工作的通知》，莱芜市局建立服务业统计工作联席会议制度和月通报制度，泰安市局建立文化产业统计工作部门协调机制。

五、以企业统计星级管理为抓手，统计基层基础工作扎实推进。三上企业统计星级单位管理是我省开展的创新性工作，由此推动统计基层基础工作不断向前发展。积极探索三上企业统计星级单位管理工作。通过试点完善工作方案和星级评定标准，实施半月调度制度，研发星级单位管理信息系统。各市也根据职责权限积极推进三上企业星级管理工作。东营市局建立了三上企业星级信息化管理系统，临沂市局将企业星级评定与企业评级授信、资质认定、名牌产品和商标评定直接挂钩，聊城市局制定了《企业统计星级单位管理考核办法》，德州对星级以上企业在授信及贷款等方面给予支持。经各市认真审核把关，省局组织全面验收，全省共认定五星级企业2813家，四星级企业4902家，三星级企业7759家，占全部三上企业的近25%，有力地促进了企业统计规范化建设。大力推进统计基层基础工作实现三个转变。结合四大工程建设，积极推动基层基础建设重心向加强企业统计转变，基层统计机构工作重心向维护名录库、催报审核原始数据转变，基层统计工作指导方式向服务企业转变。创新名录库管理维护方式，推动统计管理登记入驻行政服务大厅，建立三上企业档案管理制度，确保基层统计机构逐步担负起维护基本单位名录库的重任。青岛市局在乡镇推广基层数据信息管理系统，济南市局对重点行业企业进行全面摸排，淄博将三上企业新增申报工作纳入到对区县的绩效考核范围。经国家局审核认定，2012年全省共新增三上企业6049家，占全国新增三上企业的9.7%，新增数量居全国第一。认真贯彻落实省政府聊城会议精神和省政府办公厅《关于进一步加强统计基层基础工作的意见》。莱芜市政府出台了《关于进一步加强统计工作的意见》，新增设钢城区统计局和三个统计分局，各镇（街道）建立了派出制统计站，使多年没有独立统计机构的问题得到解决。威海、日照、济宁等十几个市都以政府名义下发了进一步加强统计基层基础工作的文件，临沂、德州市局积极探索建立基层统计岗位补贴制度，不断提高基层统计人员待遇，充分调动了基层统计人员积极性。

六、加强指导，部门统计工作取得新成绩。修订《山东省部门统计工作规范化管理办法》，进一步规范部门统计工作。继省工商行政管理局、省农业机械化管理办公室之后，2012年省海洋渔业厅通过了省级部门统计工作规范化的考核验收。人民银行济南分行制定了《金融统计岗位设置及工作流程》等一系列规章制度，青岛海关坚持重点数据“台帐式管理”，省旅游局推进旅游统计网上政务综合平台，建立休闲产业统计核算暨目标考核统计体系。各市也十分重视部门统计工作，济宁市政府召开了部门服务业统计工作会议，烟台市局建立部门服务业定期统计分析例会制度，泰安市局建立部门行政登记资料月报制度，实现了部门

的信息资源共享。

七、依法统计，统计法制建设成效显著。加强法律法规制度建设。制定了《山东省统计执法行政处罚自由裁量权标准》，解决了统计执法行政处罚标准不统一、地区间处罚不平衡等问题。加大普法宣传力度。广泛开展统计法“进机关、进乡村、进社区、进学校、进企业、进单位”的“六进”宣传活动，加强对领导干部的宣传教育，推进统计法进党校，举办“我与统计法同行”演讲比赛活动，开展统计法律知识网上答题活动，在社会各界引起积极反响。规范统计执法行为。制定《统计执法工作管理办法》，建立统计执法检查联络员制度，对重点行业、重点企业开展联合执法检查和统计巡查“回头看”活动，维护了良好的统计环境。各市创新思路，对依法统计进行了有益探索。东营市局建立案件定期通报制度，潍坊市局把行政执法与机关作风效能建设、创先争优、经济发展软环境建设结合起来，统筹推进。

八、以“能力建设年”活动为载体，统计干部队伍建设进一步加强。开展“能力建设年”活动，苦练内功，强化能力，不断提高统计干部队伍素质，为统计事业健康发展提供有力的人才支撑和智力支持。举行了首届全省统计系统建模比赛，开展统计分析评比展示活动，提升了统计干部业务能力。开展岗位能力标准大讨论，组织“我的履职能力哪里来”主题征文活动，举办“青年论坛”，不断提高干部队伍的综合素质。加强人才队伍建设，认真做好“第一书记”、统计援疆工作，完成四年一次的统计系统评选表彰，继续加大初中高级统计师考评工作力度，全面推进统计从业资格认定和继续教育工作，报名和考试通过人数均创历史新高。各市也结合工作实际，开展各种学习培训活动。济南市局举办泉城统计讲坛，日照市局开展道德讲堂活动，统计系统干部队伍素质进一步提升。

九、统计机关建设硕果累累。积极推进统计行风建设和党风廉政建设。省局与各市局和各处室、中心签订了行风建设责任书、党风廉政建设责任书，做到统计工作和党风廉政建设工作一起部署，一起落实，一起检查。认真做好廉政风险防控工作，有效预防腐败。开展行风建设调研，对17市统计局行风建设落实情况进行督导。枣庄市局打造“新枣庄、新统计、新形象”品牌，烟台市局积极开展“三查五创两监督”活动，进一步转变了工作作风。强化制度建设。省统计局对机关管理制度进行了重新修订，形成了包括七大类37项制度的《机关管理制度汇编》，有效提高了机关工作规范化管理水平。扎实开展系统文明建设。积极开展党性教育活动，组织党员领导干部赴聊城学习孔繁森精神，开展“加强文化素养，提高履职能力”读书月活动，不断巩固创先争优活动的成果，省局被评为省直机关学习型党组织和学习型机关建设先进单位。成功举办全省统计系统第一届乒乓球赛，展现了统计工作者积极向上、奋发有为的精神风貌。各市也十分注重发挥文明建设对统计事业的促进作用。威海市局建立ISO9001质量管理体系，泰安、潍坊、菏泽市局完善机关管理制度，聊城市局开展“五比五看”争先进位主题教育活动。

回顾2012年的工作，各级统计部门付出了大量艰辛劳动，也收获了许多可喜成绩，为推进经济文化强省建设、实现富民强省新跨越作出了积极贡献。

第1篇

综　合

General Survey

简要说明

一、本篇资料的主要内容

本篇资料是对我省乡镇以上行政区划、分行业法人单位数和国民经济、社会发展的综合反映，主要包括行政区划、法人单位数和平均每天社会经济活动、国民经济主要比例关系、国民经济和社会发展主要指标占全国的比重、国民经济和社会发展主要指标及其增长速度等资料。

二、本篇资料的来源

1、“行政区划一览表”主要包括2012年底各（地级）市、各县（市、区）和乡镇级的行政区划资料，数据来源于省民政厅。

2、法人单位情况由省统计局普查中心整理提供。

3、国民经济和社会发展综合部分来源于本年鉴各篇章中的资料，由省统计局综合处加工整理。

Brief Introduction

I. Main Content

Data in this chapter cover the main indicators on divisions of administrative areas, corporate units and national economy and social development, including divisions of administrative areas, number of corporate units and average daily social and economic activities, ratio, and percentage of main indicators of Shandong to the whole nation and growth rate.

II. Source of Data

(1) Data on divisions of administrative areas are provided by Shandong Provincial Department of Civil Affairs.

(2) Data on corporate units situation are provided and compiled by the Census Center of Shandong Provincial Bureau of Statistics.

(3) Data on general survey of economy and society are based on those of different chapters and compiled by the Division of Comprehensive Statistics of Shandong Provincial Bureau of Statistics.

1-1 行政区划(2012年底)

Divisions of Administrative Areas (Year-end of 2012)

单位:个 (unit)

地 区	Region	县级单位数 Numbers of Counties	市辖区 Districts under the Jurisdiction of Cities	县级市 Cities at County Level	县 Coumty	乡镇级单位数 Numbers of Towns	街道办事处 Street Communities	乡 Townships	镇 Towns
全 省	**Total**	**138**	**48**	**30**	**60**	**1824**	**617**	**113**	**1094**
济南市	Jinan	10	6	1	3	141	86	4	51
青岛市	Qingdao	10	6	4		145	102		43
淄博市	Zibo	8	5		3	88	29		59
枣庄市	Zaozhuang	6	5	1		64	18	2	44
东营市	Dongying	5	2		3	40	14	3	23
烟台市	Yantai	12	4	7	1	154	67	6	81
潍坊市	Weifang	12	4	6	2	119	57		62
济宁市	Jining	12	2	3	7	156	43	15	98
泰安市	Tai'an	6	2	2	2	87	18	8	61
威海市	Weihai	4	1	3		71	22		49
日照市	Rizhao	4	2		2	54	9	5	40
莱芜市	Laiwu	2	2			20	7		13
临沂市	Linyi	12	3		9	157	28	10	119
德州市	Dezhou	11	1	2	8	134	27	19	88
聊城市	Liaocheng	8	1	1	6	135	32	17	86
滨州市	Binzhou	7	1		6	91	29	5	57
菏泽市	Heze	9	1		8	168	29	19	120

1–2 国民经济和社会发展主要指标

类　　别		Category		1999	2000
一、人　口		**Population**			
年末总人口	(万人)	Total Population at the Year-end	(10 000 persons)	8883	8997
按性别分		**By Sex**			
男	(万人)	Male	(10 000 persons)	4537	4562
女	(万人)	Female	(10 000 persons)	4385	4413
按农业非农业分		**Agricultural and Non-agricultural Population**			
农业人口	(万人)	Agricultural Population	(10 000 persons)	6600	6566
非农业人口	(万人)	Non-agricultural Population	(10 000 persons)	2322	2409
人口密度	(人/平方公里)	Population Density	(persons/sq.km)	567	574
二、就业人员和劳动工资		**Employment and Wages**			
年末就业人员	(万人)	Year-end Employed Persons	(10 000 persons)	5314.7	5441.8
第一产业	(万人)	Primary Industry	(10 000 persons)	2811.7	2887.7
第二产业	(万人)	Secondary Industry	(10 000 persons)	1245.7	1286.0
第三产业	(万人)	Tertiary Industry	(10 000 persons)	1257.3	1268.1
乡村就业人员	(万人)	Rural Employed Persons	(10 000 persons)	3644.5	3617.1
城镇就业人员	(万人)	Urban Employed Persons	(10 000 persons)	1669.7	1825.2
职工年末人数	(万人)	Number of Staff and Workers at the Year-end	(10 000 persons)	809.1	790.1
#国有单位	(万人)	State-owned Units	(10 000 persons)	566.7	542.1
城镇集体单位	(万人)	Urban Collective-owned Units	(10 000 persons)	119.1	103.9
工资总额	(亿元)	Total Wages Bill	(100 million yuan)	620.1	695.1
#国有单位	(亿元)	State-owned Units	(100 million yuan)	475.9	524.4
城镇集体单位	(亿元)	Urban Collective-owned Units	(100 million yuan)	60.1	58.8
平均工资	(元)	Average Wage	(yuan)	7656	8772
#国有单位	(元)	State-owned Units	(yuan)	8389	9655
城镇集体单位	(元)	Urban Collective-owned Units	(yuan)	4988	5585
三、国民经济核算		**National Accounting**			
地区生产总值	(亿元)	Gross Domestic Product	(100 million yuan)	7493.84	8337.47
第一产业	(亿元)	Primary Industry	(100 million yuan)	1221.00	1268.57
第二产业	(亿元)	Secondary Industry	(100 million yuan)	3644.32	4164.45
工　业	(亿元)	Industry	(100 million yuan)	3197.16	3665.74
建筑业	(亿元)	Construction	(100 million yuan)	447.16	498.71
第三产业	(亿元)	Tertiary Industry	(100 million yuan)	2628.52	2904.45
交通运输仓储邮电通信业	(亿元)	Transportation Post and Telecommunication Services	(100 million yuan)	484.65	545.13
批发零售贸易餐饮业	(亿元)	Wholesale Retail and Catering	(100 million yuan)	787.90	856.94
人均地区生产总值	(元)	Per Capita GDP	(yuan)	8483	9326
支出法计算的国内生产总值		**Gross Domestic Product by Expenditure Approach**			
#最终消费	(亿元)	Government Final Consumption Expenditure	(100 million yuan)	3742.49	4021.46
居民消费	(亿元)	Household Consumption Expenditures	(100 million yuan)	2807.76	3082.06
政府消费	(亿元)	Government Consumption Expenditure	(100 million yuan)	934.72	939.40
资本形成总额	(亿元)	Gross Capital Formation	(100 million yuan)	3590.75	4122.26
#固定资产形成总额	(亿元)	Gross Fixed Capital Formation	(100 million yuan)	2632.54	3159.03
居民消费水平		**Household Consumption Expenditure**			
全省居民	(元)	Average Expenditure of All Residents	(yuan)	3178	3447
农村居民	(元)	Rural Residents	(yuan)	2034	2118
城镇居民	(元)	Urban Residents	(yuan)	5085	5603
四、固定资产投资		**Investment in Fixed Assets**			
全社会固定资产投资额	(亿元)	Total Investment in Fixed Assets	(100 million yuan)	2222.17	2542.65
国有经济	(亿元)	State-Owned Units	(100 million yuan)	1043.13	1153.65
集体经济	(亿元)	Collective-Owned Units	(100 million yuan)	635.55	679.48
个体经济	(亿元)	Individuals Economy	(100 million yuan)	310.64	353.93

注：1.2000和2010年年末总人口数据为人口普查时点数据。
2.2010年起，工资总额、平均工资数据为城镇单位就业人员口径。

Main Indicators on National Economic and Social Development

2001	2002	2003	2004	2005	2006	2007	2008	2009	2010	2011	2012
9041	9082	9125	9180	9248	9309	9367	9417	9470	9579	9637	9685
4584	4607	4624	4652	4676	4707	4739	4761	4792	4839	4870	4868
4440	4463	4484	4512	4537	4575	4606	4632	4658	4697	4721	4712
6507	6435	6275	6212	6066	6055	5909	5860	5902	5698	5646	5559
2517	2634	2833	2951	3147	3228	3436	3532	3548	3839	3945	4021
577	580	582	586	589	592	596	599	603	610	613	616
5475.3	5527.0	5620.6	5728.1	5840.7	5960.0	6081.4	6187.6	6294.2	6401.9	6485.6	6554.3
2863.6	2769.6	2638.3	2542.1	2350.3	2328.0	2265.2	2313.5	2297.4	2273.1	2211.6	2168.0
1308.6	1375.1	1474.3	1581.0	1781.4	1870.3	1989.9	1955.5	2014.1	2086.7	2185.6	2245.2
1303.1	1382.3	1508.0	1605.0	1709.0	1761.7	1826.3	1918.6	1982.7	2042.1	2088.4	2141.1
3589.9	3578.3	3590.8	3587.7	3563.9	3535.0	3519.9	3507.5	3490.8	3474.5	3471.2	3470.0
1885.4	1948.6	2029.7	2140.4	2276.8	2425.0	2561.5	2680.1	2803.4	2927.4	3014.4	3084.3
770.5	764.8	762.3	776.1	871.1	874.3	879.7	872.7	889.6	919.9	1006.0	1060.2
519.5	493.5	487.5	483.6	415.8	409.3	411.6	413.9	413.3	422.4	424.4	431.8
92.0	82.0	74.1	67.2	63.3	59.6	57.8	54.1	54.4	54.6	58.4	60.5
773.9	868.4	954.8	1107.5	1440.3	1664.5	1992.6	2294.5	2629.3	3166.7	3956.1	4628.2
577.7	630.5	679.1	772.6	823.7	929.9	1118.8	1285.8	1432.8	1683.5	1885.8	2125.1
58.0	59.5	63.2	67.4	73.2	78.8	90.9	101.6	118.1	147.1	182.1	216.3
10007	11374	12567	14332	16614	19228	22844	26404	29688	33321	37618	41904
11067	12777	13975	16030	19823	22804	27290	31169	34794	38490	43469	47894
6234	7129	8442	9864	11474	13132	15636	18656	21496	25626	29683	34001
9195.04	10275.50	12078.15	15021.84	18366.87	21900.19	25776.91	30933.28	33896.65	39169.92	45361.85	50013.24
1359.49	1390.00	1480.67	1778.45	1963.51	2138.90	2509.14	3002.65	3226.64	3588.28	3973.85	4281.70
4556.01	5184.98	6485.05	8478.69	10478.62	12574.03	14647.53	17571.98	18901.83	21238.49	24017.11	25735.73
4004.09	4518.87	5706.71	7576.12	9418.58	11378.82	13283.72	15894.95	16896.14	18861.45	21275.89	22798.33
551.92	666.11	778.34	902.57	1060.04	1195.21	1363.81	1677.03	2005.69	2377.04	2741.22	2937.40
3279.53	3700.52	4112.43	4764.70	5924.74	7187.26	8620.24	10358.64	11768.18	14343.14	17370.89	19995.81
657.57	655.64	710.18	969.13								
972.33	1142.54	1283.70	1431.58								
10195	11340	13268	16413	19934	23603	27604	32936	35894	41106	47335	51768
4479.42	4887.40	5608.60	6568.66	7478.35	8888.17	10352.82	12368.40	13574.79	15331.20	18095.43	20543.68
3360.92	3555.72	3960.91	4506.51	5451.19	6553.88	7603.39	9085.22	9910.18	11058.97	12999.98	14583.38
1118.50	1331.68	1647.69	2062.15	2027.16	2334.29	2749.43	3283.18	3664.61	4272.23	5095.45	5960.30
4422.24	4840.39	5668.51	7455.96	9411.18	11177.54	13105.80	15587.57	18109.95	21499.29	24944.34	27551.54
3518.25	4192.58	5180.81	6896.07	8974.77	10829.36	12505.88	15035.08	17734.43	20800.55	24281.22	26808.85
3726	3924	4351	4924	5916	7064	8142	9673	10494	11611	13565	15095
2260	2366	2467	2662	3109	3608	4251	5081	5395	5733	7063	8212
6020	6232	6974	7965	9453	11193	12633	14815	16027	17726	19984	21528
2807.79	3509.29	5328.44	7629.04	10541.87	11136.06	12537.02	15435.93	19030.97	23276.69	26769.73	31255.96
1157.44	1237.16	1615.57	1762.29	1853.29	1855.41	1838.55	2431.54	3086.82	3648.45	3783.31	3949.65
688.61	812.65	1177.00	2455.86	1042.41	1063.61	1269.64	1811.23	2308.54	2627.32	2715.00	3129.27
384.06	487.31	733.64	772.28	2736.61	3096.56	3566.49	4360.90	5235.29	6505.00	8234.50	9879.75

a)Total population data of 2000 and 2010 year-end are based on the national population census.

b)Since 2010,data of total wages bill and average wage refer to the range of employed persons in urban.

1-2 续表 1

类别		Category		1999	2000
其他经济	(亿元)	Others	(100 million yuan)	232.85	355.59
五、能 源		**Energy**			
能源生产总量	(万吨标煤)	Total Energy Production	(10 000 tons of SCE)	10322.39	9648.75
原 煤	(万吨标煤)	Coal	(10 000 tons of SCE)	6425.10	5741.96
原 油	(万吨标煤)	Crude Oil	(10 000 tons of SCE)	3807.55	3822.49
天燃气	(万吨标煤)	Natural Gas	(10 000 tons of SCE)	89.01	83.54
水 电	(万吨标煤)	Hydro-power	(10 000 tons of SCE)	0.73	0.76
水电和风电	(万吨标煤)	Hydro and Wind Power	(10 000 tons of SCE)		
六、财 政		**Government Finance**			
公共财政预算收入	(亿元)	Local Government Budgetary Revenue	(100 million yuan)	404.48	463.68
#增值税		Value Added Tax		78.22	89.69
营业税		Business Tax		78.97	87.66
企业所得税		Company Income Tax		63.17	81.87
个人所得税		Personal Income Tax		18.76	24.75
资源税		Resource Tax		5.97	6.22
城市维护建设税		Urban Maintenance and Development Tax		23.81	27.62
房产税		Tax on Real Estates		13.49	15.56
城镇土地使用税		Urban Land Using Tax		7.18	8.82
土地增值税		Land Value-added Tax		0.35	0.74
车船税		Tax on Vehicle and License		1.94	3.19
行政性收费收入		Incom from Adiministrative Fees		21.25	30.57
公共财政预算支出	(亿元)	Local Government Budgetary Expenditure	(100 million yuan)	550.00	613.08
#基本建设支出		Expenditure for Capital Construction		32.51	29.51
城市维护费		City Maintenance		35.14	38.88
支援农业支出		Expenditure for Supporting Rural Production		40.27	41.19
文教科学卫生事业费		Operating Expenses for Culture,Education, Science and Health Care		145.32	167.79
行政管理费		Expenditure for Government Administratio		54.45	62.21
#一般公共服务		General Public Service			
教育		Education			
社会保障和就业		Social Security and Employment			
医疗卫生		Health			
农林水事务		Farming、Forestry and Irrigation Affairs			
七、金 融		**Fiancial Intermediation**			
金融机构人民币存款余额	(亿元)	RMB Deposits	(100 million yuan)	6562.99	7471.20
#企业存款		Deposits by Enterprises		1725.05	2077.20
财政存款		Fiscal Deposits		58.49	76.45
农业存款		Agricultural Deposits		108.45	135.15
储蓄存款		Urban and Rural Household Savings Deposits		4109.84	4466.72
金融机构人民币贷款余额	(亿元)	RMB Loans	(100 million yuan)	5679.86	6209.05
#工业贷款		Loans to Industrial Sector		1039.10	993.80
农业贷款		Loans to Agricultural Sector		443.59	528.18
商业贷款		Loans to Commercial Sector		1265.75	1124.92
基建贷款		Loans to Capital Construction		556.39	731.59
技改贷款		Loans to Technical Innovation		252.22	267.82
八、价格指数		**Price Indices**			
居民消费价格总指数	(上年=100)	Consumer Price Index	(preceding year=100)	99.3	100.2
商品零售物价总指数	(上年=100)	Retail Price Index	(preceding year=100)	97.1	98.6
九、居民生活		**People's Livelihood**			
农民生活		Rural's Livelihood			
人均年末生活用房面积	(平方米)	Per Capita Living Floor Space(the End of Year)	(sq.m)	25.07	23.61

continued

2001	2002	2003	2004	2005	2006	2007	2008	2009	2010	2011	2012
577.68	972.17	1802.23	2638.61	4909.56	5120.48	5862.34	6832.27	8400.32	10495.92	12036.92	14297.30
11550.26	13241.75	14384.08	14394.61	13995.62	14083.40	14616.67	14615.32	14600.08	16055.71	16351.80	17261.75
7634.32	9333.02	10476.85	10461.78	10021.63	10042.24	10526.28	10500.62	10424.07	11913.14	12255.64	13138.83
3811.52	3816.52	3808.65	3820.50	3849.36	3935.89	3990.22	3998.91	4040.38	3980.08	3973.65	3963.94
103.34	91.07	98.36	111.84	123.03	103.46	99.22	113.05	119.97	129.01	69.16	79.80
1.08	1.14	0.22	0.49	1.60	1.82	0.95	2.74				
								15.66	33.48	53.35	79.19
573.18	610.22	713.79	828.33	1073.13	1356.25	1675.40	1957.05	2198.63	2749.38	3455.93	4059.43
100.29	111.23	126.08	116.04	193.00	242.83	290.79	333.78	324.48	378.23	413.82	438.12
92.69	117.64	144.71	176.45	217.79	271.73	339.71	396.09	470.61	631.51	765.72	896.64
149.11	78.39	66.44	86.06	110.83	148.28	198.50	229.97	220.30	293.31	398.56	441.64
36.99	31.09	26.03	31.96	38.89	45.84	56.81	61.13	64.67	81.01	96.58	95.11
6.44	9.76	10.48	13.51	18.24	26.14	28.99	28.81	32.81	33.29	38.36	91.11
29.05	30.80	44.40	54.93	65.95	78.43	92.46	104.14	109.08	130.74	179.60	198.88
16.53	20.98	24.47	26.78	32.80	38.70	44.35	47.26	57.86	64.65	74.02	100.83
8.91	11.72	19.81	21.17	29.44	35.97	65.96	103.57	120.88	137.69	158.46	211.69
1.07	1.73	5.49	9.08	14.39	22.02	32.53	36.56	43.84	66.19	105.67	145.21
3.64	4.36	4.84	4.93	5.60	6.42	7.53	12.64	17.69	23.27	29.72	35.86
40.37	54.02	75.74	90.99	108.07	133.20	144.44	163.20	171.59	203.02	278.82	305.29
753.78	860.65	1010.64	1189.37	1466.23	1833.44	2261.85	2704.66	3267.67	4145.03	5002.07	5904.52
40.96	44.04	63.68	60.03	70.48	82.20						
48.58	54.80	68.52	88.60	117.97	147.03						
47.89	55.79	61.81	73.11	89.58	108.38						
193.60	229.07	255.33	309.11	375.17	454.28						
74.31	90.02	112.33	131.29	162.95	192.95						
						421.82	468.24	490.14	544.31	618.48	705.51
						453.36	550.99	613.49	770.45	1047.90	1311.80
						251.78	285.05	342.79	416.77	501.54	596.48
						99.65	140.42	189.24	250.77	360.36	422.91
						163.01	235.30	369.35	465.98	564.00	673.82
8501.73	10247.77	12438.24	14514.28	17103.51	19633.99	22072.24	26930.18	34697.78	41104.96	46345.41	54301.53
2307.90	2737.13	3396.56	3873.04	4123.86	4774.57	5910.20	6828.95	10020.94	11585.54		
114.04	131.87	148.65	225.83	259.66	343.11	479.06	535.25	868.34	1026.07	1109.49	1172.88
161.34	205.05	243.82	271.55	322.20	395.44	431.06	447.17	660.50	277.96		
5063.79	5805.72	6768.35	7721.46	9035.14	10358.03	11438.11	14382.19	17082.76	19648.21	22173.27	26343.31
7017.66	8536.60	10467.11	11782.83	13381.75	15709.60	17545.15	20053.91	25961.32	30722.64	35179.00	42899.91
1147.20	1346.65	1632.99	1925.57	2021.82	2837.25	3300.69	3550.94	3941.55			
707.12	907.36	1156.51	1340.13	1561.11	1844.65	2155.94	2463.43	2962.97			
1222.73	1256.20	1256.67	1166.06	1086.77	998.19	1053.05	943.99	1117.77			
837.34	1134.36	1399.29	1683.42	2040.32	2627.80	3047.84	3644.33	5252.66			
285.43	111.11	153.75	194.66	206.97	143.32	140.52	152.83	132.83			
101.8	99.3	101.1	103.6	101.7	101.0	104.4	105.3	100.0	102.9	105.0	102.1
100.0	98.8	100.2	102.8	100.6	100.6	103.6	104.9	99.4	102.7	104.7	101.6
24.60	25.59	26.53	26.92	29.64	30.69	31.69	32.98	34.24	34.71	36.31	38.43

1-2 续表 2

类别		Category		1999	2000
人均总收入	(元)	Annual Per Capita Gross Income of Rural Households	(yuan)	3646	3872
人均纯收入	(元)	Annual Per Capita Disposable Income of Rural Households	(yuan)	2550	2659
人均总支出	(元)	Annual Per Capita Gross Expenditure of Rural Households	(yuan)	2846	3036
#购置生产性固定资产	(元)	Expenditure for Purchasing Productive Fixed Assets	(yuan)	97	108
生活消费支出	(元)	Living Expenditure of Rural Households	(yuan)	1680	1771
城镇居民生活		**Urban's Livelihood**			
人均全年可支配收入	(元)	Annual Per Capita Disposable Income of Urban Households	(yuan)	5809	6490
人均全年消费性支出	(元)	Annual Per Capita Consumption Expenditure of Urban Households	(yuan)	4515	5022
人均全年非消费支出	(元)	Annual Per Capita Non-consumption Expenditure of Urban Households	(yuan)	1082	1037
年末人均建筑面积	(平方米)	Per Captia Construction Area of Buildings	(sq.m)	13.1	13.8
十、农林牧渔业		**Farming,Forestry,Animal Husbandry and Fishery**			
农林牧渔业总产值	(亿元)	Gross Output Value of Farming Forestry, Animal Husbandry and Fishery	(100 million yuan)	2203.0	2294.4
农业	(亿元)	Farming	(100 million yuan)	1254.9	1300.4
林业	(亿元)	Forestry	(100 million yuan)	44.9	47.6
牧业	(亿元)	Animal Husbandry	(100 million yuan)	573.0	599.2
渔业	(亿元)	Fishery	(100 million yuan)	330.2	347.1
农林牧渔服务业	(亿元)	Services for Agriculture	(100 million yuan)		
农业生产情况		**Farming**			
粮食总产量	(万吨)	Total Output of Grain	(10 000 tons)	4269.0	3837.7
粮食单产	(千克/公顷)	Grain	(kilogram/hectare)	5271	4938
棉花总产量	(万吨)	Total Output of Cotton	(10 000 tons)	39.2	59.0
棉花单产	(千克/公顷)	Cotton	(kilogram/hectare)	1072	1085
油料总产量	(万吨)	Total Output of Oil-bearing Crops	(10 000 tons)	320.5	356.9
油料单产	(千克/公顷)	Oil-bearing Crops	(kilogram/hectare)	3614	3730
肉类总产量	(万吨)	Total Output of Grain	(10 000 tons)	524.5	500.0
猪存栏	(万头)	Number of Pigs	(10 000 heads)	2560.5	2401.8
牛存栏	(万头)	Number of Cattles	(10 000 heads)	977.3	779.9
羊存栏	(万只)	Number of Sheep and Goats	(10 000 heads)	2536.2	2260.1
家禽存栏	(万只)	Number of Poultry	(10 000 heads)	53332.0	47789.9
猪出栏	(万头)	Slaughtered Pigs	(10 000 heads)	3248.1	3213.2
牛出栏	(万头)	Slaughtered Cattle	(10 000 heads)	391.1	322.2
羊出栏	(万只)	Slaughtered Sheep	(10 000 heads)	2838.8	2375.7
家禽出栏	(万只)	Slaughtered Poultry	(10 000 heads)	100246.0	91195.0
禽蛋产量	(万吨)	Poultry Eggs	(10 000 tons)	349.1	301.0
奶类产量	(万吨)	Milk	(10 000 tons)	61.3	62.7
水产品总产量	(吨)	Total Aquatic Products	(tons)	6277843	6306551
海水产品	(吨)	Seawater Aquatic Products	(tons)	5440155	5375169
海洋捕捞	(吨)	Catching in Ocean	(tons)	3003387	2780483
海水养殖	(吨)	Seawater Aquiculture	(tons)	2436767	2594685
淡水产品产量	(吨)	Freshwater Aquatic Products	(tons)	837689	931382
捕捞量	(吨)	Catching	(tons)	80002	81214
养殖量	(吨)	Freshwater Aquiculture	(tons)	757687	850168
水产品养殖面积	(万亩)	Aquiculture Area	(10 000 mu)	722.8	788.4
海水	(万亩)	Seawater Aquiculture Area	(10 000 mu)	336.1	420.7
淡水	(万亩)	Freshwater Aquiculture Area	(10 000 mu)	386.6	367.6
十一、工业		**Industry**			
工业总产值	(亿元)	Gross Industrial Output Value	(100 million yuan)	11195.5	12509.5
#国有经济	(亿元)	State-owned Enterprises	(100 million yuan)	2058.5	2474.5
集体经济	(亿元)	Collective-owned Enterprises	(100 million yuan)	2219.0	2394.0

continued

2001	2002	2003	2004	2005	2006	2007	2008	2009	2010	2011	2012
4139	4306	4482	5038	5677	6189	7150	8137	8684	9877	12147	13645
2805	2954	3150	3507	3931	4368	4985	5641	6119	6990	8342	9446
3327	3439	3521	3999	4561	5090	5863	6697	7258	7981	10299	11463
102	92	84	108	117	149	111	124	234	192	295	205
1905	1998	2133	2389	2736	3144	3622	4077	4417	4807	5901	6776
7101	7615	8400	9438	10745	12192	14265	16305	17811	19946	22792	25755
5252	5596	6069	6674	7457	8468	9667	11007	12013	13118	14561	15778
1133	1905	2221	2352	2432	3249	3522	3640	4060	4298	4781	4879
14.2	24.6	25.7	26.4	28.5	29.3	29.8	31.3	31.8	32.1	33.2	33.4
2454.0	2526.1	2902.5	3453.9	3741.8	4058.6	4766.2	5613.0	6003.1	6650.9	7409.8	7945.8
1401.3	1420.9	1599.3	1891.7	2034.0	2283.3	2604.1	2895.7	3224.0	3670.1	3843.6	3960.6
47.2	48.3	53.7	59.5	57.6	65.5	82.0	102.2	101.3	86.5	100.0	107.0
654.7	698.4	831.3	1022.8	1125.0	1025.4	1313.0	1704.9	1683.8	1774.5	2171.9	2285.9
350.7	358.5	370.0	426.1	465.5	522.9	580.4	686.3	747.4	847.4	999.1	1267.1
		48.1	53.8	59.7	161.5	186.8	223.9	246.6	272.5	295.1	325.1
3720.6	3292.7	3435.5	3516.7	3917.4	4093.0	4148.8	4260.5	4316.3	4335.7	4426.3	4511.4
5201	4763	5355	5570	5837	5848	5981	6125	6140	6120	6194	6264
78.1	72.2	87.7	109.8	84.6	102.3	100.1	104.1	92.1	72.4	78.5	69.8
1062	1086	994	1036	1000	1149	1112	1172	1151	945	1043	1012
377.3	340.4	361.8	369.7	363.9	328.2	328.6	340.6	334.5	342.2	341.0	351.0
3743	3458	3572	3913	4044	4136	4097	4192	4247	4193	4227	4409
531.5	559.7	591.0	621.7	657.8	681.0	618.7	660.31	684.13	704.36	711.05	764.16
2500.3	2602.8	2686.1	2761.0	2772.0	2508.5	2656.5	2725.8	2753.1	2747.6	2837.1	2902.4
778.5	787.9	804.3	771.5	750.4	632.7	570.7	522.5	485.6	483.7	492.9	499.3
2357.2	2466.8	2543.3	2667.5	2646.0	2368.3	2342.3	2142.9	2096.9	2138.9	2150.9	2163.8
50263.7	53236.2	55031.3	56875.6	54641.3	52100.3	48779.5	53971.8	52028.8	54110.0	58541.2	64050.3
3370.7	3566.2	3765.9	4060.4	4263.5	4389.9	3654.0	3916.7	4155.7	4301.1	4234.2	4599.9
359.6	380.1	396.5	413.2	425.7	436.6	449.7	458.2	454.3	449.3	433.4	437.3
2530.1	2646.5	2731.2	2869.4	3003.0	3026.2	3080.7	3098.8	3057.1	3005.1	2901.2	2915.7
99493.7	105550.4	113458.2	122660.6	145089.4	151090.9	139652.9	152889.1	156864.2	163295.6	173553.9	188715.2
311.6	328.3	349.1	355.8	363.2	353.9	359.9	365.6	377.7	384.8	401.6	402.4
80.5	103.9	132.1	167.9	196.7	212.4	242.2	254.9	258.2	271.6	279.0	294.1
6196988	6277536	6378795	6486528	6648983	6837469	7133795	7303048	7535939	7838259	8138280	8418840
5266599	5403654	5456872	5528613	5655207	5783299	5986873	6094766	6263895	6463345	6647212	6860649
2511170	2457272	2421393	2440631	2421396	2359570	2451596	2481256	2449591	2350888	2512437	2498206
2755430	2946382	3035479	3087982	3233811	3423729	3535277	3613510	3814304	3962643	4134775	4362443
930389	873882	921923	957915	993776	1054170	1146922	1208282	1272044	1374914	1491068	1558191
79991	71142	91019	93484	110887	117390	114368	129643	128342	130896	135378	139308
850397	802740	830904	864431	882889	936780	1032554	1078639	1143702	1244018	1355690	1418883
829.4	802.5	930.9	1014.3	1033.1	840.0	885.0	993.5	1029.3	1136.5	1174.4	1205.2
435.0	439.2	537.5	598.0	611.1	564.6	609.3	639.3	662.1	751.4	768.2	785.6
394.4	363.4	393.4	416.3	422.0	275.4	275.7	354.1	367.2	385.1	406.2	419.6
13277.4	15588.5	19891.5	26295.2	35387.4	43900.2	54428.3	62958.5	71209.4	83851.4	99505.0	114707.3
1223.5	1377.0	1484.0	2087.3	1982.9	2307.8	2988.1	4577.2	4074.7	5486.1	6200.8	5022.1
2078.3	2348.8	2526.4	2819.3	2264.9	2469.7	2922.8	2464.1	2775.7	2632.6	2983.4	3129.1

1-2 续表 3

类 别		Category		1999	2000
按轻重工业分		**Grouped by Light & Heavy Industries**			
轻工业	(亿元)	Light Industry	(100 million yuan)	5373.7	5964.7
重工业	(亿元)	Heavy Industry	(100 million yuan)	5821.8	6544.8
十二、交通运输邮电		**Transport,Posts and Telecommunications**			
铁路通车里程	(公里)	Length of Railways	(km)	2672	2672
公路通车里程	(公里)	Length of Highways	(km)	67847	70686
#晴雨通车	(公里)	Length of Highways Operating under All Weathers	(km)	67055	70038
内河通航里程	(公里)	Length of Navigable Inland Waterways	(km)	1476	1476
客运量	(万人)	Passenger Traffic	(10 000 persons)	59350	66128
铁 路	(万人)	Railways	(10 000 persons)	3670	3840
公 路	(万人)	Highways	(10 000 persons)	54817	61466
水 路	(万人)	Waterways	(10 000 persons)	863	822
客运周转量	(百万人公里)	Passenger Turnover	(million passenger-km)	51828	54873
铁 路	(百万人公里)	Railways	(million passenger-km)	20568	22180
公 路	(百万人公里)	Highways	(million passenger-km)	28846	32358
水 路	(百万人公里)	Waterways	(million passenger-km)	414	335
货运量	(万吨)	Freight Traffic	(10 000 tons)	80212	92483
铁 路	(万吨)	Railways	(10 000 tons)	10553	11253
公 路	(万吨)	Highways	(10 000 tons)	67696	76778
水 路	(万吨)	Waterways	(10 000 tons)	1956	4452
货运周转量	(百万吨公里)	Freight Turnover	(million ton-km)	127304	403315
铁 路	(百万吨公里)	Railways	(million ton-km)	73588	79964
公 路	(百万吨公里)	Highways	(million ton-km)	35350	40575
水 路	(百万吨公里)	Waterways	(million ton-km)	18330	282776
邮政局总计	(处)	Number of Post & Telecommunications Offices	(unit)	4414	3011
邮路总长度	(万公里)	Length of Postal Routes	(10 000 km)	18.53	16.95
函 件	(万件)	Number of Letters	(10 000 pcs)	35138	32878
电信业务总量	(亿元)	Business Volume of Telecommunication Services	(10 000 yuan)	141.2	186.5
长话电路	(路)	Long-distance Telephone Lines	(line)	163381	222500
长途电话	(万次)	Number of Long Distance Telephone Calls	(10 000 times)	96553	96010
市内电话	(万户)	Number of Urban Telephone Calls	(10 000 subscribers)	413.8	547.0
农村电话	(万户)	Number of Rural Telephone Calls	(10 000 subscribers)	283.8	559.0
十三、国内贸易		**Domestic Trade**			
社会消费品零售总额	(亿元)	Total Retail Sales of Consumer Goods	(100 million yuan)	2872.82	3264.05
市	(亿元)	City	(100 million yuan)	1763.91	2017.18
县	(亿元)	County	(100 million yuan)	275.79	313.35
县以下	(亿元)	Under County Level	(100 million yuan)	833.12	933.52
按行业分		**By Sector**			
批零贸易业	(亿元)	Wholesale and Retail Trades	(100 million yuan)	1807.00	2075.94
住宿和餐饮业	(亿元)	Hotels and Catering Services	(100 million yuan)	281.54	339.46
其他行业	(亿元)	Others	(100 million yuan)	135.02	156.67
十四、对外贸易和旅游		**Foreign Economy and Trade,Tourism**			
对外贸易		Foreign Economy and Trade			
海关进出口总值	(万美元)	Total Value of Imports and Exports	(10 000 USD)	1827094	2498998
海关出口总值	(万美元)	Total Exports	(10 000 USD)	1157909	1552905
#一般贸易	(万美元)	General Trade	(10 000 USD)	541405	746563
来料加工装配贸易	(万美元)	Processing and Assembling with Customer's Materials	(10 000 USD)	218625	293008
进料加工贸易	(万美元)	Processing and Assembling with Import Materials	(10 000 USD)	394880	507050

continued

2001	2002	2003	2004	2005	2006	2007	2008	2009	2010	2011	2012
6437.4	7630.5	9049.5	11383.0	13124.1	15638.9	19011.8	21315.3	24195.8	27161.8	31019.1	36682.8
6840.0	7958.1	10842.1	14912.3	22263.3	28261.4	35416.5	41643.3	47013.6	56689.6	68485.8	78024.5
2709	2709	3236	3348	3402	3405	3379	3329	3620	3833	4177	4306
71128	74029	76266	77768	80132	204911	212236	220687	226693	229858	233189	244586
70701	73665	75948	77483	79854	203363	211279	219525	225235	228906	232264	243779
1476	1476	1012	1012	1012	1012	1012	1012	1012	1150	1150	1150
70497	74626	75492	89388	98485	109472	123963	213387	234234	248720	250469	264935
3723	3566	3324	3857	3952	4757	5127	5470	5806	6041	6609	7650
65787	69948	71053	84290	93178	103298	117309	205917	226134	240044	241457	254711
987	1112	1115	1241	1355	1417	1527	2000	2294	2635	2403	2574
59432	64294	61769	74799	82778	93014	106879	141867	158713	164471	172751	183196
23373	24644	22024	26696	28268	32223	34039	36694	37993	42135	45872	50951
35573	39173	39223	47545	53910	60128	72022	104569	119723	121151	125691	130995
486	477	522	558	600	663	818	604	997	1185	1188	1250
99464	107454	117712	132036	147999	167511	198507	247489	284463	298055	314962	330270
12426	13624	17167	17862	18338	19126	19923	20872	19596	18056	19711	19814
81574	89714	95900	106887	120455	136750	163959	216604	251587	264366	279380	296752
5464	4116	4645	7287	9206	11635	14625	10013	13280	15633	15871	13704
467545	304075	342906	478309	558286	665521	642854	1010234	1095569	1174705	1258364	1099119
84815	92525	107157	111109	121908	151159	131151	134133	134139	144775	152606	149384
41143	46009	50987	59606	71182	84510	106926	511792	604502	621680	662435	705922
341587	165541	184762	307594	365196	429852	404777	364309	356928	408250	443323	243813
3040	3012	3007	3009	3025	3043	3046	2934	2862	2840	2851	2856
15.93	16.47	15.70	16.20	17.34	16.96	17.38	17.68	18.08	6.80	6.60	7.30
31400	51496	58220	50087	24075	44356	47157	46362	52074	53963	46014	45663
230.0	276.0	332.6	484.6	675.5	928.7	1179.9	1426.2	1586.8	1920.9	723.6	797.6
108000	135000	268530	510000	290996	462662	350028	413082				
101682	99470	149245	121275	152883	148631	157152	124858	123510			
661.0	790.0	1008.0	1314.0	1410.9	1380.5	1377.6	1398.4	1291.3	1193.5	1087.6	1071.3
827.0	950.0	1085.0	1198.0	1275.7	1256.7	1211.5	1053.7	965.0	829.6	809.0	786.8
3634.60	4078.02	4644.86	5290.50	6166.94	7217.13	8607.45	10658.76	12362.97	14620.30	17155.49	19651.94
2253.45	2577.31	2977.36	3320.64	3890.93	4593.55	5488.52	6766.32	8038.46			
352.56	379.26	469.13	588.76	687.50	804.90	971.12	1240.07	1437.80			
1028.59	1121.45	1198.37	1381.10	1588.51	1818.68	2147.81	2652.37	2886.71			
2340.68	2691.49	3836.66	4444.04	5173.89	6044.60	7205.96	9314.97	10348.40			
399.81	477.13	585.25	661.06	776.51	925.47	1123.47	1063.78	1673.61			
174.46	187.59	222.95	185.40	216.54	247.06	278.02	280.00	340.96			
2896313	3394175	4465752	6078136	7688876	9528817	12261798	15814480	13860378	18895058	23599191	24554487
1812899	2111511	2657285	3587286	4625113	5864717	7524374	9317486	7956530	10424695	12578809	12873171
913253	1089063	1400709	1799792	2310122	3013461	3800924	4739880	3637582	4973019	6466907	6875045
310013	341530	392861	483369	594991	655916	679014	722044	697915	750340	842878	867657
579125	669958	845249	1252126	1668351	2083042	2863332	3573434	3296132	4230872	4737751	4566215

1-2 续表 4

类 别		Category		1999	2000
海关进口总值	(万美元)	Total Imports	(10 000 USD)	669185	946093
利用外资		**Utilization of Foreign Capital**			
合同项目个数	(个)	Number of Contracts	(unit)	1745	2733
#外商直接投资	(个)	Direct Foreign Investments	(unit)	1717	2728
合同外资金额	(万美元)	Total Amount of Contracted Foreign Capital	(10 000 USD)	421333	561066
#外商直接投资	(万美元)	Direct Foreign Investments	(10 000 USD)	311087	507435
实际利用外资金额	(万美元)	Total Amount of Foreign Capital Actually Utilized	(10 000 USD)	374464	381243
#外商直接投资	(万美元)	Direct Foreign Investments	(10 000 USD)	246878	297119
对外承包工程和劳务合作		**Foreign Contracted Projects Labor Cooperation**			
合同个数	(个)	Number of Contracts	(unit)	1116	1250
合同金额	(万美元)	Contracted Value	(10 000 USD)	67729	61601
营业额	(万美元)	Value of Business	(10 000 USD)	63615	45229
年末在外人数	(人)	Population in Foreign Countries and Regions	(person)	30979	35028
旅 游		**Tourism**			
接待海外旅游人数	(人次)	International Tourists	(person-times)	622033	723145
外国人	(人次)	Foreigners	(person-times)	417911	480090
港澳台胞	(人次)	Compatriots from Hong Kong Macao and Taiwan	(person-times)	196880	243055
旅游外汇收入	(万元)	Foreign Exchange Earnings	(10 000 yuan)	219592	260839
旅游外汇收入	(万美元)	Foreign Exchange Earnings	(10 000 USD)	26522	31513
人民币对主要外币年平均汇价(中间价)		**Average Exchange Rate of RMB Yuan Against Main Convertible Currencies (Middle Rate)**			
100美元	(人民币元)	100 US Dollars	(RMB yuan)	827.96	827.72
100日元	(人民币元)	100 Japanese Yen	(RMB yuan)	8.07	7.39
100港元	(人民币元)	100 Hong Kong Dollars	(RMB yuan)	106.53	106.08
十五、教 育		**Education**			
普通高等学校		**Regular Institutions of Higher Education**			
学校数	(所)	Number of Schools	(unit)	52	58
教职工数	(人)	Teachers and Staff	(person)	49624	54910
#专任教师	(人)	Full-time Teachers	(person)	21252	24764
招生数	(人)	New Enrollment	(person)	82410	124817
在校学生数	(人)	Total Enrollment	(person)	213679	303826
毕业生数	(人)	Graduates	(person)	49612	49687
中等专业学校基本情况		**Secondary Professional Schools**			
学校数	(所)	Number of Schools	(unit)	251	243
招生数	(人)	New Enrollment	(person)	122331	93493
毕业生数	(人)	Graduates	(person)	106740	103629
在校学生数	(人)	Total Enrollment	(person)	344062	333184
教职工数	(人)	Teachers and Staff	(person)	39274	37241
#专任教师	(人)	Full-time Teachers	(person)	21311	20409
普通中学基本情况		**Regular Senior Secondary Schools**			
学校数	(所)	Number of Schools	(unit)	4586	4575
招生数	(万人)	New Enrollment	(10 000 persons)	222.20	234.18
毕业生数	(万人)	Graduates	(10 000 persons)	164.88	167.96
在校学生数	(万人)	Total Enrollment	(10 000 persons)	620.43	678.60
教职工数	(人)	Teachers and Staff	(person)	414538	430754
#专任教师	(人)	Full-time Teachers	(person)	333884	350353
技工学校基本情况		**Technical Schools**			
学校数	(所)	Number of Schools	(unit)	302	279
招生数	(人)	New Enrollment	(person)	50896	48008
毕业生数	(人)	Graduates	(person)	71460	66546
在校学生数	(人)	Total Enrollment	(person)	161531	137718

注：2010年起，中等专业学校数据改为中等职业学校口径。

continued

2001	2002	2003	2004	2005	2006	2007	2008	2009	2010	2011	2012
1083414	1282664	1808467	2490850	3063763	3664100	4737424	6496994	5903848	8470390	11020382	11681316
3058	4072	5305	5890	6415	4030						
3047	4065	5305	5890	6415	4030	2717	1527	1468	1632	1433	1333
715880	1186072	1989296	2144647	2884398	1645089						
672040	1130680	1341413	2028958	2749510	1624175	1173880	1014959	871045	1363381	1579081	1655717
424886	652124	1125985	982105	1101441	1020966						
362093	558603	709371	870064	897072	1000069	1101159	820246	801007	916833	1116022	1235267
1580	1380	1322	1879	2171	2513	2642	2880	2397	3075		
104622	134098	124243	146590	164091	392134	540344	754137	932312	1092504	948287	988209
55913	83133	99213	151568	174518	232293	301928	358867	509083	602415	819857	898864
36489	43554	52077	62705	71610	83974	93797	90623	96421	102149	108662	103736
828664	976841	776725	1193101	1551056	1931342	2496437	2537575	3100379	3667909	4242277	4699116
592413	741366	615457	961697	1247842	1560436	2020311	2065007	2411857	2778699	3123264	3422261
236251	235475	161268	231404	303214	370906	476126	472568	688522	889210	1119013	1276855
316518	391076	306360	468922	639142	808382	1027946	966397	1205874	1458866	1647486	1845554
38241	47249	37013	56655	78023	101405	135185	139148	176530	215506	255076	292365
827.70	827.70	827.70	827.68	819.17	797.18	760.40	694.51	683.10	676.95	645.88	631.25
6.81	6.62	7.15	7.66	7.45	6.86	6.46	6.74	7.30	7.73	8.11	7.90
106.08	106.07	106.24	106.23	105.30	102.62	97.46	89.19	88.12	87.13	82.97	81.38
65	75	85	97	104	109	111	114	128	133	139	137
64362	72408	84391	93653	109920	121167	128761	134072	136753	139100	142698	142370
30902	37412	45457	53847	64636	74676	81889	87432	89734	91413	94621	96058
183553	218719	273894	327452	400573	445034	453479	514176	501082	495722	497292	498621
449360	583601	761417	946124	1171284	1338122	1440378	1534009	1592974	1631373	1645589	1658490
69583	94697	117253	166959	224611	268384	355735	411143	431598	444003	472882	474266
200	165	154	145	134	130	135	130	124	640	591	560
92215	115941	94625	87889	86044	90432	98634	93217	99212	426954	444703	404670
110827	111333	64046	65953	75076	79902	92275	83077	88355	439337	386564	380451
310508	314135	256655	260276	257161	264456	283231	271905	271993	1131621	1177130	1147012
28002	27005	23630	21621	20406	20563	20985	20308	19981	78769	74232	71449
15607	15369	13761	12771	12193	12634	13223	13224	13093	55465	53569	52430
4684	4648	4606	4569	4404	4175	4039	3893	3750	3645	3569	3522
220.94	201.65	192.94	192.32	179.71	164.60	162.49	160.54	160.24	164.12	161.83	159.88
188.59	205.62	222.82	213.80	207.29	196.70	191.02	172.88	158.65	156.89	157.80	153.20
702.18	689.17	654.34	628.34	592.49	554.04	520.31	502.14	499.34	501.07	501.58	492.64
451014	461898	468627	473687	470584	462298	454920	445545	442447	438787	462765	464942
359665	369664	374811	379100	377133	372370	370255	367658	372550	372082	376760	376819
278	249	244	249	229	197	200	197	196	209	208	213
53283	83186	105896	121444	138505	148625	159954	161000	147000	136995	149407	154546
55769	49634	46247	58834	78091	98239	110278	121000	140300	133615	123404	113066
132122	165386	212811	274432	325924	357648	385325	415000	396200	397719	381503	401207

a)Data of secondary professional schools refer to the caliber of secondary vocational school since 2010 .

1-2 续表 5

类别		Category		1999	2000
教职工数	(人)	Teachers and Staff	(person)	28871	24484
#专任教师	(人)	Full-time Teachers	(person)	14531	14066
小学基本情况		**Regular Primary Schools**			
学校数	(所)	Number of Schools	(unit)	29453	26017
招生数	(万人)	New Enrollment	(10 000 persons)	116.04	104.48
毕业生数	(万人)	Graduates	(10 000 persons)	191.40	195.12
在校学生数	(万人)	Total Enrollment	(10 000 persons)	870.72	774.88
教职工数	(人)	Teachers and Staff	(person)	451063	440161
#专任教师	(人)	Full-time Teachers	(person)	418828	408200
成人高等学校基本情况		**Adult Institutions of Higher Education**			
学校数	(所)	Number of Schools	(unit)	40	40
招生数	(人)	New Enrollment	(person)	87117	82423
毕业生数	(人)	Graduates	(person)	61611	70810
在校学生数	(人)	Total Enrollment	(person)	221161	219977
教职工数	(人)	Teachers and Staff	(person)	14335	14090
#专任教师	(人)	Full-time Teachers	(person)	7131	7084
十六、科 技		**Science**			
重要科技成果		**Major Scientific Achievements**			
成果数量	(项)	Number of Achievements	(unit)	3688	3728
农 业	(项)	Agricultural	(unit)	557	575
工 业	(项)	Industry	(unit)	1270	1289
国际领先先进水平	(项)	Internationally Advanced	(unit)	744	599
国内领先先进水平	(项)	Nationally Advanced	(unit)	2737	2861
省内领先先进水平	(项)	Provincial Advanced	(unit)	207	182
专利情况		**Patent Applications**			
申请量	(件)	Number of Patent Applications Examined	(unit)	8589	10019
授权量	(件)	Number of Patent Applications Granted	(unit)	6536	6962
十七、卫生、文化事业基本情况		**Public Health and Culture**			
卫生机构床位数	(万张)	Number of Beds in Health Institutions	(10 000 units)	21.3	21.5
卫生技术人员数	(万人)	Medical Technical Personnel	(10 000 persons)	30.8	31.5
#医生数	(万人)	Doctors	(10 000 persons)	13.9	14.5
文化(艺术)馆		**Cultural(Arts) Centers**			
机构数	(个)	Number of Institutions	(unit)	158	159
人 数	(人)	Number of Employed Persons	(person)	3194	3055
文化站		**Cultural Stations**			
机构数	(个)	Number of Institutions	(unit)	2493	2422
人 数	(人)	Number of Employed Persons	(person)	3293	3304
艺术表演团体		**Arts Performance Troupes**			
机构数	(个)	Number of Institutions	(unit)	117	118
人 数	(人)	Number of Employed Persons	(person)	6077	5943
剧场(院)		**Theaters and Music Halls**			
机构数	(个)	Number of Institutions	(unit)	107	105
人 数	(人)	Number of Employed Persons	(person)	2544	2473
图书馆		**Libraries**			
机构数	(个)	Number of Institutions	(unit)	133	133
人 数	(人)	Number of Employed Persons	(person)	2555	2506
博物馆		**Museums**			
机构数	(个)	Number of Institutions	(unit)	57	59
人 数	(人)	Number of Employed Persons	(person)	1663	1633

continued

2001	2002	2003	2004	2005	2006	2007	2008	2009	2010	2011	2012
23152	22190	20684	21370	22049	22309	26744	24700	24963	18183	24379	29909
16060	13072	13371	14607	15058	16211	23586	18847	19378	14962	21050	21451
21342	19590	18303	16943	15871	14611	14064	13503	12858	12405	12047	11573
101.36	107.26	107.86	110.17	104.27	107.18	111.46	104.61	101.78	111.30	119.40	109.55
176.17	144.10	128.24	124.69	113.31	101.69	103.87	107.48	109.47	110.26	106.82	106.16
699.19	662.59	642.78	627.80	615.37	623.02	634.01	632.98	626.81	629.25	644.07	627.67
422905	414600	410968	410264	410394	415117	420353	420552	421057	417504	393612	387203
390374	383816	380066	378793	377729	381673	386641	387957	389962	387453	386280	382562
34	29	27	24	24	24	23	22	21	18	17	17
103165	111023	128242	132313	108707	95858	106857	152713	136048	133191	147677	166515
57373	69723	79518	107645	118379	34999	97584	93079	105081	110347	144703	120404
255775	316605	373086	268112	258521	295189	297085	355307	377343	388741	386481	428180
13911	11797	9877	11056	11481	12775	12627	7390	6240	4225	3951	4286
6841	6182	5300	6247	6683	7516	7537	4840	4142	2946	2731	2917
3112	3018	2896	3028	2408	2313	2346	2330	2364	2367	2379	2393
494	452	433	454	320	338	330	301	306	391	305	338
1138	1117	1071	1120	539	630	704	677	849	751	723	853
506	486	466	485	534	448	543	592	751	676	647	609
2439	2371	2276	2392	1741	1742	1662	1618	1412	1316	1296	1349
167	161	154	151	133	123						
11168	12855	15794	18388	28835	38284	46849	60247	66857	80856	109599	128614
6724	7293	9067	9733	10743	15937	22821	26688	34513	51490	58843	75522
21.8	22.1	21.8	23.2	25.1	25.9	28.3	32.0	34.7	38.2	41.6	47.3
31.8	32.2	31.1	32.3	32.5	33.7	34.6	37.6	40.6	44.1	48.2	53.0
14.9	15.4	13.4	13.9	14.1	14.6	15.0	16.0	16.9	17.8	18.6	20.1
159	156	157	159	158	158	157	156	158	158	160	158
2975	2935	2968	3136	2982	3058	3012	3025	3115	3055	3086	3033
1912	1866	1792	1783	1768	1857	1826	1826	1867	1855	1828	1821
2943	3019	3022	3190	3166	3330	3715	3754	4593	4543	4643	4987
121	121	120	118	117	118	119	119	118	119	116	104
5990	6030	5988	5995	6066	6250	6163	6254	6279	6268	6163	5722
105	104	104	95	94	95	92	90	82	91	93	93
2444	2434	2353	2088	1881	2098	1937	1827	1640	1904	2134	2083
136	140	140	142	145	143	145	147	150	149	150	150
2503	2559	2573	2633	2690	2624	2640	2606	2669	2680	2697	2647
66	70	73	72	75	76	87	96	111	114	120	178
1611	1566	1634	1684	1723	1770	1915	2064	2307	2456	2787	4353

1-3 国民经济和社会发展主要指标增长速度

单位:%

类别	Category	1999	2000
一、人　口	**Population**		
年末总人口	Population at the Year-end	0.5	1.3
按性别分	**By Sex**		
男	Male	0.5	0.6
女	Female	0.6	0.6
按农业非农业分	**Agricultural and Non-agricultural Population**		
农业人口	Agricultural Population	0.4	-0.5
非农业人口	Non-agricultural Population	1.1	3.8
人口密度	Population Density	0.5	1.2
二、就业人员和劳动工资	**Employment and Wages**		
年末就业人员	Year-end Employed Persons	0.5	2.4
第一产业	Primary Industry	-0.9	2.7
第二产业	Secondary Industry	-0.0	3.2
第三产业	Tertiary Industry	4.4	0.9
乡村就业人员	Rural Employed Persons	0.5	-0.8
城镇就业人员	Urban Employed Persons	0.5	9.3
职工年末人数	Number of Staff and Workers at the Year-end	-3.3	-2.4
#国有单位	State-owned Units	-4.8	-4.3
城镇集体单位	Urban Collective-owned Units	-10.3	-12.8
工资总额	Total Wages Bill	7.8	12.1
#国有单位	State-owned Units	7.1	10.2
城镇集体单位	Urban Collective-owned Units	-2.4	-2.2
平均工资	Average Wage	11.7	14.6
#国有单位	State-owned Units	12.3	15.1
城镇集体单位	Urban Collective-owned Units	9.4	12.0
三、国民经济核算	**National Accounting**		
地区生产总值	Gross Domestic Product	10.0	10.3
第一产业	Primary Industry	4.7	3.8
第二产业	Secondary Industry	12.1	12.0
工　业	Industry	12.2	12.2
建筑业	Construction	10.5	9.7
第三产业	Tertiary Industry	9.3	10.4
交通运输仓储邮电通信业	Transportation Post and Telecommunication Services	11.2	11.3
批发零售贸易餐饮业	Wholesale Retail and Catering	12.6	11.6
人均地区生产总值	Per Capita GDP	9.7	9.0
居民消费水平	**Household Consumption Expenditure**		
全省居民	Average Expenditure of All Residents	10.1	8.2
农村居民	Rural Residents	6.7	5.6
城镇居民	Urban Residents	13.4	9.1
四、固定资产投资	**Investment in Fixed Assets**		
全社会固定资产投资额	Total Investment in Fixed Assets	8.0	14.4
国有经济	State-Owned Units	11.1	10.6
集体经济	Collective-Owned Units	4.2	6.9
个体经济	Individuals Economy	13.3	13.9
其他经济	Others	-0.4	52.7

注：1.2000和2010年年末总人口增速根据人口普查数据计算。
2.2010年起，工资总额、平均工资增长速度为城镇单位就业人员口径。

Growth Rates of Main Indicators on National Economic and Social Development

(%)

2001	2002	2003	2004	2005	2006	2007	2008	2009	2010	2011	2012
0.5	0.5	0.5	0.6	0.7	0.7	0.6	0.5	0.6	1.2	0.5	0.5
0.5	0.5	0.4	0.6	0.5	0.7	0.7	0.5	0.6	1.0	0.6	-0.0
0.6	0.5	0.5	0.6	0.6	0.8	0.7	0.6	0.6	0.9	0.5	-0.2
-0.9	-1.1	-2.5	-1.0	-2.4	-0.2	-2.4	-0.8	0.7	-3.5	-0.9	-1.5
4.5	4.7	7.6	4.2	6.6	2.6	6.4	2.8	0.5	8.2	2.8	1.9
0.5	0.5	0.3	0.7	0.5	0.5	0.7	0.5	0.7	1.2	0.5	0.4
0.6	0.9	1.7	1.9	2.0	2.0	2.0	1.7	1.7	1.7	1.3	1.1
-0.8	-3.3	-4.7	-3.6	-7.5	-1.0	-2.7	2.1	-0.7	-1.1	-2.7	-2.0
1.8	5.1	7.2	7.2	12.7	5.0	6.4	-1.7	3.0	3.6	4.7	2.7
2.8	6.1	9.1	6.4	6.5	3.1	3.7	5.1	3.3	3.0	2.3	2.5
-0.8	-0.3	0.4	-0.1	-0.7	-0.8	-0.4	-0.4	-0.5	-0.5	-0.1	-0.0
3.3	3.4	4.2	5.5	6.4	6.5	5.6	4.6	4.6	4.4	3.0	2.3
-2.5	-0.7	-0.3	1.8	12.2	0.4	0.6	-0.8	1.9	3.4	5.4	5.4
-4.2	-5.0	-1.2	-0.8	-14.0	-1.6	0.6	0.6	-0.1	2.2	-3.0	1.7
-11.5	-10.9	-9.6	-9.3	-5.8	-5.9	-3.0	-6.4	0.6	0.4	3.5	3.6
11.3	12.2	10.0	16.0	30.1	15.6	19.7	15.2	14.6	17.3	24.9	17.0
10.2	9.1	7.7	13.8	6.6	12.9	20.3	14.9	11.4	15.2	12.0	12.7
-1.4	2.6	6.2	6.7	8.6	7.7	15.4	11.8	16.2	20.3	23.8	18.8
14.1	13.7	10.5	14.0	15.9	15.7	18.8	15.6	12.4	13.3	12.9	11.4
14.6	15.5	9.4	14.7	23.7	15.0	19.7	14.2	11.6	11.5	12.9	10.2
11.6	14.4	18.4	16.8	16.3	14.5	19.1	19.3	15.2	15.5	15.8	14.5
10.0	11.7	13.4	15.3	15.0	14.7	14.2	12.0	12.2	12.3	10.9	9.8
4.2	2.5	5.6	7.0	4.8	5.2	4.0	5.1	4.2	3.6	4.0	4.7
11.0	15.0	16.8	19.3	17.4	16.6	15.8	12.0	13.9	12.8	11.7	10.5
11.2	14.6	17.5	21.1	18.1	17.2	16.6	12.6	12.8	12.8	12.5	11.1
9.3	18.0	11.6	5.0	12.0	11.1	8.2	6.4	25.4	12.6	5.1	5.9
11.2	10.9	11.4	12.3	14.4	14.5	14.6	13.9	11.2	13.5	11.3	9.8
20.0	0.9	11.6	33.2	14.4							
13.9	13.6	10.8	7.5	11.6							
9.1	11.2	12.9	14.7	14.5	13.9	13.5	11.4	11.6	11.3	10.2	9.2
7.6	8.1	7.5	9.9	15.2	15.4	13.6	13.3	10.8	10.4	9.6	10.4
4.9	3.8	3.9	4.0	13.0	14.8	15.2	12.1	11.1	11.6	13.2	15.6
7.8	8.3	6.8	11.1	13.3	13.4	11.5	12.7	9.5	8.4	6.6	6.9
10.4	25.0	51.8	43.2	38.2	19.6	24.2	23.1	23.3	22.3	21.8	20.2
0.3	6.9	30.6	9.1	5.2	2.9	4.4	32.3	26.9	18.2	3.7	12.0
1.3	18.0	44.8	108.7	-57.6	19.3	37.3	42.7	27.5	13.8	3.3	21.6
8.5	26.9	50.6	5.3	254.4	34.8	34.0	22.3	20.1	24.3	26.6	25.8
62.5	68.3	85.4	46.4	86.1	18.8	29.3	16.5	23.0	24.9	14.7	50.1

a)Growth rate on Total population of 2000 and 2010 are based on the national population census.
b)Since 2010,data of total wages bill and average wage refer to the range of employed persons in urban.

1-3 续表 1

单位:%

类 别	Category	1999	2000
五、能 源	**Energy**		
能源生产总量	Total Energy Production	-1.1	-6.5
原 煤	Coal	0.2	-10.6
原 油	Crude Oil	-2.4	0.4
天燃气	Natural Gas	-27.1	-6.2
水 电	Hydro-power	160.7	4.1
水电和风电	Hydro and Wind Power		
六、财 政	**Government Finance**		
公共财政预算收入	Local Government Budgetary Revenue	14.8	14.6
#增值税	Value Added Tax	11.5	14.7
营业税	Business Tax	5.0	11.0
企业所得税	Company Income Tax	35.0	29.6
个人所得税	Personal Income Tax	301.0	31.9
资源税	Resource Tax	-64.3	4.1
城市维护建设税	Urban Maintenance and Development Tax	81.6	16.0
房产税	Tax on Real Estates	-40.4	15.4
城镇土地使用税	Urban Land Using Tax	51.2	22.8
土地增值税	Land Value-added Tax	17.7	111.9
车船税	Tax on Vehicle and License	10.9	64.2
行政性收费收入	Incom from Adiministrative Fees	25.7	43.9
公共财政预算支出	Local Government Budgetary Expenditure	12.8	11.5
#基本建设支出	Expenditure for Capital Construction	2.1	-9.2
城市维护费	City Maintenance	-4.4	10.7
支援农业支出	Expenditure for Supporting Rural Production	6.8	2.3
文教科学卫生事业费	Operating Expenses for Culture,Education,Science and Health Care	9.7	15.5
行政管理费	Expenditure for Government Administration	8.6	14.2
#一般公共服务	General Public Service		
教育	Education		
社会保障和就业	Social Security and Employment		
医疗卫生	Health		
农林水事务	Farming、Forestry and Irrigation Affairs		
七、金 融	**Fiancial Intermediation**		
金融机构人民币存款余额	RMB Deposits	14.0	13.8
#企业存款	Deposits by Enterprises	14.9	20.4
财政存款	Fiscal Deposits	32.5	30.7
农业存款	Agricultural Deposits	22.8	24.6
储蓄存款	Urban and Rural Household Savings Deposits	10.0	8.7
金融机构人民币贷款余额	RMB Loans	11.2	9.3
#工业贷款	Loans to Industrial Sector	6.1	-4.4
农业贷款	Loans to Agricultural Sector	5.9	19.1
商业贷款	Loans to Commercial Sector	4.6	-11.1
基建贷款	Loans to Capital Construction	43.4	31.5
技改贷款	Loans to Technical Innovation	0.0	6.2
八、价格指数	**Price Indices**		
居民消费价格总指数	Consumer Price Index	-0.7	0.2
商品零售物价总指数	Retail Price Index	-2.9	-1.4
九、居民生活	**People's Livelihood**		
农民生活	Rural's Livelihood		
人均年末生活用房面积	Per Capita Living Floor Space(the End of Year)	4.9	-5.8
人均总收入	Annual Per Capita Gross Income of Rural Households	2.4	6.2
人均纯收入	Annual Per Capita Disposable Income of Rural Households	3.9	4.3
人均总支出	Annual Per Capita Gross Expenditure of Rural Households	2.3	6.7
#购置生产性固定资产	Expenditure for Purchasing Productive Fixed Assets	4.4	10.8
生活消费支出	Living Expenditure of Rural Households	5.3	5.4

continued

(%)

2001	2002	2003	2004	2005	2006	2007	2008	2009	2010	2011	2012
19.7	14.6	8.6	0.1	-2.8	0.6	3.8	0.0	-0.1	10.0	1.8	5.6
33.0	22.3	12.3	-0.1	-4.2	0.2	4.8	-0.2	-0.7	14.3	2.9	7.2
-0.3	0.1	-0.2	0.3	0.8	2.3	1.4	0.2	1.0	-1.5	-0.2	-0.2
23.7	-11.9	8.0	13.7	10.0	-15.9	-4.1	13.9	6.1	7.5	-46.4	15.4
42.1	5.6	-80.7	122.7	226.5	13.8	-47.8	188.4				
									113.8	59.4	48.4
23.6	25.3	21.3	28.9	29.6	26.4	23.5	16.8	12.3	25.0	25.7	17.5
11.8	10.9	13.4	-8.0	66.3	25.8	19.8	14.8	-2.8	16.6	9.4	5.9
5.7	26.9	23.0	21.9	23.4	24.8	25.0	16.6	18.8	34.2	21.3	17.1
82.1	-47.4	-15.3	29.5	28.8	33.8	33.9	15.9	-4.2	33.1	35.9	10.8
49.5	-16.0	-16.3	22.8	21.7	17.9	24.0	7.6	5.8	25.3	19.2	-1.5
3.6	51.6	7.3	29.0	35.0	43.3	10.9	-0.6	13.9	1.5	15.2	137.5
5.2	6.0	44.2	23.7	20.1	18.9	17.9	12.6	4.7	19.9	37.4	10.7
6.3	26.9	16.7	9.4	22.5	18.0	14.6	6.6	22.4	11.7	14.5	36.2
1.0	31.5	69.0	6.9	39.1	22.2	83.4	57.0	16.7	13.9	15.1	33.6
43.6	62.0	218.0	65.5	58.4	53.0	47.7	12.4	19.9	51.0	59.6	37.4
14.2	19.9	11.0	1.9	13.5	14.7	17.2	68.0	39.9	31.5	27.7	20.6
32.1	33.8	40.2	20.1	18.8	23.3	8.4	13.0	5.1	18.3	37.3	9.5
23.0	14.2	17.4	17.7	23.3	25.0	23.4	19.6	20.8	26.8	20.7	18.0
38.8	7.5	44.6	-5.7	17.4	16.6						
24.9	12.8	25.0	29.3	33.2	24.6						
16.3	16.5	10.8	18.3	22.5	21.0						
15.4	18.3	11.5	21.1	21.4	21.1						
19.5	21.1	24.8	16.9	24.1	18.4						
						21.6	11.0	4.7	11.1	13.6	14.1
						34.3	21.5	11.3	25.6	36.0	25.2
						28.4	13.2	20.3	21.6	20.3	18.9
						31.4	40.9	34.8	32.5	43.7	17.4
						22.7	44.3	57.0	26.2	21.0	19.5
13.8	20.5	21.4	16.7	17.8	14.8	12.4	22.0	28.8	18.5	12.7	17.2
11.1	18.6	24.1	14.0	6.5	15.8	23.8	15.6	46.7	15.6		
49.2	15.6	12.7	51.9	15.0	32.1	39.6	11.7	62.2	18.2	8.1	5.7
19.4	27.1	18.9	11.4	18.7	22.7	9.0	3.7	47.7	-57.9		
13.4	14.7	16.6	14.1	17.0	14.6	10.4	25.7	18.8	15.0	12.9	18.8
13.0	21.6	22.6	12.6	13.6	17.4	11.7	14.3	29.5	18.3	14.5	21.9
15.4	17.4	21.3	17.9	5.0	40.3	16.3	7.6	11.0			
33.9	28.3	27.5	15.9	16.5	18.2	16.9	14.3	20.3			
8.7	2.7	0.0	-7.2	-6.8	-8.2	5.5	-10.4	18.4			
14.5	35.5	23.4	20.3	21.2	28.8	16.0	19.6	44.1			
6.6	-61.1	38.4	26.6	6.3	-30.8	-2.0	8.8	-13.1			
1.8	-0.7	1.1	3.6	1.7	1.0	4.4	5.3	持平	2.9	5.0	2.1
持平	-1.2	0.2	2.8	0.6	0.6	3.6	4.9	-0.6	3.3	4.7	1.6
4.2	4.0	3.7	1.5	10.1	3.5	3.3	4.1	3.8	1.4	4.6	5.8
6.9	4.0	4.1	12.4	12.7	9.0	15.5	13.8	6.7	13.7	23.0	12.3
5.5	5.3	6.7	11.3	12.1	11.1	14.1	13.2	8.5	14.2	19.3	13.2
9.6	3.4	2.4	13.6	14.1	11.6	15.2	14.2	8.4	10.0	29.0	11.3
-5.7	-9.1	-9.3	28.6	8.7	27.5	-25.6	11.6	88.7	-17.9	53.4	-30.3
7.6	4.9	6.8	12.0	14.5	14.9	15.2	12.6	8.3	8.8	22.7	14.8

1-3 续表 2

单位:%

类 别	Category	1999	2000
城镇居民生活	**Urban's Livelihood**		
人均全年可支配收入	Annual Per Capita Disposable Income of Urban Households	8.0	11.7
人均全年消费性支出	Annual Per Capita Consumption Expenditure of Urban Households	9.0	11.2
人均全年非消费支出	Annual Per Capita Non-consumption Expenditure of Urban Households	0.2	-4.2
年末人均建筑面积	Per Captia Construction Area of Buildings	2.2	5.0
十、农林牧渔业	**Farming,Forestry,Animal Husbandry and Fishery**		
农林牧渔业总产值	**Gross Output Value of Farming Forestry,Animal Husbandry and Fishery**	**5.5**	**3.9**
农 业	Farming	4.4	4.0
林 业	Forestry	0.2	6.2
牧 业	Animal Husbandry	6.8	5.4
渔 业	Fishery	7.2	0.5
农林牧渔服务业	Services for Agriculture		
农业生产情况	**Farming**		
粮食总产量	Total Output of Grain	0.1	-10.1
粮食单产	Grain	0.5	-6.3
棉花总产量	Total Output of Cotton	-5.1	50.5
棉花单产	Cotton	7.6	1.2
油料总产量	Total Output of Oil-bearing Crops	-4.5	11.4
油料单产	Oil-bearing Crops	-7.5	3.2
肉类总产量	Total Output of Grain	5.3	-4.7
猪存栏	Number of Pigs	3.0	-6.2
牛存栏	Number of Cattles	7.2	-20.2
羊存栏	Number of Sheep and Goats	9.2	-10.9
家禽存栏	Number of Poultry	10.0	-10.4
猪出栏	Slaughtered Pigs	4.0	-1.1
牛出栏	Slaughtered Cattle	10.2	-17.6
羊出栏	Slaughtered Sheep	12.7	-16.3
家禽出栏	Slaughtered Poultry	9.8	-9.0
禽蛋产量	Poultry Eggs	8.4	-13.8
奶类产量	Milk	13.5	2.3
水产品总产量	Total Aquatic Products	6.8	0.5
海水产品	Seawater Aquatic Products	6.3	-1.2
海洋捕捞	Catching in Ocean	0.0	-7.4
海水养殖	Seawater Aquiculture	15.3	6.5
淡水产品产量	Freshwater Aquatic Products	10.4	11.2
捕捞量	Catching	-0.4	1.5
养殖量	Freshwater Aquiculture	11.7	12.2
水产品养殖面积	Aquiculture Area	11.2	9.1
海 水	Seawater Aquiculture Area	18.7	25.2
淡 水	Freshwater Aquiculture Area	5.5	-4.9
十一、工 业	**Industry**		
工业总产值	**Gross Industrial Output Value**	**11.9**	**17.9**
#国有经济	State-owned Enterprises	-0.3	6.2
集体经济	Collective-owned Enterprises	-0.1	17.7
按轻重工业分	**Grouped by Light & Heavy Industries**		
轻工业	Light Industry	8.9	20.0
重工业	Heavy Industry	10.8	15.9

continued

(%)

2001	2002	2003	2004	2005	2006	2007	2008	2009	2010	2011	2012
9.4	14.5	10.3	12.4	13.9	13.5	17.0	14.3	9.2	12.0	14.3	13.0
4.6	6.6	8.5	10.0	11.7	13.6	14.1	13.9	9.1	9.2	11.0	8.4
9.2	68.1	16.6	5.9	3.4	33.6	8.4	3.4	11.5	5.9	11.2	2.1
3.1		4.5	2.8	8.0	2.8	1.7	5.1	1.5	0.9	3.4	0.8
4.0	**1.1**	**5.5**	**5.7**	**5.2**	**5.2**	**3.3**	**5.1**	**4.3**	**3.6**	**3.8**	**4.7**
4.1	-2.5	6.5	5.9	3.9	5.4	3.4	3.6	2.7	2.5	3.9	2.5
-6.2	-4.5	7.6	0.8	-3.7	10.7	7.8	13.9	9.9	9.9	9.3	3.4
7.4	6.8	5.7	6.1	7.3	4.4	0.8	5.9	5.2	3.9	2.5	7.7
-1.4	2.3	1.7	4.4	6.7	3.9	4.7	5.9	6.2	4.9	4.4	4.1
		11.5	8.0	9.2	18.8	10.8	13.3	10.1	9.9	7.2	7.7
-3.1	-11.5	4.3	2.4	11.4	4.5	1.4	2.7	1.3	0.4	2.1	1.9
5.3	-8.4	12.4	4.0	4.8	0.2	2.3	2.4	0.2	-0.3	1.2	1.1
32.4	-7.6	21.5	25.2	-23.0	20.9	-2.2	4.0	-11.5	-21.4	8.4	-11.0
-2.1	2.3	-8.5	4.2	-3.5	14.9	-3.2	5.4	-1.8	-17.9	10.4	-3.0
5.7	-9.8	6.3	2.2	-1.6	-9.8	0.1	3.7	-1.8	2.3	-0.4	2.9
0.4	-7.6	3.3	9.6	3.4	2.3	-0.9	2.3	1.3	-1.3	0.8	4.3
6.3	5.3	5.6	5.2	5.8	3.5	-9.1	6.7	3.6	3.0	1.0	7.5
4.1	4.1	3.2	2.8	0.4	-9.5	5.9	2.6	1.0	-0.2	3.3	2.3
-0.2	1.2	2.1	-4.1	-2.7	-15.7	-9.8	-8.4	-7.1	-0.4	1.9	1.3
4.3	4.6	3.1	4.9	-0.8	-10.5	-1.1	-8.5	-2.1	2.0	0.6	0.6
5.2	5.9	3.4	3.4	-3.9	-4.7	-6.4	10.6	-3.6	4.0	8.2	9.4
4.9	5.8	5.6	7.8	5.0	3.0	-16.8	7.2	6.1	3.5	-1.6	8.6
11.6	5.7	4.3	4.2	3.0	2.6	3.0	1.9	-0.8	-1.1	-3.6	0.9
6.5	4.6	3.2	5.1	4.7	0.8	1.8	0.6	-1.3	-1.7	-3.5	0.5
9.1	6.1	7.5	8.1	18.3	4.1	-7.6	9.5	2.6	4.1	6.3	8.7
3.5	5.4	6.3	1.9	2.1	-2.6	1.7	1.6	3.3	1.9	4.4	0.2
28.3	29.1	27.1	27.2	17.1	8.0	14.0	5.3	1.3	5.2	2.7	5.4
-1.7	1.3	1.6	1.7	2.5	2.8	4.3	2.4	3.2	4.0	3.8	3.4
-2.0	2.6	1.0	1.3	2.3	2.3	3.5	1.8	2.8	3.2	2.8	3.2
-9.7	-2.1	-1.5	0.8	-0.8	-2.6	3.9	1.2	-1.3	-4.0	6.9	-0.6
6.2	6.9	3.0	1.7	4.7	5.9	3.3	2.2	5.6	3.9	4.3	5.5
-0.1	-6.1	5.5	3.9	3.7	6.1	8.8	5.3	5.3	8.1	8.4	4.5
-1.5	-11.1	27.9	2.7	18.6	5.9	-2.6	13.4	-1.0	2.0	3.4	2.9
0.0	-5.6	3.5	4.0	2.1	6.1	10.2	4.5	6.0	8.8	9.0	4.7
5.2	-3.2	16.0	9.0	1.8	-18.7	5.4	12.3	3.6	10.4	3.3	2.6
3.4	1.0	22.4	11.3	2.2	-7.6	7.9	4.9	3.6	13.5	2.2	2.3
7.3	-7.9	8.3	5.8	1.4	-34.7	0.1	28.4	3.7	4.9	5.5	3.3
10.6	**13.9**	**21.6**	**30.3**	**36.6**	**21.2**	**22.8**	**14.1**	**20.1**	**12.1**	**12.0**	**17.2**
-45.6	14.4	1.3	14.6	16.6	13.7	28.2	19.2	-5.4	-11.8	6.6	-17.7
-14.2	7.2	5.8	19.7	-25.1	6.6	16.5	9.0	19.7	11.7	6.9	6.6
11.9	15.9	14.4	30.3	11.3	17.9	23.9	16.0	20.6	12.5	7.7	20.2
8.9	22.2	29.8	30.2	57.7	22.4	24.1	11.5	19.9	11.9	14.0	15.8

1-3 续表 3

单位:%

类别	Category	1999	2000
十二、交通运输邮电	**Transport,Posts and Telecommunications**		
铁路通车里程	Length of Railways	0.5	持平
公路通车里程	Length of Highways	5.8	4.2
#晴雨通车	Length of Highways Operating under All Weathers	6.2	4.5
内河通航里程	Length of Navigable Inland Waterways	4.4	持平
客运量	Passenger Traffic	16.6	11.4
铁 路	Railways	13.9	4.6
公 路	Highways	18.0	12.1
水 路	Waterways	-0.6	-4.8
客运周转量	Passenger Turnover	14.6	5.9
铁 路	Railways	12.2	7.8
公 路	Highways	17.3	12.2
水 路	Waterways	-14.3	-19.1
货运量	Freight Traffic	4.4	15.3
铁 路	Railways	3.2	6.6
公 路	Highways	4.6	13.4
水 路	Waterways	4.8	14.1
货运周转量	Freight Turnover	7.2	26.7
铁 路	Railways	11.7	8.7
公 路	Highways	3.0	14.8
水 路	Waterways	-1.0	70.9
邮政局总计	Number of Post & Telecommunications Offices	-18.0	-31.8
邮路总长度	Length of Postal Routes	22.7	-8.5
函 件	Number of Letters	6.1	-6.4
电信业务总量	Business Volume of Telecommunication Services	5.5	32.1
长话电路	Long-distance Telephone Lines	65.4	36.2
长途电话	Number of Long Distance Telephone Calls	-0.5	-0.6
市内电话	Number of Urban Telephone Calls	19.4	32.2
农村电话	Number of Rural Telephone Calls	58.0	97.0
十三、国内贸易	**Domestic Trade**		
社会消费品零售总额	**Total Retail Sales of Consumer Goods**	**12.0**	**13.6**
市	City	12.2	14.4
县	County	12.0	13.6
县以下	Under County Level	11.6	12.1
按行业分	**By Sector**		
批零贸易业	Wholesale and Retail Trades	12.9	14.9
餐饮业	Catering Services	18.1	20.6
其他行业	Others	7.4	16.0
十四、对外贸易和旅游	**Foreign Economy and Trade,Tourism**		
对外贸易	Foreign Economy and Trade		
海关进出口总值	Total Value of Imports and Exports	10.0	36.8
海关出口总值	Total Exports	11.9	34.1
#一般贸易	General Trade	18.1	37.9
来料加工装配贸易	Processing and Assembling with Customer's Materials	26.9	34.0
进料加工贸易	Processing and Assembling with Import Materials	-0.3	28.4
海关进口总值	Total Imports	6.7	41.4

continued

(%)

2001	2002	2003	2004	2005	2006	2007	2008	2009	2010	2011	2012
1.4	持平	19.5	3.5	1.6	0.1	-0.8	-1.5	8.7	5.9	9.0	3.1
0.6	4.1	3.0	2.0	3.0	155.7	3.6	4.0	2.7	1.4	1.4	4.9
1.0	4.2	3.1	2.0	3.1	154.7	3.9	3.9	2.6	1.6	1.5	5.0
持平	持平	-31.4	持平	持平	持平	持平	持平	持平	13.6	持平	持平
6.6	5.9	1.2	18.4	10.2	11.2	13.2	72.1	9.8	6.2	0.7	5.8
-3.1	-4.2	-6.8	16.0	2.5	20.4	7.8	6.7	6.1	4.0	9.4	15.7
7.0	6.3	1.6	18.6	10.5	10.9	13.6	75.5	9.8	6.2	0.6	5.5
20.1	12.7	0.3	11.3	9.2	4.6	7.8	31.0	14.7	14.9	-8.8	7.1
8.3	8.2	-3.9	21.1	10.7	12.4	14.9	32.7	11.9	3.6	5.0	6.0
5.4	5.4	-10.6	21.2	5.9	14.0	5.6	7.8	3.5	10.9	8.9	11.1
9.9	10.1	0.1	21.2	13.4	11.5	19.8	45.2	14.5	1.2	3.7	4.2
45.1	-1.9	9.4	6.9	7.5	10.5	23.4	-26.1	65.0	18.9	0.3	5.2
7.6	8.0	9.6	12.2	12.1	13.2	18.5	24.7	14.9	4.8	5.7	4.9
10.4	9.6	26.0	4.1	2.7	4.3	4.2	4.8	-6.1	-7.9	9.2	0.5
6.3	10.0	6.9	11.5	12.7	13.5	19.9	32.1	16.2	5.1	5.7	6.2
22.7	-24.7	12.9	56.9	26.3	26.4	25.7	-31.5	32.6	17.7	1.5	3.5
15.9	-35.0	12.8	39.5	16.7	19.2	-3.4	57.1	8.4	7.2	7.1	-12.7
6.1	9.1	15.8	3.7	9.7	24.0	-13.2	2.3	0.0	7.9	5.4	-2.1
1.4	11.8	10.8	16.9	19.4	18.7	26.5	378.6	18.1	2.8	6.6	6.6
20.8	-51.5	11.6	66.5	18.7	17.7	-5.8	-10.0	-2.0	14.4	8.6	5.5
1.0	-0.9	-0.2	0.1	0.5	0.6	0.1	-3.7	-2.5	-0.8	0.4	0.2
-6.0	3.4	-4.7	3.2	6.8	-2.0	2.5	1.7	2.4	-62.4	-2.9	10.6
-4.5	64.0	13.1	-14.0	-51.9	84.2	6.3	-1.7	12.3	3.6	-14.7	-0.8
23.3	20.0	20.5	45.7	39.4	37.5	27.1	20.9	11.3	21.1	14.8	10.2
-51.5	25.0	98.9	89.9	-42.9	59.0	-24.3	18.0				
5.9	-2.2	50.0	-18.7	26.1	-2.8	5.7	-20.6	-1.1			
20.8	19.5	27.6	30.4	7.4	-2.2	-0.2	1.5	-7.7	-7.6	-9.2	-1.5
47.9	14.9	14.2	10.4	6.5	-1.5	-3.6	-13.0	-8.4	-14.0	-2.5	-2.7
11.4	**12.2**	**13.9**	**13.9**	**16.6**	**17.0**	**19.3**	**23.8**	**16.0**	**18.3**	**17.3**	**14.6**
11.7	14.4	15.5	11.5	17.2	18.1	19.5	23.3	18.8			
12.5	7.6	23.7	25.5	16.8	17.1	20.7	27.7	15.9			
10.2	9.0	6.9	15.3	15.0	14.5	18.1	23.5	8.8			
12.8	15.0	42.6	15.8	16.4	16.8	19.2	29.3	11.1			
17.8	19.3	22.7	13.0	17.5	19.2	21.4	-5.3	57.3			
11.4	7.5	18.9	-16.8	16.8	14.1	12.5	0.7	21.8			
15.9	17.2	31.6	36.1	26.5	23.9	28.7	29.0	-12.4	36.3	24.9	4.1
16.7	16.5	25.9	35.0	28.9	26.8	28.3	23.8	-14.6	31.0	20.7	2.4
22.3	19.3	28.6	28.5	28.4	30.5	26.1	24.7	-23.3	36.7	30.0	6.3
5.8	10.2	15.0	23.0	23.1	10.2	3.5	6.3	-3.3	7.5	12.3	2.9
14.2	15.7	26.2	48.1	33.2	24.9	37.5	24.8	-7.8	28.4	12.0	-3.6
14.5	18.4	41.0	37.7	23.0	19.6	29.3	37.1	-9.1	43.5	30.1	6.0

1-3 续表 4

单位:%

类 别	Category	1999	2000
利用外资	**Utilization of Foreign Capital**		
合同利用外商直接投资	Direct contracted Foreign Investments	40.2	63.1
实际利用外商直接投资	Direct Foreign Investments	11.1	20.4
对外承包工程和劳务合作	**Foreign Contracted Projects Labor Cooperation**		
合同个数	Number of Contracts (unit)	-13.9	12.0
合同金额	Contracted Value	-8.1	-9.1
营业额	Value of Business	36.8	-28.9
年末在外人数	Population in Foreign Countries and Regions	6.4	13.1
旅 游	**Tourism**		
接待海外旅游人数	International Tourists	2.3	16.3
外国人	Foreigners	12.4	14.9
港澳台胞	Compatriots from Hong Kong Macao and Taiwan	-11.5	23.5
旅游外汇收入(人民币)	Foreign Exchange Earnings(RMB)	20.8	18.8
旅游外汇收入(美元)	Foreign Exchange Earnings(USD)	20.8	18.8
人民币对主要外币年平均汇价(中间价)	**Average Exchange Rate of RMB Yuan Against Main Convertible Currencies (Middle Rate)**		
100美元	100 US Dollars	0.0	0.0
100日元	100 Japanese Yen	27.1	-8.5
100港元	100 Hong Kong Dollars	-0.3	-0.4
十五、教 育	**Education**		
普通高等学校	**Regular Institutions of Higher Education**		
学校数	Number of Schools	6.1	11.5
招生数	New Enrollment	30.8	51.5
毕业生数	Graduates	-3.6	0.2
在校学生数	Total Enrollment	14.0	42.2
教职工数	Teachers and Staff	-1.3	10.7
#专任教师	Full-time Teachers	3.3	16.5
中等专业学校	**Secondary Professional Schools**		
学校数	Number of Schools	-1.2	-3.2
招生数	New Enrollment	6.4	-23.6
毕业生数	Graduates	7.3	-2.9
在校学生数	Total Enrollment	5.2	-3.2
教职工数	Teachers and Staff	0.3	-5.2
#专任教师	Full-time Teachers	1.7	-4.2
普通中学	**Regular Senior Secondary Schools**		
学校数	Number of Schools	-1.1	-0.2
招生数	New Enrollment	10.4	5.4
毕业生数	Graduates	3.1	1.9
在校学生数	Total Enrollment	8.6	9.4
教职工数	Teachers and Staff	2.4	3.9
#专任教师	Full-time Teachers	3.4	4.9
技工学校	**Technical Schools**		
学校数	Number of Schools	-1.0	-7.6
招生数	New Enrollment	-8.6	-5.7
毕业生数	Graduates	20.5	-6.9
在校学生数	Total Enrollment	-14.3	-14.7

continued

(%)

2001	2002	2003	2004	2005	2006	2007	2008	2009	2010	2011	2012
32.4	68.3	86.7	51.3	35.5	-40.9	7.4	-10.0	-14.2	56.5	15.8	4.9
21.9	54.3	48.9	22.7	3.1	11.5	10.1	10.2	-2.3	14.5	21.7	10.7
26.4	-12.7	-4.2	42.1	15.5	15.8	5.1	9.0	-16.8	28.3		
69.8	28.2	-7.4	18.0	11.9	139.0	37.8	39.6	23.6	17.2	-13.2	4.2
23.6	48.7	19.3	52.8	15.1	33.1	30.0	18.9	41.9	18.3	36.1	9.6
4.2	19.4	19.6	20.4	14.2	17.3	11.7	-3.4	6.4	5.9	6.4	-4.5
14.6	17.9	-20.5	53.6	30.0	24.5	29.3	1.7	22.2	18.3	15.7	10.8
23.4	25.1	-17.0	56.3	29.8	25.1	29.5	2.2	16.8	15.2	12.4	9.6
-2.8	-0.3	-31.5	43.5	31.0	22.3	28.4	-0.8	45.7	29.1	25.8	14.1
21.4	23.6	-21.7	53.1	36.3	26.5	27.2	-6.0	24.8	21.0	12.9	12.0
21.4	23.6	-21.7	53.1	37.7	30.0	33.3	2.9	26.9	22.1	18.4	14.6
持平	持平	持平	持平	-1.0	-2.7	-4.6	-8.7	-1.6	-0.9	-4.6	-2.3
-7.9	-2.7	7.9	7.1	-2.7	-7.9	-5.8	4.3	8.3	5.9	4.9	-2.5
持平	0.0	0.2	0.0	-0.9	-2.6	-5.0	-8.5	-1.2	-1.1	-4.8	-1.9
12.1	15.4	13.3	14.1	7.2	4.8	1.8	2.7	12.3	3.9	4.5	-1.4
47.1	19.2	25.2	19.6	22.3	11.1	1.9	13.4	-2.5	-1.1	2.6	-0.2
40.0	36.1	23.8	42.4	34.5	19.5	32.5	15.6	5.0	2.9	3.5	1.5
47.9	29.9	30.5	24.3	23.8	14.2	7.6	6.5	3.8	2.4	0.3	0.3
17.2	12.5	16.6	11.0	17.4	10.2	6.3	4.1	2.0	1.7	0.9	0.8
24.8	21.1	21.5	18.5	20.0	15.5	9.7	6.8	2.6	1.9	6.5	0.3
-17.7	-17.5	-6.7	-5.8	-7.6	-3.0	3.8	-3.7	-4.6		-7.7	-5.2
-1.4	25.7	-18.4	-7.1	-2.1	5.1	9.1	-5.5	6.4		4.2	-9.0
7.0	0.5	-42.5	3.0	13.8	6.4	15.5	-10.0	6.4		-12.0	-1.6
-6.8	1.2	-18.3	1.4	-1.2	2.8	7.1	-4.0	0.0		4.0	-2.6
-24.8	-3.6	-12.5	-8.5	-5.6	0.8	2.1	-3.2	-1.6		-5.8	-3.7
-23.5	-1.5	-10.5	-7.2	-4.5	3.6	4.7	0.0	-1.0		-3.4	-2.1
2.4	-0.8	-0.9	-0.8	-3.6	-5.2	-3.3	-3.6	-3.7	-2.8	-2.1	-1.3
-5.7	-8.7	-4.3	-0.3	-6.6	-8.4	-1.3	-1.2	-0.2	2.4	-1.4	-1.2
12.3	9.0	8.4	-4.1	-3.0	-5.1	-2.9	-9.5	-8.2	-1.1	0.6	-2.9
3.5	-1.9	-5.1	-4.0	-5.7	-6.5	-6.1	-3.5	-0.6	0.3	0.1	-1.8
4.7	2.4	1.5	1.1	-0.7	-1.8	-1.6	-2.1	-0.7	-0.8	5.5	0.5
2.7	2.8	1.4	1.1	-0.5	-1.3	-0.6	-0.7	1.3	-0.1	1.3	0.02
-0.4	-10.4	-2.0	2.1	-8.0	-14.0	1.5	-1.5	-0.5	6.6	-0.5	2.4
11.0	56.1	27.3	14.7	14.1	7.3	7.6	0.7	-8.7	-6.8	9.1	3.4
-16.2	-11.0	-6.8	27.2	32.7	25.8	12.3	9.7	16.0	-4.8	-7.6	-8.4
-4.1	25.2	28.7	29.0	18.8	9.7	7.7	7.7	-4.5	0.4	-4.1	5.2

1-3 续表 5

单位:%

类别	Category	1999	2000
教职工数	Teachers and Staff	-14.6	-15.2
#专任教师	Full-time Teachers	3.5	-3.2
小　学	**Regular Primary Schools**		
学校数	Number of Schools	-14.6	-11.7
招生数	New Enrollment	-20.7	-10.0
毕业生数	Graduates	10.1	1.9
在校学生数	Total Enrollment	-8.5	-11.0
教职工数	Teachers and Staff	-3.6	-2.4
#专任教师	Full-time Teachers	-3.8	-2.5
成人高等学校	**Adult Institutions of Higher Education**		
学校数	Number of Schools	-13.0	持平
招生数	New Enrollment	18.3	-5.4
毕业生数	Graduates	0.0	14.9
在校学生数	Total Enrollment	11.3	-0.5
教职工数	Teachers and Staff	10.1	-1.7
#专任教师	Full-time Teachers	8.8	-0.7
十六、科　技	**Science**		
重要科技成果	**Major Scientific Achievements**		
成果数量	Number of Achievements	3.7	1.1
#农　业	Agricultural	-9.3	3.2
工　业	Industry	-16.2	1.5
国际领先先进水平	Internationally Advanced	2.8	-19.5
国内领先先进水平	Nationally Advanced	8.8	4.5
省内领先先进水平	Provincial Advanced	-34.9	-12.1
专利情况	**Patent Applications**		
申请量	Number of Patent Applications Examined	13.1	16.7
授权量	Number of Patent Applications Granted	58.4	6.5
十七、卫生、文化事业	**Public Health and Culture**		
卫生机构床位数	Number of Beds in Health Institutions	2.7	0.7
卫生技术人员数	Medical Technical Personnel	2.3	2.3
#医生数	Doctors	4.5	4.3
文化(艺术)馆	**Cultural (Arts) Centers**		
机构数	Number of Institutions	持平	0.6
人　数	Number of Employed Persons	-1.8	-4.4
文化站	**Cultural Stations**		
机构数	Number of Institutions	-0.0	-2.9
人　数	Number of Employed Persons	-1.4	0.3
艺术表演团体	**Arts Performance Troupes**		
机构数	Number of Institutions	-0.9	0.9
人　数	Number of Employed Persons	-1.5	-2.2
剧场(院)	**Theaters and Music Halls**		
机构数	Number of Institutions	持平	-1.9
人　数	Number of Employed Persons	-1.3	-2.8
图书馆	**Libraries**		
机构数	Number of Institutions	1.5	持平
人　数	Number of Employed Persons	0.8	-1.9
博物馆	**Museums**		
机构数	Number of Institutions	1.8	3.5
人　数	Number of Employed Persons	17.0	-1.8

continued

(%)

2001	2002	2003	2004	2005	2006	2007	2008	2009	2010	2011	2012
-5.4	-4.2	-6.8	3.3	3.2	1.2	19.9	-7.6	1.1	-27.2	34.1	22.7
14.2	-18.6	2.3	9.2	3.1	7.7	45.5	-20.1	2.8	-22.8	40.7	1.9
-18.0	-8.2	-6.6	-7.4	-6.3	-7.9	-3.7	-4.0	-4.8	-3.5	-2.9	-3.9
-3.0	5.8	0.6	2.1	-5.4	2.8	4.0	-6.2	-2.7	9.4	7.3	-8.2
-9.7	-18.2	-11.0	-2.8	-9.1	-10.3	2.1	3.5	1.9	0.7	-3.1	-0.6
-9.8	-5.2	-3.0	-2.3	-2.0	1.2	1.8	-0.2	-1.0	0.4	2.4	-2.5
-3.9	-2.0	-0.9	-0.2	0.0	1.2	1.3	0.1	0.1	-0.8	-5.7	-1.6
-4.4	-1.7	-1.0	-0.3	-0.3	1.0	1.3	0.3	0.5	-0.6	-0.3	-1.0
-15.0	-14.7	-6.9	-11.1	持平	持平	-4.2	-4.4	-4.5	-14.3	-5.6	持平
25.2	7.6	15.5	3.2	-17.8	-11.8	11.5	42.9	-10.9	-2.1	10.9	12.8
-19.0	21.5	14.1	35.4	10.0	-70.4	178.8	-4.6	12.9	5.0	31.1	-16.8
16.3	23.8	17.8	-28.1	-3.6	14.2	0.6	19.6	6.2	3.0	-0.6	10.8
-1.3	-15.2	-16.3	11.9	3.8	11.3	-1.2	-41.5	-15.6	-32.3	-6.5	8.5
-3.4	-9.6	-14.3	17.9	7.0	12.5	0.3	-35.8	-14.4	-28.9	-7.3	6.8
-16.5	-3.0	-4.0	4.6	-20.5	-4.0	1.4	-0.7	1.5	0.1	0.5	0.6
-14.1	-8.5	-4.2	4.9	-29.5	5.6	-2.4	-8.8	1.7	27.8	-22.0	10.8
-11.7	-1.9	-4.1	4.6	-51.9	16.9	11.7	-3.8	25.4	-11.5	-3.7	18.0
-15.5	-4.0	-4.1	4.1	10.1	-16.1	21.2	9.0	26.9	-10.0	-4.3	-5.9
-14.8	-2.8	-4.0	5.1	-27.2	0.1	-4.6	-2.6	-12.7	-6.8	-1.5	4.1
-8.2	-3.6	-4.4	-2.0	-11.9	-7.5						
11.5	15.1	22.9	16.4	56.8	32.8	22.4	28.6	11.0	20.9	35.5	17.3
-3.4	8.5	24.3	7.4	10.4	48.4	43.2	16.9	29.3	49.2	14.3	28.3
1.5	1.3	-1.4	6.2	8.4	3.4	9.1	13.1	8.4	10.1	8.9	13.8
1.1	1.2	-3.4	3.9	0.6	3.6	2.8	8.7	8.0	8.6	9.2	10.0
2.6	3.6	-13.0	3.9	1.5	3.7	2.5	6.7	5.6	5.3	4.5	7.8
持平	-1.9	0.6	1.3	-0.6	持平	-0.6	-0.6	1.3	持平	1.3	-1.3
-2.6	-1.3	1.1	5.7	-4.9	2.6	-1.5	0.4	3.0	-1.9	1.0	-1.7
-21.1	-2.4	-4.0	-0.5	-0.8	5.0	-1.7	持平	2.2	-0.6	-1.5	-0.4
-10.9	2.6	0.1	5.6	-0.8	5.2	11.6	1.0	22.3	-1.1	2.2	7.4
2.5	持平	-0.8	-1.7	-0.9	0.9	0.8	持平	-0.8	0.8	-2.5	-10.3
0.8	0.7	-0.7	0.1	1.2	3.0	-1.4	1.5	0.4	-0.2	-1.7	-7.2
持平	-1.0	持平	-8.7	-1.1	1.1	-3.2	-2.2	-8.9	11.0	2.2	持平
-1.2	-0.4	-3.3	-11.3	-9.9	11.5	-7.7	-5.7	-10.2	16.1	12.1	-2.4
2.3	2.9	持平	1.4	2.1	-1.4	1.4	1.4	2.0	-0.7	0.7	持平
-0.1	2.2	0.6	2.3	2.2	-2.5	0.6	-1.3	2.4	0.4	0.6	-1.9
11.9	6.1	4.3	-1.4	4.2	1.3	14.5	10.3	15.6	2.7	5.3	48.3
-1.4	-2.8	4.3	3.1	2.3	2.7	8.2	7.8	11.8	6.5	13.5	56.2

1-4 国民经济主要比例关系
Proportions on National Economic Indicators

单位:% (%)

项 目	Item	2008	2009	2010	2011	2012
一、地区生产总值比例	**Structure of Gross Domestic Product**					
第一产业	Primary Industry	9.6	9.5	9.2	8.8	8.6
第二产业	Secondary Industry	57.0	55.8	54.2	52.9	51.4
第三产业	Tertiary Industry	33.4	34.7	36.6	38.3	40.0
二、国内支出总额比例	**Structure of Government Consumption**					
最终消费	Final Consumption	43.4	40.0	39.1	39.9	41.1
资本形成	Capital Formation	48.2	53.4	54.9	55.0	55.1
三、人口比例	**Structure of Population**					
按性别分	Sexual Structure					
男	Male	50.7	50.7	50.7	50.8	50.8
女	Female	49.3	49.3	49.3	49.2	49.2
按农业非农业分	Agricultural and Non-agricultural Structure					
农业人口	Agricultural Structure	62.4	62.5	59.8	58.9	58.0
非农业人口	Non-agricultural Structure	37.6	37.5	40.3	41.1	42.0
四、社会就业人员比例	**Structure of Employment**					
第一产业	Primary Industry	37.4	36.5	35.5	34.1	33.1
第二产业	Secondary Industry	31.6	32.0	32.6	33.7	34.2
第三产业	Tertiary Industry	31.0	31.5	31.9	32.2	32.7
五、农林牧渔业总产值比例	**Structure of Gross Output Value of Agriculture**					
农 业	Farming	51.6	53.7	55.2	51.9	49.8
林 业	Forestry	1.8	1.7	1.3	1.3	1.3
牧 业	Animal Husbandry	30.4	28.0	26.7	29.3	28.8
渔 业	Fishery	12.2	12.5	12.7	13.5	15.9
农林牧渔服务业	Services of Farming,Forestry,Animal Husbandry and Fishery	4.0	4.1	4.1	4.0	4.1
六、工业总产值中轻重工业比例	**Structure of Output Value of Light and Heavy Industries**					
轻工业	Light Industry	33.9	34.0	32.4	31.2	32.0
重工业	Heavy Industry	66.1	66.0	67.6	68.8	68.0
七、全社会固定资产投资比例	**Structure of Investment in Fixed Assets**					
国有经济	State-owned Units	15.8	16.2	15.7	14.1	12.6
集体经济	Collective-owned Units	11.7	12.1	11.3	10.1	10.0
个体经济	Self-employed Units	28.3	27.5	27.9	30.8	31.6
八、地方财政收入占地区生产总值的比重	**Proportion of Local Government Revenue to GDP**	**6.3**	**6.5**	**7.0**	**7.6**	**8.1**
九、财政支出比例	**Structure of Local Government Expenses**					
一般公共服务支出	General Public Service	17.3	15.0	13.1	12.4	11.9
科学技术	Science and Technology	2.1	1.9	2.0	2.2	2.1
教 育	Education	20.4	18.8	18.6	20.9	22.2
十、金融机构存款余额比例	**Structure of Deposits in Financial Institutions**					
企业存款	Deposits by Enterprises	25.4	28.9	28.2		
储蓄存款	Household Savings Deposits	53.4	49.2	47.8	47.8	48.5
财政存款	Financial Deposits	2.0	2.5	2.5	2.4	2.2

1-5　平均每天社会经济活动

Selected Indicators on Average Daily Social and Economic Activities

指 标 名 称	Item	2008	2009	2010	2011	2012
一、全省每天创造的财富	**Daily Production**					
地区生产总值 （万元）	Gross Domestic Product (10 000 yuan)	851289	928675	1073148	1242790	1370226
工业总产值 （万元）	Gross Output Value of Industry (10 000 yuan)	1724891	1950943	2297299	2726164	3142665
农林牧渔业总产值 （万元）	Gross Output Value of Farming,Forestry, Animal Husbandry and Fishery (10 000 yuan)	153780	164468	182218	203007	217692
地方财政收入 （万元）	Government Revenue (10 000 yuan)	53618	60237	75326	94683	111217
布 （万米）	Cloth (10 000 m)	3610	3541	3810	3411	3929
原　煤 （万吨）	Coal (10 000 tons)	38.8	39.4	42.9	44.1	48.4
发电量 （万千瓦时）	Electricity (10 000 kwh)	75444	78353	83362	86636	87540
原　油 （万吨）	Crude Oil (10 000 tons)	7.7	7.7	7.6	7.6	7.6
粗　钢 （吨）	Steel (ton)	122156	133077	144002	154937	163205
二、全省每天消费量	**Daily Consumption**					
城乡居民消费总量 （万元）	Resident Consumption (10 000 yuan)	246332	271512	302985	356164	400529
社会消费品零售额 （万元）	Total Retail Sails of Consumer Goods (10 000 yuan)	284416	338712	400556	470013	538409
三、其他经济活动	**Other Daily Economic Activities**					
铁路、公路和水路客运人数 （万人）	Passenger Traffic (10 000 persons)	584.6	641.7	681.4	686.2	725.8
住宅竣工面积 （平方米）	Floor Space of Residential Buildings Completed(sq.m)	107079	118617	117008	145528	166759
四、全省人口变动和婚姻	**Daily Population Changes and Marriages**					
出生人口 （人）	Birth (person)	2904	3014	4115	3137	3082
死亡人口 （人）	Death (person)	1589	1562	2232	1852	2189
结婚对数 （对）	Marriages (couples)	2174	2516	2536	2658	2557
离婚对数 （对）	Divorces (couples)	381	416	459	498	539

1-6 国民经济和社会发展主要指标占全国的比重(2012年)
Proportion of Main Economic and Social Indicators to the Whole Country(2012)

指标名称		Item		山东 Shandong	全国 China	山东占全国比重(%) Proportion of Shandong to China(%)
一、人口与就业		**Population and Employment**				
年末总人口	(万人)	Population at the Year-end	(10 000 persons)	9685	135404	7.2
就业人员	(万人)	Employment	(10 000 persons)	6554	76704	8.5
二、土地面积	**(万平方公里)**	**Area of Land**	**(10 000 sq.km)**	**16**	**960**	**1.6**
三、农林牧渔业总产值	**(亿元)**	**Gross Output Value of Farming, Forestry,AnimalHusbandry and Fishery**	**(100 million yuan)**	**7945.8**	**89453.0**	**8.9**
四、地区生产总值	**(亿元)**	**Gross Domestic Product**	**(100 million yuan)**	**50013.2**	**519322.1**	**9.6**
第一产业	(亿元)	Primary Industry	(100 million yuan)	4281.7	52377.0	8.2
第二产业	(亿元)	Secondary Industry	(100 million yuan)	25735.7	235318.6	10.9
第三产业	(亿元)	Tertiary Industry	(100 million yuan)	19995.8	231626.5	8.6
五、人均地区生产总值	**(元)**	**Per Capita Gross Domestic Product**	**(yuan)**	**51768**	**38449**	
六、主要工农业产品产量		**Output of Major Farm and Industrial Products**				
粮　食	(万吨)	Grain	(10 000 tons)	4511.4	58958.0	7.7
棉　花	(万吨)	Cotton	(10 000 tons)	69.8	683.6	10.2
油　料	(万吨)	Oil-bearing Crops	(10 000 tons)	351.0	3436.8	10.2
肉　类	(万吨)	Meat	(10 000 tons)	764.16	8387.2	9.1
水产品	(万吨)	Aquatic products	(10 000 tons)	841.9	5907.7	14.3
原　油	(万吨)	Crude Oil	(10 000 tons)	2774.7	20747.8	13.4
原　煤	(亿吨)	Coal	(10 000 tons)	1.8	36.5	4.8
发电量	(亿千瓦时)	Electricity	(100 million kwh)	3195.2	49377.7	6.5
家用电冰箱	(万台)	Household Refrigerators	(10 000 units)	575.0	8427.0	6.8
彩色电视机	(万台)	Color Television Sets	(10 000 units)	1504.6	12823.3	11.7
原　盐	(万吨)	Salt	(10 000 tons)	1775.3	6215.8	28.6
化　肥	(万吨)	Chemical Fertilizer	(10 000 tons)	1304.6	7296.0	17.9
粗　钢	(万吨)	Steel	(10 000 tons)	5957.0	71716.0	8.3
平板玻璃	(万重量箱)	Plate Glass	(10 000 weight cases)	9199.4	71416.6	12.9
七、固定资产投资		**Investment in Fixed Assets**				
全社会固定资产投资额	(亿元)	Total Investment in Fixed Assets	(100 million yuan)	31256.0	374675.7	8.3
八、运输、邮电		**Transport,Post and Telecommunication Services**				
货物周转量	(亿吨公里)	Total Freight Ton-kilometers	(100 million ton-km)	10991	173771	6.3
旅客周转量	(亿人公里)	Total Passenger-kilometers	(100 million person-km)	1832	33383	5.5
沿海主要港口货物吞吐量	(万吨)	Volume of Freight Handled in Major Coastal Ports	(10 000 tons)	106655	665245	16.0
邮电业务总量	(亿元)	Total Volume of Post and Telecommunication Services	(100 million yuan)	849.2	15021.5	5.7
九、财政金融		**Finance and Financial Intermediation**				
公共财政预算收入	(亿元)	Local Government Revenue	(100 million yuan)	4059.4	61077.3	6.6
公共财政预算支出	(亿元)	Local Government Expenditure	(100 million yuan)	5904.5	106947.5	5.5
城乡居民人民币储蓄存款余额	(亿元)	RMB Savings and Deposit of Urban and Rural Households at the Year-end	(100 million yuan)	26343.3	399551.0	6.6
十、国内贸易		**Domestic Trade**				
社会消费品零售额	(亿元)	Total Retail Sales of Consumer Goods	(100 million yuan)	19651.9	210307.0	9.3
十一、外贸外经旅游		**Foreign Trade and Tourism**				
进出口总额	(亿美元)	Total Value of Imports and Exports	(100 million USD)	2455.4	38667.6	6.4
出口总额	(亿美元)	Exports	(100 million USD)	1287.3	20489.3	6.3
国际旅游外汇收入	(亿美元)	Foreign Exchange Earnings	(100 million USD)	29.2	500.3	5.8
十二、价格指数		**Price Indices**				
商品零售物价指数	(%)	Retail Price Indices	(%)	101.6	102.0	
居民消费价格指数	(%)	Consumer Price Indices	(%)	102.1	102.6	
十三、人民生活		**People's Livelihood**				
城镇单位就业人员工资总额	(亿元)	Total Wages of Employed Persons in Urban Units	(100 million yuan)	4628	70914	6.5
城镇单位就业人员平均工资	(元)	Average Wage of Employed Persons in Urban Units	(yuan)	41904	46769	
城镇居民人均可支配收入	(元)	Per Capita Disposabal Income of Urban Households	(yuan)	25755	24565	
农民人均纯收入	(元)	Per Capita Annual Net Income of Rural Households	(yuan)	9446	7917	
十四、教育、卫生		**Education and Health Care**				
普通高等学校在校生数	(万人)	Total Enrollment of Institutions of Higher Education	(10 000 persons)	163.6	2391.3	6.8
医院床位数	(万张)	Number of Hospital Beds	(10 000 beds)	32.2	416.1	7.7
专业卫生技术人员数	(万人)	Number of Medical Technical Personnel	(10 000 persons)	53.0	667.9	7.9

1-7　按行业分法人单位数
Number of Corporate Units by Sector

单位:个　　　　(unit)

行　业	Sector	2012
总　计	**Total**	**906064**
农、林、牧、渔业	Agriculture,Forestry,Animal Husbandry and Fishing	29761
采矿业	Mining	5183
制造业	Manufacturing	228077
电力、燃气及水的生产和供应业	Production and Supply of Electric Power and Heat Power	2528
建筑业	Construction	40418
批发和零售业	Wholesale and Retail Trade	252081
交通运输、仓储和邮政业	Traffic,Transport,Storage and Post	21757
住宿和餐饮业	Hotels and Catering Services	16993
信息传输、软件和信息技术服务业	Information Transfer, Software and Information Technology Services	18621
金融业	Financial Intermediation	6168
房地产业	Real Estate	24972
租赁和商务服务业	Leasing and Business Services	53847
科学研究和技术服务业	Scientific Research and Technical Service	17830
水利、环境和公共设施管理业	Management of Water Conservancy,Environment and Public Facilities	4213
居民服务、修理和其他服务业	Households Services, Repair and Other Services	17604
教　育	Education	21213
卫生和社会工作	Health and Social Work	15981
文化、体育和娱乐业	Culture,Sports and Entertainment	6234
公共管理、社会保障和社会组织	Public management,Social Security and Social Organization	122583
国际组织	International Organization	

1-8 按机构类型分法人单位数
Number of Corporate Units by Status of Organization

单位:个 (unit)

机构类型	Organization Status	2008	2009	2010	2011	2012
合　计	**Total**	**610064**	**674839**	**773752**	**832443**	**906064**
企　业	Enterprises	435959	496125	592359	649509	722344
事业单位	Institutions	37603	36692	36631	36470	36366
机　关	Agencies & Organizations	12136	12154	12145	12117	12085
社会团体	Social Groups	12359	13392	13531	13739	13545
民办非企业单位	Private Non-enterprise Units	17072	17537	17805	17928	17951
基金会	Foundation	21	23	24	23	18
居委会	Neighborhood Committee	6126	5958	5950	5941	6101
村委会	Village Committee	80343	80131	79002	78969	77470
其他组织机构	Others	8445	12827	16305	17747	20184

1-9 按地区分法人单位数
Number of Corporate Units by Region

单位:个 (unit)

地　区	Region	2008	2009	2010	2011	2012
全省总计	**Total**	**610064**	**674839**	**773752**	**832443**	**906064**
济南市	Jinan	73417	78868	85972	90588	100313
青岛市	Qingdao	98130	111608	130498	145414	160640
淄博市	Zibo	38437	42795	49615	50484	53616
枣庄市	Zaozhuang	16848	20307	24618	26763	29357
东营市	Dongying	11918	14217	17078	17507	19593
烟台市	Yantai	65151	68733	75741	81475	89959
潍坊市	Weifang	46693	53576	65071	71739	77854
济宁市	Jining	36721	41299	47936	52812	57972
泰安市	Tai'an	34299	34599	37759	39267	42531
威海市	Weihai	24571	26683	30173	34149	37214
日照市	Rizhao	14390	16454	18554	19038	22083
莱芜市	Laiwu	7909	10459	13798	15055	15552
临沂市	Linyi	36364	41317	48297	50580	55623
德州市	Dezhou	35276	37091	39447	40115	37427
聊城市	Liaocheng	19852	21417	25359	28617	32272
滨州市	Binzhou	19075	20705	23788	26006	28582
菏泽市	Heze	31013	34711	40048	42834	45476

主要统计指标解释

行政区划 指国家对行政区域的划分。根据宪法规定，我国的行政区域划分如下：(1)全国分为省、自治区、直辖市；(2)省、自治区分为自治州、县、自治县、市；(3)自治州分为县、自治县、市；(4)县、自治县分为乡、民族乡、镇；(5)直辖市和较大的市分为区、县；(6)国家在必要时设立的特别行政区。

国民经济行业分类 自2012年定期报表开始使用新的《国民经济行业分类》(GB/T4754-2011)该分类是由国家统计局组织修订，经国家质量监督检验检疫总局批准，于2011年4月29日发布实施。这次修订是在2002年分类标准的基础上，参照联合国《全部经济活动的国际标准产业分类》(ISIC/Rev.4)进行的。修订后的《国民经济行业分类》(GB/T4754-2011)共有门类20个，大类96个，中类432个，小类1094个。大类增加1个，中类增加36个，小类增加181个。

企业(单位)登记注册类型 是以在工商行政管理机关登记注册的各类企业为划分对象，以工商行政管理部门对企业登记注册的类型为依据，将企业登记注册类型分为内资企业、港澳台商投资企业和外商投资企业三大类。内资企业包括国有企业、集体企业、股份合作企业、联营企业、有限责任公司、股份有限公司、私营公司和其他企业；港澳台商投资企业和外商投资企业分别包括合资经营企业、合作经营企业、独资经营企业和股份有限公司。对不在工商行政管理部门进行登记注册的行政机关、事业单位和社会团体，主要按其经费来源和管理方式进行划分。

国有企业 指企业全部资产归国家所有，并按《中华人民共和国企业法人登记管理条例》规定登记注册的非公司制的经济组织。不包括有限责任公司中的国有独资公司。

集体企业 指企业资产归集体所有，并按《中华人民共和国企业法人登记管理条例》规定登记注册的经济组织。

股份合作企业 指以合作制为基础，由企业职工共同出资入股，吸收一定比例的社会资产投资组建，实行自主经营，自负盈亏，共同劳动，民主管理，按劳分配与按股分红相结合的一种集体经济组织。

联营企业 指两个及两个以上相同或不同所有制性质的企业法人或事业单位法人，按自愿、平等、互利的原则，共同投资组成的经济组织。联营企业包括国有联营企业、集体联营企业、国有与集体联营企业和其他联营企业。

有限责任公司 指根据《中华人民共和国公司登记管理条例》规定登记注册，由两个以上、五十个以下的股东共同出资，每个股东以其所认缴的出资额对公司承担有限责任，公司以其全部资产对其债务承担责任的经济组织。有限责任公司包括国有独资公司以及其他有限责任公司。

股份有限公司 指根据《中华人民共和国公司登记管理条例》规定登记注册，其全部注册资本由等额股份构成并通过发行股票筹集资本，股东以其认购的股份对公司承担有限责任，公司以其全部资产对其债务承担责任的经济组织。

私营企业 指由自然人投资设立或由自然人控股，以雇佣劳动为基础的营利性经济组织。包括按照《公司法》、《合伙企业法》、《私营企业暂行条例》规定登记注册的私营有限责任公司、私营股份有限公司、私营合伙企业和私营独资企业。

其他企业 指上述企业之外的其他内资经济组织。

与港澳台商合资经营企业 指港澳台地区投资者与内地企业依照《中华人民共和国中外合资经营企业法》及有关法律的规定，按合同规定的比例投资设立、分享利润和分担风险的企业。

与港澳台商合作经营企业 指港澳台地区投资者与内地企业依照《中华人民共和国中外合作经营企业法》及有关法律的规定，依照合作合同的约定进行投资或提供条件设立、分配利润和分担风险的企业。

港澳台商独资经营企业 指依照《中华人民共和国外资企业法》及有关法律的规定，在内地由港澳台地区投资者全额投资设立的企业。

港澳台商投资股份有限公司 指根据国家有关规定，经原外经贸部依法批准设立，其中港、澳、台商的股本占公司注册资本的比例达25%以上的股份有限公司。凡其中港、澳、台商的股本占公司注册资本的比例小于25%的，属于内资企业中的股份有限公司。

中外合资经营企业 指外国企业或外国人与中国内地企业依照《中华人民共和国中外合资经营企业法》及有关法律的规定，按合同规定的比例投资设立、分享利润和分担风险的企业。

中外合作经营企业 指外国企业或外国人与中国内地企业依照《中华人民共和国中外合作经营企业法》及有关法律的规定，依照合作合同的约定进行投资或提供条件设立、分配利润和分担风险的企业。

外资企业 指依照《中华人民共和国外资企业法》及有关法律的规定，在中国内地由外国投资者全额投资设立的企业。

外商投资股份有限公司 指根据国家有关规定，经原外经贸部依法批准设立，其中外资的股本占公司注册资本的比例达25%以上的股份有限公司。凡其中外资股本占公司注册资本的比例小于25%的，属于内资企业中的股份有限公司。

行政机关、事业单位和社会团体 参照企业登记注册类型，主要按其经费来源和管理方式划分。具体规定如下：

⑴行政机关：包括国家机关和政党机关，原则上均列为“国有”。但有特殊规定的，如供销社等，则列为“集体”。

⑵事业单位：包括经国家机构编制部门和有关业务主管部门批准成立的各类事业单位，不包括实行企业化管理的事业单位。事业单位的划分办法如下：

①由国家财政预算拨款或列入财政预算外资金管理以及经费主要来源于国有主管部门或国有上级单位的事业单位，列为“国有”。

②经费主要来源于集体单位的事业单位，列为“集体”。

③公民个人(或个人合伙)开办的事业单位，列为“私营”。

④上述以外的其他事业单位，如果其经费来源不明确，按管理方式进行归类。

⑶社会团体：包括经民政部门批准成立以及未纳入社会团体管理条例范围的工会、妇联等各类社会团体。社会团体的划分办法如下：

①未纳入民政部社会团体管理条例范围的工会、妇联、共青团、青联、工商联、科协、侨联等社会团体，国家拨款设立的基金会或基金管理组织以及经费主要来源于国有业务主管部门或国有上级单位的社会团体，列为“国有”。

②经费主要来源于集体单位的社会团体，列为“集体”。

③公民个人(或个人合伙)开办的社会团体，划为“私营”。

④上述以外的其他社会团体，如果其经费来源不明确，改按管理方式进行归类。

Explanatory Notes on Main Statistical Indicators

Divisions of Administrative Areas refers to the division of administrative areas by the state. The Constitution of the People Republic of China stipulates that the administrative areas in China are divided as: 1) The whole country is divided into provinces, autonomous regions and municipalities directly under the central government; 2) Provinces and autonomous regions are divided into autonomous prefectures, counties, autonomous counties and cities; 3) Autonomous prefectures are divided into counties, autonomous counties and cities; 4) Counties and autonomous counties are divided into townships, nationality townships and towns; 5) Municipalities and large cities are divided into districts and counties, 6) The state shall, when necessary, establish special administrative regions.

Industrial Classification of the National Economy The new Industrial Classification of the National Economy (GB/T 4754-2011) is introduced starting from the compilation of 2012 annual statistics. The new revision was based on the 2002 classification and organized by the National Bureau of Statistics taking into consideration of the International Standards of the Industrial Classification of All Economic Activities (ISIC/Rev.4) of the United Nations, and the new Classification was promulgated by the National Administration of Quality Supervision, Inspection and Quarantine on April 29, 2011. The revised version of the Industrial Classification of the National Economy (GB/T 4754-2011) is composed of 20 major divisions, 96 divisions, 432 major groups and 1094 groups, including 1 new divisions, 36 major groups and 181 groups.

Registration Status of Enterprises are classified into 3 categories, namely domestic funded enterprises, enterprises with investment from Hong Kong, Macau and Taiwan, and enterprises with foreign investment, in the light of the registration status of an enterprise in industrial and commercial administration agencies. Domestic-funded enterprises include state-owned enterprises, collective-owned enterprises, cooperative enterprises, joint ownership enterprises, limited liability corporations, share-holding corporations Ltd., private enterprises and other enterprises. Included in the enterprises with investment from Hong Kong, Macau and Taiwan and enterprises with foreign investment are joint-venture enterprises, cooperative enterprises, sole investment enterprises and share holding corporations Ltd. For government agencies, institutions and social organizations which are not requested to be registered in industrial and commercial administration agencies, they are classified mainly by their sources of funds and way of management.

State-owned Enterprises refer to non-corporation economic units where the entire assets are owned by the state and which have registered in accordance with the Regulation of the People' s Republic of China on the Management of Registration of Corporate Enterprises. Excluded from this category are sole state funded corporations in the limited liability corporations.

Collective-owned Enterprises refer to economic units where the assets are owned collectively and which have registered in accordance with the Regulation of the People' s Republic of China on the Management of Registration of Corporate Enterprises.

Cooperative Enterprises refer to a form of collective economic units (enterprises) where capitals come mainly from employees as their shares, with certain proportion of capital from the outside, where production is organized on the basis of independent operation, independent accounting for profits and losses, joint work, democratic management, and a distribution system that integrates remuneration according to work with dividend according to capital share.

Joint Ownership Enterprises refer to economic units established by two or more corporate enterprises or corporate institutions of the same or different ownership, through joint investment on the basis of equality, voluntary participation and mutual benefits. They include state joint ownership enterprises, collective joint ownership enterprises, joint state-collective enterprises, other joint ownership enterprises.

Limited Liability Corporations refer to economic units established with investment from 2-50 investors and registered in accordance with the Regulation of the People' s Republic of China on the Management of Registration of Corporations, each investor bearing limited liability to the corporation depending on its share of investment, and the corporation bearing liability to its debt to the maximum of its total assets. Limited liability corporations include exclusive state funded limited liability corporations and other limited liability corporations.

Share-holding Corporations Ltd. refer to economic units registered in accordance with the Regulation of the People' s Republic of China on the Management of Registration of Corporations, with total registered capitals divided into equal shares and raised through issuing stocks. Each investor bears limited liability to the corporation depending on the holding of shares, and the corporation bears liability to its debt to the maximum of its total assets.

Private Enterprises refer to profit-making economic units invested and established by natural persons, or controlled by natural persons using employed labour. Included in this category are private limited liability corporations, private share-holding corporations Ltd., private partnership enterprises and private-funded enterprises registered in accordance with the Corporation Law, Partnership Enterprises Law and Interim Regulations on Private Enterprises.

Other Domestic-funded Enterprises refer to domestic funded economic units other than those mentioned above.

Cooperative Enterprises with Funds from Hong Kong Macau and Taiwan established by investors from Hong Kong, Macau and Taiwan with enterprises in the mainland of China in accordance with the Law of the People' s Republic of China on Sino-foreign Cooperative Enterprises and other relevant laws, where the investment or provision of facilities, and the share of profits and risks is stipulated in the cooperative contract.

Enterprises with Sole (exclusive) Investment from Hong Kong, Macau and Taiwan refer to enterprises established in the mainland of China with exclusive investment from investors from Hong Kong, Macau and Taiwan in accordance with the Law of the People's Republic of China on Foreign Funded Enterprises and other relevant laws.

Share-holding Corporations Ltd. with Investment from Hong Kong, Macau and Taiwan refer to share holding corporations Ltd. established with the approval from the former Ministry of Foreign Trade and Economic Relations in line with relevant state regulations, where the share of investment from Hong Kong, Macau or Taiwan businessmen exceeds 25% of the total registered capital of the corporation. In case the share of investment from Hong Kong, Macau or Taiwan is less than 25% of the total registered capital, the enterprise is to be classified as domestic-funded share-holding corporation Ltd.

Joint-venture Enterprises with Foreign Investment refer to enterprises jointly established by foreign enterprises or foreigners with enterprises in the mainland of China in accordance with the Law of the People' s Republic of China on Sino-foreign Joint Venture Enterprises and other relevant laws, where the share of investment, profits and risks is stipulated in the contract.

Cooperation Enterprises with Foreign Investment refer to enterprises jointly established by foreign enterprises or foreigners with enterprises in the mainland of China in accordance with the Law of the People' s Republic of China on Sino foreign Cooperative Enterprises and other relevant laws, where the investment or provision of facilities, and the share of profits and risks is stipulated in the cooperative contract.

Enterprises with Sole (exclusive) Foreign Investment refer to enterprises established in the mainland of China with exclusive investment from foreign investors in accordance with the Law of the People' s Republic of China on Foreign Funded Enterprises and other relevant laws.

Share-holding Corporations Ltd. with Foreign Investment refer to share-holding corporations Ltd. established with the approval from the Ministry of Foreign Trade and Economic Relations in line with relevant state regulations, where the share of investment from foreign investors exceeds 25% of the total registered capital of the corporation. In case the share of foreign investment is less than 25% of the total registered capital, the enterprise is to be classified as domestic funded share holding corporation Ltd.

Government Agencies, Institutions and Social Organizations are classified into following categories by source of funds and way of management taking reference of the registration status of enterprises:

(1) Government agencies: include state and party agencies, classified in principle as state owned. There are exceptions, such as supply and marketing cooperatives which are classified as collective-owned.

(2) Institutions: include institutions of various types established with the approval by organization and staffing departments of the government, but exclude institutions where enterprise management system is introduced. Institutions are further classified as follows:

(a) Institutions whose main budget is listed in the government budget appropriations or extra budget funds, or allocated from the budget of their competent government agencies. Such institutions are classified as state owned.

(b) Institutions whose budget mainly comes from collective units. Such institutions are classified as collective owned.

(c) Social organizations established by individual or a group of citizens,which are classified as private.

(d) Institutions other than those mentioned above whose source of budget is not clear. Such institutions are classified by way of management.

(3) Social organizations: include social organizations established with the approval from the Ministry of Civil Affairs, and organizations that are not covered by social organization management regulations such as trade unions, womens federations etc.. Social organizations are further classified as follows:

(a) Social organizations that are not covered by social organization management regulations of the Ministry of Civil Affairs such as trade unions, womens federations, communist youth leagues, youth associations, industrial and commerce associations, scientists associations, overseas Chinese associations, etc., foundations and fund management organizations established with funds from the state, and social organizations whose funds mainly come from the budget of their competent government agencies. Such institutions are classified as state owned.

(b) Social organizations whose budget mainly comes from collective units. Such institutions are classified as collective owned.

(c) Social organizations established by individual or a group of citizens, which are classified as private.

(d) Social organizations other than those mentioned above whose source of budget is not clear. Such organizations are classified by way of management.

第2篇

国民经济核算

National Accounts

简 要 说 明

一、本篇资料的主要内容

本篇资料从宏观上反映了经济发展的总体状况和发展水平，主要包括地区生产总值及其增长、结构、三次产业对经济增长的贡献、消费水平等方面的资料。

二、本篇资料的来源

本篇资料来源于国民经济核算统计报表，由省统计局核算处整理提供。

Brief Introduction

I. Main Content

Data in the chapter reflect the overall situation and development of economy on the macro level, including growth rate and components of GDP, share of the three industries to the increase of GDP and household consumption expenditure.

II. Source of Data

Data in this chapter are prepared according to the data of national accounts and compiled by the Division of National Accounts of Shandong Provincial Bureau of Statistics..

2-1 主要年份地区生产总值
Gross Domestic Product in Major Years

单位:亿元 (100 million yuan)

年 份 Year	地 区 生产总值 Gross National Product	第一产业 Primary Industry	第二产业 Secondary Industry	工 业 Industry	建筑业 Construction	第三产业 Teritary Industry	人均地区生产总值(元) Per Capita GDP (yuan)
1952	43.81	29.55	7.27	6.82	0.45	6.99	91
1955	57.78	35.52	11.42	10.81	0.61	10.84	113
1957	61.39	31.95	17.59	16.62	0.97	11.85	116
1962	64.38	30.42	16.91	15.90	1.01	17.05	120
1965	86.25	42.24	28.96	25.99	2.97	15.05	152
1970	126.31	52.23	53.71	50.16	3.55	20.37	199
1975	166.19	65.54	75.31	69.76	5.55	25.34	240
1976	179.58	68.88	84.70	78.23	6.47	26.00	242
1977	207.07	79.01	95.34	88.05	7.29	32.72	293
1978	225.45	75.06	119.35	108.53	10.82	31.04	316
1979	251.60	91.12	127.68	114.67	13.01	32.80	350
1980	292.13	106.43	146.11	130.55	15.56	39.59	402
1981	346.57	132.21	155.41	138.09	17.32	58.95	472
1982	395.38	154.07	166.05	147.10	18.95	75.26	531
1983	459.83	185.57	178.75	159.15	19.60	95.51	611
1984	581.56	222.13	239.27	214.20	25.07	120.16	765
1985	680.46	235.96	293.07	259.42	33.65	151.43	887
1986	742.05	252.73	313.21	274.80	38.41	176.11	956
1987	892.29	287.31	384.57	341.31	43.26	220.41	1131
1988	1117.66	331.94	497.10	435.51	61.59	288.62	1395
1989	1293.94	359.14	579.65	513.97	65.68	355.15	1595
1990	1511.19	425.29	635.98	568.25	67.73	449.92	1815
1991	1810.54	521.85	745.90	663.90	82.00	542.79	2122
1992	2196.53	534.62	999.11	889.59	109.52	662.80	2556
1993	2770.37	596.63	1355.71	1201.67	154.04	818.03	3212
1994	3844.50	775.03	1891.43	1692.10	199.33	1178.04	4441
1995	4953.35	1010.13	2355.78	2098.06	257.73	1587.44	5701
1996	5883.80	1200.17	2784.09	2475.99	308.10	1899.54	6746
1997	6537.07	1195.00	3147.37	2796.02	351.35	2194.70	7461
1998	7021.35	1215.81	3408.06	3008.45	399.61	2397.49	7968
1999	7493.84	1221.00	3644.32	3197.16	447.16	2628.52	8483
2000	8337.47	1268.57	4164.45	3665.74	498.71	2904.45	9326
2001	9195.04	1359.49	4556.01	4004.09	551.92	3279.53	10195
2002	10275.50	1390.00	5184.98	4518.87	666.11	3700.52	11340
2003	12078.15	1480.67	6485.05	5706.71	778.34	4112.43	13268
2004	15021.84	1778.45	8478.69	7576.12	902.57	4764.70	16413
2005	18366.87	1963.51	10478.62	9418.58	1060.04	5924.74	19934
2006	21900.19	2138.90	12574.03	11378.82	1195.21	7187.26	23603
2007	25776.91	2509.14	14647.53	13283.72	1363.81	8620.24	27604
2008	30933.28	3002.65	17571.98	15894.95	1677.03	10358.64	32936
2009	33896.65	3226.64	18901.83	16896.14	2005.69	11768.18	35894
2010	39169.92	3588.28	21238.49	18861.45	2377.04	14343.14	41106
2011	45361.85	3973.85	24017.11	21275.89	2741.22	17370.89	47335
2012	50013.24	4281.70	25735.73	22798.33	2937.40	19995.81	51768

注:本表按当年价格计算。
a)Data in this table are calculated at current prices.

2-2 主要年份地区生产总值指数

Indices of Gross Domestic Product in Major Years

(以1952年为100) (1952=100)

年 份 Year	地 区 生产总值 Gross Domestic Product	第一产业 Primary Industry	第二产业 Secondary Industry	工 业 Industry	建筑业 Construction	第三产业 Teritary Industry
1952	100.0	100.0	100.0	100.0	100.0	100.0
1955	127.5	115.6	155.3	157.1	126.5	147.0
1957	137.5	101.6	262.0	264.6	226.6	154.6
1962	113.5	69.7	214.8	213.2	236.4	184.4
1965	171.3	107.2	405.0	386.0	693.0	197.8
1970	251.6	129.3	753.3	748.4	833.4	260.9
1975	361.8	154.6	1366.0	1374.6	1325.5	310.5
1976	380.6	162.0	1452.1	1450.2	1544.2	318.3
1977	423.6	185.7	1553.7	1544.5	1738.8	376.5
1978	466.4	174.6	1948.3	1907.5	2580.4	379.5
1979	497.2	188.9	2071.0	2004.8	3060.4	395.1
1980	557.9	207.4	2319.5	2233.3	3586.8	469.8
1981	590.3	220.9	2393.7	2329.3	3382.4	524.8
1982	657.0	244.8	2527.7	2443.4	3774.8	667.5
1983	748.3	284.0	2719.8	2648.6	3823.9	825.7
1984	878.5	336.0	3201.2	3090.9	4810.5	952.0
1985	978.6	343.4	3793.4	3619.4	6200.7	1093.8
1986	1040.3	341.3	4199.3	4035.6	6504.5	1189.0
1987	1183.9	366.6	4917.4	4794.3	6764.7	1391.1
1988	1331.9	365.9	6033.6	5858.6	8537.1	1524.6
1989	1385.2	363.7	6462.0	6356.6	8101.7	1567.3
1990	1458.6	383.3	6927.3	6865.1	8028.8	1578.3
1991	1671.6	437.7	7897.1	7894.9	8478.4	1830.8
1992	1954.1	438.6	10155.7	10216.0	10225.0	2129.2
1993	2352.0	465.4	13005.4	13142.9	12506.2	2554.0
1994	2733.9	499.3	15269.6	15454.7	14448.4	3081.4
1995	3115.8	544.0	17419.6	17579.7	16984.1	3604.3
1996	3491.3	579.9	19830.5	19993.4	19521.5	4054.1
1997	3878.5	582.6	22350.9	22532.6	22032.0	4639.9
1998	4295.4	615.5	25048.7	25254.5	24658.2	5159.6
1999	4725.8	644.4	28069.5	28340.7	27237.5	5639.4
2000	5211.6	668.9	31429.5	31795.4	29884.9	6228.2
2001	5734.9	697.0	34883.6	35366.0	32649.3	6927.6
2002	6407.6	714.1	40102.1	40515.3	38519.6	7682.7
2003	7266.8	753.7	46839.3	47613.6	42987.9	8555.5
2004	8385.9	806.1	55855.9	57664.8	45154.5	9608.6
2005	9643.7	845.2	65595.0	68077.3	50554.3	10995.6
2006	11063.2	888.7	76495.4	79812.9	56166.3	12593.5
2007	12636.4	924.2	88552.1	93032.1	60798.6	14426.5
2008	14155.5	970.9	99201.0	104738.8	64685.6	16437.5
2009	15879.3	1011.2	112952.6	118122.1	81147.8	18279.7
2010	17832.9	1047.9	127369.5	133220.3	91364.1	20752.6
2011	19769.1	1089.8	142274.7	149911.5	96062.9	23102.1
2012	21698.7	1140.5	157227.9	166483.6	101717.2	25375.7

注：本表按可比价格计算。
a) Data in this table are calculated at constant prices.

2-2 续表 continued

(以上年为100) (preceding year=100)

年 份 Year	地 区 生产总值 Gross Domestic Product	第一产业 Primary Industry	第二产业 Secondary Industry	工 业 Industry	建筑业 Construction	第三产业 Teritary Industry
1955	109.5	110.4	104.6	104.7	101.8	112.2
1957	96.5	87.5	110.8	112.9	81.0	101.9
1962	97.4	106.8	79.8	80.7	72.6	108.2
1965	122.0	126.6	130.0	125.7	182.8	102.5
1970	115.7	103.5	126.1	127.1	111.7	117.4
1975	129.2	110.6	159.8	163.6	117.0	104.7
1976	105.2	104.8	106.3	105.5	116.5	102.5
1977	111.3	114.6	107.0	106.5	112.6	118.3
1978	110.1	94.0	125.4	123.5	148.4	100.8
1979	106.6	108.2	106.3	105.1	118.6	104.1
1980	112.2	109.8	112.0	111.4	117.2	118.9
1981	105.8	106.5	103.2	104.3	94.3	111.7
1982	111.3	110.8	105.6	104.9	111.6	127.2
1983	113.9	116.0	107.6	108.4	101.3	123.7
1984	117.4	118.3	117.7	116.7	125.8	115.3
1985	111.4	102.2	118.5	117.1	128.9	114.9
1986	106.3	99.4	110.7	111.5	104.9	108.7
1987	113.8	107.4	117.1	118.8	104.0	117.0
1988	112.5	99.8	122.7	122.2	126.2	109.6
1989	104.0	99.4	107.1	108.5	94.9	102.8
1990	105.3	105.4	107.2	108.0	99.1	100.7
1991	114.6	114.2	114.0	115.0	105.6	116.0
1992	116.9	100.2	128.6	129.4	120.6	116.3
1993	120.4	106.1	128.1	128.7	122.3	120.0
1994	116.2	107.3	117.4	117.6	115.5	120.7
1995	114.0	108.9	114.1	113.7	117.6	117.0
1996	112.1	106.6	113.8	113.7	114.9	112.5
1997	111.1	100.5	112.7	112.7	112.9	114.5
1998	110.8	105.7	112.1	112.1	111.9	111.2
1999	110.0	104.7	112.1	112.2	110.5	109.3
2000	110.3	103.8	112.0	112.2	109.7	110.4
2001	110.0	104.2	111.0	111.2	109.3	111.2
2002	111.7	102.5	115.0	114.6	118.0	110.9
2003	113.4	105.6	116.8	117.5	111.6	111.4
2004	115.3	106.9	119.3	121.1	105.0	112.3
2005	115.0	104.8	117.4	118.1	112.0	114.4
2006	114.7	105.2	116.6	117.2	111.1	114.5
2007	114.2	104.0	115.8	116.6	108.2	114.6
2008	112.0	105.1	112.0	112.6	106.4	113.9
2009	112.2	104.2	113.9	112.8	125.4	111.2
2010	112.3	103.6	112.8	112.8	112.6	113.5
2011	110.9	104.0	111.7	112.5	105.1	111.3
2012	109.8	104.7	110.5	111.1	105.9	109.8

2-3 主要年份地区生产总值构成
Composition of Gross Domestic Product in Major Years

单位:% (%)

年 份 Year	地 区 生产总值 Gross Domestic Product	第一产业 Primary Industry	第二产业 Secondary Industry			第三产业 Teritary Industry
				工 业 Industry	建筑业 Construction	
1952	100	67.4	16.6	15.6	1.0	16.0
1955	100	61.5	19.7	18.7	1.0	18.8
1957	100	52.0	28.7	27.1	1.6	19.3
1962	100	47.2	26.3	24.7	1.6	26.5
1965	100	49.0	33.5	30.1	3.4	17.5
1970	100	41.4	42.5	39.7	2.8	16.1
1975	100	39.4	45.3	42.0	3.3	15.3
1976	100	38.3	47.2	43.6	3.6	14.5
1977	100	38.2	46.0	42.5	3.5	15.8
1978	100	33.3	52.9	48.1	4.8	13.8
1979	100	36.2	50.8	45.6	5.2	13.0
1980	100	36.4	50.0	44.7	5.3	13.6
1981	100	38.2	44.8	39.8	5.0	17.0
1982	100	39.0	42.0	37.2	4.8	19.0
1983	100	40.3	38.9	34.6	4.3	20.8
1984	100	38.2	41.1	36.8	4.3	20.7
1985	100	34.7	43.0	38.1	4.9	22.3
1986	100	34.1	42.2	37.0	5.2	23.7
1987	100	32.2	43.1	38.3	4.8	24.7
1988	100	29.7	44.5	39.0	5.5	25.8
1989	100	27.8	44.8	39.7	5.1	27.4
1990	100	28.1	42.1	37.6	4.5	29.8
1991	100	28.8	41.2	36.7	4.5	30.0
1992	100	24.3	45.5	40.5	5.0	30.2
1993	100	21.5	49.0	43.4	5.6	29.5
1994	100	20.2	49.2	44.0	5.2	30.6
1995	100	20.4	47.6	42.4	5.2	32.0
1996	100	20.4	47.3	42.1	5.2	32.3
1997	100	18.3	48.1	42.7	5.4	33.6
1998	100	17.3	48.5	42.8	5.7	34.2
1999	100	16.3	48.6	42.6	6.0	35.1
2000	100	15.2	50.0	44.0	6.0	34.8
2001	100	14.8	49.5	43.5	6.0	35.7
2002	100	13.5	50.5	44.0	6.5	36.0
2003	100	12.3	53.7	47.3	6.4	34.0
2004	100	11.8	56.5	50.5	6.0	31.7
2005	100	10.7	57.0	51.3	5.8	32.3
2006	100	9.8	57.4	52.0	5.5	32.8
2007	100	9.7	56.8	51.5	5.3	33.5
2008	100	9.7	56.8	51.4	5.4	33.5
2009	100	9.5	55.8	49.8	5.9	34.7
2010	100	9.2	54.2	48.2	6.1	36.6
2011	100	8.8	52.9	46.9	6.0	38.3
2012	100	8.6	51.4	45.6	5.9	40.0

注:本表按当年价格计算。
a)Data in this table are calculated at current prices.

2-4 地区生产总值
Gross Domestic Product

单位:亿元 (100 million yuan)

分　组	Sector	2010	2011	2012	2010年为2009年 % 2009=100	2011年为2010年 % 2010=100	2012年为2011年 % 2011=100
地区生产总值	**Gross Domestic Product**	**39169.92**	**45361.85**	**50013.24**	**112.3**	**110.9**	**109.8**
第一产业	Primary Industry	3588.28	3973.85	4281.70	103.6	104.0	104.7
第二产业	Secondary Industry	21238.49	24017.11	25735.73	112.8	111.7	110.5
工　业	Industry	18861.45	21275.89	22798.33	112.8	112.5	111.1
建筑业	Construction	2377.04	2741.22	2937.40	112.6	105.1	105.9
第三产业	Tertiary Industry	14343.14	17370.89	19995.81	113.5	111.3	109.8
交通运输、仓储和邮政业	Transport, Storage and Postal Services	1971.00	2328.38	2516.19	110.2	111.4	106.2
信息传输、计算机服务和软件业	Information Transmission, ComputerServices and Software	474.59	541.79	556.13	106.2	108.3	102.9
批发和零售业	Wholesale and Retail Trade	4257.40	5400.19	6507.40	121.5	113.5	111.5
住宿和餐饮业	Accommodations and Catering Services	670.97	881.58	1059.47	110.4	114.4	109.0
金融业	Finance	1361.45	1640.41	1936.11	127.4	113.6	116.3
房地产业	Real Estate	1622.15	1838.14	1984.49	113.1	104.0	106.6
租赁和商务服务业	Leasing and Business Services	443.41	556.01	661.91	115.2	105.0	99.9
科学研究、技术服务和地质勘查业	Scientific Research, Technical Servicesand Geological Prospecting	262.45	317.99	367.83	106.8	109.2	110.3
水利、环境和公共设施管理业	Management of Water Conservancy, Environment and Public Facilities	143.37	163.51	198.60	108.5	101.7	106.7
居民服务和其他服务业	Services to Households and Other Services	392.02	497.61	599.98	113.8	122.6	118.1
教　育	Education	761.20	951.55	1076.10	107.5	124.0	112.2
卫生、社会保障和社会福利业	Health Care, Social Security and Social Welfare	587.84	691.22	778.15	108.0	113.9	109.8
文化、体育和娱乐业	Culture, Sports and Recreation	124.34	144.82	165.58	114.1	116.0	113.7
公共管理和社会组织	Public Administration and Social Organizations	1270.94	1417.69	1587.88	97.0	101.4	108.2
人均地区生产总值(元)	**Per Capita GDP (yuan)**	**41106**	**47335**	**51768**	**111.3**	**110.2**	**109.2**
支出法计算的地区生产总值中	**Gross Domestic Product by Expenditure Approach**						
一、最终消费支出	Final Consumption Expenditure	15331.20	18095.43	20543.68	111.9	111.4	111.8
居民消费支出	Household Consumption Expenditures	11058.97	12999.98	14583.38	111.3	110.6	111.0
农村居民	Rural Household	2784.10	3362.16	3832.86	110.3	111.2	113.0
城镇居民	Urban Household	8274.87	9637.82	10750.52	111.7	110.4	110.3
二、资本形成总额	Gross Capital Formation	21499.29	24944.34	27551.54	114.7	112.9	111.2
三、货物和服务净流出	Net Exports of Goods and Services	2339.43	2322.08	1918.02	90.2	88.3	75.7

注:本表绝对数按当年价格计算,指数按可比价格计算。
a)Data in this table are calculated at current prices.Indices are calculated at constant prices.

2-5 1978-2012年支出法计算的地区生产总值
Gross Domestic Product by Expenditure Approach from 1978 to 2012

单位:亿元 (100 million yuan)

年 份 Year	地区生产总值(支出法) Gross Domestic Product by Expenditure Approach	最终消费 Final Consumption Expenditure	居民消费 Household Consumption	政府消费 Government Consumption	资本形成总额 Gross Capital Formation	固定资本形成总额 Gross Capital Formation	存货增加 Change in Inventories	货物和服务净流出 Net Exports of Goods and Services
1978	225.45	143.67	120.59	23.08	77.08	62.32	14.76	4.70
1979	251.60	155.83	133.42	22.41	81.05	65.45	15.60	14.72
1980	292.13	188.26	161.67	26.59	95.27	71.31	23.96	8.60
1981	346.57	212.91	181.79	31.12	100.41	81.95	18.46	33.25
1982	395.38	257.12	221.77	35.35	126.52	102.30	24.22	11.74
1983	459.83	285.15	242.31	42.84	142.59	121.09	21.50	32.09
1984	581.56	318.40	264.67	53.73	192.49	153.86	38.63	70.67
1985	680.46	365.69	297.92	67.77	253.68	195.39	58.29	61.09
1986	742.05	410.40	330.87	79.53	279.80	230.54	49.26	51.85
1987	892.29	481.01	377.18	103.83	371.44	293.40	78.04	39.84
1988	1117.66	592.91	471.31	121.60	458.97	335.12	123.85	65.78
1989	1293.94	700.93	522.40	178.53	537.52	333.27	204.25	55.49
1990	1511.19	807.32	588.46	218.86	638.78	412.59	226.19	65.09
1991	1810.54	914.36	667.63	246.73	815.00	555.76	259.24	81.18
1992	2196.53	1078.95	780.50	298.45	1045.40	758.28	287.12	72.18
1993	2770.37	1259.92	906.93	352.99	1371.58	1023.16	348.42	138.87
1994	3844.50	1878.65	1319.71	558.94	1775.44	1225.52	549.92	190.41
1995	4953.35	2457.11	1684.63	772.48	2229.66	1473.83	755.83	266.58
1996	5883.80	2961.31	1988.53	972.78	2731.98	1765.43	966.55	190.51
1997	6537.07	3250.52	2375.94	874.58	3158.91	2027.75	1131.16	127.64
1998	7021.35	3477.58	2543.69	933.89	3409.36	2324.02	1085.34	134.41
1999	7493.84	3742.49	2807.77	934.72	3590.75	2632.54	958.21	160.60
2000	8337.47	4021.46	3082.06	939.40	4122.26	3159.03	963.23	193.75
2001	9195.04	4479.42	3360.92	1118.50	4422.24	3518.25	903.99	293.38
2002	10275.50	4887.40	3555.72	1331.68	4840.39	4192.58	647.81	547.71
2003	12078.15	5608.60	3960.91	1647.69	5668.51	5180.82	487.69	801.04
2004	15021.84	6568.66	4506.51	2062.15	7455.96	6896.07	559.89	997.22
2005	18366.87	7478.35	5451.19	2027.16	9411.18	8974.77	436.41	1477.34
2006	21900.19	8888.17	6553.88	2334.29	11177.54	10829.36	348.18	1834.48
2007	25776.91	10352.82	7603.39	2749.43	13105.80	12505.88	599.92	2318.29
2008	30933.28	12368.40	9085.22	3283.18	15587.57	15035.08	552.49	2977.31
2009	33896.65	13574.79	9910.18	3664.61	18109.95	17734.43	375.52	2211.91
2010	39169.92	15331.20	11058.97	4272.23	21499.29	20800.55	698.74	2339.43
2011	45361.85	18095.43	12999.98	5095.45	24944.34	24281.22	663.12	2322.08
2012	50013.24	20543.68	14583.38	5960.30	27551.54	26808.85	742.69	1918.02

注:本表按当年价格计算。
a)Data in this table are calculated at current prices.

2-6 1978-2012年居民消费水平及指数
Household Consumption Expenditure and Indices from 1978 to 2012

年份 Year	绝对额(元) Value(yuan)			指数(上年=100) Index(Preceding Year=100)			指数(1978年=100) Index(1978=100)		
	全省居民 All Households	农村居民 Rural Household	城镇居民 Urban Household	全省居民 All Households	农村居民 Rural Household	城镇居民 Urban Household	全省居民 All Households	农村居民 Rural Household	城镇居民 Urban Household
1978	169	136	529	110.0	113.9	97.5	100.0	100.0	100.0
1979	185	150	544	106.1	106.7	101.7	106.1	106.7	101.7
1980	223	181	632	107.6	106.3	110.8	114.2	113.4	112.7
1981	247	203	662	109.7	109.7	105.7	125.3	124.4	119.1
1982	298	259	642	111.3	116.2	96.2	139.5	144.6	114.6
1983	322	285	633	108.7	111.8	96.3	151.6	161.7	110.4
1984	348	310	642	106.7	107.2	99.8	161.8	173.3	110.2
1985	388	338	737	104.7	102.8	105.5	169.4	178.2	116.3
1986	426	373	795	106.3	107.2	102.7	180.1	191.0	119.4
1987	478	415	933	102.3	101.3	107.7	184.2	193.5	128.6
1988	588	494	1160	105.0	101.9	105.6	193.4	197.2	135.8
1989	644	514	1277	72.3	92.0	101.9	139.8	181.4	138.4
1990	698	563	1310	137.3	104.0	92.2	191.9	188.7	127.6
1991	780	617	1501	110.5	107.1	112.5	212.0	202.1	143.6
1992	909	667	1893	108.5	102.5	115.3	230.1	207.2	165.5
1993	1051	757	1935	112.0	110.2	107.6	257.7	228.3	178.1
1994	1524	1126	2265	116.3	111.2	119.8	299.7	253.8	213.4
1995	1939	1413	2895	112.5	107.2	114.0	337.1	272.1	243.2
1996	2280	1655	3391	108.5	106.4	106.8	365.8	289.5	259.8
1997	2712	1901	4123	111.4	110.7	111.1	407.5	320.5	288.6
1998	2887	1952	4479	108.9	106.2	111.8	443.8	340.4	322.7
1999	3178	2034	5085	110.1	106.7	113.4	488.6	363.2	365.9
2000	3447	2118	5603	108.2	105.6	109.1	528.7	383.5	399.2
2001	3726	2260	6020	107.6	104.9	107.8	568.8	402.3	430.3
2002	3924	2366	6232	108.1	103.8	108.3	614.9	417.6	466.0
2003	4351	2467	6974	107.5	103.9	106.8	661.0	433.9	497.7
2004	4924	2662	7965	109.9	104.0	111.1	726.5	451.3	553.0
2005	5916	3109	9453	115.2	113.0	113.3	836.8	509.9	626.3
2006	7064	3608	11193	115.4	114.8	113.4	965.7	585.4	710.3
2007	8142	4251	12633	113.6	115.2	111.5	1096.8	674.2	792.2
2008	9673	5081	14815	113.3	112.1	112.7	1243.2	755.6	892.5
2009	10494	5395	16027	110.8	111.1	109.5	1377.4	839.2	977.3
2010	11606	5730	17717	110.4	111.6	108.4	1519.4	936.5	1058.5
2011	13524	7041	19923	109.6	113.2	106.6	1665.9	1059.7	1128.4
2012	15095	8212	21528	110.4	115.6	106.9	1839.8	1225.3	1205.7

注：本表绝对额按当年价格计算，指数按可比价格计算。
a)Data in this table are calculated at current prices.Indices are calculated at constant prices.

2-7 三次产业对经济增长的贡献率及拉动百分点

Share and Contribution of the Three Industries to the Inctrease of GDP

单位:% (%)

年 份 Year	贡献率 Share			地区生产总值增长率(%) Increase Rate of Gross Domestic Product	拉动百分点 Contribution		
	第一产业 Primary Industry	第二产业 Secondary Industry	第三产业 Tertiary Industry		第一产业 Primary Industry	第二产业 Secondary Industry	第三产业 Tertiary Industry
1980	25.6	53.4	21.0	12.2	3.1	6.5	2.6
1981	42.0	25.2	32.8	5.8	2.4	1.5	1.9
1982	36.2	22.4	41.4	11.3	4.1	2.5	4.7
1983	43.3	23.3	33.4	13.9	6.0	3.2	4.7
1984	40.3	41.0	18.7	17.4	7.0	7.1	3.3
1985	7.3	65.4	27.3	11.4	0.8	7.5	3.1
1986	-3.7	73.7	30.0	6.3	-0.2	4.6	1.9
1987	17.6	55.3	27.1	13.8	2.4	7.6	3.8
1988	-0.6	83.2	17.4	12.5	-0.1	10.4	2.2
1989	-4.6	89.3	15.3	4.0	-0.2	3.6	0.6
1990	27.0	70.3	2.7	5.3	1.4	3.7	0.2
1991	27.2	40.2	32.6	14.6	4.0	5.9	4.7
1992	0.3	70.7	29.0	16.9		12.0	4.9
1993	7.2	63.4	29.4	20.4	1.5	12.9	6.0
1994	9.5	52.5	38.0	16.2	1.5	8.5	6.2
1995	12.5	49.8	37.7	14.0	1.7	7.0	5.3
1996	10.2	56.8	33.0	12.1	1.2	6.9	4.0
1997	0.8	57.6	41.6	11.1	0.1	6.4	4.6
1998	8.4	57.3	34.3	10.8	0.9	6.2	3.7
1999	7.2	62.1	30.7	10.0	0.7	6.2	3.1
2000	5.4	61.2	33.4	10.3	0.6	6.3	3.4
2001	6.4	54.7	38.9	10.0	0.6	5.5	3.9
2002	3.0	64.3	32.7	11.7	0.4	7.5	3.8
2003	5.5	64.9	29.6	13.4	0.7	8.7	4.0
2004	3.9	66.9	29.2	15.3	0.5	10.3	4.5
2005	3.7	64.2	32.1	15.0	0.6	9.6	4.8
2006	3.7	64.4	31.9	14.7	0.5	9.5	4.7
2007	2.7	64.3	33.0	14.2	0.4	9.1	4.7
2008	3.7	58.8	37.5	12.0	0.4	7.1	4.5
2009	2.9	66.9	30.2	12.2	0.4	8.1	3.7
2010	2.3	61.9	35.8	12.3	0.3	7.6	4.4
2011	3.4	58.4	38.2	10.9	0.4	6.3	4.2
2012	4.1	58.8	37.1	9.8	0.4	5.8	3.6

 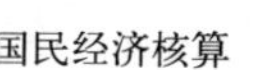 

2-8 三大需求对经济增长的贡献率和拉动百分点

Share and Contribution of the Three Components of GDP to the Growth of GDP

单位:% (%)

年份 Year	贡献率 Share 最终消费 Final Consumption Expenditure	 资本形成总额 Gross Capital Formation	 货物和服务净流出 Net Exports of Goods and Services	地区生产总值增长率 (%) Increase Rate of Gross Domestic Product	拉动百分点 Contribution 最终消费 Final Consumption Expenditure	 资本形成总额 Gross Capital Formation	 货物和服务净流出 Net Exports of Goods and Services
1993	34.3	67.7	-2.0	20.4	7.0	13.8	-0.4
1994	54.4	40.5	5.1	16.2	8.8	6.6	0.8
1995	50.7	45.5	3.8	14.0	7.1	6.4	0.5
1996	46.3	52.5	1.2	12.1	5.6	6.4	0.1
1997	42.1	58.8	-0.9	11.1	4.7	6.5	-0.1
1998	43.8	51.0	5.2	10.8	4.8	5.4	0.6
1999	51.1	39.8	9.1	10.0	5.1	4.0	0.9
2000	45.7	49.7	4.6	10.3	4.7	5.1	0.5
2001	53.8	36.0	10.2	10.0	5.4	3.6	1.0
2002	46.9	40.2	12.9	11.7	5.5	4.7	1.5
2003	41.1	48.0	10.9	13.4	5.4	6.5	1.5
2004	41.1	54.7	4.2	15.3	6.3	8.4	0.6
2005	47.4	49.7	2.9	15.0	7.1	7.5	0.4
2006	46.0	49.1	4.9	14.7	6.8	7.2	0.7
2007	45.2	49.4	5.4	14.2	6.4	7.0	0.8
2008	49.2	48.6	2.2	12.0	5.9	5.8	0.3
2009	45.2	66.5	-11.7	12.2	5.5	8.1	-1.4
2010	41.5	62.3	-3.8	12.3	5.2	7.6	-0.5
2011	41.2	65.2	-6.4	10.9	4.5	7.1	-0.7
2012	47.7	64.2	-11.9	9.8	4.7	6.3	-1.2

2-9 各市生产总值

Gross Domestic Product by Region

单位:亿元 (100 million yuan)

地区	Region	地区生产总值 Gross Domestic Product			第一产业增加值 Value-added of Primary Industry			第二产业增加值 Value-added of Secondary Industry		
		2011	2012	2012年为2011年% 2011=100	2011	2012	2012年为2011年% 2011=100	2011	2012	2012年为2011年% 2011=100
全省总计	**Total**	**45361.85**	**50013.24**	**109.8**	**3973.85**	**4281.70**	**104.7**	**24017.11**	**25735.73**	**110.5**
济南市	Jinan	4406.29	4803.67	109.5	237.86	252.92	104.7	1828.97	1938.14	109.2
青岛市	Qingdao	6615.60	7302.11	110.6	306.38	324.41	103.2	3150.72	3402.23	111.5
淄博市	Zibo	3280.23	3557.21	110.5	116.75	123.75	105.2	1975.38	2101.19	111.5
枣庄市	Zaozhuang	1561.68	1702.92	110.7	126.40	133.00	104.2	920.32	991.33	111.7
东营市	Dongying	2676.35	3000.66	112.1	99.18	104.34	104.0	1914.81	2126.02	112.2
烟台市	Yantai	4906.83	5281.38	110.3	361.43	377.31	104.6	2830.88	2985.09	110.2
潍坊市	Weifang	3541.84	4012.43	110.6	359.28	390.52	105.2	1961.40	2166.17	111.7
济宁市	Jining	2896.69	3189.37	111.0	351.14	371.97	104.8	1535.93	1673.50	112.0
泰安市	Tai'an	2304.31	2547.01	110.7	215.00	233.05	104.7	1202.84	1290.54	111.2
威海市	Weihai	2110.95	2337.86	109.4	171.18	180.11	105.0	1139.36	1249.30	109.7
日照市	Rizhao	1214.07	1352.57	111.8	112.08	117.64	104.1	660.66	724.06	112.6
莱芜市	Laiwu	611.88	631.41	111.1	41.18	44.20	105.9	370.40	365.20	112.3
临沂市	Linyi	2770.45	3012.81	111.8	279.01	291.34	104.1	1382.05	1463.45	113.5
德州市	Dezhou	1950.71	2230.55	112.1	229.57	244.39	105.2	1059.80	1208.65	114.7
聊城市	Liaocheng	1919.42	2146.75	112.7	243.37	257.80	104.6	1087.48	1186.38	114.8
滨州市	Binzhou	1817.58	1987.73	110.8	178.07	189.51	105.1	972.29	1045.61	112.2
菏泽市	Heze	1556.52	1787.36	113.0	228.04	241.01	103.0	849.03	974.22	116.1

注:本表绝对额按当年价格计算,速度按可比价格计算。
a)Absolute figure in this table are calculated at current prices while growth rate at constant prices.

2-9 续表 continued

单位:亿元 (100 million yuan)

地区	Region	#工业增加值 Value-added of Industry			第三产业增加值 Value-added of Tertiary Industry			人均地区生产总值(元) Per Capita GDP (yuan)	
		2011	2012	2012年为2011年% 2011=100	2011	2012	2012年为2011年% 2011=100	2011	2012
全省总计	**Total**	**21275.89**	**22798.33**	**111.1**	**17370.89**	**19995.81**	**109.8**	**47335**	**51768**
济南市	Jinan	1507.88	1603.08	109.7	2339.46	2612.61	110.1	64310	69444
青岛市	Qingdao	2794.56	3041.31	111.9	3158.50	3575.47	110.5	75546	82680
淄博市	Zibo	1793.43	1897.61	111.5	1188.10	1332.27	109.4	72182	77876
枣庄市	Zaozhuang	843.44	905.60	111.7	514.96	578.59	110.4	41720	45262
东营市	Dongying	1801.08	2007.59	112.4	662.36	770.30	113.1	130811	145395
烟台市	Yantai	2543.44	2694.25	111.2	1714.52	1918.98	111.6	70380	75672
潍坊市	Weifang	1760.97	1952.43	112.0	1221.16	1455.74	110.5	38820	43681
济宁市	Jining	1395.57	1514.29	112.0	1009.62	1143.90	111.3	35717	39165
泰安市	Tai'an	1037.24	1110.93	111.8	886.47	1023.41	111.4	41850	46130
威海市	Weihai	1022.72	1122.80	109.7	800.41	908.45	109.7	75316	83516
日照市	Rizhao	582.54	634.20	112.4	441.33	510.87	112.5	43191	47852
莱芜市	Laiwu	340.12	332.50	112.1	200.30	222.01	109.7	46983	48212
临沂市	Linyi	1146.08	1202.68	113.7	1109.39	1258.02	111.5	27503	29808
德州市	Dezhou	924.79	1048.54	114.6	661.34	777.52	110.2	34905	39710
聊城市	Liaocheng	999.46	1088.10	115.0	588.57	702.57	111.9	32968	36573
滨州市	Binzhou	877.08	948.62	112.7	667.22	752.61	110.0	48326	52591
菏泽市	Heze	739.84	858.05	117.5	479.45	572.13	112.3	18730	21461

2-10 各市生产总值构成

Composition of Gross Domestic Product by Region

单位:% (%)

地区	Region	地区生产总值 Gross Domestic Product 2011	2012	第一产业 Primary Industry 2011	2012	第二产业 Secondary Industry 2011	2012	第三产业 Teritary Industry 2011	2012
全 省	**Total**	**100.0**	**100.0**	**8.8**	**8.6**	**52.9**	**51.4**	**38.3**	**40.0**
济南市	Jinan	100.0	100.0	5.4	5.3	41.5	40.3	53.1	54.4
青岛市	Qingdao	100.0	100.0	4.6	4.4	47.6	46.6	47.8	49.0
淄博市	Zibo	100.0	100.0	3.6	3.5	60.2	59.0	36.2	37.5
枣庄市	Zaozhuang	100.0	100.0	8.1	7.8	58.9	58.2	33.0	34.0
东营市	Dongying	100.0	100.0	3.7	3.5	71.6	70.8	24.7	25.7
烟台市	Yantai	100.0	100.0	7.4	7.2	57.7	56.5	34.9	36.3
潍坊市	Weifang	100.0	100.0	10.1	9.7	55.4	54.0	34.5	36.3
济宁市	Jining	100.0	100.0	12.1	11.6	53.0	52.5	34.9	35.9
泰安市	Tai'an	100.0	100.0	9.3	9.1	52.2	50.7	38.5	40.2
威海市	Weihai	100.0	100.0	8.1	7.7	54.0	53.4	37.9	38.9
日照市	Rizhao	100.0	100.0	9.2	8.7	54.4	53.5	36.4	37.8
莱芜市	Laiwu	100.0	100.0	6.7	7.0	60.5	57.8	32.8	35.2
临沂市	Linyi	100.0	100.0	10.1	9.7	49.9	48.5	40.0	41.8
德州市	Dezhou	100.0	100.0	11.8	10.9	54.3	54.2	33.9	34.9
聊城市	Liaocheng	100.0	100.0	12.7	12.0	56.6	55.3	30.7	32.7
滨州市	Binzhou	100.0	100.0	9.8	9.5	53.5	52.6	36.7	37.9
菏泽市	Heze	100.0	100.0	14.7	13.5	54.5	54.5	30.8	32.0

注:本表按当年价格计算。
a)Data in this table are calculated at current prices.

2-11 各市居民消费水平及指数

Household Consumption Expenditure and Indices by Region

地区	Region	绝对额(元) Value(yuan) 全体居民 All Households 2011	2012	农村居民 Rural Households 2011	2012	城镇居民 Urban Households 2011	2012	2012年为2011年% Preceding Year =100 全省居民 All Households	农村居民 Rural Household	城镇居民 Urban Household
全 省	**Total**	**13524**	**15095**	**7041**	**8212**	**19923**	**21528**	**110.4**	**115.6**	**106.9**
济南市	Jinan	20314	22755	7594	8630	27148	30234	112.8	113.6	112.2
青岛市	Qingdao	19149	20659	9222	10072	24225	25913	105.6	107.6	104.5
淄博市	Zibo	16706	18112	9595	11143	20792	21959	110.5	120.1	107.2
枣庄市	Zaozhuang	11435	12272	7572	8368	15711	16379	106.7	109.7	103.8
东营市	Dongying	18463	19370	9364	10870	26216	26543	102.5	113.4	98.9
烟台市	Yantai	15481	17194	6896	7653	22316	24556	111.0	110.9	109.9
潍坊市	Weifang	12647	15173	7740	9436	18098	20650	109.6	115.2	102.6
济宁市	Jining	11909	13604	6644	7713	18608	20484	113.2	115.6	108.9
泰安市	Tai'an	14614	16492	7557	8777	21425	23617	113.2	118.3	110.0
威海市	Weihai	23303	25660	19739	22458	26118	28190	109.7	109.8	109.7
日照市	Rizhao	12077	13384	6351	7091	18309	19718	111.3	112.4	108.1
莱芜市	Laiwu	12315	13849	6442	7726	17728	19199	111.5	118.6	107.4
临沂市	Linyi	8570	8944	4358	4745	13310	13333	109.0	110.0	106.0
德州市	Dezhou	9871	12310	4215	5860	17643	19821	119.8	137.8	106.8
聊城市	Liaocheng	9466	10819	4763	5594	17502	19007	111.7	115.1	105.9
滨州市	Binzhou	14289	15720	9104	9892	20171	21820	111.2	112.4	108.2
菏泽市	Heze	9360	10662	5266	5845	16512	18225	113.3	113.0	108.5

注:本表绝对数按当年价格计算,指数按可比价格计算。
a)Data in this table are calculated at current prices.Indices are calculated at constant prices.

主要统计指标解释

国内生产总值（GDP） 指一个国家（或地区）所有常住单位在一定时期内生产活动的最终成果。

国内生产总值有三种表现形态，即价值形态、收入形态和产品形态。

从价值形态看，它是所有常住单位在一定时期内生产的全部货物和服务价值超过同期中间投入的全部非固定资产货物和服务价值的差额，即所有常住单位的增加值之和；

从收入形态看，它是所有常住单位在一定时期内创造并分配给常住单位和非常住单位的初次收入分配之和；

从产品形态看，它是所有常住单位在一定时期内最终使用的货物和服务价值与货物和服务净出口价值之和。

在实际核算中，国内生产总值有三种计算方法，即生产法、收入法和支出法。三种方法分别从不同的方面反映国内生产总值及其构成。

①生产法 是从生产过程中生产的货物和服务总产品价值入手，剔除生产过程中投入的中间产品的价值，得到增加价值的一种方法，公式为：

增加值＝总产出－中间投入

总产出 是一定时期内一个国家（或地区）常住单位生产的所有货物和服务的价值。既包括新增价值，也包括转移价值。

中间投入 是常住单位在生产或提供货物与服务过程中，消耗和使用的所有非固定资产货物和服务的价值。中间投入也称为中间消耗。

增加值 是指常住单位生产过程创造的新增价值和固定资产的转移价值。按生产法计算它等于总产出减去中间投入。

②收入法 收入法也称分配法，按收入法计算国内生产总值是从生产过程创造收入的角度，对常住单位的生产活动成果进行核算。按照这种计算方法，增加值由劳动者报酬、生产税净额、固定资产折旧和营业盈余四个部分组成。

用公式表示为：

增加值＝劳动者报酬+生产税净额+固定资产折旧+营业盈余

国民经济各部门的增加值之和等于国内生产总值。

劳动者报酬 指劳动者因从事生产活动所获得的全部报酬。它包括劳动者获得的各种形式工资、奖金和津贴，既包括货币形式的，也包括实物形式的，它还包括劳动者所享受的公费医疗和医疗卫生费、上下班交通补贴和单位直接支付的社会保险费等。

生产税净额 生产税减生产补贴后的差额。

生产税指政府对生产单位生产、销售和从事经营活动以及因从事生产活动使用某些生产要素，如固定资产、土地、劳动力所征收的各种税、附加费和规费。具体包括销售税金及附加、增值税、管理费中开支的各种税、应交纳的养路费、排污费和水电费附加、烟酒专卖上缴政府的专项收入等。

生产补贴与生产税相反，是政府对生产单位的单方面收入转移，因此视为负生产税处理，包括政策亏损补贴、粮食系统价格补贴、外贸企业出口退税收入等。

固定资产折旧 指一定时期内为弥补固定资产损耗按照核定的固定资产折旧率提取的固定资产折旧，或按国民经济核算统一规定的折旧率虚拟计算的固定资产折旧。它反映了固定资产在当期生产中的转移价值。各种类型企业和企业化管理的事业单位的固定资产折旧指实际计提并计入成本费用中的折旧费；不计提折旧的单位，如政府机关、非企业化管理的事业单位和居民住房的固定资产折旧则是按照统一规定的折旧率和固定资产原值计算的虚拟折旧。

营业盈余 是指常住单位创造的增加值扣除劳动者报酬、生产税净额和固定资产折旧后的余额。它相当于企业的营业利润加上生产补贴，但要扣除从利润中开支的工资和福利等。

③支出法 支出法是从最终使用角度来反映国内生产总值最终去向的一种方法。最终使用包括货物和服务的最终消费支出、资本形成总额、货物和服务净出口三部分。

最终消费 指常住单位在一定时期内对于货物和服务的全部最终消费支出，也就是常住单位为满足物质、文化和精神生活的需要，从本国经济领土和国外购买的货物和服务的支出；不包括非常住单位在本国经济领土内的消费支出。最终消费分为居民消费和政府消费。

居民消费 指常住住户对货物和服务的全部最终消费支出。居民消费按市场价格计算，即按居民支付的购买者价格计算。购买者价格是购买者取得货物所支付的价值，包括购买者支付的运输和商业费用。

居民消费除了直接以货币形式购买货物和服务的消费之外，还包括以其他方式获得的货物和服务的消费支出，即所谓的虚拟消费支出。居民虚拟消费支出包括以下几种类型：单位以实物报酬及实物转移的形式提供给劳动者的货物和服务；住户生产并由本住户消费的货物和服务，其中的服务仅指住户的自有住房服务；金融机构提供的金融媒介服务；保险公司提供的保险服务。

政府消费 指政府部门为全社会提供公共服务的消费支出和免费或以较低价格向住户提供的货物和服务的净支出。前者等于政府服务的产出价值减去政府单位所获得的经营收入的价值，政府服务的产出价值等于它的经常性业务支出加上固定资产折旧；后者等于政府部门免费或以较低价格向住户提供的货物和服务的市场价值减去向住户收取的价值。

资本形成总额 指常住单位在一定时期内获得减去处置的固定资产和存货的净额，包括固定资本形成总额和存货增加两部分。

固定资本形成总额 指常住单位购置、转入和自产自用的固定资产价值，扣除销售和转出的价值，包括有形固定资产形成总额和无形固定资产形成总额。有形固定资产形成总额包括一定时期内完成的建筑工程、安装工程和设备工器具购置（减处置）价值，商品房销售增值，土地改良形成的固定资产，新增役、种、奶、毛、娱乐用牲畜和新增经济林木价值。无形固定资产形成总额包括矿藏勘探、计算机软件、娱乐和文学艺术品原件等获得减处置的价值。

存货增加 指常住单位存货实物量变动的市场价值，即期末价值减期初价值的差额。存货增加可以是正值，也可以是负值；正值表示存货上升，负值表示存货下降。它包括生产单位购进的原材料、燃料和储备物资等存货，以及生产单位生产的产成品、在制品等存货等。

货物和服务净出口 指货物和服务出口减货物和服务进口的差额。出口包括常住单位向非常住单位出售或无偿转让的各种货物和服务的价值；进口包括常住单位从非常住单位购买或无偿得到的各种货物和服务的价值。由于服务活动的提供与使用同时发生，因此服务的进出口业务并不发生出入境现象，一般把常住单位从国外得到的服务作为进口，非常住单位从本国得到的服务作为出口。货物的出口和进口都按离岸价格计算。

三次产业 是根据社会生产活动历史发展的顺序对产业结构的划分，产品直接取自自然界的部门称为第一产业，对初级产品进行再加工的部门称为第二产业，为生产和消费提供各种服务的部门称为第三产业。它是世界上较为通用的产业结构分类，但各国的划分不尽一致。

按照国民经济行业分类标准和我国的实际情况，我国的三次产业划分是：

第一产业 农林牧渔业（包括农业、林业、畜牧业、渔业、农林牧渔服务业）。

第二产业 工业（包括采矿业，制造业，电力、燃气及水的生产和供应业）和建筑业。

第三产业 除第一、第二产业以外的其他各业。由于第三产业包括的行业多、范围广，根据我国的实际情况，第三产业分为十五个门类。具体为：

交通运输、仓储和邮政业，信息传输、计算机服务和软件业，批发和零售业，住宿和餐饮业，金融业，房地产业，租赁和商务服务业，科学研究、技术服务和地质勘查业，水利、环境和公共设施管理业，居民服务和其他服务业，教育，卫生、社会保障和社会福利业，文化、体育和娱乐业，公共管理和社会组织，国际组织。

当年价格 指报告期的实际价格，如工业品的出厂价格，农产品的收购价格，商业的零售价格等。按当年价格计算，是指一些以货币表现的物量指标，如工农业总产值、国内生产总值等，按照当年的实际价格来计算总量。使用当年价格计算的数字，是为了使国民经济各项指标互相衔接，便于考察当年社会经济效益，便于对生产流通、生产和分配、生产和消费进行经济核算和综合平衡。

按当年价格计算的价值指标，在不同年份之间进行对比时，因为包含有各年间价格变动的因素，不能确切地反映实物量的增减变动。必须消除价格变动因素后，才能真实反映经济发展动态。因此，在计算增长速度时都使用按可比价格计算的数字。

可比价格 指计算各种总量指标所采用的扣除了价格变动因素的价格，可进行不同时期总量指标的对比。按可比价格计算总量指标有两种方法：一种是直接用产品产量乘某一年的不变价格计算；另一种是用价格指数进行换算。

不变价格 指以同类产品某一时期的平均价格作为固定价格，用于计算各时期的产品价值。按不变价格计算的产品价值消除了价格变动因素，不同时期对比可以反映生产的发展速度。新中国成立后，随着工农业产品价格水平的变化，国家统计局先后八次制定了全国统一的工业产品不变价格和农业产品不变价格。从 1949 年到 1957 年使用 1952 年工（农）业产品不变价格，从 1957 年到 1971 年使用 1957 年不变价格，从 1971 年到 1981 年使用 1970 年不变价格，从 1981 年到 1990 年使用 1980 年不变价格，从 1991 年到 2000 年使用 1990 年不变价格，从 2001 年到 2005 年使用 2000 年不变价格，从 2006 年开始使用 2005 年不变价格，从 2011 年开始使用 2010 年不变价格。

Explanatory Notes on Main Statistical Indicators

Gross Domestic Product refers to the final products at market prices produced by all residents in a country (or a region) during a certain period of time.

Gross domestic product is expressed in three different forms, i.e. value, income, and products respectively.

GDP in its value form refers to the total value of all goods and services produced by all resident units during a certain period of time, minus the total value of input of goods of non-fixed assets and services; in other term, it is the sum of the value-added of all resident units.

GDP in the form of income includes the income created by all resident units and distributed to resident and non-resident units.

GDP in the form of products refers to the value of all goods and services for final consumption by all resident units minus the net exports of goods and services during a given period of time.

In the practice of national accounting, gross domestic product is calculated with three approaches, i.e. production approach, income approach and expenditure approach, which reflect gross domestic product and its composition from different aspects.

Production Approach focuses on the total value of goods and services produced in production activities. GDP by Production Approach equals the value of total output minus that of input consumed in production process.

GDP by Production Approach = gross output—intermediate input

Gross Output refers to the total value of goods and service produced by all residents in a given period,including newly-produced goods and service, and intermediate input.

Intermediate Input refers to non-fixed assets and paid service consumed during production process when goods and service are produced. Intermediate input is also called intermediate consumption.

Value-added refers to the value of newly-produced goods and service and that of consumed fixed assets. By production approach, it equals gross output minus intermediate input.

Income Approach (also known as distribution approach): refers to the method measuring the final results of production activities o from the perspective of income made by all residents. GDP of income approach includes laborers' remuneration,net taxed on production, depreciation of fixed assets and operating surplus.

GDP by income approach = laborers' remuneration+ net taxed on production+depreciation of fixed assets+operating surplus.

The sum of value added made by different industries is GDP.

Laborers' Remuneration refers to the whole payment of various forms earned by the laborers' from the productive activities they are engaged in. It includes wages, bonuses and allowances the laborers' earned in monetary form and in kind. It also includes the free medical services provided to the laborers' and the medicine expenses, traffic subsidies and social insurance, housing fund paid by the employers.

Net Taxes on Production refers to the difference of the taxes on production minus the subsidies on production.

Taxes on production refers to the various taxes, extra charges and fees levied on the production units on their production, sale and business activities as well as on the use of some factors of production, such as fixed assets, land and labor force in the production activities they are engaged in.

In contrast to the taxes on production, the subsidies on production refer to the unilateral government transfer to the production units and are therefore regarded as negative taxes on production.They include subsidies on the loss due to implementation of government policies, price subsidies, etc.

Depreciation of Fixed Assets refers to the depreciation of fixed assets of a given period, drawn in accordance with the stipulated depreciation rate for the purpose of compensating the wear loss of the fixed assets or the depreciation of fixed assets calculated in a fictitious way in accordance with the stipulated unified depreciation rate in the national economic accounting system. It reflects the value of transfer of the fixed assets in the production of the current period. The depreciation of fixed assets in various enterprises and institutions managed as enterprises refers to the depreciation expenses actually drawn. In government agencies and institutions not managed as enterprises which do not draw the depreciation expenses, as well as for the houses of residents, the depreciation of fixed assets is the imputed depreciation, which is calculated in accordance with the stipulated unified depreciation rate. In principle, the depreciation of fixed assets should be calculated on the basis of the re-purchased value of the fixed assets.

Operating Surplus refers to the balance of the value added created by the resident units deducting the laborers' remuneration, net taxes on production and the depreciation of fixed assets. It is equivalent to the business profit of the enterprises plus subsidies on production, but the wages and welfare expenses paid from the profits should be deducted.

GDP by Expenditure Approach refers to the method of measuring the final results of production activities of a country (region) during a given period from the perspective of final use. It includes final consumption expenditure, total capital formation and net export of goods and services.

Final Consumption Expenditure refers to the total expenditure on goods and services in a given period, which means the total expenditure of resident units for purchases of goods and services from domestic economic territory and abroad to meet the requirements of material, cultural and spiritual life. It excludes the expenditure of non-resident units on consumption in the economic territory of the country. The final consumption expenditure is broken down into household consumption expenditure and government consumption expenditure.

Household consumption refers to the consumption expenditure made by household on goods and services. It is calculated at market price which is the purchasers'price. Purchasers'price means the money the purchasers paid for goods, including transportation fees and operating fees.

In addition to the consumption of goods and services bought by the households directly with money, the households consumption expenditure also includes expenditure on goods and services obtained by the households in other ways, i.e. the so-called imputed consumption expenditure, which includes the following:

(a) the goods and services provided to the households by the employer in the form of payment in kind and transfer in kind; (b) goods and services produced and consumed by the households themselves, in which the services refer only to the owner-occupied housing and domestic and individual services provided by the paid household workers; (c) financial intermediate services provided by financial institutions; (d) insurance services provided by insurance companies.

Government Consumption Expenditure refers to the expenditure on the consumption of the public services provided by the government to the whole society and the net expenditure on the goods and services provided by the government to the households free of charge or at low prices. The former equals to the output value of the government services minus the value of operating income obtained by the government departments. The latter equals to the market value of the goods and services provided by the government free of charge or at low prices to the households minus the value received by the government from the households.

Total Capital Formation refers to the fixed assets acquired minus those disposed of and the net value of inventory, including the total fixed capital formation and the increase in inventory.

Total Fixed Capital Formation refers to the value of fixed assets acquired minus those disposed of during a given period. Fixed assets are the assets produced through production activities with specified unit value which could be used for over one year, excluding natural assets. Total fixed capital formation can be categorized into total tangible capital formation and total intangible capital formation. The total tangible capital formation include the value of the construction projects, installation projects completed and the equipment,apparatus and instruments purchased as well as the value of land improved, the value of draught animals, breeding stock, animals for milk, wool and for recreational purpose, and the newly increased forest with economic value during a given period. The total intangible capital formation includes the prospecting of minerals, the acquisition of computer software, artisticworks artistic minus the disposal of them.

Increase in Inventory refers to the market value of the change in inventory of resident units during a given period, i.e. the difference of value between the beginning and the end of the period minus the current gains due to the change in prices. The increase in inventory can be positive or negative. A positive value indicates the increase in inventory while a negative value indicates the decrease in stock. The inventory includes the raw materials, fuels and reserve materials purchased by the production units as well as the inventory of finished products, semi-finished products, work-in-progress, etc.

Net Export of Goods and Services refers to the difference of the exports of goods and services minus the imports of goods and services. The imports include the value of various goods and services sold or gratuitously transferred by the resident units to the non-resident units. The imports include the value of various goods and services purchased or gratuitously acquired by the resident units from the non-resident units. Because the provision of services and the use of them happen simultaneously, the acquisition of services by the resident units from abroad is usually treated as import while the acquisition of services by non-resident units in this country is usually treated as export. The export and import of goods are calculated at FOB.

Three Industries: Classification of economic activities into three branches of industries is based on the development of production. Primary industry refers to the production activities that obtain products from nature. Secondary industry refers to the production activities that process primary goods. Tertiary industry refers to the production activities that provide primary and secondary industries with services. Classification of economic activities into three branches of industries is a common practice in the world, although the grouping varies to some extent from country to country. According to the new Industrial Classification of National Economy, economic activities are categorized into following industries:

Primary industry refers to agriculture, forestry, animal husbandry and fishery.

Secondary Industry refers to mining and quarrying, manufacturing, production and supply of electricity, water and gas, and construction.

Tertiary industry refers to all other economic activities not included in primary or secondary industry.According to the economic condition in China, tertiary industry includes Transport, Storage and Post, Information Transmission, Computer Services and Software, Wholesale and Retail Trades, Hotels and Catering Services, Financial Intermediation, Real Estate, Leasing and Business Services, Scientific Research, Technical Services and Geologic Prospecting,Management of Water Conservancy, Environment and Public Facilities, Services to Households and Other Services,Education, Health, Social Security and Social Welfare, Culture, Sports and Entertainment, Public Management and Social Organizations, and International Organizations.

Current Price refers to the actual price during the reporting period, such as Ex-factory Price of Industrial Products, purchasing price of agricultural produces and retail price. Some indicators calculatedat current price are volume indicators in the value form, such as total value of output of industrial and agricultural industries and GDP, etc. Data calculated at current price are useful when it comes to evaluating the economic development and analyzing different aspects of economy, such as production, circulation,distribution and consumption.

When the different indicators calculated at current price are compared, it is in evitable that price changes will affect the comparison. Therefore, the change in volume cannot be showed. In order to eliminate the effect of price and reflect economic development, growth rate is calculated at current price.

Constant Price refers to the price without the effect of price change. By using constant price, total amount indices of different periods can be compared. There are two methods in which total amount indices are obtained, one using current price of some year to multiply the physical volume of certain products and the other using price index.

Fixed Price refers to the average price of similar products in a given period, with which the product value of different period can be calculated. The product value calculated at fixed price can show the growth rate of production in different period. Since 1949, NBS has framed the united industrial and agricultural fixed price 8 times, including the fixed price of 1952 used from 1949 to 1957, the fixed price of 1957 used from 1957 to 1971, the fixed price of 1970 used from 1971 to 1981, the fixed price of 1980 used from 1981 to 1990, the fixed price of 1990 used from 1991 to 2000, the fixed price of 2000 used from 2001 to 2005, the fixed price of 2005 used from 2006, and the fixed price of 2010 used from 2011.

第3篇 人　口

Population

简 要 说 明

一、本篇资料的主要内容

本篇资料主要反映了我省人口方面的基本情况，包括全省 17 个市的主要人口统计数据、历年人口数、农业和非农业人口数、人口出生率、死亡率、自然增长率。另外，还对建国以来开展的 6 次人口普查主要数据进行了比较。

二、本篇资料的来源

本篇资料分别来源于国家开展的人口普查、人口抽样调查和省公安厅的户籍登记资料，由省统计局人口处整理提供。

Brief Introduction

I. Main Content

Data in this chapter show the basic condition of population, such as the basic condition of 17 cities, population, agricultural and non-agricultural population, birth rate, death rate and natural growth rate. Furthermore, relevant figures obtained from six national population censuses have been compared.

II. Source of Data

Data in this chapter are from national population censuses, national sample survey. Some are derived from household registration provided by Shandong Provincial Department of Public Security. The data above are compiled by the Division of Population and Employment Statistics of Shandong Provincial Bureau of Statistics.

3-1 主要年份总人口

Population in Major Years

单位:万人 (10 000 persons)

年 份 Year	总人口 Total	按性别分 Grouped by Sex		按农业非农业分 Grouped By Agricultural and Non-agricultural		人口密度 Density of Population (人/平方公里) (Person/sq.km)
		男 Male	女 Female	农业人口 Agricultural	非农业人口 Non-agricultural	
1949	-4549	(2199)	(2350)	(4289)	(260)	290
1952	-4827	(2392)	(2435)	(4538)	(289)	308
1955	-5174	(2587)	(2587)	(4796)	(378)	330
1957	-5373	(2694)	(2679)	(4936)	(437)	343
1962	-5426	(2718)	(2708)	(5015)	(411)	346
1965	-5711	(2866)	(2845)	(5258)	(453)	364
1970	-6441	(3241)	(3200)	(5966)	(475)	411
1975	-6971	(3524)	(3447)	(6408)	(563)	445
1976	-7038	(3561)	(3477)	(6455)	(583)	449
1977	-7099	(3592)	(3507)	(6507)	(592)	453
1978	-7160	(3624)	(3536)	(6533)	(627)	457
1979	-7232	(3660)	(3572)	(6570)	(661)	462
1980	-7296	(3694)	(3602)	(6605)	(691)	466
1981	-7395	(3750)	(3645)	(6659)	(736)	472
1982	-7494	(3806)	(3688)	(6720)	(774)	478
1983	-7564	(3847)	(3717)	(6753)	(811)	483
1984	-7637	(3887)	(3750)	(6701)	(936)	487
1985	7711(7695)	(3922)	(3773)	(6676)	(1017)	492
1986	7818(7776)	(3967)	(3810)	(6797)	(979)	499
1987	7958(7889)	(4029)	(3860)	(6844)	(1045)	508
1988	8061(8009)	(4092)	(3917)	(6702)	(1307)	514
1989	8160(8181)	(4181)	(4000)	(6698)	(1483)	521
1990	8493(8424)	(4299)	(4125)	(6846)	(1578)	542
1991	8570(8534)	(4352)	(4182)	(6884)	(1650)	547
1992	8610(8580)	(4373)	(4207)	(6819)	(1761)	549
1993	8642(8620)	(4392)	(4228)	(6724)	(1896)	551
1994	8671(8653)	(4407)	(4246)	(6574)	(2079)	553
1995	8705(8701)	(4429)	(4272)	(6531)	(2170)	556
1996	8738(8747)	(4452)	(4295)	(6484)	(2263)	558
1997	8785(8810)	(4483)	(4327)	(6500)	(2310)	561
1998	8838(8872)	(4513)	(4359)	(6575)	(2296)	564
1999	8883(8922)	(4537)	(4385)	(6600)	(2322)	567
2000	8997(8975)	(4562)	(4413)	(6566)	(2409)	574
2001	9041(9024)	(4584)	(4440)	(6507)	(2517)	577
2002	9082(9069)	(4607)	(4463)	(6435)	(2634)	580
2003	9125(9108)	(4624)	(4484)	(6275)	(2833)	582
2004	9180(9163)	(4652)	(4512)	(6212)	(2951)	586
2005	9248(9212)	(4676)	(4537)	(6066)	(3147)	589
2006	9309(9282)	(4707)	(4575)	(6055)	(3228)	592
2007	9367(9346)	(4739)	(4606)	(5909)	(3436)	596
2008	9417(9392)	(4761)	(4632)	(5860)	(3532)	599
2009	9470(9449)	(4792)	(4658)	(5902)	(3548)	603
2010	9579(9536)	(4839)	(4697)	(5698)	(3839)	610
2011	9637(9591)	(4870)	(4721)	(5646)	(3945)	613
2012	9685(9580)	(4868)	(4712)	(5559)	(4021)	616

注:1990、2000和2010年为人口普查数,其余年份均为人口抽样调查数,括号内为公安户籍人口数。2006年之后的农业、非农业人口数据分为公安机关统计的户口在农村、城镇的人口。

a)Data of 1990、2000 and 2010 are based on the national population census,and others are based on the sample surveys.Data in the brackets are taken from the annual reports of the Public Security Departments.Since 2006,the Agriculture, non-agricultural population are changed to the rural population and urban population from the the Public Security Departments.

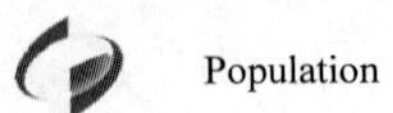

3-2 主要年份人口出生率、死亡率、自然增长率

Birth Rate,Death Rate and Natural Growth Rate of Population in Major Years

年 份 Year	出生率(‰) Birth Rate(‰)	死亡率(‰) Death Rate(‰)	自然增长率(‰) Natural Growth Rate(‰)	出生人口数(万人) Population of Birth(10 000 persons)	死亡人口数(万人) Population of Death(10 000 persons)	自然增长人数(万人) Population of Natural Growth(10 000 persons)
1949	(28.10)	(12.20)	(15.90)			
1952	(31.50)	(12.20)	(19.30)			
1955	(37.30)	(13.70)	(23.60)	(191)	(70)	(121)
1957	(35.80)	(12.10)	(23.70)	(190)	(64)	(126)
1962	(38.10)	(12.40)	(25.70)	(204)	(66)	(138)
1965	(35.50)	(10.20)	(25.30)	(201)	(58)	(143)
1970	(33.89)	(7.34)	(26.55)	(215)	(47)	(168)
1975	(21.56)	(7.53)	(14.03)	(149)	(52)	(97)
1976	(18.46)	(7.63)	(10.83)	(129)	(53)	(76)
1977	(16.96)	(7.24)	(9.72)	(120)	(51)	(69)
1978	(16.80)	(6.50)	(10.30)	(119)	(46)	(73)
1979	(16.94)	(6.15)	(10.79)	(122)	(44)	(78)
1980	(13.91)	(6.40)	(7.51)	(101)	(47)	(54)
1981	(16.48)	(6.41)	(10.07)	(121)	(47)	(74)
1982	(17.05)	(6.10)	(10.95)	(127)	(45)	(82)
1983	15.10(12.76)	6.73(5.87)	8.37(6.89)	114(96)	51(44)	63(52)
1984	13.80(12.99)	5.80(6.03)	8.00(6.96)	104(99)	44(46)	60(53)
1985	15.12(11.75)	6.64(5.90)	8.48(5.85)	116(90)	51(45)	65(45)
1986	19.90(14.71)	7.28(5.86)	12.62(8.85)	156(114)	57(46)	99(68)
1987	23.35(17.43)	7.07(5.64)	16.28(11.79)	184(137)	56(44)	128(93)
1988	17.54(17.95)	6.04(5.95)	11.50(12.00)	140(143)	48(47)	92(96)
1989	16.88(18.87)	5.70(5.51)	11.18(13.36)	137(153)	46(45)	91(108)
1990	18.21(26.10)	6.96(6.02)	11.25(20.08)	152(217)	58(50)	94(167)
1991	15.40(16.39)	6.54(5.73)	8.86(10.66)	131(139)	56(49)	75(90)
1992	11.43(10.95)	6.88(6.02)	4.55(4.93)	98(94)	59(52)	39(42)
1993	10.49(9.47)	6.76(5.84)	3.73(3.63)	90(81)	58(50)	32(31)
1994	9.69(9.31)	6.67(5.99)	3.02(3.32)	84(80)	58(52)	26(28)
1995	9.82(9.66)	6.47(5.83)	3.35(3.83)	85(84)	56(51)	29(33)
1996	10.60(10.33)	6.76(6.04)	3.84(4.29)	92(90)	59(53)	33(37)
1997	11.28(10.84)	6.65(5.90)	4.63(4.94)	99(95)	58(52)	41(43)
1998	11.58(11.52)	6.12(5.95)	5.46(5.57)	102(102)	54(53)	48(49)
1999	11.08(10.23)	6.27(5.72)	4.81(4.51)	98(91)	55(51)	43(40)
2000	10.75(11.38)	6.29(6.70)	4.46(4.68)	97(102)	56(60)	40(42)
2001	11.12(9.93)	6.24(5.46)	4.88(4.47)	100(89)	56(49)	44(40)
2002	11.17(10.20)	6.62(5.86)	4.55(4.34)	101(92)	60(53)	41(39)
2003	11.42(9.31)	6.64(6.07)	4.78(3.24)	104(85)	61(55)	43(30)
2004	12.50(10.59)	6.49(5.60)	6.01(4.99)	114(97)	59(51)	55(46)
2005	12.14(10.17)	6.31(5.85)	5.83(4.32)	112(94)	58(54)	54(40)
2006	11.60(9.59)	6.10(5.62)	5.50(3.97)	108(89)	57(52)	51(37)
2007	11.11(10.05)	6.11(6.47)	5.00(3.58)	104(94)	57(60)	47(33)
2008	11.25(10.13)	6.16(6.81)	5.09(3.32)	106((95)	58(64)	48(31)
2009	11.70(10.96)	6.08(6.11)	5.62(4.86)	110(103)	57(58)	53(46)
2010	11.65(15.82)	6.26(8.58)	5.39(7.24)	111(150)	60(81)	51(69)
2011	11.50(11.97)	6.10(7.07)	5.40(4.90)	110(114)	59(68)	51(47)
2012	11.90(11.74)	6.95(8.33)	4.95(3.40)	115(113)	67(80)	48(33)

注:1990、2000年为人口普查数，2010年为人口普查修正数据，其余年份均为人口抽样调查数，括号内为当年前往公安机关申报登记数。

a)Data of 1990 and 2000 are based on the national population census,2010 data are revised according to the national population census,others are based on the sample surveys. Data in the brackets are registration data of the public security department.

3-3　人口年龄结构、抚养比和性别比
Age Composition and Dependency Ratio of Population

单位：%　　(%)

年　份 Year	总人口性别比(以女性为100) Sex Ratio of Total Population (female=100)	各年龄段所占比重 The Proportion of Total Population By Age			总抚养比 Gross Dependency Ratio	少儿抚养比 Children Dependency Ratio	老年抚养比 Old Dependency Ratio
		0-14岁 Aged 0-14	15-64岁 Aged 15-64	65岁及以上 Aged 65 and Over			
1982	102.9	31.0	63.4	5.6	57.7	48.9	8.8
1990	103.5	26.6	67.2	6.2	48.8	39.6	9.2
1995	103.7	24.6	68.0	7.4	47.1	36.2	10.9
2000	102.5	20.8	71.1	8.1	40.6	29.3	11.4
2001	102.7	20.4	71.4	8.2	40.1	28.6	11.5
2002	102.4	18.8	72.7	8.5	37.6	25.9	11.7
2003	100.4	18.4	72.6	9.1	37.8	25.3	12.5
2004	100.7	17.1	73.7	9.2	35.8	23.2	12.5
2005	102.0	15.9	74.1	9.9	34.9	21.5	13.4
2006	100.8	15.3	74.7	10.0	33.9	20.5	13.4
2007	101.4	15.0	74.8	10.2	33.7	20.1	13.6
2008	100.2	15.6	74.1	10.3	34.9	21.0	13.8
2009	102.3	15.7	73.9	10.4	35.4	21.2	14.1
2010	102.3	15.7	74.4	9.9	34.4	21.1	13.3
2011	102.0	15.7	74.3	10.0	34.6	21.1	13.5
2012	101.4	16.1	73.5	10.4	36.0	21.8	14.2

注：1982、1990、2000和2010年数据为人口普查数据；2001-2004年为抽样调查样本数据；其他年份为抽样调查估算数据。

a)Data of 1982、1990、2000 and 2010 are taken from the national population census.Data of 2001-2004 are taken from Population Sample Survey. Others are estimated on population sample survey.

3-4 各市人口数和总户数(2012年)
Population and Households by Region (2012)

地 区	Region	年末总人口(万人) Total year-end Population (10 000 persons)	按性别分(万人) Grouped by Sex (10 000 persons)		按农村、城镇分(万人) Grouped by Agricultural and Non-agricultural (10 000persons)		年末总户数(万户) Total year-end Households (10 000 households)	平均家庭户规模(人/户) Average Family Size(person/household)
			男 Male	女 Femal	农村人口 Agricultural	城镇人口 Non-agricultural		
全省总计	**Total**	**9684.87(9579.72)**	**(4867.79)**	**(4711.92)**	**(5559.00)**	**(4020.72)**	**(3045.54)**	**(3.15)**
济南市	Jinan	694.96(609.21)	(303.30)	(305.91)	(173.09)	(436.13)	(195.79)	(3.11)
青岛市	Qingdao	886.85(769.56)	(383.82)	(385.74)	(283.60)	(485.96)	(249.27)	(3.09)
淄博市	Zibo	457.93(423.67)	(211.39)	(212.28)	(226.20)	(197.47)	(145.88)	(2.90)
枣庄市	Zaozhuang	377.20(394.83)	(205.89)	(188.93)	(257.82)	(137.01)	(117.11)	(3.37)
东营市	Dongying	207.26(185.45)	(93.00)	(92.45)	(105.08)	(80.38)	(62.79)	(2.95)
烟台市	Yantai	698.29(650.29)	(325.28)	(325.01)	(324.44)	(325.85)	(233.83)	(2.78)
潍坊市	Weifang	921.61(878.87)	(443.95)	(434.92)	(418.63)	(460.25)	(278.19)	(3.16)
济宁市	Jining	815.81(847.08)	(435.91)	(411.17)	(543.79)	(303.30)	(251.49)	(3.37)
泰安市	Tai'an	552.89(558.87)	(282.86)	(276.01)	(352.28)	(206.60)	(187.53)	(2.98)
威海市	Weihai	279.75(253.57)	(126.69)	(126.88)	(123.32)	(130.25)	(92.02)	(2.76)
日照市	Rizhao	283.43(288.10)	(146.49)	(141.61)	(184.88)	(103.22)	(100.59)	(2.86)
莱芜市	Laiwu	131.35(126.30)	(64.00)	(62.30)	(61.65)	(64.65)	(47.54)	(2.66)
临沂市	Linyi	1012.44(1083.77)	(558.12)	(525.65)	(719.59)	(364.17)	(331.33)	(3.27)
德州市	Dezhou	563.10(577.52)	(293.31)	(284.22)	(400.39)	(177.14)	(175.65)	(3.29)
聊城市	Liaocheng	589.33(594.45)	(303.64)	(290.81)	(396.50)	(197.95)	(187.49)	(3.17)
滨州市	Binzhou	378.87(380.90)	(192.16)	(188.74)	(237.40)	(143.50)	(120.66)	(3.16)
菏泽市	Heze	833.81(957.27)	(497.98)	(459.29)	(750.37)	(206.90)	(268.37)	(3.57)

注:年末总人口根据人口抽样调查数据推算,括号内为公安户籍统计数字。
a)Data on total year-end population are projected according to the population census data.Data in the brackets are taken from the annual reports of public security departments.

3-5 各市人口自然变动情况(2012年)
Natural Change of Population by Region (2012)

地 区	Region	出生率 Birth Rate (‰)	死亡率 Death Rate (‰)	自然增长率 Natural Growth Rate (‰)	出生人口数(万人) Population of Birth (10 000 persons)	死亡人口数(万人) Population of Death (10 000 persons)	自然增长人数(万人) Population of Natural Growth (10 000 persons)
全省总计	**Total**	**11.74**	**8.33**	**3.40**	**112.51**	**79.88**	**32.63**
济南市	Jinan	11.75	8.08	3.67	7.14	4.91	2.23
青岛市	Qingdao	9.75	8.18	1.57	7.49	6.28	1.21
淄博市	Zibo	9.13	8.40	0.72	3.87	3.56	0.31
枣庄市	Zaozhuang	19.96	9.02	10.93	7.87	3.56	4.31
东营市	Dongying	8.81	7.00	1.81	1.64	1.30	0.34
烟台市	Yantai	8.17	9.89	-1.71	5.32	6.44	-1.12
潍坊市	Weifang	10.67	8.82	1.85	9.37	7.74	1.63
济宁市	Jining	14.10	7.87	6.24	11.94	6.66	5.28
泰安市	Tai'an	11.98	8.94	3.04	6.70	5.00	1.70
威海市	Weihai	7.26	8.62	-1.36	1.84	2.19	-0.35
日照市	Rizhao	10.15	7.85	2.30	2.93	2.27	0.66
莱芜市	Laiwu	8.50	8.11	0.39	1.08	1.03	0.05
临沂市	Linyi	11.19	8.15	3.04	12.12	8.83	3.29
德州市	Dezhou	12.96	9.03	3.92	7.47	5.21	2.26
聊城市	Liaocheng	13.26	7.50	5.76	7.95	4.50	3.45
滨州市	Binzhou	10.99	10.51	0.49	4.19	4.00	0.19
菏泽市	Heze	14.13	6.66	7.47	13.59	6.41	7.18

注:本表为公安机关当年登记数字。
a) Data in the table are registration data of the public security department.

 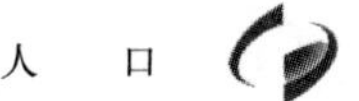

3-6 六次人口普查主要数据

Major Data of All Previous Provincial Population Census

指标	Item	第一次人口普查 The First (1953.7.1)	第二次人口普查 The Second (1964.7.1)	第三次人口普查 The Third (1982.7.1)	第四次人口普查 The Fourth (1990.7.1)	第五次人口普查 The Fifth (2000.11.1)	第六次人口普查 The Sixth (2010.11.1)
一、总人口 （万人）	**Total (10000 person)**	**4887.65**	**5549.62**	**7441.91**	**8439.21**	**8997.18**	**9579.27**
按性别分	By Sex						
男	Male	2431.14	2790.45	3773.74	4291.32	4554.21	4844.69
女	Female	2456.52	2759.17	3668.16	4147.89	4442.97	4734.58
二、总户数 （万户）	**Total Households (10000 unit)**	**1109.77**	**1277.08**	**1739.04**	**2197.56**	**2732.04**	**3079.47**
家庭户 （万户）	Households (10000 unit)			1733.55	2187.44	2670.93	3010.55
平均家庭户规模(人)	Average Household Size (person)			4.20	3.75	3.22	2.98
三、民 族	**Nationalities**						
民族个数 （个）	The number of Nationalities (unit)	17	32	39	54	56	56
汉族人口 （万人）	Total Population of Han Nationality (10000 person)	4862.40	5520.04	7401.14	8388.62	8933.90	9506.68
少数民族人口(万人)	Total Population of Minority Nationalities (10000 person)	25.24	29.55	40.74	50.59	63.27	72.59
四、市镇人口 （万人）	**Population of City and Town (10000 person)**	**357.92**	**717.57**	**1419.05**	**2307.67**	**3432.59**	**4762.07**
五、平均预期寿命（岁）	**Life Expectancy (year old)**			**69.2**	**70.6**	**73.9**	**76.5**
六、各种文化程度人口	**Population by Education**						
大 学 （万人）	University and Above (10000 person)			26.32	82.29	300.08	832.87
高 中 （万人）	Senior Middle Schools (10000 person)			438.72	603.36	994.64	1332.26
初 中 （万人）	Junior Middle Schools (10000 person)			1316.97	2125.47	3297.35	3846.80
小 学 （万人）	Primary Schools (10000 person)			2510.81	3061.20	2946.97	2391.22
文盲半文盲 （万人）	Illiterate or Semiliterate (10000 Person)			2045.72	1425.61	765.43	475.73
七、6岁及以上人口平均受教育年限 （年）	**Years of education of Population Aged 6 and Over (year)**			**4.9**	**6.2**	**7.5**	**8.8**
八、就业人口 （万人）	**Economically Active Population (person)**			**4009.79**	**5077.21**	**5477.41**	**5902.34**

主要统计指标解释

人口数 指一定时点、一定地区范围内有生命的个人总和。

年度统计的年末人口数 指每年 12 月 31 日 24 时的人口数。

城镇人口和乡村人口 普查的城镇人口是指居住在城镇范围内的全部常住人口；乡村人口是除上述人口以外的全部人口。公安机关登记的城镇人口是指户口登记在城镇的人口，其统计口径是以居民常住户口所在地的城乡性质划分的。

出生率(又称粗出生率) 指在一定时期内(通常为一年)一定地区的出生人数与同期内平均人数(或期中人数)之比，用千分率表示。本资料中的出生率指年出生率，其计算公式为：

$$出生率=\frac{年出生人数}{年平均人数}\times1000‰$$

式中：出生人数指活产婴儿，即胎儿脱离母体时(不管怀孕月数)，有过呼吸或其他生命现象。年平均人数指年初、年底人口数的平均数，也可用年中人口数代替。

死亡率(又称粗死亡率) 指在一定时期内(通常为一年)一定地区的死亡人数与同期内平均人数(或期中人数)之比，用千分率表示。本资料中的死亡率指年死亡率，其计算公式为：

$$死亡率=\frac{年死亡人数}{年平均人数}\times1000‰$$

人口自然增长率 指在一定时期内(通常为一年)人口自然增加数(出生人数减死亡人数)与该时期内平均人数(或期中人数)之比，用千分率表示。计算公式为：

$$人口自然增长率=\frac{本年出生人数-本年死亡人数}{年平均人数}\times1000‰$$

$$=人口出生率-人口死亡率$$

总抚养比 也称总负担系数。是指人口总体中非劳动年龄人口数与劳动年龄人口数之比。通常用百分比表示。说明每 100 名劳动年龄人口要负担多少名非劳动年龄人口。用于从人口角度反映人口与经济发展的基本关系。

计算公式为：

$$GDR=\frac{P_{0\sim14}+P_{65+}}{P_{15\sim64}}\times100\%$$

其中：GDR 为总抚养比；

$P_{0\sim14}$ 为0~14岁少年儿童人口数；

P_{65+} 为65 岁及岁以上的老年人口数；

$P_{15\sim64}$ 为15~64 岁劳动年龄人口数。

老年人口抚养比 也称老年人口抚养系数。是指某人口总体中老年人口数与劳动年龄人口数之比。通常用百分比表示。用以表明每100名劳动年龄人口要负担多少名老年人。老年人口抚养比是从经济角度反映人口老化社会后果的指标之一。

计算公式为：

$$ODR=\frac{P_{65+}}{P_{15\sim64}}\times100\%$$

其中：ODR 为老年人口抚养比；

P_{65+} 为65岁及岁以上的老年人口数；

$P_{15\sim64}$ 为15~64岁的劳动年龄人口数。

少年儿童抚养比 也称少年儿童抚养系数。是指某人口总体中少年儿童人口与劳动年龄人口数之比。通常用百分比表示。用以反映每100 名劳动年龄人口要负担多少名少年儿童。

计算公式为：

$$CDR=\frac{P_{0\sim14}}{P_{15\sim64}}\times100\%$$

其中：CDR 为少年儿童抚养比；

$P_{0\sim14}$ 为0~14岁少年儿童人口数；

$P_{15\sim64}$ 为15~64岁劳动年龄人口数。

Explanatory Notes on Main Statistical Indicators

Total Population refers to the total number of people alive at a certain point of time within a given area.

The annual statistics on total population is taken at midnight, the 3lst of December.

Urban Population and Rural Population Urban population refer to all people residing in cities and towns, while rural population refer to population other than urban population. Urban population data of public security department only include persons whose household registration in urban.

Birth Rate (or Crude Birth Rate) refers to the ratio of the number of births to the average population (or mid period population) during a certain period of time (usually a year), expressed in ‰. Birth rate in the chapter refers to annual birth rate. The following formula is used:

$$\text{Birth Rate} = \frac{\text{Number of Births}}{\text{Annual Average Population}} \times 1000‰$$

Number of births in the formula refers to live births, i.e. when a baby has breathed or showed any vital phenomena regardless of the length of pregnancy.

Annual average number of population is the average of the number of population at the beginning of the year and that at the end of the year. Sometimes it is substituted by the mid year population.

Death Rate (or Crude Death Rate) refers to the ratio of the number of deaths to the average population (or mid period population) during a certain period of time (usually a year), expressed in ‰. Death rate in the chapter refers to annual death rate. The following formula is used:

$$\text{Death Rate} = \frac{\text{Number of Deaths}}{\text{Annual Average Population}} \times 1000‰$$

Natural Growth Rate of Population refers to the ratio of natural increase in population (number of births minus number of deaths) in a certain period of time (usually a year) to the average population (or mid period population) of the same period, expressed in ‰. The following formula is applied:

$$\text{Natural Growth Rate of Population} = \frac{\text{Number of Births} - \text{Number of Deaths}}{\text{Annual Average Population}} \times 1000‰$$

Natural Growth Rate of Population = Birth Rate − Death

Gross Dependency Ratio also called gross dependency coefficient, refers to the ratio of non-working-age population to the working-age population ,express in %. Describing in general the number of non-working-age population that every 100 people at working ages will take care of, this indicator reflects the basic relation between population and economic development from the demographic perspective. The gross dependency ratio is calculated with the following formula:

$$GDR = \frac{P_{0\sim14} + P_{65+}}{P_{15\sim64}} \times 100\%$$

Where: GDR is the gross dependency ratio,

$P_{0\sim14}$ is the population of children aged 0-14;

P_{65+} is the elderly population aged 65 and over ;

$P_{15\sim64}$ is the working –age population aged 15-64.

Old Dependency Ratio also called old dependency coefficient,refers to the ratio of the elderly population to the working-age population, express in %.It describes the number of the elderly population that every 100 people at working ages will take care of. Old dependency ratio is one of the indicators reflecting the social implication of population aging from the economic perspective. The old dependency ratio is calculated with the following formula:

$$ODR = \frac{P_{65+}}{P_{15\sim64}} \times 100\%$$

Where: ODR is the old dependency ratio,

P_{65+} is the elderly population aged 65 and over;

$P_{15\sim64}$ is the working –age population aged 15-64.

Children Dependency Ratio also called children dependency coefficient, refers to the ratio of the children population to the working-age population ,express in %.It describes the number of children population that every 100 people at working ages will take care of. The children dependency ratio is calculated with the following formula:

$$CDR = \frac{P_{0\sim14}}{P_{15\sim64}} \times 100\%$$

Where:CDR is the children dependency ratio;

$P_{0\sim14}$ is the children population aged 0-14;

$P_{15\sim64}$ is the working-age population aged 15-64.

第4篇

就业人员、劳动报酬和社会保障

Employment , Wages and Social Securities

简 要 说 明

一、本篇资料的主要内容

本篇资料反映我省劳动经济方面的基本情况，包括经济活动人口数，就业人员及职工人数，城镇登记失业人数，劳动报酬总额，人均劳动报酬及指数变化情况等。

二、本篇资料的来源

1.就业基本情况及分组资料、劳动报酬总额、职工工资总额等资料取自《劳动统计报表制度》、《劳动力调查制度》及《乡村社会经济调查方案》。

2.私营企业及个体工商业人员资料取自省工商行政管理局年报。

3.城镇劳动力供给和配置情况、城镇登记失业人员及失业率等资料由人力资源和社会保障厅根据其相关统计制度整理提供。

4.乡镇企业就业人员资料来源于省中小企业办公室。

5.本篇资料由省统计局人口就业处整理提供。

Brief Introduction

I. Main Content

Data in this chapter show the basic conditions of Shandong's labor economy, including the economically active population,number of employed persons in urban areas, earning of employed persons,average earning of employed persons and the changes in index, etc.

II. Source of Data

(1) Data on basic conditions of employment,data by groups, earning of employed persons,total wage bills of staff and workers are collected and compiled through The Reporting Form System on Labour Statistics,The Sample Survey System on Labour Force,The System of Rural Social and Economic Surveys.

(2) Data on employed persons in urban private enterprises and self-employed individuals are derived from the Annual report of Shandong Administration of Industry and Commerce.

(3) Data on urban labor supply and configuration, registered unemployed persons in urban areas and unemployment rate are provided by Shandong Provincial Department of Human Resource and Social Security.

(4) Data on persons employed in township enterprises are provided by Shandong Provincial Office for Development of Medium and Small Businesses.

(5) Data in this chapter are prepared and compiled by the Division of Population and Employment Statistics of Shandong Provincial Bureau of Statistics.

4-1 就业基本情况
Employment

类 别		Category		2009	2010	2011	2012
经济活动人口	**（万人）**	**Economically Active Population**	**(10 000 persons)**	**6392.4**	**6482.3**	**6546.5**	**6615.8**
就业人员合计	**（万人）**	**Total Number of Employed Persons**	**(10 000 persons)**	**6294.2**	**6401.9**	**6485.6**	**6554.3**
第一产业		Primary Industry	(10 000 persons)	2297.4	2273.1	2211.6	2168.0
第二产业		Secondary Industry	(10 000 persons)	2014.1	2086.7	2185.6	2245.2
第三产业		Tertiary Industry	(10 000 persons)	1982.7	2042.1	2088.4	2141.1
就业人员构成	**（合计=100）**	**Composition of Employed Persons**	**(total=100)**				
第一产业		Primary Industry		36.5	35.5	34.1	33.1
第二产业		Secondary Industry		32.0	32.6	33.7	34.2
第三产业		Tertiary Industry		31.5	31.9	32.2	32.7
按城乡分就业人员		**Number of Employed Persons by Urban and Rural Areas**					
城镇就业人员	（万人）	Urban Employed Persons	(10 000 persons)	2803.4	2927.4	3014.4	3084.3
#国有单位		State-owned Units		428.1	439.4	437.0	447.4
城镇集体单位		Urban Collective-owned Units		56.8	57.0	60.8	63.2
股份合作单位		Cooperative Units		15.5	16.1	13.5	12.7
联营单位		Joint Ownership Units		3.4	3.3	3.4	2.5
有限责任公司		Limited Liability Corporations		190.1	205.7	276.1	303.5
股份有限公司		Share-holding Corporations Ltd.		78.0	80.3	91.5	101.3
私营企业		Private Enterprises		323.1	371.1	410.9	431.2
港澳台投资单位		Units with Funds from Hong Kong,Macao & Taiwan		28.0	28.9	30.8	33.1
外商投资单位		Foreign Funded Units		109.5	112.1	115.6	121.2
个 体		Self-employed Individuals		225.8	256.0	293.1	301.8
乡村就业人员	（万人）	Rural Employed Persons	(10 000 persons)	3490.8	3474.5	3471.2	3470.0
#私营企业		Private Enterprises		249.9	276.6	290.9	324.2
个 体		Self-employed Individuals		240.9	281.4	285.9	317.8
职工人数(万人)		**Number of Staff and Workers**	**(10 000 persons)**	**889.6**	**919.9**	**1006.0**	**1060.2**
国有单位		State-owned Units		413.3	422.4	424.4	431.8
城镇集体单位		Urban Collective-owned Units		54.4	54.6	58.4	60.5
其他单位		Units of Other Types of Ownership		421.9	442.9	523.3	567.9
城镇单位女性就业人员	**（万人）**	**Urban Employed Female Persons**		**350.1**	**359.1**	**374.8**	**380.8**
城镇累计新增就业人数	**（万人）**	**Number of Newly Employed Persons in Urban Areas**	**(10 000 persons)**	**105.7**	**115.3**	**118.7**	**119.9**
就业转失业人员再就业	**（万人）**	**Number of reemployed Persons**	**(10 000 persons)**	**50.2**	**52.7**	**55.0**	**55.6**
#困难群体再就业		Reemployed Persons in Difficult Groups		11.6	12.0	11.8	12.0
农村劳动力转移就业人数	**（万人）**	**Reemployed Persons in Difficult Groups**	**(10 000 persons)**	**122.4**	**129.4**	**136.0**	**137.4**
城镇登记失业人数	**（万人）**	**Number of Registered Unemployed Persons in Urban Areas**	**(10 000 persons)**	**45.1**	**44.5**	**45.1**	**43.4**
城镇登记失业率	**(%)**	**Registered Unemployment Rate in Urban Areas**	**(%)**	**3.4**	**3.4**	**3.4**	**3.3**

4–2 按三次产业分的年底就业人员数
Number of Employed Persons at the Year-end by Three Industries

年 份 Year	就业人员 (万人) Total Employed Persons (10 000 Persons)	第一产业 Primary Industry	第二产业 Secondary Industry	第三产业 Tertiary Industry	构成(合计=100) Composition in Percentage(Total=100) 第一产业 Primary Industry	第二产业 Secondary Industry	第三产业 Tertiary Industry
1949	1859.3						
1952	1897.2						
1955	1959.7						
1957	2150.4						
1962	1981.2						
1965	2146.0						
1970	2606.0						
1975	2925.0						
1978	2969.8	2350.9	366.6	252.3	79.2	12.3	8.5
1980	3117.5	2458.1	382.5	276.9	78.9	12.3	8.9
1981	3192.4	2508.2	389.0	295.2	78.6	12.2	9.3
1982	3270.0	2520.8	442.2	307.0	77.1	13.5	9.4
1983	3795.1	2950.8	465.8	378.5	77.8	12.3	10.0
1984	3563.7	2509.1	528.8	525.8	70.4	14.8	14.8
1985	3561.1	2438.6	705.3	417.2	68.5	19.8	11.7
1986	3651.2	2431.1	776.0	444.1	66.6	21.3	12.2
1987	3765.7	2422.6	848.2	494.9	64.3	22.5	13.1
1988	3887.1	2474.5	905.1	507.5	63.7	23.3	13.1
1989	3940.3	2527.6	902.6	510.1	64.2	22.9	13.0
1990	4043.2	2585.7	922.5	535.0	64.0	22.8	13.2
1991	4219.3	2708.0	958.7	552.6	64.2	22.7	13.1
1992	4302.6	2705.1	1000.8	596.7	62.9	23.3	13.9
1993	4379.3	2689.9	1070.4	619.0	61.4	24.4	14.1
1994	4382.1	2541.6	1098.0	742.5	58.0	25.1	16.9
1995	5207.4	2832.3	1305.5	1069.6	54.4	25.1	20.5
1996	5227.4	2788.0	1286.1	1153.3	53.3	24.6	22.1
1997	5256.0	2812.5	1311.9	1131.6	53.5	25.0	21.5
1998	5287.6	2837.3	1245.8	1204.5	53.7	23.6	22.8
1999	5314.7	2811.7	1245.7	1257.3	52.9	23.4	23.7
2000	5441.8	2887.7	1286.0	1268.1	53.1	23.6	23.3
2001	5475.3	2863.6	1308.6	1303.1	52.3	23.9	23.8
2002	5527.0	2769.6	1375.1	1382.3	50.1	24.9	25.0
2003	5620.6	2638.3	1474.3	1508.0	46.9	26.2	26.8
2004	5728.1	2542.1	1581.0	1605.0	44.4	27.6	28.0
2005	5840.7	2350.3	1781.4	1709.0	40.2	30.5	29.3
2006	5960.0	2328.0	1870.3	1761.7	39.1	31.4	29.5
2007	6081.4	2265.2	1989.9	1826.3	37.3	32.7	30.0
2008	6187.6	2313.5	1955.5	1918.6	37.4	31.6	31.0
2009	6294.2	2297.4	2014.1	1982.7	36.5	32.0	31.5
2010	6401.9	2273.1	2086.7	2042.1	35.5	32.6	31.9
2011	6485.6	2211.6	2185.6	2088.4	34.1	33.7	32.2
2012	6554.3	2168.0	2245.2	2141.1	33.1	34.2	32.7

4-3 按行业分的年底就业人员数

Number of Employed Persons at the Year-end by Sector

单位：万人 （10 000 persons）

行　业	Sector	2012
总　计	**Total**	**6554.3**
农、林、牧、渔业	Agriculture,Forestry,Animal Husbandry and Fishing	2168.0
采矿业	Mining	88.5
制造业	Manufacturing	1394.4
电力、燃气及水的生产和供应业	Production and Supply of Electric Power and Heat Power	24.5
建筑业	Construction	737.9
批发和零售业	Wholesale and Retail Trade	686.8
交通运输、仓储和邮政业	Traffic,Transport,Storage and Post	256.4
住宿和餐饮业	Hotels and Catering Services	200.4
信息传输、软件和信息技术服务业	Information Transfer, Software and Information Technology Services	67.4
金融业	Financial Intermediation	38.4
房地产业	Real Estate	38.9
租赁和商务服务业	Leasing and Business Services	67.4
科学研究和技术服务业	Scientific Research and Technical Service	25.4
水利、环境和公共设施管理业	Management of Water Conservancy,Environment and Public Facilities	16.0
居民服务、修理和其他服务业	Households Services, Repair and Other Services	51.9
教　育	Education	121.6
卫生和社会工作	Health and Social Work	56.4
文化、体育和娱乐业	Culture,Sports and Entertainment	11.1
公共管理、社会保障和社会组织	Public management,Social Security and Social Organization	121.3
国际组织	International Organization	
其他	Others	381.5

4-4 按登记注册类型和行业分城镇单位就业人员数(2012年底)

Number of Employed Persons in Urban at the Year-end by Status of Registration and Sector(2012)

单位:万人 (10 000 persons)

类别	Category	总计 Total	在岗职工 Staff and Workers	国有单位 State -owned Units	城镇集体单位 Urban Collective -owned Units
总　计	**Total**	**1110.2**	**1060.2**	**447.4**	**63.2**
按企、事业和机关分	**Grouped by Enterprises,institutions and Agencies**				
企　业	Enterprises	813.4	773.1	163.4	54.5
事　业	Institutions	210.2	202.9	199.4	8.3
机　关	Agebcies & Organizations	83.8	81.6	83.7	
民间非营利组织	Civil Nonprofit Organization	0.9	0.8		
其　他	Others	2.0	1.9	0.8	0.3
按国民经济行业分	**Grouped by Sector**				
农、林、牧、渔业	Agriculture,Forestry,Animal Husbandry and Fishing	2.8	2.7	2.2	0.2
采矿业	Mining	78.8	76.7	50.3	2.6
制造业	Manufacturing	395.0	390.3	19.5	16.3
电力、燃气及水的生产和供应业	Production and Supply of Electric Power and Heat Power	21.0	20.1	14.0	0.3
建筑业	Construction	136.8	115.8	16.1	20.5
批发和零售业	Wholesale and Retail Trade	48.9	47.5	9.0	4.6
交通运输、仓储和邮政业	Traffic,Transport,Storage and Post	37.4	36.4	25.9	1.0
住宿和餐饮业	Hotels and Catering Services	15.2	14.7	5.3	0.9
信息传输、软件和信息技术服务业	Information Transfer, Software and Information Technology Services	9.1	8.9	3.4	0.1
金融业	Financial Intermediation	32.7	25.7	8.2	3.8
房地产业	Real Estate	15.8	15.2	2.3	1.2
租赁和商务服务业	Leasing and Business Services	11.5	11.3	5.7	2.3
科学研究和技术服务业	Scientific Research and Technical Service	12.4	11.9	9.4	0.3
水利、环境和公共设施管理业	Management of Water Conservancy,Environment and Public Facilities	12.5	10.6	11.2	0.4
居民服务、修理和其他服务业	Households Services, Repair and Other Services	3.9	3.9	2.8	0.2
教　育	Education	109.8	108.0	103.8	2.9
卫生和社会工作	Health and Social Work	49.6	47.0	42.7	5.2
文化、体育和娱乐业	Culture,Sports and Entertainment	6.9	6.7	6.0	0.3
公共管理、社会保障和社会组织	Public management,Social Security and Social Organization	109.8	106.9	109.8	
国际组织	International Organization				

4-5 各市按城乡分的年底就业人员数

Number of Employed Persons at the Year-end in Urban and Rural Areas by Region

单位:万人 (10 000 persons)

地 区	Region	总 计 Total	城镇小计 Subtotal of Urban Area	国有单位 State-owned Units	集体单位 Collective-owned Units	股份合作单位 Cooperative Units	联营单位 Joint Ownership Units	有限责任公司 Limited Liability Corporations	股份有限公司 Share-holding Corporations Ltd.
全省合计	Total	6554.3	3084.3	447.4	63.2	12.7	2.5	303.5	101.3
济 南 市	Jinan	407.9	209.2	47.2	4.8	1.3	1.3	50.5	17.4
青 岛 市	Qingdao	548.5	271.5	36.9	5.5	1.0		26.1	11.8
淄 博 市	Zibo	273.6	111.8	27.8	5.4	2.1		22.2	11.0
枣 庄 市	Zaozhuang	244.1	78.6	23.5	4.4	0.2		8.2	2.5
东 营 市	Dongying	128.8	65.3	27.0	1.3	0.4	0.1	9.9	4.0
烟 台 市	Yantai	436.1	177.9	31.1	5.7	1.2	0.2	22.9	5.8
潍 坊 市	Weifang	519.7	147.0	30.4	3.8	1.0	0.2	23.2	10.5
济 宁 市	Jining	512.0	117.7	48.5	5.7	1.1		10.6	5.6
泰 安 市	Tai'an	335.6	95.9	21.3	12.2	0.7	0.2	26.1	5.0
威 海 市	Weihai	174.8	86.4	13.1	3.2	1.3	0.1	15.8	6.8
日 照 市	Rizhao	188.4	47.7	9.7	0.9	0.1		6.7	2.4
莱 芜 市	Laiwu	80.3	28.5	5.2	0.4			10.0	1.0
临 沂 市	Linyi	665.0	123.6	30.8	2.1	0.6	0.1	20.2	6.7
德 州 市	Dezhou	311.0	64.8	20.9	2.3	0.8	0.1	10.9	2.4
聊 城 市	Liaocheng	357.5	60.4	19.7	1.2	0.2		12.0	4.0
滨 州 市	Binzhou	254.1	65.2	14.4	1.2	0.3		21.8	2.4
菏 泽 市	Heze	477.6	71.2	27.7	2.9	0.3		5.6	2.2

4-5 续表 continued

单位:万人 (10 000 persons)

地 区	Region	私营企业 Private Enterprises	港澳台商投资单位 Units with Funds from Hong Kong,Macao	外商投资单位 Foreign Funded Units	个 体 Self-employed Individuals	乡村小计 Subtotal of Rural Area	私营企业 Private Enterprises	个 体 Self-employed Individuals
全省合计	Total	431.2	33.1	121.2	301.8	3470.0	324.2	317.8
济 南 市	Jinan	41.7	3.1	5.6	32.9	198.7	21.2	11.1
青 岛 市	Qingdao	117.8	6.6	38.8	24.7	277.0	10.3	50.4
淄 博 市	Zibo	20.7	1.8	5.2	13.7	161.8	27.5	13.6
枣 庄 市	Zaozhuang	13.3	0.9	1.3	24.0	165.5	7.8	17.4
东 营 市	Dongying	10.8	1.2	0.8	7.5	63.5	5.8	4.5
烟 台 市	Yantai	49.9	7.4	29.4	23.3	258.2	28.0	18.3
潍 坊 市	Weifang	37.8	4.3	7.9	25.5	372.7	60.7	37.7
济 宁 市	Jining	17.3	0.5	4.2	23.5	394.3	26.3	21.7
泰 安 市	Tai'an	13.0	0.5	1.3	14.7	239.7	16.9	16.1
威 海 市	Weihai	17.6	1.6	14.5	12.1	88.4	7.6	5.7
日 照 市	Rizhao	17.3	0.3	1.2	8.6	140.7	6.5	9.3
莱 芜 市	Laiwu	6.5	0.2	0.3	4.6	51.8	4.7	3.0
临 沂 市	Linyi	15.1	1.7	4.8	36.3	541.5	30.3	35.1
德 州 市	Dezhou	10.2	0.4	2.6	13.0	246.2	20.7	18.1
聊 城 市	Liaocheng	8.9	0.7	0.9	12.0	297.1	16.8	13.1
滨 州 市	Binzhou	15.0	1.3	0.8	7.2	188.9	15.1	9.2
菏 泽 市	Heze	11.1	0.6	1.5	18.2	406.4	17.2	33.4

4-6 各市按行业分城镇单位就业人员数(2012年底)

Number of Employed Persons at the Year end by Sector(2012)

单位:万人 (10 000 persons)

地 区	Region	总 计 Total	农、林、牧、渔业 Agriculture, Forestry, Animal Husbandry and Fishing	采矿业 Mining	制造业 Manufacturing	电力、燃气及水的生产和供应业 Production and Supply of Electric Power and Heat Power	建筑业 Construction	批发和零售业 Wholesale and Retail Trade
全省总计	**Total**	**1,110.2**	**2.8**	**78.8**	**395.0**	**21.0**	**136.8**	**48.9**
济南市	Jinan	134.5	0.1	1.0	34.1	1.8	31.4	11.4
青岛市	Qingdao	129.0	0.2	0.1	68.2	1.9	7.1	5.7
淄博市	Zibo	77.4	0.1	5.0	30.8	1.5	14.1	3.0
枣庄市	Zaozhuang	41.3	0.1	10.9	6.3	0.8	7.1	1.1
东营市	Dongying	47.1	0.4	14.0	11.6	0.4	3.5	1.4
烟台市	Yantai	104.7	0.2	6.3	51.9	2.1	6.9	3.7
潍坊市	Weifang	83.7	0.1	1.3	36.4	1.8	8.5	4.2
济宁市	Jining	76.9	0.2	19.9	13.2	1.9	7.9	3.7
泰安市	Tai'an	68.2	0.2	12.6	16.3	1.1	14.2	3.0
威海市	Weihai	56.8	0.1	0.2	34.2	1.2	5.0	2.1
日照市	Rizhao	21.8	0.1	0.1	7.9	0.5	1.3	1.0
莱芜市	Laiwu	17.4	-	2.9	7.5	0.4	0.9	0.6
临沂市	Linyi	72.2	0.4	2.8	18.3	1.4	16.4	1.6
德州市	Dezhou	41.6	0.1	0.4	13.9	1.2	2.7	2.3
聊城市	Liaocheng	39.5	0.1	-	13.5	1.2	2.1	1.3
滨州市	Binzhou	43.0	0.1	0.4	24.2	0.7	3.0	1.1
菏泽市	Heze	41.9	0.3	1.0	6.5	1.2	3.8	1.8

4-6 续表 1 continued

单位:万人 (10 000 persons)

地 区	Region	交通运输、仓储和邮政业 Traffic, Transport, Storage and Post	住宿和餐饮业 Hotels and Catering Services	信息传输、软件和信息技术服务业 Information Transfer, Software and Information Technology Services	金融业 Financial Intermediation	房地产业 Real Estate	租赁和商务服务业 Leasing and Business Services	科学研究和技术服务业 Scientific Research and Technical Service
全省总计	**Total**	**37.4**	**15.2**	**9.1**	**32.7**	**15.8**	**11.5**	**12.4**
济南市	Jinan	4.9	3.9	2.3	6.1	2.9	2.9	2.3
青岛市	Qingdao	6.5	2.7	0.6	3.4	2.7	1.4	1.8
淄博市	Zibo	1.1	0.8	0.4	1.9	1.0	0.5	0.4
枣庄市	Zaozhuang	0.8	0.1	0.2	0.7	0.5	0.2	0.3
东营市	Dongying	1.4	1.3	0.6	0.8	0.3	0.3	1.6
烟台市	Yantai	3.5	1.2	0.6	2.7	2.2	0.8	1.1
潍坊市	Weifang	1.3	0.8	0.4	1.7	1.0	0.1	0.7
济宁市	Jining	1.9	0.4	0.3	3.0	0.6	1.0	0.4
泰安市	Tai'an	1.0	0.8	0.4	1.3	0.8	1.1	0.6
威海市	Weihai	1.0	1.0	0.2	1.1	1.0	0.3	0.6
日照市	Rizhao	1.5	0.2	0.1	1.0	0.5	0.4	0.1
莱芜市	Laiwu	0.4	0.2	0.1	0.3	0.4		
临沂市	Linyi	1.0	0.5	1.4	2.5	0.4	0.5	0.5
德州市	Dezhou	0.6	0.3	0.5	1.4	0.7	0.1	0.2
聊城市	Liaocheng	1.4	0.2	0.3	2.4	0.4	0.3	0.2
滨州市	Binzhou	0.4	0.2	0.2	1.0	0.2	0.6	0.4
菏泽市	Heze	1.1	0.2	0.4	1.5	0.3	0.2	0.3

4-6 续表 2 continued

单位：万人 (10 000 persons)

地 区	Region	水利、环境和公共设施管理业 Management of Water Conservancy, Environment and Public Facilities	居民服务、修理和其他服务业 Households Services, Repair and Other Services	教育 Education	卫生和社会工作 Health and Social Work	文化、体育和娱乐业 Culture,Sports and Entertainment	公共管理、社会保障和社会组织 Public management, Social Security and Social Organization	国际组织 International Organization
全省总计	**Total**	**12.5**	**3.9**	**109.8**	**49.6**	**6.9**	**109.8**	
济南市	Jinan	1.2	1.0	10.6	5.3	1.6	9.9	
青岛市	Qingdao	1.2	0.3	10.9	4.7	0.9	8.8	
淄博市	Zibo	1.1	0.1	6.7	3.1	0.7	5.1	
枣庄市	Zaozhuang	0.6		4.5	1.8	0.2	5.2	
东营市	Dongying	0.3	1.6	2.6	1.7	0.1	3.3	
烟台市	Yantai	1.2	0.1	8.8	3.9	0.6	7.0	
潍坊市	Weifang	1.0	0.1	10.6	4.9	0.3	8.3	
济宁市	Jining	1.1	0.1	7.7	3.5	0.7	9.7	
泰安市	Tai'an	0.4	0.2	6.1	2.3	0.3	5.6	
威海市	Weihai	0.6	0.1	3.1	1.9	0.2	2.9	
日照市	Rizhao	0.1		2.8	1.5	0.2	2.4	
莱芜市	Laiwu	0.1		1.5	0.6		1.3	
临沂市	Linyi	0.8		9.9	4.1	0.3	9.3	
德州市	Dezhou	0.7	0.1	5.9	2.4	0.2	7.9	
聊城市	Liaocheng	0.6		5.8	2.7	0.2	6.8	
滨州市	Binzhou	0.2	0.1	3.5	1.5	0.2	5.0	
菏泽市	Heze	1.1	0.1	8.8	3.6	0.3	9.3	

4-7 各市按行业分私营企业和个体就业人数(2012年底)

Number of Engaged Persons in Private Enterprises and Self-employed Individuals at Year-end by Sector and Region(2012)

单位：万人 (10 000 persons)

地 区	Region	合 计	制造业 Manufacturing	建筑业 Construction	批发和零售业 Wholesale and Retail Trades	交通运输、仓储和邮政业 Traffic, Transport, Storage and Post	住宿和餐饮业 Hotels and Catering Services	租赁和商务服务业 Leasing and Business Service	居民服务、修理和其他服务业 Households Services, Repair and Other Services
全省总计	**Total**	**1375.0**	**352.3**	**58.4**	**591.9**	**46.8**	**69.0**	**67.6**	**76.2**
济南市	Jinan	106.9	15.2	4.8	53.0	2.5	5.0	8.3	6.5
青岛市	Qingdao	203.3	47.9	11.3	84.9	6.0	9.7	16.5	8.7
淄博市	Zibo	75.5	18.6	3.8	33.7	1.3	3.5	3.6	4.4
枣庄市	Zaozhuang	62.6	12.9	1.2	32.0	3.3	3.2	2.0	3.8
东营市	Dongying	28.6	5.7	1.4	12.3	0.4	2.0	1.3	2.1
烟台市	Yantai	119.5	35.0	7.2	46.4	3.4	5.3	5.9	5.8
潍坊市	Weifang	161.8	56.9	7.8	54.2	5.7	6.5	7.0	7.9
济宁市	Jining	88.9	20.1	2.2	45.6	4.1	4.9	3.1	3.9
泰安市	Tai'an	60.7	12.0	2.9	29.4	2.1	3.8	2.9	3.6
威海市	Weihai	43.0	10.2	2.5	16.5	1.3	2.4	2.0	3.1
日照市	Rizhao	41.7	8.5	2.7	18.5	2.8	1.7	1.9	2.4
莱芜市	Laiwu	18.9	2.8	0.9	11.2	0.4	0.9	0.7	0.8
临沂市	Linyi	116.8	38.1	2.6	49.5	5.0	6.6	2.5	5.8
德州市	Dezhou	62.0	19.3	2.2	25.7	2.8	2.7	1.8	3.5
聊城市	Liaocheng	50.8	15.9	1.1	20.9	1.2	2.8	1.8	3.7
滨州市	Binzhou	46.5	12.4	1.6	20.8	1.2	1.7	2.1	2.4
菏泽市	Heze	79.9	19.9	1.5	35.5	3.1	6.2	2.1	7.7

4-8 各市按行业分城镇私营企业和个体就业人员数(2012年底)

Number of Engaged Persons in Urban Private Enterprises and Self-employed Individuals at Year-end by Sector and Region(2012)

单位：万人 (10 000 persons)

地区	Region	合计 total	制造业 Manufacturing	建筑业 Construction	批发和零售业 Wholesale and Retail Trades	交通运输、仓储和邮政业 Traffic, Transport, Storage and Post	住宿和餐饮业 Hotels and Catering Services	租赁和商务服务业 Leasing and Business Service	居民服务、修理和其他服务业 Households Services, Repair and Other Services
全省总计	**Total**	**733.1**	**142.9**	**36.9**	**334.8**	**21.7**	**40.6**	**49.5**	**43.0**
济南市	Jinan	74.6	8.5	3.6	38.4	1.6	4.0	5.9	4.9
青岛市	Qingdao	142.5	34.3	10.6	54.5	4.7	3.8	15.8	5.0
淄博市	Zibo	34.4	6.5	1.7	16.4	0.5	2.0	1.9	2.3
枣庄市	Zaozhuang	37.3	6.1	0.7	21.2	1.4	2.1	1.4	2.2
东营市	Dongying	18.2	2.9	0.9	8.1	0.3	1.5	1.0	1.3
烟台市	Yantai	73.2	16.5	4.7	31.5	1.8	3.6	4.9	3.8
潍坊市	Weifang	63.3	14.3	3.4	25.9	1.5	3.4	4.3	4.1
济宁市	Jining	40.8	5.8	1.0	23.0	1.5	3.0	1.9	2.4
泰安市	Tai'an	27.7	5.1	0.9	13.7	1.2	2.1	1.1	1.9
威海市	Weihai	29.6	5.8	1.9	12.0	0.7	2.0	1.7	2.4
日照市	Rizhao	25.9	4.1	2.0	11.5	1.7	1.1	1.6	1.5
莱芜市	Laiwu	11.1	1.6	0.6	6.6	0.2	0.5	0.5	0.6
临沂市	Linyi	51.4	11.5	1.0	25.7	1.8	4.0	1.3	2.9
德州市	Dezhou	23.2	4.6	0.8	11.8	0.6	1.5	1.0	1.7
聊城市	Liaocheng	20.9	4.0	0.6	10.2	0.4	1.6	0.8	2.0
滨州市	Binzhou	22.2	4.8	1.0	9.7	0.5	1.2	1.3	1.4
菏泽市	Heze	29.3	5.8	0.8	12.8	1.4	2.9	1.2	2.7

4-9 各市私营企业就业人员数(2012年底)

Number of Employed Persons in Private Enterprises at the Year-end by Region(2012)

单位：万人 (10 000 persons)

地区	Region	户数(户) Number of Enterprises (household)	就业人数 Number of Employed Persons	#投资者 Investor	城镇就业人数 Number of Employed Persons in Urban Areas	#投资者 Investor	乡村就业人数 Number of Employed Persons in Rural Areas	#投资者 Investor
全省总计	**Total**	**660514**	**755.4**	**139.9**	**431.2**	**97.9**	**324.2**	**42.0**
济南市	Jinan	74704	62.9	15.3	41.7	9.9	21.2	5.4
青岛市	Qingdao	144620	128.1	28.8	117.8	27.3	10.3	1.5
淄博市	Zibo	37693	48.2	9.2	20.7	5.4	27.5	3.8
枣庄市	Zaozhuang	18765	21.1	4.1	13.3	2.9	7.8	1.2
东营市	Dongying	17571	16.6	4.3	10.8	3.4	5.8	0.9
烟台市	Yantai	61638	77.9	14.4	49.9	9.6	28.0	4.8
潍坊市	Weifang	58320	98.5	12.2	37.8	7.9	60.7	4.3
济宁市	Jining	38933	43.6	8.5	17.3	4.9	26.3	3.6
泰安市	Tai'an	25076	29.9	5.9	13.0	3.4	16.9	2.5
威海市	Weihai	28132	25.2	5.7	17.6	4.2	7.6	1.5
日照市	Rizhao	19069	23.8	4.0	17.3	2.9	6.5	1.1
莱芜市	Laiwu	11907	11.2	2.0	6.5	1.3	4.7	0.7
临沂市	Linyi	36567	45.4	7.2	15.1	3.8	30.3	3.4
德州市	Dezhou	19505	30.9	4.0	10.2	2.2	20.7	1.8
聊城市	Liaocheng	20688	25.7	4.3	8.9	2.1	16.8	2.2
滨州市	Binzhou	21184	30.1	4.0	15.0	3.1	15.1	0.9
菏泽市	heze	22934	28.3	4.7	11.1	2.5	17.2	2.2

4-10 各市个体就业人员数(2012年底)
Number of Self-employed Individuals at the Year-end by Region(2012)

地 区	Region	个体户数 (户) Number of Households (household)	个体就业人数 (万人) Number of Engaged Persons (10 000 persons)	城镇 Urban	乡村 Rural
全省总计	**Total**	**2795665**	**619.6**	**301.8**	**317.8**
济南市	Jinan	189275	44.0	32.9	11.1
青岛市	Qingdao	315917	75.1	24.7	50.4
淄博市	Zibo	134065	27.3	13.7	13.6
枣庄市	Zaozhuang	164781	41.4	24.0	17.4
东营市	Dongying	53517	12.0	7.5	4.5
烟台市	Yantai	222101	41.6	23.3	18.3
潍坊市	Weifang	307896	63.2	25.5	37.7
济宁市	Jining	209705	45.2	23.5	21.7
泰安市	Tai'an	146747	30.8	14.7	16.1
威海市	Weihai	91689	17.8	12.1	5.7
日照市	Rizhao	100160	17.9	8.6	9.3
莱芜市	Laiwu	25762	7.6	4.6	3.0
临沂市	Linyi	263414	71.4	36.3	35.1
德州市	Dezhou	138884	31.1	13.0	18.1
聊城市	Liaocheng	118735	25.1	12.0	13.1
滨州市	Binzhou	73141	16.4	7.2	9.2
菏泽市	Heze	239876	51.6	18.2	33.4

4-11 按登记注册类型和行业分城镇单位就业人员工资总额(2012年底)
Total Wages Bill of Employed Persons in Urban at the Year-end by Status of Registration and Sector(2012)

单位:万元 (10 000 yuan)

类别	Category	总计 Total	在岗职工 Staff and Workers	国有单位 State -owned Units	城镇集体单位 Urban Collective -owned Units
总计	**Total**	**46281704**	**44870881**	**21251120**	**2163395**
按企、事业和机关分	**Grouped by Enterprises,institutions and Agencies**				
企业	Enterprises	33136022	31915771	8570804	1849430
事业	Institutions	9451311	9303498	9054835	301297
机关	Agebcies & Organizations	3590450	3549734	3589060	1390
民间非营利组织	Civil Nonprofit Organization	30196	29679		945
其他	Others	73724	72200	36420	10334
按国民经济行业分	**Grouped by Sector**				
农、林、牧、渔业	Agriculture,Forestry,Animal Husbandry and Fishing	86970	86158	71223	5122
采矿业	Mining	4548093	4439216	3140312	82453
制造业	Manufacturing	14481226	14308375	845404	587286
电力、燃气及水的生产和供应业	Production and Supply of Electric Power and Heat Power	1100334	1066070	776942	8717
建筑业	Construction	4662183	4048727	568611	608370
批发和零售业	Wholesale and Retail Trade	1591121	1565471	364988	125326
交通运输、仓储和邮政业	Traffic,Transport,Storage and Post	1845844	1807322	1332003	29917
住宿和餐饮业	Hotels and Catering Services	444987	434751	160673	29590
信息传输、软件和信息技术服务业	Information Transfer, Software and Information Technology Services	547535	541212	206809	4924
金融业	Financial Intermediation	2338406	2168635	610592	239863
房地产业	Real Estate	609907	592654	83020	35694
租赁和商务服务业	Leasing and Business Services	449067	443247	236609	74558
科学研究和技术服务业	Scientific Research and Technical Service	653974	637920	517817	12609
水利、环境和公共设施管理业	Management of Water Conservancy,Environment and Public Facilities	391003	363289	346573	8836
居民服务、修理和其他服务业	Households Services, Repair and Other Services	178726	177591	146836	6940
教育	Education	5030189	4994456	4802894	120783
卫生和社会工作	Health and Social Work	2324667	2255384	2075954	172598
文化、体育和娱乐业	Culture,Sports and Entertainment	332201	329326	299383	9017
公共管理、社会保障和社会组织	Public management,Social Security and Social Organization	4665271	4611077	4664479	792
国际组织	International Organization				

4-12 各市城镇单位就业人员工资总额和指数
Total Wage Bill of Employed Persons in Urban Units and Related Indices by Region

地 区	Region	工 资 总 额 (亿元) Earning(100 million yuan)				指数 (上年=100) Indices(preceding year=100)			
		合 计 Total	在岗职工 Staff and Workers	国有单位 State-owned Units	城镇集体单位 Urban Collective-owned Units	合 计 Total	在岗职工 Staff and Workers	国有单位 State-owned Units	城镇集体单位 Urban Collective-owned Units
全省合计	Total	4628.2	4487.1	2125.1	216.3	117.0	117.7	112.7	118.8
济南市	Jinan	602.6	581.9	238.6	16.1	119.0	117.7	107.3	151.9
青岛市	Qingdao	632.5	615.2	241.2	26.8	112.4	114.2	247.8	112.1
淄博市	Zibo	314.0	307.1	136.4	18.3	117.6	117.8	107.6	113.0
枣庄市	Zaozhuang	156.6	155.3	105.8	11.8	112.0	117.1	105.4	120.4
东营市	Dongying	235.9	233.3	165.3	4.5	112.4	111.8	108.3	86.5
烟台市	Yantai	428.4	421.1	144.7	18.3	107.9	108.4	108.7	99.5
潍坊市	Weifang	340.8	323.1	139.5	16.5	135.2	136.0	113.0	157.1
济宁市	Jining	333.9	316.7	236.9	15.5	121.6	120.8	123.3	114.0
泰安市	Tai'an	268.3	263.2	89.8	40.6	108.8	119.7	115.9	123.4
威海市	Weihai	218.0	215.8	62.0	11.4	110.8	110.4	105.3	105.6
日照市	Rizhao	84.4	82.6	42.5	2.9	108.8	108.8	125.4	131.8
莱芜市	Laiwu	70.2	69.4	22.1	0.8	107.2	106.4	112.2	72.7
临沂市	Linyi	290.7	261.7	130.8	8.0	132.7	129.0	117.0	133.3
德州市	Dezhou	138.0	136.1	72.0	7.1	128.7	129.5	126.1	134.0
聊城市	Liaocheng	130.8	127.1	68.6	4.7	116.0	115.8	102.4	100.0
滨州市	Binzhou	167.8	164.9	63.7	4.2	119.9	120.1	122.7	110.5
菏泽市	Heze	132.0	129.8	86.5	8.2	121.0	122.3	122.0	124.2

4-13 各市按行业分城镇单位就业人员工资总额
Total Wages Bill of Employed Persons by Sector and Region

单位:万元 (10 000 yuan)

地 区	Region	总 计 Total	农、林、牧、渔业 Agriculture, Forestry, Animal Husbandry and Fishing	采矿业 Mining	制造业 Manufacturing	电力、燃气及水的生产和供应业 Production and Supply of Electric Power and Heat Power	建筑业 Construction	批发和零售业 Wholesale and Retail Trade
全省合计	**Total**	46281704	86970	4548093	14481226	1100334	4662183	1591121
济南市	Jinan	6025527	2692	41386	1418728	95193	1069085	373569
青岛市	Qingdao	6325077	6496	2986	2694310	117462	330657	232119
淄博市	Zibo	3140214	5173	279385	1143158	82328	462401	86712
枣庄市	Zaozhuang	1566250	1753	528639	183830	31851	194540	28211
东营市	Dongying	2359031	13516	945202	411474	27910	118016	38551
烟台市	Yantai	4283516	8807	301647	2006422	112266	250358	113980
潍坊市	Weifang	3407807	3191	49482	1363498	99813	326757	152754
济宁市	Jining	3338787	5947	1328481	408136	102659	215282	92018
泰安市	Tai'an	2682795	6325	639085	518346	45876	476086	101371
威海市	Weihai	2179565	3427	4323	1216806	60775	163492	75736
日照市	Rizhao	844499	3176	2651	274116	21936	36613	26972
莱芜市	Laiwu	701922	29	132865	316803	18856	21549	17212
临沂市	Linyi	2906601	13738	185592	682111	75551	551529	61243
德州市	Dezhou	1380023	3053	19106	397706	73592	111608	57772
聊城市	Liaocheng	1307655	1064		396543	57181	50145	36165
滨州市	Binzhou	1678218	2177	10758	857518	30168	112166	34645
菏泽市	Heze	1319719	6406	76505	179039	46919	106959	53752

4-13 续表 1 continued

单位:万元 (10 000 yuan)

地 区	Region	交通运输、仓储和邮政业 Traffic, Transport, Storage and Post	住宿和餐饮业 Hotels and Catering Services	信息传输、软件和信息技术服务业 Information Transfer,Software and Information Technology Services	金融业 Financial Intermediation	房地产业 Real Estate	租赁和商务服务业 Leasing and Business Services	科学研究和技术服务业 Scientific Research and Technical Service
全省合计	Total	1845844	444987	547535	2338406	609907	449067	653974
济 南 市	Jinan	262654	103647	122673	549901	113175	116070	136171
青 岛 市	Qingdao	337212	93569	47723	422072	143011	66936	115208
淄 博 市	Zibo	43585	23551	24152	138701	36322	17530	15220
枣 庄 市	Zaozhuang	18417	3723	14956	61006	13835	6142	11037
东 营 市	Dongying	71138	35566	23924	46800	11034	10232	102581
烟 台 市	Yantai	144575	36827	31229	146302	74123	28038	44988
潍 坊 市	Weifang	43881	23812	20697	122760	38932	5509	29545
济 宁 市	Jining	66740	9050	16158	156928	16707	31902	13225
泰 安 市	Tai'an	34676	29825	16881	58109	29267	39819	28386
威 海 市	Weihai	35775	30652	9160	80271	36225	9047	24438
日 照 市	Rizhao	96284	5716	5789	48182	14844	16627	5006
莱 芜 市	Laiwu	15697	3481	4464	26037	14055	749	1016
临 沂 市	Linyi	29358	13807	125285	118441	12776	14967	18449
德 州 市	Dezhou	17509	7363	18902	75745	23761	3808	7160
聊 城 市	Liaocheng	50152	5142	11237	133462	14628	6463	8863
滨 州 市	Binzhou	15953	4857	11498	77992	8037	27087	12760
菏 泽 市	Heze	33411	4318	27220	75697	8821	4660	8845

4-13 续表 2 continued

单位:万元 (10 000 yuan)

年 份 / 地 区	Year / Region	水利、环境和公共设施管理业 Management of Water Conservancy, Environment and Public Facilities	居民服务、修理和其他服务业 Households Services, Repair and Other Services	教 育 Education	卫生和社会工作 Health and Social Work	文化、体育和娱乐业 Culture, Sports and Entertainment	公共管理、社会保障和社会组织 Public management, Social Security and Social Organization	国际组织 International Organization
全省合计	Total	391003	178726	5030189	2324667	332201	4665271	
济 南 市	Jinan	45621	28133	578907	323738	113572	530612	
青 岛 市	Qingdao	44600	12592	701857	274499	49208	632562	
淄 博 市	Zibo	32574	2417	335463	149639	34167	227737	
枣 庄 市	Zaozhuang	14627	1321	180073	70662	7112	194515	
东 营 市	Dongying	12189	101585	142080	85080	6032	156120	
烟 台 市	Yantai	39752	4965	419360	172868	22426	324583	
潍 坊 市	Weifang	33074	3166	481075	243931	10364	355567	
济 宁 市	Jining	28942	4550	320157	147292	20944	353671	
泰 安 市	Tai'an	17618	6797	284666	102895	11466	235304	
威 海 市	Weihai	19357	3804	163346	85011	8980	148938	
日 照 市	Rizhao	5041	569	122951	51827	5222	100976	
莱 芜 市	Laiwu	3039	446	52375	21568	1158	50522	
临 沂 市	Linyi	23683	670	386805	221972	10108	360517	
德 州 市	Dezhou	25172	1650	193758	81737	4626	255996	
聊 城 市	Liaocheng	15297	1577	203061	106902	6868	202905	
滨 州 市	Binzhou	7545	2481	173471	71670	10812	206624	
菏 泽 市	Heze	22869	1469	288462	111357	7900	255112	

4-14 按登记注册类型和行业分城镇单位就业人员平均工资(2012年)
Average Earning of Employed Persons in Urban Units at the Year end by Status of Registration and Sector(2012)

单位:元 (yuan)

类别	Category	总计 Total	在岗职工 Staff and Workers	国有单位 State -owned Units	城镇集体单位 Urban Collective -owned Units
总　计	**Total**	**41904**	**42572**	**47894**	**34001**
按企、事业和机关分	**Grouped by Enterprises,institutions and Agencies**				
企　业	Enterprises	40865	41453	52669	33644
事　业	Institutions	45503	46384	45932	36333
机　关	Agebcies & Organizations	43222	43921	43226	35091
民间非营利组织	Civil Nonprofit Organization	35901	37384		33042
其　他	Others	37310	38361	44469	34875
按国民经济行业分	**Grouped by Sector**				
农、林、牧、渔业	Agriculture,Forestry,Animal Husbandry and Fishing	31290	31391	32737	27315
采矿业	Mining	57906	58120	62723	31816
制造业	Manufacturing	36833	36829	43469	35639
电力、燃气及水的生产和供应业	Production and Supply of Electric Power and Heat Power	52617	53405	55581	26616
建筑业	Construction	33667	34701	34936	28943
批发和零售业	Wholesale and Retail Trade	32868	33250	40681	27709
交通运输、仓储和邮政业	Traffic,Transport,Storage and Post	50097	50449	52284	29144
住宿和餐饮业	Hotels and Catering Services	29528.0	29733.0	30977.0	32048.0
信息传输、软件和信息技术服务业	Information Transfer, Software and Information Technology Services	60459	61191	61338	52945
金融业	Financial Intermediation	72345	85566	75579	63780
房地产业	Real Estate	38545	39012	36032	30944
租赁和商务服务业	Leasing and Business Services	39480	39942	41516	32225
科学研究和技术服务业	Scientific Research and Technical Service	53319	54012	55588	40053
水利、环境和公共设施管理业	Management of Water Conservancy,Environment and Public Facilities	31602	34606	31171	24564
居民服务、修理和其他服务业	Households Services, Repair and Other Services	45588	45970	52227	28593
教　育	Education	46176	46623	46656	42117
卫生和社会工作	Health and Social Work	47768	48949	49609	33568
文化、体育和娱乐业	Culture,Sports and Entertainment	48702	49399	50322	31452
公共管理、社会保障和社会组织	Public management,Social Security and Social Organization	42914	43634	42913	50471
国际组织	International Organization				

4–15 各市按登记注册类型分城镇单位就业人员平均工资(2012年)
Average Earning of Employed Persons in Urban Units at the Year-end by Status of Registration(2012)

单位：元 (yuan)

地 区	Region	总计 Total	在岗职工 Staff and Workers	国有单位 State-owned Units	城镇集体单位 Urban Collective-owned Units	股份合作单位 Cooperative Units	联营单位 Joint Ownership Units
全省合计	**Total**	**41904**	**42572**	**47894**	**34001**	**38703**	**40217**
济南市	Jinan	45040	46619	50986	32291	49477	48554
青岛市	Qingdao	48967	49076	66332	47225	39842	45210
淄博市	Zibo	41350	42001	50104	35325	36432	25976
枣庄市	Zaozhuang	38671	38990	45301	27501	36094	27493
东营市	Dongying	49635	49988	60959	33943	30460	29375
烟台市	Yantai	41303	41628	47221	32605	36970	26291
潍坊市	Weifang	40058	40965	46014	40357	45659	41360
济宁市	Jining	43625	44351	48927	26298	34745	24070
泰安市	Tai'an	39800	39978	42326	34488	36107	32119
威海市	Weihai	38662	38799	47513	35671	32027	31273
日照市	Rizhao	38831	39924	43987	31155	28026	18506
莱芜市	Laiwu	40547	41100	42591	22143	23014	36514
临沂市	Linyi	40305	42117	42946	36027	32721	29001
德州市	Dezhou	33328	33656	34899	30207	37028	33447
聊城市	Liaocheng	32843	33769	34805	36232	68187	42353
滨州市	Binzhou	40019	40462	44739	30642	57590	37091
菏泽市	Heze	31850	32211	31494	28050	32660	16515

4–15 续表 continued

单位：元 (yuan)

地 区	Region	有限责任公司 Limited Liability Corporations	股份有限公司 Share-holding Corporations Ltd.	其他内资 Others	港、澳、台商投资单位 Units with Funds from Hong Kong, Macao&Taiwan	外商投资单位 Foreign Funded Units
全省合计	**Total**	**36643**	**43961**	**34461**	**38019**	**38490**
济南市	Jinan	36460	61118	32481	43960	40179
青岛市	Qingdao	42623	57250	32501	41946	37235
淄博市	Zibo	33124	44617	36064	30355	36153
枣庄市	Zaozhuang	30032	32364	23257	33471	27725
东营市	Dongying	33400	31713	40443	46905	33375
烟台市	Yantai	36850	39745	35817	35751	42445
潍坊市	Weifang	34590	39830	32018	37339	37501
济宁市	Jining	37678	35961	28585	33029	37253
泰安市	Tai'an	43002	31587	26837	30339	30563
威海市	Weihai	33914	35505	35527	41192	38411
日照市	Rizhao	35700	31566	28420	37361	41018
莱芜市	Laiwu	40317	38269	55434	28259	41425
临沂市	Linyi	37751	38021	39950	43211	40219
德州市	Dezhou	31316	33749	30051	29173	32891
聊城市	Liaocheng	29236	35339	23759	23284	29249
滨州市	Binzhou	37428	43388	40397	32656	34375
菏泽市	Heze	34983	34651	26298	35432	32794

4-16 各市按行业分城镇单位就业人员平均工资(2012年)
Average Earning of Employed Persons in Urban Units at the Year-end by Sector and Region (2012)

单位:元 (yuan)

地 区	Region	总 计 Total	农、林、牧、渔业 Agriculture, Forestry, Animal Husbandry and Fishing	采矿业 Mining	制造业 Manufacturing	电力、燃气及水的生产和供应业 Production and Supply of Electric Power and Heat Power	建筑业 Construction	批发和零售业 Wholesale and Retail Trade
全省合计	**Total**	**41904**	**31290**	**57906**	**36833**	**52617**	**33667**	**32868**
济 南 市	Jinan	45040	26441	41766	41136	54794	34331	33248
青 岛 市	Qingdao	48967	32173	28040	38991	61946	46969	41209
淄 博 市	Zibo	41350	34883	55913	37080	55808	35494	28874
枣 庄 市	Zaozhuang	38671	26131	48973	29437	40145	30141	26030
东 营 市	Dongying	49635	30135	67675	35825	73197	29159	28789
烟 台 市	Yantai	41303	39599	48571	39057	53767	35772	31576
潍 坊 市	Weifang	40058	26327	36927	37387	54533	32609	36364
济 宁 市	Jining	43625	31736	66802	31175	55178	27077	25671
泰 安 市	Tai'an	39800	39137	50003	32157	43003	35097	34472
威 海 市	Weihai	38662	43435	24816	35928	52091	32180	36641
日 照 市	Rizhao	38831	34789	24503	34912	47195	27949	27407
莱 芜 市	Laiwu	40547	8848	48096	42072	53448	22907	29278
临 沂 市	Linyi	40305	36258	67129	36985	54763	32932	38120
德 州 市	Dezhou	33328	25151	50545	30076	58822	31821	26007
聊 城 市	Liaocheng	32843	17824		29391	46421	21323	28310
滨 州 市	Binzhou	40019	39084	28881	37313	43664	32438	32315
菏 泽 市	Heze	31850	19405	84117	28240	37670	27963	29691

4-16 续表 1 continued

单位:元 (yuan)

地 区	Region	交通运输、仓储和邮政业 Traffic, Transport, Storage and Post	住宿和餐饮业 Hotels and Catering Services	信息传输、软件和信息技术服务业 Information Transfer,Software and Information Technology Services	金融业 Financial Intermediation	房地产业 Real Estate	租赁和商务服务业 Leasing and Business Services	科学研究和技术服务业 Scientific Research and Technical Service
全省合计	**Total**	**50097**	**29528**	**60459**	**72345**	**38545**	**39480**	**53319**
济 南 市	Jinan	54014	27342	54628	92487	39906	40420	59097
青 岛 市	Qingdao	54082	35296	85864	128270	53824	49792	64767
淄 博 市	Zibo	40772	28605	63275	73585	35574	33940	44778
枣 庄 市	Zaozhuang	24754	25329	64271	89138	28811	27894	38257
东 营 市	Dongying	52051	27287	42820	58188	39045	41730	60474
烟 台 市	Yantai	41751	29337	53936	55279	33969	34593	42334
潍 坊 市	Weifang	33193	28831	57635	74157	36944	39070	42141
济 宁 市	Jining	36540	22252	54075	53825	28870	33052	36552
泰 安 市	Tai'an	36046	35308	46416	45871	35635	35885	44443
威 海 市	Weihai	36071	29346	48311	72349	38443	33152	38921
日 照 市	Rizhao	63739	24617	41112	51279	31075	37323	33780
莱 芜 市	Laiwu	36294	22619	60163	77468	30482	26739	25530
临 沂 市	Linyi	29699	29611	91670	47184	37499	28579	38540
德 州 市	Dezhou	32263	22421	39355	54864	34002	29637	31184
聊 城 市	Liaocheng	33875	22279	42516	55300	31031	19658	43002
滨 州 市	Binzhou	39576	27330	50076	75195	36835	50227	48831
菏 泽 市	Heze	29701	20669	63523	50387	29782	20394	29682

4-16 续表 2 continued

单位:元 (yuan)

地 区	Region	水利、环境和公共设施管理业 Management of Water Conservancy, Environment and Public Facilities	居民服务、修理和其他服务业 Households Services, Repair and Other Services	教 育 Education	卫生和社会工作 Health and Social Work	文化、体育和娱乐业 Culture, Sports and Entertainment	公共管理、社会保障和社会组织 Public management, Social Security and Social Organization	国际组织 International Organization
全省合计	**Total**	**31602**	**45588**	**46176**	**47768**	**48702**	**42914**	
济南市	Jinan	37355	28328	56303	61780	69990	53748	
青岛市	Qingdao	37426	40935	64320	59183	54307	72500	
淄博市	Zibo	30271	40090	50806	49692	53477	45219	
枣庄市	Zaozhuang	22811	39563	40231	39531	37449	37856	
东营市	Dongying	34847	64539	54051	50340	52729	48117	
烟台市	Yantai	33728	34078	48753	45928	37932	46849	
潍坊市	Weifang	34449	42213	45581	50110	39438	42784	
济宁市	Jining	26936	34471	41630	43145	31936	36644	
泰安市	Tai'an	39742	35475	46846	45699	43663	42466	
威海市	Weihai	31071	34999	52591	46386	41192	51850	
日照市	Rizhao	34436	21977	43372	35598	34746	41554	
莱芜市	Laiwu	29394	29118	33299	36433	30955	39234	
临沂市	Linyi	30750	32698	40160	53744	37535	38774	
德州市	Dezhou	35034	28942	32860	35306	30513	32917	
聊城市	Liaocheng	26706	36762	35217	40901	30925	29881	
滨州市	Binzhou	32762	39758	49690	47529	49122	41945	
菏泽市	Heze	21343	23128	32887	31578	27393	27831	

4-17 各市按行业分城镇私营单位就业人员平均工资 Average Wage of Staff and Workers by Sector and Region

单位:元 (yuan)

地 区	Region	总 计 Total	农、林、牧、渔业 Agriculture, Forestry, Animal Husbandry and Fishing	采矿业 Mining	制造业 Manufacturing	电力、燃气及水的生产和供应业 Production and Supply of Electric Power and Heat Power	建筑业 Construction	批发和零售业 Wholesale and Retail Trade
全省合计	**Total**	**29206**	**27206**	**30959**	**29390**	**33262**	**29567**	**27740**
济南市	Jinan	25793	16356	29494	25591	27791	23669	24136
青岛市	Qingdao	27621	24744	27799	27805	28362	29433	25570
淄博市	Zibo	30059	25530	32504	29267	25609	37860	28210
枣庄市	Zaozhuang	25978	20088	24658	27152	30847	22326	23742
东营市	Dongying	30814	27968	27028	32213	30476	24679	36442
烟台市	Yantai	28667	28199	26262	28194	26759	29802	28608
潍坊市	Weifang	30606	26463	29633	30554	30921	30075	29821
济宁市	Jining	25491	24891	28756	24553	31180	28703	26045
泰安市	Tai'an	27988	24557	28531	27395	28682	29548	27816
威海市	Weihai	26534	22854	27954	26331	22440	26723	26994
日照市	Rizhao	27034	29324	27018	26475	29943	24751	26120
莱芜市	Laiwu	23734	18964	22452	24132	22962	24663	22104
临沂市	Linyi	30100	31122	35230	31081	27229	26238	26272
德州市	Dezhou	28589	26235	25160	29204	31115	28237	26318
聊城市	Liaocheng	23339	24723	20538	23161	27988	24485	21397
滨州市	Binzhou	30933	28899	28529	31674	40873	28984	27420
菏泽市	Heze	23837	21015	24379	24225	22725	23478	22825

注：全省数据为城镇私营单位口径，各市数据为全部私营单位口径。
a)The statistics range of provincial data include urban private units,region data include all private units.

4-17 续表 1 continued

单位:元 (yuan)

地区	Region	交通运输、仓储和邮政业 Traffic, Transport, Storage and Post	住宿和餐饮业 Hotels and Catering Services	信息传输、软件和信息技术服务业 Information Transfer, Software and Information Technology Services	金融业 Financial Intermediation	房地产业 Real Estate	租赁和商务服务业 Leasing and Business Services	科学研究和技术服务业 Scientific Research and Technical Service
全省合计	**Total**	**29986**	**26700**	**32124**	**31242**	**31404**	**30525**	**32427**
济南市	Jinan	32147	24353	28200		31661	31959	31994
青岛市	Qingdao	29159	26971	31701	25789	28580	28580	32193
淄博市	Zibo	28358	25435	31887	31084	31612	26711	34483
枣庄市	Zaozhuang	23744	22306	22770	22919	22808	23396	21917
东营市	Dongying	32274	24902	27164	26358	35886	22990	23982
烟台市	Yantai	27952	29742	32806	31314	29447	30399	30126
潍坊市	Weifang	30430	27398	39010	34586	33026	35234	37206
济宁市	Jining	26007	22243	30182	30055	27543	25216	28114
泰安市	Tai'an	26702	28142	28817	28451	30232	29155	31739
威海市	Weihai	25644	25466	26817	44678	26463	25505	31028
日照市	Rizhao	35075	28819	27699	20830	28315	30263	27316
莱芜市	Laiwu	22745	21732	21621	21330	26932	21645	24257
临沂市	Linyi	31922	25306	22490	30758	36362	26986	26694
德州市	Dezhou	27293	22937	23809	30523	28211	27361	27559
聊城市	Liaocheng	28617	23370	23600	20658	26827	22637	24419
滨州市	Binzhou	25028	27138	38577	32040	29866	29991	35382
菏泽市	Heze	24822	21832	23983	24339	25130	22573	22980

4-17 续表 2 continued

单位:元 (yuan)

地区	Region	水利、环境和公共设施管理业 Management of Water Conservancy, Environment and Public Facilities	居民服务、修理和其他服务业 Households Services, Repair and Other Services	教育 Education	卫生和社会工作 Health and Social Work	文化、体育和娱乐业 Culture, Sports and Entertainment	公共管理、社会保障和社会组织 Public management, Social Security and Social Organization	国际组织 International Organization
全省合计	**Total**	**28470**	**28352**	**27557**	**28121**	**27681**	**26270**	
济南市	Jinan	25826	29817	26727	23546	26872	29346	
青岛市	Qingdao	28316	24023	26664	27903	24939	34538	
淄博市	Zibo	29510	27320	28679	29829	27661	24924	
枣庄市	Zaozhuang	22747	21657	23481	22043	21985	15657	
东营市	Dongying	25894	28179	24633	26326	23209		
烟台市	Yantai	28051	28420	26555	27210	27390	18588	
潍坊市	Weifang	30995	30759	34571	35645	31073	28684	
济宁市	Jining	21289	26177	21301	21152	24652	18977	
泰安市	Tai'an	26107	26409	26109	24876	26269	29177	
威海市	Weihai	25523	27193	26468	24892	26931	25000	
日照市	Rizhao	26805	31589	23397	25047	27241	20336	
莱芜市	Laiwu	18901	20986	24349	20402	20375		
临沂市	Linyi	25833	27079	25254	27432	25350	23537	
德州市	Dezhou	24121	27668	27553	25755	25251	22802	
聊城市	Liaocheng	22012	24022	23170	25587	22794	19038	
滨州市	Binzhou	25951	28171	28486	55884	25207	27206	
菏泽市	Heze	23127	21917	24438	20444	22421	25431	

4-18 各市城镇登记失业人员及失业率
Registered Urban Unemployed Persons and Unemployment Rate by Region

地　区	Region	失业人员(万人) Unemployment(10 000 persons)			登记失业率(%) Unemployment Rate(%)		
		2010	2011	2012	2010	2011	2012
全省总计	**Total**	**44.5**	**45.1**	**43.4**	**3.4**	**3.4**	**3.3**
济南市	Jinan	6.0	5.6	4.8	3.8	3.6	3.1
青岛市	Qingdao	6.3	6.5	6.4	2.9	3.0	2.9
淄博市	Zibo	2.7	2.4	2.7	2.7	2.8	2.5
枣庄市	Zaozhuang	2.1	1.9	1.8	3.1	2.9	2.4
东营市	Dongying	1.0	1.0	0.9	1.9	1.9	1.9
烟台市	Yantai	4.9	4.9	5.0	3.3	3.3	3.3
潍坊市	Weifang	4.0	4.0	3.9	3.2	3.2	3.1
济宁市	Jining	3.7	3.9	3.1	3.6	3.0	3.0
泰安市	Tai'an	2.7	2.4	2.5	2.8	2.8	2.7
威海市	Weihai	0.8	0.8	0.8	1.5	1.5	1.5
日照市	Rizhao	1.4	1.2	1.3	2.5	2.3	2.4
莱芜市	Laiwu	0.7	0.5	0.5	1.9	2.1	2.1
临沂市	Linyi	1.9	1.8	1.9	1.7	1.6	1.6
德州市	Dezhou	2.2	2.0	1.8	3.0	2.8	2.9
聊城市	Liaocheng	2.6	2.7	2.6	3.3	3.3	3.1
滨州市	Binzhou	1.5	1.4	1.3	3.2	2.7	2.7
菏泽市	Heze	1.9	1.9	1.9	3.5	3.4	3.4

4-19 主要年份年末离休、退休、退职人员人数
Numbers of Retired and Resigned Persons at Year-end in Major Years

单位:人 (person)

年　份 Year	总　计 Total	离休人员 Retired Veterans	退休人员 Retired Persons	领取定期生活费的退职人员 Resigned Persons
2000	1803820	144063	1592549	67208
2001	1880547	141761	1684005	54781
2002	2005227	130318	1830820	44089
2003	2121128	124002	1948428	48698
2004	2244567	118302	2077937	48328
2005	2487619	114650	2372969	
2006	2617076	104437	2512563	
2007	2821703	99016	2722687	
2008	3050455	93560	2956895	
2009	3260326	88574	3171752	
2010	3450734	79974	3370760	
2011	3730537	71844	3623657	35036
2012	4163329	68132	4058431	36766

注:本表不包括民政部门支付离休、退休、退职费的人数。
a)Data in this table exclude the number of retired or resigned people whose pensions are paid by civil affair departments.

4-20 离休、退休人员数(2012年底)
Numbers of Retired and Resigned Persons at Year-end(2012)

单位:人 (person)

类 别	Category	离休、退休退职人员 Retired and Resigned Persons	离休人员 Retired Veterans	退休人员 Retired Persons
总 计	**Total**	**4163329**	**68132**	**4058431**
一、城镇单位	**Urban Units**	**3611836**	**68121**	**3510868**
(一)企 业	Enterprises	2775310	33625	2711681
1.内资企业	Domestic Funded Enterprises	2731256	33480	2668330
国有企业	State-owned Enterprises	1451703	23977	1411345
集体企业	Collective Owned Enterprises	670405	4912	657687
其他企业	Others	609148	4591	599298
2.港、澳、台及外资企业	Enterprises with Investment from Hong Kong, Macao and Taiwan	44054	145	43351
(二)事 业	Institutions	637587	20493	614757
(三)机 关	Government Agencies	198939	14003	184430
二、其 他	**Others**	**551493**	**11**	**547563**

4-21 各市离休、退休人员数(2012年底)
Numbers of Retired and Resigned Persons at Year-end by Region(2012)

单位:人 (person)

地 区	Region	离休、退休退职人员 Retired and Resigned Persons	离休人员 Retired Veterans	退休人员 Retired Persons
全省总计	**Total**	**4163329**	**68132**	**4058431**
济南市	Jinan	400780	6059	391522
青岛市	Qingdao	611363	6388	600268
淄博市	Zibo	262028	3931	255260
枣庄市	Zaozhuang	105250	1609	102103
东营市	Dongying	34401	753	33333
烟台市	Yantai	443047	7602	430293
潍坊市	Weifang	336839	5608	326764
济宁市	Jining	235779	4390	229005
泰安市	Tai'an	167510	2660	163271
威海市	Weihai	175536	2505	171916
日照市	Rizhao	61974	963	60671
莱芜市	Laiwu	80207	661	78440
临沂市	Linyi	217814	4665	212984
德州市	Dezhou	135204	3061	130965
聊城市	Liaocheng	128749	2517	125306
滨州市	Binzhou	93060	2213	89337
菏泽市	Heze	143788	3561	139575

注：各市数据不包括省直管企业参保离退休人数。
a)Municipal data exclude the number of retired and resigned persons in provincial enterprises.

4-22 离休、退休人员保险福利费用(2012年)
Social Insurance and Welfare Funds for Retired Persons(2012)

单位:万元 (10 000 yuan)

类　　别	Category	总　计 Total	离休金 Pensions for Retired Veterans	退休金 Pensions for Retired Persons
总　　计	**Total**	**10114097**	**363113**	**9694242**
一、城镇单位	**Urban Units**	**9191238**	**363079**	**8777233**
(一)企　业	Enterprises	6339189	170652	6125237
1.内资企业	Domestic Funded Enterprises	6226025	169505	6014356
国有企业	State-owned Enterprises	3585791	119074	3443954
集体企业	Collective Owned Enterprises	1356338	24727	1318881
其他企业	Others	1283896	25704	1251521
2.港、澳、台及外资企业	Enterprises with Investment from HongKong,Macao and Taiwan	113164	1147	110881
(二)事　业	Institutions	2172135	116653	2049108
(三)机　关	Government Agencies	679914	75774	602888
二、其　他	**Others**	**922859**	**34**	**917009**

4-23 各市离休、退休保险福利费用(2012年)
Social Insurance and Welfare Funds for Retired Persons by Region(2012)

单位:万元 (10 000 yuan)

地　　区	Region	总　计 Total	离休金 Pensions for Retired Veterans	退休金 Pensions for Retired Persons
全省总计	**Total**	**10114097**	**363113**	**9694242**
济 南 市	Jinan	995143	29368	960144
青 岛 市	Qingdao	1504493	47492	1449623
淄 博 市	Zibo	580869	14412	562436
枣 庄 市	Zaozhuang	251320	10386	239411
东 营 市	Dongying	104456	3942	100117
烟 台 市	Yantai	1031207	42648	981531
潍 坊 市	Weifang	780395	30115	743864
济 宁 市	Jining	567810	24480	536429
泰 安 市	Tai'an	387284	18088	365656
威 海 市	Weihai	382761	14221	367159
日 照 市	Rizhao	149019	5888	142847
莱 芜 市	Laiwu	163651	3100	159765
临 沂 市	Linyi	442876	24106	418566
德 州 市	Dezhou	317421	15246	300948
聊 城 市	Liaocheng	307103	13416	292649
滨 州 市	Binzhou	227819	13355	212368
菏 泽 市	Heze	367145	19269	347207

注：各市数据不包括省直管企业离退休费用。
a)Municipal data exclude the costs of retired and resigned persons in provincial enterprises.

4-24 社会保险基金收支及累计结余

Revenue, Expenses and Balance of Social Insurance Fund

单位：亿元 (100 million yuan)

年份 Year	合计 Total	基本养老保险 Basic Pension Insurance	失业保险 Unemployment Insurance	城镇基本医疗保险 Basic Medical Care Insurance	工伤保险 Work Injury Insurance	生育保险 Maternity Insurance
基金收入 Revenue						
2005	474.9	360.5	23.5	82.1	5.0	3.8
2006	593.0	441.2	31.3	108.2	7.3	5.0
2007	782.9	591.8	36.5	137.9	10.2	6.5
2008	938.3	687.4	45.5	183.0	13.3	9.1
2009	1109.3	825.7	41.8	215.4	16.7	9.7
2010	1283.0	943.5	43.1	264.2	20.5	11.7
2011	1646.0	1191.2	65.5	343.1	28.4	17.8
2012	1883.4	1316.6	83.2	425.8	34.7	23.1
基金支出 Expenses						
2005	379.0	296.2	14.0	63.2	3.3	2.3
2006	450.9	352.2	13.2	77.7	4.8	3.0
2007	570.9	444.0	13.5	101.9	7.3	4.2
2008	690.7	530.5	14.7	131.2	8.7	5.6
2009	840.5	622.7	22.4	177.0	11.7	6.7
2010	1027.1	749.3	31.4	222.2	15.1	9.1
2011	1223.9	886.8	25.9	279.4	20.1	11.7
2012	1475.6	1059.0	35.3	336.0	28.0	17.3
累计结余 Balance at Year-end						
2005	409.9	293.7	40.2	63.9	6.4	5.7
2006	551.7	382.7	58.3	94.4	8.6	7.7
2007	756.1	523.5	81.3	130.4	10.9	10.0
2008	1002.5	680.4	112.1	182.2	14.3	13.5
2009	1270.0	883.4	131.5	220.6	18.0	16.5
2010	1525.1	1077.6	143.2	262.6	22.6	19.0
2011	1946.1	1382.0	182.8	326.3	29.8	25.1
2012	2359.8	1639.5	230.7	416.7	41.9	31.0

4-25 主要年份年末社会保险参保人数

Number of Persons Participated in Social Insurance in Major Years

单位:万人 (10 000 persons)

年 份 Year	城镇职工社会基本养老保险 Urban Basic Pension Insurance	企业基本养老保险 Enterprise's Pension Insurance	机关事业养老保险 Institution and Government Agency's Pension Insurance	医 疗 保 险 Medcial Care Insurance	失 业 保 险 Unemployment Insurance	工 伤 保 险 Work Injury Insurance	生 育 保 险 Maternity Insurance
2000	972.2	757.6	214.6	255.5	715.0	279.4	325.5
2001	1022.2	793.9	228.3	490.2	700.2	285.5	331.8
2002	1043.0	805.0	238.0	625.6	701.2	278.2	323.2
2003	1135.9	883.5	252.4	691.1	719.1	281.8	336.5
2004	1218.7	958.1	260.6	771.9	747.5	476.7	390.8
2005	1302.5	1027.4	275.1	861.5	771.1	578.7	461.2
2006	1368.0	1086.2	281.8	996.1	789.7	647.3	488.8
2007	1455.7	1165.4	291.6	1115.9	814.9	745.0	563.3
2008	1565.8	1266.1	299.7	1266.2	864.1	865.0	638.0
2009	1661.0	1352.1	308.9	2540.2	899.5	1064.6	703.0
2010	1773.0	1459.5	313.5	2770.6	931.2	1211.2	774.1
2011	1907.1	1589.4	317.6	2947.8	964.9	1276.1	857.8
2012	2063.2	1739.8	323.4	3101.2	1009.8	1339.6	919.0

注：城镇职工社会基本养老保险参保人数包含离退休人数；2009年起，医疗保险参保人数包含城镇居民医疗保险。

a) Number of persons participated in urban basic pension insurance include retirees.Since 2009,number of persons participated in medical care insurance include urban residents participated in medicalcare insurance.

4-26 各市社会保险参保人数(2012年底)

Number of Persons Participated in Social Insurance at Year-end by Region(2012)

单位:人 (person)

地 区	Region	城镇职工社会基本养老保险 Urban Basic Pension Insurance	企业基本养老保险 Enterprise's Pension Insurance	机关事业养老保险 Institution and Government Agency's Pension Insurance	医 疗 保 险 Medcial Care Insurance	失 业 保 险 Unemployment Insurance	工 伤 保 险 Work Injury Insurance	生 育 保 险 Maternity Insurance
全省总计	**Total**	**20631977**	**17398343**	**3233634**	**31012255**	**10098358**	**13396189**	**9189689**
济南市	Jinan	2151010	1902571	248439	2837660	1111213	1338950	1030134
青岛市	Qingdao	3030674	2756187	274487	3590481	1641454	2207503	1625282
淄博市	Zibo	1292037	1122759	169278	2055077	686261	893418	605915
枣庄市	Zaozhuang	657392	525578	131814	1225001	343783	411270	252260
东营市	Dongying	337238	260953	76285	935824	159730	511305	370111
烟台市	Yantai	2073524	1814674	258850	2763005	1019988	1245168	937654
潍坊市	Weifang	1613095	1304489	308606	2635351	723766	1204375	709402
济宁市	Jining	1293408	1019142	274266	2396112	687140	857500	622159
泰安市	Tai'an	1003851	833795	170056	1992124	497927	812685	707580
威海市	Weihai	890867	784754	106113	1313951	474776	659306	532029
日照市	Rizhao	420481	341615	78866	834341	164051	288133	224468
莱芜市	Laiwu	343542	296885	46657	409900	159748	236463	166941
临沂市	Linyi	1160145	869771	290374	2019085	499579	901046	468616
德州市	Dezhou	699924	508690	191234	1362197	292257	556596	350299
聊城市	Liaocheng	653495	481953	171542	1557071	286191	420012	190871
滨州市	Binzhou	553818	434526	119292	951826	230048	382497	224468
菏泽市	Heze	837136	530892	306244	2133249	294446	469962	171500

注:各市养老、失业保险人数不包括省直管企业人数。

a)Municipal data on pension insurance exclude the staff and workers of provincial enterprise.

4-27 城镇职工养老保险基本情况
Basic Statistics on Pension Insurance in Urban Areas

类　　别		Category		2009	2010	2011	2012
一、年末参保人数	**（万人）**	**Number of People Insured**	**(10 000 persons)**	**1661.0**	**1773.0**	**1907.1**	**2063.2**
职　工	（万人）	Employed People	(10 000 persons)	1335.0	1427.9	1534.0	1646.9
#企　业	（万人）	Enterprises	(10 000 persons)	1098.7	1190.2	1295.8	1407.2
离休、退休、退职人数	（万人）	Retired and Resigned Persons	(10 000 persons)	326.0	345.1	373.1	416.3
二、基金收支情况		**Revenue and Expenses**					
基金收入	（亿元）	Revenue	(100 million yuan)	825.7	943.5	1191.2	1316.6
基金支出	（亿元）	Expenses	(100 million yuan)	622.7	749.3	886.8	1059.0
三、企业养老金社会化发放人情况		**Payment of Pension Insurance**					
养老金实发人数	（万人）	People Receiving Pension Insurance	(10 000 persons)	253.4	269.3	293.7	332.7
#社会化发放人数	（万人）	People Receiving Socialized Pension Insurance	(10 000 persons)	253.4	269.3	293.7	332.7
社会化发放率	(%)	Rate of Socialized Pension Insurance	(%)	100.0	100.0	100.0	100.0

4-28 各市城乡居民社会养老保险试点情况(2012年)
Statistics on New Urban and Rural Old-age Insurance by Region(2012)

地　区	Region	参保人数（人） Contributors at Year-end (person)	达到领取待遇年龄参保人数 Number of Participants Who Have Reached the Prescribed Age of Benefit Entilement	基金收支情况(亿元) Revenue and Expense(100 million yuan)		
				基金收入 Revenue	基金支出 Expenses	累计结余 Balance at Year-end
全省总计	Total	44011661	12575295	187.4	116.7	286.0
济南市	Jinan	2280045	674829	8.3	5.0	7.3
青岛市	Qingdao	2399566	918507	19.2	19.6	48.7
淄博市	Zibo	1421531	524040	8.9	4.4	16.1
枣庄市	Zaozhuang	1825737	431769	6.5	3.5	9.0
东营市	Dongying	765211	218753	5.2	3.2	4.2
烟台市	Yantai	3214745	1010505	23.8	13.0	73.5
潍坊市	Weifang	4611042	1282876	23.3	12.4	30.0
济宁市	Jining	4449746	1061936	15.0	8.0	17.9
泰安市	Tai'an	2560000	732059	8.4	5.1	6.6
威海市	Weihai	972582	411555	7.2	5.2	15.8
日照市	Rizhao	1538157	401903	5.2	3.0	5.7
莱芜市	Laiwu	476425	164849	1.8	1.5	2.5
临沂市	Linyi	5589396	1438917	17.0	9.9	16.5
德州市	Dezhou	2928974	751541	9.8	5.5	8.6
聊城市	Liaocheng	2925050	790929	8.6	5.4	8.8
滨州市	Binzhou	1549812	541976	5.7	4.0	4.1
菏泽市	Heze	4503642	1218351	13.5	8.2	10.7

主要统计指标解释

经济活动人口 指在16周岁及以上，有劳动能力，参加或要求参加社会经济活动的人口。包括就业人员和失业人员。

就业人员 指在16周岁及以上，从事一定社会劳动并取得劳动报酬或经营收入的人员。这一指标反映了一定时期内全部劳动力资源的实际利用情况，是研究我国基本国情国力的重要指标。

单位就业人员 指在各级国家机关、政党机关、社会团体及企业、事业单位中工作，取得工资或其他形式的劳动报酬的全部人员。包括在岗职工、再就业的离退休人员、民办教师以及在各单位中工作的外方人员和港澳台方人员、兼职人员、借用的外单位人员和第二职业者。不包括离开本单位仍保留劳动关系的职工。单位就业人员反映了各单位实际参加生产或工作的全部劳动力。

城镇私营和个体就业人员 城镇私营就业人员指在工商管理部门注册登记，其经营地址设在县城关镇(含县城关镇)以上的私营企业就业人员，包括私营企业投资者和雇工。城镇个体就业人员指在工商管理部门注册登记，并持有城镇户口或在城镇长期居住，经批准从事个体工商经营的就业人员，包括个体经营者和在个体工商户劳动的家庭帮工和雇工。

城镇登记失业人员 指有非农业户口，在一定的劳动年龄内(16周岁至退休年龄)，有劳动能力，无业而要求就业，并在当地就业服务机构进行求职登记的人员。

城镇登记失业率 城镇登记失业人员与城镇单位就业人员(扣除使用的农村劳动力、聘用的离退休人员、港澳台及外方人员)、城镇单位中的不在岗职工、城镇私营业主、个体户主、城镇私营企业和个体就业人员、城镇登记失业人员之和的比。计算公式为：

$$\text{城镇登记失业率}=\frac{\text{城镇登记失业人数}}{\begin{array}{l}\text{(城镇单位就业人员}-\text{使用的农村劳动力}-\text{聘用的离退休人员}-\text{聘用的港澳台及外方人员)}\\+\text{不在岗职工}+\text{城镇私营业主}+\text{城镇个体户主}+\text{城镇私营企业及个体就业人员}+\text{城镇登记失业人数}\end{array}}\times100\%$$

职工 指在国有、城镇集体、联营、股份制、外商和港、澳、台投资、其他单位及其附属机构工作，并由其支付工资的各类人员。不包括下列人员：(1)乡镇企业就业人员；(2)私营企业就业人员；(3)城镇个体劳动者；(4)离休、退休、退职人员；(5)再就业的离、退休人员；(6)民办教师；(7)在城镇单位中工作的外方及港、澳、台人员；(8)其他按有关规定不列入职工统计范围的人员。(1998年及以后的数据均为在岗职工数据，其他相关指标如职工工资总额，职工平均工资等指标也从1998年按此口径进行了相应调整)。

国有单位 指资产归国家所有的经济组织。包括按《中华人民共和国企业法人登记管理条例》规定登记注册的非公司制的经济组织，以及中央、地方各级国家机关、事业单位和社会团体。

集体单位 指生产资料归集体所有，并按《中华人民共和国企业法人登记管理条例》规定登记注册的经济组织。

其他单位 包括股份合作单位、联营单位、有限责任公司、股份有限公司、港澳台商投资单位以及外商投资单位等其他登记注册类型单位。

在岗职工 指在本单位工作并由单位支付工资的人员，以及有工作岗位，但由于学习、病伤产假等原因暂未工作，仍由单位支付工资的人员。

工资总额 指各单位在一定时期内直接支付给本单位全部职工的劳动报酬总额。工资总额的计算原则应以直接支付给职工的全部劳动报酬为根据。各单位支付给职工的劳动报酬以及其他根据有关规定支付的工资，不论是计入成本的还是不计入成本的，不论是按国家规定列入计征奖金税项目的，还是未列入计征奖金税项目的，不论是以货币形式支付的还是以实物形式支付的，均包括在工资总额内。

平均工资 指企业、事业、机关单位的职工在一定时期内平均每人所得的货币工资额。它表明一定时期职工工资收入的高低程度，是反映职工工资水平的主要指标。计算公式为：

$$\text{平均工资}=\frac{\text{报告期实际支付的全部职工工资总额}}{\text{报告期全部职工平均人数}}$$

平均工资指数 指报告期职工平均工资与基期职工平均工资的比率，是反映不同时期职工货币工资水平变动情况的相对数。计算公式为：

$$\text{平均工资指数}=\frac{\text{报告期职工平均工资}}{\text{基期职工平均工资}}\times100\%$$

平均实际工资指数 职工平均实际工资指扣除物价变动因素后的职工平均工资。职工平均实际工资指数是反映实际工资变动情况的相对数，表明职工实际工资水平提高或降低的程度。计算公式为：

$$\text{平均实际工资指数}=\frac{\text{报告期职工平均工资指数}}{\text{报告期城镇居民消费价格指数}}\times100\%$$

基本养老保险

1.（参保）职工人数：指报告期末按照国家法律、法规和有关政策规定参加基本养老保险并在社保经办机构已建立缴费记录档案的职工人数，包括中断缴费但未终止养老保险关系的职工人数，不包括只登记未建立缴费记录档案的人数。

2.（参保）离退休人员人数：指报告期末参加基本养老保险的离休、退休和退职人员的人数。

3.基本养老保险基金收入：指根据国家有关规定，由纳入基本养老保险范围的缴费单位和个人按国家规定的缴费基数和缴费比例缴纳的养老保险基金，以及通过其他方式取得的形成基金来源的收入。包括单位和职工个人缴纳的基本养老保险费、基本养老保险基金利息收入、上级补助收入、下级上解收入、转移收入、财政补贴和其他收入。

4.基本养老保险基金支出：指按照国家政策规定的开支范围和开支标准从养老保险基金中支付给参加基本养老保险的离休、退休、退职人员个人的养老金、丧葬抚恤补助，以及由于保险关系转移、上下级之间调剂资金等原因而发生的支出。包括离休金、退休金、退职金、各种补贴、医疗费、死亡丧葬补助费、抚恤救济费、社会保险经办机构管理费、补助下级支出、上解上级支出、转移支出、其他支出等。

5.基本养老保险基金累计结余：指截止报告期末基本养老保险基金收支相抵后的累计余额。

离休、退休、退职人员 指正式办理了离休、退休、退职手续，并享受相应的离休、退休、退职待遇的人员。

基本医疗保险

1.参保人数：指报告期末按国家有关规定参加基本医疗保险的人数。包括参加保险的职工人数和退休人员人数。

2.基金收入：指根据国家有关规定，由纳入基本医疗保险范围的缴费单位和个人，按国家规定的缴费基数和缴费比例缴纳的基金，以及通过其他方式取得的形成基金来源的款项，包括：单位缴纳的社会统筹基金收入、个人缴纳的个人账户基金收入、财政补贴收入、利息收入、其他收入。

3.基金支出：指按照国家政策规定的开支范围和开支标准从社会统筹基金中支付给参加基本医疗保险的职工和退休人员的医疗保险待遇支出，和从个人帐户基金中支付给参加基本医疗保险的职工和退休人员的医疗费用支出，以及其他支出。包括：住院医疗费用支出、门急诊医疗费用支出、个人账户基金支出、其他支出。

4.基金累计结余：指截止报告期末基本医疗保险的社会统筹和个人帐户基金累计结余金额。包括银行存款、财政专户、债券投资和其他。

失业保险

1.参保人数：指报告期末按照国家法律、法规和有关政策规定参加了失业保险的城镇企业事业单位的职工及地方政府规定参加失业保险的其他人员的人数。

2.失业保险基金收入：指按照规定从企业、事业及其他单位筹集的失业保险费及其他并入失业保险基金收入的总额。包括单位和个人缴纳的失业保险费、失业保险基金利息收入、上级补助收入、下级上解收入、转移收入、财政补贴和其他收入。

3.失业保险基金支出：指报告期内为保障失业人员和下岗职工基本生活、促进其再就业等支出的基金总额。包括失业救济金、医疗费、死亡丧葬补助费、抚恤救济费、转业训练费支出、失业保险经办机构管理费、补助下级支出、上解上级支出、转移支出和其他支出。

4.基金累计结余：指截止报告期末失业保险基金收支相抵后的累计余额。

工伤保险

1.参加保险人数：指报告期末依据国家有关规定参加工伤保险的职工人数。

2.享受保险待遇人数：指劳动者因工负伤致残、死亡或因患职业病致残，根据有关规定享受工伤保险待遇职工或供养直系亲属人数。包括伤残人数、职业病人数、因工死亡人数、供养直系亲属人数。

3.基金收入：指根据国家有关规定，由参加工伤保险的单位按国家规定的缴费基数和缴费比例缴纳的工伤保险基金，以及通过其他形式取得的形成基金来源的款项。包括：单位缴纳的社会统筹基金收入、财政补贴收入、利息收入、其他收入。

4.基金支出：指按照国家政策规定的开支范围和开支标准从工伤保险基金中支付给参加工伤保险的人员及供养直系亲属工伤保险待遇支出及其他支出。包括工伤医疗费、伤残补助金、工亡补助金、护理费、丧葬补助费、工伤预防费用、职业康复费用和其他支出。

5.基金累计结余：指截止报告期末工伤保险基金累计结余金额。包括银行存款、财政专户、债券投资和其他。

生育保险

1.参保人数：指报告期末依据有关规定参加生育保险的职工人数。

2.基金收入：指根据国家有关规定，由参加生育保险的单位按照国家规定的缴费基数和缴费比例缴纳的生育保险基金，以及通过其他方式取得的形成基金来源的款项，包括：单位缴纳的基金收入、利息收入和其他收入。

3.基金支出：指按照国家政策规定的开支范围和开支标准，从生育保险基金中支付给参加生育保险的职工，因妊娠、分娩和计划生育手术而享受的待遇及其他支出。包括：生育津贴、医疗费用支出及其他支出。

4.基金累计结余：指截止报告期末生育保险基金累计结余金额。包括银行存款、财政专户、债券投资和其他。

离休、退休、退职人员保险福利费用 指离休、退休、退职人员实际得到的生活费用总额，包括从社会保险经办机构和单位得到的费用。

1.离休金：指按规定支付给离休人员的生活费用。

2.退休金：指按规定支付给退休人员的生活费用。

3.退职生活费：指按规定支付给退职人员的生活费用。

4.医疗卫生费：指单位直接支付给离休、退休、退职人员的医疗费、住院费以及住院伙食补助等费用。

5.其他：指离休金、退休金、退职生活费和医疗卫生费以外的其他保险福利费用，如丧葬抚恤救济费、生活补贴、物价补贴、冬季取暖补贴等。

Explanatory Notes on Main Statistical Indicators

Economically Active Population refers to the population aged 16 and over who are capable to work, are participating in or willing to participate in economic activities, including employed persons and unemployed persons.

Employed Persons refer to the persons aged 16 and over who are engaged in social working and receive remuneration payment or earn business income. This indicator reflects the actual utilization of total labour force during a certain period of time and is often used for the research on China' s economic situation and national power.

Persons Employed in Units refer to all the persons working in government agencies of various levels, political and party organizations, social organizations, enterprises and institutions, and receiving wages or other forms of payment. They include fully employed staff and workers, re employed retirees, teachers in schools run by the local people, foreigners and Chinese compatriots from Hong Kong, Macao, and Taiwan working in various units, part time employees, employees of other units working temporarily at current posts, and employees holding the second job, but exclude staff and workers who have left their working units while keeping their labour contract (employment relation) unchanged. This indicator reflects the total number of laborers actually engaged in production or other operations in various units.

Persons Employed in Private Enterprises and Self Employed Individuals in Urban Areas Persons employed in private enterprises refer to the persons employed in the private enterprises which have been registered at the departments of industrial and commercial administration and are situated at a county town (i.e. a town where the county government is located) for business operation or at urban areas with the level higher than a county town. The self employed individuals in urban areas refer to persons who hold the certificates of residence in urban areas or have resided in the urban areas for a long time and have been registered at the departments of industrial and commercial administration and approved to be engaged in individual industrial or commercial business, including self employed persons as well as helpers and hired labourers who work in the individual households engaged in industrial or commercial business.

Registered Urban Unemployed Persons refer to the persons with non agricultural household registration at certain working ages (16-50 years for male and 16-45 years for females), who are capable of work, unemployed and willing to work, and have been registered at the local employment service agencies to apply for a job.

Registered Urban Unemployment Rate refers to the ratio of the number of the registered unemployed persons to the sum of the number of persons employed in various units (minus the rural labour force, retirees, and Hong Kong, Macao, Taiwan or foreign employees they employ) laid off workers in urban units, owners and employees in urban private enterprises, urban self-employed individuals and the registered urban unemployed persons. The formula is as follows:

Registered urban unemployment rate=number of registered urban unemployed persons÷(number of persons employed in urban units - rural labour force employed retirees employed- Hong Kong, Macao, Taiwan or foreign employees employ+laid off workers+owners and employees in urban private enterprises+self employed individuals in urban areas+registered urban unemployed persons) ×100%.

Staff and Workers refer to persons working in, and receive payment from units of state ownership, collective ownership, joint ownership, share holding ownership, foreign ownership, and ownership by entrepreneurs from Hong Kong, Macao, and Taiwan, and other types of ownership and their affiliated units. They do not include 1) persons employed in township enterprises, 2) persons employed in private enterprises, 3) urban self employed persons, 4) retirees, 5) re employed retirees, 6) teachers in the schools run by the local people, 7) foreigners and persons from Hong Kong, Macao and Taiwan who work in urban units, and 8) other persons not to be included by relevant regulations. (Data of 1998 and afterward refer to fully employed staff and workers. Other related statistics such as total wage bill and average wage are adjusted since 1998 accordingly).

State owned Units refer to economic units whose assets are owned by the state. Included are non corporation units registered according to Regulation of the People Republic of China on the Registration of Enterprises and Corporations,state organs, institutions and social organizations at the central and local levels.

Collective Owned Units refer to economic units registered according to Regulation of the People Republic of China on the Registration of Enterprises and Corporations where the means of production are collectively owned.

Units of Other Types of Ownership refer to units registered with other types of ownership, including cooperative units, joint ownership units, limited companies, share holding corporations, units invested by entrepreneurs from Hong Kong, Macao, and Taiwan, and foreign invested units.

Fully Employed Staff and Workers refer to persons who work in, and receive wages from their working units, as well as persons who have their work posts, but are temporarily absent from work for reasons of study or on sick, injury or maternal leave and still receive wages from their working units.

Total Wages Bill refer to the total remuneration

payment to staff and workers in various units during a certain period of time. The calculation of total wages is based on the total remuneration payment to the staff and workers. Therefore, all the wages and salaries and other payments to staff and workers are included in the total wages regardless of their sources, category, and forms (in kind or cash). (Total wages of staff and workers in this yearbook include only total wages of fully employed staff and workers, excluding the living allowances distributed to those who have left their working units while keeping their labour contract/employment relation unchanged).

Average Wage refers to the average wage in money terms per person during a certain period of time for staff and workers in enterprises, institutions, and government agencies, which reflects the general level of wage income during a certain period of time and is calculated as follows:

Average Wage=Total Wages of Staff and Workers at Reference Time/Average Number of Staff and Workers at Reference Time.

Average Wage Indices refers to the ratio of average wage of staff and workers in the report period to that in the base period, which reflects the change of wage of staff and workers at the different period. It is calculated as follows:

Average Wage Indices=Average Wage of Staff and Workers at Reference Time/Average Wage of Staff and Workers at Base Period × 100%

Average Real Wage Indices average real wage of staff and workers refers to the average wage of staff and workers after removing the effects of the price changes and average real wage indices of staff and workers refers to the change of real wage, which reflects the relative increasing or decreasing level of real wage of staff and workers, which is calculated as follows:

Average Real Wage Indices=Average Wage Indices of Staff and Workers at the Reference Time/Urban Consumer Price Indices at Reference Time × 100%

Basic Pension Insurance

1.Number of staff and workers covered refer to staff and workers participating in basic pension insurance programme in line with national laws, regulations and related policies by the end of reference period, who have already had payment records in social security management agencies, including those who interrupt payment without terminating the insurance programme. Those who have registered in the programme with no payment records are not included.

2. Number of retirees participating in basic pension insurance programme refer to number of retirees participating in basic pension insurance programme by the end of reference period.

3. Revenue of basic pension insurance refer to payments made by employers and individuals participating in pension insurance programs in accordance with the basis and proportion stipulated in state regulations, and income from other sources that become source of pension insurance fund, including the premium paid by employers and staff and works, interest income, subsidies from higher level agencies, income as transfer from subordinate agencies, transferred income, government financial subsidies and other income.

4. Expenses of basic pension insurance refer to payment made to those retired and resigned people covered in pension insurance program in terms of pension or compensation within the scope and standards of expenditure according to related national policies, and expenditure occurred due to shift of the insurance relationship or adjustment of funds among agencies, including pension for resigned people, pension for retired people, pension for people quitting jobs, various subsidies, medical fees, funeral subsidies, compensation pension, management fees for social security agencies, expenses on subsidies to lower subordinates, expenses as transfer to agencies at higher level, transferred expenditure and other expenditure.

5. Balance of basic pension insurance refers to the balance of basic pension insurance at the end of the reference period after deducting expenses from revenue.

Retired or Resigned Personnel refers to people who have formally completed formalities for their retirement or quitting work and enjoy the corresponding retirement treatments.

Basic Medical Care Insurance

1. Number of people participating in the insurance programme refers to people participating in the basic medical care insurance programme according to related regulations by the end of reference period, including number of staff and workers and retirees participating in this insurance programme.

2. Revenue of insurance programme refer to payments made by employers and individuals participating in medical care insurance programs in accordance with the basis and proportion stipulated in state regulations, and income from other sources that become source of medical insurance fund, including income of social comprehensive funds paid by employers, income from individual accounts, government financial subsidies, interest income and other income.

3. Expenses of insurance programme refer to payment made from social comprehensive funds to those retired and resigned people covered in basic medical care insurance within the scope and standards of expenditure according to related national policies, and medical care payment made from individual accounts to staff and workers and retirees, and other expenses, including medical expenses of hospital inpatients, medical expenses for outpatients and emergency patients, payment from individual accounts and other expenditure.

4. Balance of basic medical care insurance refer to the balance of medical care insurance of social comprehensive funds and individual accounts at the end of the reference period, including bank savings, special fiscal accounts, investment in bonds and others.

Unemployment Insurance

1. Number of people covered refers to staff and workers in urban enterprises or institutions who have participated in

unemployment insurance programme in line relevant policies and regulations, and other people who have participated according to local government regulations, by the end of reference period.

2. Revenue of unemployment insurance refer to payments made by employers and individuals participating in unemployment insurance programme in accordance with relevant regulations and other income contributed to this programme, including unemployment insurance premium made by employers and individuals, interest income, subsidies from higher level agencies, income as transfer from subordinate agencies, transferred income, government financial subsidies and other income.

3. Expenses of unemployment insurance refer to total expenses during the reference period to guarantee the basic livelihood of unemployed people and laid off staff and workers and to encourage their re employment. Included are unemployment relief, medical fees, funeral subsidies, compensation pension, training expenses, management fees for unemployment insurance agencies, subsidies to lower level agencies, expenses as transfer to higher level agencies, transferred expenditure and other expenditure.

4. Balance of unemployment insurance refer to the balance of unemployment revenue deducting unemployment expenses at the end of the reference period.

Work Injury Insurance

1. Number of people covered refers to staff and workers who have participated in work injury insurance programme in line with relevant national regulations.

2. Number of beneficiaries refers to staff and workers and their direct dependents who can, in line with relevant regulations, benefit from work injury insurance, as a result of work injury leading to disability or death of the staff/worker, or occupational disease leading to disability. Included in this category are number of injured and disabled people, number of people with occupational diseases, number of deaths at work places, and number of direct dependents.

3. Revenue of work injury insurance refer to payments made by employers participating in work injury insurance programs in accordance with the basis and proportion stipulated in state regulations, and income from other sources that become source of work injury insurance fund, including income of social comprehensive funds paid by employers, government financial subsidies, interest income and other income.

4. Expenses of work injury insurance refer to payments made from work injury insurance funds to those who participated in the work injury insurance programme and their direct dependents within the scope and standards of expenditure according to related national policies, and other expenditure, including medical fees for work injury, injury and disability subsidies, death subsidies, nursing fees, funeral subsidies, injury prevention fees, rehabilitation fees for occupational diseases and other expenditure.

5. Balance of work injury insurance refer to the balance of the work injury funds at the end of the reference period, including bank savings, special fiscal account, investment in bonds and others.

Maternity Insurance

1. Number of people covered refers to staff and workers who have participated in maternity insurance programme according to relevant regulation at the end of the reporting period.

2. Revenue of maternity insurance refers to payments made by employers participating in maternity insurance programs in accordance with the basis and proportion stipulated in state regulations, and income from other sources that become source of maternity insurance fund, including income of funds paid by employers, interest income and other income.

3. Expenses of maternity insurance refer to payments made from maternity insurance funds to staff and workers who participated in maternity insurance programme within the scope and standards of expenditure according to related national policies, expenses paid for pregnancy, child delivery or surgeries related to family planning, and other expenditure, including allowance for child bearing, medical fees and other expenditure.

4. Balance of the maternity insurance refers to the balance of the maternity insurance funds at the end of reference period, including bank savings, special fiscal account, investment in funds and others.

Insurance and Welfare Funds for Retirees refer to the total payment for living expenses actually received by retirees, including payment received from social insurance management agencies and units.

1. Pensions for retired veteran cadres refer to living expenses paid to retired veteran cadres according to related regulations.

2. Pensions for retirement refer to living expenses paid to retired staff and workers according to related regulations.

3. Living allowances for resigned staff and workers refer to living expenses paid to resigned staff and workers according to related regulation.

4. Medical care expenses refer to medical fees, hospitalization cost and per diem subsidies during hospitalizations paid by employers directly to retirees.

5. Others refer to insurance and welfare payments other than the above mentioned payments, including funeral subsidies, living allowances, price subsidies and heating subsidies during winter.

第5篇

固定资产投资

Investment in Fixed Assets

简 要 说 明

一、本篇资料的主要内容

本篇资料主要反映了全省固定资产投资方面的情况，主要包括固定资产投资的规模、结构、资金来源和投资的效果等方面的资料。2011 年，固定资产投资项目统计起点由50万元提高到500万元，名称统一规范为“固定资产投资”，其中包括城镇、非农户 500 万元及以上项目投资、房地产开发投资；“全社会固定资产投资”包括“固定资产投资加农户固定资产投资”。

二、本篇资料的来源

本篇资料来源于固定资产投资统计年报，由省统计局投资处整理提供。

Brief Introduction

I. Main Content

Data in this chapter show the basic conditions of investment in fixed assets of Shandong Province, mainly including the total investment in fixed assets, the structure of investment, the resources of investment and the results of investment, etc.Since 2011, the statistical criteria of fixed assets investment projects had been increased from 500 thousand to 5 million yuan. Investment in fixed assets include urban area and non-farmers 5 million and above project investments, real estate development investment; the total investment include investment in fixed assets and farmer investment in fixed assets.

II. Source of Data

Data in this chapter are based on the yearly report on investment in fixed assets and provided by the Division of Investment and Construction Statistics of Shandong Provincial Bureau of Statistics.

5-1 1978-2012年全社会固定资产投资总额

Total Investments in Fixed Assets from 1978 to 2012

单位:亿元 (100 million yuan)

年 份 Year	全社会固定资产投资额 Total Investment	国有经济 State-owned Units	集体经济 Collective-owned Units	#城 镇 Urban	个体经济 Self-employed Units	#农 村 Rural	其他经济 Others
1978	41.87	29.27	8.42	1.78	4.18	3.98	
1979	61.35	31.62	18.97	1.55	10.76	10.41	
1980	69.97	35.83	22.24	3.12	11.90	11.47	
1981	79.60	29.63	32.08	3.27	17.89	17.28	
1982	85.00	43.29	23.38	4.38	18.33	17.46	
1983	96.46	49.11	19.19	3.76	28.16	26.48	
1984	140.15	67.09	25.29	5.01	47.77	44.43	
1985	194.33	100.42	30.21	8.64	63.70	58.51	
1986	223.08	121.95	43.09	11.95	58.04	52.32	
1987	297.77	155.65	78.75	17.84	63.37	56.05	
1988	369.82	192.20	100.97	35.46	76.65	64.83	
1989	305.54	162.30	69.68	19.68	73.56	62.00	
1990	335.66	185.44	71.51	18.63	78.71	67.47	
1991	439.82	234.04	104.73	25.06	101.05	85.73	
1992	601.50	343.17	186.43	42.27	71.90	54.19	
1993	892.48	476.26	245.90	49.90	105.44	83.05	64.88
1994	1108.00	537.59	318.42	56.42	118.45	92.30	133.54
1995	1320.97	611.92	383.97	51.62	140.54	113.13	184.55
1996	1558.01	691.76	484.79	79.79	202.65	166.14	178.81
1997	1792.22	773.30	569.70	60.15	241.76	198.68	207.46
1998	2056.97	938.73	610.20	66.70	274.20	227.00	233.84
1999	2222.17	1043.13	635.55	82.72	310.64	228.43	232.85
2000	2542.65	1153.65	679.48	108.63	353.93	254.11	355.59
2001	2807.79	1157.44	688.61	134.92	384.06	263.35	577.68
2002	3509.29	1237.16	812.65	196.78	487.31	285.64	972.17
2003	5328.44	1615.57	1177.00	321.79	733.64	296.03	1802.23
2004	7629.04	1762.29	2455.86	383.83	772.28	116.36	2638.61
2005	10541.87	1853.29	1042.41	620.23	2736.61	1491.55	4909.56
2006	11136.06	1855.41	1063.61	713.49	3096.56	1186.20	5120.48
2007	12537.02	1838.55	1269.64	857.34	3566.49	1141.34	5862.34
2008	15435.93	2431.54	1811.23	1333.23	4360.90	1304.02	6832.27
2009	19030.97	3086.82	2308.54	1717.74	5235.29	1586.71	8400.32
2010	23276.69	3648.45	2627.32	1841.40	6505.00	1822.99	10495.92
2011	26769.73	3783.31	2715.00		8234.50		12036.92
2012	31255.96	3949.65	3129.27		9879.75		14297.30

注:1.2011年起，集体经济和个体经济不再细分城镇和农村(下表同)。

2.2011年起，固定资产投资项目统计起点由50万元提高到500万元，名称统一规范为“固定资产投资”，其中包括城镇、非农户500万元及以上项目投资和房地产开发投资；“全社会固定资产投资”包括“固定资产投资加农户固定资产投资”(下表同)。

a)Collective-owned Units and Self-employed Units had no longer divided into urban and rural unit since 2011.The same applies to tables following.

b)Since 2011, the statistical criteria of fixed assets investment projects had been increased from 500 thousand to 5 million yuan. Investment in fixed assets include urban area and non-farmers 5 million and above project investments, real estate development and investment.Total investment include investment in fixed assets and farmer investment in fixed assets.The same applies to tables following.

5-2 1978-2012年全社会固定资产投资构成

Composition of Total Investments in Fixed Assets from 1978 to 2012

单位:% (%)

年 份 Year	全社会固定资产投资额 Total Investment	国有经济 State-owned Units	集体经济 Collective-owned Units	#城 镇 Urban	个体经济 Self-employed Units	#农 村 Rural	其他经济 Others
1978	100.0	69.9	20.1	4.2	10.0	9.5	
1979	100.0	51.5	30.9	2.5	17.6	17.0	
1980	100.0	51.2	31.8	4.5	17.0	16.4	
1981	100.0	37.2	40.3	4.1	22.5	21.7	
1982	100.0	50.9	27.5	5.1	21.6	20.5	
1983	100.0	50.9	19.9	3.9	29.2	27.5	
1984	100.0	47.9	18.0	3.6	34.1	31.7	
1985	100.0	51.7	15.5	4.5	32.8	30.1	
1986	100.0	54.7	19.3	5.4	26.0	23.5	
1987	100.0	52.3	26.4	6.0	21.3	18.8	
1988	100.0	52.0	27.3	9.6	20.7	17.5	
1989	100.0	53.1	22.8	6.4	24.1	20.3	
1990	100.0	55.2	21.3	5.6	23.5	20.1	
1991	100.0	53.2	23.8	5.7	23.0	19.5	
1992	100.0	57.1	31.0	7.0	11.9	9.0	
1993	100.0	53.4	27.6	5.6	11.8	9.3	7.2
1994	100.0	48.5	28.7	5.1	10.7	8.3	12.1
1995	100.0	46.3	29.1	3.9	10.6	8.6	14.0
1996	100.0	44.4	31.1	5.1	13.0	10.7	11.5
1997	100.0	43.1	31.8	3.4	13.5	11.1	11.6
1998	100.0	45.6	29.7	3.3	13.3	11.0	11.4
1999	100.0	46.9	28.6	3.7	14.0	10.3	10.5
2000	100.0	45.4	26.7	4.3	13.9	10.0	14.0
2001	100.0	41.2	24.5	4.8	13.7	9.4	20.6
2002	100.0	35.3	23.1	5.6	13.9	8.1	27.7
2003	100.0	30.3	22.1	6.0	13.8	5.6	33.8
2004	100.0	23.1	32.2	5.0	10.1	1.5	34.6
2005	100.0	17.6	9.9	5.9	25.9	14.1	46.6
2006	100.0	16.7	9.5	6.4	27.8	10.7	46.0
2007	100.0	14.7	10.1	6.8	28.4	9.1	46.8
2008	100.0	15.8	11.7	8.6	28.3	8.4	44.3
2009	100.0	16.2	12.1	9.0	27.5	8.3	44.1
2010	100.0	15.7	11.3	7.9	27.9	7.8	45.1
2011	100.0	14.1	10.1		30.8		45.0
2012	100.0	12.6	10.0		31.6		45.7

5-3 按产业分固定资产投资总额
Total Investment in Fixed Assets by Three Strata of Industry

单位：亿元 (100 million yuan)

年份 Year	固定资产投资额 Investment in Fixed Assets	按产业分 Grouped by Three Strata of Industry			构成(%) Grouped by Structure		
		第一产业 Primary Industry	第二产业 Secondary Industry	第三产业 Tertiary Industry	第一产业 Primary Industry	第二产业 Secondary Industry	第三产业 Tertiary Industry
2000	2542.7	77.1	1176.7	1288.8	3.0	46.3	50.7
2001	2807.8	95.0	1289.8	1423.1	3.4	45.9	50.7
2002	3509.3	131.7	1650.6	1727.0	3.8	47.0	49.2
2003	5328.4	167.5	2799.5	2361.5	3.1	52.5	44.3
2004	7629.0	249.7	4577.1	2802.3	3.3	60.0	36.7
2005	10541.9	308.4	6653.5	3579.6	2.9	63.1	34.0
2006	11136.1	291.7	6908.7	3935.6	2.6	62.0	35.3
2007	12537.0	360.4	7508.2	4668.4	2.9	59.9	37.2
2008	15435.9	563.2	8182.1	6690.6	3.6	53.0	43.3
2009	19031.0	614.8	9615.4	8800.8	3.2	50.5	46.2
2010	23276.7	551.8	11332.4	11392.5	2.4	48.7	48.9
2011	25927.1	533.3	12425.3	12968.5	2.1	47.9	50.0
2012	30319.8	679.6	14432.3	15207.9	2.2	47.6	50.2

注：2000-2010年数据为全社会固定资产投资口径，2011年以后数据为固定资产投资口径。
a)Caliber of 2000-2010 data is total investment, after 2011 data is investment in fixed assets.

5-4 固定资产投资(2012年)
Total Investments in Fixed Assets (2012)

单位:万元 (10 000 yuan)

类别	Category	固定资产投资额 Investment in Fixed Assets	#房地产开发投资 Investment in Real Estate Development
总计	**Total**	**303197641**	**47083068**
按登记注册类型分	**Registration Status**		
内资	Domestic Fund	289326864	43992373
国有	State-owned and State-owned	39496474	5094695
集体	Collective-owned	31292669	1213611
联营	Joint Ownership Units	294943	
股份制	Share Holding Units	102697293	23781214
其他	Others	115545485	13902853
港澳台商投资	Fund from Hong Kong,Macao and Taiwan	5894572	2135792
#合资经营	Joint Venture	1982988	838506
合作经营	Collaborative Operation	630067	260088
独资	Solely Foreign-owned	2361075	1021413
外商投资	Fund from Overseas	7976205	954903
#合资经营	Joint Venture	2988893	442095
合作经营	Collaborative Operation	377617	211581
独资	Solely Foreign-owned	3971795	301227
按隶属关系分	**Investment by Jurisdiction of Management**		
中央	Central Investment	7423703	1405125
地方	Local Investment	295773938	45677943
省(自治区、直辖市)	Provincial	6090127	1698697
地区(州、盟、省辖市)	Prefecture	15677068	5300188
县(旗、县级市)	County	30910514	6986822
其他	Others	243096229	31692236
按建设性质分	**Investment by Type of Construction**	**256114573**	
#新建	New Construction	105819009	
扩建	Expansion	61002129	
改建和技术改造	Reconstruction and Technical Transformation	76815146	
单纯建造生活设施	Housing	3308024	
迁建	Removal and Reconstruction	3150717	
恢复	Resumption	180260	
单纯购置	Purchase only	5839288	

注：本表固定资产投资不含农户投资，下表同。
a)Data in this table of investment in fixed asset does not include farmers investment.The same applies to tables following.

5-5 固定资产投资项目情况(2012年)
Investment Projects in Fixed Assets(2012)

类 别		Category		总计 Total	地方项目 Local Investment
建设总投资	**(万元)**	**Total Investment in Construction**	**(10 000 yuan)**	**479017619**	**463003004**
自开始建设累计完成投资	(万元)	Completed Investment from Beginning	(10 000 yuan)	347105214	335580474
本年完成投资	(万元)	Investment Completed This Year	(10 000 yuan)	256114573	250095995
#住宅投资	(万元)	Residential Buildings	(10 000 yuan)	8058059	7978276
按构成分		**Investment by Structure**			
建筑工程	(万元)	Construction	(10 000 yuan)	133087550	130132421
安装工程	(万元)	Installation	(10 000 yuan)	19849026	19222760
设备工器具购置	(万元)	Purchase of Equipment and Instruments	(10 000 yuan)	78099140	76194434
#购置旧设备	(万元)	Purchase of Second-hand Equipment	(10 000 yuan)	525733	525733
#用于更新的设备	(万元)	Purchase of Equipment to renwe old ones	(10 000 yuan)	12487127	12251818
其他费用	(万元)	Others	(10 000 yuan)	25078857	24546380
#旧建筑物购置费	(万元)	Purchase of Used Buildings	(10 000 yuan)	794292	793515
#土地购置费	(万元)	Purchase of Field	(10 000 yuan)	9940633	9891480
本年新增固定资产	**(万元)**	**Newly Increased Real Estate**	**(10 000 yuan)**	**172920418**	**168616024**
本年施工房屋面积	(平方米)	Project under Construction	(sq.m)	397202988	394739417
#住 宅	(平方米)	Residential Building	(sq.m)	62583505	61922662
本年竣工房屋面积	(平方米)	Project Completed and Put into Use	(sq.m)	116239507	116043807
#住 宅	(平方米)	Residential Building	(sq.m)	25091954	25091954
本年竣工房屋价值	(万元)	Value of Project Completed and Put into Use	(10 000 yuan)	18240304	18193330
#住 宅	(万元)	Residential Building	(10 000 yuan)	3949513	3949513
施工项目个数	(个)	Number of Projects Under Construction	(unit)	35854	35616
#本年新开工	(个)	Started This Year	(unit)	28613	28470
本年投产项目个数	(个)	Number of Projects Put into Use	(unit)	25122	25006
本年资金来源合计	**(万元)**	**Total Fund of Different Sources**	**(10 000 yuan)**	**274187373**	**267823922**
上年末结余资金	(万元)	Fund Left Last Year	(10 000 yuan)	5691497	5455327
本年资金来源小计	(万元)	Total Fund of This Year	(10 000 yuan)	268495876	262368595
国家预算内资金	(万元)	State Budgetary Appropriations	(10 000 yuan)	6490422	5959551
国内贷款	(万元)	Domestic Loans	(10 000 yuan)	25164403	24353946
债 券	(万元)	Stock	(10 000 yuan)	24241	24241
利用外资	(万元)	Overseas Funds	(10 000 yuan)	3898060	3890189
#外商直接投资	(万元)	Direct Foreign Investment	(10 000 yuan)	1908593	1905722
自筹资金	(万元)	Self-raised Fund	(10 000 yuan)	223270880	218623205
#企事业单位自有资金	(万元)	Fund of Enterprises	(10 000 yuan)	60745610	58140283
其他资金来源	(万元)	Others	(10 000 yuan)	9647870	9517463
本年各项应付款合计	**(万元)**	**Total of Account Payable**	**(10 000 yuan)**	**14355567**	**13798900**
#工程款	(万元)	for Projects	(10 000 yuan)	4841212	4699772

注：本表固定资产投资不含房地产开发投资和农户投资。

a)Data in this table of investment in fixed asset does not include investment in real estate development and farmers investment.

5-6 按行业分的固定资产投资(2012年)

Investments in Fixed Assets by Sector(2012)

单位:万元 (10 000 yuan)

类　　别	Category	固定资产投资额 Investments in Fixed Assets	建设总投资 Total Investment in Construction	施工项目(个) Number of Project under Constructi-on(unit)	新开工项　目 Started This Year
总　　计	**Provincial Total**	**303197641**	**479017619**	**35854**	**28613**
(一)农、林、牧、渔业	**Farming, Forestry, Animal Husbandry and Fishery**	**6795605**	**9323553**	**1715**	**1506**
农　业	Farming	2214888	3196529	559	491
林　业	Forestry	433460	514776	122	117
畜牧业	Animal Husbandry	1829191	2753643	469	394
渔　业	Fishery	774049	889935	157	140
农、林、牧、渔服务业	Services for Farming, Forestry, Animal Husbandry and Fishery	1544017	1968670	408	364
(二)采矿业	**Mining**	**5713460**	**8936110**	**468**	**344**
煤炭开采和洗选业	Mining and Washing of Coal	794041	2246883	116	85
石油和天然气开采业	Extraction of Petroleum and Natural Gas	2846234	3088765	15	14
黑色金属矿采选业	Mining and Dressing of Ferrous Metal Ores	648162	1536778	74	53
有色金属矿采选业	Mining and Dressing of Nonferrous Metals Ores	557212	1021949	91	57
非金属矿采选业	Mining and Dressing of Nonmetal Ores	745976	902937	156	120
开采辅助活动	Mining Support Activities	110982	124818	14	13
其他采矿业	Mining and Dressing of Other Ores	10853	13980	2	2
(三)制造业	**Manufacture**	**126699985**	**236527716**	**16420**	**12979**
农副食品加工业	Processing of Farm and Sideline Food	7299026	11245319	1264	1017
食品制造业	Manufacture of Food	2814223	4381747	408	338
酒、饮料和精制茶制造业	Manufacture of Wine, Drinks and Refined Tea	1249481	2495845	197	154
烟草制品业	Tobacco Products	41836	92243	5	4
纺织业	Textile Industry	4394993	7521018	747	617
纺织服装、服饰业	Manufacture of Textile Wearing Apparel and Finery	2427525	3384701	461	404
皮革、毛皮、羽毛及其制品和制鞋业	Manufacture of Leather, Fur, Feather & Its Products and Footwear	849888	1130374	179	148
木材加工及木、竹、藤、棕、草制品业	Timber Processing, Bamboo, Cane, Palm Fiber & Straw Products	2021233	3266245	448	392
家具制造业	Manufacture of Furniture	1221850	2108528	211	166
造纸及纸制品业	Papermaking and Paper Products	2480399	5467421	279	214
印刷和记录媒介复制业	Printing, Reproduction of Recording Media	1320448	1843852	198	156
文教、工美、体育和娱乐用品制造业	Manufacture of Culture, Education,Arts and crafts, Sport and Entertainment Goods	1470898	2003156	273	230
石油加工、炼焦和核燃料加工业	Petroleum Refining, Coking and Nuclear Fuel Processing	2888815	8047693	258	206
化学原料和化学制品制造业	Manufacture of Raw Chemical Materials and Chemica Products	15923638	33461763	1638	1256
医药制造业	Manufacture of Medicines	4378711	8401058	459	318
化学纤维制造业	Manufacture of Chemical Fibers	301355	588151	40	22
橡胶和塑料制品业	Manufacture of Rubber and Plastic	5843748	9585769	614	472
非金属矿物制品业	Nonmetal Mineral Products	10014171	15928655	1609	1354
黑色金属冶炼及压延加工业	Smelting and Pressing of Ferrous Metals	2528094	4468408	269	218
有色金属冶炼及压延加工业	Smelting and Pressing of Nonferrous Metals	4269374	9534105	286	214
金属制品业	Manufacture of Metal Products	7663606	12840621	1038	859

注：建设总投资、施工及新开工项目个数等指标不含房地产企业开发数据(下表同)。

a)Data of total investment in construction , number of project under construction and new started no include those developed by real estate companies. The same applies to tables following.

5-6 续表 1 continued

单位:万元 (10 000 yuan)

类别	Category	固定资产投资额 Investments in Fixed Assets	建设总投资 Total Investment in Construction	施工项目(个) Number of Project under Constructi-on(unit)	新开工项目 Started This Year
通用设备制造业	Manufacture of General Purpose Machinery	11295763	19996518	1614	1294
专用设备制造业	Manufacture of Special Purpose Machinery	11379260	18814767	1573	1274
汽车制造业	Manufacture of Automotive	7758213	16655459	682	484
铁路、船舶、航空航天和其他运输设备制造业	Manufacture of Railroad,Marine,Aerospace and Other Transportation Equipment	2654495	7058727	231	160
电气机械及器材制造业	Manufacture of Electrical Machinery & Equipment	6711515	14946611	792	569
计算机、通信和其他电子设备制造业	Manufacture of Computer, Communications and Other Electronic Equipment	3383132	7239448	366	244
仪器仪表制造业	Manufacture of Measuring Instrument	1101554	2298169	128	82
其他制造业	Other Manufacture	313768	563592	57	46
废弃资源综合利用业	Comprehensive Utilization of Waste	433181	740200	58	39
金属制品、机械和设备修理业	Metal Products, Machinery and Equipment Repair Industry	265792	417553	38	28
(四)电力、燃气及水的生产和供应业	**Production and Supply of Electric Power, Gas and Water**	**7049952**	**17351051**	**788**	**616**
电力、热力生产和供应业	Production and Supply of Electric Power and Heating Power	5367818	14544561	466	347
燃气生产和供应业	Production and Supply of Gas	876895	1361783	143	122
水的生产和供应业	Production and Supply of Tap Water	805239	1444707	179	147
(五)建筑业	**Construction**	**4859211**	**7372672**	**861**	**785**
房屋建筑业	Building Construction	1249097	1864913	236	205
土木工程建筑业	Civil Engineering Construction	2855915	4652653	502	462
建筑安装业	Construction Installment	232039	280543	46	44
建筑装饰和其他建筑业	Construction Decoration and Others	522160	574563	77	74
(六)批发和零售业	**Wholesale and Retail Trade**	**12728979**	**22804095**	**2019**	**1686**
批发业	Wholesale	6620252	12156467	995	829
零售业	Retail Trade	6108727	10647628	1024	857
(七)交通运输、仓储和邮政业	**Transport, Storage and Postal Services**	**15910010**	**36719861**	**1840**	**1450**
铁路运输业	Railway Transport	671907	3948923	35	14
道路运输业	Road Transport	6570045	14956890	996	818
水上运输业	Waterway Transport	2532537	6866913	123	70
航空运输业	Air Transport	263431	801439	16	9
管道运输业	Pipeline Transport	377213	793592	24	18
装卸搬运和运输代理业	Loading and Unloading and Other Transport Services	714651	1350506	104	83
仓储业	Storage	4753512	7964442	536	435
邮政业	Postal Services	26714	37156	6	3
(八)住宿和餐饮业	**Accommodations and Catering Services**	**4413605**	**8856260**	**653**	**537**
住宿业	Accommodations	2854416	6638408	326	258
餐饮业	Catering Services	1559189	2217852	327	279
(九)信息传输、软件和信息技术服务业	**Information Transmission, Computer Services and Software**	**911560**	**1995137**	**115**	**81**
电信、广播电视和卫星传输服务	Telecommunications, Radio and Television and Satellite Transmission Services	399945	901496	64	49
互联网和相关服务	Internet and related Services	51547	59827	4	3
软件和信息技术服务业	Software and Information Technology Services	460068	1033814	47	29
(十)金融业	**Finance**	**516167**	**1019072**	**79**	**57**
货币金融服务	Monetary and Financial Services	264084	590170	44	32
资本市场服务	Capital Market Services	98783	216470	14	9

5-6 续表 2 continued

单位:万元 (10 000 yuan)

类　别	Category	固定资产投资额 Investments in Fixed Assets	建设总投资 Total Investment in Construction	施工项目(个) Number of Project under Constructi-on(unit)	新开工项目 Started This Year
保险业	Insurance	104264	119553	12	8
其他金融业	Others	49036	92879	9	8
(十一)房地产业	**Real Estate**	**69677122**	**43762449**	**3079**	**2275**
房地产业	Real Estate	69677122	43762449	3079	2275
(十二)租赁和商务服务业	**Leasing and Business Services**	**3639030**	**8389691**	**389**	**298**
租赁业	Leasing Services	226955	289941	34	30
商务服务业	Business Services	3412075	8099750	355	268
(十三)科学研究和技术服务	**Scientific Research and Technical Services**	**3997580**	**6330436**	**586**	**469**
研究与试验发展	Research and Experimental Development	1215521	2377220	122	86
专业技术服务业	Special Technical Services	1466051	2077897	300	244
科技推广和应用服务业	Science and Technology Promotion and Application Services	1316008	1875319	164	139
(十四)水利、环境和公共设施管理业	**Management of Water Conservancy, Environment and Public Facilities**	**14680415**	**26092957**	**2456**	**2024**
水利管理业	Management of Water Conservancy	1480245	2867273	333	283
生态保护和环境治理业	Ecological Protection and Environmental Management	1198648	1985100	186	159
公共设施管理业	Management of Public Facilities	12001522	21240584	1937	1582
(十五)居民服务、修理和其他服务业	**Households services, Repair and Other Services**	**3859660**	**5870731**	**632**	**496**
居民服务业	Services to Households	2009191	3215945	374	301
机动车、电子产品和日用产品修理业	Motor Vehicles, Electronics and Household Products Repair	607440	728578	80	65
其他服务业	Other Services	1243029	1926208	178	130
(十六)教　育	**Education**	**3298405**	**5656898**	**860**	**724**
教　育	Education	3298405	5656898	860	724
(十七)卫生和社会工作	**Health and Social Work**	**1909086**	**3578070**	**293**	**207**
卫　生	Health Care	1408211	2960181	218	146
社会工作	Social Work	500875	617889	75	61
(十八)文化、体育和娱乐业	**Culture, Sports and Recreation**	**6977806**	**13494095**	**850**	**696**
新闻和出版业	News and Publication	135687	334653	7	4
广播、电视、电影和影视录音制作业	Radio, Television, Film and Video Recording Production	136605	193006	23	20
文化艺术业	Culture and Arts	4980888	9138265	619	521
体　育	Sports	553381	1191060	61	47
娱乐业	Recreation	1171245	2637111	140	104
(十九)公共管理、社会保障和社会组织	**Public Management,Social Security and Social Organizations**	**9560003**	**14936765**	**1751**	**1383**
中国共产党机关	CPC Agencies	7742	10932	2	2
国家机构	Government Agencies	4325810	7024098	895	718
人民政协、民主党派	CPPCC and Democratic Parties	1680	1674	1	1
社会保障	Social Security	515506	665115	63	52
群众团体、社会团体和其他成员组织	Mass Organizations, Social Organizations and Other Organizations	1064356	1753276	135	105
基层群众自治组织	Self-governing Mass Organizations at the Grass-roots Level	3644909	5481670	655	505
(二十)国际组织	**International Organizations**				
国际组织	International Organizations				

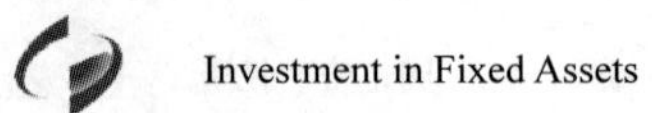

5-7 按登记注册类型分的房地产开发投资情况(2012年)

单位：万元

类别	Category	总计 Total	内资企业 Domestic Funded	国有企业 State-owned Enterprises
计划总投资	**Intended Investment**	**234531638**	**214900186**	**16740507**
自开始建设累计完成投资	**Cumulative Investment**	**139369721**	**128534313**	**10386168**
本年完成投资	**Investment Completed in Current Year**	**47083068**	**43992373**	**4114644**
#配套工程投资	in Related Projects	570206	542588	83346
按构成分	**Grouped by Use of Funds**			
建筑工程	Construction	30475249	28732754	2247421
安装工程	Installation	5040186	4747398	413173
设备工器具购置	Purchase of Equipment and Instruments	525177	488766	28598
其他费用	Others	11042456	10023455	1425452
#旧建筑物购置费	Purchase of Used Building	218357	217419	30128
土地购置费	Purchase of Land	8522848	7768971	1099946
按工程用途分	**Grouped by Use of Buildings**			
住　宅	Residential Buildings	34732267	32482749	2773994
#90平方米以下住房	Residential Buildings below 90sq.m	9456480	9035159	816832
144平方米以上住房	Residential Buildings above 144sq.m	6612827	6060349	328342
别墅、高档公寓	Villas and Upper-scale Apartments	2145903	1831553	195537
办公楼	Office Buildings	1906559	1842140	359380
商业营业用房	Buildings for Business	5763110	5328448	470700
其　他	Others	4681132	4339036	510570
本年新增固定资产	**Newly Increased Fixed Assets**	**20984393**	**19997070**	**1102709**
本年资金来源合计	**Total Funds of All Sources**	**70832882**	**65164795**	**5222816**
上年末结余资金	Fund Left from Last Year	13281964	11573374	1135901
本年资金来源小计	Fund of All Sources in Currrent Year	57550918	53591421	4086915
国内贷款	Domestic Loans	6775106	6076801	762993
#银行贷款	from Banks	6081143	5597125	698613
非银行金融机构贷款	from Other Financial Deparments	693963	479676	64380
利用外资	Foreign Investment	159111		
#外商直接投资	Foreign Direct Investment	159111		
自筹资金	Self-Raising Funds	26758554	25798916	1309906
#自有资金	Self-owned Funds	11872952	11490156	321940
其他资金来源	Others	23858147	21715704	2014016
#定金及预付款	Earnest Money and Advance Charge	15744428	14242296	1434997
个人按揭贷款	Mortgage Loans	5123669	4640204	364249
本年各项应付款合计	**Account Payable**	**11118034**	**10395861**	**1000453**
#工程款	Payment for Construction	5309800	4933132	468062
待开发土地面积　(平方米)	Space of Land to be Developed (sq.m)	34395600	31828790	522912
本年购置土地面积　(平方米)	Space of Land Purchased in Current Year (sq.m)	26100287	25489815	1493811
本年土地成交价款	Value of Commercial Land	4481652	4315419	319243
契税	Contract tax	99900	94500	7615

Investment in Real Development by Registration Status(2012)

(10 000 yuan)

集体企业 Collective-owned Enterprises	股份合作企业 Cooperative Enterprises	联营企业 Joint Ownership Enterprises	有限责任公司 Limited Liability Corporations	股份有限公司 Share-holding Corporations Limited	私营企业 Private Enterprises	其他企业 Other Enterprises	港澳台商投资企业 Enterprises with Funds from Hong Kong, Macao and Taiwan	外商投资企业 Foreign Funded Enterprises
2998065	**1376407**	**329350**	**109904295**	**13613090**	**65296548**	**4641924**	**14527643**	**5103809**
2337950	**936864**	**181797**	**64824779**	**7560730**	**39649953**	**2656072**	**8057462**	**2777946**
887834	**321277**	**174847**	**22258409**	**2332509**	**13069373**	**833480**	**2135792**	**954903**
9891	6736	104	218056	21906	197008	5541	17656	9962
628377	202291	41712	14506484	1584195	8945367	576907	1128116	614379
89299	40580	1174	2281304	354276	1400836	166756	216912	75876
2672	4046	1523	226525	61524	159452	4426	10625	25786
167486	74360	130438	5244096	332514	2563718	85391	780139	238862
1715	50	2053	142604	2019	38850		45	893
152781	48543	127811	4108023	250152	1923041	58674	587477	166400
685895	255174	171582	16356131	1716793	9849968	673212	1609575	639943
278740	40760	1085	4274754	352896	3087177	182915	270219	151102
76355	32980	150	3534463	231622	1668906	187531	418876	133602
			1235424	26064	335453	39075	160537	153813
6177	3137	523	951257	63809	451965	5892	22746	41673
116174	50773	2719	2618281	369336	1575020	125445	275135	159527
79588	12193	23	2332740	182571	1192420	28931	228336	113760
561567	**75483**	**5290**	**9451203**	**1215721**	**7103125**	**481972**	**609335**	**377988**
1017639	**524046**	**219195**	**34002494**	**3707339**	**19378557**	**1092709**	**4022238**	**1645849**
149407	73152	3095	5946154	672964	3455014	137687	1218218	490372
868232	450894	216100	28056340	3034375	15923543	955022	2804020	1155477
88621	1412	2000	3265192	397518	1462844	96221	549466	148839
88621	1412	2000	2939432	347605	1423441	96001	411043	72975
			325760	49913	39403	220	138423	75864
							118754	40357
							118754	40357
529925	151115	212800	13311648	1186578	8563111	533833	610561	349077
330539	103989	212800	6393882	473626	3574688	78692	187657	195139
249686	298367	1300	11479500	1450279	5897588	324968	1525239	617204
160002	288366		7397399	909421	3829087	223024	1100351	401781
44084	9478	1300	2351057	430074	1384817	55145	388999	94466
187839	**44587**	**7990**	**5051799**	**695723**	**3094626**	**312844**	**527867**	**194306**
67381	29120	7990	2520671	368982	1381688	89238	287690	88978
157218	285424		18035286	2904617	9353805	569528	1480693	1086117
282350	210257	33299	12934194	788330	9130785	616789	395705	214767
68109	46704	726	2325769	72551	1394298	88019	75385	90848
1234	961	22	58861	1066	24060	681	2877	2523

5-8 按登记注册类型分的房地产开发财务情况(2012年)

单位:万元

类 别	Category	总 计 Total	内资企业 Domestic Funded	国有企业 State-owned Enterprises
一、期初存货	**Initial Inventory**	**69898583**	**63452634**	**5885991**
二、期末资产负债	**Property debt at the End**			
流动资产合计	Total Liquid Liabilities	155923267	143495342	13213464
#应收账款	Accounts receivable	4220240	3988173	270751
存 货	Inventory	87294123	79866214	7659672
固定资产原价	Fixed Asset Value	5175465	4559172	267741
累计折旧	Accumulated Depreciation	1121160	1021539	53336
#本年折旧	in Current Year	251007	227684	8574
资产总计	Assets	181958446	167579492	18287143
负债合计	Liabilities	146536922	136320852	14306030
所有者权益合计	Owners' Equity	35421523	31258640	3981113
#实收资本	Paid-up Capital	24034933	20433745	2106670
三、损益及分配	**Net Income or Loss and Distribution**			
营业收入	Revenues from Business	**31283359**	**29187179**	**2121747**
#主营业务收入	Revenues from Principal Business	30945607	28858380	1967398
#土地转让收入	Revenues from Land Transfer	147153	146744	61503
商品房屋销售收入	Revenues from Commercial Housing Sales	29254206	27235975	1666659
房屋出租收入	Housing Rental Income	199363	155962	7358
其他收入	Others	1344885	1319700	231878
营业成本	Business Cost	23322703	21913434	1598697
#主营业务成本	Main Business Cost	23126001	21720285	1591008
营业税金及附加	Business Tax and Extra Charges	2412203	2195313	150028
#主营业务税金及附加	Main Business Tax and Extra Charges	2365572	2148808	140984
其他业务利润	Other Operating Profits	187092	185126	4160
销售费用	Sales Expenses	826143	743579	41494
管理费用	Management Expenses	1623255	1498001	94109
#税 金	Taxes	154906	144612	7996
差旅费	Fees	58998	53985	1501
工会经费	Labour union expenditure	6155	6017	396
财务费用	Financial Expenses	659277	633233	49879
营业利润	Business Profits	2586906	2351390	199788
营业外收入	Non-operating Income	138969	123495	17448
营业外支出	Non-operating Expenses	110804	109167	9752
利润总额	Total Profits	2640653	2381008	207708
应缴所得税	Income Tax Payable	623043	564890	40705
四、人工成本	**Labor costs**			
本年应付工资总额	Wages Payable in Current Year	769336	711101	52322
五、土地和固定资产支出	**Land and Fixed Assets Expenses**	**5187231**	**4939354**	**95915**
土地购置	Land Acquisition	4571797	4409787	83298
房屋和建筑物	Houses and Buildings	498592	417785	8576
机器设备	Machinery and Equipment	25284	22677	2763
运输工具	Conveyance	40784	39860	708
其他费用	Other Expenses	50774	49246	570

Financial Indicators of Real Estate Development by Registration Status(2012)

(10 000 yuan)

集体企业 Collective-owned Enterprises	股份合作企业 Cooperative Enterprises	联营企业 Joint Ownership Enterprises	有限责任公司 Limited Liability Corporations	股份有限公司 Share-holding Corporations Limited	私营企业 Private Enterprises	其他企业 Other Enterprises	港澳台商投资企业 Enterprises with Funds from Hong Kong, Macao and Taiwan	外商投资企业 Foreign Funded Enterprises
1023260	**249997**	**37494**	**33064939**	**3956027**	**17958451**	**1276475**	**4525693**	**1920256**
2666031	896500	129558	74272258	8018439	41456353	2842740	8989082	3438843
128657	8559	3142	1924518	240387	1332878	79281	198138	33929
1071540	572971	96565	41824927	4233038	22668689	1738812	5294310	2133599
73416	17833	2927	2312957	302917	1498746	82636	426593	189701
21461	7141	506	477880	82647	362469	16101	74177	25444
3978	996	40	108802	16228	85308	3757	15644	7679
3020425	975143	132885	84439384	9907952	47597494	3219067	10526317	3852637
2504647	831445	97945	69148145	7784521	39022594	2625525	7287361	2928709
515778	143698	34940	15291239	2123431	8574899	593542	3238956	923928
204442	126723	25754	10708847	999920	5874560	386828	2890676	710512
523384	**128155**	**12815**	**14374109**	**2175685**	**9376074**	**475211**	**1656180**	**440000**
521594	127931	12815	14286822	2149010	9320712	472099	1650100	437127
7206			49386	8520	19789	340	309	100
506634	127140	12373	13950080	2099114	8422926	451049	1595507	422724
5455	200		84863	16555	39821	1709	39319	4083
2299	590	442	202493	24820	838176	19001	14965	10221
422941	91792	10844	10708197	1503517	7193171	384276	1157001	252268
421878	90841	10844	10639284	1455842	7130941	379648	1154032	251684
34682	10723	864	1125611	185196	647688	40522	160932	55958
33492	10693	864	1114821	172806	636013	39135	160872	55893
6984	279	-4	76234	29180	63506	4787	-1345	3311
6849	7640	1376	375131	40650	257914	12526	54733	27831
21838	8937	914	717548	112294	513688	28674	77244	48010
2013	625	143	74364	11467	45862	2141	4604	5690
461	249	59	25153	3447	22274	841	3326	1687
127	9	1	2658	356	2331	140	105	33
7440	8035	136	288114	55622	211862	12145	16602	9442
30197	1380	-1319	1201037	337049	585414	-2155	186380	49136
719	218		78051	7276	15918	3866	13676	1797
1986	109	22	48212	4340	38486	6261	331	1306
28930	1489	-1341	1242161	340370	566237	-4546	210018	49627
8845	1703	2	291246	75658	140816	5916	39960	18194
12483	5064	426	343958	53218	225343	18288	43385	14850
11544	**42183**	**95035**	**3298509**	**155541**	**1141121**	**99507**	**226162**	**21715**
9492	38316	95031	3010534	120118	961482	91516	146049	15961
1715	483		250698	30195	122003	4116	76631	4177
130	1	2	9073	2247	7411	1050	1148	1459
155	271		14126	2275	20557	1768	879	45
52	3113	2	14078	706	29667	1058	1455	73

5-9 房地产开发企业(单位)施工、销售和待售情况(2012年)

类 别		Category		合 计 Total
房屋施工面积	**(平方米)**	**Floor Space Under Construction**	**(sq.m)**	**429589083**
#新开工面积	(平方米)	Recently-started Projects	(sq.m)	139027241
房屋竣工面积	**(平方米)**	**Floor Space Completed**	**(sq.m)**	**73249656**
#不可销售面积	(平方米)	Space of Floor not Ready for Sale	(sq.m)	1860055
商品住宅竣工套数	**(套)**	**Number of Commercial Buildings Completed**	**(unit)**	
竣工房屋价值	**(万元)**	**Value of Buildings Completed**	**(10 000 yuan)**	**15681100**
出租房屋面积	**(平方米)**	**Floor Space of Buildings to Lease**	**(sq.m)**	**937144**
商品房销售面积	**(平方米)**	**Floor Space of Commercial Buildings Sold**	**(sq.m)**	**86327614**
#现房销售面积	(平方米)	Floor Space of Complete Dapartments	(sq.m)	18397008
期房销售面积	(平方米)	Floor Space of Forward Delivery Housin	(sq.m)	67930606
商品房销售额	**(万元)**	**Total Sale of Commercial Building**	**(10 000 yuan)**	**41117964**
#现房销售额	(万元)	Sale of Complete Dapartments	(10 000 yuan)	7674216
期房销售额	(万元)	Sale of Forward Delivery Housing	(10 000 yuan)	33443748
商品住宅销售套数	**(套)**	**Number of Commercial Buildings Sold**	**(unit)**	
#现房销售套数	(套)	Complete Dapartments	(unit)	
期房销售套数	(套)	Forward Delivery Housing	(unit)	
待售面积	**(平方米)**	**Floor Space of Waiting For Sale**	**(sq.m)**	**22029956**
#待售1-3年(含1年)	(平方米)	1 to 3 years	(sq.m)	10605709
待售3年以上(含3年)	(平方米)	more than 3 years	(sq.m)	760454

Construction and Sale of Buildings Made by Real Estate Enterprises(2012)

住 宅 Residential Buildings	90平方米及以下住宅 below 90 sq.m	144平方米以上住宅 Above 144 sq.m	别墅、高档公寓 Villas and Upper-scale Apartments	办公楼 Office Buildings	商业营业用房 Buildings for Business	其 他 Others
337152452	**77816262**	**48091012**	**9241598**	**10518161**	**48871176**	**33047294**
108379656	23542455	12562449	2800860	3782691	15907985	10956909
60867092	**13926751**	**8291184**	**1559245**	**1302882**	**6826002**	**4253680**
833967	327302	45263	73327	80766	345098	600224
553218	**176453**	**44210**	**7752**			
12665391	**2958357**	**1968353**	**490004**	**500894**	**1565844**	**948971**
13645	**12936**	**709**		**45932**	**717104**	**160463**
77458724	**17887826**	**11213104**	**1659602**	**1353808**	**5537524**	**1977558**
15580275	3689389	2206215	263473	412392	1900174	504167
61878449	14198437	9006889	1396129	941416	3637350	1473391
35295110	**8314846**	**6536258**	**1666120**	**1177315**	**3922038**	**723501**
6040700	1484204	1062051	186359	312778	1136107	184631
29254410	6830642	5474207	1479761	864537	2785931	538870
714514	**226786**	**63939**	**9951**			
146328	47041	12588	1310			
568186	179745	51351	8641			
16688553	**3643038**	**2453482**	**673458**	**513127**	**3630958**	**1197318**
7823889	1847415	1315357	389242	256988	1949947	574885
295808	42147	93869	15052	21021	313192	130433

5–10 新增生产能力(2012年)

Newly Increased Production Capacity through Capital Construction(2012)

能力名称		Item		建设规模 Total Construc-tion Size	本年施工规模 Under Construc-tion This Year	新开工能力 Started This Year	累计新增生产能力 Accumulated Newly Increased	本年新增能力 Newly Increased This Year
原煤开采	(万吨/年)	Coal Mining	(10 000 tons/year)	2474	2112	435	643	413
洗　煤	(万吨/年)	Coal Washing	(10 000 tons/year)	1738	918	818	1068	768
焦　炭	(万吨/年)	Coke	(10 000 tons/year)	235	186	91	181	136
天然原油开采	(万吨/年)	Petroleum Extraction	(10 000 tons/year)	268	266	266	263	263
石油加工:		Petroleum Processing	(10 000 tons/year)					
蒸馏设备能力	(处理万吨/年)	Distillation Equipment Capacity	(10 000 tons/year)	86	63	63	46	41
裂化设备能力	(处理万吨/年)	FCC Equipment Capacity	(10 000 tons/year)	1256	741	405	448	240
焦化设备能力	(万吨/年)	Coke Equipment Capacity	(10 000 tons/year)	100	100	100	44	44
润滑油(综合能力)	(万吨/年)	Lubricating oil	(10 000 tons/year)	198	179	119	197	159
铁矿开采(原矿)	(万吨/年)	Iron Ore Mining	(10 000 tons/year)	1547	1099	1075	918	835
铁矿选矿处理量	(万吨/年)	Iron Ore Processing capacity	(10 000 tons/year)	607	314	288	242	196
铁矿石成品矿	(万吨/年)	Refined Iron Ore Mine	(10 000 tons/year)	1	1	1	1	1
生　铁	(万吨/年)	Pig Iron	(10 000 tons/year)	290	150	150	150	150
粗　钢	(万吨/年)	Crude Steel	(10 000 tons/year)	350	254	254	254	254
铁合金	(万吨/年)	Iron Alloy	(10 000 tons/year)	595	560	560	95	60
钢材	(万吨/年)	Steel	(10 000 tons/year)	8800	5474	5425	544	389
铜采矿(原矿)	(万吨/年)	Copper Mining	(10 000 tons/year)	360	65	65	55	55
铜冶炼	(吨/年)	Copper Smelting	(ton/year)	406150	72150	72150	406150	72150
#电解铜	(吨/年)	Electrolytic Copper	(ton/year)	400000	70000	70000	400000	70000
氧化铝	(吨/年)	Aluminum Oxide	(ton/year)	42600	42600	42600	42000	42000
铝加工材	(吨/年)	Aluminum Machining	(ton/year)	2423641	1887274	1604994	1650754	1339574
铜加工材	(吨/年)	Copper Machining	(ton/year)	535535	275035	205535	191535	183735
黄金	(公斤/年)	Gold	(Kilogram/year)	3344	1808	1648	2308	1528
火力发电	(万千瓦)	Thermal Power	(10 000 kw)	572	386	205	299	160
核能发电	(万千瓦)	Nuclear Power	(10 000 kw)	250	250			
风力发电	(万千瓦)	Wind Power	(10 000 kw)	5521	5485	5428	4158	4101
太阳能发电	(万千瓦)	Solar Power	(10 000 kw)	447	442	439	441	438
其他发电	(万千瓦)	Others	(10 000 kw)	264	162	155	213	139
输电线路长度(11万伏及以上)	(公里)	Length of Transmission Line	(over 110kv) (km)	2272	1691	1653	1889	1578
水　泥	(万吨/年)	Cement	(10 000 tons/year)	1984	1438	1360	1184	1070
平板玻璃	(万重量箱/年)	Plain Glass	(10 000 weight-box/year)	2090	1868	1803	2012	1821
石墨及炭素制品	(吨/年)	Graphite and Carbon Products	(ton/year)	83321	56851	53211	57316	45866
电　石	(吨/年)	Calcium Carbide	(ton/year)	15307	13507	13507	13507	13507
氮　肥	(吨/年)	Nitrogen Fertilizers	(ton/year)	868220	776990	716988	848219	756989
磷　肥	(吨/年)	Phosphate Fertilizers	(ton/year)	517781	498381	498380	512781	493381
钾　肥	(吨/年)	Potassium Fertilizer	(ton/year)	183001	180001	180000	183001	180001
化学农药原药	(吨/年)	Chemical Pesticides	(ton/year)	203023	195197	195197	197006	136197
精甲醇	(吨/年)	Extracted Methanol	(ton/year)	16290	16290	14894	13294	13294
塑料树脂及共聚物	(吨/年)	Plastics,Colophony and Copolymer	(ton/year)	1781960	1679945	1668595	790953	589571

5-10 续表 continued

能力名称	Item	建设规模 Total Construc-tion Size	本年施工规模 Under Construc-tion This Year	新开工能力 Started This Year	累计新增生产能力 Accumulated Newly Increased	本年新增能力 Newly Increased This Year
合成橡胶 (吨/年)	Synthetic Rubber (ton/year)	762650	762650	309150	242650	212650
轮胎外胎 (万条/年)	Tires (10 000 units/year)	2499	2289	1259	2179	2109
轮胎内胎 (万条/年)	Tire Tubes (10 000 units/year)	2203	328	328	785	328
内燃机 (台/年)	Internal Combustion Engines (units / year)	1030000	530000	510000	565000	60000
内燃机 (万千瓦/年)	Internal Combustion Engines (10 000 kw / year)	2947	2947	2857	805	782
载货汽车制造 (辆/年)	Trucks (unit/year)	3000	3000	3000	3000	3000
客车制造 (辆/年)	Buses (unit/year)	200000	8035	8035	8035	
其它汽车制造 (辆/年)	Others (unit/year)	29700	26550	24450	22100	15950
化学纤维 (吨/年)	Chemical Fiber (ton/year)	59140	35180	20880	30682	13679
#合成纤维 (吨/年)	Synthetic Fibers (ton/year)	23400	12700	12700	12200	1500
棉纺锭 (锭)	Cotton Spindles (unit)	4122999	3109055	2229055	2453000	2107055
毛纺锭 (锭)	Wool Spindles (unit)	7000	4346	2552	2625	2572
啤　酒 (万吨/年)	Beer (10 000 tons/year)	9	7	7	2	2
白　酒 (万吨/年)	Wine (10 000 tons/year)	32	23	23	24	19
其他酒 (万吨/年)	Others (10 000 tons/year)	6	5	5	4	4
机制纸浆 (万吨/年)	Machine-made Pulp (10 000 tons/year)	46	41	29	27	18
新建铁路里程 (公里)	Length of Newly-built Railway (km)	263	261	115	4	4
新建高速铁路里程 (公里)	Length of Newly-built High Speed Railway (km)	85	85			
新建公路 (公里)	Length of Newly-built Highway (km)	2682	2315	1718	2134	1877
#高速公路 (公里)	Expressway (km)	418	197	49	249	98
一级公路 (公里)	Class-A Highway (km)	91	88	72	20	17
二级公路 (公里)	Class-B Highway (km)	325	297	297	248	248
改建公路 (公里)	Length of Reconstructed Highway (km)	3151	2676	2360	2387	2020
#高速公路 (公里)	Expressway (km)	9			9	
一级公路 (公里)	Class-A Highway (km)	185	185	79	125	104
二级公路 (公里)	Class-B Highway (km)	830	582	524	527	486
新建独立公路桥梁 (延长米)	Length of Newly-built Bridges (m)	112206	106134	21257	27329	22957
-座数 (座)	Number (unit)	30	30	27	27	27
新建独立公路隧道 (延长米)	Length of Newly-built Highway Tunnel (m)	1000	1000	1000	1000	1000
-处数 (处)	Number (unit)	1	1	1	1	1
新(扩)建港口码头 (万吨/年)	Newly-built or Expanded Ports (10 000 tons/year)	16040	10215	4965	3559	2908
-年吞吐量 (标准集装箱)	Annual Handling Capacity (Standard Container)	22969113	7789233	5439003	107003	42502
-泊位 (个)	Berths (unit)	94	55	35	52	24
新(扩)建客、货运站 (个)	Cargo or Passenger Terminals (unit)	42	36	33	32	31
-面积 (平方米)	Area (sq.m)	932890	702759	696957	668800	641907
城市自来水供水能力 (万吨/日)	Volume of Water Supply (10 000 tons/day)	77	71	61	68	68
城市污水处理能力 (万吨/日)	Capacity of Sewage Treatment (10 000 tons/day)	46	44	44	31	30

主要统计指标解释

全社会固定资产投资 是以货币形式表现的在一定时期内全社会建造和购置固定资产的工作量以及与此有关的费用的总称。该指标是反映固定资产投资规模、结构和发展速度的综合性指标,又是观察工程进度和考核投资效果的重要依据。全社会固定资产投资按登记注册类型可分为国有、集体、个体、联营、股份制、外商、港澳台商、其他等。

房地产开发投资 指各种登记注册类型的房地产开发公司、商品房建设公司及其他房地产开发法人单位和附属于其他法人单位实际从事房地产开发或经营活动的单位统一开发的包括统代建、拆迁还建的住宅、厂房、仓库、饭店、宾馆、度假村、写字楼、办公楼等房屋建筑物和配套的服务设施,土地开发工程（如道路、给水、排水、供电、供热、通讯、平整场地等基础设施工程）的投资；不包括单纯的土地交易活动。

农村投资 指发生在农村区域范围内的非农户固定资产投资项目完成的投资。

建设总规模 是指在报告期内所有施工项目的计划总投资。这个指标和施工项目相对应。

在建总规模 是指在报告期末所有在建项目的计划总投资。

在建净规模 是指报告期末所有在建项目建成投产尚需的投资总量。

在建净规模＝在建总规模－累计完成投资

固定资产投资的资金来源 根据固定资产投资的资金来源不同，分为国家预算内资金、国内贷款、利用外资、自筹资金和其他资金。

(1)国家预算内资金：分为财政拨款和财政安排的贷款两部分。包括中央财政的基本建设基金(分经营性基金和非经营性基金两部分)、专项支出(如煤代油专项等)、收回再贷、贴息资金,财政安排的挖潜改造和新产品试制支出、城建支出、商业部门简易建筑支出、不发达地区发展基金等资金中用于固定资产投资的资金;地方财政中由国家统筹安排的资金等。

(2)国内贷款：指报告期固定资产投资单位向银行及非银行金融机构借入的用于固定资产投资的各种国内借款,包括银行利用自有资金及吸收的存款发放的贷款、上级主管部门拨入的国内贷款、国家专项贷款(包括煤代油贷款、劳改煤矿专项贷款等)、地方财政专项资金安排的贷款、国内储备贷款、周转贷款等。

(3)利用外资：指报告期收到的用于固定资产建造和购置的国外资金(包括设备、材料、技术在内)。包括对外借款(外国政府、国际金融组织贷款、出口信贷、外国银行商业贷款、对外发行债券和股票)、外商直接投资及外商其他投资。不包括我国自有外汇资金(国家外汇、地方外汇、留成外汇、调剂外汇和中国银行自有资金发行的外汇贷款等)。计算利用外资时，需要折算成人民币，折算中所使用的外汇汇率按现汇计算，即按使用外汇时的汇率计算。

(4)自筹资金：指固定资产投资单位报告期收到的，由各地区、各部门及企、事业单位筹集用于固定资产投资的预算外资金，包括中央各部门、各级地方和企、事业单位的自筹资金。

(5)其他资金：指在报告期收到的除以上各种资金之外其他用于固定资产投资的资金,包括企业或金融机构通过发行各种债券筹集到的资金、群众集资、个人资金、无偿捐赠的资金及其他单位拨入的资金等。

固定资产投资按国民经济行业分 根据建设项目建成投产后的主要产品或主要用途及社会经济活动性质来确定国民经济行业。一般情况下，一个建设项目或一个企业、事业单位只能属于一种国民经济行业。

固定资产投资按隶属关系分 是按建设单位或企业、事业、行政单位的主管上级机关确定的。

（1）中央：是指中共中央、人大常委会和国务院各部、委、局、总公司以及直属机构直接领导的建设项目和企业、事业、行政单位。这些单位的固定资产投资计划由国务院各部门直接编制和下达，建设中所需物资、主要设备以及建设中的问题都由中央有关部门安排和解决。

（2）地方：是由省（自治区、直辖市）、地区（州、盟、省辖市）、县（旗、县级市）三级政府及业务主管部门直接领导和管理的建设项目、企业、事业、行政单位。地方项目还包括不隶属以上各级政府及主管部门的建设项目和企业、事业单位，如外商投资企业和无主管部门的企业等。

固定资产投资按建设性质分 根据整个建设项目情况来确定。建设项目的性质一般分为新建、扩建、改建和技术改造、迁建、恢复。房地产开发单位投资不划分建设性质。

(1)新建：一般指从无到有“平地起家”开始建设的企业、事业和行政单位或建设项目。现有企业、事业、行政单位一般不属于新建。但如有的单位原有基础很小，经过建设后新增的固定资产价值超过该企、事业、行政单位原有固定资产价值(原值)三倍以上的也应作为新建。

(2)扩建：指在厂内或其他地点，为扩大原有产品的生产能力(或效益)或增加新的产品生产能力，而增建主要的生产车间(或主要工程)、分厂、独立的生产线。行政、事业单位在原单位增建业务用房(如学校增建教学用房、医院增建门诊部、病房等)也作为扩建。

现有企、事业单位为扩大原有主要产品生产能力或增加新的产品生产能力，增建一个或几个主要生产车间(或主要

工程)、分厂，同时进行一些更新改造工程的，也应作为扩建。

(3)改建和技术改造：指现有企业、事业单位，对原有设施进行技术改造或更新(包括相应配套的辅助性生产、生活福利设施)的建设项目。现有企业、事业单位为适应市场变化的需要，而改变企业的主要产品种类(如军工企业转产民用品等)的建设项目，应作为改建。原有产品生产作业线由于各工序(车间)之间能力不平衡，为填平补齐充分发挥原有生产能力而增建不增加本企业主要产品设计能力的车间，也应作为改建。技术改造是指企业、事业单位在现有基础上，用先进的技术代替落后的技术，用先进的工艺和装备代替落后的工艺和装备，以改变企业落后的技术经济面貌，实现以内涵为主的扩大再生产，达到提高产品质量、促进产品更新换代、节约能源、降低消耗、扩大生产规模、全面提高社会经济效益的目的。技术改造具体包括以下内容：机器设备和工具的更新改造；生产工艺改革、节约能源和原材料的改造；厂房建筑和公共设施的改造；劳动条件和生产环境的改造等。

固定资产投资按构成分 固定资产投资活动按其工作内容和实现方式分为建筑安装工程，设备、工具、器具购置，其他费用三个部分。

(1)建筑安装工程(建筑安装工作量)：指各种房屋、建筑物的建造工程和各种设备、装置的安装工程。包括各种房屋建造工程；各种用途设备基础和各种工业窑炉的砌筑工程及金属结构工程；为施工而进行的各种准备工作和临时工程以及完工后的清理工作等；铁路、道路的铺设，矿井的开凿及石油管道的架设等；水利工程；防空地下建筑等特殊工程；列入房屋工程预算内的暖气、卫生、通风、照明、煤气等设备的价值及装设油饰工程；列入建筑工程预算内的各种管道(蒸汽、压缩空气、石油、给排水等管道)、电力、电讯电缆导线等的敷设工程；以及各种机械设备的安装工程；为测定安装工程质量，对设备进行的试运工作；房地产开发单位进行的商品房屋开发建设工程、土地开发工程。

在安装工程中，不包括被安装设备本身的价值。

(2)设备、工具、器具购置：指建设单位或企、事业单位购置或自制的，达到固定资产标准的设备、工具、器具的价值。新建单位及扩建单位的新建车间，按照设计或计划要求购置或自制的全部设备、工具、器具，不论是否达到固定资产标准均计入“设备、工具、器具购置”中。

(3)其他费用：指在固定资产建造和购置过程中发生的，除上述几项内容以外的各种应分摊计入固定资产的费用。

施工项目 指报告期内进行过建筑或安装施工活动的项目。凡是报告期内施过工的建设项目，不论施工时间长短，均作为施工项目统计。施工项目个数可以反映一定时期固定资产投资的实际规模，与同期全部建成投产项目个数相比，可以从建设速度的角度反映固定资产投资的效果。根据建设项目施工活动的不同性质，施工项目又分为：本年正式施工项目、本年收尾项目和以前年度全部停缓建项目。

全部建成投产项目 工业项目指设计文件规定形成生产能力的主体工程及其相应配套的辅助设施全部建成，经负荷试运转，证明具备生产设计规定合格产品的条件，并经过验收鉴定合格或达到竣工验收标准，与生产性工程配套的生活福利设施可以满足近期正常生产的需要，正式移交生产的建设项目。非工业项目指设计文件规定的主体工程和相应的配套工程全部建成，能够发挥设计规定的全部效益，经验收鉴定合格或达到竣工验收标准，正式移交使用的建设项目。

新增生产能力(或工程效益) 指通过固定资产投资活动而增加的设计能力(或工程效益)，该指标是以实物形态表现的反映固定资产投资成果的指标，也是考核投资经济效果的重要依据之一。

新增生产能力(或工程效益)一般有以下几种表现形式：

(1)用产品数量表示，以工程在单位时间内(一般是一年)所能生产的产品数量(即年产量)表示。如原煤开采用万吨／年表示，化学农药用吨／年表示，拖拉机制造用台／年表示等。某些化工产品由于含量差别较大，按其设计含量计算折合量表示，如硫酸、纯碱、烧碱等。

(2)用单位时间内所能处理的原料数量表示，以工程每天(或小时)所能处理原料的数量表示。如机制糖工程日处理原料吨，食用植物油日处理原料吨，城市污水处理能力用万吨／日表示等。

(3)用新增加的主要设备的数量或容量表示，如新增棉布织机、丝织机等台数，毛纺锭等锭数，发电厂新增发电机组容量用千瓦表示等。

(4)用建筑物容积、容量、面积、长度表示，是非工业项目或工程新增效益的一种表现形式。如铁路投产里程、新建公路、水库容量、粮食仓库、学校学生席位、医院病床、有效灌溉面积等。

根据工程的特点，有时需要用两种或两种以上的复合计量单位表示新增生产能力(或工程效益)，如新增内燃机生产能力同时用年产台数、千瓦数表示等。

为了规范新增生产能力(或工程效益)的名称和计算单位，国家统计局制订了《新增生产能力(或工程效益)目录及代码》。各固定资产投资单位在统计新增生产能力(或工程效益)时，必须按目录中规定的名称、计量单位和代码填报。

房屋建筑面积 指房屋建筑物勒脚以上外墙外围的水平截面面积，包括房屋建筑物的有效面积和结构面积。该指标是从实物形态上反映建设规模和建设成果的重要指标之一，也是检查工程形象进度、计算工程造价、分析投资效果、研究施工任务和建筑材料之间平衡情况的重要依据。

住宅建筑面积 指施工和竣工房屋建筑面积中供居住用的房屋建筑面积。

施工面积 指报告期内施工的全部房屋建筑面积。包括本期新开工的面积和上期开工跨入本期继续施工的房屋面积，以及上期已停建在本期恢复施工的房屋面积。本期竣工和本期施工后又停缓建的房屋，其建筑面积仍计入本期房屋施工面积中。

竣工面积　指在报告期内房屋建筑按照设计要求已经全部完工，达到住人和使用条件，经验收鉴定合格(或达到竣工验收标准)，正式移交使用单位的各栋房屋建筑面积的总和。

房屋建筑面积竣工率　指一定时期内房屋竣工面积占同期房屋施工面积的比率。是从房屋建筑施工速度的角度反映投资效果的指标。

新增固定资产　指报告期内已经完成建造和购置过程，并已交付生产或使用单位的固定资产价值。该指标是表示固定资产投资成果的价值指标，也是反映建设进度，计算固定资产投资效果的重要指标。

项目建设投产率　指一定时期内全部建成投产项目个数与同期施工项目个数的比率。该指标是从建设单位建设速度的角度反映投资效果的指标。

固定资产交付使用率　指一定时期新增固定资产与同期完成投资额的比率。该指标是反映固定资产动用速度，衡量建设过程中宏观投资效果的综合指标。由于新增固定资产是较长时期内形成的结果，而投资额则是当年完成的，因此，该指标一般适宜于反映较长时期内固定资产的动用情况。

商品房销售面积　指报告期内出售商品房屋的合同总面积(即双方签署的正式买卖合同中所确定的建筑面积)。由现房销售建筑面积和期房销售建筑面积两部分组成。

商品房销售额　指报告期内出售商品房屋的合同总价款(即双方签署的正式买卖合同中所确定的合同总价)。该指标与商品房销售面积同口径，由现房销售额和期房销售额两部分组成。

Explanatory Notes on Main Statistical Indicators

Total Investment in Fixed Assets in the Whole Country refers to the volume of activities in construction and purchases of fixed assets and related fees, expressed in monetary terms. It is a comprehensive indicator which shows the size, structure and growth of the investment in fixed assets, providing basis for observing the progress of construction projects and evaluating results of investment. Total investment in fixed assets in the whole country includes, by type of ownership, the investment by the state owned units, collective units, individuals, joint ownership units, share holding units, as well as investment by businessmen from foreign countries and from Hong Kong, Macao and Taiwan, and by other units.

Investment in Real Estate Development refers to the investment by the real estate development companies, commercial buildings construction companies and other real estate development units of various types of ownership in the construction of house buildings, such as residential buildings, factory buildings, warehouses, hotels, guesthouses, holiday villages, office buildings, and the complementary service facilities and land development projects, such as roads, water supply, water drainage, power supply, heating, telecommunications, land leveling and other projects of infrastructure. It excludes the activities in pure land transactions.

Investment in Rural Areas refers to investment in fixed assets by enterprises, institutions and individuals in rural areas.

Total Size of Construction refers to the planned total investment for all construction projects during the reference period.

Total Size of Investment in Projects under Construction refers to the planned total investment of all projects under construction at the end of the reference period.

Net Size of Investment in Projects under Construction refers to the required investment of all projects under construction at the end of the reference period.

Net Size of Investment=Total Size of Investment-accumulated completed investment

Sources of Funds for Investment in Fixed Assets include fund from state budget, domestic loans, foreign investment, self raised funds, and others depending on the source of investment.

(1) Fund from state budget consists of budgetary appropriation and loans from state budget. More specifically, it includes, from the budget of the central government, capital construction fund (operation fund and non-operational fund), special expenses (e.g. expenses on substituting petroleum with coal), loans from repayment, discount fund, expenses on innovation and trial production of new products, expenses on urban construction, expenses on temporary construction by trade departments, development fund for less developed areas, as well as local budgetary fund transferred from the central budget.

(2) Domestic loans refer to loans of various forms borrowed by investing units from banks and non-bank financial institutions during the reference period for the purpose of investment in fixed assets, including loans issued by banks from their self owned funds and deposit, loans appropriated by higher responsible authorities, special loans by government (including loan for substituting petroleum with coal, special loan for reform through labour coal mines), loans arranged by local government from special funds, domestic reserve loan, and working loan, etc.

(3) Foreign Investment refers to foreign funds received during the reference period for the construction and purchase of investment in fixed assets (covering equipment, materials and technology), including foreign borrowings (loans from foreign governments and international financial institutions, export credit, commercial loans from foreign banks, issue of bonds and stocks overseas), foreign direct investment and other foreign investment. Excluded in this category are capitals in foreign exchanges owned by China (foreign exchanges owned by the central and local governments, foreign exchanges retained by enterprises, foreign exchanges by enterprises through regulating mechanism, loans in foreign exchanges issued by the Bank of China with its own fund, etc.). In calculating the utilization of foreign capitals, foreign currencies are converted into Chinese Renminbi applying the current exchange rate when the foreign capitals are actually used.

(4) Self-raised funds refer to extra budgetary funds for investment in fixed assets received by investing units from central government ministries, local governments, enterprises and institutions, including their self raised funds.

(5) Others refer to funds for investment in fixed assets received from the sources other than those listed above, including capitals raised through issuing bonds by enterprises or financial institutions, funds raised from individuals and through donations, and funds transferred from other units.

Investment in Fixed Assets by Sector The classification of construction projects by sector is determined by the major products or the purpose of the projects when they are put into production or use, and by the nature of their social economic activities. In general, one project or one enterprise or institution can only be classified into one sector.

Investment in Fixed Assets by Jurisdiction of Management refers to the classification of investment by the competent authorities under which investment is made by construction units, enterprises, institutions or administrative units.

(1) Central investment refers to the investment in projects or by enterprises, institutions or administrative units which are under the direct leadership and management of the CPC Central

Committee, the NPC Standing Committee, the State Council and of the national commissions, ministries, agencies and state owned large corporations. Various ministries and departments of the State Council prepare and implement plans for investment in fixed assets by those departments, and arrange and ensure the supply of materials and key equipment required for the projects.

(2) Local investment refers to the investment in projects or by enterprises, institutions or administrative units which are under the direct leadership and management of departments under the provincial, prefecture and county governments. Also included are projects by foreign invested enterprises and enterprises without competent managing authorities.

Investment in Fixed Assets by Type of Construction The construction projects in general can be classified, by the type of construction, into new construction, expansion, reconstruction and technical transformation, moving and restoration. However, investment by type of construction is not applied to investment by real estate development units.

(1) New construction in general refers to newly constructed enterprises, institutions, administrative agencies or independent projects from scratch. Construction in the existing enterprises, institutions or agencies is not considered as new construction. In case the assets of the existing unit is quite small, and the value of newly added fixed assets exceeds the original value of assets by three times, the expansion will be considered as new construction.

(2) Expansion refers to construction of new major production workshop, branch factory or independent production line within a factory or in other locations, for the purpose of increasing the production capacity (or improving efficiency) of the original products. Newly constructed houses for the operation of institutions and administrative organizations (such as the newly constructed buildings for teaching in schools, buildings for clinics or wards in hospitals, etc.) are also classified as expansion.

Also included in the expansion are investments by existing enterprises or institutions in building major production line(s) or branch factory(ies) along with some work on innovation, for the purpose of expending the production capacity of original products or producing new products.

(3) Reconstruction refers to construction projects by existing enterprises or institutions in innovation or technical transformation of the old facilities (including auxiliary production equipment and welfare facilities).Also considered as reconstruction is the construction of new workshops by the existing enterprises or institutions to change the variety of products to meet the market demand (such as the production of civil products by defence industries), or to bring the designed production capacity into full play through a more balanced production process on production lines. Technical transformation refers to replacement of old technology or equipment by new technology or equipment, in order to expand the reproduction through improvement of technology contents in production, to improve product quality, to promote new products, to save energy and reduce consumption and to improve overall social economic efficiency. Contents of technical transformation include: updating of machinery, equipment and tools; reforming production process by using energy or materials saving technology; construction of factory workshops and transformation of public facilities; improvement of working conditions and environment, etc.

Investment in Fixed Assets by Structure By their contents, investment activities are classified into 3 categories, i.e. construction and installation, purchase of equipment and instrument, and other expenses.

(1) Construction and installation (work volume of construction and installation) refers to the construction of various houses and buildings and installation of various kinds of equipment and instruments. They include construction of various houses; equipment foundations, industrial kilns and stoves, and metal structure work; preparation works for project construction, and clearing up works post project construction; pavement of railways and roads, drilling of mines and putting up of oil pipes; construction of projects of water conservancy; construction of underground air raid shelters and construction of other special projects; value of equipment for heating, sanitation, ventilation, lighting, gas, painting, etc. that are covered by the budget of housing projects; laying out of various pipelines (for steam, compressed air, petroleum, tap water and sewage) and lines for electric power and for communications; installation of various machinery equipment, testing operation for pre testing the quality of installation projects, and land and other development work conducted by real estate developers for commercial housing. The value of equipment installed is not included in the value of installation projects.

(2) Purchase of equipment and instruments refers to the total value of equipment, tools, and instruments purchased or self produced which come up to standards for fixed assets by the construction units or investing enterprises or institutions. Equipment, tools and instruments purchased or self produced for new workshops by newly established or expanded units are categorized as "purchase of equipment and instruments" no matter whether they come up to the standards for fixed assets.

(3)Other expenses refer to expenses occurring during the construction or purchase of fixed assets other than those mentioned above.

Projects under Construction refer to projects with construction and installation activities undertaken in the reference period. All projects that have construction activities undertaken during the reference period are reported as projects under construction irrespective of the length of construction work. The number of projects under construction can reflect the actual size of investment in fixed assets during a given period, and when compared with the number of projects completed and put into use during the same period, it demonstrates the results of investment in fixed assets. Depending on the nature of construction activities, projects under construction can also be classified into projects under construction in current year, winding up projects in current year and stopped or suspended projects in previous years (with preservation work in current year).

Projects Completed and Put into Use Industrial projects refer to the major projects and accessory facilities completed which result in forming production capacity and have been checked and accepted while the living and welfare facilities have been completed and can ensure normal production and formally put into production. Non industrial projects refer to the major projects and accessory facilities completed which possess the designed capacity and have been checked, accepted and formally put into production.

Newly Increased Production Capacity(or Project Efficiency) refers to the increase of designed capacity (or project efficiency) through investment in fixed assets, which reflects the accomplishment of investment in fixed assets in kind and serves as important basis for evaluating the economic efficiency of investment.

The newly increased production capacity (project efficiency) are usually expressed in one of the following forms:

(1) output of products, i.e. the output that the project can produce during a given period (usually a year). For instance, the capacity in coal mining is expressed in 10,000 tons/year, the capacity in producing chemical pesticides expressed in ton/year, the capacity in producing tractors in tractor/year, etc. For some chemical products where the effective contents differ significantly, the production capacity is expressed as the designed effective content equivalent, such as in the case of sulphuric acid, soda ash, caustic soda, etc;

(2) raw materials processing capacity, i.e. the volume of raw materials that could be processed by the project per day (or per hour), such as tons of materials processed per day by a sugar refining project or edible vegetable oil project, or tons of urban sewage processed per day;

(3) number or capacity of major equipment increased, such as number of cotton or silk looms increased, wool spindles increased, or capacity (in kilowatts) of power generators increased;

(4) physical measures (volume, capacity, area, and length) of construction, which is typical for non industrial projects, for instance, the length of railways put into operation, the length of highways, the capacity of reservoirs, the capacity of warehouses, the floor space of housing projects, capacity for new students in schools or beds in hospitals, areas under new irrigation project, etc.

Features of projects sometimes call for combined use of two or more measurement to reflect the increased production capacity (or project efficiency), for instance, the new capacity for the production of internal combustion engines are expressed in sets per year and kilowatts per year simultaneously.

To standardize the nomenclature and unit of measurement for new production capacity (or project efficiency), the National Bureau of Statistics has developed Nomenclature and Codes for New Production Capacity (Project Efficiency). All reporting units with investment activities are required to follow these two nomenclatures in reporting statistics on new production capacity (project efficiency).

Floor Space of Buildings under Construction refers to total floor space of the horizontal section of outer walls above the plinth of the building, including the effective area and the area occupied by the structure. This indicator is one of the important indicators in physical terms to reflect the scale and accomplishment of the construction industry, and important basis for monitoring the progress, calculating the cost, analyzing the efficiency and studying the supply of building materials in relation with the construction projects.

Floor Space of Residential Buildings refers to the floor space of the residential buildings among the total space of buildings under construction or completed.

Floor Space under Construction refers to total floor space of all buildings under construction during the reference period, including floor space of newly started buildings during the reference period, floor space of construction extended from the previous period to the current period, and floor space of construction suspended during the previous period and resumed in the current period. Floor space of construction completed in the current period, and floor space of construction started and then suspended in the current period are also included in the floor space under construction of the current year.

Floor Space of Buildings Completed refers to the floor space of all buildings completed in the reference period, which have been appraised and accepted (or come up to the designed standards) and have been transferred to the owners for use.

Completion Rate of Floor Space of Buildings refers to the ratio of the floor space of buildings completed in certain period of time to the floor space of buildings under construction in the same period. This indicator reflects the investment result from the perspective of the speed of construction.

Newly Increased Fixed Assets refer to the newly increased value of fixed assets, constructed or purchased, that have been transferred to the investors. This is an indicator that demonstrates the results of investment in fixed assets in monetary terms, and an important indicator to reflect the speed of construction and to calculate the efficiency of investment.

Rate of Construction Projects Completed and Put into Use refers to the ratio of the number of construction projects completed and put into use in certain period of time to the number of projects under construction in the same period. This reflects the investment efficiency from the perspective of the speed of projects construction.

Rate of Projects of Fixed Assets Completed and Put into Operation refers to the ratio of the newly increased fixed assets to the total investment made in the same period. This is a comprehensive indicator reflecting the speed of the employment of fixed assets and the investment efficiency at the macro level. As the newly increase fixed assets is the result of a long period while the investment is completed in the current year, this indicator is expected to be used to reflect the employment of fixed assets over a long period of time.

Area of Commercial Housing Sold refers to total contracted area of commercial housing (i.e. area of floor space as designated in the formal contracts signed by both sides) during the reference time. It constitutes floor space of completed housing and floor space of future housing.

Value of Commercial Housing Sold refer to total value of contracts (i.e. value of sales/purchase for selling/purchase of commercial housing as designated in the contracts signed by both sides) during the reference time. It has the same coverage as the area of commercial housing sold, constituting completed housing and floor space of future housing.

第
6
篇

对外经济、旅游和开发区

Foreign Trade, Tourism and Development Zone

简 要 说 明

一、本篇资料的主要内容

本篇资料反映了全省外经外贸、旅游和开发区的基本情况，主要包括进出口、利用外资、境外投资、对外承包工程和劳务合作、人民币外汇牌价、旅游业基本情况、经济开发区和高新技术开发区等方面的内容。

二、本篇资料的来源

1.进、出口数据来源于海关统计，进出口商品价值，出口按离岸价（FOB）、进口按到岸价（CIF）统计。

2.利用外资、对外承包工程和劳务合作、境外投资等资料来源于省商务厅。

3.历年人民币对主要外币的年平均汇价资料来源于国家外汇管理局，是根据当年国家外汇管理局提供的每日汇价进行加权平均计算而得出的当年年平均汇价。

4.旅游资料来源于省旅游局。

5.开发区资料来源于省统计局开发区统计年报。

本篇资料由省统计局贸易外经处整理提供。

Brief Introduction

I. Content

Data in this chapter show the basic conditions of foreign trade, tourism and development zones, mainly including imports and exports, utilization of foreign capitals, overseas direct investments, contracted projects, labor services cooperation, exchange rate of RMB to other currencies, tourism and economic development zone, etc.

II. Source of Data

(1)Data on foreign trade are based on the statements made by the Administration of Customs. Exports are calculated at FOB, imports at CIF.

(2)Data on utilization of foreign capitals, contracted projects and labor services cooperation are provided by the Bureau of Commerce of Shandong Province.

(3)Average exchange rates of RMB yuan to other currencies over the years come from the State Administration of Exchange Control. The annual average exchange rate is calculated as the weighted mean of the daily exchange rates provided by the State Administration of Exchange Control.

(4)Data on tourism are provided by Shandong Tourism Administration.

(5)Data on economic development zones are based on the annual reports of economic development zones, which are provided by Shandong Provincial Bureau of Statistics.

Data in this chapter are prepared and compiled by the Division of Trade and External Economic Relations Statistics of Shandong Provincial Bureau of Statistics.

6-1 1978-2012年人民币对主要外币年平均汇价(中间价)

Average Exchange Rate of RMB Yuan Against Main Convertible Currencies from 1978 to 2012(Middle Rate)

单位:人民币元 (RMB yuan)

年 份 Year	100美元 100 US Dollars	100日元 100 Japanese Yen	100港元 100 Hong Kong Dollars	100欧元 100Euros
1978	168.36	0.8058	36.16	
1979	155.49	0.7131	31.35	
1980	149.84	0.6635	30.15	
1981	170.51	0.7735	30.41	
1982	189.26	0.7607	31.15	
1983	197.57	0.8318	27.36	
1984	232.70	0.9780	29.71	
1985	293.67	1.2457	37.57	
1986	345.28	2.0694	44.22	
1987	372.21	2.5799	47.74	
1988	372.21	2.9082	47.70	
1989	376.59	2.7360	48.28	
1990	478.38	3.3233	61.39	
1991	532.27	3.9602	68.45	
1992	551.49	4.3608	71.24	
1993	576.19	5.2020	74.41	
1994	861.87	8.4370	111.53	
1995	835.07	8.9225	107.96	
1996	831.42	7.6352	107.51	
1997	828.98	6.8600	107.09	
1998	827.91	6.3488	106.88	
1999	827.96	8.0720	106.53	
2000	827.72	7.3877	106.08	
2001	827.70	6.8075	106.08	
2002	827.70	6.6237	106.07	800.58
2003	827.70	7.1466	106.24	936.13
2004	827.68	7.6552	106.23	1029.00
2005	819.17	7.4484	105.30	1019.53
2006	797.18	6.8570	102.62	1001.90
2007	760.40	6.4632	97.46	1041.75
2008	694.51	6.7427	89.19	1022.27
2009	683.10	7.2986	88.12	952.70
2010	676.95	7.7279	87.13	897.25
2011	645.88	8.1050	82.97	900.11
2012	631.25	7.9037	81.38	810.67

6–2 1984–2012年海关进出口情况
Basic Statistics on Imports and Exports from 1984 to 2012

单位:万美元 (10 000 USD)

年 份 Year	进出口总值 Total Value of Imports and Exports	出口总值 Total Value of Exports	一般贸易 General Trade	来料加工装配贸易 Processing and Assembling Trade with Sent Materials	进料加工贸易 Processing Trade with Imported Materials	其他贸易 Other Trades	进口总值 Total Value of Imports
1984	352012	207786					144226
1985	414448	234652					179796
1986	382840	191926					190914
1987	355294	289938	264633	2566	19232	3507	65356
1988	573361	309773	261451	3796	40458	4068	263588
1989	616511	327015	266337	6274	49047	5357	289496
1990	428522	341719	274898	8660	53152	5009	86803
1991	483200	375230	293951	13681	63430	4168	107970
1992	778140	433752	330729	18598	79452	4973	344388
1993	728586	420360	292058	23834	96748	7720	308226
1994	962927	587011	371013	40640	168470	6888	375916
1995	1395007	816101	460278	77503	270177	8143	578906
1996	1616394	918298	449683	130565	331035	6339	698096
1997	1753631	1085888	483895	185156	410664	6173	667743
1998	1661740	1034705	458607	172262	396013	7823	627035
1999	1827094	1157909	541405	218625	394880	2999	669185
2000	2498998	1552905	746563	293008	507050	6284	946093
2001	2896313	1812899	913253	310013	579125	10508	1083414
2002	3394175	2111511	1089063	341530	669958	10960	1282664
2003	4465752	2657285	1400709	392861	845249	18466	1808467
2004	6078136	3587286	1799792	483369	1252126	51999	2490850
2005	7688876	4625113	2310122	594991	1668351	51649	3063763
2006	9528817	5864717	3013461	655916	2083042	112298	3664100
2007	12261798	7524374	3800924	679014	2863332	181104	4737424
2008	15814480	9317486	4739880	722044	3573434	282128	6496994
2009	13860378	7956530	3637582	697915	3296132	324901	5903848
2010	18895085	10424695	4973019	750340	4230872	470464	8470390
2011	23599191	12578809	6466907	842878	4737751	531273	11020382
2012	24554487	12873171	6875045	867657	4566215	564254	11681316

6-3 进出口主要分类情况
Imports and Exports by Category

单位:亿美元 (100 million USD)

类　别	Category	2000	2005	2010	2011	2012
一、进出口总值	**Total Value of Imports and Exports**	**249.9**	**768.9**	**1889.5**	**2359.9**	**2455.4**
出口额	Exports	155.3	462.3	1042.5	1257.9	1287.3
进口额	Imports	94.6	306.4	847.0	1102.0	1168.1
二、出口商品构成 (%)	**Structure of Exported Goods (%)**					
初级产品	Primary Goods	21.7	16.8			
工业制成品	Manufactured Goods	78.3	83.2			
三、进口商品构成 (%)	**Structure of Imported Goods (%)**					
初级产品	Primary Goods	26.9	38.3			
工业制成品	Manufactured Goods	73.1	61.7			
四、纺织服装进出口总值	**Total Value of Imports and Exports of Textile Apparel**	**58.4**	**121.3**	**188.5**	**219.0**	**213.4**
出口额	Exports	47.1	106.2	173.3	203.8	197.5
进口额	Imports	11.3	15.1	15.2	15.2	15.9
五、农(副)产品进出口总值	**Total Value of Imports and Exports of Agricultural Products(By-products)**	**57.3**	**119.2**	**250.6**	**339.6**	**366.8**
出口额	Exports	35.3	69.1	127.0	153.7	150.2
进口额	Imports	22.0	50.1	123.6	185.9	216.6
六、机电产品进出口总值	**Total Value of Imports and Exports of Mechanical and Electrical Products**	**61.3**	**240.3**	**725.0**	**776.2**	**754.2**
出口额	Exports	31.3	135.7	450.7	508.4	503.3
进口额	Imports	30.0	104.6	274.3	267.8	250.9
七、高新技术产品进出口总值	**Total Value of Imports and Exports of High and New-tech Products**	**17.2**	**85.0**	**329.1**	**287.2**	**283.9**
出口额	Exports	6.5	42.5	175.8	152.0	143.2
进口额	Imports	10.7	42.6	153.3	135.2	140.7
八、外商投资企业进出口总值	**Total Value of Imports and Exports of**	**139.3**	**413.9**	**962.8**	**1075.5**	**1020.3**
出口额	Exports	79.3	238.1	565.7	637.3	605.0
进口额	Imports	60.0	175.8	397.1	438.2	415.3
九、一般贸易进出口总值	**Total Value of Imports and Exports under General Trades**	**105.1**	**358.6**	**974.4**	**1303.1**	**1429.0**
出口额	Exports	74.7	231.0	497.3	646.7	687.5
进口额	Imports	30.4	127.5	477.0	656.4	741.5
十、加工贸易进出口总值	**Total Value of Imports and Exports under Processing Trades**	**131.3**	**360.9**	**756.4**	**834.8**	**808.9**
出口额	Exports	80.0	226.3	498.1	558.1	543.4
进口额	Imports	51.3	134.6	258.3	276.7	265.5
来料加工贸易进出口总值	Total Value of Imports and Exports under Processing Trades with Sent Materials	49.4	99.0	118.3	135.7	135.4
出口额	Exports	29.3	59.5	75.0	84.3	86.8
进口额	Imports	20.1	39.5	43.3	51.4	48.6
进料加工贸易进出口总值	Total Value of Imports and Exports under ProcessingTrades with Imported Materials	81.9	261.9	638.1	699.0	673.5
出口额	Exports	50.7	166.8	423.1	473.8	456.6
进口额	Imports	31.2	95.1	215.0	225.2	216.9

注:农副产品2004年以后为农产品数据，纺织服装进口额不含服装进口数据。

a)Since 2004,data of agricultural by-products is agricultural products data.Total value of imports of textile apparel no include the value of apparel.

6-4 按主要国家(地区)分海关进出口商品总值(2012年)
Total Value of Import and Export Commodities by Countries or Regions(2012)

单位:万美元 (10 000 USD)

国别(地区)	Country(Region)	进出口总值 Total Value of Imports and Exports	出口总值 Total Value of Exports	进口总值 Total Value of Imports
合　计	**Total**	**24554487**	**12873171**	**11681316**
亚　洲	**Asia**	**11465244**	**6136485**	**5328759**
东　盟	ASEAN	2963932	1081218	1882714
香　港	Hong kong	497976	476244	21732
日　本	Japan	2423442	1718142	705300
韩　国	Repulic of Korea	2830196	1331241	1498955
台　湾	Taiwan	414955	154373	260582
马来西亚	Malaysia	707626	199269	508357
印度尼西亚	Indonesia	777210	231708	545502
新加坡	Singapore	287891	176966	110925
印　度	India	659597	362791	296807
泰　国	Thailand	671922	191852	480070
非　洲	**Africa**	**1209605**	**761208**	**448397**
南　非	South Africa	273964	110050	163913
欧　洲	**Europe**	**3940447**	**2491014**	**1449433**
欧　盟	EU	2794808	2047180	747628
英　国	United Kingdom	391020	318169	72851
德　国	Germany	617794	390156	227638
法　国	France	197004	156186	40818
意大利	Italy	238228	163522	74706
荷　兰	Netherlands	366279	305332	60947
西班牙	Spain	151005	116922	34083
瑞　典	Sweden	62757	42368	20390
瑞　士	Switzerland	108976	15899	93077
俄罗斯	Russia	843285	318954	524331
比利时	Belgium	187891	126256	61635
南美州	**South America**	**2796773**	**921854**	**1874919**
阿根廷	Argentina	130178	48180	81999
巴　西	Brazil	1192667	184745	1007922
智　利	Chile	446419	88908	357511
墨西哥	Mexico	253665	162853	90812
巴拿马	Panama	91546	90901	645
北美州	**North America**	**3624948**	**2237799**	**1387149**
美　国	United States	3170398	2034726	1135672
加拿大	Canada	435015	187435	247580
大洋州	**Oceanic**	**1517403**	**324782**	**1192620**
澳大利亚	Australia	1397452	282435	1115016
新西兰	New Zealand	99691	30120	69571

注:进口国别指原产国,出口国别指最终消费国。
a)The importing country refers to country of origin and the exporting country refers to country of final consumption.

6-5 海关进出口商品分类金额(2012年)

Imports and Exports Value by Category of Commodities(2012)

单位:万美元 (10 000 USD)

商 品 类 别	Category	出 口 Export	进 口 Import
总 计	**Total**	**12873171**	**11681316**
一、活动物;动物产品	Live Animals & Animal Products	367389	273486
二、植物产品	Plant Products	437096	1232250
三、动植物油脂、蜡及分解产品;食用油	Animal and Vegetable Oils; Fats and Wax; Edible Oils and Fats	5708	178564
四、食品饮料酒醋;烟草及代用品	Food; Beverages; Liquor and Vinegar; Tobacco and Tobacco Substitutes	647877	124220
五、矿产品	Minerals	142075	3915164
六、化学工业及其相关工业产品	Chemicals and Related Products	1016005	338165
七、塑料及其制品;橡胶及其制品	Plastics and Related Products; Rubber and Related Products	1274155	1125094
八、皮及皮制品;旅行用品;动物肠线	Leather and Leather Products; Travel Articles; Animal Casing	153753	90176
九、木及软木制品、编结材料制品	Wood and Wooden Products; Plaited Products	217279	179865
十、木浆及纤维状纤维素浆;废纸纸板及制品	Paper Pulp and Cellulose Pulp; Paper and Waste Paper; Paperboard and Related Products	138121	290004
十一、纺织原料及纺织制品	Textile Materials and Products	1892286	464935
十二、鞋帽伞杖鞭及零件;羽毛人发制品	Footwear; Headgear; Umbrellas; Canes; Whips;Feather and Wigs and Related Products	247281	15108
十三、石料膏泥棉云母及制品;陶瓷玻璃	Gypsum; Cement; Asbestos; Mica; Ceramic Glass	286941	15281
十四、珍珠宝石贵金属及制品;仿首饰	Pearls and Precious Stones;Precious Metal and Related Products;Artificial Jewelry	146671	39420
十五、贱金属及制品	Base Metals and Related Products	1087526	879042
十六、机械、电气设备、电视机及音响设备	Machinery; Electric Equipment;TV Sets and Audio	2900630	1990672
十七、车辆,航空器,船舶及运输设备	Locomotives; Vehicles; Aircraft; Ship and Related Transportation Equipment	888373	117196
十八、照相计量医疗精密仪器及设备,零附件	Photographic,Measuring and Mwdical Instruments and Equipment;Related Parts and Accessories	157247	293936
十九、武器弹药及其零件、附件	Weapons and Ammunition; Related Parts and Accessories	942	3
二十、杂项制品	Miscellaneous Products	854451	34520
二十一、艺术品,收藏品及古物	Works of Art, Collectibles and Antiques	755	31
二十二、特殊交易品及未分类商品	Special Transactions Goods and Products Not Otherwise Classified	10610	84186

6-6 各市海关进口总值
Import Value by Region

单位:万美元 (10 000 USD)

地　区	Region	2000	2005	2006	2007	2008	2009	2010	2011	2012
全省总计	**Total**	**946093**	**3063763**	**3664100**	**4737424**	**6496994**	**5903848**	**8470390**	**11020382**	**11681316**
济南市	Jinan	86827	198370	194981	278277	342979	260998	338077	435313	341237
青岛市	Qingdao	526331	1360157	1564991	1741529	2102054	1755250	2316976	3173616	3241127
淄博市	Zibo	26301	111835	125152	169469	205905	177199	267156	371128	421339
枣庄市	Zaozhuang	4233	5843	5835	10134	15052	10567	16510	22341	19205
东营市	Dongying	6843	62810	75915	125093	214698	220500	524370	585887	731888
烟台市	Yantai	117324	499666	627777	985199	1438396	1446015	1830134	1865388	1944322
潍坊市	Weifang	37827	98977	132758	132381	183779	187374	305563	372440	400365
济宁市	Jining	15959	70406	84526	91929	140346	128281	216172	267509	191947
泰安市	Tai'an	6897	19984	29779	49284	58676	37051	66296	63595	93837
威海市	Weihai	67860	281329	350417	392701	435009	379524	498919	618131	646678
日照市	Rizhao	9990	122377	207675	379484	674233	694373	1116594	1693053	2141712
莱芜市	Laiwu	4615	39251	24947	43330	139664	98256	168635	245070	139196
临沂市	Linyi	13933	52039	60074	89636	135924	123114	194120	320861	398994
德州市	Dezhou	7244	18292	19524	16279	32854	48143	61408	93557	85025
聊城市	Liaocheng	5028	17787	38464	72105	139075	138370	234233	377913	374313
滨州市	Binzhou	8630	100308	112008	147743	222730	160084	253989	384626	344896
菏泽市	Heze	249	4334	9277	12852	15620	38749	61237	129954	165234

6-7 各市海关出口总值
Export Value by Region

单位:万美元 (10 000 USD)

地　区	Region	2000	2005	2006	2007	2008	2009	2010	2011	2012
全省总计	**Total**	**1552905**	**4625113**	**5864717**	**7524374**	**9317486**	**7956530**	**10424695**	**12578809**	**12873171**
济南市	Jinan	57108	177843	243949	343527	459720	304706	405065	604702	571423
青岛市	Qingdao	826891	1942323	2343252	2831005	3263130	2729865	3388997	4058082	4079090
淄博市	Zibo	49930	201683	250877	299734	363348	306267	403077	532422	531938
枣庄市	Zaozhuang	9492	31357	41570	54127	51829	48925	74567	84410	93923
东营市	Dongying	7487	85448	112083	140140	197233	175539	275753	435919	498199
烟台市	Yantai	196621	648308	879873	1409234	2064703	1983380	2547962	2669482	2835914
潍坊市	Weifang	99413	295085	385846	518137	654075	615288	869581	1036386	1096820
济宁市	Jining	21467	116360	149937	172324	186457	156771	229866	307012	319613
泰安市	Tai'an	13652	54476	68753	85241	92087	70540	92614	118548	122221
威海市	Weihai	129519	473400	601076	680216	745478	681808	891721	1074178	1065926
日照市	Rizhao	45724	132341	183819	196423	252525	162672	221080	390635	387622
莱芜市	Laiwu	16868	66029	97379	121507	136619	59144	103202	114131	73382
临沂市	Linyi	22541	127688	167805	224499	262958	218801	282591	362193	389726
德州市	Dezhou	12600	55209	63221	87909	121922	95504	133596	174642	186760
聊城市	Liaocheng	9145	46001	61079	99893	151546	83701	128938	187526	184919
滨州市	Binzhou	27958	124096	158264	188125	230108	176567	254980	284489	282876
菏泽市	Heze	6489	47465	55936	72332	83749	87050	121105	144051	152819

6-8 各市外商投资企业进口总值

Import Value of Foreign- funded Enterprises by Region

单位:万美元 (10 000 USD)

地 区	Region	2000	2005	2006	2007	2008	2009	2010	2011	2012
济南市	Jinan	20911	64166	40199	74655	64408	74057	98172	94825	85119
青岛市	Qingdao	358883	765464	830236	872496	989834	800873	946037	1083821	941800
淄博市	Zibo	18857	55656	51241	62437	64871	51379	73952	101691	88517
枣庄市	Zaozhuang	3326	4407	4098	8011	8927	7449	9145	10917	6859
东营市	Dongying	3408	5119	8333	40275	66073	107460	225175	206647	259554
烟台市	Yantai	86491	426616	546095	889106	1288380	1249108	1523651	1415388	1408391
潍坊市	Weifang	23830	56398	83177	89321	110498	91750	119937	172322	139381
济宁市	Jining	11641	63631	75733	81111	127769	115459	182080	194136	134841
泰安市	Tai'an	1860	2921	4144	4215	6216	1842	3546	5365	4938
威海市	Weihai	50478	213080	269072	291042	303899	288077	356285	367974	353942
日照市	Rizhao	5375	43823	64940	81453	159197	122795	200410	430882	462024
莱芜市	Laiwu	377	1224	919	959	1659	944	4746	2946	703
临沂市	Linyi	5939	15493	22697	41159	59334	49853	81620	123438	141203
德州市	Dezhou	3193	7078	7159	6965	9274	4952	8884	11925	11957
聊城市	Liaocheng	1371	7034	20724	41646	43436	28062	41743	63460	43793
滨州市	Binzhou	3753	24800	26102	40054	77641	70753	83601	66914	42249
菏泽市	Heze	113	1497	5581	7498	8378	16712	17199	18666	22938

6-9 各市外商投资企业出口总值

Export Value of Foreign-funded Enterprises by Region

单位:万美元 (10 000 USD)

地 区	Region	2000	2005	2006	2007	2008	2009	2010	2011	2012
济南市	Jinan	17404	41785	57178	75142	114935	97779	131488	168105	152160
青岛市	Qingdao	443829	1072594	1303468	1561191	1715079	1424379	1676534	1930536	1764622
淄博市	Zibo	18493	105493	133306	159646	187591	167562	212442	266416	261842
枣庄市	Zaozhuang	2850	6885	12715	20530	22154	15726	22546	30939	30954
东营市	Dongying	1037	7118	9269	15078	47085	33449	62815	63541	60123
烟台市	Yantai	136296	461920	648726	1117529	1715035	1709612	2170903	2171242	2077348
潍坊市	Weifang	44170	132678	173010	225212	273463	207628	301865	388930	381763
济宁市	Jining	7654	51804	65988	72877	78457	58687	81702	121998	125593
泰安市	Tai'an	6056	14106	18375	20406	24932	17665	22570	25976	23355
威海市	Weihai	77825	313405	410699	455821	472998	429674	566264	623334	607243
日照市	Rizhao	10969	57602	100713	119126	148180	80322	108232	237396	235944
莱芜市	Laiwu	763	7370	10127	11237	8153	12198	15125	14208	8037
临沂市	Linyi	10773	51720	61720	85477	113847	97240	123593	154818	157795
德州市	Dezhou	5249	14710	16122	19454	33054	29539	38784	46408	49103
聊城市	Liaocheng	2980	17416	20205	26100	38064	21737	27318	31230	21974
滨州市	Binzhou	4316	12927	21777	30056	48031	48373	61757	59168	51299
菏泽市	Heze	2131	11242	14706	19459	26549	26736	32385	38242	39775

6−10 1979−2012年利用外资情况

Statistics on Utilization of Foreign Capitals from 1979 to 2012

单位:万美元 (10 000 USD)

年份 Year	合同项目个数(个) Number of Contracted Projects	#外商直接投资 Foreign Direct Investments	合同外资金额 Total Amount of Contracted Foreign Capital	#外商直接投资 Foreign Direct Investments	实际利用外资金额 Total Amount of Foreign Capital Actually Utilized	#外商直接投资 Foreign Direct Investments
1979	49		1278		1276	
1980	46		1254		1245	
1981	40	1	1296	10	1296	10
1982	60		1348		1327	
1983	51		2010		1831	
1984	100	16	15283	10470	1642	40
1985	232	32	10994	4925	6375	559
1986	109	37	13377	5927	11743	1939
1987	151	53	30520	3890	10219	2381
1988	458	203	59553	26020	14231	3908
1989	485	240	55272	17855	31498	13132
1990	674	366	55164	23283	31123	15084
1991	1187	801	102358	65481	46789	17950
1992	4651	4109	471994	391961	137684	97335
1993	8012	7229	754863	705116	226068	184319
1994	4747	3650	624570	526217	340137	253566
1995	5035	2709	532980	462521	326698	260719
1996	2223	2175	633894	539797	339426	259041
1997	1681	1597	454145	328037	358447	250044
1998	1434	1366	367072	221866	361036	222262
1999	1745	1717	421333	311087	374464	246878
2000	2733	2728	561066	507435	381243	297119
2001	3058	3047	715880	672040	424886	362093
2002	4072	4065	1186072	1130680	652124	558603
2003	5305	5305	1989296	1341413	1125985	709371
2004	5890	5890	2144647	2028958	982105	870064
2005	6415	6415	2884398	2749510	1101441	897072
2006	4030	4030	1645089	1624175	1020966	1000069
2007		2717		1173880		1101159
2008		1527		1014959		820246
2009		1468		871045		801007
2010		1632		1363381		916833
2011		1433		1579081		1116022
2012		1333		1655717		1235267

注:2003年实际利用外资金额是全口径数据包括对外借款,合同外资个数和合同外资金额不包括对外借款部分。2004年起实行新的外商投资统计制度取消对外借款部分,外商直接投资数据为商务部反馈数。2008年实际利用外资改为实际到帐外资。

a)In 2003,data of total amount of foreign capital actually utilized are including foreign loads.And Data of projects for contracted foreign capital and total amount of contracted foreign capital are excluding foreign loads.Since 2004,foreign loads is canceled according to the new statistical lations on foreign investments.Data of foreign direct investments come from the Ministry of Commerce.In 2008 the foreign capital actually utilized is changed to the actual received foreign capital.

6-11 按主要国家(地区)分外商直接投资

Foreign Direct Investment by Countries or Regions

单位:万美元 (10 000 USD)

国家(地区)	Country(Region)	合同项目个数(个) Number of Contracted Projects (unit)		合同外商投资金额 Total Amount of Contracted Foreign Capital		实际使用外商投资金额 Total Amount of Foreign Capital Actually Utilized	
		2011	2012	2011	2012	2011	2012
总计	**Total**	**1433**	**1333**	**1579081**	**1655717**	**1116022**	**1235267**
韩国	Republic of Korea	335	320	103870	235747	85479	111452
香港	Hong Kong	501	460	1036783	844755	697777	610864
美国	United States	93	64	43314	84675	14114	45622
日本	Japan	107	113	65197	98704	52599	71954
台湾省	Taiwan	97	99	56131	60816	18914	29169
英属维尔京群岛	Virgin Islands	26	29	53934	73039	51739	83232
新加坡	Singapore	46	38	53570	70569	51894	70947
英国	United Kingkom	13	14	2029	14560	2325	8755
加拿大	Canada	31	17	10685	848	9452	6499
澳大利亚	Australia	18	20	12555	8221	8943	7968
法国	France	8	8	1389	10897	372	16980
德国	Germany	14	18	15292	9755	11499	10027
毛里求斯	Mauritius	2	4	4203	6559	5535	9492
马来西亚	Malaysia	7	8	3845	4500	2626	571
萨摩亚	Samoa	9	8	12902	-1670	5064	12246
意大利	Italy	9	6	5017	787	3175	5744
荷兰	Netherlands	6	4	18895	6417	18125	14268
开曼群岛	Cayman Islands	2	2	3358	4410	2268	2498
泰国	Thailand	3	2	5598	-158	210	17
澳门	Macao	4	5	1205	2374	452	58
瑞士	Switzerlan	3	5	12237	733	9045	4732
巴拿马	Panama		1	-36	91	2	
百慕大	Bermuda	1		-7649	5656	10757	6866
俄罗斯	Russia	5	7	-306	2345	370	341
菲律宾	Philippines	1		-42	231		896
丹麦	Denmark	3	6	-268	414	89	264
印度尼西亚	Indonesia	4	3	438	3029	748	618
奥地利	Austria		1	-320	204	798	221
西班牙	Spain	3	1	4355	-180	5193	3361
新西兰	New Zealand	7	8	2389	636	92	1041
卢森堡	Luxembourg	2	1	377	1352	1109	379
瑞典	Sweden	1	1	48	-1737	1944	3058
比利时	Belgium	2	1	181	-386	1605	28
欧洲联盟	The European Union	71	70	50193	42659	50582	65480
东南亚联盟	Southeast Asian Union	64	54	63544	78913	55670	75346

6-12 按行业分外商直接投资(2012年)

单位:万美元

行 业	Sector	项目数(个) Number of Projects(unit)		
		本年新增 Newly Added in the Year	比上年增长(%) Growth Rate (%)	2012年止累计 Accumulative number end to 2012
总 计	**Total**	**1333**	**-7.0**	**64864**
第一产业	**Primary Industry**	**71**	**7.6**	**2170**
农、林、牧、渔业	Agriculture, Forestry, Animal Husbandry and Fishing	71	7.6	2170
第二产业	**Secondary Industry**	**625**	**-13.9**	**51423**
采矿业	Mining	5	-16.7	220
制造业	Manufacturing	584	-14.7	49618
电力、燃气及水的生产和供应业	Production and Supply of Electricity, Gas and Water	23	27.8	383
建筑业	Construction	13	-23.5	1202
第三产业	**Tertiary Industry**	**637**	**-0.6**	**11271**
交通运输、仓储和邮政业	Transport, Storage and Post	27	-18.2	698
信息传输、计算机服务和软件业	Information Transmission, Computer Services and Software	35	16.7	288
批发和零售业	Wholesale and Retail Trade	344	0.3	3137
住宿和餐饮业	Hotels and Catering Services	25	-7.4	1336
金融业	Financial Intermediation	14	75.0	44
房地产业	Real Estate	37	27.6	2194
租赁和商务服务业	Leasing and Business Services	87	-6.5	2066
居民服务和其他服务业	Services to Households and Other Services	10	150.0	171
科学研究、技术服务和地质勘查业	Scientific Research, Technical Service and Geologic Prospecting	42	-23.6	430
水利、环境和公共设施管理业	Management of Water Conservancy, Environment and Public Facilities	5	-61.5	111
教 育	Education	1		86
文化、体育和娱乐业	Culture, Sports and Entertainment	8	60.0	632
卫生、社会保障和社会福利业	Health, Social Security and Social Welfare	2		77

Foreign Direct Investment by Sector(2012)

(10000 USD)

合同外资金额 Total Amount of Contracted Foreign Capital			实际使用外资金额 Total Amount of Foreign Capital Actually Utilized		
本　年 This Year	比上年增长(%) Growth Rate (%)	2012年止累计 Accumulative number end to 2012	本　年 This Year	比上年增长(%) Growth Rate (%)	2012年止累计 Accumulative number end to 2012
1655717	**4.9**	**21004739**	**1235267**	**10.7**	**12516002**
56065	**7.4**	**628655**	**38670**	**20.0**	**384396**
56065	7.4	628655	38670	20.0	384396
945982	**-1.7**	**15555251**	**749651**	**6.9**	**9531756**
1002	-87.0	121912	4393	-58.3	110386
886100	-0.8	14467898	702407	9.4	8811792
47420	9.4	684443	33626	-3.2	458792
11460	-35.1	280998	9227	-33.0	150788
653670	**15.8**	**4820877**	**446945**	**16.8**	**2599722**
85649	23.8	637220	39309	-35.9	321568
7593	-54.0	108941	4726	22.6	24568
148122	11.0	560029	114308	89.2	438319
-1915		262476	3995	52.4	18095
24356	241.3	54991	14658	114.2	59468
228639	1.7	2021984	161363	-26.8	1110567
68317	85.0	562404	32046	336.8	260690
2314	630.0	54809	1238	417.9	19423
62394	51.9	210359	64770	760.6	124217
9074	-63.5	115795	3974	-61.6	49386
16	-97.4	17179	1136	1546.4	7405
6528	32.0	178180	5423	209.0	81602
12583		33630			6233

6-13 按方式分外商直接投资

Basic Statistics on Foreign Direct Investments by Form

单位:万美元 (10 000 USD)

类　别	Category	合同项目个数(个) Number of Contracted Projects(unit)			实际外资金额 Total Amount of Foreign Capital Actually Utilized		
		2010	2011	2012	2010	2011	2012
外商直接投资	**Foreign Direct Investments**	**1632**	**1433**	**1333**	**916833**	**1116022**	**1235267**
合资经营企业	Sino-foreign Joint-ventures enterprises	392	439	366	262145	314463	273852
合作经营企业	Sino-foreign Cooperative Operation enterprises	28	19	17	17480	9975	55294
外资企业	Foreign Investment Enterprises	1208	971	949	623483	754364	881521
外商投资股份制企业	Foreign Investment Share Enterprises	4	4	1	13725	37220	24600
合作开发	Cooperative Development						
其他	Others						

6-14 各市外商直接投资

Foreign Direct Investment by Region

单位:万美元 (10 000 USD)

地　区 Region	项目数(个) Number of Projects(unit)			合同外资 Amount of Contracted Foreign Capital			实际使用外资 Amount of Foreign Capital Actually Utilized		
	2012年止累计 Accumulative number end to 2012	2011	2012	2012年止累计 Accumulative number end to 2012	2011	2012	2012年止累计 Accumulative number end to 2012	2011	2012
全省总计 Total	**64864**	**1433**	**1333**	**21004739**	**1579081**	**1655717**	**12516002**	**1116022**	**1235267**
济南市 Jinan	3633	86	84	1403342	141440	162081	858739	110002	122016
青岛市 Qingdao	23392	647	553	7131258	528798	600231	4388415	360097	460027
淄博市 Zibo	2618	32	24	751133	63247	59297	512240	44971	50025
枣庄市 Zaozhuang	880	24	24	274027	9100	22484	175089	11970	14241
东营市 Dongying	841	23	21	278448	27018	22831	191410	14036	16232
烟台市 Yantai	11438	209	288	4170373	211424	243425	2086051	133891	141037
潍坊市 Weifang	4504	69	46	1440928	127422	150508	847088	72159	76812
济宁市 Jining	1750	46	45	801638	61540	58427	478172	73306	77008
泰安市 Tai'an	1148	25	42	255875	13421	22409	145475	10019	16982
威海市 Weihai	6983	110	87	1931652	116226	90600	1164475	72708	80013
日照市 Rizhao	1099	26	14	428484	43610	44430	329817	36615	42122
莱芜市 Laiwu	484	20	19	174638	20070	21059	110293	10016	12006
临沂市 Linyi	1717	36	23	461983	34797	28019	309305	26885	23531
德州市 Dezhou	1144	28	20	350589	25861	27609	224859	19033	21093
滨州市 Binzhou	770	15	14	344485	17267	54665	231421	8001	54093
聊城市 Liaocheng	621	20	9	294025	118807	19623	218299	104274	11521
菏泽市 Heze	1003	17	20	309660	19033	28019	136124	8039	16505
省直 Provincial Subordinate	839			202344			10850		

6-15 境外投资情况
Overseas Investment

类别	Category	境外投资项目(个) Overseas Investment Projects (unit)			协议投资总额(万美元) Total of Agreement Investments (10 000 USD)					
					合计 Total			中方 Chinese Investor		
		2011	2012	2012年止累计 Accumulative number end to 2012	2011	2012	2012年止累计 Accumulative number end to 2012	2011	2012	2012年止累计 Accumulative number end to 2012
总计	**Total**	**372**	**361**	**3119**	**296066**	**443312**	**1443441**	**270922**	**366422**	**1191033**
贸易性企业	Trade Enterprises	143	132	1149	36965	55234	198457	36314	51131	183193
非贸易性企业	Non-trade Enterprises	210	209	1360	259102	388078	1239868	234609	315290	1001821
#加工贸易企业	Processing Trade Enterprises	70	84	410	80100	104023	350926	74751	91834	290777
资源开发企业	Resource Development Enter prises	55	53	268	79011	190507	454421	62730	141785	347538
常设机构	Permanent Establishment	19	20	610						

注：商务部新修订统计制度，不再统计常设机构投资金额。

a)Commerce department revised the statistical system, no statistic on the amount of permanent establishment investments.

6-16 各市境外投资情况
Overseas Investment by Region

单位:万美元 (10 000 USD)

地区	Region	2012			2012年止累计 Accumulative number end to 2012
		企业数(个) Number of Enterprises (unit)	核准中方投资额 Approved Chinese Investment	对外实际投资额 Actual amount of Overseas Investment	企业数(个) Number of Enterprises (unit)
全省总计	**Total**	**361**	**366422**	**305774**	**3119**
济南市	Jinan	42	53412	46377	493
青岛市	Qingdao	82	95760	86157	906
淄博市	Zibo	15	15725	7665	114
枣庄市	Zaozhuang	2	10055	9159	17
东营市	Dongying	14	8558	1622	101
烟台市	Yantai	33	27596	24271	267
潍坊市	Weifang	58	38288	7223	294
济宁市	Jining	30	17993	78348	138
泰安市	Tai'an	9	5720	1203	79
威海市	Weihai	27	19054	8642	201
日照市	Rizhao	11	9117	2969	106
莱芜市	Laiwu	3	3860	251	47
临沂市	Linyi	13	35846	12625	259
德州市	Dezhou	4	5923	453	29
聊城市	Liaocheng	7	4455	3608	55
滨州市	Binzhou	3	11510	10877	44
菏泽市	Heze	8	3549	726	69

6-17 按主要国别(地区)分境外投资情况

Overseas Investment by Countries or Regions

单位:万美元 (10 000 USD)

国别(地区)	Country(Region)	项目数(个) Number of Projects(unit)		协议投资总额 Agreement Investmemts		中方协议投资额 Contracted Chinese Investments	
		2012	2012年止累计 Accumulative number end to 2012	2012	2012年止累计 Accumulative number end to 2012	2012	2012年止累计 Accumulative number end to 2012
总计	**Total**	**361**	**3119**	**443312**	**1443441**	**366422**	**1191033**
亚洲小计	**Subtotal of Asia**	**180**	**1608**	**247327**	**801129**	**225741**	**682511**
阿富汗	Afghanistan		1		5		5
阿联酋	UAE	4	74	2710	10468	1327	7091
澳门	Macao		7		640		605
巴基斯坦	Pakistan	1	19	5000	13743	750	6385
朝鲜	Korea DPR	2	12	665	2267	408	1410
东帝汶	East Timor	1	3	4000	4810	3800	4290
菲律宾	Philippine	1	22	4000	11043	2160	6093
哈萨克斯坦	Kazakhstan		13		1133		968
韩国	Republic of Korea	19	243	9191	33740	5929	25888
吉尔吉斯斯坦	Kyrgyzstan		7		5482		5090
柬埔寨	Cambodia	18	57	39116	69447	38116	66162
卡塔尔	Qatar		5		3006		1633
科威特	Kuwait		1		39		39
老挝	Laos	1	11	2980	13555	2980	7202
马来西亚	Malaysia	9	33	6774	20190	4874	13203
蒙古	Mongolia	5	49	3130	24793	2179	21072
孟加拉	Bangladesh	5	17	1760	5653	1760	5424
缅甸	Myanmar	3	12	1720	4982	1720	4942
日本	Japan	21	194	3133	24369	1857	13935
沙特阿拉伯	Saudi Arabia		12		892		819
斯里兰卡	Sri Lanka	1	10	2200	4977	2200	4481
塔吉克斯坦	Tajikistan	1	3	950	2121	950	1510
中国台湾	Taiwan,China		7		9302		3153
泰国	Thailand	2	30	2953	28575	2953	25548
土库曼斯坦	Turkmenistan		5		300		290
乌兹别克斯坦	Uzbekistan		11		5195		4471
香港	Hong Kong	51	475	103984	367167	103506	342708
新加坡	Singapore	14	81	19823	41874	19823	41205
叙利亚	Syria		2		165		165
也门	Yemen	1	2	2500	2520	2500	2520
伊朗	Iran	1	14	1000	5442	490	2979
以色列	Israel		1		15		15
印度	India	2	20	200	8045	200	3888
印度尼西亚	Indonesia	9	63	3700	23637	1960	17454
约旦	Jordan	1	5	9900	11186	7425	7843
越南	Vietnam	7	67	15937	40353	15873	36573
非洲小计	**Subtotal of Africa**	**48**	**332**	**53590**	**159528**	**35504**	**117653**
阿尔及利亚	Algeria		6		168		168
埃及	Egypt		9		962		739
埃塞俄比亚	Ethiopia	1	5	800	2625	320	2105
安哥拉	Angola		8		3185		2911
贝宁	Benin		4		510		510
博茨瓦纳	Botswana		5		1201		1201

6-17 续表 1 continued

单位:万美元 (10 000 USD)

国别(地区)	Country(Region)	项目数(个) Number of Projects(unit)		协议投资总额 Agreement Investmemts		中方协议投资额 Contracted Chinese Investments	
		2012	2012年止累计 Accumulative number end to 2012	2012	2012年止累计 Accumulative number end to 2012	2012	2012年止累计 Accumulative number end to 2012
赤道几内亚	Eq.Guinea		5		734		728
多哥	Togo	1	2	10	15	10	15
厄立特里亚	Eritrea		1		150		77
佛得角	Cape Verde		1		30		30
冈比亚	Gambia		1		282		140
刚果(布)	Congo Rep	1	5	500	626	500	626
刚果(金)	Congo DR		4		42		42
几内亚	Guinea		13		6135		6129
加纳	Ghana	8	31	2572	7910	2312	7469
加蓬	Gabon		3		3654		3418
津巴布韦	Zimbabwe	2	7	16577	25474	9955	15613
喀麦隆	Cameroon		2		40		40
肯尼亚	Kenya	5	17	205	2791	205	2202
莱索托	Lesotho		1		10		10
利比里亚	Liberia		3		910		910
利比亚	Libya		1		20		20
马里	Mali	2	4	4880	5081	4880	5081
马达加斯加	Madagascar		4		511		506
毛里求斯	Mauritius		4		1061		1061
毛里塔尼亚	Mauritania	1	4	3000	3058	3000	3025
摩洛哥	Morocco		6		465		177
马拉维	Mavila		1		1250		1250
莫桑比克	Mozambique	3	12	9445	19164	2242	9137
纳米比亚	Namibia		6		556		554
南非	South Africa	3	41	1480	14614	1480	14036
南苏丹	South Sudan	1	4		600		576
尼日利亚	Nigeria	3	38	957	23551	953	14847
塞内加尔	Senegal		1				
塞拉利昂	Sierra Leone	6	7	1780	1787	1300	1302
塞舌尔	Seychelles	1	3	100	180	100	180
北苏丹	North Sudan	3	18	5970	14338	3085	10467
坦桑尼亚	Tanzania	3	17	3460	8066	3460	7970
突尼斯	Tunisia	1	3	300	428	147	215
乌干达	Uganda	2	12	1540	4341	1540	4141
赞比亚	Zambia	1	11	15	2990	15	2561
中非	Central Africa		2		15		11
欧洲小计	**Subtotal of Europe**	**38**	**462**	**20783**	**101030**	**20449**	**77263**
阿塞拜疆	Azerbaijan		1		3		3
白俄罗斯	Belorussia		1		10		10
保加利亚	Bulgaria		2		302		152
比利时	Belgium	2	11	43	365	43	332
波兰	Poland		9		63		60
德国	Germany	9	71	2538	17921	2538	9356
丹麦	Denmark		4	300	657	300	657
俄罗斯	Russia	9	177	2259	41983	2139	33628
法国	France	4	18	1384	7915	1125	5489
芬兰	Finland		1		390		390
荷兰	Netherlands	1	21	2800	5260	2800	5259
捷克	Czech		5		409		409

6-17 续表 2 continued

单位:万美元 (10 000 USD)

国别(地区)	Country(Region)	项目数(个) Number of Projects(unit)		协议投资总额 Agreement Investmemts		中方协议投资额 Contracted Chinese Investments	
		2012	2012年止累计 Accumulative number end to 2012	2012	2012年止累计 Accumulative number end to 2012	2012	2012年止累计 Accumulative number end to 2012
拉托维亚	Latvia		3		965		568
立陶宛	Lithuania		1		150		41
卢森堡	Luxembourg	1	2	2900	4773	2900	3400
罗马尼亚	Romania		21		1437		956
挪威	Norway		1		70		69
葡萄牙	Portugal		2		125		85
瑞典	Sweden	3	6	700	737	700	737
瑞士	Switzerland	3	6	410	531	410	531
斯洛伐克	Slovakia		1		300		300
塞浦路斯		1	1				
土耳其	Turkey		6		50		33
乌克兰	Ukraine	1	11	800	1672	800	1191
西班牙	Spain		8		629		433
希腊	Greece		9		1		1
匈牙利	Hungary	2	11	5392	5571	5392	5543
亚美尼亚	Armenia		1		100		50
意大利	Italy		19	139	5546	184	4865
英国	United Kingdom	2	32	1119	3097	1119	2717
拉丁美洲小计	**Subtotal of Latin America**	**20**	**147**	**14406**	**65483**	**13444**	**57515**
阿根廷	Argentina	2	12		349		224
安提瓜和巴布达	Antigua and Barbuda		1		65		33
巴巴多斯	Barbados		1		20		20
巴拉圭		1	1				
巴拿马	Panama		17		336		266
巴西	Brazil	4	26	600	12648	570	10691
玻利维亚	Bolivia	1	4		1178		1178
多米尼加		1	1				
厄瓜多尔	Ecuador	1	8	200	1691	200	1691
圭亚那	Guyana	1	5	3000	4088	2100	3152
哥伦比亚	Colombia	1	3		600		600
哥斯达黎加		1	1				
古巴	Cuba		4		106		106
秘鲁	Peru	2	10	950	12188	950	12188
开曼群岛		1	1	100	100	70	70
苏里南	Surinam		4		185		144
特立尼达和多巴哥		1	1	200	200	200	200
危地马拉	Guatemala		1		2196		2196
委内瑞拉	Venezuela		5		7356		4806
乌拉圭	Uruguay	1	2		4		4
英属维尔京群岛	British Virgin Islands	2	33	9356	20071	9354	19228
智利	Chile		6		2103		719
北美小计	**Subtotal of North America**	**48**	**430**	**26080**	**146121**	**21775**	**113466**
加拿大	Canada	8	76	9150	25191	5358	16538
美国	United States	39	345	16930	113271	16476	92486
墨西哥	Mexico	1	9		7658	-59	4442
大洋洲小计	**Subtotal of Oceanic**	**27**	**137**	**81127**	**189283**	**49508**	**142626**
澳大利亚	Australia	26	117	80177	181748	48558	135318
巴布亚新几内亚	Papua New Guinea		8		1966		1778
斐济	Fiji	1	3	950	4085	950	4085
新西兰	New Zealand		7		1380		1340
所罗门	Solomon		2		104		104

6-18 1982-2012年对外承包工程和劳务合作情况

Statistics on Contracted Projects and Labor Services Cooperation with Foreign Countries 1982 to 2012

年 份 Year	合同个数 (个) Number of Contracts (unit)	合同金额 (万美元) Contracted Value (10 000 USD)	营业额 (万美元) Turnover (10 000 USD)	年末在外人数 (人) Number of Persons outside the Country at Year-end (person)	派出人数 (人) Number of Persons Sent out(person)
1982	1	421	421		
1983	1	1286	40	408	
1984	1	451	664	783	
1985	4	645	852	1147	
1986	26	1099	876	1597	
1987	33	802	999	1239	
1988	34	502	987	865	
1989	69	1389	1000	1179	
1990	91	3377	1712	1462	
1991	123	5952	3017	2326	
1992	192	8747	3882	3571	
1993	299	20250	6959	7254	
1994	411	31882	12222	10288	
1995	672	38604	18274	16217	
1996	880	52005	28933	23355	
1997	966	57654	36315	26626	
1998	1296	73703	46508	29121	
1999	1116	67729	63615	30979	
2000	1250	61601	45229	35028	
2001	1580	104622	55913	36489	
2002	1380	134098	83133	43554	
2003	1322	124243	99213	52077	
2004	1879	146590	151568	62705	
2005	2171	164091	174518	71610	37797
2006	2513	392134	232293	83974	41369
2007	2642	540344	301928	93797	45212
2008	2880	754137	358867	90623	45269
2009	2397	932312	509083	96421	46296
2010	3075	1092504	602415	102149	47300
2011		948287	819857	108662	48836
2012		988209	898864	103736	51425

注：2011年起，商务部不再对外公布对外劳务合作合同数(下表同)。

a)The Commerce Department had no longer published data refer to Contracts of Labor Cooperation since 2011.The same applies to tables following.

6-19 对外承包工程、劳务合作和设计咨询情况

Statistics on Contracted Projects, Labour Cooperation and Design Consultation with Foreign Countries or Regions

项　　目		Item		2005	2010	2011	2012
一、合同个数	**(个)**	**Number of Contracts**	**(unit)**	**2171**	**3075**		
承包工程	(个)	Contracted Projects	(unit)	188	257	288	183
劳务合作	(个)	Labor Cooperation	(unit)	1876	2818		
设计咨询	(个)	Design Consultation	(unit)	107			
二、合同金额	**(万美元)**	**Contracted Value**	**(10 000 USD)**	**164091**	**1092504**	**948287**	**988209**
承包工程	(万美元)	Contracted Projects	(10 000 USD)	81750	1008411	869806	879954
劳务合作	(万美元)	Labor Cooperation	(10 000 USD)	74847	84093	78481	108255
设计咨询	(万美元)	Design Consultation	(10 000 USD)	7494			
三、营业额	**(万美元)**	**Turnover**	**(10 000 USD)**	**174518**	**602415**	**819857**	**898864**
承包工程	(万美元)	Contracted Projects	(10 000 USD)	111612	523767	747265	811423
劳务合作	(万美元)	Labor Cooperation	(10 000 USD)	58463	78648	72592	87441
设计咨询	(万美元)	Design Consultation	(10 000 USD)	4443			
四、年末在国外人数	**(人)**	**Number of Persons outside the Country at year end**	**(person)**	**71610**	**102149**	**108662**	**103736**
承包工程	(人)	Contracted Projects	(person)	11532	26176	26921	25302
劳务合作	(人)	Labor Cooperation	(person)	60053	75973	81741	78434
设计咨询	(人)	Design Consultation	(person)	25			
五、派出人数	**(人)**	**Number of Persons Sent out**	**(person)**	**37797**	**47300**	**48836**	**51425**
承包工程	(人)	Contracted Projects	(person)	7823	16410	18328	14882
劳务合作	(人)	Labor Cooperation	(person)	29909	30890	30508	36543
设计咨询	(人)	Design Consultation	(person)	65			

注：2009年起，“对外承包工程”数据包含了“对外设计咨询”。

a)Data on contracted projects include the data of design consultation since 2009.

6-20 旅游业情况

Tourism

类　　别	Category	2010	2011	2012
旅行社总数 (个)	Total Number of Travel Agencies (unit)	1830	1865	1951
旅行社职工人数 (人)	Number of Staff and Workers of Travel Agencies (person)	23327	22978	23585
旅游饭店总数 (个)	Total Number of Tourist Hotels (unit)	915	907	913
接待入境游客 (万人次)	Number of International Tourists Arrival to China (10 000 person-time)	366.79	424.23	469.91
外国人 (万人次)	Foreigners (10 000 person-time)	277.87	312.33	342.23
港澳台胞 (万人次)	Hong Kong, Macao and Taiwan Compatriots (10 000 person-time)	88.92	111.90	127.69
港澳同胞 (万人次)	Compatriots from Hong Kong and Macao (10 000 person-time)	48.93	62.84	71.76
台湾同胞 (万人次)	Compatriots from Taiwan (10 000 person-time)	39.99	49.06	55.93
旅行社外联入境游客 (万人)	Number of International Tourists Outreached by Travel Agencies (10 000 person)	107.97	127.92	145.46
旅行社接待入境游客 (万人)	Number of International Tourists Recepted by Travel Agencies (10 000 person)	139.56	162.08	172.21
国内旅游人数 (万人次)	Number of Domestic Tourists (10 000 person-time)	34990	41696	48739
旅游总收入 (亿元)	Total Tourism Earnings (100 million yuan)	3058.8	3736.6	4519.7
入境旅游收入 (万美元)	International Tourism Earnings (10 000 USD)	215506	255076	292365
国内旅游收入 (亿元)	Domestic Tourism Earnings (100 million yuan)	2915.8	3573.7	4335.0

6-21 1995-2012年国内旅游情况

Domestic Tourism 1995 to 2012

年份 Year	总人次 (万人次) Domestic Tourists (10 000 person-time)	总花费 (亿元) Total Expenditure (100 million yuan)	人均花费 (元) Per Capita Expenditure (yuan)
1995	4655	157.68	338.7
1996	5151	187.43	363.9
1997	5488	213.02	388.2
1998	5844	245.83	420.7
1999	6429	285.17	443.6
2000	7007	386.49	551.6
2001	8086	462.64	572.2
2002	9573	571.53	595.8
2003	8918	542.78	608.6
2004	11479	767.65	653.4
2005	14097	974.59	691.3
2006	16775	1214.82	724.2
2007	20343	1550.76	762.3
2008	24046	1908.53	793.7
2009	28882	2331.70	807.3
2010	34990	2915.80	833.3
2011	41696	3573.70	857.1
2012	48739	4335.03	889.4

6−22 按主要国家分接待外国旅游人数

Number of Foreigner Tourists by Country

单位:人 (person)

国别	Country	1995	2000	2005	2008	2009	2010	2011	2012
总计	**Total**	**304280**	**480090**	**1247842**	**2065007**	**2411857**	**2778699**	**3123264**	**3422261**
亚洲	**Asia**	**220757**	**377862**	**1030169**	**1672854**	**1937940**	**2159102**	**2294655**	**2457852**
印度	India		2762	6759	16369	18537	23932	28861	29010
印度尼西亚	Indonesia	3378	6319	6881	11004	17258	24835	29759	30022
日本	Japan	81071	132619	278170	435123	541095	566511	524594	482360
马来西亚	Malaysia	5581	10700	22534	37109	31949	40230	55282	62954
蒙古	Mongolia		851	1155	3671	6603	7064	8869	10550
菲律宾	Philippines	14015	14906	16327	21953	28344	42487	45599	40721
新加坡	Singapore	9275	16182	25509	46777	66516	70126	86383	99630
韩国	Republic of Korea	98568	183567	640056	1050839	1151567	1292880	1387535	1533199
泰国	Thailand	1781	2545	7281	10837	13449	13387	17400	18006
非洲	**Africa**		**1501**	**3819**	**7666**	**10384**	**15843**	**24621**	**26152**
欧洲	**Europe**	**36510**	**47999**	**109671**	**194240**	**240604**	**331858**	**433962**	**517852**
英国	United Kingdom	4515	6812	17295	38314	40337	62730	82692	99127
德国	Germany	8207	9065	22459	36519	44299	63694	83803	93166
法国	France	3669	6137	13794	24471	29038	40839	52925	67685
意大利	Italy	2333	3805	9004	17489	20394	24532	32443	34538
荷兰	Netherlands	1436	1750	3008	6036	6289	6376	10302	8569
瑞典	Sweden	877	1573	3162	5888	8066	8498	10970	12157
瑞士	Switzerland	843	1053	2435	7320	7860	8358	10365	10135
俄罗斯	Russia	10566	8926	19484	28583	44262	63036	86748	103432
美洲	**America**	**29012**	**40786**	**73303**	**133109**	**151538**	**191175**	**252620**	**290059**
加拿大	Canada	4900	7008	13513	25125	33044	39869	51624	56435
美国	United States	23273	31994	54510	98870	104385	133305	178310	198638
大洋洲	**Oceanic**	**3853**	**8009**	**15393**	**37107**	**48476**	**58310**	**83773**	**97920**
澳大利亚	Australia	3046	5956	10643	26887	33625	40738	56523	62649
新西兰	New Zealand	519	1183	2369	7568	11566	12588	20270	20690
其他	**Others**	**14148**	**3933**	**15487**	**20031**	**22799**	**22311**	**33982**	**32426**

6-23 各市按主要国家分接待外国旅游人数(2012年)
Number of Foreigner Tourists by Country and Region(2012)

单位:人次 (person-time)

地 区 Region	合 计 Total	#韩 国 Republic of Korea	日 本 Japan	马来西亚 Malaysia	新加坡 Singapore	菲律宾 Philippines	印 尼 Indonesia	泰 国 Thailand	印 度 India	美 国 United States
全省总计 Total	**3422261**	**1533199**	**482360**	**62954**	**99630**	**40721**	**30022**	**18006**	**29010**	**198638**
济南市 Jinan	205561	33723	30421	10233	13729	2352	2856	2809	8202	19760
青岛市 Qingdao	877774	338351	185554	10661	16308	7537	4553	2369	4428	48423
淄博市 Zibo	139484	43729	47426	6480	5147	406	4074	169	1182	6541
枣庄市 Zaozhuang	25443	5959	3422	1427	2381	307	1041	210	294	1557
东营市 Dongying	38633	6289	3107	446	3322	659	319	414	508	3666
烟台市 Yantai	416891	265445	56060	5660	7150	4910	2057	1052	3528	11199
潍坊市 Weifang	284089	133926	37363	5423	7860	3958	2203	1811	1934	16306
济宁市 Jining	241960	49587	39086	6019	16493	3731	4911	4056	3210	12051
泰安市 Tai'an	231317	67150	27587	8818	10395	1201	2429	1336	1526	43935
威海市 Weihai	428464	371375	18304	397	836	633	300	135	192	3608
日照市 Rizhao	277083	170050	4666	1416	5971	11434	1513	995	617	5829
莱芜市 Laiwu	6135	1195	1598	18	96	14	90	24	189	345
临沂市 Linyi	106502	19137	9329	1306	2802	1080	1385	1234	1609	4315
德州市 Dezhou	41375	5119	4639	2219	3462	1375	799	876	752	4146
聊城市 Liaocheng	46838	13659	9010	756	1507	707	660	229	177	11841
滨州市 Binzhou	44374	7106	4047	751	1156	105	533	71	395	4435
菏泽市 Heze	10338	1399	741	924	1015	312	299	216	267	681

6-23 续表 continued

单位:人次 (person-time)

地 区 Region	加拿大 Canada	德 国 Germany	俄罗斯 Russia	英 国 United Kingdom	法 国 France	意大利 Italy	瑞 典 Sweden	荷 兰 Netherlands	澳大利亚 Australia	新西兰 New Zealand
全省总计 Total	**56435**	**93166**	**103432**	**99127**	**67685**	**34538**	**12157**	**8569**	**62649**	**20690**
济南市 Jinan	5271	13476	5246	9120	6040	3383	1067	713	8441	1444
青岛市 Qingdao	11674	26308	26424	28384	15594	5621	3009	2647	16643	6447
淄博市 Zibo	1843	5670	991	3774	1610	1006	792	162	1335	615
枣庄市 Zaozhuang	907	410	372	1599	899	338	121	125	665	269
东营市 Dongying	1863	927	3625	1247	973	626	329	140	2422	1215
烟台市 Yantai	5697	7624	4002	6993	5594	5098	496	953	3769	830
潍坊市 Weifang	4615	6766	6769	6997	4706	3213	530	293	4358	1340
济宁市 Jining	8076	6795	5898	14375	10402	4230	2170	1303	6502	2952
泰安市 Tai'an	6457	7057	6390	8492	7385	2221	1310	842	6024	1377
威海市 Weihai	701	1007	23647	1648	799	282	95	124	616	93
日照市 Rizhao	2321	9448	12811	8320	6001	3428	224	357	3163	472
莱芜市 Laiwu	119	286	125	509	300	124	10	3	122	20
临沂市 Linyi	2443	2058	2061	2456	2129	1216	651	492	2574	1283
德州市 Dezhou	1627	1145	2727	2207	2068	1084	243	253	1850	390
聊城市 Liaocheng	402	1135	772	1657	1541	304	187	26	696	204
滨州市 Binzhou	2104	2830	1083	1010	1383	2206	854	100	3118	1637
菏泽市 Heze	315	224	489	339	261	158	69	36	351	102

6–24 接待入境游客构成
Structure of Foreigner Tourists

单位:%　　(%)

指　　标	Indicator	2008	2009	2010	2011	2012
总　计	**Total**	**100.0**	**100.0**	**100.0**	**100.0**	**100.0**
按性别分	**by Sex**	**100.0**	**100.0**	**100.0**	**100.0**	**100.0**
男	Male	70.3	69.8	67.8	68.7	69.9
女	Female	29.7	30.2	32.2	31.3	30.1
按年龄分	**by Age**	**100.0**	**100.0**	**100.0**	**100.0**	**100.0**
14岁以下	14 and under	1.2	1.6	1.6	1.5	2.2
15～24岁	15-24	9.6	9.7	9.1	9.6	10.0
25～44岁	25-44	49.5	49.6	51.5	50.3	51.6
45～64岁	45-64	33.3	32.9	31.8	32.1	29.8
65岁以上	65 and over	6.4	6.3	6.0	6.5	6.4
按来鲁目的分	**by Purpose of Coming to Shandong**	**100.0**	**100.0**	**100.0**	**100.0**	**100.0**
从事经济商务活动	Business	48.3	48.2	46.3	47.7	54.4
从事文化学术交流	Cultural and Academic Exchanges	5.7	5.7	7.7	6.3	8.2
探亲访友	Visiting relatives and Friends	4.3	4.2	4.4	4.5	6.2
旅游观光	Sightseeing	39.8	40.4	39.6	39.8	26.5
其　它	Others	2.0	1.6	2.1	1.8	3.7

6–25 各市接待入境游客人数
Number of Foreigner Tourists by Region

单位:万人次　　(10 000 person-time)

地　区　Region	2007	外国人 Foreigner	2008	外国人 Foreigner	2009	外国人 Foreigner	2010	外国人 Foreigner	2011	外国人 Foreigner	2012	外国人 Foreigner
全省总计　Total	**249.6**	**202.0**	**253.8**	**206.5**	**310.0**	**241.2**	**366.8**	**277.9**	**424.2**	**312.3**	**469.9**	**342.2**
济南市　Jinan	16.1	9.7	17.0	10.7	18.7	11.6	23.1	15.3	29.0	19.4	31.6	20.6
青岛市　Qingdao	108.0	92.4	80.1	69.8	100.1	80.1	108.1	82.7	115.6	80.7	127.0	87.8
淄博市　Zibo	6.9	5.0	9.4	7.2	12.5	8.2	17.1	11.5	20.9	13.7	23.2	13.9
枣庄市　Zaozhuang	0.8	0.5	1.0	0.6	1.3	0.8	2.6	1.7	3.2	1.8	4.1	2.5
东营市　Dongying	1.1	0.8	1.9	1.5	2.5	1.8	3.3	2.2	4.3	3.2	5.3	3.9
烟台市　Yantai	30.7	25.5	35.2	29.5	40.1	33.3	47.2	39.0	54.9	44.5	53.0	41.7
潍坊市　Weifang	7.4	5.9	13.2	10.6	17.3	13.9	22.2	18.1	28.9	23.6	34.8	28.4
济宁市　Jining	15.6	9.3	19.1	10.9	24.5	14.6	28.9	16.1	34.0	20.9	37.4	24.2
泰安市　Tai'an	14.3	7.9	19.0	12.6	24.1	15.2	29.8	18.0	35.3	20.3	40.6	23.1
威海市　Weihai	26.7	25.5	28.8	27.5	32.3	30.9	37.3	35.6	41.5	38.9	45.7	42.8
日照市　Rizhao	11.2	11.2	15.2	15.1	18.0	17.9	21.5	21.1	25.5	24.7	29.3	27.7
莱芜市　Laiwu	0.1	0.1	0.2	0.2	0.2	0.2	0.4	0.3	0.6	0.5	0.8	0.6
临沂市　Linyi	5.2	4.3	6.5	5.1	8.5	5.3	12.1	6.7	14.7	8.5	18.9	10.7
德州市　Dezhou	2.3	1.1	2.9	1.4	4.2	2.0	5.8	2.7	6.5	3.4	6.8	4.1
聊城市　Liaocheng	1.9	1.6	1.9	1.7	2.6	2.2	3.5	3.1	4.5	4.0	5.5	4.7
滨州市　Binzhou	0.9	0.8	1.7	1.7	2.4	2.4	3.0	2.9	3.7	3.6	4.6	4.4
菏泽市　Heze	0.4	0.3	0.6	0.5	0.8	0.6	0.9	0.8	1.1	0.9	1.4	1.0

6-26 各市入境旅游外汇收入
Foreign Exchange Earnings by Region

单位：万美元 (10 000 USD)

地 区	Region	2000	2005	2007	2008	2009	2010	2011	2012
全省总计	**Total**	**31513**	**78023**	**135185**	**139148**	**176530**	**215506**	**255076**	**292365**
济南市	Jinan	3152	4175	7075	8340	9318	11354	14228	16034
青岛市	Qingdao	14213	41493	67507	50045	55178	60104	68933	82459
淄博市	Zibo	407	982	1681	4472	5832	9206	11441	12801
枣庄市	Zaozhuang	39	113	247	321	419	824	976	1078
东营市	Dongying	39	77	668	1508	2214	3128	4126	5082
烟台市	Yantai	6097	13207	22950	26708	31081	37707	46816	48146
潍坊市	Weifang	657	1055	3607	7081	12254	16238	20535	25258
济宁市	Jining	947	2603	4938	6105	12103	17118	17767	18413
泰安市	Tai'an	1118	3740	6349	9518	15050	18380	21852	25745
威海市	Weihai	4203	7086	12447	13734	16083	19151	21855	25283
日照市	Rizhao	202	1908	3042	4432	8168	9795	11497	13583
莱芜市	Laiwu	15	25	130	171	209	314	463	611
临沂市	Linyi	213	648	2892	4271	5165	7717	9057	11325
德州市	Dezhou	15	446	597	898	763	1752	2105	2195
聊城市	Liaocheng	153	342	695	860	1128	1580	2118	2703
滨州市	Binzhou	14	85	258	527	763	898	1058	1345
菏泽市	Heze	29	38	102	157	199	239	249	302

6-27 入境旅游外汇收入及构成
Foreign Exchange Earnings and Its Composition

单位：万美元 (10 000 USD)

类 别	Category	2009		2010		2011		2012	
		数额 Value	比重(%) Proportion	数额 Value	比重(%) Proportion	数额 Value	比重(%) Proportion	数额 Value	比重(%) Proportion
总 计	**Total**	**176529.7**	**100.0**	**215505.8**	**100.0**	**255076.2**	**100.0**	**292365.1**	**100.0**
长途交通	Long Distance Transportation	50717.0	28.7	60772.6	28.2	72110.0	28.3	81833.0	28.0
#民 航	Civil Aviation	40937.2	23.2	48273.3	22.4	56040.2	22.0	64671.2	22.1
铁 路	Railway	1694.7	1.0	2586.1	1.2	3214.0	1.3	3713.0	1.3
汽 车	Highway	4766.3	2.7	6249.7	2.9	8468.5	3.3	8595.5	2.9
轮 船	Waterway	3301.1	1.9	3663.6	1.7	4387.3	1.7	4853.3	1.7
游 览	Visiting	20212.7	11.5	25429.7	11.8	29894.9	11.7	29499.6	10.1
住 宿	Accommodation	21748.5	12.3	26722.7	12.4	34588.3	13.6	37481.2	12.8
餐 饮	Food and Beverage	14175.3	8.0	17456.0	8.1	23237.4	9.1	31721.6	10.9
购 物	Shopping	32693.3	18.5	40084.1	18.6	46730.0	18.3	60665.7	20.8
娱 乐	Entertainment	14263.6	8.1	17671.5	8.2	20890.7	8.2	22599.8	7.7
邮电通讯	Post and Communication Services	6814.0	3.9	7973.7	3.7	9667.4	3.8	10876.0	3.7
市内交通	Local Transportation	5278.2	3.0	6680.7	3.1	5611.7	2.2	6724.4	2.3
其他服务	Other Services	10627.1	6.0	12714.8	5.9	12345.7	4.8	10963.7	3.8

6-28 各经济开发区主要经济指标(2012年)
Main Indicators of the Economic Development Areas(2012)

开发区名称	Development Area	注册企业数(个) Number of Registered Enterprises (unit)	外商投资企业 Foreign -funded Enterprises	高新技术企业 High and New-tech Enterprises	合同利用外资额(万美元) Amount of Contracted Foreign Capital (10 000 USD)	实际利用外资额(万美元) Amount of Foreign Capital Actually Utilized (10 000 USD)
国家级	**National**					
济南出口加工区	Jinan Export Processing zone	91	14	6	2633	725
青岛经济技术开发区	Qingdao Economic and Technological Development zone	18294	708	85	181000	85357
青岛出口加工区	Qingdao Export Processing zone	95	48	5	10506	5820
烟台经济技术开发区	Yantai Economic and Technological Development zone	7615	907	56	66223	41002
威海经济技术开发区	Weihai Economic and Technological Development zone	4503	267	18	6194	11010
威海出口加工区	Weihai Export Processing zone	54	40		704	1140
省 级	**Provincial**					
济南市	Jinan					
济南槐荫工业园区	Jinan Huaiyin Industry Park	559	2	8	1000	1357
济南化工产业园区	Jinan Chemical Industry Park	37	1	2		
济南临港经济开发区	Jinan Lingang Seaport Economic Development Zone	331	13	22	30394	8270
济南经济开发区	Jinan Economic Development Zone	168	13	14	10056	10027
平阴工业园区	Pingyin Industry Park	184	4	15	3000	1207
济北经济开发区	Jibei Economic Development Zone	2151	68	24	4926	6234
商河经济开发区	Shanghe Economic Development Zone	149	2	15	155	50
青岛市	Qingdao					
青岛环海经济开发区	Qingdao Seaside Economic Development Zone	969	589	2	4426	5982
即墨经济开发区	Jimo Economic Development Zone	1879	420	106	67058	36094
平度经济开发区	Pingdu Economic Development Zone	2530	206	35	21113	11396
胶南经济开发区	Jiaonan Economic Development Zone	133	6	9	317432	16105
青岛临港经济开发区	Qingdao Lingang Economic Development Zone	410	55	32	8718	4798
淄博市	Zibo					
淄川经济开发区	Zichuan Economic Development Zone	650	49	80	9000	3785
张店经济开发区	Zhangdian Economic Development Zone	109	3	10		
博山经济开发区	Boshan Economic Development Zone	879	13	35	4500	4100
临淄经济开发区	Linzi Economic Development Zone	431	10	6		
周村经济开发区	Zhoucun Economic Development Zone	556	21	12	2421	4421

6-28 续表 1 Continued

开发区名称	Development Area	注册企业数(个) Number of Registered Enterprises (unit)	外商投资企业 Foreign -funded Enterprises	高新技术企业 High and New-tech Enterprises	合同利用外资额(万美元) Amount of Contracted Foreign Capital (10 000 USD)	实际利用外资额(万美元) Amount of Foreign Capital Actually Utilized (10 000 USD)
桓台东岳氟硅材料产业园	Huantai Dongyue International Fluorine -siliconMaterial Industry Zone	23	6			
桓台经济开发区	Huantai Economic Development Zone	816	36	51		5227
高青经济开发区	Gaoqing Economic Development Zone	67	3	7	1111	426
沂源经济开发区	Yiyuan Economic Development Zone	248	7	29		
枣庄市	Zaozhuang					
枣庄经济开发区	Zaozhuang Economic Development Zone	220	14	25	2264	2388
薛城经济开发区	Xuecheng Economic Development Zone	158	6	22	17000	2480
峄城经济开发区	Yicheng Economic Development Zone	170	34	88	2950	1020
台儿庄经济开发区	Taierzhuong Economic Development Zone	191	8	29	2250	583
山亭经济开发区	Shantieng Economic Development Zone	192	17	6		593
滕州经济开发区	Tengzhou Economic Development Zone	1285	5	68	5000	4630
东营市	Dongying					
东营胜利工业园区	Dongying Shengli Industry Park	204	17	49		1100
河口经济开发区	Hekou Economic Development Zone	280	84	38	2832	2460
垦利经济开发区	Kenli Economic Development Zone	296	10	11	1949	1645
利津经济开发区	Lijin Economic Development Zone	93	1	14	1600	950
广饶经济开发区	Guangrao Economic Development Zone	351	78	121	2091	2088
烟台市	Yantai					
牟平经济开发区	Muping Economic Development Zone	547	139	10	16960	7025
龙口经济开发区	Longkou Economic Development Zone	1945	238	55	12190	8959
龙口高新产业园区	Longkou Hi-Tech Industrial Park	220	59	21	6890	2040
莱阳经济开发区	Laiyang Economic Development Zone	495	119	31	8711	2167
莱州工业园区	Laizhou Hi-Tech Industrial Park	507	14	16	1100	3081
莱州经济开发区	Laizhou Economic Development Zone	757	43	25	7903	6786
蓬莱经济开发区	Penglai Economic Development Zone	708	175	23	6746	7330
栖霞经济开发区	Qixia Economic Development Zone	1117	46	2	3365	1647
海阳经济开发区	Haiyang Economic Development Zone	535	63	35	6090	5987
潍坊市	Weifang					
潍城经济开发区	Weicheng Economic Development Zone	532	24	40	8100	619
寒亭经济开发区	Hantieng Economic Development Zone	228	40	8	3060	1800
潍坊经济开发区	Weifang Economic Development Zone	1776	177	91	11032	1170
潍坊城南工业园区	Weifang Chengnan Industry Park	342	24	11	1000	400
临朐经济开发区	Linqu Economic Development Zone	651	51		3793	2595

6-28 续表 2 Continued

开发区名称	Development Area	注 册 企业数 (个) Number of Registered Enterprises (unit)	外商投资 企 业 Foreign -funded Enterprises	高新技术 企 业 High and New-tech Enterprises	合同利用 外资额 (万美元) Amount of Contracted Foreign Capital (10 000 USD)	实际利用 外资额 (万美元) Amount of Foreign Capital Actually Utilized (10 000 USD)
昌乐经济开发区	continuedChangle Economic Development Zone	318	42	12	5100	2528
青州经济开发区	Qingzhou Economic Development Zone	688	18	28	7524	3930
诸城经济开发区	Zhucheng Economic Development Zone	824	19	18	23921	8300
寿光经济开发区	Shouguang Economic Development Zone	807	35	43	16535	15761
安丘经济开发区	Anqiu Economic Development Zone	507	89	15	6965	723
高密经济开发区	Gaomi Economic Development Zone	676	94	24	17259	8701
昌邑经济开发区	Changyi Economic Development Zone	347	15	18	9853	6181
济宁市	Jining					
济宁经济开发区	Jining Economic Development Zone	324		3		2300
任城经济开发区	Rencheng Economic Development Zone	641	25	32	4060	2005
鱼台经济开发区	Yutai Economic Development Zone	190	1	35	5240	2417
金乡经济开发区	Jinxiang Economic Development Zone	411	29	28	8050	930
嘉祥经济开发区	Jiaxang Economic Development Zone	179	29	55	1754	1754
汶上经济开发区	Wenshang Economic Development Zone	238	6	65	5000	1740
泗水经济开发区	Shishui Economic Development Zone	156	11	12	10718	1913
梁山经济开发区	Liangshan Economic Development Zone	326	29	15	9190	1508
曲阜经济开发区	Qufu Economic Development Zone	375	29	5	6240	2096
兖州经济开发区	Yanzhou Economic Development Zone	460	7	9	3990	5417
兖州工业园区	Yanahou Industry Park	244	9	9		10030
邹城经济开发区	Zoucheng Economic Development Zone	364	21	18	21180	7216
邹城工业园区	Zoucheng Industry Park	376	28	19	13730	4010
泰安市	Taian					
泰山工业园区	Taishan Industry Park	128	6	55		1900
岱岳工业园区	Daiyue Industry Park	660	7	28	1659	1659
宁阳工业园区	Ningyang Industry Park	340	5	40	5500	1103
东平工业园区	Dongping Industry Park	153	10	39	50	165
威海市	Weihai					
文登经济开发区	Wendeng Economic Development Zone	665	258	67	4722	4014
文登工业园区	Wendeng Industry Park	543	210	48	7056	4420
荣成经济开发区	Rongcheng	1240	95	40	1260	4770
荣成工业园区	Rongcheng Industry Park	100	17	4	407	407
乳山经济开发区	Rushan Economic Development Zone	793	201	28	5100	3706

6-28 续表 3 Continued

开发区名称	Development Area	注册企业数(个) Number of Registered Enterprises (unit)	外商投资企业 Foreign-funded Enterprises	高新技术企业 High and New-tech Enterprises	合同利用外资额(万美元) Amount of Contracted Foreign Capital (10 000 USD)	实际利用外资额(万美元) Amount of Foreign Capital Actually Utilized (10 000 USD)
日照市	Rizhao					
岚山经济开发区	Lanshan	1740	45	3	8429	10500
五莲工业园区	Wulian Industry Park	121	5	1		636
莱芜市	Laiwu					
莱芜工业园区	Laiwu Industry Park	319	9	12	5790	1472
莱芜钢城经济开发区	Laiwu Gangcheng Economic Development Zone	592	20	53	9858	2568
临沂市	Linyi					
临沂工业园区	Linyi Industry Park	360	20	17	7604	4296
临沂河东工业园区	Linyi Hedong Industry Park	248	11	11	820	310
沂南经济开发区	Yinan Economic Development Zone	205	18	9	2430	480
郯城经济开发区	Tancheng Economic Development Zone	107	12	8		56
沂水经济开发区	Yishui Economic Development Zone	194	7	7	14710	2134
苍山经济开发区	Changshan Economic Development Zone	342	18	5	4342	972
费县经济开发区	Feixian Economic Development Zone	415	2		913	913
平邑经济开发区	Pinyi Economic Development Zone	370	17	15	300	240
莒南经济开发区	Junan Economic Development Zone	339	18	9	4300	2105
蒙阴经济开发区	Mengyen Economic Development Zone	175	3	2	226	226
临沭经济开发区	Lienshu Economic Development Zone	393	19	7	3775	2325
德州市	Dezhou					
德州运河经济开发区	Deznou Yunhe Economic Development Zone	380	2	4	200	50
陵县经济开发区	Lingxian Economic Development Zone	332	39	12	4790	1800
宁津经济开发区	Ningjin Economic Development Zone	276	24	41	433	1385
庆云经济开发区	Qinyuen Economic Development Zone	238	34	34	260	376
临邑经济开发区	Linyi Economic Development Zone	464	11	57	2588	735
齐河经济开发区	Qihe Economic Development Zone	190	49	65		2765
平原经济开发区	Pingyuan Economic Development Zone	263	6	20	570	105
夏津经济开发区	Xiajin Economic Development Zone	225		11	1265	78
武城经济开发区	Wucheng Economic Development Zone	156	3	56	6300	1002
乐陵经济开发区	Laoling Economic Development Zone	353	13	24	10800	8727

6-28 续表 4 Continued

开发区名称	Development Area	注册企业数(个) Number of Registered Enterprises (unit)	外商投资企业 Foreign -funded Enterprises	高新技术企业 High and New-tech Enterprises	合同利用外资额(万美元) Amount of Contracted Foreign Capital (10 000 USD)	实际利用外资额(万美元) Amount of Foreign Capital Actually Utilized (10 000 USD)
聊城市	Liaocheng					
聊城嘉明经济开发区	Liaocheng Jiaming	263	5	13	13600	61
阳谷工业园区	Yangu Industry Park	151	3	32	10557	9485
莘县工业园区	Shenxian Industry Park	194	24		10000	400
东阿工业园区	Donge Industry Park	156	1	9		60
滨州市	Binzhou					
滨州经济开发区	Binzhou Economic Development Zone	933	14	4	25	416
惠民经济开发区	Huimin Economic Development Zone	189	1	3		578
阳信经济开发区	Yiangxin Economic Development Zone	112	8	8	940	932
无棣工业园区	Wudi Industry Park	1215	9	19		350
沾化经济开发区	Zhanhua Economic Development Zone	199	4	6		558
博兴经济开发区	Boxing Economic Development Zone	481	2	10	3842	3842
菏泽市	Heze					
菏泽经济开发区	Heze Economic Development Zone	596	8	25	2793	1143
菏泽牡丹工业园区	Heze Mudan Industry Park	166	14	25		10128
曹县工业园区	Caoxian Industry Park	260	30	21	7450	3040
单县工业园区	Shanxian Industry Park	298	3	20		20
成武工业园区	Chengwu Industry Park	102	7	13	5600	524
巨野工业园区	Juye Industry Park	231	3	8		469
郓城工业园区	Yuncheng Industry Park	310	5	12	300	
鄄城工业园区	Juancheng Industry Park	197	5	23		1766
定陶工业园区	Dingtao Industry Park	165	4	14		90
东明工业园区	Dongming Industry Park	220	6	12	1730	458

6-28 续表 5 continued

开发区名称	Development Area	固定资产投资额(万元) Investment in Fixed Assets (10 000 yuan)	公共财政预算收入(万元) Budgetary Revenue of Local Government (10 000 yuan)	规模以上工业总产值(万元) Gross Output of Industrial Enterprises above Designated Size (10 000 yuan)	规模以上工业主营业务收入(万元) Business Revenue of Industrial Enterprises above Designated Size (10 000 yuan)	规模以上工业利税总额(万元) Total Profits and Taxes of Industrial Enterprises above Designated Size (10 000 yuan)
国家级	**National**					
济南出口加工区	Jinan Export Processing zone	397251	4908	292876	297306	19569
青岛经济技术开发区	Qingdao Economic and Techno -logical Development zone	5437000	772606	43308517	43640091	3973393
青岛出口加工区	Qingdao Export Processing zone	160598	13360	680821	645807	52097
烟台经济技术开发区	Yantai Economic and Technological Development zone	3069966	466009	28542767	27855459	2502372
威海经济技术开发区	Weihai Economic and Technological Development zone	871305	149404	3740695	6065254	226283
威海出口加工区	Weihai Export Processing zone	66821	7475	396676	307158	
省 级	**Provincial**					
济南市	Jinan					
济南槐荫工业园区	Jinan Huaiyin Industry Park	65787	12356	392612	392738	58002
济南化工产业园区	Jinan Chemical Industry Park	7411	1093	163464	161573	2010
济南临港经济开发区	Jinan Lingang Seaport Economic Development Zone	503333	27173	242869	249864	14832
济南经济开发区	Jinan Economic Development Zone	240751	12559	891828	907875	59471
平阴工业园区	Pingyin Industry Park	425444	23947	1213831	1192596	247281
济北经济开发区	Jibei Economic Development Zone	695899	85195	2160786	2092554	338172
商河经济开发区	Shanghe Economic Development Zone	153652	16795	712524	702905	54220
青岛市	Qingdao					
青岛环海经济开发区	Qingdao Seaside Economic Development Zone	232154	40935	2204511	1353361	115621
即墨经济开发区	Jimo Economic Development Zone	1597030	110386	9827658	9262567	571004
平度经济开发区	Pingdu Economic Development Zone	1408844	91466	2666107	2677016	133220
胶南经济开发区	Jiaonan Economic Development Zone	520881	138420	4540618	4430966	487496
青岛临港经济开发区	Qingdao Lingang Economic Development Zone	214505	64820	2497300	2419700	330848
淄博市	Zibo					
淄川经济开发区	Zichuan Economic Development Zone	794363	169827	8518666	8222242	880370
张店经济开发区	Zhangdian Economic Development Zone	102800	18851	1643332	1755915	532407
博山经济开发区	Boshan Economic Development Zone	708890	35242	3071504	3031340	484657
临淄经济开发区	Linzi Economic Development Zone	336415	32008	3941425	3793401	205323
周村经济开发区	Zhoucun Economic Development Zone	984476	96927	4171870	4154396	456701

6-28 续表 6 continued

开发区名称	Development Area	固定资产投资额(万元) Investment in Fixed Assets (10 000 yuan)	公共财政预算收入(万元) Budgetary Revenue of Local Government (10 000 yuan)	规模以上工业总产值(万元) Gross Output of Industrial Enterprises above Designated Size (10 000 yuan)	规模以上工业主营业务收入(万元) Business Revenue of Industrial Enterprises above Designated Size (10 000 yuan)	规模以上工业利税总额(万元) Total Profits and Taxes of Industrial Enterprises above Designated Size (10 000 yuan)
桓台东岳氟硅材料产业园区	Huantai Dongyue International Fluorin-silicon Material Industry Zone	192387	52402	3108337	3031711	195804
桓台经济开发区	Huantai Economic Development Zone	1160332	187210	10545730	10561050	601712
高青经济开发区	Gaoqing Economic Development Zone	305400	49062	1691351	1669663	190088
沂源经济开发区	Yiyuan Economic Development Zone	424490	89078	2605030	2393190	475690
枣庄市	Zaozhuang					
枣庄经济开发区	Zaozhuang Economic Development Zone	765937	80051	3718992	3664055	287652
薛城经济开发区	Xuecheng Economic Development Zone	466293	45368	1177817	1185717	99821
峄城经济开发区	Yicheng Economic Development Zone	293733	55407	1322360	1424594	282622
台儿庄经济开发区	Taierzhuong Economic Development Zone	329785	37711	1176430	1110767	223295
山亭经济开发区	Shantieng Economic Development Zone	412300	37200	1083620	1033960	89290
滕州经济开发区	Tengzhou Economic Development Zone	2069250	319474	11084839	10839251	1177043
东营市	Dongying					
东营胜利工业园区	Dongying Shengli Industry Park	473212	124561	6731704	6725657	669090
河口经济开发区	Hekou Economic Development Zone	311916	68735	1981729	1919769	305342
垦利经济开发区	Kenli Economic Development Zone	1787738	95422	10782502	10525832	937821
利津经济开发区	Lijin Economic Development Zone	689667	34694	4590312	4241909	451037
广饶经济开发区	Guangrao Economic Development Zone	1050246	62263	12089514	11901197	1371913
烟台市	Yantai					
牟平经济开发区	Muping Economic Development Zone	928629	83425	4967958	4884312	444664
龙口经济开发区	Longkou Economic Development Zone	1730530	272770	15248590	13599770	1546260
龙口高新产业园区	Longkou Hi-Tech Industrial Park	1080725	126496	7339760	6990520	858860
莱阳经济开发区	Laiyang Economic Development Zone	983025	64269	4771210	4754457	432875
莱州工业园区	Laizhou Hi-Tech Industrial Park	727015	71293	2002513	1989870	267143
莱州经济开发区	Laizhou Economic Development Zone	2067708	182700	10303265	10295689	1041265
蓬莱经济开发区	Penglai Economic Development Zone	1226817	95906	6864634	6799194	722163
栖霞经济开发区	Qixia Economic Development Zone	503559	40200	1130749	1119708	74085
海阳经济开发区	Haiyang Economic Development Zone	820451	106262	1717522	1373311	51778
潍坊市	Weifang					
潍城经济开发区	Weicheng Economic Development Zone	1515868	137331	1707410	1719119	175479
寒亭经济开发区	Hantieng Economic Development Zone	769387	71808	2663931	2537767	198138
潍坊经济开发区	Weifang Economic Development Zone	1287924	99832	3562968	3626788	221964
潍坊城南工业园区	Weifang Chengnan Industry Park	600824	75212	1016573	961432	80352
临朐经济开发区	Linqu Economic Development Zone	1058204	45936	2695994	2441017	95098

6-28 续表 7 continued

开发区名称	Development Area	固定资产投资额(万元) Investment in Fixed Assets (10 000 yuan)	公共财政预算收入(万元) Budgetary Revenue of Local Government (10 000 yuan)	规模以上工业总产值(万元) Gross Output of Industrial Enterprises above Designated Size (10 000 yuan)	规模以上工业主营业务收入(万元) Business Revenue of Industrial Enterprises above Designated Size (10 000 yuan)	规模以上工业利税总额(万元) Total Profits and Taxes of Industrial Enterprises above Designated Size (10 000 yuan)
昌乐经济开发区	Changle Economic Development Zone	1337789	112990	5020311	5090608	366744
青州经济开发区	Qingzhou Economic Development Zone	2651960	238530	11577800	10924285	610684
诸城经济开发区	Zhucheng Economic Development Zone	2700196	369107	11759676	11465018	1056615
寿光经济开发区	Shouguang Economic Development Zone	2908282	354623	13938158	13663069	1071256
安丘经济开发区	Anqiu Economic Development Zone	1378125	92342	2672509	2708512	168572
高密经济开发区	Gaomi Economic Development Zone	2401803	245017	9001860	8900716	937261
昌邑经济开发区	Changyi Economic Development Zone	1233105	132852	6662986	6160751	533836
济宁市	Jining					
济宁经济开发区	Jining Economic Development Zone	369283	23062	264530	252029	21896
任城经济开发区	Rencheng Economic Development Zone	933700	85580	2495740	2373000	242440
鱼台经济开发区	Yutai Economic Development Zone	892430	69646	1500027	1514661	138104
金乡经济开发区	Jinxiang Economic Development Zone	702163	16285	1762843	1761081	176108
嘉祥经济开发区	Jiaxang Economic Development Zone	967356	67253	1661212	1615948	135231
汶上经济开发区	Wenshang Economic Development Zone	761112	44411	2668515	2859928	198570
泗水经济开发区	Shishui Economic Development Zone	670485	34348	1082162	1041584	110539
梁山经济开发区	Liangshan Economic Development Zone	608263	41935	1334572	1589516	137623
曲阜经济开发区	Qufu Economic Development Zone	1072980	71794	1912485	1925217	249537
兖州经济开发区	Yanzhou Economic Development Zone	680308	45173	3965137	4916854	344804
兖州工业园区	Yanahou Industry Park	1119759	68525	6344562	6275777	258500
邹城经济开发区	Zoucheng Economic Development Zone	1259465	152047	3695488	3978204	452880
邹城工业园区	Zoucheng Industry Park	1246359	155127	4691943	5142819	542167
泰安市	Taian					
泰山工业园区	Taishan Industry Park	518220	48702	1762315	1770993	177355
岱岳工业园区	Daiyue Industry Park	734652	27076	620436	618982	37220
宁阳工业园区	Ningyang Industry Park	709115	22016	2289453	2357831	224104
东平工业园区	Dongping Industry Park	1118315	67326	5017563	4958543	492102
威海市	Weihai					
文登经济开发区	Wendeng Economic Development Zone	683540	106955	10359269	10258331	688272
文登工业园区	Wendeng Industry Park	1073689	74830	3832635	3832376	421561
荣成经济开发区	Rongcheng	2192226	240910	11119129	10596013	1019473
荣成工业园区	Rongcheng Industry Park	379000	10207	2155472	2088297	136385
乳山经济开发区	Rushan Economic Development Zone	1090675	77065	2661111	2485272	332047

6-28 续表 8 continued

开发区名称	Development Area	固定资产投资额(万元) Investment in Fixed Assets (10 000 yuan)	公共财政预算收入(万元) Budgetary Revenue of Local Government (10 000 yuan)	规模以上工业总产值(万元) Gross Output of Industrial Enterprises above Designated Size (10 000 yuan)	规模以上工业主营业务收入(万元) Business Revenue of Industrial Enterprises above Designated Size (10 000 yuan)	规模以上工业利税总额(万元) Total Profits and Taxes of Industrial Enterprises above Designated Size (10 000 yuan)
日照市	Rizhao					
岚山经济开发区	Lanshan	3265456	171276	8954830	8978494	317026
五莲工业园区	Wuulian Industry Park	113514	5525	1633100	1632900	133630
莱芜市	Laiwu					
莱芜工业园区	Laiwu Industry Park	954370	23900	1707200	1673056	142210
莱芜钢城经济开发区	Laiwu Gangcheng Economic Development Zone	795012	24856	1797681	1763401	150173
临沂市	Linyi					
临沂工业园区	Linyi Industry Park	1035449	18051	2633310	2505185	300531
临沂河东工业园区	Linyi Hedong Industry Park	581300	44162	1912793	1923706	138669
沂南经济开发区	Yinan Economic Development Zone	941520	59800	3166870	3103530	217250
郯城经济开发区	Tancheng Economic Development Zone	465173	35351	2159241	2246379	230284
沂水经济开发区	Yishui Economic Development Zone	1115458	60569	4509416	4364925	300919
苍山经济开发区	Changshan Economic Development Zone	825695	43691	2112032	2068971	202194
费县经济开发区	Feixian Economic Development Zone	444271	40124	3200010	2990918	329001
平邑经济开发区	Pinyi Economic Development Zone	1135908	60213	2107826	2056840	206056
莒南经济开发区	Junan Economic Development Zone	938885	55896	3253259	3269652	239665
蒙阴经济开发区	Mengyen Economic Development Zone	803674	32625	1431488	1385072	115806
临沭经济开发区	Lienshu Economic Development Zone	458532	22524	2837527	3014492	160226
德州市	Dezhou					
德州运河经济开发区	Deznou Yunhe Economic Development Zone	304673	28211	1654969	1748424	186149
陵县经济开发区	Lingxian Economic Development Zone	750000	59430	3570000	3530000	323300
宁津经济开发区	Ningjin Economic Development Zone	931810	41965	3023006	3388790	440543
庆云经济开发区	Qinyuen Economic Development Zone	471338	31911	1985133	2065328	223182
临邑经济开发区	Linyi Economic Development Zone	890772	54766	3990352	4327749	510531
齐河经济开发区	Qihe Economic Development Zone	1180913	136000	5556000	5586186	655047
平原经济开发区	Pingyuan Economic Development Zone	913652	38392	332316	3534703	359479
夏津经济开发区	Xiajin Economic Development Zone	674294	48091	3222000	3143100	35103
武城经济开发区	Wucheng Economic Development Zone	1045289	43817	3133564	3079791	362918
乐陵经济开发区	Laoling Economic Development Zone	507581	40086	3103880	3156200	402890

6-28 续表 9 continued

开发区名称	Development Area	固定资产投资额(万元) Investment in Fixed Assets (10 000 yuan)	公共财政预算收入(万元) Budgetary Revenue of Local Government (10 000 yuan)	规模以上工业总产值(万元) Gross Output of Industrial Enterprises above Designated Size (10 000 yuan)	规模以上工业主营业务收入(万元) Business Revenue of Industrial Enterprises above Designated Size (10 000 yuan)	规模以上工业利税总额(万元) Total Profits and Taxes of Industrial Enterprises above Designated Size (10 000 yuan)
聊城市	Liaocheng					
聊城嘉明经济开发区	Liaocheng Jiaming	437684	45431	2783321	2713641	317161
阳谷工业园区	Yangu Industry Park	776960	52969	5805106	5816320	580096
莘县工业园区	Shenxian Industry Park	664848	44237	3556671	3572538	441262
东阿工业园区	Donge Industry Park	286960	31065	1877758	1865821	316661
滨州市	Binzhou					
滨州经济开发区	Binzhou Economic Development Zone	850857	66327	1734212	1709877	164807
惠民经济开发区	Huimin Economic Development Zone	881721	27135	910518	882501	85525
阳信经济开发区	Yiangxin Economic Development Zone	257146	32721	1305133	1900633	147731
无棣工业园区	Wudi Industry Park	697862	49569	1491499	1273628	113008
沾化经济开发区	Zhanhua Economic Development Zone	764759	48706	2024822	2117786	142009
博兴经济开发区	Boxing Economic Development Zone	1205429	169291	6819091	8264015	302052
菏泽市	Heze					
菏泽经济开发区	Heze Economic Development Zone	719369	140269	4532961	4325403	535538
菏泽牡丹工业园区	Heze Mudan Industry Park	414827	77132	2097151	2094806	283112
曹县工业园区	Caoxian Industry Park	163000	81720	2432405	2543244	309506
单县工业园区	Shanxian Industry Park	508327	44183	3045000	2193084	230671
成武工业园区	Chengwu Industry Park	373890	49985	1280560	1377570	266188
巨野工业园区	Juye Industry Park	629087	35653	1299992	1168350	180301
郓城工业园区	Yuncheng Industry Park	401910	77224	2091375	2181403	262760
鄄城工业园区	Juancheng Industry Park	437566	33536	1588009	1649887	196128
定陶工业园区	Dingtao Industry Park	195500	50852	952140	1100860	211164
东明工业园区	Dongming Industry Park	297914	89643	4432281	4020114	421725

6–29 各高新技术产业开发区主要经济指标(2012年)
Main Indicators of the High and New-tech Development Areas(2012)

开发区名称	Development Area	注册企业数(个) Number of Registered Enterprises (unit)	外商投资企业 Foreign -funded Enterprises	高新技术企业 High and New-tech Enterprises	合同利用外资额(万美元) Amount of Contracted Foreign Capital (10 000 USD)	实际利用外资额(万美元) Amount of Foreign Capital Actually Utilized (10 000 USD)
国家级	National					
济南	Jinan	7915	95	182	37530	22488
青岛	Qingdao	1761	109	116	15667	19303
淄博	Zibo	2979	190	106	12539	10292
潍坊	Weifang	5604	243	130	121012	41253
威海	Weihai	4680	340	52	13547	7684
省级	Provincial					
青岛市	Qingdao					
即墨	Jimo	96	29	3		
枣庄市	Zaozhuang					
枣庄	Zaozhuang	1889	36	45	35000	9555
东营市	Dongying					
东营	Dongying	1589	31	23	5010	4003
泰安市	Tai'an					
泰安	Tai'an	1130	32	31	8999	4679
新泰	Xintai	906	39	179	360	1639
莱芜市	Laiwu					
莱芜	Laiwu	1687	55	55	7830	8102
临沂市	Linyi					
临沂	Linyi	1662	52	19	3880	3210
德州市	Dezhou					
禹城	Yucheng	280	14	10	20625	2010

6–29 续表 continued

单位：万元 (10 000 yuan)

开发区名称	Development Area	固定资产投资额 Investment in Fixed Assets	公共财政预算收入 Budgetary Revenue of Local Government	规模以上工业总产值 Gross Output of Industrial Enterprises above Designated Size	规模以上工业主营业务收入 Business Revenue of Industrial Enterprises above Designated Size	规模以上工业利税总额 Total Profits and Taxes of Industrial Enterprises above Designated Size
国家级	National					
济南	Jinan	3095118	255345	16014109	171032673	36416473
青岛	Qingdao	1158956	217427	14240066	14686178	1405444
淄博	Zibo	2726466	1012115	19451023	19095102	2890122
潍坊	Weifang	2245116	615483	13500058	13670576	1703257
威海	Weihai	1311109	364815	9403951	10195415	1136144
省级	Provincial					
青岛市	Qingdao					
即墨	Jimo	104088	3016	77417	73546	11268
枣庄市	Zaozhuang					
枣庄	Zaozhuang	2045255	137979	5481837	5261531	592746
东营市	Dongying					
东营	Dongying	2120585	135523	13174948	12903338	1335221
泰安市	Tai'an					
泰安	Tai'an	534908	161486	4533611	4540038	279242
新泰	Xintai	964178	172120	3684847	3656433	552387
莱芜市	Laiwu					
莱芜	Laiwu	2513479	204828	5857866	5745595	560870
临沂市	Linyi					
临沂	Linyi	2805120	128410	7015260	6915610	646110
德州市	Dezhou					
禹城	Yucheng	1141500	89295	6348000	6148000	681700

主要统计指标解释

进出口总额 指实际进出我国国境的货物总金额。包括对外贸易实际进出口货物，来料加工装配进出口货物，国家间、联合国及国际组织无偿援助物资和赠送品，华侨、港澳台同胞和外籍华人捐赠品，租赁期满归承租人所有的租赁货物，进料加工进出口货物，边境地方贸易及边境地区小额贸易进出口货物(边民互市贸易除外)，中外合资企业、中外合作经营企业、外商独资经营企业进出口货物和公用物品，到、离岸价格在规定限额以上的进出口货样和广告品(无商业价值、无使用价值和免费提供出口的除外)，从保税仓库提取在中国境内销售的进口货物，以及其他进出口货物。该指标可以观察一个国家在对外贸易方面的总规模。我国规定出口货物按离岸价格统计，进口货物按到岸价格统计。

商品经营单位所在地进、出口额 指所在地海关注册登记的有进出口经营权的企业实际进、出口额。

商品目的地进口额和商品货源地出口额 目的地进口额指进口货物的消费、使用或最终抵运地的实际进口额；货源地出口额指出口货物的产地或原始发货地的实际出口额。

利用外资 指我国各级政府、部门、企业和其他经济组织通过对外借款、吸收外商直接投资以及用其他方式筹措的境外现汇、设备、技术等。

对外借款 指通过对外正式签订借款协议，从境外筹措的资金，包括外国政府贷款、国际金融组织贷款、外国银行商业贷款、出口信贷以及对外发行债券等。1996年及以前还包括对外发行股票。该指标是我国利用外资的重要部分。

外商直接投资 指外国企业和经济组织或个人(包括华侨、港澳台胞以及我国在境外注册的企业)按我国有关政策、法规，用现汇、实物、技术等在我国境内开办外商独资企业、与我国境内的企业或经济组织共同举办中外合资经营企业、合作经营企业或合作开发资源的投资(包括外商投资收益的再投资)，以及经政府有关部门批准的项目投资总额内企业从境外借入的资金。

外商其他投资 指除对外借款和外商直接投资以外的各种利用外资的形式。包括企业在境内外股票市场公开发行的以外币计价的股票（目前主要是在香港证券市场发行的H股和在境内证券市场发行的B股）发行价总额，国际租赁进口设备的应付款，补偿贸易中外商提供的进口设备、技术、物料的价款，加工装配贸易中外商提供的进口设备、物料的价款。

对外直接投资 指我国国内投资者以现金、实物、无形资产等方式在国外及港澳台地区设立、购买国（境）外企业，并以控制该企业的经营管理权为核心的经济活动。

对外承包工程 指各对外承包公司以招标议标承包方式承揽的下列业务：(1)承包国外工程建设项目；(2)承包我国对外经援项目；(3)承包我国驻外机构的工程建设项目；(4)承包我国境内利用外资进行建设的工程项目；(5)与外国承包公司合营或联合承包工程项目时我国公司分包部分；(6)对外承包兼营的房屋开发业务。对外承包工程的营业额是以货币表现的本期内完成的对外承包工程的工作量，包括以前年度签订的合同和本年度新签订的合同在报告期内完成的工作量。

对外劳务合作 指以收取工资的形式向业主或承包商提供技术和劳动服务的活动。我国对外承包公司在境外开办的合营企业，中国公司同时又提供劳务的，其劳务部分也纳入劳务合作统计。劳务合作营业额按报告期内向雇主提交的结算数(包括工资、加班费和奖金等)统计。

对外设计咨询 指以服务成果向业主收费的技术服务项目。包括承担地形地貌测绘，地质资源勘探与普查，建设区域规划，提供设计文件、图纸、生产工艺技术资料和工程技术经济咨询，工程项目的可行性考察、研究和评估，进行技术指导和培训人员等；也包括承担国(境)内利用外资建设工程项目中的设计咨询项目内收取外币部分。

旅游者人数

(1)入境国际旅游者人数：指来中国参观、访问、旅行、探亲、访友、休养、考察、参加会议和从事经济、科技、文化、教育、宗教等活动的外国人、华侨、港澳同胞和台湾同胞的人数。不包括外国在我国的常驻机构，如使领馆、通讯社、企业办事处的工作人员；来我国常住的外国专家、留学生以及在岸逗留不过夜人员。

(2)出境居民人数：指大陆居民因公务活动或私人事务短期出境的人数。公务活动出境居民人数包括在国际交通工具上的中国服务员工，因私出境居民人数不包括在国际交通工具上的中国服务员工。

(3)国内旅游者人数：指我国大陆居民和在我国常住1年以上的外国人、华侨、港澳台同胞离开常住地在境内其他地方的旅游设施内至少停留一夜，最长不超过6个月的人数。

国际旅游(外汇)收入 指入境旅游的外国人、华侨、港澳同胞和台湾同胞在中国大陆旅游过程中发生的一切旅游支出，其对于国家来说就是国际旅游(外汇)收入。

国际旅行社 指经营对外招徕并接待外国人、华侨、港澳同胞和台湾同胞来中国、归国或回内地旅游业务的旅行社。

国内旅行社 指负责经营招徕、组团、接待国内旅客的旅游业务，以及不对外招徕，负责经营接待国际旅行社或其它涉外部门组织的外国人、华侨、港澳同胞和台湾同胞来中国、归国或回内地的旅游业务的旅行社。

星级饭店 指已评定星级的饭店。

Explanatory Notes on Main Statistical Indicators

Total Imports and Exports at Customs refer to the real value of commodities imported into and exported from the boundary of China. They include the actual imports and exports through foreign trade, imported and exported goods under the processing and assembling trades and materials, supplies and gifts as aid given gratis between governments and by the United Nations and other international organizations, and contributions donated by overseas Chinese, compatriots in Hong Kong and Macao and Chinese with foreign citizenship, leasing commodities owned by tenant at the expiration of leasing period, the imported and exported commodities processed with imported materials, commodities trading in border areas (excluding mutual exchange goods), the imported and exported commodities and articles for public use of the Sino foreign joint ventures, cooperative enterprises and ventures exclusively with foreign own investment. Also included are import or export of samples and advertising goods for whose CIF or FOB value are beyond the permitted ceiling (excluding goods of no trading or use value and free commodities for export), imported goods sold in China from bonded warehouses and other imported or exported goods. The indicator of the total imports and exports at customs can be used to observe the total size of external trade in a country. In accordance with the stipulation of the Chinese government, imports are calculated at CIF, while exports are calculated at FOB.

Import and Export Value by Location of Foreign Trade Managing Units refers to actual value of imports and exports carried out by corporations which have been registered by the local customhouse and are vested with right to run import export business.

Import and Export Value of Commodities by Destination and Origin of goods in China: The former indicator refers to the value of import commodities of the places of their consumption, utilization or the places of their final destination. The latter indicator refers to the value of export commodities of the places of their origin or the places of the commodities dispatched.

Utilization of Foreign Capitals refers to remittance, equipment and technology financed from abroad, by loans, foreign direct investment and other forms undertaken by the Chinese governments at all levels, by various departments, enterprises and other economic units.

Foreign Borrowings refer to funds borrowed from abroad through formal signing of borrowing agreements with foreign institutions, including loans of foreign governments, loans of international financial institutions, commercial loans of foreign banks, export credit, and funds raised by Chinese bonds (and shares before 1996) issued abroad. It is an important part of China' s utilization of foreign capitals.

Foreign Direct Investment refers to the investments inside China by foreign enterprises and economic organizations or individuals (including overseas Chinese, compatriots from Hong Kong, Macao and Taiwan, and Chinese enterprises registered abroad), following the relevant policies and laws of China, for the establishment of ventures exclusively with foreign own investment, Sino oreign joint ventures and cooperative enterprises or for co perative exploration of resources with enterprises or economic organizations in China. It includes the re investment of the foreign entrepreneurs with the profits gained from the investment and the funds that enterprises borrow from abroad in the total investment of projects which are approved by the relevant department of the government.

Other Investment by Foreign Entrepreneurs refers to all forms of utilization of foreign capitals other than foreign borrowings and foreign direct investment. It includes the total value of stock shares in foreign currencies issued by enterprises at domestic or foreign stock exchanges (now mainly consisting of H shares issued at Hong Kong Security Market and B shares issued at domestic security markets), rent payable for the imported equipment through international leasing arrangement, cost of imported equipment, technology and materials provided by foreign counterparts in compensation trade and processing and assembly trade.

Overseas Direct Investment refers to enterprises set up or bought by domestic investors in foreign countries and in Hong Kong, Macao and Taiwan, and the economic activities centering on operation and management of those enterprises are under the control of domestic investors. The statistical scope covers various corporation type enterprises and non-corporation type enterprises receiving direct investment from domestic investment entities.

Contracted Projects with Foreign Countries refer to projects undertaken by Chinese contractors (project contracting companies) through bidding process. They include:(1) overseas civil engineering construction projects financed by foreign investors; (2) overseas projects financed by the Chinese government through its foreign aid programs; (3) construction projects of Chinese diplomatic missions, trade offices and other institutions stationed abroad; (4) construction projects in China financed by foreign investment; (5) sub-contracted projects to be taken by Chinese contractors through a joint umbrella project with foreign contractor(s); (6) housing development projects. The business income from international contracted projects is the work volume of contracted projects completed during the reference period, expressed in monetary terms, including completed work on projects signed in previous years.

Service Cooperation with Foreign Countries refers to

the activities of providing technology and labour services to employers or contractors in the forms of receiving salaries and wages. Labour services providing by contractual joint ventures of Chinese international contracting corporations should be included in the statistics of service co-operation with foreign countries. The business income of labour service cooperation is the income in the form of wages and salaries, overtime pay, bonuses and other remuneration received from the employers during the reference period.

Overseas Design and Consultation Service refers to projects with charges for technical services from overseas operators. It includes geographic and topographic mapping, geological resource prospecting and survey, planning of construction areas, provision of design documents, blueprints, materials on production process and techniques, as well as engineering, technical and economic consultation, and feasibility study, research and evaluation of projects. Also included under this category are the above mentioned services of foreign financed projects in China that are paid in foreign currencies.

Number of Tourists

(1) International tourists refer to foreigners, overseas Chinese, Chinese compatriots from Hong Kong, Macao and Taiwan coming to China for sight seeing, visits, tours, family reunions, vacations, study tours, conferences and other activities of a business, scientific and technological, cultural, educational and religious nature. It does not include representatives and employees of resident institutions of foreign countries in China such as embassies, consulates, news agencies and offices of foreign companies and organizations, nor does it include long-term foreign experts or students residing in China, or persons in transition without spending a night in China.

(2) Chinese residents going abroad refer to Chinese residents going abroad for short terms for either public business or private purposes. Chinese employees working on international transport carriers are included in those going abroad for public business purpose, not in those for private purpose.

(3) Domestic tourists refer to residents of the mainland of China who stay for one night at least but no more than 6 months at tourist facilities in other places than their permanent residence within the territory of the mainland China, including foreigners, overseas Chinese and Chinese compatriots from Hong Kong, Macao and Taiwan who have resided in China for over one year.

Foreign Exchange Earnings from International Tourism refer to the total expenditures of foreigners, overseas Chinese, Chinese compatriots from Hong Kong, Macao and Taiwan during their stay in the mainland of China, which are earnings of foreign exchange from international tourism from the point of view from China.

International Travel Agencies refer to travel agencies engaged in the promotion, solicitation, organization and reception of tours to the mainland of China by foreigners, overseas Chinese, Chinese compatriots from Hong Kong, Macao and Taiwan.

Domestic Travel Agencies refer to travel agencies engaged in the promotion, solicitation, organization and reception of domestic tourists, and in the reception of foreigners, overseas Chinese, Chinese compatriots from Hong Kong, Macao and Taiwan organized by international travel agencies or other departments concerned, without their own promotion and solicitation programmes.

Star Hotels refer to hotels rated with stars.

第7篇

能　源

Energy

简 要 说 明

一、本篇资料的主要内容

本篇资料反映了全省能源生产和消费状况，主要包括能源生产、消费及品种构成，能源生产和消费弹性系数，生活用能源消费量，全省各市主要发展约束性指标，以及分行业能耗情况。

二、本篇资料的来源

本篇资料主要来源于全省能源平衡表，全省主要能源统计指标公报，由省统计局能源处编制提供。

三、关于数据口径与计算的说明

1.一次能源生产量，采用规模以上工业产品产量统计数据。

2.行业分类采用现行统一的国民经济行业分类国家标准。

3.电力、热力折算成标准煤时，分别按照当量、等价两种折标系数计算。电力和热力折算标准煤的当量系数分别为1.229（吨标准煤/万千瓦时）、0.0341（吨标准煤/百万千焦）；电力和热力折算标准煤的等价系数，按平均发电、供热标准煤耗计算。

4.本篇出现的“煤碳”，包括原煤、洗精煤、其它洗煤和煤制品（即型煤），不包括焦炭。煤品包括煤碳、焦碳、焦炉煤气、高炉煤气、转炉煤气和其它焦化产品。

Brief Introduction

I. Main Content

Data in this chapter show the energy production and consumption of Shandong Province, including mainly energy production and consumption and their composition, the elasticity ratio of energy production and consumption, the consumption of energy for residential use, main binding indicators on development of Shandong, and the energy consumption grouped by sector.

II. Source of Data

Data in this chapter are mainliy based on the energy balance sheet of the whole province, the statistics communiqué of main energy indicators of Shandong . The data are provided by the Division of Energy Statistics of Shandong Statistical Bureau.

III. Notes on Coverage and Calculation of Data

(1)Data on the production of primary energy are based on output of industrial products made by enterprises above designate size.

(2) Data by industries in this chapter are based on the new National Industrial Classification of All Economic Activities.

(3) The coefficient for conversion of electric power into the standard coal equivalent is calculated on the basis of heat value equivalent. One kilowatt is equal to 0.1229 kg SCE. The coefficient for conversion of heating into the standard coal equivalent is calculated on the basis of equal caloric value. One million KJ is equal to 0.0341 ton SCE. The coefficient is calculated according to the average consumption of coal for generating electricity or heating.

(4) In this chapter,Coal includes crude coal, washing coal,other washing coal and coal products and excludes coke.Coal products includes coal, coke, coke oven gas,blast furnace gas,converter gas and other coking products.

7-1　主要年份一次能源生产总量
Primary Energy Output in Major Years

单位:万吨标煤　　(10 000 tons of SCE)

年 份 Year	能源生产总量 Total Energy Production	原 煤 Coal	原 油 Crude Oil	天燃气 Natural Gas	水电和风电 Hydro and Wind Power
1949	120.79	120.79			
1952	258.58	258.58			
1955	342.73	342.73			
1956	386.58	386.58			
1957	440.37	440.37			
1962	1041.29	1041.17	0.01		0.11
1965	1362.94	1242.89	119.81		0.24
1970	2383.80	1716.18	667.59		0.03
1975	4555.04	2036.54	2388.62	128.62	1.26
1976	5013.70	2382.91	2500.65	128.88	1.26
1977	5387.37	2727.99	2502.71	155.88	0.79
1978	5901.83	2928.71	2781.49	190.46	1.17
1979	6075.07	3170.21	2697.14	205.49	2.23
1980	5873.37	3064.71	2616.94	189.00	2.72
1981	5392.54	2950.42	2301.75	138.72	1.65
1982	5505.80	3040.71	2335.21	129.41	0.47
1983	5898.00	3132.28	2625.00	139.79	0.93
1984	6696.54	3258.96	3288.36	148.17	1.05
1985	7531.89	3516.00	3861.74	151.89	2.26
1986	8046.80	3642.79	4215.52	185.94	2.55
1987	8511.34	3798.47	4514.38	197.24	1.25
1988	8918.29	3970.94	4757.61	188.73	1.01
1989	9038.69	4067.83	4765.07	205.35	0.44
1990	9262.21	4282.54	4786.70	191.39	1.58
1991	9269.98	4282.53	4793.22	191.25	2.98
1992	9508.88	4535.86	4780.24	191.92	0.86
1993	9875.38	4519.97	5171.83	182.08	1.50
1994	10624.66	5560.85	4887.14	173.78	2.89
1995	10757.67	6305.32	4294.76	156.04	1.55
1996	10697.72	6392.56	4159.57	144.62	0.97
1997	10620.51	6496.14	4002.01	121.67	0.69
1998	10436.05	6412.17	3901.51	122.09	0.28
1999	10322.39	6425.10	3807.55	89.01	0.73
2000	9648.75	5741.96	3822.49	83.54	0.76
2001	11550.26	7634.32	3811.52	103.34	1.08
2002	13241.75	9333.02	3816.52	91.07	1.14
2003	14384.08	10476.85	3808.65	98.36	0.22
2004	14394.61	10461.78	3820.50	111.84	0.49
2005	13995.62	10021.63	3849.36	123.03	1.60
2006	14083.40	10042.24	3935.89	103.46	1.82
2007	14616.67	10526.28	3990.22	99.22	0.95
2008	14615.32	10500.62	3998.91	113.05	2.74
2009	14600.08	10424.07	4040.38	119.97	15.66
2010	16055.71	11913.14	3980.08	129.01	33.48
2011	16351.80	12255.64	3973.65	69.16	53.35
2012	17261.75	13138.83	3963.94	79.80	79.19

注：1.本表使用当量折标系数折算标准煤。2.2009年开始，一次能源包含水电和风电，1949-2008年数据不包括风电。
a)Data of standard coal equivalent is calculated on the basis of heat value equivalent.
b)Since 2009, Primary Energy included hydro and wind power. 1949-2008 data do not include wind power.

7-2 1979-2012年能源生产、能源消费弹性系数
Elasticity Ratio of Energy Production and Energy Consumption from 1979 to 2012

年 份 Year	能源生产弹性系数 Elasticity Ratio of Energy Production				能源消费弹性系数 Elasticity Ratio of Energy Consumption			
	能源生产比上年增长(%) Growth Rate of Energy Production over Preceding Year (%)	电力生产比上年增长(%) Growth Rate of Electricity Production over Preceding Year (%)	能源生产弹性系数 Elasticity Ratio of Energy Production	电力生产弹性系数 Elasticity Ratio of Electricity Production	能源消费比上年增长(%) Growth Rate of Energy Consumption over Preceding Year (%)	电力消费比上年增长(%) Growth Rate of Electricity Consumption over Preceding Year (%)	能源消费弹性系数 Elasticity Ratio of Energy Consumption	电力消费弹性系数 Elasticity Ratio of Electricity Consumption
1979	1.69	9.68	0.15	0.84		11.03		0.95
1980	-3.33	8.78		0.55	0.62	5.96	0.03	0.40
1981	-8.17	4.58		0.25	-12.23	6.13		0.33
1982	2.12	4.62	0.15	0.33	21.98	6.06	1.56	0.43
1983	7.11	7.26	0.44	0.44	-13.50	7.43		0.46
1984	13.53	8.33	0.51	0.31	7.34	12.43	0.27	0.47
1985	12.46	10.83	0.73	0.63	-12.67	8.70		0.51
1986	6.83	14.46	0.75	1.59	7.34	11.02	0.81	1.22
1987	5.79	10.62	0.29	0.52	13.68	9.68	0.68	0.48
1988	4.78	14.41	0.19	0.57	5.73	8.04	0.23	0.32
1989	1.36	10.58	0.09	0.67	4.84	7.17	0.31	0.45
1990	2.46	6.33	0.15	0.38	3.46	9.76	0.21	0.58
1991	0.52	11.20	0.03	0.57	3.05	9.75	0.15	0.49
1992	2.14	14.06	0.16	0.66	1.92	13.92	0.09	0.65
1993	-0.14	7.85		0.30	-1.07	7.77		0.29
1994	8.27	10.95	0.21	0.28	13.09	10.50	0.33	0.29
1995	6.13	9.09	0.21	0.31	10.58	9.48	0.36	0.32
1996	-2.77	7.28		0.38	3.12	7.51	0.16	0.39
1997	1.52	7.68	0.13	0.66	-0.02	7.38		0.64
1998	-1.81	-7.09			12.70	-1.19	1.10	
1999	-1.01	14.84		0.58	0.22	14.57	0.87	0.53
2000	-6.52	9.91		0.55	-9.17	10.12		0.56
2001	1.71	9.86	0.17	0.98	10.41	10.94	1.03	1.09
2002	4.68	13.19	0.40	1.14	18.06	12.42	1.56	1.07
2003	8.49	11.75	0.62	0.86	18.74	13.47	1.36	0.98
2004	0.07	17.50	0.01	1.15	21.30	17.50	1.39	1.14
2005	-2.78	16.58		1.11	20.08	16.58	1.32	1.09
2006	0.64	15.24	0.04	1.04	10.96	15.24	0.74	1.04
2007	3.79	14.23	0.27	1.00	8.66	14.26	0.61	1.00
2008	-0.01	3.89		0.32	4.48	5.04	0.37	0.42
2009	-0.10	3.95		0.33	5.73	7.85	0.48	0.66
2010	9.97	6.29	0.80	0.50	7.54	12.15	0.60	0.97
2011	1.84	2.64	0.17	0.24	6.68	10.21	0.62	0.94
2012	5.56	4.20	0.57	0.43	4.76	4.38	0.49	0.45

7-3　一次能源生产量及构成
Primary Energy Output and Composition

类　别	Category	2000	2005	2009	2010	2011	2012
能源生产总量(折标准煤)	**Total Energy Production**	**9648.75**	**13995.62**	**14600.08**	**16055.71**	**16351.80**	**17261.75**
(万吨标准煤)	**(10 000 tons of SCE)**						
构　成	Composition						
原　煤　(%)	Coal　(%)	59.51	71.61	71.40	74.20	74.95	76.12
原　油　(%)	Crude Oil　(%)	39.62	27.51	27.67	24.79	24.30	22.96
电　力　(%)	Electricity　(%)	0.01	0.01	0.11	0.21	0.33	0.46

注：本表使用当量折标系数折算标准煤。

a)Data of standard coal equivalent is calculated on the basis of heat value equivalent.

7-4　能源消费量及构成
Total Consumption and Composition of Energy

类　别	Category	2000	2005	2009	2010	2011	2012
一、一次能源消费量(万吨标准煤)	**Primary Energy Consumption**	**12513.21**	**25687.50**	**34535.66**	**36299.64**	**38507.29**	**40035.78**
(折标准煤)	**(10 000 tons of SCE)**						
构　成	Composition						
原　煤　(%)	Coal　(%)	78.76	80.76	77.13	76.17	76.47	75.21
原　油　(%)	Crude Oil　(%)	20.68	18.35	21.27	22.01	21.62	22.38
电　力　(%)	Electricity　(%)	0.01		0.05	0.09	0.14	0.20
二、终端能源消费量(万吨标准煤)	**Final Energy Consumption**	**8178.05**	**17729.40**	**23441.00**	**25480.51**	**26956.98**	**28403.60**
(折标准煤)	**(10 000 tons of SCE)**						
构　成	Composition						
煤　品　(%)	Coal　(%)	49.50	53.03	50.54	48.16	48.18	48.45
油　品　(%)	Crude Oil　(%)	30.53	24.09	22.54	21.86	23.13	22.68
电　力　(%)	Electricity　(%)	15.03	13.70	15.42	15.91	16.58	16.42
其　他　(%)	Others　(%)	4.95	9.18	11.50	14.07	12.13	12.45

注：本表使用当量折标系数折算标准煤。

a)Data of standard coal equivalent is calculated on the basis of heat value equivalent.

7-5　综合能源平衡表
Overall Energy Balance Sheet

单位：万吨标准煤　　(10 000 tons of SCE)

项　　目	Item	2010	2011	2012
可供消费的能源总量	**Total Energy for Consumption**	**34266**	**35970**	**37650**
一次能源生产量	Primary Energy Output	16181	16352	17359
回收能	Recover of Energe	561	371	561
外省(区、市)调入量	Allocation from Other Provinces	24335	26672	25189
进口量	Imports	4079	4161	5045
本省(区、市)调出量(－)	Allocation to Other Provinces(-)	10486	9298	10076
出口量(－)	Exports(-)	154	61	32
年初年末库存差额	Stock Changes in the Year	-249	-244	166
能源消费总量	**Total Energy Consumption**	**34266**	**35978**	**37650**
在总量中：	Consumption by srctor			
1.农、林、牧、渔、水利业	1.Agriculture,Forestry,Animal Husbandry,Fishery and Water Conservancy	389	399	343
2.工　业	2.Industry	26952	28072	29155
3.建筑业	3.Construction	663	716	638
4.交通运输、仓储和邮政业	4.Transport,Storage and Post	2458	2717	3024
5.批发、零售业和住宿、餐饮业	5.Wholesale and Retail Trades,Hotels and Catering Services	937	1013	1107
6.其他行业	6.Other Sectors	876	945	1071
7.生活消费	7.Household Consumption	1990	2117	2313
在总量中：	Consumption by Usage			
(一) 终端消费	(Ⅰ)End-use Consumption	25481	26955	28404
#工业	Industry	18167	19051	19908
(二) 加工转换损失量	(Ⅱ)Losses During the Process of Energy Conversion	9346	9021	9247
#炼焦	Coking	585	587	597
炼油	Petroleum Refining	914	792	865
(三) 损失量	(Ⅲ)Energy Losses			
平衡差额	**Balance**	**0**	**-8**	**0**

注：本表使用当量折标系数折算标准煤。
a)Data of standard coal equivalent is calculated on the basis of heat value equivalent.

7-6 石油平衡表
Petroleum Balance Sheet

单位：万吨　　(10 000 tons)

项　目	Item	2010	2011	2012
一、可供量	**Total Energy Available for Consumption**	**4691.5**	**5034.2**	**5178.6**
原油产量	Crude Output	2786.0	2781.5	2774.7
外省(区、市)调入量	Allocation from Other Provinces	2628.0	2032.6	3418.8
进口量	Imports	2855.0	2920.3	3550.7
本省(区、市)调出量(－)	Allocation to Other Provinces(-)	3460.5	2706.8	4575.3
出口量(－)	Exports(-)	76.0	21.2	5.0
年初年末库存差额	Stock Changes in the Year	-41.0	27.8	14.7
年初库存量	Stock of early Year	320.7	365.2	337.3
年末库存量(－)	Stock of Year end(-)	361.7	337.3	322.6
二、消费量	**Total Energy Consumption**	**4691.5**	**5039.2**	**5178.6**
在总量中：	Consumption by srctor			
1.农、林、牧、渔、水利业	1.Agriculture,Forestry,Animal Husbandry, Fishery and Water Conservancy	153.1	157.8	145.7
2.工　业	2.Industry	1761.5	1841.4	1751.9
3.建筑业	3.Construction	400.3	429.4	381.3
4.交通运输、仓储和邮政业	4.Transport,Storage and Post	1584.4	1743.7	1956.8
5.批发、零售业和住宿、餐饮业	5.Wholesale and Retail Trades,Hotels and Catering Services	91.1	97.5	110.5
6.其他行业	6.Other Sectors	122.9	147.5	156.0
7.生活消费	7.Household Consumption	578.1	621.9	676.3
在总量中：	Consumption by Usage			
1.终端消费	1.End-use Consumption	3894.1	4357.3	4486.0
#工业	Industry	964.1	1159.6	1059.4
2.加工转换损失	2.Losses During the Process of Energy Conversion	797.4	681.8	692.5
火力发电	Thermal Power	39.3	25.3	20.3
供　热	Heating	73.5	60.5	62.3
炼油损耗	Petroleum Refining	684.6	596.1	610.0
制　气	Gas Production			
3.损 失 量	3.Other Losses			
三、平衡差额	**Balance**	**0.0**	**-5.0**	**0.0**

7-7 煤炭平衡表
Coal Balance Sheet

单位：万吨 (10 000 tons)

项　目	Item	2010	2011	2012
一、可供量	**Total Energy Available for Consumption**	**37408.4**	**38920.5**	**40232.8**
原煤生产量	Raw coal output	15653.9	16113.6	17667.6
外省(区、市)调入量	Allocation from Other Provinces	27755.5	29935.5	26289.9
进口量	Imports			
本省(区、市)调出量(－)	Allocation to Other Provinces(-)	5797.6	6736.0	3770.2
出口量(–)	Exports(-)	47.5	32.8	34.8
年初年末库存差额	Stock Changes in the Year	-155.8	-359.7	80.1
年初库存量	Stock of early Year	1862.2	2011.0	2370.7
年末库存量(–)	Stock of Year end(-)	2018.0	2370.7	2290.5
二、消费量	**Total Energy Consumption**	**37408.5**	**38920.5**	**40232.8**
在总量中：	Consumption by srctor			
1.农、林、牧、渔、水利业	1.Agriculture,Forestry,Animal Husbandry, Fishery and Water Conservancy	86.9	89.0	58.0
2.工　业	2.Industry	35318.4	36753.7	37936.9
3.建筑业	3.Construction	91.6	98.6	72.6
4.交通运输、仓储和邮政业	4.Transport,Storage and Post	29.4	30.6	27.3
5.批发、零售业和住宿、餐饮业	5.Wholesale and Retail Trades,Hotels and Catering Services	825.7	869.2	948.9
6.其他行业	6.Other Sectors	585.6	584.1	723.8
7.生活消费	7.Household Consumption	470.9	495.4	465.4
在总量中：	Consumption by Usage			
1.终端消费	1.End-use Consumption	12530.5	13042.4	13822.6
#工业	Industry	10440.4	10875.5	11526.6
2.用于加工转换	2.Energy Conversion	24878.0	25878.2	26410.2
火力发电	Thermal Power	14295.2	14543.5	15398.7
供　热	Heating	3875.2	4307.3	4589.9
洗煤损耗	Losses in Coal Washing and Dressing	1669.0	1313.5	894.3
炼　焦	Coking	4985.4	5653.7	5693.1
制　气	Gas Production	58.1	58.1	52.7
型煤加工损耗	Losses in briquette Processing	-5.0	2.2	218.4
3. 损失量	3.Other Losses			
三、平衡差额	**Balance**	**0.0**	**0.0**	**0.0**

7-8 电力平衡表
Electricity Balance Sheet

单位：亿千瓦小时 (100 million kwh)

项 目	Item	2010	2011	2012
一、可供量	**Total Energy Available for Consumption**	**3298.4**	**3634.8**	**3794.6**
生产量	Output	3090.8	3172.4	3305.8
火力发电	Hydropower	3063.6	3129.0	3241.4
水力发电、核发电、其它发电	Hydro,Nuclear and other Power	27.2	43.4	64.4
外省(区、市)调入量	Allocation from Other Provinces	207.6	462.8	488.7
进口量	Imports			
本省(区、市)调出量(-)	Allocation to Other Provinces(-)		0.4	
出 口 量(-)	Exports(-)			
二、消费量	**Total Energy Consumption**	**3298.5**	**3635.3**	**3794.6**
在总量中：	Consumption by srctor			
1.农、林、牧、渔、水利业	1.Agriculture,Forestry,Animal Husbandry, Fishery and Water Conservancy	84.6	85.4	73.5
2.工 业	2.Industry	2555.7	2812.0	2899.7
3.建筑业	3.Construction	27.2	32.3	34.4
4.交通运输、仓储和邮政业	4.Transport,Storage and Post	44.7	57.8	65.9
5.批发、零售业和住宿、餐饮业	5.Wholesale and Retail Trades,Hotels and Catering Services	69.1	90.5	110.5
6.其他行业	6.Other Sectors	149.2	169.0	197.3
7.生活消费	7.Household Consumption	368.0	388.2	413.2
在总量中：	Consumption by Usage			
1. 终端消费	1.End-use Consumption	3298.5	3635.3	3794.6
#工业	Industry	2555.7	2812.0	2899.7
2. 输配电损失量	2.Losses in Transmission			
三、平衡差额	**Balance**		**-0.4**	**0.0**

7–9 按行业分能耗消费量(2012年)
Consumption of Energy by Sector(2012)

单位：万吨标准煤 (10 000 tons of SCE)

行业	Sector	消费量 Total Consumption	比上年增长(%) Growth Rate (%)
消费总计	**Total Consumption**	**38899.3**	**4.8**
农、林、牧、渔业	**Agriculture,Forestry,Animal Husbandry,Fishery**	**508.8**	**-14.2**
工业	**Gross Industrial Enterprises**	**28383.5**	**3.8**
采矿业	**Mining**	2227.0	8.5
煤炭开采和洗选业	Mining and Washing of Coal	1605.8	21.0
石油和天然气开采业	Extraction of Petroleum and Natural Gas	416.0	3.9
黑色金属矿采选业	Mining and Dressing of Ferrous Metal Ores	74.1	-62.3
有色金属矿采选业	Mining and Dressing of Nonferrous Metals Ores	68.8	4.7
非金属矿采选业	Mining and Dressing of Nonmetal Ores	60.0	-3.4
开采辅助活动	Mining Support Activities	2.3	
其他采矿业	Mining and Dressing of Other Ores	0.03	82.0
制造业	**Manufacture**	**24729.4**	**3.9**
农副食品加工业	Processing of Farm and Sideline Food	936.0	5.8
食品制造业	Manufacture of Food	467.3	4.4
酒、饮料和精制茶制造业	Manufacture of Wine, Drinks and Refined Tea	128.9	7.3
烟草制品业	Tobacco Products	9.7	3.3
纺织业	Textile Industry	1148.1	-6.1
纺织服装、服饰业	Manufacture of Textile Wearing Apparel and Finery	156.3	44.6
皮革、毛皮、羽毛及其制品和制鞋业	Manufacture of Leather, Fur, Feather & Its Products and Footwear	67.8	11.8
木材加工及木、竹、藤、棕、草制品业	Timber Processing, Bamboo, Cane, Palm Fiber & Straw Products	211.3	15.5
家具制造业	Manufacture of Furniture	54.2	2.7
造纸及纸制品业	Papermaking and Paper Products	974.0	1.4
印刷和记录媒介复制业	Printing, Reproduction of Recording Media	35.3	10.0
文教、工美、体育和娱乐用品制造业	Manufacture of Culture, Education,Arts and crafts,Sport and Entertainment Goods	95.6	140.5
石油加工、炼焦和核燃料加工业	Petroleum Refining, Coking and Nuclear Fuel Processing	2559.1	-0.3
化学原料和化学制品制造业	Manufacture of Raw Chemical Materials and Chemica Products	4842.7	6.1
医药制造业	Manufacture of Medicines	393.8	11.0
化学纤维制造业	Manufacture of Chemical Fibers	108.5	3.6
橡胶和塑料制品业	Manufacture of Rubber and Plastic	597.0	12.1
非金属矿物制品业	Nonmetal Mineral Products	2911.2	3.8
黑色金属冶炼及压延加工业	Smelting and Pressing of Ferrous Metals	5531.4	8.8
有色金属冶炼及压延加工业	Smelting and Pressing of Nonferrous Metals	1449.4	5.5
金属制品业	Manufacture of Metal Products	464.7	105.3
通用设备制造业	Manufacture of General Purpose Machinery	410.5	-48.0
专用设备制造业	Manufacture of Special Purpose Machinery	242.3	-0.2
汽车制造业	Manufacture of Automotive	297.4	-6.3
铁路、船舶、航空航天和其他运输设备制造业	Manufacture of Railroad,Marine,Aerospace and Other Transportation Equipment	85.1	-6.3
电气机械及器材制造业	Manufacture of Electrical Machinery & Equipment	379.6	-5.1
计算机、通信和其他电子设备制造业	Manufacture of Computer, Communications and Other Electronic Equipment	131.0	-9.5
仪器仪表制造业	Manufacture of Measuring Instrument	**25.8**	-1.0
其他制造业	Other Manufacture	7.5	-87.2
废弃资源综合利用业	Comprehensive Utilization of Waste Repair Industry	5.6	2.7
金属制品、机械和设备修理业	Metal Products, Machinery and Equipment	2.2	
电力、燃气及水的生产和供应业	**Production and Supply of Electric Power, Gas and Water**	**1427.2**	**-4.1**
电力、热力生产和供应业	Production and Supply of Electric Power and Heating Power	1351.3	-6.3
燃气生产和供应业	Production and Supply of Gas	45.5	186.1
水的生产和供应业	Production and Supply of Tap Water	30.3	-0.3
建筑业	**Construction**	**715.6**	**-9.4**
交通运输、仓储和邮政业	**Transport, Storage and Postal Services**	**3172.8**	**11.4**
批发、零售业和住宿、餐饮业	**Wholesale and Retail Trades,Hotels and Catering Services**	**1356.1**	**11.2**
其他行业	**Others**	**1516.1**	**14.0**
生活消费	**Household Consumption**	**3246.3**	**8.2**

注：本表数据使用等价折标系数折算标准煤。
a)Data of standard coal equivalent are calculated on the basis of the consumed heat value equivalent.

7-10 平均每天各种能源消费量

Average Daily Energy Consumption by Type of Energy

类　别	Category	2000	2005	2009	2010	2011	2012
合　计（吨标准煤）	**Total (tons of SCE)**	**311668**	**662885**	**882903**	**938790**	**985711**	**1031512**
煤　炭（吨）	Coal (ton)	337560	713870	953292	1022682	1066316	1102268
焦　炭（吨）	Coke (ton)	12254	54591	80070	84043	90816	96056
原　油（吨）	Crude Oil (ton)	49616	90421	140901	153244	159627	171822
燃料油（吨）	Fuel Oil (ton)	8603	9025	10382	35254	40181	46444
汽　油（吨）	Gasoline (ton)	7373	15942	21669	21984	22093	22235
煤　油（吨）	Kerosene (ton)	235	602	970	1058	1078	2112
柴　油（吨）	Diesel Oil (ton)	17653	29817	36877	39675	45597	49708
液化石油气（吨）	Liquefied Petroleum (ton)	2762	4730	5313	6485	6856	7928
电　力（万千瓦时）	Electricity (10 000 kwh)	27407	54161	80577	90369	99596	103960

注：1.本表使用当量折标系数折算标准煤。2.2010年起，燃料油消费量含炼油再投入量，2000-2009年燃料油消费量不含此项。
a)Data of standard coal equivalent is calculated on the basis of heat value equivalent.
b)Since 2010,data on consumption of fuel oil include those for refining oil,but data of 2000-2009 no including.

7-11 平均每人年生活用能源

Annual Per Captita Energy Consumption for Non-Production Purpose

类　别	Category	2000	2005	2009	2010	2011	2012
合　计（千克标准煤）	**Total (Kg of SCE)**	**71.87**	**133.66**	**190.61**	**208.86**	**219.65**	**239.44**
煤　炭（千克）	Coal (kg)	22.43	36.36	42.97	49.41	51.40	48.17
汽　油（千克）	Gasoline (kg)	12.32	20.84	30.31	33.79	36.15	39.99
液化石油汽（千克）	Liquefied Petroleum (kg)	6.84	10.02	13.38	13.96	14.82	15.76
电　力（千瓦小时）	Electricity (kwh)	136.06	227.92	340.95	386.16	402.80	427.73

注：本表使用当量折标系数折算标准煤。
a)Data of standard coal equivalent is calculated on the basis of heat value equivalent.

7-12 分品种生活能源年消费总量

Annual Energy Consumption for Non-Production Purpose by Category

类　别	Category	2000	2005	2009	2010	2011	2012
合　计（万吨标准煤）	**Total (10 000 tons of SCE)**	**646.60**	**1231.48**	**1805.10**	**1990.25**	**2116.80**	**2313.21**
煤　炭　（万吨）	Coal (10 000 tons)	262.00	335.00	406.91	470.86	495.40	465.40
汽　油　（万吨）	Gasoline (10 000 tons)	131.00	192.00	287.00	322.00	348.34	386.34
液化石油汽　（万吨）	Liquefied Petroleum (10 000 tons)	57.20	92.30	126.70	133.04	142.83	152.23
电　力　（亿千瓦小时）	Electricity (100 million kwh)	122.41	210.00	322.88	367.97	388.19	413.24

注：本表使用当量折标系数折算标准煤。
a)Data of standard coal equivalent is calculated on the basis of heat value equivalent.

7-13 各市万元GDP能耗

Energy Consumption per 10 000-yuan GDP by Region

单位：吨标准煤/万元 (ton SCE/10 000 yuan)

地　区 Region	2005	2009		2010		2011		2012	
	指标值 Indicator	指标值 Indicator	比2008年上升或下降(±%) Increased or Decreased Compared with 2008	指标值 Indicator	比2009年上升或下降(±%) Increased or Decreased Compared with 2009	指标值 Indicator	比2010年上升或下降(±%) Increased or Decreased Compared with 2009	指标值 Indicator	比2011年上升或下降(±%) Increased or Decreased Compared with 2009
全省总计 Total	**1.32**	**1.07**	**-5.46**	**1.02**	**-4.39**	**0.86**	**-3.77**	**0.82**	**-4.55**
济南市 Jinan	1.28	1.04	-5.40	1.00	-4.21	0.91	-3.78	0.87	-4.68
青岛市 Qingdao	0.99	0.80	-5.19	0.77	-3.84	0.71	-3.93	0.68	-4.15
淄博市 Zibo	2.10	1.68	-5.93	1.62	-4.15	1.57	-3.96	1.49	-5.29
枣庄市 Zaozhuang	2.10	1.68	-5.84	1.61	-4.03	1.35	-3.76	1.28	-5.18
东营市 Dongying	0.95	0.78	-5.47	0.74	-4.26	0.76	-3.82	0.73	-4.21
烟台市 Yantai	0.95	0.77	-5.23	0.74	-4.06	0.69	-3.85	0.67	-4.05
潍坊市 Weifang	1.40	1.13	-6.11	1.08	-4.68	1.02	-3.80	0.97	-4.75
济宁市 Jining	1.71	1.37	-5.58	1.31	-4.38	0.91	-3.76	0.87	-4.80
泰安市 Tai'an	1.50	1.20	-6.03	1.15	-4.10	0.96	-3.95	0.92	-4.43
威海市 Weihai	1.04	0.85	-5.82	0.81	-4.20	0.79	-3.79	0.75	-4.11
日照市 Rizhao	1.84	2.40	32.72	2.32	-3.47	1.84	-3.71	1.76	-4.01
莱芜市 Laiwu	4.68	3.70	-6.41	3.51	-5.06	2.90	-3.74	2.77	-4.77
临沂市 Linyi	1.38	1.11	-5.48	1.06	-4.41	1.01	-3.77	0.97	-4.23
德州市 Dezhou	1.56	1.25	-5.63	1.20	-4.57	1.00	-3.73	0.96	-4.12
聊城市 Liaocheng	1.79	1.45	-6.05	1.38	-4.82	1.08	-3.75	1.03	-4.37
滨州市 Binzhou	1.54	1.26	-5.56	1.20	-4.16	1.05	-3.78	1.00	-4.56
菏泽市 Heze	1.62	1.32	-5.37	1.26	-3.93	1.07	-3.73	1.02	-4.69

注：本表使用等价折标系数折算标准煤。2011年起，地区生产总值按2010年价格计算。
a)Data of standard coal equivalent is calculated on the basis of equivalent value.Gross regional product is at 2010 constant prices since 2011.

7-14　各市规模以上工业万元增加值能耗

Energy Consumption per 10 000-yuan Value Added of Industrial Enterprises above the Designated Size by Region

单位：吨标准煤/万元　　(ton SCE/10 000 yuan)

地　区　Region	2005	2009		2010		2011		2012	
	指标值 Indicator	指标值 Indicator	比2008年上升或下降(±%) Increased or Decreased Compared with 2008	指标值 Indicator	比2009年上升或下降(±%) Increased or Decreased Compared with 2009	指标值 Indicator	比2010年上升或下降(±%) Increased or Decreased Compared with 2010	指标值 Indicator	比2011年上升或下降(±%) Increased or Decreased Compared with 2010
全省总计　Total	**2.15**	**1.54**	**-9.20**	**1.40**	**-9.11**	**1.26**	**-7.67**	**1.15**	**-8.23**
济南市　Jinan	2.06	1.50	-7.45	1.40	-6.83	1.15	-4.48	1.06	-7.90
青岛市　Qingdao	1.38	1.00	-7.41	0.95	-5.11	0.90	-5.13	0.82	-8.48
淄博市　Zibo	3.33	2.34	-9.43	2.12	-9.24	1.93	-7.90	1.76	-9.25
枣庄市　Zaozhuang	3.59	2.51	-9.33	2.35	-6.25	2.04	-7.56	1.86	-9.06
东营市　Dongying	1.36	1.03	-7.27	0.97	-5.91	1.03	-6.90	0.95	-7.62
烟台市　Yantai	1.47	1.11	-7.62	1.04	-5.82	0.90	-6.60	0.82	-8.07
潍坊市　Weifang	2.45	1.73	-9.64	1.57	-9.34	1.46	-6.10	1.36	-7.10
济宁市　Jining	2.94	2.08	-9.28	1.87	-9.88	1.67	-8.33	1.52	-8.67
泰安市　Tai'an	2.84	1.97	-9.56	1.79	-9.32	1.59	-5.19	1.48	-7.18
威海市　Weihai	1.51	1.13	-7.26	1.06	-6.06	1.00	-6.06	0.92	-7.66
日照市　Rizhao	3.24	4.33	42.57	4.02	-7.15	2.91	-7.40	2.70	-7.47
莱芜市　Laiwu	6.79	4.77	-9.75	4.30	-9.85	3.90	-8.13	3.56	-8.83
临沂市　Linyi	2.79	1.97	-7.59	1.83	-7.46	1.69	-7.45	1.55	-8.47
德州市　Dezhou	2.91	2.06	-8.68	1.89	-8.36	1.65	-8.00	1.52	-7.78
聊城市　Liaocheng	3.25	2.35	-9.24	2.14	-9.14	1.97	-7.86	1.80	-8.78
滨州市　Binzhou	2.77	2.07	-7.87	1.95	-6.14	1.72	-8.10	1.56	-9.10
菏泽市　Heze	2.70	1.96	-7.69	1.86	-5.40	1.75	-7.94	1.59	-8.86

注：本表使用当量折标系数折算标准煤。2011年起，工业增加值按2010年价格计算。

a)Data of standard coal equivalent is calculated on the basis of heat value equivalent.Industrial value-added is at 2010 constant prices since 2011.

7-15　各市万元GDP电耗

Electricity Consumption per 10 000-yuan GDP by Region

单位：千瓦时/万元　　(kwh/10 000 yuan)

地　区　Region	2005	2009		2010		2011		2012	
	指标值 Indicator	指标值 Indicator	比2008年上升或下降(±%) Increased or Decreased Compared with 2008	指标值 Indicator	比2009年上升或下降(±%) Increased or Decreased Compared with 2009	指标值 Indicator	比2010年上升或下降(±%) Increased or Decreased Compared with 2010	指标值 Indicator	比2011年上升或下降(±%) Increased or Decreased Compared with 2010
全省总计　Total	**1073.45**	**972.49**	**-3.86**	**969.58**	**-0.30**	**837.23**	**-0.58**	**796.28**	**-4.89**
济南市　Jinan	828.09	694.57	-4.18	693.69	-0.13	593.35	-5.31	535.53	-9.74
青岛市　Qingdao	721.20	570.56	-7.54	570.53	-0.01	495.44	-4.18	454.98	-8.17
淄博市　Zibo	1646.69	1165.42	-10.22	1126.67	-3.33	1026.56	-5.65	923.33	-10.06
枣庄市　Zaozhuang	1113.46	854.00	-8.27	837.62	-1.92	780.48	-0.97	733.05	-6.08
东营市　Dongying	786.37	726.07	-4.44	695.18	-4.25	695.85	1.02	653.50	-6.09
烟台市　Yantai	800.50	740.01	-5.07	730.40	-1.30	673.95	-0.48	656.33	-2.61
潍坊市　Weifang	1139.41	1045.74	-3.32	1034.21	-1.10	967.21	1.39	952.34	-1.54
济宁市　Jining	1099.43	972.90	-4.24	920.85	-5.35	891.29	1.63	832.90	-6.55
泰安市　Tai'an	944.19	803.17	-10.24	797.55	-0.70	649.42	-3.23	599.81	-7.64
威海市　Weihai	540.86	438.05	-5.21	445.05	1.60	436.18	-1.65	414.06	-5.07
日照市　Rizhao	1047.87	1427.13	8.05	1423.57	-0.25	1219.84	0.34	1199.33	-1.68
莱芜市　Laiwu	2401.48	1846.63	-4.13	1911.39	3.51	1839.70	1.69	1667.79	-9.34
临沂市　Linyi	1168.51	1052.67	4.42	1044.53	-0.77	1017.38	1.32	1017.53	0.01
德州市　Dezhou	1209.13	1007.70	-2.55	1000.50	-0.71	940.71	-0.08	917.89	-2.43
聊城市　Liaocheng	1490.68	1708.91	-6.65	1676.84	-1.88	1349.21	-4.59	1269.42	-5.91
滨州市　Binzhou	1148.72	1230.62	-2.56	1220.52	-0.82	1040.84	-0.91	1014.60	-2.52
菏泽市　Heze	997.69	1010.98	0.85	1007.65	-0.33	905.19	-0.15	878.44	-2.95

注：2011年起，地区生产总值按2010年价格计算。

a)Gross regional product is at 2010 constant prices since 2011.

7-16 各市电力消费量
Electricity Consumption by Region

单位:亿千瓦时 (100 million kwh)

地 区	Region	全社会用电量 Electricity Consumption			工业用电 Industrial Electricity Consumption			城乡居民生活用电 Household Electricity Consumption		
		2010	2011	2012	2010	2011	2012	2010	2011	2012
全省总计	**Total**	**3298.46**	**3635.26**	**3794.55**	**2555.72**	**2812.02**	**2899.69**	**367.97**	**388.19**	**413.24**
济南市	Jinan	245.03	256.57	253.57	157.32	161.91	148.86	40.70	40.71	44.42
青岛市	Qingdao	292.97	313.44	318.36	187.70	203.42	199.99	49.50	50.13	51.64
淄博市	Zibo	311.90	329.53	327.52	269.82	286.00	283.93	21.83	22.27	21.68
枣庄市	Zaozhuang	101.75	117.84	120.41	80.88	92.92	91.33	10.42	11.63	13.49
东营市	Dongying	162.56	185.09	194.86	146.06	166.70	175.77	7.60	7.91	7.49
烟台市	Yantai	295.15	329.39	353.81	234.42	263.84	280.36	29.35	30.28	31.69
潍坊市	Weifang	294.86	331.77	361.30	222.30	249.84	273.28	35.05	37.83	39.57
济宁市	Jining	223.01	251.04	260.29	176.63	197.04	198.81	23.12	25.13	29.70
泰安市	Tai'an	137.68	148.54	151.86	105.61	115.88	114.70	16.90	16.54	19.05
威海市	Weihai	86.24	93.93	97.52	58.26	64.58	66.82	12.69	12.23	12.52
日照市	Rizhao	124.62	140.13	153.98	105.78	118.15	128.66	8.29	9.49	10.81
莱芜市	Laiwu	97.87	111.15	99.57	90.45	102.64	89.85	3.52	3.92	4.51
临沂市	Linyi	234.42	273.49	305.70	181.34	211.77	232.83	29.73	31.70	36.43
德州市	Dezhou	149.58	174.16	190.50	107.91	127.02	145.87	19.91	22.63	20.50
聊城市	Liaocheng	229.43	245.71	260.54	188.20	200.30	210.76	21.15	21.18	22.21
滨州市	Binzhou	162.97	180.84	195.24	137.24	150.89	163.71	11.91	13.27	14.50
菏泽市	Heze	100.74	126.59	138.82	58.15	73.10	84.45	26.30	31.34	32.03

注：本表数据由山东省电力集团公司提供。

a)Data in this table are provided by shandong Electric Power Corporation.

主要统计指标解释

能源生产总量　指一定时期内，一个地区一次能源生产量的总和。该指标是观察一个地区能源生产水平、规模、构成和发展速度的总量指标。一次能源生产量包括原煤、原油、天然气、水电、核能及其他动力能(如风能、地热能等)发电量，不包括低热值燃料生产量、生物质能、太阳能等的利用和由一次能源加工转换而成的二次能源产量。

能源消费总量　指一定时期内，一个地区物质生产部门、非物质生产部门和生活消费的各种能源的总和。该指标是观察能源消费水平、构成和增长速度的总量指标。能源消费总量包括原煤和原油及其制品、天然气、电力，不包括低热值燃料、生物质能和太阳能等的利用。能源消费总量分为终端能源消费量、能源加工转换损失量和能源损失量三部分。

(1)终端能源消费量：指一定时期内，一个地区生产和生活消费的各种能源在扣除了用于加工转换二次能源消费量和损失量以后的数量。

(2)能源加工转换损失量：指一定时期内，一个地区投入加工转换的各种能源数量之和与产出各种能源产品之和的差额。该指标是观察能源在加工转换过程中损失量变化的指标。

(3)能源损失量：指一定时期内，能源在输送、分配、储存过程中发生的损失和由客观原因造成的各种损失量，不包括各种气体能源放空、放散量。

能源生产弹性系数　是研究能源生产增长速度与国民经济增长速度之间关系的指标。计算公式：

$$\text{能源生产弹性系数}=\frac{\text{能源生产总量年平均增长速度}}{\text{国民经济年平均增长速度}}$$

国民经济年平均增长速度，可根据不同的目的或需要，用国民生产总值、国内生产总值等指标来计算，本年鉴是采用国内生产总值指标计算的。

电力生产弹性系数　是研究电力生产增长速度与国民经济增长速度之间关系的指标。一般来说，电力的发展应当快于国民经济的发展，也就是说电力应超前发展。计算公式为：

$$\text{电力生产弹性系数}=\frac{\text{电力生产量年平均增长速度}}{\text{国民经济年平均增长速度}}$$

能源消费弹性系数　反映能源消费增长速度与国民经济增长速度之间比例关系的指标。计算公式为：

$$\text{能源消费弹性系数}=\frac{\text{能源消费量年平均增长速度}}{\text{国民经济年平均增长速度}}$$

电力消费弹性系数　反映电力消费增长速度与国民经济增长速度之间比例关系的指标。计算公式为：

$$\text{电力消费弹性系数}=\frac{\text{电力消费量年平均增长速度}}{\text{国民经济年平均增长速度}}$$

能源加工转换效率　指一定时期内，能源经过加工、转换后，产出的各种能源产品的数量与同期内投入加工转换的各种能源数量的比率。该指标是观察能源加工转换装置和生产工艺先进与落后、管理水平高低等的重要指标。计算公式为：

$$\text{能源加工转换效率}=\frac{\text{能源加工转换产出量}}{\text{能源加工转换投入量}}\times 100\%$$

单位国内生产总值能耗　指一定时期内，一个国家或地区每生产一个单位的国内生产总值所消耗的能源。计算公式为：

$$\text{单位国内生产总值能耗}=\frac{\text{能源消费总量}}{\text{国内生产总值}}$$

单位国内生产总值电耗　指一定时期内，一个国家或地区每生产一个单位的国内生产总值所消耗的电力。计算公式为：

$$\text{单位国内生产总值电耗}=\frac{\text{全社会用电量}}{\text{国内生产总值}}$$

单位工业增加值能耗　指一定时期内，一个国家或地区每生产一个单位的工业增加值所消耗的能源。计算公式为：

$$\text{单位工业增加值能耗}=\frac{\text{工业能源消费量}}{\text{工业增加值}}$$

Explanatory Notes on Main Statistical Indicators

Total Energy Production refers to the total production of primary energy by all energy producing enterprises in the region in a given period of time. It is a comprehensive indicator to show the capacity, scale, composition and development of energy production of the country. The production of primary energy includes that of coal, crude oil, natural gas, hydro power and electricity generated by nuclear energy and other means such as wind power and geothermal power. However, it excludes the production of fuels of low calorific value, bio energy, solar energy and the secondary energy converted from the primary energy.

Total Domestic Energy Consumption refers to the total consumption of energy of various kinds by material production sectors, non material production sectors and households in the country in a given period of time. It is a comprehensive indicator to show the scale, composition and development of energy consumption. The total energy consumption includes that of coal, crude oil and their products, natural gas and electricity, However, it excludes the consumption of fuel of low calorific value, bio energy and solar energy. Total domestic energy consumption can be divided into three parts: final energy consumption, loss during the process of energy conversion, and energy loss.

(1)Final Energy Consumption: It refers to the total energy consumption by material production sectors, non material production sectors and households in the region in a given period of time, but excludes the consumption in conversion of the primary energy into the secondary energy and the loss in the process of energy conversion.

(2)Loss During the Process of Energy Conversion: It refers to the total input of various kinds of energy for conversion, minus the total output of various kinds of energy in the region in a given period of time. It is an indicator to show the loss that occurs during the process of energy conversion.

(3)Energy Loss: It refers to the total of the loss of energy during the course of energy transport, distribution and storage and the loss caused by any objective reason in a given period of time. The loss of various kinds of gas due to gas discharges and stocktaking is excluded.

Elasticity Ratio of Energy Production is an indicator to show the relationship between the growth rate of energy production and the growth rate of the national economy. The formula is:

$$\text{Elasticity Ratio of Energy Production} = \frac{\text{Average Annual Growth Rate of Energy Production}}{\text{Average Annual Growth Rate of National Economy}}$$

The average annual growth rate of the national economy can be shown by the gross national product, gross domestic product and other indicators, depending upon the purposes or needs. The gross domestic product is used in calculation of the ratio in this chapter.

Elasticity Ratio of Electricity Production is an indicator to show the relationship between the growth rate of electricity production and the growth rate of the national economy. Generally speaking, the growth rate of electricity production should be higher than that of the national economy.

Its formula is:

$$\text{Elasticity Ratio of Electricity Production} = \frac{\text{Average Annual Growth Rate of Electricity Production}}{\text{Average Annual Growth Rate of National Economy}}$$

Elasticity Ratio of Energy Consumption is an indicator to show the relationship between the growth rate of energy consumption and the growth rate of the national economy. The formula is:

$$\text{Elasticity Ratio of Energy Consumption} = \frac{\text{Average Annual Growth Rate of Energy Consumption}}{\text{Average Annual Growth Rate of National Economy}}$$

Elasticity Ratio of Electricity Consumption is an indicator to show the relationship between the growth rate of electricity consumption and the growth rate of the national economy. The formula is:

$$\text{Elasticity Ratio of Electricity Consumption} = \frac{\text{Average Annual Growth Rate of Electricity Consumption}}{\text{Average Annual Growth Rate of National Economy}}$$

Efficiency of Energy Processing and Conversion refers to the ratio of the total output of energy products of various kinds after processing and conversion and the total input of energy of various kinds for processing and conversion in the same reference period. It is an important indicator to show the current conditions of energy processing and conversion equipment, production technique and management. The formula is:

$$\text{Efficiency of Energy Processing \& Conversion} = \frac{\text{Output of Energy After Processing \& Conversion}}{\text{Input of Energy for Processing \& Conversion}} \times 100\%$$

Energy Consumption per Unit of GDP refers to the energy consumption per unit of gross domestic production in a country or the gross region production in a region in the same reference period. The formula is:

$$\text{Energy Consumption per Unit of GDP} = \frac{\text{Total Energy Consumption}}{\text{Gross Domestic Product}}$$

Electricity Consumption per Unit of GDP refers to the electricity consumption per unit of gross domestic production in a country or the gross region production in a region in the same reference period. The formula is:

$$\text{Electricity Consumption per Unit of GDP} = \frac{\text{Total Electricity Consumption}}{\text{Gross Domestic Product}}$$

Energy Consumption per Unit of Industrial added Value refers to the energy consumption per unit of industrial value added in a country or region in the same reference peroid. The formula is:

$$\text{Energy Consumption per Unit of Industrial added Value} = \frac{\text{Total Energy Consumption}}{\text{Industrial added Value}}$$

第
8
篇

财政和金融

Government Finance and Banking

简 要 说 明

一、本篇资料的主要内容

本篇资料反映了全省财政收支、金融和保险、证券方面的情况，主要包括财政收入、财政支出、金融机构存贷款、现金收支、保险机构、保险业务开展和山东省辖区证券市场等方面的资料。

二、本篇资料的来源

1.财政部分的资料来源于省财政厅。根据财政部2007年《财政收支分类科目》，财政支出科目变动较大，与往年不可比。

2.金融方面的资料来源于中国人民银行济南分行。

3.保险方面的资料来源于中国保监会山东监管局。

4.证券方面的资料来源于中国证监会山东监管局。

5.本篇资料由省统计局综合处整理。

Brief Introduction

I. Main Content

Data in this chapter show the conditions of local government budgetary finance, banking and insurance,and securities, including government revenue and expenditure, credit funds, cash income and expenses, statistics on insurance companies and basic stituation of securities markets in Shandong province.

II. Source of Data

(1) Data on local government finance are provided by Shandong Provincial Department of Finance. Because of reform of Government Revenue and Expenditure Classification Items issued by the Ministry of Finance of China in 2007,data on items cannot be compared with those of preceding years.

(2) Data on banking are provided by Jinan Branch of the People's Bank of China.

(3)Data on insurance are provided by China Insurance Regulatory Commission of Shandong Bureau.

(4)Data on securities are provided by China Securities Regulatory Commission of Shandong Bureau.

(5)Data in this chapter are prepared and compiled by the Division of Comprehensive Statistics of Shandong Provincial Bureau of Statistics.

8-1　主要年份公共财政预算收入
Total Local Government Budgetary Revenue in Major Years

单位：万元　　　　(10 000 yuan)

年　份 Year	公共财政预算收入 Total Revenue	税收收入 Tax Revenue	增值税 Value Added Tax	营业税 Business Tax	企业所得税 Enterprise Income Tax	个人所得税 Individual Income Tax	城市维护建设税 Tax on City Maintenance and Construction	房产税 Tax on Real Estates	印花税 Stamp Tax
1950	44253	35209							
1952	76284	62545							
1955	89333	79914							
1957	107262	92112							
1962	125506	96577							
1965	164766	100184							
1970	309438	167361							
1975	459668	233132							
1976	496749	270119							
1977	559590	313898							
1978	641286	327465							
1979	569948	322814							
1980	481097	335362							
1981	511850	368177	471			3			
1982	492888	416477	3001			5			
1983	504050	428911	12980			8			
1984	536022	484039	21457	13611		15			
1985	675316	638230	45950	101566		216	30811		
1986	621535	567351	86294	131137		498	37058	440	
1987	727901	652813	108184	159799		515	41417	10663	
1988	826814	825681	192216	216442		371	51037	11012	362
1989	1009416	973118	223717	274118		452	59324	14781	7451
1990	1091082	1058745	241241	291283	84831	687	63936	19110	5754
1991	1285184	1145170	264599	315116	89766	744	71381	26116	5994
1992	1393225	1287334	312552	367710	76817	980	77163	27263	6175
1993	1943978	1908554	545599	458562	85753	1566	90282	32420	6515
1994	1346611	1264642	363371	311355	163942	22983	117238	38577	7115
1995	1790025	1635139	416401	405456	256396	55930	140782	49773	9273
1996	2416742	2156333	518976	515829	365781	89493	172075	61064	10053
1997	3044232	2648693	617844	622148	484919	126801	202164	80812	13373
1998	3523912	3019024	701402	752239	468054	46780	131149	226211	107540
1999	4044829	3429430	782176	789669	631666	187585	238123	134879	19983
2000	4636788	3929022	896895	876638	818659	247492	276205	155591	22440
2001	5731793	4883422	1002918	926921	1491110	369925	290458	165321	26963
2002	6102242	4950266	1112319	1176414	783934	310934	307978	209770	37256
2003	7137877	5582820	1260824	1447077	664382	260262	444019	244706	46613
2004	8283306	6274331	1160390	1764502	860624	319637	549266	267768	62914
2005	10731250	8264612	1930040	2177928	1108282	388938	659514	327950	92515
2006	13562526	10357905	2428345	2717252	1482753	458361	784298	387000	123031
2007	16753980	13083516	2907862	3397121	1985020	568145	924642	443522	159005
2008	19570541	15335324	3337763	3960900	2299728	611251	1041367	472576	203026
2009	21986324	17203455	3244846	4706109	2203040	646665	1090776	578637	238728
2010	27493842	21498997	3782348	6315107	2933058	810098	1307440	646535	337443
2011	34559267	26031329	4138174	7657247	3985551	965805	1796032	740189	411070
2012	40594301	30502010	4381207	8966409	4416434	951065	1988839	1008346	465851

注：本表中1994年以来的财政收入及分组均系新口径数，与历史资料不可比。

a)Data from 1994 are based on new grouping method,so they cannot compare with other data.

8-2 1950-2006年地方财政支出

Total Local Government Budgetary Expenditure from 1950 to 2006

单位:万元 (10 000 yuan)

年份 Year	地方财政支出 Expenditure of Local Government	#基本建设 Expenditure for Capital Construction	#城市维护费 Expenditure on City Maintenance	#支援农业支出 Expenditure for Agriculture	#文教科学卫生事业费 Expenditure for Culture, Education, Science and Health	#行政管理费 Expenditure for Government Administration
1950	10281	556	79	266		4704
1951	15965	3221	490	364		7357
1952	31886	8860	245	735		8332
1953	32272	5719	263	433		9548
1954	33657	6505	245	1447		9381
1955	31143	4023	209	1954		9868
1956	47155	13244	107	3484		12695
1957	49164	10522	201	4770		11790
1958	120740	75087	67	4468		12461
1959	158857	78459	22	16116		14162
1960	239314	98855	82	23717		14571
1961	135988	19073	69	27392		13612
1962	63594	6560	334	9526		11753
1963	79714	10271	1018	12029		13054
1964	89615	17557	1535	12620		13212
1965	95407	18711	1807	10048		13144
1966	104100	24115	1690	10425		13691
1967	102007	33442	1669	9728		12064
1968	88752	31016	1719	7476		12264
1969	113952	49590	1756	7683		12669
1970	142528	70447	1805	8389		14245
1971	159105	67943	1743	11247		17779
1972	188907	82551	1621	15603		19336
1973	194872	66635	2419	21980		18541
1974	191061	56996	2005	24284		18435
1975	212560	52389	2194	26906		21241
1976	214205	48383	2579	29119		22899
1977	226136	48648	2610	32399		24449
1978	319044	83503	3750	40221		26553
1979	316239	69982	9535	41812	77298	31908
1980	300736	46680	9484	38422	90951	39017
1981	255341	32150	13144	28754	94093	39200
1982	294482	32395	17044	37525	110039	45512
1983	324119	39875	18184	38058	122536	52391
1984	389763	51801	22063	39512	144038	69508
1985	512953	55562	39340	42453	174126	70091
1986	679384	63375	47595	49892	208135	79655
1987	752168	48880	48156	57550	219751	83423
1988	940725	59630	63024	78301	278458	114421
1989	1136714	55472	75062	102293	324427	98493
1990	1238530	78060	76532	111848	354574	107220
1991	1320610	73926	80209	116383	390775	121071
1992	1456988	85542	89276	141474	457972	158948
1993	1883646	115922	104912	163489	536522	208572
1994	2187683	100904	121656	176277	721820	269520
1995	2758656	179597	163339	224793	832336	315337
1996	3589836	248334	226014	276556	1032168	402325
1997	4233342	239629	281070	367611	1182892	456970
1998	4878175	318452	367382	377198	1325393	501269
1999	5500034	325120	351390	402651	1453237	544497
2000	6130774	295068	388802	411914	1677928	622058
2001	7537781	409608	485770	478933	1936046	743144
2002	8606484	440415	547982	557939	2290732	900217
2003	10106395	636760	685165	618116	2553316	1123337
2004	11893716	600330	885953	731073	3091148	1312928
2005	14662271	704835	1179667	895847	3751654	1629489
2006	18334400	821963	1470287	1083756	4542846	1929519

8-3 1979-2006年财政支出中用于文、教、科、卫的支出

Expense on Culture,Education,Science and Health from 1979 to 2006

单位:万元 (10 000 yuan)

年 份 Year	合 计 Total	文体广播事业费 Operating Expenses for Culture,Sports and Broadcast	教育事业费 Operating Expenses for Education	科学事业费 Operating Expenses for Science	卫生经费 Operating Expenses for Health	科技三项经费 Science and Technology Promotion Funds
1979	80348	9219	43077	4141	20098	3813
1980	93350	9974	53296	4060	23290	2730
1981	95577	9791	54453	4094	24965	2274
1982	111630	11702	62804	4335	29737	3052
1983	125430	14353	67656	5040	33667	4714
1984	145710	18779	77533	6738	37382	5278
1985	175562	22631	97565	6513	44117	4736
1986	209611	29869	114757	8056	50910	6019
1987	225197	30555	125465	7053	56678	5446
1988	284003	39108	161889	10205	67256	5545
1989	333489	43029	187894	10535	82969	9062
1990	363035	48165	202060	11646	92703	8461
1991	401036	54145	225118	12757	98755	10261
1992	470129	61127	271681	14629	110310	12382
1993	568801	70133	337052	16678	129131	15807
1994	738553	84780	464330	22340	150028	17075
1995	856648	112065	523754	22551	173966	24312
1996	1066333	124463	670721	27256	209728	34165
1997	1229252	154418	753374	34974	240126	46360
1998	1388027	150517	886208	35703	252965	62634
1999	1532952	159272	999902	35491	258572	79715
2000	1770387	175745	1181042	38543	282598	92459
2001	2051303	206502	1377529	45428	306587	115257
2002	2427593	274203	1627761	53056	335712	136861
2003	2693986	307350	1791484	58375	396107	140670
2004	3091148	366895	2048284	65970	452199	157800
2005	3751654	449415	2487484	76471	544085	194199
2006	4542846	519674	2922839	90544	733206	276583

8-4 公共财政预算收入

Total Local Government Budgetary Revenue

单位:万元 (10 000 yuan)

类　　别	Category	2011	2012
公共财政预算收入	**Local Government Budgetary Revenue**	**34559267**	**40594301**
一、税收收入	**Tax Revenue**	**26031329**	**30502010**
增值税	Value-added Tax	4138174	4381207
营业税	Business Tax	7657247	8966409
企业所得税	Enterprise Income Tax	3985551	4416434
个人所得税	Personal Income Tax	965805	951065
资源税	Resource Tax	383606	911081
固定资产投资方向调节税	Tax Raised from Adjustment of Real-estate Investment		1949
城市维护建设税	Tax on City Maintenance and Construction	1796032	1988839
房产税	Tax on Real Estates	740189	1008346
印花税	Stamp Tax	411070	465851
城镇土地使用税	Holding tax on urban and county land	1584572	2116928
土地增值税	Land Value Added Tax	1056698	1452134
车船税	Tax on vehicles and Their Registration	297216	358557
耕地占用税	Farmland Occupation Tax	973730	1535923
契　税	Contract tax	2024810	1913660
烟叶税	Tobacco Leaf Tax	19177	33627
其他税收收入	Others	8	
二、非税收入	**Non-tax Revenue**	**8527938**	**10092291**
专项收入	Specific Revenue	1307950	1389037
行政事业性收费收入	Income from Administrative Fees	2788242	3052903
罚没收入	Penalty and Confiscatory Income	1041924	1238547
国有资本经营收入	Profits of State-owned Enterprises	1000009	1035667
国有资源(资产)有偿使用收入	Revenue of Compensable Use of State-owned Resources (Assets)	1888520	2869078
其他收入	Others	501293	507059

8-5 公共财政预算支出
Total Local Government Budgetary Expenditure

单位：万元 (10 000 yuan)

类别	Category	2010	2011	2012
公共财政预算支出	**Local Government Budgetary Expenditure**	**41450320**	**50020701**	**59045188**
一般公共服务	General Public Service	5443095	6184774	7055140
公共安全	Public Security	2440277	2746937	3173784
教育	Education	7704472	10478987	13118009
科学技术	Science and Technology	843643	1086163	1249751
文化体育与传媒	Culture、Sports and Media	740270	915667	1142709
社会保障和就业	Social Security and Employment	4167672	5015394	5964793
医疗卫生	Health	2507742	3603575	4229136
城乡社区事务	Urban and Rural Community Affairs	3884029	4016987	4680867
农林水事务	Farming、Forestry and Irrigation Affairs	4659775	5640015	6738161
交通运输	Transport	2304993	2949121	3229315

8-6 各市公共财政预算收入(2012年)
Total Local Government Budgetary Revenue by Region (2012)

单位：万元 (10 000 yuan)

地区	Region	公共财政预算收入 Local Government Budgetary Revenue	税收收入 Tax Revenue	增值税 Value-added Tax	营业税 Business Tax	企业所得税 Enterprise Income Tax	个人所得税 Personal Income Tax	资源税 Resource Tax
全省总计	**Total**	**40594301**	**30502010**	**4381207**	**8966409**	**4416434**	**951065**	**911081**
济南市	Jinan	3808218	2895500	333269	1047045	390478	101805	12005
青岛市	Qingdao	6701820	5245594	643264	1721590	795187	223567	5292
淄博市	Zibo	2362825	1621141	254062	353355	177727	35230	37695
枣庄市	Zaozhuang	1163669	855508	98981	144891	82367	9877	23184
东营市	Dongying	1587051	1116052	175249	320109	106598	28318	2588
烟台市	Yantai	3573589	2628317	378652	663103	418955	65480	98252
潍坊市	Weifang	3061228	2464117	367292	653865	297900	35963	69697
济宁市	Jining	2456266	1777209	343141	376819	319040	41707	44711
泰安市	Tai'an	1588516	1037669	150710	232307	92352	19545	37808
威海市	Weihai	1583994	1271513	158196	350204	122810	20499	21225
日照市	Rizhao	788569	594512	104651	186016	85395	9687	5298
莱芜市	Laiwu	420178	320128	63910	84421	39986	11158	9250
临沂市	Linyi	1700733	1350443	200419	418578	130719	20454	49652
德州市	Dezhou	1202356	855557	117845	244690	75531	14163	5173
聊城市	Liaocheng	1044888	700306	133552	206224	82187	15397	1332
滨州市	Binzhou	1504601	1063352	236510	243029	119187	13737	6066
菏泽市	Heze	1403004	1046859	127567	251833	97018	11666	48543

8-6 续表 1 continued

单位:万元 (10 000 yuan)

地 区	Region	城市维护建设税 Tax on City Maintenance and Construction	耕地占用税 Farmland Occupation Tax	契税 Contract Tax	烟叶税 Tobacco Leaf Tax	其他各项税收收入 Others
全省总计	**Total**	**1988839**	**1535923**	**1913660**	**33627**	**5403765**
济南市	Jinan	221469	44604	224294		520531
青岛市	Qingdao	353359	210962	390352	796	901225
淄博市	Zibo	119205	209877	111594	682	321714
枣庄市	Zaozhuang	96318	39283	50836		309771
东营市	Dongying	159490	8743	48651		266306
烟台市	Yantai	178190	131709	213823		480153
潍坊市	Weifang	179659	101211	213844	12591	532095
济宁市	Jining	128036	149499	89560		284696
泰安市	Tai'an	64649	82122	144448		213728
威海市	Weihai	83262	29086	96692		389539
日照市	Rizhao	41931	13906	39556	5548	102524
莱芜市	Laiwu	26740	8230	6706	1417	68310
临沂市	Linyi	88179	98541	72252	12593	259056
德州市	Dezhou	57591	86972	62117		191475
聊城市	Liaocheng	50496	46777	29206		135135
滨州市	Binzhou	86780	106845	66200		184998
菏泽市	Heze	46638	167556	53529		242509

8-6 续表 2 continued

单位:万元 (10 000 yuan)

地 区	Region	非税收入 Total Non-tax Revenue	专项收入 Special Program Receipts	行政事业性收费收入 Income from Administrative Fees	罚没收入 Penalty and Confiscatory Income	国有资本经营收入 Profits of State-owned Enterprises	国有资源(资产)有偿使用收入 Revenue of Compensable Use of State-owned Resources (Assets)	其他收入 Others
全省总计	**Total**	**10092291**	**1389037**	**3052903**	**1238547**	**1035667**	**2869078**	**507059**
济南市	Jinan	912718	128655	303956	110088	-3141	324708	48452
青岛市	Qingdao	1456226	170654	416004	106501	76235	655147	31685
淄博市	Zibo	741684	94983	120425	53838	162312	274880	35246
枣庄市	Zaozhuang	308161	40628	75579	59914	85231	18410	28399
东营市	Dongying	470999	90175	81078	41994	16673	216515	24564
烟台市	Yantai	945272	101074	166334	92129	298967	279832	6936
潍坊市	Weifang	597111	104539	152507	83304	46658	160052	50051
济宁市	Jining	679057	96127	347430	56137	25404	141051	12908
泰安市	Tai'an	550847	48792	123360	37793	179552	146548	14802
威海市	Weihai	312481	41625	147488	34501	51708	35173	1986
日照市	Rizhao	194057	27808	30551	43315	45197	36870	10316
莱芜市	Laiwu	100050	25257	22866	17369	-39	6621	27976
临沂市	Linyi	350290	64382	139227	83236	1440	43423	18582
德州市	Dezhou	346799	45019	200336	64119		28057	9268
聊城市	Liaocheng	344582	35838	103864	58893	29712	107985	8290
滨州市	Binzhou	441249	49431	90871	77790	220	80701	142236
菏泽市	Heze	356145	32014	128104	109574	19538	60500	6415

8-7 各市公共财政预算支出(2012年)
Total Local Government Budgetary Expenditure by Region (2012)

单位:万元 (10 000 yuan)

地 区	Region	公共财政预算支出 Local Government Budgetary Expenditure	一般公共服务 General Public Service	公共安全 Public Security	教育 Education	科学技术 Science and Technology	文化体育与传媒 Culture、Sports and Media	社会保障和就业 Social Security and Employment	医疗卫生 Health
全省总计	**Total**	**59045188**	**7055140**	**3173784**	**13118009**	**1249751**	**1142709**	**5964793**	**4229136**
济南市	Jinan	4656731	641471	349754	819974	101185	126238	568910	333150
青岛市	Qingdao	7659801	1143270	439532	1432445	172904	146670	558018	338630
淄博市	Zibo	2908832	371534	168774	733619	79820	45978	315129	199781
枣庄市	Zaozhuang	1871868	245331	112901	374087	19146	36388	178544	151354
东营市	Dongying	2083973	208756	86456	474179	32217	28964	139604	123090
烟台市	Yantai	4768714	516994	207464	964213	131381	81063	714590	375522
潍坊市	Weifang	4255938	499502	196334	1149141	125780	52569	338969	324287
济宁市	Jining	3624886	407421	183966	891067	67821	87222	303784	338518
泰安市	Tai'an	2426677	239625	105210	477007	34129	36328	286234	224703
威海市	Weihai	2443651	205110	94493	491796	69604	40948	277589	130854
日照市	Rizhao	1380239	132641	67075	316053	13690	20705	136446	115180
莱芜市	Laiwu	667256	59472	30245	172124	17406	6712	69410	45911
临沂市	Linyi	3489792	391598	183152	852508	41778	53894	430900	389669
德州市	Dezhou	2419126	213331	121372	516664	32909	27529	279565	219254
聊城市	Liaocheng	2169992	236184	113169	549248	32056	63306	240642	226502
滨州市	Binzhou	2265906	233999	101478	513378	39752	30454	316928	171219
菏泽市	Heze	2802786	371828	125790	683950	39280	40423	388059	338874

8-7 续表 continued

单位:万元 (10 000 yuan)

地 区	Region	节能环保 Energy-saving and Environment Protection	城乡社区事务 Urban and Rural Community Affairs	农林水事务 Farming、Forestry and Irrigation Affairs	交通运输 Transport	资源勘探电力信息等事务 Exploration, Power and Information Affairs	商业服务业等事务 Commerce and Services Affairs	金融监管等事务支出 Financial Supervision Affairs	国土资源气象等事务 Land and Weather Affairs	住房保障支出 Housing Security Affairs
全省总计	**Total**	**1544192**	**4680867**	**6738161**	**3229315**	**2078190**	**960034**	**173453**	**848541**	**1235302**
济南市	Jinan	119029	542754	290395	122036	167164	124471	4011	141173	116031
青岛市	Qingdao	191713	1299839	397414	407843	366958	152368	83877	85121	130947
淄博市	Zibo	87631	181097	295569	74733	135420	54654	4035	26456	46792
枣庄市	Zaozhuang	41684	96784	171176	72846	186180	36253	1646	34384	98131
东营市	Dongying	50277	227191	300838	55072	102621	34884	15746	33794	44891
烟台市	Yantai	133483	388124	639975	137190	126471	79909	3901	63593	92883
潍坊市	Weifang	157581	314388	514673	133383	183653	66964	13930	32989	82224
济宁市	Jining	102908	324333	433851	115591	99507	47711	1990	63234	63980
泰安市	Tai'an	67365	176263	309763	83988	201175	40094	5267	34151	54074
威海市	Weihai	116301	219282	421333	117281	56601	43249	9725	40390	69893
日照市	Rizhao	41188	87884	208040	72868	27703	24395	619	21309	53956
莱芜市	Laiwu	16913	53717	67419	24830	44172	7937	182	9574	26411
临沂市	Linyi	99823	217904	371419	149075	60432	68563	6492	47831	101888
德州市	Dezhou	87825	197040	337123	92531	63335	30669	5377	8102	66909
聊城市	Liaocheng	71103	87164	289484	67930	53793	46043	8134	12318	56741
滨州市	Binzhou	62695	163126	339567	104638	57845	25407	4411	15010	52393
菏泽市	Heze	66559	94081	363738	89245	51545	40463	375	23009	62046

8-8 主要年份金融机构人民币存款余额

RMB Deposits of Financial Institutions in Major Years

单位:万元 (10 000 yuan)

年 份 Year	存款余额 Deposits	企业存款 Deposits of Enterprises	财政存款 Financial Deposits	农业存款 Agricultural Deposits	储蓄存款 Savings Deposits
1952	27761	13282	10177	101	4201
1955	66543	12862	38541	2255	12885
1957	66853	13671	21811	10970	20401
1962	147935	41050	53695	15974	20691
1965	173968	52426	65917	18600	37025
1970	539978	97982	355104	41358	45534
1975	722193	142258	417459	67018	95458
1976	765045	160536	419241	76113	109155
1977	782107	123030	460033	66737	132307
1978	900037	130437	556357	68941	144302
1979	655921	219751	27280	106696	195573
1980	879427	312830	22597	151545	297520
1981	1135778	403119	33461	150207	395513
1982	1231364	356001	38951	141051	510980
1983	1554862	397019	52104	164557	730519
1984	2333485	725014	47686	219520	1001699
1985	2788151	799892	66522	190082	1301761
1986	3515824	972556	73213	215275	1755638
1987	4702246	1201345	90726	247034	2427793
1988	5913422	1416925	77620	263310	3282031
1989	7246567	1544788	118179	276931	4291525
1990	9340575	1976484	153542	335938	5754706
1991	11636250	2845002	159394	404736	7216749
1992	14482703	3893897	114525	443904	8841510
1993	18166260	4648492	159034	492086	11182415
1994	25225337	6194052	257887	521413	16003992
1995	34243843	8776853	263884	656439	21971982
1996	42938411	11317043	239414	829448	28177108
1997	49698489	13914367	246182	852300	32657331
1998	57554782	15010890	441380	883521	37353766
1999	65629934	17250542	584925	1084540	41098425
2000	74711987	20771967	764478	1351492	44667153
2001	85017294	23079030	1140353	1613431	50637936
2002	102477706	27371339	1318673	2050450	58057165
2003	124382360	33965555	1486500	2438209	67683453
2004	145142781	38730410	2258323	2715491	77214610
2005	171035148	41238617	2596570	3221967	90351351
2006	196339878	47745652	3431146	3954365	103580272
2007	220722430	59101969	4790568	4310596	114381079
2008	269301809	68289510	5352549	4471688	143821895
2009	346977763	100209426	8683402	6605038	170827554
2010	411049645	115855356	10260711	2779643	196482092
2011	463454133		11094869		221732725
2012	543015254		11728756		263433050

8–9 主要年份金融机构人民币贷款余额
RMB Loans of Financial Institutions in Major Years

单位:万元 (10 000 yuan)

年 份 Year	贷款余额 Loans	工业贷款 Industrial Loans	农业贷款 Agricultural Loans	商业贷款 Commercial Loans	基建贷款 Infrastructure Loans	技改贷款 Technology Loans
1952	15674	2786	3796	9092		
1955	140448	6580	11898	121970		
1957	168720	10248	33183	125289		
1962	414574	72815	75921	265838		
1965	389927	41769	86353	261805		
1970	669092	136735	97501	434856		
1975	917553	235441	69972	607077		5063
1976	1029329	282332	101031	639958		6008
1977	1208633	323841	122037	754734		8021
1978	1337139	352225	135620	839518		9776
1979	1248830	376931	119144	735148		3355
1980	1801830	456971	101552	1161848		29478
1981	2064250	515804	123506	1305492		51834
1982	2354235	533949	125550	1505177	1135	86526
1983	2650117	530720	144154	1742243	3916	110909
1984	3666770	713687	291226	2088860	51276	164851
1985	4464893	849353	290436	2496747	103677	212522
1986	5549438	1189134	386722	2731161	135384	285757
1987	6678425	1464076	533772	2938915	203120	383431
1988	8031351	1821004	635129	3261651	285119	467099
1989	9413406	2279606	782795	3637710	352348	513105
1990	11667880	3023434	939869	4179923	499006	595666
1991	14280093	3570738	1130450	4737915	736741	868499
1992	17205544	4033468	1389718	5360085	916789	1124986
1993	20791075	4795134	1568072	6225867	1243646	1342356
1994	25204369	5434972	1118700	7388355	1477151	1718007
1995	31289040	6487091	1516858	8850079	1985458	2013439
1996	36802427	7658151	2474472	10289962	2250044	2531164
1997	44567197	9219803	3177039	11798956	2780310	2536443
1998	51067900	9795567	4189496	12097868	3879386	2522862
1999	56798630	10391030	4435895	12657508	5563931	2522178
2000	62090468	9938023	5281785	11249154	7315876	2678175
2001	70176588	11472037	7071209	12227300	8373434	2854302
2002	85365991	13466479	9073641	12561986	11343636	1111118
2003	104671108	16329927	11565081	12566663	13992866	1537491
2004	117828279	19255716	13401333	11660566	16834244	1946567
2005	133817463	20218176	15611128	10867721	20403236	2069666
2006	157096014	28372457	18446480	9981885	26278047	1433182
2007	175451466	33006922	21559437	10530468	30478416	1405230
2008	200539104	35509421	24634301	9439945	36443285	1528325
2009	259613230	39415542	29629694	11177739	52526564	1328334
2010	307226360					
2011	351789985					
2012	400214919					

8-10 金融机构本外币信贷收支情况(2012年)
RMB and Foreign Currencies Credit Funds Balance Sheet of Financial Institution (2012)

单位:亿元 (100 million yuan)

类 别	Category	2012年末余额 2012 Year-end	比年初增减额 Increase/ Decrease from Year Beginning
各项存款	**Deposits in Various Forms**	**55386.4**	**8401.6**
单位存款	Deposits of Units	26512.4	3856.3
活期存款	Current Deposits	11348.4	1207.1
定期存款	Time Deposits	7074.9	1348.8
通知存款	Notice Deposits	486.3	-21.7
保证金存款	Margin deposits	5131.4	886.9
个人存款	Individual deposits	26794.4	4365.4
储蓄存款	Savings Deposits	26494.1	4188.4
保证金存款	Margin deposits	56.6	29.9
结构性存款	Structured Deposit	243.7	147.2
财政性存款	Treasury Deposits	1171.2	63.3
临时性存款	Temporary Deposits	144.2	-28.1
委托存款	Commissioned Deposits	115.4	-20.0
其他存款	Other Deposits	648.8	164.8
各项贷款	**Loans in Various Forms**	**42899.9**	**5345.1**
境内贷款	**Domestic Loans**	**41524.6**	**5154.9**
短期贷款	Short-term Loans	22369.4	4044.2
个人贷款及透支	Personal Loans and Overdrafts	3809.1	249.5
个人消费贷款	Personal Consumption Loans	390.3	51.7
单位普通贷款及透支	Unit General Loans and Overdrafts	15340.4	2649.4
普通并购贷款	General Mergers and Acquisitions Loans	1.0	1.0
银团贷款	Syndicated Loans	82.4	7.9
贸易融资	Trade Finance	3136.6	1136.3
中长期贷款	Medium & Long-term Loans	17006.9	358.3
个人贷款	Personal Loans	5672.7	603.9
个人消费贷款	Personal Consumption Loans	4901.4	528.9
单位普通贷款	Unit General Loans	9895.2	-477.9
普通并购贷款	General Mergers and Acquisitions Loans	57.4	23.8
银团贷款	Syndicated Loans	1170.5	158.7
贸易融资	Trade Finance	192.1	51.0
融资租赁	Circulating Funds Tenancy	5.8	5.8
票据融资	Circulating Funds of Bills	2105.7	720.3
各项垫款	Paying in Advance	36.8	26.4
境外贷款	**Overseas Loans**	**1375.3**	**190.2**

8-11 金融机构人民币信贷收支情况(2012年)
RMB Credit Funds Balance Sheet of Financial Institution (2012)

单位:亿元 (100 million yuan)

类　别	Category	2012年末余额 2012 Year-end	比年初增减额 Increase/ Decrease from Year Beginning
各项存款	**Deposits in Various Forms**	**54301.5**	**7957.9**
单位存款	Deposits of Units	25601.0	3431.1
活期存款	Current Deposits	10881.0	1118.4
定期存款	Time Deposits	6798.2	1130.9
通知存款	Notice Deposits	475.2	-30.7
保证金存款	Margin deposits	4975.5	776.7
个人存款	Individual deposits	26637.4	4346.5
储蓄存款	Savings Deposits	26343.3	4170.0
保证金存款	Margin deposits	56.2	29.7
结构性存款	Structured Deposit	237.9	146.8
财政性存款	Treasury Deposits	1172.9	63.4
临时性存款	Temporary Deposits	126.9	-28.5
委托存款	Commissioned Deposits	115.2	-19.4
其他存款	Other Deposits	648.1	164.8
各项贷款	**Loans in Various Forms**	**40021.5**	**4809.6**
境内贷款	**Domestic Loans**	**39777.7**	**4727.2**
短期贷款	Short-term Loans	20947.0	3607.2
个人贷款及透支	Personal Loans and Overdrafts	3809.0	249.5
个人消费贷款	Personal Consumption Loans	390.2	51.7
单位普通贷款及透支	Unit General Loans and Overdrafts	15047.6	2654.8
普通并购贷款	General Mergers and Acquisitions Loans	1.0	1.0
银团贷款	Syndicated Loans	82.4	7.9
贸易融资	Trade Finance	2007.1	694.0
中长期贷款	Medium & Long-term Loans	16692.6	376.5
个人贷款	Personal Loans	5672.7	603.9
个人消费贷款	Personal Consumption Loans	4901.4	528.9
单位普通贷款	Unit General Loans	9733.1	-453.7
普通并购贷款	General Mergers and Acquisitions Loans	49.6	16.0
银团贷款	Syndicated Loans	1059.9	157.7
贸易融资	Trade Finance	177.3	52.7
融资租赁	Circulating Funds Tenancy	5.8	5.8
票据融资	Ciruclating Funds of Bills	2105.5	720.2
各项垫款	Paying in Advance	26.8	17.5
境外贷款	**Overseas Loans**	**243.8**	**82.4**

8-12 金融机构(不含外资)分行业本外币贷款情况(2012年)

Loans of RMB and Foreign Currencies of Financial institutions (Excluding Foreign-funded Institutions) by sector(2012)

单位:亿元 (100 million yuan)

行 业	Sector	2012年末余额 2012 Year-end	比年初增减额 Increase/Decrease from Year Beginning
贷款总计	**Total**	**40563.91**	**4589.53**
农、林、牧、渔业	Agriculture,Forestry,Animal Husbandry and Fishing	409.21	55.15
采矿业	Mining	1264.30	183.50
制造业	Manufacturing	12986.15	1988.47
电力、燃气及水的生产和供应业	Production and Supply of Electric Power and Heat Power	1453.17	-67.80
建筑业	Construction	1247.18	266.82
批发和零售业	Wholesale and Retail Trade	4063.74	890.43
交通运输、仓储和邮政业	Traffic,Transport,Storage and Post	2087.12	109.85
住宿和餐饮业	Hotels and Catering Services	194.68	59.75
信息传输、软件和信息技术服务业	Information Transfer, Software and Information Technology Services	63.85	13.01
金融业	Financial Intermediation	101.94	35.23
房地产业	Real Estate	1685.42	-12.03
租赁和商务服务业	Leasing and Business Services	1608.54	40.41
科学研究和技术服务业	Scientific Research and Technical Service	35.89	2.34
水利、环境和公共设施管理业	Management of Water Conservancy,Environment and Public Facilities	1967.45	7.09
居民服务、修理和其他服务业	Households Services, Repair and Other Services	83.03	-7.35
教 育	Education	126.28	-49.86
卫生和社会工作	Health and Social Work	180.02	39.73
文化、体育和娱乐业	Culture,Sports and Entertainment	87.88	25.02
公共管理、社会保障和社会组织	Public management,Social Security and Social Organization	69.09	-30.21
国际组织	International Organization		

8-13 各市金融机构本外币存贷款余额(2012年)

RMB and Foreign Currencies Deposits and Loans of Financial Institutions by Region(2012)

单位:亿元 (100 million yuan)

地 区	Region	各项存款 Total Deposits		#居民储蓄存款 Savings Deposits of Residents		各项贷款 Total Loans	
		余额 Year-end	比年初增减 Increase/Decrease from Year Beginning	余额 Year-end	比年初增减 Increase/Decrease from Year Beginning	余额 Year-end	比年初增减 Increase/Decrease from Year Beginning
全省总计	**Total**	**55386.41**	**8401.65**	**26494.11**	**4188.37**	**42899.91**	**5345.10**
济南市	Jinan	9893.83	1530.07	2909.92	463.25	8632.76	622.93
青岛市	Qingdao	9818.33	917.05	3809.39	565.26	8632.84	1134.89
淄博市	Zibo	3191.43	446.55	1696.29	253.74	2162.57	235.57
枣庄市	Zaozhuang	1146.72	172.48	695.09	122.81	916.49	101.52
东营市	Dongying	2394.02	468.20	946.57	151.95	1805.98	367.21
烟台市	Yantai	5286.02	812.79	2786.96	403.42	3560.15	489.19
潍坊市	Weifang	4437.81	688.94	2459.05	377.25	3531.88	530.35
济宁市	Jining	3191.75	556.85	1735.25	274.66	1986.71	340.22
泰安市	Tai'an	1947.98	376.27	1190.38	219.82	1240.08	184.83
威海市	Weihai	2060.63	250.44	1217.27	152.64	1376.10	117.01
日照市	Rizhao	1469.14	308.07	661.92	110.17	1303.68	196.54
莱芜市	Laiwu	725.40	118.68	379.00	55.15	567.52	36.53
临沂市	Linyi	3043.48	538.42	1945.29	317.17	2150.16	316.53
德州市	Dezhou	1646.85	223.00	1110.60	189.35	1119.35	116.21
聊城市	Liaocheng	1687.69	321.24	1020.03	174.31	1289.20	178.54
滨州市	Binzhou	1697.66	387.97	711.17	124.44	1495.13	238.64
菏泽市	Heze	1607.77	281.42	1219.92	235.00	1062.34	185.21

8-14 1997-2012年保险费收入和赔款给付

Premium and Payment of Insurance Companies 1997 to 2012

年份 Year	保险费收入 (万元) Premium (10 000 yuan)	赔款及给付支出 (万元) Settled Claim and Payment (10 000 yuan)	简单赔付率 (%) Simple Payment Rate (%)
1997	785298	317889	40.5
1998	837500	294648	35.2
1999	956496	365490	38.2
2000	1110622	402204	36.2
2001	1533204	409588	26.7
2002	2238236	456801	20.4
2003	2835306	561804	19.8
2004	3171584	656966	20.7
2005	3408050	766254	22.5
2006	3962203	1209078	30.5
2007	5017177	1717385	34.2
2008	6739812	1983902	29.4
2009	7928870	2283924	28.8
2010	10300687	2286398	22.2
2011	10360352	2712276	26.2
2012	11280360	3245582	28.8

8-15 人身保险公司主要业务指标(2012年)

Major Business Indicators of Life Insurance Companies (2012)

单位:万元 (10 000 yuan)

类别	Category	保费收入 Premium Income	赔款支出 Indemnity Expenditure	退保金 Withdrawal Amount Insured	年金给付 Total Annuity Payment	满期给付 Total Mature Payment	死伤医疗给付 Payment for Death,Injury and Medical Treatment
总计	**Total**	**7358491**	**169848**	**673490**	**283511**	**637333**	**176123**
一、人寿保险	**Life Insurance**	**6539431**		**657857**	**283511**	**635222**	**111434**
(一)非分红产品	Non-dividend Insurance	690655		61370	181957	71442	50677
定期寿险	Time Insurance	27103		312		91	5707
两全寿险	Endowment Insurance	274862		20660	28713	69071	10596
终身寿险	WLL	264530		23895			27167
年金	Total Annuity Payment	124160		16503	153244		7207
(二)分红产品	Dividend Insurance	5776636		595084	101553	559096	50412
定期寿险	Time Insurance						
两全寿险	Endowment Insurance	4564676		547440	52792	554826	40321
终身寿险	WLL	375891		7450		3	6476
年金	Total Annuity Payment	836069		40194	48761	4267	3615
(三)投资连接产品	Investment Link Insurance	1998		-16		1163	154
(四)万能产品	Universal Life Insurance	70142		1420	1	3521	10191
二、意外伤害保险	**Accident Injury Insurance**	**195764**	**53913**				
一年期以内	Within-One-year Period Business	15322	1416				
一年期	One-year Period Business	180441	52497				
三、健康保险	**Health Insurance**	**623296**	**115935**	**15633**		**2111**	**64689**
一年期(及一年期以内)	Within-One-year Period Business	166554	115935				
一年期以上	One-year Period Business	456742		15633		2111	64689

8-16 财产保险公司主要业务指标(2012年)
Major Business Indicators of Insurance Companies(2012)

单位:万元 (10 000 yuan)

类别	Category	保费收入 Premium	赔款支出 Payment
总计	**Total**	**3921870**	**1978768**
机动车辆及第三者责任险	Motor Vehicle and Third Party Liability	3197406	1612666
企财险	Enterprise Property insurance	215376	116618
家财险	Family Property Insurance	14374	4254
工程险	Project Insurance	9904	4126
责任险	Liability Insurance	87349	36828
信用险	Credit Insurance	68532	34177
保证保险	Guarantee Insurance	61550	5029
船舶险	Ship Insurance	25228	21880
货运险	Freight Transport Insurance	49891	23500
特殊风险保险	Peculiar Risk Insurance	8110	780
农业保险	Agriculture Insurance	85747	81288
健康险	Health Insurance	31462	17835
意外伤害险	Accident Injury Insurance	64873	18875
其他	Other Property Insurance	2068	911

8-17 各市保险业务情况(2012年)
Basic Statistics on Insurance by Region (2012)

单位:亿元 (100 million yuan)

地区	Region	保费收入 Premium	财产险 Property Insurance	人寿险 Life Insurance	赔款与给付 Claim and Payment	财产险 Property Insurance	人寿险 Life Insurance
全省总计	**Total**	**1128.0**	**392.2**	**735.8**	**324.6**	**197.9**	**126.7**
济南市	Jinan	**122.5**	37.9	84.6	**35.2**	16.8	18.4
青岛市	Qingdao	**160.3**	66.3	94.0	**51.5**	33.6	17.9
淄博市	Zibo	**63.5**	24.3	39.3	**18.9**	11.3	7.6
枣庄市	Zaozhuang	**32.2**	9.1	23.2	**6.7**	3.9	2.8
东营市	Dongying	**42.9**	18.2	24.7	**14.5**	9.6	4.9
烟台市	Yantai	**108.1**	36.2	72.0	**32.6**	18.1	14.4
潍坊市	Weifang	**95.6**	37.3	58.3	**28.9**	18.8	10.0
济宁市	Jining	**79.8**	24.9	54.9	**20.0**	11.9	8.1
泰安市	Tai'an	**50.9**	12.1	38.8	**11.7**	6.0	5.7
威海市	Weihai	**50.0**	16.2	33.9	**15.9**	9.4	6.5
日照市	Rizhao	**27.3**	12.7	14.7	**8.9**	6.2	2.6
莱芜市	Laiwu	**13.5**	4.1	9.4	**3.6**	1.8	1.7
临沂市	Linyi	**89.7**	32.3	57.3	**26.2**	16.8	9.4
德州市	Dezhou	**52.2**	14.8	37.3	**14.9**	9.7	5.2
聊城市	Liaocheng	**46.5**	16.5	30.0	**11.2**	8.0	3.2
滨州市	Binzhou	**44.2**	16.5	27.7	**12.6**	9.2	3.4
菏泽市	Heze	**47.3**	11.6	35.7	**10.5**	5.6	4.8

8-18 山东辖区证券市场基本情况

Basic Stituation of Securities Markets Under Shandong Province

项　　目		Item		2010	2011	2012
上市公司数	(家)	Number of Listed Companies	(unit)	110	126	133
# 发行A股公司数	(家)	A Shares	(unit)	108	124	129
发行B股公司数	(家)	B Shares	(unit)	6	6	6
A、B股均发行公司数	(家)	Number of Listed Companies (A Shares and B Shares)	(unit)	4	4	4
境外发行公司数	(家)	Number of Overseas-listed companies	(unit)			6
境内、外均发行公司数	(家)	Companies Listed Overseas and Domestic	(unit)	6	6	6
ST公司数	(家)	Number of ST Listed Companies	(unit)	8	9	8
# *ST公司数	(家)	*ST Listed Companies	(unit)	4	1	7
证券公司数	(家)	Number of Securities Companies	(unit)	1	1	1
证券营业部数	(家)	No.of Securities Business Department	(unit)	166	194	222
证券交易服务部数	(家)	No.of Securities Trading Service	(unit)			
期货经纪公司	(家)	No.of Futures Broker Companies	(unit)	3	3	3
期货经纪公司营业部	(个)	No.of Trading Offices of Futures Broker Companies	(unit)	31	41	47
证券投资咨询机构数	(家)	No.of Securities Investment Consultative Institutions	(unit)	3	3	5
证券投资者资金开户数	(万户)	No.of Opening Account of Securities Investors	(10 000 households)	457.1	486.4	508.3
上市公司当年境内募集资金总额	(亿元)	Total Domestic Capital Volume Collected by Listed Companies	(100 million yuan)	317.3	329.1	394.7
首次公开发行	(亿元)	IPO	(100 million yuan)	219.2	115.6	39.1
配股	(亿元)	Share Right Issued	(100 million yuan)			6.2
增发	(亿元)	Adding the Share Issue	(100 million yuan)	98.1	174.4	181.3
可转债	(亿元)	Transferable Loans	(100 million yuan)			60
公司债	(亿元)	Corporate Bond	(100 million yuan)		39.0	108.0
市价总值	(亿元)	Total Market Value	(100 million yuan)	9456.7	7494.0	7628.3
证券经营机构证券交易量	(亿元)	Trading Volume of Securities Managerial Institutions	(100 million yuan)	20710.1	24595.4	18880.2
期货经纪公司代理交易额	(亿元)	Trading Volume of Agency by Futures Managerial Institutions	(100 million yuan)	73005.9	43702.4	46648.6

注：证券营业部、期货经纪公司营业数为已开业家数。

主要统计指标解释

财政收入 指国家财政参与社会产品分配所取得的收入，是实现国家职能的财力保证。财政收入所包括的内容几经变化，目前主要包括：

（1）税收收入：包括增值税、营业税、企业所得税、个人所得税、资源税、固定资产投资方向调节税、城市维护建设税、房产税、印花税、城镇土地使用税、土地增值税、车船税、耕地占用税、契税、烟叶税、其他税收收入。

（2）非税收入：包括专项收入、行政事业性收费收入、罚没收入、国有资本经营收入、国有资源(资产)有偿使用收入、其他收入。

财政支出 国家财政将筹集起来的资金进行分配使用，以满足经济建设和各项事业的需要，主要包括：

（1）一般公共服务支出：反映政府提供一般公共服务的支出。

（2）公共安全：反映政府维护社会公共安全方面的支出，有关事务包括武装警察、公安、国家安全、检察、法院、司法行政、监狱、劳教、国家保密、缉私警察等。

（3）教育支出：反映政府教育事务支出。有关具体教育事务包括教育行政管理、学前教育、小学教育、初中教育、普通高中教育、普通高等教育、初等职业教育、中专教育、技校教育、职业高中教育、高等职业教育、广播电视教育、留学生教育、特殊教育、干部继续教育、教育机关服务等。

（4）科学技术：反映政府用于科学技术方面的支出。

（5）文化体育与传媒：反映政府在文化、文物、体育、广播电视、新闻出版等方面的支出。

（6）社会保障和就业：反映政府在社会保障与就业方面的支出。有关事项包括社会保障与就业管理事务、民政管理事务、财政对社会保险基金的补助、补充全国社会保障基金、行政事业单位离退休、企业改革补助、就业补助、抚恤、退役安置、社会福利、残疾人事业、城市居民最低生活保障、其他城镇社会救济、农村社会救济、自然灾害生活补助、红十字事务等。

（7）医疗卫生支出：反映政府医疗卫生方面的支出。具体包括医疗卫生管理事务支出、医疗服务支出、医疗保障支出、疾病预防控制支出、卫生监督支出、妇幼保健支出、农村卫生支出等。

（8）城乡社区事务：反映政府城乡社区事务支出。具体包括：城乡社区管理事务支出、城乡社区规划与管理支出、城乡社区公共设施支出、城乡社区住宅支出、城乡社区环境卫生支出、建设市场管理与监督支出等

（9）农林水事务：反映政府农林水事务方面的支出。具体包括农业、林业、水利、扶贫支出、农业综合开发支出等。

存　款 指企业、机关、团体或居民根据资金必须收回的原则，把货币资金存入银行或其他信贷机构保管并取得一定利息的一种信用活动形式。根据存款对象或性质的不同可划分为企业存款、财政存款、机关团体存款、基本建设存款、储蓄存款、农村存款、委托存款、其他存款等科目。它是银行信贷资金的主要来源。

贷　款 指银行或其他信贷机构根据资金必须归还的原则，按一定利率，为企业、个人等提供资金的一种信用活动形式。我国银行贷款分为短期贷款、中期流动资金贷款、中长期贷款、信托贷款、融资租赁、委托贷款、票据融资、各项垫款等。

保险公司 在中国境内的、经过保险监督管理部门批准设立，并依法登记注册的各类商业保险公司。

保险金额 指保险人承担赔偿或者给付保险金责任的最高限额。

保　费 指投保人为取得保险人在约定范围内所承担赔偿责任而支付给保险人的费用。

赔　款 指保险人根据保险合同的规定，向被保险人支付的赔偿保险责任损失的金额。

给　付 包括死伤医疗给付和满期给付。死伤医疗给付是指保险人根据人寿保险及长期健康保险合同的规定，因被保险人在保险期内发生保险责任范围内的保险事故支付给被保险人(或受益人)的金额。满期给付是指被保险人生存期满，保险人按人寿保险合同规定支付给被保险人的满期保险金额。

Explanatory Notes on Main Statistical Indicators

Government Revenue refers to the revenue of the government finance by means of participating in the distribution of the social products, which is the financial resources for ensuring the government to function. The contents of government revenue have been changed several times. Now it includes the following main items:

(1) Various tax revenues including value added tax, business tax, enterprise income tax, personal income tax, resources tax, fixed assets investment direction regulating tax, tax on city maintenance and construction, real estate tax, stamp tax, tax on use of urban land, land value added tax, vehicle and vessel tax, tax on occupancy of cultivated land, property tax, tobacco leaf tax, and other tax revenues.

(2) Non-tax Revenues including special revenues, revenues from Administrative and institutional fees, penalty and confiscatory revenues , revenues from state-owned capital operationg,revenues from paid use of state-owned resources, and other revenues .

Government Expenditure refers to the distribution and use of the funds the government finance has raised, so as to meet the needs of economic construction and various causes. It includes the following main items:

(1) Expenditure for general public services: It reflects the expenditure from the government for general public services.

(2) Expenditure on public security: It reflects the expenditure from the government towards safeguarding the public security, including the related affairs of armed police, public security, state security, procuratorial administration,law court, judicial administration, jail , reeducation through labor, state confidentiality, anti-smuggling Patrol,etc.

(3) Expenditure on education: It reflects the expenditure from the government on education, including the related affairs of educational administration management, preschool education, primary education, junior secondary educate, regular senior secondary educate, regular higher education, primary vocational education, specialized secondary educate, technical educate, vocational senior secondary educate, vocational higher education, radio and television education, foreign student educate, special education, cadre continuing education, education institution services,etc.

(4) Expenditure on science and technology: It reflects the expenditure from the government on science and technology.

(5) Expenditure on culture, sport and media: It reflects the expenditure from the government on culture, cultural relics, sport, radio and television, publication, etc.

(6)Expenditure on social security and employment:It reflects the expenditure from the government on social security and employment, including the related affairs of management of social security and employment, civil administration, subsidies to social insurance funds, supplement to national social security funds, retirees of government agencies and institutions, subsidies to enterprises reform, subsidies to employment, pension, settling down demobilized servicemen,social security, disabled person administration, minimum living allowance in urban area, other social relief in urban area, social relief in rural area, subsidies to natural disaster, Red Cross business,etc.

(7)Expenditure on health care: It reflects the expenditure from the government on health care, including expenditure on management of health care, medical services, medical security, disease control and prevention, public health supervision, rural health care,etc.

(8) Expenditure on urban and rural community affairs: It reflects the expenditure from the government on urban and rural community affairs, including expenditure on management of urban and rural community affairs, plan and management of urban and rural community, public utility of urban and rural community, residential buildings of urban and rural community, environmental sanitation of urban and rural community, management and supervision of markets construction, etc.

(9) Expenditure on agriculture, forest and irrigation: It reflects the expenditure from the government on agriculture, forest and irrigation, including expenditure on agriculture, forest, irrigation, poverty alleviation, comprehensive development of agriculture, etc.

Deposit is a form of credit by which enterprises, institutions, organizations or households can put money into banks and other credit institutions for safekeeping and interest earning under the principle of free withdrawal. According to different depositors, deposits are divided into enterprise deposits, treasury deposits, deposits of government agencies and organizations, capital construction deposits, savings deposits, rural saving deposits, entrusted deposits and other deposits. Deposits are major sources of the credit funds of banks.

Loan is a form of credit by which banks and other credit institutions provide funds at certain interest rate to enterprises and individuals in the light of the principle of unconditional repayment. Loans from Chinese banks include circulating capital loans, fixed assets loans, loans to urban and rural individuals engaged in industrial and commercial business and agricultural loans.

Insurance Companies refers to commercial insurance companies of various forms registered by law and established in China with the approval of insurance regulatory agencies.

Amount Insured refers to the maximum that the insurant will get for the claim of the case insured.

Premium is the fee paid by the insurant to the insurer to obtain the obligation of compensation from the insurance within the agreed terms.

Settled Claim is the compensation paid by the insurer to the insurant in accordance with the insurance contract.

Payment includes payment for death, injury or medical treatment and mature payment. Payment for death, injury or medical treatment refers to the money paid to the insurant (or the beneficiary) in accordance with the life or health insurance contract when the insurant encounters accidents within the insured period covered in the contract. Mature payment refers to the mature payment to the insurant in accordance with the life insurance contract at the end of the insured period.

第
9
篇

价格指数

Price Indices

简 要 说 明

一、本篇资料的主要内容

本篇资料反映了全省生产、投资、流通、消费等环节价格变动状况，主要包括居民消费、商品零售、生产资料、工业品出厂、原材料燃料动力购进、固定资产投资、房地产等价格指数。

二、本篇资料的来源

1.居民消费、商品零售和农业生产资料价格指数来源于消费价格统计调查年报，由国家统计局山东调查总队消费价格调查处整理提供。

2.工业生产者出厂、工业生产者购进、固定资产投资、住宅销售等价格指数来源于生产价格统计调查年报，由国家统计局山东调查总队生产投资价格调查处整理提供。

Brief Introduction

I. Main Content

Data on the price indices in this chapter show the changing trend in production, investment, circulation and consumption, including mainly consumer price indices of residents, retail price indices, price indices of means of production, production price indices of industrial products, purchasing price indices of raw materials, fuels and power, price indices of investment in fixed assets and real estate price indices.

II. Source of Data

(1) Data on consumer price indices of residents, retail price indices and price indices of agricultural means of production are based on yearly report on consumer price and are provided by the Division of Consumer Price Survey of the National Bureau of Statistics in Shandong.

(2) Data on producer price indices of industrial products, industrial producer purchasing price indices, price indices of investment in fixed assets and real estate price indices are based on yearly report on production price and are provided by the Division of Production and Investment Price Survey of the National Bureau of Statistics in Shandong.

9-1 居民消费价格指数
Consumer Price Indices

(上年=100) (preceding year=100)

类 别	Category	2008	2009	2010	2011	2012
居民消费价格指数	**Consumer Price Index**	**105.3**	**100.0**	**102.9**	**105.0**	**102.1**
城 市	Urban Areas	104.7	99.9	102.6	104.7	102.1
农 村	Rural Areas	106.2	100.1	103.5	105.9	102.0
服务项目价格指数	**Services Price Index**	**102.1**	**101.2**	**100.8**	**103.5**	**102.1**
消费品价格指数	**Consumer Goods Price Index**	**106.1**	**99.7**	**103.5**	**105.6**	**102.1**
食 品	Food	113.0	101.3	108.3	111.3	103.5
粮 食	Grain	106.3	104.4	113.0	108.7	102.5
油 脂	Oil or Fat	124.2	86.2	106.2	113.2	107.5
肉禽及其制品	Meal, Poultry and Their Products	122.2	91.2	103.6	122.9	101.6
蛋	Eggs	105.2	100.8	107.1	114.7	95.9
水产品	Aquatic Products	112.8	102.3	106.8	114.4	108.8
鲜 菜	Fresh Vegetables	105.7	119.2	125.5	101.2	112.9
烟 酒	Tobacco and Liquor	104.3	102.4	102.5	103.9	102.8
衣 着	Clothing	97.9	97.2	97.6	101.5	103.3
家庭设备用品及维修服务	Household Facilities, Articles and Services	102.0	100.1	99.6	101.0	101.2
医疗保健和个人用品	Health Care and Personal Articles	102.2	101.3	101.9	102.5	102.1
交通和通信	Transportation and Communication	99.9	98.1	99.3	100.6	100.2
娱乐教育文化用品及服务	Recreation, Education and Culture Articles	100.3	100.8	99.7	100.4	100.3
居 住	Residence	107.3	98.8	103.6	105.8	101.8
商品零售价格指数	**Retail Price Index**	**104.9**	**99.4**	**102.7**	**104.7**	**101.6**
城 市	Urban Areas	104.5	99.3	102.4	104.3	101.5
农 村	Rural Areas	105.8	99.4	103.2	105.3	101.9
农业生产资料价格指数	**Price Indices of Means of Agricultural production**	**119.3**	**96.3**	**103.0**	**111.1**	**105.9**

9-2 居民消费和商品零售价格总指数(2012年)
General Consumer and Retail Price Indices(2012)

类 别	Categoty	居民消费价格总指数 General Consumer Price Indices			商品零售价格总指数 General Retail Price Indices			农业生产资料价格总指数 General Price Indices of Means of Agricultural Production
		全 省 Provincial Indices	城 市 Urban Indices	农 村 Rural Indices	全 省 Provincial Indices	城 市 Urban Indices	农 村 Rural Indices	
以1950年价格为100	1950=100	655.7	655.5		518.4	492.1	482.2	461.9
以1952年价格为100	1952=100	578.3	579.2		431.1	431.3	437.1	477.2
以1957年价格为100	1957=100	532.8	539.2		392.8	354.3	400.7	445.4
以1965年价格为100	1965=100	524.9	524.9		374.8	384.1	382.5	495.6
以1970年价格为100	1970=100	538.4	538.8		380.7	394.7	388.8	547.9
以1978年价格为100	1978=100	537.8	538.5	529.9	381.1	392.9	389.5	593.5
以1980年价格为100	1980=100	508.9	515.9	498.5	364.2	381.8	372.5	587.7
以1985年价格为100	1985=100	438.6	437.4	424.7	328.9	341.0	338.3	498.9
以1990年价格为100	1990=100	269.4	279.6	262.6	205.6	206.0	214.3	330.3
以1995年价格为100	1995=100	146.9	144.8	152.1	121.9	117.3	131.3	173.0
以2000年价格为100	2000=100	131.9	125.8	140.5	121.5	116.9	130.8	188.0
以上年价格为100	Preceding Year=100	102.1	102.1	102.0	101.6	101.5	101.9	105.9

9-3 主要年份居民消费价格总指数
General Consumer Price Indices in Major Years

年 份 Year	以1950年为100 1950=100	以1952年为100 1952=100	以1978年为100 1978=100	以1990年为100 1990=100	以1995年为100 1995=100	以上年为100 Preceding Year=100
1952	113.2					102.2
1955	120.8	106.7				99.9
1957	122.9	108.6				101.0
1962	132.2	116.9				100.5
1965	124.8	110.4				97.8
1970	121.7	107.6				98.9
1975	121.5	107.4				100.2
1976	121.7	107.6				100.2
1977	121.5	107.4				99.8
1978	121.9	107.7				100.3
1979	122.8	108.5	100.7			100.7
1980	128.9	113.9	105.7			105.0
1981	131.2	116.0	107.6			101.8
1982	132.4	117.0	108.6			100.9
1983	135.6	119.8	111.2			102.4
1984	137.6	121.6	112.9			101.5
1985	149.6	132.2	122.7			108.7
1986	156.3	138.1	128.2			104.5
1987	169.1	149.5	138.7			108.2
1988	200.7	177.4	164.7			118.7
1989	235.5	208.1	199.1			117.3
1990	243.5	215.2	199.7			103.4
1991	255.4	225.7	209.5	104.9		104.9
1992	272.8	241.1	223.7	112.0		106.8
1993	307.4	271.7	252.2	126.3		112.7
1994	379.4	335.3	311.2	155.8		123.4
1995	446.1	394.3	365.9	183.2		117.6
1996	489.0	432.1	401.1	200.8	109.6	109.6
1997	502.6	443.2	412.3	206.4	112.7	102.8
1998	499.6	440.5	409.8	205.2	112.0	99.4
1999	496.1	437.4	406.9	203.8	111.2	99.3
2000	497.1	438.3	407.7	204.2	111.4	100.2
2001	506.0	446.2	415.0	207.9	113.4	101.8
2002	502.5	443.1	412.1	206.4	112.6	99.3
2003	508.0	448.0	416.6	208.7	113.8	101.1
2004	526.3	464.1	431.6	216.2	117.9	103.6
2005	535.2	472.0	439.0	219.9	119.9	101.7
2006	540.6	476.7	443.4	222.1	121.1	101.0
2007	564.4	497.7	462.9	231.9	126.4	104.4
2008	594.3	524.1	487.4	244.2	133.1	105.3
2009	594.3	524.1	487.4	244.2	133.1	100.0
2010	611.5	539.3	501.6	251.3	137.0	102.9
2011	642.2	566.4	526.7	263.9	143.9	105.0
2012	655.7	578.3	537.8	269.4	146.9	102.1

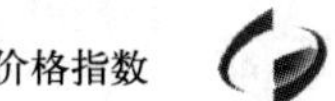

9-4 主要年份城市居民消费价格总指数
General Urban Consumer Price Indices in Major Years

年 份 Year	以1930-1936年平均价格为100 Average Price (1930-1936)=100	以1952年为100 1952=100	以1978年为100 1978=100	以1980年为100 1980=100	以1990年为100 1990=100	以1995年为100 1995=100	以上年为100 Preceding Year=100
1949	260.9						
1952	302.2						102.2
1955	322.5	106.7					99.9
1957	328.0	108.5					101.0
1962	352.9	116.8					100.5
1965	333.5	110.3					97.8
1970	324.9	107.4					98.9
1975	324.2	107.3					100.2
1976	324.9	107.5					100.2
1977	324.3	107.3					99.8
1978	325.2	107.6					100.3
1979	329.7	109.1	101.4				101.4
1980	339.3	112.3	104.3				102.9
1981	346.4	114.6	106.5	102.1			102.1
1982	347.4	115.0	106.9	102.4			100.3
1983	345.3	114.3	106.2	101.8			99.4
1984	350.5	116.0	107.8	103.3			101.5
1985	381.4	126.2	117.3	112.4			108.8
1986	400.5	132.5	123.2	118.0			105.0
1987	436.9	144.6	134.4	128.8			109.1
1988	526.9	174.4	162.1	155.3			120.6
1989	609.6	201.7	187.5	179.7			115.7
1990	625.5	207.0	192.4	184.4			102.6
1991	664.3	219.8	204.3	195.8	106.2		106.2
1992	721.4	238.7	221.9	212.6	115.3		108.6
1993	826.7	273.6	254.3	243.7	132.1		114.6
1994	1036.7	343.1	318.9	305.6	165.7		125.4
1995	1210.9	400.7	372.5	356.9	193.6		116.8
1996	1338.0	442.8	411.6	394.4	213.9	110.5	110.5
1997	1380.8	457.0	424.8	407.0	220.7	114.0	103.2
1998	1376.7	455.6	423.5	405.8	220.0	113.7	99.7
1999	1376.7	455.6	423.5	405.8	220.0	113.7	100.0
2000	1393.2	461.1	428.6	410.7	222.6	115.1	101.2
2001	1408.5	466.2	433.3	415.2	225.0	116.4	101.1
2002	1390.2	460.1	427.7	409.8	222.1	114.9	98.7
2003	1399.9	463.3	430.7	412.7	223.7	115.7	100.7
2004	1439.1	476.3	442.7	424.2	230.0	118.9	102.8
2005	1454.9	481.5	447.6	428.9	232.5	120.2	101.1
2006	1469.5	486.3	452.1	433.2	234.8	121.4	101.0
2007	1525.3	504.8	469.3	449.7	243.7	126.0	103.8
2008	1597.0	528.5	491.4	470.8	255.2	131.9	104.7
2009	1596.1	528.2	491.1	470.6	255.0	131.8	99.9
2010	1637.6	542.0	503.8	482.8	261.6	135.3	102.6
2011	1714.1	567.3	527.4	505.3	273.9	141.8	104.7
2012	1750.1	579.2	538.5	515.9	279.6	144.8	102.1

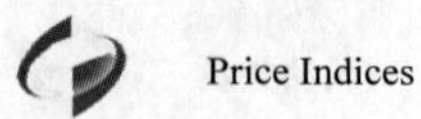

9–5 主要年份农村居民消费价格总指数
General Rural Consumer Price Indices in Major Years

年 份 Year	以1978年为100 1978=100	以1980年为100 1980=100	以1985年为100 1985=100	以1990年为100 1990=100	以1995年为100 1995=100	以上年为100 Preceding Year=100
1978						100.3
1979	100.4					100.4
1980	106.2					105.8
1981	107.9	101.6				101.6
1982	109.1	102.7				101.1
1983	113.0	106.4				103.6
1984	114.7	108.0				101.5
1985	124.7	117.4				108.7
1986	129.8	122.2	104.1			104.1
1987	139.4	131.2	111.8			107.4
1988	163.1	153.5	130.8			117.0
1989	194.0	182.5	155.5			118.9
1990	201.7	189.8	161.7			104.0
1991	209.8	197.4	168.2	104.0		104.0
1992	219.5	206.5	175.9	108.8		104.6
1993	242.9	228.6	194.7	120.4		110.7
1994	295.7	278.2	236.9	146.5		121.7
1995	348.6	328.0	279.3	172.7		117.9
1996	379.9	357.5	304.4	188.2	109.0	109.0
1997	389.1	366.1	311.7	192.7	111.6	102.4
1998	385.2	362.4	308.6	190.8	110.5	99.0
1999	379.8	357.3	304.3	188.1	109.0	98.6
2000	377.1	354.8	302.2	186.8	108.2	99.3
2001	386.2	363.3	309.5	191.3	110.8	102.4
2002	385.8	362.9	309.2	191.1	110.7	99.9
2003	391.6	368.3	313.8	194.0	112.4	101.5
2004	409.6	385.2	328.2	202.9	117.5	104.6
2005	419.4	394.5	336.1	207.8	120.3	102.4
2006	423.6	398.4	339.5	209.9	121.6	101.0
2007	446.1	419.5	357.5	221.0	128.0	105.3
2008	473.8	445.5	379.7	234.7	135.9	106.2
2009	474.1	445.8	380.0	234.9	136.0	100.1
2010	490.7	461.4	393.2	243.1	140.8	103.5
2011	519.5	488.7	416.4	257.4	149.1	105.9
2012	529.9	498.5	424.7	262.6	152.1	102.0

9-6 主要年份商品零售价格总指数

General Retail Price Indices in Major Years

年 份 Year	以1930-1936年平均价格为100 Average Price (1930-1936)=100	以1952年为100 1952=100	以1978年为100 1978=100	以1980年为100 1980=100	以1990年为100 1990=100	以1995年为100 1995=100	以上年为100 Preceding Year=100
1949	257.0						
1952	303.6						100.4
1955	325.6	107.2					100.2
1957	333.5	109.8					101.7
1962	359.9	118.5					100.4
1965	349.4	115.1					97.6
1970	343.8	113.3					99.2
1971	343.5	113.2					99.9
1972	342.5	112.8					99.7
1973	342.2	112.7					99.9
1974	341.8	112.6					99.9
1975	342.2	112.7					100.1
1976	342.5	112.8					100.1
1977	342.2	112.7					99.9
1978	343.5	113.2					100.4
1979	349.0	115.0	101.6				101.6
1980	359.5	118.5	104.6				103.0
1981	365.6	120.5	106.4	101.7			101.7
1982	367.8	121.2	107.1	102.3			100.6
1983	363.0	119.7	105.6	101.0			98.7
1984	367.0	121.0	106.8	102.1			101.1
1985	398.2	131.3	115.9	110.8			108.5
1986	416.1	137.2	121.1	115.8			104.5
1987	450.6	148.6	131.2	125.4			108.3
1988	536.3	176.8	156.1	149.2			119.0
1989	626.9	206.7	182.5	174.4			116.9
1990	636.9	210.0	185.4	177.2			101.6
1991	668.1	220.3	194.5	185.9	104.9		104.9
1992	709.5	233.9	206.6	197.4	111.4		106.2
1993	782.6	258.0	227.8	217.7	122.9		110.3
1994	941.5	310.4	274.1	261.9	147.8		120.3
1995	1075.2	354.5	313.0	299.1	168.8		114.2
1996	1150.6	378.9	334.9	320.1	180.6	107.0	107.0
1997	1159.8	381.9	337.6	322.7	182.0	107.9	100.8
1998	1126.2	370.8	327.8	313.3	176.7	104.8	97.1
1999	1093.5	360.0	318.3	304.2	171.6	101.8	97.1
2000	1078.2	355.0	313.8	299.9	169.2	100.4	98.6
2001	1078.2	355.0	313.8	299.9	169.2	100.4	100.0
2002	1065.3	350.7	310.0	296.3	167.2	99.2	98.8
2003	1067.4	351.4	310.7	296.9	167.5	99.4	100.2
2004	1097.3	361.3	319.4	305.2	172.2	102.2	102.8
2005	1103.9	363.4	321.3	307.0	173.2	102.8	100.6
2006	1110.5	365.6	323.2	308.9	174.3	103.4	100.6
2007	1150.5	378.8	334.8	320.0	180.6	107.1	103.6
2008	1206.9	397.4	351.2	335.7	189.4	112.3	104.9
2009	1199.3	394.9	349.0	333.6	188.3	111.6	99.4
2010	1231.6	405.5	358.4	342.6	193.3	114.7	102.7
2011	1288.9	424.3	375.1	358.5	202.3	120.0	104.7
2012	1309.6	431.1	381.1	364.2	205.6	121.9	101.6

注：本表已根据现行价格调查统计制度予以调整，均不包括农业生产资料部分。

a)The data in this form have been adjusted according to current statistical system of price survey.Means of agricultural production are excluded.

9-7 主要年份农业生产资料价格总指数

General Price Indices of Means of Agricultural Production in Major Years

年 份 Year	以1950年为100 1950=100	以1952年为100 1952=100	以1978年为100 1978=100	以1990年为100 1990=100	以1995年为100 1995=100	以上年为100 Preceding Year=100
1952	97.0					102.2
1955	103.8	107.0				94.1
1957	103.4	106.7				99.7
1962	106.8	110.1				99.3
1965	92.7	95.5				96.8
1970	84.2	86.8				99.9
1975	79.2	81.6				100.0
1976	79.2	81.6				100.0
1977	79.2	81.6				100.0
1978	78.5	80.9				99.1
1979	78.6	81.0	100.1			100.1
1980	78.6	81.0	100.1			100.0
1981	79.9	82.4	101.8			101.7
1982	80.8	83.3	102.9			101.1
1983	82.9	85.5	105.6			102.6
1984	88.9	91.7	113.2			107.2
1985	92.5	95.5	117.8			104.1
1986	94.4	97.5	120.3			102.1
1987	99.9	103.2	127.3			105.8
1988	114.6	118.4	146.0			114.7
1989	135.5	139.9	172.6			118.2
1990	139.8	144.4	178.1			103.2
1991	142.6	147.3	181.7	102.0		102.0
1992	144.6	149.4	184.2	103.4		101.4
1993	161.4	166.7	205.6	115.4		111.6
1994	200.3	206.9	255.1	143.2		124.1
1995	267.0	275.8	340.1	190.9		133.3
1996	281.7	291.0	358.8	201.4	105.5	105.5
1997	272.1	281.1	346.6	194.6	101.9	96.6
1998	261.8	270.4	336.5	187.2	98.0	96.2
1999	249.0	257.2	320.0	178.0	93.2	95.1
2000	245.8	253.9	315.8	175.7	92.0	98.7
2001	250.2	258.5	321.5	178.9	93.7	101.8
2002	251.0	259.3	322.5	179.4	94.0	100.3
2003	257.0	265.5	330.2	183.7	96.2	102.4
2004	283.2	292.6	363.9	202.5	106.0	110.2
2005	300.7	310.7	386.4	215.0	112.6	106.2
2006	309.8	320.0	398.0	221.5	116.0	103.0
2007	331.8	342.7	426.3	237.2	124.2	107.1
2008	395.8	408.8	508.6	283.0	148.2	119.3
2009	381.2	393.7	489.8	272.5	142.7	96.3
2010	392.6	405.5	504.4	280.7	147.0	103.0
2011	436.2	450.6	560.4	311.9	163.4	111.1
2012	461.9	477.2	593.5	330.3	173.0	105.9

9-8 居民消费价格分类指数(2012年)
Consumer Price Indices by Category(2012)

(上年=100) (preceding year=100)

商品类别	Category	全省 Provincial Indices	城市 Urban Indices	农村 Rural Indices
居民消费价格指数	**Consumer Price Index**	**102.1**	**102.1**	**102.0**
非食品价格指数	Non-food Price Index	101.5	101.5	101.5
服务项目价格指数	Services Price Index	102.1	102.2	101.8
扣除鲜菜鲜果总指数	General Index Discounting Fresh Vegetables and Fresh Fruit	102.0	102.0	101.8
消费品价格指数	Consumer Goods Price Index	102.1	102.1	102.1
一、食　品	**Food**	**103.5**	**103.6**	**103.1**
1.粮　食	Grain	102.5	102.4	102.9
2.淀粉及制品	Starch and related products	104.2	104.1	104.5
3.干豆类及豆制品	Beans and Bean Products	100.4	100.0	101.3
4.油　脂	Oil or Fat	107.5	108.2	106.6
5.肉禽及其制品	Meal, Poultry and Their Products	101.6	103.0	99.3
(1)食用畜肉及副产品	Animal Meat and Products	99.7	101.0	97.4
(2)禽	Poultry	102.0	103.2	100.7
(3)加工肉禽	Processing Products of Meal and Poultry	106.3	107.2	104.4
6.蛋	Eggs	95.9	96.1	95.7
7.水产品	Aquatic Products	108.8	109.1	108.0
(1)鱼	Fishes	110.4	111.2	108.5
(2)其它水产品	Other Aquatic Products	106.8	106.7	106.9
8.菜	Vegetables	111.2	110.7	112.5
9.调味品	Flavoring	104.3	104.4	103.9
10.糖	Carbohydrate	103.5	104.3	102.6
11.茶及饮料	Tea and Beverages	103.8	104.5	101.3
(1)茶　叶	Tea	103.4	104.3	100.1
(2)饮　料	Beverages	104.1	104.7	102.1
12.干鲜瓜果	Dried and Fresh Melons and Fruits	98.4	97.9	99.7
13.糕点饼干面包	Cake, Biscuit and Bread	103.0	102.8	103.5
14.液体乳及乳制品	Milk and Its Products	102.6	101.9	104.4
15.在外用膳食品	Outward Dinner	104.0	103.3	106.2
16.其它食品	Other Foods	104.8	105.3	103.9
二、烟　酒	**Tobacco and Liquor**	**102.8**	**102.9**	**102.6**
1.烟　草	Tobacco	100.7	100.4	101.1
2.酒	Liquor	104.4	104.5	104.1
三、衣　着	**Clothing**	**103.3**	**103.0**	**104.6**
1.服　装	Garments	103.4	103.1	105.1
(1)男式服装	Men's Clothing	102.9	102.5	105.0
(2)女式服装	Women's Clothing	103.9	103.6	105.5
(3)儿童服装	Children's Clothing	102.8	102.6	103.5
2.衣着材料	Clothing Material	105.3	102.6	107.6
3.鞋袜帽	Footwear and Hats	102.9	102.9	103.2
(1)鞋	Shoes	103.0	102.9	103.7
(2)袜子	Socks	101.9	102.3	100.5
(3)帽子	Hats	102.5	103.3	99.5
4.衣着加工服务费	Clothing Proceeding Services	103.5	104.9	102.2

9-8 续表 continued

(上年=100) (preceding year=100)

商品类别	Category	全省 Provincial Indices	城市 Urban Indices	农村 Rural Indices
四、家庭设备用品及维修服务	**Household Facilities, Articles and Services**	**101.2**	**101.3**	**101.1**
1.耐用消费品	Durable Consumer Goods	99.9	100.1	99.5
(1)家　具	Furniture	100.2	100.1	100.4
(2)家庭设备	Household Facilities	99.8	100.1	99.1
2.室内装饰品	Interior Decorations	100.2	100.2	100.3
3.床上用品	Bed Articles	101.0	100.8	101.7
4.家庭日用杂品	Grocery for Daily Use	102.5	101.8	104.1
5.家庭服务及加工维修服务	Household Service and Proceeding Upkeep	107.5	108.8	103.2
五、医疗保健和个人用品	**Health Care and Personal Articles**	**102.1**	**102.3**	**101.6**
1.医疗保健	Health Care	101.8	102.3	100.8
(1)医疗器具及用品	Medical Instrument and Articles	103.9	101.8	108.5
(2)中药材及中成药	Traditional Chinese Medicinal Materials and Medicines	103.8	104.9	100.9
(3)西　药	Western Medicine	100.3	100.4	100.0
(4)保健器具及用品	Health Care Appliances and Articles	102.7	103.3	101.5
(5)医疗保健服务	Health Care Services	101.8	102.3	100.6
2.个人用品及服务	Personal Articles and Services	102.6	102.3	103.4
(1)化妆美容用品	Makeup Beauty Products	100.7	100.6	100.9
(2)清洁类化妆品	Clean Cosmetics	104.1	104.0	104.4
(3)个人饰品	Personal Decorations	102.1	101.8	103.0
(4)个人服务	Personal Services	103.9	103.1	105.1
六、交通和通信	**Transportation and Communication**	**100.2**	**99.8**	**101.0**
1.交通	Transportation	101.0	100.5	102.4
(1)交通工具	Transportation Facility	99.2	98.6	100.9
(2)车用燃料及零配件	Fuels and Parts	103.2	102.9	103.9
(3)车辆使用及维修费	Using and Upkeep	102.7	102.1	105.2
(4)市区公共交通费	Incity Public Traffic	100.5	100.5	100.6
(5)城市间交通费	Intercity Traffic	104.1	103.5	105.3
2.通信	Communication	98.7	98.6	98.9
(1)通信工具	Communication Facility	92.4	91.4	93.8
(2)通信服务	Communication Service	100.2	100.1	100.4
七、娱乐教育文化用品及服务	**Recreation, Education and Culture Articles and Services**	**100.3**	**100.2**	**100.8**
1.文娱用耐用消费品及服务	Durable Consumer Goods for Cultural and Recreational Use and Services	97.3	97.3	97.1
2.教育	Education	100.9	100.6	101.2
(1)教材及参考书	Teaching Materials and Reference Books	100.1	99.9	100.3
(2)教育服务	Education services	101.0	100.7	101.4
3.文化娱乐类	Cultural and Entertainment	100.5	100.6	100.3
(1)文化娱乐用品	Cultural and Entertainment Supplies	99.4	99.3	100.0
(2)书报杂志	Books, Newspapers and Magazines	100.4	100.3	100.6
(3)文娱费	Expenditure of Culture and Recreation	102.0	102.3	100.3
4.旅游	Touring	102.5	102.3	104.3
八、居　住	**Residence**	**101.8**	**102.0**	**101.1**
1.建房及装修材料	Building and Building Decoration Materials	99.8	100.8	98.8
2.住房租金	Rent	102.2	102.1	102.4
3.自有住房	Private Housing	102.9	103.3	101.8
4.水、电、燃料	Water, Electricity and Fuels	101.2	100.8	102.5

9-9 商品零售价格分类指数(2012年)
Retail Indices by Category(2012)

(上年=100) (preceding year=100)

商品类别	Category	全省 Provincial Indices	城市 Urban Indices	农村 Rural Indices
商品零售价格总指数	**Retail Index**	**101.6**	**101.5**	**101.9**
一、食 品	**Food**	**103.5**	**103.5**	**103.4**
1.粮 食	Grain	102.4	102.0	103.1
2.淀粉及制品	Starch and Related Products	104.6	104.9	104.0
3.干豆类及豆制品	Beans and Bean Products	100.7	99.6	102.8
4.油 脂	Oil or Fat	107.5	108.0	106.9
5.肉禽及其制品	Meal, Poultry and Their Products	101.5	102.9	99.6
(1)食用畜肉及副产品	Animal Meat and Products	99.5	100.9	97.6
(2)禽	Poultry	102.0	103.4	100.8
(3)加工肉禽	Processing Products of Meal and Poultry	106.4	107.3	104.9
6.蛋	Eggs	95.9	95.9	96.0
7.水产品	Aquatic Products	108.8	108.7	109.0
(1)鱼	Fishes	110.5	110.7	110.3
(2)其它水产品	Other Aquatic Products	106.3	106.5	105.6
8.菜	Vegetables	111.4	111.0	112.0
9.调味品	Flavoring	104.9	104.5	105.6
10.糖	Carbohydrate	102.9	103.6	102.5
11.干鲜瓜果	Dried and Fresh Melons and Fruits	98.3	97.7	99.8
12.糕点饼干面包	Cake Biscuit and Bread	103.1	102.6	104.0
13.液体乳及乳制品	Milk and Its Products	102.5	101.9	104.0
14.在外用膳食品	Outward Dinner	104.3	103.4	106.3
15.其它食品	Other Foods	104.6	105.3	103.4
二、饮料、烟酒	**Beverages,Tobacco and Liquor**	**102.8**	**103.1**	**102.4**
1.茶及饮料	Tea and Beverages	103.1	103.4	102.4
(1)茶 叶	Tea	102.6	103.5	100.1
(2)饮 料	Beverages	103.5	103.3	104.0
2.烟 草	Tobacco	100.6	100.3	101.0
3.酒	Liquor	104.3	104.6	103.6
三、服装、鞋帽	**Garments,Footwear and Hats**	**103.3**	**102.9**	**104.3**
1.服装	Garments	103.5	103.0	105.2
(1)男式服装	Men's Clothing	103.3	102.7	105.2
(2)女式服装	Women's Clothing	103.9	103.3	105.8
(3)儿童服装	Children's Clothing	103.0	102.7	103.4
2.鞋袜帽	Footwear and Hats	103.0	102.9	103.1
(1)鞋	Shoes	103.2	103.1	103.7
(2)袜 子	Socks	101.3	101.9	100.0
(3)帽 子	Hats	101.6	102.9	98.4
3.其 它	Others	100.0	100.7	98.8
四、纺织品	**Textiles**	**102.7**	**101.0**	**105.4**
1.衣着材料	Clothing Material	106.1	103.3	107.3
2.床上用品	Bed Articles	101.0	100.5	102.6

9-9 续表 continued

(上年=100) (preceding year=100)

商品类别	Category	全省 Provincial Indices	城市 Urban Indices	农村 Rural Indices
五、家用电器及音像器材	**Household Appliances, Music and Video Equipment**	**98.5**	**98.6**	**98.4**
1.家庭设备	Household Facilities	99.7	99.7	99.8
2.文娱用耐用消费品	Durable Consumer Goods for Cultural and Recreational Use	96.7	96.7	96.7
3.专业音像器材	Professional Music and Video Equipment	99.8	99.8	99.7
六、文化办公用品	**Cultural and Office Appliances**	**98.6**	**98.4**	**99.0**
七、日用品	**Articles for Daily Use**	**101.5**	**101.6**	**101.3**
1.日用百货	General Merchandise for Daily Use	100.7	100.7	100.6
2.日用杂品	Grocery for Daily Use	101.9	100.9	104.7
3.洗涤用品	Washing Products	103.3	103.7	102.6
4.其它日用品	Other Articles for Daily Use	100.2	100.9	98.7
八、体育娱乐用品	**Sports and Recreation Articles**	**100.6**	**99.9**	**101.8**
1.体育用品	Sports Articles	100.7	99.8	102.1
2.娱乐用品	Recreation Articles	100.4	99.9	101.5
九、交通、通信用品	**Transportation and Communication Articles**	**97.4**	**97.0**	**98.2**
1.交通运输机械	Transport machinery	98.7	98.5	99.1
2.通信器材	Communication Equipment	95.3	93.8	97.1
十、家　具	**Furniture**	**100.3**	**100.1**	**100.7**
十一、化妆品	**Cosmetics**	**101.4**	**101.4**	**101.4**
十二、金银珠宝	**Gold, Silver and Jewelry**	**101.5**	**100.7**	**103.7**
十三、中西药品及医疗保健用品	**Traditional Chinese and Western Medicines and Health Care Articles**	**102.2**	**102.2**	**102.2**
1.医疗器具及用品	Medical Apparatus and Articles	103.3	102.3	106.0
2.中药材及中成药	Traditional Chinese Medicinal Materials and Medicines	104.2	104.5	103.6
3.西　药	Western Medicines	100.7	100.5	100.9
4.保健器具及用品	Health Care Appliances and Supplies	102.6	102.8	102.0
十四、书报杂志及电子出版物	**Books, Newspapers, Magazines and Electronic Publications**	**100.4**	**100.1**	**100.9**
1.教材及参考书	Teaching Materials and Reference Books	100.2	100.1	100.4
2.书报杂志	Books, Newspapers and Magazines	100.5	100.4	100.8
3.电子音像制品	Electronic Audio-visual Products	100.7	99.8	101.9
十五、燃　料	**Fuels**	**102.3**	**102.1**	**102.8**
1.煤炭及制品	Coal and Products	100.5	100.0	101.0
2.石油及制品	Petroleum and Products	103.2	102.8	104.1
十六、建筑材料及五金电料	**Building Materials and Hardware**	**100.0**	**99.9**	**100.1**
1.建筑装潢材料	Building Decoration Materials	99.3	99.6	98.9
2.五金电料	Hardware	101.7	100.5	103.1

9-10 农产品生产者价格指数
Producers' Price Indices for Farm Products

(上年＝100) (preceding year=100)

指 标	Item	2009	2010	2011	2012
农产品生产者价格指数	**Producers' Price Indices for Farm Products**	**101.2**	**118.8**	**109.7**	**102.5**
种植业产品	**Planting Products**	**105.4**	**126.7**	**102.0**	**104.3**
#谷物	Cereal	102.0	114.7	108.4	102.0
#小麦	Wheat	110.9	109.7	104.5	101.8
稻谷	Rice	98.7	119.0	110.0	100.1
玉米	Corn	95.0	118.2	111.7	102.2
大豆	Beans	85.6	104.4	113.1	109.4
油料	Oil-bearing Crops	81.3	132.4	113.7	109.5
棉花	Cotton	101.6	151.7	121.5	84.9
蔬菜	Vegetable	110.8	138.6	76.2	112.5
水果	Fruit	107.7	110.1	119.2	108.5
林业产品	**Forestry Products**	**90.1**	**114.6**	**105.6**	**101.9**
畜牧业产品	**Animal Husbandry Products**	**95.1**	**105.9**	**121.6**	**96.7**
猪（毛重）	Pig (gross weight)	81.6	101.3	131.9	95.9
牛（毛重）	Cattle and Buffaloes (gross weight)	104.1	107.6	108.8	114.9
羊（毛重）	Sheep and Goats (gross weight)	98.9	106.8	115.4	114.9
肉禽（毛重）	Poultry (gross weight)	102.3	108.1	112.2	94.4
蛋类	Eggs	103.9	108.9	116.6	96.2
奶类	Milk	85.1	113.4	108.3	101.6
渔业产品	**Fishery Products**	**100.0**	**113.8**	**113.2**	**105.7**
海水养殖鱼类	Seawater Fish	99.4	108.3	104.4	110.1
淡水养殖鱼类	Freshwater Fish	97.8	109.9	107.6	107.4

9-11 工业、投资、房地产价格指数

年份 Year	以1988年为100 (1988=100) 工业生产者出厂价格指数 Producer Price Indices for Industrial Products	工业生产者购进价格指数 Industrial Producer Purchasing Price Indices	以1990年为100 (1990=100) 固定资产投资价格指数 Price Indices for Investment in Fixed Assets	以1997年为100 (1997=100) 房屋销售价格指数 Sales Price Indices of Houses	房屋租赁价格指数 Renting Price Indices of Houses	土地交易价格指数 Transactions Price Indices of Land
1988	100.0	100.0				
1989	123.8	136.7				
1990	129.6	144.1	100.0			
1991	133.5	154.2	112.4			
1992	146.5	171.0	134.2			
1993	180.1	230.3	163.9			
1994	223.7	279.4	189.8			
1995	261.8	316.2	202.3			
1996	272.5	334.3	208.6			
1997	275.8	336.3	209.4	100.0	100.0	100.0
1998	264.7	318.1	207.7	100.8	97.4	101.7
1999	257.3	297.1	206.9	103.4	99.9	102.6
2000	272.5	311.1	211.8	106.1	98.6	104.1
2001	270.1	311.1	214.8	110.1	99.9	109.3
2002	266.8	307.0	217.2	116.2	99.7	113.4
2003	276.2	324.5	223.5	124.0	98.3	119.1
2004	293.8	369.3	240.0	138.2	99.1	126.5
2005	304.7	391.1	247.0	150.0	100.8	134.6
2006	311.7	407.9	251.5	157.5	102.5	141.1
2007	322.0	427.5	261.7	166.6	105.0	148.3
2008	349.7	483.5	281.8	176.6	107.2	154.1
2009	329.1	461.7	273.1	179.6	109.0	158.9
2010	352.6	504.6	282.9	191.7	110.8	165.5
2011	373.7	550.9	302.3	198.9	111.3	169.7
2012	367.7	546.5	304.7			

Price Indices for Industrial, Investment, Real Estate

以上年为100 (preceding year=100)						
工业生产者出厂价格指数 Producer Price Indices for Industrial Products	工业生产者购进价格指数 Industrial Producer Purchasing Price Indices	固定资产投资价格指数 Price Indices for Investment in Fixed Assets	房屋销售价格指数 Sales Price Indices of Houses	房屋租赁价格指数 Renting Price Indices of Houses	土地交易价格指数 Transactions Price Indices of Land	物业管理价格指数 Property Management Price Indices
123.8	136.7					
104.7	105.4					
103.0	107.0	112.4				
109.7	110.9	119.4				
123.0	134.7	122.1				
124.2	121.3	115.8				
117.0	113.2	106.6				
104.1	105.7	103.1				
101.2	100.6	100.4				
96.0	94.6	99.2	100.8	97.4	101.7	
97.2	93.4	99.6	102.6	102.6	100.9	
105.9	104.7	102.4	102.6	98.7	101.4	
99.1	100.0	101.4	103.8	101.3	105.1	
98.8	98.7	101.1	105.5	99.8	103.7	
103.5	105.7	102.9	106.7	98.6	105.1	
106.4	113.8	107.4	111.5	100.8	106.2	
103.7	105.9	102.9	108.5	101.8	106.4	100.9
102.3	104.3	101.8	105.0	101.6	104.8	100.9
103.3	104.8	104.0	105.8	102.5	105.1	101.0
108.6	113.1	107.7	106	102.1	103.9	100.8
94.1	95.5	96.9	101.7	101.7	103.1	100.4
107.2	109.3	103.6	106.7	101.6	104.2	100.5
106.0	109.2	106.8	103.8	100.5	102.5	101.1
98.4	99.2	100.8				

9-12 工业生产者出厂价格指数

(上年=100)

类 别	Category	2001	2002	2003
总指数	**Total Industrial Productds**	**99.1**	**98.8**	**103.5**
轻工业	Light Industry	99.3	97.5	101.2
以农产品为原料	Agricultural Products as Raw Materials	100.1	97.7	103.2
以非农产品为原料	Non-agricultural Products as Raw Materials	97.4	97.1	99.2
重工业	Heavy Industry	99.0	99.7	106.5
采 掘	Mining	96.8	111.7	111.2
原 料	Raw Materials	100.7	97.7	109.1
加 工	Processing	98.2	97.8	102.6
生产资料	Means of Production	99.1	98.8	104.6
采 掘	Mining	96.9	111.9	110.6
原 料	Raw Materials	100.5	96.8	108.7
加 工	Processing	98.6	97.1	101.9
生活资料	Consumer Goods	99.3	98.5	100.9
食 品	Food	100.6	99.4	103.4
衣 着	Clothing	101.4	98.4	99.4
一般日用品	Articles for Daily Use	98.4	98.5	99.9
耐用消费品	Durable Consumer Goods	96.1	96.7	96.1
按工业部门分	**by Industrial Department**			
冶金工业	Metallurgical Industry	99.7	97.5	113.0
电力工业	Power Industry	100.7	100.2	100.2
煤炭及炼焦工业	Coal Industry	115.0	115.2	102.1
石油工业	Petroleum Industry	92.5	102.2	120.1
化学工业	Chemical Industry	98.6	97.8	102.8
机械工业	Machine Building Industry	97.0	97.2	98.6
建筑材料工业	Building Materials Industry	99.4	99.1	99.4
森林工业	Timber Industry	99.2	95.2	99.5
食品工业	Food Industry	100.6	99.4	103.8
纺织工业	Textile Industry	97.7	92.8	105.7
缝纫工业	Tailoring Industry	100.6	98.5	99.2
皮革工业	Leather Industry	103.2	101.0	99.8
造纸工业	Paper Industry	100.4	97.8	98.7
文教艺术用品工业	Industry of Cultural, Educational& Handicrafts Articles	100.7	100.8	99.1
其它工业	Others	104.1	99.4	100.2

Producer Price Indices for Industrial Products

(preceding year=100)

2004	2005	2006	2007	2008	2009	2010	2011	2012
106.4	**103.7**	**102.3**	**103.3**	**108.6**	**94.1**	**107.2**	**106.0**	**98.4**
103.3	100.8	101.1	103.2	104.8	97.5	104.7	106.3	99.6
105.1	100.3	101.4	105.6	105.9	97.1	107.1	107.4	99.7
101.5	101.3	100.7	100.4	103.5	97.9	102.2	102.8	99.4
110.5	107.3	103.7	103.4	112.4	90.9	109.5	105.8	97.9
121.3	120.8	109.0	102.0	128.6	79.4	129.5	112.6	96.4
110.0	107.5	104.9	104.7	111.2	89.7	111.8	108.0	97.6
107.1	102.3	100.9	102.9	107.8	94.8	103.0	104.0	98.1
108.0	105.1	103.1	102.9	110.0	93.0	108.4	106.2	97.6
121.5	120.4	107.8	102.5	129.3	80.0	127.7	112.6	96.4
108.8	107.0	105.1	104.5	109.7	90.1	111.5	108.2	97.4
105.4	101.8	101.4	102.3	106.3	96.1	104.5	104.9	97.8
102.7	100.1	100.4	104.7	105.0	97.4	103.4	105.1	100.9
105.6	100.0	101.0	109.9	108.5	96.6	105.7	106.7	101.9
102.1	101.2	101.6	101.3	102.1	99.9	102.3	104.4	101.4
101.0	102.3	100.3	99.8	104.2	98.5	103.6	106.7	100.4
97.0	97.7	98.2	97.9	98.7	96.6	97.6	97.2	97.7
117.6	102.6	101.1	108.3	114.6	86.2	109.8	106.7	92.9
100.6	103.3	102.4	101.1	102.2	104.5	102.7	102.9	104.1
124.8	111.0	97.6	106.4	128.2	89.2	115.5	106.4	91.0
116.3	127.2	118.6	100.2	123.3	78.4	129.1	115.3	102.5
107.7	106.8	101.7	103.5	108.4	91.2	107.6	109.2	97.3
101.2	100.4	100.4	100.0	103.5	97.9	100.3	101.2	99.5
103.9	100.6	102.2	101.0	106.5	99.9	104.7	106.5	98.7
100.9	101.2	100.6	102.0	101.8	98.0	101.1	103.5	100.7
106.4	99.9	100.9	110.2	108.9	96.6	106.0	106.7	102.2
105.7	99.7	102.4	101.1	101.2	97.7	113.8	113.2	94.6
102.8	101.4	101.3	100.6	101.7	99.3	101.9	104.4	101.2
101.2	101.1	102.4	103.7	103.7	99.0	102.4	104.2	102.0
101.2	101.3	101.1	101.5	107.5	94.9	103.7	101.3	98.8
100.7	102.4	100.9	100.5	102.2	99.9	100.6	99.8	101.5
101.2	102.0	101.4	100.2	105.0	100.2	103.4	105.0	99.9

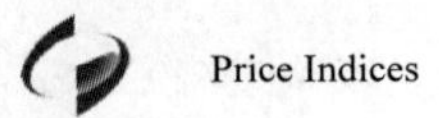

9-13 工业生产者出厂价格指数(2012年)
Producer Price Indices for Industrial Products(2012)

(上年=100) (preceding year=100)

类 别	Category	全年平均 Annual Average	一季度 1st Quarter	二季度 2nd Quarter	三季度 3rd Quarter	四季度 4th Quarter
总指数	**General Indices**	**98.4**	**99.8**	**98.8**	**97.2**	**97.8**
(一)核心指数	**Core Indices**	**97.6**	**98.5**	**97.7**	**96.7**	**97.5**
(二)高技术	**High Technology**	**100.3**	**100.0**	**100.5**	**100.5**	**100.3**
(三)能源	**Energy**	**99.6**	**105.7**	**101.9**	**95.9**	**95.1**
(四)按轻重工业分	**By Light and Heavy Industry**					
1.轻工业	Light Industry	99.6	99.6	99.4	99.5	100.0
(1)以农产品为原料	Agricultural Products as Raw Materials	99.7	99.1	99.4	99.8	100.4
(2)以非农产品为原料	Non-agricultural Products as Raw Materials	99.4	101.2	99.4	98.4	98.8
2.重工业	Heavy Industry	97.9	99.9	98.5	96.3	96.8
(1)采掘	Mining	96.4	105.0	98.6	90.8	91.5
(2)原料	Raw Materials	97.6	99.6	98.8	95.6	96.3
(3)加工	Processing	98.1	99.5	98.3	97.1	97.6
(五)按生产生活资料分	**By Means of Production and Consumer Goods**					
1.生产资料	Means of Production	97.6	99.5	98.1	96.2	96.8
(1)采掘	Mining	96.4	105.0	98.6	90.8	91.5
(2)原料	Raw Materials	97.4	99.6	98.6	95.4	96.1
(3)加工	Processing	97.8	98.9	97.9	97.0	97.5
2.生活资料	Consumer Goods	100.9	100.9	101.0	100.6	101.1
(1)食品	Food	101.9	100.7	102.1	102.2	102.5
(2)衣着	Clothing	101.4	102.3	101.7	101.0	100.7
(3)一般日用品	Articles for Daily Use	100.4	102.4	100.5	98.8	99.8
(4)耐用消费品	Durable Consumer Goods	97.7	96.9	96.9	98.2	99.0
(六)按初级中间最终产品分	**By Primary 、Intermediate and Final Products**					
1.初级产品	Primary Products	96.3	104.9	98.7	90.9	91.0
(1)矿产品	Minerals	96.2	104.9	98.6	90.8	90.8
(2)废料	Scrap	100.0	100.0	100.0	100.0	100.0
2.中间产品	Intermediate Products	98.2	99.4	98.6	97.1	97.8
3.最终产品	Final Products	100.1	100.9	100.3	99.5	99.7
(1)最终投资品	Investment Goods	99.5	100.6	99.7	98.7	98.8
(2)最终消费品	Consumer Goods	101.3	101.5	101.5	100.9	101.3
(七)按工业部门分	**By Industrial Department**					
1.冶金工业	Metallurgical Industry	92.9	95.8	93.8	89.8	92.3
2.电力工业	Power Industry	104.1	105.3	105.3	103.2	102.7
3.煤炭及炼焦工业	Coal Industry	91.0	99.2	96.6	86.9	81.4
4.石油工业	Petroleum Industry	102.5	110.4	103.5	97.3	99.5
5.化学工业	Chemical Industry	97.3	98.7	97.6	95.9	97.0
6.机械工业	Machine Building Industry	99.5	100.1	99.4	99.2	99.2
7.建筑材料工业	Building Materials Industry	98.7	99.7	98.9	98.3	98.0
8.森林工业	Timber Industry	100.7	101.3	100.3	100.2	100.9
9.食品工业	Food Industry	102.2	101.0	102.5	102.5	102.7
10.纺织工业	Textile Industry	94.6	93.4	93.0	95.0	97.2
11.缝纫工业	Tailoring Industry	101.2	102.1	101.2	100.7	100.6
12.皮革工业	Leather Industry	102.0	103.6	102.5	101.2	100.7
13.造纸工业	Paper Industry	98.8	100.7	99.6	97.8	97.2
14.文教艺术用品工业	Industry of Cultural, Educational & Handicrafts Articles	101.5	102.2	102.4	101.1	100.4
15.其它工业	Others	99.9	100.7	100.1	99.5	99.3

9-13 续表 continued

(上年=100) (preceding year=100)

类　　别	Category	全年平均 Annual Average	一季度 1st Quarter	二季度 2nd Quarter	三季度 3rd Quarter	四季度 4th Quarter
(八)按工业行业分	**by Industrial Sector**					
煤炭开采和洗选业	Mining and Washing of Coal	91.8	100.2	98.2	87.5	81.5
石油和天然气开采业	Extraction of Petroleum and Natural Gas	99.1	118.1	99.0	85.9	96.5
黑色金属矿采选业	Mining of Ferrous Metal Ores	86.6	91.3	88.9	82.5	83.5
有色金属矿采选业	Mining of Non-ferrous Metal Ores	103.4	107.2	102.7	100.8	103.3
非金属矿采选业	Mining and Processing of Nonmetal Ores	101.9	104.7	104.4	100.6	97.9
开采辅助活动	Mining Support Activities	100.0	100.0	100.0	100.0	100.0
其他采矿业	Mining of Other Ores					
农副食品加工业	Processing of Food from Agricultural Products	102.4	100.8	102.7	102.8	103.1
食品制造业	Manufacture of Foods	99.9	105.1	100.0	96.5	98.2
酒、饮料和精制茶制造业	Manufacture of Wine, Drinks and Refined Tea	102.7	103.2	103.0	103.0	101.5
烟草制品业	Manufacture of Tobacco	101.0	100.5	101.2	101.2	101.0
纺织业	Manufacture of Textile	95.3	94.3	93.9	95.6	97.6
纺织服装、服饰业	Manufacture of Textile Wearing Apparel and Finery	101.3	102.1	101.5	101.1	100.7
皮革、毛皮、羽毛及其制品和制鞋业	Manufacture of Leather, Fur, Feather & Its Products and Footwear	102.1	103.7	102.7	101.3	100.8
木材加工及木 竹、藤、棕、草制品业	Processing of Timbers, Manufacture of Wood, Bamboo, Rattan, Palm, and Straw Products	100.4	101.0	100.1	99.9	100.5
家具制造业	Manufacture of Furniture	101.3	101.8	100.9	100.9	101.8
造纸及纸制品业	Manufacture of Paper and Paper Products	98.8	100.7	99.6	97.8	97.2
印刷和记录媒介复制业	Printing, Reproduction of Recording Media	99.8	99.8	100.2	99.8	99.6
文教、工美、体育和娱乐用品制造业	Manufacture of Culture, Education,Arts and crafts, Sport and Entertainment Goods	100.9	101.4	101.3	100.6	100.4
石油加工、炼焦和核燃料加工业	Processing of Petroleum, Coking and Nucleus Fuel	101.2	106.6	102.9	98.2	97.4
化学原料和化学制品制造业	Manufacture of Chemical Raw Material and Chemical Products	96.0	96.7	96.8	94.5	96.0
医药制造业	Manufacture of Medicines	100.8	99.0	100.1	101.3	102.8
化学纤维制造业	Manufacture of Chemical Fiber	87.7	85.0	84.6	90.5	91.7
橡胶和塑料制品业	Manufacture of Rubber and Plastic	98.4	101.5	98.3	97.1	96.8
非金属矿物制品业	Manufacture of Non-metallic Mineral Products	98.7	99.5	98.8	98.3	98.1
黑色金属冶炼及压延加工业	Manufacture and Processing of Ferrous Metals	88.9	93.1	90.9	85.0	86.7
有色金属冶炼及压延加工业	Manufacture & Processing of Non-ferrous Metals	93.9	94.7	93.3	91.3	96.2
金属制品业	Manufacture of Metal Products	99.7	102.3	100.8	98.2	97.7
通用设备制造业	Manufacture of General Purpose Machinery	101.2	102.5	101.2	100.7	100.5
专用设备制造业	Manufacture of Special Purpose Machinery	100.0	100.9	100.1	99.9	99.3
汽车制造业	Manufacture of Automotive	99.4	100.1	99.4	99.0	99.1
铁路、船舶、航空航天和其他运输设备制造业	Manufacture of Railroad,Marine,Aerospace and Other Transportation Equipment	99.4	99.7	99.5	99.2	99.3
电气机械及器材制造业	Manufacture of Electrical Machinery & Equipment	97.2	97.2	96.1	96.9	98.5
计算机、通信和其他电子设备制造业	Manufacture of Computer, Communications and Other Electronic Equipment	100.3	100.6	100.9	100.3	99.3
仪器仪表制造业	Manufacture of Measuring Instrument	99.5	99.4	99.6	99.2	99.9
其他制造业	Other Manufacture	101.6	101.5	104.2	100.9	99.9
废弃资源综合利用业	Comprehensive Utilization of Waste	100.0	100.0	100.0	100.0	100.0
金属制品、机械和设备修理业	Metal Products, Machinery and Equipment Repair Industry	96.0	91.4	95.0	98.0	99.8
电力、热力生产和供应业	Production and Supply of Electric Power and Heat Power	104.1	105.3	105.3	103.2	102.7
燃气生产和供应业	Production and Supply of Gas	100.9	101.8	101.0	100.3	100.4
水的生产和供应业	Production and Supply of Water	100.8	101.1	101.1	100.8	100.1

9-14 工业生产者购进价格指数(2012年)
Industrial Producer Purchasing Price Indices(2012)

(上年=100) (preceding year=100)

类 别	Category	全年平均 Annual Average	一季度 1st Quarter	二季度 2nd Quarter	三季度 3rd Quarter	四季度 4th Quarter
总指数		**99.2**	**102.2**	**99.7**	**97.4**	**97.7**
一、按初级中间最终产品分	**By Primary and Intermediate Products**					
1.初级产品	Primary Products	98.7	104.7	99.5	95.1	95.9
(1)农产品	Farm Produce	100.1	102.3	100.5	98.5	99.4
(2)矿产品	Minerals	97.5	107.0	98.6	92.1	92.9
(3)废料	Scrap	96.1	103.3	98.5	92.7	90.5
2.中间产品	Intermediate Products	99.4	101.3	99.7	98.2	98.3
二、九大类原材料购进价格指数	**By Nine Categories of Raw Material**					
1.燃料、动力类	Fuel and Power	100.5	106.4	100.6	97.4	97.8
2.黑色金属材料类	Ferrous Metals	92.8	98.2	94.5	89.7	89.0
(1)钢材	Steel	94.0	98.4	94.9	91.7	91.3
(2)其它	Others	91.7	98.1	94.1	87.9	86.8
3.有色金属材料及电线类	Nonferrous Metals	95.9	96.0	95.1	93.3	99.5
4.化工原料类	Raw Chemical Materials	99.3	102.0	99.7	97.9	97.7
5.木材及纸浆类	Timber and Paper Pulp	100.8	101.3	101.4	100.7	99.7
6.建筑材料及非金属类	Building Materials and Nonmetal Ores	102.5	106.4	103.8	100.9	99.1
7.其它工业原材料及半成品类	Other Industrial Raw Materials and Semi-finished Products	100.1	101.6	100.6	99.2	99.1
8.农副产品类	Agricultural Products	100.0	102.2	100.4	98.4	99.3
9.纺织原料类	Textile Materials	99.9	102.4	100.2	98.9	98.3

9-15 固定资产投资价格指数(2012年)
Price Indices for Investment in Fixed Assets(2012)

(上年=100) (preceding year=100)

类 别	Category	全年平均 Annual Average	一季度 1st Quarter	二季度 2nd Quarter	三季度 3rd Quarter	四季度 4th Quarter
固定资产投资	**Investment in Fixed Assets**	**100.8**	**102.6**	**100.9**	**100.0**	**99.9**
建筑安装、装修装饰工程	Construction and Installation	101.2	103.6	101.4	100.1	99.8
人工费	Labor Costs	111.0	110.9	111.3	111.0	110.8
材料费	Material Costs	97.8	101.1	98.1	96.2	95.9
钢 材	Steel	94.8	99.6	96.2	92.5	90.9
木 材	Wood	101.7	104.6	101.5	100.6	100.3
水 泥	Cement	98.1	100.7	98.1	96.2	97.6
地方建筑材料	Local Building Materials	100.8	102.5	100.3	100.4	100.0
化工材料	Chemical Materials	100.6	103.3	101.6	96.7	100.8
电 料	Electric Materials	101.3	101.5	100.7	102.0	101.0
其他材料	Other Materials	103.4	103.4	102.9	102.2	105.2
机械费	Machinery Costs	103.6	105.1	103.0	103.3	103.2
设备、工器具购置	Purchase for Equipment,Tools and Instrum	99.2	100.0	99.3	98.8	98.8
其他费用	Other Costs	103.0	103.7	102.7	102.6	103.0

9–16 固定资产投资价格指数
Price Indices for Investment in Fixed Assets

(上年=100) (preceding year=100)

年份 Year	全省固定资产投资 Provincial Investment in Fixed Assets	建筑安装工程 Construction and Installation	人工费 Labor Costs	材料费 Material Costs	钢材 Steel	木材 Wood	水泥 Cement
1991	112.4	116.6	122.7	120.9	119.6	121.2	118.5
1992	119.4	123.8	118.7	122.4	117.0	109.4	107.8
1993	122.1	124.6	142.9	126.5	127.7	121.6	110.4
1994	115.7	120.1	159.1	119.4	118.9	132.0	107.0
1995	106.6	105.7	111.4	104.2	99.3	100.1	101.9
1996	103.1	103.2	112.8	101.0	99.6	99.9	102.1
1997	100.4	100.7	106.3	100.6	99.3	100.8	101.7
1998	99.2	100.2	104.7	99.0	97.6	100.9	98.3
1999	99.6	101.3	105.8	100.1	98.4	102.1	99.8
2000	102.4	105.1	105.1	106.2	107.4	109.9	98.2
2001	101.4	103.2	106.6	102.7	101.8	111.4	103.8
2002	101.1	102.3	103.3	100.5	100.9	106.1	99.3
2003	102.9	104.7	103.9	106.7	110.9	110.3	101.8
2004	107.4	110.4	108.0	113.2	120.3	106.4	108.6
2005	102.9	103.7	109.5	102.4	101.0	103.3	100.0
2006	101.8	102.1	109.0	100.1	97.2	102.7	101.4
2007	104.0	105.5	110.3	104.7	105.6	106.2	103.2
2008	107.7	110.7	110.5	112.4	116.3	110.4	110.2
2009	96.9	95.4	106.8	91.3	82.2	101.5	101.2
2010	103.6	105.3	110.3	104.4	105.1	102.7	104.3
2011	106.8	109.7	115.1	109.1	108.8	106.6	115.3
2012	100.8	101.2	111.0	97.8	94.8	101.7	98.1

9–16 续表 continued

(上年=100) (preceding year=100)

年份 Year	地方材料 Local Building Materials	化工材料 Chemical Materials	电料 Electric Materials	其它材料 Other Materials	机械使用费 Machinery Costs	设备工器具购置 Purchase of Equipment,Tools and Instruments	其它费用 Other Costs
1991	101.9	115.3	105.7	105.3	107.1	105.3	107.1
1992	99.9	113.6	96.5	115.0	106.2	115.0	106.2
1993	99.7	121.8	92.5	118.8	113.5	118.8	113.5
1994	100.5	122.6	100.4	107.6	106.0	107.6	106.0
1995	100.0	107.1	108.2	106.2	113.8	106.2	113.8
1996	100.1	102.0	104.8	101.6	107.2	101.6	107.2
1997	101.9	101.7	96.5	98.7	103.5	98.7	103.5
1998	99.9	100.0	92.5	96.0	102.0	96.0	102.0
1999	99.7	101.0	100.4	96.2	98.3	96.2	98.3
2000	100.0	101.6	102.2	97.2	100.4	97.2	100.4
2001	98.4	98.7	102.2	97.1	102.1	97.1	102.1
2002	100.6	101.0	107.6	97.3	104.1	97.3	104.1
2003	100.0	101.1	101.7	98.5	104.2	98.5	104.2
2004	108.5	104.7	103.4	101.1	106.7	101.1	106.7
2005	104.8	103.2	102.6	100.8	103.5	100.8	103.5
2006	103.7	103.5	103.9	100.6	103.4	100.6	103.4
2007	105.7	103.3	104.2	100.8	104.6	100.8	104.6
2008	110.0	114.5	102.7	105.8	104.8	102.5	104.4
2009	103.0	97.1	97.3	101.2	101.3	98.0	102.0
2010	103.9	105.3	103.2	100.9	103.3	100.2	103.6
2011	109.1	108.2	103.5	103.9	105.8	101.8	104.9
2012	100.8	100.6	101.3	103.4	103.6	99.2	103.0

9-17 各市工业生产者出厂价格指数(2012年)
Ex-factory Price Indices of Industrial Products by Region(2012)

(上年=100) (preceding year=100)

类 别	Category	济南 Ji-nan	青岛 Qing-dao	淄博 Zi-bo	枣庄 Zao-zhuang	东营 Dong-ying	烟台 Yan-tai	潍坊 Wei-fang	济宁 Ji-ning	泰安 Tai'an
总指数	**General Indices**	**98.4**	**98.6**	**97.9**	**98.0**	**99.6**	**97.9**	**96.8**	**96.9**	**98.4**
(一)核心指数	**Core Indices**	**97.4**	**97.7**	**96.7**	**99.1**	**98.0**	**97.1**	**95.2**	**98.5**	**99.0**
(二)高技术	**High Technology**	**101.5**	**95.5**	**101.1**	**101.3**	**100.0**	**96.9**	**104.9**	**100.7**	**103.0**
(三)能源	**Energy**	**102.3**	**104.2**	**100.6**	**92.9**	**100.1**	**101.5**	**101.2**	**91.9**	**94.5**
(四)按轻重工业分	**By Light and Heavy Industry**									
1.轻工业	Light Industry	100.2	99.7	100.0	97.3	98.7	99.0	95.5	100.3	99.8
(1)以农产品为原料	Agricultural Products as Raw Materials	100.5	99.6	99.3	96.7	98.8	98.3	95.4	100.3	99.5
(2)以非农产品为原料	Non-agricultural Products as Raw Materials	99.9	99.8	100.8	98.7	96.6	101.0	96.4	100.7	100.9
2.重工业	Heavy Industry	98.0	97.9	97.4	98.2	99.7	97.4	97.7	95.5	98.1
(1)采掘	Mining	91.8	93.3	96.2	92.4	99.3	99.9	98.5	88.7	95.1
(2)原料	Raw Materials	98.4	99.1	97.0	98.6	99.9	98.5	95.5	96.9	97.1
(3)加工	Processing	98.0	97.6	98.3	100.0	99.4	96.8	99.1	99.4	99.1
(五)按生产生活资料分	**By Means of Production and Consumer Goods**									
1.生产资料	Means of Production	97.9	97.5	97.4	97.6	99.5	96.8	95.4	95.6	97.7
(1)采掘	Mining	91.8	93.3	96.2	92.4	99.3	99.9	98.5	88.7	95.1
(2)原料	Raw Materials	98.5	99.1	96.7	98.5	100.0	98.8	93.7	96.5	97.1
(3)加工	Processing	97.8	97.2	98.5	98.7	98.6	96.0	96.1	98.5	98.4
2.生活资料	Consumer Goods	101.1	100.4	100.6	99.1	100.6	101.9	101.5	103.4	102.3
(1)食品	Food	102.0	99.9	100.6	100.9	101.7	101.2	101.4	104.6	101.8
(2)衣着	Clothing	102.0	102.0	100.7	96.3	101.1	105.4	103.0	100.2	106.0
(3)一般日用品	Articles for Daily Use	99.4	101.6	100.6	97.1	94.9	101.7	101.2	101.8	100.6
(4)耐用消费品	Durable Consumer Goods	100.7	98.8	100.3	100.5	97.0	101.6	99.0	100.6	103.3
(六)按初级中间最终产品分	**By Primary、Intermediate and Final Products**									
1.初级产品	Primary Products	92.8	93.3	96.2	92.4	99.3	100.0	98.5	88.7	95.1
(1)矿产品	Minerals	91.8	93.3	96.2	92.4	99.3	100.0	98.5	88.7	95.1
(2)废料	Scrap	100.0								
2.中间产品	Intermediate Products	97.7	97.9	97.8	98.7	99.4	97.3	95.5	98.7	98.5
3.最终产品	Final Products	101.0	99.9	100.2	99.5	100.4	99.8	99.6	101.3	100.9
(1)最终投资品	Investment Goods	100.8	99.2	99.8	99.8	100.4	98.6	98.6	99.0	100.3
(2)最终消费品	Consumer Goods	101.6	100.7	101.3	99.1	100.9	102.0	101.7	104.8	102.4
(七)按工业部门分	**by Industrial Department**									
1.冶金工业	Metallurgical Industry	88.4	91.7	92.1	98.1	99.7	96.2	92.2	97.8	93.6
2.电力工业	Power Industry	103.1	104.4	105.7	103.0	103.4	103.9	104.6	108.0	102.6
3.煤炭及炼焦工业	Coal Industry	98.6	100.0	93.8	90.0	100.0	91.0	88.1	87.8	92.9
4.石油工业	Petroleum Industry	102.8	104.2	102.3	107.9	100.1	101.3	101.1	99.8	99.5
5.化学工业	Chemical Industry	97.2	96.2	95.9	102.9	97.6	99.2	92.5	99.1	102.6
6.机械工业	Machine Building Industry	100.7	98.8	100.0	99.6	100.0	98.2	100.2	100.0	98.9
7.建筑材料工业	Building Materials Industry	100.5	95.6	99.5	100.2	97.3	93.1	94.8	94.6	101.7
8.森林工业	Timber Industry	99.3	102.4	105.1	100.1	101.2	98.6	104.5	100.9	100.3
9.食品工业	Food Industry	101.9	100.0	100.8	101.1	102.4	101.1	102.3	105.0	102.5
10.纺织工业	Textile Industry	93.0	91.8	99.5	88.2	93.8	86.0	86.1	97.2	90.9
11.缝纫工业	Tailoring Industry	100.4	101.6	100.6	96.2		105.7	103.0	100.2	106.5
12.皮革工业	Leather Industry	108.7	102.6	115.5	97.3	101.1	109.4			99.1
13.造纸工业	Paper Industry	99.9	95.6	96.9	96.1	98.7	99.4	95.0	95.5	98.8
14.文教艺术用品工业	Industry of Cultural, Educational & Handicrafts Articles	100.2	105.2	101.4	96.8	100.0	102.7	102.1	104.3	98.2
15.其它工业	Others	98.5	101.1	99.8	96.4	106.6	98.4	99.1	99.6	102.4

9-17 续表 continued

(上年=100) (preceding year=100)

类 别	Category	威海 Wei-hai	日照 Ri-zhao	莱芜 Lai-wu	临沂 Lin-yi	德州 De-zhou	聊城 Liao-cheng	滨州 Bin-zhou	菏泽 He-ze
总指数	**General Indices**	**101.1**	**96.9**	**86.6**	**97.4**	**100.1**	**98.1**	**97.5**	**99.2**
(一)核心指数	**Core Indices**	**99.4**	**93.6**	**84.7**	**96.8**	**99.7**	**96.8**	**96.1**	**98.4**
(二)高技术	**High Technology**	**97.6**	**100.0**	**102.3**	**96.6**	**100.7**	**108.5**	**97.9**	**97.2**
(三)能源	**Energy**	**103.9**	**101.1**	**103.2**	**99.3**	**100.8**	**103.0**	**98.0**	**98.8**
(四)按轻重工业分	**By Light and Heavy Industry**								
1.轻工业	Light Industry	102.9	102.1	87.4	98.1	99.7	97.7	98.3	99.6
(1)以农产品为原料	Agricultural Products as Raw Materials	104.6	102.5	87.1	97.7	99.6	97.5	97.8	98.5
(2)以非农产品为原料	Non-agricultural Products as Raw Materials	97.4	99.9	100.5	100.7	100.2	99.6	104.6	104.5
2.重工业	Heavy Industry	99.6	93.6	86.5	97.0	100.5	98.3	96.2	98.8
(1)采掘	Mining	101.0	103.1	82.6	93.7			100.5	77.4
(2)原料	Raw Materials	103.4	98.9	102.1	98.4	100.7	94.6	97.0	99.2
(3)加工	Processing	99.0	92.2	84.6	96.6	100.4	100.4	95.1	99.0
(五)按生产生活资料分	**By Means of Production and Consumer Goods**								
1.生产资料	Means of Production	99.9	93.9	86.6	97.0	100.1	96.9	96.1	98.0
(1)采掘	Mining	101.0	103.1	82.6	93.7			100.5	77.4
(2)原料	Raw Materials	103.3	97.6	102.1	98.3	101.0	94.5	97.2	99.4
(3)加工	Processing	99.4	92.8	84.9	96.7	99.8	97.8	95.6	97.3
2.生活资料	Consumer Goods	102.9	103.1	85.0	98.2	100.1	103.3	102.1	101.6
(1)食品	Food	105.4	104.7	81.0	97.7	100.4	103.5	102.4	102.3
(2)衣着	Clothing	99.7	100.5	101.0	100.3	100.2	105.2	106.6	101.9
(3)一般日用品	Articles for Daily Use	97.6	98.5	98.8	99.3	99.4	101.6	100.4	100.6
(4)耐用消费品	Durable Consumer Goods	97.2	100.3	109.3	100.5	99.6	112.2	100.0	102.3
(六)按初级中间最终产品分	**By Primary 、Intermediate and Final Products**								
1.初级产品	Primary Products	101.0	103.2	82.6	93.7			100.5	77.4
(1)矿产品	Minerals	101.0	103.5	82.6	93.7			100.5	77.4
(2)废料	Scrap		97.0						
2.中间产品	Intermediate Products	101.7	96.2	86.7	97.3	100.1	97.0	97.3	98.9
3.最终产品	Final Products	101.0	101.8	99.0	99.3	100.8	102.2	100.2	101.1
(1)最终投资品	Investment Goods	99.2	99.9	103.5	99.8	100.9	101.6	98.3	100.6
(2)最终消费品	Consumer Goods	103.0	103.9	85.0	98.8	100.7	103.4	102.5	102.0
(七)按工业部门分	**by Industrial Department**								
1.冶金工业	Metallurgical Industry	100.1	84.5	82.6	90.7	98.2	92.0	91.4	94.3
2.电力工业	Power Industry	102.1	103.7	107.2	104.4	100.3	104.3	105.9	104.2
3.煤炭及炼焦工业	Coal Industry		86.6	95.6	91.7		92.3	84.5	86.7
4.石油工业	Petroleum Industry			100.0	102.4	101.7	100.0	99.1	100.3
5.化学工业	Chemical Industry	101.0	97.8	94.0	96.9	100.8	99.2	98.8	97.4
6.机械工业	Machine Building Industry	98.0	100.1	99.6	99.5	101.4	102.4	95.7	101.7
7.建筑材料工业	Building Materials Industry	103.7	99.0	92.4	100.4	99.2	103.6	97.3	99.7
8.森林工业	Timber Industry	100.0	99.7	108.6	101.2	98.8	98.1	104.2	103.5
9.食品工业	Food Industry	105.8	104.8	82.1	98.5	100.6	103.5	102.5	102.2
10.纺织工业	Textile Industry	104.0	96.7	88.3	92.3	93.9	87.8	94.9	92.9
11.缝纫工业	Tailoring Industry	96.0	100.5	100.8	102.7	100.2	104.6	106.6	101.6
12.皮革工业	Leather Industry	103.2		103.8	97.6	99.6	105.6	103.7	103.1
13.造纸工业	Paper Industry	98.7	92.3		94.1	94.2	98.1	96.2	102.4
14.文教艺术用品工业	Industry of Cultural, Educational & Handicrafts Articles	100.4	99.9	99.8	99.8	99.6	107.4	100.9	101.2
15.其它工业	Others	94.9	100.7	103.3	101.6	98.5	103.2	102.1	103.7

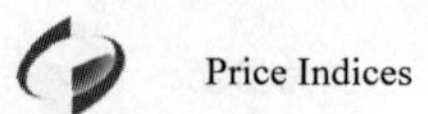

9-18 各市住宅销售价格指数(2012年)
Price Indices for Real Estate(2012)

(上年同期=100) (Same period of preceding year=100)

类 别	Category	1月 January	2月 February	3月 March	4月 April	5月 May	6月 June	7月 July	8月 August	9月 September	10月 October	11月 November	12月 December
新建商品住宅	**New Commercial Residential Buildings**												
济南	Jinan	100.6	100.2	99.5	98.4	98.1	97.8	97.9	98.5	98.5	99.1	99.4	100.0
青岛	Qingdao	99.8	100.0	98.4	96.2	95.9	95.7	95.4	95.4	95.0	95.2	95.6	96.6
淄博	Zibo	103.7	102.8	102.3	101.2	99.7	99.2	99.6	99.6	100.0	100.3	100.1	100.3
枣庄	Zaozhuang	100.7	100.4	100.4	100.1	99.9	99.4	99.2	99.4	99.5	99.6	99.5	99.8
东营	Dongying	101.2	101.1	100.5	100.4	99.9	100.0	100.0	100.3	100.6	100.7	100.8	101.0
烟台	Yantai	100.3	99.5	98.5	97.8	97.7	98.2	97.9	98.0	98.0	98.4	98.7	99.2
潍坊	Weifang	101.2	101.0	100.9	100.2	100.1	99.7	99.4	99.2	99.3	99.4	99.7	100.1
济宁	Jining	100.2	99.8	99.7	99.3	99.0	99.1	99.5	99.7	99.8	99.7	100.2	100.3
泰安	Tai'an	102.7	103.2	103.6	102.4	101.9	101.9	102.0	102.4	102.5	101.9	102.4	102.4
威海	Weihai	101.5	101.0	100.4	100.1	100.2	100.4	100.0	100.0	100.1	99.7	100.2	100.3
日照	Rizhao	100.7	100.2	99.1	98.6	98.5	98.2	98.3	98.3	98.7	99.3	99.4	100.3
莱芜	Laiwu	103.7	104.4	103.3	102.5	103.2	102.4	102.5	102.2	101.6	101.7	101.9	101.7
临沂	Linyi	102.9	102.0	102.5	102.3	101.4	101.3	100.9	100.5	100.7	100.5	101.0	101.2
德州	Dezhou	105.3	105.3	104.3	103.9	103.5	102.7	102.1	101.9	101.5	101.2	101.7	101.9
聊城	Liaocheng	101.7	100.8	100.3	99.8	99.4	99.1	98.9	98.5	99.6	99.6	100.4	100.8
滨州	Binzhou	100.8	101.0	100.9	100.8	100.8	101.3	101.7	102.3	102.7	102.8	102.6	103.5
菏泽	Heze	103.2	102.8	101.8	101.1	100.3	99.6	99.3	98.7	98.1	98.3	98.3	98.8
二手住宅	**Second-hand House**												
济南	Jinan	100.5	100.2	99.7	99.6	99.3	98.9	99.0	99.0	99.0	99.1	99.0	99.2
青岛	Qingdao	97.9	97.8	97.6	97.2	96.6	96.5	96.6	97.0	97.2	97.6	98.2	98.8
淄博	Zibo	100.5	98.5	99.8	100.0	100.6	100.6	101.1	101.0	101.0	100.6	101.0	100.9
枣庄	Zaozhuang	99.7	99.0	98.7	97.5	97.2	97.0	96.9	97.1	97.2	97.0	97.0	97.0
东营	Dongying	101.7	101.2	101.2	101.2	101.2	100.0	100.2	100.3	100.5	101.0	101.4	101.9
烟台	Yantai	101.0	100.1	99.1	98.6	97.6	96.8	96.3	95.3	95.2	95.3	95.1	95.0
潍坊	Weifang	100.9	100.5	100.3	100.1	99.6	99.3	99.2	99.1	99.4	99.3	99.2	99.3
济宁	Jining	99.4	98.9	98.8	98.8	98.8	99.0	99.0	99.4	99.4	99.3	99.6	99.8
泰安	Tai'an	102.9	100.9	100.3	100.5	99.0	98.6	99.5	99.3	99.0	98.9	98.7	98.6
威海	Weihai	100.2	100.0	100.0	100.0	100.3	99.8	99.7	99.9	99.5	99.5	99.9	100.4
日照	Rizhao	100.9	100.5	100.6	99.9	99.9	99.9	99.9	100.0	99.8	99.8	99.8	99.9
莱芜	Laiwu	102.2	100.9	100.6	100.4	100.4	99.6	99.5	99.8	99.9	99.8	99.6	99.2
临沂	Linyi	103.4	103.6	103.7	104.6	103.8	103.6	103.6	102.7	102.9	101.3	101.2	101.5
德州	Dezhou	103.3	103.7	104.0	103.7	103.8	102.7	102.7	102.3	102.1	102.0	102.1	102.2
聊城	Liaocheng	104.0	103.9	105.1	104.7	104.0	104.0	103.9	104.1	105.0	104.8	105.6	105.4
滨州	Binzhou	103.3	102.6	102.1	103.0	102.8	103.3	103.3	103.9	104.0	103.3	102.1	104.3
菏泽	Heze	105.0	104.2	104.0	102.6	102.5	101.1	101.0	100.5	100.3	100.0	100.1	99.6

主要统计指标解释

居民消费价格指数 是反映一定时期内城乡居民所购买的生活消费品价格和服务项目价格变动趋势和程度的相对数，是对城市居民消费价格指数和农村居民消费价格指数进行综合汇总计算的结果。该指数可以观察和分析消费品的零售价格和服务价格变动对城乡居民实际生活费支出的影响程度。

城市居民消费价格指数 是反映一定时期内城市居民家庭所购买的生活消费品价格和服务项目价格变动趋势和程度的相对数。该指数可以观察和分析消费品的零售价格和服务项目价格变动对城镇职工货币工资的影响，作为研究职工生活和确定工资政策的依据。

农村居民消费价格指数 是反映一定时期内农村居民家庭所购买的生活消费品价格和服务项目价格变动趋势和程度的相对数。该指数可以观察农村消费品的零售价格和服务项目价格变动对农村居民生活消费支出的影响，直接反映农民生活水平的实际变化情况，为分析和研究农村居民生活问题提供依据。

商品零售价格指数 是反映一定时期内城乡商品零售价格变动趋势和程度的相对数。商品零售价格的变动直接影响到城乡居民的生活支出和国家的财政收入，影响居民购买力和市场供需的平衡，影响到消费与积累的比例关系。因此，该指数可以从一个侧面对上述经济活动进行观察和分析。

农业生产资料价格指数 指反映一定时期内农业生产资料价格变动趋势和程度的相对数。农业生产资料价格指数分为农用手工工具、饲料、产品畜、半机械化农具、机械化农具、化学肥料、农药及农药械、农用机油、其他农业生产资料、农业生产服务十大类。其编制目的是了解农业生产中物质资料投入价格的变动状况，服务于国民经济核算。1994年以前，农业生产资料价格指数仅仅是商品零售价格指数的一个类别，此后，从商品零售价格指数中分离出来，单独编制。

农产品生产价格指数 是反映一定时期内，农产品生产者出售农产品价格水平变动趋势及幅度的相对数。该指数可以客观反映全国农产品生产价格水平和结构变动情况，满足农业与国民经济核算需要。其中某代表品生产价格指数是通过对全部有出售该产品行为的调查单位的个体指数进行几何平均求得的，类价格指数是通过对其所属的类（或代表品）的价格指数进行加权平均求得的。季度累计价格指数的计算方法与分季指数的计算方法相同。

工业生产者价格指数是由工业生产者出厂价格指数和工业生产者购进价格指数两部分组成。

工业生产者出厂价格指数 是反映一定时期内工业企业产品第一次出售时的出厂价格总水平的变动趋势和程度的相对数，包括工业企业售给本企业以外所有单位的各种产品和直接售给居民用于生活消费的产品。该指数可以观察出厂价格变动对工业总产值及增加值的影响。

工业生产者购进价格指数 是反映工业企业作为生产投入，而从物资交易市场和能源、原材料生产企业购买原材料、燃料和动力产品时，所支付的价格水平变动趋势和程度的统计指标，是扣除工业企业物质消耗成本中的价格变动影响的重要依据。

固定资产投资价格指数 是反映一定时期内固定资产投资品及项目的价格变动趋势和程度的相对数。固定资产投资额是由建筑安装工程投资完成额、设备工器具购置投资完成额和其他费用投资完成额三部分组成的。编制固定资产投资价格指数应首先分别编制上述三部分投资的价格指数，然后采用加权算术平均法求出固定资产投资价格总指数。

该指数可以准确地反映固定资产投资中涉及的各类投资品和取费项目价格变动趋势和变动幅度，消除按现价计算的固定资产投资指标中的价格变动因素，真实地反映固定资产投资的规模、速度、结构和效益，为国家科学地制定、检查固定资产投资计划并提高宏观调控水平，为完善国民经济核算体系提供科学的、可靠的依据。

住宅销售价格指数 是综合反映住宅商品价格总体变化趋势和变化幅度的相对数。各市住宅销售价格指数是由新建住宅销售价格指数和二手住宅销售价格指数组成。

Explanatory Notes on Main Statistical Indicators

Consumer Price Indices reflect the trend and degree of changes in prices of consumer goods and services purchased by urban and rural households during a given period.They are obtained by combining Consumer Price Indices of Urban Household and Consumer Price Indice of Rural Household.The Indices enable the observation and analysis of the degree of impact of the changes in the prices of retailed goods and services on the actual living expenses of urban and rural residents.

Urban Consumer Price Indices reflect the trend and degree of changes in prices of consumer goods and services purchased by urban households during a given period. It can be used to observe and analyze the impact of price changes in consumer goods and services on wages (in monetary terms) of urban staff and workers, and provide basis for policy making concerning the living cost and wages of staff and workers.

Rural Consumer Price Indices reflect the trend and degree of changes in prices of consumer goods and services purchased by rural households during a given period. It can be used to observe the impact of change in retail prices of consumer goods and service prices in rural areas on living expenditure of rural households, and to show the changes in the living standard of peasants. It provides basis for analysis and research on condition of life in rural areas.

Retail Price Indices reflect the trend and degree of change in retail prices of commodities during a given period. The change in retail prices of commodities directly affect the living expenditure of urban and rural residents, government revenue, purchasing power of residents and the equilibrium of market supply and demand, and the ratio of consumption to accumulation. Therefore, the retail price indices are useful to analyze the changes of the above economic activities.

Price Indices of Means of Agricultural Production reflect the trend and degree of changes in prices of means of agricultural production during a given period. Price indices of means of agricultural production are composed of 10 categories including Agricultural hand tools, feeds, Product livestock, semi-mechanized farm machinery, mechanized farm machinery, chemical fertilizers, pesticides and spraying machinery, fuels for farm machinery, other means of agricultural production and Agricultural production services. Compilation of these indices helps to understand the changes in prices of input into agricultural production and facilitate the compilation of national account statistics. Before 1994, price indices of means of agricultural production was a sub-category in the in the retail price indices of commodities, and it has been compiled separately since 1994.

Indices of Producers' Prices for Farm Products reflect the trend and degree of changes in producers' prices received by farmers when they sell farm products during a given period. These indices depict the change in the level and structure of producers' prices of farm products of the country and meet the needs of agriculture statistics and national account statistics. The producers' price index of a given product is calculated through geometrical mean of individual indices of all surveyed units who sell such product, and the indices of a product category is obtained through weighted mean of price indices of all products in the category. Method for calculating accumulative quarterly indices is the same as for calculating the distinctive quarterly indices.

Producer Price Indices for Industrial Products reflect the trend and degree of changes in price of all industrial products for the first time to sell during a given period, including sales of industrial products by an industrial enterprise to all units outside the enterprise, as well as sales of consumer goods to residents. It can be used to analyze the impact of ex factory prices on gross output value and value added of the industrial sector.

Industrial Producer Purchasing Price Indices reflect changes in the level and degree of prices paid by industrial enterprises when they purchase production input such as raw materials, fuels and power from the market or from other energy or raw materials producing enterprises. These indices provide important basis for measuring the material consumption of industrial enterprises after removing influence of price changes.

At present, close to 1,800 products in 9 categories, including fuels and power, ferrous metals, non ferrous metals, chemicals, building materials, are covered in China for the survey to produce indices of purchasing prices of raw materials, fuels and power.

Price Indices of Investment in Fixed Assets reflect the trend and degree of changes in prices of investment goods and projects in fixed assets during a given period. The investment in fixed assets consists of three components, namely the investment in construction and installation, the investment in purchases of equipment and instrument, and the investment in other items. Price indices of investment in fixed assets are calculated as the weighted arithmetic mean of the price indices of the three components of investment in fixed assets.

Removing the factor of price change in the aggregates of investment at current prices, this indicator shows the changes in the prices of commodities and fees involved in the investment of fixed assets, and can be used to observe the actual size, growth, structure, and efficiency of investment in fixed assets and provides reliable and scientific data for government planning, management, decision making, and further improving the current national accounting system.

Price Indices for Real Estate reflect the trend and degree of changes in prices of real estate during a given period, including price indices for selling houses and buildings, price indices for leasing houses and buildings and price indices for land transaction. The methods for the compilation of the three sets of indices are similar in that they all use bottom—up approach under which data are reported from lower level to higher level.

第10篇

居民生活

People's Livelihood

简 要 说 明

一、本篇资料的主要内容

本篇资料反映了全省城镇、农村居民的家庭收支、就业、居住、耐用消费品拥有、生产和生活等方面的情况。

二、本篇资料的来源

1.本篇资料中城镇居民家庭相关资料来源于城镇住户调查年报，由国家统计局山东调查总队居民收支调查处整理提供。

2.本篇资料中农民家庭相关资料来源于农村住户调查年报，由国家统计局山东调查总队住户专项调查处整理提供。

3.各市农村居民主要指标来源于农村住户调查年报，由省统计局农村处整理提供。

Brief Introduction

I. Content

Data in this chapter show the basic conditions of the people's livelihood in Shandong Province, including income and expenditure of the households, employment, housing condition, consumption and possession of the major consumer goods, etc.

II. Source of Data

(1) Data in this chapter are based on the data collected by the sample survey on urban households and are prepared and provided by the Division of Household Income and Expenditure Survey of the National Bureau of Statistics in Shandong.

(2) Data in this chapter are based on the data collected by the sample survey on rural households and are prepared and provided by the Division of Household Special Survey of the National Bureau of Statistics in Shandong.

(3) Data on the main indicators of rural residents' livelihood are based on the sample survey of rural households and are prepared and provided by the Division of Countryside Statistics of Shandong Provincial Bureau of Statistics.

10−1 主要年份城镇居民家庭基本情况
Basic Conditions of Urban Households of Major Years

年 份 Year	调查户数(户) Number of Households Surveyed (household)	平均每户家庭人口(人) Average Household Size (person)	平均每户就业人口(人) Average Number of Employed Persons per Household (person)	平均每一就业者负担人数(人) Number of Dependents per Employee (person)	人均全年可支配收入(元) Per Capita Annual Disposable Income (yuan)	人均全年消费性支出(元) Per Capita Annual Consumption Expenditure (yuan)	人均全年非消费支出(元) Per Capita Annual Non-consumption Expenditure (yuan)	人均住宅建筑面积(平方米) Per Capita Construction Area of Building (sq.m)
1984	430	3.93	2.35	1.67	639	521		6.90
1985	900	3.57	2.10	1.70	748	670		7.77
1986	1630	3.54	2.05	1.72	854	751		9.15
1987	1730	3.53	2.05	1.72	987	813		9.61
1988	1830	3.51	2.06	1.71	1163	1026		9.96
1989	2080	3.43	2.01	1.71	1349	1161		10.25
1990	2180	3.38	2.00	1.69	1466	1229		10.05
1991	2180	3.31	1.98	1.67	1688	1407		10.49
1992	2180	3.26	1.98	1.65	1974	1599	151	10.80
1993	2080	3.24	1.96	1.65	2515	1947	270	11.20
1994	2080	3.21	1.96	1.64	3444	2635	439	11.88
1995	2050	3.19	1.96	1.63	4264	3285	566	12.35
1996	2050	3.16	1.99	1.59	4890	3771	726	12.13
1997	2100	3.17	2.01	1.58	5191	4041	731	12.70
1998	2300	3.14	1.98	1.59	5380	4144	1079	12.82
1999	2400	3.12	1.93	1.62	5809	4515	1082	13.10
2000	2500	3.10	1.87	1.66	6490	5022	1037	13.75
2001	2450	3.06	1.82	1.68	7101	5252	1133	14.17
2002	2650	3.02	1.78	1.70	7615	5596	1905	24.57
2003	2650	2.98	1.77	1.68	8400	6069	2221	25.67
2004	2650	2.95	1.77	1.67	9438	6674	2352	26.39
2005	2800	2.91	1.69	1.72	10745	7457	2432	28.49
2006	3000	2.91	1.71	1.70	12192	8468	3249	29.29
2007	3050	2.87	1.68	1.71	14265	9667	3522	29.80
2008	3300	2.87	1.64	1.75	16305	11007	3640	31.33
2009	3300	2.86	1.64	1.74	17811	12013	4060	31.80
2010	3300	2.86	1.67	1.71	19946	13118	4298	32.09
2011	3300	2.83	1.69	1.67	22792	14561	4781	33.18
2012	3300	2.83	1.69	1.67	25755	15778	4879	33.44

注：住宅建筑面积指标2001年以前为人均居住面积，2002年以后为人均建筑面积。
a)Data before 2001 on construction area of builiding means per capita living space, data after 2002 per capita floor space.

10-2 城镇居民年人均收入

Per Capital Annual Income of Urban Households

单位:元 (yuan)

年份 Year	可支配收入 Disposable Income	总收入 Total Income	工资性收入 Income of Wages and Salaries	经营净收入 Net Business Income	财产性收入 income from Properties	转移性收入 Income from Transfer
1984	638.6	651.8	594.8	0.4		54.8
1985	747.6	754.6	653.8	5.6		92.3
1986	853.5	855.2	717.6	6.9		125.9
1987	987.1	987.2	852.4	4.2		124.9
1988	1163.5	1169.7	976.9	4.5		183.8
1989	1349.2	1349.3	1091.6	6.5	12.1	233.6
1990	1466.2	1516.4	1233.7	5.6	15.6	256.9
1991	1687.6	1687.6	1369.9	5.6	16.3	290.4
1992	1974.5	1976.6	1680.4	5.4	27.1	259.7
1993	2515.1	2517.5	2123.5	13.0	37.4	340.9
1994	3444.4	3445.1	2940.6	1.9	54.5	445.3
1995	4264.1	4265.4	3651.1	10.3	66.6	532.3
1996	4890.2	4893.4	4315.7	4.2	103.0	465.6
1997	5190.8	5217.2	4617.4	7.2	118.9	462.0
1998	5380.1	5414.2	4737.8	16.1	118.5	532.5
1999	5809.0	5840.5	5044.0	26.7	108.1	659.0
2000	6490.0	6521.6	5561.0	74.1	112.5	769.4
2001	7101.1	7141.2	5981.9	93.2	147.8	898.9
2002	7614.5	8158.1	6703.0	155.1	79.1	1221.0
2003	8399.9	9057.6	7418.4	227.9	109.8	1301.5
2004	9437.8	10187.1	8327.1	299.9	116.8	1443.2
2005	10744.8	11607.8	9026.6	492.1	151.9	1937.3
2006	12192.2	13222.9	10442.1	558.2	220.7	2002.0
2007	14264.7	15366.3	11814.2	730.2	304.7	2517.2
2008	16305.4	17549.0	12940.6	1194.4	346.9	3067.1
2009	17811.0	19336.9	13985.8	1379.0	412.8	3559.3
2010	19945.8	21736.9	15731.2	1703.7	490.2	3811.8
2011	22791.8	24889.8	17629.4	2294.9	615.7	4349.9
2012	25755.2	28005.6	19856.1	2621.4	704.9	4823.2

10-3 城镇居民年人均支出

Per Capital Annual Expenditure of Urban Households

单位:元 (yuan)

年份 Year	家庭总支出 Total Expenditure	消费性支出 Consumption Expenditure	食品 Food	衣着 Clothing	居住 Residence	家庭设备用品及服务 Household Appliances and Services	医疗保健 Health care and Medical Services	交通和通信 Transport and Communicatio-ns	教育文化娱乐服务 Recreation, Education and Cultural Services	其他商品和服务 Miscellaneous Goods and Services
1984	562.2	520.9	312.0	85.0	24.1	41.1	3.4	12.0	30.5	12.6
1985	711.2	670.0	338.9	102.9	32.4	72.4	4.6	10.9	86.2	21.4
1986	802.1	751.3	378.4	106.4	58.7	84.8	4.6	12.8	77.4	27.6
1987	880.4	812.5	433.1	120.8	37.7	96.6	7.4	13.9	72.0	30.3
1988	1107.3	1025.8	523.6	154.7	38.9	155.7	11.5	19.0	85.8	35.7
1989	1249.3	1160.5	603.4	158.0	47.6	145.3	16.2	18.7	121.2	50.1
1990	1328.8	1229.3	636.0	186.1	46.5	141.2	22.5	23.0	125.5	48.4
1991	1537.8	1407.1	734.2	228.9	59.7	150.7	23.0	28.1	123.6	59.1
1992	1750.3	1598.9	816.4	266.8	78.8	166.2	32.4	38.3	140.9	59.0
1993	2216.9	1946.9	898.0	349.2	124.7	186.2	48.2	58.8	205.9	75.6
1994	3074.0	2635.2	1212.5	473.6	179.5	247.7	72.4	94.9	250.2	104.2
1995	3851.9	3285.5	1489.1	570.8	223.9	309.2	107.2	169.2	294.1	121.8
1996	4496.4	3771.0	1651.3	657.6	262.4	323.6	147.2	194.2	397.3	137.2
1997	4773.1	4040.6	1662.2	674.4	325.0	344.3	179.9	236.0	474.9	143.9
1998	5226.0	4144.0	1649.5	581.0	371.3	384.6	188.1	269.5	552.0	147.8
1999	5598.1	4515.1	1682.3	613.3	455.1	467.3	219.8	289.9	624.7	162.7
2000	6060.4	5022.0	1755.7	665.6	482.2	474.2	322.6	375.2	754.3	192.1
2001	6386.1	5252.4	1809.9	700.3	512.0	451.8	327.5	434.2	827.8	188.8
2002	7501.2	5596.4	1927.6	751.8	459.7	397.0	407.7	538.5	929.1	185.0
2003	8290.0	6069.4	2051.3	790.6	551.8	461.1	444.0	638.2	931.5	200.9
2004	9025.6	6673.8	2310.7	829.2	601.5	457.3	484.4	801.2	983.1	206.3
2005	9888.9	7457.3	2512.7	925.9	751.7	503.4	579.0	902.3	1040.0	242.3
2006	11717.5	8468.4	2711.7	1091.2	838.2	526.3	624.1	1175.6	1202.0	299.5
2007	13188.5	9666.6	3180.6	1238.3	1027.6	661.0	708.6	1333.6	1191.2	325.6
2008	14646.4	11006.6	3699.4	1394.1	1247.0	806.4	799.8	1410.5	1277.4	372.0
2009	16072.8	12012.7	3954.3	1548.8	1280.0	885.0	885.2	1719.7	1333.0	406.8
2010	17416.0	13118.2	4205.9	1745.2	1408.6	915.0	885.8	2140.4	1401.8	415.6
2011	19341.3	14560.7	4827.6	2008.8	1510.8	1013.8	938.9	2204.0	1538.4	518.3
2012	20657.4	15778.2	5201.3	2197.0	1572.4	1126.0	1005.3	2370.2	1655.9	650.2

10-4 城镇居民家庭年末耐用品百户拥有量
Number of Durable Consumer Goods Owned by Per 100 Urban Households at the Year end

类　别		Category		2008	2009	2010	2011	2012
摩托车	(辆)	Motorcycles	(unit)	34.75	35.82	35.30	27.03	26.70
助力车	(辆)	Motorbikes	(unit)	46.62	51.72	55.58	62.52	66.69
家用汽车	(辆)	Automobiles	(unit)	12.94	16.14	19.87	28.00	31.22
洗衣机	(台)	Washing Machines	(unit)	92.98	94.52	95.59	98.25	99.10
电冰箱	(台)	Refrigerators	(unit)	98.95	100.90	102.28	103.79	105.10
彩色电视机	(台)	Color TV Sets	(unit)	119.44	120.93	122.34	120.98	121.25
家用电脑	(台)	Computers	(unit)	64.04	71.12	77.24	85.89	88.80
组合音响	(套)	Hi-Fi Stereo Component System	(set)	22.89	23.33	23.28	21.40	20.71
摄像机	(架)	Pickup Cameras	(unit)	8.92	9.74	10.41	13.44	13.94
照相机	(架)	Cameras	(unit)	50.08	52.82	55.06	58.74	60.75
钢　琴	(架)	Pianos	(unit)	3.39	3.43	3.87	4.17	4.45
微波炉	(台)	Microwave Ovens	(unit)	47.87	50.58	52.80	54.60	56.19
空调器	(台)	Air Conditioner	(unit)	89.68	95.24	100.29	108.44	112.28
淋浴热水器	(台)	Water Heaters	(unit)	85.00	87.03	88.66	91.64	92.91
消毒碗柜	(台)	Sterilized Cabinet	(unit)	6.77	7.50	7.74	7.05	7.04
洗碗机	(台)	Dishwasher	(unit)	0.81	0.93	1.06	1.02	1.12
健身器材	(套)	Body Building Equipment	(set)	6.33	6.69	6.88	6.94	6.73
固定电话	(部)	Fixed-line Phones	(unit)	76.07	75.53	73.95	61.72	60.98
移动电话	(部)	Mobile Phones	(unit)	181.59	189.97	199.09	213.48	219.99

10-5 城镇居民家庭居住情况
Housing Conditions Of Urban Households

类别		Category		2011	2012
现住房总建筑面积	**(平方米/人)**	**Total Construction Area**	**(sq.m/person)**	**33.18**	**33.44**
住宅建筑式样(合计)		Grouped by Design of Residential Buildings(Total)			
单栋住宅	(%)	Separate Residential Buildings	(%)	1.81	1.74
四居室	(%)	Four-room Apartments	(%)	4.22	4.38
三居室	(%)	Three-room Apartments	(%)	46.22	46.18
二居室	(%)	Two-room Apartments	(%)	35.92	35.59
一居室	(%)	One-room Apartments	(%)	1.13	1.25
普通楼房	(%)	Ordinary Buildings	(%)	4.99	4.95
平房及其它	(%)	Terraces and Others	(%)	5.71	5.92
卫生设备(合计)		Grouped by Sanitary Facility(Total)			
无卫生设备	(%)	Without Sanitary Facility	(%)	0.45	0.45
有厕所浴室	(%)	With Sanitary Facility	(%)	89.91	90.73
有厕所无浴室	(%)	With Washroom and Without Lavatory	(%)	8.63	7.83
公 用	(%)	Public Washroom and Lavatory	(%)	1.01	0.98
取暖设备(合计)		Grouped by Heating Facility(Total)			
无取暖设备	(%)	Without Heating Facility	(%)	4.38	3.74
空调设备	(%)	Air Conditioner	(%)	11.46	10.48
暖 气	(%)	Central Heating	(%)	72.07	74.3
其 它	(%)	Others	(%)	12.08	11.48
炊用燃料使用情况(合计)		Grouped by Using of Fuel for Cooking(Total)			
煤炭	(%)	Coal	(%)	2.03	2.04
罐装液化石油气	(%)	Bottled Liquefied Petroleum Gas	(%)	36.65	34.73
管道液化石油气	(%)	Pipe Liquefied Petroleum Gas	(%)	2.26	2.24
管道煤气	(%)	Pipe Gas	(%)	7.53	6.32
管道天然气	(%)	Pipe Natural Gas	(%)	49.42	52.43
柴油	(%)	Diesel	(%)		
其它燃料	(%)	Other fuel	(%)	2.11	2.25

10-6 各调查市城镇居民年人均主要指标(2012年)
Major Annual Per Capita Indicators of Urban Households by Region(2012)

单位:元 (yuan)

地 区	Region	家庭总收入 Total Income	可支配收入 Disposable Income	家庭总支出 Total Expenditure	消费性支出 Consumption Expenditure
全 省	**Provincial Average**	**28006**	**25755**	**20657**	**15778**
济南市	Jinan	36244	32570	26588	20032
青岛市	Qingdao	35146	32145	25383	20391
淄博市	Zibo	29803	28189	20884	16917
枣庄市	Zaozhuang	26104	22960	21195	14917
东营市	Dongying	34691	30953	24870	18001
烟台市	Yantai	32601	30045	26244	20315
潍坊市	Weifang	27533	25817	22349	16100
济宁市	Jining	27759	25454	25024	16810
泰安市	Tai'an	27479	25659	20975	16734
威海市	Weihai	31048	28630	24797	18549
日照市	Rizhao	24297	22817	17700	14458
莱芜市	Laiwu	30698	26589	22555	15664
临沂市	Linyi	28587	27624	17487	14525
德州市	Dezhou	24788	22440	20131	14179
聊城市	Liaocheng	24928	23685	19849	15350
滨州市	Binzhou	28600	25810	23985	16008
菏泽市	Heze	21152	19140	16337	12452

注:全省城镇居民收支资料由28个调查市县城镇居民家庭抽样调查资料加权汇总计算;地级及以上城市居民收支是由17个城市市区居民家庭抽样调查资料汇总;县级城市居民收支是由5个城市市区居民家庭的抽样调查资料汇总;县城居民收支是由6个城关镇居民家庭抽样调查资料汇总;17市数据仅供参考。

a)The Urban residents income and expenditure of Shandong province are weighted aggregate calculated from sample survey of urban households in 28 cities and counties.The income and expenditure of residents in cities of and above Prefecture level are Summarized from sample survey of the urban area households of 17 cities of Shandong.The income and expenditure of residents in Cities of Country Level are Summarized from sample survey of the urban area households of 5 cities.The income and expenditure of residents in towns of Country Level are Summarized from sample survey of the households of 6 Peri-urban town.The data of cities and counties are only for reference.

10-7 主要年份农民家庭主要指标

Major Indicators of Rural Households of Major Years

年份 Year	调查户数(户) Number of Households Surveyed (household)	调查户常住人口(人) Number of Permanent Residents in the Households Surveyed (person)	平均每户常住人口(人) Average Number of Permanent Residents Per Household (person)	平均每户整半劳力(人) Average Number of Full/Semi Labour Force Per Household (person)	人均年末生活用房面积(平方米) Per Capita Space of Living House at Year-end (sq.m)
1978	715	4126	5.77	2.54	9.81
1979	732	4138	5.65	2.67	9.91
1980	825	4649	5.64	2.70	10.98
1981	827	4538	5.49	2.63	10.03
1982	1529	7849	5.13	2.54	10.64
1983	1438	7266	5.05	2.85	12.50
1984	1558	7730	4.96	2.86	14.54
1985	4000	18896	4.72	2.84	15.13
1986	4200	19667	4.68	2.85	15.74
1987	4200	19339	4.60	2.86	16.48
1988	4200	19074	4.54	2.86	17.34
1989	4200	18749	4.46	2.85	17.96
1990	4200	18486	4.40	2.82	18.48
1991	4200	18241	4.34	2.77	19.87
1992	4200	17886	4.26	2.75	19.31
1993	4200	17494	4.17	2.77	20.64
1994	4200	17239	4.10	2.76	21.15
1995	4200	17089	4.07	2.78	21.56
1996	4200	16847	4.01	2.68	22.32
1997	4200	16574	3.95	2.65	23.16
1998	4200	16379	3.90	2.64	23.91
1999	4200	16116	3.84	2.60	25.07
2000	4200	15918	3.79	2.60	23.61
2001	4200	15671	3.73	2.54	24.60
2002	4200	15569	3.71	2.58	25.59
2003	4200	15405	3.67	2.62	26.53
2004	4200	15386	3.66	2.67	26.92
2005	4200	15382	3.66	2.69	29.64
2006	4200	15298	3.64	2.69	30.69
2007	4200	15204	3.62	2.69	31.69
2008	4200	15121	3.60	2.68	32.98
2009	4200	15012	3.57	2.68	34.24
2010	4200	14878	3.54	2.67	34.71
2011	4200	14722	3.51	2.53	36.31
2012	4200	14338	3.41	2.51	38.43

注:1978年至1980年的生活用房面积中包括生产用房。

a)The space of production house is included in the space of living house from 1978 to 1980.

10-7 续表 continued

年 份 Year	平均每人全年总收入（元） Per Capita Annual Total Income (yuan)	平均每人全年纯收入（元） Per Capita Annual Net Income (yuan)	平均每人全年总支出（元） Per Capita Annual Total Expenditure (yuan)	#购置生产性固定资产 Purchase of Productive Fixed Assets	#生活消费支出 Expense on Household Consumption
1978	134.58	114.56	116.57		93.69
1979	184.66	159.81	157.41		128.01
1980	240.98	210.23	204.75		165.34
1981	282.07	251.62	247.90	8.99	202.12
1982	343.99	299.95	296.21	17.87	230.02
1983	500.68	360.64	428.14	22.23	264.38
1984	554.61	394.99	461.31	18.11	287.24
1985	592.50	408.12	521.50	18.71	321.98
1986	644.65	449.27	570.40	14.81	364.56
1987	740.61	517.69	639.75	16.36	406.34
1988	857.76	583.74	780.24	23.72	482.11
1989	939.57	630.56	841.95	21.05	513.10
1990	994.36	680.18	878.27	18.14	547.05
1991	1152.02	764.04	1037.81	29.79	612.99
1992	1241.82	802.90	1121.22	27.81	655.69
1993	1413.69	952.74	1210.98	29.48	724.49
1994	1975.12	1319.73	1671.34	30.01	995.72
1995	2626.96	1715.09	2301.34	56.70	1338.46
1996	3246.92	2086.31	2955.16	68.33	1652.51
1997	3468.72	2292.12	2855.26	84.34	1626.27
1998	3561.87	2452.83	2782.48	93.23	1595.09
1999	3645.89	2549.56	2845.88	97.36	1679.75
2000	3872.22	2659.20	3036.20	107.85	1770.75
2001	4138.61	2804.51	3326.79	101.70	1904.95
2002	4305.77	2953.97	3438.78	92.40	1997.83
2003	4482.15	3150.49	3521.42	83.78	2133.20
2004	5037.52	3507.43	3999.23	107.74	2389.27
2005	5676.98	3930.55	4561.27	117.14	2735.77
2006	6188.54	4368.33	5090.48	149.36	3143.80
2007	7150.28	4985.34	5863.21	111.15	3621.57
2008	8136.66	5641.43	6697.38	123.75	4077.05
2009	8683.82	6118.77	7258.17	233.83	4417.18
2010	9877.33	6990.28	7981.02	192.14	4807.18
2011	12146.71	8342.13	10298.67	294.68	5900.57
2012	13645.26	9446.40	11463.16	205.34	6776.05

10-8 农村住户家庭基本情况
Basic Condition of Rural Households

类 别		Category		2009	2010	2011	2012
调查户数		**Number of Households Surveyed**	**(household)**	**4200**	**4200**	**4200**	**4200**
一、调查户从业类型		Business Types of Households Serveyed					
(按总收入比重计算)		(calculated according to the proportion of total income)					
1.农业户	(户/百户)	Households Engaged in Agriculture	(household/100 households)	17.79	18.10	16.48	16.19
2.农业兼业户	(户/百户)	Households Engeged in Agricuture and Other Sectors	(household/100 households)	32.60	31.02	30.02	27.98
3.非农业兼业户	(户/百户)	Households Engaged in Non-agriculture	(household/100 households)	39.38	40.33	43.48	44.90
4.非农业户	(户/百户)	Households Engeged in Non--agricutureand Other Sectors	(household/100 households)	10.24	10.55	10.02	10.93
二、调查户从业类型		Business Types of Households Serveyed					
(按从业劳动力比重计算)		(calculated according to the proportion of business labour force)					
1.农业户	(户/百户)	Households Engaged in Agriculture	(household/100 households)	29.64	27.74	27.14	25.93
2.农业兼业户	(户/百户)	Households Engeged in Agricuture and Other Sectors	(household/100 households)	15.67	15.79	11.36	10.88
3.非农业兼业户	(户/百户)	Households Engaged in Non-agriculture	(household/100 households)	34.43	36.95	35.69	36.79
4.非农业户	(户/百户)	Households Engeged in Non-agricutureand Other Sectors	(household/100 households)	20.26	19.52	25.81	26.40
三、家庭结构		Household Structure					
1.单身或夫妇	(户/百户)	Single and Couples	(household/100 households)	13.93	14.71	16.76	17.71
2.夫妇与一个孩子	(户/百户)	Couples with One Child	(household/100 households)	31.36	31.33	31.69	31.43
3.夫妇与两个孩子	(户/百户)	Couples with Two Children	(household/100 households)	28.76	28.10	26.31	26.33
4.夫妇与三个以上孩子	(户/百户)	Couples with Three Children and More	(household/100 households)	5.62	5.21	3.21	3.71
5.单亲与孩子	(户/百户)	Single-parent with Children	(household/100 households)	1.40	1.52	1.69	1.45
6.三代同堂	(户/百户)	Three Generations Living under One Roof	(household/100 households)	17.05	17.48	18.26	17.38
7.其　他		Others	(household/100 households)	1.88	1.64	2.07	1.98
四、参加专业性合作经济组织的户数	(户/百户)	Number of Participating in Professional Cooperative Economic Organizations	(household/100 households)	4.38	4.10	2.95	3.40
五、参加新型农村合作医疗的户数	(户/百户)	Number of Households Participating in the New Type of Rural Cooperative Medical Care	(household/100 households)	98.90	99.19	99.33	99.33
六、领取最低生活保障的户数	(户/百户)	Number of Households Receiving the Minimum Livelihood Guarantee	(household/100 households)	0.81	0.98	1.05	1.02

10–9 农村住户居住情况

Living Condition of Rural Households

类 别		Category		2009	2010	2011	2012
一、期末居住住房情况		**Housing Condition at Term-end**					
(一)住房面积	(平米/人)	Housing Area	(sq.m/person)	34.24	34.71	36.31	38.43
(二)住房价值	(元/平米)	Housing Value	(yuan/sq.m)	369.65	387.82	552.19	568.22
(三)住房类型		Houging Type					
1.楼房面积	(平米/人)	Apartment Area	(sq.m/person)	5.27	6.09	5.60	6.43
2.砖瓦平房面积	(平米/人)	Brick Bungalow Area	(sq.m/person)	27.48	27.22	30.08	31.44
3.其　他	(平米/人)	Other Types	(sq.m/person)	1.49	1.39	0.63	0.56
(四)住房结构		Housing Structure					
1.钢筋混凝土结构面积	(平米/人)	Reinforced Concrete Structure	(sq.m/person)	9.78	9.64	11.19	12.00
2.砖木结构面积	(平米/人)	Brick and Wood Structure	(sq.m/person)	23.34	23.96	24.45	25.92
3.其　他	(平米/人)	Other Structures	(sq.m/person)	1.12	1.11	0.67	0.52
二、期内新建(购)住房情况		**Condition of Newly Building (Buying) Housing in the Term**					
(一)新建(购)住房面积	(平米/人)	Area of Newly Building(Buying) Housing	(sq.m/person)	1.36	0.59	1.43	0.94
(二)新建(购)住房价值	(元/平米)	Value of Newly Building(Buying) Housing	(yuan/sq.m)	579.26	660.52	697.74	759.06
(三)新建(购)住房类型		Type of Newly Building(Buying) Housing					
1.楼房面积	(平米/人)	Apartment Area	(sq.m/person)	0.43	0.27	0.57	0.37
2.砖瓦平房面积	(平米/人)	Brick Bungalow Area	(sq.m/person)	0.92	0.31	0.85	0.55
3.其　他	(平米/人)	Other Types	(sq.m/person)	0.02	0.01	0.00	0.02
(四)新建(购)住房结构		Structure of Newly Building Housing					
1.钢筋混泥土结构面积	(平米/人)	Reinforced Concrete Structure	(sq.m/person)	0.76	0.32	0.90	0.51
2.砖木结构面积	(平米/人)	Brick and Wood Structure	(sq.m/person)	0.59	0.27	0.52	0.43
3.其　他	(平米/人)	Other Structures	(sq.m/person)	0.01		0.00	
三、居住条件		**Living Condition**					
(一)住房卫生设备使用情况		Condition of Health Equipment					
1.使用水冲式厕所的户数	(户/百户)	Having Flushing Toilet	(household/100 households)	9.24	9.45	9.81	10.48
2.使用旱厕的户数	(户/百户)	Having Old Toilet	(household/100 households)	90.55	90.33	89.81	89.14
3.无厕所的户数	(户/百户)	No Toilet	(household/100 households)	0.21	0.21	0.38	0.38
(二)取暖设备使用情况		Condition of Heating Equipment					
1.使用空调的户数	(户/百户)	Having Air Conditioner	(household/100 households)	3.79	4.95	7.52	8.31
2.使用暖气的户数	(户/百户)	Having Heater	(household/100 households)	17.40	17.83	10.12	11.12
3.使用火炕的户数	(户/百户)	Having Kang	(household/100 households)	19.48	19.64	17.74	17.17
4.使用其他取暖设备的户数	(户/百户)	No Heating Equipment	(household/100 households)	36.69	37.90	49.36	48.74
(三)炊事使用的主要能源		Major Source of Cooking					
1.使用燃气的户数	(户/百户)	Liquid Natural Gas	(household/100 households)	27.26	31.19	37.14	38.29
2.使用煤炭的户数	(户/百户)	Coal	(household/100 households)	20.67	18.29	8.00	8.00
3.使用柴草的户数	(户/百户)	Fuelwood	(household/100 households)	43.90	41.79	39.62	35.67
4.使用电的户数	(户/百户)	Electricity	(household/100 households)	6.33	8.17	14.86	17.62
5.使用其他燃料的户数	(户/百户)	Other Fuels	(household/100 households)	1.83	0.57	0.38	0.42
(四)饮用水来源情况		Source of Drinking Water					
1.饮用自来水的户数	(户/百户)	Tap Water	(household/100 households)	73.02	77.31	71.98	75.55
2.饮用深井水的户数	(户/百户)	Deep Well Water	(household/100 households)	22.98	19.79	23.48	20.93
3.饮用浅井水的户数	(户/百户)	Shallow Well Water	(household/100 households)	3.98	2.90	4.55	3.52
(五)住宅外道路路面状况		Condition of Road Near Residential					
1.水泥或柏油路面的户数	(户/百户)	Cement or Asphalt	(household/100 households)	57.55	59.71	63.45	67.43
2.沙石或石板等硬质路面的户数	(户/百户)	Stone, Sand and Gravel or Other Hard Materials	(household/100 households)	16.26	15.10	12.17	12.02
3.其他路面的户数	(户/百户)	Other Materials	(household/100 households)	26.19	25.19	24.38	20.55

10-10 农村住户人均总收入与总支出
Per Capita Total Income and Expenditure of Rural Households

单位:元 (yuan)

类 别	Category	2009	2010	2011	2012
一、总收入	**Total Income**	**8683.82**	**9877.33**	**12146.71**	**13645.26**
(一)工资性收入	Income from Wages and Salaries	2496.57	2958.06	3715.25	4383.22
1.在非企业组织中劳动得到收入	Incomes from Working in the Non-business Organizations	283.52	306.59	287.39	319.50
2.在本乡地域内劳动得到收入	Incomes from Working inside the Village	1418.47	1688.23	2203.25	2615.32
#在企业中劳动得到收入	Incomes from Working in Enterprises	862.84	1055.64	1334.80	1529.97
3.外出从业得到收入	Income from Working Somewhere away from Home	794.59	963.24	1224.61	1448.40
(二)家庭经营收入	Income from Household Operations	5534.44	6181.28	7590.55	8239.44
1.第一产业收入	Income from Primary Industry	4435.18	4908.18	5838.32	6225.05
(1)农业收入	Income from Farming	3169.75	3550.48	4201.61	4596.15
(2)林业收入	Income from Forestry	93.58	109.32	117.80	157.14
(3)牧业收入	Income from Animal Husbandry	1126.08	1197.83	1464.69	1417.07
(4)渔业收入	Income from Fishery	45.78	50.55	54.22	54.70
2.第二产业收入	Income from Secondary Industry	368.77	413.95	563.76	625.33
(1)工业收入	Industry	284.01	316.65	465.33	525.27
(2)建筑业收入	Construction	84.77	97.31	98.43	100.06
3.第三产业收入	Income from Tertiary Industry	730.49	859.14	1188.48	1389.06
(1)交通、运输、邮电业收入	Transport,Storage and Post	198.61	239.20	305.75	303.57
(2)批零贸易业、饮食业收入	Wholesale,Retail and Catering Trades	302.58	385.21	635.38	784.73
(3)社会服务业收入	Social Services	92.53	92.35	97.19	114.58
(4)文教卫生业收入	Culture,Education and Health	48.71	58.53	53.47	66.84
(5)其他行业收入	Other Sectors	88.05	83.86	96.69	119.35
(三)财产性收入	Income from Properties	196.11	238.29	246.45	257.20
#1.利 息	Interest	15.70	19.15	58.47	71.27
2.集体分配股息和红利	Divident and Bonus Distributed by Mass	2.45	8.21	15.55	17.05
3.其他股息和红利	Other Divident and Bonus	6.10	6.42	8.01	10.99
4.租金(包括农业机械)	Rent(including Agricultural Machinery)	19.54	21.21	56.37	73.03
5.转让承包土地经营权收入	Land Management Rights Transfer	17.27	24.79	33.55	53.68
(四)转移性收入	Income from Transfers	456.70	499.70	594.45	765.40
#1.家庭非常住人口寄回和带回收入	Sent back by Non-permanent Resident	59.57	64.77	0.03	0.66
2.城市亲友赠送收入	Presentation from Relatives and Friends in Rural Area	38.69	45.63	26.59	42.57
3.农村亲友赠送收入	Presentation from Relatives and Friends in Urban Area	166.24	163.59	154.76	204.33

10−10 续表 continued

单位:元 (yuan)

类 别	Category	2009	2010	2011	2012
二、总支出	**Total Expenditure**	**7258.17**	**7981.02**	**10298.67**	**11463.16**
(一)家庭经营费用支出	Expenditure for Household Operations	2165.90	2463.80	3270.25	3606.80
1.第一产业生产费用支出	Primary Industry	1912.96	2139.27	2661.48	2842.17
(1)农业生产费用支出	Expenditure for Farming Production	1091.71	1216.99	1564.35	1710.81
(2)林业生产费用支出	Expenditure for Forestry Production	16.48	15.28	20.02	51.88
(3)牧业生产费用支出	Expenditure for Animal Husbandry Production	787.93	889.57	1058.31	1061.25
(4)渔业生产费用支出	Expenditure for Fishery Production	16.84	17.44	18.80	18.23
2.第二产业生产费用支出	Secondary Industry	137.13	159.90	250.88	292.67
(1)工业生产费用支出	Expenditure for Industry Production	124.46	148.30	227.78	266.34
(2)建筑业生产费用支出	Expenditure for Construction Production	12.68	11.60	23.10	26.34
3.第三产业生产费用支出	Tertiary Industry	115.80	164.64	357.88	471.96
(1)交通运输邮电业生产费用支出	Expenditure for Production of Transport,Storage	24.26	35.49	92.65	82.00
(2)批零贸易餐饮业生产费用支出	Expenditure for Production of Wholesale,Retail and Catering Services	60.67	97.84	202.38	305.66
(3)社会服务业生产费用支出	Expenditure for Production of Social Services	10.92	10.76	23.10	25.73
(4)文教卫生业生产费用支出	Expenditure for Production of Culture,Education	6.43	6.14	10.24	11.95
(5)其他行业生产费用支出	Expenditure for Production of Other Secotrs	13.53	14.41	29.52	46.62
(二)购置生产性固定资产支出	Expenditure for Purchase of Productive Fixed Assets	233.83	192.14	294.68	205.34
(三)建造生产性固定资产雇工支出	Expenditure for Building of Productive Fixed Assets	12.15	3.46	5.37	18.31
(四)税费支出	Expenditure for Taxes and Fees	13.75	13.03	32.71	23.89
(五)生活消费支出	Expense on Household Consumption	4417.18	4807.18	5900.57	6776.05
#服务性支出	Expenditure for Services	1245.29	1338.38	1517.01	1799.35
1.食品消费支出	Food	1618.66	1804.45	2107.07	2321.53
2.衣着消费支出	Clothing	265.59	305.56	399.82	454.75
3.居住消费支出	Residence	945.81	832.95	1126.98	1399.91
4.家庭设备、用品消费支出	Household Appliances	273.77	324.70	411.59	405.75
5.交通和通讯消费支出	Transport and Communications	533.55	649.21	753.05	937.57
6.文化教育、娱乐消费支出	Recreation,Education and Cultural	399.95	421.91	482.66	500.98
7.医疗保健消费支出	Health care	301.55	383.89	508.38	635.34
8.其他商品和服务消费支出	Other Goods and Services	78.30	84.51	111.02	120.21
(六)财产性支出	Expenditure for Properties	27.79	44.17	9.31	4.96
(七)转移性支出	Expenditure for Transfers	387.59	457.23	785.78	827.81

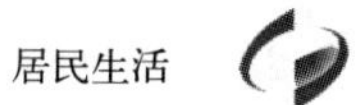

10—11 农村住户人均纯收入

Per Capita Net Income of Rural Households

单位:元 (yuan)

类 别	Category	2009	2010	2011	2012
全年纯收入	**Net Income**	**6118.77**	**6990.28**	**8342.13**	**9446.40**
一、工资性收入	**Income from Wages and Salaries**	**2496.57**	**2958.06**	**3715.25**	**4383.22**
1.在非企业组织中劳动得到收入	Incomes from Working in the Non-business Organizations	283.52	306.59	287.39	319.50
2.在本乡地域内劳动得到收入	Incomes from Working inside the Village	1418.47	1688.23	2203.25	2615.32
#在企业中劳动得到收入	Incomes from Working in Enterprises	862.84	1055.64	1334.80	1529.97
3.外出从业得到收入	Income from Working Somewhere away from Home	794.59	963.24	1224.61	1448.40
二、家庭经营纯收入	**Net Income from Household Operations**	**3129.28**	**3456.89**	**3935.24**	**4234.41**
1.第一产业纯收入	Net Income from Primary Industry	2369.95	2605.18	2944.98	3128.94
(1)农业收入	Net Income from Farming	1954.25	2201.15	2443.60	2672.63
(2)林业收入	Net Income from Forestry	76.97	93.93	96.47	103.07
(3)牧业收入	Net Income from Animal Husbandry	311.83	279.10	370.79	318.16
(4)渔业收入	Net Income from Fishery	26.91	31.01	34.13	35.09
2.非农产业纯收入	Net Income from Non-agricultural Industries	759.32	851.70	990.25	1105.47
(1)第二产业纯收入	Net Income from Secondary Industry	204.51	227.45	256.09	277.08
1)工业收入	Industry	135.30	144.87	186.77	209.32
2)建筑业收入	Construction	69.21	82.59	69.32	67.76
(2)第三产业纯收入	Net Income from Tertiary Industry	554.82	624.25	734.16	828.40
1)交通、运输、邮电业收入	Transport,Storage and Post	146.29	166.39	174.59	184.55
2)批零贸易业、饮食业收入	Wholesale , Retail and Catering Trades	221.95	264.62	398.95	446.59
3)社会服务业收入	Social Services	77.82	78.60	67.11	83.07
4)文教卫生业收入	Culture , Education and Health	40.49	50.83	40.15	51.67
5)其他行业收入	Other Sectors	68.26	63.82	53.36	62.51
三、财产性纯收入	**Net Income from Properties**	**196.11**	**238.29**	**246.45**	**257.20**
#1.利 息	Interest	15.70	19.15	58.47	71.27
2.集体分配股息和红利	Divident and Bonus Distributed by Mass	2.45	8.21	15.55	17.05
3.其他股息和红利	Other Divident and Bonus	6.10	6.42	8.01	10.99
4.租金(包括农业机械)	Rent(including Agricultural Machinery)	19.54	21.21	56.37	73.03
5.转让承包土地经营权收入	Land Management Rights Transfer	17.27	24.79	33.55	53.68
四、转移性纯收入	**Net Income from Transfers**	**296.81**	**337.04**	**445.19**	**571.57**
#1.家庭非常住人口寄回和带回	Sent back by Non-permanent Resident	59.57	64.77	0.03	0.66
2.城市亲友赠送	Presentation from Relatives and Friends in Rural Area	38.69	45.63	26.59	42.57
3.离退休金、养老金	Old-age Pensions	28.35	35.47	134.04	167.60
4.城市亲友支付赡养费	Alimony Relatives and Friends in Urban Area	5.50	6.52	14.33	20.41
5.农村亲友支付赡养费	Alimony Relatives and Friends in Rural Area	14.40	15.86	35.08	49.50
6.救济金、抚恤金、救灾款	Relief，Pensions and Disaster Relief Funds	3.86	6.08	6.02	7.52
7.得到赔款	Compensation	13.68	19.09	14.56	13.48
8.粮食直接补贴收入	Direct Grain Subsidy	51.60	52.58	82.96	76.87

10–12 农村住户人均现金收支情况

Per Capita Cash Income and Expenditure of Rural Households

单位:元 (yuan)

类 别	Category	2009	2010	2011	2012
一、期内现金收入	**Cash Income in the Term**	**8057.88**	**9093.67**	**11086.16**	**12758.06**
(一)工资性收入	Income from Wages and Salaries	2492.73	2955.33	3703.87	4365.59
1.在非企业组织中劳动得到收入	Incomes from Working in the Non-business Organizations	283.29	306.15	285.05	317.57
2.在本乡地域内劳动得到收入	Incomes from Working inside the Village	1415.62	1686.60	2195.95	2600.65
#在企业中劳动得到收入	Incomes from Working in Enterprises	860.34	1054.04	1328.47	1516.71
3.外出从业得到收入	Income from Working Somewhere away from Home	793.82	962.58	1222.87	1447.36
(二)家庭经营现金收入	Cash Income from Household Operations	4977.75	5486.79	6627.01	7452.04
1.第一产业现金收入	Cash Income from Primary Industry	3880.46	4214.25	4874.99	5439.22
(1)农业现金收入	Cash Income from Farming	2616.64	2869.59	3246.91	3819.94
(2)林业现金收入	Cash Income from Forestry	90.50	102.47	113.82	150.25
(3)牧业现金收入	Cash Income from Animal Husbandry	1126.96	1191.71	1460.16	1414.32
(4)渔业现金收入	Cash Income from Fishery	46.36	50.47	54.10	54.70
2.第二产业现金收入	Cash Income from Secondary Industry	368.57	413.93	563.73	625.32
(1)工业收入	Industry	284.01	316.65	465.31	525.26
(2)建筑业收入	Construction	84.56	97.28	98.43	100.06
3.第三产业现金收入	Cash Income from Tertiary Industry	728.73	858.61	1188.29	1387.50
(1)交通、运输、邮电业收入	Transport,Storage and Post	198.61	239.20	305.75	303.57
(2)批零贸易业、饮食业收入	Wholesale , Retail and Catering Trades	302.58	385.21	635.38	784.73
(3)社会服务业收入	Social Services	92.53	92.35	97.19	114.58
(4)文教卫生业收入	Culture , Education and Health	48.71	58.53	53.47	66.84
(5)其他行业收入	Other Sectors	86.29	83.33	96.51	117.78
(三)财产性收入	Income from Properties	154.28	177.01	206.40	241.62
#1.利 息	Interest	15.70	19.15	58.47	71.27
2.集体分配股息和红利	Divident and Bonus Distributed by Mass	2.45	8.21	15.55	17.05
3.其他股息和红利	Other Divident and Bonus	6.10	6.42	8.01	10.99
4.租金(包括农业机械)	Rent(including Agricultural Machinery)	19.54	21.21	56.37	73.03
5.转让承包土地经营权收入	Land Management Rights Transfer	17.27	24.79	33.55	53.68
(四)转移性收入	Income from Transfers	433.12	474.55	548.87	698.83
#1.家庭非常住人口寄回和带回	Sent back by Non-permanent Resident	59.51	64.74		0.63
2.城市亲友赠送	Presentation from Relatives and Friends in Rural Area	37.89	44.42	24.06	40.79
3.离退休金、养老金	Old-age Pensions	28.35	35.47	134.04	167.60
4.城市亲友支付赡养费	Alimony Relatives and Friends in Urban Area	5.50	6.52	14.33	20.41
5.农村亲友支付赡养费	Alimony Relatives and Friends in Rural Area	14.40	15.86	35.08	49.50
6.救济金、抚恤金、救灾款	Relief，Pensions and Disaster Relief Funds	3.86	6.08	6.02	7.52
7.得到赔款	Compensation	13.68	19.09	14.56	13.48
8.粮食直接补贴收入	Direct Grain Subsidy	51.60	52.58	82.96	76.87

10—12 续表 continued

单位:元 (yuan)

类　别	Category	2009	2010	2011	2012
二、期内现金支出	**Cash Expenditure in the Term**	**6886.82**	**7589.48**	**9913.74**	**11116.47**
(一)生产费用支出	Expenditure of Production Costs	2359.63	2607.45	3476.55	3763.05
1.家庭经营费用支出	Expenditure for Household Operations	2113.66	2411.85	3176.50	3539.40
(1)第一产业生产费用支出	Primary Industry	1860.80	2087.31	2568.17	2775.56
1)农业生产费用支出	Expenditure for Farming Production	1079.70	1209.24	1530.75	1684.80
2)林业生产费用支出	Expenditure for Forestry Production	16.48	15.28	20.01	51.87
3)牧业生产费用支出	Expenditure for Animal Husbandry Production	747.81	845.35	998.61	1020.67
4)渔业生产费用支出	Expenditure for Fishery Production	16.81	17.44	18.80	18.23
(2)第二产业生产费用支出	Secondary Industry	137.13	159.90	250.88	292.67
1)工业生产费用支出	Expenditure for Industry Production	124.46	148.30	227.78	266.34
2)建筑业生产费用支出	Expenditure for Construction Production	12.68	11.60	23.10	26.34
(3)第三产业生产费用支出	Tertiary Industry	115.72	164.64	357.44	471.16
1)交通运输邮电业生产费用支出	Expenditure for Production of ansport,Storage	24.26	35.49	92.65	82.00
2)批零贸易餐饮业生产费用支出	Expenditure for Production of Wholesale, Retail and Catering Trades	60.59	97.84	201.94	304.87
3)社会服务业生产费用支出	Expenditure for Production of Social Services	10.92	10.76	23.10	25.73
4)文教卫生业生产费用支出	Expenditure for Production of Culture, Education and Health	6.43	6.14	10.24	11.95
5)其他行业生产费用支出	Expenditure for Production of Other Secotrs	13.53	14.41	29.52	46.62
2.购置生产性固定资产支出	Expenditure for Purchase of Productive Fixed Assets	233.83	192.14	294.68	205.34
3.建、造生产性固定资产雇工支出	Expenditure for Building of Productive Fixed Assets	12.15	3.46	5.37	18.31
(二)税费支出	Expenditure for Taxes and Fees	13.57	12.75	32.71	23.89
(三)生活消费支出	Expense on Household Consumption	4100.44	4469.47	5623.58	6513.92
#服务性支出	Expenditure for Services	1245.29	1338.38	1517.01	1799.35
1.食品消费支出	Food	1303.70	1468.05	1831.38	2059.88
2.衣　着	Clothing	264.49	304.77	398.90	454.40
3.居　住	Residence	945.41	832.50	1126.88	1399.90
4.家庭设备、用品及服务	Household Appliances	273.49	324.63	411.32	405.63
5.交通和通讯	Transport and Communications	533.55	649.21	753.05	937.57
6.文化教育、娱乐用品及服务	Recreation,Education,Cultural and Services	399.95	421.91	482.66	500.98
7.医疗保健	Health care	301.55	383.89	508.38	635.34
8.其他商品和服务	Other Goods and Services	78.30	84.51	111.02	120.20
(四)财产性支出	Expenditure for Properties	27.79	44.17	9.31	4.96
(五)转移性支出	Expenditure for Transfers	385.39	455.65	771.59	810.66

10–13 农村住户年末主要耐用消费品拥有情况

Ownership of Major Durable Consumer Goods at the Year-end

类 别		Category		2009	2010	2011	2012
1.洗衣机	(台/百户)	Washing Machine	(unit/100 households)	71.86	77.93	81.76	86.33
2.电冰箱	(台/百户)	Refrigerator	(unit/100 households)	54.95	65.74	77.76	84.12
3.空调机	(台/百户)	Air Conditioner	(unit/100 households)	12.64	17.69	22.29	26.93
4.抽油烟机	(台/百户)	Lampblack Exhauster	(unit/100 households)	14.88	17.29	17.69	19.95
5.吸尘器	(台/百户)	Vacuam Cleaner	(unit/100 households)	1.36	1.83	0.79	0.90
6.微波炉	(台/百户)	Microwave Oven	(unit/100 households)	8.50	10.71	10.36	11.45
7.热水器	(台/百户)	Water Heater	(unit/100 households)	38.45	46.40	57.17	62.38
8.电动自行车	(台/百户)	Motorbikes	(unit/100 households)	58.43	70.67	88.71	94.05
9.摩托车	(台/百户)	Motorcycle	(unit/100 households)	70.29	72.62	59.74	60.76
10.汽车(生活用)	(台/百户)	Automobile	(unit/100 households)	3.86	5.43	9.02	11.71
11.固定电话机	(部/百户)	Phone	(unit/100 households)	70.74	67.62	44.40	41.90
12.移动电话	(部/百户)	Cell Phone	(unit/100 households)	141.33	160.90	186.43	198.21
13.彩色电视机	(台/百户)	Color TV Set	(unit/100 households)	110.74	112.57	112.00	113.52
14.摄像机	(台/百户)	Pickup Camera	(unit/100 households)	0.81	1.10	0.83	0.60
15.照相机	(架/百户)	Camera	(unit/100 households)	7.76	8.33	5.02	5.45
16.家用计算机	(台/百户)	Computer	(unit/100 households)	10.83	16.69	25.21	31.50

10-14 农村住户人均食品消费数量

Per Capita Food Consumption of Rural Households

单位:千克 (kg)

类 别	Category	2009	2010	2011	2012
一、粮食消费量	**Grain Consumption**	**181.82**	**178.27**	**149.85**	**155.41**
(一)谷物消费量	Cereal	176.83	174.44	146.97	152.47
#小 麦	Wheat	137.63	134.62	122.23	126.64
稻 谷	Rice	6.75	7.01	7.63	8.39
玉 米	Corn	23.07	21.78	12.88	13.92
(二)薯类消费量	Tubers	1.24	1.03	0.82	0.99
(三)豆类消费量	Beans	3.76	2.80	2.07	1.95
二、油脂类消费量	**Oil Consumption**	**10.32**	**9.83**	**9.47**	**7.95**
1.植物油	Vegetable Oil	10.18	9.68	9.38	7.87
2.动物油	Animal Fat	0.14	0.15	0.09	0.09
三、烟叶消费量	**Tobacco Consumption**	**0.08**	**0.15**	**0.07**	**0.06**
四、豆制品	**Bean Products**	**2.53**	**2.75**	**3.01**	**3.16**
五、蔬菜及菜制品消费量	**Consumption of Vegetable and Products**	**74.32**	**70.93**	**77.91**	**70.88**
六、瓜 类	**Melons**	**12.34**	**14.20**	**12.77**	**13.52**
七、水果类	**Fruits**	**17.65**	**17.58**	**20.72**	**25.29**
八、消费茶叶	**Tea Consumption**	**0.33**	**0.38**	**0.29**	**0.31**
九、坚果消费量	**Nuts Consumption**	**1.46**	**1.30**	**1.69**	**2.07**
十、肉禽及其制品	**Meat,Poultry and Products**	**13.81**	**15.05**	**16.62**	**17.64**
1.猪 肉	Pork	7.28	8.06	8.36	8.93
2.牛 肉	Beef	0.21	0.24	0.31	0.27
3.羊 肉	Mutton	0.33	0.32	0.27	0.25
4.家 禽	Poultry	2.77	2.74	3.22	3.30
5.其他肉禽及制品	Other Meat,Poultry and Products	3.22	3.69	4.46	4.88
十一、蛋类及蛋制品	**Eggs and Products**	**11.09**	**10.90**	**10.76**	**12.32**
十二、奶和奶制品	**Milk and Products**	**6.12**	**6.26**	**7.69**	**8.26**
十三、水产品	**Aquatic Products**	**4.95**	**4.66**	**4.73**	**4.84**
1.鱼 类	Fish	3.63	3.40	3.53	3.44
2.虾、贝、蟹类	Shrimp,Shellfish and Crab	0.91	0.87	0.82	0.97
3.藻 类	Algae	0.06	0.07	0.08	0.09
4.其 他	Others	0.35	0.32	0.31	0.34
十四、食糖	**Sugar**	**0.98**	**0.82**	**0.72**	**0.79**
十五、酒	**Liquor**	**12.58**	**11.46**	**10.79**	**11.89**
1.白 酒	White Spirit	5.55	4.97	4.84	4.90
2.啤 酒	Beer	6.93	6.38	5.85	6.91
3.果 酒	Wine	0.07	0.07	0.05	0.05

10-15 农村住户人口与就业情况
Population and Employment of Rural Households

单位:人 (person)

类别	Category	2009	2010	2011	2012
一、农村住户人口状况	**Population of Rural Households**				
(一)家庭人口	Households Population	14949	14919	14678	14591
(二)家庭人口与户主关系	Relationship with the Head of Household				
1.户 主	the Head of the Household	4200	4200	4200	4200
2.配 偶	Spouses	4070	4060	4041	4030
3.子 女	Children	5593	5566	5312	5221
4.孙子女	Grandchildren	629	642	698	736
5.父 母	Parents	424	418	381	356
6.祖父母	Grandparents	5	4	6	8
7.兄弟姐妹	Brothers and Sisters	17	20	15	14
8.其他亲属	Other Relatives	11	9	23	24
9.非亲属	Unrelated			2	2
(三)年龄状况	Age Status				
1.6岁及以下	6 Year-old and Under	733	680	853	797
2.7-15岁	Between 7 and 15 Year-old	1221	1176	1638	1617
3.16-18岁	Between 16 and 18 Year-old	548	468	441	479
4.19-22岁	Between 19 and 22 Year-old	1597	1357	1045	835
5.23-25岁	Between 23 and 25 Year-old	850	1034	933	926
6.26-30岁	Between 26 and 30 Year-old	887	987	829	915
7.31-40岁	Between 31 and 40 Year-old	1823	1681	1951	1798
8.41-50岁	Between 41 and 50 Year-old	3144	3232	3146	3246
9.51-60岁	Between 51 and 60 Year-old	2877	2860	2355	2332
10.61岁及以上	61 Year-old and Above	1269	1444	1487	1646
(四)在校学生人数	Students Enrollment	2462	2483	2427	2430
二、农村住户劳动力素质状况	**Labor Force Quality of Rural Households**				
(一)整半劳动力数	Number of Full/Semi Labour Force	12346	12375	11454	11530
#男劳动力人数	Number of Male Labour Force	6504	6546	5966	5928
整劳动力人数	Number of Full Labour Force	7737	7635	7255	6913
(二)年龄状况	Age Status				
1.16-18岁	Between 16 and 18 Year-old	539	468	441	477
2.19-22岁	Between 19 and 22 Year-old	1596	1357	1045	832
3.23-25岁	Between 23 and 25 Year-old	855	1034	933	919
3.26-30岁	Between 26 and 30 Year-old	892	987	829	912
5.31-40岁	Between 31 and 40 Year-old	1819	1681	1951	1766
6.41-50岁	Between 41 and50 Year-old	3144	3232	3146	3184
7.51-60岁	Between51 and 60 Year-old	2761	2731	2241	2249
8.61岁及以上	61 Year-old and Above	740	885	868	1191

10—15 续表 1 continued

单位：人 (person)

类别	Category	2009	2010	2011	2012
(三)文化程度	Education of Labor Force				
1.不识字或识字很少	Can Not Read or Read Very Little	464	458	360	399
2.小学程度	Primary School	1683	1655	1967	2047
3.初中程度	Junior High School	6539	6550	6246	6242
4.高中程度	Senior High School	2149	2146	1682	1651
5.中　专	Secondary School	717	725	484	469
6.大专及以上	Junior College and over	794	841	715	722
三、农村住户劳动力就业情况	**Employment of Rural Labor Force**				
(一)就业劳动力人数	Number of Full/Semi Labour Force	10924	10930	10385	10347
#男劳动力人数	Number of Male Labour Force	5751	5783	5453	5448
整劳动力人数	Number of Full Labour Force	6697	6532	6480	6231
(二)年内就业状况	Employment during the year				
1.本地务农	Engaged Agriculture at Local	8307	8201	8029	7944
2.本地非农自营	Operating at Local	1136	1083	1093	1058
3.本地非农务工	Working at local	2996	2928	3727	3780
4.外出从业	Working Outside	2074	2041	2327	2156
(三)主要就业地点	Place of Employment				
1.乡　内	In the Village	8962	8937	8430	8397
2.县内乡外	In the County but outside the Village	698	888	813	799
3.省内县外	In the Province but outside the County	850	720	759	781
4.国内省外	In China but outside the Province	407	381	374	362
5.国　外	Abroad	7	4	9	8
(四)行业分布	Sector Employment				
1.第一产业	Primary Industry	5753	5908	5202	5084
2.第二产业	Secondary Industry	2677	2696	2989	3056
3.第三产业	Teriary Industry	2494	2326	2194	2207
(五)年内从业时间(月)	Working time during the year (month)				
1.本地务农	Engaged Agriculture at Local	48957	48524	44070	43094
2.本地非农自营	Operating at Local	8702	8747	8089	8213
3.本地非农务工	Working at local	21892	22220	22711	23739
4.外出从业	Working Outside	19155	19569	18816	18860
(六)年末就业状况	Employment at Year-end				
1.本地务农	Engaged Agriculture at Local	5651	5676	5331	5192
2.本地非农自营	Operating at Local	911	911	818	813
3.本地非农务工	Non-agriculture Employment at local	2102	2118	2022	2139
4.外出从业	Non-local Employment	1877	1947	1951	1952
5.其他从业	Other Employment	140	108	117	113
6.未从业	No Employment	243	170	146	138

10-15 续表 2 continued

单位:人 (person)

类 别	Category	2009	2010	2011	2012
(七)参加医疗保险情况	Conditions of Participated in Medical Insurance				
1.农村新型农村合作医疗	New Cooperative Medical System	10582	10585	9934	9911
2.城镇医疗保险	Urban Medical Insurance	281	285	389	393
3.商业医疗保险	Commercial Medical Insurance	91	135	110	106
4.其他医疗保险	Other Medical Insurance	41	7	3	
5.没有参加任何医疗保险	Non-participated in Medical Insurance	77	80	83	68
(八)参加养老保险情况	Conditions of Participated in Pension Insurance				
1.农村社会养老保险	New Rural Old-age Insurance	1455	2041	6793	7339
2.城镇基本养老保险	Urban Basic Pension Insurance	627	570	658	666
3.商业养老保险	Commercial Pension Insurance	260	340	260	238
4.其他养老保险	Other Pension Insurance	192	30	13	1
5.没有参加任何养老保险	Non-participated in Pension Insurance	8414	7970	2752	2202
四、外出劳动力情况	**Migrant worker**				
(一)外出劳动力人数	Number of Migrant worker	2074	2041	2327	2196
#男劳动力人数	Number of Male Migrant worker	1475	1459	1690	1628
整劳动力	Number of Full Labour Force	1880	1859	2045	1922
(二)年龄状况	Age Status				
1.16-18岁	Between 16 and 18 Year-old	42	31	46	35
2.19-22岁	Between 19 and 22 Year-old	531	390	362	262
3.23-25岁	Between 23 and 25 Year-old	387	432	444	402
3.26-30岁	Between 26 and 30 Year-old	330	391	340	392
5.31-40岁	Between 31 and 40 Year-old	301	318	434	405
6.41-50岁	Between 41 and50 Year-old	327	327	488	483
7.51-60岁	Between51 and 60 Year-old	137	133	182	184
8.61岁及以上	61 Year-old and Above	19	19	31	33
(三)文化程度	Education of Labor Force				
1.不识字或识字很少	Can Not Read or Read Very Little	15	13	13	14
2.小学	Primary School	85	76	171	148
3.初中	Junior High School	1314	1264	1420	1322
4.高中	Senior High School	323	320	372	353
5.中专	Secondary School	200	211	177	157
6.大专及以上	Junior College and over	137	157	174	202
(四)接受农业技术培训人数	Number of Persons accepted Agricultural Technology Training	177	170	294	286
(五)接受非农职业技能培训人数	Number of Persons accepted Non-agricultural Vocational Skills Training	444	516	646	607
(六)外出地区	Work Region				
1.乡外县内	In the County but outside the Village	748	914	998	928
2.县外省内	In the Province but outside the County	890	732	907	861
3.省外	Outside Province	436	395	422	407

10-15 续表 3 continued

单位:人 (person)

类 别	Category	2009	2010	2011	2012
(七)地区类型	Type of Region				
1.直辖市	Municipalities	165	149	171	152
2.省会城市	Capital cities	272	290	265	272
3.地级市	Cities at Prefecture-level	643	642	681	628
4.县级市	Cities at County-level	602	615	815	796
5.建制镇	Towns	305	269	360	321
6.其他地区	Others	87	76	35	27
(八)从事行业	Sector Employment				
1.第一产业	Primary Industry	45	36	21	17
2.第二产业	Secondary Industry	1208	1160	1503	1429
3.第三产业	Teriary Industry	821	845	803	750
(九)从事工作种类	Type of Job				
1.私营企业主	Private Entrepreneurs	9	9	5	9
2.企业经营管理	Business Management	15	19	30	20
3.个体经营	Self-employed	75	78	98	87
4.专业技术	Professional Technology	271	269	418	405
5.办事人员及有关	Staff Member	83	75	82	86
6.商业	Business	73	79	58	57
7.服务业	Services Sector	257	266	277	238
8.农、林、牧、渔、水利业生产	Production of Agriculture, Forestry, Animal Husbandry, Fishery and Water Conservancy	45	30	23	13
9.生产、运输设备操作人员及有关	Production and Transport Equipment Operators	752	804	816	823
10.其他	Others	494	412	520	458
(十)参加医疗保险情况	Conditions of Participated in Medical Insurance				
1.农村新型农村合作医疗	New Cooperative Medical System	1972	1942	2182	2072
2.城镇医疗保险	Urban Medical Insurance	75	75	126	121
3.商业医疗保险	Commercial Medical Insurance	18	26	31	31
4.其他医疗保险	Other Medical Insurance	13	1	1	
5.没有参加任何医疗保险	Non-participated in Medical Insurance	18	22	26	18
(十一)参加养老保险情况	Conditions of Participated in Pension Insurance				
1.农村社会养老保险	New Rural Old-age Insurance	117	249	1231	1311
2.城镇基本养老保险	Urban Basic Pension Insurance	246	210	258	254
3.商业养老保险	Commercial Pension Insurance	71	102	95	77
4.其他养老保险	Other Pension Insurance	76	8	7	1
5.没有参加任何养老保险	Non-participated in Pension Insurance	1564	1473	758	575

10－16　各市农村居民主要指标(2012年)

Major Indicators of Rural Households by Region(2012)

单位:元/人　(yuan/person)

地　区	Region	调查户数(户) Number of Households Surveyed (household)	常住人口(人) Number of Permanent Residents (person)	全　年总收入 Total Income	工资性收　入 Income from Wages and Salaries	家庭经营收　入 Income from Household Operations	财产性收　入 Income from Properties	转移性收　入 Income from Transfers
济南市	Jinan	780	2808	15597	5871	8133	471	1122
青岛市	Qingdao	680	2222	19567	6308	12216	309	734
淄博市	Zibo	800	2557	15174	7247	6610	274	1044
枣庄市	Zaozhuang	600	2136	11746	5032	5976	75	663
东营市	Dongying	500	1644	17402	4611	11619	445	727
烟台市	Yantai	1060	3025	16448	5837	9580	271	760
潍坊市	Weifang	1160	3953	16937	5135	10998	203	601
济宁市	Jining	1130	4070	13172	5167	7160	371	473
泰安市	Tai'an	560	1919	12285	5391	6206	205	485
威海市	Weihai	360	936	18360	7113	9981	280	986
日照市	Rizhao	400	1227	14343	5000	8269	747	327
莱芜市	Laiwu	200	579	13047	5205	7200	122	521
临沂市	Linyi	1200	3953	12574	3688	8019	204	663
德州市	Dezhou	1070	3749	12806	4516	7876	105	308
聊城市	Liaocheng	840	2808	12783	4021	8323	144	295
滨州市	Binzhou	700	2324	15725	4969	9923	243	591
菏泽市	Heze	980	3773	10106	4271	5282	112	440

10－16　续表 1 continued

单位:元/人　(yuan/person)

地　区	Region	全　年纯收入 Net Income	工资性纯收入 Net Income from Wages and Salaries	家庭经营纯收入 Net Income from Household Operations	财产性纯收入 Net Income from Properties	转移性纯收入 Net Income from Transfers	现　金纯收入 Cash Net Income	全　年总支出 Total Expenditure	家庭经营费用支出 Expenditure for Household Operations
济南市	Jinan	11786	5871	4679	471	766	10908	10998	3136
青岛市	Qingdao	13990	6308	6718	309	656	12970	14832	4919
淄博市	Zibo	12378	7247	3979	274	879	11258	10704	2158
枣庄市	Zaozhuang	9606	5032	4060	75	439	8897	8609	1660
东营市	Dongying	11489	4611	5855	445	579	10318	13474	5066
烟台市	Yantai	13298	5837	6497	271	693	12017	10623	2687
潍坊市	Weifang	11797	5135	5978	203	481	10350	13131	4358
济宁市	Jining	10002	5167	4083	371	381	9545	8903	2612
泰安市	Tai'an	10194	5391	4190	205	410	9288	7947	1728
威海市	Weihai	13962	7113	5654	280	916	12434	12762	4043
日照市	Rizhao	10026	5000	3983	747	295	9298	9075	3553
莱芜市	Laiwu	10887	5205	5061	122	500	10494	9023	2070
临沂市	Linyi	9149	3688	4708	204	550	8159	9141	2879
德州市	Dezhou	9602	4516	4701	105	280	8899	8017	2620
聊城市	Liaocheng	8872	4021	4456	144	251	7679	9348	3435
滨州市	Binzhou	10047	4969	4444	243	391	9140	12869	4694
菏泽市	Heze	8187	4271	3439	112	364	7281	6766	1613

10-16 续表 2 continued

单位:元/人 (yuan/person)

地 区	Region	购置生产性固定资产支出 Expenditure for Purchase of Productive Fixed Assets	建造生产性固定资产雇工支出 Expenditure for Building of Productive Fixed Assets	税费支出 Expenditure for Taxes and Fees	生活消费支出 Expense on Household Consumption	财产性支出 Expenditure for Properties	转移性支出 Expenditure for Transfers	全年生活消费总支出 Total Expense on Household Consumption	食品消费支出 Food
济南市	Jinan	239	3	19	6932	6	663	6932	2465
青岛市	Qingdao	310	5	8	8653	11	925	8653	3130
淄博市	Zibo	58	8	3	7334	32	1111	7334	2572
枣庄市	Zaozhuang	188		8	5640	34	1079	5640	2021
东营市	Dongying	217	89	2	7102	17	981	7102	2351
烟台市	Yantai	240		1	6603	5	1086	6603	2594
潍坊市	Weifang	339	43	5	7487	5	894	7487	2356
济宁市	Jining	125	19	8	5437	2	699	5437	2137
泰安市	Tai'an	83	3		5588	1	545	5588	2052
威海市	Weihai	48		8	7547		1116	7547	2637
日照市	Rizhao	118		3	4897	104	401	4897	1858
莱芜市	Laiwu	74			6093		787	6093	2200
临沂市	Linyi	144	3	2	5536	11	565	5536	2075
德州市	Dezhou	148	4	16	4938	3	287	4938	1601
聊城市	Liaocheng	158	2	21	5190	35	506	5190	1926
滨州市	Binzhou	413	7	79	6994	21	662	6994	2093
菏泽市	Heze	112	3	10	4696	1	332	4696	1810

10-16 续表 3 continued

单位:元/人 (yuan/person)

地 区	Region	衣着消费支出 Clothing	居住消费支出 Residence	家庭设备、用品消费支出 Household Appliances and Services	交通和通讯消费支出 Transport and Communications	文化教育、娱乐消费支出 Recreation, Education and Cultural Services	医疗保健消费支出 Health Care and Medical Services	其他商品和服务消费支出 Other Goods and Services
济南市	Jinan	412	1221	441	1003	436	885	69
青岛市	Qingdao	798	1486	549	1345	678	487	181
淄博市	Zibo	612	1205	461	1043	673	629	139
枣庄市	Zaozhuang	424	1065	425	745	390	375	195
东营市	Dongying	558	1209	494	1274	559	554	103
烟台市	Yantai	623	1062	340	816	515	536	118
潍坊市	Weifang	481	1768	403	1300	576	479	125
济宁市	Jining	441	910	405	673	354	386	131
泰安市	Tai'an	350	900	466	640	713	418	49
威海市	Weihai	769	1291	492	884	831	485	158
日照市	Rizhao	472	864	370	757	262	235	78
莱芜市	Laiwu	425	1018	372	1268	365	375	69
临沂市	Linyi	469	1067	414	728	331	312	140
德州市	Dezhou	389	1383	357	614	237	292	66
聊城市	Liaocheng	340	1072	339	566	408	453	86
滨州市	Binzhou	439	1726	423	1070	513	630	100
菏泽市	Heze	345	912	334	477	340	388	91

主要统计指标解释

一、城镇住户

城镇家庭人口 指居住在一起，经济上合在一起共同生活的家庭成员。凡计算为家庭人口的成员其全部收支都包括在本家庭中。

城镇就业面 指就业人口占家庭人口的百分比。

城镇就业者负担人数 指家庭人口与就业人口之比。

城镇家庭总收入 指家庭成员得到的工资性收入、经营净收入、财产性收入、转移性收入之和，不包括出售财物收入和借贷收入。

城镇家庭可支配收入 指家庭成员得到可用于最终消费支出和其它非义务性支出以及储蓄的总和，即居民家庭可以用来自由支配的收入。它是家庭总收入扣除交纳的所得税、个人交纳的社会保障支出以及记账补贴后的收入。计算公式为：

可支配收入=家庭总收入−交纳所得税
−个人交纳的社会保障支出−记帐补贴

城镇家庭总支出 指除借贷支出以外的全部家庭支出。包括消费性支出、购房建房支出、转移性支出、财产性支出、社会保障支出。

城镇家庭消费性支出 指家庭用于日常生活的支出，包括食品、衣着、家庭设备用品及服务、医疗保健、交通和通信、娱乐教育文化服务、居住、杂项商品和服务等八大类支出。

恩格尔系数 指食物支出金额在消费性总支出金额中所占的比例。计算公式为：

$$恩格尔系数=\frac{食品支出金额}{消费性总支出金额}\times 100\%$$

二、农村住户

农村住户 指农村常住户。农村常住户是指在农村范围内居住或即将居住半年以上的家庭户。户口不在本地而在本地居住或即将居住半年及以上的住户也包括在本地农村常住户范围内；有本地户口，但举家外出谋生半年以上的住户，无论是否保留承包耕地都不包括在本地农村住户范围内。

常住人口 指全年经常在家或在家居住6个月以上，而且经济和生活与本户连成一体的人口。外出从业人员在外居住时间虽然在6个月以上，但收入主要带回家中，经济与本户连为一体，仍视为家庭常住人口；在家居住，生活和本户连成一体的国家职工、退休人员也为家庭常住人口。但是现役军人、中专及以上(走读生除外)的在校学生、以及常年在外(不包括探亲、看病等)且已有稳定的职业与居住场所的外出从业人员，不算家庭常住人口。家庭常住人口主要作为计算农村住户平均每人收入、消费和积累水平及分析家庭人口状况的依据。

整、半劳动力 整劳动力指男子18周岁到50周岁，女子18周岁到45周岁；半劳动力指男子16周岁到17周岁，51周岁到60周岁；女子16周岁到17周岁，46周岁到55周岁，同时具有劳动能力的人。虽然在劳动年龄之内，但已丧失劳动能力的人，不应算为劳动力；超过劳动年龄，但能经常参加劳动，计入半劳动力数内。

总收入 指调查期内农村住户和住户成员从各种来源渠道得到的收入总和。按收入的性质划分为工资性收入、家庭经营收入、财产性收入和转移性收入。

工资性收入 指农村住户成员受雇于单位或个人，靠提供劳动而获得的收入。

家庭经营收入 指农村住户以家庭为生产经营单位进行生产筹划和管理而获得的收入。农村住户家庭经营活动按行业划分为农业、林业、牧业、渔业、工业、建筑业、交通运输业邮电业、批发和零售贸易餐饮业、社会服务业、文教卫生业和其他家庭经营。

财产性收入 指金融资产或有形非生产性资产的所有者向其他机构单位提供资金或将有形非生产性资产供其支配，作为回报而从中获得的收入。

转移性收入 指农村住户和住户成员无须付出任何对应物而获得的货物、服务、资金或资产所有权等，不包括无偿提供的用于固定资本形成的资金。一般情况下，是指农村住户在二次分配中的所有收入。

现金收入 指农村住户和住户成员在调查期内得到以现金形态表现的收入。按来源分成工资性收入、家庭经营现金收入、财产性收入、转移性收入。

纯收入 指农村住户当年从各个来源得到的总收入相应地扣除所发生的费用后的收入总和。计算方法：

纯收入=总收入−家庭经营费用支出−税费支出
−生产性固定资产折旧

纯收入主要用于再生产投入和当年生活消费支出，也可用于储蓄和各种非义务性支出。“农民人均纯收入”按人口平均的纯收入水平，反映的是一个地区或一个农户农村居民的平均收入水平。

总支出 指农村住户用于生产、生活和再分配的全部支出。家庭经营费用支出、购置生产性固定资产支出、生产性固定资产折旧、税费支出、生活消费支出、财产性支出和转移性支出。

Explanatory Notes on Main Statistical Indicators

I. Urban Households

Population of Urban Households refer to members of the household living and sharing economically together. All income and expenditure of the population of the household are included in the income and expenditure of the household.

Proportion of Urban Employment refer to the proportion of employed population to the population of urban households.

Number of Dependents per Urban Employee refers to the ratio between number of persons in urban households and the number of dependents.

Total Income of Urban Households refers to the sum of wage and salary, net business income, income from properties, and income from transfers of members of the households, excluding income from selling of properties and income from borrowings.

Disposable Income of Urban Households refers to the actual income at the disposal of members of the households which can be used for final consumption, other non compulsory expenditure and savings. This equals to total income minus income tax, personal contribution to social security and sample household subsidy for keeping diaries. Following formula is used:

Disposable income=total household income-income tax-personal contribution to social security-sample household subsidy for keeping diaries

Total Expenditure of Urban Households refer to all expenditure of the households except expenditure on leading. It includes expenditure on consumption, on purchasing or building houses, on transfers, on properties and on social security.

Consumption Expenditure of Urban Households refers to total expenditure of the sample households for consumption in daily life,including expenditure on eight categories such as food, clothing, household appliances and services, health care and medical services, transport and communications, recreation, education and cultural services, housing, miscellaneous goods and services.

Engel Coefficient refers to the percentage of expenditure on food in the total consumption expenditure, using the following formula:

Engel Coefficient=(expenditure on food/total consumption expenditure)×100%

II. Rural Households

Rural Households refer to resident households in rural areas residing for nearly or more than half-year. Migrated households residing in the current addresses for nearly or more than half-year with their household registration in other places are included in the resident households of their current addresses. For households with their household registration in one place but all members of the households moving away for living in another place for over half-year, they will not be included in the rural households of the area where they are registered, irrespective of whether they still keep their contracted land.

Resident Population refers to population staying at home permanently or for over 6 months during a year and sharing life economically with the household. Members of the household staying away from the household for over 6 months but keeping a close economic relation with the household by sending the majority of income to the household are regarded as resident population of the household. Government staff and workers or retirees living as close members of the household are also considered as resident population. However, servicemen, students of secondary technical schools or schools of higher education and persons with stable jobs and residence outside the household (excluding those visiting relatives or seeking medical service) are not included as resident population of the household. Resident population is used in calculating income, consumption, accumulation on per capita basis of rural households and in analyzing composition of rural households.

Full/Semi Labour Force Full labour force refers to persons capable of work, aged 18-50 for males and 18-45 for females. Semi labour force refers to persons capable of work, aged 16-17 and 51-60 for males and 16-17 and 46-55 for females. Persons at their working ages but not capable of work are not to be included as labour force. Persons not at working ages but participating regularly in work are included in semi labour force. For staff and workers as resident population of the household, they are included as full or semi labour force of the household if they are in the labour force.

Total Income refers to the sum of income earned from various sources by the rural households and their members during the reference period, and is classified as income from wages and salaries, income from household operations, income from properties and income from transfers.

Income from Wages and Salaries refers to income from labour earned by the members of rural households employed by other units or individuals.

Income from Household Operations refers to income by the rural households as units of production and operations. Operations by rural households are classified by economic activities as agriculture, forestry, animal husbandry, fishery, manufacturing, construction, transportation, post and telecommunications, wholesale, retail and catering, social service, culture, education, health, and other household operations.

Income from Properties refers to the income received as returns by owners of financial assets or tangible non productive assets by providing capitals or tangible non productive assets to other institutional units.

Income from Transfers refers to the receipt by rural households and their members of goods, services, capitals or rights of assets without giving or repaying accordingly, excluding capitals provided to them for the formation of fixed assets. In general, it refers to all income received by rural households through redistribution.

Cash Income refers to income received by rural households and their members in the form of cash during the reference period. It is classified, by source of income, into income from wages and salaries,cash income from household operations, income from properties and income from transfers.

Net Income refers to the total income of rural households from all sources minus all corresponding expenses. The formula for calculation is as follows:

Net income=total income-household operation expenses-taxes and fees depreciation of fixed assets for production

Net income is mainly used as input for reproduction and as consumption expenditure of the year, and also used for savings and non-compulsory expenses of various forms. "Per capita net income of farmers" is the level of net income averaged by population which reflects the average income level of rural households in a given area.

Total Expenditure refers to total expenses of rural households on production, consumption and redistribution, including expenditure on household operations, on purchase of productive fixed assets, depreciation of productive fixed assets, taxes and fees, expenses on household consumption, expenses on properties and expenses on transfers.

第11篇

城市建设

City Construction

简 要 说 明

一、本篇资料的主要内容

本篇资料反映了全省各城市基础设施基本情况，包括市政设施、设施水平、供水、公共交通、园林绿化、燃气供热和建设用地等方面的资料。

二、本篇资料的来源

本篇资料来源于省住房、城乡建设厅和省交通运输厅，由山东省统计局综合处和工业处整理提供。

Brief Introduction

I. Content

Data in this chapter show the basic conditions of public facilities of main cities in Shandong, including urban construction and infrastructure, water supply, public communications, urban greenery, gas and heating and land for construction, etc.

II. Source of Data

Data in this chapter are provided by the Housing and Urban-Rural Development and Transportation Department of Shandong Province. Data in this chapter are prepared and compiled by Comprehensive Statistics, Industry and Transport Statistics of Shandong Provincial Bureau of Statistics.

11-1 城市基础设施
Basic Statistics on Urban Infrastructure

指标名称		Item		2010	2011	2012
一、设施水平		**Urban Facilities**				
城市人口密度	(人/平方公里)	Population Density	(person/sq.km)	1389	1389	1349
人均日生活用水量	(升)	Per Capita Daily Water Consumption	(litre)	129.52	129.79	131.58
用水普及率	(%)	Coverage Rate of Water Supply	(%)	99.57	99.74	99.87
用气普及率	(%)	Coverage Rate of Natural Gas Supply	(%)	99.30	99.48	99.48
人均拥有道路面积	(平方米)	Per Capita Area of Roads	(sq.m)	22.23	23.62	24.70
建成区排水管道密度	(公里/平方公里)	Built-up Area Density of Sewage Pipelines	(km/sq.km)	9.62	10.69	11.04
人均公园绿地面积	(平方米)	Per Capita Public Green Areas	(sq.m)	15.84	16.00	16.37
建成区绿化覆盖率	(%)	Coverage Rate of Urban Green Areas	(%)	41.47	41.51	42.12
二、供水情况		**Water Supply**				
供水总量	(万立方米)	Volume of Water Supply	(10 000 cu.m)	290866	313500	327449
#生产运营用水	(万立方米)	For Productive Use	(10 000 cu.m)	127028	139700	143546
生活用水	(万立方米)	For Residential Use	(10 000 cu.m)	127338	131505	137934
用水人口	(万人)	Population Using Water	(10 000 persons)	2715	2792	2887
三、公共交通		**Public Transportation**				
客运总量	(万人次)	Volume of Passenger Traffic	(10 000 person-times)	371801	380085	421566
运营车数	(辆)	Number of Operating Vehicles	(unit)	27752	31230	37309
出租汽车数	(辆)	Number of Taxis	(unit)	57687	58462	68690
四、市政设施及污水处理		**Infrastructure and Waste Water Treatment**				
道路面积	(万平方米)	Area of Roads	(10 000 sq.m)	60325	66123	71390
道路长度	(公里)	Length of Roads	(km)	32859	34681	36566
人行道面积	(万平方米)	Area of Sidewalks	(10 000 sq.m)	12149	13999	14971
路灯盏数	(盏)	Number of Streetlights	(unit)	1339298	1445771	1629070
桥梁数	(座)	Numer of Bridges	(unit)	4316	4359	4660
污水年排放量	(万吨)	Volume of Waste Water Discharged	(10 000 tons)	244417	265465	277437.7
污水年处理量	(万吨)	Volume of Waste Water Treated	(10 000 tons)	222691	247348	261415.4
防洪堤长度	(公里)	Length of Levees	(km)	2352	2511	2583
五、园林绿化		**Parks,Gardens and Green Areas**				
园林绿地面积	(公顷)	Green Areas	(ha)	157945	165577	176342
#公园绿地面积	(公顷)	Public Park	(ha)	43191	44800	47318
绿化覆盖面积	(公顷)	Coverage of Green Area	(ha)	181055	188136	199899
#建成区绿化覆盖面积	(公顷)	Coverage of Urban Green Area	(ha)	147904	155699	165409
公园个数	(个)	Number of Parks	(unit)	595	660	686
公园面积	(公顷)	Area of Parks	(ha)	21350	22919	25023

11-2 城市设施水平(2012年)
Basic Statistics on Urban Infrastructure by City(2012)

城市名称	City	城市人口密度(人/平方公里) Population Density (person/sq.km)	自来水人均日生活用水量(升) Per Capita Daily Water Consumption (litre)	自来水普及率(%) Coverage Rate of Water Supply (%)	燃气普及率(%) Coverage Rate of Gas Supply (%)	人均城市道路面积(平方米) Per Capita Area of Roads (sq.m)	人均公园绿地面积(平方米) Per Capita Public Green Areas (sq.m)	建成区绿化覆盖率(%) Coverage Rate of Urban Green Areas (%)
全　　省	**Total**	**1349**	**131.58**	**99.87**	**99.48**	**24.70**	**16.37**	**42.12**
济南市	Jinan	2417	138.14	100.00	100.00	24.79	10.31	38.00
章丘市	Zhangqiu	720	139.53	100.00	100.00	21.71	16.43	42.02
青岛市	Qingdao	1753	180.07	100.00	100.00	24.00	14.58	44.70
胶州市	Jiaozhou	814	134.18	100.00	99.95	20.39	12.13	44.02
即墨市	Jimo	891	135.43	100.00	99.45	20.92	12.23	43.14
平度市	Pingdu	625	129.68	100.00	94.00	18.73	10.73	40.70
莱西市	Laixi	684	142.17	100.00	99.97	25.24	15.00	45.41
淄博市	Zibo	2464	118.96	100.00	100.00	22.73	15.40	43.25
枣庄市	Zaozhuang	2018	116.76	99.24	99.40	24.80	14.63	40.20
滕州市	Tengzhou	1593	134.17	100.00	99.77	21.08	13.39	39.48
东营市	Dongying	596	134.30	100.00	98.35	31.14	18.55	40.41
烟台市	Yantai	1604	139.78	99.87	99.82	23.55	21.30	43.29
龙口市	Longkou	2727	86.27	99.96	99.68	25.82	12.80	42.50
莱阳市	Laiyang	1190	101.03	99.72	99.56	11.53	13.30	41.45
莱州市	Laizhou	951	86.78	100.00	98.14	21.38	14.31	42.20
蓬莱市	Penglai	1070	103.29	94.05	99.06	25.19	13.79	41.17
招远市	Zhaoyuan	1339	121.55	100.00	100.00	18.68	18.56	40.23
栖霞市	Qixia	5125	107.26	97.50	99.39	9.07	11.77	35.58
海阳市	Haiyang	348	119.45	99.21	98.65	16.23	14.60	42.41
潍坊市	Weifang	1061	121.87	100.00	100.00	26.51	17.67	40.59
青州市	Qingzhou	1198	107.34	100.00	100.00	28.41	25.46	46.61
诸城市	Zhucheng	914	104.52	100.00	100.00	32.78	23.53	41.98
寿光市	Shouguang	1014	115.38	100.00	100.00	30.21	23.61	44.70
安丘市	Anqiu	818	98.23	100.00	100.00	21.91	25.05	42.48
高密市	Gaomi	1397	129.17	100.00	100.00	30.30	23.85	38.61
昌邑市	Changyi	1257	180.59	100.00	100.00	21.22	20.89	47.40
济宁市	Jining	1478	120.31	100.00	96.60	32.41	11.07	35.38
曲阜市	Qufu	3030	115.07	100.00	98.00	25.37	15.00	37.89
兖州市	Yanzhou	1638	125.05	100.00	96.33	20.37	12.61	35.05
邹城市	Zoucheng	2861	124.05	99.82	98.36	21.47	15.00	40.68
泰安市	Tai'an	1595	153.50	100.00	99.81	24.19	19.85	43.88
新泰市	Xintai	1001	103.60	100.00	99.82	25.37	19.44	44.78
肥城市	Feicheng	1772	105.30	100.00	100.00	27.02	18.93	46.30
威海市	Weihai	2582	125.36	100.00	100.00	30.75	25.08	47.92
文登市	Wendeng	777	124.94	100.00	100.00	27.01	22.02	47.22
荣成市	Rongcheng	814	113.93	100.00	100.00	23.91	22.37	47.26
乳山市	Rushan	1320	104.36	100.00	100.00	28.15	18.10	43.13
日照市	Rizhao	1759	126.49	100.00	99.40	26.80	21.87	42.29
莱芜市	Laiwu	1157	126.26	100.00	99.86	27.90	18.49	42.19
临沂市	Linyi	1417	161.24	100.00	99.63	21.65	20.04	43.02
德州市	Dezhou	1218	107.97	100.00	100.00	35.78	25.14	42.49
乐陵市	Leling	3021	82.81	98.57	99.74	20.63	6.25	32.09
禹城市	Yucheng	2742	99.64	102.13	95.87	21.29	14.10	34.99
聊城市	Liaocheng	1552	128.07	98.38	98.92	29.49	11.70	44.08
临清市	Linqing	1123	134.00	99.63	99.63	30.89	12.10	41.74
滨州市	Binzhou	1260	101.07	100.00	100.00	20.98	18.26	43.84
菏泽市	Heze	1942	110.63	100.00	99.70	18.11	11.69	41.95

11-3 城市供水(2012年)

Urban Water Supply by City(2012)

城市名称	City	自来水综合生产能力(万立方米/日) Production Capacity of Water Supply (10 000 cu.m/day)	地下水 Groundwater	供水管道长度(公里) Length of Water Supply Pioelines (km)	供水总量(万立方米) Volume of Water Supply (10 000 cu.m)	生产运营用水 For Productive Use	公共服务用水 For Public Service	居民家庭用水 For Households Use	用水人口(万人) Population with Access to Tap Water (10 000 persons)
全　　省	**Total**	**1644.5**	**682.7**	**41934**	**327449**	**143546**	**42710**	**95224**	**2887**
济 南 市	Jinan	193.2	95.5	3558	33250	10557	2384	12364	293
章 丘 市	Zhangqiu	19.8	19.8	265	3075	1340	90	1252	26
青 岛 市	Qingdao	153.7	23.0	5643	42791	15278	7296	13320	314
胶 州 市	Jiaozhou	14.0	6.0	444	3789	1296	793	1215	41
即 墨 市	Jimo	26.0		606	7837	4800	740	1959	55
平 度 市	Pingdu	12.9	8.7	489	3647	1126	526	1604	45
莱 西 市	Laixi	17.5	2.0	539	3373	1494	388	1203	31
淄 博 市	Zibo	164.9	86.0	2235	26929	17241	1602	5365	162
枣 庄 市	Zaozhuang	69.8	58.0	1598	9115	3252	1125	2833	94
滕 州 市	Tengzhou	21.0	14.0	814	5707	2514	296	1438	35
东 营 市	Dongying	74.5		1138	9618	3947	1019	2165	65
烟 台 市	Yantai	91.8	37.6	3020	15749	6640	2987	4381	144
龙 口 市	Longkou	16.4	2.4	350	1867	765	280	613	28
莱 阳 市	Laiyang	13.4	8.4	312	2798	1476	400	762	32
莱 州 市	Laizhou	12.5	0.5	555	1636	306	416	693	35
蓬 莱 市	Penglai	9.2	1.6	324	1222	482	220	382	16
招 远 市	Zhaoyuan	6.0	3.5	381	1777	891	292	528	18
栖 霞 市	Qixia	4.3	1.3	91	732	59	255	363	16
海 阳 市	Haiyang	6.9		306	1866	620	178	912	25
潍 坊 市	Weifang	74.8	25.8	2100	15070	8063	2066	3534	126
青 州 市	Qingzhou	16.5	16.5	551	3087	1543	402	889	33
诸 城 市	Zhucheng	19.0		328	6391	3915	270	1478	46
寿 光 市	Shouguang	18.5	11.7	347	5724	3966	170	1232	33
安 丘 市	Anqiu	16.3	11.5	239	3184	1759	316	738	30
高 密 市	Gaomi	30.5	9.0	200	6881	4740	386	905	27
昌 邑 市	Changyi	15.9	15.9	100	4539	3353	52	942	15
济 宁 市	Jining	56.0	56.0	720	12360	5692	2428	2293	108
曲 阜 市	Qufu	10.0	9.0	269	2126	1085	401	434	20
兖 州 市	Yanzhou	13.0	13.0	248	3637	1908	161	725	25
邹 城 市	Zoucheng	15.0	15.0	337	3947	2310	245	989	28
泰 安 市	Tai'an	29.0	9.0	1483	6405	1855	1651	1975	65
新 泰 市	Xintai	17.7	1.1	821	3125	869	277	1602	50
肥 城 市	Feicheng	6.1	6.1	174	1860	709	178	756	24
威 海 市	Weihai	39.2	3.1	2106	6378	2795	1244	1473	59
文 登 市	Wendeng	13.0	2.9	548	3261	1612	822	661	33
荣 成 市	Rongcheng	27.0	5.0	764	2989	1327	806	726	37
乳 山 市	Rushan	10.9	4.5	531	1403	509	327	380	19
日 照 市	Rizhao	33.7	15.1	1440	6768	3141	1006	1935	64
莱 芜 市	Laiwu	25.5	12.8	763	4533	1636	520	1676	49
临 沂 市	Linyi	60.9	12.7	1554	17086	3414	4254	6167	181
德 州 市	Dezhou	41.0		703	7536	4570	579	2008	66
乐 陵 市	Leling	14.3	9.5	66	1121	155	283	527	27
禹 城 市	Yucheng	11.2	11.2	145	2273	1509	209	402	17
聊 城 市	Liaocheng	22.7	21.2	964	5647	2255	819	2126	63
临 清 市	Linqing	16.0	15.0	249	2298	611	237	1197	29
滨 州 市	Binzhou	44.2	0.2	1271	6936	3336	311	2290	70
菏 泽 市	Heze	18.8	1.6	247	4106	827	1005	1814	70

11-4 城市公共交通(2012年)

Public Transportation by City(2012)

城市名称	City	运营车数(辆) Number of Operating Vehicles (unit)	标准运营车数(标台) Number of Standard Operating Vehicles (unit)	运营线路总长度(公里) Length of Operation Lines (km)	客运总量(万人次) Volume of Passenger Traffic (10 000 person-times)	出租汽车数(辆) Number of Taxis (unit)
全　省	**Total**	**37309**	**40752**	**64976**	**421566**	**68690**
济南市	Jinan	4518	5447	4031	85312	8357
章丘市	Zhangqiu	134	121	135	1200	267
青岛市	Qingdao	5397	6828	5072	95103	9693
胶州市	Jiaozhou	607	634	741	5259	239
即墨市	Jimo	279	300	796	4019	218
平度市	Pingdu	291	253	771	3598	134
胶南市	Jiaonan	249	294	464	3608	262
莱西市	Laixi	126	126	281	729	129
淄博市	Zibo	2344	2540	4145	21544	6083
枣庄市	Zaozhuang	1138	1155	1108	5008	834
滕州市	Tengzhou	570	581	717	6181	706
东营市	Dongying	653	764	1366	6625	3104
烟台市	Yantai	2012	2433	2254	35475	2169
龙口市	Longkou	180	205	394	1182	442
莱阳市	Laiyang	74	74	105	1090	399
莱州市	Laizhou	54	52	71	491	450
蓬莱市	Penglai	80	78	158	760	617
招远市	Zhaoyuan	99	108	140	941	374
栖霞市	Qixia	58	41	658	383	320
海阳市	Haiyang	96	101	276	585	372
潍坊市	Weifang	1186	1323	1541	13734	2253
青州市	Qingzhou	326	313	720	3260	469
诸城市	Zhucheng	367	395	1447	3002	372
寿光市	Shouguang	141	142	353	1643	306
安丘市	Anqiu	148	128	210	615	292
高密市	Gaomi	249	251	285	966	232
昌邑市	Changyi	56	56	120	600	211
济宁市	Jining	1198	1341	798	13290	1560
曲阜市	Qufu	136	128	520	1158	209
兖州市	Yanzhou	360	335	307	3168	499
邹城市	Zoucheng	282	262	754	2854	797
泰安市	Tai'an	1025	1114	560	7500	1292
新泰市	Xintai	265	296	290	2275	258
肥城市	Feicheng	243	226	339	2550	403
威海市	Weihai	1118	1291	1509	14520	1541
文登市	Wendeng	82	71	271	599	271
荣成市	Rongcheng	150	151	179	2000	295
乳山市	Rushan	138	122	498	669	270
日照市	Rizhao	543	614	627	7152	1068
莱芜市	Laiwu	960	1040	2886	6947	1600
临沂市	Linyi	1652	1827	1867	12287	2750
德州市	Dezhou	739	790	1067	5185	2405
乐陵市	Leling	65	49	315	234	199
禹城市	Yucheng	41	29	175	207	259
聊城市	Liaocheng	697	698	1578	5844	1416
临清市	Linqing	66	45	254	918	333
滨州市	Binzhou	1237	1293	1044	3070	714
菏泽市	Heze	440	422	485	2929	1315

11-5 城市市政设施(2012年)
Infrastructure by City(2012)

城市名称	City	道路长度(公里) Length of Roads (km)	道路面积(万平方米) Area of Roads (10 000 sq.m)	人行道面积(万平方米) Area of Sidewalks (10 000 sq.m)	路灯盏数(盏) Number of Streetlights (unit)	桥梁数(座) Number of Bridges (unit)	排水管道长度(公里) Length of Sewage Pipelines (km)
合计	**Total**	**36566.4**	**71390.2**	**14971**	**1629070**	**4660**	**43357**
济南市	Jinan	4674.9	7251.0	1473	111324	761	2357
章丘市	Zhangqiu	223.0	572.0	149	26400	33	721
青岛市	Qingdao	4280.5	7527.7	1585	159956	513	6814
胶州市	Jiaozhou	636.0	837.0	142	11992	71	525
即墨市	Jimo	825.9	1142.0	311	15348	56	602
平度市	Pingdu	651.0	843.0	206	17809	130	713
莱西市	Laixi	493.0	774.0	141	17247	54	699
淄博市	Zibo	1489.8	3673.3	675	66850	263	2405
枣庄市	Zaozhuang	1077.6	2351.4	632	69904	88	1142
滕州市	Tengzhou	546.5	746.5	210	20573	30	393
东营市	Dongying	785.0	2022.4	260	38864	124	925
烟台市	Yantai	1730.8	3405.0	680	88710	94	2791
龙口市	Longkou	320.3	732.3	207	16688	32	488
莱阳市	Laiyang	186.0	364.3	106	7530	35	277
莱州市	Laizhou	201.4	748.2	103	26011	12	420
蓬莱市	Penglai	238.0	427.5	103	13153	43	305
招远市	Zhaoyuan	216.4	345.2	65	9285	47	374
栖霞市	Qixia	99.5	148.8	34	9471	25	149
海阳市	Haiyang	188.0	409.0	151	7412	20	302
潍坊市	Weifang	1605.3	3337.4	958	84975	81	1684
青州市	Qingzhou	538.5	936.0	208	39360	22	640
诸城市	Zhucheng	699.1	1502.1	387	25541	30	547
寿光市	Shouguang	695.9	1005.7	190	40926	7	645
安丘市	Anqiu	320.5	649.0	106	6351	42	453
高密市	Gaomi	507.8	829.6	245	15911	82	411
昌邑市	Changyi	155.3	320.1	82	7704	28	160
济宁市	Jining	1034.6	3484.4	635	32991	98	1045
曲阜市	Qufu	292.0	507.4	89	49990	32	206
兖州市	Yanzhou	234.7	510.2	113	24700	65	273
邹城市	Zoucheng	575.5	601.1	192	8564	42	269
泰安市	Tai'an	777.2	1565.9	348	38858	149	897
新泰市	Xintai	502.0	1260.5	141	12394	36	510
肥城市	Feicheng	193.8	656.5	68	18600	32	256
威海市	Weihai	761.0	1826.0	318	49671	226	2540
文登市	Wendeng	378.4	878.2	220	18622	67	682
荣成市	Rongcheng	405.0	881.0	139	21156	95	723
乳山市	Rushan	285.0	522.5	84	17660	71	515
日照市	Rizhao	1320.7	1707.0	354	40695	83	1254
莱芜市	Laiwu	770.0	1368.6	262	35373	103	846
临沂市	Linyi	2018.6	3920.8	664	142474	117	1997
德州市	Dezhou	837.8	2348.3	399	34998	42	925
乐陵市	Leling	333.0	561.0	126	5400	20	104
禹城市	Yucheng	200.2	350.2	50	5030	63	202
聊城市	Liaocheng	553.1	1888.3	506	35492	122	916
临清市	Linqing	401.8	909.0	280	7611	29	259
滨州市	Binzhou	736.3	1478.7	296	33220	275	1300
菏泽市	Heze	570.0	1264.0	278	40276	170	697

11-5 续表 continued

城市名称	City	污水年排放量(万吨) Volume of Waste Water Discharged (10 000 tons)	污水处理总量(万吨) Volume of Waste Water Treated Yearly (10 000 tons)	防洪堤长度(公里) Length of Levees (km)	生活垃圾清运量(万吨) Volume of Garbage Disposal (10 000 tons)	生活垃圾无害化处理量(万吨) Volume of Garbage Harmless Diposed (10 000 tons)
全 省	**Total**	**277438**	**261415**	**2583**	**1053.5**	**1041.7**
济南市	Jinan	28263	27497	88	92.5	92.5
章丘市	Zhangqiu	2605	2321		9.6	9.6
青岛市	Qingdao	36372	33221	225	147.4	147.4
胶州市	Jiaozhou	3221	2980	44	15.8	15.8
即墨市	Jimo	6662	5879	29	12.9	12.9
平度市	Pingdu	3100	2728	44	11.1	11.1
莱西市	Laixi	2867	2784	32	10.5	10.5
淄博市	Zibo	22889	22017	93	61.0	61.0
枣庄市	Zaozhuang	7748	7176	44	50.6	38.8
滕州市	Tengzhou	4851	4509	35	11.7	11.7
东营市	Dongying	7502	6915	81	17.7	17.7
烟台市	Yantai	13387	12985	506	61.6	61.6
龙口市	Longkou	1587	1384	39	8.3	8.3
莱阳市	Laiyang	2378	2307	7	9.2	9.2
莱州市	Laizhou	1391	1349		12.7	12.7
蓬莱市	Penglai	1039	1008	14	7.6	7.6
招远市	Zhaoyuan	1510	1465	44	8.4	8.4
栖霞市	Qixia	622	589	23	4.9	4.9
海阳市	Haiyang	1587	1539	26	7.4	7.4
潍坊市	Weifang	12809	12375	39	37.6	37.6
青州市	Qingzhou	2623	2545		9.6	9.6
诸城市	Zhucheng	5432	5270		15.0	15.0
寿光市	Shouguang	4865	4720		28.0	28.0
安丘市	Anqiu	2707	2579	15	11.0	11.0
高密市	Gaomi	5849	5674		8.1	8.1
昌邑市	Changyi	3858	3582		4.9	4.9
济宁市	Jining	10506	9917		22.4	22.4
曲阜市	Qufu	1807	1753		7.0	7.0
兖州市	Yanzhou	3091	2804	22	7.4	7.4
邹城市	Zoucheng	3355	2893		20.1	20.1
泰安市	Tai'an	5444	5119	42	21.6	21.6
新泰市	Xintai	2656	2509	16	12.3	12.3
肥城市	Feicheng	1581	1447		5.4	5.4
威海市	Weihai	5421	5188	87	29.4	29.4
文登市	Wendeng	2772	2689	86	11.7	11.7
荣成市	Rongcheng	2541	2464	37	13.0	13.0
乳山市	Rushan	1193	1135	19	10.0	10.0
日照市	Rizhao	5753	5381	66	18.8	18.8
莱芜市	Laiwu	3853	3515	66	25.6	25.6
临沂市	Linyi	14370	13938	507	58.5	58.5
德州市	Dezhou	6405	6213		21.9	21.9
乐陵市	Leling	894	715		9.1	9.1
禹城市	Yucheng	1932	1874		5.5	5.5
聊城市	Liaocheng	4800	4369	100	19.1	19.1
临清市	Linqing	1953	1828	44	11.1	11.1
滨州市	Binzhou	5896	5643	16	23.4	23.4
菏泽市	Heze	3490	2624	47	25.5	25.5

11-6 城市园林绿化(2012年)

Parks, Gardens and Green Areas by City(2012)

城市名称	City	绿化覆盖面积(公顷) Coverage of Green Area (ha)	建成区 Urban Green Area	园林绿地面积(公顷) Green Areas (ha)	公园绿地面积 Public Park	公园个数(个) Number of Parks (unit)	公园面积(公顷) Area of Parks (ha)
合　　计	**Total**	**199899**	**165409**	**176342**	**47318**	**686**	**25023**
济　南　市	Jinan	13803	13803	12349	3017	35	2414
章　丘　市	Zhangqiu	1724	1723	1569	433	7	222
青　岛　市	Qingdao	23720	16747	21471	4573	78	2112
胶　州　市	Jiaozhou	2194	2038	1918	498	6	81
即　墨　市	Jimo	2456	2265	2203	668	5	157
平　度　市	Pingdu	2304	2035	1942	483	9	115
莱　西　市	Laixi	1565	1425	1298	460	9	321
淄　博　市	Zibo	17081	10289	16107	2489	32	859
枣　庄　市	Zaozhuang	6138	5867	5419	1387	34	690
滕　州　市	Tengzhou	2080	1978	1981	474	4	270
东　营　市	Dongying	6526	4483	6233	1205	32	1058
烟　台　市	Yantai	11894	11828	11132	3080	24	521
龙　口　市	Longkou	2312	1732	1506	363	10	170
莱　阳　市	Laiyang	1755	1741	1490	420	1	73
莱　州　市	Laizhou	1704	1688	1569	501	27	189
蓬　莱　市	Penglai	1419	1051	1097	234	6	52
招　远　市	Zhaoyuan	1230	1207	1093	343	7	282
栖　霞　市	Qixia	594	580	553	193	3	28
海　阳　市	Haiyang	1442	1442	1359	368	5	355
潍　坊　市	Weifang	9174	6332	8827	2225	21	802
青　州　市	Qingzhou	2447	2270	2256	839	16	148
诸　城　市	Zhucheng	3601	1906	2806	1078	13	592
寿　光　市	Shouguang	2964	1730	2734	786	10	590
安　丘　市	Anqiu	1880	1627	1509	742	5	691
高　密　市	Gaomi	2136	1838	1703	653	5	175
昌　邑　市	Changyi	1465	1185	1083	315	3	280
济　宁　市	Jining	6162	4408	5080	1190	16	398
曲　阜　市	Qufu	1023	1023	791	300	24	357
兖　州　市	Yanzhou	1331	1307	1140	316	7	52
邹　城　市	Zoucheng	1768	1668	1597	420	12	178
泰　安　市	Tai'an	5223	5011	4603	1285	12	627
新　泰　市	Xintai	2976	2951	2892	966	17	921
肥　城　市	Feicheng	1686	1438	1492	460	5	404
威　海　市	Weihai	7098	6613	6110	1489	18	485
文　登　市	Wendeng	2327	2097	2009	716	12	476
荣　成　市	Rongcheng	2241	2099	1937	824	9	585
乳　山　市	Rushan	1468	1353	1294	336	7	53
日　照　市	Rizhao	4107	4051	3887	1393	17	698
莱　芜　市	Laiwu	3482	3417	3259	907	13	265
临　沂　市	Linyi	11609	8415	10006	3629	35	3873
德　州　市	Dezhou	4080	4059	3712	1650	20	306
乐　陵　市	Leling	1065	1059	902	170	2	100
禹　城　市	Yucheng	1049	1049	925	232	6	77
聊　城　市	Liaocheng	4760	3084	2539	749	13	667
临　清　市	Linqing	1150	1010	953	356	7	152
滨　州　市	Binzhou	5558	4963	4659	1287	18	650
菏　泽　市	Heze	4128	3524	3348	816	9	452

11-7 城市燃气供热情况(2012年)

Gas Supply and Heating by City(2012)

城市名称	City	人工煤气供气量(万立方米) Total Gas Supply (10 000 cu.m)	家庭用量 Residential Use	天然气供气量(万立方米) Total Natural Gas Supply (10 000 cu.m)	家庭用量 Residential Use	液化石油气供气量(吨) Total Liquefied Petroleum Gas Supply (ton)	家庭用量 Residential Use	集中供热面积(万平方米) Heating Area (10 000 sq.m)	住宅 Houses
全 省	**Total**	**21316.2**	**6865.3**	**518343.7**	**119684.9**	**511489.4**	**354765.1**	**67422.5**	**53986.7**
济南市	Jinan	4300.0	2580.0	35000.0	10096.0	50700.0	27700.0	8262.3	6474.1
章丘市	Zhangqiu			2697.8	486.0	4732.5	4361.0	640.0	478.0
青岛市	Qingdao	8147.6	1255.4	68397.4	15807.8	54340.8	22335.0	10503.1	8795.5
胶州市	Jiaozhou			5552.0	1102.0	4160.0	4160.0	754.0	652.8
即墨市	Jimo			4390.4	1150.0	7495.0	7495.0	710.0	668.0
平度市	Pingdu			3098.5	339.0	9080.0	7050.0	476.0	436.0
莱西市	Laixi			4535.0	380.0	5500.0	4800.0	369.9	344.2
淄博市	Zibo			91613.0	16799.6	31257.0	21190.0	3625.0	2924.3
枣庄市	Zaozhuang	3138.5	1814.9	3917.5	1237.0	12720.6	8422.0	1225.3	1090.8
滕州市	Tengzhou			12685.0	3271.0	5120.0	4200.0	420.0	375.0
东营市	Dongying			25762.3	12887.5	10484.2	9972.0	2978.3	2169.6
烟台市	Yantai			20196.0	3566.0	42584.0	12448.0	6780.9	5069.2
龙口市	Longkou			34695.0	2114.5	2650.0	2500.0	580.0	474.0
莱阳市	Laiyang			1951.0	450.0	5200.0	5000.0	299.0	247.7
莱州市	Laizhou			1376.0	530.0	2900.0	1800.0	621.0	496.0
蓬莱市	Penglai			4805.9	320.0	4400.0	3520.0	440.2	349.0
招远市	Zhaoyuan			621.0	356.0	4857.0	3653.0	415.0	375.0
栖霞市	Qixia			795.2	390.0	3585.0	3265.0	87.4	78.9
海阳市	Haiyang			672.0	157.4	4600.0	4500.0	380.0	356.0
潍坊市	Weifang	4117.0	615.0	15184.0	2643.0	8800.0	8800.0	2913.3	2342.1
青州市	Qingzhou			3379.0	768.0	3219.0	3000.0	737.8	658.4
诸城市	Zhucheng			3283.0	678.9	9410.0	9390.0	1186.0	894.0
寿光市	Shouguang			2784.1	810.0	2400.0	2400.0	750.0	657.0
安丘市	Anqiu			1506.4	130.0	6686.0	5823.0	520.0	387.0
高密市	Gaomi			2499.3	1643.9	2141.0	2135.6	386.0	186.3
昌邑市	Changyi			1600.0	1100.0	1600.0	1450.0	481.0	431.0
济宁市	Jining			12858.6	1923.0	3987.7	3987.7	2251.6	1720.0
曲阜市	Qufu			2679.0	253.0	973.0	513.0	392.0	317.0
兖州市	Yanzhou	1613.2	600.0	2045.2	128.2	5509.0	2600.0	390.0	360.0
邹城市	Zoucheng			1940.0	700.0	1336.0	810.0	850.0	810.0
泰安市	Tai'an			30755.0	5689.0	1021.0	839.0	1550.0	875.0
新泰市	Xintai			521.8	194.0	9609.0	9560.0	610.0	485.5
肥城市	Feicheng			3602.0	714.2			297.5	246.5
威海市	Weihai			5762.0	1124.0	2452.0	953.0	2985.0	2324.0
文登市	Wendeng			1747.0	271.0	5129.0	4485.0	627.0	497.0
荣成市	Rongcheng			538.0	461.0	6460.0	2585.0	630.0	478.0
乳山市	Rushan			444.0	375.0	622.0	60.0	358.0	285.0
日照市	Rizhao			3928.0	1559.2	13307.9	12856.0	1390.0	1050.0
莱芜市	Laiwu			4368.3	1369.8	11818.2	11259.8	1129.0	1009.0
临沂市	Linyi			31214.6	10641.4	55542.0	41730.0	2256.0	1883.5
德州市	Dezhou			12559.4	1948.6	1700.0	1600.0	1500.0	1110.0
乐陵市	Leling			1725.0	1300.0	3028.4	2395.0	109.0	104.0
禹城市	Yucheng			4346.6	299.8	810.0	810.0	240.0	180.0
聊城市	Liaocheng			16740.5	1770.5	5000.0	4500.0	1208.0	1052.7
临清市	Linqing			2260.0	1201.0	612.0	612.0	596.7	433.5
滨州市	Binzhou			11624.8	8046.6	55000.0	54990.0	946.2	846.3
菏泽市	Heze			13687.0	502.0	26950.0	6250.0	565.0	510.0

11-8 城市建设用地(2012年)
Land for Construction by City(2012)

城市名称 City		城市面积(平方公里) City Area (sq.km)	#建成区面积 Area of Urban Districts	城市建设用地面积(平方公里) Space of Land for Construction (sq.km)	#居住用地 Land for Dewelling	公用设施用地 Land for Public Facilities	工业用地 Land for Industry	交通设施用地 Land for Transport Facilities
全　　省	**Total**	**83994.9**	**3927.0**	**3854.4**	**1143.4**	**180.2**	**819.5**	**444.5**
济 南 市	Jinan	3257.0	363.3	363.2	92.4	13.4	69.3	66.8
章 丘 市	Zhangqiu	1855.0	41.0	39.7	8.6	0.8	8.7	1.0
青 岛 市	Qingdao	3251.3	374.6	364.4	105.1	17.3	82.5	50.9
胶 州 市	Jiaozhou	1210.0	46.3	46.3	11.6	2.2	15.4	5.2
即 墨 市	Jimo	1780.0	52.5	51.4	15.4	1.5	12.9	2.2
平 度 市	Pingdu	3166.5	50.0	48.6	13.3	0.4	16.9	7.5
莱 西 市	Laixi	1570.3	31.4	31.4	11.5	0.7	6.3	3.5
淄 博 市	Zibo	2970.2	237.9	233.9	79.4	5.5	67.1	25.3
枣 庄 市	Zaozhuang	3069.0	146.0	143.4	45.4	9.3	20.0	8.5
滕 州 市	Tengzhou	1494.2	50.1	49.6	24.6	3.6	9.5	1.2
东 营 市	Dongying	3294.4	111.0	110.1	36.8	8.2	20.7	3.3
烟 台 市	Yantai	2722.3	273.2	270.9	76.0	12.9	62.5	35.6
龙 口 市	Longkou	901.0	40.8	40.8	10.3	2.0	2.2	6.6
莱 阳 市	Laiyang	1731.5	42.0	42.0	18.9	1.2	1.6	2.5
莱 州 市	Laizhou	1878.1	40.0	40.0	12.6	0.3	10.0	0.3
蓬 莱 市	Penglai	1128.6	25.5	24.5	7.5	0.4	0.7	3.3
招 远 市	Zhaoyuan	1433.2	30.0	30.0	9.0	0.2	8.0	0.4
栖 霞 市	Qixia	2016.0	16.3	15.9	4.2	0.2	3.6	2.4
海 阳 市	Haiyang	1886.8	34.0	27.7	7.4	1.9	4.5	1.7
潍 坊 市	Weifang	2580.0	156.0	152.8	54.6	22.5	32.8	3.3
青 州 市	Qingzhou	1569.0	48.7	47.0	11.5	1.2	1.3	9.5
诸 城 市	Zhucheng	2169.0	45.4	39.7	12.4	1.4	9.3	3.1
寿 光 市	Shouguang	2072.0	38.7	38.7	8.9	3.7	7.2	2.6
安 丘 市	Anqiu	1713.0	38.3	38.3	10.1	1.2	11.5	5.5
高 密 市	Gaomi	1524.0	47.6	40.3	14.7	0.5	10.9	0.4
昌 邑 市	Changyi	1578.0	25.0	25.0	8.7	1.8	5.1	4.4
济 宁 市	Jining	1043.4	124.6	123.0	37.9	8.7	34.1	20.1
曲 阜 市	Qufu	895.3	27.0	27.0	9.5	1.7	5.4	1.5
兖 州 市	Yanzhou	648.2	37.3	37.3	10.4	0.5	9.2	0.6
邹 城 市	Zoucheng	1616.0	41.0	41.0	12.0	3.5	2.2	4.9
泰 安 市	Tai'an	2087.0	114.2	113.4	43.6	1.0	21.0	19.0
新 泰 市	Xintai	1933.0	65.9	65.9	15.6	4.4	1.3	7.3
肥 城 市	Feicheng	1277.0	31.1	31.1	12.1	1.0	4.2	5.3
威 海 市	Weihai	777.0	138.0	138.0	39.1	1.5	51.1	19.9
文 登 市	Wendeng	1829.0	44.4	44.4	9.1	3.2	1.7	5.6
荣 成 市	Rongcheng	1526.0	44.4	44.4	11.1	1.2	7.5	1.9
乳 山 市	Rushan	1665.0	31.4	31.4	6.9	4.3	5.1	2.2
日 照 市	Rizhao	1915.0	95.8	95.8	28.4	4.2	21.6	13.3
莱 芜 市	Laiwu	2246.0	81.0	81.0	21.0	4.7	16.7	3.0
临 沂 市	Linyi	2656.9	195.6	190.8	53.7	12.7	34.1	19.4
德 州 市	Dezhou	539.0	95.5	95.5	26.3	2.5	26.3	12.9
乐 陵 市	Leling	1168.0	33.0	32.3	5.0	4.1	3.8	5.3
禹 城 市	Yucheng	990.0	30.0	30.0	5.9	1.9	7.4	5.7
聊 城 市	Liaocheng	1441.6	70.0	64.3	17.0	0.6	18.2	9.3
临 清 市	Linqing	960.0	24.2	24.2	7.9	0.4	4.9	3.3
滨 州 市	Binzhou	1545.7	113.2	104.3	31.0	2.6	22.2	15.5
菏 泽 市	Heze	1415.3	84.0	83.9	29.4	1.2	21.3	11.5

主要统计指标解释

供水综合生产能力 指按供水设施取水、净化、送水、出厂输水干管等环节设计能力计算的综合生产能力。包括在原设计能力的基础上，经挖、革、改增加的生产能力。计算时，以四个环节中最薄弱的环节为主确定能力。

年末供水管道长度 指从送水泵至用户水表之间所有管道的长度。不包括新安装尚未使用的管道。

全年供水总量 指报告期供水企业(单位)供出的全部水量。包括有效供水量和漏损水量。

生活用水量 包括公共服务用水和居民家庭用水。公共服务用水指为城市社会公共生活服务的用水。包括行政事业单位、部队营区和公共设施服务、社会服务业、批发零售贸易业、旅馆饮食业以及其他公共服务业等单位的用水。居民家庭用水指城市范围内所有居民家庭的日常生活用水。包括城市居民、农民家庭、公共供水站用水。

用水普及率 指城市用水人口数与城市人口总数的比率。计算公式：

$$用水普及率=\frac{城市用水人口数}{城市人口总数}\times 100\%$$

人工煤气生产能力 指报告期末人工煤气生产厂制气、净化、输送等环节的综合生产能力，不包括备用设备能力。一般按设计能力计算，如果实际生产能力大于设计能力时，应按实际测定的生产能力计算。测定时应以制气、净化、输送三个环节中最薄弱的环节为主。

供气管道长度 指报告期末从气源厂压缩机的出口或门站出口至各类用户引入管之间的全部已经通气投入使用的管道长度。不包括煤气生产厂、输配站、液化气储存站、灌瓶站、储配站、气化站、混气站、供应站等厂(站)内的管道。

全年供气总量 指全年燃气企业(单位)向用户供应的燃气数量。包括销售量和损失量。

燃气普及率 指报告期末使用燃气的城市人口数与城市人口总数的比率。计算公式为：

$$燃气普及率=\frac{城市用气人口数}{城市人口总数}\times 100\%$$

城市供热能力 指供热企业(单位)向城市热用户输送热能的设计能力。

城市供热总量 指在报告期供热企业(单位)向城市热用户输送全部蒸汽和热水的总热量。

城市供热管道长度 指从各类热源到热用户建筑物接入口之间的全部蒸汽和热水的管道长度。不包括各类热源厂内部的管道长度。

年末道路长度 指年末道路长度和与道路相通的广场、桥梁、隧道的长度，按车行道中心线计算。在统计时只统计路面宽度在3.5米(含3.5米)以上的各种铺装道路，包括开放型工业区和住宅区道路在内。

城市桥梁 指为跨越天然或人工障碍物而修建的构筑物。包括跨河桥、立交桥、人行天桥以及人行地下通道等。包括永久性桥和半永久性桥。

城市排水管道长度 指所有排水总管、干管、支管、检查井及连接井进出口等长度之和。城市污水日处理能力 指污水处理厂(或处理装置)每昼夜处理污水量的设计能力。

年末运营车数 指年末公交企业(单位)用于运营业务的全部车辆数。以企业(单位)固定资产台帐中已投入运营的车辆数为准。

城市园林绿地面积 指报告期末用作园林和绿化的各种绿地面积。包括公共绿地、居住区绿地、单位附属绿地、防护绿地、生产绿地、道路绿地和风景林地面积。

不包括：

1.屋顶绿化、垂直绿化、阳台绿化和室内绿化。

2.以物质生产为主的林地、耕地、牧草地、果园和竹园等。

3.城市总体规划中不列入绿地的水域。

公园绿地 指向公众开放的市级、区级、居住区级各类公园、街旁游园，包括其范围内的水域。其中居住区级公园应不小于1万平方米，街旁游园的宽度不小于8米，面积不小于400平方米。

Explanatory Notes on Main Statistical Indicators

Production Capacity of Water Supply refers to the designed comprehensive production capacity of water facilities, covering the 4 links of water collection, purification, conveyance, and outflow through trunk pipelines. Increase capacity through transformation and innovation projects are included as well. The capacity is determined mainly on the weakest of the above mentioned 4 links.

Length of Water Supply Pipelines at the Year-end refers to the total length of all the pipelines between the water pumps and the user water meters, excluding pipelines newly installed but not used yet.

Annual Volume of Water Supply refers to the total volume of water supplied by water works (units) during the reference period, including both the effective water supply and loss during the water supply.

Consumption of Water for Residential Use refers to the water consumption of households for daily life and the water consumption of public service facilities. The latter refers to water consumption for urban public services, including the consumption of government agencies and public institutions, military barracks, public facilities, wholesale and retail outlets, restaurants, hotels, and other units providing public services. Household water consumption refers to consumption of water for daily life of all households in the boundary of cities, including households of urban residents and farmers, and public water supply stations.

Percentage of Urban Population with Access to Tap Water refers to the ratio of the urban population with access to tap water to the total urban population. The formula is:

$$\text{Coverage of urban population with access to tap water} = \frac{\text{Urban population with access to tap water}}{\text{Urban population}} \times 100\%$$

Production Capacity of Gaswork Gas refers to the comprehensive production capacity of the urban gasworks in gas generation, purification and delivery at the end of the reference period, excluding capacity of the reserved facilities. In general, it is determined by the designed capacity, and when actual production capacity is larger than the designed capacity, the capacity is determined by the actual measurement on the weakest link in the production, purification and delivery.

Length of Gas Pipelines refers to the total length of pipelines in use between the outlet of the compressor of gas work or outlet of gas stations and the leading pipe of users, excluding pipelines within gasworks, delivery stations, LPG storage stations, refilling stations, gas mixing stations and supply stations.

Volume of Gas Supply refers to the total volume of gas provided to users by gas producing enterprises (units) in a year, including the volume sold and the volume lost.

Percentage of Urban Population with Access to Gas refers to the ratio of the urban population with access to gas to the total urban population at the end of the reference period. The formula is:

$$\text{Coverage rate of urban population with access to gas} = \frac{\text{Urban population with access to gas}}{\text{Urban population}} \times 100\%$$

Heating Capacity in Urban Area refers to the designed capacity of heating enterprises (units) in supplying heating energy to urban users during the reference period.

Quantity of Heat Supplied in Urban Area refers to the total quantity of heat from steam and hot water supplied to urban users by heating enterprises (units) during the reference period.

Length of Heating Pipelines refers to the total length of steam or hot water pipelines for sources of heat to the leading pipelines of the buildings of the users, excluding internal pipelines in heat generating enterprises.

Length of Paved Roads at the Year-end refers to the length of roads with paved surface including squares bridges and tunnels connected with roads by the end of the year.Length of the roads is measured by the central lines for vehicles for paved roads with a width of 3.5 meters and over, including roads in open ended factory compounds and residential quarters.

Urban Bridges refer to bridges built to cross over natural or man made barriers, including bridges over rivers, overpasses for traffic and for pedestrian, underpasses for pedestrian, etc. Both permanent and semi permanent bridges are included.

Length of Urban Sewage Pipes refers to the total length of general drainage, trunks. branch and inspection wells, connection wells, inlets and outlets, etc.

Daily Disposal Capacity of Urban Sewage refers to the designed 24 hour capacity of sewage disposal by the sewage treatment works or facilities.

Number of Vehicles under Operation at the Year-end refers to the total number of vehicles under operation by public transport enterprises (units) at the end of the year, based on the records of operational vehicles by the enterprises (units).

Area of Urban Gardens and Green Areas refers to the total area occupied for green projects at the end of the reference period, including public green land, green land in residential quarters, green land attached to institutions, protection green land, production green land, roadside green land and forest in scenic spots. It does not include the following:

(1)Greenery and plants on roofs, balconies, indoors and vertical green areas;

(2)Forest, cultivated land, grassland, orchards and bamboo grooves that are for production purpose;

(3)Water areas that are not included in urban master plan as green land.

Park Green Area refers to green areas open to the public such as municipal, community and neighborhood parks and roadside parks, including waters within parks. Neighborhood parks should occupy an area larger than 10,000 square meters, and the width of roadside parks should occupy an area larger than 400 square meters, with a width of more that 8 meters.

第
12
篇

资源和环境

Natural Resources and Environment

简 要 说 明

一、本篇资料的主要内容

本篇资料主要反映了全省资源和环境保护事业发展状况，资源部分主要包括自然资源、湖泊、河流、山脉和气候以及土地利用和水资源状况，环境保护部分主要包括工业废水、废气、固体废物等工业污染物排放及处理情况和工业污染治理项目建设情况。

二、本篇资料的来源

1、自然资源和湖泊、河流、山脉等表，由省统计局综合处根据年鉴积累资料整理。

2、气象资料主要包括各市平均气温、降水量、日照等方面的资料，数据来源于省气象局，由省统计局综合处整理提供。

3、湿地和造林资料来源于省林业局，由省统计局能源处整理提供。

4、土地利用情况来源于省国土资源厅，由省统计局能源处整理提供。

5、水资源资料来源于省水利厅，由省统计局能源处整理提供。

6、环境保护资料来源于省环境保护厅，由省统计局能源处整理提供。

Brief Introduction

I. Content

Data in this chapter reflect natural resources of Shandong and development in environment protection Resources mainly include natural resources, lakes, rivers, mountains and climate. Envirnment protection mainly shows treatment and discharge of industrial waste water, solid waste and waste gas, construction of projects for pollution treatment.

II. Source of Data

(1) Data on natural resources, lakes, rivers, and mountains are prepared by the Division of Comprehensive Statistics of Shandong Provincial Bureau of Statistics.

(2) Data on climate mainly include average temperature, precipitation and sunshine hours,. The data are provided by the Meteorological Bureau of Shandong Province and prepared by the Division of Comprehensive Statistics of Shandong Provincial Bureau of Statistics.

(3) Data on wetland and plantation are provided by the Department of Forestry of Shandong Province and prepared by the Division of Social,Science and Technology Statistics of Shandong Provincial Bureau of Statistics.

(4) Data on land use are provided by the Shandong Department of Land and Resources and prepared by the Division of Energy Statistics of Shandong Provincial Bureau of Statistics.

(5) Data on water resource are provided by the Department of Water Resources of Shandong Province and prepared by the Division of Energy Statistics of Shandong Provincial Bureau of Statistics.

(6) Data on environment protection are provided by the Environmental Protection Department of Shandong Province and prepared by the Division of Energy Statistics of Shandong Provincial Bureau of Statistics.

12-1 人口和自然资源(2012年)

Population and Natural Resources (2012)

项　　目		Item		2012
一、人　口		**Population**		
年末总人口	(万人)	Total Population(year-end)	(10 000 persons)	9684.87
人口密度	(人/平方公里)	Density of Population	(person/sq.km)	616
二、土　地		**Land**		
全省土地面积	(万公顷)	Land Area	(10 000 hectares)	1571.26
全省土地面积中各类土地所占比重		Composition of Different Landforms		
1.中　山	(%)	Medium-size Mountains	(%)	0.84
2.低　山	(%)	Hills	(%)	14.67
3.丘　陵	(%)	Hill Land	(%)	13.19
4.山间谷地	(%)	Valleys	(%)	5.64
5.山前倾斜地	(%)	Slopes	(%)	12.94
6.山前平原	(%)	Plains near Moutains	(%)	9.16
7.湖沼平原	(%)	Plains near Lakes and Rivers	(%)	4.35
8.滨海低地	(%)	Coastal lowlands	(%)	2.82
9.滩　涂	(%)	Shoal	(%)	2.52
10.河滩高地	(%)	Overflow Heights	(%)	4.56
11.决口扇形地	(%)	Fan-shaped Plains Formed by Breaches	(%)	2.99
12.冲积平原	(%)	Alluvial Plains	(%)	19.01
13.洼　地	(%)	Depression	(%)	4.07
14.现代黄河三角洲	(%)	Modern Yellow River Delta	(%)	3.24
三、矿　产		**Mineral Resources**		
已发现矿产种类	(种)	Mineral Resources Discovered	(kind)	150
已探明储量的矿产种类	(种)	Number of Mineral Resources with Insured Reserves	(kind)	82
能源矿产	(种)	Energy Resources	(kind)	7
金属矿产	(种)	Metal Mineral	(kind)	25
非金属矿产	(种)	Nonmetal Mineral	(kind)	47
水气矿产	(种)	Water and Gas	(kind)	3
四、水文、水利		**Water Resources**		
1.多年平均水资源总量	(亿立方米)	Average Volume of Water Resources	(100 million cu.m)	303
#地表水资源量	(亿立方米)	Surface Water Volume	(100 million cu.m)	198
2.多年平均地下水资源量	(亿立方米)	Average Volume of Ground Water	(100 million cu.m)	165
3.海岸线长度	(公里)	Length of Coastlines	(km)	3121

注：土地数据为2008年数据。
a)Data on land is 2008 data.

12−2 主要湖泊、河流基本情况
Basic Statistics on Major Lakes and Rivers

湖泊名	Names of Lakes	面积(平方公里) Area of Lakes (sq.km)	蓄水量(亿立方米) Reserve of lakes (100 million cu.m)	河流名	Names of Rivers	面积(平方公里) Drainage Area (sq.km)	河长(公里) Length (km)
小　计	Total	1494.6	23.5	徒骇河	Tuhaihe River	13136.6	446.5
微山湖	Weishan Lake	531.7	7.8	沂　河	Yihe River	10909.9	287.5
昭阳湖	Zhaoyang Lake	337.1	4.3	马颊河	Majiahe River	10638.4	448.0
独山湖	Dushan Lake	144.6	1.8	小清河	Xiaoqinghe River	10498.8	233.0
南阳湖	Nanyang Lake	211.0	3.4	大汶河	Dawenhe River	9069.0	211.0
东平湖	Dongping Lake	167.0	3.1	潍　河	Weihe River	6493.2	233.0
麻大湖	Mada Lake	110.0	1.0	沭　河	Shuhe River	6161.4	263.0
白云湖	Baiyun Lake	16.2	0.3	大沽河	Daguhe River	4161.9	179.9
青沙湖	Qingsha Lake	11.1	0.2	弥　河	Mihe River	3847.5	206.0

12−3 主要山脉高度
Height of Major Mountains

山　名	Mountain Range	标高(米) Height of MountainPeak (m)	山　名	Mountain Range	标高(米) Height of MountainPeak (m)
泰　山	Taishan Mountains	1532	马耳山	Maer Mountains	707
蒙　山	Mengshan Mountains	1156	龙须崮	Longxvgu Mountains	707
崂　山	Laoshan Mountains	1133	凤凰山	Fenghuang Mountains	648
鲁　山	Lushan Mountains	1108	四海山	Sihai Mountains	625
沂　山	Yishan Mountains	1032	鏊子崮	Aozigu Mountains	616
徂徕山	Culai Mountains	1028	黑　山	Heishan Mountains	612
昆嵛山	Kunyu Mountains	923	珂楼埠山	Keloubu Mountains	577
九顶山	Jiuding Mountains	834	大　山	Dashan Mountains	560
艾　山	Aishan Mountains	814	伟德山	Weide Mountains	554
牙　山	Yashan Mountains	806	招虎山	Zhaohu Mountains	550
大泽山	Daze Mountains	737	孟良崮	Menglianggu Mountains	536
摩天岭	Motianling Mountains	735	布　山	Bushan Mountains	447

12-4 各市平均气温(2012年)

Monthly Average Temperature by Region(2012)

单位:摄氏度 (℃)

城市名	City	一月 Jan.	二月 Feb.	三月 Mar.	四月 Apr.	五月 May	六月 June
济南市	Jinan	-1.1	0.9	7.1	17.6	23.8	27.0
青岛市	Qingdao	-0.3	0.3	4.7	11.5	17.8	20.6
淄博市	Zibo	-2.8	-0.7	5.9	16.2	22.3	25.9
枣庄市	Zaozhuang	-0.1	1.3	7.5	16.8	22.9	25.9
东营市	Dongying	-2.1	-0.4	5.2	15.4	22.7	25.6
烟台市	Yantai	-2.0	-1.5	3.7	11.7	19.4	22.2
潍坊市	Weifang	-2.6	-0.7	4.9	14.8	21.6	24.4
济宁市	Jining	-0.6	1.7	8.1	17.5	23.7	26.9
泰安市	Tai'an	-1.8	0.2	6.8	16.4	22.3	25.4
威海市	Weihai	-1.5	-1.1	4.0	11.9	19.9	22.3
日照市	Rizhao		0.4	5.2	13.2	19.2	21.9
莱芜市	Laiwu	-1.9	-0.2	6.1	16.5	22.8	25.2
临沂市	Linyi	-0.7	0.6	6.6	16.0	22.6	24.9
德州市	Dezhou	-1.8	0.5	6.9	16.4	23.3	26.8
聊城市	Liaocheng	-2.0	0.1	6.6	16.1	21.9	25.6
滨州市	Binzhou	-2.8	-0.9	5.4	15.7	22.4	25.3
菏泽市	Heze	-0.3	2.1	8.1	17.1	23.1	27.2

12-4 续表 continued

单位:摄氏度 (℃)

城市名	City	七月 July	八月 Aug.	九月 Sept.	十月 Oct.	十一月 Nov.	十二月 Dec.	全年平均 Annual Average
济南市	Jinan	28.1	24.7	20.9	17.3	7.1	-1.3	14.3
青岛市	Qingdao	24.9	25.5	21.8	17.3	7.9	0.0	13.8
淄博市	Zibo	27.4	25.1	20.1	15.3	5.6	-2.4	13.2
枣庄市	Zaozhuang	28.4	26.3	21.2	16.6	7.1	0.1	14.5
东营市	Dongying	27.4	25.4	21.5	16.3	6.2	-1.8	13.5
烟台市	Yantai	24.9	24.7	21.2	15.8	6.7	-1.9	12.1
潍坊市	Weifang	27.1	25.2	20.9	15.8	5.8	-2.1	12.9
济宁市	Jining	28.7	25.9	21.6	16.9	7.3	-0.2	14.8
泰安市	Tai'an	27.3	25.3	20.2	15.0	5.6	-1.7	13.4
威海市	Weihai	25.1	25.1	21.6	16.5	7.4	-1.3	12.5
日照市	Rizhao	26.5	25.6	21.7	17.4	8.0	0.3	13.3
莱芜市	Laiwu	27.1	25.1	20.2	15.6	5.7	-2.1	13.3
临沂市	Linyi	28.0	26.1	21.3	16.7	6.9	-0.2	14.1
德州市	Dezhou	28.0	25.3	20.7	16.3	6.3	-1.9	13.9
聊城市	Liaocheng	27.6	24.6	19.9	15.2	5.9	-1.8	13.3
滨州市	Binzhou	27.4	25.1	20.6	14.9	5.4	-2.1	13.0
菏泽市	Heze	28.7	25.6	21.2	16.8	7.6	-0.4	14.7

12-5 各市降水量(2012年)
Monthly Precipitation by Region(2012)

单位:毫米 (millimeters)

城市名	City	一 月 Jan.	二 月 Feb.	三 月 Mar.	四 月 Apr.	五 月 May	六 月 June
济 南 市	Jinan	2.4	0.5	16.6	63.4	13.1	44.6
青 岛 市	Qingdao	1.8	2.5	31.1	61.7	2.2	25.2
淄 博 市	Zibo	1.0	0.0	13.3	43.5	9.7	79.8
枣 庄 市	Zaozhuang	0.2	3.1	30.6	36.9	2.5	3.5
东 营 市	Dongying	0.8	0.0	3.7	23.0	3.1	60.2
烟 台 市	Yantai	7.8	2.1	21.7	95.5	11.5	47.3
潍 坊 市	Weifang	2.3	0.7	10.8	34.7	0.1	47.0
济 宁 市	Jining	1.5	1.6	25.1	47.5	0.8	9.4
泰 安 市	Tai'an	1.8	0.1	25.9	43.7	7.0	16.0
威 海 市	Weihai	5.6	3.5	25.9	110.7	11.0	69.6
日 照 市	Rizhao	0.6	5.2	37.1	53.4	2.3	38.1
莱 芜 市	Laiwu	2.1	0.5	22.2	28.0	3.0	40.5
临 沂 市	Linyi	1.1	4.8	40.6	36.3	3.7	11.8
德 州 市	Dezhou	0.0	0.0	6.3	68.6	1.3	44.0
聊 城 市	Liaocheng	1.2	0.0	13.0	60.1	0.9	18.5
滨 州 市	Binzhou	0.5	0.0	6.3	32.7	7.5	95.0
菏 泽 市	Heze	1.7	0.8	38.3	31.0	10.8	3.1

12-5 续表 continued

单位:毫米 (millimeters)

城市名	City	七 月 July	八 月 Aug.	九 月 Sept.	十 月 Oct.	十一月 Nov.	十二月 Dec.	全 年 Annual Total
济 南 市	Jinan	175.9	149.2	40.9	11.2	22.0	29.3	569.1
青 岛 市	Qingdao	192.9	165.8	26.4	11.0	80.8	31.5	632.9
淄 博 市	Zibo	56.0	123.5	41.9	9.4	23.0	32.5	433.6
枣 庄 市	Zaozhuang	157.7	159.9	65.3	9.7	49.7	43.5	562.6
东 营 市	Dongying	140.2	181.6	16.6	17.5	37.1	31.2	515.0
烟 台 市	Yantai	246.3	188.6	11.9	23.9	34.3	67.9	758.8
潍 坊 市	Weifang	112.7	168.1	16.3	15.0	49.3	35.9	492.9
济 宁 市	Jining	198.1	59.1	19.2	16.5	17.0	32.7	428.5
泰 安 市	Tai'an	210.5	53.4	61.6	15.7	18.4	19.0	473.1
威 海 市	Weihai	198.5	285.0	3.7	34.3	36.7	41.0	825.5
日 照 市	Rizhao	323.2	99.6	188.2	4.8	44.4	56.3	853.2
莱 芜 市	Laiwu	392.6	82.9	68.5	16.0	29.8	35.7	721.8
临 沂 市	Linyi	517.4	119.3	111.8	4.7	52.3	41.1	944.9
德 州 市	Dezhou	252.3	239.4	167.9	11.2	20.5	11.6	823.1
聊 城 市	Liaocheng	209.6	104.6	9.4	15.9	9.7	13.2	456.1
滨 州 市	Binzhou	166.8	236.9	73.0	10.5	26.9	27.4	683.5
菏 泽 市	Heze	132.5	80.1	82.0	14.9	15.9	21.4	432.5

12-6 各市日照时数(2012年)
Monthly Sunshine Hours by Region(2012)

单位:小时 (hours)

城市名	City	一 月 Jan.	二 月 Feb.	三 月 Mar.	四 月 Apr.	五 月 May	六 月 June
济南市	Jinan	123.7	166.0	164.6	250.2	265.3	219.2
青岛市	Qingdao	148.7	171.2	177.9	204.9	237.3	131.1
淄博市	Zibo	86.5	159.8	157.6	247.7	272.5	200.5
枣庄市	Zaozhuang	116.1	140.5	131.1	193.7	214.8	158.6
东营市	Dongying	133.1	205.1	194.9	256.3	301.1	221.1
烟台市	Yantai	152.4	187.6	215.9	244.7	288.3	245.5
潍坊市	Weifang	135.3	198.7	189.5	236.8	290.7	218.2
济宁市	Jining	142.5	157.8	169.5	246.4	284.6	207.8
泰安市	Tai'an	141.4	160.8	153.1	232.9	250.0	185.8
威海市	Weihai	130.9	162.6	203.5	231.9	285.2	256.0
日照市	Rizhao	154.6	159.8	162.3	189.6	218.5	162.7
莱芜市	Laiwu	131.6	171.9	163.2	245.8	265.1	192.6
临沂市	Linyi	116.2	127.6	134.2	191.5	239.0	159.5
德州市	Dezhou	110.1	179.7	191.6	239.8	276.3	226.1
聊城市	Liaocheng	102.3	137.9	149.2	211.9	242.2	214.3
滨州市	Binzhou	99.6	177.2	187.9	236.2	274.6	207.8
菏泽市	Heze	124.3	161.7	178.9	236.9	270.0	266.4

12-6 续表 continued

单位:小时 (hours)

城市名	City	七 月 July	八 月 Aug.	九 月 Sept.	十 月 Oct.	十一月 Nov.	十二月 Dec.	全 年 Annual Total
济南市	Jinan	177.0	125.7	153.4	194.6	168.0	138.3	2146.0
青岛市	Qingdao	115.4	176.4	201.9	228.5	185.2	138.1	2116.6
淄博市	Zibo	187.4	162.5	171.9	192.7	162.0	128.3	2129.4
枣庄市	Zaozhuang	181.3	143.0	165.9	187.2	157.3	120.7	1910.2
东营市	Dongying	186.5	177.2	201.0	227.7	175.4	151.1	2430.5
烟台市	Yantai	209.3	230.7	224.1	239.2	176.7	123.8	2538.2
潍坊市	Weifang	205.6	216.1	200.4	221.7	184.7	168.0	2465.7
济宁市	Jining	196.3	167.1	208.7	214.4	190.4	130.8	2316.3
泰安市	Tai'an	190.4	177.8	182.4	215.2	162.6	130.0	2182.4
威海市	Weihai	192.8	223.8	223.1	239.2	165.3	105.5	2419.8
日照市	Rizhao	187.7	154.9	208.4	222.4	170.5	138.9	2130.3
莱芜市	Laiwu	182.5	181.9	171.4	198.4	166.9	135.8	2207.1
临沂市	Linyi	158.4	154.2	155.6	168.0	157.0	108.4	1869.6
德州市	Dezhou	188.4	164.2	195.2	218.1	181.3	138.8	2309.6
聊城市	Liaocheng	187.8	108.5	167.1	187.1	160.3	123.9	1992.5
滨州市	Binzhou	186.3	164.0	193.6	210.0	176.5	125.2	2238.9
菏泽市	Heze	230.4	189.1	198.6	215.3	178.8	127.5	2377.9

12-7 各市土地利用情况（2008年）
Land Use by Region (2008)

单位：公顷 (hectares)

地区	Region	土地调查面积 Area under Land Survey	农用地 Land for Agriculture Use	#园地 Garden Land	#牧草地 Grazing and Pasture Land	建设用地 Land for Construction	居民点及工矿用地 Land for Inhabitation, Mining and Manufacturing	交通用地 Land for Transport Facilities	水利设施用地 Land for Water Conservancy Facilities
全省总计	**Total**	**15712631**	**11566184**	**1007357**	**33985**	**2510563**	**2092514**	**162592**	**255457**
济南市	Jinan	799851	550868	26946		153468	134234	10758	8476
青岛市	Qingdao	1117530	831084	61206		208325	169229	16316	22780
淄博市	Zibo	596517	430878	69541		112649	95452	9131	8066
枣庄市	Zaozhuang	456322	335532	23574	330	75357	63244	5873	6240
东营市	Dongying	792326	376126	8214	26032	115076	70846	9253	34977
烟台市	Yantai	1374647	1101818	251523		176600	147748	14999	13852
潍坊市	Weifang	1600489	1157598	90485	383	293716	248793	14530	30394
济宁市	Jining	1119427	760445	27507		171431	141340	12317	17774
泰安市	Tai'an	776183	597274	49660		117046	100806	6938	9302
威海市	Weihai	569798	452362	59675		79626	65870	5355	8401
日照市	Rizhao	534799	432005	57763		72654	57352	4891	10411
莱芜市	Laiwu	224621	147659	15150		34484	28237	2574	3673
临沂市	Linyi	1720167	1311227	133982	418	241459	198255	13948	29256
德州市	Dezhou	1035632	801021	44589	243	167683	145115	8060	14508
聊城市	Liaocheng	871457	690430	35480	210	148802	132150	8512	8140
滨州市	Binzhou	903260	620064	31741	6222	149950	127294	7752	14904
菏泽市	Heze	1219385	969793	20322	147	192238	166547	11386	14305

12-8 各市湿地面积(2008年)
Area of Wetlands by Region (2008)

地区	Region	湿地面积(千公顷) Area of Wetlands (1 000 hectares)	天然湿地 Natural Wetlands	近岸及海岸 Coasts and Seashores	河流 Rivers	湖泊 Lakes	沼泽 Marshland	人工湿地 Man-made Wetlands	湿地面积占国土面积比重(%) Proportion of Wetlands in Total Area of Territory (%)
全省总计	**Total**	**2303.58**	**2202.60**	**1350.01**	**679.70**	**164.28**	**3.94**	**100.98**	**14.70**
济南市	Jinan	8.04	6.34		4.60	1.74		1.70	0.98
青岛市	Qingdao	156.31	139.15	130.10	9.05			17.16	14.34
淄博市	Zibo	20.86	18.99		5.73	13.26		1.87	3.51
枣庄市	Zaozhuang	3.79	2.18		2.18			1.61	0.83
东营市	Dongying	487.11	484.16	481.00	0.56		2.60	2.95	61.48
烟台市	Yantai	514.63	504.82	110.68	394.14			9.81	37.54
潍坊市	Weifang	167.11	140.96	117.68	23.28			26.15	10.54
济宁市	Jining	153.73	151.03		24.63	126.40		2.70	13.60
泰安市	Tai'an	50.95	45.95		24.72	21.23		5.00	6.56
威海市	Weihai	231.46	227.06	210.18	16.88			4.40	42.58
日照市	Rizhao	45.14	40.97	36.30				4.17	8.50
莱芜市	Laiwu	12.52	10.98		10.98			1.54	5.60
临沂市	Linyi	52.57	35.64		35.64			16.93	3.06
德州市	Dezhou	4.96	3.90		3.90			1.06	0.48
聊城市	Liaocheng	10.51	10.09		10.09			0.42	1.21
滨州市	Binzhou	269.46	268.51	264.07	1.45	1.65	1.34	0.95	28.50
菏泽市	Heze	114.43	111.87		111.87			2.56	9.20

12-9 造林面积情况
Area of Afforestation

单位：公顷 (hectare)

年份 地区	Year Region	造林总面积 Total Area of Afforestation	按造林方式分 By Approach		按林种用途分 By Function of Forest				
			人工造林 Manual Planting	飞机播种 Airplane Planting	用材林 Timber Forests	经济林 By-product Forests	防护林 Protection Forests	薪炭林 Fuel Forests	特种用途林 Forests for Special Purpose
	2000	153389	153389		18007	100769	34268	63	282
	2001	135259	135259		19019	84039	32155		46
	2002	152597	152597		43671	80066	27670	1098	92
	2003	344079	344079		192653	92130	57709	1039	548
	2004	262711	262711		134193	53536	74441	233	308
	2005	141141	141141		47470	42674	49559	633	805
	2006	134423	134423		40421	34252	59193	7	550
	2007	156738	156738		49409	26971	68046	66	254
	2008	185575	184928		69516	25947	89726	20	366
	2009	182171	180529		42463	26172	113067		469
	2010	205131	198998		36101	37856	129877		1297
	2011	219028	219028		34598	51154	130896		2380
	2012	197956	195875		25178	49195	122277		1306
济南市	Jinan	14300	14300		1198	4305	8556		241
青岛市	Qingdao	9173	9173		1218	2831	5124		
淄博市	Zibo	10220	10220		554	1077	8524		65
枣庄市	Zaozhuang	7699	7699		232	2766	4658		43
东营市	Dongying	8423	6809		380	355	7688		
烟台市	Yantai	16213	15746		787	4804	10622		
潍坊市	Weifang	23620	23620		4135	2847	16174		464
济宁市	Jining	12560	12560		1617	5671	5213		59
泰安市	Tai'an	13155	13155		2014	5965	5102		74
威海市	Weihai	5360	5360		141	1344	3875		
日照市	Rizhao	9059	9059		955	4634	3470		
莱芜市	Laiwu	3446	3446		239	650	2557		
临沂市	Linyi	21466	21466		3121	6388	11875		82
德州市	Dezhou	13079	13079		2323	1127	9629		
聊城市	Liaocheng	8607	8607		2674	2824	3109		
滨州市	Binzhou	14990	14990		1663	335	12910		82
菏泽市	Heze	6586	6586		1927	1272	3191		196

12-10 供水用水情况
Water Supply and Water Use

年份 Year / 地区 Region		供水总量(亿立方米) Water Supply (100 milli-oncu.m)	地表水 Surface Water	地下水 Ground-water	其他 Others	用水总量(亿立方米) Water Use (100 millio-ncu.m)	农业 Agricul-ture	工业 Industry	生活 Consump-tion	生态 Ecological Protection
2000		249.46	114.40	131.81	3.25	244.09	179.84	43.65	20.61	
2001		251.61	115.60	133.71	2.30	252.73	187.40	41.92	23.08	0.34
2002		252.39	117.66	132.96	1.77	244.73	192.87	36.59	14.98	0.29
2003		219.34	104.12	113.95	1.27	215.70	162.54	27.96	23.92	1.38
2004		214.88	106.28	107.40	1.20	211.30	160.14	24.81	24.67	1.68
2005		211.02	106.70	102.67	1.65	207.65	161.73	18.38	25.17	2.37
2006		225.53	119.77	103.90	1.86	222.24	175.07	18.93	25.62	2.62
2007		219.55	115.59	101.98	1.98	219.55	164.81	24.12	27.42	3.20
2008		219.89	115.51	101.23	3.15	219.89	162.76	24.69	28.71	3.73
2009		219.99	119.62	97.05	3.33	219.99	161.60	24.70	29.77	3.94
2010		222.47	127.15	91.31	4.01	222.47	159.65	26.84	31.34	4.64
2011		224.05	127.33	89.34	7.38	224.05	154.26	29.72	32.89	7.17
2012		221.79	126.12	89.26	6.41	221.79	154.23	28.10	32.81	6.66
济南市	Jinan	17.53	10.11	6.69	0.73	17.53	10.39	2.52	3.74	0.88
青岛市	Qingdao	9.81	6.02	3.38	0.42	9.81	3.69	1.82	3.78	0.52
淄博市	Zibo	11.48	4.17	6.60	0.71	11.47	6.47	2.47	1.65	0.88
枣庄市	Zaozhuang	6.05	1.80	4.14	0.11	6.05	3.40	0.94	1.58	0.14
东营市	Dongying	9.33	8.41	0.81	0.10	9.33	6.28	1.56	1.11	0.38
烟台市	Yantai	9.55	5.41	4.12	0.02	9.55	6.44	1.24	1.77	0.10
潍坊市	Weifang	14.60	5.81	8.45	0.34	14.60	8.66	2.89	2.66	0.38
济宁市	Jining	24.01	13.40	9.49	1.12	24.01	19.04	2.32	2.36	0.30
泰安市	Tai'an	12.98	4.87	6.56	1.54	12.98	8.26	1.59	2.32	0.82
威海市	Weihai	3.62	2.15	1.48		3.62	2.02	0.65	0.89	0.06
日照市	Rizhao	5.44	3.74	1.68	0.02	5.44	3.21	1.22	0.96	0.06
莱芜市	Laiwu	3.20	1.02	1.51	0.67	3.20	1.55	1.11	0.52	0.02
临沂市	Linyi	18.53	13.59	4.82	0.12	18.53	12.55	1.96	3.05	0.97
德州市	Dezhou	18.96	11.86	6.90	0.21	18.96	15.97	1.44	1.45	0.10
聊城市	Liaocheng	17.87	9.41	8.47		17.87	14.53	1.73	1.51	0.11
滨州市	Binzhou	15.43	13.57	1.86		15.43	12.96	1.15	0.91	0.41
菏泽市	Heze	23.39	10.81	12.29	0.30	23.39	18.81	1.50	2.54	0.53

12-11 水资源情况
Water Resources

年份 Year 地区 Region	水资源总量（亿立方米） Total Amount of Water Resources (100 millioncu.m)	地表水资源量 Surface Water Resources	地下水资源与地表水资源不重复量 Unduplicated Measurement Between Surface Water and Groundwater
2003	489.69	349.29	140.40
2004	349.46	234.51	114.55
2005	415.86	295.85	120.01
2006	199.78	109.56	90.22
2007	387.11	280.19	106.93
2008	328.71	228.96	99.75
2009	284.95	173.80	111.16
2010	309.12	199.08	110.04
2011	347.61	237.49	110.12
2012	274.08	182.17	91.90
济南市 Jinan	15.74	7.59	8.15
青岛市 Qingdao	11.18	7.00	4.19
淄博市 Zibo	9.23	5.92	3.31
枣庄市 Zaozhuang	8.60	5.25	3.35
东营市 Dongying	6.89	5.98	0.92
烟台市 Yantai	25.57	21.30	4.26
潍坊市 Weifang	20.40	13.48	6.92
济宁市 Jining	9.10	3.05	6.05
泰安市 Tai'an	8.19	4.65	3.54
威海市 Weihai	18.08	16.05	2.03
日照市 Rizhao	13.43	11.16	2.26
莱芜市 Laiwu	6.21	5.28	0.93
临沂市 Linyi	49.67	43.86	5.81
德州市 Dezhou	29.42	14.24	15.18
聊城市 Liaocheng	12.62	2.97	9.65
滨州市 Binzhou	16.31	11.67	4.64
菏泽市 Heze	13.44	2.74	10.70

12-12 1981-2012年主要污染物排放及处理情况
Discharge and Treatment of Major Pollutants from 1981 to 2012

单位:万吨 (10 000 tons)

年 份 Year	废水排放量 Volume of Waste Water Discharged	# 工 业 Industry	二氧化硫排放量 Volume of Sulphur Dioxide Discharged	烟尘排放量 Volume of Soot Discharged	工业固体废物产生量 Volume of Industrial Solid Waste	工业固体废物综合利用量 Volume of Industrial Solid Waste Utilized
1981	104790	87673	119	77	2522	639
1982	105942	82641	120	97	2615	723
1983	110938	88168	122	85	2559	716
1984	129033	106275	142	117	2743	760
1985	131898	105375	160	120	2748	765
1986	127277	98913	171	129	2860	847
1987	132770	93811	173	116	2848	894
1988	144346	97136	191	128	3325	968
1989	137165	91360	189	130	3610	1117
1990	136573	87631	193	121	3880	1337
1991	137051	88728	204	121	3837	2169
1992	137721	86412	226	125	3941	2410
1993	142322	86350	228	135	4201	2353
1994	147979	87316	225	130	4263	2871
1995	158681	96214	232	130	4484	2899
1996	204200	101018			4652	2824
1997	246100	130918	247	108	5131	3448
1998	234048	117069	226	92	5109	3777
1999	224100	107975	183	71	5166	3877
2000	229000	110324	180	67	5407	4173
2001	235271	115233	172	65	6215	5224
2002	230709	106668	169	62	6559	5704
2003	245782	115933	184	62	6786	6054
2004	264014	128706	182	52	7922	7191
2005	280377	139071	200	62	9175	8683
2006	302637	144365	196	58	11011	10397
2007	334255	166574	182	46	11935	11615
2008	358910	176977	169	44	12988	12173
2009	386731	182673	159	42	14138	13826
2010	436371	208257	154	39	16038	15297
2011	443331	187245	183	78	19533	18298
2012	479100	183634	175	70	18343	17073

 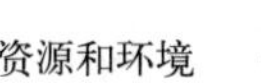 

12-13 各市主要污染物排放情况(2011年)

Dicharge of Major Pollutants by Region (2011)

地区	Region	废水排放量(万吨) Volume of Waste Water Discharged (10 000 tons)	工业 Industry	生活 Daily Life	化学需氧量排放量(吨) Volume of COD Discharged (ton)	工业 Industry	生活 Daily Life	氨氮排放量(吨) Volume of Ammonia Nitrogen Discharged (ton)	工业 Industry	生活 Daily Life
全省总计	**Total**	**443331**	**187245**	**255870**	**1982497**	**140786**	**1379734**	**172945**	**11780**	**75800**
济南市	Jinan	29794	6396	23382	120765	5614	73538	10211	413	3007
青岛市	Qingdao	41216	11289	29918	158339	7621	121625	13231	756	5804
淄博市	Zibo	33371	17922	15447	68952	14339	36302	6391	1200	1858
枣庄市	Zaozhuang	19220	10801	8417	55878	6802	29046	5926	348	1864
东营市	Dongying	20005	9701	10302	70192	7575	53181	4260	632	2053
烟台市	Yantai	30164	8875	21270	154521	6514	114898	12917	384	5862
潍坊市	Weifang	50913	28191	22709	184905	19498	138801	18309	2828	9322
济宁市	Jining	35328	16690	18630	146945	8686	103288	14454	424	7675
泰安市	Tai'an	22506	8019	14487	124207	6190	83336	10144	260	4000
威海市	Weihai	10693	2309	8367	32805	1726	19506	4557	166	1377
日照市	Rizhao	15415	8361	7046	49223	6391	27170	4973	437	1680
莱芜市	Laiwu	4877	2040	2833	19248	1356	8383	2187	76	531
临沂市	Linyi	34723	10491	24223	162670	7760	103511	17941	655	6847
德州市	Dezhou	20869	7858	12915	171141	8421	128765	13833	558	8491
聊城市	Liaocheng	22997	11978	11013	160368	8241	131808	10459	646	6070
滨州市	Binzhou	23628	14182	9438	149864	12187	118692	8923	1161	4177
菏泽市	Heze	27614	12142	15472	152475	11864	87883	14228	835	5181

12-13 续表 continued

地区	Region	二氧化硫排放量(吨) Volume of Sulphur Dioxide Discharged (ton)	工业 Industry	生活 Daily Life	烟(粉)尘排放量(吨) Volume of Soot and Dust Discharged (ton)	工业 Industry	生活 Daily Life
全省总计	**Total**	**1827397**	**1628647**	**198589**	**783847**	**612740**	**118185**
济南市	Jinan	120633	109299	11306	115658	103915	8355
青岛市	Qingdao	102838	75777	27059	42393	26849	9795
淄博市	Zibo	233789	228816	4973	74093	67414	4144
枣庄市	Zaozhuang	87797	76113	11684	33293	25860	5335
东营市	Dongying	61061	59096	1843	9102	6793	990
烟台市	Yantai	101263	88186	13073	47876	33790	9693
潍坊市	Weifang	155734	131440	24294	56556	36761	13646
济宁市	Jining	152558	140451	12106	55488	40963	9796
泰安市	Tai'an	95601	77588	18013	33822	23685	8477
威海市	Weihai	51453	46368	5085	18536	8165	8300
日照市	Rizhao	70662	59908	10753	38418	31526	5508
莱芜市	Laiwu	90691	88480	2210	79931	77809	1170
临沂市	Linyi	122691	106127	16564	56464	44424	7283
德州市	Dezhou	98360	89760	8599	28594	20225	6042
聊城市	Liaocheng	91189	85104	6084	23859	18870	3163
滨州市	Binzhou	89161	84667	4493	25607	21878	2287
菏泽市	Heze	101917	81467	20450	44156	23816	14201

12–14 各市主要污染物排放情况(2012年)
Dicharge of Major Pollutants by Region (2012)

地区	Region	废水排放量(万吨) Volume of Waste Water Discharged (10 000 tons)	工业 Industry	生活 Daily Life	化学需氧量排放量(吨) Volume of COD Discharged (ton)	工业 Industry	生活 Daily Life	氨氮排放量(吨) Volume of Ammonia Nitrogen Discharged (ton)	工业 Industry	生活 Daily Life
全省总计	**Total**	**479100**	**183634**	**295135**	**1921233**	**139404**	**1344093**	**168583**	**10982**	**74135**
济南市	Jinan	33338	6653	26668	115807	5497	73827	9613	373	3083
青岛市	Qingdao	51311	11146	40151	149430	8281	115659	12573	750	5606
淄博市	Zibo	36248	16621	19625	66718	13989	35540	6185	1127	1835
枣庄市	Zaozhuang	20393	10412	9980	55596	6483	29834	5903	312	1886
东营市	Dongying	20540	10153	10382	68534	7749	52302	4038	590	2009
烟台市	Yantai	32070	9359	22684	148807	6788	110771	12818	393	5763
潍坊市	Weifang	52154	26955	25186	181291	19815	138730	17586	2642	9226
济宁市	Jining	42426	16854	25482	143001	9118	98110	14444	448	7388
泰安市	Tai'an	23275	8423	14850	121800	6711	81011	10090	254	3864
威海市	Weihai	10961	2479	8462	31685	1775	19059	4498	151	1341
日照市	Rizhao	15252	7868	7373	48862	5929	27281	4975	397	1686
莱芜市	Laiwu	5729	2011	3714	18120	1384	8031	2064	73	514
临沂市	Linyi	36252	10335	25912	159254	7624	100810	17836	561	6700
德州市	Dezhou	22197	8508	13590	170736	9045	130412	13638	578	8550
聊城市	Liaocheng	22976	9316	13654	150652	7419	123966	9890	532	5646
滨州市	Binzhou	27849	16831	11005	146205	13701	114702	8505	1280	4040
菏泽市	Heze	26129	9711	16417	144736	8098	84050	13925	518	4998

12–14 续表 continued

地区	Region	二氧化硫排放量(吨) Volume of Sulphur Dioxide Discharged (ton)	工业 Industry	生活 Daily Life	烟(粉)尘排放量(吨) Volume of Soot and Dust Discharged (ton)	工业 Industry	生活 Daily Life
全省总计	**Total**	**1748801**	**1543760**	**204847**	**695269**	**525896**	**119726**
济南市	Jinan	114520	103187	11306	62825	51609	8355
青岛市	Qingdao	99623	72563	27059	41193	26747	9795
淄博市	Zibo	224246	219273	4973	62845	56999	3988
枣庄市	Zaozhuang	87205	75264	11940	31062	24068	5374
东营市	Dongying	57300	55457	1721	7979	5810	926
烟台市	Yantai	100231	86655	13574	45914	32089	10168
潍坊市	Weifang	151822	126915	24906	52522	32511	13646
济宁市	Jining	145224	131236	13956	62312	45823	10809
泰安市	Tai'an	90303	70980	19323	29549	19577	8477
威海市	Weihai	47055	39702	7349	17018	6629	8402
日照市	Rizhao	66460	56392	10067	37208	30809	5250
莱芜市	Laiwu	88387	86176	2210	78501	76506	1170
临沂市	Linyi	115697	99450	16247	52472	40368	7270
德州市	Dezhou	93279	84228	9050	27851	19171	6359
聊城市	Liaocheng	85962	79316	6646	21625	16890	3154
滨州市	Binzhou	84556	79872	4683	21896	18163	2384
菏泽市	Heze	96933	77095	19838	42496	22125	14201

12-15 各市工业固体废物排放及处理利用情况(2011年)
Emission、Treatment and Utilization of Industrial Solid Wastes by Region(2011)

单位：万吨 (10 000 tons)

地 区 Region	一般工业固体废物产生量 Total Volume of Industrial Solid Waste Produced	一般工业固体废物综合利用量 Total Volume of Industrial Solid Waste Utilized	一般工业固体废物处置量 Volume of Industrial Solid Waste Treated	一般工业固体废物贮存量 Volume of Industrial Wastes in Solid Stocks	一般工业固体废物倾倒丢弃量 Common Industrial Solid Wastes Discharged	危险废物产生量 Hazardous Wastes Produced	危险废物综合利用量 Hazardous Wastes Utilized	危险废物处置量 Hazardous Wastes Disposed	危险废物贮存量 Stock of Hazardous Wastes
全省总计 Total	**19532.6**	**18298.5**	**1106.3**	**349.6**	**0.002**	**937.8**	**657.5**	**291.0**	**0.23**
济南市 Jinan	1126.3	1116.8	5.9	3.6		15.4	4.3	13.2	0.02
青岛市 Qingdao	887.9	881.9	9.7	14.3		3.6	1.7	1.9	0.01
淄博市 Zibo	1880.7	1822.1	12.3	54.4		175.5	163.0	12.5	
枣庄市 Zaozhuang	750.1	748.8	1.6	4.3		1.5	1.5	0.0	0.00
东营市 Dongying	314.6	292.5	22.1			32.4	7.2	25.2	
烟台市 Yantai	2358.4	1946.3	368.7	44.0		127.6	123.9	12.5	
潍坊市 Weifang	927.0	849.6	0.0			9.2	7.9	1.4	0.00
济宁市 Jining	2687.0	2423.3	198.8	81.9		203.4	75.9	127.5	0.04
泰安市 Tai'an	1119.0	1260.9	0.0	21.8		3.6	1.3	2.3	0.02
威海市 Weihai	322.7	299.6	23.1	5.0		2.1	0.0	2.1	0.00
日照市 Rizhao	956.6	952.2	4.4			0.2	0.0	0.2	
莱芜市 Laiwu	1784.6	1682.7	92.0	23.8		8.6	7.7	0.9	
临沂市 Linyi	1398.7	1243.8	145.2	38.4	0.002	46.0	38.6	7.3	0.02
德州市 Dezhou	645.2	625.7	1.2	56.5		149.0	66.9	82.1	0.09
聊城市 Liaocheng	1251.8	1229.3	22.7	0.9		139.9	138.7	1.1	0.00
滨州市 Binzhou	735.6	536.8	198.4	0.7		11.0	10.9	0.1	0.01
菏泽市 Heze	386.3	386.3				8.8	8.1	0.7	

12-16 各市工业固体废物排放及处理利用情况(2012年)
Emission、Treatment and Utilization of Industrial Solid Wastes by Region(2012)

单位：万吨 (10 000 tons)

地 区 Region	一般工业固体废物产生量 Total Volume of Industrial Solid Waste Produced	一般工业固体废物综合利用量 Total Volume of Industrial Solid Waste Utilized	一般工业固体废物处置量 Volume of Industrial Solid Waste Treated	一般工业固体废物贮存量 Volume of Industrial Wastes in Solid Stocks	一般工业固体废物倾倒丢弃量 Common Industrial Solid Wastes Discharged	危险废物产生量 Hazardous Wastes Produced	危险废物综合利用量 Hazardous Wastes Utilized	危险废物处置量 Hazardous Wastes Disposed	危险废物贮存量 Stock of Hazardous Wastes
全省总计 Total	**18342.6**	**17072.9**	**1061.3**	**487.4**	**0.004**	**820.3**	**761.1**	**66.1**	**6.29**
济南市 Jinan	1012.2	1010.5	0.4	1.3		6.1	4.2	6.2	0.03
青岛市 Qingdao	853.4	841.0	20.1	14.6		3.6	1.9	1.6	0.05
淄博市 Zibo	1823.5	1770.8	10.4	51.8		172.9	158.5	14.4	0.17
枣庄市 Zaozhuang	750.0	759.4	0.9			1.4	1.3	0.1	0.00
东营市 Dongying	326.8	309.2	17.6			31.7	6.4	25.3	
烟台市 Yantai	2565.4	2075.0	446.0	44.3		120.6	115.5	8.0	5.81
潍坊市 Weifang	825.5	749.2	23.4	71.1		7.6	6.1	1.5	0.08
济宁市 Jining	2182.5	1838.4	217.3	136.6		77.0	76.5	0.4	0.01
泰安市 Tai'an	1154.5	1312.4	0.2	2.1		6.4	4.1	2.4	0.04
威海市 Weihai	364.0	331.9	32.1	5.0		0.9	0.0	0.9	0.00
日照市 Rizhao	993.1	988.4	4.6			0.3	0.1	0.2	
莱芜市 Laiwu	1706.5	1626.8	116.8			11.3	11.1	0.3	0.00
临沂市 Linyi	1319.9	1188.3	107.2	24.4	0.001	43.3	39.4	3.9	0.01
德州市 Dezhou	755.6	715.5	28.8	15.0		189.0	188.9	0.1	0.06
聊城市 Liaocheng	574.1	548.3	27.7	0.9		127.3	127.1	0.2	0.00
滨州市 Binzhou	721.5	593.7	7.9	120.4	0.004	11.1	10.7	0.3	0.03
菏泽市 Heze	414.0	414.0				9.8	9.4	0.4	

主要统计指标解释

自然资源　指人类可以直接从自然界获得，并用于生产和生活的物质资源。自然资源一般可以分成可再生资源和非再生资源两大类。可再生资源指在较短时间内可以再生、可以循环利用的资源，包括土地资源、水资源、气候资源、生物资源和海洋资源等。非再生资源指在使用后不能再生的资源，包括矿产资源和地热能源。

土地资源　土地指陆地的表层部分，它主要由岩石、岩石的风化物和土壤构成。土地资源按利用类型可以分为农用地、建筑用地和未利用地。农用地包括耕地、园地、林地、牧草地和水面。建筑用地包括居民点及工矿用地、交通用地和水利设施用地。未利用地指农用地和建筑用地以外的土地，包括滩涂、荒漠、戈壁、冰川和石山等。

耕地面积　指经过开垦用以种植农作物并经常进行耕耘的土地面积。包括种有作物的土地面积、休闲地、新开荒地和抛荒未满三年的土地面积。

森林资源　指森林、林木、林地以及依托森林、林木、林地生存的野生动物、植物和微生物。林木指树木和竹子。森林指以乔木为主体的植物群落，是集生的乔木及与共同作用的植物、动物、微生物和土壤、气候等的总体。

活立木总蓄积量　指一定范围内土地上全部树木蓄积的总量，包括森林蓄积、疏林蓄积、散生木蓄积和四旁树蓄积。

森林面积　指由乔木树种构成，郁闭度 0.2 以上(含 0.2)的林地或冠幅宽度 10 米以上的林带的面积，即有林地面积。森林面积包括天然起源和人工起源的针叶林面积、阔叶林面积、针阔混交林面积和竹林面积，不包括灌木林地面积和疏林地面积。

森林覆盖率　指一个国家或地区森林面积占土地总面积的百分比。森林覆盖率是反映森林资源的丰富程度和生态平衡状况的重要指标。在计算森林覆盖率时，森林面积包括郁闭度 0.2 以上的乔木林地面积和竹林地面积，国家特别规定的灌木林地面积、农田林网以及四旁(村旁、路旁、水旁、宅旁)林木的覆盖面积。计算公式为：

$$森林覆盖率(\%)=\frac{森林面积}{土地总面积}\times100\%$$

水资源　水在自然界中以固体、液体和气态三种聚集状态存在，分布于海洋、陆地(包括土壤)以及大气之中，通过水循环形成水资源。水资源包括经人类控制并直接可供灌溉、发电、给水、航运、养殖等用途的地表水和地下水，以及江河、湖泊、井、泉、潮汐、港湾和养殖水域等。水资源是发展国民经济不可缺少的重要自然资源。

地表水和地下水　陆地上的水因空间分布不同，分为地表水和地下水。地表水指分别存在于河流、湖泊、沼泽、冰川和冰盖等水体中水分的总称，又称陆地水。地下水指储存在地面以下饱和岩土孔隙、裂隙及溶洞中的水。

水资源总量　指评价区内降水形成的地表和地下产水总量，即地表产流量与降水入渗补给地下水量之和，不包括过境水量。

地表水资源量　指评价区内河流、湖泊、冰川等地表水体中可以逐年更新的动态水量，即当地天然河川径流量。

地下水资源量　指评价区内降水和地表水对饱水岩土层的补给量，包括降水入渗补给量和河道、湖库、渠系、渠灌田间等地表水体的入渗补给量。

内陆水域总面积　指江、河、湖泊、池塘、塘堰、水库等各种流水或蓄水的水面占地面积。

海　洋　是海和洋的统称。洋为地球表面上相连接的广大咸水水体的主体部分。海为地球表面相连接的广大咸水水体被陆地、岛礁、半岛包围或分隔的边缘部分。

海水可养殖面积　指利用滩涂、浅海、港湾进行鱼、虾、蟹、贝、藻等海水经济动植物的人工养殖的水面面积。

径　流　指陆地上接受降水后扣除损耗外，从地表和地下向流域出口断面汇集的水流。径流可分为地表径流、地下径流和壤中流。地表径流指沿地表向河流、湖泊、沼泽、海洋等汇集的水流；地下径流指沿潜水层或隔水层间的含水层，向河流、湖泊、沼泽、海洋等汇集的地下水水流。

径流量　指在一定时段内通过河流某一过水断面的水量，用以反映一个国家或地区水资源的丰歉程度。计算公式为：

径流量=降水量−蒸发量

矿产资源　矿产指由地质作用形成，富集于地壳中或出露于地表达到工农业利用要求的有用矿物。矿产是一种重要的自然资源，是社会发展的重要物质基础。

矿产基础储量　基础储量是查明矿产资源的一部分。它能满足现行采矿和生产所需的指标要求，是控制的、探明的并通过可行性或预可行性研究认为属于经济的、边界经济的部分，用未扣除设计、采矿损失的数量表示。

气　温　指空气的温度，我国一般以摄氏度(℃)为单位表示。气象观测的温度表是放在离地面约 1.5 米处通风良好的百叶箱里测量的，因此，通常说的气温指的是离地面 1.5 米处百叶箱中的温度。其统计计算方法为：

月平均气温是将全月各日的平均气温相加，除以该月的天数而得。

年平均气温是将 12 个月的月平均气温累加后除以 12 而得。

相对湿度 指空气中实际所含水蒸气密度和同温度下饱和水蒸气密度的百分比值。其统计方法与气温相同。

降水量 指从天空降落到地面的液态或固态(经融化后)水，未经蒸发、渗透、流失而在地面上积聚的深度。其统计计算方法为：

月降水量是将全月各日的降水量累加而得。

年降水量是将 12 个月的月降水量累加而得。

日照时数 指太阳实际照射地面的时间。其统计方法与降水量相同。

工业废水排放达标量 指报告期内废水中各项污染物指标都达到国家或地方排放标准的外排工业废水量，包括未经处理外排达标的，经废水处理设施处理后达标排放的，以及经污水处理厂处理后达标排放的。

工业废水排放达标率 指工业废水排放达标量占工业废水排放量的百分率，计算公式为：

$$\text{工业废水排放达标率}=\frac{\text{工业废水排放达标量}}{\text{工业废水排放量}}\times100\%$$

城镇生活污水排放量 指城镇居民每年排放的生活污水。用人均系数法测算。测算公式为：

$$\begin{matrix}\text{生活污水}\\\text{排放量}\end{matrix}=\begin{matrix}\text{城镇生活污水}\\\text{排放系数}\end{matrix}\times\begin{matrix}\text{市镇非}\\\text{农业人口}\end{matrix}\times365$$

城镇生活污水中化学需氧量(COD)产生量 指城镇居民每年排放的生活污水中的 COD 的产生量。用人均系数法测算。测算公式为：

$$\begin{matrix}\text{城镇生活污水}\\\text{中}COD\text{排放量}\end{matrix}=\begin{matrix}\text{城镇生活污水中}\\COD\text{产生系数}\end{matrix}\times\begin{matrix}\text{市镇非}\\\text{农业人口}\end{matrix}\times365$$

化学需氧量（COD） 测量有机和无机物质化学分解所消耗氧的质量浓度的水污染指数。

工业废气排放量 指报告期内企业厂区内燃料燃烧和生产工艺过程中产生的各种排入大气的含有污染物的气体的总量，以标准状态(273K，101325Pa)计算。测算公式为：

$$\begin{matrix}\text{工业废气}\\\text{排放量}\end{matrix}=\begin{matrix}\text{燃料燃烧过程}\\\text{中废气排放量}\end{matrix}+\begin{matrix}\text{生产工艺过程}\\\text{中废气排放量}\end{matrix}$$

生活及其他 SO_2 排放量 以生活及其他煤炭消费量和其含硫量为基础，根据以下公式计算：

$$\begin{matrix}\text{生活及其他}\\SO_2\text{排放量}\end{matrix}=\begin{matrix}\text{生活及其他}\\\text{煤炭消费量}\end{matrix}\times\text{含硫量}\times0.8\times2$$

工业 SO_2 排放量 指报告期内企业在燃料燃烧和生产工艺过程中排入大气的 SO_2 总量，计算公式为：

$$\begin{matrix}\text{工业}SO_2\\\text{排放量}\end{matrix}=\begin{matrix}\text{燃料燃烧过程}\\\text{中}SO_2\text{排放量}\end{matrix}+\begin{matrix}\text{生产工艺过程}\\\text{中}SO_2\text{排放量}\end{matrix}$$

工业烟尘排放量 指企业厂区内燃料燃烧过程中产生的烟气中夹带的颗粒物排放量。

生活及其他烟尘排放量 指除工业生产活动以外的所有社会、经济活动及公共设施的经营活动中燃烧所排放的烟尘纯重量。以生活及其他煤炭消费量为基础进行测算。

工业粉尘排放量 指企业在生产工艺过程中排放的能在空气中悬浮一定时间的固体颗粒物排放量。如钢铁企业的耐火材料粉尘、焦化企业的筛焦系统粉尘、烧结机的粉尘、石灰窑的粉尘、建材企业的水泥粉尘等。不包括电厂排入大气的烟尘。

工业固体废物产生量 指报告期内企业在生产过程中产生的固体状、半固体状和高浓度液体状废弃物的总量，包括危险废物、冶炼废渣、粉煤灰、炉渣、煤矸石、尾矿、放射性废物和其他废物等；不包括矿山开采的剥离废石和掘进废石(煤矸石和呈酸性或碱性的废石除外)。酸性或碱性废石指采掘的废石其流经水、雨淋水的 pH 值小于 4 或 pH 值大于 10.5 者。

危险废物 指列入国家危险废物名录或根据国家规定的危险废物鉴别标准和鉴别方法认定的，具有爆炸性、易燃性、易氧化性、毒性、腐蚀性、易传染疾病等危险特性之一的废物。

工业固体废物综合利用量 指报告期内企业通过回收、加工、循环、交换等方式，从固体废物中提取或者使其转化为可以利用的资源、能源和其他原材料的固体废物量(包括当年利用往年的工业固体废物贮存量)，如用作农业肥料、生产建筑材料、筑路等。综合利用量由原产生固体废物的单位统计。

工业固体废物综合利用率 指工业固体废物综合利用量占工业固体废物产生量(包括综合利用往年贮存量)的百分率。计算公式为：

$$\begin{matrix}\text{工业固体废物}\\\text{综合利用率}\end{matrix}=\frac{\begin{matrix}\text{工业固体废物}\\\text{综合利用量}\end{matrix}}{\begin{matrix}\text{工业固体废物产生量}+\\\text{综合利用往年贮存量}\end{matrix}}\times100\%$$

工业固体废物贮存量 指报告期内企业以综合利用或处置为目的，将固体废物暂时贮存或堆存在专设的贮存设施或专设的集中堆存场所内的数量。专设的固体废物贮存场所或贮存设施必须有防扩散、防流失、防渗漏、防止污染大气、水体的措施。

工业固体废物处置量 指报告期内企业将固体废物焚烧或者最终置于符合环境保护规定要求的场所，并不再回取的工业固体废物量(包括当年处置往年的工业固体废物贮存量)。处置方式有填埋(其中危险废物应安全填埋)、焚烧、专业贮存场(库)封场处理、深层灌注、回填矿井及海洋处置(经海洋管理部门同意投海处置)等。

工业固体废物排放量　指报告期内企业将所产生的固体废物排到固体废物污染防治设施、场所以外的数量，不包括矿山开采的剥离废石和掘进废石(煤矸石和呈酸性或碱性的废石除外)。

“三废”综合利用产品产值　指报告期内利用“三废”作为主要原料生产的产品价值(现行价)；已经销售或准备销售的应计算产品价值，留作生产自用的不应计算产品价值。

生活垃圾清运量　指报告期内收集和运送到垃圾处理厂(场)的生活垃圾数量。生活垃圾指城市日常生活或为城市日常生活提供服务的活动中产生的固体废物以及法律行政规定的视为城市生活垃圾的固体废物。包括：居民生活垃圾、商业垃圾、集市贸易市场垃圾、街道清扫垃圾、公共场所垃圾和机关、学校、厂矿等单位的生活垃圾。

生活垃圾无害化处理率　指报告期生活垃圾无害化处理量与生活垃圾产生量的比率。在统计上，由于生活垃圾产生量不易取得，可用清运量代替。计算公式为：

$$\text{生活垃圾无害化处理率}=\frac{\text{生活垃圾无害化处理量}}{\text{生活垃圾产生量}}\times 100\%$$

Explanatory Notes on Main Statistical Indicators

Natural Resources refer to material resources that could be obtained from the nature by human being and used for production and living. Natural resources in general can be classified as renewable resources and non-renewable resources. Renewable resources refer to resources that could be renewed and recycled during a relatively short period of time, including land resource, water resource, climate resource, biology resource and marine resource. Non-renewable resources include resources that could not be renewed, such as minerals and geothermal resource.

Land Resources refers to the surface of the earth, consisting of mainly rocks and its whethering and earth. Land resource can be classified, by its utilization, as land for agriculture, land for construction and unused land. Land for agriculture includes cultivated land, plantation land, forestland, grassland and waters. Land for construction includes land for residential purpose, for manufacturing and mining, for transportation and for water-conservancy projects. Unused land refers to land other than land for agriculture and construction, including beaches, deserts, Gobi, glaciers and rock mountains.

Area of Cultivated Land refers to area of land reclaimed for the regular cultivation of various farm crops, including crop-cover land, fallow, newly reclaimed land and land laid idle for less than 3 years.

Forest Resource refers to forests, trees, forestland and wild animals, plants and microorganism that live on forest and trees. Trees include trees and bamboo. Forest refers to the population of clusters of trees and other plants, animals and microorganism as well as the earth and climate that have interactions with the trees.

Total Standing Stock Volume refers to the total stock volume of trees growing in land, including trees in forest, tress in sparse forest, scattered trees and trees planted by the side of villages, farm houses and along roads and rivers.

Forest Area refers to the area of forest where trees and bamboo grow with canopy density above 0.2, including land of natural woods and planted woods, but excluding bush land and thin forest land. It reflects the total areas of afforestation.

Forest Coverage Rate refers to the ratio of area of afforested land to total land area. It is a very important indicator that reflects the status of abundance of forest resource and ecosystem balance. Forest area includes the area of trees and bamboo grow with canopy density above 0.2, the area of shrubby tree according to regulations of the government, the area of forest land inside farm land and the area of trees planted by the side of villages, farm houses and along roads and rivers. The formula for calculating forest coverage rate is as follows:

Forestry coverage rate (%) = (Area of Afforested Land/Area of Total Land) ×100%

Water Resource Water exists in the nature in solid, liquid and gaseous states, is distributed in the ocean, land (including earth) and air, and constitutes the water resource through the circulation of water. Water resource includes the surface water and underground water that is controlled by the human being for irrigation, power-generation, water supply, navigation and cultivation. It also includes rivers, lakes, wells, springs, tides, gulf and water area for cultivation. Water resource as an important natural resource is indispensable for the development of the national economy.

Surface Water and Underground Water Water on earth can be divided into surface water and underground water according to its distribution. Surface water refers to moisture exists in rivers, lakes, swamps, glaciers, icecaps and so on. It is also called land water. The underground water refers to water deposited underground in the cranny and the hole of saturated rock soil and in the water-eroded cave.

Total Water Resources refers to total volume of water resources measured as run-off for surface water from rainfall and recharge for groundwater in a given area, excluding transit water.

Surface Water Resources refers to total renewable resources which exist in rivers, lakes, glaciers and other collectors from rainfall and are measured as run-off of rivers.

Groundwater Resources refers to replenishment of aquifers with rainfall and surface water.

Inland Water Area refers to water area of rivers, lakes, ponds, reservoir, etc.

Ocean is the general name for sea and ocean. Ocean refers to the main body of large salt water connected with the earth. Sea refers to the edge areas of the salt water on the earth that are comparted or surrounded by land, island, reef or peninsula.

Marine Cultivatable Areas refer to water areas in beach, shallow sea and lough that are used to breed marine cash propagation, such as fish, shrimp, crab, shellfish, alga and so on.

Runoff refers to the water gathered at the way out of the cross section of drainage area either from the surface or underground after deducting the wastage of the precipitation on the land. Runoff can be divided into surface runoff, underground runoff and within soil runoff. Surface runoff refers to water flow to the rivers, lakes, swamps, and seas on the surface of the earth. Underground runoff refers to water flow to rivers, lakes, swamps, and seas through the water-bearing stratum of confined layer or unconfined layer.

Volume of Runoff refers to the total volume of water running through a certain cross section of a river during a certain period of time, reflecting the water resource condition in a country or a region. The formula for calculating volume or runoff is as follows:

Runoff =Precipitation-Evaporation

Mineral Resources refer to useful minerals that can be used for industrial or agricultural purposes enriched in lithosphere or on earth due to the geological process. Minerals are important natural resources, and important material base for social development.

Ensured Mineral Reserves refer to the actual mineral reserves, which equal to the proven mineral reserves (including industrial reserves and prospective reserves) minus extracted parts and underground losses.

Temperature refers to the air temperature. China uses centigrade as the unit. The thermometry used for weather observation is put in a breezy shutter, which is 1.5 meters high from the ground. Therefore, the commonly used temperature refers to the temperature in the breezy shutter 1.5 meters away from the ground. The calculation method is as follows:

Monthly Average Temperature is the summation of average daily temperature of one month divided by the actual days of that particular month.

Annual Average Temperature is the summation of monthly average of a year divided by 12 months.

Relative Humidity refers to the ratio of actual water vapor pressure to the saturation water vapor density under the current temperature. The statistical method is the same as that of temperature.

Volume of Precipitation refers to the deepness of liquid state or solid state (thawed) water falling from the sky to the ground that has not been evaporated, infiltrated or run off. The calculation method is as follows:

Monthly precipitation is the summation of daily precipitation of a month.

Annual precipitation is the summation of 12 months precipitation of a year.

Sunshine Hours refer to the actual hours of sun irradiating the earth. The calculation method is the same as that of the precipitation.

Industrial Waste Water Meeting Discharge Standards refers to volume of industrial waste water discharge which, with or without treatment, reaches national or local standards with regard to all pollutants.

Ratio of Industrial Waste Water Meeting Discharge Standards refers to percentage of industrial waste water meeting discharge standards over total industrial waste water discharge. It is calculated as:

$$\text{Ratio of industrial waste water meeting discharge standards} = \frac{\text{industrial waste water meeting discharge standards}}{\text{total industrial waste water discharge}} \times 100\%$$

Urban Non industrial Waste Water Discharge refers to annual discharge of non industrial waste water by urban households. It is estimated by per capita coefficient using the formula:

$$\text{Urban non-industrial waste water discharge} = \text{urban non-industrial waste water discharge coefficient} \times \text{urban non-agricultural population} \times 365$$

Volume of Chemical Oxygen Demand (COD) Generated by Urban Non industrial Waster Water refers to chemical oxygen demand generated through the annual discharge of non industrial waste water by urban households. It is estimated as:

$$\text{Volume of chemical oxygen demand (cod) generated by urban non-industrial waster water} = \text{Coefficient of COD generated through urban non-industrial waste water} \times \text{urban non-agricultural population} \times 365$$

Chemical Oxygen Demand (COD) refers to index of water pollution measuring the mass concentration of oxygen consumed by the chemical breakdown of organic and inorganic matter.

Industrial Waste Air Emission refers to discharge into atmosphere of waste air containing pollutants generated from fuel burning and production process in enterprises within a given period of time. It is calculated at standard status (273K, 101325Pa) as:

$$\text{Industrial waste air emission} = \text{emission through fuel burning} + \text{emission through production process}$$

SO_2 Emission through Non-industrial and Other Activities is calculated on the basis of consumption of coal by households and other activities and the sulphur content of coal with the following formula:

$$SO_2 \text{ emission through non-industrial and other activities} = \text{of coal by households and other activities} \times \text{sulphur content} \times 0.8 \times 2$$

SO_2 Emission through Industrial Activities refers to volume of sulphur dioxide emission from fuel burning and production process by enterprises during a given period of time. It is calculated as:

$$SO_2 \text{ emission through industrial activities} = SO_2 \text{ emission from fuel burning} + SO_2 \text{ emission from production process}$$

Industrial Soot Emission refers to volume of soot in smoke emitted in process of fuel burning in premises of enterprises.

Soot Emission by Consumption and Others refers to net volume of soot emitted by fuel burning from all social and economic activities and operation of public facilities other than industrial activities. It is calculated on the basis of coal consumption by households and others.

Industrial Dust Emission refers to volume of dust emitted by production process of enterprises and suspended in the air for a given period of time, including dust from refractory material of iron and steel works, dust from coke screening systems and sintering machines of coke plants, dust from lime kilns and dust from cement production in building material enterprises, but excluding soot and dust emitted from power plants.

Industrial Solid Wastes Produced refers to total volume of solid, semi solid and high concentration liquid residues produced by industrial enterprises from production process in a given period of time, including hazardous wastes, slag, coal ash, gangue, tailings, radioactive residues and other wastes, but excluding stones stripped or dug out in mining (gangue and acid or alkaline stones not included). A stone is acid or alkaline depending on the pH value of the water below 4 or above 10.5 when the stone is in, or soaked by, the water.

Hazardous Wastes refers to those included in the national hazardous wastes catalogue or specified as any one of the following properties in the national hazardous wastes identification standards: explosive, ignitable, oxidizable, toxic, corrosive or liable to cause infectious diseases or lead to other dangers.

Industrial Solid Wastes Utilized refers to volume of solid wastes from which useful materials can be extracted or which can be converted into usable resources, energy or other materials by means of reclamation, processing, recycling and exchange (including utilizing in the year the stocks of industrial solid wastes of the previous year). Examples of such utilizations include fertilizers, building materials and road materials. The information shall be collected by the producing units of the wastes.

Ratio of Industrial Solid Wastes Utilized refers to the percentage of industrial solid wastes utilized over industrial solid wastes produced (including stocks of the previous years). It is calculated as:

$$\text{Rate of utilization of industrial solid wastes} = \frac{\text{volume of industrial solid wastes utilized}}{\text{industrial solid wastes produced} + \text{stock of previous years}} \times 100\%$$

Stocks of Industrial Solid Wastes refers to volume of solid wastes placed in special facilities or special sites for purposes of utilization or disposal. The sites or facilities should take measures against dispersion, loss, seepage, and air and water contamination.

Industrial Solid Wastes Disposed refers to quantity of industrial solid wastes which are burnt or placed ultimately in the sites meeting the requirements for environmental protection and not salvaged or recycled (including disposition in the year of those wastes of previous years). The disposition includes landfill (Safe landfills should be conducted for hazardous wastes), incineration, containment spaces, deep underground disposal, backfill in mining pits and disposal at sea.

Industrial Solid Wastes Discharged refers to volume of industrial solid wastes discharged by producing enterprises to disposal facilities or to other sites. The wastes exclude stones stripped or dug from mining (gangue and acid or alkaline waste stones not included).

Output Value of Products Made from Waste Gas, Waste Water and Solid Wastes refers current value of products with waste gas, waste water and solid wastes as main materials of production. Products sold and ready to sell shall be included while those produced for own use shall not be included.

Consumption Wastes Transported refers to volume of consumption wastes collected and transported to disposal factories or sites. Consumption wastes are solid wastes produced from urban households or from service activities for urban households, and solid wastes regarded by laws and regulations as urban consumption wastes, including those from households, commercial activities, markets, cleaning of streets, public sites, offices, schools, factories, mining units and other sources.

Ratio of Consumption Wastes Treated refers to consumption wastes treated over that produced. In practical statistics, as it is difficult to estimate, the volume of consumption wastes produced is replaced with that transported. It is calculated as:

$$\text{Ratio of consumption wastes treated} = \frac{\text{consumption wastes treated}}{\text{consumption wastes produced}} \times 100\%$$

第
13
篇

农　业

Agriculture

简 要 说 明

一、本篇资料的主要内容

本篇资料反映了全省农业生产和农村经济的基本情况，主要包括农林牧渔业总产值、增加值、农村劳动力、耕地、主要农产品产量、农业机械年末拥有量、农村电气化和农业化学化情况以及农田水利建设等方面的统计资料。

二、本篇资料的来源

本篇资料粮食数据由山东调查总队农业调查处整理提供，其余资料来源于农村综合统计年报，由省统计局农村处整理提供。

三、本篇资料的统计范围和统计口径

本篇资料的统计范围包括省内所属的各种经济类型、各个系统的全部农林牧渔业生产单位以及各非农行业附属的农林牧渔业生产活动单位。军委系统的农业生产（除军马外）也包括在内，但不包括农业科学试验机构进行的农业生产。

Brief Introduction

I. Content

Data in this chapter show the basic conditions of agricultural production and rural economy, mainly including agricultural output, value added, rural labor force, cultivated land, output of main agricultural produces, agricultural machinery, electrification and chemistry in rural areas and basic construction on irrigation and drainage.

II. Source of Data

Data on Grain are provided by the Division of Agriculture Survey of the National Bureau of Statistics in Shandong.Other data in this chapter are based on the statstical Reporting summary tables and are prepared and compiled by the Division of Countryside Statistics of Shandong Province.

III. Scope and Coverage of Statistics

The coverage of the comprehensive statistical reporting includes all productive units of farming, forestry, animal husbandry and fishery and those related non-agricultural affiliated units with various ownership and the activities of horse raising for military purpose and those undertaken by agricultural research institutions are excluded.

13-1　主要年份农林牧渔业总产值
Gross Output Value of Farming,Forestry, Animal Husbandry and Fishery in Major Years

单位:亿元　(100 million yuan)

年份 Year	农林牧渔业总产值 Gross Output Value of Farming, Forestry,Animal Husbandry and Fishery	农业 Farming	种植业 Planting	林业 Forestry	牧业 Animal Husbandry	渔业 Fishery	农林牧渔服务业 Farming,Forestry, Animal Husbandry and Fishery Service
1949	20.07	18.01	16.01	0.12	1.66	0.28	
1952	40.00	35.05	31.16	0.25	3.98	0.72	
1955	44.97	40.05	35.40	0.66	3.37	0.89	
1957	36.44	31.21	30.36	0.87	3.54	0.82	
1962	38.32	32.77	32.71	0.26	4.09	1.20	
1965	50.49	42.88	42.79	0.55	5.76	1.30	
1970	66.78	55.75	55.62	0.90	8.14	1.99	
1975	93.43	75.85	75.64	2.65	12.33	2.60	
1976	100.36	80.37	80.12	2.60	14.24	3.15	
1977	99.27	78.83	78.40	2.10	14.72	3.62	
1978	102.22	84.77	83.71	1.81	12.19	3.45	
1979	135.92	113.34	111.33	2.04	16.61	3.93	
1980	160.91	128.81	126.22	4.52	23.43	4.15	
1981	198.50	155.62	151.83	4.91	33.04	4.94	
1982	218.51	171.58	167.98	7.22	34.12	5.59	
1983	259.50	208.75	202.87	8.48	36.21	6.06	
1984	310.11	245.19	236.64	8.60	48.20	8.12	
1985	335.42	248.17	236.62	11.07	62.82	13.36	
1986	361.19	269.51	255.92	12.67	62.84	16.17	
1987	413.18	313.76	299.05	12.11	64.15	23.16	
1988	494.53	331.59	313.98	14.80	108.07	40.07	
1989	547.66	366.24	347.61	14.28	124.71	42.43	
1990	645.75	419.50	397.85	20.45	150.19	55.61	
1991	779.18	491.76	471.53	22.19	186.52	78.71	
1992	815.62	462.58	437.03	23.73	215.73	113.58	
1993	944.99	526.66	511.48	28.24	239.90	150.19	
1994	1282.25	660.13	649.84	36.78	348.78	236.56	
1995	1678.16	931.89	922.96	41.81	433.62	270.84	
1996	1962.12	1090.64	1078.05	49.97	512.60	308.91	
1997	2058.32	1137.19	1107.33	49.86	550.58	320.69	
1998	2174.54	1219.85	1184.65	45.91	583.40	325.38	
1999	2202.95	1254.87	1232.44	44.93	572.95	330.20	
2000	2294.35	1300.44	1280.12	47.62	599.17	347.12	
2001	2453.96	1401.34	1385.22	47.22	654.71	350.69	
2002	2526.05	1420.88	1402.81	48.25	698.44	358.48	
2003	2902.45	1599.32		53.70	831.34	370.04	48.05
2004	3453.91	1891.73		59.49	1022.84	426.09	53.76
2005	3741.81	2033.95		57.57	1125.04	465.52	59.73
2006	4058.62	2283.29		65.48	1025.37	522.94	161.54
2007	4766.23	2604.07		81.98	1313.00	580.35	186.83
2008	5612.96	2895.68		102.24	1704.90	686.28	223.87
2009	6003.09	3223.99		101.27	1683.83	747.42	246.58
2010	6650.94	3670.07		86.53	1774.46	847.37	272.52
2011	7409.75	3843.62		99.96	2171.92	999.11	295.14
2012	7945.76	3960.62		107.01	2285.92	1267.07	325.14

注:本表绝对数按当年价格计算。
a)Data are caculated at current prices.

13-2 主要年份农林牧渔业总产值指数(以1952年为100)
Indices of Farming,Forestry,Animal Husbandry and Fishery in Major Years(1952=100)

年份 Year	农林牧渔业总产值 Indices of Farming,Forestry, Animal Husbandry and Fishery	农业 Farming	种植业 Planting	林业 Forestry	牧业 Animal Husbandry	渔业 Fishery	农林牧渔服务业 Farming,Forestry, Animal Husbandry and Fishery Service
1949	57.7	59.1	59.1	56.9	48.0	44.2	
1952	100.0	100.0	100.0	100.0	100.0	100.0	
1955	108.1	109.9	109.3	256.9	81.3	118.4	
1957	94.2	92.1	100.8	360.8	91.9	118.4	
1962	65.5	63.9	71.8	70.6	70.0	114.3	
1965	99.8	96.7	108.6	174.5	114.3	142.9	
1970	123.5	117.7	132.1	264.7	151.2	204.8	
1975	163.2	151.2	169.6	745.1	216.5	252.4	
1976	166.9	152.6	171.1	692.2	237.8	291.8	
1977	164.8	149.4	167.1	556.9	245.5	334.7	
1978	177.1	160.6	178.2	680.4	253.4	383.7	
1979	193.9	177.1	195.7	637.3	287.2	338.8	
1980	212.1	190.0	209.7	680.4	347.4	375.5	
1981	218.8	198.2	218.1	627.5	352.9	336.1	
1982	239.2	215.3	236.9	1043.1	373.1	383.0	
1983	273.7	253.2	275.9	988.2	386.1	399.3	
1984	326.0	302.4	326.8	1109.8	462.2	449.7	
1985	338.2	306.5	326.8	1427.5	520.9	491.8	
1986	339.2	304.4	321.2	1380.4	539.2	566.0	
1987	366.3	331.7	350.4	1364.7	551.7	681.6	
1988	378.6	324.4	337.3	1325.5	703.9	887.8	
1989	383.5	321.8	333.9	1259.2	768.7	959.7	
1990	404.2	335.6	345.3	1235.3	823.3	1150.7	
1991	452.3	370.2	384.0	1315.6	922.9	1393.5	
1992	455.9	345.4	352.9	1380.1	985.7	1721.0	
1993	510.6	381.0	399.8	1526.4	1080.3	2103.1	
1994	578.0	411.1	436.2	1770.6	1295.3	2523.7	
1995	629.4	441.9	471.1	1839.7	1463.7	2720.5	
1996	675.3	478.1	507.4	2141.6	1551.5	2902.8	
1997	707.0	490.1	506.4	2154.4	1716.0	2975.4	
1998	777.0	589.3	562.1	2068.2	1915.1	3121.2	
1999	819.7	615.2	599.2	2072.3	2045.3	3345.9	
2000	851.7	639.8	625.6	2200.8	2155.7	3362.6	
2001	885.8	666.0	655.6	2064.4	2315.2	3315.5	
2002	895.5	649.4	637.2	1971.5	2472.6	3391.8	
2003	944.8	691.6		2121.3	2613.5	3449.5	111.5
2004	998.7	732.4		2138.3	2772.9	3601.3	108.0
2005	1050.6	761.0		2059.2	2975.3	3842.6	109.2
2006	1105.2	802.1		2279.5	3106.2	3992.5	118.8
2007	1141.7	829.4		2457.3	3131.0	4180.1	110.8
2008	1199.9	859.3		2798.9	3315.7	4426.7	113.3
2009	1251.5	882.5		3076.0	3488.1	4701.2	110.1
2010	1296.6	904.6		3380.5	3624.1	4931.6	109.9
2011	1345.9	939.9		3694.9	3714.7	5148.6	107.2
2012	1409.2	963.4		3820.5	4000.7	5359.7	107.7

注：本表按可比价格计算；农林牧渔服务业指数以上年为100。

a)Data are caculated at constant prices.Indices of Farming,Forestry,Animal Husbandry and Fishery service in preceding year is considered as 100%.

13-3 农林牧渔业总产值

Gross Output Value of Farming,Forestry,Animal Husbandry and Fishery

单位:亿元 (100 million yuan)

类 别	Category	2010	2011	2012	2012为2011% 2011=100
农林牧渔业总产值	**Gross Output Value of Farming,Forestry, Animal Husbandry and Fishery**	**6650.94**	**7409.75**	**7945.76**	**104.7**
一、农业产值	**Output Value of Farming**	**3670.07**	**3843.62**	**3960.62**	**102.5**
1.谷物及其他作物	Cereal and Other Corps	1410.14	1641.36	1661.44	100.7
#粮食	Grain	842.77	942.27	975.27	101.9
油料	Oil	184.37	210.42	215.29	100.8
棉花	Cotton	182.74	230.51	203.94	99.5
2.蔬菜园艺作物	Vegetable Gardening Crops	1592.64	1417.21	1371.95	101.7
#蔬菜(含菜用瓜)	Vegetables	1515.07	1334.95	1295.32	102.8
3.水果坚果饮料	Fruit and Nut Beverages	626.83	745.96	883.64	106.9
#水果坚果(含果用瓜)	Fruit and Nut	580.90	697.25	870.31	107.5
4.中药材	Chinese Herbal Medicines	40.46	39.10	43.59	127.9
二、林业产值	**Output Value of Forestry**	**86.53**	**99.96**	**107.01**	**103.4**
1.林木的培育和种植	Trees Cultivation and Planting	37.13	41.89	45.92	105.3
2.竹木采运	Bamboo Logging and Transport	16.55	20.12	20.47	98.6
3.林产品	Forestry Products	32.85	37.94	40.62	103.9
三、牧业产值	**Output Value of Animal Husbandry**	**1774.46**	**2171.92**	**2285.92**	**107.7**
1.牲畜饲养	Livestock Feeding	352.50	388.95	429.49	109.1
2.猪的饲养	Pig Feeding	693.51	900.44	924.44	108.8
3.家禽的饲养	Poultry Feeding	577.97	697.46	727.46	105.3
#肉禽	Poultry for Eating	295.03	358.12	363.63	111.2
禽蛋	Egg of Poultry	282.93	339.34	363.82	103.6
4.狩猎和捕捉动物	Animal Hunting and Trapping	1.01	1.22	1.35	107.6
5.其他畜牧业	Other Animal Husbandry	149.48	183.85	203.18	109.1
四、渔业产值	**Output Value of Fishery**	**847.37**	**999.11**	**1267.07**	**104.1**
1.海水产品	Seawater Aquatic Products	678.53	799.60	1007.95	103.7
2.内陆水域水产品	Inland waterways Aquatic Products	168.84	199.51	259.12	105.9
五、农林牧渔服务业产值	**Output Value of Farming,Forestry,Animal Husbandry and Fishery Service**	**272.52**	**295.14**	**325.14**	**107.7**

注:本表绝对数按当年价格计算,速度按可比口径及价格计算。
a)Absolute data in the table are calculated at current prices，the speed are caculated at constant price and caliber.

13-4 各市农林牧渔业总产值(2012年)
Gross Output Value of Farming,Forestry,Animal Husbandry and Fishery by Region(2012)

单位:万元 (10 000 yuan)

地 区	Region	农林牧渔业总产值 Output Value of Farming,Forestry, Animal Husbandry and Fishery	农业产值 Output Value of Farming	林业产值 Output Value of Forestry	牧业产值 Output Value of Animal Husbandry	渔业产值 Output Value of Fishery	农林牧渔服务业产值 Output Value of Services to Farming, Forestry,Animal Husbandry and Fishery
全省总计	**Total**	**79457555**	**39606234**	**1070096**	**22859179**	**12670698**	**3251384**
济南市	Jinan	4518584	2777179	94855	1452567	54409	139576
青岛市	Qingdao	5665217	2492493	20461	1582549	1370622	199092
淄博市	Zibo	2194103	1436555	117483	531935	43543	64587
枣庄市	Zaozhuang	2519413	1612938	24738	687889	68353	125495
东营市	Dongying	2053847	761731	19065	627957	483385	161709
烟台市	Yantai	6747485	3236375	131698	1205228	1970155	204029
潍坊市	Weifang	7746278	4298657	55579	2751283	385316	255443
济宁市	Jining	7331819	4104415	89335	2332079	541168	264822
泰安市	Tai'an	4077742	2232844	63764	1490375	119122	171637
威海市	Weihai	3513560	877007	8466	646529	1917313	64245
日照市	Rizhao	2078077	927806	29741	595451	442912	82167
莱芜市	Laiwu	823958	504592	14661	281060	12534	11111
临沂市	Linyi	5297863	3362134	178370	1472249	137112	147998
德州市	Dezhou	5065447	2680251	123141	1915000	129699	217356
聊城市	Liaocheng	4695343	3340385	24309	1182036	60603	88010
滨州市	Binzhou	3703619	1922669	72499	1133659	428676	146116
菏泽市	Heze	4337690	2764962	93196	1263503	108064	107965

13-5 各市农林牧渔业增加值(2012年)
Added Value of Farming,Forestry, Animal Husbandry and Fishery by Region(2012)

单位:万元 (10 000 yuan)

地 区	Region	增加值 Added Value	农业 Farming	林业 Forestry	牧业 Animal Husbandry	渔业 Fishery	农林牧渔服务业 Services to Farming, Forestry,Animal Husbandry and Fishery
全省总计	**Total**	**42817095**	**23298864**	**755265**	**9467168**	**7712214**	**1583583**
济南市	Jinan	2529161	1607725	66829	752753	35372	66482
青岛市	Qingdao	3244111	1612891	10906	681664	832042	106608
淄博市	Zibo	1237509	862557	74519	246766	22745	30922
枣庄市	Zaozhuang	1329988	939014	14211	263946	42684	70133
东营市	Dongying	1043388	494872	9522	240803	232631	65560
烟台市	Yantai	3773070	1869361	81042	628051	1077120	117496
潍坊市	Weifang	3905234	2565627	33658	946701	199862	159386
济宁市	Jining	3719672	2331058	53756	988933	246493	99432
泰安市	Tai'an	2330494	1411583	48827	696880	87402	85802
威海市	Weihai	1801073	416292	4412	268353	1081219	30797
日照市	Rizhao	1176410	552561	21669	295433	255224	51523
莱芜市	Laiwu	442024	338508	8846	84316	7021	3333
临沂市	Linyi	2913435	2097974	116832	535162	84737	78730
德州市	Dezhou	2443868	1221709	74744	915380	87084	144951
聊城市	Liaocheng	2578038	1985525	19155	480616	39707	53035
滨州市	Binzhou	1895094	1162167	39728	417906	206075	69219
菏泽市	Heze	2410058	1678303	70695	546336	86429	28295

13-6 主要年份粮、棉、油产量

Output of Grain,Cotton and Oil-bearing Crops in Major Years

年 份 Year	粮 食 Grain		棉 花 Cotton		油 料 Oil-bearing Crops	
	总产量 (万吨) Gross Output (10 000 tons)	单 产 (千克/公顷) Output Per Hectare (kg/hectare)	总产量 (万吨) Gross Output (10 000 tons)	单 产 (千克/公顷) Output Per Hectare (kg/hectare)	总产量 (万吨) Gross Output (10 000 tons)	单 产 (千克/公顷) Output Per Hectare (kg/hectare)
1949	870.0	795	8.1	180	55.6	1170
1952	1199.0	1035	16.9	240	84.5	1470
1955	1276.0	1110	20.9	285	106.1	1485
1957	1126.0	990	17.4	225	70.0	945
1962	910.0	915	3.9	105	42.4	1875
1965	1332.0	1350	19.9	300	67.1	1395
1970	1465.0	1575	27.3	390	78.5	1575
1975	2170.5	2355	24.1	390	84.2	1515
1976	2241.5	2460	15.8	255	58.5	1065
1977	2099.0	2370	14.9	240	67.7	2025
1978	2288.0	2595	15.4	255	95.9	1785
1979	2472.0	2835	16.7	315	109.1	1800
1980	2384.0	2820	53.7	735	143.0	2160
1981	2312.5	2835	67.5	720	142.1	2010
1982	2375.0	3090	96.0	720	142.5	2190
1983	2700.0	3465	122.5	825	152.0	2460
1984	3040.0	3885	172.5	1005	182.0	2790
1985	3137.7	3930	106.2	915	267.9	2745
1986	3250.0	3840	94.1	930	207.6	2355
1987	3393.7	4125	124.4	1020	234.3	2940
1988	3225.0	3990	113.7	825	197.8	2505
1989	3250.0	4035	102.5	780	150.0	1995
1990	3570.0	4380	102.8	690	212.1	2910
1991	3916.9	4845	135.1	870	233.1	3285
1992	3589.3	4533	67.7	455	166.3	2380
1993	4100.0	4992	41.0	539	268.4	3434
1994	4091.1	5015	55.9	705	338.3	3781
1995	4245.0	5220	47.1	707	315.0	3580
1996	4332.7	5260	37.2	773	309.3	3767
1997	3852.2	4766	35.4	894	240.9	2977
1998	4264.8	5244	41.3	996	335.6	3908
1999	4269.0	5271	39.2	1072	320.5	3614
2000	3837.7	4938	59.0	1085	356.9	3730
2001	3720.6	5201	78.1	1062	377.3	3743
2002	3292.7	4763	72.2	1086	340.4	3458
2003	3435.5	5355	87.7	994	361.8	3572
2004	3516.7	5570	109.8	1036	369.7	3913
2005	3917.4	5837	84.6	1000	363.9	4044
2006	4093.0	5848	102.3	1149	328.2	4136
2007	4148.8	5981	100.1	1112	328.6	4097
2008	4260.5	6125	104.1	1172	340.6	4192
2009	4316.3	6140	92.1	1151	334.5	4247
2010	4335.7	6120	72.4	945	342.2	4193
2011	4426.3	6194	78.5	1043	341.0	4227
2012	4511.4	6264	69.8	1012	351.0	4409

13-7 1978-2012年畜牧业生产情况
Production of Animal Husbandry1978 to 2012

年 份 Year	肉类总产量 (万吨) Output of Meat (10 000 tons)	猪存栏 (万头) Stocked Pigs (10 000 heads)	牛存栏 (万头) Stocked Cattle (10 000 heads)	羊存栏 (万只) Stocked Sheep (10 000 heads)	家禽存栏 (万只) Stocked Poultry (10 000 heads)
1978	60.80	1992.00	227.60	756.40	6766.00
1979	65.18	2117.60	221.50	925.80	7204.00
1980	90.10	2112.50	217.80	1041.30	7997.00
1981	96.26	1901.10	213.70	1025.60	8075.00
1982	94.98	1726.20	213.60	989.50	9115.00
1983	94.54	1562.70	222.10	901.80	10216.80
1984	104.38	1681.50	232.60	753.90	14688.90
1985	128.62	1812.80	258.00	783.30	16548.20
1986	141.78	1668.90	292.50	985.30	15120.70
1987	141.02	1547.00	344.60	1404.10	16916.30
1988	171.47	1688.60	416.00	1436.40	21582.10
1989	195.63	1604.10	472.40	1491.30	20471.30
1990	221.61	1576.70	511.80	1528.10	23974.60
1991	241.49	1599.40	501.40	1591.20	24136.80
1992	250.67	1602.60	531.90	1655.20	25810.80
1993	286.61	1603.70	603.00	1703.50	27188.70
1994	338.77	1701.50	681.30	1799.80	35118.60
1995	394.42	1718.10	714.10	1866.10	34613.80
1996	405.52	1723.60	740.10	1877.20	37485.00
1997	460.64	2209.70	811.90	2038.60	41833.00
1998	497.90	2485.90	911.80	2322.00	48484.00
1999	524.49	2560.48	977.25	2536.22	53332.00
2000	499.99	2401.81	779.90	2260.06	47789.90
2001	531.49	2500.29	778.54	2357.24	50263.73
2002	559.66	2602.80	787.88	2466.79	53236.24
2003	591.00	2686.09	804.31	2543.26	55031.28
2004	621.72	2761.01	771.51	2667.51	56875.64
2005	657.78	2771.96	750.45	2645.96	54641.26
2006	681.00	2508.50	632.70	2368.30	52100.30
2007	618.70	2656.50	570.70	2342.30	48779.50
2008	660.31	2725.80	522.49	2142.88	53971.78
2009	684.13	2753.06	485.61	2096.94	52028.80
2010	704.36	2747.55	483.67	2138.88	54352.49
2011	711.05	2837.13	492.86	2150.90	58541.17
2012	764.16	2902.39	499.27	2163.81	64050.31

13-7 续表 continued

年 份 Year	猪出栏 (万头) Slaughtered Pigs (10 000 heads)	牛出栏 (万头) Slaughtered Cattle (10 000 heads)	羊出栏 (万只) Slaughtered Sheeps (10 000 heads)	家禽出栏 (万只) Slaughtered Poultry (10 000 heads)	禽蛋产量 (万吨) Output of Poultry Eggs (10 000 tons)	奶类产量 (万吨) Output of Milk (10 000 tons)
1978	901.20	4.60	142.40		22.50	6.83
1979	1047.50	6.70	228.60		23.67	6.95
1980	1241.60	8.80	377.50		25.62	6.80
1981	1296.80	11.50	460.70		29.47	5.24
1982	1213.20	10.60	521.60		34.30	8.77
1983	1159.20	18.90	616.30		41.07	11.43
1984	1284.00	18.40	519.10		62.28	13.34
1985	1482.60	27.60	558.30	8283.10	72.50	13.26
1986	1681.20	32.30	617.60	9234.50	69.66	15.81
1987	1514.00	49.80	842.10	11397.30	79.14	17.28
1988	1619.60	69.00	1219.00	15904.00	102.97	19.53
1989	1845.40	82.80	1348.40	16701.20	109.43	21.24
1990	1936.20	110.10	1416.40	22769.00	124.25	22.53
1991	1983.50	119.50	1348.70	30792.70	149.14	23.65
1992	2046.00	140.90	1366.10	33467.90	154.30	25.17
1993	2092.90	177.10	1411.00	42837.30	184.07	28.05
1994	2185.70	213.10	1668.20	64716.70	240.75	32.45
1995	2453.00	248.40	2034.10	71286.50	247.15	36.98
1996	2500.90	272.40	2051.80	73508.00	267.30	41.14
1997	2801.10	334.50	2269.30	82549.00	294.30	45.82
1998	3123.20	354.90	2518.90	91299.00	322.00	53.98
1999	3248.13	391.10	2838.80	100246.00	349.06	61.29
2000	3213.24	322.25	2375.73	91195.00	301.04	62.72
2001	3370.69	359.63	2530.15	99493.75	311.58	80.48
2002	3566.19	380.13	2646.54	105550.38	328.33	103.92
2003	3765.90	396.47	2731.23	113458.25	349.11	132.05
2004	4060.41	413.21	2869.43	122660.64	355.83	167.92
2005	4263.54	425.73	3002.98	145089.38	363.20	196.66
2006	4389.90	436.60	3026.20	151090.90	353.90	212.40
2007	3654.00	449.70	3080.70	139652.90	359.90	242.18
2008	3916.74	458.24	3098.80	152889.08	365.63	254.92
2009	4155.66	454.34	3057.08	156864.19	377.72	258.15
2010	4301.11	449.35	3005.11	163572.63	384.84	271.56
2011	4234.24	433.39	2901.22	173553.90	401.64	278.95
2012	4599.87	437.29	2915.73	188715.23	402.44	294.09

13-8 1978-2012年渔业生产情况
Output of Fishery from 1978 to 2012

单位：吨 (tons)

年 份 Year	水产品总产量 Total Aquatic Products	海水产品 Seawater Aquatic Products	海洋捕捞 Ocean Fishing	海水养殖 Mariculture
1978	740283	691451	501504	189947
1979	627531	581165	432700	148465
1980	619591	570854	416814	154040
1981	589905	540408	407194	133214
1982	657698	611824	477729	134095
1983	674813	623122	465382	157740
1984	754572	693277	525027	168250
1985	814047	729568	531977	197591
1986	914411	806086	599376	206710
1987	1106641	983119	717588	265531
1988	1355865	1220408	809820	410588
1989	1539905	1403323	899265	504058
1990	1677973	1522059	1032683	489376
1991	1981169	1779214	1138436	640778
1992	2481648	2251437	1384628	866809
1993	3192828	2896171	1555657	1340514
1994	3506539	3053106	1608172	1444934
1995	3440763	2956402	1461525	1494876
1996	5299159	4683795	2337772	2346023
1997	5512326	4840507	2686824	2153683
1998	5875574	5116993	3003764	2113228
1999	6277843	5440155	3003387	2436767
2000	6306551	5375169	2780483	2594685
2001	6196988	5266599	2511170	2755430
2002	6277536	5403654	2457272	2946382
2003	6378795	5456872	2421393	3035479
2004	6486528	5528613	2440631	3087982
2005	6648983	5655207	2421396	3233811
2006	6837469	5783299	2359570	3423729
2007	7133795	5986873	2451596	3535277
2008	7303048	6094766	2481256	3613510
2009	7535939	6263895	2449591	3814304
2010	7838259	6463345	2350888	3962643
2011	8138280	6647212	2512437	4134775
2012	8418840	6860649	2498206	4362443

13-8 续表 continued

年 份 Year	淡水产品产量(吨) Freshwater Aquatic Products (ton)	捕捞量 Fishing Output	养殖量 Breeding Output	水产品养殖面积(万亩) Water Area for Breeding Aquatics (10 000 mu)	海 水 Seawater	淡 水 Freshwater
1978	48832	32507	16325	202.30	26.80	175.50
1979	46366	30968	15398	193.29	26.54	166.75
1980	48737	32436	16301	203.21	28.50	174.71
1981	49497	31489	18008	182.24	28.66	153.58
1982	45874	29696	16178	176.15	35.18	140.97
1983	51691	31713	19978	160.05	32.31	127.74
1984	61295	34438	26857	165.10	37.70	127.40
1985	84479	37370	47109	215.14	49.58	165.56
1986	108325	38641	69684	243.14	56.70	186.44
1987	123522	34103	89419	257.65	70.87	186.78
1988	135457	29354	106103	234.90	104.27	180.63
1989	136582	26847	109735	246.73	103.72	143.01
1990	155914	31545	124369	273.52	105.01	168.51
1991	201955	41772	160183	304.04	112.54	191.50
1992	230211	41074	189137	312.30	115.89	196.41
1993	296657	50088	246569	400.16	223.76	176.40
1994	453433	58373	395060	466.56	197.36	269.21
1995	484362	55428	428933	497.39	197.81	299.58
1996	615364	67222	548142	564.54	242.45	322.09
1997	671819	73221	598598	618.91	274.04	344.87
1998	758582	80336	678246	649.80	283.22	366.58
1999	837689	80002	757687	722.78	336.14	386.65
2000	931382	81214	850168	788.35	420.71	367.64
2001	930389	79991	850397	829.39	434.99	394.40
2002	873882	71142	802740	802.51	439.15	363.36
2003	921923	91019	830904	930.91	537.52	393.38
2004	957915	93484	864431	1014.34	598.02	416.32
2005	993776	110887	882889	1033.11	611.09	422.02
2006	1054170	117390	936780	840.03	564.62	275.42
2007	1146922	114368	1032554	884.99	609.26	275.73
2008	1208282	129643	1078639	993.45	639.33	354.12
2009	1272044	128342	1143702	1029.30	662.10	367.20
2010	1374914	130896	1244018	1136.51	751.42	385.09
2011	1491068	135378	1355690	1174.40	768.19	406.21
2012	1558191	139308	1418883	1205.16	785.56	419.60

13-9 农作物播种面积和产量
Sown Area and Output of Farm Crops

类　别	Category	2011 播种面积（公顷）Sown Area (hectare)	2011 总产量（吨）Total Output (ton)	2011 单产（千克/公顷）Output per Hectare (kg/hectare)	2012 播种面积（公顷）Sown Area (hectare)	2012 总产量（吨）Total Output (ton)	2012 单产（千克/公顷）Output per Hectare (kg/hectare)
农作物总播种面积	**Total Sown Area of Crops**	**10865438**			**10866977**		
一、粮食作物合计	**Grain**	**7145818**	**44262905**	**6194**	**7202333**	**45114152**	**6264**
(一)夏收粮食	Summer Harvest Grain	3595474	21047004	5854	3626867	21799148	6010
1.谷物	Cereals	3594963	21044962	5854	3626836	21799000	6010
#小麦	Wheat	3593531	21039200	5855	3625867	21795000	6011
2.夏杂豆	Beans	511	2042	3992	31	148	4774
(二)秋收粮食	Autumn Harvest Grain	3550344	23215901	6539	3575466	23315004	6521
1.谷物	Cereals	3144021	20904281	6649	3166866	21058603	6650
(1)稻谷	Rice	124538	1039568	8347	123867	1033791	8346
(2)玉米	Corn	2995867	19786700	6605	3018067	19945135	6609
(3)谷子	Millet	17820	58300	3272	18733	58898	3144
(4)高粱	Chinese Sorghum	4587	15500	3379	4800	15802	3292
(5)其他	Others	1209	4213	3486	1399	4977	3558
2.豆类合计	Beans	165665	430500	2599	163600	398505	2436
#大豆	Soybean	156162	405850	2599	146400	374308	2557
3.薯类(按折粮计算)	Tubers	240658	1881121	7817	245000	1857896	7583
二、油料作物合计	**Oil-bearing Crops**	**806707**	**3410001**	**4227**	**796033**	**3509513**	**4409**
#花生果	Peanuts	797102	3385850	4248	787073	3486528	4430
油菜籽	Rapeseeds	8668	21895	2526	7983	20823	2608
芝　麻	Sesame	619	1055	1704	644	1125	1748
三、棉花	**Cotton**	**752600**	**784586**	**1043**	**689867**	**698490**	**1012**
四、麻类合计	**Fiber Crops**	**69**	**281**	**4057**	**20**	**45**	**2187**
#黄红麻	Jute and Ambary Hemp	34	201	5910	1	2	2400
大　麻	Cannabis	35	80	2277	20	43	2179
五、甜菜	**Beetroots**	**4**	**166**	**38192**	**3**	**72**	**28500**
六、烟叶合计	**Tobacco**	**33569**	**87814**	**2616**	**39913**	**103419**	**2591**
#烤烟	Flue-cured Tobacco	33246	87197	2623	39909	103401	2591
七、药材	**Medical Materials**	**28668**			**29628**		
八、蔬菜(含菜用瓜)	**Vegetable**	**1791207**	**91809332**	**51256**	**1805974**	**93860081**	**51972**
九、瓜类(果用瓜)	**Melon**	**273430**	**13623347**	**49824**	**277148**	**14006911**	**50539**
#西瓜	Watermelon	203477	10798155	53068	205674	11051267	53732
十、其它农作物	**Other Farm Crops**	**33366**			**26058**		
#青饲料	Fresh Feed	1073			2434		

13-10 各市农作物播种面积和产量(2012年)

Sown Area and Output of Farm Crops by Region(2012)

地 区	Region	农作物总播种面积(公顷) Total Sown Area of Farm Crops (hectare)	一、粮食作物合计 Grain Crops			(一)夏收粮食 Summer Harvest Grain		
			播种面积(公顷) Sown Area (hectare)	总产量(吨) Total Output (ton)	单产(千克/公顷) Output per Hectare (kg/hectare)	播种面积(公顷) Sown Area (hectare)	总产量(吨) Total Output (ton)	单产(千克/公顷) Output per Hectare (kg/hectare)
全省总计	**Total**	**10866977**	**7202333**	**45114152**	**6264**	**3626867**	**21799148**	**6010**
济南市	Jinan	606885	455133	2860290	6285	213089	1285311	6032
青岛市	Qingdao	723031	514253	3420753	6652	253757	1544837	6088
淄博市	Zibo	298752	247120	1696151	6864	119680	742367	6203
枣庄市	Zaozhuang	395464	276713	1812078	6549	141650	866092	6114
东营市	Dongying	282884	115067	773839	6725	51904	351819	6778
烟台市	Yantai	548094	391160	2500130	6392	165626	917393	5539
潍坊市	Weifang	1116705	779667	5106380	6549	379165	2352934	6206
济宁市	Jining	989462	659875	4645823	7041	332388	2222952	6688
泰安市	Tai'an	621156	418587	3038557	7259	208262	1418164	6810
威海市	Weihai	258998	167767	1008625	6012	75681	435318	5752
日照市	Rizhao	271031	182201	1131736	6212	89883	506359	5634
莱芜市	Laiwu	87638	50000	303369	6067	17125	86606	5057
临沂市	Linyi	1100434	738933	4735300	6408	359186	2100576	5848
德州市	Dezhou	1033805	839867	6587919	7844	416667	3128750	7509
聊城市	Liaocheng	1022866	763660	5159394	6756	381813	2508367	6570
滨州市	Binzhou	618257	432987	2950189	6814	217898	1427132	6550
菏泽市	Heze	1397795	967593	5820186	6015	564591	3439123	6091

13-10 续表 1 continued

地 区	Region	1.谷 物 Cereals			#小 麦 Wheat			2.夏杂豆 Beans		
		播种面积(公顷) Sown Area (hectare)	总产量(吨) Total Output (ton)	单产(千克/公顷) Output per Hectare (kg/hectare)	播种面积(公顷) Sown Area (hectare)	总产量(吨) Total Output (ton)	单产(千克/公顷) Output per Hectare (kg/hectare)	播种面积(公顷) Sown Area (hectare)	总产量(吨) Total Output (ton)	单产(千克/公顷) Output per Hectare (kg/hectare)
全省总计	**Total**	**3626836**	**21799000**	**6010**	**3625867**	**21795000**	**6011**	**31**	**148**	**4774**
济南市	Jinan	213089	1285311	6032	213089	1285311	6032			
青岛市	Qingdao	253757	1544837	6088	253757	1544837	6088			
淄博市	Zibo	119680	742367	6203	119680	742367	6203			
枣庄市	Zaozhuang	141650	866092	6114	141650	866092	6114			
东营市	Dongying	51904	351819	6778	51904	351819	6778			
烟台市	Yantai	165626	917393	5539	165626	917393	5539			
潍坊市	Weifang	379165	2352934	6206	379165	2352934	6206			
济宁市	Jining	332388	2222952	6688	332388	2222952	6688			
泰安市	Tai'an	208262	1418164	6810	208262	1418164	6810			
威海市	Weihai	75649	435170	5753	75649	435170	5753	31	148	4746
日照市	Rizhao	89883	506359	5634	89883	506359	5634			
莱芜市	Laiwu	17125	86606	5057	17125	86606	5057			
临沂市	Linyi	359186	2100576	5848	358221	2095799	5851			
德州市	Dezhou	416667	3128750	7509	416667	3128750	7509			
聊城市	Liaocheng	381813	2508367	6570	381813	2508367	6570			
滨州市	Binzhou	217898	1427132	6550	217898	1427132	6550			
菏泽市	Heze	564591	3439123	6091	564591	3439123	6091			

13-10 续表 2 continued

地 区 Region	(二)秋收粮食 Autumn Harvest Grain			1.谷 物 Cereals			(1)稻 谷 Rice		
	播种面积(公顷) Sown Area (hectare)	总产量(吨) Total Output (ton)	单 产(千克/公顷) Output per Hectare (kg/hectare)	播种面积(公顷) Sown Area (hectare)	总产量(吨) Total Output (ton)	单 产(千克/公顷) Output per Hectare (kg/hectare)	播种面积(公顷) Sown Area (hectare)	总产量(吨) Total Output (ton)	单 产(千克/公顷) Output per Hectare (kg/hectare)
全省总计 Total	**3575466**	**23315004**	**6521**	**3166866**	**21058603**	**6650**	**123867**	**1033791**	**8346**
济南市 Jinan	242045	1574979	6507	219522	1473133	6711	7513	53037	7059
青岛市 Qingdao	260496	1875916	7201	245354	1813044	7390	96	610	6346
淄博市 Zibo	127440	953784	7484	121487	928580	7644	547	4520	8268
枣庄市 Zaozhuang	135064	945986	7004	117484	840191	7152	2342	18053	7707
东营市 Dongying	63163	422020	6682	60281	414258	6872	4276	31405	7344
烟台市 Yantai	225534	1582737	7018	200442	1443474	7202	169	1138	6728
潍坊市 Weifang	400501	2753447	6875	386168	2674291	6925			
济宁市 Jining	327488	2422870	7398	298625	2266084	7588	28501	225040	7896
泰安市 Tai'an	210325	1620394	7704	191746	1535253	8007	231	1785	7744
威海市 Weihai	92086	573307	6226	78953	502216	6361			
日照市 Rizhao	92318	625377	6774	80481	539111	6699	8192	70312	8583
莱芜市 Laiwu	32875	216763	6594	28596	179245	6268			
临沂市 Linyi	379747	2634724	6938	304191	2175736	7153	44096	378575	8585
德州市 Dezhou	423200	3459169	8174	419220	3437283	8199	100	600	6000
聊城市 Liaocheng	381848	2651027	6943	374489	2619736	6996	201	1292	6435
滨州市 Binzhou	215089	1523057	7081	211106	1509649	7151	494	3716	7522
菏泽市 Heze	403003	2381063	5908	376569	2291655	6086	4899	45836	9357

13-10 续表 3 continued

地 区 Region	(2)玉 米 Corn			(3)谷 子 Millet			(4)高 粱 Chinese Sorghum		
	播种面积(公顷) Sown Area (hectare)	总产量(吨) Total Output (ton)	单 产(千克/公顷) Output per Hectare (kg/hectare)	播种面积(公顷) Sown Area (hectare)	总产量(吨) Total Output (ton)	单 产(千克/公顷) Output per Hectare (kg/hectare)	播种面积(公顷) Sown Area (hectare)	总产量(吨) Total Output (ton)	单 产(千克/公顷) Output per Hectare (kg/hectare)
全省总计 Total	**3018067**	**19945135**	**6609**	**18733**	**58898**	**3144**	**4800**	**15802**	**3292**
济南市 Jinan	206202	1397817	6779	4571	18638	4077	1008	2892	2870
青岛市 Qingdao	244863	1810753	7395	172	716	4160	142	626	4420
淄博市 Zibo	120940	924060	7641						
枣庄市 Zaozhuang	114463	819262	7157	489	2127	4350	189	749	3961
东营市 Dongying	55568	380656	6850	57	202	3573	357	1944	5439
烟台市 Yantai	199209	1438229	7220	688	2582	3753	199	798	4010
潍坊市 Weifang	383667	2666003	6949	2155	7713	3579	346	575	1662
济宁市 Jining	270044	2040677	7557	5	24	4451	65	296	4571
泰安市 Tai'an	190989	1531599	8019	377	1350	3582	146	503	3455
威海市 Weihai	78937	502164	6362				8	24	3268
日照市 Rizhao	71490	465689	6514	673	2647	3931	104	401	3857
莱芜市 Laiwu	28179	177698	6306	301	1170	3888	115	371	3222
临沂市 Linyi	257367	1787847	6947	1729	6192	3582	890	2812	3161
德州市 Dezhou	418453	3433797	8206						
聊城市 Liaocheng	373547	2616394	7004	606	1626	2684	103	330	3195
滨州市 Binzhou	210323	1504979	7156	218	717	3289	71	237	3338
菏泽市 Heze	371072	2243513	6046	498	1892	3802	94	382	4061

13-10 续表 4 continued

地 区	Region	(5)其它谷物 Other Cereals 播种面积(公顷) Sown Area (hectare)	总产量(吨) Total Output (ton)	单 产(千克/公顷) Output per Hectare (kg/hectare)	2.豆 类 Beans 播种面积(公顷) Sown Area (hectare)	总产量(吨) Total Output (ton)	单 产(千克/公顷) Output per Hectare (kg/hectare)	#大 豆 Soybean 播种面积(公顷) Sown Area (hectare)	总产量(吨) Total Output (ton)	单 产(千克/公顷) Output per Hectare (kg/hectare)
全省总计	**Total**	**1399**	**4977**	**3558**	**163600**	**398505**	**2436**	**146400**	**374308**	**2557**
济南市	Jinan	227	750	3300	9984	27114	2716	8388	18939	2258
青岛市	Qingdao	82	338	4147	10963	28280	2580	10886	28060	2578
淄博市	Zibo				2213	5587	2524	2213	5587	2524
枣庄市	Zaozhuang				9447	33113	3505	9015	32126	3563
东营市	Dongying	22	50	2246	2663	6243	2344	1984	4874	2457
烟台市	Yantai	177	727	4107	12060	34771	2883	10902	30687	2815
潍坊市	Weifang				5599	17974	3210	5588	16609	2972
济宁市	Jining	10	47	4745	14851	41239	2777	14735	40899	2776
泰安市	Tai'an	4	16	3947	10470	30678	2930	10290	30159	2931
威海市	Weihai	10	27	2853	6917	19156	2770	6890	19082	2770
日照市	Rizhao	21	63	2971	3715	11472	3088	3715	11472	3088
莱芜市	Laiwu	1	5	5091	245	661	2701	242	659	2722
临沂市	Linyi	110	310	2831	26838	71600	2668	25848	68930	2667
德州市	Dezhou	667	2886	4329	2073	5401	2605	2073	5401	2605
聊城市	Liaocheng	32	95	2980	5291	13869	2621	4871	13028	2675
滨州市	Binzhou				3187	8291	2602	2645	6877	2600
菏泽市	Heze	7	32	4593	20922	58161	2780	19793	55560	2807

13-10 续表 5 continued

地 区	Region	3.薯类(按折粮薯类计算) Tubers 播种面积(公顷) Sown Area (hectare)	总产量(吨) Total Output (ton)	单 产(千克/公顷) Output per Hectare (kg/hectare)	二、油 料 Oil-bearing Crops 播种面积(公顷) Sown Area (hectare)	总产量(吨) Total Output (ton)	单 产(千克/公顷) Output per Hectare (kg/hectare)	#花生果 Peanuts 播种面积(公顷) Sown Area (hectare)	总产量(吨) Total Output (ton)	单 产(千克/公顷) Output per Hectare (kg/hectare)
全省总计	**Total**	**245000**	**1857896**	**7583**	**796033**	**3509513**	**4409**	**787073**	**3486528**	**4430**
济南市	Jinan	12539	74732	5960	14941	56742	3798	13675	53797	3934
青岛市	Qingdao	4179	34593	8277	95307	459499	4821	95297	459464	4821
淄博市	Zibo	3740	19617	5245	6882	24669	3585	6856	24625	3592
枣庄市	Zaozhuang	8133	72682	8937	22130	92953	4200	21174	90289	4264
东营市	Dongying	219	1520	6953	1030	3224	3132	1026	3214	3132
烟台市	Yantai	13032	104492	8018	109528	462624	4224	109522	462609	4224
潍坊市	Weifang	8734	61181	7005	48913	243922	4987	48769	243600	4995
济宁市	Jining	14012	115547	8247	40701	173516	4263	40397	172875	4279
泰安市	Tai'an	8109	54462	6717	52525	232185	4420	52318	231631	4427
威海市	Weihai	6216	51935	8355	66280	255860	3860	66280	255860	3860
日照市	Rizhao	8122	74795	9209	56436	240860	4268	56425	240825	4268
莱芜市	Laiwu	4034	36858	9137	6673	17177	2574	6669	17170	2575
临沂市	Linyi	48719	387387	7952	176518	846150	4794	176069	845254	4801
德州市	Dezhou	1907	16485	8646	4459	20523	4603	4393	20304	4622
聊城市	Liaocheng	2067	17422	8427	30414	125416	4124	29508	123282	4178
滨州市	Binzhou	796	5117	6428	3438	12889	3749	3377	12778	3784
菏泽市	Heze	5512	31247	5669	59860	241305	4031	55317	228952	4139

13-10 续表 6 continued

地 区 Region	#油菜籽 Rapeseeds			#芝 麻 Sesame			三、棉 花 Cotton		
	播种面积(公顷) Sown Area (hectare)	总产量(吨) Total Output (ton)	单 产(千克/公顷) Output per Hectare (kg/hectare)	播种面积(公顷) Sown Area (hectare)	总产量(吨) Total Output (ton)	单 产(千克/公顷) Output per Hectare (kg/hectare)	播种面积(公顷) Sown Area (hectare)	总产量(吨) Total Output (ton)	单 产(千克/公顷) Output per Hectare (kg/hectare)
全省总计 Total	**7983**	**20823**	**2608**	**644**	**1125**	**1748**	**689867**	**698490**	**1012**
济 南 市 Jinan	939	2329	2481	297	501	1686	22035	27155	1232
青 岛 市 Qingdao				5	6	1304	2741	4301	1569
淄 博 市 Zibo				26	23	899	6195	8064	1302
枣 庄 市 Zaozhuang	796	2315	2908	124	241	1949	3957	5394	1363
东 营 市 Dongying				2	4	2250	139335	128647	923
烟 台 市 Yantai				4	5	1213	201	304	1509
潍 坊 市 Weifang	122	278	2291	22	43	1929	39668	49261	1242
济 宁 市 Jining	263	536	2036	25	45	1799	84355	119582	1418
泰 安 市 Tai'an	192	534	2787	15	20	1302	6769	8333	1231
威 海 市 Weihai									
日 照 市 Rizhao	3	5	1784				1472	1970	1338
莱 芜 市 Laiwu				5	6	1369	929	1323	1424
临 沂 市 Linyi	227	368	1619	32	46	1422	9619	12568	1307
德 州 市 Dezhou				21	46	2161	91103	134539	1477
聊 城 市 Liaocheng	905	2133	2356				47316	56546	1195
滨 州 市 Binzhou	59	110	1868	2	1	750	126023	111493	885
菏 泽 市 Heze	4478	12215	2728	65	138	2136	145925	190148	1303

13-10 续表 7 continued

地 区 Region	四、麻 类 Fiber Crops			#黄红麻 Jute and Ambary Hemp			五、甜 菜 Beetroots		
	播种面积(公顷) Sown Area (hectare)	总产量(吨) Total Output (ton)	单 产(千克/公顷) Output per Hectare (kg/hectare)	播种面积(公顷) Sown Area (hectare)	总产量(吨) Total Output (ton)	单 产(千克/公顷) Output per Hectare (kg/hectare)	播种面积(公顷) Sown Area (hectare)	总产量(吨) Total Output (ton)	单 产(千克/公顷) Output per Hectare (kg/hectare)
全省总计 Total	**20**	**45**	**2187**	**1**	**2**	**2400**	**3**	**72**	**28500**
济 南 市 Jinan									
青 岛 市 Qingdao									
淄 博 市 Zibo									
枣 庄 市 Zaozhuang									
东 营 市 Dongying									
烟 台 市 Yantai									
潍 坊 市 Weifang									
济 宁 市 Jining									
泰 安 市 Tai'an	20	45	2187	1	2	2400			
威 海 市 Weihai									
日 照 市 Rizhao							3	72	28500
莱 芜 市 Laiwu									
临 沂 市 Linyi									
德 州 市 Dezhou									
聊 城 市 Liaocheng									
滨 州 市 Binzhou									
菏 泽 市 Heze									

13-10 续表 8 continued

地 区	Region	六、烟 叶 Tobacco			#烤 烟 Cigarettes			七、药材播种面积(公顷) Sown Area of Medical Materials (hectare)
		播种面积(公顷) Sown Area (hectare)	总产量(吨) Total Output (ton)	单 产(千克/公顷) Output per Hectare (kg/hectare)	播种面积(公顷) Sown Area (hectare)	总产量(吨) Total Output (ton)	单 产(千克/公顷) Output per Hectare (kg/hectare)	
全省总计	**Total**	**39913**	**103419**	**2591**	**39909**	**103401**	**2591**	**29628**
济 南 市	Jinan							752
青 岛 市	Qingdao	579	1615	2789	579	1615	2789	22
淄 博 市	Zibo	1318	3364	2553	1318	3364	2553	4772
枣 庄 市	Zaozhuang							200
东 营 市	Dongying							
烟 台 市	Yantai							86
潍 坊 市	Weifang	14619	38160	2610	14619	38160	2610	1342
济 宁 市	Jining							677
泰 安 市	Tai'an	4	10	2632	4	10	2645	658
威 海 市	Weihai							1756
日 照 市	Rizhao	6526	16665	2553	6526	16665	2553	3764
莱 芜 市	Laiwu	1293	2667	2063	1289	2650	2056	629
临 沂 市	Linyi	15574	40938	2629	15574	40938	2629	9408
德 州 市	Dezhou							43
聊 城 市	Liaocheng							1122
滨 州 市	Binzhou							
菏 泽 市	Heze							4398

13-10 续表 9 continued

地 区	Region	八、蔬菜(含菜用瓜) Vegetable		#马铃薯 Potato		九、瓜 类 Melon	
		播种面积(公顷) Sown Area (hectare)	总产量(吨) Total Output (ton)	播种面积(公顷) Sown Area (hectare)	总产量(吨) Total Output (ton)	播种面积(公顷) Sown Area (hectare)	总产量(吨) Total Output (ton)
全省总计	**Total**	**1805974**	**93860081**	**111394**	**4493957**	**277148**	**14006911**
济 南 市	Jinan	99269	6336225	4184	206124	13159	802232
青 岛 市	Qingdao	101136	5697564	19465	858764	8295	402291
淄 博 市	Zibo	28699	2215190	702	31767	3621	188376
枣 庄 市	Zaozhuang	88231	4414689	28143	1106414	4203	206995
东 营 市	Dongying	22550	1469432	27	1037	2724	114354
烟 台 市	Yantai	39807	1956682	2342	91248	6856	298962
潍 坊 市	Weifang	188591	11529898	11586	423896	39392	2000853
济 宁 市	Jining	178406	6528124	8019	305766	24456	1103420
泰 安 市	Tai'an	134213	7754576	16150	656353	3059	150863
威 海 市	Weihai	19817	948369	2388	84659	3196	128733
日 照 市	Rizhao	17027	907128	1007	48999	2689	118870
莱 芜 市	Laiwu	27861	989871	3007	101537	196	9483
临 沂 市	Linyi	130817	6276614	10851	413393	16193	839734
德 州 市	Dezhou	91962	4913135	1261	75831	6109	347108
聊 城 市	Liaocheng	155358	8617842	297	6944	24681	1283227
滨 州 市	Binzhou	39504	1799668	643	26694	15220	755455
菏 泽 市	Heze	157860	6957328	1320	54532	58214	2542801

13-10 续表 10 continued

地 区	Region	#西 瓜 Watermelon		#甜 瓜 Muskmelon		十、其它农作物播种面积(公顷) Sown Area of Other Farm Crops (hectare)	
		播种面积(公顷) Sown Area (hectare)	总产量(吨) Total Output (ton)	播种面积(公顷) Sown Area (hectare)	总产量(吨) Total Output (ton)		#青饲料播种面积 Fresh Feed Succulence
全省总计	**Total**	**205674**	**11051267**	**49536**	**2102638**	**26058**	**2434**
济 南 市	Jinan	10293	672868	1907	85606	1596	60
青 岛 市	Qingdao	4539	274847	2591	86221	698	
淄 博 市	Zibo	3298	176071	51	1456	145	18
枣 庄 市	Zaozhuang	3172	167561	492	21858	30	
东 营 市	Dongying	2224	93139	323	14322	2178	1841
烟 台 市	Yantai	3758	193231	985	33787	456	27
潍 坊 市	Weifang	26763	1418787	6951	316797	4513	4
济 宁 市	Jining	15475	801653	8271	272759	992	
泰 安 市	Tai'an	2237	114614	565	23542	5321	
威 海 市	Weihai	1683	88646	385	10796	182	43
日 照 市	Rizhao	1637	82972	82	4534	913	
莱 芜 市	Laiwu	139	7021	5	168	57	1
临 沂 市	Linyi	10938	617264	1648	82621	3372	34
德 州 市	Dezhou	5554	317081	59	1886	262	
聊 城 市	Liaocheng	16714	860749	7764	401584	315	113
滨 州 市	Binzhou	14523	732328	667	22563	1085	106
菏 泽 市	Heze	49419	2227291	8768	314855	3945	186

13-11 各市茶叶、水果生产情况(2012年)

Production of Tea and Fruits by Region(2012)

单位:吨 (ton)

地 区	Region	茶叶产量 Output of Tea	水果产量 Output of Fruits			
				苹 果 Apple	梨 Pear	葡 萄 Grape
全省总计	**Total**	**13323**	**15238201**	**8710375**	**1190939**	**1050223**
济 南 市	Jinan	13	505551	245759	37254	21568
青 岛 市	Qingdao	2103	798685	528124	69199	84493
淄 博 市	Zibo	46	1102823	604367	9537	157142
枣 庄 市	Zaozhuang		245611	69195	15259	6287
东 营 市	Dongying		95624	50525	7920	8838
烟 台 市	Yantai	91	5064172	4193407	247334	385986
潍 坊 市	Weifang	272	894946	378211	68414	69407
济 宁 市	Jining		275271	92731	20162	83415
泰 安 市	Tai'an	188	507332	152846	21183	12932
威 海 市	Weihai	297	880570	775995	55804	18292
日 照 市	Rizhao	9122	210162	145766	6522	3403
莱 芜 市	Laiwu		83199	19910	2498	1106
临 沂 市	Linyi	1010	1954075	603353	47057	87258
德 州 市	Dezhou		387872	91615	26096	14559
聊 城 市	Liaocheng		554379	273108	173599	55366
滨 州 市	Binzhou		1086327	142317	250124	6035
菏 泽 市	Heze	180	591603	343142	132977	34137

13-11 续表 1 continued

单位:吨 (ton)

地 区	Region	桃 Peach	杏 Apricot	红枣 Jujube	柿子 Persimmon	山楂 Hawthorn	其它 Others
全省总计	**Total**	**2384381**	**180043**	**981121**	**162890**	**202958**	**375270**
济南市	Jinan	103305	43052	9686	20441	10723	13763
青岛市	Qingdao	75340	5758	4361	13368	5407	12634
淄博市	Zibo	273572	3032	4853	8085	9319	32917
枣庄市	Zaozhuang	62903	2848	10845	11319	2614	64342
东营市	Dongying	3326	543	24408	7		58
烟台市	Yantai	77506	14175	1762	11671	2862	129469
潍坊市	Weifang	229294	8915	9221	37998	70168	23318
济宁市	Jining	45402	6039	10174	2797	5316	9235
泰安市	Tai'an	188215	40489	28079	8317	14914	40356
威海市	Weihai	20421	300	128	687	176	8768
日照市	Rizhao	40033	1109	468	5939	2193	4728
莱芜市	Laiwu	33763	1814	963	11055	10508	1581
临沂市	Linyi	1068449	27268	12375	25916	58106	24293
德州市	Dezhou	18494	4981	221625	240	6518	3742
聊城市	Liaocheng	24006	5382	15469	650	2234	4564
滨州市	Binzhou	47680	10950	623827	2414	1801	1177
菏泽市	Heze	72671	3388	2877	1985	98	328

13-11 续表 2 continued

单位:公顷 (hectare)

地 区	Region	年末实有果园面积 Orchard Area at the Year-end	#苹果园 Apple	梨园 Pear	葡萄园 Grape	桃园 Peach
全省总计	**Total**	**596283**	**279601**	**42479**	**37524**	**100172**
济南市	Jinan	33030	15358	1800	1242	5329
青岛市	Qingdao	26901	14828	1997	2851	3147
淄博市	Zibo	34212	16697	499	3860	9117
枣庄市	Zaozhuang	14902	3845	582	459	3716
东营市	Dongying	6658	2519	341	341	482
烟台市	Yantai	157480	116301	8544	15933	3309
潍坊市	Weifang	37775	10579	2011	2148	10750
济宁市	Jining	17572	3772	934	1856	3592
泰安市	Tai'an	25535	6767	908	564	7625
威海市	Weihai	34627	27453	2050	1142	823
日照市	Rizhao	15138	5894	209	123	4281
莱芜市	Laiwu	11252	2012	260	118	4849
临沂市	Linyi	73686	18615	1700	2352	37264
德州市	Dezhou	12723	3554	1185	456	987
聊城市	Liaocheng	36545	14145	8705	2571	1713
滨州市	Binzhou	39460	5340	7415	146	1329
菏泽市	Heze	18787	11922	3340	1363	1858

13-12 各市林业生产情况(2012年)

Production of Forestry by Region(2012)

地区	Region	按主要林种用途分(公顷) by Purpose of Major Forest Types(hectare)			主要林产品产量(吨) Output of Major Forestry Products(ton)		农村集体、农民采伐木材消耗蓄积量(立方米) Volume of Timber Consumption Cut by Rural Collective and Households (cu.m)
		用材林 Forest for Timber	经济林 Economic Forest	防护林 Protection Forest	核桃 Walnut	板栗 Chestnut	
全省总计	**Total**	**25178**	**49195**	**122277**	**87911**	**287746**	**4039534**
济南市	Jinan	1198	4305	8556	27657	13062	102091
青岛市	Qingdao	1218	2831	5124	241	2664	82110
淄博市	Zibo	554	1077	8524	2628	7523	99988
枣庄市	Zaozhuang	232	2766	4658	1064	7083	39594
东营市	Dongying	380	355	7688			35395
烟台市	Yantai	787	4804	10622	630	25301	29868
潍坊市	Weifang	4135	2847	16174	2140	23873	220784
济宁市	Jining	1617	5671	5213	14391	18160	300422
泰安市	Tai'an	2014	5965	5102	26296	45804	137967
威海市	Weihai	141	1344	3875	89	17021	13963
日照市	Rizhao	955	4634	3470	715	22631	54567
莱芜市	Laiwu	239	650	2557	954	5616	27962
临沂市	Linyi	3121	6388	11875	10611	98993	770192
德州市	Dezhou	2323	1127	9629			348587
聊城市	Liaocheng	2674	2824	3109	37		185796
滨州市	Binzhou	1663	335	12910	325	15	323440
菏泽市	Heze	1927	1272	3191	133		1266808

13-12 续表 continued

单位:公顷 (hectare)

地区	Region	营林情况 Forestation					
		当年人工造林面积 Forested Area in the Year	迹地更新面积 Update Area	零星植树(万株) Surrounding Tree Planting (10000 trees)	当年育苗面积 Nursery Garden Area in the Year	幼林抚育作业面积(公顷次) Laid out Area of Young Trees (hectare.time)	成林抚育面积 Laid out Area of Grown-up Trees
全省总计	**Total**	**195875**	**5707**	**19606**	**131835**	**655219**	**943966**
济南市	Jinan	14300	226	1399	6525	42029	46429
青岛市	Qingdao	9173	505	371	16599	18107	25466
淄博市	Zibo	10220		781	2848	15406	43800
枣庄市	Zaozhuang	7699	79	1055	2285	78990	39262
东营市	Dongying	6809		221	5863	21683	33138
烟台市	Yantai	15746	117	455	1830	43271	36370
潍坊市	Weifang	23620	326	3423	14403	59047	56536
济宁市	Jining	12560		1913	17557	42351	56184
泰安市	Tai'an	13155	450	1047	20228	32347	72589
威海市	Weihai	5360	7	401	2219	2646	15220
日照市	Rizhao	9059	143	665	2516	62929	19934
莱芜市	Laiwu	3446	30	440	1214	8670	24650
临沂市	Linyi	21466	1078	2905	10802	90313	97914
德州市	Dezhou	13079	334	1601	9550	25488	87621
聊城市	Liaocheng	8607	1875	1240	2423	9085	83054
滨州市	Binzhou	14990	200	441	7420	68211	62185
菏泽市	Heze	6586	337	1248	7553	34646	143614

13-13 各市畜牧业生产情况(2012年)

Production of Animal Husbandry by Region(2012)

地 区	Region	大牲畜年末存栏(万头) Stocked Large Livestock at Year-end (10000 heads)	#牛 Cattle	猪年末存栏(万头) Stocked Pigs at Year-end (10000 heads)	羊年末存栏(万只) Stocked Sheep and Goats at Year-end (10000 heads)	山羊 Goats	绵羊 Sheep	家禽年末存栏(万只) Stocked Poultry at Year-end (10000 heads)	兔年末存栏(万只) Stocked Hare at Year-end (10000 heads)
全省总计	**Total**	**514.20**	**499.27**	**2902.39**	**2163.81**	**1725.24**	**438.57**	**64050.31**	**3200.19**
济南市	Jinan	77.06	76.46	205.15	151.09	107.54	43.55	3776.89	250.94
青岛市	Qingdao	26.18	26.13	224.40	19.09	14.49	4.61	5975.61	56.20
淄博市	Zibo	15.46	15.44	67.24	48.85	45.59	3.26	1607.53	133.65
枣庄市	Zaozhuang	11.82	11.08	116.34	117.10	113.66	3.45	2742.40	375.57
东营市	Dongying	26.52	26.23	71.06	114.80	40.38	74.42	2485.12	23.59
烟台市	Yantai	20.57	20.46	245.73	37.99	29.74	8.24	5225.01	52.90
潍坊市	Weifang	39.85	39.51	465.72	94.67	60.27	34.40	12597.01	80.82
济宁市	Jining	34.67	34.36	330.60	256.60	160.21	96.39	8125.19	485.07
泰安市	Tai'an	37.61	37.36	205.00	174.44	116.53	57.92	3683.16	175.64
威海市	Weihai	8.22	8.21	99.05	13.48	13.11	0.37	2104.88	83.12
日照市	Rizhao	8.49	8.35	148.09	72.52	71.72	0.80	2849.87	277.94
莱芜市	Laiwu	1.68	1.68	51.39	36.31	29.18	7.13	775.76	113.39
临沂市	Linyi	32.96	32.79	402.80	238.90	223.58	15.31	7528.02	650.72
德州市	Dezhou	169.40	163.42	387.29	194.87	153.59	41.28	6633.89	45.04
聊城市	Liaocheng	39.80	37.78	156.03	142.90	97.23	45.67	4973.08	64.83
滨州市	Binzhou	68.42	66.54	127.08	86.06	32.14	53.92	4739.76	54.59
菏泽市	Heze	50.79	48.76	355.62	774.14	666.30	107.84	4716.62	276.19

13-13 续表 1 continued

地 区	Region	牛当年出栏(万头) Slaughtered Cattle in the Year (10000 heads)	猪当年出栏(万头) Slaughtered Pigs in the Year (10000 heads)	羊当年出栏(万只) Slaughtered Sheep and Goats in the Year (10000 heads)	家禽当年出栏(万只) Slaughtered Poultry in the Year (10000 heads)	兔当年出栏(万只) Slaughtered Hare in the Year (10000 heads)
全省总计	**Total**	**437.29**	**4599.87**	**2915.73**	**188715.23**	**5976.21**
济南市	Jinan	48.55	304.04	220.68	5772.56	361.37
青岛市	Qingdao	6.51	371.53	20.26	20945.45	162.06
淄博市	Zibo	11.26	129.87	58.77	5500.51	526.18
枣庄市	Zaozhuang	7.69	171.42	193.30	8042.00	470.77
东营市	Dongying	23.72	131.06	163.38	7852.60	65.84
烟台市	Yantai	7.84	375.57	38.15	13005.51	15.23
潍坊市	Weifang	33.77	800.23	113.65	51138.58	208.64
济宁市	Jining	26.61	636.38	477.88	19714.78	1790.32
泰安市	Tai'an	18.37	368.56	281.59	9208.90	373.39
威海市	Weihai	3.34	138.21	12.45	4230.26	38.25
日照市	Rizhao	7.10	197.01	82.34	5864.78	469.71
莱芜市	Laiwu	1.07	54.15	44.87	1604.63	125.85
临沂市	Linyi	30.08	598.95	310.79	19535.91	753.94
德州市	Dezhou	103.45	552.21	216.65	13447.27	81.28
聊城市	Liaocheng	26.18	257.90	224.30	17750.61	229.53
滨州市	Binzhou	54.52	196.18	155.56	15818.84	146.48
菏泽市	Heze	54.18	510.57	1047.92	8333.24	157.35

13-13 续表 2 continued

单位:吨 (ton)

地 区	Region	肉类总产量 Output of Meat	#牛肉 Beef	#猪肉 Pork	#羊肉 Mutton	#禽肉 Poultry Meat	#兔肉 Rabbit	奶类产量 Output of Milk	#牛奶 Cow Milk
全省总计	**Total**	**7641640**	**669585**	**3766964**	**331036**	**2756951**	**100368**	**2940908**	**2839234**
济南市	Jinan	397994	67492	224637	23110	78591	3914	332312	332312
青岛市	Qingdao	613715	8918	271215	2026	329120	2431	376352	335784
淄博市	Zibo	184992	15428	92977	5829	64653	6086	125674	125525
枣庄市	Zaozhuang	265491	10203	124452	15794	107963	6778	47120	46903
东营市	Dongying	268409	32835	99661	17435	117237	976	187771	187771
烟台市	Yantai	493806	11980	281993	4948	194645	222	214937	186862
潍坊市	Weifang	1424002	42170	592105	11713	774484	3072	310819	305332
济宁市	Jining	833908	36973	473329	39386	258807	24118	141220	139404
泰安市	Tai'an	447236	25357	272361	28322	116040	5010	551405	551405
威海市	Weihai	165719	4660	104128	1236	54984	557	191347	169201
日照市	Rizhao	208920	8505	123907	7574	64706	4188	17238	17238
莱芜市	Laiwu	65527	1338	38164	4046	20368	1561	2090	2090
临沂市	Linyi	758803	39336	423486	27607	259153	9094	108751	105709
德州市	Dezhou	688701	132380	390677	18497	145306	1005	193386	193380
聊城市	Liaocheng	532020	35603	203976	22983	264134	3821	90321	90156
滨州市	Binzhou	471265	73292	150520	15481	229008	1949	133023	133023
菏泽市	Heze	630554	75502	362642	91836	96754	2178	67504	67504

13-13 续表 3 continued

单位:吨 (ton)

地 区	Region	羊毛产量 Output of Wool	山羊毛 Goat Wool	绵羊毛 Sheep Wool	禽蛋产量 Poultry Eggs	#鸡蛋 Hen's Eggs	蚕茧产量 Output of Cocoon	#桑蚕茧 Cocoon	#柞蚕茧 Oak Cocoon
全省总计	**Total**	**13855**	**4237**	**9618**	**4024382**	**3496175**	**33635**	**33372**	**263**
济南市	Jinan	1090	571	519	361178	344115	93	93	
青岛市	Qingdao	15	4	11	191202	189991	807	807	
淄博市	Zibo	174	126	49	71966	62621	2062	2062	
枣庄市	Zaozhuang	389	240	148	114854	101257	174	174	
东营市	Dongying	372	43	329	128404	111057	91	91	
烟台市	Yantai	158	1	157	256070	250177	523	483	40
潍坊市	Weifang	571	75	496	262443	237876	2618	2618	
济宁市	Jining	1981	775	1206	601729	464216	204	204	
泰安市	Tai'an	1239	131	1108	198188	184219	7753	7753	
威海市	Weihai	1		1	149585	145892	322	303	19
日照市	Rizhao	21	13	8	121227	118942	4587	4383	204
莱芜市	Laiwu	123	50	73	30860	30360	195	195	
临沂市	Linyi	826	622	204	297733	262788	2660	2660	
德州市	Dezhou	500	150	349	432683	266629			
聊城市	Liaocheng	1397	192	1205	310503	295745			
滨州市	Binzhou	1160	110	1050	246066	210398	5395	5395	
菏泽市	Heze	3839	1134	2705	403964	367727	6151	6151	

13-14 各市水产品产量和养殖面积(2012年)

Output and Breeding Area of Aquatic Products by Region (2012)

地 区	Region	水产品总产量(吨) Total Aquatic Products (ton)	海水产品 Seawater Aquatic products	海洋捕捞 Ocean Fishing	海水养殖 Seawater Cultured	内陆水域水产品 Inland waterways Aquatic Products
全省总计	**Total**	**8418840**	**6860649**	**2498206**	**4362443**	**1558191**
济南市	Jinan	45169				45169
青岛市	Qingdao	1126838	1080401	274520	805881	46437
淄博市	Zibo	25792				25792
枣庄市	Zaozhuang	88594				88594
东营市	Dongying	500004	399912	87261	312651	100092
烟台市	Yantai	1858679	1831903	735236	1096667	26776
潍坊市	Weifang	532195	424190	172440	251750	108005
济宁市	Jining	391197				391197
泰安市	Tai'an	86450				86450
威海市	Weihai	2343534	2303704	873394	1430310	39830
日照市	Rizhao	549240	515545	244214	271331	33695
莱芜市	Laiwu	3462				3462
临沂市	Linyi	138704	376	376		138328
德州市	Dezhou	93403				93403
聊城市	Liaocheng	72718				72718
滨州市	Binzhou	411675	271615	77762	193853	140060
菏泽市	Heze	118183				118183
省属远洋捕捞企业	Provincial Ocean Fishing Enterprises	33003	33003	33003		

13-14 续表 continued

地 区	Region	内陆捕捞 Landlocked Fishing	内陆养殖 Landlocked Cultured	水产品养殖面积(公顷) Breeding Area of Aquatic Products (hectare)	海水养殖 Seawater Cultured	内陆养殖 Landlocked Cultured
全省总计	**Total**	**139308**	**1418883**	**803437**	**523705**	**279732**
济南市	Jinan	1024	44145	6936		6936
青岛市	Qingdao		46437	52279	35947	16332
淄博市	Zibo	658	25134	5547		5547
枣庄市	Zaozhuang	5085	83509	12014		12014
东营市	Dongying	8388	91704	124600	102534	22066
烟台市	Yantai	778	25998	149810	140710	9100
潍坊市	Weifang	16995	91010	99240	68054	31186
济宁市	Jining	53842	337355	58960		58960
泰安市	Tai'an	16477	69973	11482		11482
威海市	Weihai		39830	70449	65905	4544
日照市	Rizhao	1100	32595	49051	36212	12839
莱芜市	Laiwu	523	2939	2028		2028
临沂市	Linyi	15431	122897	30197		30197
德州市	Dezhou	3117	90286	11265		11265
聊城市	Liaocheng	4899	67819	8220		8220
滨州市	Binzhou	3545	136515	89984	74343	15641
菏泽市	Heze	7446	110737	21375		21375
省属远洋捕捞企业	Provincial Ocean Fishing Enterprises					

13-15 主要农业机械年末拥有量
Major Agricultural Machinery at the Year-end

类别	单位	Category	Unit	2011	2012
农业机械总动力	**(万千瓦)**	**total power of agricultural machinery**	**(10000 kw)**	**12098.25**	**12419.87**
一、拖拉机及配套机械		**Tractors and related machinery**			
拖拉机	(万台)	Tractor	(10000 units)	247.46	250.66
	(万千瓦)		(10000 kw)	3233.66	3364.59
#大中型(14.7千瓦及以上)	(万台)	Large and Medium-sized(14.7 kw and above)	(10000 units)	45.43	47.69
	(万千瓦)		(10000 kw)	1580.36	1688.82
拖拉机配套农具	(万部)	Tractor Supporting Tools	(10000 units)	417.01	420.86
#大中型	(万部)	Large and Medium-sized	(10000 units)	94.51	98.56
二、种植业机械		**Farming Machinery**			
机引犁	(万台)	Mechanical Power Plow	(10000 units)	145.09	143.95
旋耕机	(万台)	Rotary Tiller	(10000 units)	32.68	31.77
播种机	(万台)	Seeder	(10000 units)	66.28	66.82
农用水泵	(万台)	Agricultural Water-pump	(10000 units)	295.16	296.71
节水灌溉类机械	(万套)	Water-saving Irrigation Machinery	(10000 units)	49.45	48.69
机动喷雾(粉)机	(万台)	Mobile Spray (Powder) Machinery	(10000 units)	47.43	48.85
	(万千瓦)		(10000 kw)	100.35	102.56
联合收获机	(万台)	Combine Harvester	(10000 units)	20.10	21.49
	(万千瓦)		(10000 kw)	667.98	737.54
#玉米联合收获机	(万台)	Corn Combine Harvester	(10000 units)	6.64	7.45
秸秆粉碎还田机	(万台)	Straw crushing Machinery	(10000 units)	8.89	9.56
机动脱粒机	(万台)	Thresher	(10000 units)	39.75	40.09
三、畜牧养殖机械	**(万台)**	**Animal Husbandry Machinery**	**(10000 units)**	**18.30**	**19.11**
	(万千瓦)		(10000 kw)	102.10	112.53
四、渔业机械	**(万台)**	**Fishery Machinery**	**(10000 units)**	**11.99**	**12.58**
	(万千瓦)		(10000 kw)	235.20	233.30
五、林果业机械	**(万台)**	**Fruit Industry Machinery**	**(10000 units)**	**0.92**	**1.00**
	(万千瓦)		(10000 kw)	6.30	6.74
六、农产品初加工机械		**Agricultural Products Primary Processing Machinery**			
农产品初加工动力机械	(万台)	Agricultural Products Primary Processing Power Machinery	(10000 units)	101.69	99.89
	(万千瓦)		(10000 kw)	892.88	893.53
农产品初加工作业机械	(万台)	Agricultural Products Primary Processing Operating Machinery	(10000 units)	49.12	49.65
七、农田基本建设机械	**(万台)**	**Farmland Capital Construction Machinery**	**(10000 units)**	**4.13**	**4.21**
	(万千瓦)		(10000 kw)	277.03	282.43
八、运输机械		**Transport Machinery**			
#农村运输车	(万台)	Rural Transport Vehicles	(10000 units)	289.88	284.12
	(万千瓦)		(10000 kw)	3546.38	3615.17
九、其他机械		**Other Machinery**			
#农用飞机	(架)	Agricultural Aircraft	(unit)	8	8
农业机械原值	**(亿元)**	**Total Value of Agricultural Machinery**	**(100 million Yuan)**	**702.31**	**748.45**

13-16　各市主要农业机械年末拥有量(2012年)
Number of Major Agricultural Machinery at the Year-end by Region(2012)

地　区	Region	农业机械总动力(千瓦) total power of agricultural machinery (kw)	#拖拉机及配套机械 Tractors and related machinery 拖拉机 Tractor (台) (unit)	拖拉机 Tractor (千瓦) (kw)	拖拉机配套农具 Tractor Supporting Tools (部) (unit)	#联合收获机 Combine Harvester (台) (unit)	#联合收获机 Combine Harvester (千瓦) (kw)	农业机械原值(万元) Total Value of Agricultural Machinery (10000 yuan)
全省总计	**Total**	**124198666**	**2506638**	**33645857**	**4208564**	**214875**	**7375394**	**7484549**
济南市	Jinan	5386605	64451	1165906	104695	9416	298305	317091
青岛市	Qingdao	7977066	206290	2759004	401723	13629	647364	533025
淄博市	Zibo	3524063	27339	761572	55204	9198	165012	299766
枣庄市	Zaozhuang	3091878	37658	856615	106191	8621	383091	266781
东营市	Dongying	2380072	54391	903704	121162	5048	133227	243362
烟台市	Yantai	9286507	267279	2660935	348222	7789	261910	593376
潍坊市	Weifang	13220384	191231	2735257	298393	21833	920962	904112
济宁市	Jining	10242374	111976	2277637	197042	25276	462406	638557
泰安市	Taian	5009396	75992	1342655	139694	14347	242880	316669
威海市	Weihai	5438956	283211	2433769	495046	4609	151628	368076
日照市	Rizhao	3092157	234303	1629950	511579	1328	49816	281489
莱芜市	Laiwu	1050390	22137	287752	29339	824	10838	88686
临沂市	Linyi	9128893	417067	3923542	590677	9802	405769	536101
德州市	Dezhou	13901297	255687	4182056	291141	25905	1098044	699588
聊城市	Liaocheng	11383766	69446	1597501	127177	19610	793169	493012
滨州市	Binzhou	5794964	80086	1427580	162093	13338	440370	306747
菏泽市	Heze	14289898	108094	2700422	229186	24302	910604	741212

13-17　各市地类面积(2008年)
Land Category Area by Region(2008)

单位:公顷　　(hectare)

地　区	Region	农用地 agricultural land	耕地 Cultivated Land	水浇地 Irrigated Land	建设用地 Land for construction	未利用地 unutilized land
全省总计	**Total**	**11566184**	**7510761**	**4360871**	**2510563**	**1640220**
济南市	Jinan	550868	360664	244484	153468	96384
青岛市	Qingdao	831084	512830	198660	208325	78294
淄博市	Zibo	430878	207094	134601	112649	53422
枣庄市	Zaozhuang	335532	240846	98531	75357	45730
东营市	Dongying	376126	219988	100274	115076	301648
烟台市	Yantai	1101818	446000	146717	176600	96784
潍坊市	Weifang	1157598	783920	383772	293716	149444
济宁市	Jining	760445	600580	409279	171431	187564
泰安市	Tai'an	597274	343375	210655	117046	61872
威海市	Weihai	452362	191723	60784	79626	38088
日照市	Rizhao	432005	229575	56160	72654	30143
莱芜市	Laiwu	147659	68642	34798	34484	42497
临沂市	Linyi	1311227	842638	160824	241459	167485
德州市	Dezhou	801021	618962	590541	167683	67203
聊城市	Liaocheng	690430	565594	548311	148802	32367
滨州市	Binzhou	620064	447065	378540	149950	133545
菏泽市	Heze	969793	831266	603941	192238	57529

注：本表数据由省国土资源厅提供，暂无最新数据。
a)Data in this table are provided by Shandong Provinical Department of Land and Resources，no latest data temporarily.

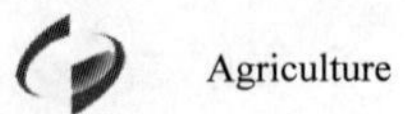

13-18 各市灌溉面积(2011年)
Irrigated Area by Region(2011)

单位:千公顷 (1000 hectares)

地区	Region	有效灌溉面积 Effective Irrigated Area	#当年实灌 Irrigated in the Year	林地灌溉面积 Irrigated Area of Forest Lands	果园灌溉面积 Irrigated Area of Orchard	旱涝保收面积 Area Ensuring Harvest Whether Drought or Flood	机电排灌面积 Area under Motorized Irrigation and Drainage	纯排面积 Single Drainaged Area
全省总计	**Total**	**4986.88**	**4327.76**	**161.63**	**346.13**	**3645.76**	**4558.14**	**44.20**
济南市	Jinan	247.41	228.06	7.33	7.03	179.22	240.04	1.90
青岛市	Qingdao	331.69	278.78	11.86	30.42	235.01	308.51	0.41
淄博市	Zibo	125.45	117.30	5.60	20.44	105.12	118.98	
枣庄市	Zaozhuang	150.90	122.86	1.10	9.68	131.27	147.08	1.90
东营市	Dongying	168.55	143.49	8.48	5.95	111.44	151.49	3.26
烟台市	Yantai	273.72	210.94	4.74	76.96	213.86	226.30	
潍坊市	Weifang	536.71	446.89	20.78	37.74	414.44	493.61	1.37
济宁市	Jining	441.14	409.94	9.33	9.79	371.65	452.76	18.79
泰安市	Tai'an	257.87	230.61	6.25	17.06	168.00	239.22	4.51
威海市	Weihai	149.76	81.72	1.12	20.85	97.01	107.92	
日照市	Rizhao	116.96	100.52	4.59	15.15	76.10	78.54	
莱芜市	Laiwu	39.59	33.41	0.50	3.13	28.41	28.34	
临沂市	Linyi	376.61	269.94	13.08	28.75	219.04	233.74	8.17
德州市	Dezhou	451.81	412.58	39.52	19.08	300.64	445.44	2.02
聊城市	Liaocheng	494.07	481.00	9.39	9.94	417.02	493.03	
滨州市	Binzhou	310.68	305.59	14.50	19.90	225.41	302.27	1.67
菏泽市	Heze	513.96	454.13	3.46	14.26	352.12	490.87	0.20

13-19 各市农村基层情况(2012年)
Basic Conditions of Rural Grass-root Units by Region(2012)

地区	Region	一、农村基层组织情况(个) Rural Grass-root Units(unit)			二、农村社会基础设施(个) Rural Infrastructure(unit)		
		乡镇级单位 Number of Towns	#镇 Towns	村委会个数 Number of Villager`s Committees	自来水受益村数 Number of Villages Benefit from Water	通汽车村数 Number of Villages with Automobile Traffic	通电话村数 Number of Villages with Telephone Lines
全省总计	**Total**	**1824**	**1094**	**78112**	**73879**	**78085**	**78110**
济南市	Jinan	141	51	4550	4510	4550	4550
青岛市	Qingdao	145	43	5972	5912	5967	5970
淄博市	Zibo	88	59	3102	3058	3102	3102
枣庄市	Zaozhuang	64	44	2316	2303	2316	2316
东营市	Dongying	40	23	1781	1781	1781	1781
烟台市	Yantai	154	81	6420	6011	6419	6420
潍坊市	Weifang	119	62	8156	8087	8156	8156
济宁市	Jining	156	98	6252	6177	6237	6252
泰安市	Tai'an	87	61	3577	3538	3577	3577
威海市	Weihai	71	49	2512	2512	2510	2512
日照市	Rizhao	54	40	2979	2637	2979	2979
莱芜市	Laiwu	20	13	1016	1012	1016	1016
临沂市	Linyi	157	119	7146	6212	7146	7146
德州市	Dezhou	134	88	5818	5666	5818	5818
聊城市	Liaocheng	135	86	5729	5109	5725	5729
滨州市	Binzhou	91	57	4972	4874	4972	4972
菏泽市	Heze	168	120	5814	4480	5814	5814

13−19 续表 1 continued

地 区	Region	乡村户数(万户) Number of Rural Households (10 000 households)	乡 村 人口数 Rural Population	乡村从业人员数 Number of Rural Laborers	(一) 按性别分 by Sex 男 Male	女 Female	(二)按国民经济行业分 by Sector 农林牧渔业 Farming,Forestry, Animal Husbandry and Fishery	#农 业 of which: Farming
		三、乡村人口、从业人员及主要行业分布(万人) Rural Population,Laborers and Distribution of Major Sectors(10 000 persons)						
全省总计	**Total**	**2163.18**	**7226.70**	**4092.52**	**2181.03**	**1911.49**	**1953.06**	**1671.92**
济 南 市	Jinan	100.62	355.41	198.74	105.56	93.18	74.32	63.33
青 岛 市	Qingdao	155.66	491.10	276.97	146.48	130.49	102.24	82.66
淄 博 市	Zibo	89.34	273.33	161.83	86.05	75.78	60.55	52.82
枣 庄 市	Zaozhuang	80.04	285.01	165.52	88.32	77.21	75.59	65.37
东 营 市	Dongying	34.63	111.27	63.52	33.14	30.38	29.47	26.59
烟 台 市	Yantai	171.52	471.08	258.22	137.66	120.56	136.14	116.50
潍 坊 市	Weifang	204.01	698.40	372.69	199.04	173.65	186.07	160.22
济 宁 市	Jining	185.45	679.56	394.31	209.37	184.95	172.93	146.76
泰 安 市	Tai'an	123.23	420.51	239.74	127.76	111.98	85.31	65.79
威 海 市	Weihai	64.18	159.71	88.42	48.55	39.87	38.72	30.73
日 照 市	Rizhao	83.27	243.54	140.70	75.94	64.76	83.13	69.30
莱 芜 市	Laiwu	31.65	87.78	51.82	28.05	23.77	25.30	20.85
临 沂 市	Linyi	278.52	909.43	541.45	289.89	251.57	282.58	238.63
德 州 市	Dezhou	125.81	453.73	246.16	132.03	114.13	137.45	122.62
聊 城 市	Liaocheng	135.46	491.82	297.07	157.55	139.52	179.19	159.62
滨 州 市	Binzhou	94.06	315.11	188.93	101.07	87.86	84.55	74.08
菏 泽 市	Heze	205.73	779.92	406.42	214.59	191.83	199.52	176.05

13−19 续表 2 continued

地 区	Region	工 业 Industry	建筑业 Construction	交通运输、仓储及邮电业 Transport, Storage, Post and Communication	信息传输和计算机服务业 Information Transmission and Computer Services	批发与零售业 Wholesale and Retail Trades	住宿和餐饮业 Hotels and Catering Services	其 他 Others
		三、乡村人口、从业人员及主要行业分布(万人) Rural Population,Laborers and Distribution of Major Sectors(10 000 persons) (二) 按国民经济行业分 by Sector						
全省总计	**Total**	**724.92**	**494.57**	**173.15**	**37.24**	**238.32**	**125.75**	**345.51**
济 南 市	Jinan	34.51	30.40	13.35	2.19	16.57	8.93	18.47
青 岛 市	Qingdao	76.82	32.36	11.96	2.92	21.59	7.97	21.11
淄 博 市	Zibo	46.92	18.23	8.55	1.48	11.41	6.13	8.56
枣 庄 市	Zaozhuang	29.00	21.99	10.29	1.61	10.72	5.66	10.66
东 营 市	Dongying	13.47	6.46	3.75	0.70	4.23	2.61	2.82
烟 台 市	Yantai	50.99	23.79	7.56	1.90	12.84	6.74	18.27
潍 坊 市	Weifang	73.26	40.51	15.75	3.53	17.85	11.50	24.23
济 宁 市	Jining	52.81	63.09	22.52	5.10	23.39	13.65	40.84
泰 安 市	Tai'an	37.28	41.92	12.65	2.62	18.32	10.34	31.30
威 海 市	Weihai	19.72	9.59	3.36	0.63	5.70	2.33	8.37
日 照 市	Rizhao	15.48	18.52	3.79	1.09	5.48	3.14	10.07
莱 芜 市	Laiwu	7.63	7.62	2.38	0.33	2.74	2.09	3.73
临 沂 市	Linyi	94.00	69.43	20.00	4.06	25.59	13.89	31.91
德 州 市	Dezhou	32.96	24.83	7.69	2.83	13.51	6.46	20.42
聊 城 市	Liaocheng	37.28	24.25	8.64	2.25	13.38	8.13	23.94
滨 州 市	Binzhou	43.33	20.54	8.99	1.15	13.22	6.96	10.20
菏 泽 市	Heze	59.47	41.04	11.92	2.86	21.79	9.23	60.60

13-20 各市农村电气化和农业化学化情况(2012年)
Rural Electrification and Agriculture Chemicals by Region(2012)

单位:吨 (ton)

地区	Region	农用化肥施用量(实物量) Consumption of Chemical Fertilizer (physical volume)	氮肥 Nitrogenous Fertilizer	磷肥 Phosphate Fertilizer	钾肥 Potash Fertilizer	复合肥 Compound Fertilizer	农用化肥施用量(折纯量) Consumption of Chemical Fertilizer (convert to pure volume)	氮肥 Nitrogenous Fertilizer	磷肥 Phosphate Fertilizer
全省总计	**Total**	**14235034**	**5428281**	**2291234**	**1187566**	**5327953**	**4762576**	**1595602**	**486125**
济南市	Jinan	857849	395760	193684	52734	215670	232905	92694	35418
青岛市	Qingdao	802273	205999	70012	57614	468648	290899	57382	14011
淄博市	Zibo	336932	130834	48442	20400	137256	99138	34464	9030
枣庄市	Zaozhuang	641867	246150	52360	39095	304262	211619	72869	11954
东营市	Dongying	372102	158840	93139	20756	99367	119752	43586	20012
烟台市	Yantai	1047108	329452	136204	119725	461727	375660	108004	29768
潍坊市	Weifang	1467046	371150	135533	112502	847861	564170	117142	33270
济宁市	Jining	1210121	418914	198841	107251	485115	466165	144139	44922
泰安市	Tai'an	644818	261470	99240	69952	214156	203141	58278	21489
威海市	Weihai	395096	141766	45554	40788	166988	108732	29604	8924
日照市	Rizhao	367575	112580	37451	30079	187465	126668	29676	10406
莱芜市	Laiwu	126683	52232	16561	12759	45130	37284	10397	2645
临沂市	Linyi	1393914	583598	148063	143517	518735	418745	130263	31849
德州市	Dezhou	1186942	582300	229798	75025	299819	385794	190558	45198
聊城市	Liaocheng	1123722	453489	240180	107341	322712	419559	162363	65003
滨州市	Binzhou	684533	320779	114325	43160	206270	211775	80468	25335
菏泽市	Heze	1576455	662967	431848	134869	346770	490570	233713	76891

13-20 续表 continued

单位:吨 (ton)

地区	Region	钾肥 Potash Fertilizer	复合肥 Compound Fertilizer	农用塑料薄膜使用量 Plastic Film Consumption	地膜使用量 Film Consumption	农用柴油量 Diesel Consumption	农药施用量 Pesticides Consumption	地膜覆盖面积(公顷) Film Coverage (hectare)	农村用电量(万千瓦时) Electricity Consumption in Rural Area (10000 kwh)
全省总计	**Total**	**437203**	**2243647**	**318055**	**137006**	**1795598**	**161955**	**2401509**	**4657860**
济南市	Jinan	18264	86530	14505	4533	51744	3249	55343	260205
青岛市	Qingdao	20077	199428	18171	10560	226866	6589	163237	426815
淄博市	Zibo	6376	49268	10476	3282	29984	5958	31919	523009
枣庄市	Zaozhuang	13512	113284	8471	3646	15249	4623	29871	289820
东营市	Dongying	8720	47434	8729	6445	40618	6358	148967	47954
烟台市	Yantai	44074	193813	12064	7989	253574	19837	131070	833520
潍坊市	Weifang	47632	366127	78495	16534	164522	16096	240607	591017
济宁市	Jining	46023	231080	13522	9348	100384	15319	162546	148077
泰安市	Tai'an	24521	98853	9783	4499	53018	6837	67880	98986
威海市	Weihai	16493	53711	3840	2754	314130	10317	32014	206522
日照市	Rizhao	11218	75368	10185	6317	173705	7233	111602	89592
莱芜市	Laiwu	5886	18355	2603	1888	10541	1294	24006	98613
临沂市	Linyi	47221	209411	49463	21210	101280	15938	329898	296549
德州市	Dezhou	27181	122858	24863	12467	64852	12291	374948	78748
聊城市	Liaocheng	44115	148078	23345	6544	74277	9655	138771	133418
滨州市	Binzhou	15461	90510	6850	5745	34855	8605	148657	103177
菏泽市	Heze	40429	139537	22690	13245	85999	11755	210173	431840

主要统计指标解释

农林牧渔业总产值 指以货币表现的农、林、牧、渔业全部产品和对农林牧渔业生产活动进行的各种支持性服务活动的价值总量，它反映一定时期内农林牧渔业生产总规模和总成果。1957 年以前的农林牧渔业总产值中包括了厩肥和农民自给性手工业(如农民自制衣服、鞋、袜，自己从事粮食初步加工等)。1958 年及以后，林业中增加了村及村以下竹木采伐产值；牧业中取消了厩肥产值；副业中取消了农民自给性手工业产值，增加了村及村以下办的工业产值；渔业中增加了海洋捕捞水产品产值。1980 年及以后，在副业中增加了农民家庭兼营工业商品部分的产值。从 1984 年起村及村以下工业产值划归工业。从 1993 年起取消副业，将野生动物的捕猎划入牧业，野生植物采集和农民家庭兼营商品性工业划归农业。从 2003 年起，执行新的国民经济行业分类标准，农林牧渔业总产值中包括了农林牧渔服务业产值。林业中增加了森林采运业产值。农业中取消了家庭兼营商品性工业产值，将野生林产品的采集划归林业。

农林牧渔业总产值的计算方法通常是按农、林、牧、渔业产品及其副产品的产量分别乘以各自单位产品价格求得；少数生产周期较长，当年没有产品或产品产量不易统计的，则采用间接方法匡算其产值；然后将四业产品产值相加即为农林牧渔业总产值。

粮食产量 指全社会的产量。包括国有经济经营的、集体统一经营的和农民家庭经营的粮食产量，还包括工矿企业办的农场和其他生产单位的产量。粮食除包括稻谷、小麦、玉米、高粱、谷子及其他杂粮外，还包括薯类和豆类。其产量计算方法，豆类按去豆荚后的干豆计算；薯类(包括甘薯，不包括芋头和木薯)1963 年以前按每 4 公斤鲜薯折 1 公斤粮食计算，从 1964 年开始改为按 5 公斤鲜薯折 1 公斤粮食计算。作为蔬菜的薯类(如马铃薯等)按鲜品计算，并且不作粮食统计。其他粮食一律按脱粒后的原粮计算。1989 年以前全国粮食产量数据主要靠全面报表取得，1989 年开始使用抽样调查数据。

棉花产量 指全社会的产量。包括春播棉和夏播棉。产量按皮棉计算。不包括木棉。

油料产量 指全部油料作物的生产量。包括花生、油菜籽、芝麻、向日葵籽、胡麻籽（亚麻籽）和其他油料。不包括大豆、木本油料和野生油料。花生以带壳干花生计算。

水产品产量 指人工养殖的水产品和天然生长的水产品的捕捞量。包括海水的鱼类、虾蟹类、贝类和藻类以及内陆水域的鱼类、虾蟹类和贝类，不包括淡水生植物。水产品产量是通过各级水产和统计部门逐级上报取得数据。1995 年及以前，贝类中牡蛎按鲜肉计算；蚶、蛤、蛙按 5 斤鲜品折 1 斤计算。1996 年以后则统一按鲜品计算。

猪、牛、羊肉产量 指当年出栏并已屠宰、除去头蹄下水后带骨肉(即胴体重)的重量。包括全社会范围内的产量。由于畜牧业产品年报数据与普查数据之间存在一定的差距，根据国家统计局有关文件精神，从 2000 年起，对畜牧业年报数据与普查数据进行衔接。

期初(末)畜禽存栏头(只)数 指报告期初(末)农村各种合作经济组织和国营农场、农民个人、机关、团体、学校、工矿企业、部队等单位以及城镇居民饲养的大牲畜、猪、羊、家禽等畜禽的存栏数。数据上报方式及数据调整情况同猪、牛、羊肉产量。

农作物播种面积 指实际播种或移植有农作物的面积。凡是实际种植有农作物的面积，不论种植在耕地上还是种植在非耕地上，均包括在农作物播种面积中。在播种季节基本结束后，因遭灾而重新改种和补种的农作物面积，也包括在内。它是反映我国耕地面积利用情况的一个重要指标。目前，农作物播种面积主要包括粮食、棉花、油料、糖料、麻类、烟叶、蔬菜和瓜类、药材和其他农作物九大类。

有效灌溉面积 指具有一定的水源，地块比较平整，灌溉工程或设备已经配套，在一般年景下，当年能够进行正常灌溉的耕地面积。在一般情况下，有效灌溉面积应等于灌溉工程或设备已经配备，能够进行正常灌溉的水田和水浇地面积之和。它是反映我国耕地抗旱能力的一个重要指标。

农用化肥施用量 指本年内实际用于农业生产的化肥数量，包括氮肥、磷肥、钾肥和复合肥。化肥施用量要求按折纯量计算数量。折纯量是指把氮肥、磷肥、钾肥分别按含氮、含五氧化二磷、含氧化钾的百分之百成份进行折算后的数量。复合肥按其所含主要成分折算。公式为：

折纯量=实物量×某种化肥有效成份含量的百分比

农业机械总动力 指主要用于农、林、牧、渔业的各种动力机械的动力总和。包括耕作机械、排灌机械、收获机械、农用运输机械、植物保护机械、牧业机械、林业机械、渔业机械和其他农业机械〔内燃机按引擎马力折成瓦(特)计算、电动机按功率折成瓦(特)计算〕。不包括专门用于乡、镇、村、组办工业、基本建设、非农业运输、科学试验和教学等非农业生产方面用的动力机械与作业机械。这个指标的统计数据主要来源于农机部门。

乡村从业人员 指乡村人口中劳动年龄在 16 周岁以上实际参加生产经营活动并取得实物或货币收入的人员，包括劳动年龄内经常参加劳动的人员，也包括超过劳动年龄但经常参加劳动的人员，但不包括户口在家的在外学生、现役军人和丧失劳动能力的人，也不包括待业人员和家务劳动者。从业人员按从事主业时间最长（时间相同按收入）分为农林牧渔业从业人员、工业从业人员、建筑业从业人员、交通运输业、仓储及邮电通信业从业人员、批零贸易业、餐饮业从业人员、其他非农行业从业人员。

Explanatory Notes on Main Statistical Indicators

Gross Output Value of Farming, Forestry, Animal Husbandry and Fishery refers to the total value of products of farming, forestry, animal husbandry and fishery, and total value of services rendered to support farming, forestry, animal husbandry and fishery activities. It reflects the total scale and results of agricultural production during a given period. Prior to 1957, Chinas gross agricultural output value included barnyard manure and handicraft products for self consumption (clothes, shoes, stockings, and initial grain processing undertaken by peasants). Since 1958, cutting and felling of bamboo and trees by villages and other cooperative organizations under villages have been included in forestry; value of barnyard manure has been excluded from animal husbandry; self consumed handicrafts has been excluded from sideline occupations, while the output value of industries run by villages and cooperative organizations under village had been included in sideline occupations and the output value of fish catches by motor fishing boats has been added to fishery. Since 1980, the value of handicraft products made for sale by individuals in households had been added to sideline occupations. Since 1984, industries run by villages and under villages have been included in the sector of industry. Since 1993, the subdivision of sideline occupations has been canceled, and the hunting of wild animals has been classified into animal husbandry, and the gathering of wild plants and commodity industry run by rural household have been included in farming. A new industrial classification of economic activities was introduced in 2003. Under the new classification, value of services to farming, forestry, animal husbandry and fishery is included in the gross output value of agriculture, value of wood felling and transport is included in forestry, value of industrial output by rural households is not included in agriculture, and the collection of wild forest products is taken from agriculture and included in the forestry. The first agriculture census of China revealed some discrepancy between the production of animal products from the annual reports and that from the census. Efforts were made by the Rural Socio economic Survey Organization of NBS to adjust the output value of animal husbandry to make the figures from the annual reports consistent with the census data.

Gross output value of agriculture is obtained by first multiplying the output of each product or by product by its price, resulting in the output value of each single item. For a small number of products, annual output of which is not available or difficult to get due to the long production (growing) process involved, the output value is estimated through an indirect approach. The sum of output value of all products of farming, forestry, animal husbandry and fishery is then equal to the gross output value of agriculture.

Grain Output refers to the total output in the whole country including grains produced by state farms, collective units, rural households, as well as by farms affiliated to industrial and mining enterprises and other production units. Grain includes rice, wheat, corn, sorghum, millet and other miscellaneous grains as well as tubers and bean. Output of beans refers to dry beans without pods. The output of tubers (sweet potatoes, not including taros and cassava) was converted into that of grain at the ratio 4：1, i.e. 4 kilograms of fresh tubers was equivalent to 1 kilogram of grain up to 1963. Since 1964 the ratio for conversion has been 5:1. Tubers supplied as vegetables (such as potatoes) are calculated as fresh vegetables and their output is not included in the output of grain. Output of all other grains refers to husked grain. Data on grain production before 1989 were obtained through Comprehensive Statistical Reporting System. Since 1989, data from sample surveys are used.

Cotton Output refers to the cotton production in the whole country including cotton sown in spring and in autumn. Output is measured as the weight of ginned cotton. Ceiba is not included.

Output of Oil-bearing Crops refers to the total production of oil bearing crops of various kinds, including peanuts, (dry, in shell) rapeseeds, sesame, sunflower seeds, flax seeds, and other oil bearing crops. Soybeans, oil bearing woody plants, and wild oil bearing crops are not included.

Output of Aquatic Products refers to catches of both artificially cultured and naturally grown aquatic products, including fish, shrimps, crabs and shellfish in sea and inland water as well as seaweed. Freshwater plants are not included.Data on output of aquatic products are reported by aquatic product and statistical agencies level by level. Before 1995, among the shellfish, the oyster was counted as fresh meat; 5 kilograms of ark shell, clams and frogs are equivalent to 1 kilogram of fresh aquatic products; they are all counted as fresh aquatic products since 1996.

Output of Pork, Beef, and Mutton refers to the meat of slaughtered hogs, cattle, sheep and goats with head, feet, and offal taken away. Data refers to the production of the whole country. The first agriculture census of China in 1996 revealed some discrepancy between the production of animal products from the annual reports and that from the census. Efforts were made by the Rural Socio economic Survey Organization of NBS to adjust the output value of animal husbandry to make the figures from the annual reports consistent with the census data. Since 1999, NBS conducted sample survey for the major animal husbandry products, such as hogs, cattle, sheep and goats and fowls, and the data from sample surveys are used as national finalized data. Those products, which are not covered by the sample survey, are still reported by statistical agencies level by level.

Number of Livestock or Poultry in Stock at Beginning (or End) refers to the total number of large animals, pigs, sheep, fowls, etc. raised by rural cooperative organizations, state farms, rural individuals, government agencies, schools, industrial and mining enterprises, army, and urban residents at the beginning (or end) of the reference period. Data reporting system and data adjustment are the same as that in the output of pork, beef and mutton.

Sown Area of Crops refers to area of land sown or

transplanted with crops regardless of being in cultivated area or non cultivated area. Area of land re sown due to natural disasters is also included. This is an important indicator that can reflect the utilization condition of the cultivated land in China. At present, the sown area of crops mainly include the following 9 categories of crops: grain, cotton, oil bearing crops, sugar crops, fiber crops, Tobacco, Vegetables and melons, medicinal materials and other farm crops.

Irrigated Area refers to areas that are effectively irrigated, i.e. level land, which has water source and complete sets of irrigation facilities to lift and move adequate water for irrigation purpose under normal conditions. Under normal conditions, irrigated area is the sum of watered fields and irrigated fields where irrigation systems or equipment have been installed for regular irrigation purpose. This important indicator reflects drought resistance capacity of the cultivated land in China.

Consumption of Chemical Fertilizers in Agriculture refers to the quantity of chemical fertilizers applied in agriculture in the year, including nitrogenous fertilizer, phosphate fertilizer, potash fertilizer, and compound fertilizer. The consumption of chemical fertilizers is required in calculation to convert the gross weight into weight containing 100% effective component (e.g. 100% nitrogen content in nitrogenous fertilizer, 100% phosphorous pent oxide contents in phosphate fertilizer, 100% potassium oxide contents in potash fertilizer). Compound fertilizer is converted with its major component. The formula is :

Volume of effective component=physical quantity×effective component of certain chemical fertilizer (%)

Total Power of Farm Machinery refers to total mechanical power of machinery used in farming, forestry, animal husbandry, and fishery, including ploughing, irrigation and drainage, harvesting, transport, plant protection, stock breeding, forestry and fishery. The power of internal combustion engines is required to convert horsepower into watts and the power of electric motors is required to be converted into watts. Machinery employed for non agricultural purposes, such as the machines used in township run and village run industry, construction, non agricultural transport, scientific experiments and teaching, is excluded. Data are mainly from agricultural machinery agencies.

Rural Employed Persons refer to rural labor forces aged over 16 years old who are engaged in real production and management activities and receive payment in kind or wages, including those covered within the age frame and regularly participating in production activities, and those who are out of the range of age frame and also participating in production activities regularly. Excluding students studying in other places with their permanent residence registered in local areas, servicemen and persons incapable of working; also excluding those who are waiting for jobs and those engaged in household work. Persons employed are classified as persons engaged in agriculture, forestry, animal husbandry or fishery activities; persons engaged in industrial activities; persons engaged in construction activities; persons engaged in transport, storage and telecommunications activities; persons engaged in whole sales and retail sales trade and catering activities; and persons engaged in other non agriculture activities, depending upon the longest period of employment in major activities (or using income indicator when period of employment is the same).

第14篇

工　业

Industry

简 要 说 明

一、本篇资料的主要内容

本篇资料反映了全省工业生产和基本效益情况，主要包括历年工业总产值及指数、规模以上工业、国有控股工业、国有工业、集体工业、外商投资和港澳台投资工业、大中型工业企业、非公有工业、高新技术产业的主要经济指标、相关的财务分析指标和主要工业产品产量等方面的内容。自 2011 年开始，规模以上工业企业划分标准由年主营业务收入 500 万元及以上提高到 2000 万元及以上。

二、本篇资料的来源

本篇资料来源于工业统计年报，由省统计局工业交通统计处整理提供。

Brief Introduction

I. Content

Data in this chapter show the basic condition of industry in Shandong, mainly including the gross industrial output value and indices, the output of major industrial products and major economic and relevant financial indicators of industrial enterprises. Industrial enterprises include enterprises above designated size, state share holding enterprises, state owned enterprises, collective owned enterprises, foreign funded enterprises, enterprises with funds from Hong Kong, Macao and Taiwan, large and medium sized enterprises, private enterprises and high tech enterprises.Since 2011, criteria of revenue from principal business for the industrial enterprises above designated size has been increased from 5 million yuan and above to 20 million yuan and above.

II. Source of Data

Data in this chapter are based on the annual report of industrial statistics and are prepared and provide by the Division of Industry and Transport Statistics of Shandong Provincial Bureau of Statistics.

14-1　主要年份工业总产值
Gross Industrial Output Value in Major Years

年份 Year	工业总产值(亿元) Gross Industrial Output Value (100 millioon yuan)	国有经济 State-owned	集体经济 Collective-owned	轻工业总产值 Light Industry	重工业总产值 Heavy Industry	占全部工业总产值的比重(%) As Percentage of Gross Industrial Output Value(%)			
						国有经济 State-owned	集体经济 Collective-owned	轻工业 Light Industry	重工业 Heavy Industry
1949	9.15	3.42	0.01	8.25	0.90	37.38	0.11	90.16	9.84
1952	20.08	9.07	0.88	17.84	2.24	45.17	4.38	88.84	11.16
1955	30.10	14.81	2.31	25.36	4.74	49.20	7.67	84.25	15.75
1957	43.31	15.83	2.36	35.34	7.97	36.55	5.45	81.60	18.40
1962	45.70	33.99	6.27	31.22	14.48	74.38	13.72	68.32	31.68
1965	71.38	55.79	8.95	48.21	23.17	78.16	12.54	67.54	32.46
1970	141.22	109.22	21.37	81.88	59.34	77.34	15.13	57.98	42.02
1975	189.78	138.41	38.39	96.65	93.13	72.93	20.23	50.93	49.07
1976	220.00	157.01	52.12	107.03	112.97	71.37	23.69	48.65	51.35
1977	262.24	178.85	70.70	127.92	134.32	68.20	26.96	48.78	51.22
1978	296.82	200.74	78.60	144.28	152.54	67.63	26.48	48.61	51.39
1979	314.34	217.62	78.52	157.52	156.82	69.23	24.98	50.11	49.89
1980	340.32	229.89	90.46	183.81	156.51	67.55	26.58	54.01	45.99
1981	358.37	238.57	96.69	212.33	146.04	66.57	26.98	59.25	40.75
1982	393.21	261.91	100.28	233.57	159.64	66.61	25.50	59.40	40.60
1983	441.85	292.55	110.46	261.04	180.81	66.21	25.00	59.08	40.92
1984	534.91	318.30	164.80	317.58	217.33	59.51	30.81	59.37	40.63
1985	682.78	397.07	205.53	370.41	312.37	58.15	30.10	54.25	45.75
1986	784.33	415.12	234.86	419.38	364.95	52.93	29.94	53.47	46.53
1987	1032.88	521.66	302.57	533.38	499.50	50.51	29.29	51.64	48.36
1988	1455.24	662.48	441.05	751.70	703.54	45.52	30.31	51.65	48.35
1989	1920.94	833.86	575.95	982.99	937.95	43.41	29.98	51.17	48.83
1990	2200.85	911.88	650.38	1118.76	1082.09	41.43	29.55	50.83	49.17
1991	2599.17	1038.69	764.67	1326.78	1272.39	39.96	29.42	51.05	48.95
1992	3115.45	1301.39	993.81	1536.64	1578.81	41.77	31.90	49.32	50.68
1993	4713.48	1678.89	1285.42	2125.93	2587.55	35.62	27.27	45.10	54.90
1994	7023.23	2012.72	1812.72	3367.58	3655.65	28.66	25.81	47.95	52.05
1995	8906.60	2600.54	1840.75	4403.84	4502.76	29.20	20.67	49.44	50.56
1996	9126.63	2423.77	2380.09	4540.14	4586.49	26.56	26.08	49.75	50.25
1997	9984.12	2513.03	2512.01	4926.50	5057.61	25.17	25.16	49.34	50.66
1998	10579.17	2177.73	2206.64	5110.02	5469.15	20.59	20.86	48.30	51.70
1999	11195.46	2058.49	2218.99	5373.71	5821.75	18.39	19.82	48.00	52.00
2000	12509.53	2474.49	2393.99	5964.70	6544.83	19.78	19.14	47.68	52.32
2001	13277.37	1223.49	2078.33	6437.42	6839.96	9.21	15.65	48.48	51.52
2002	15588.53	1377.03	2348.82	7630.45	7958.08	8.83	15.07	48.95	51.05
2003	19891.54	1484.04	2526.39	9049.49	10842.05	7.46	12.70	45.49	54.51
2004	26295.24	2087.28	2819.30	11382.95	14912.29	7.94	10.72	43.29	56.71
2005	35387.43	1982.94	2264.87	13124.13	22263.30	5.60	6.40	37.09	62.91
2006	43900.21	2307.84	2469.67	15638.85	28261.36	5.26	5.63	35.62	64.38
2007	54428.27	2988.11	2922.80	19011.79	35416.48	5.49	5.37	34.93	65.07
2008	62958.53	4577.21	2464.08	21315.28	41643.25	7.27	3.91	33.86	66.14
2009	71209.42	4074.70	2775.66	24195.79	47013.62	5.72	3.90	33.98	66.02
2010	83851.40	5486.12	2632.65	27161.78	56689.62	6.54	3.14	32.39	67.61
2011	99504.98	6200.76	2983.41	31019.15	68485.83	6.23	3.00	31.17	68.83
2012	114707.29	5022.12	3129.06	36682.83	78024.46	4.38	2.73	31.98	68.02

注:1.本表按当年价格计算，1998年及以后集体工业为规模以上集体工业；

2.自2011年开始，规模以上工业企业划分标准由年主营业务收入500万元及以上提高到2000万元及以上(下表同)。

a)Data in this table are caculated at current prices,collective-owned industry refers to collective-owned industry above designated size since 1998.

b)The criteria of revenue from principal business for the industrial enterprises above designated size has been increased from 5 million yuan and above to 20 million yuan and above since 2011.The same applies to the fllowing tables.

14-2 主要年份工业总产值指数(以1952年为100)
Indice of Gross Industrial Output Value in Major Years(1952=100)

年 份 Year	工业总产值指数 Indice of Gross Industrial Output Value			按轻重工业分 Grouped by Light & Heavy Industries	
		国有单位 State-owned	集体单位 Collective-owned	轻工业 Light Industry	重工业 Heavy Industry
1949	45.2	37.4	1.3	46.2	39.9
1952	100.0	100.0	100.0	100.0	100.0
1955	151.6	165.0	264.9	141.0	210.4
1957	236.0	224.7	344.2	206.0	370.0
1962	214.9	353.9	671.4	154.4	570.4
1965	366.7	633.5	1045.4	260.2	995.8
1970	723.4	1238.6	2494.8	435.6	2514.1
1975	1122.4	1812.0	5168.8	590.4	4529.6
1976	1304.7	2061.0	7037.7	655.5	5508.5
1977	1560.1	2352.4	9564.9	785.1	6563.4
1978	1766.4	2644.2	10646.8	886.7	7464.3
1979	1850.0	2834.6	10522.1	957.5	7589.3
1980	2001.2	2992.2	12111.7	1116.6	7571.8
1981	2091.4	3081.7	12845.4	1280.8	7014.1
1982	2269.7	3309.1	13571.4	1393.6	7583.1
1983	2524.2	3652.8	14849.3	1541.5	8500.0
1984	2887.8	3651.0	21459.7	1772.2	9655.9
1985	3530.6	4267.7	26046.7	1979.7	13293.4
1986	4110.2	4592.0	29223.4	2271.5	15740.8
1987	5089.9	5247.0	36481.8	2716.5	20260.6
1988	6803.9	6289.4	49739.0	3718.2	26390.7
1989	8029.9	6845.8	59622.0	4368.6	31314.3
1990	9081.8	7221.1	67151.9	4910.3	35635.7
1991	10630.2	7880.3	79849.3	5814.8	41232.5
1992	13203.8	9169.6	104332.3	6983.6	52983.8
1993	17410.5	10252.6	152395.2	8422.2	75660.9
1994	22325.5	10611.4	201009.3	11471.0	90112.1
1995	27482.7	12230.2	219100.8	14563.6	110026.9
1996	31954.1	12946.9	272154.0	17820.0	121491.7
1997	35820.6	13736.4	294951.4	19946.0	136423.0
1998	39954.3	12309.5	267429.8	21672.0	156345.4
1999	44702.4	12274.7	267143.4	23594.6	173193.0
2000	52713.1	13031.4	314292.3	28303.2	200740.0
2001	58288.7	7085.8	269624.9	31681.3	218566.7
2002	66406.7	8105.5	289070.9	36715.1	267094.8
2003	80723.9	8209.3	305837.0	41983.7	346635.6
2004	105142.9	9409.0	366085.2	54702.7	451415.2
2005	143609.4	10969.1	274178.2	60887.4	711789.0
2006	174082.5	12474.5	292134.7	71800.2	871484.8
2007	213754.5	15993.0	340762.7	88991.2	1081129.3
2008	243985.2	19063.9	371280.7	103190.2	1205057.4
2009	293138.0	18027.4	444262.5	124426.5	1445148.9
2010	328691.6	15909.7	496117.7	140021.7	1617429.3
2011	367977.8	16964.2	530394.5	150855.5	1843387.5
2012	431094.8	13963.1	565333.7	181300.5	2134280.9

注:本表按可比价格计算,1998年及以后集体工业指数为规模以上集体工业指数。

a)Data in this table are caculated at current prices,the index of collective-owned industry refers to index of collective-owned industry above designated size since 1998.

14-3 2006-2012年规模以上工业增加值

Value Added of Industry Enterprises above Designated Size From 2006 to 2012

单位:万元 (10 000 yuan)

类 别	Category	2006 工业增加值 Value Added of Industry Enterprises	2006 比上年增长(%) Growth Rate(%)	2007 工业增加值 Value Added of Industry Enterprises	2007 比上年增长(%) Growth Rate(%)	2008 工业增加值 Value Added of Industry Enterprises	2008 比上年增长(%) Growth Rate(%)
全省总计	**Total**	**111227631**	**23.60**	**132121756**	**20.77**	**167187522**	**13.80**
在总计中:轻工业	of which:Light Industry	37910762	21.93	44745712	18.96	54514692	13.21
重工业	Heavy Industry	73316869	24.53	87376044	21.70	112672831	14.10
在总计中:国有企业	of which:State-owned Enterprises	9014277	15.42	7548811	10.08	9844121	4.60
集体企业	Collective-owned Enterprises	6366139	14.49	6851061	14.46	8265316	8.27
股份制企业	Cooperative Enterprises	62902706	23.23	76973065	21.08	98632264	15.11
外商及港澳台商投资企业	Enterprises with Funds from Foreign Countries,Hong Kong, Macao and Taiwan	20235306	27.22	25719594	23.24	31373575	14.06
在总计中:国有控股企业	of which:State-holding Enterprises	28419059	11.61	29953246	11.69	37261436	8.17
在总计中:农村工业	of which:Industry in Rural Area						
在总计中:大中型工业企业	of which:Large and Medium-sized Enterprises	64778442	14.40	73064688	14.94	73106839	8.73

注:本表绝对数按当年价格计算,增幅按可比价计算。

a)Data in this table are calculated at current prices, growth rate at costant prices.

14-3 续表 continued

单位:万元 (10 000 yuan)

类 别	Category	2009 工业增加值 Value Added of Industry Enterprises	2009 比上年增长(%) Growth Rate(%)	2010 工业增加值比上年增长(%) Growth Rate(%)	2011 工业增加值比上年增长(%) Growth Rate(%)	2012 工业增加值比上年增长(%) Growth Rate(%)
全省总计	**Total**	**188477760**	**14.93**	**15.00**	**14.03**	**11.43**
在总计中:轻工业	of which:Light Industry	62715602	12.13	12.91	11.88	11.21
重工业	Heavy Industry	125762158	16.24	16.08	15.06	11.54
在总计中:国有企业	of which:State-owned Enterprises	8776650	4.57	13.24	15.71	6.07
集体企业	Collective-owned Enterprises	8267032	17.82	9.93	11.50	10.54
股份制企业	Cooperative Enterprises	112143312	15.96	15.64	14.59	12.32
外商及港澳台商投资企业	Enterprises with Funds from Foreign Countries,Hong Kong, Macao and Taiwan	35485979	11.01	14.12	11.13	7.85
在总计中:国有控股企业	of which:State-holding Enterprises	33276261	4.67	12.54	6.08	3.68
在总计中:农村工业	of which:Industry in Rural Area					
在总计中:大中型工业企业	of which:Large and Medium-sized Enterprises	76047431	9.14	13.31	11.04	7.97

14-4 按行业分规模以上工业增加值构成
Its Composition of Industry Enterprises above Designated Size by Sector

类　别	Category	2011 增加值占规模以上工业比重(%) Composition(%)	2011 工业增加值比上年增长(%) Growth Rate (%)
全省总计	**Total**	**100.0**	**14.0**
采掘业	**Mining**	**9.7**	**6.8**
煤炭开采和洗选业	Mining and Washing of Coal	4.2	9.8
石油和天然气开采业	Extraction of Petroleum and Natural Gas	4.0	0.7
黑色金属矿采选业	Mining of Ferrous Metal Ores	0.6	12.7
有色金属矿采选业	Mining of Non-ferrous Metal Ores	0.4	18.3
非金属矿采选业	Mining and Processing of Nonmetal Ores	0.5	12.7
其他采矿业	Mining of Other Ores	0.01	25.3
制造业	**Manufacturing**	**87.8**	**14.9**
农副食品加工业	Processing of Food from Agricultural Products	7.5	10.4
食品制造业	Manufacture of Foods	1.9	12.0
饮料制造业	Manufacture of Beverage	1.4	12.5
烟草制品业	Manufacture of Tobacco	0.8	17.4
纺织业	Manufacture of Textile	6.3	5.8
纺织服装 鞋 帽制造业	Manufacture of Textile Wearing Apparel, Footware, and Caps	1.5	14.1
皮革、毛皮、羽毛(绒)及其制品业	Manufacture of Leather, Fur, Feather & Its Products	0.8	12.5
木材加工及木 竹、藤、棕、草制品业	Processing of Timbers, Manufacture of Wood, Bamboo, Rattan, Palm, and Straw Products	1.2	21.9
家具制造业	Manufacture of Furniture	0.6	12.3
造纸及纸制品业	Manufacture of Paper and Paper Products	2.2	14.6
印刷业和记录媒介的复制	Printing, Reproduction of Recording Media	0.4	22.0
文教体育用品制造业	Manufacture of Articles for Culture, Education and Sport Activity	0.4	12.6
石油加工 炼焦及核燃料加工业	Processing of Petroleum, Coking, Processing of Nucleus Fuel	5.4	15.6
化学原料及化学制品制造业	Manufacture of Chemical Raw Material and Chemical Products	9.1	17.1
医药制造业	Manufacture of Medicines	2.5	18.0
化学纤维制造业	Manufacture of Chemical Fiber	0.2	8.0
橡胶制品业	Manufacture of Rubber	2.0	13.5
塑料制品业	Manufacture of Plastic	1.4	15.2
非金属矿物制品业	Manufacture of Non-metallic Mineral Products	5.7	16.1
黑色金属冶炼及压延加工业	Manufacture and Processing of Ferrous Metals	4.5	14.5
有色金属冶炼及压延加工业	Manufacture & Processing of Non-ferrous Metals	4.5	24.3
金属制品业	Manufacture of Metal Products	2.5	19.5
通用设备制造业	Manufacture of General Purpose Machinery	7.1	18.4
专用设备制造业	Manufacture of Special Purpose Machinery	3.9	21.8
交通运输设备制造业	Manufacture of Transport Equipment	5.0	7.0
电器机械及器材制造业	Manufacture of Electrical Machinery & Equipment	4.2	15.8
通信设备 计算机及其他电子设备制造业	Manufacture of Communication Equipment, Computer and Other Electronic Equipment	3.3	18.2
仪器仪表及文化、办公用机械制造业	Manufacture of Measuring Instrument and Machinery for Cultural Activity & Office Work	0.4	25.4
工艺品及其他制造业	Manufacture of Artwork, Other Manufacture	1.0	12.9
废弃资源和废旧材料回收加工业	Recycling and Disposal of Waste	0.05	17.5
电力、燃气及水的生产和供应业	**Production and Supply of Electric,Gas and Water**	**2.6**	**10.8**
电力、热力的生产和供应业	Production and Supply of Electric Power and Heat Power	2.3	11.3
燃气生产和供应业	Production and Supply of Gas	0.2	9.7
水的生产和供应业	Production and Supply of Water	0.1	-0.8

14-4　续表　continued

类　　别	Category	2012 增加值占规模以上工业比重(%) Composition(%)	2012 工业增加值比上年增长(%) Growth Rate (%)
全省总计	**Total**	**100.0**	**11.4**
采掘业	**Mining**	**9.8**	**4.2**
煤炭开采和洗选业	Mining and Washing of Coal	3.9	4.6
石油和天然气开采业	Extraction of Petroleum and Natural Gas	4.2	1.6
黑色金属矿采选业	Mining of Ferrous Metal Ores	0.8	15.8
有色金属矿采选业	Mining of Non-ferrous Metal Ores	0.4	9.9
非金属矿采选业	Mining and Processing of Nonmetal Ores	0.5	2.1
开采辅助活动	Mining Support Activities	0.0	29.7
其他采矿业	Mining of Other Ores	0.0	7.4
制造业	**Manufacturing**	**87.5**	**12.5**
农副食品加工业	Processing of Food from Agricultural Products	8.0	11.6
食品制造业	Manufacture of Foods	2.0	10.9
酒、饮料和精制茶制造业	Manufacture of Wine, Drinks and Refined Tea	1.5	11.3
烟草制品业	Manufacture of Tobacco	0.9	9.5
纺织业	Manufacture of Textile	5.8	14.8
纺织服装、服饰业	Manufacture of Textile Wearing Apparel and Finery	2.2	8.1
皮革、毛皮、羽毛及其制品和制鞋业	Manufacture of Leather, Fur, Feather & Its Products and Footwear	1.0	6.0
木材加工及木 竹、藤、棕、草制品业	Processing of Timbers, Manufacture of Wood, Bamboo, Rattan, Palm, and Straw Products	1.3	15.8
家具制造业	Manufacture of Furniture	0.7	13.7
造纸及纸制品业	Manufacture of Paper and Paper Products	1.9	9.4
印刷和记录媒介复制业	Printing, Reproduction of Recording Media	0.5	12.9
文教、工美、体育和娱乐用品制造业	Manufacture of Culture, Education,Arts and crafts, Sport and Entertainment Goods	1.1	12.4
石油加工、炼焦和核燃料加工业	Processing of Petroleum, Coking and Nucleus Fuel	4.5	10.0
化学原料和化学制品制造业	Manufacture of Chemical Raw Material and Chemical Products	10.0	17.3
医药制造业	Manufacture of Medicines	2.4	13.7
化学纤维制造业	Manufacture of Chemical Fiber	0.3	12.4
橡胶和塑料制品业	Manufacture of Rubber and Plastic	3.3	13.4
非金属矿物制品业	Manufacture of Non-metallic Mineral Products	5.8	10.2
黑色金属冶炼及压延加工业	Manufacture and Processing of Ferrous Metals	3.9	10.8
有色金属冶炼及压延加工业	Manufacture & Processing of Non-ferrous Metals	5.0	21.3
金属制品业	Manufacture of Metal Products	3.2	15.0
通用设备制造业	Manufacture of General Purpose Machinery	5.5	12.4
专用设备制造业	Manufacture of Special Purpose Machinery	4.4	12.7
汽车制造业	Manufacture of Automotive	3.6	6.0
铁路、船舶、航空航天和其他运输设备制造业	Manufacture of Railroad,Marine,Aerospace and Other Transportation Equipment	1.2	4.7
电气机械及器材制造业	Manufacture of Electrical Machinery & Equipment	3.6	11.8
计算机、通信和其他电子设备制造业	Manufacture of Computer, Communications and Other Electronic Equipment	3.3	11.3
仪器仪表制造业	Manufacture of Measuring Instrument	0.4	16.3
其他制造业	Other Manufacture	0.3	-0.5
废弃资源综合利用业	Comprehensive Utilization of Waste	0.1	19.6
金属制品、机械和设备修理业	Metal Products, Machinery and Equipment Repair Industry	0.1	-6.0
电力、燃气及水的生产和供应业	**Production and Supply of Electric,Gas and Water**	**2.7**	**5.9**
电力、热力生产和供应业	Production and Supply of Electric Power and Heat Power	2.4	5.4
燃气生产和供应业	Production and Supply of Gas	0.2	14.8
水的生产和供应业	Production and Supply of Water	0.1	4.9

14-5 规模以上工业企业主要经济指标

单位:万元

类别	Category	企业单位数(个) Number of Industial Enterprises (unit)	#亏损企业 Loss Enterprises
	2000	11679	1444
	2001	12268	1672
	2002	13468	1759
	2003	16177	1885
	2004	23915	3407
	2005	27540	2390
	2006	31936	2529
	2007	36145	2445
	2008	42629	3134
	2009	45518	2723
	2010	44037	2114
	2011	35813	1715
	2012	37625	2301
一、按登记注册类型分	**by Status of Registration**		
内资企业	Domestic Funded Enterprises	33168	1600
国有企业	State-owned Enterprises	506	152
中央企业	Central Enterprises	95	12
地方企业	Local Enterprises	411	140
集体企业	Collective-owned Enterprises	493	23
股份合作企业	Cooperative Enterprises	185	19
联营企业	Joint Ownership Enterprises	31	3
国有联营企业	State Joint Ownership Enterprises	5	2
集体联营企业	Collective Joint Ownership Enterprises	16	
国有与集体联营企业	Joint State-collective Enterprises	5	1
其他联营企业	Other Joint Ownership Enterprises	5	
有限责任公司	Limited Liability Corporations	6820	620
国有独资公司	State Sole funded Corporations	89	22
其他有限责任公司	Other Limited Liability Corporations	6731	598
股份有限公司	Share-holding Corporations Limited	916	87
私营企业	Private Enterprises	22923	628
私营独资企业	Private-funded Enterprises	5682	58
私营合作企业	Private Partnership Enterprises	295	7
私营有限责任公司	Private Limited Liability Corporations	16230	533
私营股份有限公司	Private Share-holding Corporations Ltd.	716	30
其他企业	Other Enterprises	1294	68
港、澳、台商投资企业	Enterprises with Funds from Hong Kong, Macao and Taiwan	1056	164
合资经营企业(港或澳、台资)	Joint-ventures Enterprises	579	70
合作经营企业(港或澳、台资)	Cooperative Enterprises	26	5
港澳台商独资经营企业	Enterprises with Sole Investment	432	86
港澳台商投资股份有限公司	Share-holding Corporations Ltd. With Funds from Hong Kong, Macao and Taiwan	18	2
其他企业	Others	1	1
外商投资企业	Foreign Funded Enterprises	3401	537
中外合资经营企业	Joint-venture Enterprises	1330	160
中外合作经营企业	Cooperation Enterprises	66	6
外资企业	Enterprises with Sole Foreign Funds	1952	364
外商投资股份有限公司	Share-holding Corporations Ltd. With Foreign Investment	48	7
其他企业	Others	5	
二、在总计中:亏损企业	**of which:Loss Enterprises**	**2301**	**2301**
在总计中:国有控股企业	of which:State-holding Enterprises	1165	308
在总计中:农村工业	of which:Industry in Rural Area	529	19
按轻重工业分	**by Light & Heavy Industry**		
轻工业	Light Industry	15323	889
重工业	Heavy Industry	22302	1412
按企业规模分	**by Enterprise Size**		
大型企业	Large-sized Enterprises	938	82
中型企业	Medium-sized Enterprises	4411	545
小型企业	Small-sized Enterprises	31205	1606
微型企业	Micro-sized Enterprises	1071	68

Main Economic Indicators of Industrial Enterprises above Designated Size

(10 000 yuan)

工业总产值 Gross Industrial Output Value	工业销售产值 Industrial Output Value of Products Sold	#出口交货值 Export Delivery Value	资产合计 Total Assets	产成品 Finished Products	流动资产合计 Total Working Capitals	固定资产合计 Total Fixed Assets
83115250	81333731		97019617	5828823	38953991	39837025
93773726	91686051		105219953	6362129	42865444	42135407
114975327	112416603		119048719	6598734	48110953	46802238
153795446	150617682	20455625	144616035	7407029	58577265	55559493
225218944	220390333	29112157	185873748	9317070	76760058	70552540
305228616	299821716	34900993	221312416	11733123	94374934	83096180
387800991	381725527	45088074	264753536	13044729	112015984	101857165
498730040	490205752	55241949	319449143	15902408	133694410	123329283
629585284	607312375	62670428	392245052	19647783	165790969	149254050
712094180	701481473	55916115	460526941	20467726	192869139	202208903
838513994	826521387	66380488	537612783	22484979	238304625	227881083
995049762	980059403	71054688	608187652	22576063	286009369	243357519
1147072920	1131142455	73454167	711076642	27387746	334398297	273129323
973813715	960942622	37735426	601447287	22743241	276060795	232272421
50221213	49609803	1609776	56610910	1253476	19648070	26465685
16641385	16501396	171062	25227593	343223	6285338	13417988
33579828	33108407	1438714	31383318	910253	13362732	13047697
31290580	30978359	965186	19769766	876712	11092345	6941152
6640299	6518630	839066	3444364	158681	1416430	1727173
1369108	1323825	56801	1314163	86535	473338	682123
856573	857356	2954	946197	65990	278990	556957
401908	373263	51646	269646	15649	159221	70630
49565	48534	382	82844	3860	25944	48243
61061	44673	1819	15476	1036	9183	6293
308865708	306309120	13002951	250353312	9748710	120375215	93071372
34188924	34068837	1653237	61466213	2278366	27332747	18033691
274676784	272240283	11349714	188887099	7470344	93042468	75037680
112356612	111305447	6310794	95235871	3638607	40549998	30283156
426422888	419180883	13479304	155674328	5888884	73334517	65822325
94185835	92721509	1670841	24250618	814860	9064151	12118080
5170419	5044701	185336	1124398	40396	457816	590904
304222502	299052325	10350605	119350289	4533740	58187482	48782686
22844132	22362347	1272523	10949024	499889	5625068	4330655
36647306	35716555	1471547	19044573	1091637	9170882	7279436
35311220	34620287	6426451	25478174	1208473	13693130	9515612
21736080	21239477	3592326	15888941	701081	8427224	5913644
722351	705595	80190	267400	15321	152986	86286
12206384	11980081	2618502	8502394	434439	4740753	3162197
614395	654916	126225	757683	46916	357715	349198
32011	40218	9207	61756	10716	14453	4287
137947985	135579547	29292290	84151181	3436033	44644372	31341290
61784515	60108880	9983379	45052371	1628509	24051112	17418080
5042223	4951999	518352	3015505	288582	1996950	934940
65547398	64517027	17578635	31125758	1347828	16733624	11284325
5119830	5559897	1162731	4895140	164633	1833771	1677335
454020	441745	49194	62406	6481	28916	26610
65642144	**64929757**	**5730006**	**70259001**	**3077912**	**30811388**	**30954237**
187946816	186360682	6560195	219524744	6782764	85148983	83129393
21854217	21640366	464216	11009431	286804	4239311	5799127
366828331	364232226	32690234	191305004	9238168	93172461	74943754
780244589	766910229	40763932	519771638	18149579	241225836	198185569
431911015	428172732	37634035	365411998	13758988	174357478	129686452
240243853	235573209	17143825	154702716	6781234	77953042	60511930
463931589	456277752	18390144	175348198	6792521	79301172	75063775
10986462	11118762	286163	15613730	55004	2786605	7867166

14−5 续表 1

单位:万元

类别	Category	企业单位数(个) Number of Industial Enterprises (unit)	#亏损企业 Loss Enterprises
三、按行业大类分	**by Sector**		
采掘业	**Mining**	**886**	**57**
煤炭开采和洗选业	Mining and Washing of Coal	278	36
石油和天然气开采业	Extraction of Petroleum and Natural Gas	17	3
黑色金属矿采选业	Mining of Ferrous Metal Ores	162	7
有色金属矿采选业	Mining of Non-ferrous Metal Ores	93	3
非金属矿采选业	Mining and Processing of Nonmetal Ores	330	8
开采辅助活动	Mining Support Activities	3	
其他采矿业	Mining of Other Ores	3	
制造业	**Manufacturing**	**36147**	**2080**
农副食品加工业	Processing of Food from Agricultural Products	3899	157
食品制造业	Manufacture of Foods	1059	53
酒、饮料和精制茶制造业	Manufacture of Wine, Drinks and Refined Tea	457	34
烟草制品业	Manufacture of Tobacco	13	1
纺织业	Manufacture of Textile	2735	191
纺织服装、服饰业	Manufacture of Textile Wearing Apparel and Finery	1258	97
皮革、毛皮、羽毛及其制品和制鞋业	Manufacture of Leather, Fur, Feather & Its Products and Footwear	526	42
木材加工及木 竹、藤、棕、草制品业	Processing of Timbers, Manufacture of Wood, Bamboo, Rattan, Palm, and Straw Products	1321	26
家具制造业	Manufacture of Furniture	511	17
造纸及纸制品业	Manufacture of Paper and Paper Products	768	52
印刷和记录媒介复制业	Printing, Reproduction of Recording Media	380	22
文教、工美、体育和娱乐用品制造业	Manufacture of Culture, Education,Arts and crafts, Sport and Entertainment Goods	1033	49
石油加工、炼焦和核燃料加工业	Processing of Petroleum, Coking and Nucleus Fuel	296	38
化学原料和化学制品制造业	Manufacture of Chemical Raw Material and Chemical Products	3515	249
医药制造业	Manufacture of Medicines	683	39
化学纤维制造业	Manufacture of Chemical Fiber	84	8
橡胶和塑料制品业	Manufacture of Rubber and Plastic	1714	83
非金属矿物制品业	Manufacture of Non-metallic Mineral Products	3587	139
黑色金属冶炼及压延加工业	Manufacture and Processing of Ferrous Metals	801	52
有色金属冶炼及压延加工业	Manufacture & Processing of Non-ferrous Metals	420	32
金属制品业	Manufacture of Metal Products	2054	118
通用设备制造业	Manufacture of General Purpose Machinery	2999	158
专用设备制造业	Manufacture of Special Purpose Machinery	1906	108
汽车制造业	Manufacture of Automotive	1162	92
铁路、船舶、航空航天和其他运输设备制造业	Manufacture of Railroad,Marine,Aerospace and Other Transportation Equipment	347	33
电气机械及器材制造业	Manufacture of Electrical Machinery & Equipment	1511	85
计算机、通信和其他电子设备制造业	Manufacture of Computer, Communications and Other Electronic Equipment	641	77
仪器仪表制造业	Manufacture of Measuring Instrument	310	24
其他制造业	Other Manufacture	86	3
废弃资源综合利用业	Comprehensive Utilization of Waste	51	1
金属制品、机械和设备修理业	Metal Products, Machinery and Equipment Repair Industry	20	
电力、燃气及水的生产和供应业	**Production and Supply of Electric,Gas and Water**	**592**	**164**
电力、热力的生产和供应业	Production and Supply of Electric Power and Heat Power	415	126
燃气生产和供应业	Production and Supply of Gas	82	7
水的生产和供应业	Production and Supply of Water	95	31

continued

(10 000 yuan)

工业总产值 Gross Industrial Output Value	工业销售产值 Industrial Output Value of Products Sold	#出口交货值 Export Delivery Value	资产合计 Total Assets	产成品 Finished Products	流动资产合计 Total Working Capitals	固定资产合计 Total Fixed Assets
61396073	**61057395**	**59184**	**79923072**	**1410505**	**27955941**	**24183358**
30396653	30193822	21983	50920613	865064	20189685	16374078
13241942	13261206		16425535	95963	2644858	3521095
4196514	4158604	970	4190943	79976	1721013	1525862
8749359	8710255	20636	5996490	282216	2271147	1864600
4578039	4502251	15595	2285734	73822	1065881	860103
201155	199119		86258	11852	57578	25900
32411	32138		17499	1612	5779	11720
1056364445	**1041861050**	**73392403**	**580362455**	**25904987**	**296774108**	**218311315**
101744055	100745096	8495676	40974560	2618097	21432329	15120265
22144802	21878024	1888668	12983976	484390	6003914	5148465
12419367	12827757	479573	8489711	411875	3700922	3051027
4275518	4264780	173	2746002	7079	1569464	533661
73326109	74216713	5454634	35847514	1443497	15198392	17243077
19878077	19444757	4305673	8138787	395326	3927419	3282057
9653379	9429060	1347516	3462723	192393	1817693	1268770
16539333	16288040	895592	4636249	204785	2082834	2119026
7196078	7076664	1035937	3177393	162968	1448372	1331408
24581087	24259585	592449	21209592	704843	8650309	9194428
4796587	4742628	84345	2112529	83736	923736	884322
14589866	14358992	2911127	5501558	321700	2667582	2318714
62900035	61910972	136107	29159845	1500475	15786798	11541861
126492341	124054136	4221228	73234300	2733639	34557076	29893083
26900133	26367893	1911626	18124995	825121	9012989	7137918
2106016	2082428	196847	1826273	125856	668627	812388
46827521	46109394	6926856	23676542	1148865	11846927	10021836
63103311	61899519	1775627	35823150	1316517	15512233	15657819
56089410	55264167	1575675	38908418	1448705	18872020	15440457
48604844	48178910	385849	31605736	660993	16267284	12510161
45428526	43932355	2401448	21506533	869320	12106436	7256517
59230183	58232345	2731599	33603465	1746901	17518055	11937187
44329274	43502495	2132965	24927233	1898767	14542363	7499979
46798355	46328756	3179906	32849771	2072578	19765566	8430712
14811106	14660422	1668398	13765468	293471	8150306	4226368
53679478	52700852	2879885	30448803	1476203	19272486	8370611
40026972	39406362	13397459	17556846	630739	11050478	4909962
5650269	5490903	207429	2883990	90428	1810116	752328
1142166	1129354	156591	453495	17274	184063	166958
656974	644850	1997	236926	12743	113229	91492
443273	432841	13548	490072	5703	314090	158458
29312405	**28224013**	**2582**	**50791116**	**72260**	**9668246**	**30634652**
26749067	25715946	38	45264025	48977	7785234	28043320
1891047	1844172	2544	2460008	15381	879767	1168652
672291	663895		3067083	7902	1003245	1422680

14-5 续表 2

单位:万元

类　　别	Category	负债合计 Total Liabilities	主营业务收入 Revenue from Principal Business
2000		60677134	80613925
2001		63422782	90888177
2002		71042729	110385253
2003		85861030	149322101
2004		110649305	218097900
2005		129169987	300238710
2006		152945606	381160618
2007		178855860	491862417
2008		215766273	620341916
2009		246764808	708261319
2010		289698944	836629973
2011		338476209	997662407
2012		392415791	1180869228
一、按登记注册类型分	**by Status of Registration**		
内资企业	Domestic Funded Enterprises	335143422	1011459701
国有企业	State-owned Enterprises	36998582	66890135
中央企业	Central Enterprises	16717889	31116596
地方企业	Local Enterprises	20280693	35773538
集体企业	Collective-owned Enterprises	9934874	32728691
股份合作企业	Cooperative Enterprises	1719810	6736631
联营企业	Joint Ownership Enterprises	838067	1372935
国有联营企业	State Joint Ownership Enterprises	617627	910969
集体联营企业	Collective Joint Ownership Enterprises	149399	353363
国有与集体联营企业	Joint State-collective Enterprises	64133	48867
其他联营企业	Other Joint Ownership Enterprises	6908	59736
有限责任公司	Limited Liability Corporations	151867423	327602045
国有独资公司	State Sole funded Corporations	38502365	43390995
其他有限责任公司	Other Limited Liability Corporations	113365058	284211050
股份有限公司	Share-holding Corporations Limited	52811816	114299814
私营企业	Private Enterprises	72299252	423736590
私营独资企业	Private-funded Enterprises	8187568	93596003
私营合作企业	Private Partnership Enterprises	446275	5028956
私营有限责任公司	Private Limited Liability Corporations	58231724	302092740
私营股份有限公司	Private Share-holding Corporations Ltd.	5433685	23018891
其他企业	Other Enterprises	8673597	38092862
港、澳、台商投资企业	Enterprises with Funds from Hong Kong, Macao and Taiwan	13746596	34652115
合资经营企业(港或澳、台资)	Joint-ventures Enterprises	8998300	21310773
合作经营企业(港或澳、台资)	Cooperative Enterprises	90122	706146
港澳台商独资经营企业	Enterprises with Sole Investment	4167159	11954039
港澳台商投资股份有限公司	Share-holding Corporations Ltd. With Funds from Hong Kong, Macao and Taiwan	455676	643433
其他企业	Others	35339	37724
外商投资企业	Foreign Funded Enterprises	43525774	134757412
中外合资经营企业	Joint-venture Enterprises	24135148	60585004
中外合作经营企业	Cooperation Enterprises	1874463	5057788
外资企业	Enterprises with Sole Foreign Funds	15553350	63342737
外商投资股份有限公司	Share-holding Corporations Ltd. With Foreign Investment	1939894	5302043
其他企业	Others	22918	469839
二、在总计中:亏损企业	**of which:Loss Enterprises**	**52621957**	**67164401**
在总计中:国有控股企业	of which:State-holding Enterprises	137390693	218890641
在总计中:农村工业	of which:Industry in Rural Area	3835979	22106134
按轻重工业分	**by Light & Heavy Industry**		
轻工业	Light Industry	95091291	373188634
重工业	Heavy Industry	297324500	807680594
按企业规模分	**by Enterprise Size**		
大型企业	Large-sized Enterprises	214398763	454314463
中型企业	Medium-sized Enterprises	90967834	239541282
小型企业	Small-sized Enterprises	77571033	463046338
微型企业	Micro-sized Enterprises	9478161	23967145

continued

(10 000 yuan)

#主营业务税金及附加 Taxes and Other Charges on Principal Business	营业费用 Cost of Business	管理费用 Cost of Management	利润总额 Total Profits	亏损企业亏损总额 Losses of Loss Enterprises	利税总额 Total Profits and Taxes	本年应交增值税 Value-added Tax Payable	全部从业人员年平均人数（人） Annual Average of Empolyed Persons (person)
979126	2655084	4361840	5440003	413877	10025880	3606752	5223652
1065092	3057361	4674791	5609071	460741	10510808	3837726	5230823
1238379	3520233	5545515	6218859	458789	11619227	4161988	5563693
1537247	4375115	6625794	9202699	480295	16057373	5317427	5954189
2084286	5799204	9356350	14078571	1059788	23533842	7370985	6901536
2806248	7274800	10179479	21646981	711535	34529239	10076010	7382292
3904132	8525325	11812749	26325786	975994	42707592	12477674	7881051
4975418	10669050	14853591	33911532	835577	54603330	15716380	8305254
7391871	13010112	21464407	39235594	3426307	66056176	19428711	9126970
8845353	14718012	21594578	45126582	1450096	74490030	20518095	9266002
10836997	17692625	31919733	61079916	1207839	97376175	25459263	9315033
12191685	18943364	29271577	70977118	2307650	112335263	28636010	8597697
14105167	22107655	34155618	80163518	3461849	128710297	34261957	9184645
13041209	18089979	28562953	68789445	2668587	111776842	29777641	7637799
1856220	1072948	3122828	3467936	367401	7621470	2287898	424081
1482625	272382	644687	1683241	131250	4219815	1050089	89130
373595	800566	2478141	1784695	236151	3401655	1237809	334951
199010	1336776	1170460	2718133	17587	3801804	884370	191783
53267	141231	161356	352693	94074	598621	191507	57125
7568	16060	52520	3177	45016	58038	42681	17567
2841	11186	38114	-23283	44932	5134	20976	12582
3819	3215	5775	20964		41513	16730	3086
553	587	4767	3115	84	7294	3627	1174
356	1073	3864	2381		4097	1349	725
3240763	5884110	9737400	19190051	1043966	31523211	8986837	2635875
371156	921582	2642274	2965337	112182	4869187	1506789	454908
2869607	4962529	7095127	16224715	931785	26654023	7480047	2180967
4364325	2098632	4430444	8860699	757174	17176555	3945864	782748
3131190	7053324	9044149	31586356	298926	47326907	12573630	3305706
865022	1594623	1998134	7036667	19765	10840794	2934709	704440
49471	74165	93398	420607	4110	617948	146871	36038
2062155	4951127	6448518	22491290	262526	33479930	8897114	2410224
154542	433408	504098	1637792	12525	2388235	594936	155004
188866	486899	843796	2610400	44443	3670237	864856	222914
209830	994465	1213223	2559103	178501	3731704	959674	329034
130333	763235	730452	1807426	59244	2608766	669431	180342
4669	15317	29161	33006	3187	57320	19634	7108
72650	200707	422771	727133	82232	1055839	254548	130858
1806	14524	29464	-6592	31968	9423	14209	9136
373	682	1376	-1870	1870	356	1853	1590
854127	3023211	4379442	8814970	614761	13201750	3524642	1217812
484447	1394444	1890324	4238468	220649	6657534	1930189	459035
18619	121512	93682	397521	3592	526959	110136	28223
288339	1139459	2234237	3744194	380906	5383576	1348191	675660
61105	367479	160525	405636	9614	591051	124264	53366
1618	317	674	29151		42630	11862	1528
2393899	**1090715**	**3031819**	**-3461849**	**3461849**	**568775**	**1625887**	**840591**
7941539	3914845	10143328	13440302	1919374	29675020	8246128	1583298
124064	320781	491755	2112016	4179	2767963	529812	132540
4042802	9783234	9932681	25742827	520611	40320040	10504238	3668866
10062365	12324422	24222938	54420692	2941238	88390257	23757719	5515779
7893265	9434158	15055109	30923006	1613483	51778537	12914934	3279724
2541464	4476505	7234040	14424578	1115064	23759282	6754823	2399118
3573299	8069784	11703547	33765000	701065	51443254	14014168	3463427
97139	127209	162922	1050934	32237	1729224	578032	42376

14-5 续表 3

单位：万元

类 别	Category	负债合计 Total Liabilities	主营业务收入 Revenue from Principal Business
三、按行业大类分	by Sector		
采掘业	**Mining**	**44234408**	**69743951**
煤炭开采和洗选业	Mining and Washing of Coal	30940744	37103890
石油和天然气开采业	Extraction of Petroleum and Natural Gas	7190995	13896309
黑色金属矿采选业	Mining of Ferrous Metal Ores	2012960	4418212
有色金属矿采选业	Mining of Non-ferrous Metal Ores	2944939	9423108
非金属矿采选业	Mining and Processing of Nonmetal Ores	1105724	4667315
开采辅助活动	Mining Support Activities	31946	201420
其他采矿业	Mining of Other Ores	7100	33697
制造业	**Manufacturing**	**312993203**	**1066927726**
农副食品加工业	Processing of Food from Agricultural Products	20527730	102373724
食品制造业	Manufacture of Foods	5618343	22328843
酒、饮料和精制茶制造业	Manufacture of Wine, Drinks and Refined Tea	3654033	13374895
烟草制品业	Manufacture of Tobacco	767799	3030125
纺织业	Manufacture of Textile	17818238	76748605
纺织服装、服饰业	Manufacture of Textile Wearing Apparel and Finery	3743664	19371059
皮革、毛皮、羽毛及其制品和制鞋业	Manufacture of Leather, Fur, Feather & Its Products and Footwear	1654799	10329914
木材加工及木 竹、藤、棕、草制品业	Processing of Timbers, Manufacture of Wood, Bamboo, Rattan, Palm, and Straw Products	1840520	16473514
家具制造业	Manufacture of Furniture	1459034	7263692
造纸及纸制品业	Manufacture of Paper and Paper Products	12654124	24539941
印刷和记录媒介复制业	Printing, Reproduction of Recording Media	990225	4753334
文教、工美、体育和娱乐用品制造业	Manufacture of Culture, Education,Arts and crafts, Sport and Entertainment Goods	2495144	14643327
石油加工、炼焦和核燃料加工业	Processing of Petroleum, Coking and Nucleus Fuel	20423523	63663519
化学原料和化学制品制造业	Manufacture of Chemical Raw Material and Chemical Products	40677183	129563016
医药制造业	Manufacture of Medicines	7440749	26082346
化学纤维制造业	Manufacture of Chemical Fiber	1101050	1970075
橡胶和塑料制品业	Manufacture of Rubber and Plastic	12774793	46702451
非金属矿物制品业	Manufacture of Non-metallic Mineral Products	17352766	62463160
黑色金属冶炼及压延加工业	Manufacture and Processing of Ferrous Metals	26316110	60597685
有色金属冶炼及压延加工业	Manufacture & Processing of Non-ferrous Metals	16161640	49533814
金属制品业	Manufacture of Metal Products	11662820	44756506
通用设备制造业	Manufacture of General Purpose Machinery	15788171	58825876
专用设备制造业	Manufacture of Special Purpose Machinery	12751241	43889644
汽车制造业	Manufacture of Automotive	20161317	47298097
铁路、船舶、航空航天和其他运输设备制造业	Manufacture of Railroad,Marine,Aerospace and Other Transportation Equipment	9415420	14577873
电气机械及器材制造业	Manufacture of Electrical Machinery & Equipment	16927360	54455612
计算机、通信和其他电子设备制造业	Manufacture of Computer, Communications and Other Electronic Equipment	9161783	39639849
仪器仪表制造业	Manufacture of Measuring Instrument	1262509	5422521
其他制造业	Other Manufacture	199963	1140972
废弃资源综合利用业	Comprehensive Utilization of Waste	97280	686200
金属制品、机械和设备修理业	Metal Products, Machinery and Equipment Repair Industry	93872	427537
电力、燃气及水的生产和供应业	**Production and Supply of Electric,Gas and Water**	**35188184**	**44197549**
电力、热力的生产和供应业	Production and Supply of Electric Power and Heat Power	32253767	41481571
燃气生产和供应业	Production and Supply of Gas	1246338	1985417
水的生产和供应业	Production and Supply of Water	1688079	730561

continued

(10 000 yuan)

#主营业务税金及附加 Taxes and Other Charges on Principal Business	营业费用 Cost of Business	管理费用 Cost of Management	利润总额 Total Profits	亏损企业亏损总额 Losses of Loss Enterprises	利税总额 Total Profits and Taxes	本年应交增值税 Value-added Tax Payable	全部从业人员年平均人数(人) Annual Average of Empolyed Persons (person)
3359329	**1021804**	**5079454**	**9656832**	**129572**	**17058268**	**4011659**	**836405**
476178	723198	3469653	3373820	115938	5950100	2072257	566671
2731746	32585	850184	3954124	2340	8151570	1465695	114246
75297	48458	194215	641230	4696	963814	246410	45622
26275	49921	384752	1271288	745	1347737	49948	52581
46618	166138	177361	386562	5853	604200	169528	55891
2900	1452	3151	26790		36758	7065	915
315	52	138	3018		4089	756	479
10586691	**20907429**	**27708997**	**68522883**	**2983303**	**108146287**	**28900166**	**8118943**
503397	1644166	2112819	6299562	107289	8874290	2067837	819473
177941	739761	569984	1591653	37801	2431411	661241	210803
492348	880050	352494	1193048	25472	2194804	508746	117898
1363518	99373	205920	343335	1061	2056890	349950	13907
399496	738520	1291355	4893966	106972	7292427	1996981	824282
151187	432605	786126	1246018	34820	1947069	547055	373334
71802	183801	297457	651174	18964	1014579	287421	141530
120193	272897	264739	1202326	12352	1767924	445045	169117
60236	156120	201801	547109	4939	865930	257286	80379
142825	510917	584151	1484771	30247	2297701	667794	186821
43430	119584	190685	354310	6186	539785	141977	56312
112504	290158	434671	971314	22496	1624236	537292	200264
2897934	351406	879382	1515594	411799	6303012	1887889	118410
846240	1998100	2881468	8940431	448223	13141384	3313771	643753
204154	1813077	1134386	2984274	38277	4264985	1075157	218126
8683	30268	78538	152031	4908	206783	45973	22482
270353	964323	1133096	3234999	47119	4610656	1091912	330335
455894	1322386	1746309	5273991	124253	8113394	2380458	584149
155986	529277	1125884	1833236	638378	3033907	1039617	333188
112819	296397	623484	3033416	125587	4430155	1282986	155509
364024	714016	1236851	3053067	107008	4631243	1210346	350195
413925	1481249	2300657	4452601	161179	6751839	1877323	557013
249216	1021505	1442387	3430927	95785	5029359	1346467	361172
401796	1053953	1427288	2637789	125884	4047718	1006776	350257
74120	184272	794719	914078	94487	1349752	360068	114435
315369	1957482	1922253	3494771	29101	5176268	1364390	369468
121328	915857	1401120	2115692	104536	3122184	880962	338419
35531	171552	224151	464034	17875	677026	176723	54583
8980	23409	26861	85865	205	134393	39546	14279
6573	8908	15377	61385	100	90251	22170	5041
4889	2040	22584	66116		124932	29007	4009
159148	**178419**	**1367167**	**1983803**	**348975**	**3505744**	**1350137**	**229297**
141799	85343	1155815	1771035	318547	3182976	1261386	186540
12219	69220	108583	191995	4344	265353	58100	16610
5130	23856	102769	20773	26084	57415	30651	26147

14-6 规模以上国有控股工业企业主要经济指标

单位:万元

类　别	Category	企业单位数(个) Number of Industial Enterprises (unit)	#亏损企业 Loss Enterprises
2000		2774	596
2001		2403	569
2002		2082	498
2003		1961	471
2004		1496	492
2005		1394	370
2006		1360	357
2007		1306	316
2008		1238	347
2009		1287	301
2010		1215	265
2011		1115	266
2012		1165	308
在总计中:	**of which:**		
亏损企业	Loss Enterprises	308	308
一、按隶属关系分	**by Type of Ownership**		
中央企业	Central Enterprises	95	12
地方企业	Local Enterprises	411	140
二、按轻重工业分	**by Light & Heavy Industry**		
轻工业	Light Industry	261	79
重工业	Heavy Industry	904	229
三、按企业规模分	**by Enterprise Size**		
大型企业	Large-sized Enterprises	219	43
中型企业	Medium-sized Enterprises	445	127
小型企业	Small-sized Enterprises	452	129
微型企业	Micro-sized Enterprises	49	9

Main Economic Indicators of State-holding Industrial Enterprises above Designated Size

(10 000 yuan)

工 业 总产值 Gross Industrial Output Value	工 业 销售产值 Industrial Output Value of Products Sold	#出 口 交货值 Export Delivery Value	资产合计 Total Assets	产 成 品 Finished Products	流动资产 合 计 Total Working Capitals	固定资产 合 计 Total Fixed Assets
34865374	34582037		61171986	2648035	21559936	26865483
36451434	36075026		63133220	2596606	22619070	27560219
42011174	41427624		66635177	2450859	23463473	28577367
51487207	50844736	3517105	74887872	2695640	26726934	31848291
61113296	60064712	3613516	77434607	2467721	27344202	32361321
74010339	73313626	4044683	83290508	2852847	30467518	34492399
92291515	91593439	5307039	100154308	3002772	35011142	43339200
106319329	105639312	5825394	110202051	3354872	37987413	48369892
124176021	112293098	5970544	121311503	3880315	44288814	51646274
128851751	128318585	3727250	148415245	3846745	53040758	71533991
167269747	166962124	6385364	171793672	5044322	66485777	78535944
194537092	193514621	6527608	196679001	5825084	77628679	84039276
187946816	186360682	6560195	219524744	6782764	85148983	83129393
38939093	38656801	1029746	35293680	1158081	11745630	19510914
16641385	16501396	171062	25227593	343223	6285338	13417988
33579828	33108407	1438714	31383318	910253	13362732	13047697
22161772	22660331	2076279	23234916	1103541	12240166	6179100
165785045	163700352	4483917	196289829	5679223	72908818	76950293
140089354	139283017	5572760	165253967	5503798	68207325	54840150
35570027	34921542	794997	31752690	1059353	11728556	16238292
8550643	8418757	190746	10266768	214520	3977233	4986770
3736792	3737366	1692	12251321	5092	1235870	7064182

14-6 续表 1

单位：万元

类　别	Category	企业单位数（个）Number of Industial Enterprises (unit)	#亏损企业 Loss Enterprises
三、按行业大类分	by Sector		
采掘业	**Mining**	**128**	**18**
煤炭开采和洗选业	Mining and Washing of Coal	75	13
石油和天然气开采业	Extraction of Petroleum and Natural Gas	12	3
黑色金属矿采选业	Mining of Ferrous Metal Ores	13	2
有色金属矿采选业	Mining of Non-ferrous Metal Ores	18	
非金属矿采选业	Mining and Processing of Nonmetal Ores	9	
开采辅助活动	Mining Support Activities	1	
其他采矿业	Mining of Other Ores		
制造业	**Manufacturing**	**697**	**169**
农副食品加工业	Processing of Food from Agricultural Products	37	10
食品制造业	Manufacture of Foods	16	1
酒、饮料和精制茶制造业	Manufacture of Wine, Drinks and Refined Tea	36	5
烟草制品业	Manufacture of Tobacco	12	1
纺织业	Manufacture of Textile	13	6
纺织服装、服饰业	Manufacture of Textile Wearing Apparel and Finery	7	2
皮革、毛皮、羽毛及其制品和制鞋业	Manufacture of Leather, Fur, Feather & Its Products and Footwear	4	
木材加工及木 竹、藤、棕、草制品业	Processing of Timbers, Manufacture of Wood, Bamboo, Rattan, Palm, and Straw Products	7	2
家具制造业	Manufacture of Furniture		
造纸及纸制品业	Manufacture of Paper and Paper Products	14	3
印刷和记录媒介复制业	Printing, Reproduction of Recording Media	14	4
文教、工美、体育和娱乐用品制造业	Manufacture of Culture, Education,Arts and crafts，Sport and Entertainment Goods		
石油加工、炼焦和核燃料加工业	Processing of Petroleum, Coking and Nucleus Fuel	21	6
化学原料和化学制品制造业	Manufacture of Chemical Raw Material and Chemical Products	82	23
医药制造业	Manufacture of Medicines	27	5
化学纤维制造业	Manufacture of Chemical Fiber	3	1
橡胶和塑料制品业	Manufacture of Rubber and Plastic	18	5
非金属矿物制品业	Manufacture of Non-metallic Mineral Products	80	15
黑色金属冶炼及压延加工业	Manufacture and Processing of Ferrous Metals	20	11
有色金属冶炼及压延加工业	Manufacture & Processing of Non-ferrous Metals	12	5
金属制品业	Manufacture of Metal Products	35	8
通用设备制造业	Manufacture of General Purpose Machinery	55	13
专用设备制造业	Manufacture of Special Purpose Machinery	44	8
汽车制造业	Manufacture of Automotive	41	13
铁路、船舶、航空航天和其他运输设备制造业	Manufacture of Railroad,Marine,Aerospace and Other Transportation Equipment	36	14
电气机械及器材制造业	Manufacture of Electrical Machinery & Equipment	32	4
计算机、通信和其他电子设备制造业	Manufacture of Computer, Communications and Other Electronic Equipment	19	2
仪器仪表制造业	Manufacture of Measuring Instrument	8	2
其他制造业	Other Manufacture	2	
废弃资源综合利用业	Comprehensive Utilization of Waste	1	
金属制品、机械和设备修理业	Metal Products, Machinery and Equipment Repair Industry	1	
电力、燃气及水的生产和供应业	**Production and Supply of Electric,Gas and Water**	**340**	**121**
电力、热力的生产和供应业	Production and Supply of Electric Power and Heat Power	270	87
燃气生产和供应业	Production and Supply of Gas	19	4
水的生产和供应业	Production and Supply of Water	51	30

continued

(10 000 yuan)

工 业 总产值 Gross Industrial Output Value	工 业 销售产值 Industrial Output Value of Products Sold	#出 口 交货值 Export Delivery Value	资产合计 Total Assets	产 成 品 Finished Products	流动资产 合 计 Total Working Capitals	固定资产 合 计 Total Fixed Assets
46728506	**46496587**	**22069**	**71697828**	**1184216**	**23733249**	**21397229**
26221300	25999109	15979	48449533	794776	18489515	15871975
13133403	13152908		16324714	95913	2663959	3449906
990626	978993		1838702	18463	645788	549859
6060798	6044300	1353	4857157	256659	1832764	1406307
149932	148024	4737	186553	6553	76467	102768
172447	173253		41169	11852	24756	16414
115690526	**115350068**	**6538091**	**102872058**	**5544930**	**53728849**	**34336006**
1922749	1894342	303972	934305	72327	525123	217644
412101	390679	171	224043	8910	92810	117449
2793826	3445425	120739	3399195	164684	1482710	857089
4270739	4260428	173	2745498	7068	1569185	533436
720533	703263	299487	946283	63998	507013	269074
98971	98900	34092	129029	11651	82959	52825
65161	61761		36399	9366	26663	7243
157432	158372	2645	98525	6038	47156	47300
3756906	3730906	202070	5277583	197992	2512213	1427305
130564	132745		186585	8227	87091	85476
30646387	30147164	1373	11994323	723503	5803747	5569784
11342862	11317648	612143	11207486	368183	4169769	5388994
2390016	2351184	279373	2471419	167284	1358307	774611
416555	422873	40952	519239	43512	133931	292218
926090	928204	299633	1386420	134608	885842	320248
2458934	2384497	151517	4652425	100921	1759881	2091673
12739183	12815782	591789	12840895	429417	4469550	6434697
5541683	5535576	9	1598025	92003	755268	690845
1144784	1117808	44989	811478	71840	508456	240471
3843319	3903907	147885	7118526	522940	4324891	1591269
2301364	2282636	361462	3445842	459296	2381780	643755
13175636	13251670	1243548	17568669	1342825	11939328	3105001
6165006	6083604	696622	6713739	86014	3703002	2286586
1925793	1828665	111287	2156441	155328	1329587	543225
6218252	5982182	991871	4218159	291565	3173552	672052
67423	62125	289	155366	3155	72593	68722
29593	29593		23232	71	19444	1521
13064	13064		6141	2111	5526	473
15600	15065		6788	93	1472	5020
25527786	**24514028**	**38**	**44954861**	**53618**	**7686889**	**27396160**
24416832	23432381	38	41394482	41682	6450512	25863564
747952	717025		1238835	8862	440989	493781
363002	364622		2321544	3074	795388	1038815

14-6 续表 2

单位:万元

类　别	Category	负债合计 Total Liabilities	主营业务收　入 Revenue from Principal Business
	2000	38067876	37970654
	2001	37483411	40271259
	2002	39713021	44943840
	2003	44344094	56629328
	2004	46536736	63587181
	2005	50122726	77742855
	2006	60927702	95306527
	2007	65045428	111558833
	2008	70344746	128756909
	2009	86788971	133129344
	2010	102957123	174910226
	2011	124052763	200407014
	2012	137390693	218890641
在总计中:	**of which:**		
亏损企业	Loss Enterprises	26104855	40304836
一、按隶属关系分	**by Type of Ownership**		
中央企业	Central Enterprises	16717889	31116596
地方企业	Local Enterprises	20280693	35773538
二、按轻重工业分	**by Light & Heavy Industry**		
轻工业	Light Industry	12041232	23848039
重工业	Heavy Industry	125349461	195042602
三、按企业规模分	**by Enterprise Size**		
大型企业	Large-sized Enterprises	100390512	157250331
中型企业	Medium-sized Enterprises	22548990	36013449
小型企业	Small-sized Enterprises	6286603	8760397
微型企业	Micro-sized Enterprises	8164588	16866464

continued

(10 000 yuan)

#主营业务税金及附加 Taxes and Other Charges on Principal Business	营业费用 Cost of Business	管理费用 Cost of Management	利润总额 Total Profits	亏损企业亏损总额 Losses of Loss Enterprises	利税总额 Total Profits and Taxes	本年应交增值税 Value-added Tax Payable	全部从业人员年平均人数(人) Annual Average of Empolyed Persons (person)
701911	1100187	2583426	3038705	255271	5946153	2205537	2447147
759947	1296629	2641532	2826951	278147	5747731	2160883	2210739
831106	1371031	3099209	2667128	262877	5675976	2177741	2046430
993791	1580906	3586621	3976276	252046	7618829	2648762	2012836
1098150	1559258	4272468	5083589	573420	9232606	3050867	1664496
1266031	1744348	4268502	7470903	299658	12199176	3462241	1490223
2063986	1904728	4562370	8889270	380727	15419255	4465998	1485997
2475585	2218373	5576619	9768777	377289	17304550	5060188	1440311
4184459	2432221	7836139	8704701	2448306	18378706	5489546	1383296
4581942	2701601	7254743	8737389	652659	18732617	5413285	1456558
6227344	3271169	9854555	12893837	610626	25924570	6803389	1548876
7682939	3746306	9602337	14886026	1413532	30473305	7584804	1477406
7941539	3914845	10143328	13440302	1919374	29675020	8246128	1583298
2291507	369822	1550549	-1919374	1919374	1584264	1203645	324909
1482625	272382	644687	1683241	131250	4219815	1050089	89130
373595	800566	2478141	1784695	236151	3401655	1237809	334951
1627663	1546301	1046360	1797753	91584	4515073	1088460	212140
6313876	2368544	9096968	11642550	1827790	25159946	7157667	1371158
6659666	3257072	8082234	11839127	1315556	24670348	6130792	1201549
1126481	452038	1583713	625518	477347	3195388	1439857	285063
114982	198914	470212	384357	115180	773965	274051	67992
40411	6822	7170	591300	11292	1035320	401428	28694

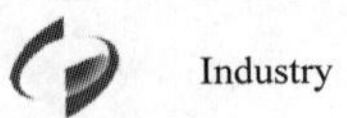

14-6 续表 3

单位:万元

类 别	Category	负债合计 Total Liabilities	主营业务收入 Revenue from Principal Business
三、按行业大类分	by Sector		
采掘业	**Mining**	**40044082**	**54698703**
煤炭开采和洗选业	Mining and Washing of Coal	29518383	32806124
石油和天然气开采业	Extraction of Petroleum and Natural Gas	7151609	13788248
黑色金属矿采选业	Mining of Ferrous Metal Ores	782055	1010152
有色金属矿采选业	Mining of Non-ferrous Metal Ores	2481674	6768872
非金属矿采选业	Mining and Processing of Nonmetal Ores	97908	152054
开采辅助活动	Mining Support Activities	12453	173253
其他采矿业	Mining of Other Ores		
制造业	**Manufacturing**	**65742787**	**123821734**
农副食品加工业	Processing of Food from Agricultural Products	481856	1950331
食品制造业	Manufacture of Foods	130332	398817
酒、饮料和精制茶制造业	Manufacture of Wine, Drinks and Refined Tea	1428796	3991897
烟草制品业	Manufacture of Tobacco	767520	3025772
纺织业	Manufacture of Textile	649166	796852
纺织服装、服饰业	Manufacture of Textile Wearing Apparel and Finery	90932	109155
皮革、毛皮、羽毛及其制品和制鞋业	Manufacture of Leather, Fur, Feather & Its Products and Footwear	26828	62130
木材加工及木 竹、藤、棕、草制品业	Processing of Timbers, Manufacture of Wood, Bamboo, Rattan, Palm, and Straw Products	98288	107442
家具制造业	Manufacture of Furniture		
造纸及纸制品业	Manufacture of Paper and Paper Products	3398623	3864650
印刷和记录媒介复制业	Printing, Reproduction of Recording Media	87186	139000
文教、工美、体育和娱乐用品制造业	Manufacture of Culture, Education,Arts and crafts, Sport and Entertainment Goods		
石油加工、炼焦和核燃料加工业	Processing of Petroleum, Coking and Nucleus Fuel	8895836	30913118
化学原料和化学制品制造业	Manufacture of Chemical Raw Material and Chemical Products	7695085	12374598
医药制造业	Manufacture of Medicines	1003121	2301466
化学纤维制造业	Manufacture of Chemical Fiber	253449	281945
橡胶和塑料制品业	Manufacture of Rubber and Plastic	1062853	1147696
非金属矿物制品业	Manufacture of Non-metallic Mineral Products	2863309	2403094
黑色金属冶炼及压延加工业	Manufacture and Processing of Ferrous Metals	9753848	15087690
有色金属冶炼及压延加工业	Manufacture & Processing of Non-ferrous Metals	973422	5990452
金属制品业	Manufacture of Metal Products	500815	1207285
通用设备制造业	Manufacture of General Purpose Machinery	3433888	4164216
专用设备制造业	Manufacture of Special Purpose Machinery	2281518	2895505
汽车制造业	Manufacture of Automotive	11713929	14639163
铁路、船舶、航空航天和其他运输设备制造业	Manufacture of Railroad,Marine,Aerospace and Other Transportation Equipment	4480623	6107176
电气机械及器材制造业	Manufacture of Electrical Machinery & Equipment	1517395	2162608
计算机、通信和其他电子设备制造业	Manufacture of Computer, Communications and Other Electronic Equipment	2074279	7576731
仪器仪表制造业	Manufacture of Measuring Instrument	63241	62806
其他制造业	Other Manufacture	13012	32010
废弃资源综合利用业	Comprehensive Utilization of Waste	2685	13064
金属制品、机械和设备修理业	Metal Products, Machinery and Equipment Repair Industry	952	15065
电力、燃气及水的生产和供应业	**Production and Supply of Electric,Gas and Water**	**31603826**	**40370207**
电力、热力的生产和供应业	Production and Supply of Electric Power and Heat Power	29671613	39189548
燃气生产和供应业	Production and Supply of Gas	605601	796736
水的生产和供应业	Production and Supply of Water	1326612	383923

continued

(10 000 yuan)

#主营业务税金及附加 Taxes and Other Charges on Principal Business	营业费用 Cost of Business	管理费用 Cost of Management	利润总额 Total Profits	亏损企业亏损总额 Losses of Loss Enterprises	利税总额 Total Profits and Taxes	本年应交增值税 Value-added Tax Payable	全部从业人员年平均人数(人) Annual Average of Empolyed Persons (person)
3194114	**732750**	**4548896**	**8254863**	**104171**	**14938511**	**3461626**	**659278**
444072	652944	3297714	3084360	100351	5434209	1878508	492499
2713235	32585	845450	3925622	2340	8093271	1454415	113653
17121	6958	95721	244441	1480	347130	85139	16055
12788	22898	297665	956523		997853	28329	34332
4299	15913	10604	23105		36674	9271	2327
2599	1452	1742	20812		29374	5964	412
4608691	**3078763**	**4495122**	**3460367**	**1516118**	**11615152**	**3537030**	**734054**
10481	18173	58490	71123	9131	94717	13107	12531
3171	25432	14009	15360	1366	26162	7625	5303
172879	559157	135271	440393	5787	810338	197063	32834
1363282	99373	205848	342704	1061	2055810	349736	13859
1636	11719	24241	10392	6206	44555	32527	21035
1105	1767	8483	1507	486	4633	2021	5249
517	1625	2351	2433		4994	2045	1987
1005	1709	4235	3605	1376	6454	1844	1255
12376	77051	111750	223146	5293	334896	99374	20526
623	1322	14470	6585	1457	12034	4826	4206
2557907	79394	514023	-71515	360467	3691980	1205468	49940
78191	172149	314549	291636	218241	532208	161885	65906
20886	246987	138913	299758	15717	444139	123482	30081
420	4988	27842	63259	653	67514	3835	6841
4007	35869	60081	11030	7273	30630	15521	13784
17332	93936	141758	253033	9487	373842	103312	41277
31089	89291	416932	-537494	607846	-354923	146870	109886
4180	20544	63928	-45848	92349	44506	85747	17452
5146	22572	62978	28394	6877	51166	17519	13738
24862	188737	350818	423074	78846	587582	139048	65481
10934	143148	202109	67235	9510	175537	97295	28871
211968	394468	503276	713350	32438	1230005	304496	77036
26484	85274	584882	320138	37597	462798	115146	39244
7765	105791	114028	88073	3574	146221	50149	20345
39373	592723	402023	435639	775	729594	253758	32706
424	3927	15032	498	2305	2346	1425	2279
205	1257	1545	903		1901	792	211
93	272	1137	653		1460	714	111
350	108	120	1303		2053	400	80
138736	**103333**	**1099312**	**1725076**	**299085**	**3121355**	**1247470**	**189966**
131917	63462	974852	1674728	269259	3024239	1209015	163335
3176	22365	42614	69238	3813	91097	17365	7618
3643	17506	81846	-18890	26013	6019	21090	19013

14-7 规模以上外商投资和港澳台商投资工业企业主要经济指标

单位:万元

类 别	Category	企业单位数(个) Number of Industial Enterprises (unit)	#亏损企业 Loss Enterprises
2000		1740	373
2001		2020	484
2002		2385	541
2003		2925	665
2004		4315	1059
2005		4684	773
2006		5227	819
2007		5747	847
2008		5900	1068
2009		6052	986
2010		5536	756
2011		4481	590
2012		4457	701
在总计中:	**of which:**		
亏损企业	Loss Enterprises	701	701
在总计中:	**of which:**		
港、澳、台商投资企业	Enterprises with Funds from Hong Kong,Macao and Taiwan	1056	164
合资经营企业(港或澳、台资)	Joint-ventures Enterprises	579	70
合作经营企业(港或澳、台资)	Cooperative Enterprises	26	5
港澳台商独资经营企业	Enterprises with Sole Investment	432	86
港澳台商投资股份有限公司	Share-holding Corporations Ltd. with Funds from Hong Kong, Macao and Taiwan	18	2
其他企业	Others	1	1
外商投资企业	Foreign Funded Enterprises	3401	537
中外合资经营企业	Joint-venture Enterprises	1330	160
中外合作经营企业	Cooperation Enterprises	66	6
外资企业	Enterprises with Sole Foreign Funds	1952	364
外商投资股份有限公司	Share-holding Corporations Ltd. with Foreign Investment	48	7
其他企业	Others	5	
在总计中:	**of which:**		
国有控股企业	State-holding Enterprises	94	25
在总计中:	**of which:**		
农村工业	Industry in Rural Area	37	2
一、按轻重工业分	**by Light & Heavy Industry**		
轻工业	Light Industry	2374	335
重工业	Heavy Industry	2083	366
二、按企业规模分	**by Enterprise Size**		
大型企业	Large-sized Enterprises	177	23
中型企业	Medium-sized Enterprises	1001	173
小型企业	Small-sized Enterprises	3198	486
微型企业	Micro-sized Enterprises	81	19

Main Economic Indicators of Industrial Enterprises above Designated Size with Funds from Foreign Countries (Territories),Hong Kong,Macao and Taiwan

(10 000 yuan)

工 业 总产值 Gross Industrial Output Value	工 业 销售产值 Industrial Output Value of Products Sold	#出 口 交货值 Export Delivery Value	资产合计 Total Assets	产 成 品 Finished Products	流动资产合计 Total Working Capitals	固定资产合计 Total Fixed Assets
11733444	11407902		11450417	766490	5149741	4763392
14570101	14184782		13978219	885669	6218800	5561049
17707902	17224508		16056232	965904	7330202	6278224
24832436	24336050	9283568	22387343	1189967	9810521	9084614
37836423	36920480	13536351	30386016	1636652	13195818	12040507
54014093	53031835	16756713	38447493	2063357	16996280	15011741
72090688	71138467	22454787	49903969	2635215	22336522	18732001
96955087	95104911	28979286	63158104	3186410	28783090	23543356
115354778	112502839	33732027	71304227	4060074	33656735	24364312
129775048	127998832	32424654	86379610	3878036	39585096	33430492
143659376	140914565	34755802	94554908	4123696	47889846	34450993
157964343	155929217	36071412	97369768	4071581	52534687	36493277
173259205	170199834	35718741	109629355	4644505	58337502	40856902
12692503	12582248	3809523	14613488	866271	7688210	5453260
35311220	34620287	6426451	25478174	1208473	13693130	9515612
21736080	21239477	3592326	15888941	701081	8427224	5913644
722351	705595	80190	267400	15321	152986	86286
12206384	11980081	2618502	8502394	434439	4740753	3162197
614395	654916	126225	757683	46916	357715	349198
32011	40218	9207	61756	10716	14453	4287
137947985	135579547	29292290	84151181	3436033	44644372	31341290
61784515	60108880	9983379	45052371	1628509	24051112	17418080
5042223	4951999	518352	3015505	288582	1996950	934940
65547398	64517027	17578635	31125758	1347828	16733624	11284325
5119830	5559897	1162731	4895140	164633	1833771	1677335
454020	441745	49194	62406	6481	28916	26610
11806209	11713173	484278	12070595	154398	5349299	5152340
1648051	1622017	148458	658870	45918	320315	304303
69590365	69398569	14089479	44554752	2156466	21897158	17619736
103668840	100801265	21629261	65074603	2488039	36440344	23237166
73429236	72126205	17235885	48370834	1794753	26674939	17628754
47972455	46880495	9456102	33491013	1683643	17664781	12813996
51314898	50623666	8883106	27071049	1155740	13720442	10094743
542616	569468	143648	696458	10370	277341	319410

14-7 续表 1

单位:万元

类 别	Category	企业单位数(个) Number of Industial Enterprises (unit)	#亏损企业 Loss Enterprises
三、按行业大类分	**by Sector**		
采掘业	**Mining**	**15**	**3**
煤炭开采和洗选业	Mining and Washing of Coal	3	2
石油和天然气开采业	Extraction of Petroleum and Natural Gas	1	
黑色金属矿采选业	Mining of Ferrous Metal Ores	2	
有色金属矿采选业	Mining of Non-ferrous Metal Ores	5	1
非金属矿采选业	Mining and Processing of Nonmetal Ores	4	
开采辅助活动	Mining Support Activities		
其他采矿业	Mining of Other Ores		
制造业	**Manufacturing**	**4357**	**692**
农副食品加工业	Processing of Food from Agricultural Products	591	49
食品制造业	Manufacture of Foods	163	21
酒、饮料和精制茶制造业	Manufacture of Wine, Drinks and Refined Tea	51	15
烟草制品业	Manufacture of Tobacco		
纺织业	Manufacture of Textile	215	44
纺织服装、服饰业	Manufacture of Textile Wearing Apparel and Finery	366	68
皮革、毛皮、羽毛及其制品和制鞋业	Manufacture of Leather, Fur, Feather & Its Products and Footwear	155	30
木材加工及木 竹、藤、棕、草制品业	Processing of Timbers, Manufacture of Wood, Bamboo, Rattan, Palm, and Straw Products	65	7
家具制造业	Manufacture of Furniture	66	8
造纸及纸制品业	Manufacture of Paper and Paper Products	82	14
印刷和记录媒介复制业	Printing, Reproduction of Recording Media	35	5
文教、工美、体育和娱乐用品制造业	Manufacture of Culture, Education,Arts and crafts，Sport and Entertainment Goods	281	35
石油加工、炼焦和核燃料加工业	Processing of Petroleum, Coking and Nucleus Fuel	14	6
化学原料和化学制品制造业	Manufacture of Chemical Raw Material and Chemical Products	278	41
医药制造业	Manufacture of Medicines	76	2
化学纤维制造业	Manufacture of Chemical Fiber	11	3
橡胶和塑料制品业	Manufacture of Rubber and Plastic	205	39
非金属矿物制品业	Manufacture of Non-metallic Mineral Products	229	30
黑色金属冶炼及压延加工业	Manufacture and Processing of Ferrous Metals	48	11
有色金属冶炼及压延加工业	Manufacture & Processing of Non-ferrous Metals	29	9
金属制品业	Manufacture of Metal Products	238	40
通用设备制造业	Manufacture of General Purpose Machinery	220	48
专用设备制造业	Manufacture of Special Purpose Machinery	173	36
汽车制造业	Manufacture of Automotive	178	30
铁路、船舶、航空航天和其他运输设备制造业	Manufacture of Railroad,Marine,Aerospace and Other Transportation Equipment	58	11
电气机械及器材制造业	Manufacture of Electrical Machinery & Equipment	191	32
计算机、通信和其他电子设备制造业	Manufacture of Computer, Communications and Other Electronic Equipment	274	52
仪器仪表制造业	Manufacture of Measuring Instrument	41	4
其他制造业	Other Manufacture	16	2
废弃资源综合利用业	Comprehensive Utilization of Waste	4	
金属制品、机械和设备修理业	Metal Products, Machinery and Equipment Repair Industry	4	
电力、燃气及水的生产和供应业	**Production and Supply of Electric,Gas and Water**	**85**	**6**
电力、热力的生产和供应业	Production and Supply of Electric Power and Heat Power	36	3
燃气生产和供应业	Production and Supply of Gas	36	2
水的生产和供应业	Production and Supply of Water	13	1

continued

(10 000 yuan)

工 业 总产值 Gross Industrial Output Value	工 业 销售产值 Industrial Output Value of Products Sold	#出 口 交货值 Export Delivery Value	资产合计 Total Assets	产成品 Finished Products	流动资产合计 Total Working Capitals	固定资产合计 Total Fixed Assets
927714	**928156**	**5227**	**837240**	**16403**	**157484**	**544686**
596556	601480		718883	13799	126696	476254
23927	23927		7599		445	7155
88670	88406		10504	299	1147	6527
25262	24622		14134	1017	6380	7610
193299	189721	5227	86120	1288	22816	47140
168959198	**166632145**	**35713514**	**103795587**	**4617939**	**57060937**	**36765510**
23451806	23440478	3849098	12053770	760704	7277123	3870445
5035319	5054619	854715	3503480	154266	1924630	1103545
2982332	3644727	343613	3109654	120126	1153751	986681
6947405	6794530	2140377	6507229	248311	2192730	3654934
5954023	5829081	1815703	2807540	116309	1269270	1171208
2943652	2873268	738098	1142797	78343	586413	489795
1211418	1196895	286624	506617	28271	332933	141042
1092431	1041171	218453	462593	29277	223046	199639
3402671	3304838	125197	4314815	111845	1740727	2240590
672354	677848	33111	520942	28212	239355	172025
3989322	3936132	1410285	1441677	124446	813518	494288
412108	414915	7964	410614	15058	238335	154010
15498861	14895526	1451680	10801763	336373	5478756	3895998
6013488	5827601	932690	4749314	190801	2456251	1901283
373559	356698	99767	521956	45724	212109	171397
5918353	5822695	1798093	3880609	219867	1977643	1614666
5330075	5270226	510846	3868284	145690	1832025	1634589
4072637	4028825	228384	2018450	75445	1203063	523083
3648834	3627959	55407	2157368	41801	1743575	366404
7582844	7007026	1326692	3771502	192053	2119243	1407715
5232050	5151536	1579184	4225863	271182	2528604	1384433
7080116	6840422	875023	5324677	660032	3542506	1201671
10732717	10611997	1125721	8029353	177981	5031388	2636650
2955644	2924691	591937	4192749	143084	2792157	1149928
8255956	8033505	1428840	3837714	126625	2122620	1264389
26677634	26574051	11635577	8683243	153816	5405107	2724780
1147451	1114391	142981	713278	12940	513019	139251
245597	239335	93906	136084	4289	56009	29995
34166	34560		31765	3035	22302	8409
64375	62599	13548	69887	2033	32729	32667
3372293	**2639535**		**4996528**	**10165**	**1119086**	**3546709**
2085907	1375048		3396068	66	505611	2735856
1192989	1173662		1259688	9841	526121	616320
93397	90825		340772	258	87354	194533

14—7 续表 2

单位:万元

类 别	Category	负债合计 Total Liabilities	主营业务收入 Revenue from Principal Business
2000		6974187	10608335
2001		7975312	12695597
2002		9002705	15655508
2003		12602882	23176116
2004		16498501	35828528
2005		21083916	52377071
2006		26832468	70456341
2007		34261658	94561330
2008		38145531	110043170
2009		45394957	127005719
2010		49181433	138639700
2011		51712845	152985089
2012		57272370	169409527
在总计中:	**of which:**		
亏损企业	Loss Enterprises	9396030	12135256
在总计中:	**of which:**		
港、澳、台商投资企业	Enterprises with Funds from Hong Kong,Macao and Taiwan	13746596	34652115
合资经营企业(港或澳、台资)	Joint-ventures Enterprises	8998300	21310773
合作经营企业(港或澳、台资)	Cooperative Enterprises	90122	706146
港澳台商独资经营企业	Enterprises with Sole Investment	4167159	11954039
港澳台商投资股份有限公司	Share-holding Corporations Ltd. with Funds from Hong Kong, Macao and Taiwan	455676	643433
其他企业	Others	35339	37724
外商投资企业	Foreign Funded Enterprises	43525774	134757412
中外合资经营企业	Joint-venture Enterprises	24135148	60585004
中外合作经营企业	Cooperation Enterprises	1874463	5057788
外资企业	Enterprises with Sole Foreign Funds	15553350	63342737
外商投资股份有限公司	Share-holding Corporations Ltd. with Foreign Investment	1939894	5302043
其他企业	Others	22918	469839
在总计中:	**of which:**		
国有控股企业	State-holding Enterprises	6331697	12165784
在总计中:	**of which:**		
农村工业	Industry in Rural Area	270319	1593379
一、按轻重工业分	**by Light & Heavy Industry**		
轻工业	Light Industry	21415740	69036680
重工业	Heavy Industry	35856629	100372847
二、按企业规模分	**by Enterprise Size**		
大型企业	Large-sized Enterprises	26924771	72181864
中型企业	Medium-sized Enterprises	17387029	46794359
小型企业	Small-sized Enterprises	12675624	49928344
微型企业	Micro-sized Enterprises	284946	504961

continued

(10 000 yuan)

#主营业务税金及附加 Taxes and Other Charges on Principal Business	营业费用 Cost of Business	管理费用 Cost of Management	利润总额 Total Profits	亏损企业亏损总额 Losses of Loss Enterprises	利税总额 Total Profits and Taxes	本年应交增值税 Value-added Tax Payable	全部从业人员年平均人数(人) Annual Average of Empolyed Persons (person)
45189	397752	511820	607409	123586	1068901	416302	570940
42749	500409	587803	747735	133568	1381549	591069	677208
52771	656697	715305	946420	121496	1585217	586026	782462
77214	844733	893503	1437357	173975	2218336	703765	942482
142675	1155656	1409829	2388875	238522	3616446	1084896	1268481
256875	1404591	1578402	3498964	215791	5220808	1464969	1485932
305226	1989506	2156705	4373503	235135	6473118	1794389	1607730
410640	2621917	2640990	5535820	252042	8226755	2280295	1716875
433346	2871686	3300860	5972969	595461	8957825	2551510	1689902
561210	3061011	3482913	7213796	558728	10879283	3104278	1740004
770021	3668294	5700645	10010172	351316	14429266	3649074	1657493
732375	3427756	4713939	10851122	527423	15764843	4109348	1512465
1063958	4017676	5592666	11374074	793262	16933454	4484316	1546846
53276	417155	744144	-793262	793262	-522711	216227	226007
209830	994465	1213223	2559103	178501	3731704	959674	329034
130333	763235	730452	1807426	59244	2608766	669431	180342
4669	15317	29161	33006	3187	57320	19634	7108
72650	200707	422771	727133	82232	1055839	254548	130858
1806	14524	29464	-6592	31968	9423	14209	9136
373	682	1376	-1870	1870	356	1853	1590
854127	3023211	4379442	8814970	614761	13201750	3524642	1217812
484447	1394444	1890324	4238468	220649	6657534	1930189	459035
18619	121512	93682	397521	3592	526959	110136	28223
288339	1139459	2234237	3744194	380906	5383576	1348191	675660
61105	367479	160525	405636	9614	591051	124264	53366
1618	317	674	29151		42630	11862	1528
282945	412648	348516	1218364	61300	1995722	493633	61001
5381	27111	68231	141836	1469	182789	35553	8157
448472	2209482	2413212	4889002	228566	7154121	1810217	801231
615486	1808194	3179454	6485072	564697	9779333	2674099	745615
425649	1614289	1834350	5112962	208356	7469044	1929152	542368
286844	1368500	1711738	2952524	322348	4443991	1201648	571683
349765	1027072	2025972	3280788	243600	4979820	1342501	426340
1700	7815	20605	27800	18958	40600	11015	6455

14-7 续表3

单位：万元

类　别	Category	负债合计 Total Liabilities	主营业务收入 Revenue from Principal Business
三、按行业大类分	by Sector		
采掘业	**Mining**	**442223**	**945551**
煤炭开采和洗选业	Mining and Washing of Coal	413343	618647
石油和天然气开采业	Extraction of Petroleum and Natural Gas	669	23928
黑色金属矿采选业	Mining of Ferrous Metal Ores	726	88406
有色金属矿采选业	Mining of Non-ferrous Metal Ores	5526	24947
非金属矿采选业	Mining and Processing of Nonmetal Ores	21959	189623
开采辅助活动	Mining Support Activities		
其他采矿业	Mining of Other Ores		
制造业	**Manufacturing**	**54436235**	**165046342**
农副食品加工业	Processing of Food from Agricultural Products	6508498	23704129
食品制造业	Manufacture of Foods	1638058	5066000
酒、饮料和精制茶制造业	Manufacture of Wine, Drinks and Refined Tea	1182841	3458697
烟草制品业	Manufacture of Tobacco		
纺织业	Manufacture of Textile	2845234	6868267
纺织服装、服饰业	Manufacture of Textile Wearing Apparel and Finery	1148294	5666207
皮革、毛皮、羽毛及其制品和制鞋业	Manufacture of Leather, Fur, Feather & Its Products and Footwear	604323	2818405
木材加工及木 竹、藤、棕、草制品业	Processing of Timbers, Manufacture of Wood, Bamboo, Rattan, Palm, and Straw Products	151934	1076545
家具制造业	Manufacture of Furniture	211310	1066971
造纸及纸制品业	Manufacture of Paper and Paper Products	2537313	3433093
印刷和记录媒介复制业	Printing, Reproduction of Recording Media	226206	594853
文教、工美、体育和娱乐用品制造业	Manufacture of Culture, Education,Arts and crafts，Sport and Entertainment Goods	632937	3934045
石油加工、炼焦和核燃料加工业	Processing of Petroleum, Coking and Nucleus Fuel	269730	431612
化学原料和化学制品制造业	Manufacture of Chemical Raw Material and Chemical Products	6207943	15071691
医药制造业	Manufacture of Medicines	1851761	5491796
化学纤维制造业	Manufacture of Chemical Fiber	387460	356498
橡胶和塑料制品业	Manufacture of Rubber and Plastic	2116751	5960718
非金属矿物制品业	Manufacture of Non-metallic Mineral Products	1753123	5282345
黑色金属冶炼及压延加工业	Manufacture and Processing of Ferrous Metals	1286030	3633371
有色金属冶炼及压延加工业	Manufacture & Processing of Non-ferrous Metals	1308085	3580400
金属制品业	Manufacture of Metal Products	2071650	7303846
通用设备制造业	Manufacture of General Purpose Machinery	1891690	5201164
专用设备制造业	Manufacture of Special Purpose Machinery	3066347	6851300
汽车制造业	Manufacture of Automotive	4573368	10464141
铁路、船舶、航空航天和其他运输设备制造业	Manufacture of Railroad,Marine,Aerospace and Other Transportation Equipment	3121702	2900042
电气机械及器材制造业	Manufacture of Electrical Machinery & Equipment	1471891	7919744
计算机、通信和其他电子设备制造业	Manufacture of Computer, Communications and Other Electronic Equipment	4981436	25440078
仪器仪表制造业	Manufacture of Measuring Instrument	260139	1131806
其他制造业	Other Manufacture	83959	239158
废弃资源综合利用业	Comprehensive Utilization of Waste	15405	36526
金属制品、机械和设备修理业	Metal Products, Machinery and Equipment Repair Industry	30817	62894
电力、燃气及水的生产和供应业	**Production and Supply of Electric,Gas and Water**	**2393910**	**3417634**
电力、热力的生产和供应业	Production and Supply of Electric Power and Heat Power	1595454	2097288
燃气生产和供应业	Production and Supply of Gas	640837	1224558
水的生产和供应业	Production and Supply of Water	157619	95788

continued

(10 000 yuan)

#主营业务税金及附加 Taxes and Other Charges on Principal Business	营业费用 Cost of Business	管理费用 Cost of Management	利润总额 Total Profits	亏损企业亏损总额 Losses of Loss Enterprises	利税总额 Total Profits and Taxes	本年应交增值税 Value-added Tax Payable	全部从业人员年平均人数(人) Annual Average of Empolyed Persons (person)
22124	**44756**	**79601**	**226429**	**2068**	**327606**	**79053**	**4874**
19474	19650	54304	192771	1896	282683	70438	1449
471		307	838		1309		54
1117	6	6990	8881		12328	2330	362
457	915	1626	2106	172	3068	505	744
605	24185	16374	21833		28218	5780	2265
1020941	**3929767**	**5379532**	**10757091**	**779585**	**16031552**	**4243986**	**1517451**
60771	373555	528946	1506106	52855	2016216	448155	194989
31278	283703	162839	437341	24138	639740	170720	46259
97450	392269	101737	282517	16031	513703	133305	28582
46745	94430	272149	393499	40563	611991	171191	100942
39414	143852	323806	332526	22206	510388	137559	131112
25152	42578	123775	129817	15338	223634	68473	66584
7237	22212	30095	84566	3107	110278	18476	9663
5862	30337	39209	77322	1563	114832	31629	16317
18056	107433	97155	202254	8512	328952	107593	24307
4290	21108	59107	40552	2986	64778	19936	7800
23741	74736	155239	215277	19825	348724	108950	67678
2160	12009	20804	15361	8286	24612	7091	2883
103732	313307	367470	864557	91255	1368160	398824	69652
39731	478365	279671	857870	490	1180185	282584	39123
905	7313	12290	8779	3825	14580	4801	4028
33938	192813	232055	347299	25779	506225	124904	55233
32157	136172	166369	456907	57049	700677	211211	53551
6045	29537	158607	149344	14824	222452	67062	11826
7560	16055	41050	174212	7916	441920	259947	7508
83542	103971	320056	342972	62666	599203	171493	61755
28675	187647	324238	363910	49870	508354	115697	59989
25437	234909	232736	519741	50471	724163	178708	47294
193409	227942	286010	868492	37398	1331959	269851	75168
18273	40731	93811	239657	57999	334864	76919	29888
33430	145853	211944	573105	9929	733716	126961	66352
43022	169707	663790	1140451	92057	1653411	469712	219973
6026	44130	54784	112058	2574	170645	52550	11839
1782	2154	7094	12953	73	20309	5572	4711
149	497	2450	3082		4664	1432	624
972	442	10246	4564		8217	2680	1821
20895	**43157**	**133533**	**390553**	**11610**	**574297**	**161277**	**24521**
13706	8432	74508	249251	8218	380957	117939	14041
6839	34559	50113	127320	2739	175442	40457	8449
350	166	8912	13982	653	17898	2881	2031

14-8 规模以上国有工业企业主要经济指标

单位:万元

类别	Category	企业单位数(个) Number of Industial Enterprises (unit)	#亏损企业 Loss Enterprises
2000		2114	486
2001		1592	400
2002		1387	349
2003		1151	309
2004		972	332
2005		842	243
2006		746	212
2007		661	184
2008		609	186
2009		649	162
2010		597	148
2011		517	135
2012		506	152
在总计中:	**of which:**		
亏损企业	Loss Enterprises	152	152
在总计中:	**of which:**		
中央企业	Central Enterprises	95	12
地方企业	Local Enterprises	411	140
一、按轻重工业分	**by Light & Heavy Industry**		
轻工业	Light Industry	122	47
重工业	Heavy Industry	384	105
二、按企业规模分	**by Enterprise Size**		
大型企业	Large-sized Enterprises	76	13
中型企业	Medium-sized Enterprises	216	67
小型企业	Small-sized Enterprises	191	70
微型企业	Micro-sized Enterprises	23	2

Main Economic Indicators of State-owned Industrial Enterprises above Designated Size

(10 000 yuan)

工业总产值 Gross Industrial Output Value	工业销售产值 Industrial Output Value of Products Sold	#出口交货值 Export Delivery Value	资产合计 Total Assets	产成品 Finished Products	流动资产合计 Total Working Capitals	固定资产合计 Total Fixed Assets
24744936	24607993		42208919	1617992	14019235	19245575
12234932	12037423		27531520	921428	9429088	11637665
13770330	13600891		27580401	813504	9294926	11563565
14840375	14566769	749626	28068618	732614	9725574	11768793
19715003	19142465	817147	27013217	607810	8782685	12164842
19829441	19639882	687504	24493249	561662	8482461	10266814
23078362	22921402	582201	27104824	521067	9139735	11828055
27367017	27151997	571583	30119677	569429	9963162	13476671
45772078	35078287	1117299	44055195	1007282	12046865	22574394
40747007	40355963	1164851	42604000	986200	14396493	20675274
54861225	54639308	1408178	49684216	1107398	18421339	24524408
62007599	61464686	1616105	53398134	1206047	18802859	24894871
50221213	49609803	1609776	56610910	1253476	19648070	26465685
6585059	6417674	159253	8955632	247254	3215469	4884848
16641385	16501396	171062	25227593	343223	6285338	13417988
33579828	33108407	1438714	31383318	910253	13362732	13047697
9942690	9896134	1120228	9172361	455510	5711265	2009222
40278523	39713669	489549	47438549	797966	13936805	24456463
31472687	31195933	1327792	28147802	880056	12578688	10637844
13014061	12744862	209618	13490073	294894	4523222	7570662
3272629	3209116	72366	3570430	78527	1486967	1686181
2461836	2459892		11402606		1059193	6570999

14-8 续表 1

单位:万元

类　　别	Category	企业单位数(个) Number of Industial Enterprises (unit)	#亏损企业 Loss Enterprises
三、按行业大类分	by Sector		
采掘业	**Mining**	**53**	**5**
煤炭开采和洗选业	Mining and Washing of Coal	35	5
石油和天然气开采业	Extraction of Petroleum and Natural Gas	5	
黑色金属矿采选业	Mining of Ferrous Metal Ores	5	
有色金属矿采选业	Mining of Non-ferrous Metal Ores	5	
非金属矿采选业	Mining and Processing of Nonmetal Ores	3	
开采辅助活动	Mining Support Activities		
其他采矿业	Mining of Other Ores		
制造业	**Manufacturing**	**231**	**58**
农副食品加工业	Processing of Food from Agricultural Products	23	6
食品制造业	Manufacture of Foods	5	1
酒、饮料和精制茶制造业	Manufacture of Wine, Drinks and Refined Tea	11	
烟草制品业	Manufacture of Tobacco	8	1
纺织业	Manufacture of Textile	6	3
纺织服装、服饰业	Manufacture of Textile Wearing Apparel and Finery	1	
皮革、毛皮、羽毛及其制品和制鞋业	Manufacture of Leather, Fur, Feather & Its Products and Footwear	2	
木材加工及木 竹、藤、棕、草制品业	Processing of Timbers, Manufacture of Wood, Bamboo, Rattan, Palm, and Straw Products	2	1
家具制造业	Manufacture of Furniture		
造纸及纸制品业	Manufacture of Paper and Paper Products	2	
印刷和记录媒介复制业	Printing, Reproduction of Recording Media	7	3
文教、工美、体育和娱乐用品制造业	Manufacture of Culture, Education,Arts and crafts, Sport and Entertainment Goods		
石油加工、炼焦和核燃料加工业	Processing of Petroleum, Coking and Nucleus Fuel	7	1
化学原料和化学制品制造业	Manufacture of Chemical Raw Material and Chemical Products	21	6
医药制造业	Manufacture of Medicines	5	2
化学纤维制造业	Manufacture of Chemical Fiber	2	1
橡胶和塑料制品业	Manufacture of Rubber and Plastic	2	
非金属矿物制品业	Manufacture of Non-metallic Mineral Products	24	8
黑色金属冶炼及压延加工业	Manufacture and Processing of Ferrous Metals	5	3
有色金属冶炼及压延加工业	Manufacture & Processing of Non-ferrous Metals	3	1
金属制品业	Manufacture of Metal Products	6	
通用设备制造业	Manufacture of General Purpose Machinery	24	5
专用设备制造业	Manufacture of Special Purpose Machinery	18	3
汽车制造业	Manufacture of Automotive	16	5
铁路、船舶、航空航天和其他运输设备制造业	Manufacture of Railroad,Marine,Aerospace and Other Transportation Equipment	13	7
电气机械及器材制造业	Manufacture of Electrical Machinery & Equipment	8	
计算机、通信和其他电子设备制造业	Manufacture of Computer, Communications and Other Electronic Equipment	6	
仪器仪表制造业	Manufacture of Measuring Instrument	4	1
其他制造业	Other Manufacture		
废弃资源综合利用业	Comprehensive Utilization of Waste		
金属制品、机械和设备修理业	Metal Products, Machinery and Equipment Repair Industry		
电力、燃气及水的生产和供应业	**Production and Supply of Electric,Gas and Water**	**222**	**89**
电力、热力的生产和供应业	Production and Supply of Electric Power and Heat Power	177	61
燃气生产和供应业	Production and Supply of Gas	5	2
水的生产和供应业	Production and Supply of Water	40	26

continued

(10 000 yuan)

工 业 总产值 Gross Industrial Output Value	工 业 销售产值 Industrial Output Value of Products Sold	#出 口 交货值 Export Delivery Value	资产合计 Total Assets	产成品 Finished Products	流动资产合计 Total Working Capitals	固定资产合计 Total Fixed Assets
10126588	**10070452**	**2653**	**11522421**	**175471**	**4405847**	**3798522**
9047269	8991835		9475038	151924	3768245	3176971
127899	127899		140352		5274	123379
468843	470933		1236973	12094	437090	304453
404791	406266		588685	5591	152568	158367
77786	73519	2653	81373	5862	42670	35352
22629213	**22344692**	**1607086**	**20261768**	**1046282**	**11214483**	**6560973**
1138794	1121518	254739	510572	43688	330504	147695
187058	184531		83626	2658	19900	59352
317443	317425	350	288351	25640	197664	58597
3079032	3068052		2681146	5180	1545167	494090
352550	344261	117903	307797	15347	151382	113431
11635	11403		18309	6816	15720	2449
37985	34155		17408	2875	13643	3031
27584	28153		36942	2924	15369	19691
73061	74993		59013	5624	27829	27584
46716	47823		95664	5491	45275	41361
2558270	2517846		1272754	63928	725412	407803
4243621	4209044	79723	3092734	141062	932414	1762161
117765	120370		164225	6729	55888	60620
207700	213320	21117	266859	21202	97202	148526
36902	35268		8791	1297	5573	2917
677296	618792	39487	1426646	21728	471002	753723
648624	650042		1014794	75029	379067	602106
673767	671422	9	530601	10779	320247	127709
131702	128978		87318	11557	51270	33370
805771	781500	28415	1164179	102076	786364	340801
539368	509297	6158	817604	77822	540823	153237
1522967	1533629	106054	1290953	91279	929502	245724
885157	876896	208635	1219035	18261	631464	458913
813019	782341	57572	932932	65356	612061	173286
3464542	3434861	686635	2828929	220093	2288444	309176
30884	28772	289	44586	1841	25297	13620
17465414	**17194659**	**38**	**24826724**	**31725**	**4027744**	**16106190**
17164954	16894014	38	23577597	28637	3526664	15604896
111726	110108		136542	720	34530	58434
188734	190537		1112585	2368	466550	442860

14-8 续表 2

单位:万元

类别	Category	负债合计 Total Liabilities	主营业务收入 Revenue from Principal Business	#主营业务税金及附加 Taxes and Other Charges on Principal Business
2000		26686324	27821717	492552
2001		17653620	16006815	294059
2002		17777286	17815410	343306
2003		18009322	19793599	385228
2004		17664902	20631866	234423
2005		16133478	20149674	215660
2006		17375838	23656937	673855
2007		18561850	27623229	777269
2008		21171736	47675137	3251935
2009		26103211	42480695	1094712
2010		32202345	56271894	1501435
2011		34552035	64126688	1617389
2012		36998582	66890135	1856220
在总计中：	**of which:**			
亏损企业	Loss Enterprises	7080108	6649196	39252
在总计中：	**of which:**			
中央企业	Central Enterprises	16717889	31116596	1482625
地方企业	Local Enterprises	20280693	35773538	373595
一、按轻重工业分	**by Light & Heavy Industry**			
轻工业	Light Industry	4529148	11624534	1418271
重工业	Heavy Industry	32469434	55265600	437949
二、按企业规模分	**by Enterprise Size**			
大型企业	Large-sized Enterprises	17241900	33563625	1686312
中型企业	Medium-sized Enterprises	9910375	13237351	67239
小型企业	Small-sized Enterprises	2227304	3398195	64410
微型企业	Micro-sized Enterprises	7619004	16690964	38259

continued

(10 000 yuan)

营业费用 Cost of Business	管理费用 Cost of Management	利润总额 Total Profits	亏损企业亏损总额 Losses of Loss Enterprises	利税总额 Total Profits and Taxes	本年应交增值税 Value-added Tax Payable	全部从业人员年平均人数(人) Annual Average of Empolyed Persons (person)
547576	1754897	2554426	194180	4711091	1664113	1652934
351126	1044379	520439	149112	1542737	728243	984032
329434	1073754	610973	131676	1748879	794695	883357
339400	1135605	724762	126296	1944990	835000	769190
259600	1345339	508887	358415	1679671	936360	668702
233128	1153373	767749	130004	1827104	843695	536010
276963	1308489	1098603	116777	2868286	1095828	480364
324251	1493013	1304975	162156	3361138	1278894	453495
729708	2645622	6139923	630451	12337647	2945789	568582
961122	2234651	1523331	314887	4140177	1522134	491752
1122616	2993266	2338185	267808	5787735	1948115	489028
1133742	3118712	2776635	511041	6514906	2108989	433337
1072948	3122828	3467936	367401	7621470	2287898	424081
100081	374003	-367401	367401	-161068	165891	79542
272382	644687	1683241	131250	4219815	1050089	89130
800566	2478141	1784695	236151	3401655	1237809	334951
654180	500521	795154	33853	2844537	630036	84658
418768	2622307	2672782	333548	4776933	1657862	339423
809567	2040488	2519651	99603	5532100	1321062	237312
164966	879195	246496	204625	760171	444343	135284
98415	202987	140229	62928	335400	130642	30528
	158	561560	245	993800	391850	20957

14-8 续表 3

单位:万元

类　　别	Category	负债合计 Total Liabilities	主营业务收　入 Revenue from Principal Business
三、按行业大类分	**by Sector**		
采掘业	**Mining**	**6230300**	**9724417**
煤炭开采和洗选业	Mining and Washing of Coal	5347690	8625716
石油和天然气开采业	Extraction of Petroleum and Natural Gas	35097	143337
黑色金属矿采选业	Mining of Ferrous Metal Ores	456828	483229
有色金属矿采选业	Mining of Non-ferrous Metal Ores	331688	399651
非金属矿采选业	Mining and Processing of Nonmetal Ores	58997	72484
开采辅助活动	Mining Support Activities		
其他采矿业	Mining of Other Ores		
制造业	**Manufacturing**	**12618581**	**25034624**
农副食品加工业	Processing of Food from Agricultural Products	298872	1181382
食品制造业	Manufacture of Foods	72218	192407
酒、饮料和精制茶制造业	Manufacture of Wine, Drinks and Refined Tea	179171	329569
烟草制品业	Manufacture of Tobacco	758450	2930969
纺织业	Manufacture of Textile	202881	333550
纺织服装、服饰业	Manufacture of Textile Wearing Apparel and Finery	17163	18904
皮革、毛皮、羽毛及其制品和制鞋业	Manufacture of Leather, Fur, Feather & Its Products and Footwear	14299	34155
木材加工及木 竹、藤、棕、草制品业	Processing of Timbers, Manufacture of Wood, Bamboo, Rattan, Palm, and Straw Products	56390	28236
家具制造业	Manufacture of Furniture		
造纸及纸制品业	Manufacture of Paper and Paper Products	46543	62934
印刷和记录媒介复制业	Printing, Reproduction of Recording Media	55954	55038
文教、工美、体育和娱乐用品制造业	Manufacture of Culture, Education,Arts and crafts, Sport and Entertainment Goods		
石油加工、炼焦和核燃料加工业	Processing of Petroleum, Coking and Nucleus Fuel	891320	2751200
化学原料和化学制品制造业	Manufacture of Chemical Raw Material and Chemical Products	2466204	4283836
医药制造业	Manufacture of Medicines	93955	153501
化学纤维制造业	Manufacture of Chemical Fiber	62000	224539
橡胶和塑料制品业	Manufacture of Rubber and Plastic	4859	37385
非金属矿物制品业	Manufacture of Non-metallic Mineral Products	908301	640785
黑色金属冶炼及压延加工业	Manufacture and Processing of Ferrous Metals	909650	611520
有色金属冶炼及压延加工业	Manufacture & Processing of Non-ferrous Metals	460399	1174688
金属制品业	Manufacture of Metal Products	56545	138891
通用设备制造业	Manufacture of General Purpose Machinery	605617	802123
专用设备制造业	Manufacture of Special Purpose Machinery	512133	689643
汽车制造业	Manufacture of Automotive	829315	1518719
铁路、船舶、航空航天和其他运输设备制造业	Manufacture of Railroad,Marine,Aerospace and Other Transportation Equipment	895095	882784
电气机械及器材制造业	Manufacture of Electrical Machinery & Equipment	673701	1092143
计算机、通信和其他电子设备制造业	Manufacture of Computer, Communications and Other Electronic Equipment	1512234	4836652
仪器仪表制造业	Manufacture of Measuring Instrument	35312	29071
其他制造业	Other Manufacture		
废弃资源综合利用业	Comprehensive Utilization of Waste		
金属制品、机械和设备修理业	Metal Products, Machinery and Equipment Repair Industry		
电力、燃气及水的生产和供应业	**Production and Supply of Electric,Gas and Water**	**18149704**	**32131098**
电力、热力的生产和供应业	Production and Supply of Electric Power and Heat Power	17420974	31824592
燃气生产和供应业	Production and Supply of Gas	64611	112861
水的生产和供应业	Production and Supply of Water	664119	193645

continued

(10 000 yuan)

#主营业务税金及附加 Taxes and Other Charges on Principal Business	营业费用 Cost of Business	管理费用 Cost of Management	利润总额 Total Profits	亏损企业亏损总额 Losses of Loss Enterprises	利税总额 Total Profits and Taxes	本年应交增值税 Value-added Tax Payable	全部从业人员年平均人数(人) Annual Average of Empolyed Persons (person)
165452	**122563**	**1317202**	**1136973**	**6674**	**1828020**	**522780**	**133106**
134166	113876	1162309	792368	6674	1383622	454634	112654
20661	428	8869	32455		72016	18900	645
9026	3248	76275	163341		217383	44788	11483
245	1011	63879	146483		147777	915	6650
1354	4000	5870	2326		7222	3543	1674
1595569	**875841**	**910331**	**1095140**	**141224**	**3569938**	**877482**	**164001**
2775	7164	13044	61770	874	72832	8281	8223
1557	15074	6943	6065	1366	10148	2526	2201
19274	58668	18350	38887		75739	17578	7005
1362685	94721	198770	331223	1061	2039585	345589	10669
282	5702	6062	12010	382	21249	8957	5890
551	253	53	170		967	247	580
389	390	460	1439		2765	938	898
355	498	1278	1102	258	2553	1096	529
290	1208	858	1473		4244	2481	2578
313	785	7019	4483	1235	6913	2117	2566
120665	9834	33167	32270	236	190582	37647	5975
30636	35368	75009	110930	53253	190601	49014	15209
839	10376	7970	6203	828	17826	10783	2091
314	4698	11632	7126	653	9943	2503	1757
207	1377	1332	2929		4619	1484	315
4526	24098	36733	71395	3507	104787	28835	10606
3580	5199	28182	-15464	17336	-7193	4691	5200
1208	647	22013	-2205	8609	57744	58741	6326
805	2400	4007	6235		10071	3030	1722
6268	34654	71148	11588	10836	39816	21446	13133
3642	40982	52605	38414	1342	64038	21915	11488
2733	63129	66897	892	22414	21183	17403	11856
3541	9137	57451	14478	16895	32596	14548	8248
3144	55593	44377	46144		70401	21100	8963
24731	392355	139888	305355		524353	193443	18436
259	1531	5083	228	139	1576	1089	1537
95202	**74547**	**895296**	**1235825**	**219503**	**2223511**	**887634**	**126974**
92647	59934	824025	1245886	195468	2214885	871644	112782
747	6205	12854	11206	926	17488	5535	1870
1808	8408	58417	-21267	23109	-8862	10455	12322

14-9 规模以上非公有工业主要经济指标

单位：万元

类别	Category	企业单位数（个）Number of Industial Enterprises (unit)	#亏损企业 Loss Enterprises
2002		8377	1047
2003		11584	1247
2004		20324	2726
2005		24092	1871
2006		28015	1920
2007		32395	1884
2008		39486	2569
2009		43942	2508
2010		41210	1712
2011		34758	1558
2012		36626	2126
在总计中：	**of which:**		
亏损企业	Loss Enterprises	2126	2126
在总计中：	**of which:**		
农村工业	Industry in Rural Area	360	15
一、按轻重工业分	**by Light & Heavy Industry**		
轻工业	Light Industry	15083	837
重工业	Heavy Industry	21543	1289
二、按企业规模分	**by Enterprise Size**		
大型企业	Large-sized Enterprises	843	69
中型企业	Medium-sized Enterprises	4090	472
小型企业	Small-sized Enterprises	30658	1519
微型企业	Micro-sized Enterprises	1035	66

Main Economic Indicators of Non-public Industry above Designated Size

(10 000 yuan)

工 业 总产值 Gross Industrial Output Value	工 业 销售产值 Industrial Output Value of Products Sold	#出 口 交货值 Export Delivery Value	资产合计 Total Assets	产成品 Finished Products	流动资产合计 Total Working Capitals	固定资产合计 Total Fixed Assets
45461718	44155651		35949602	2814383	16729064	12760819
73393784	71515263	14474997	52877008	3521911	23879407	18379772
138152594	135022277	22988004	95685397	5954466	42876737	34492541
200549717	196288717	28331918	122189852	7796259	55761512	44012262
243089184	238524116	33703704	132257499	8023085	61749264	47266989
330029176	323122998	42754269	171807847	10132134	77982898	62484427
449737185	440291558	51970618	237467651	13989404	105926599	86484833
643590615	633853190	53674627	404207876	18823010	172041728	175656063
606536704	595826013	54743512	322702466	15339365	150171419	132698502
903208063	888938143	68315148	536092157	20645959	256825142	212133365
1065561126	1050554293	70879204	634695966	25257558	303657882	239722487
58876897	58335167	5560210	60867823	2809615	27252078	25987027
9249734	9179508	436437	3153813	108334	1300489	1585687
346016056	343581805	30770725	173442978	8182848	80994395	71478100
719545070	706972488	40108480	461252988	17074710	222663487	168244387
381885568	378513843	35417780	322035516	12171590	152693297	114097068
222500321	218174971	16902247	139060386	6390756	72435699	52102603
452752116	445299769	18273014	169443656	6640244	76833635	72240427
8423122	8565710	286163	4156408	54968	1695251	1282388

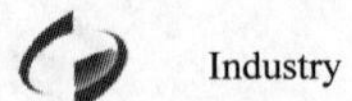

14-9 续表 1

单位:万元

类　别	Category	企业单位数(个) Number of Industial Enterprises (unit)	#亏损企业 Loss Enterprises
三、按行业大类分	by Sector		
采掘业	Mining	740	49
煤炭开采和洗选业	Mining and Washing of Coal	224	28
石油和天然气开采业	Extraction of Petroleum and Natural Gas	12	3
黑色金属矿采选业	Mining of Ferrous Metal Ores	151	7
有色金属矿采选业	Mining of Non-ferrous Metal Ores	59	3
非金属矿采选业	Mining and Processing of Nonmetal Ores	289	8
开采辅助活动	Mining Support Activities	3	
其他采矿业	Mining of Other Ores	2	
制造业	Manufacturing	35523	2003
农副食品加工业	Processing of Food from Agricultural Products	3840	151
食品制造业	Manufacture of Foods	1052	52
酒、饮料和精制茶制造业	Manufacture of Wine, Drinks and Refined Tea	439	34
烟草制品业	Manufacture of Tobacco	5	
纺织业	Manufacture of Textile	2715	185
纺织服装、服饰业	Manufacture of Textile Wearing Apparel and Finery	1253	97
皮革、毛皮、羽毛及其制品和制鞋业	Manufacture of Leather, Fur, Feather & Its Products and Footwear	518	42
木材加工及木 竹、藤、棕、草制品业	Processing of Timbers, Manufacture of Wood, Bamboo, Rattan, Palm, and Straw Products	1316	25
家具制造业	Manufacture of Furniture	511	17
造纸及纸制品业	Manufacture of Paper and Paper Products	751	52
印刷和记录媒介复制业	Printing, Reproduction of Recording Media	371	19
文教、工美、体育和娱乐用品制造业	Manufacture of Culture, Education,Arts and crafts, Sport and Entertainment Goods	1031	49
石油加工、炼焦和核燃料加工业	Processing of Petroleum, Coking and Nucleus Fuel	286	36
化学原料和化学制品制造业	Manufacture of Chemical Raw Material and Chemical Products	3444	242
医药制造业	Manufacture of Medicines	674	36
化学纤维制造业	Manufacture of Chemical Fiber	81	7
橡胶和塑料制品业	Manufacture of Rubber and Plastic	1691	83
非金属矿物制品业	Manufacture of Non-metallic Mineral Products	3504	128
黑色金属冶炼及压延加工业	Manufacture and Processing of Ferrous Metals	787	49
有色金属冶炼及压延加工业	Manufacture & Processing of Non-ferrous Metals	409	31
金属制品业	Manufacture of Metal Products	2010	113
通用设备制造业	Manufacture of General Purpose Machinery	2935	153
专用设备制造业	Manufacture of Special Purpose Machinery	1869	104
汽车制造业	Manufacture of Automotive	1133	85
铁路、船舶、航空航天和其他运输设备制造业	Manufacture of Railroad,Marine,Aerospace and Other Transportation Equipment	332	25
电气机械及器材制造业	Manufacture of Electrical Machinery & Equipment	1476	84
计算机、通信和其他电子设备制造业	Manufacture of Computer, Communications and Other Electronic Equipment	632	77
仪器仪表制造业	Manufacture of Measuring Instrument	302	23
其他制造业	Other Manufacture	86	3
废弃资源综合利用业	Comprehensive Utilization of Waste	50	1
金属制品、机械和设备修理业	Metal Products, Machinery and Equipment Repair Industry	20	
电力、燃气及水的生产和供应业	Production and Supply of Electric,Gas and Water	363	74
电力、热力的生产和供应业	Production and Supply of Electric Power and Heat Power	234	64
燃气生产和供应业	Production and Supply of Gas	77	5
水的生产和供应业	Production and Supply of Water	52	5

continued

(10 000 yuan)

工 业 总产值 Gross Industrial Output Value	工 业 销售产值 Industrial Output Value of Products Sold	#出 口 交货值 Export Delivery Value	资产合计 Total Assets	产成品 Finished Products	流动资产合计 Total Working Capitals	固定资产合计 Total Fixed Assets
48917717	**48662392**	**36798**	**67307090**	**1212958**	**23079090**	**19997856**
21164808	21023506	21983	41364007	710642	16386599	13160893
13114043	13133307		16285182	95963	2639585	3397717
3569433	3530310	970	2858273	66556	1227190	1182739
6914831	6883303	1353	4648744	263010	1830763	1446074
3921036	3860709	12492	2047127	63323	931596	772813
201155	199119		86258	11852	57578	25900
32411	32138		17499	1612	5779	11720
1005331317	**991397445**	**70839865**	**541726386**	**24004070**	**275029706**	**205371806**
98722202	97774694	8215043	39742638	2542467	20812892	14556543
21889321	21625008	1888668	12887872	481491	5982275	5078374
12025288	12434032	479223	8162936	385851	3494169	2964717
1196486	1196729	173	64856	1899	24298	39571
71627881	72578164	5336730	35159914	1411631	14970045	16972288
19836746	19404130	4305673	8106961	386848	3903598	3274292
9529642	9307429	1347516	3424725	186833	1794600	1256299
16468266	16219024	894533	4587977	201608	2060267	2098789
7196078	7076664	1035937	3177393	162968	1448372	1331408
24273453	23953562	592449	20972849	690558	8544515	9071103
4731793	4677114	84345	2013568	77990	876963	841164
14529616	14299665	2911127	5477461	321694	2650923	2313412
60308660	59361457	136107	27863411	1436504	15050542	11123917
120252362	117875613	4121856	69560319	2571198	33254048	27961498
26757530	26222882	1911626	17930248	818392	8944179	7062110
1895972	1866798	175730	1557436	104653	570849	662460
46448989	45740663	6925626	23558644	1139063	11777899	9984014
61009844	59888847	1714340	34016459	1272923	14868710	14759904
53755966	52961464	1546057	36428166	1318265	17865953	14089067
41222086	40794377	377849	25590020	573996	13910549	9307176
43438183	41975516	2332458	20830163	837606	11704402	7019466
56917027	55960424	2695594	32006340	1626025	16513681	11429904
43234511	42447872	2126807	23988110	1810111	13939268	7303275
44969468	44490936	3073852	31460332	1976149	18800348	8153288
13915037	13771647	1459763	12538491	274840	7514601	3764356
44848426	43944232	2060688	21925602	859644	12627812	7207312
36519564	35929307	12710819	14708475	410233	8750583	4594447
5578018	5421661	207140	2813521	88588	1768808	736912
1142166	1129354	156591	453495	17274	184063	166958
647463	635339	1997	227932	11065	106404	89324
443273	432841	13548	490072	5703	314090	158458
11312097	**10494459**	**2544**	**25662490**	**40533**	**5549090**	**14352827**
9080834	8318653		21487807	20341	4194382	12319468
1779321	1734064	2544	2323466	14661	845237	1110218
451942	441742		1851217	5531	509471	923141

14-9 续表 2

单位:万元

类　别	Category	负债合计 Total Liabilities	主营业务收入 Revenue from Principal Business	#主营业务税金及附加 Taxes and Other Charges on Principal Business
2002		21313899	41315596	265544
2003		31712472	67129307	391312
2004		56824804	130437492	827335
2005		70425050	192709468	1329910
2006		73382178	235060091	1511572
2007		93063256	319128552	2110216
2008		126815011	436168759	2871983
2009		214058654	637480523	7568442
2010		162927222	595223019	4197912
2011		294259825	902292626	10363286
2012		345482335	1081250402	12049937
在总计中:	**of which:**			
亏损企业	Loss Enterprises	45132006	60331314	2353981
在总计中:	**of which:**			
农村工业	Industry in Rural Area	1355980	9417880	63069
一、按轻重工业分	**by Light & Heavy Industry**			
轻工业	Light Industry	85088786	349004237	2538921
重工业	Heavy Industry	260393549	732246165	9511016
二、按企业规模分	**by Enterprise Size**			
大型企业	Large-sized Enterprises	189353113	400541372	6086532
中型企业	Medium-sized Enterprises	79908573	221564986	2446450
小型企业	Small-sized Enterprises	74396553	451996704	3458821
微型企业	Micro-sized Enterprises	1824096	7147340	58134

continued

(10 000 yuan)

营业费用 Cost of Business	管理费用 Cost of Management	利润总额 Total Profits	亏损企业亏损总额 Losses of Loss Enterprises	利税总额 Total Profits and Taxes	本年应交增值税 Value-added Tax Payable	全部从业人员年平均人数（人） Annual Average of Empolyed Persons (person)
1406356	1694016	2220200	171370	3776911	1291168	2478177
1989872	2256070	3746152	208135	6123624	1986160	3020689
3514626	4298966	7637171	461794	12172233	3707727	4610483
4679003	5123287	12365312	389101	19492812	5797590	5269529
5209981	5788106	13992516	453323	22082783	6578696	5444440
6920189	7575783	19972972	404202	30976672	8893484	5893386
9042107	11320595	26931151	875847	42263661	12460527	7025463
12595614	18188751	41734576	1126436	67554841	18251824	8479293
11855499	19120365	42864781	539966	63939221	16876527	7036804
16533052	25029180	65803258	1783797	102402332	25718545	7957302
19697931	29862331	73977449	3076861	117287023	31089690	8568781
986545	2643243	-3076861	3076861	742467	1455707	754503
178368	235652	800617	3428	1096158	230659	57693
8053750	8822764	24118900	485227	36269638	9582719	3520339
11644182	21039567	49858549	2591634	81017385	21506970	5048442
7470199	12275803	26774731	1513880	44064512	11160990	2954464
4240553	6201114	13803201	895588	22419460	6133518	2208362
7863042	11226192	32916676	635401	50075857	13609952	3384603
124137	159221	482842	31992	727194	185230	21352

14-9 续表 3

单位：万元

类　　别	Category	负债合计 Total Liabilities	主营业务收入 Revenue from Principal Business
三、按行业大类分	**by Sector**		
采掘业	**Mining**	**37448703**	**57618776**
煤炭开采和洗选业	Mining and Washing of Coal	25536098	28297195
石油和天然气开采业	Extraction of Petroleum and Natural Gas	7155898	13752972
黑色金属矿采选业	Mining of Ferrous Metal Ores	1494221	3756736
有色金属矿采选业	Mining of Non-ferrous Metal Ores	2253773	7595770
非金属矿采选业	Mining and Processing of Nonmetal Ores	969667	3980986
开采辅助活动	Mining Support Activities	31946	201420
其他采矿业	Mining of Other Ores	7100	33697
制造业	**Manufacturing**	**291174197**	**1011975032**
农副食品加工业	Processing of Food from Agricultural Products	20035623	99340337
食品制造业	Manufacture of Foods	5545326	22064733
酒、饮料和精制茶制造业	Manufacture of Wine, Drinks and Refined Tea	3458467	12963600
烟草制品业	Manufacture of Tobacco	9349	99156
纺织业	Manufacture of Textile	17526370	74964432
纺织服装、服饰业	Manufacture of Textile Wearing Apparel and Finery	3723774	19320874
皮革、毛皮、羽毛及其制品和制鞋业	Manufacture of Leather, Fur, Feather & Its Products and Footwear	1625317	10214528
木材加工及木 竹、藤、棕、草制品业	Processing of Timbers, Manufacture of Wood, Bamboo, Rattan, Palm, and Straw Products	1776616	16409663
家具制造业	Manufacture of Furniture	1459034	7263692
造纸及纸制品业	Manufacture of Paper and Paper Products	12556080	24253434
印刷和记录媒介复制业	Printing, Reproduction of Recording Media	932345	4674440
文教、工美、体育和娱乐用品制造业	Manufacture of Culture, Education,Arts and crafts, Sport and Entertainment Goods	2475690	14596926
石油加工、炼焦和核燃料加工业	Processing of Petroleum, Coking and Nucleus Fuel	19520249	60880227
化学原料和化学制品制造业	Manufacture of Chemical Raw Material and Chemical Products	37824725	123275903
医药制造业	Manufacture of Medicines	7325073	25900699
化学纤维制造业	Manufacture of Chemical Fiber	1038115	1743226
橡胶和塑料制品业	Manufacture of Rubber and Plastic	12705914	46339164
非金属矿物制品业	Manufacture of Non-metallic Mineral Products	16257887	60432771
黑色金属冶炼及压延加工业	Manufacture and Processing of Ferrous Metals	24505495	58249722
有色金属冶炼及压延加工业	Manufacture & Processing of Non-ferrous Metals	14127796	41648010
金属制品业	Manufacture of Metal Products	11332397	42791592
通用设备制造业	Manufacture of General Purpose Machinery	15019380	56599270
专用设备制造业	Manufacture of Special Purpose Machinery	12176008	42677481
汽车制造业	Manufacture of Automotive	19298375	45480835
铁路、船舶、航空航天和其他运输设备制造业	Manufacture of Railroad,Marine,Aerospace and Other Transportation Equipment	8519154	13683211
电气机械及器材制造业	Manufacture of Electrical Machinery & Equipment	11154340	43765851
计算机、通信和其他电子设备制造业	Manufacture of Computer, Communications and Other Electronic Equipment	7645016	34761872
仪器仪表制造业	Manufacture of Measuring Instrument	1215293	5352220
其他制造业	Other Manufacture	199963	1140972
废弃资源综合利用业	Comprehensive Utilization of Waste	91154	658654
金属制品、机械和设备修理业	Metal Products, Machinery and Equipment Repair Industry	93872	427537
电力、燃气及水的生产和供应业	**Production and Supply of Electric,Gas and Water**	**16859440**	**11656598**
电力、热力的生产和供应业	Production and Supply of Electric Power and Heat Power	14694801	9277231
燃气生产和供应业	Production and Supply of Gas	1181727	1872556
水的生产和供应业	Production and Supply of Water	982912	506811

continued

(10 000 yuan)

#主营业务税金及附加 Taxes and Other Charges on Principal Business	营业费用 Cost of Business	管理费用 Cost of Management	利润总额 Total Profits	亏损企业亏损总额 Losses of Loss Enterprises	利税总额 Total Profits and Taxes	本年应交增值税 Value-added Tax Payable	全部从业人员年平均人数（人） Annual Average of Empolyed Persons (person)
3179037	**866405**	**3675659**	**8282738**	**120479**	**14917539**	**3428138**	**673474**
340608	605256	2294323	2565777	106845	4538863	1607088	444031
2711086	32157	841315	3921668	2340	8079554	1446795	113601
64866	45043	116777	460867	4696	715933	189554	32811
20604	33343	267961	959996	745	1016755	36064	35446
38658	149102	151994	344622	5853	525587	140816	46193
2900	1452	3151	26790		36758	7065	915
315	52	138	3018		4089	756	477
8807719	**18729364**	**25822539**	**64954623**	**2826964**	**101097619**	**27200770**	**7794424**
483425	1598643	2030689	6097958	106415	8593238	2008367	795717
176018	724142	562587	1577809	36435	2410607	656205	208164
472387	819073	332559	1142474	25472	2104096	488573	110120
833	4652	7151	12112		17306	4361	3238
396387	724407	1276121	4773313	105198	7140212	1968526	806630
150561	432076	784675	1243356	34820	1943126	546401	371842
69717	182065	295231	645469	18964	1004120	284751	139380
119800	272376	263358	1199797	12094	1763427	443470	168286
60236	156120	201801	547109	4939	865930	257286	80379
139845	505213	578114	1467048	30247	2265070	655867	181635
42956	118431	182371	347418	4951	529227	138786	53465
112349	290118	433071	966402	22496	1616306	534431	199832
2777137	341138	843826	1483556	410128	6112426	1850136	112091
803534	1938737	2777524	8597935	384471	12619861	3177472	620747
203187	1802147	1124606	2975093	37383	4242401	1062721	215579
8364	25571	66890	144881	4254	196805	43466	20606
269019	957635	1127212	3207108	47119	4568012	1078492	326479
442042	1269213	1679616	5059129	119762	7794612	2290431	562563
147799	515901	1073651	1758512	621041	2923893	1012514	319723
86059	219450	475100	2284548	116977	3482789	1111248	116059
339970	665108	1161143	2899909	106428	4371129	1127456	337713
395342	1428934	2193197	4314824	150342	6499289	1781648	534591
242439	972572	1373126	3339912	94399	4885894	1300882	345391
396849	987692	1352709	2611809	103436	3983957	974097	335029
70523	175052	737177	898880	77519	1315851	344991	105940
248914	878512	1349162	2876194	29097	4232268	1105681	328528
96585	523370	1260218	1807403	104536	2594798	687433	319557
35046	166962	216875	461737	17736	672205	174683	52013
8980	23409	26861	85865	205	134393	39546	14279
6527	8605	13334	60947	100	89439	21842	4839
4889	2040	22584	66116		124932	29007	4009
63182	**102163**	**364136**	**740092**	**129418**	**1271867**	**460786**	**100883**
48462	25311	226735	517903	123024	958897	388484	73126
11472	63014	95728	180789	3419	247865	52565	14740
3248	13838	41673	41400	2975	65105	19737	13017

14-10 规模以上工业企业主要财务分析指标

类　别	Category	总资产贡献率 (%) Ratio of Total Assets to Industrial Output Value (%)
2000		
2001		
2002		
2003		
2004		
2005		
2006		19.07
2007		18.74
2008		18.48
2009		17.56
2010		19.45
2011		19.88
2012		19.66
一、按登记注册类型分	**by Status of Registration**	
内资企业	Domestic Funded Enterprises	20.18
国有企业	State-owned Enterprises	14.74
中央企业	Central Enterprises	17.94
地方企业	Local Enterprises	12.16
集体企业	Collective-owned Enterprises	20.03
股份合作企业	Cooperative Enterprises	19.28
联营企业	Joint Ownership Enterprises	7.21
国有联营企业	State Joint Ownership Enterprises	3.62
集体联营企业	Collective Joint Ownership Enterprises	16.75
国有与集体联营企业	Joint State-collective Enterprises	12.95
其他联营企业	Other Joint Ownership Enterprises	29.62
有限责任公司	Limited Liability Corporations	14.39
国有独资公司	State Sole funded Corporations	9.28
其他有限责任公司	Other Limited Liability Corporations	16.05
股份有限公司	Share-holding Corporations Limited	19.44
私营企业	Private Enterprises	32.01
私营独资企业	Private-funded Enterprises	46.38
私营合作企业	Private Partnership Enterprises	56.9
私营有限责任公司	Private Limited Liability Corporations	29.66
私营股份有限公司	Private Share-holding Corporations Ltd.	23.28
其他企业	Other Enterprises	20.77
港、澳、台商投资企业	Enterprises with Funds from Hong Kong, Macao and Taiwan	16.07
合资经营企业(港或澳、台资)	Joint-ventures Enterprises	18.03
合作经营企业(港或澳、台资)	Cooperative Enterprises	22.43
港澳台商独资经营企业	Enterprises with Sole Investment	13.48
港澳台商投资股份有限公司	Share-holding Corporations Ltd. With Funds from Hong Kong, Macao and Taiwan	2.76
其他企业	Others	3.05
外商投资企业	Foreign Funded Enterprises	17.00
中外合资经营企业	Joint-venture Enterprises	16.18
中外合作经营企业	Cooperation Enterprises	18.72
外资企业	Enterprises with Sole Foreign Funds	18.47
外商投资股份有限公司	Share-holding Corporations Ltd. with Foreign Investment	13.46
其他企业	Others	68.64
二、在总计中:亏损企业	**of which:Loss Enterprises**	2.79
在总计中:国有控股企业	of which:State-holding Enterprises	14.96
在总计中:农村工业	of which:Industry in Rural Area	26.45
在总计中:轻工业	of which:Light Industry	22.68
重工业	Heavy Industry	18.54
在总计中:大型企业	of which:Large-sized Enterprises	15.81
中型企业	Medium-sized Enterprises	16.96
小型企业	Small-sized Enterprises	30.74
微型企业	Micro-sized Enterprises	11.95

Main Financial Indicators of Industrial Enterprises above Designated Size

产值利税率 (%) Ratio of Profits and Taxes to Output Value (%)	销售产值利税率 (%) Ratio of Profits and Taxes to Output Value of Sales (%)	资产负债率 (%) Assets-Liability Ratio (%)	流动资产周转率 (次) Ratio of Turnover Working Capitals (time)	成本费用利润率 (%) Ratio of Profits to Cost (%)	产品销售率 (%) Proportion of Products Sold (%)
12.06	12.33	62.54	2.07	7.31	97.86
11.21	11.46	60.28	2.12	6.61	97.77
10.11	10.34	59.68	2.43	6.02	97.77
10.44	10.66	59.37	2.55	6.62	97.93
10.45	10.68	59.53	3.22	6.96	97.86
11.31	11.52	58.37	3.53	7.91	98.23
11.01	11.19	57.77	3.40	7.58	98.43
10.95	11.14	55.99	3.68	7.57	98.29
10.49	10.88	55.01	3.74	6.87	96.46
10.46	10.46	53.58	3.67	6.96	98.51
11.61	11.78	53.89	3.51	7.93	98.57
11.29	11.46	55.65	3.54	7.70	98.49
11.22	11.38	55.19	3.58	7.34	98.61
11.48	11.63	55.72	3.71	7.37	98.68
15.18	15.36	65.36	3.48	5.40	98.78
25.36	25.57	66.27	5.02	5.91	99.16
10.13	10.27	64.62	2.76	4.99	98.60
12.15	12.27	50.25	2.98	9.04	99.00
9.01	9.18	49.93	4.81	5.70	98.17
4.24	4.38	63.77	3.02	0.23	96.69
0.60	0.60	65.27	3.34	-2.43	100.09
10.33	11.12	55.41	2.44	6.45	92.87
14.72	15.03	77.41	1.93	6.84	97.92
6.71	9.17	44.64	6.51	4.17	73.16
10.21	10.29	60.66	2.78	6.16	99.17
14.24	14.29	62.64	1.74	6.65	99.65
9.70	9.79	60.02	3.09	6.08	99.11
15.29	15.43	55.45	2.87	8.57	99.06
11.10	11.29	46.44	5.8	8.25	98.30
11.51	11.69	33.76	10.35	8.38	98.45
11.95	12.25	39.69	10.99	9.18	97.57
11.01	11.20	48.79	5.21	8.24	98.30
10.45	10.68	49.63	4.14	7.68	97.89
10.02	10.28	45.54	4.17	7.70	97.46
10.57	10.78	53.95	2.57	7.93	98.04
12.00	12.28	56.63	2.57	9.20	97.72
7.94	8.12	33.70	4.62	5.47	97.68
8.65	8.81	49.01	2.56	6.41	98.15
1.53	1.44	60.14	1.82	-1.02	106.60
1.11	0.88	57.22	2.78	-4.48	125.64
9.57	9.74	51.72	3.05	6.94	98.28
10.78	11.08	53.57	2.55	7.50	97.29
10.45	10.64	62.16	2.63	8.08	98.21
8.21	8.34	49.97	3.81	6.24	98.43
11.54	10.63	39.63	2.97	7.98	108.60
9.39	9.65	36.72	16.26	6.94	97.30
0.87	0.88	74.90	2.28	-4.84	98.91
15.79	15.92	62.59	2.67	6.49	99.16
12.67	12.79	34.84	5.22	10.65	99.02
10.99	11.07	49.71	4.04	7.51	99.29
11.33	11.53	57.20	3.4	7.26	98.29
11.99	12.09	58.67	2.66	7.23	99.13
9.89	10.09	58.80	3.11	6.44	98.06
11.09	11.27	44.24	5.86	8.07	98.35
15.74	15.55	60.70	8.7	4.59	101.20

14-10 续表

类别	Category	总资产贡献率 (%) Ratio of Total Assets to Industrial Output Value (%)
三、按行业大类分	**by Sector**	
采掘业	**Mining**	
煤炭开采和洗选业	Mining and Washing of Coal	13.18
石油和天然气开采业	Extraction of Petroleum and Natural Gas	49.96
黑色金属矿采选业	Mining of Ferrous Metal Ores	23.89
有色金属矿采选业	Mining of Non-ferrous Metal Ores	23.68
非金属矿采选业	Mining and Processing of Nonmetal Ores	27.98
开采辅助活动	Mining Support Activities	43.52
其他采矿业	Mining of Other Ores	24.24
制造业	**Manufacturing**	
农副食品加工业	Processing of Food from Agricultural Products	23.40
食品制造业	Manufacture of Foods	20.31
酒、饮料和精制茶制造业	Manufacture of Wine, Drinks and Refined Tea	26.81
烟草制品业	Manufacture of Tobacco	75.02
纺织业	Manufacture of Textile	22.73
纺织服装、服饰业	Manufacture of Textile Wearing Apparel and Finery	25.18
皮革、毛皮、羽毛及其制品和制鞋业	Manufacture of Leather, Fur, Feather & Its Products and Footwear	30.94
木材加工及木 竹、藤、棕、草制品业	Processing of Timbers, Manufacture of Wood, Bamboo, Rattan, Palm, and Straw Products	39.82
家具制造业	Manufacture of Furniture	28.68
造纸及纸制品业	Manufacture of Paper and Paper Products	12.98
印刷和记录媒介复制业	Printing, Reproduction of Recording Media	26.78
文教、工美、体育和娱乐用品制造业	Manufacture of Culture, Education,Arts and crafts，Sport and Entertainment Goods	31.08
石油加工、炼焦和核燃料加工业	Processing of Petroleum, Coking and Nucleus Fuel	23.61
化学原料和化学制品制造业	Manufacture of Chemical Raw Material and Chemical Products	19.50
医药制造业	Manufacture of Medicines	24.88
化学纤维制造业	Manufacture of Chemical Fiber	13.41
橡胶和塑料制品业	Manufacture of Rubber and Plastic	21.46
非金属矿物制品业	Manufacture of Non-metallic Mineral Products	24.18
黑色金属冶炼及压延加工业	Manufacture and Processing of Ferrous Metals	10.07
有色金属冶炼及压延加工业	Manufacture & Processing of Non-ferrous Metals	15.85
金属制品业	Manufacture of Metal Products	22.91
通用设备制造业	Manufacture of General Purpose Machinery	21.12
专用设备制造业	Manufacture of Special Purpose Machinery	21.45
汽车制造业	Manufacture of Automotive	13.22
铁路、船舶、航空航天和其他运输设备制造业	Manufacture of Railroad,Marine,Aerospace and Other Transportation Equipment	10.43
电气机械及器材制造业	Manufacture of Electrical Machinery & Equipment	18.22
计算机、通信和其他电子设备制造业	Manufacture of Computer, Communications and Other Electronic Equipment	18.62
仪器仪表制造业	Manufacture of Measuring Instrument	24.49
其他制造业	Other Manufacture	30.65
废弃资源综合利用业	Comprehensive Utilization of Waste	39.56
金属制品、机械和设备修理业	Metal Products, Machinery and Equipment Repair Industry	26.00
电力、燃气及水的生产和供应业	**Production and Supply of Electric,Gas and Water**	
电力、热力的生产和供应业	Production and Supply of Electric Power and Heat Power	9.20
燃气生产和供应业	Production and Supply of Gas	11.55
水的生产和供应业	Production and Supply of Water	2.53

continued

产值利税率 (%) Ratio of Profits and Taxes to Output Value (%)	销售产值利税率 (%) Ratio of Profits and Taxes to Output Value of Sales (%)	资产负债率 (%) Assets-Liability Ratio (%)	流动资产周转率 (次) Ratio of Turnover Working Capitals (time)	成本费用利润率 (%) Ratio of Profits to Cost (%)	产品销售率 (%) Proportion of Products Sold (%)
19.57	19.71	60.76	2.02	9.01	99.33
61.56	61.47	43.78	5.25	56.91	100.15
22.97	23.18	48.03	2.58	16.74	99.10
15.40	15.47	49.11	4.15	15.58	99.55
13.20	13.42	48.38	4.38	9.22	98.34
18.27	18.46	37.04	3.50	15.60	98.99
12.62	12.72	40.57	5.83	9.94	99.16
8.72	8.81	50.10	4.80	6.59	99.02
10.98	11.11	43.27	3.75	7.89	98.80
17.67	17.11	43.04	3.67	9.94	103.29
48.11	48.23	27.96	1.95	25.48	99.75
9.95	9.83	49.71	5.10	6.94	101.21
9.80	10.01	46.00	4.94	7.04	97.82
10.51	10.76	47.79	5.77	6.79	97.68
10.69	10.85	39.70	7.91	8.01	98.48
12.03	12.24	45.92	5.03	8.34	98.34
9.35	9.47	59.66	2.87	6.38	98.69
11.25	11.38	46.87	5.16	8.12	98.88
11.13	11.31	45.35	5.50	7.26	98.42
10.02	10.18	70.04	4.13	2.48	98.43
10.39	10.59	55.54	3.78	7.49	98.07
15.85	16.17	41.05	2.92	12.90	98.02
9.82	9.93	60.29	2.98	7.99	98.88
9.85	10.00	53.96	3.99	7.49	98.47
12.86	13.11	48.44	4.04	9.34	98.09
5.41	5.49	67.64	3.28	3.04	98.53
9.11	9.20	51.14	3.07	6.50	99.12
10.19	10.54	54.23	3.72	7.46	96.71
11.40	11.59	46.98	3.38	8.35	98.32
11.35	11.56	51.15	3.05	8.51	98.13
8.65	8.74	61.37	2.42	5.93	99.00
9.11	9.21	68.40	1.81	6.96	98.98
9.64	9.82	55.59	2.85	7.02	98.18
7.80	7.92	52.18	3.66	5.55	98.45
11.98	12.33	43.78	3.00	9.46	97.18
11.77	11.90	44.09	6.21	8.38	98.88
13.74	14.00	41.06	6.09	10.40	98.15
28.18	28.86	19.15	1.37	19.75	97.65
11.90	12.38	71.26	5.40	4.34	96.14
14.03	14.39	50.66	2.42	9.97	97.52
8.54	8.65	55.04	0.76	2.73	98.75

14-11 规模以上国有控股工业企业主要财务分析指标

类　别	Category	总资产贡献率 (%) Ratio of Total Assets to Industrial Output Value (%)
2000		
2001		
2002		
2003		
2004		
2005		
2006		18.25
2007		17.64
2008		16.65
2009		13.95
2010		16.35
2011		16.81
2012		14.96
在总计中：	**of which:**	
亏损企业	Loss Enterprises	6.61
在总计中：	**of which:**	
中央企业	Central Enterprises	17.94
地方企业	Local Enterprises	12.16
一、按轻重工业分	**by Light & Heavy Industry**	
轻工业	Light Industry	20.22
重工业	Heavy Industry	14.33
二、按企业规模分	**by Enterprise Size**	
大型企业	Large-sized Enterprises	16.30
中型企业	Medium-sized Enterprises	12.08
小型企业	Small-sized Enterprises	8.89
微型企业	Micro-sized Enterprises	9.31

Enterprises above Designated Size

产值利税率 (%) Ratio of Profits and Taxes to Output Value (%)	销售产值利税率 (%) Ratio of Profits and Taxes to Output Value of Sales (%)	资产负债率 (%) Assets-Liability Ratio (%)	流动资产周转率 (次) Ratio of Turnover Working Capitals (time)	成本费用利润率 (%) Ratio of Profits to Cost (%)	产品销售率 (%) Proportion of Products Sold (%)
17.05	17.19	62.23	1.76	8.85	99.19
15.77	15.93	59.37	1.78	7.65	98.97
13.51	13.70	59.60	1.95	6.39	98.61
14.80	14.98	59.21	2.12	7.71	98.75
15.11	15.37	60.10	2.35	8.82	98.28
16.48	16.64	60.18	2.52	10.83	99.06
16.71	16.83	60.83	2.72	10.51	99.24
16.28	16.38	59.02	2.94	9.91	99.36
14.80	16.37	57.99	2.91	7.36	90.43
14.54	14.54	58.48	2.51	7.19	99.59
15.50	15.53	59.93	2.63	8.07	99.82
15.66	15.75	63.07	2.72	7.80	99.47
15.79	15.92	62.59	2.67	6.49	99.16
4.07	4.10	73.96	3.62	-4.54	99.28
25.36	25.57	66.27	5.02	5.91	99.16
10.13	10.27	64.62	2.76	4.99	98.60
20.37	19.93	51.82	2.02	8.28	102.25
15.18	15.37	63.86	2.78	6.28	98.74
17.61	17.71	60.75	2.40	8.12	99.42
8.98	9.15	71.01	3.21	1.71	98.18
9.05	9.19	61.23	2.27	4.55	98.46
27.71	27.70	66.64	13.70	3.65	100.02

14-11 续表

类　　别	Category	总资产贡献率 (%) Ratio of Total Assets to Industrial Output Value (%)
三、按行业大类分	**by Sector**	
采掘业	**Mining**	
煤炭开采和洗选业	Mining and Washing of Coal	12.74
石油和天然气开采业	Extraction of Petroleum and Natural Gas	49.91
黑色金属矿采选业	Mining of Ferrous Metal Ores	19.69
有色金属矿采选业	Mining of Non-ferrous Metal Ores	21.53
非金属矿采选业	Mining and Processing of Nonmetal Ores	21.14
开采辅助活动	Mining Support Activities	71.57
其他采矿业	Mining of Other Ores	
制造业	**Manufacturing**	
农副食品加工业	Processing of Food from Agricultural Products	11.48
食品制造业	Manufacture of Foods	12.73
酒、饮料和精制茶制造业	Manufacture of Wine, Drinks and Refined Tea	24.51
烟草制品业	Manufacture of Tobacco	74.99
纺织业	Manufacture of Textile	6.59
纺织服装、服饰业	Manufacture of Textile Wearing Apparel and Finery	4.37
皮革、毛皮、羽毛及其制品和制鞋业	Manufacture of Leather, Fur, Feather & Its Products and Footwear	14.67
木材加工及木 竹、藤、棕、草制品业	Processing of Timbers, Manufacture of Wood, Bamboo, Rattan, Palm, and Straw Products	6.70
家具制造业	Manufacture of Furniture	
造纸及纸制品业	Manufacture of Paper and Paper Products	8.02
印刷和记录媒介复制业	Printing, Reproduction of Recording Media	7.22
文教、工美、体育和娱乐用品制造业	Manufacture of Culture, Education,Arts and crafts, Sport and Entertainment Goods	
石油加工、炼焦和核燃料加工业	Processing of Petroleum, Coking and Nucleus Fuel	33.18
化学原料和化学制品制造业	Manufacture of Chemical Raw Material and Chemical Products	6.76
医药制造业	Manufacture of Medicines	18.60
化学纤维制造业	Manufacture of Chemical Fiber	14.96
橡胶和塑料制品业	Manufacture of Rubber and Plastic	3.55
非金属矿物制品业	Manufacture of Non-metallic Mineral Products	9.91
黑色金属冶炼及压延加工业	Manufacture and Processing of Ferrous Metals	-0.24
有色金属冶炼及压延加工业	Manufacture & Processing of Non-ferrous Metals	4.19
金属制品业	Manufacture of Metal Products	7.71
通用设备制造业	Manufacture of General Purpose Machinery	8.42
专用设备制造业	Manufacture of Special Purpose Machinery	6.72
汽车制造业	Manufacture of Automotive	7.42
铁路、船舶、航空航天和其他运输设备制造业	Manufacture of Railroad,Marine,Aerospace and Other Transportation Equipment	7.34
电气机械及器材制造业	Manufacture of Electrical Machinery & Equipment	8.08
计算机、通信和其他电子设备制造业	Manufacture of Computer, Communications and Other Electronic Equipment	17.56
仪器仪表制造业	Manufacture of Measuring Instrument	1.49
其他制造业	Other Manufacture	8.74
废弃资源综合利用业	Comprehensive Utilization of Waste	26.05
金属制品、机械和设备修理业	Metal Products, Machinery and Equipment Repair Industry	30.45
电力、燃气及水的生产和供应业	**Production and Supply of Electric,Gas and Water**	
电力、热力的生产和供应业	Production and Supply of Electric Power and Heat Power	9.52
燃气生产和供应业	Production and Supply of Gas	8.11
水的生产和供应业	Production and Supply of Water	0.69

continued

产值利税率 (%) Ratio of Profits and Taxes to Output Value (%)	销售产值利税率 (%) Ratio of Profits and Taxes to Output Value of Sales (%)	资产负债率 (%) Assets-Liability Ratio (%)	流动资产周转率 (次) Ratio of Turnover Working Capitals (time)	成本费用利润率 (%) Ratio of Profits to Cost (%)	产品销售率 (%) Proportion of Products Sold (%)
20.72	20.90	60.93	1.97	9.23	99.15
61.62	61.53	43.81	5.18	57.03	100.15
35.04	35.46	42.53	1.58	27.19	98.83
16.46	16.51	51.09	3.70	16.40	99.73
24.46	24.78	52.48	2.03	17.20	98.73
17.03	16.95	30.25	7.00	13.89	100.47
4.93	5.00	51.57	3.72	3.91	98.52
6.35	6.70	58.17	4.35	3.94	94.80
29.00	23.52	42.03	2.77	12.18	123.32
48.14	48.25	27.96	1.94	25.50	99.76
6.18	6.34	68.60	1.61	1.31	97.60
4.68	4.68	70.47	1.50	1.22	99.93
7.66	8.09	73.71	2.34	4.08	94.78
4.10	4.08	99.76	2.29	3.56	100.60
8.91	8.98	64.40	1.55	5.91	99.31
9.22	9.07	46.73	1.64	4.75	101.67
12.05	12.25	74.17	5.53	-0.24	98.37
4.69	4.70	68.66	3.04	2.41	99.78
18.58	18.89	40.59	1.71	14.96	98.38
16.21	15.97	48.81	2.25	18.69	101.52
3.31	3.30	76.66	1.32	0.93	100.23
15.20	15.68	61.54	1.40	10.98	96.97
-2.79	-2.77	75.96	3.55	-3.31	100.60
0.80	0.80	60.91	8.04	-0.75	99.89
4.47	4.58	61.72	2.46	2.37	97.64
15.29	15.05	48.24	1.00	10.85	101.58
7.63	7.69	66.21	1.31	2.19	99.19
9.34	9.28	66.68	1.25	5.05	100.58
7.51	7.61	66.74	1.67	6.03	98.68
7.59	8.00	70.37	1.67	4.09	94.96
11.73	12.20	49.17	2.57	5.60	96.20
3.48	3.78	40.70	0.87	0.76	92.14
6.42	6.42	56.01	1.65	2.92	100.00
11.18	11.18	43.73	2.49	5.01	100.00
13.16	13.63	14.02	10.23	9.71	96.57
12.39	12.91	71.68	6.16	4.35	95.97
12.18	12.70	48.88	2.01	8.53	95.87
1.66	1.65	57.14	0.51	-3.96	100.45

14-12 规模以上国有工业企业主要财务分析指标

类　　别	Category	总资产贡献率 (%) Ratio of Total Assets to Industrial Output Value (%)
2000		
2001		
2002		
2003		
2004		
2005		
2006		12.35
2007		18.92
2008		16.65
2009		11.01
2010		12.91
2011		13.39
2012		14.74
在总计中：	**of which:**	
亏损企业	Loss Enterprises	0.16
在总计中：	**of which:**	
中央企业	Central Enterprises	17.94
地方企业	Local Enterprises	12.16
一、按轻重工业分	**by Light & Heavy Industry**	
轻工业	Light Industry	31.21
重工业	Heavy Industry	11.55
二、按企业规模分	**by Enterprise Size**	
大型企业	Large-sized Enterprises	20.74
中型企业	Medium-sized Enterprises	7.72
小型企业	Small-sized Enterprises	10.56
微型企业	Micro-sized Enterprises	9.51

Main Financial Indicators of State-owned Industrial Enterprises above Designated Size

产值利税率 (%) Ratio of Profits and Taxes to Output Value (%)	销售产值利税率 (%) Ratio of Profits and Taxes to Output Value of Sales (%)	资产负债率 (%) Assets-Liability Ratio (%)	流动资产周转率 (次) Ratio of Turnover Working Capitals (time)	成本费用利润率 (%) Ratio of Profits to Cost (%)	产品销售率 (%) Proportion of Products Sold (%)
19.04	19.14	63.22	1.98	10.21	99.45
12.61	12.82	64.12	1.70	3.37	98.39
12.70	12.86	64.46	1.90	3.57	98.77
13.11	13.35	64.16	2.04	3.83	98.16
8.52	8.77	65.39	2.23	2.55	97.10
9.21	9.30	65.87	2.05	4.01	99.04
12.43	12.51	64.11	2.59	4.99	99.32
12.28	12.38	61.63	2.77	5.11	99.21
26.95	35.17	48.06	3.96	15.97	76.64
10.16	10.16	61.27	2.95	3.77	99.04
10.55	10.59	64.81	3.05	4.36	99.60
10.51	10.60	64.71	3.48	4.42	99.12
15.18	15.36	65.36	3.48	5.40	98.78
-2.45	-2.51	79.06	2.21	-4.82	97.46
25.36	25.57	66.27	5.02	5.91	99.16
10.13	10.27	64.62	2.76	4.99	98.60
28.61	28.74	49.38	2.15	7.88	99.53
11.86	12.03	68.45	4.03	4.93	98.60
17.58	17.73	61.25	2.77	8.05	99.12
5.84	5.96	73.46	2.98	1.80	97.93
10.25	10.45	62.38	2.30	4.33	98.06
40.37	40.40	66.82	15.81	3.50	99.92

14-12 续表

类别	Category	总资产贡献率(%) Ratio of Total Assets to Industrial Output Value (%)
三、按行业大类分	**by Sector**	
采掘业	**Mining**	
煤炭开采和洗选业	Mining and Washing of Coal	15.43
石油和天然气开采业	Extraction of Petroleum and Natural Gas	51.52
黑色金属矿采选业	Mining of Ferrous Metal Ores	18.24
有色金属矿采选业	Mining of Non-ferrous Metal Ores	27.32
非金属矿采选业	Mining and Processing of Nonmetal Ores	11.43
开采辅助活动	Mining Support Activities	
其他采矿业	Mining of Other Ores	
制造业	**Manufacturing**	
农副食品加工业	Processing of Food from Agricultural Products	16.24
食品制造业	Manufacture of Foods	12.64
酒、饮料和精制茶制造业	Manufacture of Wine, Drinks and Refined Tea	26.47
烟草制品业	Manufacture of Tobacco	76.19
纺织业	Manufacture of Textile	8.83
纺织服装、服饰业	Manufacture of Textile Wearing Apparel and Finery	5.28
皮革、毛皮、羽毛及其制品和制鞋业	Manufacture of Leather, Fur, Feather & Its Products and Footwear	15.82
木材加工及木 竹、藤、棕、草制品业	Processing of Timbers, Manufacture of Wood, Bamboo, Rattan, Palm, and Straw Products	6.91
家具制造业	Manufacture of Furniture	
造纸及纸制品业	Manufacture of Paper and Paper Products	7.99
印刷和记录媒介复制业	Printing, Reproduction of Recording Media	8.43
文教、工美、体育和娱乐用品制造业	Manufacture of Culture, Education,Arts and crafts，Sport and Entertainment Goods	
石油加工、炼焦和核燃料加工业	Processing of Petroleum, Coking and Nucleus Fuel	17.67
化学原料和化学制品制造业	Manufacture of Chemical Raw Material and Chemical Products	8.47
医药制造业	Manufacture of Medicines	10.98
化学纤维制造业	Manufacture of Chemical Fiber	3.73
橡胶和塑料制品业	Manufacture of Rubber and Plastic	54.42
非金属矿物制品业	Manufacture of Non-metallic Mineral Products	9.15
黑色金属冶炼及压延加工业	Manufacture and Processing of Ferrous Metals	2.73
有色金属冶炼及压延加工业	Manufacture & Processing of Non-ferrous Metals	12.06
金属制品业	Manufacture of Metal Products	13.62
通用设备制造业	Manufacture of General Purpose Machinery	4.17
专用设备制造业	Manufacture of Special Purpose Machinery	8.41
汽车制造业	Manufacture of Automotive	1.56
铁路、船舶、航空航天和其他运输设备制造业	Manufacture of Railroad,Marine,Aerospace and Other Transportation Equipment	3.41
电气机械及器材制造业	Manufacture of Electrical Machinery & Equipment	8.52
计算机、通信和其他电子设备制造业	Manufacture of Computer, Communications and Other Electronic Equipment	18.13
仪器仪表制造业	Manufacture of Measuring Instrument	3.62
其他制造业	Other Manufacture	
废弃资源综合利用业	Comprehensive Utilization of Waste	
金属制品、机械和设备修理业	Metal Products, Machinery and Equipment Repair Industry	
电力、燃气及水的生产和供应业	**Production and Supply of Electric,Gas and Water**	
电力、热力的生产和供应业	Production and Supply of Electric Power and Heat Power	11.08
燃气生产和供应业	Production and Supply of Gas	13.59
水的生产和供应业	Production and Supply of Water	-0.46

continued

产值利税率 (%) Ratio of Profits and Taxes to Output Value (%)	销售产值利税率 (%) Ratio of Profits and Taxes to Output Value of Sales (%)	资产负债率 (%) Assets-Liability Ratio (%)	流动资产周转率 (次) Ratio of Turnover Working Capitals (time)	成本费用利润率 (%) Ratio of Profits to Cost (%)	产品销售率 (%) Proportion of Products Sold (%)
15.29	15.39	56.44	2.32	9.53	99.39
56.31	56.31	25.01	27.18	35.75	100.00
46.37	46.16	36.93	1.13	38.11	100.45
36.51	36.37	56.34	2.62	59.26	100.36
9.28	9.82	72.50	1.72	3.33	94.51
6.40	6.49	58.54	3.58	5.56	98.48
5.43	5.50	86.36	9.78	3.21	98.65
23.86	23.86	62.14	1.67	13.97	99.99
66.24	66.48	28.29	1.91	26.24	99.64
6.03	6.17	65.91	2.21	3.95	97.65
8.31	8.48	93.74	1.28	0.88	98.01
7.28	8.10	82.14	2.50	4.45	89.92
9.26	9.07	152.65	1.85	4.01	102.06
5.81	5.66	78.87	2.26	2.52	102.64
14.80	14.46	58.49	1.28	7.88	102.37
7.45	7.57	70.03	3.87	1.22	98.42
4.49	4.53	79.74	4.62	2.77	99.19
15.14	14.81	57.21	2.75	4.73	102.21
4.79	4.66	23.23	2.32	3.23	102.71
12.52	13.10	55.28	6.71	13.05	95.57
15.47	16.93	63.67	1.40	11.20	91.36
-1.11	-1.11	89.64	2.15	-1.89	100.22
8.57	8.60	86.77	3.77	-0.18	99.65
7.65	7.81	64.76	2.71	4.71	97.93
4.94	5.09	52.02	1.05	1.43	96.99
11.87	12.57	62.64	1.31	5.80	94.42
1.39	1.38	64.24	1.85	0.05	100.70
3.68	3.72	73.43	1.41	1.61	99.07
8.66	9.00	72.21	1.79	4.37	96.23
15.13	15.27	53.46	2.37	5.95	99.14
5.10	5.48	79.20	1.15	0.82	93.16
12.90	13.11	73.89	9.08	3.99	98.42
15.65	15.88	47.32	3.72	9.02	98.55
-4.70	-4.65	59.69	0.44	-9.01	100.96

14-13 各市规模以上工业企业主要经济指标(2012年)
Main Economic Indicators of Industrial Enterprises above Designated Size by Region(2012)

地区	Region	企业单位数(个) Number of Industial Enterprises (unit)	大型企业 Large-sized Enterprises	中型企业 Medium-sized Enterprises	小型企业 Small-sized Enterprises	微型企业 Micro-sized Enterprises	亏损企业数(个) Number of Loss Enterprises (unit)	工业总产值(万元) Gross Industrial Output Value (10 000 yuan)	内资企业 Domestic Funded Enterprises
全省总计	**Total**	**37625**	**938**	**4411**	**31205**	**1071**	**2301**	**1147072920**	**973813715**
济南市	Jinan	1647	43	192	1358	54	172	44784067	40602985
青岛市	Qingdao	4817	98	596	4031	92	480	140402764	101133700
淄博市	Zibo	3177	85	361	2621	110	211	103368044	91433675
枣庄市	Zaozhuang	1430	19	258	1094	59	56	30754042	28932442
东营市	Dongying	860	48	132	651	29	41	102674802	96091275
烟台市	Yantai	2725	96	448	2154	27	243	123315391	77952258
潍坊市	Weifang	4160	107	430	3518	105	231	104282522	91082815
济宁市	Jining	1551	51	199	1278	23	157	43802648	38862525
泰安市	Tai'an	1788	71	202	1405	110	70	54746903	52859093
威海市	Weihai	1602	68	364	1154	16	137	56268696	39242287
日照市	Rizhao	557	18	107	419	13	64	22782958	17059514
莱芜市	Laiwu	382	14	47	301	20	61	12541203	12346300
临沂市	Linyi	3754	64	368	3168	154	89	72140477	63518883
德州市	Dezhou	3226	52	243	2870	61	54	63612201	60225016
聊城市	Liaocheng	2332	43	162	2037	90	38	66505352	64923283
滨州市	Binzhou	1122	42	149	910	21	129	57234277	53292620
菏泽市	Heze	2491	16	153	2236	86	68	43359957	40444337

14-13 续表 1 continued

单位:万元 (10 000 yuan)

地区	Region	国有工业 State-owned Enterprises	集体工业 Collective-owned Enterprises	股份合作企业 Cooperative Enterprises	联营企业 Joint Ownership Enterprises	有限责任公司 Limited Liability Corporations	股份有限公司 Share-holding Corporations Limited
全省总计	**Total**	**50221213**	**31290580**	**6640300**	**1369108**	**308865708**	**112356612**
济南市	Jinan	3794202	374634	224265	712003	15841119	10118129
青岛市	Qingdao	7544971	7757526	422177	31342	27503043	10513436
淄博市	Zibo	5198896	3690287	1219401	167815	21463734	14842146
枣庄市	Zaozhuang	958778	380246		22628	9465480	440817
东营市	Dongying	3932417	1959237	414640		24275384	21814421
烟台市	Yantai	5100361	10999130	1110380	33234	23364560	7387529
潍坊市	Weifang	1505665	1837455	568381	7024	29010137	12495535
济宁市	Jining	2342213	214305	304718	94186	14374149	7642108
泰安市	Tai'an	4503861	573829	360970		19090918	1941833
威海市	Weihai	1326694	2365499	925313	65969	11415141	4575556
日照市	Rizhao	597790	24664	51026	15347	10567912	1316683
莱芜市	Laiwu	773344	5555	2347	9725	8651022	854338
临沂市	Linyi	2724376	239688	429970	13162	14387176	6089015
德州市	Dezhou	2956615	151220	370897		9552777	2744716
聊城市	Liaocheng	1585449	165484	201625	24228	24924712	2419840
滨州市	Binzhou	1351811	82621			34399254	4895752
菏泽市	Heze	1113296	469201	34189	172447	10579189	1364528

14—13 续表 2 continued

单位:万元 (10 000 yuan)

地 区	Region	私营企业 Private Enterprises	其他企业 Other Enterprises	港澳台商投资企业 Enterprises with Funds from Hong Kong, Macao and Taiwan	外商投资企业 Foreign Funded Enterprises	高新技术产业 High and New-tech Industry: 总产值 Gross Output Value	高新技术产业 High and New-tech Industry: 占规模以上工业比重(%) Portion in Industries Above Designated Size	工业销售产值(当年价) Industrial Output Value of Products Sold (current prices)	#出口交货值 Export Delivery Value
全省总计	**Total**	**426422888**	**36647306**	**35311220**	**137947985**	**29.11**	**1.23**	**1147072920**	**73454167**
济南市	Jinan	8746438	792196	983807	3197274	39.55	1.02	44784067	2648261
青岛市	Qingdao	43723324	3637881	6821872	32447192	39.77	1.01	140402764	18105656
淄博市	Zibo	41634841	3216557	2066751	9867618	28.33	1.23	103368044	3862391
枣庄市	Zaozhuang	17620968	43526	691700	1129900	15.47	1.08	30754042	503104
东营市	Dongying	37828764	5866413	2757007	3826519	32.36	1.48	102674802	3027018
烟台市	Yantai	29459504	497561	7423812	37939321	39.19	0.85	123315391	16476186
潍坊市	Weifang	44847833	810784	4694864	8504843	27.32	1.46	104282522	7641327
济宁市	Jining	13426713	464134	706835	4233289	21.05	1.50	43802648	2595293
泰安市	Tai'an	24848915	1538766	231112	1656698	23.10	1.55	54746903	667291
威海市	Weihai	16209044	2359070	1228803	15797605	35.51	1.16	56268696	7517412
日照市	Rizhao	4025843	460250	279446	5443998	16.94	1.09	22782958	2526781
莱芜市	Laiwu	1677656	372314	27839	167063	16.37	1.31	12541203	656900
临沂市	Linyi	36951340	2684154	2304407	6317187	23.60	1.35	72140477	2094706
德州市	Dezhou	38221514	6227277	388471	2998714	23.88	1.87	63612201	1275627
聊城市	Liaocheng	30569538	5032408	516675	1065394	19.55	1.95	66505352	749648
滨州市	Binzhou	11462836	1100346	2412973	1528685	24.22	1.62	57234277	1651775
菏泽市	Heze	25167816	1543671	1774846	1140774	28.63	1.60	43359957	1454791

14—13 续表 3 continued

单位:万元 (10 000 yuan)

地 区	Region	资产合计 Total Assets	产成品 Finished Products	流动资产合计 Total Working Capitals	固定资产合计 Total Fixed Assets	负债合计 Total Liabilities	主营业务收入 Revenue from Principal Business	主营业务税金及附加 Taxes and Other Charges on Principal Business
全省总计	**Total**	**711076642**	**27387746**	**334398297**	**273129323**	**392415791**	**1180869228**	**14105167**
济南市	Jinan	43510240	2491924	23112983	13975103	27363301	47664957	706002
青岛市	Qingdao	78256425	3890538	45785130	23103934	45950439	138271186	2312056
淄博市	Zibo	53022414	2055755	24503213	19917795	28637177	102060541	1243932
枣庄市	Zaozhuang	17724858	528941	7458989	8798248	9724110	31442538	213007
东营市	Dongying	66519702	1577266	27609137	25067594	32656380	102844487	3408125
烟台市	Yantai	65453557	2852399	31734491	26329262	32446213	123880862	472503
潍坊市	Weifang	61813072	3186358	30798537	24781758	36014549	105420515	476790
济宁市	Jining	48690572	1623795	22206135	15429651	28859519	47383934	306175
泰安市	Tai'an	33560247	959200	13381377	13366924	19868798	55369703	650638
威海市	Weihai	32038077	1112963	14874967	13532240	14941393	55223579	324063
日照市	Rizhao	20732636	720368	11628943	6629562	14043813	22719392	119007
莱芜市	Laiwu	9925210	434254	4442820	3540699	6510181	13703583	38542
临沂市	Linyi	34005025	2199142	17097679	13418332	17875898	75081401	408626
德州市	Dezhou	31519302	784920	11279693	16004346	12534758	65264873	753186
聊城市	Liaocheng	31796804	898322	15053806	13567326	15791230	67038618	399477
滨州市	Binzhou	41822980	1405950	21197755	17137009	26194261	61336549	356692
菏泽市	Heze	20270090	660472	8717306	9821568	10325476	45006713	505678

14-13 续表 4 continued

单位:万元 (10 000 yuan)

地 区	Region	营业费用 Cost of Business	管理费用 Cost of Management	利润总额 Total Profits	亏损企业亏损总额 Losses of Loss Enterprises	利税总额 Total Profits and Taxes	本年应交增值税 Value-added Tax Payable	全部从业人员年平均人数(人) Annual Average Empolyed Persons (person)
全省总计	**Total**	**22107655**	**34155618**	**80163518**	**3461849**	**128710297**	**34261957**	**9184645**
济南市	Jinan	1552925	2283991	2195104	660161	4081694	1147287	432828
青岛市	Qingdao	4390360	6895341	7424003	606911	14187937	4419461	1103554
淄博市	Zibo	1331028	2549398	7635058	488516	12553266	3631586	745520
枣庄市	Zaozhuang	671024	1264205	1852849	167064	3282777	1212781	468292
东营市	Dongying	906250	2074047	11875493	47911	19054130	3766525	367902
烟台市	Yantai	1981227	2938337	9670608	220355	12777252	2632347	897921
潍坊市	Weifang	2048171	2904764	5716838	276073	8326529	2130940	863169
济宁市	Jining	1097209	1979534	2820422	215651	4677008	1529343	523689
泰安市	Tai'an	962061	2762092	4052096	214222	6581044	1873259	514712
威海市	Weihai	1222160	1809105	3066059	166693	4942174	1543400	539964
日照市	Rizhao	398093	623625	1896387	40383	2508188	492193	158398
莱芜市	Laiwu	134309	326321	207760	145192	407183	160602	133254
临沂市	Linyi	1420487	1525848	4574035	27231	6561891	1570472	719453
德州市	Dezhou	1478521	1259201	5002292	43636	8336892	2578909	507921
聊城市	Liaocheng	909562	954700	4458014	25183	6558394	1696228	402095
滨州市	Binzhou	606104	885573	2972892	77384	4565373	1232841	399878
菏泽市	Heze	904623	914107	3772831	39285	6106657	1826071	391939

14-14 各市规模以上国有控股工业企业主要经济指标(2012年)

Main Economic Indicators of State-holding Industrial Enterprises above Designated Size by Region(2012)

单位:万元 (10 000 yuan)

地 区	Region	企业单位数(个) Number of Industial Enterprises (unit)	#亏损企业 Number of Loss Enterprises	工业总产值 Gross Industrial Output Value	工业销售产值 Industrial Output Value of Products Sold	#出口交货值 Export Delivery Value	资产合计 Total Assets
全省总计	**Total**	**1165**	**308**	**187946816**	**186360682**	**6560195**	**219524744**
济南市	Jinan	141	36	22309959	21965105	1360243	26800303
青岛市	Qingdao	144	47	30403133	30649075	1948046	24920733
淄博市	Zibo	96	32	15892083	15772906	326243	12968557
枣庄市	Zaozhuang	63	18	5492156	5436980	71735	9469226
东营市	Dongying	29	2	18903047	18932838		19635002
烟台市	Yantai	125	42	22778707	22710056	849570	17023863
潍坊市	Weifang	76	19	11857748	11831105	298290	15330849
济宁市	Jining	116	30	12760793	12844145	460817	28813387
泰安市	Tai'an	67	20	10180420	9834526	84635	15042875
威海市	Weihai	41	10	3015341	2862038	255590	3568251
日照市	Rizhao	19	6	1653631	1609693	254739	1852593
莱芜市	Laiwu	15	4	2576285	2559031	202635	3117699
临沂市	Linyi	54	8	4604576	4570909	26099	4617415
德州市	Dezhou	53	10	6646337	6709550	50474	5203610
聊城市	Liaocheng	59	6	5964622	5882389	96796	4259253
滨州市	Binzhou	30	7	3809922	3810846	273967	2713717
菏泽市	Heze	33	11	4601442	4577820	314	3771981

14-14 续表 1 continued

单位:万元 (10 000 yuan)

地区	Region	产成品 Finished Products	流动资产合计 Total Working Capitals	固定资产合计 Total Fixed Assets	负债合计 Total Liabilities	主营业务收入 Revenue from Principal Business	#主营业务税金及附加 Taxes and Other Charges on Principal Business
全省总计	**Total**	**6782764**	**85148983**	**83129393**	**137390693**	**218890641**	**7941539**
济南市	Jinan	1666781	13348886	9529330	18612983	25240365	506376
青岛市	Qingdao	958825	13871936	8031380	16380239	32332132	1279847
淄博市	Zibo	472865	4769895	5382394	7467492	16214071	766231
枣庄市	Zaozhuang	201000	4355049	4455914	5765757	6134653	67641
东营市	Dongying	240944	3852469	5348764	9663474	19588720	2769875
烟台市	Yantai	632111	7168690	6546254	9721162	25547297	216105
潍坊市	Weifang	766728	7095749	5518033	9297824	12196129	91318
济宁市	Jining	763696	11399943	8907864	17520487	16195659	166972
泰安市	Tai'an	317769	5232617	6253902	10983892	11953495	194133
威海市	Weihai	37404	1261074	1672305	2160513	2594960	12531
日照市	Rizhao	60267	693629	937828	1192307	1944541	18553
莱芜市	Laiwu	51908	886663	1189626	2224186	2111414	15689
临沂市	Linyi	162950	1497269	2405919	3141457	4277774	34519
德州市	Dezhou	109938	1683252	3066407	3349215	7202194	119276
聊城市	Liaocheng	148141	1962090	1959380	2805990	5947033	26790
滨州市	Binzhou	99999	1211905	1256137	2106555	3726438	104484
菏泽市	Heze	86258	1342530	1959983	2318865	4527968	140530

14-14 续表 2 continued

单位:万元 (10 000 yuan)

地区	Region	营业费用 Cost of Business	管理费用 Cost of Management	利润总额 Total Profits	亏损企业亏损总额 Losses of Loss Enterprises	利税总额 Total Profits and Taxes	本年应交增值税 Value-added Tax Payable	全部从业人员年平均人数(人) Annual Average Empolyed Persons (person)
全省总计	**Total**	**3914845**	**10143328**	**13440302**	**1919374**	**29675020**	**8246128**	**1583298**
济南市	Jinan	610172	1213463	281407	572008	1215000	421446	179045
青岛市	Qingdao	1038132	1319017	936854	286833	3385371	1164998	136796
淄博市	Zibo	284566	862655	428559	301501	1720473	522471	143940
枣庄市	Zaozhuang	93480	599711	525384	88034	932970	336778	125854
东营市	Dongying	47862	949785	4138563	260	8433148	1524692	123540
烟台市	Yantai	406851	768039	1813361	77279	2468284	438040	116996
潍坊市	Weifang	230984	480882	678286	96947	1169430	398902	80202
济宁市	Jining	469527	1277372	1347449	111054	2459822	926395	234915
泰安市	Tai'an	187326	1288946	643197	169578	1372433	533437	151597
威海市	Weihai	45719	167937	186435	29794	293571	92123	23631
日照市	Rizhao	7160	90866	36848	9551	92136	36728	9701
莱芜市	Laiwu	25767	138245	-67323	119908	18534	70164	48649
临沂市	Linyi	64037	230900	289268	4340	495708	168922	56207
德州市	Dezhou	67573	155057	389341	14545	694444	185483	43179
聊城市	Liaocheng	173929	149129	387244	11366	572663	158575	44238
滨州市	Binzhou	21987	97739	108584	20931	424453	211307	22288
菏泽市	Heze	46229	148156	346069	5445	724672	237953	28364

14-15 各市规模以上外商和港澳台投资工业主要经济指标(2012年)

Main Economic Indicators of Industry with Funds from Foreign Countries (Territories), Hong Kong,Macao and Taiwan by Region(2012)

单位:万元 (10 000 yuan)

地区	Region	企业单位数(个) Number of Industial Enterprises (unit)	#亏损企业 Number of Loss Enterprises	工业总产值 Gross Industrial Output Value	工业销售产值 Industrial Output Value of Products Sold	#出口交货值 Export Delivery Value	资产合计 Total Assets
全省总计	**Total**	**4457**	**701**	**173259205**	**170199834**	**35718741**	**109629355**
济南市	Jinan	172	34	4181082	4161318	378299	3915737
青岛市	Qingdao	1599	297	39269064	38665516	9899315	24155045
淄博市	Zibo	200	35	11934369	11725935	1584751	8296937
枣庄市	Zaozhuang	69	12	1821600	1789627	159384	1577620
东营市	Dongying	43	3	6583527	6362808	216243	6276562
烟台市	Yantai	753	102	45363133	45041133	12804510	20874515
潍坊市	Weifang	378	41	13199707	12950119	2634516	9891321
济宁市	Jining	108	29	4940123	4873580	1110315	4230417
泰安市	Tai'an	75	10	1887810	1852377	41010	1028667
威海市	Weihai	479	69	17026409	16603255	4362906	9033335
日照市	Rizhao	88	17	5723444	5782918	609821	5205753
莱芜市	Laiwu	20	7	194902	191451	17412	299551
临沂市	Linyi	217	12	8621594	8458718	922584	5594912
德州市	Dezhou	89	6	3387185	3331217	378381	1952968
聊城市	Liaocheng	39	5	1582069	1556125	152310	1048405
滨州市	Binzhou	60	17	3941657	3934450	198847	2879476
菏泽市	Heze	67	5	2915620	2919288	248138	2187743

14-15 续表 1 continued

单位:万元 (10 000 yuan)

地区	Region	产成品 Finished Products	流动资产合计 Total Working Capitals	固定资产合计 Total Fixed Assets	负债合计 Total Liabilities	主营业务收入 Revenue from Principal Business	#主营业务税金及附加 Taxes and Other Charges on Principal Business
全省总计	**Total**	**4644505**	**58337502**	**40856902**	**57272370**	**169409527**	**1063958**
济南市	Jinan	155674	2008246	1370182	1629169	4146408	42354
青岛市	Qingdao	1105716	14514304	6576117	12533944	37529167	445175
淄博市	Zibo	262305	4151797	3061977	4329921	11687984	51599
枣庄市	Zaozhuang	72637	643176	740735	1007864	1775279	8969
东营市	Dongying	162288	3164240	2864365	3634294	6452005	17290
烟台市	Yantai	813493	11859904	7668863	11327400	44127872	201983
潍坊市	Weifang	517204	5293073	4047240	5707686	13468955	42453
济宁市	Jining	187747	2172148	1430698	1966729	4915379	22629
泰安市	Tai'an	37612	484981	415788	450565	1875586	15043
威海市	Weihai	285090	4374373	3629783	3840399	16529221	75345
日照市	Rizhao	174949	2440669	2374650	3418580	5719999	9376
莱芜市	Laiwu	25258	139619	132107	150005	210557	1181
临沂市	Linyi	466022	3161768	1866402	2854074	8542669	41259
德州市	Dezhou	55221	683688	1172997	759944	3345530	23817
聊城市	Liaocheng	64598	503163	426400	416125	1600455	9562
滨州市	Binzhou	153406	1538801	1127822	1597359	3946528	13480
菏泽市	Heze	105286	1090164	943235	986654	2853076	37707

14－15　续表 2 continued

单位:万元　(10 000 yuan)

地　区	Region	营业费用 Cost of Business	管理费用 Cost of Management	利润总额 Total Profits	亏损企业亏损总额 Losses of Loss Enterprises	利税总额 Total Profits and Taxes	本年应交增值税 Value-added Tax Payable	全部从业人员年平均人数(人) Annual Average Empolyed Perss (person)
全省总计	**Total**	**4017676**	**5592666**	**11374074**	**793262**	**16933454**	**4484316**	**1546846**
济南市	Jinan	225820	232363	406712	25216	593730	143789	49224
青岛市	Qingdao	1225965	2078021	2112881	239011	3648544	1085777	432548
淄博市	Zibo	199655	296060	867167	40497	1225374	306385	85811
枣庄市	Zaozhuang	50321	57824	24602	57854	84510	50609	34134
东营市	Dongying	67006	82751	419815	2853	797406	360133	14093
烟台市	Yantai	604036	934828	3239093	109817	4391307	950033	340352
潍坊市	Weifang	354611	437571	568674	90533	860965	249836	120466
济宁市	Jining	97257	159118	140493	75261	291521	128246	53448
泰安市	Tai'an	67689	55235	139776	26751	211928	56866	21875
威海市	Weihai	282195	524768	881524	75258	1382268	423585	182792
日照市	Rizhao	145715	178535	567174	13722	644261	67711	24072
莱芜市	Laiwu	15258	18295	10017	3813	14459	3261	3442
临沂市	Linyi	300407	234801	700255	3549	935374	191588	81327
德州市	Dezhou	65876	80652	327800	7850	478253	126548	33055
聊城市	Liaocheng	41376	38846	110314	2973	163353	43475	18540
滨州市	Binzhou	52314	56306	261571	11686	329886	54835	27547
菏泽市	Heze	222176	106703	522988	6618	760824	200100	21010

14－16　各市规模以上非公有工业主要经济指标(2012年)

Main Economic Indicators of Non-public Industry Enterprises above Designated Size by Region(2012)

单位:万元　(10 000 yuan)

地　区	Region	企业单位数(个) Number of Industial Enterprises (unit)	#亏损企业 Number of Loss Enterprises	工业总产值 Gross Industrial Output Value	工业销售产值 Industrial Output Value of Products Sold	#出口交货值 Export Delivery Value	资产合计 Total Assets
全省总计	**Total**	**36626**	**2126**	**1065561126**	**1050554293**	**70879204**	**634695966**
济南市	Jinan	1558	152	40615231	39940630	2598137	39007118
青岛市	Qingdao	4738	462	125100267	122464960	16393160	64115837
淄博市	Zibo	3010	186	94478862	92556145	3741851	43670015
枣庄市	Zaozhuang	1378	47	29415018	29215262	503104	15489226
东营市	Dongying	829	40	96783148	95320610	2958028	63967052
烟台市	Yantai	2576	220	107215900	106150453	16335423	53923258
潍坊市	Weifang	4102	223	100939401	99363246	7609056	59592701
济宁市	Jining	1486	142	41246131	40570073	2557213	44136406
泰安市	Tai'an	1729	59	49669213	48909187	648316	30862001
威海市	Weihai	1540	131	52576503	51136930	7502463	30104501
日照市	Rizhao	542	59	22160505	21797402	2272042	20338052
莱芜市	Laiwu	375	58	11762304	11491917	656900	9374072
临沂市	Linyi	3706	82	69176413	68041489	2093067	32588088
德州市	Dezhou	3188	48	60504366	59873294	1274142	30165860
聊城市	Liaocheng	2305	36	64754420	64034778	747252	30754118
滨州市	Binzhou	1101	124	55799845	57083109	1534574	40741902
菏泽市	Heze	2461	57	41777460	41704579	1454477	19088077

14-16 续表 1 continued

单位:万元 (10 000 yuan)

地 区	Region	产成品 Finished Products	流动资产合计 Total Working Capitals	固定资产合计 Total Fixed Assets	负债合计 Total Liabilities	主营业务收入 Revenue from Principal Business	#主营业务税金及附加 Taxes and Other Charges on Principal Business
全省总计	**Total**	**25257558**	**303657882**	**239722487**	**345482335**	**1081250402**	**12049937**
济南市	Jinan	2336477	21463557	11740614	24175132	43430492	681061
青岛市	Qingdao	2989872	35568345	20334475	36457894	119879058	2192436
淄博市	Zibo	1768025	20884380	16576086	23068792	92881025	1161914
枣庄市	Zaozhuang	510926	6568755	7664042	8148275	30298838	201258
东营市	Dongying	1496033	26705038	23474269	30989091	96941279	3352548
烟台市	Yantai	2660346	27552108	20565096	27607900	107207231	408260
潍坊市	Weifang	3150129	30004958	23473787	34528150	101995519	465309
济宁市	Jining	1575960	20472748	13319672	26160647	44784598	276596
泰安市	Tai'an	828517	12217308	12031526	17857368	50953017	568769
威海市	Weihai	1091135	14144807	12518744	13751373	51970459	305434
日照市	Rizhao	678717	11420800	6472465	13760501	22100588	115828
莱芜市	Laiwu	415201	4254782	3334887	6218800	13422701	30215
临沂市	Linyi	2147988	16715054	12523949	16815960	73428377	396569
德州市	Dezhou	725422	10878690	15114472	11530217	61679038	646242
聊城市	Liaocheng	873507	14615693	13058943	15094822	65238675	391749
滨州市	Binzhou	1375215	20694844	16684197	25227584	59922754	354561
菏泽市	Heze	634087	8445370	9020622	9570693	43533664	490940

14-16 续表 2 continued

单位:万元 (10 000 yuan)

地 区	Region	营业费用 Cost of Business	管理费用 Cost of Management	利润总额 Total Profits	亏损企业亏损总额 Losses of Loss Enterprises	利税总额 Total Profits and Taxes	本年应交增值税 Value-added Tax Payable	全部从业人员年平均人数(人) Annual Average Empolyed Persons (person)
全省总计	**Total**	**19697931**	**29862331**	**73977449**	**3076861**	**117287023**	**31089690**	**8568781**
济南市	Jinan	1487263	2071835	1628503	634508	3381700	1039478	393245
青岛市	Qingdao	2873290	5883337	6496124	553401	12633289	3913854	1030668
淄博市	Zibo	1143146	1970685	6853017	435430	11276282	3221323	645931
枣庄市	Zaozhuang	640133	1174700	1809963	111139	3165707	1150463	432180
东营市	Dongying	856506	1921904	11485041	47653	18458912	3617355	355995
烟台市	Yantai	1782222	2446523	8305105	188183	10996523	2281857	788056
潍坊市	Weifang	2013040	2794781	5592860	272157	8118727	2059430	835834
济宁市	Jining	1076172	1748477	2539500	197338	4217016	1380400	481616
泰安市	Tai'an	897406	2064781	3825475	124696	6066968	1667866	475300
威海市	Weihai	1183199	1708496	2943501	146528	4692528	1434956	515056
日照市	Rizhao	393321	591151	1889796	38632	2493485	487267	149265
莱芜市	Laiwu	131407	268609	182618	143163	347137	134025	120717
临沂市	Linyi	1398588	1431018	4478853	23444	6390051	1506210	695106
德州市	Dezhou	1452244	1186195	4835305	37580	7970108	2486089	491954
聊城市	Liaocheng	885662	912956	4391548	24453	6452655	1664737	387435
滨州市	Binzhou	598990	821116	2958899	64629	4522520	1206118	388726
菏泽市	Heze	885344	845780	3681585	33928	5929128	1754594	373304

14-17 各市规模以上工业主要财务分析指标(2012年)

Main Financial Indicators of Industry above Designated Size by Region(2012)

单位：% (%)

地 区	Region	总资产贡献率 Ratio of Total Assets to Industrial Output Value	产值利税率 Ratio of Profits and Taxes to Output Value	销售产值利税率 Ratio of Profits and Taxes to Output Value of Sales	资产负债率 Assets-Liability Ratio	流动资产周转率(次) Ratio of Turnover Working Capitals (time)	成本费用利润率 Ratio of Profits to Cost	产品销售率 Proportion of Products Sold
全省总计	**Total**	**19.66**	**11.22**	**11.38**	**55.19**	**3.58**	**7.34**	**98.61**
济南市	Jinan	10.54	9.11	9.28	62.89	2.10	4.76	98.24
青岛市	Qingdao	19.03	10.11	10.30	58.72	3.08	5.66	98.08
淄博市	Zibo	25.03	12.14	12.39	54.01	4.21	8.11	98.03
枣庄市	Zaozhuang	20.00	10.67	10.75	54.86	4.29	6.28	99.26
东营市	Dongying	30.06	18.56	18.83	49.09	3.75	13.70	98.56
烟台市	Yantai	20.73	10.36	10.46	49.57	3.92	8.43	99.05
潍坊市	Weifang	15.07	7.98	8.11	58.26	3.45	5.82	98.48
济宁市	Jining	11.24	10.68	10.84	59.27	2.25	6.08	98.49
泰安市	Tai'an	21.34	12.02	12.24	59.20	4.25	7.82	98.21
威海市	Weihai	17.42	8.78	9.04	46.64	3.74	6.11	97.14
日照市	Rizhao	14.57	11.01	11.19	67.74	2.00	8.38	98.34
莱芜市	Laiwu	6.66	3.25	3.32	65.59	3.10	1.58	97.75
临沂市	Linyi	20.84	9.10	9.24	52.57	4.42	6.51	98.41
德州市	Dezhou	28.23	13.11	13.24	39.77	5.82	8.74	98.98
聊城市	Liaocheng	22.70	9.86	9.98	49.66	4.48	7.17	98.86
滨州市	Binzhou	13.23	7.98	7.80	62.63	2.93	5.07	102.26
菏泽市	Heze	32.01	14.08	14.11	50.94	5.17	9.20	99.82

14-18 各市规模以上国有控股工业主要财务分析指标(2012年)

Main Financial Indicators of State holding Industry Enterprises above Designated Size by Region(2012)

单位：% (%)

地 区	Region	总资产贡献率 Ratio of Total Assets to Industrial Output Value	产值利税率 Ratio of Profits and Taxes to Output Value	销售产值利税率 Ratio of Profits and Taxes to Output Value of Sales	资产负债率 Assets-Liability Ratio	流动资产周转率(次) Ratio of Turnover Working Capitals (time)	成本费用利润率 Ratio of Profits to Cost	产品销售率 Proportion of Products Sold
全省总计	**Total**	**14.96**	**15.79**	**15.92**	**62.59**	**2.67**	**6.49**	**99.16**
济南市	Jinan	5.84	5.45	5.53	69.45	1.94	1.11	98.45
青岛市	Qingdao	14.59	11.13	11.05	65.73	2.44	2.98	100.81
淄博市	Zibo	14.28	10.83	10.91	57.58	3.53	2.71	99.25
枣庄市	Zaozhuang	11.03	16.99	17.16	60.89	1.53	8.58	99.00
东营市	Dongying	43.61	44.61	44.54	49.22	5.23	32.07	100.16
烟台市	Yantai	15.54	10.84	10.87	57.10	3.58	7.62	99.70
潍坊市	Weifang	9.09	9.86	9.88	60.65	1.76	5.60	99.78
济宁市	Jining	10.13	19.28	19.15	60.81	1.60	7.99	100.65
泰安市	Tai'an	11.64	13.48	13.96	73.02	2.54	5.04	96.60
威海市	Weihai	10.23	9.74	10.26	60.55	2.07	8.03	94.92
日照市	Rizhao	6.66	5.57	5.72	64.36	3.08	1.78	97.34
莱芜市	Laiwu	3.10	0.72	0.72	71.34	2.40	-3.49	99.33
临沂市	Linyi	12.87	10.77	10.84	68.03	2.91	6.70	99.27
德州市	Dezhou	15.19	10.45	10.35	64.36	4.34	5.75	100.95
聊城市	Liaocheng	15.72	9.60	9.74	65.88	3.08	6.83	98.62
滨州市	Binzhou	18.32	11.14	11.14	77.63	3.10	3.00	100.02
菏泽市	Heze	22.33	15.75	15.83	61.48	3.39	8.38	99.49

14-19 规模以上工业主要产品产量(2012年)
Output of Major Industrial Products above Designated Size(2012)

名　　称		Item		生产量 Output
原　煤	(万吨)	Coal	(10 000 tons)	17667.6
洗　煤	(万吨)	Washed Coal	(10 000 tons)	8263.0
天然原油	(万吨)	Crude Oil	(10 000 tons)	2774.7
天然气	(亿立方米)	Natural Gas	(100 million cu.m)	6.0
铁矿石原矿量	(万吨)	Ironstone in Original Iron Ores	(10 000 tons)	2156.2
铜选矿产品含铜量	(万吨)	Copper Content of Copper Dressing Products	(10 000 tons)	0.9
硫铁矿石(折含硫35%)	(万吨)	Pyrite Ore(converted into 35% sulphur)	(10 000 tons)	24.1
原　盐	(万吨)	Salt	(10 000 tons)	1775.3
发电量	(亿千瓦小时)	Electricity	(100 million kwh)	3195.2
火　电	(亿千瓦小时)	Thermal Power	(100 million kwh)	3034.6
水　电	(亿千瓦小时)	Hydro Power	(100 million kwh)	1.2
大　米	(万吨)	Rice	(10 000 tons)	37.4
小麦粉	(万吨)	Wheat Flour	(10 000 tons)	2470.2
精制食用植物油	(万吨)	Refined Edible Vegetable Oil	(10 000 tons)	878.3
鲜冷藏冻肉	(万吨)	Frozen,Fresh Meat	(10 000 tons)	955.8
配混合饲料	(万吨)	Mixed Feed	(10 000 tons)	2488.6
糖　果	(万吨)	Candy	(10 000 tons)	13.1
速冻米面食品	(万吨)	Quick-frozen Food	(10 000 tons)	7.0
方便面	(万吨)	Instant Noodles	(10 000 tons)	42.0
乳制品	(万吨)	Milk Products	(10 000 tons)	320.7
液体乳	(万吨)	Liquid Milk	(10 000 tons)	265.7
罐　头	(万吨)	Canned Food	(10 000 tons)	94.4
酱　油	(万吨)	Soy Sauce	(10 000 tons)	73.0
发酵酒精(折96度,商品量)	(万千升)	Fermenting Alcohol	(10 000 kiloliter)	32.9
饮料酒	(万千升)	Liquor	(10 000 kiloliter)	845.1
白酒(折65度,商品量)	(万千升)	White Spirit	(10 000 kiloliter)	124.4
啤　酒	(万千升)	Beer	(10 000 kiloliter)	665.1
葡萄酒	(万千升)	Wine	(10 000 kiloliter)	46.7
软饮料	(万吨)	Soft Drinks	(10 000 tons)	610.4
碳酸饮料	(万吨)	Carbonated Drinks	(10 000 tons)	46.9
果汁及果汁饮料	(万吨)	Juice and Juice Beverage	(10 000 tons)	91.3
包装饮用水	(万吨)	Bottled Drinking Water	(10 000 tons)	350.8
冷冻饮品	(万吨)	Frozen Drinks	(10 000 tons)	16.2
精制茶	(万吨)	Refined Tea	(10 000 tons)	0.2
卷　烟	(亿支)	Cigarettes	(100 million pieces)	1383.1
化学纤维用浆粕	(万吨)	Chemical Fiber Pulp	(10 000 tons)	30.1
化学纤维	(万吨)	Chemical Fiber	(10 000 tons)	100.0
粘胶纤维	(万吨)	Viscose Fiber	(10 000 tons)	25.9
合成纤维	(万吨)	Synthetic Fiber	(10 000 tons)	72.5
锦纶纤维	(万吨)	Nylon Fiber	(10 000 tons)	4.5
涤纶纤维	(万吨)	Polyester Fiber	(10 000 tons)	32.9
腈纶纤维	(万吨)	Acrylic Fiber	(10 000 tons)	6.0
丙纶纤维	(万吨)	Polypropylene Fiber	(10 000 tons)	11.7
纱	(万吨)	Yarn	(10 000 tons)	832.5
布	(亿米)	Cloth	(100 million m)	143.4
棉　布	(亿米)	Cotton Cloth	(100 million m)	115.5
棉混纺布(混纺交织布)	(亿米)	Cotton Blended Cloth	(100 million m)	21.6
化学纤维布(纯化纤布)	(亿米)	Chemical Fiber Cloth	(100 million m)	6.3
印染布	(亿米)	Printed Fabric	(100 million m)	38.5
帘子布	(万吨)	Cord Fabric	(10 000 tons)	28.5
绒线(毛线)	(万吨)	Knitting Wool	(10 000 tons)	5.6
毛机织物(呢绒)	(万米)	Wool Fabric	(10 000 m)	10204.1
亚麻布	(万米)	Ramie and Flax Cloth	(10 000 m)	3363.6

14—19 续表 1 continued

名 称		Item		生产量 Output
服 装	(万件)	Garments	(10 000 pieces)	360465.4
梭织服装	(万件)	Woven Garments	(10 000 pieces)	119924.9
西服套装	(万件)	Suits	(10 000 pieces)	5413.8
衬 衫	(万件)	Shirts	(10 000 pieces)	6285.8
羽绒服	(万件)	Down Wear	(10 000 pieces)	2426.3
针织服装	(万件)	Knitted Clothing	(10 000 pieces)	240540.6
轻 革	(万平方米)	Leather	(10 000 sq.m)	7217.4
皮革鞋靴	(万双)	Shoes	(10 000 pairs)	20150.7
皮革服装	(万件)	Leather Apparel	(10 000 pieces)	195.1
天然毛皮服装	(万件)	Natural Fur Apparel	(10 000 units)	24.5
人造板	(万立方米)	Manmade Plates	(10 000 cu.m)	5594.9
胶合板	(万立方米)	Plywood	(10 000 cu.m)	4090.7
纤维板	(万立方米)	Fiberboard	(10 000 cu.m)	510.0
刨花板	(万立方米)	Flakeboard	(10 000 cu.m)	70.5
人造板表面装饰板(人造板	(万立方米)	Secondary Processing Decorative Plates	(10 000 cu.m)	3911.6
实木地板(木地板)	(万平方米)	Solid Wood Floor	(10 000 sq.m)	25.2
复合地板	(万平方米)	Engineered Floor	(10 000 sq.m)	4135.4
家 具	(万件)	Furniture	(10 000 units)	6811.7
木质家具	(万件)	Wood Furniture	(10 000 units)	6383.0
软体家具(包括床垫、沙发)	(万件)	Soft Furniture	(10 000 units)	186.2
金属家具	(万件)	Metal Furniture	(10 000 units)	89.0
纸 浆	(万吨)	Paper Pulp	(10 000 tons)	554.7
机制纸及纸板	(万吨)	Machine-made Paper and Paperboards	(10 000 tons)	2025.0
新闻纸	(万吨)	Newsprint	(10 000 tons)	171.2
未涂布印刷书写用纸	(万吨)	Uncoated Writing Printing Paper	(10 000 tons)	289.1
纸制品	(万吨)	Paper Products	(10000 tons)	340.6
瓦楞纸箱(纸箱)	(万吨)	Corrugated Box	(10000 tons)	269.0
原油加工量	(万吨)	Processed Crude Oil	(10 000 tons)	7021.5
汽 油	(万吨)	Gasoline	(10 000 tons)	1525.3
煤 油	(万吨)	Kerosene	(10 000 tons)	114.9
柴 油	(万吨)	Diesel Oil	(10 000 tons)	2666.3
润滑油	(万吨)	Lubricant	(10 000 tons)	72.5
燃料油	(万吨)	Fuel	(10 000 tons)	398.4
石油沥青	(万吨)	Asphalt	(10 000 tons)	558.7
液化石油气	(万吨)	Liquid Petrol Gas	(10 000 tons)	345.2
焦 碳	(万吨)	Coke	(10 000 tons)	4076.2
机械化焦炉生产的焦炭	(万吨)	Machine-made Coke	(10 000 tons)	2646.6
煤气生产量(煤气)	(亿立方米)	Gas	(100 million cu.m)	306.2
硫酸(折100%)	(万吨)	Sulfuric	(10 000 tons)	644.1
盐酸(含量31%以上)	(万吨)	Hydrochloric Acid(content of more than 31%)	(10 000 tons)	112.1
氢氧化钠(烧碱)(折100%)	(万吨)	Caustic	(10 000 tons)	585.2
离子膜法烧碱	(万吨)	Ionic Membrane Caustic	(10 000 tons)	452.9
碳酸钠(纯碱)	(万吨)	Soda Ash	(10 000 tons)	408.9
碳化钙(电石)(折300升/千克)	(万吨)	Calcium carbide(convert to 300 L/kg)	(10 000 tons)	6.6
合成氨	(万吨)	Synthetic Ammonia	(10 000 tons)	764.4
农用氮、磷、钾化学肥料总计(折纯)	(万吨)	Chemical Fertilizer	(10 000 tons)	1304.6
氮 肥(折含N 100%)	(万吨)	Nitrogen Fertilizer	(10 000 tons)	904.0
尿 素	(万吨)	Urea	(10 000 tons)	465.2
磷肥(折合P2O5 100%)	(万吨)	Phosphate Fertilizer	(10 000 tons)	361.8

14-19 续表 2 continued

名称		Item		生产量 Output
化学农药原药(折有效成分100%)	(万吨)	Chemical Pesticide	(10 000 tons)	82.5
杀虫剂原药	(万吨)	Insecticides Pesticide	(10 000 tons)	7.5
杀菌剂原药	(万吨)	Fungicides Pesticide	(10 000 tons)	0.6
除草剂原药	(万吨)	Herbicide Pesticide	(10 000 tons)	67.1
乙　烯	(万吨)	Ethylene	(10 000 tons)	80.6
纯　苯	(万吨)	Benzene	(10 000 tons)	91.0
精甲醇	(万吨)	Extracted Methanol	(10 000 tons)	403.2
冰醋酸	(万吨)	Acetic Acid	(10 000 tons)	65.2
涂料(油漆)	(万吨)	Paint	(10 000 tons)	102.9
初级形态的塑料(塑料树脂及共聚物)	(万吨)	Primary Plastic	(10 000 tons)	427.9
聚氯乙烯树脂	(万吨)	PVC Colophony	(10 000 tons)	103.6
聚丙烯树酯	(万吨)	Polypropylene Colophony	(10 000 tons)	83.3
合成橡胶	(万吨)	Synthetic Rubber	(10 000 tons)	55.0
合成纤维单体	(万吨)	Synthetic Fiber Monomer	(10 000 tons)	23.7
合成纤维聚合物	(万吨)	Synthetic Fiber Polymers	(10 000 tons)	20.7
合成洗涤剂	(万吨)	Synthetic Detergents	(10 000 tons)	58.7
中成药	(万吨)	Traditional Chemical Medicine	(10 000 tons)	15.1
橡胶轮胎外胎(轮胎外胎)	(万条)	Tires	(10 000 tires)	38123.6
子午线轮胎外胎	(万条)	Radial Tires	(10 000 tires)	15963.1
塑料制品	(万吨)	Plastic Articles	(10 000 tons)	453.1
塑料薄膜	(万吨)	Plastic Film	(10 000 tons)	70.8
农用薄膜	(万吨)	Agricultural Film	(10 000 tons)	36.5
塑料人造革、合成革	(万吨)	Plastic leather and synthetic leather	(10 000 tons)	6.2
泡沫塑料	(万吨)	Foam	(10 000 tons)	4.7
日用塑料制品	(万吨)	Plastic Products for Daily Use	(10 000 tons)	16.1
水泥熟料	(万吨)	Cement Chamotte	(10 000 tons)	8710.1
窑外分解窑熟料(预分解窑熟料)	(万吨)	Precalciner Kiln Clinker	(10 000 tons)	6540.2
水　泥	(万吨)	Cement	(10 000 tons)	15386.0
水泥排水管	(千米)	Cement Drain Pipes	(1 000 m)	26522.5
水泥压力管	(千米)	Cement Pressure Pipes	(1 000 m)	4147.9
水泥混凝土电杆	(万根)	Cement Concrete Poles	(10 000 units)	45.3
商品混凝土	(万立方米)	Concrete	(10 000 cu.m)	5578.7
预应力混凝土桩	(万米)	Prestressed concrete piles	(10 000 m)	687.4
砖(折标准砖)	(亿块)	Brick	(100 million units)	349.0
瓦	(亿片)	Tile	(100 million units)	47.7
天然大理石建筑板材(大理石板材)	(万平方米)	Natural Marble Building Block	(10 000 sq.m)	763.7
天然花岗石建筑板材(花岗石板材)	(万平方米)	Natural Granite Building Block	(10 000 sq.m)	6972.6

14—19 续表 3 continued

名 称		Item		生产量 Output
平板玻璃	(万重量箱)	Plate Glass	(10 000 weight boxes)	9199.4
中空玻璃	(万平方米)	Hollow Glass	(10 000 sq.m)	563
钢化玻璃	(万平方米)	Tempered Glass	(10 000 sq.m)	2951.8
夹层玻璃	(万平方米)	Tempered Glass	(10 000 sq.m)	56.4
日用玻璃制品	(万吨)	Glass Products for Daily Use	(10 000 tons)	216.5
玻璃保温容器	(万个)	Glass Proof Container	(10 000 units)	11477.3
瓷质砖	(万平方米)	Porcelain Tile	(10 000 sq.m)	76405.8
炻瓷砖	(万平方米)	Vitrified Tile	(10 000 sq.m)	3931.5
细炻砖	(万平方米)	Fine Stoneware Tile	(10 000 sq.m)	271.8
炻质砖	(万平方米)	Stoneware Tile	(10 000 sq.m)	645.5
陶质砖	(万平方米)	Ceramic Tile	(10 000 sq.m)	13224.5
卫生陶瓷	(亿件)	Ceramic Sanitary Ware	(100 million units)	88
耐火材料制品	(万吨)	Fire-resistant Products	(10 000 tons)	438.8
石墨及碳素制品	(万吨)	Graphite and Carbon Products	(10 000 tons)	394.2
玻璃纤维纱	(万吨)	Glass Fiber Yarn	(10 000 tons)	166.2
生 铁	(万吨)	Pig Iron	(10 000 tons)	6013.1
粗 钢	(万吨)	Crude Steel	(10 000 tons)	5957
钢 材	(万吨)	Rolled Steel	(10 000 tons)	7817.9
大型型钢	(万吨)	Rolled-steel,Large	(10 000 tons)	385.3
中小型型钢	(万吨)	Rolled-steel,Medium and Small	(10 000 tons)	664.3
棒 材	(万吨)	Steel Bar	(10 000 tons)	1069.8
钢 筋	(万吨)	Corrugated Steel Bar	(10 000 tons)	1059.9
盘条(线材)	(万吨)	Wire Rod	(10 000 tons)	849.3
特厚板	(万吨)	Heavy Steel Plate	(10 000 tons)	26.2
厚钢板	(万吨)	Thick Steel Plate	(10 000 tons)	197.4
中 板	(万吨)	Medium Steel Plate	(10 000 tons)	200.8
冷轧薄板	(万吨)	Non-hot-roll Thin Steel Plate	(10 000 tons)	403.3
中厚宽钢带	(万吨)	Medium Wide Steel Belt	(10 000 tons)	1315.8
冷轧薄宽钢带	(万吨)	Non-hot-roll Thin Wide Steel Belt	(10 000 tons)	130.7
热轧窄钢带	(万吨)	Hot-roll Narrow Steel Belt	(10 000 tons)	157
冷轧窄钢带	(万吨)	Non-hot-roll Narrow Steel Belt	(10 000 tons)	12.3
镀层板(带)	(万吨)	Plated Plate(Belt)	(10 000 tons)	115.4
涂层板(带)	(万吨)	Coated Plate(Belt)	(10 000 tons)	123.3
无缝钢管	(万吨)	Seamless Steel Pipe	(10 000 tons)	600.6
焊接钢管	(万吨)	Welded Steel Pipe	(10 000 tons)	349.8
其它钢材	(万吨)	Other Rolled Steel	(10 000 tons)	91.2
铁合金	(万吨)	Ferroalloy	(10 000 tons)	105.3
十种有色金属	(万吨)	Ten Kinds of Nonferrous Metals	(10 000 tons)	281.1
精炼铜(铜)	(万吨)	Refined Copper	(10 000 tons)	84.2
原铝(电解铝)	(万吨)	Electrolyzed Aluminum	(10 000 tons)	196.9
黄 金	(千克)	Gold	(kg)	305307.8
白 银	(千克)	Silver	(kg)	625138.9
氧化铝	(万吨)	Aluminum Oxide	(10 000 tons)	1094.3
铝合金	(万吨)	Aluminum Alloy	(10 000 tons)	13.3
铜材(铜加工材)	(万吨)	Rolled Copper	(10 000 tons)	35.5
铝材	(万吨)	Rolled Aluminum	(10 000 tons)	656.5
金属集装箱	(万立方米)	Metal Containers	(10 000 cu.m)	1189.3
金属切削工具	(万件)	Metal-cutting Tools	(10 000 units)	4899.3
模 具	(万套)	Mold	(10 000 units)	88.8
电动手提式工具(电动工具)	(万台)	Portable Electric Tools	(10 000 units)	20.5
不锈钢日用制品	(万吨)	Stainless Steel Products for Daily Use	(10 000 tons)	30.5
家用燃气灶具	(万台)	Household Gas Cookers	(10 000 units)	26.7

14-19 续表 4 continued

名 称		Item		生产量 Output
工业锅炉	(蒸发量吨)	Industrial Boilers	(evaporation ton)	39884.9
电站汽轮机	(万千瓦)	Turbine Power Plant	(10 000 kw)	401.9
金属切削机床	(万台)	Metal-cutting Machine Tools	(10 000 units)	18.5
金属成形机床(锻压设备)	(万台)	Metal Forming Machine	(10 000 units)	2.6
数控金属成形机床(数控锻压设备)	(台)	CNC Metal Forming Machine	(units)	2672.0
铸造机械	(万台)	Casting Machinery	(10 00 0 units)	14.5
起重机	(万吨)	Lifting Equipment	(10 000 tons)	276.7
输送机械	(万台)	Conveyer	(10 000 units)	7.3
泵(液体泵)	(万台)	Pumps	(10 000 units)	118.9
风 机	(万台)	Fans	(10 000 units)	12633.2
气体压缩机	(台)	Gas Compressor	(unit)	679.8
减速机	(万台)	Reducer	(10 000 units)	11.3
滚动轴承(轴承)	(亿套)	Rolling Bearings	(100 million units)	18.7
阀 门	(万吨)	Valves	(10 000 tons)	25.6
液压元件	(万件)	Hydraulic Components	(10 000 units)	643.7
气动元件	(万件)	Pneumatic Components	(10 000 units)	163.7
粉末冶金零件	(万吨)	Sintered Metal Products	(10 000 tons)	37.5
采矿设备(矿山设备)	(万吨)	Mining Equipment	(10 000 tons)	87.6
饲料加工机械	(台)	Feed Processing Machinery	(unit)	14712.0
棉花加工设备	(台)	Cotton Processing Machinery	(unit)	24926.0
印刷专用设备	(吨)	Printing Special Equipment	(ton)	2300.6
水泥专用设备(水泥设备)	(吨)	Cement Special Equipment	(ton)	65939.0
金属冶炼设备(冶炼设备)	(吨)	Metal Smelting Equipment	(ton)	95958.5
金属轧制设备	(吨)	Metal Rolling Equipment	(ton)	4012.0
包装专用设备(包装机械)	(台)	Packaging Special Equipment	(unit)	7196.0
大型拖拉机	(台)	Large Tractors	(unit)	27416.0
中型拖拉机	(台)	Medium Tractors	(unit)	142819.0
小型拖拉机	(万台)	Small Tractors	(10 000 units)	70.9
收获机械	(台)	Harvesting Machinery	(unit)	144493.0
挖掘、铲土运输机械	(台)	Mining and Shoveling Transport Machinery	(unit)	132247.0
压实机械	(台)	Compacting Machinery	(unit)	4769.0
混凝土机械	(台)	Concrete Machinery	(unit)	109929.0
环境保护专用设备	(台(套))	Special Equipment for Environmental Protection	(unit)	61959.0
水质污染防治设备	(台(套))	Water Pollution Control Equipment	(unit)	11221.0
大气污染防治设备	(台(套))	Air Pollution Control Equipment	(unit)	12485.0
铁路客车	(辆)	Railway Passenger Coaches	(unit)	2448.0
铁路货车	(辆)	Railway Freight Wagons	(unit)	2942.0

14-19 续表 5 continued

名 称		Item		生产量 Output
汽 车	(万辆)	Motor Vehicles	(10 000 units)	132.0
载货汽车	(万辆)	Trucks	(10 000 units)	73.5
公路客车	(万辆)	Buses	(10 000 units)	1.2
轿 车	(万辆)	Cars	(10 000 units)	51.7
改装汽车	(万辆)	Modified Cars	(10 000 units)	16.1
摩托车	(万辆)	Motorcycles	(10 000 units)	68.8
两轮自行车(自行车)	(万辆)	bicycles	(10 000 units)	7.1
电动自行车	(万辆)	Electric Bicycle	(10000 units)	484.6
民用钢质船舶	(万总吨)	Civil Steel Vessels	(10 000 tons)	313.5
发电设备	(万千瓦)	Power Generating Equipment	(10 000 kw)	839.2
汽轮发电机	(万千瓦)	Steam Turbogenerator	(10 000 kw)	735.8
交流电动机	(万千瓦)	AC Motors	(10 000 kw)	2616.0
变压器	(万千伏安)	Transformers	(10 000 KVA pm)	23380.1
高压开关板	(万面)	High Voltage Switch Plate	(10 000 u	19.0
低压开关板	(万面)	Low Voltage Switch Plate	(10 000 u	28.7
电力电缆	(万千米)	Power Cable	(10 000 km)	274.5
通信及电子网络用电缆	(万对千米)	Cable for Communications and Electronic Network	(10 000 couples·km)	77.1
光缆(光纤通讯电缆)	(万芯千米)	Fire Optic Cable	(10 000 cores·km)	717.1
绝缘制品	(吨)	Insulation Products	(ton)	52440.0
原电池及原电池组(折R20标准只)	(亿只)	Primary Cells and Batteries	(100 million units)	28.1
灯具及照明装置	(万套(台、个))	Lamps and Lighting Fixtures	(10 000 units)	3538.4
电光源(灯泡)	(万只)	Light Bulbs	(10 000 units)	134257.0
家用洗衣机	(万台)	Household Washing Machines	(10 000 units)	624.0
家用电冰箱	(万台)	Household Refrigerators	(10000 units)	575.0
冷柜(含冷冻箱、冷藏箱、展示柜)	(万台)	Freezers	(10000 units)	615.4
房间空气调节器	(万台)	Air Conditioners	(10000 units)	465.9
吸排油烟机	(万台)	Vacuum Cleaners	(10000 units)	97.9
电热水器	(万台)	Electric Water Heater	(10000 units)	297.6
微波炉	(万台)	Microwave Ovens	(10000 units)	148.5
电饭锅	(万个)	Electric Cookers	(10000 units)	87.6
电焊机	(万台)	Welders	(10000 units)	7.8
程控交换机	(万线)	Program-controlled Switchboards	(10000 lines)	137.2
电话单机	(万台)	Telephone Sets	(10000 units)	266.5
移动通信手持机(手机)	(万台)	Mobile Telephones	(10000 units)	4111.5
电子计算机	(万台)	Computers	(10000 units)	268.7
笔记本计算机	(万台)	Notebook computer	(10000 units)	233.6
显示器	(万台)	Display	(10000 units)	111.3
打印机	(万台)	Printers	(10000 units)	598.4
半导体分立器件	(亿只)	Discrete Semiconductor Devices	(100 million units)	117.3
彩色电视机	(万台)	Color Television Sets	(10000 units)	1504.6

主要统计指标解释

工　业　指从事自然资源的开采，对采掘品和农产品进行加工和再加工的物质生产部门。具体包括：(1)对自然资源的开采，如采矿、晒盐等(但不包括禽兽捕猎和水产捕捞)；(2)对农副产品的加工、再加工，如粮油加工、食品加工、缫丝、纺织、制革等；(3)对采掘品的加工、再加工，如炼铁、炼钢、化工生产、石油加工、机器制造、木材加工等，以及电力、自来水、煤气的生产和供应等；(4)对工业品的修理、翻新，如机器设备的修理、交通运输工具(如汽车)的修理等。

工业统计调查单位为独立核算法人工业企业。

独立核算法人工业企业指从事工业生产经营活动的单位。独立核算法人工业企业应同时具备以下条件：①依法成立，有自己的名称、组织机构和场所，能够承担民事责任；②独立拥有和使用资产，承担负债，有权与其他单位签订合同；③独立核算盈亏，并能够编制资产负债表。

本年鉴中涉及的企业登记注册类型：

国有及国有控股企业　指国有企业加上国有控股企业。国有企业(即原全民所有制工业或国营工业)指企业全部资产归国家所有，并按《中华人民共和国企业法人登记管理条例》规定登记注册的非公司制的经济组织。包括国有企业、国有独资公司和国有联营企业。1957 年以前的公私合营和私营工业，后均改造为国营工业，1992 年改为国有工业，这部分工业的资料不单独分列时，均包括在国有企业内。国有控股企业是对混合所有制经济的企业进行的“国有控股”分类。它是指这些企业的全部资产中国有资产(股份)相对其他所有者中的任何一个所有者占资(股)最多的企业。该分组反映了国有经济控股情况。

集体企业　指企业资产归集体所有，并按《中华人民共和国企业法人登记管理条例》规定登记注册的经济组织。是社会主义公有制经济的组成部分。包括城乡所有使用集体投资举办的企业，以及部分个人通过集资自愿放弃所有权并依法经工商行政管理机关认定为集体所有制的企业。

股份合作企业　指以合作制为基础，由企业职工共同出资入股，吸收一定比例的社会资产投资组建，实行自主经营，自负盈亏，共同劳动，民主管理，按劳分配与按股分红相结合的一种集体经济组织。

联营企业　指两个及两个以上相同或不同所有制性质的企业法人或事业单位法人，按自愿、平等、互利的原则，共同投资组成的经济组织。联营企业包括：

国有联营企业指国有企业与国有企业间的联营；

集体联营企业指集体企业与集体企业间的联营；

国有与集体联营企业指国有企业与集体企业间的联营。

有限责任公司　指根据《中华人民共和国公司登记管理条例》规定登记注册，由两个以上，五十个以下的股东共同出资，每个股东以其所认缴的出资额对公司承担有限责任，公司以其全部资产对其债务承担责任的经济组织。

有限责任公司包括国有独资公司以及其他有限责任公司。

股份有限公司　指根据《中华人民共和国企业法人登记管理条例》规定登记注册，其全部注册资本由等额股份构成并通过发行股票筹集资本，股东以其认购的股份对公司承担有限责任，公司以其全部资产对其债务承担责任的经济组织。

私营企业　指由自然人投资设立或由自然人控股，以雇佣劳动为基础的营利性经济组织。包括按照《公司法》、《合伙企业法》、《私营企业暂行条例》规定登记注册的私营有限责任公司、私营股份有限公司、私营合伙企业和私营独资企业。

港、澳、台商投资企业　指企业注册登记类型中的港、澳、台资合资、合作、独资经营企业和股份有限公司之和。

外商投资企业　指企业注册登记类型中的中外合资、合作经营企业、外资企业和外商投资股份有限公司之和。

“三资”企业系指港、澳、台商投资企业和外资企业的简称。

轻工业　指主要提供生活消费品和制作手工工具的工业。按其所使用的原料不同，可分为两大类：(1)以农产品为原料的轻工业，是指直接或间接以农产品为基本原料的轻工业。主要包括食品制造、饮料制造、烟草加工、纺织、缝纫、皮革和毛皮制作、造纸以及印刷等工业；(2)以非农产品为原料的轻工业，是指以工业品为原料的轻工业。主要包括文教体育用品、化学药品制造、合成纤维制造、日用化学制品、日用玻璃制品、日用金属制品、手工工具制造、医疗器械制造、文化和办公用机械制造等工业。

重工业　指为国民经济各部门提供物质技术基础的主要生产资料的工业。按其生产性质和产品用途，可以分为下列三类：(1)采掘(伐)工业，是指对自然资源的开采，包括石油开采、煤炭开采、金属矿开采、非金属矿开采等工业；(2)原材料工业，指向国民经济各部门提供基本材料、动力和燃料的工业。包括金属冶炼及加工、炼焦及焦炭、化学、化工原料、水泥、人造板以及电力、石油和煤炭加工等工业；(3)加工工业，是指对工业原材料进行再加工制造的工业。包括装备国民经济各部门的机械设备制造工业、金属结构、水泥制品等工业，以及为农业提供的生产资料如化肥、农药等工业。

根据上述划分原则，修理业中以重工业产品为修理作业对象的划为重工业，反之划为轻工业。

工业总产值

(1)定义：

工业总产值是以货币形式表现的，工业企业在一定时期内生产的工业最终产品或提供工业性劳务活动的总价值量。它反映一定时间内工业生产的总规模和总水平。

(2)计算原则：

工业生产的原则，即凡是企业在报告期生产的经检验合格的产品，不管是否在报告期销售，均包括在内。

最终产品的原则，即凡是计入工业总产值的产品，必须是本企业生产的经检验合格的，不需要再进行任何加工的最终产品。如果企业有中间产品(半成品)对外销售，则对外销售的中间产品应视为企业的最终产品。

工厂法原则，即工业总产值是以工业企业作为基本计算(核算)单位，即按企业的最终产品计算工业总产值。按这种方法计算的工业总产值，不允许同一产品价值在企业内部重复计算，不能把企业内部各个车间(分厂)生产的成果相加，但允许企业间的重复计算。

(3)内容及计算方法：

1995 年全国工业普查对工业总产值(原规定)的内容及计算原则和方法做了某些修订，修订后的工业总产值(新规定)包括三项内容：即本期生产成品价值、对外加工费收入、在制品半成品期末期初差额价值三部分。

本期生产成品价值：指企业本期生产，并在报告期内不再进行加工，经检验、包装入库的全部工业成品(半成品)价值合计，包括企业生产的自制设备及提供给本企业在建工程、其他非工业部门和福利部门等单位使用的成品价值。本期生产成品价值为按自备原材料生产的产品的数量乘以本期不含增值税(销项税额)的产品实际销售平均单价计算；会计核算中按成本价格转帐的自制设备和自产自用的成品，按成本价格计算生产成品价值。生产成品价值中不包括用定货者来料加工的成品(半成品)价值。

对外加工费收入：指企业在报告期内完成的对外承接的工业品加工(包括用定货者来料加工产品)的加工费收入和对外工业修理作业所取得的加工费收入。对外加工费收入按不含增值税(销项税额)的价格计算，可根据会计“产品销售收入”科目的有关资料取得。

对于本企业对内非工业部门提供的加工修理、设备安装的劳务收入，如果企业会计核算基础较好，能取得这部分资料，而且这部分价值所占比重较大，应包括在对外加工费收入中。自制半成品在制品期末期初差额价值：指企业报告期在制品期末减期初的差额价值，本指标一般可以从会计核算资料中取得。如果会计产品成本核算中不计算半成品、在制品的成本，则总产值中也不包括这部分价值，反之则包括。

(4)工业总产值统计范围变化和计算方法修订情况：

1984 年以前工业总产值不包括村办工业，村办工业总产值划归农业。1984 年以后工业总产值包括村办工业。

1995 年工业普查对工业总产值计算方法做了修订，即从 1995 年始按新修订(新规定)方法计算工业总产值。新规定与原规定的区别如下：

全价与加工费的计算原则不同：新规定为凡自备原材料，不论其生产繁简程度如何，一律按全价计算工业总产值；凡来料加工，允许按加工费计算工业总产值。原规定则视生产加工的繁简程度不同，规定哪些行业按全价，哪些行业按加工费计算工业总产值。

自制半成品、在产品期末期初差额价值的计算原则不同：新规定要求，凡会计产品成本核算时计算了成本的差额价值，总产值中就应包括，否则可不包括；原规定则按生产周期六个月的界限区分，凡生产周期六个月以上的企业，总产值计算中应包括这部分差额价值，否则可不包括。

计算价格不同：新规定按不含增值税(销项税额)的价格计算；原规定则按含增值税(销项税额)的价格计算。

工业增加值 指工业企业在报告期内以货币表现的工业生产活动的最终成果。

工业增加值有两种计算方法：一是生产法，即工业总产出减去工业中间投入加上应交增值税；二是收入法，即从收入的角度出发，根据生产要素在生产过程中应得到的收入份额计算，具体构成项目有固定资产折旧、劳动者报酬、生产税净额、营业盈余，这种方法也称要素分配法。本年鉴中的工业增加值是以生产法计算的。

生产法工业增加值的计算方法为：

工业增加值=工业总产出−工业中间投入+应交增值税

(1)工业总产出：指工业企业在一定时期内工业生产活动的总成果。工业总产出包括：成品生产价值，对外加工费收入，自制半成品、在产品期末期初差额价值。1995 年后用新规定计算的工业总产值代替。

(2)工业中间投入：指工业企业在工业生产活动中消耗的外购物质产品和对外支付的服务费用。服务费用包括支付给物质生产部门(工业、农业、批发零售贸易业、建筑业、运输邮电业)的服务费用和支付给非物质生产部门(如保险、金融、文化教育、科学研究、医疗卫生、行政管理等)的服务费用。工业中间投入的确定须遵循以下原则：必须从外部购入的，并已计入工业总产出的产品和服务价值；必须是本期投入生产，并一次性消耗掉(包括本期摊销的低值易耗品等)的产品和服务价值。

工业中间投入包括直接材料费用、制造费用中的工业中间投入、管理费用中的工业中间投入、销售费用中的工业中间投入和利息支出五部分。

资产总计 指企业拥有或控制的能以货币计量的经济资源，包括各种财产、债权和其他权利。资产按流动性分为流动资产、长期投资、固定资产、无形资产、递延资产和其他资产。该指标根据企业会计“资产负债表”中“资产总计”项目的期末数增列。

流动资产 指企业可以在一年内或者超过一年的一个生产周期内变现或者耗用的资产，包括现金及各种存款、短期投资，应收及预付款项、存货等。

流动资产平均余额 指企业在报告期内全部流动资产

的平均余额。

固定资产原价 指企业在建造、购置、安装、改建、扩建、技术改造某项固定资产时所支出的全部货币总额。它一般包括买价、包装费、运杂费和安装费等。

固定资产净值年平均余额 指固定资产净值在报告期内余额的平均数。计算公式为：

$$\text{固定资产净值年平均余额}=\frac{\text{1至12月各月月初、月末固定资产净值之和}}{24}$$

该指标根据“资产负债表”中“固定资产原价”、“累计折旧”指标的期初、期末数计算填列。

固定资产净值指固定资产原价减去历年已提折旧额后的净额。计算公式为：

固定资产净值=固定资产原价−累计折旧

负债合计 指企业所承担的能以货币计量，将以资产或劳务偿付的债务，偿还形式包括货币、资产或提供劳务。负债一般按偿还期长短分为流动负债和长期负债。根据会计“资产负债表”中“负债合计”的年末数填列。

所有者权益 指企业投资人对企业净资产的所有权。企业净资产等于企业全部资产减去全部负债后的余额，包括企业投资人对企业的最初投入的实际到位的资产及资本公积金、盈余公积金和未分配利润。所有者权益合计数小于零，表示企业资不抵债。

主营业务收入 指会计“利润表”中对应指标的本年累计数。未执行 2001 年《企业会计制度》的企业，用“产品销售收入”的本期累计数代替。

主营业务成本 指会计“利润表”中对应指标的本年累计数。未执行 2001 年《企业会计制度》的企业，用“产品销售成本”的本期累计数代替。

主营业务税金及附加 指会计“利润表”中对应指标的本年累计数。未执行 2001 年《企业会计制度》的企业，用“产品销售税金及附加”的本期累计数代替。

利润总额 指企业生产经营活动的最终成果，是企业在一定时期内实现的盈亏相抵后的利润总额(亏损以“−”号表示)，它等于营业利润加上补贴收入加上投资收益加上营业外净收入再加上以前年度损益调整。

本年应交增值税 指企业在报告期内应交纳的增值税额。它等于本年销项税额加上出口退税加上进项税额转出数减去本年进项税额。小规模纳税企业直接按全年计税销售额乘以征收率计算取得。

从业人员平均人数 是指报告期内每天拥有的从业人员人数。其计算公式为：

$$\text{季平均人数}=\frac{\text{季内各月平均人数之和}}{3}$$

$$\text{月平均人数}=\frac{\text{报告月内每天实有人数之和}}{\text{报告月日历日数}}$$

$$\text{年平均人数}=\frac{\text{年内各月平均人数之和}}{12}$$

总资产贡献率 反映企业全部资产的获利能力，是企业经营业绩和管理水平的集中体现，是评价和考核企业盈利能力的核心指标。计算公式为：

$$\text{总资产贡献率(\%)}=\frac{\text{利润总额}+\text{税金总额}+\text{利息支出}}{\text{平均资金总额}}\times100\%$$

公式中：税金总额为产品销售税金及附加与应交增值税之和；平均资产总额为期初期末资产之和的算术平均值。

资产负债率 该指标既反映企业经营风险的大小，也反映企业利用债权人提供的资金从事经营活动的能力。计算公式为：

$$\text{资产负债率(\%)}=\frac{\text{负债总额}}{\text{资产总额}}\times100\%$$

资产与负债均为报告期期末数。

流动资产周转次数 指一定时期内流动资产完成的周转次数，反映投入工业企业流动资金的周转速度。计算公式为：

$$\text{流动资产周转次数}=\frac{\text{产品销售收入}}{\text{全部流动资产平均余额}}$$

公式中：全部流动资产平均余额为期初和期末的流动资产之和的算术平均值。

成本费用利润率 反映企业投入的生产成本及费用的经济效益，同时也反映企业降低成本所取得的经济效益。计算公式为：

$$\text{成本费用利润率(\%)}=\frac{\text{利润总额}}{\text{成本费用总额}}\times100\%$$

公式中：成本费用总额为产品销售成本、销售费用、管理费用、财务费用之和。

全员劳动生产率 该指标反映企业的生产效率和劳动投入的经济效益。计算公式为：

$$\text{全员劳动生产率(元/人)}=\frac{\text{工业增加值}}{\text{全部从业人员平均人数}}$$

产品销售率 该指标反映工业产品已实现销售的程度，是分析工业产销衔接情况，研究工业产品满足社会需求的指标。计算公式为：

$$\text{产品销售率(\%)}=\frac{\text{工业销售产值}}{\text{工业总产值(现价)}}\times100\%$$

Explanatory Notes on Main Statistical Indicators

Industry refers to the material production sector which is engaged in extraction of natural resources and processing and reprocessing of minerals and agricultural products, including (1) extraction of natural resources, such as mining, salt production (but not including hunting and fishing); (2) processing and reprocessing of farm and sideline produces, such as rice husking, flour milling, wine making, oil pressing, silk reeling, spinning and weaving, and leather making; (3) manufacture of industrial products, such as steel making, iron smelting, chemicals manufacturing, petroleum processing, machine building, timber processing; water and gas production and electricity generation and supply; (4)repairing of industrial products such as the repairing of machinery and means of transport (including cars).

Units of industrial statistics survey corporate industrial enterprises with independent accounting system.

Corporate industrial enterprises with independent accounting system refer to enterprises engaging in industrial production activities, which meet the following requirements: (1)They are established legally, having their own names, organizations, location, able to take civil liability; (2)They possess and use their assets independently, assume liabilities, and are entitled to sign contracts with other units; (3)They are financially independent and compile their own balance sheets.

Enterprises covered in the industrial statistics in the Yearbook include following categories by their registration:

State-owned and State-holding Enterprises refer to state owned enterprises plus state holding enterprises. State owned enterprises (originally known as state run enterprises with ownership by the whole society) are non corporate economic entities registered in accordance with the Regulation of the People's Republic of China on the Management of Registration of Legal Enterprises, where all assets are owned by the state. Included in this category are state owned enterprises, state funded corporations and state owned joint operation enterprises. Joint state private industries and private industries, which existed before 1957, were transformed into state run industries since 1957, and into state owned industries after 1992. Statistics on those enterprises are included in the state owned industries instead of grouping them separately. State holding enterprises is a sub classification of enterprises with mixed ownership, referring to enterprises where the percentage of state assets (or shares by the state) is larger than any other single share holder of the same enterprise. This sub classification illustrates the control of the state over a particular industry.

Collective-owned Enterprises refer to economic entities registered in accordance with the Regulation of the People's Republic of China on the Management of Registration of Legal Enterprises, where assets are owned by collectively. Collective enterprises constitute an integral part of the socialist economy with public ownership. They include urban and rural enterprises invested by collectives, and some enterprises registered in industrial and commercial administration agency as collective units where funds are pulled together by individuals who voluntarily give up their right of ownership.

Share-holding Cooperative Enterprises refer to economic units set up on cooperative basis, with funding partly from members of the enterprise and partly from outside investment, where the operation and management is decided by the members who also participate in the production, and the distribution of income is based both on work (labour input) and on shares (capital input).

Joint Operation Enterprises refer to economic units that are established by joint investment by two or more corporate enterprises or institutions of the same or different types of ownership on voluntary, equal and mutual beneficial basis. They include:

a)state owned joint operation enterprises (joint operation between state owned enterprises);

b)collective joint operation enterprises (joint operation between collective enterprises; and

c)state collective joint operation enterprises (joint operation between state and collective enterprises).

Limited Liability Corporations refer to economic units registered in accordance with the Regulation of the People's Republic of China on the Management of Registration of Corporations, with capitals from 2 to 49 investors, each investor bears limited liability to the corporation depending on his/her holding of shares, and the corporation bears liability to its debt to the maximum of its total assets.

Share-holding Corporations Ltd. refer to economic units registered in accordance with the Regulation of the People's Republic of China on the Management of Registration of Corporate Enterprises, with total registered capitals divided into equal shares and raised through issuing stocks. Each investor bears limited liability to the corporation depending on the holding of shares, and the corporation bears liability to its debt to the maximum of its total assets.

Private Enterprises refer to economic units invested or controlled (by holding the majority of the shares) by natural persons who hire labours for profit making activities. Included in this category are private limited liability corporations, private share holding corporations Ltd., private partnership enterprises and private sole investment enterprises registered in accordance with the Corporation Law, Partnership Enterprise Law and Tentative Regulation on Private Enterprises.

Enterprises with Funds from Hong Kong, Macao and Taiwan refers to all industrial enterprises registered as the joint venture, cooperative, sole (exclusive) investment industrial enterprises and limited liability corporations with funds from Hong Kong, Macao and Taiwan.

Foreign Funded Enterprises refers to all industrial enterprises registered as the joint venture, cooperative, sole (exclusive) investment industrial enterprises and limited liability corporations with foreign funds.

Enterprises with Hong Kong, Macao, Taiwan and foreign fund refer to all the enterprises with funds from Hong Kong Macao and Taiwan and foreign funded enterprises.

Light Industry refers to the industry that produces consumer goods and hand tools. It consists of two categories, depending on the materials used:

(1) Industries using farm products as raw materials. These are branches of light industry which directly or indirectly use farm products as basic raw materials, including the manufacture of food and beverages, tobacco processing, textile, clothing, fur and leather manufacturing, paper making, printing, etc.

(2) Industries using non farm products as raw materials. These are branches of light industry which use manufactured goods as raw materials, including the manufacture of cultural, educational articles and sports goods, chemicals, synthetic fiber, chemical products for daily use, glass products for daily use, metal products for daily use, hand tools, medical apparatus and instruments, and the manufacture of cultural and clerical machinery.

Heavy Industry refers to the industry which produces capital goods, and provides various sectors of the national economy with necessary material and technical basis. It consists of the following three branches according to the purpose of production or the use of products:

(1) Mining, quarrying and logging industry refers to the industry that extracts natural resources, including extraction of petroleum, coal, metal and non metal ores.

(2) Raw materials industry refers to the industry that provides various sectors of the national economy with raw materials, fuels and power. It includes smelting and processing of metals, coking and coke chemistry, chemical materials and building materials such as cement, plywood, and power, petroleum refining and coal dressing.

(3) Manufacturing industry refers to the industry that processes raw materials. It includes machine building industry which equips sectors of the national economy, industries of metal structure and cement products, industries producing means of agricultural production, such as chemical fertilizers and pesticides.

According to the above principle of classification, the repairing trades, which are engaged primarily in repairing products of heavy industry are classified into heavy industry while these engaged in repairing products of light industry are classified into light industry.

Gross Industrial Output Value

(1) Definition: Gross industrial output value is the total volume of final industrial products produced and industrial services provided during a given period. It reflects the total achievements and overall scale of industrial production during a given period.

(2) Principles for calculation:

Statistics on industrial production follow the principle that all products produced by the enterprises and accepted during the reference period are to be included no matter whether they are sold or not during the reference period.

Determination of final products follow the principle that all products that are included in the calculation of grow industrial output value are the final products of the enterprise which have been accepted through quality check and require no further processing. If an enterprise has intermediate (semi finished) products to sell, these intermediate products are considered as the final products of the enterprise.

Gross industrial output value is calculated following the principle of factory approach, i.e. industrial enterprise is used as the basic accounting unit in calculating the gross industrial output value. By this approach, value of the same product is not to be double counted, and the output value of different workshops (branch factories) should not be added. However, this approach does not exclude the possibility of double counting between enterprises.

(3) Content and calculation method: The old definition of gross industrial output value was modified during the national industrial census in 1995. The revised (new) definition of gross industrial output value consists of 3 components: value of the finished products during the reference period, income from external processing, and value of change in semi finished products at the end and at the beginning of the reference period.

Value of the finished products during the reference period: refers to the value of all finished (semi finished) industrial products that are produced during the reference period without the need for further processing, checked for acceptance, packed and put into the warehouse of the enterprise, including the value of own produced equipment and the value of products provided to the projects under construction of the enterprise, and to other non industrial or welfare units. Value of finished products during the reference period is calculated by the quantity of products produced using own materials multiplied by the average unit prices at which products are sold (excluding value added tax). Own produced equipment and products produced for own use are value at cost prices as in the case of enterprise accounting. Value of finished products does not include the value of finished products (semi finished products) that are produced using the materials from the clients who make the orders.

Income from external processing: refers to income from contracted external processing of industrial products (including processing of industrial products using materials from the clients), and the income from industrial repairing work provided to other units. Income from external processing is calculated using information from the item “products sales income” in the enterprise accounting at the prices excluding value added tax.

For income from services such as processing, repairing and installation of equipment provided to non industrial units within the enterprise, if the accounting work of the enterprise is good enough to separate it from other records, and the share of such services is significant, it should also be included in the income from external processing.

Value of change in semi finished products at the end and at the beginning of the reference period: refers to the value of change in semi finished products at the end and at the beginning of the reference period, which generally can be obtained from accounting records of enterprises. If the enterprise accounting excludes the cost of semi finished products, then it should not be included in the gross industrial output value, and vice versa.

(4) Changes in the coverage and method of calculation of gross industrial output value

Prior to 1984, the value of rural industry run by villages was classified into agriculture instead of industry. Since 1984, it has been included in the gross industrial output value. Method of calculation for the gross industrial output value was modified in the industrial census in 1995. The difference in the new method as compared with the old one is outlined below:

Principle in using full value vs. processing fee: The new method stipulates that all products produced using own materials are to be calculated with full value in reporting the gross industrial output value irrespective of sophistication of production, and for external processing, it allows calculation using processing fee. In the old method, however, the use of full value or processing fee was determined by the degree of sophistication of production in different branches of industries.

Principle in determining the value of change in semi finished products: The new method requires that value of the change in semi finished products should be included in the gross industrial output value if it is included in the accounting record of the enterprise, otherwise it should not be included. By the old method, it is determined by the type of enterprises in terms of production cycle. If the production cycle is over 6 months, the value of change in semi finished products is included in the gross industrial output value, otherwise it is excluded.

Difference in prices: The new method uses prices excluding value added tax in the calculation of gross industrial output value, while the old method used prices including value added tax.

Value-added of Industry refers to the final results of industrial production of industrial enterprises in money terms during the reference period.

Industrial value added can be calculated by two approaches: the production approach, i.e. gross industrial output value minus intermediate input plus value added tax, and the income approach, i.e. income for various factors used in the course of production, including depreciation of fixed assets, remuneration of labourers, net of production tax, and operating surplus. Value added of industry in the Yearbook is calculated by production approach as following:

Value added of industry=gross industrial outputindustrial intermediate input+value added tax

(1)Gross industrial output: refers to the total achievements of industrial production during a given period. Gross industrial output includes value of finished products, income from external processing, and value of change in semi finished products at the end and at the beginning of the reference period. Since 1995, it was substituted by the gross industrial output value by new method.

(2) Industrial intermediate input: refers to purchased goods and paid services consumed during the industrial production of enterprises. Fees paid for services include fees paid for the services provided by material production sectors (industry, agriculture, wholesale and retail trade, construction, transport, post and telecommunications) and by non material production sectors (insurance, banking, culture, education, scientific research, health and medical care, public administration, etc.). The determination of industrial intermediate input follows the principle that the goods and services must be purchased from outside and included in the gross industrial output, and that the goods and services are inputted into production and consumed (include low value consumables) during the reference period.

Industrial intermediate input includes 5 components, namely direct consumption of materials, industrial intermediate input in manufacturing cost, industrial intermediate input in management cost, industrial intermediate input in marketing cost and expenditure on interest.

Total Assets refer to all economic resources, in monetary terms, that is owned or controlled by enterprises, including properties, creditors equity and other economic rights of all forms. Classified by the degree of equitability, total assets include circulating assets, long term investment, fixed assets, intangible assets and deferred assets, and other assets. Data on this indicator can be obtained by the year end figures of total assets in the Assets and Liability Table of accounting records of enterprises.

Working Capitals refer to capitals that an enterprise can cash or use during one year or one production cycle that may exceeds one year, including cash and savings deposits of various forms, short term investment,money receivable and prepaid money, inventories, etc.

Annual Average Value of Working Capitals refers to the average value of all working capitals of the enterprise during the reference period.

Original Value of Fixed Assets refers to the total value, in monetary terms, that an enterprise spent on fixed assets, through construction, purchase, installation, transformation, expansion or technical upgrading. Generally, it covers cost ofpurchase, packing, transportation and installation, etc.

Annual Average of Net Value of Fixed Assets refer to average of the net value of fixed assets during the reference period, calculated with the following formula:

$$\begin{array}{c}\text{Annual Average}\\ \text{of Net Value of}\\ \text{Fixed Assets}\end{array} = \frac{\begin{array}{c}\text{sum of net value of fixed assets at}\\ \text{the beginning and at the end of each}\\ \text{month from January to December}\end{array}}{24}$$

Information on this indicator can be obtained from the beginning and ending figures of the original value of fixed assets and cumulative depreciation from the Assets and Liability Table of enterprises.

Net value of fixed assets refers to the original value of fixed assets minus depreciation over the years, i.e.:

Net value of fixed assets=original value of fixed assets cumulative depreciation

Total Liabilities refer to payable liabilities of enterprises that have to repay in terms of money, assets or labour services. In terms of payment, it can be divided into liquid liabilities and long term liabilities. Data on this item is obtained from the ending figures on total liabilities from the Assets and Liability Table from the enterprises.

Owner's Equity refers to the ownership of net assets of enterprise by its investors. The net assets equal the total assets minus total liabilities of the enterprise, including the actual assets invested into the enterprise by investors, accumulation of capitals and operating surplus and non distributed profits. The enterprise's assets is less than its liabilities if the sum of owner's equity is smaller than zero.

Revenue from Principal Business refers to the annual accumulation of corresponding item in the "profit table"of the accountant. For enterprises that do not follow the 2001 Enterprise Accounting Standards, the year end accumulation of revenue from the sales of products is used as a substitute.

Cost of Principal Business refers to the annual accumulation of corresponding item in the "profit table" of the accountant. For enterprises that do not follow the 2001 Enterprise Accounting Standards, the year end accumulation of cost for the sales of products is used as a substitute.

Tax and Extra Charges from Principal Business refer to the annual accumulation of corresponding item in the"profit table" of the accountant. For enterprises that do not follow the 2001 Enterprise Accounting Standards, the year end accumulation of tax and extra charges from the sales of products is used as a substitute.

Total Profits refer to the final achievements of production and operation of the enterprises, represented by the total profits after deducting losses (loss is expressed by the negative figure). It is the sum of profits from operation, income from subsidies, investment earnings, net income from activities other than operation, and adjustment of profits and losses of previous years.

Value added Tax Payable refers to the amount of the value added tax which should be paid by the enterprises during the reference period. It is the sum of tax on sales, export rebate, and transferred tax on purchases of the current year, minus the tax on purchases of the current year. Value added tax payable of small size enterprises is determined by the taxable sales of the year multiplied by the tax rate.

Average Annual Number of Employed Persons Employed persons refer to all those who are employed in enterprises and receive remunerations therefrom, including currently working employees, retirees who are re employed, teachers of local run schools, as well as foreigners, staff from Hong Kong, Macao and Taiwan, part time employees and persons with second job who are employed by the enterprise, and employees of other units temporarily working in the enterprises, but excluding former employees who left the enterprise with their employment records still kept by the enterprises.

Average number of employed persons refers to the number of employees everyday during the reference period, calculated with the following formula:

$$\text{Monthly average number} = \frac{\text{sum of actual employees everyday in reference month}}{\text{number of calendar dates in reference month}}$$

$$\text{Quarterly average number} = \frac{\text{sum of monthly average number in reference quarter}}{3}$$

$$\text{Annual average number} = \frac{\text{sum of monthly average number in reference year}}{12}$$

Ratio of Profits, Taxes and Interests to Average Assets reflects the profit making capability of all assets of the enterprise and is a key indicator manifesting the performance and management and evaluating the profit making potential of the enterprise. It is calculated as follows:

$$\text{Ratio of Profits, Taxes and Interests to Average Assets (\%)} = \frac{\text{total profits + total taxes + interest payment}}{\text{average assets}} \times 100\%$$

In the above formula, total taxes is the sum of tax and extra charges on the sales of products and value added tax payable; and average assets is the arithmetic mean of the sum of beginning assets and ending assets.

Ratio of Debts to Assets reflect both the operation risk and the capability of the enterprise in making use of the capital from the creditors. It is calculated as follows:

$$\text{Ratio of Debts to Assets (\%)} = \frac{\text{total debts}}{\text{total assets}} \times 100\%$$

Both assets and debts are figures at the end of the reference period.

Turnover of Working Capitals refers to the number of times of turnover of working capital in a given period of time, which reflects the speed of the turnover of working capital of industrial enterprises, and is calculated as follows:

$$\text{Turnover of Working Capital} = \frac{\text{sales revenue of products}}{\text{average balance of total working capital}}$$

In the above formula, average balance of total working capital refers to the arithmetic mean of the sum of working capital at the beginning and at the end of the reference period.

Ratio of Profits to Total Industrial Costs refers to the ratio of profits realized in a given period to the total costs in the same period, which reflects the economic efficiency of input cost and is calculated as follows:

$$\text{Ratio of Profits to Total Industrial Cost (\%)} = \frac{\text{total profits}}{\text{total costs}} \times 100\%$$

Total costs in the above formula is the sum of cost of products sold, marketing cost, management cost and financial cost.

Overall Labour Productivity is an indicator reflecting the production efficiency of an enterprise and the economic efficiency of its labour input, calculated by the formula:

$$\text{Overall Labour Productivity (yuan/person)} = \frac{\text{industrial value-added}}{\text{average of all persons engaged}}$$

Sales Ratio of Products is an indicator reflecting the actual sale of industrial products, analyzing the production selling and supply demand relations. It is calculated as:

$$\text{Sales Ratio of Products (\%)} = \frac{\text{value of industrial sales}}{\text{gross industrial output value (current prices)}} \times 100\%$$

第15篇

建筑业

Construction

简 要 说 明

一、本篇资料的主要内容

本篇资料反映了全省建筑业基本情况，主要包括建筑业总产值、从业人员、建筑企业生产指标、财务指标等方面的内容。

二、本篇资料的来源

本篇资料来源于建筑业统计年报，由省统计局投资处整理提供。

Brief Introduction

I. Content

Data in this chapter show the basic conditions of the construction industry in Shandong Province, mainly including the gross output value of construction, number of employed persons, major production indices and financial indicators.

II. Source of Data

Data in this chapter are based on the annual report of construction industry, and are prepared and provided by the Division of Investment and Construction Statistics of Shandong Provincial Bureau of Statistics

15-1 主要年份建筑业总产值

Gross Output Value of Construction Enterprises in Major Years

单位:亿元 (100 million yuan)

年份 Year	总计 Total	#国有经济 State-owned Construction Enterprises	中央 Central	地方 Local	#集体经济 Collective Owned Construction Enterprises	#城镇 Township
1957	1.32	1.32	0.67	0.65		
1962	1.20	0.99	0.44	0.55	0.21	0.21
1965	2.51	1.66	0.53	1.13	0.85	0.85
1970	3.02	1.76	0.76	1.00	1.26	1.26
1975	7.24	4.66	2.27	2.39	2.58	2.58
1978	11.34	7.62	2.54	5.08	3.72	3.72
1979	11.96	8.14	2.62	5.52	3.82	3.82
1980	14.26	9.76	4.01	5.75	4.50	4.50
1981	13.42	9.41	4.98	4.43	4.01	4.01
1982	14.50	9.46	4.41	5.05	5.04	5.04
1983	15.89	10.45	4.56	5.89	5.44	5.44
1984	23.07	16.25	8.62	7.63	6.82	6.82
1985	31.21	22.05	12.21	9.84	9.16	9.16
1986	34.71	24.44	14.87	9.57	10.27	10.27
1987	40.91	28.67	17.51	11.16	12.24	12.24
1988	49.38	33.34	20.04	13.30	16.04	16.04
1989	55.24	37.94	22.36	15.71	17.30	17.30
1990	58.89	40.60	24.27	16.33	18.29	18.29
1991	71.40	47.77	27.40	20.38	32.63	32.63
1992	98.66	61.86	32.81	29.05	36.81	36.81
1993	141.14	93.32	46.57	46.75	46.71	46.71
1994	206.42	133.92	78.70	55.22	65.13	65.13
1995	257.95	163.73	92.25	71.48	82.08	82.08
1996	593.90	198.27	101.45	96.82	363.92	100.44
1997	652.59	228.26	112.47	115.79	387.09	120.19
1998	702.64	279.97	104.79	135.25	328.63	102.06
1999	770.80	248.19	113.14	135.05	326.12	113.55
2000	820.52	249.48	120.37	129.11	310.30	110.27
2001	986.49	246.45	94.37	152.08	286.76	189.22
2002	1153.24	254.86	86.30	168.56	274.99	186.23
2003	1485.89	331.17	126.80	204.37	294.14	201.40
2004	1969.01	657.70	302.85	354.85	263.02	
2005	2509.17	782.56	365.49	417.07	320.29	
2006	2791.81	799.34	370.15	429.19	309.72	
2007	3289.05	977.26	459.81	517.45	329.43	
2008	3842.52	963.53	478.23	485.30	338.76	
2009	4579.15	1136.65	599.49	537.16	337.03	
2010	5496.59	1368.34	704.30	664.04	377.57	
2011	6482.90	1680.49	920.80	759.69	401.61	
2012	7281.33	1811.97	968.40	843.57	426.27	

注:1.1995年前不含县以下集体施工企业。2.从2004年开始国有经济含国有控股。

a)Data in this table don't include the data of enterprises of collective owned ones under county level.

b)Since 2004,state-owned enterprises include state-controlled ones.

15-2 主要年份计算建筑业劳动生产率的平均人数
Average Number of Employed Persons in Construction Enterprises for calculating the Labor Productivity in Major Years

单位:万人 (10 000 persons)

年份 Year	总计 Total	#国有经济 State-owned Construction Enterprises	中央 Central	地方 Local	#集体经济 Collective Owned Construction Enterprises	#城镇 Township
1957	4.21	4.21	2.14	2.07		
1962	6.48	4.91	2.13	2.78	1.56	1.56
1965	7.35	4.77	1.52	3.25	2.59	2.59
1970	10.31	5.76	2.66	3.10	4.52	4.52
1975	18.81	11.33	5.36	5.97	7.47	7.47
1978	25.20	16.21	5.40	10.81	9.07	9.07
1979	26.00	16.96	6.24	10.72	8.88	8.88
1980	26.91	18.07	8.91	9.16	9.00	9.00
1981	28.55	19.20	11.07	8.20	9.11	9.11
1982	27.36	17.52	9.00	8.71	9.51	9.51
1983	27.88	18.02	6.42	11.55	9.71	9.71
1984	33.93	22.26	9.37	12.93	11.56	11.56
1985	40.53	26.89	13.13	13.67	13.47	13.47
1986	38.57	24.69	15.17	9.67	13.88	13.88
1987	39.34	24.50	14.97	9.62	14.93	14.93
1988	40.48	24.88	14.74	10.08	15.73	15.73
1989	38.90	22.86	13.63	10.83	14.54	14.54
1990	38.15	21.83	11.65	10.18	14.87	14.87
1991	39.72	23.83	12.51	11.32	15.89	15.89
1992	45.10	23.44	11.66	11.78	19.85	19.85
1993	52.78	29.57	11.87	17.70	22.94	22.94
1994	66.22	37.17	20.10	17.07	27.36	27.36
1995	66.84	35.32	14.91	20.40	29.13	29.13
1996	188.02	40.96	14.82	26.14	138.19	38.19
1997	175.78	40.49	14.39	26.10	126.15	40.15
1998	169.11	38.59	11.28	27.30	100.52	31.99
1999	164.95	33.56	10.86	22.70	92.07	26.96
2000	171.94	31.80	10.27	21.53	85.33	25.60
2001	181.07	29.15	8.15	21.00	71.17	50.65
2002	183.56	23.08	4.57	18.50	61.28	39.98
2003	210.11	29.43	8.50	20.93	54.59	34.83
2004	238.91	53.85	16.50	37.35	43.98	
2005	249.81	48.93	16.21	32.72	45.07	
2006	282.30	59.04	27.76	31.28	42.53	
2007	288.40	51.78	17.36	34.42	41.09	
2008	300.24	44.74	18.32	26.42	41.15	
2009	305.99	42.81	17.99	24.82	33.15	
2010	344.88	54.00	25.20	28.80	34.19	
2011	307.56	45.07	21.18	23.89	27.74	
2012	270.26	38.87	18.57	20.30	22.76	

注:1.1995年前不含县以下集体施工企业。2.从2004年开始国有经济含国有控股。

a)Data in this table don't include the data of enterprises of collective owned ones under county level.

b)Since 2004,state-owned enterprises include State-controlled ones.

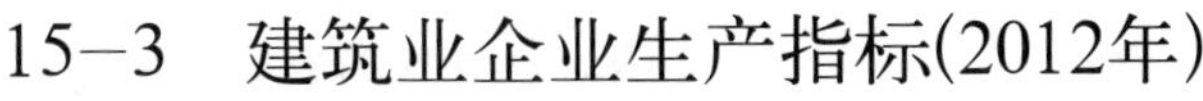

15-3 建筑业企业生产指标(2012年)

Main Production Indicators of Construction Enterprises(2012)

类 别	Category	企业个数 (个) Number of Enterprises (unit)	建筑业总产值 (万元) Gross Output Value (10 000 yuan)	竣工产值 (万元) Value of Projects Completed (10 000 yuan)	签定合同额 (万元) Value of Contracts (10 000 yuan)	#上年结转 Carryover of Last Year
总 计	**Total**	**5847**	**72813320**	**40406479**	**118126364**	**43307833**
#国有及国有控股企业	State-owned and State-controlled Enterprises	505	18119731	7217064	37046948	17323114
一、按登记注册类型分	**Grouped by Registration Status**					
内资企业	Domestic Funded	5813	72412715	40313891	116956083	42648688
国有企业	State-owned	372	7993478	3707027	14233676	6461041
集体企业	Collective-owned	520	4262728	2915712	5654939	1656958
股份合作企业	Stock-holding Cooperation	57	351168	272010	688080	332916
联营企业	Joint-owned	7	149795	121726	188168	73948
国有联营企业	State-owned	1	86842	74653	121621	63915
集体联营企业	Collective-owned	4	48454	34063	52743	9238
国有与集体联营企业	State-and-collective owned					
其他联营企业	Others	2	14500	13010	13805	795
有限责任公司	Company with Limited Liabilition	1968	34663311	18433544	56947161	21361891
国有独资公司	State-owned	23	3624321	991639	7579855	3465331
其他有限责任公司	Others	1945	31038990	17441905	49367306	17896560
股份有限公司	Stock-holding Company limited	319	8694280	4360916	17118085	6473461
私营企业	Private-owned	2515	16013862	10302323	21795295	6176589
私营独资企业	Solely Owned	112	554396	349447	627764	87153
私营合伙企业	Joint Owned	33	200310	116263	233803	90121
私营有限责任公司	Company with Limited Liabilition	2185	13599419	8658968	18739394	5322477
私营股份有限公司	Stock-holding Company limited	185	1659737	1177645	2194334	676839
其他企业	Others	55	284093	200636	330678	111885
港、澳、台商投资企业	Funded from Hong Kong,Macao and Taiwan	14	327966	70351	1081850	640283
合资经营企业(港或澳、台资)	Joint Ventures	11	318478	62063	1072626	639931
合作经营企业(港或澳、台资)	Cooperative Joint Venture					
港、澳、台商独资经营企业	Solely Owned	3	9489	8289	9225	352
港、澳、台商投资股份有限公司	Share-holding Company Limited					
外商投资企业	Foreign Funded	20	72638	22236	88432	18863
中外合资经营企业	Chinese-foreign Joint Venture	13	44713	9665	63239	18302
中外合作经营企业	Chinese-foreign Cooperative Joint Venture	2	2013	2013	2221	133
外资企业	Solely Owned	3	19232	3920	15957	
外商投资股份有限公司	Share-holding Company Limited					

15-3 续表 1 continued

类 别	Category	企业个数(个) Number of Enterprises (unit)	建筑业总产值(万元) Gross Output Value (10 000 yuan)	竣工产值(万元) Value of Projects Completed (10 000 yuan)	签定合同额(万元) Value of Contracts (10 000 yuan)	#上年结转 Carryover of Last Year
二、按国民经济行业分	**by Sector**					
房屋和土木工程建筑业	Building and Civil Engineering Construction	4125	66200767	36498482	110413059	41910141
房屋工程建筑	Building	3116	47393088	28515358	74617076	26319836
土木工程建筑	Civil Engineering	1009	18807678	7983124	35795984	15590305
建筑安装业	Construction Installation	657	3110633	2246271	3637229	620054
建筑装饰业	Construction Decoration	774	2694191	1120952	2922263	482540
其它建筑业	Others	291	807729	540774	1153814	295098
工程准备	Preparation	88	263842	209946	295274	65476
提供工程设备服务	Service	34	114116	60226	203400	13928
其它未列明的建筑活动	Others	169	429771	270602	655140	215694
三、按隶属关系分	**by Ownership**					
中 央	Central	63	9925455	3416278	28636138	15179533
地 方	Local	5784	62887865	36990200	89490226	28128300
省(自治区、直辖市)	Provincial	78	3537403	1651147	5015316	1559497
地(区、市、州、盟)	Region	491	12886312	6395150	20258605	8195594
县(区、市、旗)及县以下	County	5215	46464150	28943903	64216306	18373209
四、按企业资质等级分	**by Qualification Criteria**					
施工总承包	Construction Contract	3843	65676765	36290417	109047381	41337869
特 级	Special Grade	15	7833580	3231405	16679067	7620078
一 级	First Grade	304	31318347	15075201	57130644	23559958
二 级	Second Grade	1348	16015991	10791862	22136692	6953798
三级及以下	Third Grade and below	2176	10508847	7191948	13100977	3204035
专业承包	Professional Contract	2004	7136555	4116062	9078984	1969964
一 级	First Grade	140	2576664	993517	3851335	1183392
二 级	Second Grade	607	2114280	1469426	2581997	450206
三级及以下	Third Grade and below	1257	2445611	1653119	2645651	336366
五、按营业状态分	**by Business Status**					
营 业	Open	5706	71411752	40002158	116195472	42770093
停业(歇业)	Close	69	88800	61843	109824	25773
筹 建	Prepared to Start	3	5049	5410	8508	1280
当年关闭	Closed in Current Year	54	1294115	326908	1798520	510687
当年破产	Bankruptcy	5	3320	3320	4743	
其 它	Others	10	10283	6840	9297	
六、按控股情况分	**by Share Holding**					
#国有控股	State-controlled	505	18119731	7217064	37046948	17323114
#集体控股	Collective-controlled	801	8293454	5451227	10952211	3341372
#私人控股	Private-controlled	4110	40031581	24341086	56871367	16970793
#港澳台商控股	Controlled by Investors from Hong Kong,Macao and Taiwan	11	65223	68243	82872	31311
#外商控股	Foreign-controlled	16	69872	20462	85471	18730

15-3 续表 2 continued

类 别	Category	房屋建筑施工面积(平方米) Floor Space of Buildings under Construction (sq.m)	房屋建筑竣工面积(平方米) Floor Space of Buildings Completed (sq.m)	#住 宅 Residential	年末从业人员(人) Staff Employed (person)
总 计	**Total**	**569021175**	**215359670**	**150446697**	**2773095**
#国有及国有控股企业	State-owned and State-controlled Enterprises	69722202	16089821	10208083	412781
一、按登记注册类型分	**Grouped by Registration Status**				
内资企业	DomesticFunded	568419025	215186155	150345122	2765534
国有企业	State-owned	25900083	6102870	4174892	202831
集体企业	Collective-owned	43755239	21263687	15960310	241253
股份合作企业	Stock-holding Cooperation	2820360	1413920	826231	15948
联营企业	Joint-owned	527519	417352	210434	3840
国有联营企业	State-owned				1248
集体联营企业	Collective-owned	456319	346152	139234	1906
国有与集体联营企业	State-and-collective owned				
其他联营企业	Others	71200	71200	71200	686
有限责任公司	Company with Limited Liabilition	288105059	96562048	66231614	1176659
国有独资公司	State-owned	20445197	4189348	2564397	94439
其他有限责任公司	Others	267659862	92372700	63667217	1082220
股份有限公司	Stock-holding Company limited	67907497	25555722	16907597	341613
私营企业	Private-owned	137105536	62677177	45042934	769814
私营独资企业	Solely Owned	4281046	1864422	1481236	28665
私营合伙企业	Joint Owned	1000985	580694	422408	7509
私营有限责任公司	Company with Limited Liabilition	120018556	54283678	38689191	650856
私营股份有限公司	Stock-holding Company limited	11804949	5948383	4450099	82784
其他企业	Others	2297732	1193379	991110	13576
港、澳、台商投资企业	Funded from Hong Kong,Macao and Taiwan	312534	137575	101575	6155
合资经营企业(港或澳、台资)	Joint Ventures	312534	137575	101575	6016
合作经营企业(港或澳、台资)	Cooperative Joint Venture				
港、澳、台商独资经营企业	Solely Owned				139
港、澳、台商投资股份有限公司	Share-holding Company Limited				
外商投资企业	Foreign Funded	289616	35940		1406
中外合资经营企业	Chinese-foreign Joint Venture	208223	14904		756
中外合作经营企业	Chinese-foreign Cooperative Joint Venture	21036	21036		164
外资企业	Solely Owned	60357			202
外商投资股份有限公司	Share-holding Company Limited				

15-3 续表 3 continued

类 别	Category	房屋建筑施工面积(平方米) Floor Space of Buildings under Construction (sq.m)	房屋建筑竣工面积(平方米) Floor Space of Buildings Completed (sq.m)	#住 宅 Residential	年 末从业人员(人) Staff Employed (person)
二、按国民经济行业分	**by Sector**				
房屋和土木工程建筑业	Building and Civil Engineering Construction	559876188	210458088	147950337	2552709
房屋工程建筑	Building	547657744	206483931	145910021	2135067
土木工程建筑	Civil Engineering	12218444	3974157	2040316	417642
建筑安装业	Construction Installation	6896380	4448002	2271049	121442
建筑装饰业	Construction Decoration	407037	198500	107500	69279
其它建筑业	Others	1841570	255080	117811	29665
工程准备	Preparation	394784	134072	76711	8852
提供工程设备服务	Service	55075	8601		4024
其它未列明的建筑活动	Others	1391711	112407	41100	16789
三、按隶属关系分	**by Ownership**				
中 央	Central	29254971	6454560	3114029	193308
地 方	Local	539766204	208905110	147332668	
省(自治区、直辖市)	Provincial	18154318	5121720	3629277	89424
地(区、市、州、盟)	Region	112499497	27746850	19113982	320131
县(区、市、旗)及县以下	County	409112389	176036540	124589409	
四、按企业资质等级分	**by Qualification Criteria**				
施工总承包	Construction Contract	555301585	208136995	148718723	2536325
特 级	Special Grade	67527242	17626270	12177467	222358
一 级	First Grade	233131291	68985295	44109754	849254
二 级	Second Grade	152031921	67624516	51583888	849484
三级及以下	Third Grade and below	102611131	53900914	40847614	615229
专业承包	Professional Contract	13719590	7222675	1727974	236770
一 级	First Grade	4220566	2025497	93211	50928
二 级	Second Grade	5044412	2901072	768530	85782
三级及以下	Third Grade and below	4454612	2296106	866233	100060
五、按营业状态分	**by Business Status**				
营 业	Open	565308684	214275581	149790374	2735921
停业(歇业)	Close	756344	226403	138669	3710
筹 建	Prepared to Start	6038	6038	6038	291
当年关闭	Closed in Current Year	2843318	794148	459616	32621
当年破产	Bankruptcy				135
其 它	Others	106791	57500	52000	417
六、按控股情况分	**by Share Holding**				
#国有控股	State-controlled	69722202	16089821	10208083	412781
#集体控股	Collective-controlled	75766256	35751139	25442805	401046
#私人控股	Private-controlled	370879295	144844549	102753321	1757947
#港澳台商控股	Controlled by Investors from Hong Kong,Macao and Taiwan	287334	137575	101575	1486
#外商控股	Foreign-controlled	268580	14904		1185

15-4 建筑业主要财务指标(2012年)

Major Financial Indicators of Construction Enterprises(2012)

单位:万元 (10 000 yuan)

类 别	Category	年初存货 Inventory at Beginning of year	流动资产 Liquid Assets	固定资产 Fixed Assets	在建工程 Project under Construction	资产合计 Total Assets	流动负债 Liquid Liabilities
总 计	**Total**	**11329625**	**55332046**	**8787997**	**884137**	**69483112**	**43636324**
#国有及国有控股企业	State-owned and State-controlled Enterprises	3682294	17816966	2319903	211119	21700257	16882550
一、按登记注册类型分	**Grouped by Registration Status**						
内资企业	Domestic Funded	11280450	54910699	8731245	882936	68970823	43254923
国有企业	State owned	1410763	8113093	1056539	112687	9929426	7752920
集体企业	Collective-owned	583893	2434603	562861	49791	3308018	1809186
股份合作企业	Stock-holding Cooperation	49382	360613	48797	5480	442225	188573
联营企业	Joint-owned	2077	32732	12580	11	48241	18304
国有联营企业	State-owned		10313	6450		17704	10313
集体联营企业	Collective-owned	1742	16465	3811	11	20695	3624
国有与集体联营企业	State and collective owned						
其他联营企业	Others	335	5953	2319		9843	4367
有限责任公司	Company with Limited Liabilition	5882538	26368541	3432587	317820	32479741	20592950
国有独资公司	State owned	568030	2589664	275618	21080	3203274	2479842
其他有限责任公司	Others	5314508	23778878	3156969	296740	29276467	18113109
股份有限公司	Stock holding Company limited	1236640	7312186	1231894	130198	8948911	6202995
私营企业	Private owned	2079985	10106986	2325232	253425	13423807	6569559
私营独资企业	Solely Owned	54639	289765	111915	5976	418428	159238
私营合伙企业	Joint Owned	34470	138595	74873	1340	220784	91474
私营有限责任公司	Company with Limited Liabilition	1805198	8618497	1921645	224974	11403008	5599902
私营股份有限公司	Stock holding Company limited	185679	1060130	216799	21136	1381586	718946
其他企业	Others	35174	181945	60756	13524	390454	120436
港、澳、台商投资企业	Funded from Hong Kong,Macao and Taiwan	44258	347982	31588	9	411058	327074
合资经营企业(港或澳、台资)	Joint Ventures	43884	345536	29859	9	406719	324506
合作经营企业(港或澳、台资)	Cooperative Joint Venture						
港、澳、台商独资经营企业	Solely Owned	374	2446	1730		4339	2569
港、澳、台商投资股份有限公司	Share holding Company Limited						
外商投资企业	Foreign Funded	4917	73365	25164	1192	101231	54327
中外合资经营企业	Chinese foreign Joint Venture	2800	43701	20063	1030	64648	31418
中外合作经营企业	Chinese foreign Cooperative Joint Venture	1136	17405	1962	162	19541	16198
外资企业	Solely Owned	973	5599	996		7819	2621
外商投资股份有限公司	Share holding Company Limited						

15-4 续表 1 continued

单位:万元 (10 000 yuan)

类 别	Category	年初存货 Inventory at Beginning of year	流动资产 Liquid Assets	固定资产 Fixed Assets	在建工程 Project under Construction	资产合计 Total Assets	流动负债 Liquid Liabilities
二、按国民经济行业分	**by Sector**						
房屋和土木工程建筑业	Building and Civil Engineering Construction	10543705	50794684	7876512	816193	63548261	40561795
房屋工程建筑	Building	6635883	31479762	4701874	546449	39016688	23397318
土木工程建筑	Civil Engineering	3907823	19314923	3174637	269745	24531574	17164477
建筑安装业	Construction Installation	370649	2182613	443416	35172	2865977	1427836
建筑装饰业	Construction Decoration	314763	1666138	280232	27234	2095565	1143542
其它建筑业	Others	100509	688610	187838	5537	973309	503151
工程准备	Preparation	27553	187436	58473	2541	279521	145023
提供工程设备服务	Service	11031	122041	26950	177	170572	122128
其它未列明的建筑活动	Others	61925	379133	102415	2819	523216	236001
三、按隶属关系分	**by Ownership**						
中 央	Central	1825707	9293071	1252579	69380	11209481	9234762
地 方	Local	9503918	46038975	7535418	814757	58273631	34401562
省(自治区、直辖市)	Provincial	1095907	4031614	237186	20256	4556772	3572760
地(区、市、州、盟)	Region	1898405	10756586	1308974	194352	13672451	9223920
县(区、市、旗)及县以下	County	6509605	31250775	5989258	600149	40044408	21604883
四、按企业资质等级分	**by Qualification Criteria**						
施工总承包	Construction Contract	10100543	49680098	7585909	762177	61814772	39666105
特 级	Special Grade	1556581	7073445	825041	49917	8396649	5519987
一 级	First Grade	4708511	24014628	2654740	204528	28888685	20857750
二 级	Second Grade	2504821	12071482	2391638	367622	15481208	8878747
三级及以下	Third Grade and below	1330631	6520543	1714490	140111	9048229	4409622
专业承包	Professional Contract	1229082	5651947	1202088	121959	7668340	3970219
一 级	First Grade	293249	1743010	268105	54725	2325362	1320924
二 级	Second Grade	605260	1901028	400368	41542	2612945	1271326
三级及以下	Third Grade and below	330573	2007910	533615	25693	2730034	1377969
五、按营业状态分	**by Business Status**						
营 业	Open	11122723	54153226	8584953	869328	68052189	42605921
停业(歇业)	Close	11863	64331	6742	337	77488	45665
筹 建	Prepared to Start	473	7833	232		10132	2092
当年关闭	Closed in Current Year	192619	1088424	191684	14211	1320675	969032
当年破产	Bankruptcy	258	5879	2479		8358	3304
其 它	Others	1688	12353	1908	260	14270	10312
六、按控股情况分	**by Share Holding**						
#国有控股	State-controlled	3682294	17816966	2319903	211119	21700257	16882550
#集体控股	Collective-controlled	1080205	5473054	1023360	123031	7005919	3957172
#私人控股	Private-controlled	5712221	27457213	4636677	485337	34728770	19140600
#港澳台商控股	Controlled by Investors from Hong Kong,Macao and Taiwan	11060	66822	12195	9	79934	55861
#外商控股	Foreign-controlled	4788	70079	24236	915	96494	52537

15-4 续表 2 continued

单位:万元 (10 000 yuan)

类 别	Category	非流动负债 Non-current liabilities	负债合计 Total Liabilities	所有者权益 Creditors' Equity	主营业务收入 Revenue from Principal Business	主营业务成本 Cost of Principal Business
总 计	**Total**	**1637802**	**48345963**	**21109230**	**67956899**	**59063027**
#国有及国有控股企业	State owned and State controlled Enterprises	679743	17865392	3833514	18999368	17149874
一、按登记注册类型分	**Grouped by Registration Status**					
内资企业	Domestic Funded	1629808	47954914	20987990	67622472	58769026
国有企业	State-owned	168106	8031861	1896801	8890500	8005655
集体企业	Collective-owned	57424	2076488	1231530	3601870	2959148
股份合作企业	Stock-holding Cooperation	4000	247320	194906	348421	293342
联营企业	Joint-owned	1300	30573	17668	50704	41337
国有联营企业	State-owned		21222	-3518	7809	6625
集体联营企业	Collective-owned	1100	4724	15971	28395	22647
国有与集体联营企业	State-and-collective owned					
其他联营企业	Others	200	4627	5215	14500	12065
有限责任公司	Company with Limited Liabilition	727994	23247484	9224221	31889119	27925268
国有独资公司	State-owned	77049	2561906	641368	3377494	3036267
其他有限责任公司	Others	650945	20685578	8582854	28511625	24889001
股份有限公司	Stock-holding Company limited	494206	6788606	2160305	7849462	6896353
私营企业	Private-owned	173286	7253876	6150813	14726158	12430548
私营独资企业	Solely Owned	5506	207194	210901	444576	348450
私营合伙企业	Joint Owned	1059	92591	128194	195026	157753
私营有限责任公司	Company with Limited Liabilition	150125	6158262	5225960	12497562	10598947
私营股份有限公司	Stock-holding Company limited	16596	795829	585757	1588994	1325399
其他企业	Others	3491	278708	111746	266238	217376
港、澳、台商投资企业	Funded from Hong Kong,Macao and Taiwan	4447	331521	79537	262470	239209
合资经营企业(港或澳、台资)	Joint Ventures	4447	328952	77767	253931	231424
合作经营企业(港或澳、台资)	Cooperative Joint Venture					
港、澳、台商独资经营企业	Solely Owned		2569	1770	8539	7785
港、澳、台商投资股份有限公司	Share-holding Company Limited					
外商投资企业	Foreign Funded	3548	59528	41703	71957	54792
中外合资经营企业	Chinese-foreign Joint Venture	3182	35019	29629	47802	35880
中外合作经营企业	Chinese-foreign Cooperative Joint Venture	366	16564	2977	2013	1497
外资企业	Solely Owned		2621	5198	15148	13007
外商投资股份有限公司	Share-holding Company Limited					

15-4 续表 3 continued

单位:万元 (10 000 yuan)

类 别	Category	非流动负债 Non-current liabilities	负债合计 Total Liabilities	所有者权益 Creditors' Equity	主营业务收入 Revenue from Principal Business	主营业务成本 Cost of Principal Business
二、按国民经济行业分	**by Sector**					
房屋和土木工程建筑业	Building and Civil Engineering Construction	1588064	44980225	18550018	61813152	53990624
房屋工程建筑	Building	904608	26412876	12589532	41923697	36448189
土木工程建筑	Civil Engineering	683456	18567349	5960486	19889455	17542435
建筑安装业	Construction Installation	26351	1586820	1277516	2773060	2271522
建筑装饰业	Construction Decoration	12735	1217569	876455	2591922	2177336
其它建筑业	Others	10652	561350	405240	778766	623544
工程准备	Preparation	4841	154172	121970	241155	198720
提供工程设备服务	Service	1220	123348	47225	99301	81977
其它未列明的建筑活动	Others	4591	283830	236046	438309	342848
三、按隶属关系分	**by Ownership**					
中 央	Central	392003	9640843	1568638	11778352	10802493
地 方	Local	1245800	38705121	19540592	56178547	48260534
省(自治区、直辖市)	Provincial	108474	3718110	838663	3425884	3047146
地(区、市、州、盟)	Region	456536	10414350	3258101	10888527	9721333
县(区、市、旗)及县以下	County	680790	24572661	15443828	41864136	35492055
四、按企业资质等级分	**by Qualification Criteria**					
施工总承包	Construction Contract	1541881	43974457	17829257	61105368	53447970
特 级	Special Grade	558989	6905091	1491558	7510786	6681750
一 级	First Grade	632891	22187556	6701130	29605840	26633473
二 级	Second Grade	206978	9691035	5787276	14575321	12417114
三级及以下	Third Grade and below	143023	5190775	3849293	9413421	7715633
专业承包	Professional Contract	95922	4371507	3279973	6851531	5615057
一 级	First Grade	27170	1372430	952931	2455289	2126915
二 级	Second Grade	24709	1418560	1191207	2090999	1685616
三级及以下	Third Grade and below	44042	1580517	1135835	2305243	1802526
五、按营业状态分	**by Business Status**					
营 业	Open	1591356	47246605	20779862	66679581	57916556
停业(歇业)	Close		49111	28377	47421	39816
筹 建	Prepared to Start	1136	3228	6904	5356	4107
当年关闭	Closed in Current Year	45232	1033324	285153	1209128	1090701
当年破产	Bankruptcy		3304	5055	4413	2264
其 它	Others	79	10391	3879	11001	9584
六、按控股情况分	**by Share Holding**					
#国有控股	State-controlled	679743	17865392	3833514	18999368	17149874
#集体控股	Collective-controlled	146098	4632297	2373621	7228916	6120128
#私人控股	Private-controlled	631820	21812029	12890465	35810938	30627405
#港澳台商控股	Controlled by Investors from Hong Kong,Macao and Taiwan		55861	24072	63891	56314
#外商控股	Foreign-controlled	2700	56890	39604	68847	52156

15-4 续表 4 continued

单位:万元 (10 000 yuan)

类 别	Category	主营业务税金及附加 Taxes and Other Charges on Principal Business	销售费用 Sales Expenses	管理费用 Management Expenses	财务费用 Financial Expenses	利润总额 Total Profits
总 计	**Total**	**2152021**	**299939**	**2403258**	**498479**	**3186856**
#国有及国有控股企业	State-owned and State-controlled Enterprises	515577	28252	723071	99148	581454
一、按登记注册类型分	**Grouped by Registration Status**					
内资企业	Domestic Funded	2142932	298154	2391232	491805	3174176
国有企业	State-owned	229144	16391	357177	10770	286188
集体企业	Collective-owned	133942	34757	144370	24387	249977
股份合作企业	Stock-holding Cooperation	11865	1717	9410	1636	20946
联营企业	Joint-owned	1757	477	3769	287	4484
国有联营企业	State-owned	217		1134	40	1202
集体联营企业	Collective-owned	1219	122	2129	198	2080
国有与集体联营企业	State-and-collective owned					
其他联营企业	Others	322	355	506	50	1203
有限责任公司	Company with Limited Liabilition	1022843	104746	1022247	241401	1364597
国有独资公司	State-owned	108934	703	102037	33593	130957
其他有限责任公司	Others	913909	104043	920209	207808	1233640
股份有限公司	Stock-holding Company limited	232956	38190	335672	82815	316771
私营企业	Private-owned	501513	101017	506809	127525	908687
私营独资企业	Solely Owned	16355	3808	19479	4417	32939
私营合伙企业	Joint Owned	7057	1897	7792	2871	16220
私营有限责任公司	Company with Limited Liabilition	414940	84251	429975	104521	753835
私营股份有限公司	Stock-holding Company limited	63161	11061	49564	15716	105693
其他企业	Others	8911	860	11778	2984	22525
港、澳、台商投资企业	Funded from Hong Kong,Macao and Taiwan	7715	968	7512	5853	3326
合资经营企业(港或澳、台资)	Joint Ventures	7463	931	7074	5727	3361
合作经营企业(港或澳、台资)	Cooperative Joint Venture					
港、澳、台商独资经营企业	Solely Owned	252	37	439	126	-35
港、澳、台商投资股份有限公司	Share-holding Company Limited					
外商投资企业	Foreign Funded	1374	817	4514	820	9355
中外合资经营企业	Chinese-foreign Joint Venture	684	588	3224	494	7001
中外合作经营企业	Chinese-foreign Cooperative Joint Venture	55	146	163	22	132
外资企业	Solely Owned	392	75	582	38	1099
外商投资股份有限公司	Share-holding Company Limited					

15-4 续表 5 continued

单位:万元 (10 000 yuan)

类 别	Category	主营业务税金及附加 Taxes and Other Charges on Principal Business	销售费用 Sales Expenses	管理费用 Management Expenses	财务费用 Financial Expenses	利润总额 Total Profits
二、按国民经济行业分	**by Sector**					
房屋和土木工程建筑业	Building and Civil Engineering Construction	1975114	220671	2052428	464402	2772456
房屋工程建筑	Building	1416025	171968	1182566	330422	1964346
土木工程建筑	Civil Engineering	559090	48703	869862	133981	808110
建筑安装业	Construction Installation	85684	34881	166448	12560	193426
建筑装饰业	Construction Decoration	71507	26028	137859	13797	159646
其它建筑业	Others	19716	18360	46524	7719	61329
工程准备	Preparation	6958	4741	15388	2175	15168
提供工程设备服务	Service	2145	2652	7563	502	6061
其它未列明的建筑活动	Others	10613	10967	23574	5041	40099
三、按隶属关系分	**by Ownership**					
中 央	Central	294496	11126	404493	27240	285356
地 方	Local	1857525	288813	1998766	471238	2901500
省(自治区、直辖市)	Provincial	101847	5317	153094	22913	118105
地(区、市、州、盟)	Region	335089	24494	385370	132504	322140
县(区、市、旗)及县以下	County	1420588	259002	1460301	315821	2461255
四、按企业资质等级分	**by Qualification Criteria**					
施工总承包	Construction Contract	1965342	209966	1992674	451070	2740989
特 级	Special Grade	224432	6222	231416	67678	262968
一 级	First Grade	904469	46790	883760	214703	926508
二 级	Second Grade	509030	78012	497546	103818	843133
三级及以下	Third Grade and below	327411	78942	379952	64870	708381
专业承包	Professional Contract	186679	89973	410585	47409	445867
一 级	First Grade	54512	20013	116096	13255	121935
二 级	Second Grade	62688	26917	126755	14944	155086
三级及以下	Third Grade and below	69479	43044	167734	19210	168846
五、按营业状态分	**by Business Status**					
营 业	Open	2107002	298279	2359258	483272	3163083
停业(歇业)	Close	1510	80	2397	1147	1834
筹 建	Prepared to Start	183		437	0	629
当年关闭	Closed in Current Year	42699	1563	40761	13897	18958
当年破产	Bankruptcy	278		126	141	1604
其 它	Others	348	17	280	21	749
六、按控股情况分	**by Share Holding**					
#国有控股	State-controlled	515577	28252	723071	99148	581454
#集体控股	Collective-controlled	235139	53546	295096	42646	439818
#私人控股	Private-controlled	1225964	199936	1133570	286351	1937445
#港澳台商控股	Controlled by Investors from Hong Kong,Macao and Taiwan	1803	88	2628	1985	2258
#外商控股	Foreign-controlled	1263	798	4403	811	9129

15-5 各市建筑业主要生产指标(2012年)
Main Production Indicators of Construction Enterprises by Region(2012)

地 区	Region	企业个数(个) Number of Enterprises (unit)	建筑业合同(万元) Value of Construction Contracts (10 000 yuan)	#上年结转合同额 Carryover of Last Year	建筑业总产值(万元) Gross Output Value of Construction (10 000 yuan)	竣工产值(万元) Value of Construction Completed (10 000 yuan)	房屋建筑施工面积(平方米) Floor Space under Construction (sq.m)	房屋建筑竣工面积(平方米) Floor Space Completed (sq.m)	#住宅 Residential	年末从业人员(人) Employees at year-end (person)
全省总计	**Total**	**5847**	**118126364**	**43307833**	**72813320**	**40406479**	**569021175**	**215359670**	**150446697**	**2773095**
济南市	Jinan	468	26649362	13350762	12074778	5172005	65561244	16377448	10812234	353583
青岛市	Qingdao	596	18531072	7840666	10131056	4398924	82816057	20274278	13394288	204698
淄博市	Zibo	418	11050982	2890361	7569939	4389306	62735614	26410643	17870952	336748
枣庄市	Zaozhuang	222	3394199	979185	2248332	1291052	21258383	8604562	6159470	157679
东营市	Dongying	211	3904793	732392	2972573	2127462	8490438	4675866	2770037	98203
烟台市	Yantai	817	7438815	2088283	5663463	3689386	39700443	17306033	13313383	209703
潍坊市	Weifang	500	8082629	3070565	5807924	3859889	63321930	24175034	15679260	226213
济宁市	Jining	361	6842581	2273731	4276350	2251344	34480676	13814733	10123089	160447
泰安市	Tai'an	337	7390050	1047348	6132755	4196793	35956833	22090223	15884167	277903
威海市	Weihai	445	2738703	1073526	2152666	1524475	24695809	9297978	6124130	86471
日照市	Rizhao	209	5106880	2268212	1910732	867063	11912152	5170425	4125192	74934
莱芜市	Laiwu	135	921658	264627	713670	489103	10916677	3541396	2427369	47712
临沂市	Linyi	356	6121339	2044482	4187342	2243949	44887009	16185279	12243212	249523
德州市	Dezhou	181	2504004	757547	1989325	1051485	15526132	6625219	4787701	71970
聊城市	Liaocheng	207	2846930	1251609	1517131	844228	19874236	6821820	4689112	55627
滨州市	Binzhou	213	2321384	769726	1720196	1037725	12473911	6306265	4348157	60942
菏泽市	Heze	171	2280984	604812	1745089	972291	14413631	7682468	5694944	100739

15-6 各市建筑业主要财务指标(2012年)
Financial Indicators of Construction Enterprises by Region(2012)

单位:万元 (10 000 yuan)

地区	Region	流动资产 Liquid Assets	固定资产 Fixed Assets	在建工程 Projects under Construction	资产合计 Total Assets	流动负债 Liquid Liabilities	非流动负债 Non-current liabilities	负债合计 Total Liabilities
全省总计	**Total**	**55332046**	**8787997**	**884137**	**69483112**	**43636324**	**1637802**	**48345963**
济南市	Jinan	10781632	1235347	85672	12938009	9791311	475014	10438503
青岛市	Qingdao	8763626	928836	73283	10803737	7356093	488667	8063273
淄博市	Zibo	3534200	642858	42631	4339129	2533724	53174	2627973
枣庄市	Zaozhuang	1719732	351202	36052	2200758	1395324	19090	1469607
东营市	Dongying	2510044	605846	44017	3291055	2172854	46632	2261268
烟台市	Yantai	4466675	825865	81021	5690992	3408322	147300	3657957
潍坊市	Weifang	4464434	678188	65840	5536335	3019336	73370	3542282
济宁市	Jining	3230150	451207	27398	3894366	2558015	47364	2681605
泰安市	Tai'an	2274559	519805	37752	3116520	1604618	41680	1861606
威海市	Weihai	1790903	566230	34442	2753048	1405344	36939	1535189
日照市	Rizhao	1712338	348065	115530	2216139	1393740	34493	1462881
莱芜市	Laiwu	565674	167194	46967	772981	348210	5254	404016
临沂市	Linyi	5402844	427807	44459	6193941	3623591	66814	4824738
德州市	Dezhou	1232716	252161	22009	1618263	904259	19252	1000322
聊城市	Liaocheng	1028614	182082	19781	1439102	788818	9371	992288
滨州市	Binzhou	1184429	349368	91483	1635681	993134	46600	1076563
菏泽市	Heze	669477	255938	15801	1043054	339632	26791	445894

15-6 续表 continued

单位:万元 (10 000 yuan)

地区	Region	所有者权益 Owner's Equity	实收资本 Paid-in Capitals	主营业务收入 Revenue from Principal Business	主营业务成本 Cost of Principal Business	主营业务税金及附加 Taxes and Other Charges on Principal Business	管理费用 Management Expenses	财务费用 Financial Expenses	利润总额 Total Profits
全省总计	**Total**	**21109230**	**16414024**	**67956899**	**59063027**	**2152021**	**2403258**	**498479**	**3186856**
济南市	Jinan	2499362	2602341	11585242	10233838	366079	464048	71057	434977
青岛市	Qingdao	2740464	2760422	10870650	9830796	281231	346605	63701	360250
淄博市	Zibo	1705959	869113	7666074	6818430	245286	235284	60082	279807
枣庄市	Zaozhuang	727533	350740	2099070	1763131	68518	82199	12960	108955
东营市	Dongying	1029787	523611	2921032	2527656	80928	126836	32514	139112
烟台市	Yantai	2028260	1125475	5554025	4661497	186927	199933	46712	406694
潍坊市	Weifang	1991129	845411	4952017	4290773	169661	132379	34076	279556
济宁市	Jining	1211148	728710	3913005	3460700	125812	129197	29932	140898
泰安市	Tai'an	1254913	717742	4858981	3972139	184328	219348	27639	358791
威海市	Weihai	1217859	502536	1836799	1516310	60961	90330	19601	111894
日照市	Rizhao	751569	2968646	1743758	1507508	56653	67177	21610	76046
莱芜市	Laiwu	368966	205069	642097	472013	20710	20318	4932	48730
临沂市	Linyi	1368655	727127	3598855	3007149	124746	108657	35262	177943
德州市	Dezhou	617941	319138	1674357	1446338	52754	47624	12253	86221
聊城市	Liaocheng	446814	358682	1218313	1087935	37655	48869	9296	33438
滨州市	Binzhou	552990	398949	1375859	1181486	41333	47620	10066	81482
菏泽市	Heze	595880	410313	1446766	1285331	48438	36836	6786	62062

主要统计指标解释

建筑业统计单位 指从事房屋、构筑物建造和设备安装活动的法人企业。建筑业法人企业应具有建筑业资质并能够独立核算，同时其应具备以下条件：①依法成立，有自己的名称、组织机构和场所，能够承担民事责任；②独立拥有和使用资产，承担负债，有权与其他单位签订合同；③独立核算盈亏，能够编制资产负债表。

建筑业总产值 是以货币形式表现的建筑业企业在一定时期内生产的建筑业产品和提供的服务的总和。建筑业总产值包括：

⑴建筑工程产值：指列入建筑工程预算内的各种工程价值。

⑵安装工程产值：指设备安装工程价值，不包括被安装设备本身的价值。

⑶其他产值：建筑业总产值中除建筑工程、安装工程以外的产值。包括房屋构筑物修理产值、非标准设备制造产值、总包企业向分包企业收取的管理费以及不能明确划分的施工活动所完成的产值。

a.房屋构筑物修理产值：指房屋和构筑物修理所完成的产值，但不包括被修理房屋、构筑物本身价值和生产设备的修理产值。

b.非标准设备制造产值：指加工制造没有定型的非标准生产设备的加工费和原材料价值(如化工厂、炼油厂用的各种罐、槽，矿井生产统一使用的各种漏斗、三角槽、阀门等)以及附属加工厂为本企业承建工程制作的非标准设备的价值。

建筑业增加值 指建筑业企业在报告期内以货币形式表现的建筑业生产经营活动的最终成果。

从 2004 年第一次全国经济普查开始，建筑业现价增加值按生产法和分配法(收入法)两种方法计算，以收入法的计算结果为准，即从收入的角度出发，根据生产要素在生产过程中应得的收入份额计算。具体计算方法：经济普查年度建筑业增加值按照《经济普查年度 GDP 核算方案》计算，非经济普查年度建筑业增加值按照《非经济普查年度 GDP 核算方案》计算。

房屋建筑施工面积 指在报告期内施过工的全部房屋建筑面积，包括本期新开工的房屋面积、上期施工跨入本期继续施工的房屋面积、上期停缓建在本期恢复施工的房屋面积、本期竣工的房屋面积及本期施工后又停缓建的房屋面积。

房屋建筑竣工面积 指在报告期内房屋建筑按照设计要求全部完工，达到了使用条件，经验收鉴定合格，正式移交使用单位的房屋建筑面积。

Explanatory Notes on Main Statistical Indicators

Statistical Unit in Construction refers to corporate enterprise engaged in the construction of buildings and structures and in the installation of equipment. A corporate construction enterprise should have qualification certificates with independent accounting system, and should meet the following 3 requirements: a) being set up in line with relevant legal basis, having its full name, organization and location, and capable of taking civil liabilities; b) independently possessing and using its assets and assuming its liabilities, and entitled to sign contracts with other institutions; and c) making independent accounts of its profits and losses, and capable of compiling its own balance sheet.

Gross Output Value of Construction refers to total of construction products and services, expressed in money terms, produced or rendered by construction and installation enterprises during a given period of time. It includes:

(1)Output value of construction projects, that is the value of projects covered by the project budgets;

(2)Output value of installation projects, that is the value of the installation of equipment, (excluding the value of the equipment to be installed);

(3)Output value of others, that is the output value of construction industry excluding that of construction projects and installation projects. It includes: output value of repair of buildings and structures; output value of non standard equipment manufacturing; overhead expenses received by contracted enterprises to the sub contracted enterprises and the completed output value of construction activities that have no clear definition.

a. Output value of repair of buildings and structures, that is the value created through the repairs of buildings or structures, but does not include the value of buildings or structures being repaired and the value of the repair of production equipment;

b. Output value of manufactured non standard equipment, that is the value of non standard production equipment including raw materials and manufacturing cost made for the construction project (i.e., chemical plant; kettles or tanks used by refineries; various fillers, triangle tanks, valves used by mines), and the output value of equipment manufactured by subsidiary workshops.

Value added of Construction refers to the final result of the activities of production and management of construction industry in monetary terms in the reference period.

Starting from the 2004 economic census, value added of construction is calculated by both production approach and income approach, with the income approach as the final approach, where the calculation is based on the share of production factor in the production process. Specifically, value added of construction for census years is calculated in accordance with the Programme of Compilation of GDP and National Accounts for the Year of Economic Census, and value added of construction for other years is calculated in accordance with the Programme of Compilation of GDP and National Accounts for the Non Economic Census Years.

Floor Space of Buildings under Construction refers to floor space of buildings under construction during the reference period, including newly started buildings, buildings started earlier and continued during the reference period, and buildings suspended earlier but restarted during the reference period, buildings completed during the reference period, and buildings under construction and then suspended during the reference period.

Floor Space of Buildings Completed refers to the floor space of buildings that are completed in the reference period in accordance with the requirements of the design, up to the standard for putting them into use, and have been checked and accepted by concerned departments as qualified ones.

第16篇

运输和邮电

Transport, Post and Telecommunication Services

简 要 说 明

一、本篇资料的主要内容

本篇资料反映了全省交通运输业和邮电通讯业发展的基本状况，主要包括交通设施基本情况、客货运量及周转量、交通运输企业主要技术经济指标、沿海主要港口货物吞吐量、邮政和电信基本情况、地方交通和营业性运输车辆、民用汽车拥有量等方面的内容。

二、本篇资料的来源

本篇资料中，交通运输资料分别来源于济南铁路局、山东省地方铁路局、邯济铁路有限公司、省交通厅、省民航安监办、省公安厅交警总队，邮电通信业资料来源于省通信管理局和省邮政局。

本篇资料由省统计局工业交通处整理提供。

Brief Introduction

I. Content

Data in this chapter cover mainly the basic conditions of the development of transport, post and telecommunications in Shandong Province, including the basic conditions of transport, the freight traffic and passenger traffic accomplished by various means, major financial indices of related enterprises, cargo handled at principal sea ports, the possession of the transport equipment and the basic conditions of post and telecommunication services.

II. Source of Data

Data in this chapter are provided by Jinan Railway Board, Shandong Local Railway Board, Hanji Railway Co., Ltd, Shandong Communications Department, Shandong Aviation Administration of Work Security, and Traffic Police General Brigade of Shandong Public Security Department. Data on post and telecommunication services are provided by Shandong Communication Administration and Shandong Post Bureau.

Data in this chapter are prepared and compiled by the Division of Industry and Transport Statistics of Shandong Provincial Bureau of Statistics.

16-1 主要年份运输线路长度

Length of Transport Routes in Major Years

单位:公里 (km)

年份 Year	铁路通车里程 Length of Railways in operation	公路通车里程 Length of Highways in Operation	#晴雨通车 In Operation Regardless of Weather	内河通航里程 Length of Navigabe Inland Waterways	#通机动船 In Operation for Motor Vessels
1949	887	3152	65	1082	
1952	954	7669	170	1459	409
1955	956	9070	667	1459	409
1957	1154	13425	2115	1642	1063
1962	1168	15766	4189	2179	1353
1965	1208	22176	5669	1827	1310
1970	1276	29159	12666	1821	1629
1975	1275	31712	20212	1876	1764
1976	1386	32978	21645	2118	1802
1977	1386	33629	23636	2343	1811
1978	1385	34244	25289	2403	1880
1979	1388	35139	26106	1972	1953
1980	1411	35311	26544	1970	1736
1981	1582	35292	27284	1849	1712
1982	1565	35504	27875	1859	1722
1983	1565	35722	28480	1859	1722
1984	1569	35935	29427	1859	1725
1985	1572	36327	30250	1840	1706
1986	2041	37005	31286	1840	1706
1987	2042	37530	32468	1840	1706
1988	2042	38759	34057	1840	1706
1989	2042	39783	35557	1840	1706
1990	2041	40772	37015	1840	1706
1991	2042	41937	39081	1891	1780
1992	2048	43134	40612	1891	1780
1993	2048	46033	43992	1891	1780
1994	2048	50225	48385	1891	1780
1995	2048	54243	52702	1891	1780
1996	2620	57271	55882	1891	1780
1997	2721	59260	58028	1414	1302
1998	2658	64145	63142	1414	1302
1999	2672	67847	67055	1476	
2000	2672	70686	70038	1476	
2001	2709	71128	70701	1476	
2002	2709	74029	73665	1476	
2003	3236	76266	75948	1012	
2004	3348	77768	77483	1012	
2005	3402	80132	79854	1012	
2006	3405	204911	203363	1012	
2007	3379	212236	211279	1012	
2008	3329	220687	219525	1012	
2009	3620	226693	225235	1012	
2010	3833	229858	228906	1150	
2011	4177	233189	232264	1150	
2012	4306	244586	243779	1150	

注:2006年起，村道纳入公路通车里程。
a)Length of highways includes that of village-level highways since 2006.

16-2 主要年份旅客运量及周转量

Passenger Traffic and Turnover Volume in Major Years

年份 Year	客运量(万人) Passenger Traffic (10 000 Persons)	铁路 Railways	公路 Highways	水路 Waterways	周转量(百万人公里) Passenger Turnover (million Passenger-km)	铁路 Railways	公路 Highways	水路 Waterways
1949	928	846	82		1368	1287	81	
1952	1196	938	251	7	1553	1365	180	8
1955	1775	1086	678	11	2229	1786	438	5
1957	3019	1872	1128	19	3002	2427	565	10
1962	7590	5923	1599	68	7664	6690	933	41
1965	4566	2457	2077	32	3664	2699	953	12
1970	5725	2454	3240	31			1445	14
1975	7084	3202	3844	38	6676	4708	1953	15
1976	7614	3233	4239	52	6996	4791	2189	16
1977	8679	3522	5103	54	7702	5127	2560	15
1978	9431	3467	5897	67	8448	5535	2895	18
1979	10857	3431	7338	88	9373	5950	3403	19
1980	12208	3586	8532	90	10624	6769	3839	16
1981	12682	3600	8994	88	11365	7272	4077	16
1982	13109	3695	9322	92	12283	7788	4477	18
1983	14839	3792	10942	102	14237	8954	5264	19
1984	17309	4071	13125	113	17058	10615	6423	20
1985	19772	4073	15565	134	20357	12433	7901	23
1986	26459	4005	22311	143	24671	13895	10752	24
1987	25209	4212	20811	186	27316	15608	11680	28
1988	29035	4447	24297	291	32412	17974	14402	36
1989	30718	3905	26419	344	32286	16552	15693	41
1990	29798	3303	26136	359	30138	14830	15255	53
1991	31940	3286	28240	405	32620	15873	16598	96
1992	33920	3244	30145	486	35164	17043	18002	119
1993	33634	3346	29693	595	34068	17785	16114	169
1994	34592	3587	30253	627	35627	18273	17126	222
1995	36425	3414	32317	694	35097	17418	17449	230
1996	39199	2854	35611	734	35344	15317	19696	331
1997	43218	3071	39234	913	40060	17277	22347	436
1998	50904	3223	46467	868	45229	18327	24599	483
1999	59350	3670	54817	863	51828	20568	28846	414
2000	66128	3840	61466	822	54873	22180	32358	335
2001	70497	3723	65787	987	59432	23373	35573	486
2002	74626	3566	69948	1112	64294	24644	39173	477
2003	75492	3324	71053	1115	61769	22024	39223	522
2004	89388	3857	84290	1241	74799	26696	47545	558
2005	98485	3952	93178	1355	82778	28268	53910	600
2006	109472	4757	103298	1417	93014	32223	60128	663
2007	123963	5127	117309	1527	106879	34039	72022	818
2008	213387	5470	205917	2000	141867	36694	104569	604
2009	234234	5806	226134	2294	158713	37993	119723	997
2010	248720	6041	240044	2635	164471	42135	121151	1185
2011	250469	6609	241457	2403	172751	45872	125691	1188
2012	264935	7650	254711	2574	183196	50951	130995	1250

注:2008年起,公路、水路数据改用全国公路水路运输量专项调查数据(下同)。

a)Since 2008, data on highways and waterways are based on the National Special Highway and Waterways Survey.The same as the following tables.

16–3 主要年份货物运量及周转量

Freight Traffic and Turnover Volume in Major Years

年 份 Year	货运量 (万吨) Freight Traffic (10 000 tons)	铁 路 Railways	公 路 Highways	水 路 Waterways	周转量 (百万吨公里) Freight Turnover (million ton-km)	铁 路 Railways	公 路 Highways	水 路 Waterways
1949	547	381	166	0.2	1245	1178	66	1
1952	1802	640	1029	133	3711	3346	154	211
1955	3305	895	2013	397	4919	4359	246	344
1957	4558	1238	2973	347	6923	6190	327	406
1962	4500	1801	2419	280	8106	7309	421	376
1965	7544	2821	4339	385	11929	10721	750	458
1970	10081	3911	5693	477	19167	17346	1186	635
1975	14598	4214	9781	603	22198	18947	2374	877
1976	17320	4904	11732	684	24062	20096	2942	1024
1977	21484	5365	15255	864	27326	22293	3865	1168
1978	22964	5940	16128	896	31005	25746	4060	1199
1979	22536	5951	15748	837	31586	26540	3634	1113
1980	22086	5687	15629	770	31329	26087	4005	1237
1981	20496	5306	14427	763	31941	26332	4093	1516
1982	21641	5415	15413	813	35160	28400	4937	1823
1983	23726	5655	17216	855	38996	30966	5787	2243
1984	25310	6035	18389	886	41974	33250	6505	2219
1985	27371	6403	20105	863	48431	37342	8139	2468
1986	32299	6789	24619	893	57599	44618	10287	2694
1987	36012	7072	28008	932	64533	49069	12231	3234
1988	39866	7322	31670	874	72723	53851	15325	3547
1989	43098	7934	34331	833	78996	58657	16612	3727
1990	41443	8012	32654	777	77845	58546	15705	3594
1991	44145	8372	34587	1186	81402	59694	16660	5047
1992	47676	8609	37684	1381	87617	62750	18931	5936
1993	51250	9023	40820	1407	92257	63127	20444	8687
1994	57187	9259	46485	1443	101437	66744	23069	11625
1995	66546	9256	55669	1621	112655	69857	26397	16401
1996	70664	10226	58270	2168	122849	71385	30559	20895
1997	72780	10368	60340	2072	126093	73323	31915	20855
1998	76813	10224	64716	1867	118753	65877	34322	18513
1999	80212	10553	67696	1956	127304	73588	35350	18330
2000	92483	11253	76778	4452	403315	79964	40575	282776
2001	99464	12426	81574	5464	467545	84815	41143	341587
2002	107454	13624	89714	4116	304075	92525	46009	165541
2003	117712	17167	95900	4645	342906	107157	50987	184762
2004	132036	17862	106887	7287	478309	111109	59606	307594
2005	147999	18338	120455	9206	558286	121908	71182	365196
2006	167511	19126	136750	11635	665521	151159	84510	429852
2007	198507	19923	163959	14625	642854	131151	106926	404777
2008	247489	20872	216604	10013	1010234	134133	511792	364309
2009	284463	19596	251587	13280	1095569	134139	604502	356928
2010	298055	18056	264366	15633	1174705	144775	621680	408250
2011	314962	19711	279380	15871	1258364	152606	662435	443323
2012	330270	19814	296752	13704	1099119	149384	705922	243813

16-4 沿海主要港口货物吞吐量
Volume of Freight Handled in Major Coastal Ports

单位:千吨 (1000 tons)

港口名称	Seaport	1990	1995	2000	2005	2006	2007	2008	2009	2010	2011	2012
总　计	**Total**	**54449**	**105940**	**160249**	**384010**	**470060**	**575472**	**657894**	**730720**	**864210**	**961880**	**1066554**
青岛港	Qingdao	30340	51030	86607	186785	224150	265022	300295	323120	350121	372297	414658
烟台港	Yantai	6680	13610	19639	45060	60760	101293	111892	169270	150327	180293	243453
日照港	Rizhao	9250	14520	26738	84208	110070	130633	151022	181310	225967	252603	283870
威海港	Weihai	1001	3787	6583	15317	18030	20949	22062	41180	24072	30025	62000
石岛港	Shidao	381	463	410	3878	5090	8281	12380				
张家埠港	Zhangjiabu	196	111	100	94	70	21	195				
乳山港	Rushan	68	52	30	216	180	230	188				
羊口港	Yangkou	581	512	251	275	520	502	515				
蜊江港	Lijiang	60	206	190	739	790	783	616				
潍北港	Weibei	70	70	730	3850	5510	8502	10017				
牟平港	Muping	60	187	290	752	850	824	804				

16-5 交通运输企业主要技术经济指标
Major Technical and Economic Indicators of Transportation Enterprises

类　别	Category	2009	2010	2011	2012
铁路运输	**Railway Transport**				
货车周转时间 (天)	Turning Around Time of Freight Locomotives (day)	1.9	1.8	1.8	2.0
货车全周转距离 (公里)	Turning Around Length of Freight Locomotives (km)	423	415	410	428
货车中转距离 (公里)	Transfer Length of Freight Locomotives (km)	209	203	198	196
平均一日装车数 (车)	Daily Loading Coach (coach)	7216	7905	8601	8578
平均一日卸车数 (车)	Daily Unloading Coach (coach)	8055	9213	9707	9285
货车静载重 (吨)	Static Load of Freight Locomotives (ton)	62.4	62.6	62.8	63.1
货运机车日产量 (万总重吨公里)	Average Daily Ton-kilometers of Freight Locomotives (10 000 tonkm)	135.6	137.1	143.7	144.0
内燃机车每万吨公里耗油 (公斤)	Oil Consumption of Diesel Locomotives per 10000 Ton-km (kg)	23.9	25.1	27.6	27.8
沿海水运船舶	**Coastal Waterways Transport**				
全部船舶净载重量 (万吨)	Static Load of Vessels (10 000 tons)	1099	1190	1296	1430
码头舶位 (个)	Berths in Ports (unit)	458	473	485	501
最大靠船能力 (万吨)	Maximum Capacity on Berths (10 000 tons)	30	30	30	30
年综合通过能力 (万吨)	Integrated Capacity (10 000 tons)	41744	45642	48212	53099
旅客吞吐量 (万人)	Passenger Handled (10 000 persons)	2047	2266	1879	1313

16-6 1978-2012年邮政基本情况
Basic Conditions of Post Services 1978 to 2012

年 份 Year	邮政局总计 (处) Post &Telecommunication offices (unit)	#设在农村 in Rural Area	邮路总长度 (万公里) Length of Postal Routes (10 000 km)	函 件 (万件) Letters (10 000 pcs)	报刊期发数 (万份) Issue of Newspapers and Magazines (10 000 copies)
1978	2349	2048		15532	542
1979	2348	2042	22.6	16336	613
1980	2363	2057	22.5	17324	775
1981	2363	2052	22.8	17540	859
1982	2371	2050	4.2	17340	946
1983	2384	2048	4.2	17434	1131
1984	2415	2060	4.4	18958	1572
1985	2516	2153	4.7	21930	2017
1986	2531	2174	5.0	23745	1743
1987	2540	2176	5.2	26940	1888
1988	2576	2196	5.3	28884	1777
1989	2608	2210	5.3	30043	1176
1990	2647	2233	5.8	29486	1047
1991	2672	2247	5.7	28001	1174
1992	2699	2267	6.7	28266	1326
1993	3259	2492	8.5	32966	1247
1994	4180		9.7	35920	982
1995	4080	3400	10.5	38789	1180
1996	3727	3013	13.4	35112	1020
1997	5397		15.1	32859	996
1998	5382		15.1	33114	1147
1999	4414	3497	18.5	35138	1568
2000	3011	2255	17.0	32878	1701
2001	3040	2225	15.9	31400	1324
2002	3012	2193	16.5	51496	972
2003	3007	2166	15.7	58220	1152
2004	3009	2118	16.2	50087	716
2005	3025	2118	17.3	24075	823
2006	3043	2105	17.0	44356	703
2007	3046	2086	17.4	47157	763
2008	2934	2080	17.7	46362	823
2009	2862	2030	18.1	52074	868
2010	2840	1991	6.8	53963	1618
2011	2851	2012	6.6	46014	796
2012	2856	2022	7.3	45663	976

16-7 1978-2012年电信业务总量

Business Volume of Telecommunication Services 1978 to 2012

年 份 Year	电信业务总量(万元) Business Volume of Telecommunication Services (10 000 Yuan)	电 报(万份) Telegraph (10 000 copies)	长话电路(路) Lines of Long-distance Calls (line)	长途电话(万次) Long-distance Calls (10 000 times)	市内电话(万户) Local Telephones (10 000 subscribers)	农村电话(万户) Rural Telephones (10 000 subscribers)
1978	10058	588	1082	1308	6.3	3.8
1979	10515	632	1177	1428	7.1	4.3
1980	11030	711	1282	1525	7.5	4.4
1981	11291	789	1415	1532	8.0	4.5
1982	11629	805	1532	1649	8.5	4.6
1983	12529	917	1653	1789	9.4	4.8
1984	13751	908	1929	1963	10.7	5.1
1985	16186	1132	2190	2325	12.1	5.2
1986	17735	1203	2638	2569	13.4	5.5
1987	20719	1519	3341	2984	15.2	5.9
1988	27124	1918	4392	3987	18.5	6.4
1989	32153	1812	5694	4693	22.3	6.9
1990	39401	1634	7436	5800	26.5	7.3
1991	103322	1651	12675	8724	32.9	8.1
1992	156134	1673	18422	16978	45.8	9.5
1993	274917	1412	32615	32273	69.6	12.8
1994	404027	987	47589	52719	84.8	19.2
1995	537135	667	40634	55755	165.8	46.1
1996	697719	458	54179	61409	227.0	80.0
1997	957400	324	67834	79719	283.5	128.6
1998	1338886	226	98760	97077	346.7	179.6
1999	1411800	202	163381	96553	413.8	283.8
2000	1865000	178	222500	96010	547.0	559.0
2001	2300200	138	108000	101682	661.0	827.0
2002	2759820		135000	99470	790.0	950.0
2003	3325632		268530	149245	1008.0	1085.0
2004	4846250		510000	121275	1314.0	1198.0
2005	6754670		290996	152883	1410.9	1275.7
2006	9286877		462662	148631	1380.5	1256.7
2007	11799357		350028	157152	1377.6	1211.5
2008	14262026		413082	124858	1398.4	1053.7
2009	15867854		1238400	123510	1291.3	965.0
2010	19209000				1193.5	829.6
2011	7236000				1087.6	809.0
2012	7976000				1071.3	786.8

注：2011年起，电信业务总量按2010年价格计算。

a)The business volume of telecommunication services was calculated at 2010 constant prices since 2011.

16-8 邮电业务基本情况

Basic Conditions of Post and Telecommunication Services

类　别		Category		2010	2011	2012
邮电业务总量	(亿元)	Business Volume of Telecommunication Services	(100 million yuan)	1973.0	771.2	849.2
函　件	(万件)	Letters	(10 000 pcs)	53963	46014	45663
特快专递	(万件)	Express Mail Services	(10000 pcs)	2724		
报刊期发数	(万份)	Issue of Newspapers and Magazines	(10 000 copies)	1618	796	976
年末移动电话用户	(万户)	Number of Mobile Telephone Subscribers at Year-end	(10 000 subscribers)	6190	7118	7588.9
#3G移动电话用户	(万户)	3G Mobile Phone Subscribers	(10 000 subscribers)		881	1517
固定电话年末用户	(万户)	Number of Fixed Telephone Subscribers at Year-end	(10 000 subscribers)	2023.1	1896.6	1888.1
#城市电话用户	(万户)	Urban Fixed Telephone Subscribers	(10 000 subscribers)	1193.5	1087.6	1101.3
农村电话用户	(万户)	Rural Telephone Subscribers	(10 000 subscribers)	829.6	809.0	786.8
邮政所	(处)	Post Offices	(unit)	2840	2851	2856
邮路总长度	(公里)	Length of Postal Routes	(km)	67897	66179	72556
国际互联网总网民数	(万人)	Number of Internet Subscribers	(10 000 persons)	3332	3625	3866
互联网宽带接入用户	(万户)	Number of Internet Broad Band Subscribers	(10 000 subscribers)		1154.1	1364.1
移动互联网用户	(万户)	Number of Mobile Internet Subscribers	(10 000 persons)		4371	4865.1

注：2011年起，邮电业务总量按2010年价格计算。

a)The business volume of post and telecommunication services was calculated at 2010 constant prices since 2011.

16-9 各市邮电业务基本情况(2012年)

Basic Conditions of Post and Telecommunication Services by Region(2012)

地　区	Region	邮电业务总量(亿元) Business Volume of Post and Telecommunication Services (100 million yuan)	邮政业务总量(亿元) Business Volume of Post Services (100 million yuan)	电信业务总量(亿元) Business Volume of Telecommunication Services (100 million yuan)	移动电话用户数(万户) Number of Mobile Telephone Subscribers (10 000 subscribers)	固定电话用户数(万户) Number of Fixed Telephone Subscribers (10 000 subscribers)	互联网宽带接入用户(万户) Number of Internet Broad Band Subscribers (10 000 subscribers)
全省总计	**Total**	**849.2**	**51.6**	**797.6**	**7588.9**	**1888.1**	**1364.1**
济南市	Jinan	94.4	5.0	89.4	820.3	193.6	166.8
青岛市	Qingdao	116.9	6.0	110.9	918.8	253.5	203.4
淄博市	Zibo	44.2	2.4	41.8	404.3	101.6	79.4
枣庄市	Zaozhuang	28.9	1.2	27.6	347.6	89.6	53.3
东营市	Dongying	26.5	1.3	25.3	601.4	174.5	121.9
烟台市	Yantai	72.4	4.5	67.9	707.2	175.6	116.4
潍坊市	Weifang	79.2	3.9	75.3	517.8	112.9	78.3
济宁市	Jining	55.2	3.5	51.7	354.4	90.9	65.1
泰安市	Tai'an	39.2	2.8	36.5	699.5	142.1	103.6
威海市	Weihai	33.6	2.7	30.9	462.8	74.9	57.6
日照市	Rizhao	22.1	1.2	20.9	274.4	79.9	49.7
莱芜市	Laiwu	9.2	0.8	8.5	257.0	55.4	47.5
临沂市	Linyi	70.1	1.7	68.4	271.5	78.7	60.1
德州市	Dezhou	36.6	3.6	33.0	275.2	70.0	44.5
聊城市	Liaocheng	38.0	3.4	34.6	207.1	49.6	38.8
滨州市	Binzhou	31.1	3.7	27.5	95.0	24.4	18.5
菏泽市	Heze	48.5	4.0	44.5	374.5	91.0	59.3

16—10 各市公路情况(2012年)
Basic Conditions of Highways by Region (2012)

单位:公里 (km)

地 区	Region	公路里程 Length of Highways	等级公路里程 Expressway and Class I to IV Highways	二级及二级以上公路合计 Second Class and Above	高速公路里程 Length of Expressway	晴雨通车里程 Length of Highways Regardless of Weather	公路密度(公里/百平方公里) Road Density (km/100 sq.km)
全省总计	**Total**	**244586.0**	**243037.3**	**38713.6**	**4975.0**	**243779.0**	**156.0**
济南市	Jinan	12296.8	12187.8	1901.1	346.7	12265.7	150.1
青岛市	Qingdao	16221.0	16210.3	4069.0	728.8	16221.0	146.4
淄博市	Zibo	10600.8	10134.6	1786.0	206.0	10387.5	177.6
枣庄市	Zaozhuang	7533.7	7401.8	1357.8	163.7	7463.1	164.8
东营市	Dongying	8482.5	8482.5	1108.1	180.5	8482.5	101.5
烟台市	Yantai	15934.2	15934.2	3865.9	496.3	15934.2	115.9
潍坊市	Weifang	24456.1	24456.1	4332.6	427.7	24456.1	158.6
济宁市	Jining	17439.8	17223.7	2378.9	254.3	17285.6	154.0
泰安市	Tai'an	14208.0	13915.5	2082.1	238.8	13954.2	183.0
威海市	Weihai	6899.0	6899.0	1684.8	124.5	6899.0	119.2
日照市	Rizhao	7501.1	7501.1	1432.7	162.8	7501.1	140.1
莱芜市	Laiwu	3892.7	3876.1	666.3	140.3	3886.3	173.4
临沂市	Linyi	24112.1	24086.9	3977.2	515.2	24099.1	140.3
德州市	Dezhou	21435.7	21435.7	1965.2	348.7	21435.7	206.4
聊城市	Liaocheng	16581.5	16524.2	1762.9	181.1	16541.9	184.6
滨州市	Binzhou	15619.2	15396.0	2145.8	199.0	15594.2	165.2
菏泽市	Heze	21371.8	21371.8	2197.2	260.6	21371.8	174.4

16—11 各市地方交通旅客运输量(2012年)
Passenger Transport Volume of Local Traffic by Region(2012)

地 区	Region	客运量(万人) Passenger Traffic (10 000persons)	公路 Highways	水运 Waterways	周转量(百万人公里) Passenger-Kilometers (million passenger-km)	公路 Highways	水运 Waterways
全省总计	**Total**	**257285**	**254711**	**2574**	**132245**	**130995**	**1249.6**
济南市	Jinan	13238	13084	154	14028	14026	1.7
青岛市	Qingdao	23138	22724	414	13984	13920	64.0
淄博市	Zibo	42039	42029	10	14082	14082	0.2
枣庄市	Zaozhuang	7577	7567	10	4975	4974	0.5
东营市	Dongying	4392	4333	59	4183	4179	4.0
烟台市	Yantai	35296	34656	640	13685	13055	630.0
潍坊市	Weifang	22983	22981	2	10844	10844	0.02
济宁市	Jining	10172	10030	142	6731	6725	6.0
泰安市	Tai'an	6087	5999	88	4664	4661	3.0
威海市	Weihai	17092	16586	506	7761	7355	405.4
日照市	Rizhao	4570	4450	120	3180	3067	113.1
莱芜市	Laiwu	3932	3899	33	1282	1279	2.5
临沂市	Linyi	23531	23415	116	10779	10769	10.0
德州市	Dezhou	11742	11660	82	6545	6542	3.0
聊城市	Liaocheng	9094	9056	38	5000	4999	1.1
滨州市	Binzhou	6479	6430	49	4006	4006	0.8
菏泽市	Heze	15923	15812	111	6515	6511	4.2

16−12 各市地方交通货物运输量(2012年)

Freight Transport Volume of Local Traffic by Region(2012)

地 区	Region	货运量(万吨) Volume of Freight Traffic (10 000tons)	公路 Highways	水运 Waterways	周转量(百万吨公里) Freight Turnover (million ton-km)	公路 Highways	水运 Waterways
全省总计	**Total**	**310458**	**296754**	**13704**	**949735**	**705922**	**243813**
济南市	Jinan	16100	15922	178	28870	27537	1333
青岛市	Qingdao	23103	21312	1791	187863	45261	142603
淄博市	Zibo	26216	26216		88512	88512	
枣庄市	Zaozhuang	23675	22695	980	29690	25236	4454
东营市	Dongying	7052	6888	164	16257	14662	1594
烟台市	Yantai	20118	16260	3858	87167	45850	41317
潍坊市	Weifang	24490	23226	1264	83839	73839	10001
济宁市	Jining	25617	22707	2910	62581	49681	12900
泰安市	Tai'an	11554	11454	100	15775	15309	466
威海市	Weihai	5827	4396	1431	28162	8635	19526
日照市	Rizhao	12789	12066	723	38129	29801	8328
莱芜市	Laiwu	6438	6438		5486	5486	
临沂市	Linyi	33466	33466		95844	95844	
德州市	Dezhou	17377	17377		35819	35819	
聊城市	Liaocheng	15063	15063		39217	39217	
滨州市	Binzhou	13715	13619	96	33999	33839	160
菏泽市	Heze	27857	27648	209	72524	71394	1130

16−13 各市民用汽车拥有量(2012年)

Possession of Private Vehicles by Region(2012)

单位:辆 (Unit)

地 区	Region	民用汽车总计 Total	载客汽车 Passenger Vehicles	大型 Large	中型 Medium	小型 Small	微型 Minicar
全省总计	**Total**	**11223261**	**8608852**	**93311**	**84045**	**7909239**	**522257**
济南市	Jinan	1056559	893256	10980	5687	834400	42189
青岛市	Qingdao	1330886	1132277	15686	12427	1026950	77214
淄博市	Zibo	587053	483328	5935	3670	452921	20802
枣庄市	Zaozhuang	370235	291851	2789	3037	257163	28862
东营市	Dongying	439915	348312	3702	2597	330275	11738
烟台市	Yantai	966258	789112	8667	11370	721379	47696
潍坊市	Weifang	1427576	1034280	9545	8820	952705	63210
济宁市	Jining	635499	446057	5626	3976	414073	22382
泰安市	Tai'an	392816	294840	3649	3634	273119	14438
威海市	Weihai	431004	346470	4229	5642	322607	13992
日照市	Rizhao	296355	233278	2456	1465	215364	13993
莱芜市	Laiwu	149441	120863	1133	929	111522	7279
临沂市	Linyi	1045195	792035	5089	5532	702927	78487
德州市	Dezhou	539941	385047	2734	2974	355292	24047
聊城市	Liaocheng	534507	348302	3189	1957	318257	24899
滨州市	Binzhou	477596	341351	3504	2384	322805	12658
菏泽市	Heze	481272	268365	3352	5048	242789	17176

16—13 续表 continued

单位:辆 (Unit)

地　区	Region	载货汽车 Trucks	大　型 Large	中　型 Medium	小　型 Smail	微　型 Minicar	其它汽车 Others
全省总计	**Total**	**1598781**	**448079**	**124252**	**1020457**	**5993**	**1015628**
济南市	Jinan	127411	23576	5029	98497	309	35892
青岛市	Qingdao	164932	36387	19696	108365	484	33677
淄博市	Zibo	84357	23060	4895	55978	424	19368
枣庄市	Zaozhuang	54867	19018	3082	32639	128	23517
东营市	Dongying	53882	16692	3049	33810	331	37721
烟台市	Yantai	117423	33527	10501	73311	84	59723
潍坊市	Weifang	215253	48720	20920	144826	787	178043
济宁市	Jining	117838	45902	6558	65164	214	71604
泰安市	Tai'an	52933	13247	5330	34239	117	45043
威海市	Weihai	70682	13392	5379	51399	512	13852
日照市	Rizhao	45082	12818	2509	29334	421	17995
莱芜市	Laiwu	19728	5022	1027	13637	42	8850
临沂市	Linyi	186920	56859	17209	111283	1569	66240
德州市	Dezhou	81367	25445	4926	50830	166	73527
聊城市	Liaocheng	63907	23390	3258	37088	171	122298
滨州市	Binzhou	70335	20805	4489	44948	93	65910
菏泽市	Heze	71068	30200	6328	34403	137	141839

16—14 各市私人汽车拥有量(2012年)

Possession of Private Vehicles by Region(2012)

单位:辆 (Unit)

地　区	Region	汽车总计 Total	载客汽车 Passenger Vehicles	大　型 Large	中　型 Medium	小　型 Smail	微　型 Minicar
全省总计	**Total**	**9686797**	**7676789**	**12380**	**38328**	**7139414**	**486667**
济南市	Jinan	907299	787464	1113	2266	745226	38859
青岛市	Qingdao	1057712	958164	480	4070	886819	66795
淄博市	Zibo	506304	432621	823	1548	410887	19363
枣庄市	Zaozhuang	324630	267019	296	1853	236680	28190
东营市	Dongying	373384	310892	748	951	298161	11032
烟台市	Yantai	836576	702373	800	6208	650321	45044
潍坊市	Weifang	1302215	959662	3263	5170	890579	60650
济宁市	Jining	544438	399201	683	1813	376383	20322
泰安市	Tai'an	346086	263753	546	1585	248465	13157
威海市	Weihai	370555	308751	473	2541	292741	12996
日照市	Rizhao	254932	208049	338	694	193900	13117
莱芜市	Laiwu	132673	108937	166	408	101453	6910
临沂市	Linyi	935753	739755	423	2993	660019	76320
德州市	Dezhou	477519	356469	477	1567	331418	23007
聊城市	Liaocheng	472559	317274	440	1037	292543	23254
滨州市	Binzhou	424681	312818	620	1085	299031	12082
菏泽市	Heze	414613	238720	691	2533	220033	15463

16-14 续表 continued

单位:辆 (Unit)

地 区	Region	载货汽车 Trucks	大 型 Large	中 型 Medium	小 型 Smail	微 型 Minicar	其它汽车 Others
全省总计	**Total**	**1075469**	**168505**	**83166**	**818583**	**5215**	**934539**
济 南 市	Jinan	88499	9420	2932	75866	281	31336
青 岛 市	Qingdao	72049	4104	4923	62749	273	27499
淄 博 市	Zibo	56571	9106	3696	43386	383	17112
枣 庄 市	Zaozhuang	38193	7421	2456	28192	124	19418
东 营 市	Dongying	29629	4530	1555	23250	294	32863
烟 台 市	Yantai	78346	14206	6719	57353	68	55857
潍 坊 市	Weifang	180828	36550	17374	126190	714	161725
济 宁 市	Jining	86791	28962	5092	52557	180	58446
泰 安 市	Tai'an	40814	7657	4304	28755	98	41519
威 海 市	Weihai	50114	8166	3109	38449	390	11690
日 照 市	Rizhao	30468	4122	1617	24365	364	16415
莱 芜 市	Laiwu	15501	2896	816	11752	37	8235
临 沂 市	Linyi	133445	14437	14882	102626	1500	62553
德 州 市	Dezhou	49737	1811	3174	44597	155	71313
聊 城 市	Liaocheng	35335	3058	2237	29884	156	119950
滨 州 市	Binzhou	48766	6398	3597	38690	81	63097
菏 泽 市	Heze	40382	5660	4683	29922	117	135511

16-15 各市营业性运输车辆(2012年)

Transport Vehicles in Operation by Region(2012)

单位:辆 (Unit)

地 区	Region	汽 车 Vehicles	客 车 Passenger Vehicles	货 车 Trucks	其 它 机动车 Others
全省总计	**Total**	**1050897**	**34723**	**1016174**	**257200**
济 南 市	Jinan	112768	4462	108306	16431
青 岛 市	Qingdao	118352	3590	114762	15477
淄 博 市	Zibo	48366	1090	47276	510
枣 庄 市	Zaozhuang	29581	1275	28306	1444
东 营 市	Dongying	26236	701	25535	8826
烟 台 市	Yantai	91088	3412	87676	19026
潍 坊 市	Weifang	114521	3136	111385	21558
济 宁 市	Jining	69630	2284	67346	5126
泰 安 市	Tai'an	41938	1887	40051	14188
威 海 市	Weihai	55343	1518	53825	9240
日 照 市	Rizhao	21626	1076	20550	2039
莱 芜 市	Laiwu	13784	171	13613	2465
临 沂 市	Linyi	118151	3269	114882	27578
德 州 市	Dezhou	58683	1336	57347	21546
聊 城 市	Liaocheng	37908	1513	36395	4007
滨 州 市	Binzhou	42571	1126	41445	26067
菏 泽 市	Heze	50351	2877	47474	61672

注:公路营运载客汽车不包括在公路运输管理部门管理并注册登记为公共汽车和出租汽车的车辆。
a)Passenger vehicles do not include those managed by department of highway transportation and registered as buses and taxis.

主要统计指标解释

铁路营业里程 又称营业长度(包括正式营业和临时营业里程)，指办理客货运输业务的铁路正线总长度。凡是全线或部分建成双线及以上的线路，以第一线的实际长度计算；复线、站线、段管线、岔线和特殊用途线以及不计算运费的联络线都不计算营业里程。该指标可以反映铁路运输业基础设施的发展水平，也是计算客货周转量、运输密度和机车车辆运用效率等指标的基础资料。

公路里程 指在一定时期内实际达到《公路工程\[WTBZ\]技术标准 JTJ01-88》规定的等级公路，并经公路主管部门正式验收交付使用的公路里程数。包括大中城市的郊区公路以及通过小城镇街道部分的公路里程和桥梁、渡口的长度，不包括大中城市的街道、厂矿、林区生产用道和农业生产用道的里程。两条或多条公路共同经由同一路段，只计算一次，不得重复计算里程长度。该指标可以反映公路建设的发展规模，也是计算运输网密度等指标的基础资料。

内河航道里程 也称内河通航里程，指在一定时期内，能通航运输船舶及排筏的天然河流、湖泊水库、运河及通航渠道的长度。包括全年季节性通航累计三个月以上的航道，不包括仅供零散流放竹、木排的河道。该指标可以反映内河水运网的规模、水平和发展情况。

货(客)运量 指在一定时期内，各种运输工具实际运送的货物(旅客)数量。该指标是反映运输业为国民经济和人民生活服务的数量指标，也是制定和检查运输生产计划、研究运输发展规模和速度的重要指标。货运按吨计算，客运按人计算。货物不论运输距离长短、货物类别，均按实际重量统计。旅客不论行程远近或票价多少，均按一人一次客运量统计；半价票、小孩票也按一人统计。

货物(旅客)周转量 指在一定时期内，由各种运输工具运送的货物(旅客)数量与其相应运输距离的乘积之总和。该指标可以反映运输业生产的总成果，也是编制和检查运输生产计划，计算运输效率、劳动生产率以及核算运输单位成本的主要基础资料。计算货物周转量通常按发出站与到达站之间的最短距离，也就是计费距离计算。计算公式为：

货物（旅客）周转量=Σ（货物（旅客）运输量×运输距离）

铁路货车平均静载重 指铁路货车在始发站静止状态下平均每车装载的货物重量，用以分析货车完成装车时车辆载重力的利用情况。计算公式为：

$$货车平均静载重=\frac{货物发送吨数}{装车数}$$

铁路货运机车日产量 指在一定时期内，平均每台货运机车在一昼夜内所完成的总重吨公里数，包括载运货物的重量和车辆本身的自重。该指标从时间和牵引能力两方面反映了机车运用效率。计算公式为：

$$货运机车平均日产量=\frac{货运总重吨公里数}{货运机车台日数}$$

沿海主要港口货物吞吐量 指经水运进出沿海主要港区范围，并经过装卸的货物数量，包括邮件及办理托运手续的行李、包裹以及补给运输船舶的燃、物料和淡水。货物吞吐量按货物流向分为进口、出口吞吐量，按货物交流性质分为外贸货物吞吐量和国内贸易货物吞吐量。货物吞吐量的货类构成及其流向，是衡量港口生产能力大小的重要指标。

民用汽车拥有量 指报告期末，在公安交通管理部门按照《机动车注册登记工作规范》，已注册登记领有民用车辆牌照的全部汽车数量。汽车拥有量统计的主要分类：根据汽车结构分为载客汽车、载货汽车及其他汽车；根据汽车所有者不同分为个人(私人)汽车、单位汽车；根据汽车的使用性质分为营运汽车、非营运汽车；根据汽车大小规格不同载客汽车分为大型、中型、小型和微型，载货汽车分为重型、中型、轻型和微型。

邮电业务总量 指以价值量形式表现的邮电通信企业为社会提供各类邮电通信服务的总数量。邮电业务量按专业分类包括函件、包件、汇票、报刊发行、邮政快件、特快专递、邮政储蓄、集邮、公众电报、用户电报、传真、长途电话、出租电路、无线寻呼、移动电话、分组交换数据通信、出租代维等。计算方法为各类产品乘以相应的平均单价(不变价)之和，再加上出租电路和设备、代用户维护电话交换机和线路等的服务收入。该指标综合反映了一定时期邮电业务发展的总成果，是研究邮电业务量构成和发展趋势的重要指标。计算公式为：

邮电业务总量=Σ（各类邮电业务量×不变单价）
+出租代维及其他业务收入
=邮政业务总量+电信业务总量

移动电话用户 指通过移动电话交换机进入移动电话网、占用移动电话号码的各类电话用户。包括签约用户和智能网预付费用户。一个移动电话号码统计为一户。

互联网上网人数 指平均每周使用互联网至少 1 小时的中国公民人数。

本地电话用户 指接入本地电信运营商固定电话网上的电话用户。包括：住宅用户、单位用户、公用电话用户等。按电话用户位置又分为市内电话用户和农村电话用户。1997年以前，“市内电话用户”是指接入县城及县以上城市的电话网上的电话用户；“农村电话用户”是指接入县邮电局农话台及县以下农村电话交换点，以县城为中心(除市话用户外)联通县、乡(镇)、行政村、村民小组的用户。从 1997 年起，电话用户数分组调整为以用户所在区域划分为“城市电

话用户”和“乡村电话用户”，与过去的按市内电话和农村电话划分方法不同。而电话用户总数、电话机总部数统计范围不变。

城市电话用户 指直辖市、省辖市、地级市、县级市的市区、市郊区及县城(包括县人民政府所在地的县城关区或行政建制相当于县人民政府所在地的镇)范围内接入局用交换机的电话用户数，包括分布在农村地区的独立工矿区、林区、驻军等电话用户数。

农村电话用户 指按行政区划属于城市范围以外的乡(镇)、村的电话用户数。

Explanatory Notes on Main Statistical Indicators

Length of Railways in Operation refers to the total length of the trunk line under passenger and freight transportation (including both full operation and temporary operation). The calculation is based on the actual length of the first line even if this line has a full or partial double track or more tracks, excluding double tracks, station sidings, tracks under the charge of stations, branch lines, special purpose lines and the non payable connecting lines. The length of railways in operation is an important indicator to show the development of the infrastructure for the railway transport, and also the essential data to calculate volume of passenger freight transport, traffic density and utilization efficiency of the locomotives and carriages.

Length of Highways refers to the length of highways which are built in conformity with the grades specified by the highway engineering standard formulated by the Ministry of Communications,and have been formally checked and accepted by the departments of highways and put into use. The length of highways includes that of the suburb highways at large and medium sized cities, highways passing through streets at small cities and towns, and also the length of bridges and ferries. It does not include the length of streets in big and medium sized cities and highways built for the production purpose at factories, mines, forest areas and agricultural areas. If two or more highways go the same section of the way, the length of the section is only calculated for once and no duplication is allowed. The length of highways is an important indicator to show the development of the highway construction and to provide essential information to calculate the transport network density.

Length of Navigable Inland Waterways it is an indicator reflecting the size and development of inland water network, it refers to the length of the natural rivers, lakes, reservoirs, canals, and ditches open to navigation during a given period, which enables the transport by ships and rafts. It includes the channels open to navigation for over an accumulative 3 months in a year, yet this does not include the river courses, which are only used to float odd logs and bamboo rafts. This indicator can reflect the scale, level and development situation of the inland waterway network.

Freight (Passenger) Traffic refers to the volume of freight (passenger) transported with various means. Freight transport is calculated in tons and passenger traffic is calculated in the number of persons. Despite the type of freight and traveling distance, the freight transport is calculated in the actual weight of the goods: and despite the traveling distance and ticket price, the passenger traffic is calculated by the principle that one person can be counted only once in one travel. The passengers who travel with a half price ticket or a child ticket is also calculated as one person. The freight (passenger) traffic provides a quantitative measure to show how the transport industry serves the national economy and people, and is also an important indicator for planning the transport industry and for studying the development scale and speed of the transport industry.

Freight Ton kilometers (Passenger kilometers) refer to the sum of the products of the volume of transported cargo (passengers) multiplying by the transport distance. It is an important indicator to reflect the achievement of transportation industry. Normally, the shortest distance between the departure station and the destination station (i.e., the payable distance) is the basis to calculate the freight ton kilometers. This is an important indicator to show the total results of the transport industry, to prepare and examine the transport plan and to measure the efficiency, the labour productivity and the unit cost of transport.The formula is as follows:

$$\begin{matrix}\text{Freight ton - kilometres} \\ \text{(passenger - kilometres)}\end{matrix} = \sum \begin{matrix}\text{freight} \\ \text{(passenger)traffic}\end{matrix} \times \begin{matrix}\text{distance of} \\ \text{transportation}\end{matrix}$$

Static Load of Freight Cars refers to the average cargo weight as loaded by each freight car under the static condition at the departure station. It is used to show the utilization extent of the loading capacity of the freight cars. The formula is:

$$\begin{matrix}\text{Static load (ton)} \\ \text{of freight car}\end{matrix} = \frac{\text{tonnage of goods dispatched}}{\text{number of freight cars loaded}}$$

Average Daily Haul of Freight Locomotives refers to the average total ton kilometers accomplished by each freight transport locomotive over day and night during a given period of time. It includes both the weight of the goods carried and the dead weight of the train itself. It is a comprehensive indicator reflecting the locomotive efficiency in terms of both time and the pulling force.

$$\begin{matrix}\text{Average daily haul of} \\ \text{freight transport locomotive} \\ \text{(ton - kilometre)}\end{matrix} = \frac{\begin{matrix}\text{Total ton - kilometres} \\ \text{of freight}\end{matrix}}{\begin{matrix}\text{Daily number of freight} \\ \text{transport locomotive}\end{matrix}}$$

Volume of Freight Handled in Major Coastal Ports refers to the volume of cargo passing in and out the harbor area of the major coastal ports and having been loaded and unloaded. The volume includes that of the postal matters, registered luggage and fuels, materials and fresh water as supplies of the ships. The volume of freight handled may be classified by direction of flow as freight for import and freight for export, or by nature of cargo as freight for domestic trade and freight for foreign trade. As an important indicator, the volume of freight handled by type of cargo and by main flow direction reflects the production capacity of ports.

Possession of Civil Motor Vehicles refer to the total

numbers of vehicles that are registered and received vehicles license tags according to the Work Standard for Motor Vehicles Registration formulated by transport management office under department of public security at the end of reference period. They are divided into following categories according to the structure of motor vehicles: passenger vehicles, trucks and others; and private vehicles and vehicles for units use according to ownerships; working vehicles and non working vehicles according to kind of usage; large passenger vehicles, medium passenger vehicles, small passenger vehicles and mini passenger vehicle, heavy trucks, light heavy trucks, light trucks and mini trucks according to sizes of vehicles.

Business Volume of Post and Telecommunications refers to the total amount of post and telecommunication services, expressed in value terms, provided by the post and telecommunications departments for the society. Post and telecommunication services can be classified as letters, parcels, remittance, issue of newspapers and magazines, fast mail service, express mail service, savings deposits, stamps for collection, public and individual telegraph service, facsimiles, long distance telephone service, leasing of telephone lines, urban paging service, mobile telephone service, data transfer and transmission, etc. The accounting approach is to multiply the service products of all types with their average unit price (constant price) to get sum of business value, plus income from other services such as leasing of telephone lines and equipment, maintenance of telephone switchboards and lines on behalf of customers. This indicator reflects the overall results of post and telecommunications service during a given period, and is important to study the composition of business service and the development of post and telecommunications service.

The formula is as follows:

Business volume of post and telecommunications

=∑(Transaction of post and telecommunication services ×price[constant price])

+Income from leasing, maintenance and other services

= business volume of postal service

+ business volume of telecommunications service

Mobile Telephone Subscribers refer to the persons who own mobile telephone numbers and are connected with the mobile telephone communication network through the mobile telephone switchboards, including contracted subscribers and pre paid subscribers for intelligent network. One mobile telephone is taken as a subscriber.

Internet Users refer to the number of Chinese citizens who use Internet at least for one hour each week.

Local Telephone Subscribers refer to subscribers that are connected to the local telecommunication service provider through fix line network, including household subscribers, institutional subscribers and public telephones. They are also classified as city subscribers and rural subscribers according to locations. Before 1997, city subscribers referred to those connected to city telephone networks in county towns and cities, while village subscribers referred to those connected to village telephone stations at and below counties. Since 1997, the classification of telephone subscribers was modified on the basis of physical location of the subscribers as urban telephone subscribers and rural telephone subscribers, which is different from the previous classification of categorizing local telephones and rural telephones, while the definition of total subscribers and total number of telephones remain unchanged.

Urban Telephone Subscribers refer to number of telephone subscribers, located at municipalities, cities under the jurisdiction of province, cities at prefecture level, downtown and suburb of city at county level town and county towns (including country towns where county government located, and towns of county level according to the administrative organizational system), that are connected to the public line telephone network, including rural mineral area, forest area, military area.

Rural Telephone Subscribers refer to telephone subscribers, located at counties (towns) and villages outside the range of cities according to administrative jurisdiction.

第
17
篇

批发和零售、住宿和餐饮业

Wholesale, Retail, Hotels and
Catering Services

简 要 说 明

一、本篇资料的主要内容

本篇资料反映全省市场发展情况、批发和零售业、住宿和餐饮业经营情况和效益情况等，主要包括 2012 年批发和零售业商品流转情况及财务状况、住宿和餐饮业经营情况及财务状况、社会消费品零售总额等内容。

二、本篇资料的来源

本篇资料中除特别注明外，其余均来自 2012 年限额以上批发和零售业、住宿和餐饮业年报资料和 2012 年定期报表统计资料。

本篇资料由省统计局贸易外经处整理提供。

Brief Introduction

I. Content

Data in this chapter are supposed to show the development of Shandong's domestic market, wholesale and retail trade, hotels and catering services, mainly including the circulation of commodities in the wholesale and retail trade, the financial indices of related businesses and the total retail sales of consumer goods in 2012.

II. Source of Data

Except the data specifically noted, all data in this chapter are based on the annual report of wholesale, retail, hotels and catering services and periodic statistical statements of 2012.

Data in this chapter are prepared and compiled by the Division of Trade and External Economic Relations Statistics of Shandong Provincial Bureau of Statistics.

17-1 批发和零售业情况

Basic Conditions of Wholesale and Retail Trades

指　　标		Item		2009	2010	2011	2012
批发和零售业		**Wholesale and Retail Trades**					
法人企业	(个)	Number of Corporation Enterprises	(unit)	10026	11792	12026	13644
年末从业人数	(万人)	Engaged Persons at Year-end	(10 000 persons)	75	86	81	87
商品购进额	(亿元)	Total Purchases	(100 million yuan)	9732.8	13833.6	18306.3	22845.8
#进口额	(亿元)	Imports	(100 million yuan)	306.2	645.0	819.8	1136.0
商品销售额	(亿元)	Total Sale	(100 million yuan)	11535.5	16105.6	20586.7	24366.9
#出口额	(亿元)	Exports	(100 million yuan)	362.1	502.7	712.4	1000.2
期末商品库存额	(亿元)	Total Stock at Year-end	(100 million yuan)	940.2	1025.1	1208.7	1353.8
批发业		**Wholesalel Trade**					
法人企业	(个)	Number of Corporation Enterprises	(unit)	3866	4897	5237	6398
年末从业人数	(万人)	Engaged Persons at Year-end	(10 000 persons)	26	31	29	34
商品购进额	(亿元)	Total Purchases	(100 million yuan)	6338.0	9216.3	12244.8	15784.5
#进口额	(亿元)	Imports	(100 million yuan)	298.6	589.0	758.5	1052.8
商品销售额	(亿元)	Total Sales	(100 million yuan)	7584.4	10838.3	13926.1	16786.2
#出口额	(亿元)	Exports	(100 million yuan)	359.4	499.0	708.9	997.4
期末商品库存额	(亿元)	Total Stock at Year-end	(100 million yuan)	491.2	608.0	702.6	773.5
零售业		**Retail Trade**					
法人企业	(个)	Number of Corporation Enterprises	(unit)	6160	6895	6789	7246
年末从业人数	(万人)	Engaged Persons at Year-end	(10 000 persons)	49	54	52	53
商品购进额	(亿元)	Total Purchases	(100 million yuan)	3394.9	4617.3	6061.5	7061.3
#进口额	(亿元)	Imports	(100 million yuan)	7.6	56.0	61.3	83.2
商品销售额	(亿元)	Total Sales	(100 million yuan)	3951.1	5267.3	6660.6	7580.7
#出口额	(亿元)	Exports	(100 million yuan)	2.7	3.7	3.6	2.9
期末商品库存额	(亿元)	Total Stock at Year-end	(100 million yuan)	448.9	417.1	506.1	580.4
年末零售营业面积	(万平方米)	Business Area of Retail at Year-end	(10 000 sq.m)	3207.0	3938.0	2349.5	2490.2

17-2 限额以上批发和零售业商品购进、销售、库存总额(2012年)

单位:万元

指标名称	Indicator	法人单位(个) Corporate Unit (unit)
总　计	**Total**	**13644**
一、批发业	**Wholesale Trade**	**6398**
1.按登记注册类型分	by Status of Registration	
内　资	Domestic Funded Enterprises	6296
国　有	State-owned	218
集　体	Collective-owned	116
股份合作	Cooperative	31
联营企业	Joint Ownership	10
国有联营	State Joint Ownership	5
集体联营	Collective Joint Ownership	2
国有与集体联营	Joint State-collective	2
其他联营	Other Joint Ownership	1
有限责任公司	Limited Liability Corporations	1327
国有独资公司	State Sole Funded Corporations	15
其他有限责任公司	Other Limited Liability Corporations	1312
股份有限公司	Share-holding Corporations Ltd.	118
私营企业	Private Enterprises	4095
私营独资	Private-funded Enterprises	581
私营合伙	Private Partnership Enterprises	37
私营有限责任公司	Private Limited Liability Corporations	3370
私营股份有限公司	Private Share-holding Corporations Ltd.	107
其　他	Others	381
港澳台商投资企业	Enterprises with Funds from Hong Kong,Macao and Taiwan	33
与港澳台商合资经营	Joint-venture	9
与港澳台商合作经营	Cooperative	2
港澳台商独资	Sole Investment	22
港澳台商独资股份有限公司	Share-holding Corporations Ltd. with Sole Investment	
外商投资企业	Foreign Funded Enterprises	69
中外合资经营	Joint-venture	15
中外合作经营	Cooperative	4
外资企业	Sole Foreign Investment	50
外商投资股份有限公司	Share-holding Corporations Ltd. with Foreign Investment	
2.按国民经济行业分	by Sector	
农、林、牧产品批发业	Wholesale of Farm Produce and Livestock Products	361
食品、饮料及烟草制品批发	Wholesale of Food, Beverages and Tobaccos	681
纺织、服装及家庭用品批发	Wholesale of Textiles, Garments and Daily Consumer Articles	365
文化、体育用品及器材批发	Wholesale of Culture, Sports Appliances and Equipments	94
医药及医疗器材批发	Wholesale of Medicines and Medical Appliances	242
矿产品、建材及化工产品批发	Wholesale of Mineral Products, Building Materials and Chemical Products	3560
机械设备、五金产品及电子产品批发	Wholesale of Machinery, Hardware and Electronic Equipment	811
贸易经纪与代理	Trade Broker and Agency	44
其他批发业	Other Wholesale not Classified Elsewhere	240

Total Purchases,Sales and Inventory of Enterprises above Designated Size of Wholesale and Retail Trades(2012)

(10 000 yuan)

购进总额 Total Purchases Value	#进口 Import	销售总额 Total Sale Value 合计 Total	批发 Wholesale	#出口 Export	零售 Retail	年末库存总额 Inventory (year-end)
228457646	**11360181**	**243668797**	**160018781**	**10002255**	**83647849**	**13538444**
157844825	**10527897**	**167861508**	**150638637**	**9973571**	**17222871**	**7734684**
154276754	10325753	164038502	147140911	9095327	16897591	7469502
24254094	2291108	27192631	24688972	1955275	2503659	1072765
4061056	913497	4377883	3790090	653934	587792	167914
275252	10733	270891	231753	8303	39138	30166
1397769	10207	1409594	1307107	57	102487	14926
1256166	10207	1260138	1228919		31219	10086
20586		20518	20518	57		3562
116469		124454	54178		70275	1214
4547		4484	3492		992	63
52033684	4260987	54979691	52291957	2944660	2687734	2660612
1213404	93419	1601266	1601266	333863		126431
50820280	4167567	53378425	50690691	2610797	2687734	2534181
9187061	4865	10649039	6782902	302339	3866137	414848
52877903	2274322	54290470	49093771	3038141	5196699	2654928
6128960	19426	6428453	5484393	121630	944061	179613
598699		629600	556831		72769	13125
44463266	1859788	45490231	41512514	2870342	3977717	2375599
1686977	395109	1742186	1540034	46169	202152	86591
10189935	560034	10868304	8954360	192619	1913944	453344
1592501	25290	1665872	1536822	734408	129050	135574
122738	8275	179915	173018	5093	6897	25905
223333		221080	141685		79395	16950
1246430	17015	1264878	1222120	729315	42758	92720
1975571	176854	2157134	1960904	143836	196230	129608
1028518	36305	1128414	983029	37090	145386	96187
232380	9600	238481	226470	688	12011	11601
714672	130949	790239	751405	106057	38834	21820
5005570	378170	5104474	4850163	150283	254311	494665
18004829	267614	21640482	19147514	430779	2492968	1205666
12197936	821174	13922293	12808752	2896069	1113541	838773
3691480	5303	4131855	3652818	107419	479037	228594
6371631	28722	6665715	5777737	17658	887978	495992
92619485	6658851	95770334	85248382	3074923	10521952	3412082
15262888	1307010	15585874	14452996	2844306	1132878	748091
1623522	788416	1756230	1654452	307137	101779	169079
3067484	272637	3284252	3045824	144998	238428	141744

17-2 续表

单位:万元

指标名称	Indicator	法人单位(个) Corporate Unit (unit)
二、零售业	**Retail Trade**	**7246**
1.按登记注册类型分	by Status of Registration	
内 资	Domestic Funded Enterprises	7151
国 有	State-owned	178
集 体	Collective-owned	382
股份合作	Cooperative	56
联营企业	Joint Ownership	20
国有联营	State Joint Ownership	2
集体联营	Collective Joint Ownership	15
国有与集体联营	Joint State-collective	2
其他联营	Other Joint Ownership	1
有限责任公司	Limited Liability Corporations	1652
国有独资公司	State Sole Funded Corporations	7
其他有限责任公司	Other Limited Liability Corporations	1645
股份有限公司	Share-holding Corporations Ltd.	226
私营企业	Private Enterprises	4161
私营独资	Private-funded Enterprises	1077
私营合伙	Private Partnership Enterprises	77
私营有限责任公司	Private Limited Liability Corporations	2874
私营股份有限公司	Private Share-holding Corporations Ltd.	133
其 他	Others	476
港澳台商投资企业	Enterprises with Funds from Hong Kong,Macao and Taiwan	46
与港澳台商合资经营	Joint-venture	13
与港澳台商合作经营	Cooperative	2
港澳台商独资	Sole Investment	26
港澳台商独资股份有限公司	Share-holding Corporations Ltd. with Sole Investment	3
外商投资企业	Foreign Funded Enterprises	49
中外合资经营	Joint-venture	13
中外合作经营	Cooperative	4
外资企业	Sole Foreign Investment	31
外商投资股份有限公司	Share-holding Corporations Ltd. With Foreign Investment	1
2.按国民经济行业分	by Sector	
综合零售	Integrated Retail	1227
食品、饮料及烟草制品专门零售	Retail of Food, Beverages and Tobaccos	541
纺织、服装及日用品专门零售	Special Retail of Textiles, Garments and Daily Consumer Articles	416
文化、体育用品及器材专门零售	Retail of Culture, Sports Appliances and Equipments	221
医药及医疗器材专门零售业	Retail of Medicines and Medical Appliances	378
汽车、摩托车、燃料及零配件专门零售	Retail of Motor Vehicles, Motorcycles,Fuel and Parts	2604
家用电器及电子产品专门零售业	Special Retail of Household Electric Appliances and Electronic Products	862
五金、家具及室内装修材料专门零售	Special Retail of Hardware, Furniture and Decoration Materials	583
货摊、无店铺及其他零售业	Non-shop and Other Retails	414

continued

(10 000 yuan)

购进总额 Total Purchases Value	#进口 Import	销售总额 Total Sale Value 合计 Total	批发 Wholesale	#出口 Export	零售 Retail	年末库存总额 Inventory (year-end)
70612821	**832284**	**75807289**	**9380144**	**28684**	**66424978**	**5803760**
67509490	727322	72331722	8587556	28684	63741999	5510136
2273602	1651	2690337	218502		2471835	190000
3658849	200	3793956	486879		3307077	156501
849013		861985	223134		638851	40815
146412		142571	17957		124614	6950
15598		12777			12777	1313
107934		106140	7301		98839	5326
21002		21936	10024		11912	52
1877		1718	632		1086	259
22280073	227782	23213768	2781776	10362	20431992	2088051
60667		62963			62963	4702
22219406	227782	23150804	2781776	10362	20369029	2083350
9991313	16534	12240608	2029274		10211333	631602
24330617	282121	25259516	2514375	17027	22742974	1880901
5247205	38064	5486904	431140	3658	5055764	224667
434904	2123	466296	47239	655	419057	16104
17565051	239732	18169421	1921607	10693	16245647	1587785
1083457	2203	1136895	114388	2020	1022506	52345
3979613	199034	4128982	315659	1296	3813323	515315
1260146	31415	1372981	102196		1270784	198044
223026	30582	243725	47559		196166	17396
14309		14636	4098		10538	248
941305		1029390	50539		978850	167945
48635	833	51906			51906	9081
1843185	73547	2102587	690392		1412194	95579
530323	1376	627235	13269		613966	34432
758278		870728	673100		197628	7493
552295	72171	600651	4023		596628	53639
2288		3972			3972	16
23552878	44448	25170176	2540636	2234	22629540	1674496
2364682	3395	2444295	416169	9100	2028126	142448
2683359	19021	3087873	807903	2871	2279970	364666
1002602	60	963068	224257	1773	738811	236746
3096417	1465	3299609	1039345		2260264	327799
27042800	743548	29218822	2483976	2272	26732679	2356914
5070995	8321	5230769	558458	510	4672311	367056
3161922	9944	3583877	565066	8919	3018811	231467
2637165	2081	2808801	744334	1004	2064467	102168

17−3 限额以上批发和零售业企业财务状况(2012年)

单位:万元

指标名称	Indicator	企业数（个） Number of Enterprises (unit)
总　计	**Total**	**13654**
一、批发业	**Wholesale Trade**	**6403**
1.按登记注册类型分	by Status of Registration	
内　资	Domestic Funded Enterprises	6301
国　有	State-owned	218
集　体	Collective-owned	116
股份合作	Cooperative	31
联营企业	Joint Ownership	10
国有联营	State Joint Ownership	5
集体联营	Collective Joint Ownership	2
国有与集体联营	Joint State-collective	2
其他联营	Other Joint Ownership	1
有限责任公司	Limited Liability Corporations	1330
国有独资公司	State Sole Funded Corporations	15
其他有限责任公司	Other Limited Liability Corporations	1315
股份有限公司	Share-holding Corporations Ltd.	118
私营企业	Private Enterprises	4097
私营独资	Private-funded Enterprises	580
私营合伙	Private Partnership Enterprises	37
私营有限责任公司	Private Limited Liability Corporations	3373
私营股份有限公司	Private Share-holding Corporations Ltd.	107
其　他	Others	381
港澳台商投资企业	Enterprises with Funds from Hong Kong,Macao and Taiwan	33
与港澳台商合资经营	Joint-venture	9
与港澳台商合作经营	Cooperative	2
港澳台商独资	Sole Investment	22
港澳台商独资股份有限公司	Share-holding Corporations Ltd. with Sole Investment	
外商投资企业	Foreign Funded Enterprises	69
中外合资经营	Joint-venture	15
中外合作经营	Cooperative	4
外资企业	Sole Foreign Investment	50
外商投资股份有限公司	Share-holding Corporations Ltd. with Foreign Investment	
2.按国民经济行业分	by Sector	
农、林、牧产品批发业	Wholesale of Farm Produce and Livestock Products	362
食品、饮料及烟草制品批发	Wholesale of Food, Beverages and Tobaccos	683
纺织、服装及家庭用品批发	Wholesale of Textiles, Garments and Daily Consumer Articles	365
文化、体育用品及器材批发	Wholesale of Culture, Sports Appliances and Equipments	94
医药及医疗器材批发	Wholesale of Medicines and Medical Appliances	242
矿产品、建材及化工产品批发	Wholesale of Mineral Products, Building Materials and Chemical Products	3563
机械设备、五金产品及电子产品批发	Wholesale of Machinery, Hardware and Electronic Equipment	811
贸易经纪与代理	Trade Broker and Agency	44
其他批发业	Other Wholesale not Classified Elsewhere	239

Financial Indicators of Enterprises above Designated Size of Wholesale and Retail Trades(2012)

(10 000 yuan)

年末资产负债 Assets and Liabilities at Year-end						损益及分配 Losses,Profits and Distribution	
流动资产合计 Total Working Capitals	固定资产原价 Original Value of Fixed Assets	本年折旧 Depreciation in the Year	资产合计 Total Assests	负债合计 Total Liabilities	所有者权益合计 Total Owner's Equities	营业收入合计 Business Revenue	主营业务收入 Revenue from Principal Business
61544988	**15572540**	**874722**	**85526337**	**65847486**	**19678851**	**235656425**	**233613974**
42882984	**7629158**	**411705**	**54946291**	**43681423**	**11264868**	**165240231**	**163846382**
41509325	7478510	401816	53361065	42706598	10654467	161701509	160317176
3762753	931238	47506	5183411	5830757	-647346	25074078	24654038
1173319	146895	3600	1423874	1252717	171157	4199299	4150758
95369	23145	2521	118101	90712	27389	255085	254953
124429	29225	1335	184460	161158	23302	1267154	1264806
109351	12665	866	128194	112023	16171	1087024	1087019
11295	9285	26	31715	27159	4556	21085	19855
3624	5738	401	22350	21891	460	154561	153448
158	1537	43	2200	86	2114	4484	4484
19472664	1325010	75605	22117481	19035359	3082122	51623915	51188779
946972	54419	3107	1057109	781224	275885	1852704	1852301
18525691	1270591	72498	21060372	18254135	2806237	49771211	49336478
1868588	1665396	88432	3955138	2344107	1611032	18050835	17854430
12982131	2877817	149443	17562098	12090057	5472041	51263310	51102153
696755	438429	21170	1178534	596275	582259	6082210	6078929
28271	18827	682	52667	21249	31418	593812	593812
11676648	2309690	122502	15601312	10957598	4643714	42822399	42667158
580457	110871	5090	729586	514935	214651	1764889	1762255
2030072	479786	33374	2816502	1901733	914770	9967834	9847259
670818	76215	6310	807172	487926	319245	1605576	1598603
71525	42987	2483	96182	63449	32733	166750	166702
48990	7077	708	52358	18431	33927	213264	213264
550303	26151	3120	658632	406046	252586	1225562	1218637
702842	74433	3579	778055	486899	291156	1933146	1930604
470706	30544	957	495247	307554	187692	928242	928093
50332	16531	1353	60375	41430	18945	236878	236878
181804	27358	1268	222434	137915	84519	768026	765632
2049426	488374	18920	2924276	1973382	950894	4955809	4950159
4596321	1311754	74819	6174315	3111187	3063129	19740767	19684268
4185487	363743	26788	5023036	4144013	879023	13236988	13083379
1091714	147934	6253	1412916	1072218	340698	3789034	3775670
2516400	151504	14480	2868866	2485591	383275	5998953	5986702
21667530	4240066	222558	28409231	24677605	3731627	97938761	96945454
5168418	702197	34444	6141008	4700646	1440362	14796077	14694778
695861	35424	2314	823348	749777	73571	1704641	1702725
911828	188162	11130	1169295	767005	402290	3079201	3023248

17–3 续表 1

单位:万元

指 标 名 称	Indicator	企业数(个) Number of Enterprises (unit)
二、零售业	**Retail Trade**	**7251**
1.按登记注册类型分	by Status of Registration	
内 资	Domestic Funded Enterprises	7156
国 有	State-owned	178
集 体	Collective-owned	383
股份合作	Cooperative	56
联营企业	Joint Ownership	20
国有联营	State Joint Ownership	2
集体联营	Collective Joint Ownership	15
国有与集体联营	Joint State-collective	2
其他联营	Other Joint Ownership	1
有限责任公司	Limited Liability Corporations	1653
国有独资公司	State Sole Funded Corporations	7
其他有限责任公司	Other Limited Liability Corporations	1646
股份有限公司	Share-holding Corporations Ltd.	226
私营企业	Private Enterprises	4164
私营独资	Private-funded Enterprises	1079
私营合伙	Private Partnership Enterprises	77
私营有限责任公司	Private Limited Liability Corporations	2875
私营股份有限公司	Private Share-holding Corporations Ltd.	133
其 他	Others	476
港澳台商投资企业	Enterprises with Funds from Hong Kong,Macao and Taiwan	46
与港澳台商合资经营	Joint-venture	13
与港澳台商合作经营	Cooperative	2
港澳台商独资	Sole Investment	26
港澳台商独资股份有限公司	Share-holding Corporations Ltd. with Sole Investment	3
外商投资企业	Foreign Funded Enterprises	49
中外合资经营	Joint-venture	13
中外合作经营	Cooperative	4
外资企业	Sole Foreign Investment	31
外商投资股份有限公司	Share-holding Corporations Ltd. With Foreign Investment	1
2.按国民经济行业分	by Sector	
综合零售	Integrated Retail	1227
食品、饮料及烟草制品专门零售	Retail of Food, Beverages and Tobaccos	545
纺织、服装及日用品专门零售	Special Retail of Textiles, Garments and Daily Consumer Articles	416
文化、体育用品及器材专门零售	Retail of Culture, Sports Appliances and Equipments	221
医药及医疗器材专门零售业	Retail of Medicines and Medical Appliances	378
汽车、摩托车、燃料及零配件专门零售	Retail of Motor Vehicles, Motorcycles,Fuel and Parts	2605
家用电器及电子产品专门零售业	Special Retail of Household Electric Appliances and Electronic Products	862
五金、家具及室内装修材料专门零售	Special Retail of Hardware, Furniture and Decoration Materials	583
货摊、无店铺及其他零售业	Non-shop and Other Retails	414

continued

(10 000 yuan)

年末资产负债 Assets and Liabilities at Year-end						损益及分配 Losses,Profits and Distribution	
流动资产合计 Total Working Capitals	固定资产原价 Original Value of Fixed Assets	本年折旧 Depreciation in the Year	资产合计 Total Assests	负债合计 Total Liabilities	所有者权益合计 Total Owner's Equities	营业收入合计 Business Revenue	#主营业务收入 Revenue from Principal Business
18662004	**7943383**	**463017**	**30580046**	**22166063**	**8413982**	**70416194**	**69767592**
17620456	7482306	426422	29062782	21075797	7986984	67256290	66667513
670307	250891	16717	1006157	794054	212104	2447679	2427882
442069	380564	29617	902694	524050	378644	3528724	3520622
90290	65748	3765	153446	89345	64101	820070	808014
26921	16800	2301	45692	28891	16801	126398	124268
3119	5518	2034	6674	7284	-610	12887	12777
19711	6418	170	31594	20306	11288	100772	98752
4001	4710	84	7225	1176	6049	11821	11821
90	153	13	200	125	75	918	918
6593613	2321333	132679	9625431	7510350	2115081	21100735	20925856
9736	6511	217	15456	6189	9267	61145	60851
6583877	2314822	132463	9609975	7504161	2105814	21039590	20865005
2864964	1914424	83388	7235440	5323417	1912023	11851649	11637985
5780824	2178378	131606	8487391	5748766	2738626	23548609	23419465
722621	535659	31706	1236086	671775	564311	5173351	5168038
67226	35120	2196	113122	56416	56707	431913	431905
4778184	1499274	92306	6825124	4826355	1998768	16859085	16750888
212794	108326	5398	313060	194220	118840	1084261	1068635
1151469	354168	26350	1606529	1056924	549605	3832427	3803422
337881	185281	17048	534234	348479	185755	1306397	1286173
56678	31555	1344	103283	67515	35769	233494	233385
313	906	25	1151	441	710	14633	14633
253357	130960	12595	380761	227931	152830	972445	953537
17304	18918	2948	36190	49782	-13592	57573	56366
703668	275795	19548	983030	741787	241243	1853507	1813906
198963	139323	7259	329579	215760	113819	541299	520819
306032	39026	4238	328518	273219	55299	776429	765193
198644	95855	7924	324367	252791	71576	531807	523922
28	1591	127	566	18	548	3972	3972
7254089	3991407	214739	12714079	9539640	3174439	23374227	22959345
406551	293078	16155	724724	394710	330013	2308899	2301746
544461	242685	14821	839566	548978	290587	2699309	2680785
465025	104278	5577	614527	370497	244030	906917	901035
1361105	279472	12679	1683794	1292851	390943	3011989	3006626
5771925	1974527	141934	9792974	7268232	2524743	27464456	27328987
1263594	323531	18592	1676110	1212893	463217	4776836	4745293
811356	447835	18299	1344100	740627	603473	3175940	3160257
783900	286570	20221	1190172	797636	392536	2697620	2683520

17-3 续表 2

单位:万元

指标名称	Indicator	主营业务成本 Cost of Principal Business
总 计	**Total**	**211937145**
一、批发业	**Wholesale Trade**	**150458634.5**
1.按登记注册类型分	by Status of Registration	
内 资	Domestic Funded Enterprises	147355855.3
国 有	State-owned	22390747.8
集 体	Collective-owned	3735447.1
股份合作	Cooperative	233533.1
联营企业	Joint Ownership	1245302
国有联营	State Joint Ownership	1077365.4
集体联营	Collective Joint Ownership	19241.7
国有与集体联营	Joint State-collective	145121.2
其他联营	Other Joint Ownership	3573.7
有限责任公司	Limited Liability Corporations	48097091.4
国有独资公司	State Sole Funded Corporations	1620362
其他有限责任公司	Other Limited Liability Corporations	46476729.4
股份有限公司	Share-holding Corporations Ltd.	16544074.5
私营企业	Private Enterprises	46181807.1
私营独资	Private-funded Enterprises	5202990.6
私营合伙	Private Partnership Enterprises	500015.1
私营有限责任公司	Private Limited Liability Corporations	38943352.5
私营股份有限公司	Private Share-holding Corporations Ltd.	1535448.9
其 他	Others	8927852.3
港澳台商投资企业	Enterprises with Funds from Hong Kong,Macao and Taiwan	1393407.5
与港澳台商合资经营	Joint-venture	154725.7
与港澳台商合作经营	Cooperative	133975.9
港澳台商独资	Sole Investment	1104705.9
港澳台商独资股份有限公司	Share-holding Corporations Ltd. with Sole Investment	
外商投资企业	Foreign Funded Enterprises	1709371.7
中外合资经营	Joint-venture	774228.4
中外合作经营	Cooperative	228468.8
外资企业	Sole Foreign Investment	706674.5
外商投资股份有限公司	Share-holding Corporations Ltd. with Foreign Investment	
2.按国民经济行业分	by Sector	
农、林、牧产品批发业	Wholesale of Farm Produce and Livestock Products	4378415.5
食品、饮料及烟草制品批发	Wholesale of Food, Beverages and Tobaccos	15684176.7
纺织、服装及家庭用品批发	Wholesale of Textiles, Garments and Daily Consumer Articles	12038598.5
文化、体育用品及器材批发	Wholesale of Culture, Sports Appliances and Equipments	3596276.3
医药及医疗器材批发	Wholesale of Medicines and Medical Appliances	5562743.1
矿产品、建材及化工产品批发	Wholesale of Mineral Products, Building Materials and Chemical Products	91332733.5
机械设备、五金产品及电子产品批发	Wholesale of Machinery, Hardware and Electronic Equipment	13504525.5
贸易经纪与代理	Trade Broker and Agency	1618450.2
其他批发业	Other Wholesale not Classified Elsewhere	2742715.2

continued

(10 000 yuan)

损益及分配 Losses,Profits and Distribution							工资、福利、增值税 Wages,Welfare and Value Added Tax	
主营业务税金及附加 Taxes and Other Charges on Principal Business	营业费用 Expenses on Business	管理费用 Expenses on Management	财务费用 Expenses on Finance	营业利润 Profits from Business	利润总额 Total Profits	应交所得税 Income Tax Payable	本年应付工资总额 Total Wages Payable	本年应交增值税 Value Added Tax Payable
1450183	**6286802**	**4253439**	**1441070**	**8432941**	**7788614**	**1393412**	**3845972**	**3929134**
904178.1	**3427922.8**	**2290464.5**	**883277.7**	**5620027**	**5156162.8**	**902220**	**1790458.8**	**2621301.9**
897512.7	3215329.1	2232122.4	876921.1	5471249	5002209.5	872695.2	1711996.6	2596008.1
377403.5	352855.9	558019.3	41979.7	934293.4	949821.3	219787.9	366322	390781.3
8450.7	102028.7	87551.1	22302.3	191608.5	204136.3	22969.2	44303	31634.8
672.9	4449.9	6245.1	2281.2	7955.7	10439.8	449.2	3171.3	1304
659.6	7663.1	4927.2	4967.7	2417.8	2266	235.5	4885	2957.1
389	2359.1	2545.3	3205.1	983.6	983.7	219.2	2172.8	1746.1
92.3	437.3	943.1	1412.4	-1047.4	-701.8		425.5	26
168	4754.2	1336.4	257.5	1888.9	1791.4		2214.1	1169.6
10.3	112.5	102.4	92.7	592.7	192.7	16.3	72.6	15.4
158165.7	1085879.8	455841.3	311018.7	1126503.8	979937.2	227476.6	391704.9	1402407.9
46540.1	29119.3	455841.3	4343.3	111755.2	110089.7	27517.8	34134.7	34405.5
111625.6	1056760.5	409943.4	306675.4	1014748.6	869847.5	199958.8	357570.2	1368002.4
19536.6	439766.1	196349.7	23986.9	417451.2	414039.7	50356	236589	132610.4
305264.1	1087914.4	831169.7	422858.2	2276415.4	2221875.5	325821.1	586846.8	553889
66605.2	141156.6	106482.2	43399.2	514781	484043.9	76487.1	43840.9	91610.6
3836.3	18503.5	14620.5	11924.2	44230.6	40693.2	9252.1	2623.7	8382.8
224072.3	890775.2	682240.8	358002	1581768.7	1578454.2	215141.2	525786.1	441903.8
10750.3	37479.1	27826.2	9532.8	135635.1	118684.2	24940.7	14596.1	11991.8
27359.6	134771.2	92019	47526.4	514603.2	219693.7	25599.7	78174.6	80423.6
3199.6	88718.6	25355.4	2991	87714.4	91890.2	20949.2	33686.6	10438.1
1525.9	7141.6	3139.5	1340.1	-214.9	2103.6	1172.3	4900	2017.8
179.7	4415.1	2242.8	351.7	72177.1	72191.1	16592.8	16958.4	1461.2
1494	77161.9	19973.1	1299.2	15752.2	17595.5	3184.1	11828.2	6959.1
3465.8	123875.1	32986.7	3365.6	61063.6	62063.1	8575.6	44775.6	14855.7
1618.7	97329.4	14284.5	521.6	40498.7	40504.5	3397.8	30009	11902.4
210.5	4710.6	2264.5	1090	-252	-199.2	225.8	6338.9	-2754.4
1636.6	21835.1	16437.7	1754	20816.9	21757.8	4952	8427.7	5707.7
22513.9	104935.3	83030.7	53428.5	338100.5	316713.2	29449.2	45749.1	908203.8
477621.2	731848	694401	65143.2	1997917.8	2003000.1	401272.9	494034.7	488278.5
51461.3	402794.5	158418	35832.6	555427	267349.8	35055	158342.3	157680.2
6668	81102.4	34953.1	10592.6	55845.7	47458.3	3964.3	41547.8	18661.6
10602.3	191855.2	97163.2	34294.7	92499.7	69384	15134.3	73999.8	74075.1
252412.8	1448638.8	904314.9	558827.1	2059173	1927424.6	329657.9	764870.2	735245.6
49111.2	361179.4	240426.5	84506.3	414104.8	421461	67427.3	173505.7	119944.8
7083.8	31819.7	11268.4	19600.9	17389.2	19927.4	5889.9	9504.1	8238.4
26703.6	73749.5	66488.7	21051.8	89569.3	83444.4	14369.2	28905.1	110973.9

17-3 续表 3

单位:万元

指标名称	Indicator	主营业务成本 Cost of Principal Business
二、零售业	**Retail Trade**	**61478510**
1.按登记注册类型分	by Status of Registration	
内　资	Domestic Funded Enterprises	58759582
国　有	State-owned	2102558
集　体	Collective-owned	2948777
股份合作	Cooperative	731840
联营企业	Joint Ownership	109867
国有联营	State Joint Ownership	10172
集体联营	Collective Joint Ownership	87829
国有与集体联营	Joint State-collective	11510
其他联营	Other Joint Ownership	357
有限责任公司	Limited Liability Corporations	18725751
国有独资公司	State Sole Funded Corporations	51838
其他有限责任公司	Other Limited Liability Corporations	18673912
股份有限公司	Share-holding Corporations Ltd.	10600565
私营企业	Private Enterprises	20239695
私营独资	Private-funded Enterprises	4244588
私营合伙	Private Partnership Enterprises	353398
私营有限责任公司	Private Limited Liability Corporations	14698915
私营股份有限公司	Private Share-holding Corporations Ltd.	942795
其　他	Others	3300528
港澳台商投资企业	Enterprises with Funds from Hong Kong,Macao and Taiwan	1125630
与港澳台商合资经营	Joint-venture	206808
与港澳台商合作经营	Cooperative	12181
港澳台商独资	Sole Investment	830274
港澳台商独资股份有限公司	Share-holding Corporations Ltd. with Sole Investment	51934
外商投资企业	Foreign Funded Enterprises	1593299
中外合资经营	Joint-venture	421843
中外合作经营	Cooperative	707931
外资企业	Sole Foreign Investment	460665
外商投资股份有限公司	Share-holding Corporations Ltd. with Foreign Investment	2860
2.按国民经济行业分	by Sector	
综合零售	Integrated Retail	20079394
食品、饮料及烟草制品专门零售	Retail of Food, Beverages and Tobaccos	1895862
纺织、服装及日用品专门零售	Special Retail of Textiles, Garments and Daily Consumer Articles	2232868
文化、体育用品及器材专门零售	Retail of Culture, Sports Appliances and Equipments	753398
医药及医疗器材专门零售业	Retail of Medicines and Medical Appliances	2572126
汽车、摩托车、燃料及零配件专门零售	Retail of Motor Vehicles, Motorcycles,Fuel and Parts	25029246
家用电器及电子产品专门零售业	Special Retail of Household Electric Appliances and Electronic Products	4095419
五金、家具及室内装修材料专门零售	Special Retail of Hardware, Furniture and Decoration Materials	2536150
货摊、无店铺及其他零售业	Non-shop and Other Retails	2284049

continued

(10 000 yuan)

损益及分配 Losses,Profits and Distribution							工资、福利、增值税 Wages,Welfare and Value Added Tax	
主营业务税金及附加 Taxes and Other Charges on Principal Business	营业费用 Expenses on Business	管理费用 Expenses on Management	财务费用 Expenses on Finance	营业利润 Profits from Business	利润总额 Total Profits	应交所得税 Income Tax Payable	本年应付工资总额 Total Wages Payable	本年应交增值税 Value Added Tax Payable
546005	**2858879**	**1962974**	**557792**	**2812914**	**2632451**	**491192**	**2055513**	**1307832**
534399	2594658	1823994	549543	2789523	2612394	468289	1964403	1259160
20409	146757	66965	15032	81440	132972	29728	321656	49227
33563	91441	108477	18869	322674	249688	40708	78759	60433
4509	18124	13189	2772	53111	43650	5081	11586	5684
2349	3739	2473	775	6191	5541	583	2492	11738
94	1415	925	25	735	260		451	2793
2033	2227	1279	641	5281	4655	529	1734	8831
63	44	65	66	75	178	9	280	110
160	53	205	44	100	448	45	27	3
104579	998122	593780	158868	503805	508147	115815	660575	371000
212	933	1584	-125	6532	6426	1603	1658	1433
104367	997189	592196	158993	497273	501721	114212	658917	369566
55566	469420	311984	98985	293385	275718	41954	243419	273177
258156	748547	637881	226275	1322774	1226276	206151	522629	405867
88939	146495	138553	38974	509925	461781	78040	77643	102499
7611	11274	10159	2839	45955	43671	7426	6149	11334
148159	564279	466076	177420	717754	674322	112498	419972	277097
13447	26499	23094	7042	49140	46502	8188	18865	14937
55270	118509	89246	27968	206143	170403	28269	123287	82035
3391	138330	31376	5940	5017	3839	6800	52534	17114
660	13915	6972	2491	1643	1314	651	7163	4463
56	213	199	147	1837	253	47	66	18
2478	105324	21510	2633	13150	12257	5867	42571	12696
148	17028	1561	600	-12329	-10700	189	2121	-299
8215	125891	107603	2309	18374	16218	16103	38576	31558
4168	39421	72959	-3037	5085	1382	2473	15287	14381
2014	24551	18931	-1279	23995	24183	5844	8492	9820
1803	61443	15475	6616	-10863	-9503	7734	14369	7070
230	477	238	10	157	157	52	427	286
159648	1313442	867471	186084	809797	795872	176066	720568	445596
33155	92317	74293	19923	185570	169517	23902	50801	44000
31979	128294	83238	13307	196583	135310	25408	77413	34652
11552	41051	51289	10691	37708	40566	8239	301239	17463
19859	166361	107700	22019	125668	126476	20226	86273	100064
152288	737579	504324	223509	631356	652345	119918	587422	483473
40385	200663	114392	26544	282338	275808	51163	91140	81803
73001	110049	86834	35478	326696	291595	42613	102335	51106
24138	69124	73434	20237	217199	144962	23657	38324	49675

17-4 各市限额以上批发和零售业商品购进、销售、库存总额(2012年)

Total Purchases,Sales and Inventory of Enterprises above Designated Size of Wholesale and Retail Trades by Region(2012)

单位：亿元 (100 million yuan)

地区	Region	法人单位(个) Corporate Unit (unit)	年末从业人数(万人) Persons Employed at Year-end (10 000 person)	购进总额 Total Purchases Value	#进口 Import	销售总额 Total Sale Value 合计 Total	批发 Wholesale	出口 Export	零售 Retail	年末库存总额 Inventory (year-end)
全省总计	**Total**	**13644**	**87.0**	**22845.8**	**1136.0**	**24366.9**	**16001.9**	**1000.2**	**8364.8**	**1353.8**
济南市	Jinan	1669	12.0	3296.4	49.2	3394.0	2292.6	221.7	1101.3	251.2
青岛市	Qingdao	1498	10.3	4316.1	634.7	4619.1	3702.3	517.2	916.8	266.9
淄博市	Zibo	713	5.3	1404.0	67.5	1558.9	971.1	6.2	587.8	56.4
枣庄市	Zaozhuang	429	2.3	413.7	0.5	442.7	301.8	0.3	140.7	23.4
东营市	Dongying	400	3.6	806.1	97.2	830.9	535.1	75.6	295.8	40.9
烟台市	Yantai	1200	7.2	1921.3	26.2	2085.9	1395.1	34.6	690.8	128.1
潍坊市	Weifang	1229	8.1	2010.9	27.4	2117.8	1442.2	65.0	675.7	106.6
济宁市	Jining	1069	6.6	1378.7	4.5	1481.4	875.9	6.2	605.5	62.1
泰安市	Tai'an	1029	4.8	1464.1	3.9	1539.4	1015.1	22.8	524.4	70.8
威海市	Weihai	397	3.1	670.7	11.4	749.2	223.0	13.6	526.2	33.4
日照市	Rizhao	179	1.7	669.8	151.8	694.4	520.9	13.5	173.5	51.0
莱芜市	Laiwu	267	1.3	305.7	9.5	324.6	255.5	1.2	69.1	23.3
临沂市	Linyi	963	6.8	1517.1	39.1	1640.2	725.8	8.2	914.4	116.4
德州市	Dezhou	616	3.7	602.8	2.1	621.0	267.8	3.1	353.3	27.6
聊城市	Liaocheng	603	3.2	697.6	8.8	754.0	556.9	4.3	197.1	32.2
滨州市	Binzhou	429	2.7	499.0	1.8	556.3	365.8	6.4	190.5	32.2
菏泽市	Heze	954	4.4	871.9	0.5	957.2	555.0	0.5	402.2	31.4

17-5 各市限额以上批发和零售业财务状况(2012年)

Financial Indicators of Enterprises above Designated Size of Wholesale and Retail Trades by Region(2012)

单位:亿元 (100 million yuan)

地区 Region		企业数(个) Number of Enterprises (unit)	流动资产合计 Total Working Capitals	固定资产原价 Original Value of Fixed Assets	本年折旧 Depreciati-on in the Year	资产合计 Total Assests	负债合计 Total Liabilities	所有者权益合计 Total Owners' Equities	营业收入合计 Business Revenue	主营业务收入 Revenue from Principal Business
全省总计	**Total**	**13654**	**6154.5**	**1557.3**	**87.5**	**8552.6**	**6584.7**	**1967.9**	**23565.6**	**23361.4**
济南市	Jinan	1671	1274.4	259.1	15.8	1676.4	1309.3	367.0	3972.8	3940.5
青岛市	Qingdao	1500	1768.4	190.8	12.8	2147.9	1798.6	349.3	4213.7	4190.3
淄博市	Zibo	712	268.3	87.0	5.4	398.5	278.1	120.5	1439.8	1420.5
枣庄市	Zaozhuang	429	80.7	35.9	1.9	127.2	74.4	52.8	430.8	429.8
东营市	Dongying	400	226.9	71.4	3.1	336.1	246.7	89.4	771.7	762.2
烟台市	Yantai	1200	526.9	117.2	6.4	701.9	491.1	210.8	1927.0	1918.4
潍坊市	Weifang	1230	547.2	123.0	5.4	707.1	558.8	148.3	1924.7	1904.6
济宁市	Jining	1069	310.6	79.4	4.4	440.8	259.8	181.0	1394.6	1333.3
泰安市	Tai'an	1035	186.3	111.1	4.6	303.8	145.9	158.0	1515.6	1515.3
威海市	Weihai	397	-7.4	64.1	3.9	202.6	134.7	67.8	692.8	690.4
日照市	Rizhao	179	-99.2	32.2	1.7	-39.4	242.5	-281.9	695.0	686.8
莱芜市	Laiwu	267	103.5	18.4	1.0	130.9	113.0	17.9	309.4	308.5
临沂市	Linyi	963	352.7	128.9	8.7	520.2	336.4	183.9	1509.0	1505.3
德州市	Dezhou	616	95.3	65.2	3.5	178.4	114.1	64.4	592.3	588.9
聊城市	Liaocheng	603	269.1	44.6	2.8	329.0	252.9	76.1	717.6	714.6
滨州市	Binzhou	429	152.9	53.6	2.4	216.0	137.7	78.3	551.5	545.5
菏泽市	Heze	954	98.0	75.3	3.8	175.2	90.8	84.4	907.5	906.6

17-5 续表 continued

单位:亿元 (100 million yuan)

地区 Region		主营业务成本 Cost of Principal Business	主营业务税金及附加 Taxes and Other Charges on Principal Business	营业费用 Expenses on Business	管理费用 Expenses on Managem-ent	财务费用 Expenses on Finance	营业利润 Profits from Business	利润总额 Total Profits	应交所得税 Income Tax Payable	本年应付工资总额 Total Wages Payable	本年应交增值税 Value Added Tax Payable
全省总计	**Total**	**21193.7**	**145.0**	**628.7**	**425.3**	**144.1**	**843.3**	**778.9**	**139.3**	**384.6**	**392.9**
济南市	Jinan	3690.1	14.5	122.7	64.3	16.6	51.2	53.3	12.9	57.5	49.2
青岛市	Qingdao	3947.9	12.5	112.4	67.9	22.2	59.4	80.7	12.8	48.4	44.3
淄博市	Zibo	1284.8	7.7	29.9	24.4	7.9	76.1	40.0	6.6	19.4	16.0
枣庄市	Zaozhuang	370.7	3.8	8.5	9.7	2.2	31.7	14.8	4.7	7.0	5.7
东营市	Dongying	687.1	4.4	19.0	15.6	7.7	25.0	23.2	4.1	11.1	14.6
烟台市	Yantai	1714.2	11.9	68.2	34.9	11.3	78.7	73.6	13.4	29.2	28.9
潍坊市	Weifang	1762.1	6.9	52.4	32.3	12.5	37.7	39.5	5.3	36.9	18.2
济宁市	Jining	1212.5	10.7	28.7	21.4	5.9	53.6	37.2	6.4	19.4	13.9
泰安市	Tai'an	1286.7	18.8	31.1	32.9	12.8	130.9	123.1	25.1	21.7	28.3
威海市	Weihai	618.2	12.7	32.1	16.8	2.9	12.6	17.0	3.2	18.0	7.9
日照市	Rizhao	602.6	2.4	13.3	12.6	5.9	11.5	8.7	1.4	9.0	4.1
莱芜市	Laiwu	290.6	1.3	5.5	4.2	3.6	-1.5	-1.6	0.6	3.6	1.6
临沂市	Linyi	1321.7	8.7	39.4	30.7	9.7	98.9	98.1	19.8	61.3	31.0
德州市	Dezhou	500.9	8.4	13.9	14.5	5.6	45.6	43.0	6.3	9.4	11.6
聊城市	Liaocheng	642.8	4.9	16.5	12.7	7.1	32.4	31.5	4.3	10.6	95.2
滨州市	Binzhou	474.3	3.9	14.3	12.4	5.1	35.2	32.5	3.9	9.5	8.7
菏泽市	Heze	786.5	11.5	20.8	18.2	5.1	64.2	64.1	8.5	12.5	13.7

17–6 住宿和餐饮业情况
Basic Conditions of Hotels and Catering Services

指　　标	Item	2009	2010	2011	2012
住宿和餐饮业	**Hotels and Catering Services**				
法人企业 (个)	Number of Corporation Enterprises (unit)	4127	4130	3401	3188
年末从业人数 (万人)	Engaged Persons at Year-end (10 000 persons)	29.6	31.2	28.6	28
营业额 (亿元)	Business Revenue (100 million yuan)	388.7	480.7	504.4	540
#餐费收入 (亿元)	From Meals (100 million yuan)	287.5	347.6	347.3	377.9
年末餐饮营业面积(万平方米)	Business Area of Catering Services at Year-end(10 000 sq.m)	676.2	720.5	849.8	706.8
住宿业	**Hotels**				
法人企业 (个)	Number of Corporation Enterprises (unit)	888	997	949	1020
年末从业人数 (万人)	Engaged Persons at Year-end (10 000 persons)	10.9	12.1	11.6	12.1
营业额 (亿元)	Business Revenue (100 million yuan)	126.1	164.9	186.3	211.3
#客房收入 (亿元)	From Hotel Rooms (100 million yuan)	48.1	65.7	82.7	82.4
餐费收入 (亿元)	From Meals (100 million yuan)	64.1	80.9	83.5	107.8
客房数 (万间)	Number of Room (10 000 rooms)	10.0	13.3	11.4	19.4
床位数 (万位)	Number of Beds (10 000 beds)	17.8	23.3	19.7	33.3
年末餐饮营业面积 (万平方米)	Business Area of Catering Services at Year-end (10 000 sq.m)	197.5	211.1	259.9	251.3
餐饮业	**Catering Services**				
法人企业 (个)	Number of Corporation Enterprises (unit)	3239	3133	2452	2168
年末从业人数 (万人)	Engaged Persons at Year-end (10 000 persons)	18.7	19.1	17.0	15.9
营业额 (亿元)	Business Revenue (100 million yuan)	262.6	315.8	318.1	328.9
#餐费收入 (亿元)	From Meals (100 million yuan)	223.4	266.7	263.8	270.1
年末餐饮营业面积 (万平方米)	Business Area of Catering Services at Year-end (10 000 sq.m)	478.7	509.4	589.9	455.5

17-7 限额以上住宿和餐饮业经营情况(2012年)

Business of Hotels and Catering Services above Designated Size(2012)

指标名称	Indicator	法人单位(个) Corporate Unit (unit)	从业人数(人) Employed Persons (person)
总　计	**Total**	**3188**	**279692**
一、住宿业	**Hotels**	**1020**	**121054**
1.按登记注册类型分	by Status of Registration		
内　资	Domestic Funded Enterprises	988	113904
国　有	State-owned	182	36369
集　体	Collective-owned	48	5308
股份合作	Cooperative	11	621
联营企业	Joint Ownership		
国有联营	State Joint Ownership		
集体联营	Collective Joint Ownership		
国有与集体联营	Joint State-collective		
其他联营	Other Joint Ownership		
有限责任公司	Limited Liability Corporations	249	33627
国有独资公司	State Sole Funded Corporations	7	1383
其他有限责任公司	Other Limited Liability Corporations	242	32244
股份有限公司	Share-holding Corporations Ltd.	45	5800
私营企业	Private Enterprises	392	26397
私营独资	Private-funded Enterprises	113	7120
私营合伙	Private Partnership Enterprises	15	469
私营有限责任公司	Private Limited Liability Corporations	251	17791
私营股份有限公司	Private Share-holding Corporations Ltd.	13	1017
其　他	Others	61	5782
港澳台商投资企业	Enterprises with Funds from Hong Kong,Macao and Taiwan	16	4120
与港澳台商合资经营	Joint-venture	8	2359
与港澳台商合作经营	Cooperative	1	357
港澳台商独资	Sole Investment	7	1404
港澳台商独资股份有限公司	Share-holding Corporations Ltd. with Sole Investment		
外商投资企业	Foreign Funded Enterprises	16	3030
中外合资经营	Joint-venture	8	1398
中外合作经营	Cooperative	2	1000
外资企业	Sole Foreign Investment	6	632
外商投资股份有限公司	Share-holding Corporations Ltd. With Foreign Investment		
2.按国民经济行业分	by Sector		
旅游饭店	Tourist Hotels	682	99871
一般旅馆	General Hotels	317	20201
其他住宿业	Other Accommodation Services	21	982

17-7 续表 1 continued

指标名称	Indicator	法人单位(个) Corporate Unit (unit)	从业人数(人) Employed Persons (person)
二、餐饮业	**Catering Services**	**2168**	**158638**
1.按登记注册类型分	by Status of Registration		
内 资	Domestic Funded Enterprises	2122	148553
国 有	State-owned	94	12238
集 体	Collective-owned	42	2208
股份合作	Cooperative	18	1361
联营企业	Joint Ownership	2	132
国有联营	State Joint Ownership		
集体联营	Collective Joint Ownership	2	132
国有与集体联营	Joint State-collective		
其他联营	Other Joint Ownership		
有限责任公司	Limited Liability Corporations	435	37577
国有独资公司	State Sole Funded Corporations	5	518
其他有限责任公司	Other Limited Liability Corporations	430	37059
股份有限公司	Share-holding Corporations Ltd.	57	10406
私营企业	Private Enterprises	1270	71394
私营独资	Private-funded Enterprises	442	19041
私营合伙	Private Partnership Enterprises	23	1140
私营有限责任公司	Private Limited Liability Corporations	759	47777
私营股份有限公司	Private Share-holding Corporations Ltd.	46	3436
其 他	Others	204	13237
港澳台商投资企业	Enterprises with Funds from Hong Kong,Macao and Taiwan	19	2612
与港澳台商合资经营	Joint-venture	6	1551
与港澳台商合作经营	Cooperative		
港澳台商独资	Sole Investment	13	1061
港澳台商独资股份有限公司	Share-holding Corporations Ltd. with Sole Investment		
外商投资企业	Foreign Funded Enterprises	27	7473
中外合资经营	Joint-venture	9	450
中外合作经营	Cooperative		
外资企业	Sole Foreign Investment	18	7023
外商投资股份有限公司	Share-holding Corporations Ltd. with Foreign Investment		
2.按国民经济行业分	by Sector		
正餐服务	Dinner service	2093	147066
快餐服务	Fast Food Service	59	10140
饮料及冷饮服务	Beverages and cold drinks service	3	180
其他餐饮业	Other Catering Services	13	1252

17—7 续表 2 continued

单位:万元 (10 000 yuan)

指标名称	Indicator	营业额 Business Revenue	客房收入 Revenue from Hotel Rooms	餐费收入 Revenue from Meals	商品销售收入 Revenue from Commodities	其他收入 Other Revenue
总 计	**Total**	**5402521**	**1132964**	**3778689**	**291904**	**198965**
一、住宿业	**Hotels**	**2113202**	**824256**	**1077913**	**86313**	**124720**
1.按登记注册类型分	by Status of Registration					
内 资	Domestic Funded Enterprises	1975653	758594	1020997	84562	111500
国 有	State-owned	564572	211898	269379	24639	58656
集 体	Collective-owned	150454	39287	103866	4400	2901
股份合作	Cooperative	9635	4301	4906	334	95
联营企业	Joint Ownership					
国有联营	State Joint Ownership					
集体联营	Collective Joint Ownership					
国有与集体联营	Joint State-collective					
其他联营	Other Joint Ownership					
有限责任公司	Limited Liability Corporations	519360	203118	278062	16448	21732
国有独资公司	State Sole Funded Corporations	23320	10647	9640	110	2924
其他有限责任公司	Other Limited Liability Corporations	496039	192471	268422	16338	18808
股份有限公司	Share-holding Corporations Ltd.	113187	33646	62133	9704	7704
私营企业	Private Enterprises	512798	220313	249602	24753	18130
私营独资	Private-funded Enterprises	163312	69124	81581	8482	4126
私营合伙	Private Partnership Enterprises	18094	9182	7335	1466	111
私营有限责任公司	Private Limited Liability Corporations	319325	134589	156264	14622	13851
私营股份有限公司	Private Share-holding Corporations Ltd.	12067	7418	4423	183	42
其 他	Others	105648	46032	53049	4284	2283
港澳台商投资企业	Enterprises with Funds from Hong Kong,Macao and Taiwan	91280	40541	38354	1678	10708
与港澳台商合资经营	Joint-venture	42592	20940	16954	947	3751
与港澳台商合作经营	Cooperative	5562	1501	2945	286	830
港澳台商独资	Sole Investment	43126	18099	18455	444	6128
港澳台商独资股份有限公司	Share-holding Corporations Ltd. with Sole Investment					
外商投资企业	Foreign Funded Enterprises	46269	25122	18562	74	2511
中外合资经营	Joint-venture	13758	6346	6794	7	611
中外合作经营	Cooperative	23794	13960	7984		1850
外资企业	Sole Foreign Investment	8717	4816	3785	66	50
外商投资股份有限公司	Share-holding Corporations Ltd. With Foreign Investment					
2.按国民经济行业分	by Sector					
旅游饭店	Tourist Hotels	1699276	621249	899249	68923	109856
一般旅馆	General Hotels	384233	188530	165818	15620	14265
其他住宿业	Other Accommodation Services	29693	14478	12846	1770	599

17-7 续表 3 continued

单位:万元 (10 000 yuan)

指标名称	Indicator	营业额 Business Revenue	客房收入 Revenue from Hotel Rooms	餐费收入 Revenue from Meals	商品销售收入 Revenue from Commodities	其他收入 Other Revenue
二、餐饮业	**Catering Services**	**3289319**	**308707**	**2700776**	**205591**	**74245**
1.按登记注册类型分	by Status of Registration					
内资	Domestic Funded Enterprises	2938044	299832	2360470	204279	73462
国有	State-owned	184187	39785	122818	14130	7455
集体	Collective-owned	48050	3772	41275	2229	775
股份合作	Cooperative	21897	3908	15175	2664	151
联营企业	Joint Ownership	2608	63	2506	34	5
国有联营	State Joint Ownership					
集体联营	Collective Joint Ownership	2608	63	2506	34	5
国有与集体联营	Joint State-collective					
其他联营	Other Joint Ownership					
有限责任公司	Limited Liability Corporations	549825	76652	429403	28653	15117
国有独资公司	State Sole Funded Corporations	6896	1535	5254	68	39
其他有限责任公司	Other Limited Liability Corporations	542929	75117	424149	28585	15078
股份有限公司	Share-holding Corporations Ltd.	231229	34963	152080	38747	5440
私营企业	Private Enterprises	1656441	119774	1387739	107190	41737
私营独资	Private-funded Enterprises	636402	39688	524988	47417	24310
私营合伙	Private Partnership Enterprises	24660	1727	20953	1821	159
私营有限责任公司	Private Limited Liability Corporations	925363	70482	786773	52928	15179
私营股份有限公司	Private Share-holding Corporations Ltd.	70016	7877	55026	5024	2089
其他	Others	243807	20915	209475	10633	2784
港澳台商投资企业	Enterprises with Funds from Hong Kong,Macao and Taiwan	45355	6066	37937	1114	238
与港澳台商合资经营	Joint-venture	18852	4265	13734	622	231
与港澳台商合作经营	Cooperative					
港澳台商独资	Sole Investment	26503	1801	24202	492	7
港澳台商独资股份有限公司	Share-holding Corporations Ltd. with Sole Investment					
外商投资企业	Foreign Funded Enterprises	305921	2809	302370	198	545
中外合资经营	Joint-venture	12858	1211	11162		486
中外合作经营	Cooperative					
外资企业	Sole Foreign Investment	293063	1598	291208	198	59
外商投资股份有限公司	Share-holding Corporations Ltd. with Foreign Investment					
2.按国民经济行业分	by Sector					
正餐服务	Dinner service	2898295	307983	2320175	197605	72532
快餐服务	Fast Food Service	363103	724	357444	3596	1340
饮料及冷饮服务	Beverages and cold drinks service	7695		5562	2133	
其他餐饮业	Other Catering Services	20227		17596	2258	373

17-8 各市限额以上住宿和餐饮业经营情况(2012年)

Business of Hotels and Catering Services above Designated Size by Region (2012)

地区	Region	法人单位(个) Corporation Unit (unit)	从业人数(人) Persons Employed (person)	营业额(万元) Business Revenue (10000 yuan)	客房收入 Revenue from Hotel Rooms	餐费收入 Revenue from Meals	商品销售收入 Revenue from Commodi-ties	其他收入 Other Revenue
全省总计	**Total**	**3188**	**279692**	**5402521**	**1132964**	**3778689**	**291904**	**198965**
济南市	Jinan	381	46826	654232	162979	435200	15142	40911
青岛市	Qingdao	362	43310	996652	223364	696422	31780	45087
淄博市	Zibo	241	15264	317585	49002	247080	18888	2616
枣庄市	Zaozhuang	111	7494	92959	22272	56411	11847	2430
东营市	Dongying	67	12894	236444	50962	134273	41747	9462
烟台市	Yantai	368	26784	682214	150566	505266	13501	12880
潍坊市	Weifang	240	20964	287749	63792	197520	16367	10071
济宁市	Jining	258	18028	264752	59860	191127	6022	7743
泰安市	Tai'an	242	14749	455451	74708	361405	12204	7134
威海市	Weihai	185	13779	330480	53513	239546	21643	15777
日照市	Rizhao	65	5855	76570	23570	48391	2885	1724
莱芜市	Laiwu	41	2878	25799	6757	16115	1792	1135
临沂市	Linyi	148	13759	226771	48215	140744	29368	8445
德州市	Dezhou	116	10560	250954	55121	158990	11585	25258
聊城市	Liaocheng	96	9328	115384	20756	78753	11857	4019
滨州市	Binzhou	84	7181	88783	20483	60638	5871	1791
菏泽市	Heze	183	10039	299742	47043	210808	39407	2484

17-9 限额以上住宿和餐饮业财务状况(2012年)

单位:万元

指 标 名 称	Indicator	企业数(个) Number of Enterprises (unit)
总 计	**Total**	**3174**
一、住宿业	**Hotels**	**1019**
1.按登记注册类型分	by Status of Registration	
内 资	Domestic Funded Enterprises	987
国 有	State-owned	182
集 体	Collective-owned	49
股份合作	Cooperative	11
联营企业	Joint Ownership	
国有联营	State Joint Ownership	
集体联营	Collective Joint Ownership	
国有与集体联营	Joint State-collective	
其他联营	Other Joint Ownership	
有限责任公司	Limited Liability Corporations	248
国有独资公司	State Sole Funded Corporations	7
其他有限责任公司	Other Limited Liability Corporations	241
股份有限公司	Share-holding Corporations Ltd.	45
私营企业	Private Enterprises	391
私营独资	Private-funded Enterprises	113
私营合伙	Private Partnership Enterprises	15
私营有限责任公司	Private Limited Liability Corporations	250
私营股份有限公司	Private Share-holding Corporations Ltd.	13
其 他	Others	61
港澳台商投资企业	Enterprises with Funds from Hong Kong,Macao and Taiwan	16
与港澳台商合资经营	Joint-venture	8
与港澳台商合作经营	Cooperative	1
港澳台商独资	Sole Investment	7
港澳台商独资股份有限公司	Share-holding Corporations Ltd. With Sole Investment	
外商投资企业	Foreign Funded Enterprises	16
中外合资经营	Joint-venture	8
中外合作经营	Cooperative	2
外资企业	Sole Foreign Investment	6
外商投资股份有限公司	Share-holding Corporations Ltd. with Foreign Investment	
2.按国民经济行业分	by Sector	
旅游饭店	Tourist Hotels	682
一般旅馆	General Hotels	316
其他住宿业	Other Accommodation Services	21

Financial Indicators of Enterprises above Designated Size of Hotels and Catering Services(2012)

(10 000 yuan)

年末资产负债 Assets and Liabilities at Year-end						损益及分配 Losses,Profits and Distribution	
流动资产合计 Total Working Capitals	固定资产原价 Original Value of Fixed Assets	本年折旧 Depre-ciation in the Year	资产合计 Total Assests	负债合计 Total Liabilities	所有者权益合计 Total Owner's Equities	营业收入合计 Business Revenue	主营业务收入 Revenue from Principal Business
2659701	**5065564**	**257216**	**8051267**	**5457431**	**2593837**	**5346195**	**5282432**
1489157	**3108026**	**157054**	**4483837**	**3034988**	**1448850**	**2094144**	**2049864**
1407442	2742056	144255	4136725	2752968	1383757	1956818	1919452
478966	1112178	58688	1541928	871830	670098	560604	548547
31207	149459	10049	164048	47761	116287	150462	149662
5492	10427	443	11664	9417	2247	9571	9571
453059	931237	42340	1388391	1074073	314317	517297	496908
9639	126562	5664	119659	68279	51379	23483	23469
443420	804676	36677	1268732	1005794	262938	493814	473439
78593	150626	6530	223271	165221	58049	108825	106327
311264	331975	22697	709090	521733	187358	505390	504262
46519	70867	6079	162822	128348	34474	157875	157557
2823	10461	506	11724	7641	4084	17669	17669
256007	245432	15782	522802	379364	143438	317680	317050
5915	5215	329	11742	6380	5362	12166	11986
48861	56155	3509	98334	62934	35400	104671	104177
44645	288174	10463	257673	228082	29591	91287	84519
30896	122169	5369	124520	159601	-35081	42599	41794
3650	9107	294	6632	5211	1421	5562	5562
10099	156898	4800	126521	63270	63251	43126	37163
37070	77796	2336	89440	53938	35502	46039	45893
6557	46309	538	32679	28959	3720	13757	13685
23855	11166	875	31351	13635	17717	23794	23794
6658	20322	923	25409	11344	14066	8488	8414
1270233	2690671	135226	3815081	2568554	1246527	1687407	1644686
184262	391906	20409	617503	432123	185380	377254	375695
34661	25450	1419	51254	34311	16942	29483	29483

17–9 续表1

单位:万元

指标名称	Indicator	企业数(个) Number of Enterprises (unit)
二、餐饮业	**Catering Services**	**2155**
1.按登记注册类型分	by Status of Registration	
内资	Domestic Funded Enterprises	2109
国有	State-owned	92
集体	Collective-owned	42
股份合作	Cooperative	17
联营企业	Joint Ownership	2
国有联营	State Joint Ownership	
集体联营	Collective Joint Ownership	2
国有与集体联营	Joint State-collective	
其他联营	Other Joint Ownership	
有限责任公司	Limited Liability Corporations	435
国有独资公司	State Sole Funded Corporations	5
其他有限责任公司	Other Limited Liability Corporations	430
股份有限公司	Share-holding Corporations Ltd.	56
私营企业	Private Enterprises	1261
私营独资	Private-funded Enterprises	441
私营合伙	Private Partnership Enterprises	23
私营有限责任公司	Private Limited Liability Corporations	751
私营股份有限公司	Private Share-holding Corporations Ltd.	46
其他	Others	204
港澳台商投资企业	Enterprises with Funds from Hong Kong,Macao and Taiwan	19
与港澳台商合资经营	Joint-venture	6
与港澳台商合作经营	Cooperative	
港澳台商独资	Sole Investment	13
港澳台商独资股份有限公司	Share-holding Corporations Ltd. With Sole Investment	
外商投资企业	Foreign Funded Enterprises	27
中外合资经营	Joint-venture	9
中外合作经营	Cooperative	
外资企业	Sole Foreign Investment	18
外商投资股份有限公司	Share-holding Corporations Ltd. with Foreign Investment	
2.按国民经济行业分	by Sector	
正餐服务	Dinner service	2080
快餐服务	Fast Food Service	59
饮料及冷饮服务	Beverages and cold drinks service	3
其他餐饮业	Other Catering Services	13

continued

(10 000 yuan)

年末资产负债 Assets and Liabilities at Year-end						损益及分配 Losses,Profits and Distribution	
流动资产合计 Total Working Capitals	固定资产原价 Original Value of Fixed Assets	本年折旧 Depre-ciation in the Year	资产合计 Total Assests	负债合计 Total Liabilities	所有者权益合计 Total Owner's Equities	营业收入合计 Business Revenue	#主营业务收入 Revenue from Principal Business
1170544	**1957538**	**100162**	**3567430**	**2422443**	**1144987**	**3252051**	**3232568**
1103300	1841031	93159	3329695	2232098	1097597	2905004	2885531
122473	281943	8938	452052	309132	142919	184749	183076
10576	34552	1215	40101	15754	24346	46970	46827
9081	24981	1184	29536	24162	5374	23516	23440
1029	158	79	1982	1105	878	2619	2619
1029	158	79	1982	1105	878	2619	2619
253293	576544	26924	928370	576076	352294	551980	546945
13026	17362	1456	38552	30410	8141	6873	6873
240267	559181	25468	889818	545665	344153	545107	540072
97038	102445	6854	364692	293292	71400	225347	225226
501886	758119	42718	1330778	895263	435514	1628977	1617718
100055	189714	9786	311596	161674	149922	629454	626582
25555	11759	441	40974	26855	14118	23990	23990
356423	524472	30944	929709	683067	246642	905824	897603
19853	32174	1546	48499	23667	24832	69710	69544
107925	62289	5246	182186	117314	64872	240846	239680
34592	36216	2181	76952	52464	24488	41717	41717
28532	22947	1445	56141	41210	14932	15848	15848
6060	13270	737	20811	11254	9557	25869	25869
32652	80290	4822	160783	137882	22902	305330	305320
6212	6345	222	13832	7207	6625	12739	12729
26441	73945	4601	146952	130675	16277	292591	292590
1126132	1865147	94141	3373437	2278992	1094445	2862328	2843381
37208	86428	5285	180106	137485	42621	362100	361938
1925	1162	438	3710	1495	2215	7616	7616
5280	4801	298	10178	4471	5707	20008	19633

17-9 续表 2

单位:万元

指标名称	Indicator	主营业务成本 Cost of Principal Business
总计	**Total**	**2774964**
一、住宿业	**Hotels**	**941618**
1.按登记注册类型分	by Status of Registration	
内资	Domestic Funded Enterprises	910000
国有	State-owned	220057
集体	Collective-owned	79034
股份合作	Cooperative	3847
联营企业	Joint Ownership	
国有联营	State Joint Ownership	
集体联营	Collective Joint Ownership	
国有与集体联营	Joint State-collective	
其他联营	Other Joint Ownership	
有限责任公司	Limited Liability Corporations	228446
国有独资公司	State Sole Funded Corporations	7281
其他有限责任公司	Other Limited Liability Corporations	221165
股份有限公司	Share-holding Corporations Ltd.	57824
私营企业	Private Enterprises	273382
私营独资	Private-funded Enterprises	88946
私营合伙	Private Partnership Enterprises	11637
私营有限责任公司	Private Limited Liability Corporations	166980
私营股份有限公司	Private Share-holding Corporations Ltd.	5819
其他	Others	47411
港澳台商投资企业	Enterprises with Funds from Hong Kong,Macao and Taiwan	16849
与港澳台商合资经营	Joint-venture	8863
与港澳台商合作经营	Cooperative	1656
港澳台商独资	Sole Investment	6330
港澳台商独资股份有限公司	Share-holding Corporations Ltd. with Sole Investment	
外商投资企业	Foreign Funded Enterprises	14769
中外合资经营	Joint-venture	5566
中外合作经营	Cooperative	5213
外资企业	Sole Foreign Investment	3991
外商投资股份有限公司	Share-holding Corporations Ltd. With Foreign Investment	
2.按国民经济行业分	by Sector	
旅游饭店	Tourist Hotels	725004
一般旅馆	General Hotels	198652
其他住宿业	Other Accommodation Services	17963

continued

(10 000 yuan)

损 益 及 分 配 Losses,Profits and Distribution							工资、福利费 Wages and Welfare
主营业务税金及附加 Taxes and Other Charges on Principal Business	营业费用 Expenses on Business	管理费用 Expenses on Management	财务费用 Expenses on Finance	营业利润 Profits from Business	利润总额 Total Profits	应交所得税 Income Tax Payable	本年应付工资总额 Total Wages Payable
245469	**1087813**	**810035**	**130346**	**268051**	**258572**	**70203**	**771240**
100473	**501619**	**459600**	**55501**	**21374**	**31994**	**20324**	**350419**
93329	467743	405133	47071	20081	29973	19754	327154
28223	170323	164163	6289	-36745	-27883	2706	116204
7224	28589	15652	1020	18003	18131	3918	14022
549	2576	2372	293	-65	80	68	1646
25615	136488	121871	21093	-18139	-13283	3184	98358
1150	7820	7396	1020	-1212	-978	43	4860
24465	128669	114475	20074	-16927	-12305	3141	93499
4399	20191	14613	3141	6147	3723	864	15948
22476	87762	67372	12502	41881	41090	8041	66055
5703	19968	20717	4437	17923	16316	2987	16680
407	1571	1455	188	2354	2319	144	1468
15898	64029	44456	7669	18010	19850	4836	45983
468	2194	744	208	3593	2605	75	1925
4844	21815	19091	2733	8999	8116	973	14921
4555	26017	38418	6403	-1329	-399	549	16795
2323	13543	17347	3324	-2845	-1642	6	8547
314	1487	2222	86	-203	-227		1250
1918	10986	18850	2993	1720	1470	543	6998
2589	7859	16049	2027	2622	2420	21	6470
790	1424	6675	1046	-1743	-1708	3	3976
1486	4200	7546	660	4690	4690		1194
314	2235	1828	321	-325	-561	18	1300
84236	426148	403799	44783	-9467	9665	14527	297368
14724	70326	53612	10250	28607	20105	5658	49705
1514	5145	2189	468	2234	2224	138	3345

17-9 续表3

单位:万元

指标名称	Indicator	主营业务成本 Cost of Principal Business
二、餐饮业	Catering Services	1833345
1.按登记注册类型分	by Status of Registration	
内资	Domestic Funded Enterprises	1663931
国有	State-owned	101183
集体	Collective-owned	32600
股份合作	Cooperative	11910
联营企业	Joint Ownership	2159
国有联营	State Joint Ownership	
集体联营	Collective Joint Ownership	2159
国有与集体联营	Joint State-collective	
其他联营	Other Joint Ownership	
有限责任公司	Limited Liability Corporations	289806
国有独资公司	State Sole Funded Corporations	3010
其他有限责任公司	Other Limited Liability Corporations	286796
股份有限公司	Share-holding Corporations Ltd.	99632
私营企业	Private Enterprises	980529
私营独资	Private-funded Enterprises	392592
私营合伙	Private Partnership Enterprises	12876
私营有限责任公司	Private Limited Liability Corporations	535503
私营股份有限公司	Private Share-holding Corporations Ltd.	39558
其他	Others	146112
港澳台商投资企业	Enterprises with Funds from Hong Kong,Macao and Taiwan	20040
与港澳台商合资经营	Joint-venture	7455
与港澳台商合作经营	Cooperative	
港澳台商独资	Sole Investment	12586
港澳台商独资股份有限公司	Share-holding Corporations Ltd. with Sole Investment	
外商投资企业	Foreign Funded Enterprises	149374
中外合资经营	Joint-venture	9004
中外合作经营	Cooperative	
外资企业	Sole Foreign Investment	140371
外商投资股份有限公司	Share-holding Corporations Ltd. With Foreign Investment	
2.按国民经济行业分	by Sector	
正餐服务	Dinner service	1633482
快餐服务	Fast Food Service	182806
饮料及冷饮服务	Beverages and cold drinks service	2270
其他餐饮业	Other Catering Services	14788

continued

(10 000 yuan)

损益及分配 Losses,Profits and Distribution							工资、福利费 Wages and Welfare
主营业务税金及附加 Taxes and Other Charges on Principal Business	营业费用 Expenses on Business	管理费用 Expenses on Management	财务费用 Expenses on Finance	营业利润 Profits from Business	利润总额 Total Profits	应交所得税 Income Tax Payable	本年应付工资总额 Total Wages Payable
144995	**586194**	**350435**	**74845**	**246676**	**226577**	**49879**	**420822**
125902	483883	318078	70076	227518	207825	43356	367823
7561	35598	28105	3081	8276	4273	1678	25802
1815	3092	4194	280	4932	4901	916	5974
1365	4829	3106	634	1634	1304	78	3054
137	288	97	22	-85	-85	7	332
137	288	97	22	-85	-85	7	332
24740	135293	77836	15179	6941	4533	4652	91199
352	1993	1356	273	-112	-98	22	1861
24388	133301	76480	14906	7053	4631	4630	89338
10707	54059	36623	7556	16393	16452	4370	24334
68619	211858	145947	38796	172078	160713	27650	182710
21568	40751	41474	12933	116233	108445	13519	43852
772	2940	3503	406	3392	3401	301	2675
43526	153883	93513	23656	48682	45334	13262	127006
2755	14284	7458	1801	3771	3534	569	9177
10958	38867	22170	4529	17348	15734	4005	34418
2088	11712	5450	1320	1167	975	683	7370
779	3766	3449	1161	-686	-776	237	3454
1309	7945	2001	159	1853	1750	446	3916
17005	90600	26906	3449	17992	17777	5841	45629
654	1316	914	334	518	537	151	1125
16351	89284	25992	3115	17475	17241	5690	44505
124755	476811	319078	70961	221941	201726	42435	364320
18975	105453	28709	3645	22432	22616	6920	52957
389	2836	523	178	1240	1242	350	590
877	1095	2125	61	1064	993	175	2956

17−10 各市限额以上住宿和餐饮业财务状况(2012年)

Financial Indicators of Enterprises above Designated Size of Hotels and Catering Services by Region(2012)

单位:万元 (10 000 yuan)

地 区	Region	企业数(个) Number of Enterprises (unit)	流动资产合计 Total Working Capitals	固定资产原价 Original Value of Fixed Assets	本年折旧 Deprecia-tion in the Year	资产合计 Total Assests	负债合计 Total Liabilities	所有者权益合计 Total Owners' Equities	营业收入合计 Business Revenue	主营业务收入 Revenue from Principal Business
全省总计	**Total**	**3174**	**2659701**	**5065564**	**257216**	**8051267**	**5457431**	**2593837**	**5346195**	**5282432**
济南市	Jinan	382	496311	680242	37269	1160047	846114	313933	658326	646004
青岛市	Qingdao	352	601252	968741	52991	1637096	1166266	470830	982120	972456
淄博市	Zibo	241	144432	207522	8813	355037	255662	99375	319312	313184
枣庄市	Zaozhuang	111	80689	152660	4662	257098	135389	121709	93273	92002
东营市	Dongying	67	121982	185019	10321	463806	361023	102783	236431	235457
烟台市	Yantai	368	214258	793986	35725	989044	512810	476234	681596	678192
潍坊市	Weifang	240	316983	276885	14837	618050	510809	107241	285653	271400
济宁市	Jining	258	77558	291208	12709	412354	292355	120000	260856	259855
泰安市	Tai'an	240	88535	227331	14296	284064	155670	128393	452943	451298
威海市	Weihai	185	122785	397803	16869	469576	316353	153223	313209	308540
日照市	Rizhao	64	42407	83884	4679	147642	133822	13820	75123	74767
莱芜市	Laiwu	41	37839	36017	1196	89467	69040	20426	25993	25648
临沂市	Linyi	148	83934	308866	10884	382938	155078	227860	223153	222386
德州市	Dezhou	115	73786	145578	7708	266167	204801	61366	243632	243482
聊城市	Liaocheng	95	42491	93516	8983	132752	66076	66676	114433	110850
滨州市	Binzhou	84	69089	109171	8510	246912	212612	34300	88451	85791
菏泽市	Heze	183	45372	107135	6765	139220	63551	75670	291693	291120

17−10 续表 continued

单位:万元 (10 000 yuan)

地 区	Region	主营业务成本 Cost of Principal Business	主营业务税金及附加 Taxes and Other Charges on Principal Business	营业费用 Expenses on Business	管理费用 Expenses on Management	财务费用 Expenses on Finance	营业利润 Profits from Business	利润总额 Total Profits	应交所得税 Income Tax Payable	本年应付工资总额 Total Wages Payable
全省总计	**Total**	**2774964**	**245469**	**1087813**	**810035**	**130346**	**268051**	**258572**	**70203**	**771240**
济南市	Jinan	266790	35434	237042	119647	9125	-12777	-13526	3599	119302
青岛市	Qingdao	398675	53114	276833	214875	30455	8262	16060	12810	176729
淄博市	Zibo	170350	14208	50885	37802	11503	30535	27621	3599	41294
枣庄市	Zaozhuang	59790	3529	11505	8424	1811	7353	6370	1131	15309
东营市	Dongying	104233	11398	59896	42811	9935	7484	10297	3732	34600
烟台市	Yantai	408479	29773	91746	76544	7296	64630	60624	9133	85130
潍坊市	Weifang	136744	13916	78920	55146	9979	-10831	-8425	1025	54261
济宁市	Jining	164061	10039	38768	37982	2182	6997	2473	1791	35639
泰安市	Tai'an	293955	19817	38646	30635	9908	58369	53943	12621	41928
威海市	Weihai	203113	13239	36491	53508	6760	-4659	1279	2993	38912
日照市	Rizhao	38350	3603	19532	15832	1315	-3709	-4658	382	10927
莱芜市	Laiwu	12717	1144	7959	4531	1757	-2272	-2250	288	5492
临沂市	Linyi	114472	9383	49216	34408	7501	6736	8825	1312	33643
德州市	Dezhou	157522	6150	20307	25391	6490	28333	19703	3505	22074
聊城市	Liaocheng	62861	3751	22064	13900	1945	6454	4861	1054	17592
滨州市	Binzhou	46355	3835	14159	12119	2969	5517	4394	1182	16703
菏泽市	Heze	136500	13136	33847	26480	9416	71631	70980	10046	21707

17-11 亿元以上商品交易市场情况(2012年)

Basic Statistics on Commodity Exchange Markets of Turnover above 100 Million Yuan (2012)

类别	Category	市场数量(个) Number of Markets (unit)	摊位数(个) Number of Booths (unit)	年末出租摊位数(个) Number of Booths Rented at Year End (unit)	年末营业面积(平方米) Operating Area at Year End (sq.m)	成交额(亿元) Turnover (100 million yuan)
总计	**Total**	**569**	**405059**	**381965**	**38320698**	**8020.99**
按市场类别分组	**Grouped by Market Category**					
综合市场	Comprehensive Markets	90	87596	81339	5592113	874.95
生产资料综合市场	Means of production Comprehensive Markets	6	1413	1402	369750	24.75
工业消费品综合市场	Industrial consumer products Comprehensive Markets	36	46025	42907	2688432	587.50
农产品综合市场	Farmer Produces Comprehensive Markets	25	20991	19302	1149175	194.12
其他综合市场	Other Comprehensive Markets	23	19167	17728	1384756	68.59
专业市场	Special Markets	479	317463	300626	32728585	7146.04
生产资料市场	Means of Production Markets	87	31018	28598	10798191	2311.96
农业生产用具市场	Agricultural Tools Markets	5	627	583	169000	19.22
农用生产资料市场	Agricultural Production Markets	5	742	727	68550	28.08
煤炭市场	Coal and Charcoal Markets					
木材市场	Wood Markets	17	5340	4900	2242940	303.50
建材市场	Building Materials Markets	18	9211	8763	1419524	218.17
化工材料及制品市场	Chemical Materials and Products Markets	4	2704	2310	234626	41.38
金属材料市场	Metal Materials Markets	30	7846	6850	5469330	1569.23
机械设备市场	Mechanical Device Markets	5	3175	3122	340964	107.64
其他生产资料市场	Other Means of Production Markets	3	1373	1343	853257	24.75
农产品市场	Agricultural Products Markets	159	141250	135116	11988463	2445.25
粮油市场	Grain and Oil Markets	17	11277	11221	721708	298.14
肉禽蛋市场	Meat, Poultry and Eggs Markets	7	3325	3218	116840	19.77
水产品市场	Aquatic Products Markets	23	39694	38328	1406182	595.58
蔬菜市场	Vegetables Markets	65	60903	57263	5449922	817.85
干鲜果品市场	Dried and Fresh Melons and Fruits Markets	27	14172	13697	1031631	374.29
棉麻土畜、烟叶市场	Cotton ,Hemp,Local Livestock and Tobacco Markets	9	2033	1959	2754580	196.01
其他农产品市场	Other Agricultural Products Markets	11	9846	9430	507600	143.60
食品、饮料及烟酒市场	Food, Beverages, Tobacco, and Liquor Markets	29	21348	19134	1027519	237.01
食品饮料市场	Food and Beverage Markets	8	8203	8112	265917	88.95
茶叶市场	Tea Markets	3	1162	1160	220000	33.87
烟酒市场	Tobacco and Liquor Markets	9	4162	3627	179692	65.65
其他食品饮料及烟酒市场	Other Food, Beverages, Tobacco, and Liquor Markets	9	7821	6235	361910	48.54
纺织、服装、鞋帽市场	Textile, Garments, Footgear, and Hats Markets	66	57028	55245	2252947	741.42
布料及纺织品市场	Fabrics and Textile Markets	11	5915	5621	407601	208.11
服装市场	Clothing Markets	39	39224	38307	1168076	382.12
鞋帽市场	Shoes and Hats Markets	6	3068	2796	123237	59.80
其他纺织服装鞋帽市场	Others	10	8821	8521	554033	91.39
日用品及文化用品市场	Daily Use and Cultural Goods Markets	16	13150	12779	577032	191.34
小商品市场	Merchandise Markets	7	10018	9683	364352	146.24
箱包市场	Case and Bag Markets	2	322	318	16000	7.02

17-11 续表 continued

类别	Category	市场数量(个) Number of Markets (unit)	摊位数(个) Number of Booths (unit)	年末出租摊位数(个) Number of Booths Rented at Year End (unit)	年末营业面积(平方米) Operating Area at Year End (sq.m)	成交额(亿元) Turnover (100 million yuan)
玩具市场	Toy Markets	2	1023	1011	106660	14.21
文具市场	Stationery Markets					
图书、报刊杂志市场	Books, Newspapers and Magazines Markets	2	239	239	15020	3.30
音像制品及电子出版物市场	Video products and E-journal Markets					
体育用品市场	Sports Goods Markets					
其他日用品及文化用品市场	Other Daily Use and Cultural Goods Markets	3	1548	1528	75000	20.58
黄金、珠宝、玉器等首饰市场	Gold,Jewelry,Jade Markets	3	2108	2020	308579	71.08
电器、通讯器材、电子设备市场	Electrical Appliances, Communication Appliances, Electronic Equipment Markets	12	4025	3985	361100	113.72
家电市场	Household Appliances Markets	5	1378	1343	258800	59.45
通讯器材市场	Communication Appliances					
照相、摄像器材市场	Camera Equipment Markets					
计算机及辅助设备市场	Computers and Auxiliary Equipment Markets	6	2527	2522	96300	51.77
其他电器、通讯器材、电子设备市场	Others	1	120	120	6000	2.50
医药、医疗用品及器材市场	Medicine,Medical Supplies and Equipment Markets	1	968	846	60000	4.96
中药材市场	Chinese Medicine Markets	1	968	846	60000	4.96
其他医药、医疗用品及器材市场	Others					
家具、五金及装饰材料市场	Furniture,Hardware,and Decorative Materials Markets	63	31556	28999	3689732	633.13
家具市场	Furniture Markets	15	5686	5459	625107	117.17
装饰材料市场	Decoration Materials Markets	26	10054	9127	1313774	245.24
灯具市场	Lamps Markets	3	1298	1225	220000	43.26
厨具、盥洗设备市场	Kitchen Utensils and Washing Equipment Markets	1	366	330	21608	2.21
五金材料市场	Hardware Materials Markets	13	9043	7988	958421	148.64
其他装修市场	Others	5	5109	4870	550822	76.60
汽车、摩托车及零配件市场	Automobile, Motorcycle and Spare Parts Markets	31	8707	8059	1138512	320.32
汽车市场	Automobile Markets	16	4367	4285	832790	188.46
摩托车市场	Motorcycle Markets					
机动车零配件市场	Motor Vehicle Spare Parts Markets	15	4340	3774	305722	131.85
花、鸟、鱼、虫市场	Flowers,Birds,Fish,Insects Markets	2	1600	1600	139960	43.30
花卉市场	Flower Markets	2	1600	1600	139960	43.30
鸟市场	Bird Markets					
观赏鱼市场	Ornamental Fish Markets					
其他花鸟鱼虫市场	Others					
旧货市场	Second Hand Markets	2	516	460	47000	5.64
古玩、古董、字画市场	Antique,Antiques,Calligraphy and Painting Markets					
邮票、硬币市场	Stamps,Coins Markets					
其他旧货市场	Other Second Hand Markets	2	516	460	47000	5.64
其他专业市场	Others	8	4189	3785	339550	26.91
二、按营业状态分组	**Grouped by Operating Status**					
1.常年营业	Perennial operating	541	389131	366622	36538286	7761.21
2.季节性营业	Seasonal operating	28	15928	15343	1782412	259.78
3.其他	Others					
三、按经营方式分组	**Grouped by Operating Mode**					
1.以批发为主	Wholesale	401	292174	272743	31923349	7065.88
2.以零售为主	Retail	168	112885	109222	6397349	955.11
四、按经营环境分组	**Grouped by Operating Environment**					
1.露天式	Open Air	181	96335	90728	14386636	2422.58
2.封闭式	Closed	330	252572	238706	18206446	4773.04
3.其他	Others	58	56152	52531	5727616	825.37

17-12 亿元以上商品交易市场成交情况(2012年)
Basic Statistics on Commodity Exchange Markets of Turnover above 100 Million Yuan(2012)

类　　别	Category	年末出租摊位数(个) Number of Booths Rented at Year end (unit)	全年成交额(亿元) Turnover (100 million yuan)
合 计	**Total**	**381965**	**8020.99**
1.食品、饮料、烟酒类	Food, Beverages, Tobacco and Liquor	169831	2641.36
(1)粮油、食品类	Grain、Oil and Food	154897	2435.97
#粮油类	Grain and Oil	11754	333.56
肉禽蛋类	Meal,Doultr and Eggs	10730	120.64
水产品类	Aquatil Prodults	33783	584.07
蔬菜类	Vegetables	71767	880.64
干鲜果品类	Dried and Fresh Molons and Fruits	22812	438.85
(2)饮料类	Beverages	5536	90.15
(3)烟酒类	Tobacco and Liquor	9398	115.24
2.服装、鞋帽、针、纺织品类	Clothing, Shoes, Hats and Textiles	85111	1003.57
(1)服装类	Clothing	51816	466.40
(2)鞋帽类	Shoes and Hats	14982	188.88
(3)针、纺织品类	Knitwear and Textiles	18313	348.28
3.化妆品类	Cosmetics	3467	38.06
4.金银珠宝类	Gold,Silver and Jewelry	2495	74.91
5.日用品类	Articles for Daily Use	22018	261.67
#洗涤用品类	Washing Articles	5569	28.03
儿童玩具类	Children Toys	3799	26.05
6.五金电料类	Hardware & Electrical Materials	11208	228.63
7.体育、娱乐用品类	Sports & Recreational Articles	1439	20.73
8.书报杂志类	Newspapers and Magazines	645	5.22
9.电子出版物及音像制品类	E-journals and Video Products	654	2.98
10.家用电器和音像器材类	Household Appliances and Video Appliance	3546	90.95
11.中西药材类	Traditional Chinese and Western Medicines	1033	7.12
#西药类	Western Medicines	119	1.73
中草药及中成药品类	Traditional Chinese Medicines	895	5.12
12.文化办公用品类	Cultural and Offices Appliances	5640	90.61
13.家具类	Furniture	7389	155.25
14.通讯器材类	Communication Appliances	775	6.32
15.煤炭及制品类	Coal and Related Products	64	1.63
16.木材及制品类	Wood and Wooden Products	6128	334.37
17.石油及制品类	Petroleum and Related Products	49	1.77
18.化工材料及制品类	Chemical Materials and Related Products	3243	67.19
#化肥类	Fertilizers	439	16.71
19.金属材料类	Metal Materials	7420	1513.18
20.建筑及装潢材料类	Building and Decoration Materials	21897	625.21
21.机电产品及设备类	Mechanical & Electrical Products	5357	145.07
#农机类	Agricultural Machineries	1330	27.98
22.汽车类	Automobiles	7771	319.68
23.种子饲料类	Seeds and Feedstuff	850	17.73
24.棉麻类	Cotton and Hemp	1935	186.06
25.其他类	Others	12000	181.72

17–13 各市亿元以上商品交易市场情况(2012年)

Basic Statistics on Commodity Exchange Markets of Turnover above 100 Million Yuan by Region(2012)

地区	Region	市场数量(个) Number of Markets	摊位数(个) Number of Booths	年末出租摊位数(个) Number of Booths Rented at Year End (unit)	年末营业面积(平方米) Operating Area at Year End (sq.m)	成交额(万元) Turnover (10 000 yuan)
全省总计	**Total**	**569**	**405059**	**381965**	**38320698**	**8021**
济南市	Jinan	43	26236	24541	2193778	525
青岛市	Qingdao	69	66320	64166	5783045	1218
淄博市	Zibo	25	16190	15351	1158830	334
枣庄市	Zaozhuang	23	16471	14787	999268	289
东营市	Dongying	15	8998	8254	676086	53
烟台市	Yantai	26	23209	22871	1888518	325
潍坊市	Weifang	38	26883	23467	3260358	618
济宁市	Jining	25	21146	19464	2138803	199
泰安市	Tai'an	11	19006	18094	2898415	494
威海市	Weihai	14	5829	5685	212964	52
日照市	Rizhao	13	21348	19709	1889000	339
莱芜市	Laiwu	1	90	85	25000	3
临沂市	Linyi	58	37837	36128	3404434	905
德州市	Dezhou	113	60171	58690	7451292	1313
聊城市	Liaocheng	15	16216	15526	1956651	432
滨州市	Binzhou	18	9263	8323	929889	726
菏泽市	Heze	62	29846	26824	1454367	198

17-14 连锁门店及配送中心分布情况(2012年)

Distribution of Stores and Distribution Centers of chain stores of Wholesale and Retail Trades and Hotel and Catering Services(2012)

单位：个 (unit)

地　区	Region	门店总数 Number of Stores	直营店数 Under Direct Management	加盟店数 Through License Arrangement	配送中心数 Distribution Centers	自有 Under Direct Management
合　计	**Total**	**10721**	**8216**	**2505**	**148**	**140**
批发和零售业	**Wholesale and etail Trades**	**10327**	**7822**	**2505**	**144**	**137**
北　京	Beijing	57	31	26		
天　津	Tianjin	1	1			
河　北	Hebei	64	25	39		
山　西	Shanxi	3	3			
内蒙古自治区	Inner Mongolia	1	1			
辽　宁	Liaoning	2	2			
吉林省	Jilin	1	1			
黑龙江省	Heilongjiang	1	1			
上　海	Shanghai	1	1			
江　苏	Jiangsu	5	5			
浙　江	Zhejiang	4	4			
安　徽	Anhui	1	1			
福　建	Fujian	2	2			
江　西	Jiangxi	2	2			
山　东	Shandong	10159	7719	2440	144	137
济　南	Jinan	700	665	35	7	7
青　岛	Qingdao	3162	2005	1157	45	40
河　南	Henan	11	11			
湖　北	Hubei	1	1			
湖　南	Hunan	1	1			
广　东	Guangdong	2	2			
海南省	Hainan	1	1			
重　庆	Chongqing	1	1			
四　川	Sichuan	1	1			
云　南	Yunnan	1	1			
陕西省	Shanxi	1	1			
甘肃省	Ganshu	1	1			
宁夏回族自治区	Ningxia	1	1			
新　疆	Xinjiang	1	1			
住宿和餐饮业	**Hotel and Catering Services**	**394**	**394**		**4**	**3**
山　东	Shandong	394	394		4	3
济　南	Jinan	128	128			
青　岛	Qingdao	243	243		4	3

注：本表数据是指总部设在山东的连锁企业的门店及配送中心的分布情况。

a)Data in this table refers to the distribution of stores and distribution centers of chain stores that headquarters in Shandong.

17-15 批发和零售业连锁经营情况(2012年)

指　　标	Item	连锁总店(总部)数(个) Number of chain head stores (unit)	合计 Total
总　　计	**Total**	**139**	**10327**
一、按行业分组	**by Sector**		
批发业	Wholesale Trade	18	4673
零售业	Retail Trade	121	5654
二、按登记注册类型分组	**by Status of Registration**		
内资企业	Domestic Funded Enterprises	129	9915
国有企业	State-owned Enterprises	5	126
集体企业	Collective-owned Enterprises	3	33
股份合作企业	Cooperative Enterprises	1	15
联营企业	Joint Ownership Enterprises		
有限责任公司	Limited Liability Corporations	53	3211
股份有限公司	Share-holding Corporations Limited	17	5235
私营企业	Private Enterprises	45	1211
其他企业	Other Enterprises	5	84
港、澳、台商投资企业	Enterprises with Funds from Hong Kong, Macao and Taiwan	3	285
合资经营企业(港或澳、台资)	Joint-ventures Enterprises	2	181
合作经营企业(港或澳、台资)	Cooperative Enterprises		
港、澳、台商独资经营企业	Enterprises with Sole Investment	1	104
港、澳、台商投资股份有限公司	Share-holding Corporations Ltd. With Funds from Hong Kong,Macao and Taiwan		
其他港澳台投资企业	Others		
外商投资企业	Foreign Funded Enterprises	7	127
中外合资经营企业	Joint-venture Enterprises	2	69
中外合作经营企业	Cooperation Enterprises	1	2
外资企业	Enterprises with Sole Foreign Funds	4	56
外商投资股份有限公司	Share-holding Corporations Ltd. With Foreign Investment		
其他外商投资企业			
三、按连锁零售业态分组	**by Business Categories**		
便利店	Convenience Store	3	65
折扣店	Discount store		
超　市	Supermarket	25	1910
大型超市	Large supermarket	7	83
仓储会员店	Warehouse club stores		
百货商店	Department store	7	691
专业店	Professional store	72	3246
其中：加油站	In:Gas Station	9	481
专卖店	Specialty store	14	3144
家居建材商店	Home-furnishings store	1	2
厂家直销中心	Factory Outlet Center		
其　他	Others	10	1186

Business of chain operation of Wholesale and Retail Trade(2012)

门店总数(个) Number of Stores(unit)		年末零售营业面积(平方米) Operational Area(sq.m)			年末从业人员数(人) Engaged Persons(person)		
直营店 Under Direct Management	加盟店 Through License Arrangement	合计 Total	直营店 Under Direct Management	加盟店 Through License Arrangement	合计 Total	直营店 Under Direct Management	加盟店 Through License Arrangement
7822	**2505**	**12097268**	**11802975**	**294293**	**166660**	**156081**	**10579**
3539	1134	2654880	2518420	136460	29969	24136	5833
4283	1371	9442388	9284555	157833	136691	131945	4746
7410	2505	11597266	11302973	294293	154709	144130	10579
126		34385	34385		630	630	
20	13	2450	1745	705	210	143	67
15		13671	13671		355	355	
2281	930	3427552	3344444	83108	46788	44185	2603
3790	1445	7748569	7545229	203340	96598	88924	7674
1097	114	323371	316831	6540	9574	9342	232
81	3	47268	46668	600	554	551	3
285		106349	106349		3475	3475	
181		72867	72867		2210	2210	
104		33482	33482		1265	1265	
127		393653	393653		8476	8476	
69		289129	289129		4997	4997	
2		15719	15719		1590	1590	
56		88805	88805		1889	1889	
65		38295	38295		725	725	
1372	538	2706171	2632071	74100	39031	37108	1923
83		1107091	1107091		21773	21773	
326	365	4110842	4072154	38688	54267	52634	1633
2481	765	1514403	1459450	54953	23509	21706	1803
481		392036	392036		3301	3301	
3093	51	259476	256576	2900	6735	6627	108
2		6700	6700		61	61	
400	786	2354290	2230638	123652	20559	15447	5112

17−15 续表 1 continued

指 标	Item	连锁门店商品购进额(万元) Total Purchases of chain store(10000 yuan) 合计 Total	直营店 Under Direct Management	加盟店 Through License Arrangement
总 计	**Total**	**21837929**	**21378385**	**459545**
一、按行业分组	**by Sector**			
批发业	Wholesale Trade	10576328	10370214	206114
零售业	Retail Trade	11261601	11008170	253431
二、按登记注册类型分组	**by Status of Registration**			
内资企业	Domestic Funded Enterprises	20009272	19549727	459545
国有企业	State-owned Enterprises	575500	575500	
集体企业	Collective-owned Enterprises	17356	15456	1900
股份合作企业	Cooperative Enterprises	13851	13851	
联营企业	Joint Ownership Enterprises			
有限责任公司	Limited Liability Corporations	3331394	3213969	117425
股份有限公司	Share-holding Corporations Limited	15311727	15019740	291987
私营企业	Private Enterprises	728726	680503	48223
其他企业	Other Enterprises	30719	30709	10
港、澳、台商投资企业	Enterprises with Funds from Hong Kong, Macao and Taiwan	161260	161260	
合资经营企业(港或澳、台资)	Joint-ventures Enterprises	110011	110011	
合作经营企业(港或澳、台资)	Cooperative Enterprises			
港、澳、台商独资经营企业	Enterprises with Sole Investment	51249	51249	
港、澳、台商投资股份有限公司	Share-holding Corporations Ltd. With Funds from Hong Kong,Macao and Taiwan			
其他港澳台投资企业	Others			
外商投资企业	Foreign Funded Enterprises	1667397	1667397	
中外合资经营企业	Joint-venture Enterprises	862222	862222	
中外合作经营企业	Cooperation Enterprises	681107	681107	
外资企业	Enterprises with Sole Foreign Funds	124068	124068	
外商投资股份有限公司	Share-holding Corporations Ltd. With Foreign Investment			
其他外商投资企业	Others			
三、按连锁零售业态分组	**by Business Categories**			
便利店	Convenience Store	31848	31848	
折扣店	Discount store			
超 市	Supermarket	2471911	2356694	115217
大型超市	Large supermarket	1861616	1861616	
仓储会员店	Warehouse club stores			
百货商店	Department store	4058064	4015692	42372
专业店	Professional store	3253005	3197627	55378
其中：加油站	In:Gas Station	1241529	1241529	
专卖店	Specialty store	7852500	7807273	45227
家居建材商店	Home-furnishings store	4282	4282	
厂家直销中心	Factory Outlet Center			
其 他	Others	2304703	2103352	201351

17-15 续表 2 continued

指标	Item	连锁门店商品销售额(万元) Sale Value of chain store(10000 yuan)		
		合计 Total	直营店 Under Direct Management	加盟店 Through License Arrangement
总计	**Total**	**24597127**	**24236574**	**360553**
一、按行业分组	**by Sector**			
批发业	Wholesale Trade	11882782	11812760	70023
零售业	Retail Trade	12714344	12423814	290530
二、按登记注册类型分组	**by Status of Registration**			
内资企业	Domestic Funded Enterprises	22415045	22054492	360553
国有企业	State-owned Enterprises	575122	575122	
集体企业	Collective-owned Enterprises	18306	16719	1587
股份合作企业	Cooperative Enterprises	17719	17719	
联营企业	Joint Ownership Enterprises			
有限责任公司	Limited Liability Corporations	3643107	3502127	140980
股份有限公司	Share-holding Corporations Limited	17438682	17261171	177510
私营企业	Private Enterprises	693768	653303	40465
其他企业	Other Enterprises	28341	28330	11
港、澳、台商投资企业	Enterprises with Funds from Hong Kong, Macao and Taiwan	225271	225271	
合资经营企业(港或澳、台资)	Joint-ventures Enterprises	136917	136917	
合作经营企业(港或澳、台资)	Cooperative Enterprises			
港、澳、台商独资经营企业	Enterprises with Sole Investment	88354	88354	
港、澳、台商投资股份有限公司	Share-holding Corporations Ltd. With Funds from Hong Kong,Macao and Taiwan			
其他港澳台投资企业	Others			
外商投资企业	Foreign Funded Enterprises	1956811	1956811	
中外合资经营企业	Joint-venture Enterprises	1047221	1047221	
中外合作经营企业	Cooperation Enterprises	772289	772289	
外资企业	Enterprises with Sole Foreign Funds	137302	137302	
外商投资股份有限公司	Share-holding Corporations Ltd. With Foreign Investment			
其他外商投资企业	Others			
三、按连锁零售业态分组	**by Business Categories**			
便利店	Convenience Store	28854	28854	
折扣店	Discount store			
超　市	Supermarket	2800206	2666592	133614
大型超市	Large supermarket	2014695	2014695	
仓储会员店	Warehouse club stores			
百货商店	Department store	4503024	4445345	57679
专业店	Professional store	4213187	4126007	87180
其中：加油站	In:Gas Station	1935560	1935560	
专卖店	Specialty store	7791987	7770415	21572
家居建材商店	Home-furnishings store	5018	5018	
厂家直销中心	Factory Outlet Center			
其　他	Others	3240156	3179648	60508

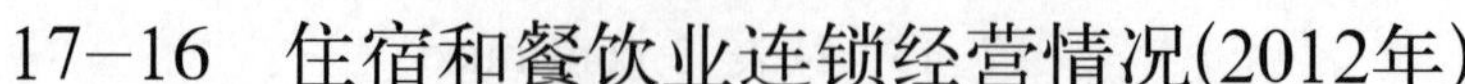

17-16 住宿和餐饮业连锁经营情况(2012年)

指 标 名 称	Indicator	连锁总店或总部数(个) Number of chain head stores (unit)	门店总数(个) Number of Stores (unit)
总 计	**Total**	**12**	**394**
一、按行业分组	**by Sector**		
住宿业	Hotel Services	1	4
餐饮业	Catering Services	11	390
二、按登记注册类型分组	**by Status of Registration**		
内资企业	Domestic Funded Enterprises	8	72
国有企业	State-owned Enterprises		
集体企业	Collective-owned Enterprises		
股份合作企业	Cooperative Enterprises		
联营企业	Joint Ownership Enterprises		
有限责任公司	Limited Liability Corporations	6	59
股份有限公司	Share-holding Corporations Limited		
私营企业	Private Enterprises	2	13
其他企业	Other Enterprises		
港、澳、台商投资企业	Enterprises with Funds from Hong Kong, Macao and Taiwan	1	14
合资经营企业(港或澳、台资)	Joint-ventures Enterprises		
合作经营企业(港或澳、台资)	Cooperative Enterprises		
港、澳、台商独资经营企业	Enterprises with Sole Investment	1	14
港、澳、台商投资股份有限公司	Share-holding Corporations Ltd. With Funds from Hong Kong, Macao and Taiwan		
其他港澳台投资企业			
外商投资企业	Foreign Funded Enterprises	3	308
中外合资经营企业	Joint-venture Enterprises		
中外合作经营企业	Cooperation Enterprises		
外资企业	Enterprises with Sole Foreign Funds	3	308
外商投资股份有限公司	Share-holding Corporations Ltd. With Foreign Investment		
其他外商投资企业			

Business of chain operation of Hotels and Catering Services(2012)

直营店 Under Direct Management	年末从业人员(人) Engaged Persons (person)	直营店 Under Direct Management	年末餐饮营业面积(平方米) Operational Area (sq.m)	直营店 Under Direct Management	客房数(间) Number of rooms (room)	直营店 Under Direct Management	床位数(个) Number of Beds (unit)	直营店 Under Direct Management
394	**7106**	**7106**	**151684**	**151684**	**350**	**350**	**600**	**600**
4	259	259	5000	5000	350	350	600	600
390	6847	6847	146684	146684				
72	1353	1353	32218	32218	350	350	600	600
59	1096	1096	17418	17418	350	350	600	600
13	257	257	14800	14800				
14	148	148	949	949				
14	148	148	949	949				
308	5605	5605	118517	118517				
308	5605	5605	118517	118517				

17-16 续表

指标名称	Indicator	餐位数（位）Number of Diningseats (unit)	直营店 Under Direct Management
总　计	**Total**	**65614**	**65614**
一、按行业分组	**by Sector**		
住宿业	Hotel Services	700	700
餐饮业	Catering Services	64914	64914
二、按登记注册类型分组	**by Status of Registration**		
内资企业	Domestic Funded Enterprises	10053	10053
国有企业	State-owned Enterprises		
集体企业	Collective-owned Enterprises		
股份合作企业	Cooperative Enterprises		
联营企业	Joint Ownership Enterprises		
有限责任公司	Limited Liability Corporations	7399	7399
股份有限公司	Share-holding Corporations Limited		
私营企业	Private Enterprises	2654	2654
其他企业	Other Enterprises		
港、澳、台商投资企业	Enterprises with Funds from Hong Kong,Macao and Taiwan	560	560
合资经营企业(港或澳、台资)	Joint-ventures Enterprises		
合作经营企业(港或澳、台资)	Cooperative Enterprises		
港、澳、台商独资经营企业	Enterprises with Sole Investment	560	560
港、澳、台商投资股份有限公司	Share-holding Corporations Ltd. With Funds from Hong Kong, Macao and Taiwan		
其他港澳台投资企业			
外商投资企业	Foreign Funded Enterprises	55001	55001
中外合资经营企业	Joint-venture Enterprises		
中外合作经营企业	Cooperation Enterprises		
外资企业	Enterprises with Sole Foreign Funds	55001	55001
外商投资股份有限公司	Share-holding Corporations Ltd. With Foreign Investment		
其他外商投资企业			

continued

连锁门店商品购进额(万元) Total Purchases of chain store (10000 yuan)	直营店 Under Direct Management	统一配送商品购进额 Centralized Purchases and Delivery	连锁门店营业额(万元) Bussiness Revenue of chain store (10000 yuan)	直营店 Under Direct Management	餐费收入 From Meals	直营 Under Direct Management
148568	**148568**	**142676**	**289453**	**289453**	**286836**	**286836**
3308	3308	3308	2980	2980	1344	1344
145260	145260	139368	286473	286473	285493	285493
11079	11079	5186	22932	22932	20316	20316
9337	9337	5176	19747	19747	17986	17986
1741	1741	11	3186	3186	2330	2330
5375	5375	5375	5375	5375	5375	5375
5375	5375	5375	5375	5375	5375	5375
132115	132115	132115	261146	261146	261146	261146
132115	132115	132115	261146	261146	261146	261146

17-17 主要年份社会消费品零售总额

Retail Sale of Consumer Goods in Major Years

单位:亿元 (100 million yuan)

年份 Year	社会消费品零售总额 Retail Sale of Consumer Goods	按所在地分 by Location			按行业分 by Sector				
		市 City	县 County	县以下 Under County Level	批发和零售业 Wholesale and Retail Trades	住宿和餐饮业 Hotels and Catering Services	制造业 Manufacturing	农业生产者 Agricultural Producers	其他行业 Other Sectors
1949	6.23				3.92	0.63	1.68		
1952	19.01				13.23	1.92	3.21	0.53	0.12
1957	26.00				21.86	1.08	2.19	0.51	0.45
1962	30.49				25.39	1.37	1.98	1.60	0.15
1965	33.85				29.92	1.83	1.35	0.60	0.15
1970	40.94				36.53	1.37	1.87	0.95	0.22
1975	60.32				51.98	2.72	2.85	1.54	1.22
1978	79.73	23.39	21.14	35.19	68.40	3.65	4.57	2.34	0.77
1979	92.22	27.46	23.10	41.66	78.38	4.25	6.09	2.64	0.86
1980	114.01	32.36	27.78	53.86	94.61	5.03	10.00	3.38	0.99
1981	131.47	35.84	34.40	61.23	107.10	5.82	13.42	3.53	1.60
1982	141.48	41.63	34.22	65.64	112.90	7.64	14.12	4.82	2.00
1983	162.14	47.85	37.49	76.80	127.67	9.83	16.93	5.16	2.55
1984	189.08	66.58	37.98	84.52	147.25	11.23	20.57	6.16	3.87
1985	227.03	84.16	46.50	96.38	173.62	13.86	25.27	8.94	5.34
1986	261.64	96.22	54.18	111.25	194.85	15.48	31.38	12.32	7.61
1987	300.69	119.11	58.69	122.89	217.34	18.16	41.14	14.91	9.14
1988	392.37	164.12	73.40	154.85	287.09	22.88	49.85	20.50	12.05
1989	430.74	199.91	72.75	158.09	315.80	23.93	49.86	26.34	14.81
1990	460.13	218.97	79.19	161.96	338.02	25.07	50.24	30.41	16.38
1991	536.03	263.90	86.76	185.36	392.19	30.67	59.41	35.48	18.28
1992	653.23	336.37	99.77	217.08	471.87	37.56	77.87	44.17	21.76
1993	884.71	481.28	124.74	278.69	617.53	53.08	125.63	68.12	20.35
1994	1210.08	670.38	171.83	367.87	813.17	87.13	142.79	113.75	53.24
1995	1583.96	921.86	177.40	484.70	1024.82	129.88	194.83	158.40	76.03
1996	1916.51	1134.57	195.48	586.46	1226.57	168.65	243.40	176.32	101.57
1997	2237.83	1378.50	219.31	640.02	1425.50	194.69	279.73	232.73	105.18
1998	2564.54	1572.06	246.20	746.28	1600.27	238.50	328.26	271.84	125.67
1999	2872.82	1763.91	275.79	833.12	1807.00	281.54	344.74	304.52	135.02
2000	3264.05	2017.18	313.35	933.52	2075.94	339.46	359.05	332.93	156.67
2001	3634.60	2253.45	352.56	1028.59	2340.68	399.81	363.46	356.19	174.46
2002	4078.02	2577.31	379.26	1121.45	2691.49	477.13	358.87	362.94	187.59
2003	4644.86	2977.36	469.13	1198.37	3836.66	585.25			222.95
2004	5290.50	3320.64	588.76	1381.10	4444.04	661.06			185.40
2005	6166.94	3890.93	687.50	1588.51	5173.89	776.51			216.54
2006	7217.13	4593.55	804.90	1818.68	6044.60	925.47			247.06
2007	8607.45	5488.52	971.12	2147.81	7205.96	1123.47			278.02
2008	10658.76	6766.32	1240.07	2652.37	9314.97	1063.78			280.00
2009	12362.97	8038.46	1437.80	2886.71	10348.40	1673.61			340.96
2010	14620.30								
2011	17155.49								
2012	19651.94								

注：2005－2008年社会消费品零售总额及分组数据，根据国家统一办法，依据第二次经济普查数据进行了调整。自2010年，社会消费品零售总额分组重新调整。

a)According to national regulation,data in this table from 2005 to 2008 are modified on the second national economic census.Since 2010,the group of Retail Sale of Consumer Goods has been adjusted.

17–18 各市社会消费品零售总额(2012年)
Retail Sale of Consumer Goods by Region(2012)

地区 Region	绝对额（亿元） Amount (100 million yuan)					比上年增长（%） Growth Rate (%)				
	社会消费品零售总额 Total Retail Sales of Consumer Goods	按经营地分 by Operation Place		按消费形态分 by Consumption Pattern		社会消费品零售总额 Total Retail Sales of Consumer Goods	按经营地分 by Operation Place		按消费形态分 by Consumption pattern	
		城镇 Urban	乡村 Rural	商品零售 Retail Sales	餐饮收入 Catering Income		城镇 Urban	乡村 Rural	商品零售 Retail Sales	餐饮收入 Catering Income
全省总计 Total	**19651.94**	**15879.70**	**3772.24**	**17655.80**	**1996.14**	**14.6**	**14.6**	**14.3**	**14.7**	**13.2**
济南市 Jinan	2420.25	2200.52	219.73	1974.78	445.47	14.5	14.6	12.9	14.5	14.4
青岛市 Qingdao	2635.62	2192.31	443.31	2368.38	267.24	14.5	14.8	12.7	14.0	18.4
淄博市 Zibo	1363.64	1159.24	204.40	1220.00	143.64	14.6	14.6	14.6	14.7	13.3
枣庄市 Zaozhuang	568.24	425.35	142.88	508.64	59.59	14.6	14.6	14.3	12.5	14.8
东营市 Dongying	522.99	419.06	103.93	473.50	49.49	14.6	14.7	14.0	14.0	20.7
烟台市 Yantai	1901.35	1524.69	376.66	1725.33	176.03	14.7	14.7	14.4	13.7	24.4
潍坊市 Weifang	1613.56	1161.77	451.80	1450.11	163.45	14.6	14.4	15.1	14.7	14.0
济宁市 Jining	1351.25	1075.78	275.47	1192.42	158.83	14.7	14.2	16.7	14.6	15.1
泰安市 Tai'an	939.86	822.34	117.52	822.41	117.45	14.7	15.0	13.4	14.5	16.0
威海市 Weihai	953.87	692.81	261.06	873.51	80.36	14.6	14.7	14.2	14.6	14.3
日照市 Rizhao	428.89	348.94	79.95	395.84	33.05	14.6	14.6	14.4	14.6	13.9
莱芜市 Laiwu	228.05	187.32	40.73	208.15	19.90	14.6	14.7	14.3	14.7	13.1
临沂市 Linyi	1579.87	1193.04	386.83	1494.85	85.02	14.7	13.2	19.6	14.9	11.2
德州市 Dezhou	886.79	555.32	331.47	787.18	99.61	14.8	14.7	15.1	14.6	23.8
聊城市 Liaocheng	751.38	535.11	216.28	658.61	92.77	14.6	14.4	15.0	14.5	15.2
滨州市 Binzhou	602.27	422.49	179.78	533.74	68.53	14.6	14.7	14.3	14.5	15.0
菏泽市 Heze	904.07	804.58	99.49	814.68	89.39	15.0	15.0	15.1	15.0	14.9

主要统计指标解释

社会消费品零售总额 指批发和零售业、住宿和餐饮业以及其他行业直接售给城乡居民和社会集团的消费品零售额。其中，对居民的消费品零售额，是指售予城乡居民用于生活消费的商品金额；对社会集团的消费品零售额，是指售给机关、社会团体、部队、学校、企事业单位、居委会或村委会等，公款购买的用作非生产、非经营使用与公共消费的商品金额。

社会消费品零售总额包括：售给城乡居民作为生活消费用的商品金额和修建房屋用的建筑材料，以及售给来华的外国人、华侨、港澳台同胞的消费品金额。

不包括：城市居民间或居民委托信托商店卖出的商品；售给农业、工业、建筑业等行业用于生产的商品。

批发零售业商品购、销、存总额 指各种登记注册类型的批发、零售业企业(单位)以本企业(单位)为总体的，从国内、国外市场购进的商品总量，销售和出口的商品总量、库存商品总量等情况。该指标可以反映商品流转过程中商品的购进、销售、库存之间的比例关系和存在的问题。

商品购进总额 指从本企业(单位)以外的单位和个人购进(包括从境外直接进口)作为转卖或加工后转卖的商品总额。它反映批发零售贸易业从国内、国外市场上购进商品的总量。商品购进总额包括：(1)从工农业生产者购进的商品；(2)从出版社、报社的出版发行部门购进的图书、杂志和报纸；(3)从各种登记注册类型的批发零售贸易企业(单位)购进的商品；(4)从其他单位购进的商品，如从机关、团体、企业等单位购进的剩余物资，从餐饮业、服务业购进的商品，从海关、市场管理部门购进的缉私和没收的商品，从居民手中收购的废旧商品等；(5)从国(境)外直接进口的商品。不包括企业(单位)为自身经营用和未通过买卖行为而收入的商品以及销售退回、商品升溢等。

商品销售总额 指对本企业(单位)以外的单位和个人出售(包括对境外直接出口)的商品总额。它反映批发零售贸易业在国内市场上销售商品以及出口商品的总量。商品销售总额包括：(1)售给城乡居民和社会集团消费用的商品；(2)售给工业、农业、建筑业、运输邮电业、批发零售贸易业、餐饮业、服务业等作为生产、经营使用的商品；(3)售给批发零售贸易业作为转卖或加工后转卖的商品；(4)对国(境)外直接出口的商品。不包括出售本企业(单位)自用的废旧包装用品、未通过买卖行为付出的商品、经本单位介绍，由买卖双方直接结算，本单位只收取手续费的业务、购货退出的商品以及商品损耗和损失等。

批发零售业库存 指报告期末各种登记注册类型的批发零售贸易企业(单位)已取得所有权的商品。它反映批发零售贸易企业(单位)的商品库存情况和对市场商品供应的保证程度。期末库存包括：(1)存放在批发零售贸易业经营单位(如门市部、批发站、经营处)仓库、货场、货柜和货架中的商品；(2)挑选、整理、包装中的商品；(3)已记入购进而尚未运到本单位的商品，即发货单或银行承兑凭证已到而货未到的部分；(4)寄放他处的商品，如因购货方拒绝承付而暂时存放在购货方的商品和已办完加工成品收回手续而未提回的商品；(5)委托其他单位代销(未作销售或调出)尚未售出的商品；(6)代其他单位购进尚未交付的商品。不包括所有权不属于本单位的商品、拨付除批发零售贸易业以外的其他行业所属独立核算加工厂等加工生产尚未收回成品的商品、代国家物资储备部门保管的商品等。

库存总额采用的计算价格是：农副产品采购单位按购进价计算；批发单位按进货价计算；零售单位按核算价格计算，即按什么价格核算就按什么价格计算。

住宿餐饮业营业额 指住宿和餐饮业法人企业、产业活动单位在经营活动中因提供服务或销售商品等取得的收入，包括客房收入、餐费收入、商品销售收入和其他收入。客房收入指住宿和餐饮业法人企业、产业活动单位在经营活动中因提供住宿服务取得的客房收入。餐费收入指住宿和餐饮业法人企业、产业活动单位因为顾客提供就餐服务取得的收入，包括经烹饪、调制加工后出售的各种食品，如主食、炒菜、凉拌菜等的收入。商品销售收入指住宿和餐饮业法人企业、产业活动单位伴随服务而出售商品所取得的收入。其他收入指营业收入中除客房收入、餐费收入、商品销售收入以外的其他收入，包括娱乐、健身和商务服务等。

亿元商品交易市场成交额 指年成交额达到亿元以上，经工商部门批准、专门从事商品批发、零售业务活动的市场。其市场所有摊位成交总额称为商品交易市场成交额。

连锁企业（或称连锁店、连锁公司） 指在核心企业或总店的领导下，由分散的、经营同类商品或服务的企业或活动单位，采取共同方针，实行集中采购和分散销售的有机结合，通过规范化经营，实现规模效益的经济联合组织形式。一般连锁店应由若干个分店组成。其经营特征：(1)经营同类商品；(2)使用统一商号；(3)统一采购配送，采购与销售相分离（部分商品可根据物流合理和保质保鲜原则，由供应商直接送货到门店，其余均由总部统一配送）。

连锁门店包括下列三种形式：

直营连锁：也叫正规连锁。连锁门店均由总部独资或控股开设，在总部的直接领导下统一经营。总部采取纵深似的管理方式，直接下令掌管所有的零售门店，零售门店也必须完全接受总部指挥。他是大型垄断商业资本通过吞并、兼并或独资、控股等途径，发展壮大自身实力和规模的一种形式。

特许连锁：各连锁门店（被特许人）通过合同形式，取

得使用总部（特许人）商标、商号、经营技术和销售总部开发的商品的特许权，各加盟连锁门店为独立法人，在总部指导下统一经营。

自由连锁：也称自愿连锁。连锁公司的门店均为独立法人，各自的资产所有权关系不变，在公司总部的指导下共同经营。各成员店使用共同的店名，与总部订阅有关购、销、宣传等方面的合同，并按合同开展经营活动。在合同规定的范围之外，各成员店可以自由活动。根据自愿原则，各成员店可自由加入连锁体系，也可自由退出。

特许连锁加上自由连锁等于加盟连锁。

Explanatory Notes on Main Statistical Indicators

Total Retail Sales of Consumer Goods refers to the sum of consumer goods sold by the wholesale and retail trades, hotel and catering trades and other sectors to urban and rural residents and social groups.Retail sales of consumer goods sold to residents refers to the commodities sold to urban and rural residents for their daily use.Retail sales of consumer goods sold to social groups refers to the commodities sold to agencies, social groups, military units, schools, enterprises, institutions, urban subdistrict committee and village committee for non-production and non-operation use and purchased by public money of these units.

The Retail Sales of Consumer Goods Includes commodities sold to urban and rural residents for their daily use, building material sold to them for the construction and repair of houses and consumer goods sold to foreigners, overseas Chinese and Chinese compatriots from Hong Kong, Macao and Taiwan.

The Retail Sales of Consumer Goods excludes commodities sold by trust shops commissioned by urban residents and sold among the urban residents. It also excludes commodities sold to agricultural, industrial, construction and other industries for the production.

Purchase, Sales and Stock of Commodities by Wholesale and Retail Trades refers to the total volume of commodities purchased, total volume of sales and exports, and the stock of commodities by wholesale and retail enterprises (establishments) of different status of registration from domestic and overseas markets. This indictor reflects the relationship among purchase, sales and stock of commodities in the circulation of goods and reveals the existing problems.

Total Purchases of Commodities refer to the total value of purchases of commodities by the enterprises (establishments) from other establishments or individuals (including direct import from abroad) for the purpose of re selling, either with or without further processing of the commodities purchased. This indicator is used to show the total value of purchases of commodities by wholesale and retail establishments from domestic and overseas markets. The total purchases include: (1) agricultural and industrial products purchased from producers; (2) books, magazines and newspapers purchased from distribution departments of the publishers; (3) commodities purchased from wholesale and retail establishments of different status of registration; (4) commodities purchased from other units, such as surplus materials purchased from government agencies, enterprises or institutions, commodities purchased from catering and service establishments, confiscated goods purchased from customs authorities or market management agencies, second hand goods and wastes purchased from residents; and (5) commodities directly imported from abroad. Excluded are commodities purchased by enterprises (establishments) for use in their own business operation, commodities obtained without buying or selling procedures, rejected commodities, etc.

Total Sales of Commodities refer to value of commodities sold by the establishments to other establishments and individuals (including direct export). This indicator is used to show the total value of sales of commodities at domestic markets and export. The total sales include: (1) commodities sold to urban and rural residents and social groups for their consumption; (2) commodities sold to establishments in industry, agriculture, construction, transportation, post and telecommunications, wholesale and retail trades, catering trade and public utility for their production and operation; (3) commodities sold to wholesale and retail establishments for re selling, with or without further processing;and (4)commodities for direct export to other countries. Excluded are selling of waste packaging materials used by the establishments (units) themselves, commodities transferred without buying or selling procedures, commission income from brokerage in transactions whose settlement is directly handled by buyers and sellers, rejected commodities in the purchase, loss in commodities, etc.

Commodity Stock of Wholesale and Retail Enterprises refers to total commodities possessed by wholesale and retail enterprises (units) of various types of registration status at the end of the reference period, which reflects the commodity stock level of various wholesale and retail enterprises and the potential for market supply. It includes: (1) commodities located in storage, garages, counters, and shelves of operating units (such as sale stores, wholesale centers, and operating offices) of wholesale and retail enterprises; (2) commodities in the process of selecting, sorting, and packing; (3) commodities not arrived but recorded as purchase in the account, i.e. commodities not arrived but payment receipts for the commodities from the sellers or the banks arrived; (4) commodities deposited in other places rather than places mentioned above, for instance: commodities in the hold of purchasers temporarily due to the refusal of payment and commodities not taken back after going through the formalities; (5) commodities entrusted to other units to sell but not sold yet; (6) commodities purchased for other units but not delivered yet. Commodities not included as stock are those not owned by the enterprises (units), those allocated to financially independent factories rather than wholesale and retail enterprises for processing but not taken back yet, and finally those put in stock by wholesale and retail enterprises on behalf of the state material reserves units.

For the calculation of the value of commodities stock, the value is calculated at purchasing prices in agricultural goods purchasing units and wholesale units, and at the accounting prices in retail units.

Business Revenue of Hotels and Catering Services: refer to revenue received from providing services or selling commodities by corporate enterprises and establishments engaged in hotel and catering services, including income from hotel rooms, from catering services, from selling of commodities and from other services. Income from hotel rooms refers to income of corporate enterprises and establishments by providing lodging services. Income from catering services refers to income of corporate enterprises and establishments by providing catering services, including selling of cooked or prepared foods such as stable food, cooked dishes or cold dishes. Income from selling of commodities refers to income of corporate enterprises and establishments by selling commodities that accompany the services they provide. Income from other activities refers to income received other than income from hotel rooms, catering services or selling of commodities, such as income from providing recreation, fitness or business services.

Volume of Transaction at Large Commodity Markets (with transaction value over 100 million yuan) refers to markets approved by the industrial and commercial administration departments, which specialize in wholesale and retail of commodities with an annual transaction of over 100 million yuan. The sum of sales of all sellers in the markets makes up the transaction value of the markets.

Chain Enterprises (also called chain stores or chain corporations) refer to a form of joint economic entities under which scattered enterprises or establishments engaged in providing homogeneous commodities or services, with the central leadership of core enterprise or headquarters and guided by common policies, conduct centralized purchase and distributed selling of commodities, in order to gain better efficiency through standardized operation. Consisting of a number of branch stores, the chain stores have in general following features: 1) homogeneous commodities, 2) unique name of stores, 3) centralized purchase and delivery which is separated from distributed selling operation (most commodities are delivered from the headquarters except some items which, from logistics, quality or freshness considerations, might be delivered by the suppliers directly).

Chain stores have 3 categories:

a) Chain stores under direct management: These are formal chain stores invested or controlled by the headquarters. They operate under the direct and unified management from the headquarters. Adopting a direct management approach, the headquarters give orders and control all retail stores, which follow completely the directives from the headquarters. Large monopolized commercial companies develop and expand their business through purchasing, merging, direct investment and controlling of shares.

b) Chain stores through special permit: Through contracts, chain stores (or their owners) obtain licenses from the headquarters to use designated trade marks, names, operation know how, and to sell the commodity developed by the headquarters. Under this arrangement, each store in the chain is an independent legal entity and operates under the guidance from the headquarters.

c) Chain stores through voluntary arrangement: Under this arrangement, all stores operate together under the guidance of the headquarters, while maintaining their status of independent legal entities with full ownership of their assets. They use the same store name, sign contracts with the headquarters concerning purchase, sale, publicity, etc. and operate under the contract. They are free to engage in other activities which are not bounded in the contract. They could join or leave the chain on voluntary basis.

Chain stores through special permit and those through voluntary arrangement make up chain stores through license arrangement.

第18篇

教育、科技和文化

Education,Science and Technology,Culture

简 要 说 明

一、本篇资料的主要内容

本篇资料反映了全省教育、科技和文化事业基本情况。教育部分主要包括高等教育、中等教育、初等教育、成人高等教育、职业教育、幼儿园等方面基本情况；科技部分主要包括科技成果、专利、规模以上工业科技活动和全社会科技活动情况；文化部分主要包括文化、文物、广播、电视、档案、报纸杂志出版、图书出版等方面的发展状况。

二、本篇资料的来源

1.教育部分中，技工学校的资料来源于省人力资源和社会保障厅规划财务处，其他资料来源于省教育厅发展规划处。

2.文化部分中，艺术事业、图书馆事业、群众文化事业的资料来源于省文化厅计划财务处，广播电视资料来源于省广播电视局计划财务处，新闻出版有关资料来源于省新闻出版局办公室，档案馆有关资料来源于省档案局法规经济科技处。

3.科技部分中，科技成果资料来源于省科学技术厅，专利资料来源于省知识产权局，规模以上工业企业科技活动和全社会科技活动资料来源于省统计局统计年报。

本篇资料由省统计局社科处整理提供。

Brief Introduction

I. Content

Data in this chapter show the basic conditions of education, technology and culture. Data on education show the development of higher education, secondary education, primary education, vocational education and kindergartens. Data on technology show the basic conditions of scientific and technological achievements and prizes, number of patent applications examined and granted, scientific and technological activities of industrial enterprises above designate size and basic conditions of R&D institutions. Data on culture show the basic conditions on arts, cultural relics, broadcasting, television, archives and publication.

II. Source of Data

(1)Data on the basic conditions of technical schools are provided by the Planning and Finance Division of Shandong Human Resources and Social Security Department and other data on education are provided by the Planning and Finance Division of Shandong Provincial Education Department.

(2)Data on the causes of arts, libraries, mass culture are provided by the Planning and Finance of Shandong Provincial Culture Department. Data on broadcasting and television are provided by the Planning and Finance of Shandong Provincial Administration of Radio and Television. Data on news and publication are provided by the Administrative Office of Shandong Provincial Administration of Press and Publication. Data on archives and publication are provided by the Division of Technology and Economy of Shandong Provincial Archives Administration.

(3)Data on scientific and technological are provided by Department of Science and Technology of Shandong Province. Data on patents are provided by Shandong Provincial Intellectual Property Office. Data on scientific and technological activities come from the annual report of scientific and technological activities, which is provided by Shandong Provincial Bureau of Statistics.

Data in this chapter are provided and compiled by the Division of Social, Science and Technology Statistics of Shandong Provincial Bureau of Statistics.

18−1　各级各类学校基本情况(2012年)

Basic Statistics on Education Institutions(2012)

项　　目	Item	学校数(所) Number of Schools (unit)	招生数(人) New Enrollment (person)	在校学生数(人) Total Enrol-lment (person)	毕业生数(人) Graduates (person)	教职工数(人) Teachers and Staff (person)	#专任教师 Full-time Teachers
高等教育	**Higher Education**						
研究生培养机构	Institutions Providing Postgraduate Programs	33	25483	70455	22882		
普通高校	Regular Institutions of Higher Education	29	25277	69810	22707		
科研机构	Research Institutions	4	206	645	175		
普通高等学校	Regular Institutions of Higher Education	137	492476	1636104	465218	142370	96058
本科院校	Universities with Full Undergraduate Courses	62	310748	1100365	266087	95819	64679
#独立学院	Non-university Tertiary	12	27586	92048	23311	7372	4947
专科(高职)院校	Colleges with Specialized Courses	75	181728	535739	199131	46551	31379
#高等职业学校	Vocational and Technical Colleges	69	164810	489659	183509	43073	28685
成人高等教育	Institutions of Higher Education for Adult	17	166515	428180	120404	4286	2917
民办的其他高等教育机构	Other Private Institutions of Higher Education	96					
中等教育	**Secondary Education**						
高中阶段教育	Senior Secondary Education						
普通高中	Regular Senior Secondary Schools	557	581797	1645402	482883		115208
中等职业学校	Vocational Secondary Education	560	404670	1147012	380451	71449	52430
技工学校	Technical Schools	213	154546	401207	113066	29909	21451
职业技术培训机构	Vocational and Technical Training Institutions	8988		2134772	2461921	47757	35111
初中阶段教育	Junior Secondary Education						
普通初中	Regular Junior Secondary Schools	2965	1016968	3281023	1049116		261611
初等教育	**Primary Education**						
普通小学	Regular Primary Schools	11573	1095534	6276696	1061562	387203	382526
特殊教育学校	**Special Education**	**145**	**2586**	**16631**	**2036**	**5700**	**4595**
学前教育	**Pre-school Education**	**17530**	**1126287**	**2518583**	**925797**	**175801**	**116408**

18-2 主要年份普通高等教育基本情况

Basic Statistics on Higher Education in Major Years

年份 Year	学校数（所） Number of Schools (unit)	教职工数（人） Teachers and Staff (person)	#专任教师 Full-time Teachers	招生数（人） New Enrollment (person)	在校学生数（人） Total Enrollment (person)	毕业生数（人） Graduates (person)
1949	7	1908	484	1405	3969	70
1952	7	3684	1024	2777	6753	1703
1955	7	3397	1471	3280	8915	1825
1957	7	4518	2114	3122	12532	1686
1962	26	10144	4318	3496	26001	7148
1965	16	9156	3898	5621	22164	6102
1970	16	10185	4526			9162
1975	21	13858	5601	7366	17582	6033
1976	22	15035	5941	8896	21340	6072
1977	27	17712	7028	13192	25735	7203
1978	34	20202	7855	19712	38390	7015
1979	35	23544	9478	12856	44771	5364
1980	35	26130	10347	14402	51427	7684
1981	37	27512	10379	14160	59645	6311
1982	37	30381	12065	15765	51794	23993
1983	41	31535	12943	19827	55276	16806
1984	47	33591	13919	24862	66429	13563
1985	49	36383	14974	32745	83567	16159
1986	49	39009	15951	30211	92422	21183
1987	50	41620	16716	32972	95891	29428
1988	50	43990	17585	35714	101281	30869
1989	51	46037	18162	34308	103928	31766
1990	49	46704	18377	35023	105822	33104
1991	49	46839	17825	36067	107093	34500
1992	51	47483	18059	57878	130188	34994
1993	51	48156	18405	57918	151758	33935
1994	49	49537	19460	55036	156639	50457
1995	49	50829	19932	55611	160398	52083
1996	49	51490	20079	56544	169184	47835
1997	48	50374	20414	56950	175920	50141
1998	49	50261	20581	62994	187473	51477
1999	52	49624	21252	82410	213679	49612
2000	58	54910	24764	124817	303826	49687
2001	65	64362	30902	183553	449360	69583
2002	75	72408	37412	218719	583601	94697
2003	85	84391	45457	273894	761417	117253
2004	97	93653	53847	327452	946124	166959
2005	104	109920	64636	400573	1171284	224611
2006	109	121167	74676	445034	1338122	268384
2007	111	128761	81889	453479	1440378	355735
2008	114	134072	87432	514176	1534009	411143
2009	128	136753	89734	501082	1592974	431598
2010	133	139100	91413	495722	1631373	444003
2011	139	142698	94621	497292	1645589	472882
2012	137	142370	96058	498621	1658490	474266

注：普通高等教育数据含普通高校、部分成人高校举办的高职班和电大普通专科班。
a)Data includes regular HEIS,higher vocational hold by some adult HEIS and regular vocational secondary courses held by eduction institutions.

18-3 主要年份中等专业教育基本情况

Basic Statistics on Vocational Secondary Education in Major Years

年 份 Year	学校数 (所) Number of Schools (unit)	招生数 (人) New Enrollment (person)	毕业生数 (人) Graduates (person)	在校学生数 (人) Total Enrollment (person)	教职工数 (人) Teachers and Staff (person)	#专任教师 Full-time Teachers
1949	34	4784	1778	13738	1207	441
1950	48	7734	4292	14206	1663	709
1951	80	11179	4855	21918	3372	1307
1952	171	33756	5223	50175	6845	2744
1953	76	8478	23488	33516	4916	1812
1954	69	9478	9812	32458	4509	1807
1955	58	7738	11553	25336	3707	1477
1956	90	30047	9403	45706	6522	2573
1957	86	7972	12089	40738	6112	2742
1958	394	106779	15584	129494	8704	4537
1959	487	58777	21286	110617	11394	4955
1960	474	79722	32699	143184	15798	7893
1961	198	10395	22687	65735	12433	6008
1962	85	585	16909	23599	6072	2797
1963	79	9685	13814	18942	5883	3312
1964	94	15282	6751	27420	6086	2769
1965	275	35768	2242	72974	9197	4850
1966	158	2831	3403	50097	9128	4310
1967	160	2810	11544	41288	9159	4388
1968	155	11861	28731	24411	9461	4328
1969	128	2107	10537	15956	8410	3942
1970	126	2648	12356	6238	8121	3997
1971	135	18497	11758	12823	7776	5403
1972	140	9746	1313	11581	8756	3773
1973	122	16377	1980	25717	8366	3771
1974	129	18963	9440	34035	10175	4434
1975	144	21442	15786	40798	11378	5038
1976	178	23328	19908	44345	13296	5522
1977	176	23195	29665	33142	14004	5649
1978	189	25961	9006	49466	14814	6158
1979	195	26574	2882	75484	16080	6792
1980	203	28137	35212	68593	17617	7898
1981	165	27797	32661	63864	18563	8115
1982	174	29235	26782	66640	20482	9204
1983	179	31570	21413	77601	21503	9775
1984	188	33597	27166	84125	22539	10184
1985	208	45163	30024	100176	24511	11333
1986	227	44130	31422	114039	27320	12807
1987	214	40120	36247	103128	26820	12846
1988	225	44606	33551	114168	28985	14522
1989	230	48407	28370	134515	29314	14719
1990	236	48634	35423	148504	31634	16000
1991	240	52092	45259	155092	31842	15617
1992	234	55353	52088	158309	32857	15972
1993	241	77875	51360	185062	34354	16769
1994	243	89643	50801	222551	35066	17526
1995	244	95442	58680	258801	36084	18211
1996	255	105468	78496	289827	38030	19898
1997	252	112348	90545	311161	38458	20291
1998	254	114956	99483	327031	39160	20949
1999	251	122331	106740	344062	39274	21311
2000	243	93493	103629	333184	37241	20409
2001	200	92215	110827	310508	28002	15607
2002	165	115941	111333	314135	27005	15369
2003	154	94625	64046	256655	23630	13761
2004	145	87889	65953	260276	21621	12771
2005	134	86044	75076	257161	20406	12193
2006	130	90432	79902	264456	20563	12634
2007	135	98634	92275	283231	20985	13223
2008	130	93217	83077	271905	20308	13224
2009	124	99212	88355	271993	19981	13093

18-4 主要年份普通中学基本情况

Basic Statistics on Senior and Junior Secondary Education in Major Years

年 份 Year	学校数 (所) Number of Schools (unit)	招生数 (万人) New Enrollment (10 000 persons)	毕业生数 (万人) Graduates (10 000 persons)	在校学生数 (万人) Total Enrollment (10 000 persons)	教职工数 (人) Teachers and Staff (person)	#专任教师 Full-time Teachers
1949	66	1.08	0.34	3.89	3431	1585
1952	189	6.12	0.99	10.44	10170	4507
1955	218	6.74	5.08	17.51	14778	6756
1957	1004	17.64	6.20	33.99	24369	14054
1962	1247	15.04	12.77	43.21	37062	21542
1965	6166	34.06	11.67	80.74	53914	37339
1970	13938	103.39	58.50	188.13	122751	100261
1975	14621	172.20	113.98	305.11	200906	161092
1976	19822	263.31	127.48	437.85	275864	228657
1977	20171	260.62	161.35	522.33	330445	277784
1978	17361	210.68	218.75	478.22	318128	264663
1979	16322	176.14	192.39	418.22	304551	246035
1980	14646	144.10	107.90	407.91	309538	247920
1981	12974	125.17	117.55	361.45	296240	233102
1982	11160	119.41	106.37	328.57	271664	212707
1983	9971	112.21	86.35	315.39	256926	200957
1984	9175	115.88	85.31	334.42	257968	201521
1985	9038	123.80	96.87	356.32	268321	209202
1986	8259	125.02	105.22	376.19	283726	220304
1987	7877	125.52	116.95	379.54	297083	232958
1988	7474	125.17	120.41	373.53	307364	241845
1989	6997	123.30	118.61	363.74	315494	245260
1990	6699	125.60	115.14	367.30	324027	249459
1991	6310	129.17	115.30	372.98	329927	253428
1992	5897	132.87	115.58	382.49	335020	258308
1993	5640	139.14	115.88	395.28	337259	260896
1994	5429	154.67	116.82	427.15	345640	268514
1995	5073	167.06	118.14	470.46	358301	279301
1996	4820	169.69	122.97	512.22	375463	294849
1997	4693	178.19	141.95	541.38	392365	310926
1998	4635	201.28	159.91	571.54	404824	322785
1999	4586	222.20	164.88	620.43	414538	333884
2000	4575	234.18	167.96	678.60	430754	350353
2001	4684	220.94	188.59	702.18	451014	359665
2002	4648	201.65	205.62	689.17	461898	369664
2003	4606	192.94	222.82	654.34	468627	374811
2004	4569	192.32	213.80	628.34	473687	379100
2005	4404	179.71	207.29	592.49	470584	377133
2006	4175	164.60	196.70	554.04	462298	372370
2007	4039	162.49	191.02	520.31	454920	370255
2008	3893	160.54	172.88	502.14	445545	367658
2009	3750	160.24	158.65	499.34	442447	372550
2010	3645	164.12	156.89	501.07	438787	372082
2011	3569	161.83	157.80	501.58	462765	376760
2012	3522	159.88	153.20	492.64	464942	376819

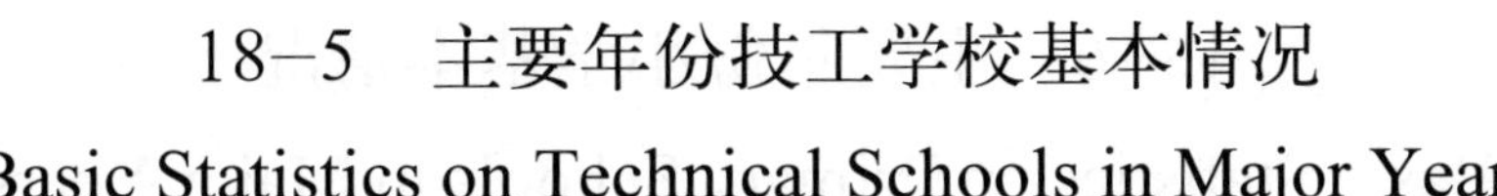

18–5 主要年份技工学校基本情况

Basic Statistics on Technical Schools in Major Years

年 份 Year	学校数 (所) Number of Schools (unit)	招生数 (人) New Enrollment (person)	毕业生数 (人) Graduates (person)	在校学生数 (人) Total Enrollment (person)	教职工数 (人) Teachers and Staff (person)	#专任教师 Full-time Teachers
1953	1	150		150	25	15
1955	2	452	150	802	206	72
1957	6	1525	452	2300	614	213
1962	19	1274	906	5188	2078	688
1965	18	2336	1381	6662	1214	503
1970	6		452		639	106
1975	26	3407	1700	5652	1751	345
1976	26	3144	1704	5841	2204	435
1977	29	6083	5421	6414	3189	735
1978	64	13669	301	19651	7042	1563
1979	72	11673	4950	26632	7055	1951
1980	94	15698	9854	32208	8974	2978
1981	100	9323	11190	29605	9749	3474
1982	103	9379	12857	25953	10154	3474
1983	106	10698	11562	24343	10560	3508
1984	119	12851	8624	28302	11215	3732
1985	134	16748	9219	35163	14142	3423
1986	163	22069	10035	47114	19968	3928
1987	206	28114	11281	63839	22647	5390
1988	236	40381	16036	87832	26382	5996
1989	256	40821	22402	105330	27843	7088
1990	266	42429	28654	118605	19084	10084
1991	279	44081	39679	122591	33739	11210
1992	290	46436	39628	128557	37579	12233
1993	302	55920	42320	142660	37222	12853
1994	306	67812	45358	165989	39351	13424
1995	312	70251	65457	169023	38891	13948
1996	312	77595	62981	185253	37747	13778
1997	305	74054	65310	192675	35160	14059
1998	305	55668	59292	188493	33806	14035
1999	302	50896	71460	161531	28871	14531
2000	279	48008	66546	137718	24484	14066
2001	278	53283	55769	132122	23152	16060
2002	249	83186	49634	165386	22190	13072
2003	244	105896	46247	212811	20684	13371
2004	249	121444	58834	274432	21370	14607
2005	229	138505	78091	325924	22049	15058
2006	197	148625	98239	357648	22309	16211
2007	200	159954	110278	385325	26744	23586
2008	197	161000	121000	415000	24700	18847
2009	196	147000	140300	396200	24963	19378
2010	209	136995	133615	397719	18183	14962
2011	208	149407	123404	381503	24379	21050
2012	213	154546	113066	401207	29909	21451

18−6 主要年份小学基本情况

Basic Statistics on Primary Schools in Major Years

年 份 Year	学校数 (所) Number of Schools (unit)	招生数 (万人) New Enrollment (10 000 persons)	毕业生数 (万人) Graduates (10 000 persons)	在校学生数 (万人) Total Enrollment (10 000 persons)	教职工数 (人) Teachers and Staff (person)	#专任教师 Full-time Teachers
1949	27476	64.85	5.92	193.00	47640	45710
1952	55096	138.44	15.52	453.75	130791	122107
1955	52171	91.05	19.65	432.74	135050	126975
1957	52337	90.99	43.32	490.88	153512	146366
1962	58670	125.37	40.61	487.56	185043	180870
1965	143202	289.83	44.92	966.72	322560	316441
1970	79041	206.71	138.66	813.58	331613	296931
1975	82327	240.58	143.75	1091.22	401530	390571
1976	78698	215.88	208.06	1059.68	403562	391905
1977	78137	220.55	198.87	1035.87	399653	388337
1978	79375	234.57	181.42	1041.84	395247	384540
1979	78828	219.38	164.83	1040.06	407704	393271
1980	78796	211.68	155.64	1041.70	418828	402739
1981	78829	197.06	154.84	1017.62	417223	400449
1982	77893	190.23	159.74	978.73	414849	395455
1983	76610	184.50	160.87	946.26	414753	393013
1984	74314	176.38	160.80	927.50	410443	387448
1985	71062	167.67	164.07	894.06	405550	379751
1986	65447	161.76	158.81	870.41	412879	384564
1987	64095	152.42	158.86	844.87	421864	394296
1988	63006	156.57	154.47	830.01	432249	404509
1989	62321	162.45	149.77	823.19	439419	408468
1990	61845	158.09	144.84	818.21	446395	414653
1991	59976	156.99	143.85	815.15	447368	414924
1992	56885	163.94	141.97	826.21	450396	416662
1993	54009	185.75	145.75	853.57	448575	415928
1994	50824	206.15	153.03	895.54	448601	414912
1995	47068	205.33	154.07	940.36	456568	422989
1996	40458	194.37	152.29	971.86	463651	429345
1997	37377	183.70	155.59	990.19	468548	434671
1998	34480	146.34	173.92	951.34	467987	435156
1999	29453	116.04	191.40	870.72	451063	418828
2000	26017	104.48	195.12	774.88	440161	408200
2001	21342	101.36	176.17	699.19	422905	390374
2002	19590	107.26	144.10	662.59	414600	383816
2003	18303	107.86	128.24	642.78	410968	380066
2004	16943	110.17	124.69	627.80	410264	378793
2005	15871	104.27	113.31	615.37	410394	377729
2006	14611	107.18	101.69	623.02	415117	381673
2007	14064	111.46	103.87	634.01	420353	386641
2008	13503	104.61	107.48	632.98	420552	387957
2009	12858	101.78	109.47	626.81	421057	389962
2010	12405	111.30	110.26	629.25	417504	387453
2011	12047	119.40	106.82	644.07	393612	386280
2012	11573	109.55	106.16	627.67	387203	382562

18-7 1985-2012年成人高等教育基本情况

Basic Statistics on Adult Education from 1985 to 2012

年 份 Year	学校数 (所) Number of Schools (unit)	招生数 (人) New Enrollment (person)	毕业生数 (人) Graduates (person)	在校学生数 (人) Total Enrollment (person)	教职工数 (人) Teachers and Staff (person)	#专任教师 Full-time Teachers
1985	53	41358	14543	85909	7918	3677
1986	55	38305	18626	119123	9514	4417
1987	58	30789	30352	110258	8900	3847
1988	53	43784	35680	101606	10179	4137
1989	53	43386	30687	115753	11552	4754
1990	53	32580	29317	114764	12745	5164
1991	54	26409	40382	104560	12669	4926
1992	51	49078	41748	105427	12883	5017
1993	53	71210	31104	149282	12648	5257
1994	53	81379	30786	196381	13048	5872
1995	53	61032	55764	198934	13159	6037
1996	53	59850	65204	194454	13308	6495
1997	53	65775	74017	185029	14096	6925
1998	46	73618	61603	198780	13023	6557
1999	40	87117	61611	221161	14335	7131
2000	40	82423	70810	219977	14090	7084
2001	34	103165	57373	255775	13911	6841
2002	29	111023	69723	316605	11797	6182
2003	27	128242	79518	373086	9877	5300
2004	24	132313	107645	268112	11056	6247
2005	24	108707	118379	258521	11481	6683
2006	24	95858	34999	295189	12775	7516
2007	23	106857	97584	297085	12627	7537
2008	22	152713	93079	355307	7390	4840
2009	21	136048	105081	377343	6240	4142
2010	18	133191	110347	388741	4225	2946
2011	17	147677	144703	386481	3951	2731
2012	17	166515	120404	428180	4286	2917

注:自2001年起成人高等学历教育统计口径调整为不含电大普通专科班及高职。
a)After 2001,adult higher education exclude regular specialized courses and vocational education.

18-8 研究生教育基本情况
Basic Statistics on Postgraduate Education

项 目		Item		2009	2010	2011	2012
一、培养单位数	**（个）**	**Institutions Providing Postgraduate Programs**	**(unit)**	**31**	**31**	**31**	**33**
高等学校	（个）	Regular Institutions of Higher Education	(unit)	27	27	27	29
科研单位	（个）	Research Institutions	(unit)	4	4	4	4
二、招生数	**（人）**	**Enrollment**	**(person)**	**21664**	**23431**	**24314**	**25483**
攻读博士学位	（人）	Appliants for Doctor's Degree	(person)	1865	1920	1954	1980
高等学校	（人）	Regular Institutions of Higher Education	(person)	1790	1844	1877	1905
科研单位	（人）	Research Institutions	(person)	75	76	77	75
攻读硕士学位	（人）	Appliants for Master's Degree	(person)	19799	21511	22360	23503
高等学校	（人）	Regular Institutions of Higher Education	(person)	19659	21349	22218	23372
科研单位	（人）	Research Institutions	(person)	140	162	142	131
三、在校生数	**（人）**	**Total Enrollment**	**(person)**	**57191**	**65034**	**69004**	**70455**
攻读博士学位	（人）	Appliants for Doctor's Degree	(person)	7068	7487	7871	8062
高等学校	（人）	Regular Institutions of Higher Education	(person)	6853	7275	7664	7850
科研单位	（人）	Research Institutions	(person)	215	212	207	212
攻读硕士学位	（人）	Appliants for Master's Degree	(person)	50123	57547	61133	62393
高等学校	（人）	Regular Institutions of Higher Education	(person)	49714	57106	60690	61960
科研单位	（人）	Research Institutions	(person)	409	441	443	433
四、毕业生数	**（人）**	**Graduates**	**(person)**	**14139**	**15559**	**19112**	**22882**
攻读博士学位	（人）	Appliants for Doctor's Degree	(person)	1493	1362	1508	1657
高等学校	（人）	Regular Institutions of Higher Education	(person)	1416	1278	1430	1590
科研单位	（人）	Research Institutions	(person)	77	84	78	67
攻读硕士学位	（人）	Appliants for Master's Degree	(person)	12646	14197	17604	21225
高等学校	（人）	Regular Institutions of Higher Education	(person)	12563	14098	17508	21117
科研单位	（人）	Research Institutions	(person)	83	99	96	108

18－9 各市中等职业学校基本情况(2012年)

Basic Statistics on Secondary Vocational Schools by Region (2012)

地　区	Region	学校数(所) Schools (unit)	招生数(人) New Enrollment (person)	毕业生数(人) Graduates (person)	在校学生数(人) Total Enrollment (person)	专任教师数(人) Full-time Teachers (person)
全省总计	**Total**	**560**	**404670**	**380451**	**1147012**	**52430**
济南市	Jinan	67	33511	27321	90861	3965
青岛市	Qingdao	64	35597	39112	108711	6313
淄博市	Zibo	22	30888	32111	61660	2527
枣庄市	Zaozhuang	17	14852	13427	44708	1896
东营市	Dongying	10	6641	7004	18157	1041
烟台市	Yantai	44	28764	25813	97859	5060
潍坊市	Weifang	42	62276	56125	175661	5105
济宁市	Jining	31	24059	21385	69928	3635
泰安市	Tai'an	20	20640	20096	61041	2291
威海市	Weihai	29	9692	10716	33408	2103
日照市	Rizhao	19	10786	11035	32412	1797
莱芜市	Laiwu	14	4316	2557	9133	578
临沂市	Linyi	53	23549	22798	72893	3909
德州市	Dezhou	31	24675	26793	75507	3229
聊城市	Liaocheng	26	17005	16702	54600	3118
滨州市	Binzhou	18	26172	15860	57252	1918
菏泽市	Heze	53	31247	31596	83221	3945

18－10 各市普通中学情况(2012年)

Basic Statistics of Secondary Schools by Region (2012)

地　区	Region	普通高中 Senior Secondary Schools					普通初中 Junior Secondary Schools				
		学校数(所) Schools (unit)	专任教师数(人) Full-time Teachers (person)	招生数(人) New Enrollment (person)	在校学生数(人) Total Enrollment (person)	毕业生数(人) Graduates (person)	学校数(所) Schools (unit)	专任教师数(人) Full-time Teachers (person)	招生数(人) New Enrollment (person)	在校学生数(人) Total Enrollment (person)	毕业生数(人) Graduates (person)
全省总计	**Total**	**557**	**115208**	**581797**	**1645402**	**482883**	**2965**	**261611**	**1016968**	**3281023**	**1049116**
济南市	Jinan	36	7002	37897	108590	31301	170	15278	65458	200604	64683
青岛市	Qingdao	60	9762	41347	124585	35913	232	22190	77787	244995	85529
淄博市	Zibo	33	5881	34299	101409	28419	160	14893	46049	189871	53052
枣庄市	Zaozhuang	27	4495	26694	77918	26454	105	9640	40958	129745	45968
东营市	Dongying	18	3304	16713	46803	13230	73	7149	23425	78672	25116
烟台市	Yantai	45	8723	35404	108798	34180	225	21757	54720	227239	66101
潍坊市	Weifang	50	13998	68180	190234	50187	292	25908	89301	283613	110082
济宁市	Jining	37	8622	45838	129768	40589	246	21029	90049	276589	89867
泰安市	Tai'an	34	6617	33116	79993	16480	140	13430	61070	189436	52104
威海市	Weihai	22	3906	12768	39349	13543	89	8871	20507	87036	24774
日照市	Rizhao	18	3533	16759	47677	14173	91	8309	31725	97077	33113
莱芜市	Laiwu	8	1769	11409	28601	6643	47	4616	13890	64292	16328
临沂市	Linyi	50	12189	64379	180618	48407	301	27452	107937	342832	131330
德州市	Dezhou	19	5744	29200	78439	23983	177	13932	67862	193779	56008
聊城市	Liaocheng	34	6214	29908	83675	30707	164	13914	62725	181060	58425
滨州市	Binzhou	20	5074	24665	67591	18523	140	10509	42892	130613	42526
菏泽市	Heze	46	8375	53221	151354	50151	313	22734	120613	363570	94110

18-11 各市小学基本情况(2012年)

Basic Statistics on Primary Schools by Region (2012)

地区	Region	学校数(所) Schools (unit)	专任教师数(人) Full-time Teachers (person)	招生数(人) New Enrollment (Person)	在校学生数(人) Total Enrollment (person)	毕业生数(人) Graduates (person)
全省总计	**Total**	**11573**	**382562**	**1095534**	**6276696**	**1061562**
济南市	Jinan	613	24678	66105	390447	65422
青岛市	Qingdao	840	31697	82685	484985	77589
淄博市	Zibo	339	15280	40685	220467	47605
枣庄市	Zaozhuang	562	17751	51414	262871	42667
东营市	Dongying	145	7851	23185	134324	24423
烟台市	Yantai	406	19138	50111	255284	55734
潍坊市	Weifang	946	36850	108104	550124	91489
济宁市	Jining	1185	32685	105071	565450	97924
泰安市	Tai'an	611	20514	48354	351244	64510
威海市	Weihai	107	6978	20415	98504	20123
日照市	Rizhao	397	11369	30139	191294	32825
莱芜市	Laiwu	155	5222	11193	63004	13960
临沂市	Linyi	1600	41535	125040	747334	119129
德州市	Dezhou	975	27458	68701	439635	68084
聊城市	Liaocheng	782	23187	79461	411876	69930
滨州市	Binzhou	365	15923	41365	254622	44322
菏泽市	Heze	1545	44446	143506	855231	125826

18-12 各市中小学教职工情况(2012年)

Basic Statistics on Teachers and Staff of Primary and Secondary Schools by Region (2012)

单位:人 (person)

地区	Region	普通中学教职工 Teachers and Staff of Secondary Schools	#专任教师 Full-time Teachers	小学教职工 Teachers and Staff of Primary Schools	#专任教师 Full-time Teachers
全省总计	**Total**	**464942**	**376819**	**387203**	**382562**
济南市	Jinan	28473	22280	25366	24678
青岛市	Qingdao	37301	31952	33182	31697
淄博市	Zibo	26885	20774	14799	15280
枣庄市	Zaozhuang	18037	14135	18431	17751
东营市	Dongying	14273	10453	6144	7851
烟台市	Yantai	36611	30480	18590	19138
潍坊市	Weifang	48920	39906	34985	36850
济宁市	Jining	36664	29651	34050	32685
泰安市	Tai'an	24615	20047	20998	20514
威海市	Weihai	15897	12777	6282	6978
日照市	Rizhao	13895	11842	11402	11369
莱芜市	Laiwu	8341	6385	5780	5222
临沂市	Linyi	49987	39641	43901	41535
德州市	Dezhou	23420	19676	28500	27458
聊城市	Liaocheng	23691	20128	24415	23187
滨州市	Binzhou	20725	15583	14788	15923
菏泽市	Heze	37207	31109	45590	44446

18－13 各市普通中学专任教师学历情况(2012年)
Basic Statistics on Education of Teachers and Staff of Secondary Schools by Region (2012)

单位:人 (person)

地 区	Region	普通高中专任教师 Full-time Teachers of Senior Secondary Schools	#本科及以上 With Undergraduate Education or Higher	#专 科 With Specialized Education	普通初中专任教师 Full-time Teachers of Junior Secondary Schools	#本科及以上 With Undergraduate Education or Higher	#专 科 With Specialized Education
全省总计	**Total**	**115208**	**112946**	**2205**	**261611**	**202413**	**57203**
济南市	Jinan	7002	6952	49	15278	13529	1585
青岛市	Qingdao	9762	9698	63	22190	19349	2602
淄博市	Zibo	5881	5786	94	14893	13375	1372
枣庄市	Zaozhuang	4495	4356	136	9640	8021	1563
东营市	Dongying	3304	3295	9	7149	5922	1201
烟台市	Yantai	8723	8649	71	21757	18011	3620
潍坊市	Weifang	13998	13768	221	25908	19952	5771
济宁市	Jining	8622	8459	161	21029	15416	5527
泰安市	Tai'an	6617	6370	241	13430	9803	3474
威海市	Weihai	3906	3850	54	8871	8099	732
日照市	Rizhao	3533	3419	104	8309	6118	2145
莱芜市	Laiwu	1769	1769		4616	3866	750
临沂市	Linyi	12189	11917	270	27452	22886	4519
德州市	Dezhou	5744	5512	228	13932	7513	6204
聊城市	Liaocheng	6214	6123	91	13914	9673	4076
滨州市	Binzhou	5074	4947	114	10509	7760	2658
菏泽市	Heze	8375	8076	299	22734	13120	9404

18－14 各市幼儿园情况
Basic Statistics on Kindergartens by Region

地 区	Region	幼儿园数(所) Number of Kindergartens (unit)		入园(班)儿童数(人) Number of Children Enrolled (person)		专任教师数(人) Full-timeTeachers (person)	
		2011	2012	2011	2012	2011	2012
全省总计	**Total**	**18455**	**17530**	**1159213**	**1126287**	**112648**	**116408**
济南市	Jinan	1332	1354	59116	58561	9181	9766
青岛市	Qingdao	2476	2475	72966	72017	14063	14669
淄博市	Zibo	824	812	33772	29497	7648	7960
枣庄市	Zaozhuang	636	637	50844	55289	2902	3309
东营市	Dongying	470	420	23631	21367	3971	4357
烟台市	Yantai	1233	1165	45491	41944	7898	8857
潍坊市	Weifang	1829	1724	99849	80218	12516	11733
济宁市	Jining	1490	1697	123016	120795	9074	9895
泰安市	Tai'an	1023	1051	60266	56914	6994	6261
威海市	Weihai	304	293	17570	15988	3314	3379
日照市	Rizhao	732	668	26100	29588	3942	3932
莱芜市	Laiwu	430	373	9892	9884	2143	2132
临沂市	Linyi	2429	2347	181165	190928	10426	11583
德州市	Dezhou	558	637	73027	79135	4000	4840
聊城市	Liaocheng	314	320	83361	91622	2454	2671
滨州市	Binzhou	498	486	45668	44675	3783	3934
菏泽市	Heze	1877	1071	153479	127865	8339	7130

18-15 1978-2012年重要科技成果数量

Major Achievements in Science and Technology from 1978 to 2012

单位:项 (unit)

年 份 Year	成 果 数 量 Number of Achievements	#农 业 Agriculture	#工 业 Industry	国际领先 先进水平 Advanced Internationally	国内领先 先进水平 Advanced nationally	省内领先 先进水平 Advanced on Provincial Level
1978	652	116	443	19	283	350
1979	456	90	261	21	149	286
1980	657	195	396	25	210	422
1981	704	169	485	29	201	474
1982	732	153	516	35	298	399
1983	977	209	660	26	378	573
1984	997	196	730	21	420	556
1985	1196	277	758	41	566	589
1986	1337	183	933	75	634	628
1987	1525	264	964	92	838	595
1988	1786	300	1104	118	1045	623
1989	1957	325	1220	135	1081	741
1990	2112	375	1246	150	1148	814
1991	2488	541	1405	175	1503	810
1992	2668	57	1265	327	1538	803
1993	2858	605	1418	372	1745	741
1994	3113	696	1487	416	2131	566
1995	3251	702	1524	466	2272	513
1996	3388	709	1599	471	2353	564
1997	3507	737	1517	456	2678	373
1998	3558	614	1515	724	2516	318
1999	3688	557	1270	744	2737	207
2000	3728	575	1289	599	2861	182
2001	3112	494	1138	506	2439	167
2002	3018	452	1117	486	2371	161
2003	2896	433	1071	466	2276	154
2004	3028	454	1120	485	2392	151
2005	2408	320	539	534	1741	133
2006	2313	338	630	448	1742	123
2007	2346	330	704	543	1662	
2008	2330	301	677	592	1618	
2009	2364	306	849	751	1412	
2010	2367	391	751	676	1316	
2011	2379	305	723	647	1296	
2012	2393	338	853	609	1349	

18—16 科技成果情况

Basic Statistics on Science and Technology

单位:项 (unit)

类 别	Category	2008	2009	2010	2011	2012
一、国家级科技成果奖励成果	**National Scientific and Techinical Award**	**26**	**33**	**36**	**39**	**26**
国家发明奖	National Invention Award	2	2	4	6	9
国家自然科学奖	State Natural Science Award	4				
国家科技进步奖	The State Scientific and Technological Progress Award	20	31	31	33	17
国际合作奖	International Cooperation Award			1		
二、省级重要科技成果	**Important Scientific and Technical Award**	**2330**	**2364**	**2367**	**2379**	**2393**
三、省科学技术奖	**Provincial Science and Technology Award**					
自然科学奖	Natural Science Award	20	24	18	17	14
技术发明奖	Technological Invention Award	17	18	12	16	13
科技进步奖	Scientific and Technological Progress Award	458	454	467	461	468
四、专利情况	**Patent Applications**					
申请量	Number of Patent Applications	60247	66857	80856	109599	128614
授权量	Number of Patent Applications Granted	26688	34513	51490	58843	75522

注:国家自然科学奖每两年评一次。

a)State Natural Science Award is issued every other year.

18-17 各市国内三种专利申请受理数和授权数（2012年）
Patents Application Accepted and Granted by Region(2012)

单位：件 (unit)

地 区	Region	申请受理数合计 Number of Patents Application Accepted	发明 Inventions	实用新型 Utility Models	外观设计 Designs	申请授权数合计 Number of Patents Application Granted	发明 Inventions	实用新型 Utility Models	外观设计 Designs
总 计	**Total**	**128614**	**40381**	**69170**	**19063**	**75522**	**7454**	**59120**	**8948**
济南市	Jinan	23094	8603	13101	1390	14367	2123	11122	1122
青岛市	Qingdao	27009	12092	10155	4762	12689	1510	9188	1991
淄博市	Zibo	10120	2253	3932	3935	4401	541	3273	587
枣庄市	Zaozhuang	2759	696	1694	369	1864	112	1458	294
东营市	Dongying	3434	470	2788	176	2576	232	2195	149
烟台市	Yantai	9571	3640	4743	1188	5801	658	4204	939
潍坊市	Weifang	11115	2512	7002	1601	7386	400	6129	857
济宁市	Jining	6909	1298	5013	598	5457	235	4975	247
泰安市	Tai'an	8586	2858	4343	1385	2710	196	2348	166
威海市	Weihai	4982	1718	2181	1083	2990	337	1948	705
日照市	Rizhao	2157	452	1542	163	1638	85	1439	114
莱芜市	Laiwu	1980	400	1546	34	1913	90	1800	23
临沂市	Linyi	3696	965	1803	928	2706	326	1662	718
德州市	Dezhou	3671	635	2520	516	2423	133	1968	322
聊城市	Liaocheng	2303	473	1603	227	1409	218	1047	144
滨州市	Binzhou	4071	636	3037	398	3280	112	2755	413
菏泽市	Heze	3157	680	2167	310	1912	146	1609	157

18-18 R&D人员折合全时当量情况(2012年)

Basic Statistics On Full-time Equivalent of R&D Personnel(2012)

单位：人年 (man year)

年份 类别	Year Category	R&D人员折合全时当量 Full-time Equivalent of R&D Personnel	基础研究人员 Basic Research Personnel	应用研究人员 Applied Research Personnel	试验发展人员 Experimental Development Personnel
2005		89574	6360	20638	62576
2006		96599	7151	16089	73359
2007		116468	6732	18289	91448
2008		160916	7942	14310	138664
2009		164397	8505	11657	144238
2010		190329	9481	20070	160777
2011		228623	11249	19772	197604
2012		254013	12104	21908	220002
一、按行业分	**by Sector**				
农、林、牧、渔业	Agriculture,Forestry,Animal Husbandry and Fishing	1008	22	127	860
采矿业	Mining	15412	8	991	14413
制造业	Manufacturing	188070	113	3489	184468
电力、燃气及水的生产和供应业	Production and Supply of Electric Power and Heat Power	916		130	786
建筑业	Construction	5489		300	5190
批发和零售业	Wholesale and Retail Trade				
交通运输、仓储和邮政业	Traffic,Transport,Storage and Post	803	16	7	780
住宿和餐饮业	Hotels and Catering Services				
信息传输、软件和信息技术服务业	Information Transfer, Software and Information Technology Services	3587		34	3554
金融业	Financial Intermediation	52		35	16
房地产业	Real Estate				
租赁和商务服务业	Leasing and Business Services	727		129	598
科学研究和技术服务业	Scientific Research and Technical Service	11860	1937	4212	5711
水利、环境和公共设施管理业	Management of Water Conservancy,Environment and Public Facilities	132		9	123
居民服务、修理和其他服务业	Households Services, Repair and Other Services				
教育	Education	16075	7757	7319	999
卫生和社会工作	Health and Social Work	9875	2250	5121	2504
文化、体育和娱乐业	Culture,Sports and Entertainment	7	1	6	
公共管理、社会保障和社会组织	Public management and Social Organization				
国际组织	International Organization				
二、按地区分	**by Region**				
济南市	Jinan	39572	5089	7171	27312
青岛市	Qingdao	41008	2499	3914	34597
淄博市	Zibo	21662	131	1231	20301
枣庄市	Zaozhuang	7077	125	672	6280
东营市	Dongying	10466	8	711	9747
烟台市	Yantai	27103	522	954	25627
潍坊市	Weifang	25711	364	1639	23708
济宁市	Jining	12094	1207	633	10253
泰安市	Tai'an	12244	1011	1496	9737
威海市	Weihai	11360	22	575	10762
日照市	Rizhao	2145		23	2121
莱芜市	Laiwu	3746		163	3583
临沂市	Linyi	11109	130	705	10276
德州市	Dezhou	6830	86	338	6407
聊城市	Liaocheng	6532	633	370	5529
滨州市	Binzhou	10075	215	377	9484
菏泽市	Heze	3657	63	186	3408

18-19 R&D经费支出情况(2012年)

单位：万元

年份 类别	Year Category	R&D经费内部支出合计 Internal Expenditure on R&D	基础研究支出 Basic Research	应用研究支出 Applied Research
2005		1937924		
2006		2341297		
2007		3123081		
2008		4351943		
2009		5195892	105046	194974
2010		6720045	132841	366053
2011		8443766	188276	541682
2012		10203266	224023	644022
一、按行业分	**by Sector**			
农、林、牧、渔业	Agriculture,Forestry,Animal Husbandry and Fishing	26628	271	951
采矿业	Mining	796240	20	136377
制造业	Manufacturing	8232115	5082	135584
电力、燃气及水的生产和供应业	Production and Supply of Electric Power and Heat Power	27651		2483
建筑业	Construction	189119		9929
批发和零售业	Wholesale and Retail Trade			
交通运输、仓储和邮政业	Traffic,Transport,Storage and Post	29013	98	20
住宿和餐饮业	Hotels and Catering Services			
信息传输、软件和信息技术服务业	Information Transfer, Software and Information Technology Services	53316		183
金融业	Financial Intermediation	1916		102
房地产业	Real Estate			
租赁和商务服务业	Leasing and Business Services	27306		3136
科学研究和技术服务业	Scientific Research and Technical Service	401202	79876	139413
水利、环境和公共设施管理业	Management of Water Conservancy,Environment and Public Facilities	1111		24
居民服务、修理和其他服务业	Households Services, Repair and Other Services			
教　育	Education	289023	100404	135708
卫生和社会工作	Health and Social Work	128569	38262	80065
文化、体育和娱乐业	Culture,Sports and Entertainment	58	9	48
公共管理、社会保障和社会组织	Public management and Social Organization			
国际组织	International Organization			
国际组织	International Organizations			
二、按地区分	**by Region**			
济南市	Jinan	989528	72717	135575
青岛市	Qingdao	1904483	95278	131599
淄博市	Zibo	744249	4626	30052
枣庄市	Zaozhuang	182846	861	8881
东营市	Dongying	665553	20	78173
烟台市	Yantai	1463408	9977	26622
潍坊市	Weifang	887533	5788	32748
济宁市	Jining	435384	8262	6125
泰安市	Tai'an	504022	15140	92773
威海市	Weihai	401561	124	13619
日照市	Rizhao	106069		749
莱芜市	Laiwu	147656		2491
临沂市	Linyi	423383	1410	9802
德州市	Dezhou	225005	492	11248
聊城市	Liaocheng	393128	4458	24643
滨州市	Binzhou	516554	4410	14992
菏泽市	Heze	171252	459	2903

Basic Statistics On Expenditure on R&D(2012)

(10 000 yuan)

试验发展支出 Experimental Development	政府资金 Government Appropriation Funds	企业资金 Self-raised Funds by Enterprises	国外资金 Foreign funds	其他资金 Other Funds	R&D经费外部支出合计 External expenditure on R&D	对国内研究机构的支出 Expenditure On Domestic Research Institutions	对国内高等学校支出 Expenditure On Domestic colleges and universities	对国内企业支出 Expenditure On Domestic Enterprises	对境外支出 Expenditure On Overseas
					116501				
					150767				
					211443				
					302255				
4895872	448788	4629063	21470	96570	329984	136864	93150	54635	44905
6221155	588821	6001743	28443	101041	483222	196572	139603	103457	42753
7713809	720630	7562821	36808	123506	481700	194548	157518	81576	48050
9335221	921855	9070407	56712	154293	551699	209214	196407	103954	42033
25406	4311	22094		224	1112	863	246	4	
659844	39617	750669		5954	68790	26019	41818	251	701
8091449	255857	7842449	43986	89823	435006	163385	136294	95059	40269
25168	77	27562		12	1175	466	118	592	
179190	2433	183689		2998	8473	2567	5370	347	188
28896	1511	27503			3301	2315	986		
53133	2868	42768	6853	827	298	275	22		
1813		1916							
24170	580	26726			632	274	337	21	
181913	331289	31932	2892	35088	12449	6080	4129	2240	
1087	38	1064		8	10		10		
52911	186222	83923	2669	16209	20421	6968	7047	5441	874
10241	97003	28113	302	3150	32	2	31		
	48		9						
781236	215567	735738	8711	29511	38990	17351	14763	4517	2351
1677605	294925	1569049	16572	23937	144163	39447	35047	53893	15775
709571	27703	702024	3459	11062	32921	9026	10292	12552	1051
173104	12822	168545		1478	6938	2493	2691	1250	505
587361	60498	585178	5860	14017	58061	28876	25955	338	2893
1426808	62617	1380479	2302	18010	28232	9484	14381	2661	1706
848998	36613	831488	2	19430	52687	15829	10356	15120	11382
420998	23777	407808	297	3502	31178	12395	18180	335	186
396108	39926	453109	2132	8855	15009	7367	4899	1137	1605
387818	20694	377432	932	2505	20313	7272	11395	194	1452
105319	2073	101833	380	1783	3548	1731	1145	483	188
145165	5073	140943	329	1311	6274	5345	903	26	
412171	20610	397286	1413	4074	22395	10303	9328	2682	82
213264	6663	216074	363	1905	7808	3567	3635	342	264
364028	22451	357587	3387	9704	24791	12870	10279	1642	
497151	23304	487267	4147	1835	42558	16161	18224	6282	1892
167891	5097	158569	6426	1161	15598	9463	4934	499	702

18—20 R&D人员情况(2012年)

年 份 Year 类 别 Category		有研究开发活动单位数(个) Number of Units with Research and Development Activities (unit)
2005		1522
2006		1595
2007		1932
2008		2315
2009		2829
2010		2988
2011		3023
2012		3742
一、按行业分	**by Sector**	
农、林、牧、渔业	Agriculture,Forestry,Animal Husbandry and Fishing	47
采矿业	Mining	57
制造业	Manufacturing	3084
电力、燃气及水的生产和供应业	Production and Supply of Electric Power and Heat Power	25
建筑业	Construction	56
批发和零售业	Wholesale and Retail Trade	
交通运输、仓储和邮政业	Traffic,Transport,Storage and Post	7
住宿和餐饮业	Hotels and Catering Services	
信息传输、软件和信息技术服务业	Information Transfer, Software and Information Technology Services	76
金融业	Financial Intermediation	2
房地产业	Real Estate	
租赁和商务服务业	Leasing and Business Services	5
科学研究和技术服务业	Scientific Research and Technical Service	160
水利、环境和公共设施管理业	Management of Water Conservancy,Environment and Public Facilities	9
居民服务、修理和其他服务业	Households Services, Repair and Other Services	
教 育	Education	89
卫生和社会工作	Health and Social Work	123
文化、体育和娱乐业	Culture,Sports and Entertainment	2
公共管理、社会保障和社会组织	Public management and Social Organization	
国际组织	International Organization	
二、按地区分	**by Region**	
济南市	Jinan	446
青岛市	Qingdao	614
淄博市	Zibo	376
枣庄市	Zaozhuang	113
东营市	Dongying	92
烟台市	Yantai	401
潍坊市	Weifang	450
济宁市	Jining	171
泰安市	Tai'an	159
威海市	Weihai	162
日照市	Rizhao	49
莱芜市	Laiwu	38
临沂市	Linyi	183
德州市	Dezhou	131
聊城市	Liaocheng	90
滨州市	Binzhou	145
菏泽市	Heze	121

Basic Statistics On R&D Personnel(2012)

研究与试验发展人员(人) Research and Development Personnel (person)	全时人员 Full-time Personnel	非全时人员 Part-time Personnel	博士毕业 Doctor	硕士毕业 Master
232722	149698	83024	8832	24111
275360	176314	99046	9900	28961
327256	218662	108594	11822	34966
382057	253493	128564	13342	41509
1200	841	359	48	97
24189	11600	12589	349	2151
278008	198916	79092	3694	19192
1665	633	1032	37	160
7617	4874	2743	61	562
1681	747	934	5	119
4495	4297	198	25	268
328	46	282		3
732	636	96	6	206
13672	10213	3459	1855	4042
179	145	34	1	13
30123	15669	14454	6693	11525
18149	4871	13278	567	3169
19	5	14	1	2
58388	37824	20564	4354	10478
58783	43062	15721	3160	8439
31180	20641	10539	585	1850
8916	4555	4361	114	497
14500	9804	4696	372	2094
40024	28187	11837	1128	3037
38107	27161	10946	656	3217
20627	11027	9600	680	2670
20563	11950	8613	563	1801
17720	12375	5345	275	1065
4309	2999	1310	67	223
5627	3654	1973	76	442
16336	9266	7070	286	1654
9328	6540	2788	186	776
12110	7866	4244	433	1213
17586	11131	6455	248	896
6304	3832	2472	121	615

18-21 规模以上工业企业R&D经费支出情况(2012年)

单位：万元

年份 类别	Year Category	R&D经费内部支出合计 Internal Expenditure on R&D	基础研究支出 Basic Research
2008	2008	3759470	
2009	2009	4567109	1415
2010	2010	5892400	5142
2011	2011	7431352	7444
2012	2012	9056007	5102
一、按企业规模分	**by Enterprise Size**		
大型企业	Large-sized Enterprises	6365932	4394
中型企业	Medium-sized Enterprises	1580876	20
小型企业	Small-sized Enterprises	1086985	688
微型企业	Micro-enterprises	22214	
二、按登记注册类型分	**by Status of Registration**		
内资企业	Domestic Funded Enterprises	7869287	1636
国有企业	State-owned Enterprises	604423	
集体企业	Collective-owned Enterprises	641960	
股份合作企业	Cooperative Enterprises	87256	
联营企业	Joint Ownership Enterprises	81400	
有限责任公司	Limited Liability Corporations	3492386	864
股份有限公司	Share-holding Corporations Limited	1554462	84
私营企业	Private Enterprises	1303427	688
其他企业	Other Enterprises	103973	
港、澳、台商投资企业	Enterprises with Funds from Hong Kong, Macao and Taiwan	288776	
合资经营企业(港或澳、台资)	Joint-ventures Enterprises	200833	
合作经营企业(港或澳、台资)	Cooperative Enterprises	1874	
港、澳、台商独资经营企业	Enterprises with Sole Investment	76398	
港、澳、台商投资股份有限公司	Share-holding Corporations Ltd. With Funds from Hong Kong, Macao and Taiwan	9671	
外商投资企业	Foreign Funded Enterprises	897944	3466
中外合资经营企业	Joint-venture Enterprises	536565	
中外合作经营企业	Cooperation Enterprises	40972	
外资企业	Enterprises with Sole Foreign Funds	246079	
外商投资股份有限公司	Share-holding Corporations Ltd. With Foreign Investment	74328	3466
三、按工业行业大类分	**by Sector**		
采掘业	**Mining**	**796240**	**20**
煤炭开采和洗选业	Mining and Washing of Coal	439173	
石油和天然气开采业	Extraction of Petroleum and Natural Gas	139381	20
黑色金属矿采选业	Mining of Ferrous Metal Ores	23259	
有色金属矿采选业	Mining of Non-ferrous Metal Ores	181418	
非金属矿采选业	Mining and Processing of Nonmetal Ores	13009	
开采辅助活动	Mining Support Activities		
其他采矿业	Mining of Other Ores		
制造业	**Manufacturing**	**8232115**	**5082**
农副食品加工业	Processing of Food from Agricultural Products	365346	524
食品制造业	Manufacture of Foods	179738	
酒、饮料和精制茶制造业	Manufacture of Wine, Drinks and Refined Tea	121550	3466
烟草制品业	Manufacture of Tobacco	17533	
纺织业	Manufacture of Textile	294533	
纺织服装、服饰业	Manufacture of Textile Wearing Apparel and Finery	75369	
皮革、毛皮、羽毛及其制品和制鞋业	Manufacture of Leather, Fur, Feather & Its Products and Footwear	43923	
木材加工及木 竹、藤、棕、草制品业	Processing of Timbers, Manufacture of Wood, Bamboo, Rattan, Palm, and Straw Products	16381	
家具制造业	Manufacture of Furniture	7154	

Expenditures of Industrial Enterprises above Designated Size on R&D(2012)

(10 000 yuan)

应用研究支出 Applied Research	试验发展支出 Experimental Development	政府资金 Government Appropriation Funds	企业资金 Self-raised Funds by Enterprises	国外资金 Foreign funds	其他资金 Other Funds	R&D经费外部支出合计 External expenditure on R&D	对国内研究机构的支出 Expenditure On Domestic Research Institutions	对国内高等学校支出 Expenditure On Domestic colleges and universities	对境外支出 Expenditure On Overseas
		104376	3631823	2324	20951	265516			
3648	4562045	128492	4371493	16421	50702	298263	124604	82780	40347
93552	5793707	168876	5657574	23030	42921	443343	178233	128849	34653
244720	7179188	207510	7135731	25637	62474	445682	182129	144338	41712
274444	8776461	295552	8620680	43986	95789	504971	189870	178230	40970
231486	6130052	201496	6087088	22474	54873	378932	131794	136794	34096
25363	1555493	54263	1486466	18779	21369	84703	43450	27323	4684
15112	1071184	39671	1025033	2734	19547	40543	14467	13977	2190
2483	19731	122	22092			794	159	136	
264660	7602991	268675	7479979	29788	90844	453238	174523	153642	39642
43054	561370	17647	578709	657	7411	31274	21680	8336	259
4550	637410	12476	621331		8153	54405	2642	2690	13015
2586	84671	868	86388			1422	317	985	
	81400	120	81280			5140	1450	2121	
111302	3380220	104879	3339418	23449	24641	166067	75895	67099	10107
80769	1473610	85413	1443657	1449	23944	130868	42114	47181	13552
19957	1282782	44349	1230840	3937	24301	61726	29901	23579	2662
2443	101530	2925	98357	297	2394	2336	525	1653	47
2992	285784	5778	279424	818	2755	19738	9365	8499	1206
2992	197841	5071	192757	251	2755	16311	9235	6429	485
	1874	35	1839			50	22	12	16
	76398	664	75166	568		3035	30	1982	705
	9671	9	9662			341	78	77	
6791	887687	21098	861277	13380	2190	31996	5983	16089	122
3587	532978	18850	503124	12634	1958	20106	4466	13877	80
691	40282	77	40895			1051	510	540	
1157	244923	1751	243350	746	232	2104	145	1203	42
1357	69504	420	73908			8736	862	469	
136377	**659844**	**39617**	**750669**		**5954**	**68790**	**26019**	**41818**	**701**
68925	370248	4731	433628		815	32456	11861	20135	364
64264	75097	27247	107938		4196	29261	11916	17345	
972	22287		23158		101	52		52	
1853	179565	7131	173445		842	6400	1930	3977	338
362	12647	509	12500			621	312	309	
135584	**8091449**	**255857**	**7842449**	**43986**	**89823**	**435006**	**163385**	**136294**	**40269**
2648	362175	5471	351176	72	8628	34996	13889	18866	12
713	179025	5105	172733	170	1729	4814	1850	1508	10
5933	112151	2279	118931		340	7293	4247	2517	459
	17533		17528		5	1594	1337	256	
10864	283669	4434	289324		775	9536	3073	5230	291
709	74660	2081	72830		459	5765	1533	3915	309
96	43827	894	41727		1302	706	316	361	29
1137	15243	1206	14586		589	552	159	263	130
	7154	122	7032			302	28	2	22

18-21 续表

单位：万元

类别	Category	R&D经费内部支出合计 Internal Expenditure on R&D	基础研究支出 Basic Research
造纸及纸制品业	Manufacture of Paper and Paper Products	209257	320
印刷和记录媒介复制业	Printing, Reproduction of Recording Media	7699	
文教、工美、体育和娱乐用品制造业	Manufacture of Culture, Education,Arts and crafts, Sport and Entertainment Goods	49373	
石油加工、炼焦和核燃料加工业	Processing of Petroleum, Coking and Nucleus Fuel	261202	
化学原料和化学制品制造业	Manufacture of Chemical Raw Material and Chemical Products	980869	708
医药制造业	Manufacture of Medicines	499894	
化学纤维制造业	Manufacture of Chemical Fiber	39941	
橡胶和塑料制品业	Manufacture of Rubber and Plastic	420747	
非金属矿物制品业	Manufacture of Non-metallic Mineral Products	214109	
黑色金属冶炼及压延加工业	Manufacture and Processing of Ferrous Metals	387348	
有色金属冶炼及压延加工业	Manufacture & Processing of Non-ferrous Metals	489783	
金属制品业	Manufacture of Metal Products	235925	
通用设备制造业	Manufacture of General Purpose Machinery	575358	
专用设备制造业	Manufacture of Special Purpose Machinery	452927	
汽车制造业	Manufacture of Automotive	551007	
铁路、船舶、航空航天和其他运输设备制造业	Manufacture of Railroad,Marine,Aerospace and Other Transportation Equipment	187766	64
电气机械及器材制造业	Manufacture of Electrical Machinery & Equipment	783787	
计算机、通信和其他电子设备制造业	Manufacture of Computer, Communications and Other Electronic Equipment	696168	
仪器仪表制造业	Manufacture of Measuring Instrument	65249	
其他制造业	Other Manufacture	65	
废弃资源综合利用业	Comprehensive Utilization of Waste	254	
金属制品、机械和设备修理业	Metal Products, Machinery and Equipment Repair Industry	1863	
电力、燃气及水的生产和供应业	**Production and Supply of Electric,Gas and Water**	**27651**	
电力、热力的生产和供应业	Production and Supply of Electric Power and Heat Power	25223	
燃气生产和供应业	Production and Supply of Gas	920	
水的生产和供应业	Production and Supply of Water	1508	
四、按地区分	**by Region**		
济南市	Jinan	673775	
青岛市	Qingdao	1468409	4054
淄博市	Zibo	691672	
枣庄市	Zaozhuang	167521	
东营市	Dongying	618398	20
烟台市	Yantai	1401032	
潍坊市	Weifang	844296	
济宁市	Jining	416166	
泰安市	Tai'an	463184	20
威海市	Weihai	388376	
日照市	Rizhao	105904	
莱芜市	Laiwu	146642	
临沂市	Linyi	405948	688
德州市	Dezhou	218184	
聊城市	Liaocheng	377110	320
滨州市	Binzhou	499847	
菏泽市	Heze	169545	

continued

(10 000 yuan)

应用研究支出 Applied Research	试验发展支出 Experimental Development	政府资金 Government Appropriation Funds	企业资金 Self-raised Funds by Enterprises	国外资金 Foreign funds	其他资金 Other Funds	R&D经费外部支出合计 External expenditure on R&D	对国内研究机构的支出 Expenditure On Domestic Research Institutions	对国内高等学校支出 Expenditure On Domestic colleges and universities	对境外支出 Expenditure On Overseas
6043	202894	3483	204016		1758	4814	2806	1873	44
	7699	49	7650			379		77	
	49373	692	48374		306	726	258	323	90
513	260689	6030	239083	15707	383	26739	17687	5706	1292
22020	958141	25843	938925	2167	13934	39352	16602	11608	2139
1425	498469	32523	465826	496	1048	48248	24473	16468	275
	39941	2833	37108			11		11	
2800	417947	6550	405911	1729	6558	20232	2960	14507	2145
9066	205043	12397	197762	405	3544	7427	2692	1859	559
5752	381596	4666	382334		348	10979	6729	2750	
12321	477463	7320	477343	4735	386	5747	2249	1870	537
6287	229638	9081	221398	1007	4439	12237	4871	3908	2973
29063	546295	30334	534673	1824	8528	28657	6673	8187	10927
1734	451192	18669	421408	2492	10358	10527	3792	5418	798
5000	546007	8173	534253	1486	7095	29359	23877	4803	272
	187702	17243	168953		1570	36883	9454	13089	1194
3068	780719	20041	752073	354	11319	65347	7181	8731	13848
7807	688361	24702	655876	11342	4248	15765	3534	1682	713
587	64662	3536	61536		176	6006	1115	492	1204
	65	15	50						
	254	69	185			10		10	
	1863	17	1846			6		6	
2483	**25168**	**77**	**27562**		**12**	**1175**	**466**	**118**	
2483	22740		25223			1132	426	117	
	920		920						
	1508	77	1419		12	43	40	1	
28363	645412	34154	635525	1280	2815	25359	12130	9078	2020
6287	1458068	48600	1393166	11726	14917	117184	27574	24962	15775
16633	675039	17209	663705	3459	7299	31692	8857	9599	854
984	166537	6779	159416		1326	5981	1740	2487	505
78173	540205	42129	560412	5860	9997	57633	28657	25841	2893
7296	1393735	37625	1349019	2247	12140	27916	9265	14301	1706
9975	834321	19063	806225		19008	52157	15696	10057	11382
2575	413591	10090	402995	297	2784	30887	12372	17994	186
72588	390576	8744	449766	1740	2934	13845	6999	4700	1070
10374	378003	17613	367366	932	2466	20313	7272	11395	1452
749	105154	1940	101801	380	1783	3548	1731	1145	188
1963	144679	4716	140286	329	1311	6274	5345	903	
6499	398761	16642	384234	1413	3660	21640	10303	8740	82
9876	208308	5614	210465	363	1742	7808	3567	3636	264
16904	359886	11311	352849	3387	9564	24617	12741	10238	
3237	496610	9638	484958	4147	1105	42526	16161	18224	1892
1969	167576	3686	158493	6426	939	15593	9461	4934	702

18−22 规模以上工业企业R&D人员情况(2012年)

单位：人

年份 类别	Year Category	研究与试验发展人员(人) Research and Development Personnel
2009		178235
2010		204906
2011		252024
2012		303862
一、按企业规模分	**by Enterprise Size**	
大型企业	Large-sized Enterprises	185800
中型企业	Medium-sized Enterprises	70649
小型企业	Small-sized Enterprises	46152
微型企业	Micro-enterprises	1261
二、按登记注册类型分	**by Status of Registration**	
内资企业	Domestic Funded Enterprises	258750
国有企业	State-owned Enterprises	20079
集体企业	Collective-owned Enterprises	8989
股份合作企业	Cooperative Enterprises	2337
联营企业	Joint Ownership Enterprises	2138
有限责任公司	Limited Liability Corporations	114403
股份有限公司	Share-holding Corporations Limited	57035
私营企业	Private Enterprises	49794
其他企业	Other Enterprises	3975
港、澳、台商投资企业	Enterprises with Funds from Hong Kong, Macao and Taiwan	12243
合资经营企业(港或澳、台资)	Joint-ventures Enterprises	8150
合作经营企业(港或澳、台资)	Cooperative Enterprises	130
港、澳、台商独资经营企业	Enterprises with Sole Investment	3187
港、澳、台商投资股份有限公司	Share-holding Corporations Ltd. With Funds from Hong Kong, Macao and Taiwan	776
外商投资企业	Foreign Funded Enterprises	32869
中外合资经营企业	Joint-venture Enterprises	17798
中外合作经营企业	Cooperation Enterprises	947
外资企业	Enterprises with Sole Foreign Funds	11710
外商投资股份有限公司	Share-holding Corporations Ltd. With Foreign Investment	2414
三、按工业行业大类分	**by Sector**	
采掘业	**Mining**	**24189**
煤炭开采和洗选业	Mining and Washing of Coal	14274
石油和天然气开采业	Extraction of Petroleum and Natural Gas	6117
黑色金属矿采选业	Mining of Ferrous Metal Ores	921
有色金属矿采选业	Mining of Non-ferrous Metal Ores	2658
非金属矿采选业	Mining and Processing of Nonmetal Ores	219
开采辅助活动	Mining Support Activities	
其他采矿业	Mining of Other Ores	
制造业	**Manufacturing**	**278008**
农副食品加工业	Processing of Food from Agricultural Products	9721
食品制造业	Manufacture of Foods	6332
酒、饮料和精制茶制造业	Manufacture of Wine, Drinks and Refined Tea	3267
烟草制品业	Manufacture of Tobacco	738
纺织业	Manufacture of Textile	18091
纺织服装、服饰业	Manufacture of Textile Wearing Apparel and Finery	3974
皮革、毛皮、羽毛及其制品和制鞋业	Manufacture of Leather, Fur, Feather & Its Products and Footwear	927
木材加工及木 竹、藤、棕、草制品业	Processing of Timbers, Manufacture of Wood, Bamboo, Rattan, Palm, and Straw Products	426
家具制造业	Manufacture of Furniture	697

Basic Statistics On R&D Personnel of Industrial Enterprises above Designated Size(2012)

(person)

本年度参加项目人员 Personnel involved in the project current year	#科技管理和服务人员 Technology management and service personnel	全时人员 Full-time Personnel	非全时人员 Part-time Personnel
146134	32101	119150	59085
184206	20700	140123	64783
225292	26732	176275	75749
276593	27269	211149	92713
170009	15791	132990	52810
63976	6673	48364	22285
41480	4672	29313	16839
1128	133	482	779
235469	23281	177488	81262
17529	2550	12422	7657
8341	648	7468	1521
2035	302	2040	297
1917	221	1263	875
105080	9323	79532	34871
51951	5084	40080	16955
45040	4754	32170	17624
3576	399	2513	1462
11180	1063	8565	3678
7481	669	5504	2646
121	9	89	41
2856	331	2402	785
722	54	570	206
29944	2925	25096	7773
15861	1937	13329	4469
922	25	800	147
10924	786	9185	2525
2237	177	1782	632
22510	**1679**	**11600**	**12589**
13397	877	5794	8480
5614	503	3849	2268
835	86	458	463
2470	188	1341	1317
194	25	158	61
252584	**25424**	**198916**	**79092**
8945	776	6043	3678
5838	494	3919	2413
3005	262	2358	909
612	126	253	485
16888	1203	13067	5024
3695	279	2206	1768
835	92	694	233
409	17	241	185
603	94	350	347

18−22 续表

单位：人

类 别	Category	研究与试验发展人员（人）Research and Development Personnel
造纸及纸制品业	Manufacture of Paper and Paper Products	4813
印刷和记录媒介复制业	Printing, Reproduction of Recording Media	493
文教、工美、体育和娱乐用品制造业	Manufacture of Culture, Education,Arts and crafts，Sport and Entertainment Goods	3442
石油加工、炼焦和核燃料加工业	Processing of Petroleum, Coking and Nucleus Fuel	4468
化学原料和化学制品制造业	Manufacture of Chemical Raw Material and Chemical Products	31234
医药制造业	Manufacture of Medicines	16605
化学纤维制造业	Manufacture of Chemical Fiber	1258
橡胶和塑料制品业	Manufacture of Rubber and Plastic	11077
非金属矿物制品业	Manufacture of Non-metallic Mineral Products	10826
黑色金属冶炼及压延加工业	Manufacture and Processing of Ferrous Metals	10588
有色金属冶炼及压延加工业	Manufacture & Processing of Non-ferrous Metals	6965
金属制品业	Manufacture of Metal Products	9954
通用设备制造业	Manufacture of General Purpose Machinery	29003
专用设备制造业	Manufacture of Special Purpose Machinery	19485
汽车制造业	Manufacture of Automotive	15161
铁路、船舶、航空航天和其他运输设备制造业	Manufacture of Railroad,Marine,Aerospace and Other Transportation Equipment	6383
电气机械及器材制造业	Manufacture of Electrical Machinery & Equipment	21520
计算机、通信和其他电子设备制造业	Manufacture of Computer, Communications and Other Electronic Equipment	25806
仪器仪表制造业	Manufacture of Measuring Instrument	4036
其他制造业	Other Manufacture	13
废弃资源综合利用业	Comprehensive Utilization of Waste	13
金属制品、机械和设备修理业	Metal Products, Machinery and Equipment Repair Industry	692
电力、燃气及水的生产和供应业	**Production and Supply of Electric,Gas and Water**	**1665**
电力、热力的生产和供应业	Production and Supply of Electric Power and Heat Power	1332
燃气生产和供应业	Production and Supply of Gas	30
水的生产和供应业	Production and Supply of Water	303
四、按地区分	**by Region**	
济南市	Jinan	30361
青岛市	Qingdao	42470
淄博市	Zibo	28275
枣庄市	Zaozhuang	7742
东营市	Dongying	13566
烟台市	Yantai	35873
潍坊市	Weifang	34086
济宁市	Jining	15059
泰安市	Tai'an	16331
威海市	Weihai	16439
日照市	Rizhao	4252
莱芜市	Laiwu	5370
临沂市	Linyi	14655
德州市	Dezhou	8241
聊城市	Liaocheng	9023
滨州市	Binzhou	16344
菏泽市	Heze	5775

continued

(person)

本年度参加项目人员 Personnel involved in the project current year	科技管理和服务人员 Technology management and service personnel	全时人员 Full-time Personnel	非全时人员 Part-time Personnel
4539	274	2809	2004
452	41	369	124
3144	298	2360	1082
4186	282	2915	1553
27723	3511	20573	10661
14716	1889	12827	3778
1188	70	783	475
9734	1343	7955	3122
9836	990	7558	3268
9560	1028	6087	4501
6370	595	4829	2136
9127	827	6722	3232
26647	2356	21885	7118
17831	1654	14288	5197
13527	1634	10874	4287
5805	578	5414	969
19702	1818	15656	5864
23856	1950	22542	3264
3650	386	3276	760
12	1	11	2
12	1	7	6
137	555	45	647
1499	**166**	**633**	**1032**
1212	120	563	769
27	3	30	
260	43	40	263
27160	3201	22214	8147
37540	4930	32616	9854
25255	3020	19175	9100
7253	489	4286	3456
12345	1221	9071	4495
33323	2550	26257	9616
31547	2539	25095	8991
14069	990	7946	7113
15150	1181	10288	6043
14465	1974	12149	4290
3940	312	2966	1286
5023	347	3562	1808
13082	1573	8503	6152
7676	565	6130	2111
8228	795	6462	2561
15176	1168	10837	5507
5361	414	3592	2183

18-23 规模以上工业企业R&D人员折合全时当量情况(2012年)
Full-time Equivalent of R&D Personnel of Industrial Enterprises above Designated Size(2012)

单位：人年 (man year)

年 份 类 别	Year Category	R&D人员折合全时当量 Full-time Equivalent of R&D Personnel	基础研究人员 Basic Research Personnel	应用研究人员 Applied Research Personnel	试验发展人员 Experimental Development Personnel
2008		124106	8	969	123129
2009		129585	154	84	129346
2010		144561	88	1671	142802
2011		180846	162	4237	176447
2012		204398	121	4610	199667
一、按企业规模分	**by Enterprise Size**				
大型企业	Large-sized Enterprises	125725	120	3596	122009
中型企业	Medium-sized Enterprises	47205	0	509	46696
小型企业	Small-sized Enterprises	30476	1	376	30099
微型企业	Micro-sized Enterprises	992		130	862
二、按登记注册类型分	**by Status of Registration**				
内资企业	Domestic Funded Enterprises	173955	65	4369	169522
国有企业	State-owned Enterprises	13760		403	13357
集体企业	Collective-owned Enterprises	7565		19	7546
股份合作企业	Cooperative Enterprises	1395		32	1363
联营企业	Joint Ownership Enterprises	1649			1649
有限责任公司	Limited Liability Corporations	77048	10	2451	74587
股份有限公司	Share-holding Corporations Limited	38251	54	1034	37163
私营企业	Private Enterprises	31911	1	352	31558
其他企业	Other Enterprises	2377		78	2299
港、澳、台商投资企业	Enterprises with Funds from Hong Kong, Macao and Taiwan	8359		89	8270
合资经营企业(港或澳、台资)	Joint-ventures Enterprises	5077		89	4989
合作经营企业(港或澳、台资)	Cooperative Enterprises	69			69
港、澳、台商独资经营企业	Enterprises with Sole Investment	2517			2517
港、澳、台商投资股份有限公司	Share-holding Corporations Ltd. With Funds from Hong Kong, Macao and Taiwan	696			696
外商投资企业	Foreign Funded Enterprises	22083	56	152	21875
中外合资经营企业	Joint-venture Enterprises	12256		93	12163
中外合作经营企业	Cooperation Enterprises	853		19	834
外资企业	Enterprises with Sole Foreign Funds	7688		13	7675
外商投资股份有限公司	Share-holding Corporations Ltd. With Foreign Investment	1287	56	28	1203
三、按工业行业大类分	**by Sector**				
采掘业	**Mining**	**15412**	**8**	**991**	**14413**
煤炭开采和洗选业	Mining and Washing of Coal	8624		432	8191
石油和天然气开采业	Extraction of Petroleum and Natural Gas	4124	8	541	3576
黑色金属矿采选业	Mining of Ferrous Metal Ores	522		3	518
有色金属矿采选业	Mining of Non-ferrous Metal Ores	2017		7	2011
非金属矿采选业	Mining and Processing of Nonmetal Ores	126		8	118
开采辅助活动	Mining Support Activities				
其他采矿业	Mining of Other Ores				
制造业	**Manufacturing**	**188070**	**113**	**3489**	**184468**
农副食品加工业	Processing of Food from Agricultural Products	6975	7	56	6912
食品制造业	Manufacture of Foods	4226		17	4209
酒、饮料和精制茶制造业	Manufacture of Wine, Drinks and Refined Tea	2514	56	106	2352
烟草制品业	Manufacture of Tobacco	660			660
纺织业	Manufacture of Textile	10003		150	9853
纺织服装、服饰业	Manufacture of Textile Wearing Apparel and Finery	2617		43	2574
皮革、毛皮、羽毛及其制品和制鞋业	Manufacture of Leather, Fur, Feather & Its Products and Footwear	485		5	480
木材加工及木 竹、藤、棕、草制品业	Processing of Timbers, Manufacture of Wood, Bamboo, Rattan, Palm, and Straw Products	333		26	307
家具制造业	Manufacture of Furniture	473			473

18-23 续表 continued

单位：人年 (man year)

类　别	Category	R&D人员折合全时当量 Full-time Equivalent of R&D Personnel	基础研究人员 Basic Research Personnel	应用研究人员 Applied Research Personnel	试验发展人员 Experimental Development Personnel
造纸及纸制品业	Manufacture of Paper and Paper Products	2727	3	41	2683
印刷和记录媒介复制业	Printing, Reproduction of Recording Media	406			406
文教、工美、体育和娱乐用品制造业	Manufacture of Culture, Education,Arts and crafts, Sport and Entertainment Goods	2614			2614
石油加工、炼焦和核燃料加工业	Processing of Petroleum, Coking and Nucleus Fuel	3248		26	3222
化学原料和化学制品制造业	Manufacture of Chemical Raw Material and Chemical Products	22202	2	335	21866
医药制造业	Manufacture of Medicines	12819		81	12738
化学纤维制造业	Manufacture of Chemical Fiber	868			868
橡胶和塑料制品业	Manufacture of Rubber and Plastic	7026		91	6935
非金属矿物制品业	Manufacture of Non-metallic Mineral Products	7005		324	6680
黑色金属冶炼及压延加工业	Manufacture and Processing of Ferrous Metals	6495		114	6381
有色金属冶炼及压延加工业	Manufacture & Processing of Non-ferrous Metals	5550		54	5496
金属制品业	Manufacture of Metal Products	5832		83	5749
通用设备制造业	Manufacture of General Purpose Machinery	18751		1448	17303
专用设备制造业	Manufacture of Special Purpose Machinery	12915		39	12876
汽车制造业	Manufacture of Automotive	10202		40	10162
铁路、船舶、航空航天和其他运输设备制造业	Manufacture of Railroad,Marine,Aerospace and Other Transportation Equipment	5122	46		5076
电气机械及器材制造业	Manufacture of Electrical Machinery & Equipment	14633		94	14539
计算机、通信和其他电子设备制造业	Manufacture of Computer, Communications and Other Electronic Equipment	18135		294	17840
仪器仪表制造业	Manufacture of Measuring Instrument	2678		24	2654
其他制造业	Other Manufacture	2			2
废弃资源综合利用业	Comprehensive Utilization of Waste	9			9
金属制品、机械和设备修理业	Metal Products, Machinery and Equipment Repair Industry	548			548
电力、燃气及水的生产和供应业	**Production and Supply of Electric,Gas and Water**	**916**		**130**	**786**
电力、热力的生产和供应业	Production and Supply of Electric Power and Heat Power	769		130	640
燃气生产和供应业	Production and Supply of Gas	6			6
水的生产和供应业	Production and Supply of Water	141			141
四、按地区分	**by Region**				
济南市	Jinan	22519		1585	20934
青岛市	Qingdao	30061	109	161	29791
淄博市	Zibo	19664		490	19174
枣庄市	Zaozhuang	6112		36	6076
东营市	Dongying	9625	8	711	8906
烟台市	Yantai	24605		243	24362
潍坊市	Weifang	23284		128	23156
济宁市	Jining	8345		73	8273
泰安市	Tai'an	9591	0	417	9174
威海市	Weihai	10486		161	10325
日照市	Rizhao	2112		23	2089
莱芜市	Laiwu	3597		66	3531
临沂市	Linyi	10063	1	195	9867
德州市	Dezhou	6047		150	5897
聊城市	Liaocheng	5397	3	65	5329
滨州市	Binzhou	9504		68	9436
菏泽市	Heze	3386		39	3347

18－24　按行业分规模以上工业企业新产品开发及生产情况(2012年)
New Products Development and Production of Industrial Enterprises above Designated Size by Industrial Sector(2012)

行　　业	Sector	新产品项目数(项) New Products (unit)	开发新产品经费(万元) Expenditure on new products Development (10 000 yuan)	新产品产值(万元) Output Value of New Products (10 000 yuan)	新产品销售收入(万元) Sales Revenue of New Products (10 000 yuan)
总　　计	**Total**	**37437**	**8100728**	**128587031**	**129462321**
煤炭开采和洗选业	Mining and Washing of Coal	687	164707	1802419	1803215
石油和天然气开采业	Extraction of Petroleum and Natural Gas	170	52547	78109	65441
黑色金属矿采选业	Mining of Ferrous Metal Ores	15	3131	3305	3635
有色金属矿采选业	Mining of Non-ferrous Metal Ores	44	62491	3150709	3131336
非金属矿采选业	Mining and Processing of Nonmetal Ores	23	5380	14690	11490
开采辅助活动	Mining Support Activities				
其他采矿业	Mining of Other Ores				
农副食品加工业	Processing of Food from Agricultural Products	898	381223	4294052	4222353
食品制造业	Manufacture of Foods	496	138674	1419651	1636594
酒、饮料和精制茶制造业	Manufacture of Wine, Drinks and Refined Tea	377	98931	923485	1077924
烟草制品业	Manufacture of Tobacco	59	18855	1021336	1021336
纺织业	Manufacture of Textile	1438	273312	13551890	14347062
纺织服装、服饰业	Manufacture of Textile Wearing Apparel and Finery	445	77903	1221771	1142695
皮革、毛皮、羽毛及其制品和制鞋业	Manufacture of Leather, Fur, Feather & Its Products and Footwear	127	31114	571843	649788
木材加工及木 竹、藤、棕、草制品业	Processing of Timbers, Manufacture of Wood, Bamboo, Rattan, Palm, and Straw Products	57	8051	167677	164062
家具制造业	Manufacture of Furniture	24	3825	147408	158637
造纸及纸制品业	Manufacture of Paper and Paper Products	250	166122	4005982	3924786
印刷和记录媒介复制业	Printing, Reproduction of Recording Media	73	6403	102675	99338
文教、工美、体育和娱乐用品制造业	Manufacture of Culture, Education,Arts and crafts, Sport and Entertainment Goods	370	58890	504135	510149
石油加工、炼焦和核燃料加工业	Processing of Petroleum, Coking and Nucleus Fuel	318	358685	5267623	4566637
化学原料和化学制品制造业	Manufacture of Chemical Raw Material and Chemical Products	2584	775582	13948151	13771961
医药制造业	Manufacture of Medicines	2123	560729	5802983	5402594
化学纤维制造业	Manufacture of Chemical Fiber	98	37391	310624	305596
橡胶和塑料制品业	Manufacture of Rubber and Plastic	1137	408218	6456342	6278978
非金属矿物制品业	Manufacture of Non-metallic Mineral Products	992	179426	2045448	2013379
黑色金属冶炼及压延加工业	Manufacture and Processing of Ferrous Metals	567	300753	5902531	5969025
有色金属冶炼及压延加工业	Manufacture & Processing of Non-ferrous Metals	531	326018	8836711	8672532
金属制品业	Manufacture of Metal Products	1001	220377	2971336	2636429
通用设备制造业	Manufacture of General Purpose Machinery	2935	594086	5607402	5617801
专用设备制造业	Manufacture of Special Purpose Machinery	2124	540313	4502693	5072872
汽车制造业	Manufacture of Automotive	1877	597843	7864842	7983317
铁路、船舶、航空航天和其他运输设备制造业	Manufacture of Railroad,Marine,Aerospace and Other Transportation Equipment	804	226356	4130836	4177386
电气机械及器材制造业	Manufacture of Electrical Machinery & Equipment	12380	629394	11223065	11297015
计算机、通信和其他电子设备制造业	Manufacture of Computer, Communications and Other Electronic Equipment	1651	696044	10111552	10987141
仪器仪表制造业	Manufacture of Measuring Instrument	601	70273	490829	606928
其他制造业	Other Manufacture			705	784
废弃资源综合利用业	Comprehensive Utilization of Waste	3	254		
金属制品、机械和设备修理业	Metal Products, Machinery and Equipment Repair Industry	9	2138	34372	34000
电力、热力生产和供应业	Production and Supply of Electric Power and Heat Power	111	22721	67524	67494
燃气生产和供应业	Production and Supply of Gas	6	1666	25388	25311
水的生产和供应业	Production and Supply of Water	32	904	4937	5303

18-25 按行业分规模以上工业企业专利情况(2012年)
Statistics on Patent of Industrial Enterprise above Designated Size by Industrial Sector(2012)

单位：件 (piece)

行业	Sector	专利申请数 Patent Applications	发明专利 Invention Patents	有效发明专利数 Number of Patents In Force
总计	**Total**	**35318**	**12397**	**16487**
煤炭开采和洗选业	Mining and Washing of Coal	677	212	289
石油和天然气开采业	Extraction of Petroleum and Natural Gas	644	206	114
黑色金属矿采选业	Mining of Ferrous Metal Ores	64	4	4
有色金属矿采选业	Mining of Non-ferrous Metal Ores	115	33	41
非金属矿采选业	Mining and Processing of Nonmetal Ores	31	28	23
开采辅助活动	Mining Support Activities			
其他采矿业	Mining of Other Ores			
农副食品加工业	Processing of Food from Agricultural Products	937	392	386
食品制造业	Manufacture of Foods	403	195	242
酒、饮料和精制茶制造业	Manufacture of Wine, Drinks and Refined Tea	405	70	97
烟草制品业	Manufacture of Tobacco	39	11	118
纺织业	Manufacture of Textile	710	173	231
纺织服装、服饰业	Manufacture of Textile Wearing Apparel and Finery	84	24	56
皮革、毛皮、羽毛及其制品和制鞋业	Manufacture of Leather, Fur, Feather & Its Products and Footwear	228	30	77
木材加工及木 竹、藤、棕、草制品业	Processing of Timbers, Manufacture of Wood, Bamboo, Rattan, Palm, and Straw Products	67	44	52
家具制造业	Manufacture of Furniture	93	6	55
造纸及纸制品业	Manufacture of Paper and Paper Products	323	182	270
印刷和记录媒介复制业	Printing, Reproduction of Recording Media	99	26	54
文教、工美、体育和娱乐用品制造业	Manufacture of Culture, Education,Arts and crafts, Sport and Entertainment Goods	438	44	222
石油加工、炼焦和核燃料加工业	Processing of Petroleum, Coking and Nucleus Fuel	367	265	274
化学原料和化学制品制造业	Manufacture of Chemical Raw Material and Chemical Products	2891	1513	1949
医药制造业	Manufacture of Medicines	1481	956	1728
化学纤维制造业	Manufacture of Chemical Fiber	23	14	56
橡胶和塑料制品业	Manufacture of Rubber and Plastic	754	230	314
非金属矿物制品业	Manufacture of Non-metallic Mineral Products	1309	536	751
黑色金属冶炼及压延加工业	Manufacture and Processing of Ferrous Metals	738	325	296
有色金属冶炼及压延加工业	Manufacture & Processing of Non-ferrous Metals	630	141	385
金属制品业	Manufacture of Metal Products	1174	325	419
通用设备制造业	Manufacture of General Purpose Machinery	3576	1053	1982
专用设备制造业	Manufacture of Special Purpose Machinery	3297	939	862
汽车制造业	Manufacture of Automotive	2196	382	433
铁路、船舶、航空航天和其他运输设备制造业	Manufacture of Railroad,Marine,Aerospace and Other Transportation Equipment	906	275	188
电气机械及器材制造业	Manufacture of Electrical Machinery & Equipment	4099	1235	2264
计算机、通信和其他电子设备制造业	Manufacture of Computer, Communications and Other Electronic Equipment	3958	1817	1312
仪器仪表制造业	Manufacture of Measuring Instrument	852	221	754
其他制造业	Other Manufacture	2	1	1
废弃资源综合利用业	Comprehensive Utilization of Waste	3	3	
金属制品、机械和设备修理业	Metal Products, Machinery and Equipment Repair Industry	30	8	5
电力、热力生产和供应业	Production and Supply of Electric Power and Heat Power	1626	475	179
燃气生产和供应业	Production and Supply of Gas			
水的生产和供应业	Production and Supply of Water	49	3	4

18-26 高技术产业R&D活动及新产品开发情况(2011年)

行业	Industry	有R&D活动的企业数(个) Number of Enterprises with R&D Activities (unit)	R&D人员折合全时当量(人年) Full-time Equivalent of R&D Personnel (man year)
合计	**Total**	**320**	**29257**
医药制造业	Medical and Pharmaceutical Products	145	12125
#化学药品制造	Chemical Medicine	67	6840
中成药制造	Traditional Chinese Medicine	20	1825
生物、生化制品的制造	Biology, Biochemistry Products	26	1187
航空航天器制造业	Aviation and Aircrafts Manufacturing	3	93
电子及通信设备制造业	Electronic and Communication Equipment	87	6823
通信设备制造	Communication Equipment	15	855
雷达及配套设备制造	Radar Equipments	1	75
广播电视设备制造	Broadcast and Television Equipments	2	374
电子器件制造	Electronic Parts	26	1199
电子元件制造	Electronic Components	33	976
家用视听设备制造	Household Audiovisual	2	2367
其他电子设备制造	Other Electronic Equipment	8	977
电子计算机及办公设备制造业	Electronic Computers and Office Equipments	12	7345
电子计算机整机制造	Electronic Computer	3	5862
计算机网络设备制造	Computer Network Equipment	1	250
电子计算机外部设备制造	Electronic Computer Peripheral Equipments	6	1086
办公设备制造	Office Equipment	2	148
医疗设备及仪器仪表制造业	Medical Treatment Instruments and Meters	73	2872
医疗设备及器械制造	Medical Treatment Equipments and Instruments	17	664
仪器仪表制造	Instruments and Meters	56	2208

注：本表的数据口径为规模以上工业企业。

a)Data in this table cover industrial enterprises above designated size.

Statistics on R&D Activities and New Products Development in High-tech Industry(2011)

R&D经费内部支出(万元) Internal Expenditure on R&D (10 000 yuan)	专利申请数(件) Patent Applications (piece)	拥有发明专利(件) Patents in Force (piece)	新产品开发项目数(项) New Products (units)	新产品开发经费支出(万元) Expenditure on New Products Development (10 000 yuan)
990055	**5611**	**2375**	**3745**	**1095739**
368492	975	1185	1584	374241
214886	538	844	980	215392
45196	113	119	147	45546
39809	131	117	215	41911
1615	15		23	1564
366276	2897	568	1201	396589
47532	712	31	143	52871
1404	2		7	1564
12353	239	15	9	12553
48811	334	108	347	59030
29096	382	120	188	35468
205941	1041	256	386	208078
21139	187	38	121	27026
194471	987	125	461	255664
155908	666	65	307	198443
2520	79	23	29	9562
34438	230	36	115	45848
1606	12	1	10	1812
59202	737	497	476	67680
20568	207	57	76	21336
38633	530	440	400	46344

18-27 高技术产业基本情况(2011年)
Statistics on Production and Management in High-tech Industry(2011)

项　目		Item		2008	2009	2010	2011
生产经营情况		**Production Operation**					
企业数	(个)	Number of Enterprises	(unit)	1721	1907	1847	1514
从业人员年平均人数	(万人)	Annual Average Number of Persons Engaged	(10 000 persons)	48.6	52.3	54.5	55.3
当年价总产值	(亿元)	Gross Output Value	(100 million yuan)	3924.4	4555.7	5175.6	6201.1
主营业务收入	(亿元)	Revenue from Principal Business	(100 million yuan)	3861.8	4548.8	5148.8	6121.4
利润	(亿元)	Profits	(100 million yuan)	226.6	279.1	383.6	463.7
利税	(亿元)	Pre-tax Profits	(100 million yuan)	336.3	407.7	554.7	660.9
R&D及相关活动情况		**R&D and related Activities**					
有R&D活动的企业数	(个)	Number of Enterprises with R&D Activities	(unit)		354	331	320
R&D人员全时当量	(人年)	Full-time Equivalent of R&D Personnel	(man year)	13449	17681	20704	29257
R&D经费内部支出	(亿元)	Internal Expenditure on R&D	(100 million yuan)	52.7	60.1	72.0	99.0
新产品开发经费	(亿元)	Expenditure on New Products Development	(100 million yuan)	56.2	72.2	79.5	109.6
专利申请数	(件)	Number of Patent Applications Examined	(unit)	2058	3371	4129	5611
拥有发明专利数	(件)	Number of Invention Patents	(unit)	777	1758	1640	2375
固定资产投资情况		**Investment in Fixed Assets**					
施工项目数	(个)	Number of Projects Under Construction	(unit)	683	715	762	980
#新开工项目数	(个)	Number of New Projects	(unit)	365	404	464	631
全部建成或投产项目数	(个)	Number of Projects Completed or Put into Use	(unit)	311	342	384	626
投资额	(亿元)	Investment	(100 million yuan)	365.6	476.8	521.0	695.3
新增固定资产	(亿元)	New Added Fixed Assets	(100 million yuan)	173.4	214.8	260.7	383.9

注：生产经营情况的数据口径为规模以上工业企业；2008年R&D及相关活动情况的数据口径为大中型工业企业，2009年开始为规模以上工业。固定资产投资情况的数据口径为规模以上项目。

a)Data on production operation cover industrial enterprises above designated size;2008 data on R&D and related activities cover larger and medium-sized enterprises;Data on investment in fixed assets cover projects above designated size.

18-28　主要年份文化、文物事业基本情况
Number of Institutions for Culture and Cultural Relics of Major Years

年　份 Year	文化(艺术)馆 Cultural Centre		文化站 Cultural Station		艺术表演团体 Art Performance Troups	
	机构数 (个) Number (unit)	人　数 (人) Personnel (person)	机构数 (个) Number (unit)	人　数 (人) Personnel (person)	机构数 (个) Number (unit)	人　数 (人) Personnel (person)
1949	39				46	
1952	166		139		113	
1957	134		283		175	
1962	130		500		180	
1965	141	1261	6	10	176	9923
1970	137	1601			154	9599
1975	151	1891	887	944	157	12709
1976	150	1979	1644	1803	157	13396
1977	155	2110	1988	2185	156	13557
1978	155	2151	2103	2196	155	13219
1979	155	2138	2104	2163	155	12896
1980	155	2251	2117	2197	156	12562
1981	156	2420	2099	2218	157	11930
1982	155	2490	2107	2268	157	11280
1983	155	2609	2102	2172	157	10584
1984	154	2590	2132	2204	159	9922
1985	157	2818	2198	2230	158	9317
1986	159	2940	2276	2292	149	9177
1987	157	2849	2345	2410	139	7751
1988	159	3043	2423	2787	127	7344
1989	159	3140	2452	2643	123	6992
1990	159	3127	2482	2666	119	6703
1991	156	3100	2504	2783	120	6640
1992	156	3129	2481	2798	120	6657
1993	157	3145	2454	2862	119	6430
1994	157	3197	2387	2882	118	6448
1995	158	3265	2363	3117	118	6170
1996	159	3237	2466	3286	118	6090
1997	158	3264	2482	3177	118	6148
1998	158	3252	2494	3339	118	6170
1999	158	3194	2493	3293	117	6077
2000	159	3055	2422	3304	118	5943
2001	159	2975	1912	2943	121	5990
2002	156	2935	1866	3019	121	6030
2003	157	2968	1792	3022	120	5988
2004	159	3136	1783	3190	118	5995
2005	158	2982	1768	3166	117	6066
2006	158	3058	1857	3330	118	6250
2007	157	3012	1826	3715	119	6163
2008	156	3025	1826	3754	119	6254
2009	158	3115	1867	4593	118	6279
2010	158	3055	1855	4543	119	6268
2011	160	3086	1828	4643	116	6163
2012	158	3033	1821	4987	104	5722

18–28 续表 continued

年 份 Year	剧 场(院) Theaters		图 书 馆 Libraries		博 物 馆 Museums	
	机构数 (个) Number (unit)	人 数 (人) Personnel (person)	机构数 (个) Number (unit)	人 数 (人) Personnel (person)	机构数 (个) Number (unit)	人 数 (人) Personnel (person)
1949	5		3			
1952	15		3			
1957	44		40			
1962	129		84			
1965	128	755	27	257	7	183
1970	83	600	12	193	5	155
1975	81	592	43	436	8	211
1976	71	577	62	564	9	237
1977	76	658	66	621	9	246
1978	75	661	80	737	10	298
1979	77	705	88	876	10	310
1980	71	627	88	924	10	317
1981	72	649	89	1004	9	268
1982	71	667	89	1075	15	338
1983	61	660	89	1131	17	364
1984	65	678	92	1240	19	380
1985	62	705	99	1338	23	488
1986	123	2193	101	1486	30	527
1987	119	2310	105	1613	36	763
1988	116	2388	111	1780	40	876
1989	118	2413	113	1796	40	979
1990	117	2516	115	1876	41	1021
1991	121	2736	118	1956	45	1141
1992	120	2772	122	2055	45	1215
1993	119	2837	126	2178	52	1329
1994	118	2878	126	2256	54	1418
1995	115	2783	130	2318	56	1462
1996	111	2727	131	2359	54	1522
1997	107	2652	131	2471	54	1562
1998	107	2577	131	2536	56	1422
1999	107	2544	133	2555	57	1663
2000	105	2473	133	2506	59	1633
2001	105	2444	136	2503	66	1611
2002	104	2434	140	2559	70	1566
2003	104	2353	140	2573	73	1634
2004	95	2088	142	2633	72	1684
2005	94	1881	145	2690	75	1723
2006	95	2098	143	2624	76	1770
2007	92	1937	145	2640	87	1915
2008	90	1827	147	2606	96	2064
2009	82	1640	150	2669	111	2307
2010	91	1904	149	2680	114	2456
2011	93	2134	150	2697	120	2787
2012	93	2083	150	2647	178	4353

18−29 文化、文物机构人员情况(2012年)

Number of Institution and Personnel in Culture and Culture Relics(2012)

项　目	Item	机构数(个) Number of Institutions (unit)	人员数(人) Number of Employed Persons (person)
总　计	**Total**	**18484**	**103773**
文化及相关产业	**Culture and Related Industry**	**18480**	**103719**
艺术业	Arts	234	8055
艺术表演团体	Arts Performance Troupes	104	5722
艺术表演场馆	Arts Centers	93	2083
艺术创作机构	Art Creation Institutions	37	250
其他艺术	Others		
公共图书馆业	Public Libraries	150	2647
群众文化服务业	Mass Culture	1979	8020
艺术馆、文化馆	Cultural and Art Centers	158	3033
文化站	Cultural Stations	1821	4987
艺术教育业	Culture Education	4	293
文化市场经营机构	Business Units Dealing in Culture Market	15462	68722
文艺科研机构	Art Research	7	101
文物业	Cultural Relics	296	9468
文物保护管理机构	Agency of Relics Preservation	95	3644
文物科研机构	Scientific and Research Historical Relics Agency	8	114
博物馆	Museums	178	4353
文物商店	Cultural Relics Agencies	7	116
其他文化及相关产业	Others	348	6413
非文化及相关产业		**4**	**54**

注：文化市场经营机构含互联网上网服务营业场所和娱乐场所。
a) Business units dealing in culture market include internet service and entertainment venues.

18−30 各市文化、文物事业基本情况(2012年)

Basic Statistics on Culture and Cultural Relics by Region (2012)

地　区	Region	公共图书馆数(个) Public Libraries (unit)	公共图书馆藏书量(万册) Total Collections (10 000 volumes)	艺术表演团体(个) Performance Troupes (unit)	艺术表演场所(个) Art Performance Places (unit)	群众艺术馆(个) Mass Art Centers (unit)	文化馆(个) Cultural Centers (unit)	文化站(个) Cultural Stations (unit)	文物、文化事业费(万元) Total Expenditures (10 000 yuan)	博物馆(个) Museums (unit)
全省总计	**Total**	**150**	**4237**	**104**	**93**	**18**	**140**	**1821**	**278351**	**178**
济南市	Jinan	11	367	8	9	1	10	141	19234	13
青岛市	Qingdao	13	530	8	10	1	12	164	31179	28
淄博市	Zibo	9	259	3	8	1	8	88	17826	16
枣庄市	Zaozhuang	7	123	3	4	1	6	61	10013	13
东营市	Dongying	6	122	4	1	1	5	40	8717	7
烟台市	Yantai	13	584	10	6	1	12	151	17803	15
潍坊市	Weifang	12	234	6	3	1	12	118	21161	11
济宁市	Jining	11	192	11	10	1	12	151	29147	10
泰安市	Tai'an	7	128	3	4	1	6	87	9029	6
威海市	Weihai	4	160	4	2	1	5	72	12112	6
日照市	Rizhao	4	41	1	2	1	4	53	4560	3
莱芜市	Laiwu	2	47	1	5	1	1	19	1718	2
临沂市	Linyi	13	311	5	8	1	12	161	10892	15
德州市	Dezhou	12	123	6	7	1	11	133	7388	5
聊城市	Liaocheng	8	96	6	1	1	8	130	9089	9
滨州市	Binzhou	8	143	7	9	1	7	89	6841	5
菏泽市	Heze	9	66	11	9	1	9	163	6924	12

注：全省数据含省本级数据。
a)Provincial data include provincial level data.

18-31 广播电视基本情况

Basic Statistics on Radio and Television Stations

项目		Item		2010	2011	2012
广播		Radio				
广播节目综合人口覆盖率	(%)	Radio Coverage Rate of the Population	(%)	98.1	98.2	98.3
广播节目套数	(套)	Number of Radio Programs	(set)	155	157	157
广播节目制作时间	(万小时)	Length of Radio Programs Produced	(10 000 hours)	47.7	47.4	48.2
公共广播节目播出时间	(万小时)	Length of Public Radio Programs Broadcasted	(10 000 hours)	83.9	85.6	87.1
对外广播节目播出套数	(套)	Number of International Radio Programs Broadcasted	(set)			2
对外广播节目播出时间	(万小时)	Length of International Radio Programs Broadcasted	(10 000 hours)			0.9
广播节目播出语言种类	(种)	Kinds of Languages of Radio Programs Broadcasted	(kind)	1	1	1
电视		Television				
电视节目综合人口覆盖率	(%)	TV Coverage Rate of Population	(%)	97.9	97.9	98.0
有线广播电视用户数	(万户)	Number of Users of Cable Radio and TV	(10 000 households)	1650.9	1802.3	1835.4
有线广播电视入户率	(%)	Popularization Rate of Cable Radio and TV	(%)	57.3	61.9	61.4
电视节目套数	(套)	Number of TV Programs	(set)	169	170	171
电视节目制作时间	(万小时)	Length of TV Programs Produced	(10 000 hours)	15.8	17.1	20.6
公共电视节目播出时间	(万小时)	Length of Public TV Programs Broadcasted	(10 000 hours)	95.3	96.5	97.4
电视节目播出语言种类	(种)	Kinds of Languages of TV Programs Broadcasted	(kind)	1	3	3
电视剧播出数	(万部)	Number of TV Plays Broadcasted	(10 000 sets)	1.3		1.1
电视剧播出数	(万集)	Number of TV Plays Broadcasted	(10 000 parts)	36.1		35.5
动画电视播出数	(部)	Number of Cartoons Broadcasted	(set)	689		
动画电视播出数	(万集)	Number of Cartoons Broadcasted	(10 000 parts)	3.4		
对外电视节目播出套数	(套)	Number of International TV Programs Broadcasted	(set)	1	1	1
对外电视节目播出时间	(万小时)	Length of International TV Programs Broadcasted	(10 000 hours)	0.9	0.9	0.9
电影		Movies				
国有电影制片厂	(个)	State-owned Movie Studios	(unit)	1	1	1
#电影故事片厂		Feature Film Movie Studios		1	1	1
电影院线	(条)	Movie Circuit	(line)	14	16	20
#银幕	(块)	Screen	(unit)	416	707	1037
电影综合收入	(亿元)	Revenue of Movies	(100 million yuan)	3.6	5.0	6.7
#国内电影票房收入		Domestic Movie Box Office Revenue		3.0	4.2	5.8
广播电视技术及其他		TV Technology and Others				
广播电视总收入	(亿元)	Revenue of Radio and TV	(100 million yuan)	89.3	106.9	122.9
广播电视从业人员数	(万人)	Staff and Workers of Radio and TV	(10 000 persons)	4.3	4.9	5.0
中、短波转播发射台	(座)	Transmission and Relaying Stations of Medium and Short Wave Broadcast	(unit)	31	30	30
调频转播发射台	(座)	Relaying Stations of Frequency Modulation Broadcasting	(units)	133	133	132
电视转播发射台	(座)	TV Transmission and Relaying Stations	(units)	163	156	150
微波实有站	(座)	Microwave Stations	(unit)	49	82	54

18-32 图书、期刊和报纸出版情况(2012年)
Number of Books,Magazines and Newspapers Published (2012)

类 别	Item	种 数 (种) Number of Publications (kind)	总印数 (万册、万份) Total Printed Copies (10 000 Copies)
图书总计	**Books**	**11654**	**43151**
马列主义、毛泽东思想	Marxism-Leninism, Mao Zedong Thought	4	1
哲学	Philosophy	87	47
社会科学总论	General Social Sciences	53	41
政治、法律	Politics and Law	75	42
军事	Military Affairs	15	11
经济	Economics	138	75
文化、科学、教育、体育	Culture, Science, Education and Sports	7602	37153
语言、文字	Languages	123	149
文学	Literature	1263	2986
艺术	Arts	910	962
历史、地理	History and Geography	230	124
自然科学总论	General Natural Sciences	41	174
数理科学、化学	Mathematics and Chemistry	124	143
天文学、地球科学	Astronomy and Geology	32	32
生物科学	Biology	10	11
医学、卫生	Medicine and Health Care	215	271
农业科学	Agricultural Science	111	77
工业技术	Industrial Technology	415	579
交通运输	Transportation	12	37
航空、航天	Aeronautics and Aerospace	1	41
环境科学	Environmental Science	10	2
综合性图书	General Books	183	193
期刊总计	**Magazine**	**261**	**11476**
综 合	Synthesis	19	322
哲学社会科学	Philosophy and Social Science	68	5365
自然科学技术	Natural Science and Technology	121	1466
文化教育	Culture and Education	32	1504
文学艺术	Literature and Arts	14	1156
画 刊	Pictorial	1	37
少 儿	Children's Books	6	1625
报纸总计	**Newspaper**	**136**	**341501**
综合报	Synthetical Newspaper	49	302975
专业报	Special Newspaper	41	37363
高校校报	College Newspaper	46	1163

18—33 档案馆基本情况(2012年)
Statistics on Archive Institution(2012)

项目		Item		总计 Total	国家综合档案馆 National Comprehen-sive Archive	省级 Provincial Level	市地级 City Level	县级 County Level
档案馆	(个)	Number of Institutions	(unit)	217	164	1	17	146
现有专职人数	(人)	Number of Personnel	(person)	1911	1317		118	1199
档案馆面积	(平方米)	Floor Space of Archives Institution	(sq.m)	451864	363252	49230	92475	221547
馆藏档案		Number of Archives						
全宗	(个)	Whole Volume	(unit)	20807	20590	308	3890	16392
案卷	(卷)	Files	(volume)	15362196	10384387	791207	2716251	6876929
建国前档案案卷	(卷)	Before 1949 Files	(volume)	766603	756889	460612	285773	10504
建国后档案案卷	(卷)	After 1949 Files	(volume)	14595593	9627498	330595	2430478	6866425
馆藏资料	(册)	Number of Material Stored	(volume)	2686712	2443614	86292	480949	1876373
档案资料利用情况		Use of Archiver						
利用档案	(卷次)	Number of Archives Used	(volume-times)	506664	329017	4381	44760	279876
利用资料	(册次)	Number of Material Used	(vomume-times)	32655	28620	67	4631	23922
利用档案人次	(人次)	Number of Persons Using Material	(person-times)	345387	144237	1358	26107	116772
开放案卷	(卷)	Opening Archives	(volume)	4688865	1987498	535290	399789	1052419
开放档案目(案卷级)	(万条)	Catalog of Opening Archives (Files)	(10 000 units)	99992.00	98473.00	27.00	25185.00	73261.00

18—33 续表 continued

项目		Item		国家专门档案馆 National Special Archives	部门档案馆 Departm-ent Archives	大型企业档案馆 Enterprise Archive Institution	省、部属事业单位档案馆 Province and Ministry Archive Institution
档案馆	(个)	Number of Institutions	(unit)	20	3	9	21
现有专职人数	(人)	Number of Personnel	(person)	354	28	55	157
档案馆面积	(平方米)	Floor Space of Archives Institution	(sq.m)	37163	5732	24067	21649
馆藏档案		Number of Archives					
全宗	(个)	Whole Volume	(unit)	32	2	101	82
案卷	(卷)	Files	(volume)	2750642	371392	790280	1065495
建国前档案案卷	(卷)	Before 1949 Files	(volume)	4174	40	5000	500
建国后档案案卷	(卷)	After 1949 Files	(volume)	2746468	371352	785280	1064995
馆藏资料	(册)	Number of Material Stored	(volume)	27884	145258	40591	29365
档案资料利用情况		Use of Archiver					
利用档案	(卷次)	Number of Archives Used	(volume-times)	38543	63172	16891	59041
利用资料	(册次)	Number of Material Used	(vomume-times)	1530	140	238	2148
利用档案人次	(人次)	Number of Persons Using Material	(person-times)	117483	46972	4289	32406
开放案卷	(卷)	Opening Archives	(volume)	2120785	195364	88756	296462
开放档案目(案卷级)	(万条)	Catalog of Opening Archives (Files)	(10 000 units)	187		1325	7

主要统计指标解释

普通高等学校 指按照国家规定的设置标准和审批程序批准举办的，通过全国普通高等学校统一招生考试，招收高中毕业生为主要培养对象，实施高等教育的全日制大学、独立设置的学院和高等专科学校、高等职业学校和其他机构。

大学、独立设置的学院主要实施本科层次以上教育，高等专科学校、高等职业学校实施专科层次教育，其他机构是承担国家普通招生计划任务不计校数的机构。包括普通高等学校分校和批准筹建的普通高等学校等。

成人高等学校 指按照国家规定的设置标准和审批程序批准举办的，通过全国成人高等学校统一招生考试，招收具有高中毕业或同等学历的在职从业人员为主要培养对象，利用函授、业余、脱产等多种形式对其实施高等学历教育的学校。包括职工高等学校、农民高等学校、管理干部学院、教育学院、独立函授学院、广播电视大学、其他机构等。其他机构是承担国家成人招生计划任务不计校数的机构。

小学学龄儿童净入学率 指调查范围内已入小学学习的学龄儿童占校内外学龄儿童总数(包括弱智儿童，不包括盲聋哑儿童)的比重。计算公式为：

$$\begin{matrix}\text{小学学龄儿童}\\\text{净入学率}\end{matrix}=\frac{\text{已入学的小学学龄儿童数}}{\text{校内外小学学龄儿童总数}}\times 100\%$$

国家财政性教育经费 包括国家财政预算内教育经费，各级政府征收用于教育的税费，企业办学校教育经费，校办产业、勤工俭学和社会服务收入用于教育的经费。

财政预算内教育经费 指中央、地方各级财政或上级主管部门在年度内安排，并计划拨到教育部门和其他部门主办的各级各类学校、教育事业单位，列入国家预算支出科目的教育经费，包括教育事业拨款、科研经费拨款、基建拨款和其他经费拨款。

研究与试验发展(R&D) 指在科学技术领域，为增加知识总量，以及运用这些知识去创造新的应用进行的系统的创造性的活动，包括基础研究、应用研究、试验发展三类活动。国际上通常采用R&D活动的规模和强度指标反映一国的科技实力和核心竞争力。

基础研究 指为了获得关于现象和可观察事实的基本原理的新知识(揭示客观事物的本质、运动规律，获得新发现、新学说)而进行的实验性或理论性研究，它不以任何专门或特定的应用或使用为目的。其成果以科学论文和科学著作为主要形式。用来反映知识的原始创新能力。

应用研究 指为获得新知识而进行的创造性研究，主要针对某一特定的目的或目标。应用研究是为了确定基础研究成果可能的用途，或是为达到预定的目标探索应采取的新方法(原理性)或新途径。其成果形式以科学论文、专著、原理性模型或发明专利为主。用来反映对基础研究成果应用途径的探索。

试验发展 指利用从基础研究、应用研究和实际经验所获得的现有知识，为产生新的产品、材料和装置，建立新的工艺、系统和服务，以及对已产生和建立的上述各项作实质性的改进而进行的系统性工作。其成果形式主要是专利、专有技术、具有新产品基本特征的产品原型或具有新装置基本特征的原始样机等。在社会科学领域，试验发展是指把通过基础研究、应用研究获得的知识转变成可以实施的计划(包括为进行检验和评估实施示范项目)的过程。人文科学领域没有对应的试验发展活动。主要反映将科研成果转化为技术和产品的能力，是科技推动经济社会发展的物化成果。

研究与试验发展人员 指参与研究与试验发展项目研究、管理和辅助工作的人员，包括项目(课题)组人员，企业科技行政管理人员和直接为项目(课题)活动提供服务的辅助人员。反映投入从事拥有自主知识产权的研究开发活动的人力规模。

研究与试验发展人员全时当量 指全时人员数加非全时人员按工作量折算为全时人员数的总和。例如：有两个全时人员和三个非全时人员(工作时间分别为 20%、30%和70%)，则全时当量为 2+0.2+0.3+0.7=3.2 人年。为国际上比较科技人力投入而制定的可比指标。

R&D 经费内部支出合计 指调查单位用于内部开展R&D 活动（基础研究、应用研究和试验发展）的实际支出。包括用于 R&D 项目（课题）活动的直接支出，以及间接用于 R&D 活动的管理费、服务费、与 R&D 有关的基本建设支出以及外协加工费等。不包括生产性活动支出、归还贷款支出以及与外单位合作或委托外单位进行 R&D 活动而转拨给对方的经费支出。

专　利 是专利权的简称，是对发明人的发明创造经审查合格后，由专利局依据专利法授予发明人和设计人对该项发明创造享有的专有权。包括发明、实用新型和外观设计。反映拥有自主知识产权的科技和设计成果情况。

发　明 指对产品、方法或者其改进所提出的新的技术方案。是国际通行的反映拥有自主知识产权技术的核心指标。

文化事业机构 指从事专业文化工作和为专业文化工作服务的独立建制的单位。不包括这些单位另外举办独立核算的其他机构和各部门的业余文化组织。该指标主要反映文化事业机构发展规模水平。

艺术表演团体 指从事戏曲、音乐、舞蹈、杂技等专业艺术表演，有独立帐户的单位，不包括半工半艺、半农半艺和民间职业剧团。该指标主要反映全国专业艺术表演团体发展规模水平。

艺术表演观众人数（人次） 指售票、包场演出或民族地区免费演出的艺术表演观众人次数，不包括彩排审查和内部观摩演出的观看人次数。该指标主要反映全国观看专业艺术表演团体演出的效益规模。

Explanatory Notes on Main Statistical Indicators

Regular Institutions of Higher Learning refer to educational establishments set up according to the government evaluation and approval procedures, enrolling graduates from senior secondary schools and providing higher education courses and training for senior professionals. They include full time universities, colleges, high professional schools, high professional vocational schools and others.

Universities and colleges are mainly providing undergraduate courses; those high professional schools and high professional vocational schools are mainly providing professional trainings; and others refer to educational establishments, which are responsible for enrolling students but not covered in the total number of schools, including: branch schools of universities and colleges, and universities and colleges that have been proved and prepared to construct.

Institutions of Higher Learning for Adults refer to educational establishments, set up in line with relevant rules approved by the government, enrolling staff and workers with senior secondary school or equivalent education, and providing higher education courses in many forms of correspondence, spare time, or full time for adults. Professionals thus trained receive a qualification equivalent to graduates studying regular courses at regular universities, colleges and professional colleges. Institutions of higher learning for adults include schools of high education for staff and workers, schools of high education for peasants, colleges for management cadres, pedagogical colleges, independent correspondence colleges, Radio and TV universities and other educational establishments. Other educational establishments are responsible for enrolling adult students but not covered in the number of schools.

Enrollment Rate of Primary School Age Children refers to the proportion of school age children enrolled at schools to the total number of school age children both in and outside schools (including retarded children, but excluding blind, deaf and mute children). The formula is:

$$\begin{array}{c}\text{Enrolment Rate}\\ \text{of Primary}\\ \text{School - age Children}\end{array} = \frac{\begin{array}{c}\text{Total Primary School - age}\\ \text{Children at Schools}\end{array}}{\begin{array}{c}\text{Total Primary School - age}\\ \text{Children Whether or}\\ \text{Not Attending School}\end{array}} \times 100\%$$

Government Appropriation for Education refers to state budgetary fund for education, taxes and fees collected by governments at all levels that are used for education purpose, education fund for enterprise run schools, income from school run enterprises, work study programme and social services that are used for education purpose.

Budgetary Fund for Education refers to education fund that is planned to allocate to various schools and education institutions by central and local financial departments at various levels within the reference year, which is within the state budgetary expenditure, including: appropriate funds for education, science and research, capital construction and others.

Research and Development (R&D) refers to systematic and creative activities in the field of science and technology aiming at increasing the knowledge and using the knowledge for new application. R&D includes 3 categories of activities: basic research, applied research and experiments and development. The scale and intensity of R&D are widely used internationally to reflect the strength of S&T and the core competitiveness of a country in the world.

Basic Research refers to empirical or theoretical research aiming at obtaining new knowledge on the fundamental principles of phenomena of observable facts to reveal the nature and law of movement of objects and to acquire new discoveries or new theories. Basic research takes no specific or designated application as the aim of the research. Results of basic research are mainly released or disseminated in the form of scientific papers or monographs. This indicator reflects the original innovation capacity of knowledge.

Applied Research refers to creative research aiming at obtaining new knowledge on a specific objective or target. Purpose of the applied research is to identify the possible use of results from basic research, or to explore new (fundamental) methods or new approaches. Results of applied research are expressed in the form of scientific papers, monographs, fundamental models or invention patents. This indicator reflects the exploration of ways to apply the results of basic research.

Experiments and Development refer to systematic activities aiming at using the knowledge from basic and applied researches or from practical experience to develop new products, materials and equipment, to establish new production process, systems and services, or to make substantial improvement on the existing products, process or services. Results of experiment and development activities are embodied in patents, exclusive technology, and monotype of new products or equipment. In social sciences, experiment and development activities refer to the process of converting the knowledge from basic or applied researches into feasible programmes (including conduct of demonstration projects for assessment and evaluation). There are no experiment and development activities in the science of humanities. This indicator reflects the capability of transferring the results of S&T into technique and products, which is the materialized measurement of S&T pushing forward the economic and social development.

R&D Personnel refer to persons engaged in research, management and supporting activities of R&D, including persons in the project teams, persons engaged in the management of S&T activities of enterprises and supporting staff providing direct service to the research projects. This indicator reflects the size of personnel engaged in R&D activities with independent intellectual property.

Full time Equivalent of R&D Personnel refers to the sum of the full time persons and the full time equivalent of part time persons converted by workload. For instance, if there are 2 full time persons and 3 part time workers (20%, 30% and 70% of working hours respectively on R&D activities), the full time equivalent is 2+0.2+0.3+0.7=3.2 person years. This is an internationally comparable indicator of input of personnel in S&T activities.

Total Internal Expenditure of Funds on R&D refers to the real expenditure of surveyed units on their own R&D activities(basic research, application study, test and development)including direct expenditure on R&D activities,expenditure on capital construction and material processing by others.Excluding the expenditure on production activities,return of loan,and fee transferred to coopertated and entrusted agencies on R&D activities.

Patent is an abbreviation for the patent right and refers to the exclusive right of ownership by the inventors or designers for the creation or inventions, given from the patent offices after due process of assessment and approval in accordance with the Patent Law. Patents are granted for inventions, utility models and designs. This indicator reflects the achievements of S&T and design with independent intellectual property.

Inventions refer to the new technical proposals to the products or methods or their modifications. This is universal core indicator reflecting the technologies with independent intellectual property.

Cultural Institutions refer to units, which have their own organizational system and independent accounting system and specialize in or serve cultural development. They exclude other establishments run by these cultural institutions and amateur cultural groups established by various departments. This indicator reflects the development of cultural units.

Art Troupe refers to the troupe which is engaged in drama, opera, music, dance, acrobatics or other art performance, opens independent accounts with banks and has self supporting accounting system; excluding the troupes which are engaged partly in industrial or agricultural activities, partly in art performance and the professional troupes organized by the people. This indicator reflects the development of national professional art troupes.

Number of Audience at Art Performance refers to the number of attendants at commercial shows, completely booked shows or free shows given in minority national areas, and does not include the number of spectators at rehearsals for examination and internal shows for study.

第19篇

卫生和体育

Health and Sports

简 要 说 明

一、本篇资料的主要内容

本篇资料反映了全省卫生和体育基本情况。卫生部分主要包括卫生机构及其人员、床位数、县及县以上医院诊疗人次数、入院人数、治愈率、死亡率及好转率等基本情况。体育部分主要包括运动员、教练员、裁判员发展人数，体育锻炼达标人数及各市举办运动会情况。

二、本篇资料的来源

1.卫生部分的资料来源于省卫生厅信息中心。

2.体育部分的资料来源于省体育局财务经济处。

本篇资料由省统计局社科处整理提供。

Brief Introduction

I. Content

Data in this chapter show the basic conditions of health and sports. Data on health include the number of the number of institutions, personnel, hospital beds, number of patients treated and in patients, fatality rate and recovery rate. Data on sports mainly include the number of athletes, coaches and referees, number of persons who have come up to the National Physical Training Program Standards and sports events.

II. Source of Data

(1)Data on public health are provided by the Information Center of Shandong Provincial Department of Health.

(2)Data on sports are provided by the Division of Planning and Finance of Shandong Provincial Physical Culture Administration.

In this chapter, data are prepared by the Division of Social,Science and Technology Statistics of Shandong Provincial Bureau of Statistics.

19-1 卫生事业基本情况

Basic Statistics of Health Institutions

年 份 Year	卫生机构数（个） Number of Health Institutions (unit)	#医 院、卫生院 Hospitals and Township Hospitals	卫生机构床位数（万张） Number of Beds (10 000 sets)	#医 院、卫生院 Hospitals and Township Hospitals	卫生技术人员数（万人） Medical Technical Personnel (10 000 persons)	#医 生 Doctors
1949	288	112	0.3	0.3	2.6	1.8
1952	1879	223	1.8	0.9	3.9	2.0
1955	4620	221	2.1	1.1	6.0	2.9
1957	10235	232	2.4	1.5	7.3	3.3
1962	19460	349	4.9	3.4	9.0	4.3
1965	16336	502	5.4	3.8	8.9	4.4
1970	6173	2155	6.2	5.7	7.9	3.7
1975	7092	2336	9.3	8.6	12.4	5.0
1976	7438	2402	10.2	9.4	13.6	5.2
1977	8003	2420	11.1	10.3	14.4	5.5
1978	8389	2453	12.0	11.1	15.0	5.7
1979	8731	2541	12.5	11.6	16.1	6.2
1980	8908	2552	12.7	11.7	16.9	6.2
1981	9448	2565	12.9	11.8	17.9	6.9
1982	9830	2583	13.2	12.0	18.7	7.3
1983	9965	2597	13.5	12.2	19.3	7.6
1984	9972	2626	14.1	12.8	19.8	7.7
1985	10304	2623	14.7	13.4	20.5	8.0
1986	10399	2659	15.3	13.9	21.3	8.3
1987	10634	2690	16.2	14.7	22.1	8.7
1988	10475	2767	16.8	15.2	22.8	9.2
1989	10707	2975	17.2	15.5	23.4	10.4
1990	11040	3037	17.7	16.0	24.1	10.7
1991	11141	3066	18.2	16.5	24.1	10.5
1992	10865	3097	18.7	17.1	24.7	10.6
1993	10881	3096	19.5	17.7	25.8	11.1
1994	10654	3134	19.9	18.1	26.4	11.5
1995	10463	3104	20.0	18.2	27.1	11.9
1996	11968	3139	20.0	18.7	28.7	12.8
1997	10993	3151	20.7	19.4	29.4	13.0
1998	11008	3170	20.8	19.6	30.1	13.3
1999	14611	3151	21.3	20.1	30.8	13.9
2000	17118	3150	21.5	20.3	31.5	14.5
2001	17348	3000	21.8	20.7	31.8	14.9
2002	17500	2980	22.1	21.0	32.2	15.4
2003	16025	2929	21.8	20.8	31.1	13.4
2004	16574	2891	23.2	21.6	32.3	13.9
2005	16788	2922	25.1	23.5	32.5	14.1
2006	17016	2942	25.9	24.3	33.7	14.6
2007	15337	3075	28.3	26.5	34.6	15.0
2008	14973	3008	32.0	29.7	37.6	16.0
2009	15094	3024	34.7	32.1	40.6	16.9
2010	16496	3099	38.2	35.1	44.1	17.8
2011	68275	3135	41.6	37.8	48.2	18.6
2012	68840	3188	47.3	43.0	53.0	20.1

19–2 卫生总费用
Total Health Expenditure

年份 Year	卫生总费用(亿元) Total Health Expenditure (100 million yuan)	政府卫生支出 Government Health Expenditure		社会卫生支出 Social Health Expenditure		个人现金卫生支出 Out-of-pocket Health Expenditure		人均卫生总费用(元) Per Capita Health Expenditure (yuan)	卫生总费用占GDP比重(%) Health Expenditure as Percentage of GDP (%)
		绝对数(亿元) Level (100 million yuan)	占卫生总费用比重(%) As Percentage of Health Expenditure (%)	绝对数(亿元) Level (100 million yuan)	占卫生总费用比重(%) As Percentage of Health Expenditure (%)	绝对数(亿元) Level (100 million yuan)	占卫生总费用比重(%) As Percentage of Health Expenditure (%)		
1998	195.71	30.66	15.67	56.62	28.93	108.43	55.40	221	2.79
1999	227.96	31.96	14.02	58.05	25.46	137.96	60.52	257	3.04
2000	271.98	34.96	12.85	67.16	24.69	169.85	62.45	302	3.26
2001	301.92	39.60	13.12	90.42	29.95	171.89	56.93	334	3.28
2002	353.46	48.42	13.70	96.92	27.42	208.13	58.88	389	3.44
2003	399.68	59.13	14.79	117.92	29.50	222.64	55.70	438	3.31
2004	448.60	69.68	15.53	136.31	30.39	242.61	54.08	489	2.99
2005	542.13	83.83	15.46	168.77	31.13	289.53	53.41	586	2.93
2006	650.10	108.89	16.75	219.95	33.83	321.26	49.42	698	2.94
2007	801.02	148.01	18.48	272.91	34.07	380.10	47.45	855	3.08
2008	987.17	193.19	19.57	359.72	36.44	434.26	43.99	1048	3.18
2009	1163.20	254.02	21.84	428.68	36.85	480.51	41.31	1228	3.43
2010	1345.30	327.40	24.34	497.02	36.95	520.88	38.72	1403	3.43
2011	1648.65	425.10	25.78	616.02	37.37	607.53	36.85	1711	3.63

19–3 各类医疗卫生机构基本情况(2012年)
Basic Statistics on Medical Institutions(2012)

医疗机构分类	Institutions	机构数(个) Number of Institutions (unit)	床位数(张) Number of Beds	卫生技术人员(人) Number of Medical Personnel (person)	执业(助理)医师 Licensed (Assistant) Doctors	注册护士 Registered Nurse	诊疗人次数(万人次) Visit (10 000 times)
总计	**Total**	**68840**	**473768**	**530082**	**200465**	**191721**	**58265**
医院	**Hospital**	**1549**	**322007**	**311203**	**110541**	**136332**	**15224**
综合医院	Genaral Hospital	1016	236509	234794	82360	105564	11610
中医医院	Traditional Chinese Medicine Hospital	158	44407	44951	17563	16782	2333
专科医院	Specialized Hospital	360	38893	29733	9909	13363	1174
基层医疗卫生机构	**Basic Medical Institutions**	**66462**	**125877**	**177414**	**74458**	**45088**	**41339**
社区卫生服务中心(站)	Health Service Center for Community	2251	17180	28174	11167	8845	2720
卫生院	Health Center	1639	107580	108033	38062	24256	7992
乡镇卫生院	Township Health Center	1639	107580	108033	38062	24256	7992
门诊部	Outpatient Department	214	1117	2604	5863	1290	172
专业公共卫生机构	**Specialized Public Health Institutions**	**677**	**19376**	**37936**	**13849**	**9274**	**1666**
专科疾病防治院(所、站)	Specialized Disease Prevention & Treatment Institute	134	4311	4146	1676	1064	224
妇幼保健院(所、站)	Women and Children Care Agencies	158	15065	17319	6767	6708	1388
其他机构	**Other Institutions**	**152**	**6090**	**3529**	**1617**	**1027**	**36**
疗养院	Sanatorium	23	6090	2104	867	754	36
临床检验中心	Clinical Laboratory Center	1		3	1	1	

19−4 医院工作状况

Basic Statistics of Hospitals above County Level

项 目		Item		2008	2009	2010	2011	2012
机构数	(个)	Number of Medical Units	(unit)	1253	1319	1377	1490	1549
诊疗人次数	(万人次)	Number of Patients Treated	(10 000 person-times)	10704	11677	12357	13472	15224
#门诊急诊人次数	(万人次)	Out-Patients and Emergency Patients	(10 000 person-times)	10320	11147	11902	13155	14807
#死亡人数	(人)	Casualties	(person)	13738	20104	19061	21135	21398
观察室收容病人数	(万人次)	Number of Inpatients	(10 000 person-times)	406	266	266	616	253
#死亡人数	(人)	Casualties In-Patient	(person)	3686	4327	3892	4138	4391
健康检查人数	(万人)	Number of People Having Physical Checkup	(10 000 persons)	1563	731	937	863	1070
本年入院人数	(万人)	Hospital Admissions	(10 000 persons)	594.0	680.1	755.8	835.4	1392.4
本年出院人数	(万人)	Number of People Discharged from Hospitals	(10 000 persons)	593.7	677.3	753.4	832.3	1399.2
1.治 愈	(人)	Recovered	(person)	3087977	3450242	3890796	4269306	
2.好 转	(人)	Improved	(person)	2217729	2698313	2982065	3371810	
3.未 愈	(人)	Unrecovered	(person)	145219	156399	166526	175307	
4.死 亡	(人)	Dead	(person)	47202	47664	49247	50302	
本年住院病人手术人次数	(万人次)	Number of Operations on Inpatients	(10 000 person-times)	163	177	189	206	253
年底实有病床数	(张)	Beds Owned by Hospitals at the Year-end	(set)	218129	236488	255764	280385	322007
实际开放总床日数	(万床日)	Total Number of Beds Used at Midnight	(10 000 bed-days)	7623	8255	8965	9683	11092
平均每日开放病床数	(张)	Average Number of Beds Used Every Day	(set)	208861	226172	245604	265283	303069
实际占用总床日数	(万床日)	Total Number of Beds Occupied	(10 000 bed-days)	6010	6634	7318	8230	9493
出院者占用总床日数	(万床日)	Total Number of Beds for Patients Discharged	(10 000 bed-days)	5801	6490	7095	8005	9257
治愈率	(%)	Care Rate	(%)	59.4	57.1	57.6	56.8	
好转率	(%)	Improvement Rate	(%)	37.4	39.8	39.6	40.5	
病死率	(%)	Death Rate	(%)	0.8	0.7	0.7	0.6	
病床周转次数	(次)	Turnover of Beds	(time)	28.4	29.9	30.7	31.4	32.3
病床工作日	(日)	Days of Beds in Use	(day)	288.0	293.3	298.0	310.2	313.2
病床使用率	(%)	Utilization Rate of Beds	(%)	78.8	80.4	81.64	85.0	85.6
出院者平均在院日数	(日)	Average Hospitalization Period	(day)	9.8	9.6	9.4	9.6	9.5

19-5 各市卫生事业基本情况(2012年)

Statistics on Health Service by Region(2012)

地 区	Region	卫生机构数(个) Number of Health Institutions (unit)	医院 Hospitals	疾病预防控制机构数 Sanitation Stations	妇幼保健机构 Maternity and Child Care Center	床位数(张) Beds (set)	医院 Hospitals	卫生机构人员(人) Health Care Institutions personnel (person)	卫生技术人员(人) Medical Technical Personnel (person)	医生 Doctors	注册护士 Nurses
全省总计	**Total**	**68840**	**1549**	**182**	**158**	**473768**	**322007**	**738868**	**530082**	**200465**	**191721**
济 南 市	Jinan	4562	142	12	12	38834	32000	60421	44276	19451	16126
青 岛 市	Qingdao	7337	179	28	13	47255	33494	71802	55126	22176	21978
淄 博 市	Zibo	4948	125	9	9	24988	18193	38271	28905	11892	10789
枣 庄 市	Zaozhuang	2208	67	8	7	14732	10839	23656	16796	6978	6627
东 营 市	Dongying	1697	73	6	7	11478	9301	17887	13995	5395	5738
烟 台 市	Yantai	5156	142	15	14	43815	27753	56857	45417	17445	13699
潍 坊 市	Weifang	6794	121	17	12	50816	32840	85877	67891	24726	25414
济 宁 市	Jining	6631	134	13	13	44949	31013	68567	46482	15138	16820
泰 安 市	Tai'an	3887	92	9	7	25866	18315	42684	28991	10405	11089
威 海 市	Weihai	2252	28	4	4	17457	11389	22286	17353	6427	7101
日 照 市	Rizhao	2130	25	5	5	11367	7233	18874	13517	5184	4430
莱 芜 市	Laiwu	1245	24	3	3	6151	4676	10061	6733	2960	2502
临 沂 市	Linyi	6674	110	14	13	43353	24462	64066	39512	13933	14830
德 州 市	Dezhou	3440	51	12	12	19703	12386	34375	22247	8676	7176
聊 城 市	Liaocheng	4960	60	9	9	21364	15579	34606	22763	8379	8355
滨 州 市	Binzhou	2082	84	8	8	23389	15857	33595	25720	8218	7779
菏 泽 市	Heze	2837	92	10	10	28251	16677	54983	34358	13082	11268

注:1.医院中不包括卫生院。2.本表内数字包括诊所、卫生保健所、医务室的机构、人员数。3.妇幼保健机构包括妇幼保健院、所、站。
a)Number of hospitals exclude the township hospitals.b)Data in this table include the number of clinics,health care centers,medical staff.
c)Maternity and child care centers include centers on different level.

19-6 等级运动员、教练员、裁判员发展人数

Basic Statistics on Athletes, Coaches and Referees

单位:人 (person)

项 目	Item	2007	2008	2009	2010	2011	2012
等级运动员	**Number of Athletes and Referees in Grades**	**4596**	**3299**	**4667**	**4831**	**2512**	**3360**
国际运动健将	International Master of Sportsmen	1	12	12	13	16	7
运动健将	Master of Sportsmen	20	79	108	95	14	121
一 级	First Grade Sportsmen	583	569	789	1098	691	1067
二 级	Second Grade Sportsmen	3992	2639	3758	3625	1791	2165
三 级	Third Grade Sportsmen						
少年级	Junior Grade sportsmen						
聘任教练员	**Employeed Referees**	**493**	**1179**	**83**	**33**	**95**	**29**
高级职称	Senior Title	137	3	11	3	9	1
中级职称	Intermediate Title	199	7	21	15	37	5
初级职称	Junior Title	157	31	51	15	49	23
等级裁判员	**Number of Referees in Grades**	**1949**	**1289**	**2253**	**1900**	**1076**	**1784**
国际级	International Referees		1	1			
国家级	National Referees	13	13	10	25	20	55
一 级	First Grade Referees	269	530	231	352	473	450
二 级	Second Grade Referees	1667	745	2011	1523	583	1279
三 级	Third Grade Referees						

19-7 分项目分技术等级运动员发展人数（2012年）
Certified Athletes by Type of Sports and Technical Grade(2012)

单位：人 (person)

项 目	Item	合 计	国际级运动健将	运动健将	一 级运动员	二 级运动员
总计	**Total**	**3360**	**7**	**121**	**1067**	**2165**
田径	Track and Field Events	746		15	220	511
游泳	Swimming	110		6	39	65
跳水	Diving	2		2		
体操	Gymnastics	20		1	19	
蹦床	Trampoline	3		3		
举重	Weightlifting	32		3	14	15
拳击	Boxing	86		3	34	49
国际式摔跤	International Wrestling	19		3		16
中国式摔跤	Chinese Wrestling	10			6	4
柔道	Judo	85		4	46	35
跆拳道	Taekwondo	135		4	40	91
自行车	Bicycles	43			31	12
击剑	Fencing	20			8	12
射击	Shooting	41		3	38	
射箭	Archery	5	1	1	2	1
赛艇	Rowing	83	1	4	77	1
皮划艇	Canoe Kayak	129	1	4	67	57
帆船	Sailing	73		3	37	33
足球	Football	77		1	75	1
篮球	Basketball	124		5	75	44
排球	Volleyball	311		5	74	232
沙滩排球	Beach Volleyball	63				63
乒乓球	Table Tennis	251		13	19	219
羽毛球	Badminton	6		1		5
网球	Tennis	32	1		6	25
手球	Handball	51		4		47
单板滑雪	Snowboard Skiing	1	1			
健美操	Aerobics	98			62	36
武术	Wushu	531	1	4	24	502
摩托艇	Motorboat	5			5	
围棋	Weiqi	55	1	1	3	50
国际象棋	Chess	39		2	16	21
中国象棋	Chinese Chess	13		2	5	6
登山	Mountaineering	1				1
铁人三项	Triathlon	1		1		
橄榄球	Rugby	48		23	15	10
航海模型	Model Ship	6			5	1
航空模型	Model Aeroplane	1			1	
健美	Bodybuilding	4			4	

19-8 体育系统机构人员情况（2012年）

Number of Institutions and Engaged Persons of Physical Education System（2012）

单位：个、人 (unit,person)

指标	Item	合计 Total 机构 Institutions	合计 Total 人员 Persons	省级 Provincial Level 机构 Institutions	省级 Provincial Level 人员 Persons	地级 Prefectural Level 机构 Institutions	地级 Prefectural Level 人员 Persons	县级 County Level 机构 Institutions	县级 County Level 人员 Persons
总计	**Total**	**289**	**10637**	**34**	**3343**	**77**	**3129**	**178**	**4165**
体育行政机关	Administrative Agencies of Physical Culture and Sports	147	3876	1	57	17	632	129	3187
运动项目管理部门	Sports Events Management	19	1914	16	1892	3	22		
本科院校	Colleges	1	558	1	558				
职业、运动技术学院	Sports Technical Institutes								
体育运动学校	Physical Education and Sports Schools	21	1576			17	1485	4	91
竞技体校	Competitive Sports School	4	145			2	71	2	74
少儿体育运动学校(业余体校)	Spare-time Sports School	29	561			3	61	26	500
单项运动学校	Individual Sports Schools								
训练基地	Training Bases	5	357	2	282	3	75		
体育场馆	Stadium and Gymnasium	20	639	1	184	16	432	3	23
科研所	Science and Technology Institute	1	52	1	52				
其他事业单位	Other Institutions	40	924	11	309	15	325	14	290
其他	Others	2	35	1	9	1	26		

19-9 各市举办运动会情况

Basic Statistics on Mass Sports by Region

地区	Region	举办综合运动会次数(次) Number of Comprehensive Sports Meets Held (time) 2011	举办综合运动会次数(次) Number of Comprehensive Sports Meets Held (time) 2012	举办单项比赛次数(次) Number of Individual Competition Held (time) 2011	举办单项比赛次数(次) Number of Individual Competition Held (time) 2012
全省总计	**Total**	**74**	**37**	**468**	**309**
济南市	Jinan	3	3	50	46
青岛市	Qingdao	3	1	13	9
淄博市	Zibo	3	4	15	13
枣庄市	Zaozhuang	2	1	10	5
东营市	Dongying	6	2	44	8
烟台市	Yantai	8	2	42	23
潍坊市	Weifang	10	2	50	14
济宁市	Jining	3	3	17	14
泰安市	Tai'an	4	3	12	12
威海市	Weihai	6	2	20	18
日照市	Rizhao	5	3	45	21
莱芜市	Laiwu	3	2	27	16
临沂市	Linyi	6	1	40	33
德州市	Dezhou	4	2	28	22
聊城市	Liaocheng	3	2	20	13
滨州市	Binzhou	2	2	3	12
菏泽市	Heze	3	2	32	30

主要统计指标解释

卫生机构 是指从卫生行政部门取得《医疗机构执业许可证》，或从民政、工商行政、机构编制管理部门取得法人单位登记证书，为社会提供医疗保健、疾病控制、卫生监督服务或从事医学科研和教育等工作的单位。卫生机构包括医院、疗养院、社区卫生服务中心(站)、卫生院、门诊部、诊所(卫生所、医务室)、村卫生室、急救中心(站)、采供血机构、妇幼保健院(所、站)、专科疾病防治院(所、站)、疾病预防控制中心(防疫站)、卫生监督所、卫生监督检验(监测、检测)机构、医学科研机构、医学在职培训机构、健康教育所(站)等其他卫生机构。

医疗机构 包括医院、社区卫生服务中心(站)、疗养院、卫生院、门诊部、诊所(卫生所、医务室)、妇幼保健院(所、站)、专科疾病防治院(所、站)、急救中心(站)和临床检验中心。医疗机构分为非赢利性医疗机构和赢利性医疗机构。

医　院 包括综合医院、中医医院、中西医结合医院、民族医院、各类专科医院和护理院。

卫生技术人员 指卫生机构中医生、护理人员、药剂人员、检验人员等卫生技术人员。

医　生 指在医疗、预防保健机构工作且取得《执业医师证书》的执业医师和执业助理医师。

卫生服务总费用 反映全国当年用于医疗卫生保健服务所消耗的资金总额，用筹资来源法测算。政府预算卫生支出指各级政府用于卫生事业的财政预算拨款。社会卫生支出指政府预算外的卫生资金投入，主要表现为社会医疗保险。其中包括如企事业单位和乡村集体经济单位举办医疗卫生机构设施建设费，企业职工医疗卫生费，行政事业单位负担的职工公费医疗超支部分等。居民个人卫生支出指城乡居民用自己可支配的经济收入支付的各项医疗卫生费用和医疗保险费用。

Explanatory Notes on Main Statistical Indicators

Health Care Institutions refer to the units which have been qualified the Certification of Health Care Institution by the administration of public health,or qualified the Certification of Corporate Unit by the civil affairs,administration for industry and commerce,commission office for public sector reform,and engaging in medical care,disease prevention and control,health supervision and inspection,medicine research and health education,etc,including:hospitals,sanatoriums,community health service centers(stations),health centers,clinics(health stations and infirmaries),first-aid centres(stations),blood gathering and supplying institutions,women and children care agencies(centres and stations),special disease prevention and curing agencies (centres and stations),disease prevention and control centres(epidemic prevention stations),health supervision and inspection agencies,sanitary inspection institutions,medicinal scientific research and on-job training institutions,health education centres and so on.

Medical Organizations include: hospitals, health service centers (stations) of communities, nursing homes, health centers, clinics, clinics (health stations and infirmaries), maternity and child care agencies (centers and stations), special disease prevention and curing agencies (centers and stations), first aid centers (stations) and clinical inspection centers. Medical organizations are grouped by two types: profit making and non profit making medical organizations.

Hospitals include: polyclinics, traditional Chinese therapeutics and western therapeutics, ethical hospitals, various specialties hospitals and nursing hospitals.

Medical Technical Personnel refers to doctors, assistant nurses, pharmacists, and laboratory technicians working in medical institutions.

Doctors refer to certified physicians and certified assistant physicians with certifications working in medical and health care and prevention agencies.

Total Cost of Health Services reflects the total expenditures on medical and health care services for the whole country, calculated on basis of sources of funding. Health expenditure from government budget refers to budgetary allocation for health undertakings by governments at all levels. Social health expenditure refers to non government budgetary capital input, mainly the health insurance. It includes expenditure on health institutions run by enterprises and rural collective entities, expenditure on medical and health care of employees of enterprises, and excessive health expenditure of government employees that could be covered by the government health care system. Health expenditure on individuals refers to expenditure on health service and health insurance paid by residents from their disposable income.

第20篇

公共管理和社会服务

Public Management and Social Services

简 要 说 明

一、本篇资料的主要内容

本篇资料反映了全省民政、司法、测绘、标准计量和残疾人事业发展情况。

二、本篇资料的来源

1.民政部分的资料来源于省民政厅计划财务处。

2.司法部分的资料来源于省司法厅办公室。

3.测绘部分的资料来源于省国土资源厅测绘管理处。

4.标准计量部分的资料来源于省质量技术监督局计划财务处。

5.残联资料由山东残疾人联合会整理提供。

本篇资料中，测绘和标准计量部分由省统计局综合处加工整理，其他各部分资料由省统计局社科处整理提供。

Brief Introduction

I. Content

Data in this chapter show the basic conditions of civil affairs, legal and judicial affairs, surveying and mapping, standard measuring and work for persons with disabilities .

II. Source of Data

(1)Data on civil affairs are provided by the Division of Planning and Finance of Shandong Provincial Department of Civil Affairs.

(2)Data on legal and judicial affairs are provided by the Administrative Office of Shandong Provincial Department of Justice.

(3)Data on surveying and mapping are provided by the Division of Survey and Mapping of Shandong Provincial Department of Land and Resources.

(4)Data on standard measuring are provided by the Division of Planning and Finance of Shandong Provincial Administration of Quality and Technical Supervision.

(5)Data on Disabled persons are from the Shandong Disabled Persons Federation.

In this chapter, data on surveying are prepared by the Division of Comprehensive Statistics of Shandong Provincial Bureau of Statistics. Other data are prepared by the Division of Social,Science and Technology Statistics of Shandong Provincial Bureau of Statistics.

20−1 民政事业基本情况
Basic Statistics on Civil Affairs

项目		Item		2009	2010	2011	2012
一、救灾工作情况		calamity Relief					
救灾支出	(万元)	Expenditures on Calamity Relief	(10 000 yuan)	17566	37551	26380	60973
#生活救济费	(万元)	Expenditure on Victims' Life	(10 000 yuan)	16902	22594	20024	48080
二、社会救助情况		Social Relief					
居民最低生活保障		Resident Minimum Livelihood Guarantee					
城镇居民低保人数	(人)	Number of Urban Residents for Minimum Livelihood Guarantee	(person)	615012	675758	605956	530065
城镇最低生活保障支出	(万元)	Expenditures by Urban Residents for Minimum Livelihood Guarantee	(10 000 yuan)	126922	147345	161939	187894
农村居民低保人数	(人)	Number of Rural residents for Minimum Livelihood Guarantee	(person)	2002820	2425808	2393488	2507064
农村最低生活保障支出	(万元)	Expenditures by Rural residents for Minimum Livelihood Guarantee	(10 000 yuan)	161688	219387	283800	410136
民政部门城乡医疗救助		Medical Assistance of Civil Affairs Departments					
城市医疗救助人数	(人次)	Number of Medical Aid in Urban	(person)	49432	50056	56175	72686
民政部门资助参加医疗保险人数	(人次)	Number of Aid for Medical Insurance in Urban	(person)	108077	197426	215981	218715
农村医疗救助人数	(人次)	Number of Medical Aid in Rural	(person)	119538	104865	141922	251090
民政部门资助参加合作医疗人数	(人次)	Number of Aid for Cooperative Medical Care in Rural	(person)	1317579	1926300	1942281	1977391
三、社会福利事业情况		Social Welfare Institutions					
单位数	(个)	Number of Institutions	(unit)	2149	2305	2358	2406
床位数	(张)	Number of Beds	(set)	277520	314212	332224	354244
收养人数	(人)	Number of People Adopted	(person)	235311	247069	250021	255291
四、社会福利企业情况		Social Welfare Enterprises					
单位数	(个)	Number of Social Welfare Enterprises	(unit)	1480	1424	1424	1385
职工数	(人)	Number of Employees	(person)	99699	101179	100075	99122
#残疾职工	(人)	Physically-challenged	(person)	40079	39951	39991	38312
利润额	(万元)	Profits	(10 000 yuan)	115116	97462	99238	88487
五、社会捐赠情况		Social Donations					
资金数	(万元)	Amount	(10 000 yuan)	69858	84385	73023	91860
捐赠衣被总数	(万件)	Number of donated clothing	(10 000 units)	283	60	2.9	
六、福利彩票情况		Welfare Lottery					
销售额	(万元)	Sales	(10 000 yuan)	690475	898455	1095063	1223638
提取公益金	(万元)	Public Welfare Fund	(10 000 yuan)	105964	130818	156326	176199

20–2 婚姻登记情况

Basic Statistics on Marriages and Divorces

项　　目		Item		2008	2009	2010	2011	2012
一、国内登记结婚		**Domestic Marriage Registration**						
准予登记结婚	(对)	Registered Marriage	(couple)	792515	917163	924657	969092	933262
#恢复结婚	(对)	Resuming of Marriage	(couple)	8957	8431	8543	7945	4521
初婚人数	(人)	First Marriage	(person)	1425571	1662422	1648745	1725831	1640652
再婚人数	(人)	Number of Remarriage	(person)	159459	174302	200569	212353	225872
男　性	(人)	Male	(person)	72496	82109	106059	104570	108825
女　性	(人)	Female	(person)	86963	92193	94510	107783	117047
二、涉外登记结婚		**Marriage Registration Concerning Foreigners**						
准予登记结婚	(对)	Registered Marriage	(couple)	1127	1199	1135	1212	1166
准予登记结婚人数	(人)	Number of Persons Registered	(person)	2254	2398	2270	2424	2332
国内公民	(人)	Domestic Citizens	(person)	1113	1187	1125	1202	1144
男　性	(人)	Male	(person)	153	151	153	206	235
女　性	(人)	Female	(person)	960	1036	972	996	909
港澳居民	(人)	Compatriots in Hong Kong and Macao	(person)	66	56	35	47	36
台湾居民	(人)	Compatriots in Taiwan	(person)	227	234	172	210	182
华　侨	(人)	Overseas Chinese	(person)	43	48	37	39	32
外籍华人	(人)	Foreign Citizens of Chinese Origion	(person)					
外国人	(人)	Foreigners	(person)	805	873	901	926	938
三、离婚登记		**Divorce Registration**						
法院受理离婚案件	(件)	Divorce Case Handled	(unit)	87679	92989	97276	104293	107686
准予登记离婚总数	(对)	Number of Registered Divorce	(couple)	139164	151693	167545	181597	196685
民政部门办理离婚	(对)	Divorces Handled through Civil Administration Departments	(couple)	89625	100860	116386	127850	142951
#涉外婚姻	(对)	Divorces Concerning Foreigners	(couple)	82	87	104	134	133
法院调解离婚	(对)	Divorces through Law Court Mediation	(couple)	35161	37370	38592	41131	40660
法院判决离婚	(对)	Divorces through Law Court Judgment	(couple)	14378	13463	12567	12616	13074

20-3 殡葬服务情况
Statistics on Funeral and Interment Services

年 份 地 区	Year Region	殡葬类单位数（个）Number of Funeral and Interment Enterprises (unit)	年末职工总数（人）Employeesat Year-end (person)	火化炉数（台）Number of Cremators (set)	全年处理遗体数（具）Cremated Remains During the Year (bodies)	当年安葬数（人）Number of the Buried During the Year (persons)	火化率（%）Cremation Rate (%)
	2005	162	3403	390	540020	15405	97.0
	2006	164	3338	397	512846	13058	96.0
	2007	165	3450	422	540641	9092	97.0
	2008	167	3457	430	565845	10468	98.0
	2009	168	3353	440	585799	15814	98.0
	2010	166	3372	456	616092	17336	98.5
	2011	168	3366	466	610564	17130	98.6
	2012	167	3342	474	629825	17098	95.0
济南市	Jinan	9	277	34	40731	653	100.0
青岛市	Qingdao	10	210	43	60161	589	100.0
淄博市	Zibo	9	132	26	26007	1119	99.8
枣庄市	Zaozhuang	5	90	17	23774		92.0
东营市	Dongying	4	70	16	11337		90.0
烟台市	Yantai	13	250	47	51676	1512	100.0
潍坊市	Weifang	18	373	55	59893	9638	100.0
济宁市	Jining	16	452	42	52050	572	93.2
泰安市	Tai'an	10	173	25	38309	25	100.0
威海市	Weihai	8	80	20	22012	768	100.0
日照市	Rizhao	7	67	13	18009	422	94.0
莱芜市	Laiwu	2	49	6	8029	279	95.8
临沂市	Linyi	13	294	38	67864	488	94.8
德州市	Dezhou	13	197	29	35556	98	93.2
聊城市	Liaocheng	10	251	21	33890	348	84.9
滨州市	Binzhou	10	171	22	25812	355	100.0
菏泽市	Heze	10	206	20	54715	232	95.5

20–4 律师、公证工作基本情况
Basic Statistics on Lawyers and Notarization

项　　目		Item		2008	2009	2010	2011	2012
律师工作		**Lawyers**						
律师事务所	(个)	Number of Law Offices	(unit)	821	991	1106	1199	1283
国资所	(个)	State-owned	(unit)	43	43	43	43	43
合作所	(个)	Cooperative	(unit)	20				
合伙所	(个)	Partnership	(unit)	751	816	843	866	893
个人发起所	(个)	Initiated by Individual	(unit)	7	132	219	290	347
执业律师	(人)	Number of Lawyers	(person)	9542	10531	12091	14137	15633
专职律师	(人)	Full-time Lawyers	(person)	8641	9638	11608	13102	14497
兼职律师	(人)	Part-time Lawyers	(person)	436	437	483	506	532
公证工作		**Notarization**						
公证处	(个)	Number of Notary Offices	(unit)	158	158	158	158	158
公证员	(人)	Notaries	(person)	846	852	846	903	908
公证员助理	(人)	Assistant Notaries	(person)	289	317	392	386	369
办理各类公证事项	(万件)	Number of Notarized Affairs	(unit)	49.8	49.3	51.5	53.0	58.9

20–5 各市交通事故情况（2012年）
Basic Statistics on Traffic Accidents by Region (2012)

地　区	Region	发生数 (起) Number of Traffic Accidents (case)	死亡人数 (人) Number of Deaths (person)	受伤人数 (人) Number of Injuries (person)	直接财产损失 (万元) Direct Property Losses (10 000 yuan)
全省总计	**Total**	**13275**	**3838**	**12710**	**5260**
济 南 市	Jinan	1455	272	1713	632
青 岛 市	Qingdao	1951	343	1913	652
淄 博 市	Zibo	1305	340	1260	574
枣 庄 市	Zaozhuang	315	123	223	103
东 营 市	Dongying	567	161	602	227
烟 台 市	Yantai	676	237	592	117
潍 坊 市	Weifang	1430	340	1322	448
济 宁 市	Jining	1007	244	950	377
泰 安 市	Tai'an	496	221	453	165
威 海 市	Weihai	229	173	112	27
日 照 市	Rizhao	512	132	398	231
莱 芜 市	Laiwu	376	73	390	111
临 沂 市	Linyi	548	295	362	259
德 州 市	Dezhou	713	248	578	388
聊 城 市	Liaocheng	1107	242	1240	331
滨 州 市	Binzhou	293	125	264	140
菏 泽 市	Heze	183	165	133	100

20–6 火灾事故情况（2012年）
Basic Statistics on Fire Accidents(2012)

项　目	Item	合 计 Total	特 大 Extraordinarily Serious	重 大 Serious	较 大 Comparatively Serious	一 般 Ordinary
发　生　（起）	Fire Accidents (case)	3782			3	3779
死　亡　（人）	Deaths (person)	17			11	6
受　伤　（人）	Injuries (person)	7				7
直接经济损失　（万元）	Direct Economic Losses (10 000 yuan)	5148.7			6.1	5142.6
平均每起事故损失（元）	Average Loss of Fire (yuan)	13614			20333	13609

20–7 各市火灾事故情况（2012年）
Basic Statistic on Fires by Region(2012)

地 区	Region	发生数（起）Number of Fire Accidents (case)	死亡人数（人）Number of Deaths (person)	受伤人数（人）Number of Injuries (person)	直接经济损失（万元）Direct Economic Losses (10 000 yuan)
全省总计	**Total**	**3782**	**17**	**7**	**5148.7**
济 南 市	Jinan	566	2		900.4
青 岛 市	Qingdao	366	6		583.7
淄 博 市	Zibo	371	1		155.3
枣 庄 市	Zaozhuang	408	3		649.6
东 营 市	Dongying	258			309.9
烟 台 市	Yantai	90	4	1	143.1
潍 坊 市	Weifang	275		5	437.4
济 宁 市	Jining	208		1	331.2
泰 安 市	Tai'an	245			54.4
威 海 市	Weihai	79			125.4
日 照 市	Rizhao	158			252.4
莱 芜 市	Laiwu	18			28.9
临 沂 市	Linyi	85			135.1
德 州 市	Dezhou	97	1		154.4
聊 城 市	Liaocheng	311			495.2
滨 州 市	Binzhou	180			286.2
菏 泽 市	Heze	67			106.1

20-8 人民检察院审查批准、决定逮捕犯罪嫌疑人和提起公诉被告人情况（2012年）

Arrests of Criminal Suspects and Defendants under Public Prosecution Approved by People's Procuratorate (2012)

案件分类	Category of Cases	批捕、决定逮捕合计 Total of Arrests		决定起诉合计 Total of Public Prosecutions	
		件 (case)	人 (person)	件 (case)	人 (case)
合　计	**Total**	**31877**	**43576**	**53135**	**76295**
公安、安全、监狱机关提请小计	Sub-total of Requests by Departments of State and Public Security and Prisons	30732	42290	51137	73488
危害国家安全案	Offences Against State Security	2	2	2	2
危害公共安全案	Offences Against Public Security	4271	4568	13703	14194
破坏社会主义市场经济秩序案	Offences Against Socialist Economic Order	2503	3400	3725	6018
侵犯公民人身、民主权利案	Offences Against Citizens' Personal and Democratic Rights	8068	9823	12660	16677
侵犯财产案	Offences Against Properties	10864	15835	14594	22435
妨害社会管理秩序案	Offences Against Social Management of Order	5010	8647	6443	14145
危害国防利益案	Offences Against National Defense	14	15	10	17
军人违反职责案	Offences on Dereliction of Duty by Servicemen				
检察机关直接立案侦查案件小计	Sub-total of Cases Handled Directly by Procuratorate's Offices	1145	1286	1998	2807
贪污贿赂案	Offences on Corruption and Bribery	1032	1157	1542	2131
渎职侵权案	Offences on Abuse and Dereliction of Duty	113	129	456	676

20-9 人民法院审理一审案件情况

First Trial Cases by Courts

单位：件　　(case)

年　份 Year	收　案 Cases Accepted	刑　事 Criminal	民　事 Civil	经济纠纷 Economic Disputes	行　政 Administrative
2005	537098	41768	238479	237926	18925
2006	530542	42175	232841	235616	19910
2007	535832	43501	238244	234124	19963
2008	603565	44935	259623	274427	24580
2009	625334	45711	284706	267925	26992
2010	652618	44885	303987	274384	29362
2011	681311	48777	325380	278457	28697
2012	711631	56597	328131	301168	25735

注：一审案件指人民法院按照诉讼级别管辖按第一审程序审理的案件。

a) First trial cases refer to cases accepted by people's courts according to the first trial proceedings.

20—10 分系统测绘持证部门情况(2012年)
Basic Statistics on Surveying and Mapping Departments(2012)

系统名称	Sector	持证单位数(个) Departments with Certificate (unit)	#甲级 First -class	乙级 Second -class	测绘专业技术人员(人) Employed Staff (person)	#高级职称 Senior Title	中级职称 Intermediate Title	测绘服务总值(万元) Output Value (10 000 yuan)
测绘	Surveying and Mapping	3	2	1	439	55	156	22915
国土资源	Land and Resources	86	2	12	1165	142	432	21597
城乡建设与规划	Urban-Rural Construction and Planning	196	5	12	2274	235	817	70502
铁道	Railway	2		1	39	7	10	442
交通运输	Transportation	15		3	403	129	154	2706
水利水电	Water and Hydro	36	2	6	580	190	212	7215
石油	Oil	6	2	3	185	41	88	8057
煤炭	Coal	22	2	3	382	60	111	6593
有色金属	Non-Ferrous Metal	1			5	1	4	36
农业	Agriculture	1			9	4	4	35
地震	Earthquake	1		1	31	12	15	46
海洋	Ocean	10	1	3	178	72	61	1592
科教文卫	Science and Technology, Education,Culture,Health	2	1		67	39	17	1084
冶金	Metallurgy	12	2	5	871	84	186	42636
其他	Others	24	4	8	585	122	216	8704

20—11 各市测绘持证单位个数和人员情况(2012年)
Basic Statistics on Surveying and Mapping Departments by Region(2012)

地区	Region	持证单位数(个) Departments with Certificate (unit)	#甲级 First-class	乙级 Second-class	测绘专业技术人员(人) Surveying and Mapping Technical Personnel (person)	#高级职称 Senior Title	中级职称 Intermediate Title	测绘服务总值(万元) Output Value (10 000 yuan)
全省总计	**Total**	**735**	**28**	**79**	**10448**	**1527**	**3497**	**246153**
济南市	Jinan	88	12	19	2814	488	835	102897
青岛市	Qingdao	86	4	14	1259	251	404	46043
淄博市	Zibo	41	2	3	514	54	176	9835
枣庄市	Zaozhuang	32		3	295	40	98	3012
东营市	Dongying	34	2	6	504	88	203	9558
烟台市	Yantai	67	2	7	827	90	274	17276
潍坊市	Weifang	56	2	2	555	55	162	7352
济宁市	Jining	53		6	735	93	297	9476
泰安市	Tai'an	35	2		400	63	108	5445
威海市	Weihai	33		5	361	33	129	6097
日照市	Rizhao	23	1	1	275	41	100	3434
莱芜市	Laiwu	20		1	148	11	58	1886
临沂市	Linyi	44	1	5	542	61	220	9982
德州市	Dezhou	49		2	400	59	143	3964
聊城市	Liaocheng	27		3	332	43	101	3132
滨州市	Binzhou	21		1	207	26	83	2546
菏泽市	Heze	26		1	280	31	106	4217

20−12 残疾人事业基本情况
Basic Statistics on the Work for Persons with Disabilities

项　　目	Item	2010	2011	2012
康复	**Rehabilitation**			
视力残疾康复	Rehabilitation of Persons with Visual Disability			
白内障复明手术　(万例)	Sight-restoring Surgeries for Cataract Patients(10 000 cases)	6.8	7.4	5.8
#贫困白内障患者免费手术	Free Surgeries for Poor Cataract Patients	2.8	3.4	2.7
低视力者配用助视器　(人)	Persons with Low-vision Fitted withVision-aids　(person)	3068	1598	2795
盲人定向行走训练　(人)	Blind Persons Receiving Oriention Skill Training　(person)	2678	2585	6432
听力语言残疾康复	Rehabilitation of Persons with Hearing and Speech Disability			
新收训聋儿　(人)	Deaf Children Trained　(person)	1530	1097	1176
培训家长　(人)	Parents Trained　(person)	2073	1819	2465
肢体残疾康复　(人)	Rehabilitation of Persons with Physical Disability　(person)			
肢体残疾儿童康复训练	Rehabilitation of Persons with Children Physical Disability	2072	2417	3334
成人肢体残疾人社区、家庭康复训练	Adults with Physical Disability Receiving Rehabilitation Training in Communities and Families	18360	19519	47505
智力残疾康复　(人)	Rehabilitation of Persons with Intellectual Disability　(person)			
智残儿童康复训练	Children with Intellectual Disability Receiving Rehabilitation Training	2699	3167	4562
精神病防治康复	Prevention and Rehabilitation of Mental Illness (PRMI)			
开展精神病防治康复工作县(市、区)　(个)	Counties/cities/districts Where PRMI Have Been Conducted　(unit)	106	133	132
监护精神病人　(万人)	People with Mental Illness under Guardianship　(10 000 persons)	34.3	33.8	33.9
监护率　(%)	Guardianship Rate　(%)	86.7	85.0	84.8
显好率　(%)	Significant Improvement Rate　(%)	63.6	63.3	63.1
社会参与率　(%)	Social Involvement Rate　(%)	51.7	52.3	52.6
肇事率　(%)	Violent Events Rate　(%)	0.05	0.04	0.04
孤独症儿童机构训练　(人)	Children with Autism Trained in Institutions　(person)	816	855	900
残疾人辅助器具供应服务	Provision of Assistive Devices			
辅助器具供应　(万件)	Assistive Devices　(10 000 pieces)	7.0	5.0	8.2
普及型假肢装配　(例)	Low-cost Artificial Limbs Fitted　(case)	1347	1130	1263
矫形器装配　(例)	Orthotic Devices Fitted　(case)	201	207	377
教育　(人)	**Education　(person)**			
未入学学龄残疾儿童少年 (万人)	School-age Disabled Children Unable to Enter School　(10 000 persons)	0.6	0.5	0.4
特殊教育普通高中在校生	Students at Special Education Senior High Schools	240	457	365
残疾人中等职业教育在校生	Students at Secondary Vocational Schools for PWDs	485	518	536
高等院校录取残疾考生	Disable Students Admitted to Higher Education Institutions	406	395	388
就业	**Employment**			
城镇残疾人就业状况	Employed Disabled Persons			
当年安排就业　(万人)	Newly Employed in the Year　(10 000 persons)	2.3	1.9	1.9
按比例就业	Employed by Quota Scheme	0.7	0.7	0.7
集中就业	Employed in Collective Form	0.8	0.7	0.7
公益性岗位就业	Employed Through Welfare Post		0.04	0.03
个体及其他形式就业	Self-employed or Employed in Other Forms	0.8	0.5	0.5
残疾人就业服务机构　(个)	Employment Service Institutions for PWDs　(unit)	132	136	138
社会保障　(万人)	**Social Security　(10 000 persons)**			
城镇残疾职工参加社会保险	Urban Workers with Disabilities Covered by Social Insurance	17.3	18.4	25.3
城乡残疾人纳入最低生活保障	PWDs Covered by the Basic Living Allowance System	31.9	33.2	41.0
扶贫	**Poverty Alleviation**			
扶贫开展情况　(万人次)	Outcome of Poverty Alleviation　(10 000 person-times)			
扶持贫困残疾人	Impoverished PWDs Assisted	7.4	8.9	8.2
实用技术培训	Training on Applied Technologies for PWDs	6.3	6.8	5.6
农村贫困残疾人危房改造	House Renovation for Poor PWDs in Rural Areas			
危房改造　(万户)	House Renovation for Poor PWDs　(10 000 households)	0.6	0.3	0.5
受益残疾人　(万人)	PWDs Benefited　(10 000 persons)	0.7	0.4	0.6

20-13 产品质量监督抽查情况(2012年)

Results of Sampling Checks on Product Quality(2012)

类 别	Category	监督检验企业数(个) Number of Enterprises Supervised and Checked (unit)	检验批次(批次) Number of Batch-time Checked (unit)	合格批次(批次) Number of Batch-time Qualified (unit)	批次合格率(%) Rate of Batch-time Qualified (%)
乳制品	Dairy Product	93	179	177	98.9
肉制品	Meat Product	885	1206	1146	95.0
蛋制品	Egg Product	97	143	129	90.2
水产加工品	Aquatic roduct	275	392	373	95.2
小麦粉	Wheat Flour	548	680	500	73.5
食用植物油	Edible Vegetable Oil	219	271	253	93.4
挂面	Noodles	190	270	258	95.6
酱油	Soy Sauce	130	140	123	87.9
食醋	Vinegar	119	130	115	88.5
味精	Monosodium Glutamate	34	40	39	97.5
鸡精	Chicken Essence	15	15	13	86.7
豆制品	Bean Product	126	149	131	87.9
白酒	White Spirit	598	665	625	94.0
啤酒	Beer	47	50	49	98.0
葡萄酒	Wine	129	190	177	93.2
饮料	Beverage	696	892	737	82.6
冷冻饮品	Frozen Dirnks	71	116	93	80.2
茶叶	Tea	174	192	185	96.4
粽子	Rice Dumplings	27	48	48	100.0
糕点	Cake	564	709	661	93.2
月饼	Mooncake	321	478	443	92.7
饼干	Biscuit	79	121	97	80.2
膨化食品	Snack Food	41	48	34	70.8
方便食品	Instant Food	48	60	49	81.7
蜜饯	Candied Fruit	280	362	321	88.7
糖果制品	Candy Products	174	204	177	86.8
食糖	Suger	72	108	97	89.8
罐头	Can	245	325	286	88.0
炒货	Roasted Seeds and Nuts	249	314	265	84.4
食品包装	Food Package	423	489	471	96.3
商用燃气灶具	Commercial Gas Stove	30	30	25	83.3
卫生纸	Toilet Paper	10	15	14	93.3
电冰箱	Refrigerator	7	7	6	85.7
速冻食品	Frozen Food	251	308	266	86.4
淀粉及淀粉制品	Starch and ITS Products	187	205	190	92.7

20-13 续表 continued

类 别	Category	监督检验企业数(个) Number of Enterprises Supervised and Checked (unit)	检验批次(批次) Number of Batch-time Checked (unit)	合格批次(批次) Number of Batch-time Qualified (unit)	批次合格率(%) Rate of Batch-time Qualified (%)
板式家具	Panel Furniture	30	30	27	90.0
蜂产品	Bee Products	48	70	55	78.6
蔬菜制品	Vegetable Products	244	300	274	91.3
学生服	Students Clothes	30	30	19	63.3
电热毯	Electric Blanket	17	17	17	100.0
水泥	Cement	300	300	271	90.3
电动自行车	Electric Bikes	5	5	5	100.0
床上用品	Bedding	28	28	24	85.7
石膏及其制品	Gypsum and Its Products	30	30	30	100.0
中空玻璃	Insulating Glass	24	24	17	70.8
烟花爆竹	Fireworks	19	20	18	90.0

20-14 各市标准化工作情况(2012年)

Statistics on Standardization by Region(2012)

地 区	Region	本年度企业备案(个) Number of Enterprises Registered in This Year (unit)	本年末累计企业备案(个) Cumulative Number of Enterprises Registered at Year End (unit)	本年度采标情况(项) Standards Adopted in This Year (unit)							本年末累计采标(项) Cumulative Number of Standards Adopted at the Year End (unit)
				采标数 Number of Standards Adopted in This Year	采用ISO标准 ISO Standard		采用IEC标准 IEC Standard		采用国外先进标准 Advanced Foreign Standard		
					等同 Unchanged	修改 Changed	等同 Unchanged	修改 Changed	等同 Unchanged	修改 Changed	
全省总计	**Total**	**6214**	**82497**	**169**	**13**	**33**	**11**	**26**	**9**	**76**	**10434**
济南市	Jinan	199	3024	24	1	6	1	9	2	5	1776
青岛市	Qingdao	309	6446	38	2	8	2	11	2	13	2091
淄博市	Zibo	385	2111	22	1	8	3			10	1315
枣庄市	Zaozhuang	137	2203	5	1	1				3	88
东营市	Dongying	345	4793	16	2	2	1	3	1	7	210
烟台市	Yantai	339	5338	20	2	4	1	1		12	1332
潍坊市	Weifang	450	6919	1		1					1127
济宁市	Jining	431	5845	6	1	1				4	141
泰安市	Tai'an	160	2094	1						1	414
威海市	Weihai	220	3267	11	3	2	3	1		2	309
日照市	Rizhao	101	496	5					1	4	189
莱芜市	Laiwu	45	207	1				1			84
临沂市	Linyi	214	2201	8					1	7	494
德州市	Dezhou	124	4188	2		1				1	414
聊城市	Liaocheng	164	934	3		2				1	156
滨州市	Binzhou	136	1233	5		3			2	5	241
菏泽市	Heze	83	1318	1						1	53

主要统计指标解释

粗离婚率　指当年离婚对数占年平均人口的比重，计算公式为：

$$粗离婚率=\frac{当年离婚对数}{年平均人口数}\times 1000‰$$

律　师　指依法取得律师执业证书，担任法律顾问，民事(刑事、行政)案件代理人、刑事案件辩护人、办理非诉讼业务，解答法律询问，代写法律事务文书等，为社会提供法律服务的人员。

公证人员　指在公证处工作的人员总称，包括公证处主任、副主任、公证员、公证员助理(助理公证员)和其他从事辅助性工作的人员。

的职工公费医疗超支部分等。居民个人卫生支出指城乡居民用自己可支配的经济收入支付的各项医疗卫生费用和医疗保险费用。

公证文书　指公证处根据当事人申请，依照事实和法律，按照法定程序制作的，具有法律效力的司法证明文书。根据公证书用途和使用地，公证书分为国内公证书、国内经济公证书、涉外民事公证书、涉外经济公证书四类。

调解民间纠纷　指调解委员会按照法律规定，根据自愿原则，用说服教育的方法调解民间发生的有关民事权利和义务争执的件数，包括调解成功数和调解未成功数。该指标主要反映人民调解委员会的工作量。

受理劳动争议案件数　指劳动争议仲裁委员会根据国家有关规定，对劳动争议当事人的申请予以审查，符合受理条件而正式立案、准备处理的劳动争议案件数。

Explanatory Notes on Main Statistical Indicators

Crude Divorce Rate refers to proportion of divorced people to the annual average population for the reference year, the formula is:

$$\text{Crude Divorce rate} = \frac{\text{number of couples divorced for the reference year}}{\text{annual average population}} \times 1000‰$$

Lawyers are certified legal workers according to law, and who are employed by legal counseling firms to act as legal advisers, agents in criminal or civil lawsuits, or defenders in criminal lawsuits, or to handle non litigious legal affairs, to advise on matters of law or to write legal papers for others, and provide service to the public.

Notary Personnel refer to people working for notary offices including:directors,deputy directors,notaries,assistant notaries and other people providing assistance.

Notary Documents refer to the judicial notary documents drawn up at the request of the interested party and are in accordance with facts and the law and following certain legal proceedings.

Mediation of Civil Disputes refers to number of cases made by mediation committees in mediating in civil disputes concerning civil rights and duties through persuasion and education in accordance with the provisions of law on a voluntary basis, so as to solve disputes by helping the parties involved come to an agreement and understanding, including those unsuccessful ones. This indicator reflects the workload of the mediation committees.

Number of Labour Dispute Cases Accepted refers to the number of cases of labour dispute submitted that, after being reviewed by the labour dispute arbitration committees in line with the relevant national regulations, are accepted and registered for treatment.

第
21
篇

各县(市、区)主要经济指标

Main Indicators of Counties
(Cities and Districts at County Level)

简 要 说 明

一、本篇资料的主要内容

本篇资料反映了全省各县（市、区）经济社会事业发展基本情况，主要包括人口、土地面积、从业人员、农业、工业、投资、财政、金融、出口、农民收入和教育等方面的内容。

二、本篇资料的来源

本篇资料来源于县域经济统计年报和农村统计年报，由省统计局农村处整理提供。

Brief Introduction

I. Content

Data in this chapter show the development in society and economy of counties or cities on the county level, mainly including population, area, employed persons, agriculture, industry, investment, finance, banking, post services and telecommunication, foreign trade, income of rural households and education.

II. Source of Data

Data in this chapter are based on the annul reports of counties and rural and are provided by the Division of Countryside Statistics of Shandong Provincial Bureau of Statistics.

21-1 各县(市、区)主要经济指标(2012年)

Major Economic Indicators of Counties(Cities and Districts at County Level,2012)

地 区	Region	年 末 总人口 (万人) Total Population at Year-end (10 000 persons)	行政区域 土地面积 (平方公里) Area of Local land (sq.km)	年末单位 从业人员数 (人) Total Employed Persons at Year-end in units (person)	乡村从业 人员数 (人) Employed Persons at Year-end in Country (person)	公共财政 预算收入 (万元) Local Financial Budgetary Revenue (10 000 yuan)	公共财政 预算支出 (万元) Local Financial Budgetary Expenditure (10 000 yuan)	年末金融 机构各项 存款余额 (万元) Deposit Balance of Financial Institution at Year-end (10 000 yuan)
济南市	**Jinan**							
历下区	Lixia	55.1	101	322897		470848	402818	
市中区	Shizhong	58.4	280	197278	70954	331126	242263	
槐荫区	Huaiyin	38.8	151	76862	63830	170427	209230	
天桥区	Tianqiao	51.0	249	120393	43314	154766	180100	
历城区	Licheng	93.3	1298	189646	373908	280939	367622	
长清区	Changqing	55.5	1178	90447	232036	73675	183406	
平阴县	Pingyin	37.1	827	46623	159375	80045	173779	1096747
济阳县	Jiyang	55.7	1076	49077	281530	100230	189917	952052
商河县	Shanghe	62.5	1162	32556	280663	52978	174488	902002
章丘市	Zhangqiu	101.8	1855	143035	481750	398608	505082	3680144
青岛市	**Qingdao**							
市南区	Shinan	54.9	30			1017718	356332	
市北区	Shibei	50.0	29	68332		405118	237120	
四方区	Sifang	37.2	35	56225		256108	148767	
黄岛区	Huangdao	54.8	274	361989	94222	772606	647945	6089978
崂山区	Laoshan	26.0	389		90929	767313	488148	
李沧区	Licang	31.5	99			350126	233722	
城阳区	Chengyang	48.6	532		215879	635705	420419	5715832
胶州市	Jiaozhou	80.9	1324	178930	361050	450617	513198	4142144
即墨市	Jimo	113.4	1780	170298	558564	506206	614223	5120186
平度市	Pingdu	137.8	3167	78911	714139	358383	522086	3669567
胶南市	Jiaonan	84.3	1846	195560	367006	510535	574237	3666802
莱西市	Laixi	73.5	1568	117175	367906	289816	388983	2242454
淄博市	**Zibo**							
淄川区	Zichuan	64.6	961	96267	224464	210588	265291	3851988
张店区	Zhangdian	75.6	358	251348	140167	558363	542703	12221721
博山区	Boshan	45.4	698	47151	147083	155904	181389	2104763
临淄区	Linzi	61.2	668	128410	234115	400133	401186	6053536
周村区	Zhoucun	35.0	307	58053	112296	143908	162366	2161364
桓台县	Huantai	49.9	509	88903	237384	250344	296522	2889338
高青县	Gaoqing	36.6	831	140875	183713	89079	164013	979403
沂源县	Yiyuan	56.3	1636	73791	350028	141345	225686	1370424
枣庄市	**Zaozhuang**							
市中区	Shizhong	53.2	374	106387	108217	200007	234680	3159300
薛城区	Xuecheng	50.9	507	55869	189789	168118	213982	2807993
峄城区	Yicheng	39.3	637	28991	194671	71350	132525	583000
台儿庄区	Taierzhuang	31.4	539	24938	161166	62009	118871	581274

21-1 续表 1 continued

地 区	Region	年末总人口(万人) Total Population at Year-end (10 000 person)	行政区域土地面积(平方公里) Area of Local land (sq.km)	年末单位从业人员数(人) Total Employed Persons at Year-end in units (person)	乡村从业人员数(人) Employed Persons at Year-end in Country (person)	公共财政预算收入(万元) Local Financial Budgetary Revenue (10 000 yuan)	公共财政预算支出(万元) Local Financial Budgetary Expenditure (10 000 yuan)	年末金融机构各项存款余额(万元) Deposit Balance of Financial Institution at Year-end (10 000 yuan)
山亭区	Shanting	51.0	1019	29771	259144	39178	141756	573073
滕州市	Tengzhou	169.0	1496	300435	745308	543700	658215	3917216
东营市	**Dongying**							
东营区	Dongying	62.0	1155	66391	71928	258866	308789	15161807
河口区	Hekou	25.0	2139	23438	51041	121456	155053	1878427
垦利县	Kenli	22.0	2231	37361	90147	145696	222758	2159380
利津县	Lijin	30.0	1666	31545	147493	74638	182805	844625
广饶县	Guangrao	50.1	1166	72158	274618	272059	377623	3895980
烟台市	**Yantai**							
芝罘区	Zhifu	68.3	172	189492	35826	506769	752902	10746528
福山区	Fushan	44.7	710	295569	145235	666409	743827	6566125
牟平区	Mouping	44.3	1588	58097	193929	193198	239287	2975488
莱山区	Laishan	21.8	258	39487	50248	201518	199936	2509124
长岛县	Changdao	4.3	56	5324	13227	8058	47414	299428
龙口市	Longkou	63.5	901	98734	270957	585686	632145	6226313
莱阳市	Laiyang	86.8	1732	84641	421876	80337	180708	2563509
莱州市	Laizhou	85.6	1878	78129	378437	360007	454732	4798382
蓬莱市	Penglai	45.0	1129	90213	200370	236098	301643	2939593
招远市	Zhaoyuan	56.8	1432	86051	215296	338100	413150	3739545
栖霞市	Qixia	62.2	2016	41613	301948	63222	166148	1652352
海阳市	Haiyang	66.0	1909	38847	356797	175116	261078	2386469
潍坊市	**Weifang**							
潍城区	Weicheng	36.4	272	38416	95765	128392	119778	
寒亭区	Hanting	45.6	755	67826	192203	266900	275824	
坊子区	Fangzi	53.8	816	46013	259601	82682	156117	
奎文区	Kuiwen	48.6	163	161573	36308	461079	278482	
临朐县	Linqu	87.8	1831	44918	421679	71578	206027	2042906
昌乐县	Changle	61.0	1101	46845	271400	152690	217768	1864421
青州市	Qingzhou	91.9	1569	77581	370878	271057	321627	4494399
诸城市	Zhucheng	108.8	2151	79522	459876	472730	552804	3990012
寿光市	Shouguan	105.1	1990	97326	422831	550006	637474	5670530
安丘市	Anqiu	94.9	1712	114926	428927	100089	247728	2309583
高密市	Gaomi	87.6	1527	67757	419555	281720	360222	2429293
昌邑市	Changyi	58.3	1628	39516	267882	186618	251506	2698182
济宁市	**Jining**							
市中区	Shizhong	57.1	381	170228	143416	134789	151800	1962600
任城区	Rencheng	57.6	599	106624	362715	225200	202300	1675148
微山县	Weishan	72.0	1790	52441	368156	205096	277196	1608444
鱼台县	Yutai	47.1	654	41766	231089	65776	141581	794507

21-1 续表 2 continued

地 区	Region	年末总人口(万人) Total Population at Year-end (10 000 person)	行政区域土地面积(平方公里) Area of Local land (sq.km)	年末单位从业人员数(人) Total Employed Persons at Year-end in units (person)	乡村从业人员数(人) Employed Persons at Year-end in Country (person)	公共财政预算收入(万元) Local Financial Budgetary Revenue (10 000 yuan)	公共财政预算支出(万元) Local Financial Budgetary Expenditure (10 000 yuan)	年末金融机构各项存款余额(万元) Deposit Balance of Financial Institution at Year-end (10 000 yuan)
金乡县	Jinxiang	64.1	872	32022	351512	70066	185728	1401635
嘉祥县	Jiaxiang	87.4	966	40789	464041	100200	202625	1632800
汶上县	Wenshang	77.9	876	34841	425069	90006	192572	1407400
泗水县	Sishui	62.0	1118	23383	309507	50438	166327	925350
梁山县	Liangshan	79.3	960	31175	393684	65097	178335	1513738
曲阜市	Qufu	63.9	815	63183	288788	162396	254676	1925068
兖州市	Yanzhou	63.7	664	62528	263337	300800	355082	2785900
邹城市	Zoucheng	115.8	1616	177441	456586	414840	486170	5349200
泰安市	**Taian**							
泰山区	Taishan	62.2	337	142247	109408	227360	170865	1592000
岱岳区	Daiyue	89.8	1750	47402	469217	72000	221090	1972000
宁阳县	Ningyang	81.8	1125	75267	373016	90400	229950	1387673
东平县	Dongping	79.4	1340	39575	386434	75936	205055	1398931
新泰市	Xintai	140.3	1933	194899	636828	383732	558689	3848484
肥城市	Feicheng	98.4	1277	149930	390051	318667	441899	3144968
威海市	**Weihai**							
环翠区	Huancui	65.6	777	250783	113635	573695	444969	10250021
文登市	Wendeng	63.6	1829	104218	274326	325084	472679	3184331
荣成市	Rongcheng	67.0	1526	149389	230086	426588	744236	4754665
乳山市	Rushan	56.7	1654	56633	266201	200018	296650	2417327
日照市	**Rizhao**							
东港区	Donggang	80.8	1146	127921	332629	484177	790784	9184007
岚山区	Lanshan	42.1	759	32274	211170	178413	160156	1504200
五莲县	Wulian	51.4	1496	35844	263052	55921	165517	1427642
莒 县	Juxian	113.8	1952	51645	599490	70058	263760	2575754
莱芜市	**Laiwu**							
莱城区	Laicheng	96.4	1734	121725	413563	274321	537690	5467284
钢城区	Gangcheng	30.0	507	52573	104612	145857	129566	1672000
临沂市	**Linyi**							
兰山区	Lanshan	112.8	818	202858	352965	404966	321228	11762644
罗庄区	Luozhuang	61.1	642	80714	296471	202358	198635	2282700
河东区	Hedong	74.7	834	37124	382782	208452	260988	1704000
沂南县	Yinan	91.1	1719	35718	506979	80016	233122	1606082
郯城县	Tancheng	94.1	1195	30578	510529	63917	217429	1399111
沂水县	Yishui	113.9	2414	62776	566925	137197	300825	2445875
苍山县	Cangshan	130.3	1724	34763	670292	80689	264518	1721315
费 县	Feixian	83.1	1660	35130	447047	84086	223631	1579182
平邑县	Pingyi	102.4	1823	93684	545725	72581	251950	1550878
莒南县	Junan	101.6	1751	41220	539867	101018	263868	1895711
蒙阴县	Mengyin	55.1	1602	26771	265847	54190	165094	1051458
临沭县	Linshu	63.6	1010	40879	329102	72305	187627	1435811

21-1 续表 3 continued

地 区	Region	年末总人口(万人) Total Population at Year-end (10 000 persons)	行政区域土地面积(平方公里) Area of Local land (sq.km)	年末单位从业人员数(人) Total Employed Persons at Year-end in units (person)	乡村从业人员数(人) Employed Persons at Year-end in Country (person)	公共财政预算收入(万元) Local Financial Budgetary Revenue (10 000 yuan)	公共财政预算支出(万元) Local Financial Budgetary Expenditure (10 000 yuan)	年末金融机构各项存款余额(万元) Deposit Balance of Financial Institution at Year-end (10 000 yuan)
德州市	**Dezhou**							
德城区	Decheng	60.8	583	114888	122390	261478	318290	5462838
陵 县	Lingxian	59.5	1213	31264	248424	67593	176020	1097883
宁津县	Ningjin	47.3	833	18175	242366	45000	145841	1224328
庆云县	Qingyun	31.6	502	26797	127960	37107	116106	656959
临邑县	Linyi	54.2	1016	28947	250931	80821	178770	1212920
齐河县	Qihe	62.8	1411	53370	296293	143682	258113	1372954
平原县	Pingyuan	46.7	1047	27481	205588	44129	147872	1040004
夏津县	Xiajin	52.7	882	18535	258638	51507	158495	941419
武城县	Wucheng	39.2	748	31712	181006	48084	136969	975905
乐陵市	Leling	69.9	1172	26146	292415	49008	190717	1184850
禹城市	Yucheng	52.7	990	38508	235585	100344	207639	1194862
聊城市	**Liaocheng**							
东昌府区	Dongchangfu	115.1	1710	122057	512362	171669	337941	6391051
阳谷县	Yanggu	79.5	1066	32576	408878	60718	199371	2223244
莘 县	Shenxian	100.7	1416	34375	559377	50250	231796	1374361
茌平县	Chiping	54.2	1003	53089	275011	188081	271957	1465859
东阿县	Donge	40.0	729	27381	214871	50188	130213	1142211
冠 县	Guanxian	80.0	1161	31995	427547	54246	213654	1313257
高唐县	Gaotang	49.3	949	52622	207949	91222	190897	1124626
临清市	Linqing	75.8	950	42394	364720	106406	196923	1842325
滨州市	**Binzhou**							
滨城区	Bincheng	65.0	1041	112364	278474	460663	732083	5276215
惠民县	Huimin	64.1	1363	25544	339368	60249	200830	1048424
阳信县	Yangxin	45.2	798	18329	209223	50757	145912	803502
无棣县	Wudi	46.0	2090	34065	245182	126525	212380	1110529
沾化县	Zhanhua	39.1	2218	23947	208686	84208	170077	754901
博兴县	Boxing	48.9	900	36569	222581	208856	275039	3051570
邹平县	Zouping	73.0	1250	178884	385805	513343	529585	4931464
菏泽市	**Heze**							
牡丹区	Mudan	150.5	1415	128763	538272	442192	711075	4847249
曹 县	Caoxian	158.6	1974	37960	702389	153573	361718	1710095
单 县	Shanxian	120.9	1670	38334	550325	144084	318009	1483215
成武县	Chengwu	70.1	998	27634	283172	73687	184902	953672
巨野县	Juye	101.4	1308	33352	461646	160989	295306	1600703
郓城县	Yuncheng	122.1	1643	49696	523222	172288	300343	2021282
鄄城县	Juancheng	86.2	1032	28122	402406	62178	205928	1185680
定陶县	Dingtao	66.9	846	26319	311485	61104	174606	928580
东明县	Dongming	80.7	1370	41595	291260	132909	250899	1347246

21-1 续表 4 continued

地　区	Region	城乡居民储蓄存款余额（万元） Urban and Rural Household Savings Deposits (10 000 yuan)	年末金融机构各项贷款余额（万元） Loan Balance of Financial Institution at Year-end (10 000 yuan)	油料产量（吨） Output of Oil-bearing Crops (ton)	蔬菜产量（吨） Output of Vegetables (ton)	水果产量（吨） Output of Fruits (ton)	肉类总产量（吨） Output of Meat (ton)	奶类产量（吨） Output of Milk (ton)
济南市	**Jinan**							
历下区	Lixia							
市中区	Shizhong			65	9100	2698	7040	18128
槐荫区	Huaiyin				9029		2508	9897
天桥区	Tianqiao			682	23709	628	6121	3028
历城区	Licheng			3323	993535	177718	44768	101307
长清区	Changqing			16133	657336	46055	29924	36683
平阴县	Pingyin	688367	575762	10731	575338	126917	45627	35478
济阳县	Jiyang	704955	442404	17270	1306414	51831	59613	40898
商河县	Shanghe	616460	520967	651	911551	30816	80361	6554
章丘市	Zhangqiu	2481007	2312649	7887	1850212	68888	122031	80339
青岛市	**Qingdao**							
市南区	Shinan							
市北区	Shibei							
四方区	Sifang							
黄岛区	Huangdao	2392120	6154945	3431	11201	3032	1440	572
崂山区	Laoshan			648	8128	7497	2505	701
李沧区	Licang							
城阳区	Chengyang	2836533	4867422	152	80358	13964	9871	15916
胶州市	Jiaozhou	2494076	3248607	40310	1196468	57809	57278	25634
即墨市	Jimo	3231706	3963469	81148	625262	23182	74103	45975
平度市	Pingdu	2794887	1745243	144669	2339287	355544	197991	26612
胶南市	Jiaonan	2110922	2688431	96220	404111	113213	71322	15637
莱西市	Laixi	1701672	1346307	92921	1032748	224444	199205	245304
淄博市	**Zibo**							
淄川区	Zichuan	2587623	1334531	2401	45693	8328	16174	526
张店区	Zhangdian	5326701	9034129	750	19059	1717	6481	4449
博山区	Boshan	1575748	1215420	1660	288540	53122	11636	1362
临淄区	Linzi	2992492	3764790	82	990590	9565	45065	24672
周村区	Zhoucun	1590205	1128467	822	56654	16176	13347	6047
桓台县	Huantai	1396899	2930298	29	109580	2207	16217	13552
高青县	Gaoqing	557669	755337	3593	298860	32948	38877	60602
沂源县	Yiyuan	875067	960119	15332	406214	978760	37194	14465
枣庄市	**Zaozhuang**							
市中区	Shizhong	1790800	2428300	11013	144471	9748	26497	4054
薛城区	Xuecheng	1515600	1332913	6878	237040	12805	33949	320
峄城区	Yicheng	376700	568500	15597	727969	32833	20518	1018
台儿庄区	Taierzhuang	398070	424869	1138	515898	11913	22891	31638

21-1 续表 5 continued

地 区	Region	城乡居民储蓄存款余额(万元) Urban and Rural Household Savings Deposits (10 000 yuan)	年末金融机构各项贷款余额(万元) Loan Balance of Financial Institution at Year-end (10 000 yuan)	油料产量(吨) Output of Oil-bearing Crops (ton)	蔬菜产量(吨) Output of Vegetables (ton)	水果产量(吨) Output of Fruits (ton)	肉类总产量(吨) Output of Meat (ton)	奶类产量(吨) Output of Milk (ton)
山亭区	Shanting	409946	426311	22635	148236	122774	37150	8738
滕州市	Tengzhou	2621274	4080974	35692	2641074	55538	124486	1352
东营市	**Dongying**							
东营区	Dongying	5361479	8974351	379	222203	5992	49174	16748
河口区	Hekou	1291250	938481	1122	4736	34029	26604	26032
垦利县	Kenli	988922	2200369	705	30031	10219	26357	32349
利津县	Lijin	452726	763334	1018	349363	30756	77882	10301
广饶县	Guangrao	1428241	5183304		863098	12680	87785	100134
烟台市	**Yantai**							
芝罘区	Zhifu	4798567	9997653	169	20842	5462	1096	3841
福山区	Fushan	1675218	3917587	10152	24696	97089	14540	6853
牟平区	Mouping	2454818	3682580	33308	101316	600894	76266	37450
莱山区	Laishan	1168800	1387966	6341	22888	36205	12152	2503
长岛县	Changdao	219818	115319			604	101	76
龙口市	Longkou	3388770	4462401	9613	228509	374837	38270	45492
莱阳市	Laiyang	1923829	1480722	96205	570297	424258	95440	70905
莱州市	Laizhou	3419753	2158458	53732	220932	295828	85120	11493
蓬莱市	Penglai	1846973	2125321	43959	145039	702447	49766	7613
招远市	Zhaoyuan	2188854	2366807	68150	58242	562228	51039	9090
栖霞市	Qixia	1330385	939947	60474	178280	1524044	24703	1922
海阳市	Haiyang	1645491	1767090	80520	385641	440276	45314	17700
潍坊市	**Weifang**							
潍城区	Weicheng			134	41140	20602	13810	6475
寒亭区	Hanting			589	130516	72122	44977	29302
坊子区	Fangzi			10695	451716	9278	34739	6618
奎文区	Kuiwen				1176	480	459	976
临朐县	Linqu	1609297	1447319	13188	153413	213585	159093	101580
昌乐县	Changle	1171647	1630919	40102	918850	62395	125508	46293
青州市	Qingzhou	3020240	3313840	39	1368029	103033	105910	56756
诸城市	Zhucheng	2510966	3462261	62768	1145366	71717	341733	4960
寿光市	Shouguan	3259638	5201247	454	4189143	104070	170198	9238
安丘市	Anqiu	1742806	1671510	49315	1630100	84957	105847	182
高密市	Gaomi	1734381	2140278	54452	999810	73783	193043	41411
昌邑市	Changyi	1971337	1766911	12187	500639	78924	128686	7030
济宁市	**Jining**							
市中区	Shizhong		1262800	19	42342		9157	4116
任城区	Rencheng	1223964	1028177	1077	486640	33559	31290	8631
微山县	Weishan	898315	801668	2183	352310	966	83418	153
鱼台县	Yutai	586100	346288		694247	3026	33879	1353

21-1 续表 6 continued

地 区	Region	城乡居民储蓄存款余额（万元）Urban and Rural Household Savings Deposits (10 000 yuan)	年末金融机构各项贷款余额（万元）Loan Balance of Financial Institution at Year-end (10 000 yuan)	油料产量（吨）Output of Oil-bearing Crops (ton)	蔬菜产量（吨）Output of Vegetables (ton)	水果产量（吨）Output of Fruits (ton)	肉类总产量（吨）Output of Meat (ton)	奶类产量（吨）Output of Milk (ton)
金乡县	Jinxiang	1095100	799595	182	1509131	20289	46408	5990
嘉祥县	Jiaxiang	1289017	762036	2814	674281	11409	66866	9403
汶上县	Wenshang	1063100	739200	5991	174500	14258	90990	50500
泗水县	Sishui	716900	522367	66527	597952	60294	84686	5215
梁山县	Liangshan	1200835	613300	18397	758545	43863	96685	20314
曲阜市	Qufu	1189100	904259	11082	211828	45632	80771	8855
兖州市	Yanzhou	1873010	2016200	4191	541865	2526	107134	7973
邹城市	Zoucheng	2526615	3662100	61054	484482	39448	102623	18717
泰安市	**Taian**							
泰山区	Taishan	1043500	1071200	126	164732	8939	8985	129723
岱岳区	Daiyue	1428000	1220000	29214	2445595	185805	66105	128228
宁阳县	Ningyang	1068789	767020	75011	952502	47079	97656	91084
东平县	Dongping	1062913	908170	20957	708544	12141	52333	16682
新泰市	Xintai	2558498	2494585	97208	1387401	116055	143952	108475
肥城市	Feicheng	2023820	2120184	9669	2095802	137313	78205	77215
威海市	**Weihai**							
环翠区	Huancui	4869120	6828021	17977	67217	92991	12106	9376
文登市	Wendeng	2448277	1980804	90898	264608	232244	52909	105157
荣成市	Rongcheng	3074906	3198049	70625	247135	131874	36587	60268
乳山市	Rushan	1780426	1754126	76359	369409	423462	64117	16546
日照市	**Rizhao**							
东港区	Donggang	3287209	9322169	51730	98460	95076	34462	2400
岚山区	Lanshan	762800	1381200	38454	161190	39242	36031	1680
五莲县	Wulian	999611	821067	61630	166667	33659	47168	150
莒 县	Juxian	1590789	1512357	89046	480810	42185	91259	13009
莱芜市	**Laiwu**							
莱城区	Laicheng	2808082	3348198	12058	791139	55794	53500	1196
钢城区	Gangcheng	917200	2169400	5119	198732	27405	12027	894
临沂市	**Linyi**							
兰山区	Lanshan	5700833	9968723	22726	87064	28312	23270	17179
罗庄区	Luozhuang	1324400	1842500	13376	86283	4448	15828	33222
河东区	Hedong	1273000	1054000	23112	258562	22858	28215	4957
沂南县	Yinan	1278284	798298	85749	1077026	67800	162869	15845
郯城县	Tancheng	1178935	803293	16483	491894	8098	49999	2562
沂水县	Yishui	1829431	1589405	90600	588123	462349	103070	18126
苍山县	Cangshan	1305337	943763	57819	2322801	61335	42973	2900
费 县	Feixian	1221823	872493	83473	489396	177199	47270	3820
平邑县	Pingyi	1120057	942736	86890	375307	197705	65697	4142
莒南县	Junan	1483641	1069853	145646	224291	41608	135570	668
蒙阴县	Mengyin	821870	610372	40478	141008	873460	25496	166
临沭县	Linshu	915246	1006174	179800	134859	8904	58547	5165

21-1 续表 7 continued

地 区	Region	城乡居民储蓄存款余额(万元) Urban and Rural Household Savings Deposits (10 000 yuan)	年末金融机构各项贷款余额(万元) Loan Balance of Financial Institution at Year-end (10 000 yuan)	油料产量(吨) Output of Oil-bearing Crops (ton)	蔬菜产量(吨) Output of Vegetables (ton)	水果产量(吨) Output of Fruits (ton)	肉类总产量(吨) Output of Meat (ton)	奶类产量(吨) Output of Milk (ton)
德州市	**Dezhou**							
德城区	Decheng	3091178	3945798	117	180454	24065	23324	6805
陵 县	Lingxian	809687	723489		395355	6615	80592	46697
宁津县	Ningjin	1005709	567449	2692	436592	20273	30743	7091
庆云县	Qingyun	431208	434416		88703	40137	11964	130
临邑县	Linyi	883456	820439	22	321822	9682	128789	40855
齐河县	Qihe	927469	923790	8507	1234076	7734	117313	23064
平原县	Pingyuan	835185	532249	392	1061267	17939	74666	14625
夏津县	Xiajin	726127	576282	3425	146966	22180	33175	1304
武城县	Wucheng	725067	623405	248	72919	2571	14754	4510
乐陵市	Leling	882372	847709	374	168411	232538	81722	6587
禹城市	Yucheng	757926	1127926	4746	806570	4137	91659	41718
聊城市	**Liaocheng**							
东昌府区	Dongchangfu	3216679	4722049	6091	1370124	25960	77765	15017
阳谷县	Yanggu	1305323	1682086	11803	1689030	32549	71625	30901
莘 县	Shenxian	1140249	736444	24952	2108005	34182	143901	3954
茌平县	Chiping	906545	1590748	23787	1273492	69287	67786	6850
东阿县	Donge	686651	673867	381	366300	23226	24687	7506
冠 县	Guanxian	870066	953882	38036	1198564	294359	75528	13456
高唐县	Gaotang	678009	1112492	18066	373280	6961	45714	3454
临清市	Linqing	1399150	1420394	2301	239047	67855	25014	9184
滨州市	**Binzhou**							
滨城区	Bincheng	2074572	4205635	359	185080	37221	23957	12069
惠民县	Huimin	681615	790680	8620	888412	131411	66942	10574
阳信县	Yangxin	454374	613361		132056	250177	88132	3718
无棣县	Wudi	626703	1135461	235	15105	241732	105686	2714
沾化县	Zhanhua	419059	689093	1582	68504	368717	54514	2905
博兴县	Boxing	1295322	2535084	278	253919	6819	47652	2524
邹平县	Zouping	1560027	4981960	1816	256593	50249	84383	98518
菏泽市	**Heze**							
牡丹区	Mudan	2975824	3307106	17192	713036	49537	75681	2020
曹 县	Caoxian	1450489	961478	20586	360933	20093	79618	44881
单 县	Shanxian	1302291	999183	41227	1657097	257299	105909	7264
成武县	Chengwu	775403	592374	529	859031	30182	54669	896
巨野县	Juye	1293848	1111361	9043	754546	79352	50555	3473
郓城县	Yuncheng	1704271	1338678	28327	1032205	57725	89306	2322
鄄城县	Juancheng	1010808	617163	61456	447734	35644	54279	1524
定陶县	Dingtao	751175	493068	4933	742016	29694	74189	2723
东明县	Dongming	935055	1203004	58012	390730	32077	46347	2402

21−1 续表 8 continued

地 区	Region	规模以上工业企业(万元) Industrial Enterprises above Designated Size(10 000 yuan)				社会消费品零售额(万元) Total Retail Sales of Consumer Goods (10 000 yuan)	出口总额(万美元) Total Exports (10 000 USD)
		工业总产值 Gross Industrial Output Value	主营业务收入 Revenue from Principal Business	利润总额 Total Profits	利税总额 Total Profits and Taxes		
济南市	**Jinan**						
历下区	Lixia	3428691	3430798	-25428	462245	5359681	67582
市中区	Shizhong	2856847	3636090	8138	85801	3272873	135498
槐荫区	Huaiyin	1433175	1452774	116327	153525	2647352	28463
天桥区	Tianqiao	770427	766608	25076	43402	2742587	27614
历城区	Licheng	7072638	7382045	-33088	143377	3415514	94693
长清区	Changqing	1416876	1464975	44880	90086	879748	12763
平阴县	Pingyin	2108103	2041494	248146	334791	651577	50497
济阳县	Jiyang	2498003	2354946	206271	325160	784298	11376
商河县	Shanghe	1052743	1042737	46885	85066	572936	6727
章丘市	Zhangqiu	11633255	11624243	644274	1102419	2409052	40906
青岛市	**Qingdao**						
市南区	Shinan	1755310	357679	4975	13155	3660305	685204
市北区	Shibei	1513747	1812374	37016	80760	2933955	127467
四方区	Sifang	1865441	1882591	100511	128065	1667400	72024
黄岛区	Huangdao	43308517	44190091	2000802	3668158	1406973	988137
崂山区	Laoshan	5758692	5510967	373448	563100	1208000	334700
李沧区	Licang	6397187	7546837	-55093	340782	2252021	106184
城阳区	Chengyang	15845861	13253664	567740	792491	1459054	778364
胶州市	Jiaozhou	17979950	16818996	1147430	1983000	2233073	428875
即墨市	Jimo	19228022	18707090	1065001	2007284	2643357	379100
平度市	Pingdu	13735908	13454941	839655	1291134	2425510	133624
胶南市	Jiaonan	16914691	15885962	801831	1648713	1933176	272065
莱西市	Laixi	9220437	8909998	561524	720640	1822022	196298
淄博市	**Zibo**						
淄川区	Zichuan	19266537	18367677	1675946	2549124	1890222	92396
张店区	Zhangdian	18590117	19111514	1992484	3217372	4328924	127570
博山区	Boshan	7153756	6989645	544484	836934	1639991	43815
临淄区	Linzi	27407389	27043474	1409266	2904261	1716483	77075
周村区	Zhoucun	8571782	8546490	675029	1021912	1501963	42629
桓台县	Huantai	15391224	15130972	565708	833301	1271862	80064
高青县	Gaoqing	2641360	2671035	174135	356978	349418	16441
沂源县	Yiyuan	4305909	4227303	591359	827679	937523	22019
枣庄市	**Zaozhuang**						
市中区	Shizhong	4219649	4509356	250418	417280	821123	27097
薛城区	Xuecheng	6750585	7975300	560700	955000	801772	11616
峄城区	Yicheng	3160820	3085439	155415	288920	441684	8628
台儿庄区	Taierzhuang	3034708	2959148	183228	291505	457584	5699

21-1 续表 9 continued

地 区	Region	规模以上工业企业(万元) Industrial Enterprises above Designated Size(10 000 yuan)				社会消费品零售额(万元) Total Retail Sales of Consumer Goods (10 000 yuan)	出口总额(万美元) Total Exports (10 000 USD)
		工业总产值 Gross Industrial Output Value	主营业务收入 Revenue from Principal Business	利润总额 Total Profits	利税总额 Total Profits and Taxes		
山亭区	Shanting	1372449	1235324	63276	102248	490025	6819
滕州市	Tengzhou	12559494	12399024	652139	1243447	2489087	34158
东营市	**Dongying**						
东营区	Dongying	9377517	9207244	979976	1325129	2409758	99087
河口区	Hekou	7407636	7267233	428001	797551	354255	4882
垦利县	Kenli	16375552	16231323	1779265	2400132	408447	32750
利津县	Lijin	10269131	10569551	612396	1097646	244903	8500
广饶县	Guangrao	33154920	32802121	3279650	3961075	1207316	319036
烟台市	**Yantai**						
芝罘区	Zhifu	9424100	9408600	455300	87814	4332360	127126
福山区	Fushan	30553057	29895776	1890587	2637940	1568921	1556286
牟平区	Mouping	7187115	6853743	565860	675333	1068459	70733
莱山区	Laishan	2210180	2076187	177107	277159	685538	81083
长岛县	Changdao	33459	31893	1841	3427	133152	3394
龙口市	Longkou	25170314	24543900	2034365	2690253	2429182	161900
莱阳市	Laiyang	6472966	6479472	398777	505240	2025862	81956
莱州市	Laizhou	13232649	13581986	1445127	1964786	2270381	112109
蓬莱市	Penglai	11841079	12696978	1277263	1470500	1021448	79241
招远市	Zhaoyuan	14945813	15550671	1489758	1794940	1245396	127397
栖霞市	Qixia	2225768	2225362	143905	143905	943986	30857
海阳市	Haiyang	3229316	2491904	140517	218938	1151547	59783
潍坊市	**Weifang**						
潍城区	Weicheng	2879005	2917900	116600	187421	1231906	27275
寒亭区	Hanting	8138081	8958724	384848	486197	728549	102867
坊子区	Fangzi	2224809	2300340	121414	159508	600211	44051
奎文区	Kuiwen	6745634	6754046	595348	776633	3606016	168599
临朐县	Linqu	4051329	4136186	135341	227884	991917	23457
昌乐县	Changle	7200500	7232386	300650	465149	881869	136900
青州市	Qingzhou	13329814	13033500	570426	1133400	1527501	35023
诸城市	Zhucheng	19309781	18935099	1194237	1665971	1794128	126743
寿光市	Shouguan	15189620	15422389	814646	1134411	1889676	164704
安丘市	Anqiu	3476355	3525704	147073	214694	1138144	62500
高密市	Gaomi	14192449	14846345	845421	1284336	1400900	138036
昌邑市	Changyi	8621505	8825642	598459	797804	1114423	43836
济宁市	**Jining**						
市中区	Shizhong	1355726	1318600	10400	50100	1695128	31456
任城区	Rencheng	5880481	3038400	286800	445200	1004508	22529
微山县	Weishan	2906481	3137653	459277	671215	813102	5669
鱼台县	Yutai	833941	851200	69596	113386	587814	3110

21-1 续表 10 continued

地 区	Region	规模以上工业企业(万元) Industrial Enterprises above Designated Size(10 000 yuan)				社会消费品零售额(万元) Total Retail Sales of Consumer Goods (10 000 yuan)	出口总额(万美元) Total Exports (10 000 USD)
		工业总产值 Gross Industrial Output Value	主营业务收入 Revenue from Principal Business	利润总额 Total Profits	利税总额 Total Profits and Taxes		
金乡县	Jinxiang	1548869	1709400	141699	202601	664179	31523
嘉祥县	Jiaxiang	1652000	1632100	143400	214600	705000	10521
汶上县	Wenshang	1476215	1390800	124000	199800	728004	7850
泗水县	Sishui	1199392	1101000	101400	133200	584942	9581
梁山县	Liangshan	2209707	2163504	132537	212580	632479	2332
曲阜市	Qufu	1963438	1965500	183900	293400	1223459	9830
兖州市	Yanzhou	11248824	11018940	610442	858354	1480110	78843
邹城市	Zoucheng	8625287	11860922	678929	1263725	1831912	7012
泰安市	**Taian**						
泰山区	Taishan	4672092	4632790	365121	570000	2225200	30419
岱岳区	Daiyue	2713171	2993306	203994	278000	1158136	14935
宁阳县	Ningyang	8206784	8168086	773402	1149767	1059000	6702
东平县	Dongping	7277629	7245949	512878	739437	896000	1379
新泰市	Xintai	16152674	16915403	1307098	2254760	2070575	169197
肥城市	Feicheng	13936845	13373651	896381	1520427	1843871	25200
威海市	**Weihai**						
环翠区	Huancui	12760853	13058495	802294	1172884	3197282	663882
文登市	Wendeng	12018316	11245109	843493	1460185	2429080	90785
荣成市	Rongcheng	21487891	20471532	1329385	2171880	2293939	261669
乳山市	Rushan	6332215	6050110	276836	513530	1510376	49880
日照市	**Rizhao**						
东港区	Donggang	7992991	7985013	-197341	377588	1980946	211846
岚山区	Lanshan	9260394	9302478	1282159	329283	649607	128433
五莲县	Wulian	3669841	3599496	133250	182634	526894	19235
莒 县	Juxian	3551773	3578572	225474	221023	1043790	28942
莱芜市	**Laiwu**						
莱城区	Laicheng	9459000	10657226	228509	448379	1723907	68561
钢城区	Gangcheng	5271700	5417100	-195500	-77800	556600	5294
临沂市	**Linyi**						
兰山区	Lanshan	14128410	13033981	882021	1178708	4530800	88422
罗庄区	Luozhuang	11599061	12894053	594289	946431	1309244	67879
河东区	Hedong	8469138	8747238	397967	557863	1064705	62293
沂南县	Yinan	3967479	3851686	276498	381726	785971	15055
郯城县	Tancheng	3860929	3922393	312927	474363	888269	8937
沂水县	Yishui	7803891	7768527	626237	931964	1302492	30200
苍山县	Cangshan	3094328	3257669	212910	351806	1362572	5423
费 县	Feixian	5139645	5104805	411718	554675	758479	23562
平邑县	Pingyi	2902444	2902629	174338	273274	1111449	14762
莒南县	Junan	4683124	4744487	219981	333480	1141179	46766
蒙阴县	Mengyin	2504559	2524823	142528	206361	702310	4429
临沭县	Linshu	3812796	6223447	311322	359868	746456	22189

21-1 续表 11 continued

地区	Region	规模以上工业企业(万元) Industrial Enterprises above Designated Size(10 000 yuan)				社会消费品零售额(万元) Total Retail Sales of Consumer Goods (10 000 yuan)	出口总额(万美元) Total Exports (10 000 USD)
		工业总产值 Gross Industrial Output Value	主营业务收入 Revenue from Principal Business	利润总额 Total Profits	利税总额 Total Profits and Taxes		
德州市	**Dezhou**						
德城区	Decheng	9775572	9980900	646913	1126249	2025172	61204
陵县	Lingxian	5507312	5409631	284025	582959	636570	12659
宁津县	Ningjin	5141344	5222842	312415	540909	689546	7074
庆云县	Qingyun	3301079	3318400	247800	352100	499324	5001
临邑县	Linyi	5733700	6272100	395200	739900	783239	34066
齐河县	Qihe	6967367	6812400	424400	815973	802061	18033
平原县	Pingyuan	5199104	5197792	346700	520500	627729	6911
夏津县	Xiajin	5490659	5238535	323342	594225	588443	1137
武城县	Wucheng	5403740	5224071	336504	624400	545722	2658
乐陵市	Leling	5219997	5368067	339060	619000	767080	17686
禹城市	Yucheng	6697600	6488544	398684	783600	758034	17543
聊城市	**Liaocheng**						
东昌府区	Dongchangfu	7527100	7487600	411100	542400	1506485	56632
阳谷县	Yanggu	7213084	7733449	474082	916094	990068	28286
莘县	Shenxian	5076620	5093615	351430	551930	894554	5098
茌平县	Chiping	10845827	10915581	814830	1055015	763435	15338
东阿县	Donge	3507456	3409161	300110	441351	497655	5161
冠县	Guanxian	7042513	6927614	424929	682442	710973	17503
高唐县	Gaotang	12135400	12176800	731400	945200	765163	23147
临清市	Linqing	12458100	12409700	799700	1261700	1115099	33833
滨州市	**Binzhou**						
滨城区	Bincheng	8260527	8207635	336577	808323	1638500	99337
惠民县	Huimin	2272580	2322249	100543	183768	744400	3891
阳信县	Yangxin	2604292	2733086	195400	378095	472700	22025
无棣县	Wudi	3496454	3229789	163028	235777	608800	4240
沾化县	Zhanhua	2427334	2439504	144366	211170	575300	1218
博兴县	Boxing	9551845	11500424	402042	562179	734100	69975
邹平县	Zouping	28445567	30904511	1632637	2186662	1248700	82247
菏泽市	**Heze**						
牡丹区	Mudan	8583994	8732484	931126	1318724	1893828	21538
曹县	Caoxian	5565306	5652234	408194	798043	1397945	42535
单县	Shanxian	4792778	5361315	410256	696542	1109184	10029
成武县	Chengwu	2978333	2981171	303996	438491	628505	6541
巨野县	Juye	4103966	4084429	447677	619070	892697	29129
郓城县	Yuncheng	5154324	5535619	428808	702325	1083890	9755
鄄城县	Juancheng	3250182	3260155	308616	617384	737457	18778
定陶县	Dingtao	2584265	2570413	237742	317325	572448	2835
东明县	Dongming	6288605	6827082	350840	665349	724733	11862

21－1 续表 12 continued

地 区	Region	固定资产投资完成额（万元）Investment in Fixed Asset (10 000 yuan)	普通中学专任教师数（人）Full-time Teachers in Secondary Schools (person)	小学专任教师数（人）Full-time Teachers in Primary Schools (person)	普通中学在校学生数（人）Total Enrollment in Secondary Schools (person)	小学在校学生数（人）Total Enrollment in Primary Schools (person)	农民人均纯收入（元）Per Captita Net Income of Rural Residents (yuan)
济南市	**Jinan**						
历下区	Lixia	2155735	1496	1842	18606	37436	
市中区	Shizhong	2066646	2494	2232	31839	37039	13140
槐荫区	Huaiyin	2686451	977	1730	10250	28976	14398
天桥区	Tianqiao	890294	1086	3117	12300	29600	10691
历城区	Licheng	3165820	1924	2953	24689	54682	12885
长清区	Changqing	1203187	1975	2117	28646	31447	11325
平阴县	Pingyin	1097036	1308	1478	18839	20035	9632
济阳县	Jiyang	1090498	1923	2779	31321	34047	10743
商河县	Shanghe	496368	1881	2562	28500	40100	9457
章丘市	Zhangqiu	2581651	4268	4101	57706	64820	13587
青岛市	**Qingdao**						
市南区	Shinan	1568899	851	1888	11806	27619	
市北区	Shibei	1075175	827	1584	10830	23639	
四方区	Sifang	1227979	651	1428	8040	19615	
黄岛区	Huangdao	5437000	1379	1465	17502	29809	15800
崂山区	Laoshan	1557361	1087	1175	11612	15161	15935
李沧区	Licang	2541913	787	1536	10020	23799	
城阳区	Chengyang	4634678	2295	2263	25490	40156	14702
胶州市	Jiaozhou	3371086	3349	3833	42531	59213	13939
即墨市	Jimo	3793265	3386	4846	35323	77420	13923
平度市	Pingdu	4279357	5822	5186	66862	78847	13593
胶南市	Jiaonan	5069951	4202	3782	41364	53694	13879
莱西市	Laixi	3719868	3626	2680	39352	35843	13623
淄博市	**Zibo**						
淄川区	Zichuan	2409482	3311	2395	43400	31597	12713
张店区	Zhangdian	3684550	3850	2989	57143	47534	15419
博山区	Boshan	2144017	2185	1481	26914	18513	11859
临淄区	Linzi	3209608	3185	2399	40749	33060	14021
周村区	Zhoucun	1843966	1728	1263	24455	18594	12301
桓台县	Huantai	2336409	3145	1610	36514	25753	13413
高青县	Gaoqing	601510	2009	1281	23711	18930	8807
沂源县	Yiyuan	718641	2494	2088	38411	26486	10950
枣庄市	**Zaozhuang**						
市中区	Shizhong	1469078	1509	2053	19344	38632	10185
薛城区	Xuecheng	1600730	5405	2806	23823	38407	9588
峄城区	Yicheng	1182300	1402	1787	17169	34553	9376
台儿庄区	Taierzhuang	844686	1144	1863	12811	21284	8099

21-1 续表 13 continued

地 区	Region	固定资产投资完成额(万元) Investment in Fixed Asset (10 000 yuan)	普通中学专任教师数(人) Full-time Teachers in Secondary Schools (person)	小学专任教师数(人) Full-time Teachers in Primary Schools (person)	普通中学在校学生数(人) Total Enrollment in Secondary Schools (person)	小学在校学生数(人) Total Enrollment in Primary Schools (person)	农民人均纯收入(元) Per Captita Net Income of Rural Residents (yuan)
山亭区	Shanting	668276	1507	2630	19836	31520	7580
滕州市	Tengzhou	3196786	6312	6987	88027	89642	10633
东营市	**Dongying**						
东营区	Dongying	2535234	1397	842	7938	18076	11795
河口区	Hekou	2060926	942	1034	10943	16856	11317
垦利县	Kenli	1478000	1077	934	15465	13878	11411
利津县	Lijin	1483609	1582	1102	10793	17249	10483
广饶县	Guangrao	4111320	2675	1620	29566	32594	12055
烟台市	**Yantai**						
芝罘区	Zhifu	2808180	3121	1908	45183	31651	15665
福山区	Fushan	5185251	2067	1683	23631	21211	14727
牟平区	Mouping	1442381	2055	1635	21834	13642	13532
莱山区	Laishan	2306087	903	436	8217	8309	15073
长岛县	Changdao	40610	242	152	2354	1269	15048
龙口市	Longkou	4031112	3459	1821	37092	28923	15201
莱阳市	Laiyang	1046919	4296	2334	44500	33500	10853
莱州市	Laizhou	2488683	4034	2088	43621	34460	14387
蓬莱市	Penglai	2585067	2182	1144	23206	16739	14519
招远市	Zhaoyuan	1771696	3475	1566	32056	22710	14456
栖霞市	Qixia	869087	3119	1988	26713	18779	10742
海阳市	Haiyang	2681256	2841	1865	31542	22635	12733
潍坊市	**Weifang**						
潍城区	Weicheng	1603583	1584	1618	16556	25960	12445
寒亭区	Hanting	3756009	2644	2365	27052	31140	11814
坊子区	Fangzi	966627	2273	2341	24307	35762	11920
奎文区	Kuiwen	3111121	1640	1694	19308	36480	12519
临朐县	Linqu	1285136	4216	3653	36901	43201	10512
昌乐县	Changle	1783179	3198	2795	36806	35488	11576
青州市	Qingzhou	3126269	4288	3988	52061	52997	11796
诸城市	Zhucheng	3566417	4511	4198	60545	76771	12804
寿光市	Shouguan	1592937	4921	4340	66619	66722	12805
安丘市	Anqiu	602429	4428	4032	45436	54490	10774
高密市	Gaomi	2981344	3934	3469	48371	60684	11676
昌邑市	Changyi	2135387	2615	2070	34147	33182	11842
济宁市	**Jining**						
市中区	Shizhong	1063956	939	912	8960	12554	9543
任城区	Rencheng	1380131	1782	1994	16741	23204	10903
微山县	Weishan	1425508	2236	3051	24677	34733	10297
鱼台县	Yutai	616240	1632	1611	24651	29297	9426

21-1 续表 14 continued

地 区	Region	固定资产投资完成额（万元）Investment in Fixed Asset (10 000 yuan)	普通中学专任教师数（人）Full-time Teachers in Secondary Schools (person)	小学专任教师数（人）Full-time Teachers in Primary Schools (person)	普通中学在校学生数（人）Total Enrollment in Secondary Schools (person)	小学在校学生数（人）Total Enrollment in Primary Schools (person)	农民人均纯收入（元）Per Captita Net Income of Rural Residents (yuan)
金乡县	Jinxiang	866200	1227	1854	12187	25465	10786
嘉祥县	Jiaxiang	1231000	1870	3361	24124	71729	9471
汶上县	Wenshang	1242694	1693	2745	18838	42690	10043
泗水县	Sishui	798800	1212	2906	12035	36744	7582
梁山县	Liangshan	1222878	1492	2793	22311	44662	9244
曲阜市	Qufu	1430538	1608	2291	11977	30213	9864
兖州市	Yanzhou	1780532	2764	2894	27830	40225	11620
邹城市	Zoucheng	2557445	5032	5276	54990	67963	11094
泰安市	**Taian**						
泰山区	Taishan	2615000	2447	1596	35630	45847	11653
岱岳区	Daiyue	2143938	2155	2636	32497	54260	9503
宁阳县	Ningyang	1760000	2766	3562	32228	47925	9496
东平县	Dongping	1663231	2995	2714	31980	44925	8304
新泰市	Xintai	4087265	4424	5616	91636	64116	11391
肥城市	Feicheng	3427040	5314	5041	54142	67678	11421
威海市	**Weihai**						
环翠区	Huancui	3274908	3626	2394	42857	39627	13092
文登市	Wendeng	3497725	3067	1604	27450	19664	14559
荣成市	Rongcheng	2920268	3458	1642	34701	25707	15777
乳山市	Rushan	1250346	2626	1338	21377	13506	12052
日照市	**Rizhao**						
东港区	Donggang	3183901	4599	3244	48129	66067	10396
岚山区	Lanshan	3280144	1947	1515	20959	25012	11182
五莲县	Wulian	869313	2345	2070	29110	28185	9579
莒 县	Juxian	1360523	3419	4071	46602	72036	9561
莱芜市	**Laiwu**						
莱城区	Laicheng	3178202	7401	4829	77407	48646	10789
钢城区	Gangcheng	1232375	940	951	13610	14358	11276
临沂市	**Linyi**						
兰山区	Lanshan	4411243	5491	5465	76365	118567	10479
罗庄区	Luozhuang	2377025	2012	2651	27531	49159	9162
河东区	Hedong	2341223	2513	2602	30071	48941	9085
沂南县	Yinan	1199949	3415	3355	41829	52794	9028
郯城县	Tancheng	1092001	3556	3767	41611	51092	9069
沂水县	Yishui	1453394	3785	4006	48680	57626	9029
苍山县	Cangshan	1170297	3628	4879	50654	133377	9067
费 县	Feixian	1041536	3054	2366	36543	48016	9028
平邑县	Pingyi	1076647	3406	3971	53939	58308	9048
莒南县	Junan	1957144	3820	3861	51294	53528	9029
蒙阴县	Mengyin	897793	2179	2130	28839	30783	9099
临沭县	Linshu	1148338	2782	2482	36094	45143	9031

21-1 续表 15 continued

地 区	Region	固定资产投资完成额(万元) Investment in Fixed Asset (10 000 yuan)	普通中学专任教师数(人) Full-time Teachers in Secondary Schools (person)	小学专任教师数(人) Full-time Teachers in Primary Schools (person)	普通中学在校学生数(人) Total Enrollment in Secondary Schools (person)	小学在校学生数(人) Total Enrollment in Primary Schools (person)	农民人均纯收入(元) Per Captita Net Income of Rural Residents (yuan)
德州市	**Dezhou**						
德城区	Decheng	2514100	1536	2311	25812	51886	9827
陵 县	Lingxian	1208126	1748	2682	26442	39403	9565
宁津县	Ningjin	1116787	1828	1963	20826	36524	9668
庆云县	Qingyun	683300	1200	1797	14205	26305	9480
临邑县	Linyi	1225418	1905	3170	22386	36782	9649
齐河县	Qihe	1133000	2027	3113	28773	39818	9669
平原县	Pingyuan	977000	1365	2652	21557	34551	9602
夏津县	Xiajin	726878	1791	2512	22052	50174	9490
武城县	Wucheng	1075107	1458	1536	13914	28459	9600
乐陵市	Leling	1209300	2744	3284	30738	54440	9568
禹城市	Yucheng	1263800	2014	2402	25750	36858	9601
聊城市	**Liaocheng**						
东昌府区	Dongchangfu	2644867	4518	4550	65629	89852	8893
阳谷县	Yanggu	1314790	2509	3488	34666	47376	8722
莘 县	Shenxian	1283012	2370	3929	34666	72405	8840
茌平县	Chiping	1795945	2077	2098	21862	37262	9259
东阿县	Donge	766474	1404	1523	16240	20996	8850
冠 县	Guanxian	1260321	1518	2772	18123	51874	8783
高唐县	Gaotang	1791353	1774	1832	18923	31628	9082
临清市	Linqing	1750687	2445	2764	28742	59825	8757
滨州市	**Binzhou**						
滨城区	Bincheng	3165496	2739	2769	35565	47048	10363
惠民县	Huimin	1129820	2095	2421	27914	40341	9007
阳信县	Yangxin	1109216	1781	1863	23409	30107	8415
无棣县	Wudi	2197410	2109	2177	21507	28714	10003
沾化县	Zhanhua	1198072	1559	1583	16964	22483	10101
博兴县	Boxing	1649703	2329	2432	29451	35156	10246
邹平县	Zouping	2177625	2971	2678	43394	50773	11693
菏泽市	**Heze**						
牡丹区	Mudan	1488257	5687	7076	91034	124741	8325
曹 县	Caoxian	819515	4457	7216	82264	145448	8073
单 县	Shanxian	687145	3937	5055	73126	99948	8159
成武县	Chengwu	498494	3232	3656	37084	67703	8252
巨野县	Juye	820648	3197	4517	53006	80531	8292
郓城县	Yuncheng	770810	4087	6315	62030	116076	8326
鄄城县	Juancheng	448934	2473	3970	48760	81642	7946
定陶县	Dingtao	497270	2268	3059	28865	52097	8150
东明县	Dongming	840018	2626	3582	38755	87045	8137

附录1

全国各省（市、自治区）主要经济指标

Main Economic Indicators of the Whole Country by Region

简 要 说 明

一、本篇资料的主要内容

本篇资料反映了全国各省、自治区、直辖市经济社会发展基本情况，主要包括行政区划、人口、国内生产总值及其构成、劳动工资、财政、农业、工业、投资、建筑业、交通运输、国内贸易、进出口、价格指数、居民生活和国际旅游等方面的资料。

二、本篇资料的来源

本篇资料来源于中国统计出版社出版的《中国统计摘要 2013》，由省统计局综合处整理。

Brief Introduction

I. Content

Data in this chapter reflect the basic Socio-economic development of some provinces, mainly including divisions of administrative areas, population, GDP and its components, wages, finance, agriculture, industry, investment, construction industry, communications, domestic trade, exports and imports, price indices, livelihood and tourism, etc.

II. Source of Data

Data in this chapter come from China Statistics Abstract 2012 published by China Statistics Press and are prepared and compiled by the Division of Comprehensive Statistics of Shandong Provincial Bureau of Statistics.

附录 1-1 各地区行政区划(2012年底)

Divisions of Administrative Areas by Region(Year-end of 2012)

单位:个 (unit)

省级区划名称	Provinces, Autonomous Regions and Municipalities	地级区划数 Number of Regions at Prefecture Level	#地级市 Cities at Prefecture Level	县级区划数 Number of Regions at County Level	#市辖区 Districts under the Jurisdiction of Cities	#县级市 Cities at County Level	#县 Counties	#自治县 Autonomous Counties
全国总计	**National Total**	**333**	**285**	**2852**	**860**	**368**	**1453**	**117**
北京市	Beijing			16	14		2	
天津市	Tianjin			16	13		3	
河北省	Hebei	11	11	172	37	22	107	6
山西省	Shanxi	11	11	119	23	11	85	
内蒙古自治区	Inner Mongolia	12	9	101	21	11	17	
辽宁省	Liaoning	14	14	100	56	17	19	8
吉林省	Jilin	9	8	60	20	20	17	3
黑龙江省	Heilongjiang	13	12	128	64	18	45	1
上海市	Shanghai			17	16		1	
江苏省	Jiangsu	13	13	102	55	23	24	
浙江省	Zhejiang	11	11	90	32	22	35	1
安徽省	Anhui	16	16	105	43	6	56	
福建省	Fujian	9	9	85	26	14	45	
江西省	Jiangxi	11	11	100	19	11	70	
山东省	**Shandong**	**17**	**17**	**138**	**48**	**30**	**60**	
河南省	Henan	17	17	159	50	21	88	
湖北省	Hubei	13	12	103	38	24	38	2
湖南省	Hunan	14	13	122	35	16	64	7
广东省	Guangdong	21	21	121	56	23	39	3
广西壮族自治区	Guangxi	14	14	109	34	7	56	12
海南省	Hainan	3	3	20	4	6	4	6
重庆市	Chongqing			38	19		15	4
四川省	Sichuan	21	18	181	45	14	118	4
贵州省	Guizhou	9	6	88	13	7	56	11
云南省	Yunnan	16	8	129	13	11	76	29
西藏自治区	Tibet	7	1	74	1	1	72	
陕西省	Shaanxi	10	10	107	24	3	80	
甘肃省	Gansu	14	12	86	17	4	58	7
青海省	Qinghai	8	1	43	4	2	30	7
宁夏回族自治区	Ningxia	5	5	22	9	2	11	
新疆维吾尔自治区	Xinjiang	14	2	101	11	22	62	6
香港特别行政区	Hong Kong Special Administrative Region							
澳门特别行政区	Macao Special Administrative Region							
台湾省	Taiwan							

注:本表资料由民政部提供。
a)Data in this table are provided by the Ministry of Civil Affairs.

附录 1-1 续表 continued

单位:个 (unit)

省级区划名称	Provinces, Autonomous Regions and Municipalities	乡镇级区划数 Number of Regions at Township Level	镇数 Number of Towns	乡数 Number of Townships	#民族乡 Minority Autonomous Township	街道办事处 Street Communities
全国总计	**National Total**	**40446**	**19881**	**13281**	**1064**	**7282**
北京市	Beijing	325	144	38	5	143
天津市	Tianjin	245	123	11	1	111
河北省	Hebei	2234	1019	940	51	274
山西省	Shanxi	1397	564	632		201
内蒙古自治区	Inner Mongolia	1010	490	277	18	243
辽宁省	Liaoning	1515	615	270	68	630
吉林省	Jilin	895	429	189	28	277
黑龙江省	Heilongjiang	1278	485	409	55	384
上海市	Shanghai	208	108	2		98
江苏省	Jiangsu	1281	836	96	1	349
浙江省	Zhejiang	1341	650	279	14	412
安徽省	Anhui	1509	923	334	9	252
福建省	Fujian	1104	609	320	19	175
江西省	Jiangxi	1540	802	596	8	142
山东省	**Shandong**	**1824**	**1094**	**113**		**617**
河南省	Henan	2399	1014	827	12	558
湖北省	Hubei	1232	746	188	10	298
湖南省	Hunan	2388	1131	952	97	305
广东省	Guangdong	1586	1131	11	7	444
广西壮族自治区	Guangxi	1243	715	411	58	117
海南省	Hainan	222	183	21		18
重庆市	Chongqing	1012	604	220	14	188
四川省	Sichuan	4660	1831	2549	98	280
贵州省	Guizhou	1518	729	710	236	79
云南省	Yunnan	1365	659	584	142	122
西藏自治区	Tibet	693	140	543	9	10
陕西省	Shaanxi	1418	1136	80		202
甘肃省	Gansu	1345	470	758	34	117
青海省	Qinghai	396	138	228	28	30
宁夏回族自治区	Ningxia	237	101	92		44
新疆维吾尔自治区	Xinjiang	1026	262	601	42	162
香港特别行政区	Hong Kong Special Administrative Region					
澳门特别行政区	Macao Special AdministrativeRegion					
台湾省	Taiwan					

附录 1-2 地区生产总值

Gross Domestic Product

单位:亿元 (100 million yuan)

地 区	Region	2006	2007	2008	2009	2010	2011	2012
北 京	Beijing	8117.8	9846.8	11115.0	12153.0	14113.6	16251.9	17801.0
天 津	Tianjin	4462.7	5252.8	6719.0	7521.9	9224.5	11307.3	12885.2
河 北	Hebei	11467.6	13607.3	16012.0	17235.5	20394.3	24515.8	26575.0
山 西	Shanxi	4878.6	6024.5	7315.4	7358.3	9200.9	11237.6	12112.8
内蒙古	Inner Mongolia	4944.2	6423.2	8496.2	9740.3	11672.0	14359.9	15988.3
辽 宁	Liaoning	9304.5	11164.3	13668.6	15212.5	18457.3	22226.7	24801.3
吉 林	Jilin	4275.1	5284.7	6426.1	7278.8	8667.6	10568.8	11937.8
黑龙江	Heilongjiang	6211.8	7104.0	8314.4	8587.0	10368.6	12582.0	13691.6
上 海	Shanghai	10572.2	12494.0	14069.9	15046.5	17166.0	19195.7	20101.3
江 苏	Jiangsu	21742.1	26018.5	30982.0	34457.3	41425.5	49110.3	54058.2
浙 江	Zhejiang	15718.5	18753.7	21462.7	22990.4	27722.3	32318.9	34606.3
安 徽	Anhui	6112.5	7360.9	8851.7	10062.8	12359.3	15300.7	17212.1
福 建	Fujian	7583.9	9248.5	10823.0	12236.5	14737.1	17560.2	19701.8
江 西	Jiangxi	4820.5	5800.3	6971.1	7655.2	9451.3	11702.8	12948.5
山 东	**Shandong**	**21900.2**	**25776.9**	**30933.3**	**33896.7**	**39169.9**	**45361.9**	**50013.2**
河 南	Henan	12362.8	15012.5	18018.5	19480.5	23092.4	26931.0	29810.1
湖 北	Hubei	7617.5	9333.4	11328.9	12961.1	15967.6	19632.3	22250.2
湖 南	Hunan	7688.7	9439.6	11555.0	13059.7	16038.0	19669.6	22154.2
广 东	Guangdong	26587.8	31777.0	36796.7	39482.6	46013.1	53210.3	57067.9
广 西	Guangxi	4746.2	5823.4	7021.0	7759.2	9569.9	11720.9	13031.0
海 南	Hainan	1044.9	1254.2	1503.1	1654.2	2064.5	2522.7	2855.3
重 庆	Chongqing	3907.2	4676.1	5793.7	6530.0	7925.6	10011.4	11459.0
四 川	Sichuan	8690.2	10562.4	12601.2	14151.3	17185.5	21026.7	23849.8
贵 州	Guizhou	2339.0	2884.1	3561.6	3912.7	4602.2	5701.8	6802.2
云 南	Yunnan	3988.1	4772.5	5692.1	6169.8	7224.2	8893.1	10309.8
西 藏	Tibet	290.8	341.4	394.9	441.4	507.5	605.8	695.6
陕 西	Shaanxi	4743.6	5757.3	7314.6	8169.8	10123.5	12512.3	14451.2
甘 肃	Gansu	2277.4	2704.0	3166.8	3387.6	4120.8	5020.4	5650.2
青 海	Qinghai	648.5	797.4	1018.6	1081.3	1350.4	1670.4	1884.5
宁 夏	Ningxia	725.9	919.1	1203.9	1353.3	1689.7	2102.2	2326.6
新 疆	Xinjiang	3045.3	3523.2	4183.2	4277.1	5437.5	6610.1	7466.3

注:本表按当年价格计算。
a)Data in this table are calculated at current prices.

附录 1-3 地区生产总值和增长速度(2012年)
Gross Domestic Product and Growth Rate(2012)

地区	Region	地区生产总值(亿元) Gross Domestic Product (100 million yuan)	第一产业 Primary Industry	第二产业 Secondary Industry	工业 Industry	建筑业 Construction	第三产业 Tertiary Industry	#交通运输、仓储和邮政 Transport, Storage and Post	地区生产总值比上年增长(%) Growth Rate (%)
北京	Beijing	17801.0	150.3	4058.3	3294.3	764.0	13592.5	778.5	7.7
天津	Tianjin	12885.2	171.5	6663.7	6122.9	540.8	6050.0	721.0	13.8
河北	Hebei	26575.0	3186.7	14001.0	12511.6	1489.4	9387.3	2241.1	9.6
山西	Shanxi	12112.8	697.9	7009.1	6302.7	706.4	4405.9	799.0	10.1
内蒙古	Inner Mongolia	15988.3	1447.4	9032.5	7966.6	1065.9	5508.4	1167.9	11.7
辽宁	Liaoning	24801.3	2155.8	13338.7	11712.7	1626.0	9306.8	1284.9	9.5
吉林	Jilin	11937.8	1412.1	6374.5	5582.5	792.0	4151.3	460.0	12.0
黑龙江	Heilongjiang	13691.6	2113.7	6456.4	5659.3	797.1	5121.4	586.6	10.0
上海	Shanghai	20101.3	127.8	7912.8	7159.4	753.4	12060.8	895.3	7.5
江苏	Jiangsu	54058.2	3418.3	27121.9	23908.4	3213.5	23518.0	2305.4	10.1
浙江	Zhejiang	34606.3	1669.5	17312.4	15336.3	1976.1	15624.4	1276.8	8.0
安徽	Anhui	17212.1	2178.7	9404.0	8025.8	1378.1	5629.3	650.2	12.1
福建	Fujian	19701.8	1776.5	10288.6	8644.2	1644.4	7636.7	1097.5	11.4
江西	Jiangxi	12948.5	1520.2	6967.5	5854.6	1112.9	4460.8	567.8	11.0
山东	**Shandong**	**50013.2**	**4281.7**	**25735.7**	**22798.3**	**2937.4**	**19995.8**	**2598.4**	**9.8**
河南	Henan	29810.1	3772.3	17020.2	15357.4	1662.8	9017.6	1059.6	10.1
湖北	Hubei	22250.2	2848.8	11190.5	9735.2	1455.3	8210.9	934.9	11.3
湖南	Hunan	22154.2	3004.2	10506.4	9140.0	1366.4	8643.6	1077.7	11.3
广东	Guangdong	57067.9	2848.9	27825.3	25937.2	1888.1	26393.7	2365.5	8.2
广西	Guangxi	13031.0	2172.4	6333.1	5364.9	968.2	4525.6	667.6	11.3
海南	Hainan	2855.3	711.5	803.7	521.2	282.5	1340.1	133.5	9.1
重庆	Chongqing	11459.0	940.0	6172.3	5181.0	991.3	4346.7	515.2	13.6
四川	Sichuan	23849.8	3297.2	12587.8	10800.5	1787.3	7964.8	707.2	12.6
贵州	Guizhou	6802.2	890.0	2655.4	2196.1	459.3	3256.8	685.5	13.6
云南	Yunnan	10309.8	1654.6	4419.1	3450.7	968.4	4236.1	239.6	13.0
西藏	Tibet	695.6	80.4	241.7	55.1	186.5	373.5	24.6	11.8
陕西	Shaanxi	14451.2	1370.2	8075.4	6847.4	1228.0	5005.6	617.5	12.9
甘肃	Gansu	5650.2	780.4	2600.6	2074.2	526.4	2269.2	319.7	12.6
青海	Qinghai	1884.5	176.8	1092.0	895.9	196.1	615.8	71.9	12.3
宁夏	Ningxia	2326.6	200.2	1158.6	878.6	279.9	967.9	195.5	11.5
新疆	Xinjiang	7466.3	1320.6	3560.8	2929.9	630.9	2585.0	332.8	12.0

注：本表绝对数按当年价格计算，增长速度按不变价格计算。
a)Absolute figure are calculated at current prices,growth rate at constant prices.

附录 1-4 地区生产总值构成(2012年)

Composition of Gross Domestic Product by Region(2012)

(地区生产总值=100) (Gross Domestic Product=100)

地　区	Region	第一产业 Primary Industry	第二产业 Secondary Industry	工　业 Industry	建筑业 Construction	第三产业 Teritary Industry	#交通运输仓储邮政业 Transport, Storage and Post	#批发和零售 Wholesale Retail Sales
北　京	Beijing	0.8	22.8	18.5	4.3	76.4	4.4	12.8
天　津	Tianjin	1.3	51.7	47.5	4.2	47.0	5.6	13.0
河　北	Hebei	12.0	52.7	47.1	5.6	35.3	8.4	7.5
山　西	Shanxi	5.8	57.9	52.0	5.8	36.4	6.6	8.1
内蒙古	Inner Mongolia	9.1	56.5	49.8	6.7	34.5	7.3	8.7
辽　宁	Liaoning	8.7	53.8	47.2	6.6	37.5	5.2	8.9
吉　林	Jilin	11.8	53.4	46.8	6.6	34.8	3.9	8.2
黑龙江	Heilongjiang	15.4	47.2	41.3	5.8	37.4	4.3	8.7
上　海	Shanghai	0.6	39.4	35.6	3.7	60.0	4.5	16.4
江　苏	Jiangsu	6.3	50.2	44.2	5.9	43.5	4.3	11.0
浙　江	Zhejiang	4.8	50.0	44.3	5.7	45.1	3.7	10.7
安　徽	Anhui	12.7	54.6	46.6	8.0	32.7	3.8	7.0
福　建	Fujian	9.0	52.2	43.9	8.3	38.8	5.6	8.4
江　西	Jiangxi	11.7	53.8	45.2	8.6	34.5	4.4	7.3
山　东	**Shandong**	**8.6**	**51.4**	**45.6**	**5.9**	**40.0**	**5.2**	**12.7**
河　南	Henan	12.7	57.1	51.5	5.6	30.3	3.6	6.0
湖　北	Hubei	12.8	50.3	43.8	6.5	36.9	4.2	7.6
湖　南	Hunan	13.6	47.4	41.3	6.2	39.0	4.9	8.4
广　东	Guangdong	5.0	48.8	45.4	3.3	46.2	4.1	11.1
广　西	Guangxi	16.7	48.6	41.2	7.4	34.7	5.1	7.1
海　南	Hainan	24.9	28.1	18.3	9.9	46.9	4.7	10.8
重　庆	Chongqing	8.2	53.9	45.2	8.7	37.9	4.5	7.4
四　川	Sichuan	13.8	52.8	45.3	7.5	33.4	3.0	5.6
贵　州	Guizhou	13.1	39.0	32.3	6.8	47.9	10.1	7.6
云　南	Yunnan	16.0	42.9	33.5	9.4	41.1	2.3	10.4
西　藏	Tibet	11.6	34.7	7.9	26.8	53.7	3.5	5.5
陕　西	Shaanxi	9.5	55.9	47.4	8.5	34.6	4.3	8.3
甘　肃	Gansu	13.8	46.0	36.7	9.3	40.2	5.7	7.1
青　海	Qinghai	9.4	57.9	47.5	10.4	32.7	3.8	5.8
宁　夏	Ningxia	8.6	49.8	37.8	12.0	41.6	8.4	5.3
新　疆	Xinjiang	17.7	47.7	39.2	8.4	34.6	4.5	5.5

注：本表按当年价格计算。
a)Data in this table are calculated at current prices.

附录 1-5 年末总人口

Basic Statistics on National Population by Region

单位:万人 (10 000 persons)

地 区	Region	2005	2006	2007	2008	2009	2010	2011	2012
全 国	**Total**	**130756**	**131448**	**132129**	**132802**	**133450**	**134091**	**134735**	**135404**
北 京	Beijing	1538	1601	1676	1771	1860	1962	2019	2069
天 津	Tianjin	1043	1075	1115	1176	1228	1299	1355	1413
河 北	Hebei	6851	6898	6943	6989	7034	7194	7241	7288
山 西	Shanxi	3355	3375	3393	3411	3427	3574	3593	3611
内蒙古	Inner Mongolia	2403	2415	2429	2444	2458	2472	2482	2490
辽 宁	Liaoning	4221	4271	4298	4315	4341	4375	4383	4389
吉 林	Jilin	2716	2723	2730	2734	2740	2747	2749	2750
黑龙江	Heilongjiang	3820	3823	3824	3825	3826	3833	3834	3834
上 海	Shanghai	1890	1964	2064	2141	2210	2303	2347	2380
江 苏	Jiangsu	7588	7656	7723	7762	7810	7869	7899	7920
浙 江	Zhejiang	4991	5072	5155	5212	5276	5447	5463	5477
安 徽	Anhui	6120	6110	6118	6135	6131	5957	5968	5988
福 建	Fujian	3557	3585	3612	3639	3666	3693	3720	3748
江 西	Jiangxi	4311	4339	4368	4400	4432	4462	4488	4504
山 东	**Shandong**	**9248**	**9309**	**9367**	**9417**	**9470**	**9588**	**9637**	**9685**
河 南	Henan	9380	9392	9360	9429	9487	9405	9388	9406
湖 北	Hubei	5710	5693	5699	5711	5720	5728	5758	5779
湖 南	Hunan	6326	6342	6355	6380	6406	6570	6596	6639
广 东	Guangdong	9194	9442	9660	9893	10130	10441	10505	10594
广 西	Guangxi	4660	4719	4768	4816	4856	4610	4645	4682
海 南	Hainan	828	836	845	854	864	869	877	887
重 庆	Chongqing	2798	2808	2816	2839	2859	2885	2919	2945
四 川	Sichuan	8212	8169	8127	8138	8185	8045	8050	8076
贵 州	Guizhou	3730	3690	3632	3596	3537	3479	3469	3484
云 南	Yunnan	4450	4483	4514	4543	4571	4602	4631	4659
西 藏	Tibet	277	285	289	292	296	300	303	308
陕 西	Shaanxi	3690	3699	3708	3718	3727	3735	3743	3753
甘 肃	Gansu	2545	2547	2548	2551	2555	2560	2564	2578
青 海	Qinghai	543	548	552	554	557	563	568	573
宁 夏	Ningxia	596	604	610	618	625	633	639	647
新 疆	Xinjiang	2010	2050	2095	2131	2159	2185	2209	2233

注:1.全国总计含中国人民解放军现役军人数,不包括香港、澳门特别行政区和台湾省数据;分省数据不含中国人民解放军现役军人数。
a)The military personnel were included in the national total population,but excluded in the regional total population.The national total population excluded the population of Hong Kong,Macao and Taiwan.

附录 1-6　全社会固定资产投资
Total Investment in Fixed Assets in the Whole Country

单位:亿元　(100 million yuan)

地　区	Region	2005	2006	2007	2008	2009	2010	2011	2012
全国总计	**Total**	**88773.6**	**109998.2**	**137323.9**	**172828.4**	**224598.8**	**278121.9**	**311485.1**	**374675.7**
北　京	Beijing	2827.2	3296.4	3907.2	3814.7	4616.9	5403.0	5578.9	6111.7
天　津	Tianjin	1495.1	1820.5	2353.1	3389.8	4738.2	6278.1	7067.7	7934.8
河　北	Hebei	4139.7	5470.2	6884.7	8866.6	12269.8	15083.4	16389.3	19661.3
山　西	Shanxi	1826.6	2255.7	2861.5	3531.2	4943.2	6063.2	7073.1	8863.3
内蒙古	Inner Mongolia	2643.6	3363.2	4372.9	5475.4	7336.8	8926.5	10365.2	11858.2
辽　宁	Liaoning	4200.4	5689.6	7435.2	10019.1	12292.5	16043.0	17726.3	21836.3
吉　林	Jilin	1741.1	2594.3	3651.4	5038.9	6411.6	7870.4	7441.7	9711.4
黑龙江	Heilongjiang	1737.3	2236.0	2833.5	3656.0	5028.8	6812.6	7475.4	9695.4
上　海	Shanghai	3509.7	3900.0	4420.4	4823.1	5043.8	5108.9	4962.1	5117.6
江　苏	Jiangsu	8165.4	10069.2	12268.1	15300.6	18949.9	23184.3	26692.6	30807.7
浙　江	Zhejiang	6520.1	7590.2	8420.4	9323.0	10742.3	12376.0	14185.3	17554.4
安　徽	Anhui	2525.1	3533.6	5087.5	6747.0	8990.7	11542.9	12455.7	15384.3
福　建	Fujian	2316.7	2981.8	4287.8	5207.7	6231.2	8199.1	9910.9	12423.1
江　西	Jiangxi	2176.6	2683.6	3301.9	4745.4	6643.1	8772.3	9087.6	11784.7
山　东	**Shandong**	**10541.9**	**11111.4**	**12537.7**	**15435.9**	**19034.5**	**23280.5**	**26749.7**	**31256.0**
河　南	Henan	4311.6	5904.7	8010.1	10490.6	13704.5	16585.9	17769.0	21761.5
湖　北	Hubei	2676.6	3343.5	4330.4	5647.0	7866.9	10262.7	12557.3	15591.8
湖　南	Hunan	2629.1	3175.5	4154.8	5534.0	7703.4	9663.6	11880.9	14523.2
广　东	Guangdong	6977.9	7973.4	9294.3	10868.7	12933.1	15623.7	17069.2	18749.4
广　西	Guangxi	1661.2	2198.7	2939.7	3756.4	5237.2	7057.6	7990.7	9808.6
海　南	Hainan	367.2	423.9	502.4	705.4	988.3	1317.0	1657.2	2126.3
重　庆	Chongqing	1933.2	2407.4	3127.7	3979.6	5214.3	6688.9	7473.4	8732.3
四　川	Sichuan	3585.2	4412.9	5639.8	7127.8	11371.9	13116.7	14222.2	17036.5
贵　州	Guizhou	998.3	1197.4	1488.8	1864.5	2412.0	3104.9	4235.9	5517.8
云　南	Yunnan	1777.6	2208.6	2759.0	3435.9	4526.4	5528.7	6191.0	7831.1
西　藏	Tibet	181.4	231.1	270.3	309.9	378.3	462.7	516.3	670.5
陕　西	Shaanxi	1882.2	2480.7	3415.0	4614.4	6246.9	7963.7	9431.1	12044.5
甘　肃	Gansu	870.4	1022.6	1304.2	1712.8	2363.0	3158.3	3965.8	5145.5
青　海	Qinghai	329.8	408.5	482.8	583.2	798.2	1016.9	1435.6	1848.4
宁　夏	Ningxia	443.3	498.7	599.8	828.9	1075.9	1444.2	1644.7	2096.9
新　疆	Xinjiang	1339.1	1567.1	1850.8	2260.0	2725.5	3423.2	4632.1	6158.4
不分地区	Not Classified by Region	1677.9	1947.6	2530.8	3734.9	5779.7	6759.1	5651.3	5032.7

附录 1-7 固定资产投资
Investment in Fixed Assets

单位:亿元 (100 million yuan)

地 区	Region	2005	2006	2007	2008	2009	2010	2011	2012
全国总计	**Total**	**75095.1**	**93368.7**	**117464.5**	**148738.3**	**193920.4**	**241430.9**	**302396.1**	**364835.1**
北 京	Beijing	2595.4	3012.5	3597.3	3520.9	4149.6	4916.5	5519.8	6064.1
天 津	Tianjin	1364.0	1679.0	2192.2	3175.1	4446.6	5896.5	7040.7	7913.3
河 北	Hebei	3307.8	4403.2	5690.3	7463.8	10476.5	12922.7	15780.3	19104.6
山 西	Shanxi	1666.5	2055.7	2600.2	3194.6	4509.6	5526.6	6837.7	8584.9
内蒙古	Inner Mongolia	2555.3	3264.9	4255.0	5327.0	7143.8	8688.0	10253.0	11732.2
辽 宁	Liaoning	3666.5	4977.8	6576.0	8881.9	11605.1	15106.3	17431.5	21535.4
吉 林	Jilin	1581.3	2366.1	3340.2	4592.7	5958.9	7395.2	7226.6	9462.1
黑龙江	Heilongjiang	1581.2	2040.4	2591.7	3354.8	4695.7	6292.7	7157.9	9376.1
上 海	Shanghai	3198.6	3497.5	4045.1	4404.9	4618.9	4630.5	4959.9	5114.6
江 苏	Jiangsu	6218.9	7479.6	9161.4	11609.7	14266.8	17416.5	26313.5	30427.2
浙 江	Zhejiang	4784.7	5429.3	5996.9	6551.1	7454.3	8438.1	13651.7	17001.0
安 徽	Anhui	2126.7	3050.2	4444.6	5948.6	7945.5	10281.3	12007.9	14902.3
福 建	Fujian	1958.3	2692.4	3829.0	4601.5	5548.6	7385.8	9677.1	12165.6
江 西	Jiangxi	1902.7	2375.4	2954.9	4325.4	6008.1	7856.9	8753.9	**11388.9**
山 东	**Shandong**	**7275.1**	**8715.5**	**10153.6**	**12529.0**	**15439.1**	**18844.4**	**25907.4**	**30319.8**
河 南	Henan	3461.2	4840.8	6609.2	8721.2	11454.9	13934.8	16934.3	20870.2
湖 北	Hubei	2387.4	3038.5	3927.4	5148.8	7183.7	9405.6	12195.4	15162.2
湖 南	Hunan	2204.0	2718.4	3609.5	4880.0	6880.0	8618.0	11407.7	13966.3
广 东	Guangdong	5890.1	6553.7	7368.7	8640.9	10230.1	12599.3	16599.2	18248.0
广 西	Guangxi	1480.9	1947.8	2596.7	3325.9	4689.9	6383.3	7580.9	9345.2
海 南	Hainan	339.2	397.0	472.8	668.0	942.7	1257.5	1599.1	2045.4
重 庆	Chongqing	1777.1	2252.0	2937.1	3715.9	4855.1	6170.6	7367.0	8606.5
四 川	Sichuan	2991.8	3927.4	5043.4	6362.1	9090.1	11061.4	13687.7	16526.9
贵 州	Guizhou	899.3	1052.8	1289.1	1609.3	2049.8	2609.4	4026.5	5304.9
云 南	Yunnan	1592.3	2001.9	2443.8	3106.3	4117.5	5052.6	5932.7	7553.5
西 藏	Tibet	181.4	200.7	230.8	271.3	327.6	405.0	516.3	670.5
陕 西	Shaanxi	1740.9	2285.7	3168.8	4286.4	5888.4	7569.9	9109.0	11705.8
甘 肃	Gansu	786.0	923.9	1177.5	1510.8	2076.4	2808.6	3870.1	5040.5
青 海	Qinghai	310.8	384.6	443.7	514.0	689.1	840.0	1365.9	1773.7
宁 夏	Ningxia	382.0	438.7	527.7	735.7	964.2	1292.8	1589.1	2033.0
新 疆	Xinjiang	1210.0	1418.0	1659.2	2025.6	2434.1	3065.1	4445.0	5857.6
不分地区	Not Classified by Region	1677.9	1947.6	2530.8	3734.9	5779.7	6759.1	5651.3	5032.7

注：2010年以前为城镇固定资产投资口径，2011年以后为固定资产投资(不含农户)口径。

a)Caliber of data is Investment in Urban Area before 2010 and investment in fixed assets (excluding farmers) after 2011.

附录 1-8　房地产开发企业房屋施工、竣工面积和商品房销售面积
Floor Space of Buildings for Real Estate Development

单位:万平方米　　(10 000 sq.m)

地　区	Region	房屋施工面积 Floor Space of Builings under Construction		房屋竣工面积 Floor Space of Builings Completed		商品房销售面积 Floor Space of Builings Sold	
		2011	2012	2011	2012	2011	2012
全国总计	**Total**	**506775.5**	**573417.5**	**92619.9**	**99425.0**	**109366.7**	**111303.6**
北　京	Beijing	12065.4	13122.5	2245.2	2390.9	1439.2	1943.7
天　津	Tianjin	9234.0	9864.2	2102.8	2542.7	1594.6	1661.7
河　北	Hebei	26670.8	27577.8	5180.5	4894.6	5888.3	5144.9
山　西	Shanxi	9308.0	11714.3	2110.4	1733.0	1284.8	1497.9
内蒙古	Inner Mongolia	15895.3	16507.4	2519.4	2449.1	3509.1	2523.5
辽　宁	Liaoning	34364.3	38502.0	6322.8	6438.2	7541.5	8827.9
吉　林	Jilin	9123.4	10935.8	1878.9	1927.9	2432.6	2452.4
黑龙江	Heilongjiang	12122.9	13485.0	3231.3	3245.7	3432.8	3806.8
上　海	Shanghai	13033.2	13250.0	2384.3	2305.1	1790.9	1898.5
江　苏	Jiangsu	40500.3	45097.5	8448.2	9848.4	7970.5	9019.2
浙　江	Zhejiang	29927.4	33423.0	4528.6	4292.9	3531.4	4005.3
安　徽	Anhui	20785.8	24836.1	3628.7	3965.4	4605.6	4828.8
福　建	Fujian	18938.0	21121.5	2651.7	2232.8	2706.7	3258.9
江　西	Jiangxi	8461.4	9465.6	1906.1	1747.5	2416.9	2397.1
山　东	**Shandong**	**36339.5**	**42958.9**	**6356.8**	**7325.0**	**9576.0**	**8632.8**
河　南	Henan	25343.3	29559.4	5527.4	5870.5	6275.2	5968.5
湖　北	Hubei	13922.1	16819.7	3221.0	3273.7	4187.6	4037.8
湖　南	Hunan	20341.8	21356.9	4146.3	4458.0	4900.3	5150.5
广　东	Guangdong	36137.1	39296.3	6140.6	6356.1	7427.9	7899.0
广　西	Guangxi	14264.0	15018.5	2303.4	2333.6	2964.1	2759.3
海　南	Hainan	3609.8	5109.5	449.3	856.4	865.7	931.8
重　庆	Chongqing	20397.2	22009.0	3424.3	3990.6	4533.5	4522.4
四　川	Sichuan	27121.8	29865.5	4232.5	5866.6	6543.5	6455.9
贵　州	Guizhou	10260.6	13245.3	1455.2	1416.8	1882.1	2186.9
云　南	Yunnan	11010.4	14362.0	1572.1	1851.6	3222.9	3237.7
西　藏	Tibet	48.7	47.3	21.7	9.2	18.3	22.5
陕　西	Shaanxi	12221.9	15410.6	1128.3	1653.9	3051.8	2755.6
甘　肃	Gansu	4099.4	5635.0	743.8	844.5	838.8	978.4
青　海	Qinghai	1666.0	1891.2	520.5	416.2	359.6	263.0
宁　夏	Ningxia	4080.3	5033.3	967.3	1152.0	846.5	804.4
新　疆	Xinjiang	5481.4	6896.5	1270.5	1736.2	1728.2	1430.3

附录 1-9 房地产开发企业(单位)投资和商品房销售额
Investment and Total Sale of Commercial Buildings of Enterprises for Real Estate Development

单位:亿元 (100 million yuan)

地区	Region	房地产开发投资额 Investment for Real Estate		商品房销售额 Total Sale of Commercial Buildings		#住宅 Residential	
		2011	2012	2011	2012	2011	2012
全国总计	**Total**	**61796.9**	**71803.8**	**58588.9**	**64455.8**	**48198.3**	**53467.2**
北京	Beijing	3036.3	3153.4	2425.3	3308.6	1606.0	2455.5
天津	Tianjin	1080.2	1260.0	1394.4	1365.5	1167.4	1210.6
河北	Hebei	3054.6	3086.5	2345.2	2303.9	1993.8	1914.6
山西	Shanxi	790.2	1010.5	441.0	579.9	378.4	513.2
内蒙古	Inner Mongolia	1591.2	1291.4	1327.5	1022.8	972.5	769.4
辽宁	Liaoning	4487.6	5455.8	3569.1	4362.8	3009.2	3611.2
吉林	Jilin	1195.4	1310.0	1061.6	1016.9	883.2	836.8
黑龙江	Heilongjiang	1227.6	1535.8	1361.6	1548.3	1085.6	1201.9
上海	Shanghai	2253.8	2381.4	2615.2	2669.5	2034.9	2209.0
江苏	Jiangsu	5567.9	6206.1	5224.2	6067.0	4158.6	5089.1
浙江	Zhejiang	4137.3	5226.3	3474.2	4262.7	2702.4	3541.6
安徽	Anhui	2611.5	3151.6	2199.7	2329.9	1745.0	1921.9
福建	Fujian	2406.3	2824.1	2101.6	2817.7	1649.3	2293.9
江西	Jiangxi	867.0	969.6	1002.4	1137.3	824.3	931.4
山东	**Shandong**	**4106.8**	**4708.3**	**4259.1**	**4111.8**	**3757.6**	**3529.5**
河南	Henan	2626.5	3035.3	2196.8	2286.7	1788.0	1915.6
湖北	Hubei	2066.5	2539.5	1878.7	2036.2	1569.3	1689.9
湖南	Hunan	1943.8	2210.5	1857.4	2085.2	1570.0	1711.5
广东	Guangdong	4809.9	5352.8	5852.5	6407.8	5070.8	5488.4
广西	Guangxi	1517.5	1554.9	1118.2	1159.8	977.1	995.8
海南	Hainan	650.8	886.6	774.3	735.6	743.9	701.7
重庆	Chongqing	2015.1	2508.4	2146.1	2297.3	1825.4	1972.4
四川	Sichuan	2819.2	3266.4	3218.0	3517.7	2677.4	2816.5
贵州	Guizhou	873.5	1467.6	731.9	900.1	592.7	740.0
云南	Yunnan	1280.1	1782.1	1171.6	1362.8	958.8	1077.1
西藏	Tibet	5.1	6.9	6.3	7.4	5.7	6.2
陕西	Shaanxi	1410.9	1835.9	1510.4	1420.7	1352.5	1215.6
甘肃	Gansu	367.0	561.0	278.3	349.3	237.3	301.6
青海	Qinghai	144.7	189.7	116.8	106.5	105.9	91.1
宁夏	Ningxia	336.2	429.2	315.9	317.6	239.0	256.2
新疆	Xinjiang	516.4	606.1	613.3	560.5	516.2	458.1

附录 1-10　地方财政收入

Final Statement of Government Revenue by Region

单位:亿元　　(100 million yuan)

地　区	Region	2004	2005	2006	2007	2008	2009	2010	2011
地方总计	**Total**	**11693.4**	**14884.2**	**18303.6**	**23572.6**	**28644.9**	**32580.7**	**40610.0**	**52547.1**
北　京	Beijing	744.5	919.2	1117.2	1492.6	1837.3	2026.8	2353.9	3006.3
天　津	Tianjin	246.2	331.9	417.0	540.4	675.5	821.4	1068.8	1455.1
河　北	Hebei	407.8	515.7	620.5	789.1	944.6	1066.2	1330.8	1737.8
山　西	Shanxi	256.4	368.3	583.4	597.9	747.9	805.8	969.7	1213.4
内蒙古	Inner Mongolia	196.8	277.5	343.4	492.4	649.6	850.8	1070.0	1356.7
辽　宁	Liaoning	529.6	675.3	817.7	1082.7	1356.1	1591.0	2004.8	2643.2
吉　林	Jilin	166.3	207.2	245.2	320.7	422.8	487.1	602.4	850.1
黑龙江	Heilongjiang	289.4	318.2	386.8	440.5	578.4	641.6	755.6	997.6
上　海	Shanghai	1106.2	1417.4	1576.1	2074.5	2358.7	2540.3	2873.6	3429.8
江　苏	Jiangsu	980.5	1322.7	1656.7	2237.7	2731.1	3228.6	4079.9	5148.9
浙　江	Zhejiang	806.0	1066.6	1298.2	1649.5	1933.1	2142.4	2608.5	3150.8
安　徽	Anhui	274.6	334.0	428.0	543.7	724.6	863.9	1149.4	1463.6
福　建	Fujian	333.5	432.6	541.2	699.5	833.3	932.3	1151.5	1501.5
江　西	Jiangxi	205.8	252.9	305.5	389.9	488.6	581.2	777.8	1053.4
山　东	**Shandong**	**828.3**	**1073.1**	**1356.3**	**1675.4**	**1957.1**	**2198.6**	**2749.4**	**3455.9**
河　南	Henan	428.8	537.7	679.2	862.1	1009.1	1126.1	1381.0	1721.8
湖　北	Hubei	310.5	375.5	476.1	590.4	710.2	800.4	1011.2	1526.9
湖　南	Hunan	320.6	395.3	477.9	606.6	722.7	845.0	1066.0	1517.1
广　东	Guangdong	1418.5	1807.2	2179.5	2785.8	3310.0	3649.2	4515.7	5514.8
广　西	Guangxi	237.8	283.0	342.6	418.8	518.7	620.8	772.3	947.7
海　南	Hainan	57.0	68.7	81.8	108.3	145.0	178.2	271.1	340.1
重　庆	Chongqing	200.6	256.8	317.7	442.7	577.2	655.6	1018.4	1488.3
四　川	Sichuan	385.8	479.7	607.6	850.9	1041.7	1174.2	1561.0	2044.8
贵　州	Guizhou	149.3	182.5	226.8	285.1	349.5	416.5	533.9	773.1
云　南	Yunnan	263.4	312.6	380.0	486.7	613.6	698.2	871.2	1111.2
西　藏	Tibet	10.0	12.0	14.6	20.1	24.9	30.1	36.7	54.8
陕　西	Shaanxi	215.0	275.3	362.5	475.2	591.3	733.9	957.9	1500.2
甘　肃	Gansu	104.2	123.5	141.2	190.9	264.9	286.7	353.6	450.1
青　海	Qinghai	27.0	33.8	42.2	56.7	71.6	87.7	110.2	151.8
宁　夏	Ningxia	37.5	47.7	61.4	80.0	95.0	111.5	153.6	220.0
新　疆	Xinjiang	155.7	180.3	219.5	285.9	361.1	388.8	500.6	720.4

注：本表数据为地方财政本级收入。
a)Data in this table are the revenue of local governments.

附录 1-11 地方财政支出

Final Statement of Government Expenditure by Region

单位:亿元 (100 million yuan)

地区	Region	2004	2005	2006	2007	2008	2009	2010	2011
地方总计	**Total**	**20592.8**	**25154.3**	**30431.3**	**38339.3**	**49052.7**	**60593.8**	**73602.0**	**92733.7**
北京	Beijing	898.3	1058.3	1296.8	1649.5	1956.0	2301.7	2716.0	3245.2
天津	Tianjin	375.0	442.1	543.1	674.3	869.0	1099.2	1351.3	1796.3
河北	Hebei	785.6	979.2	1180.4	1506.6	1851.7	2311.8	2778.9	3537.4
山西	Shanxi	519.1	668.8	915.6	1049.9	1313.1	1556.7	1928.4	2363.9
内蒙古	Inner Mongolia	564.1	681.9	812.1	1082.3	1465.2	1925.1	2280.5	2989.2
辽宁	Liaoning	931.4	1204.4	1422.7	1764.3	2151.9	2651.4	3194.4	3905.9
吉林	Jilin	507.8	631.1	718.4	883.8	1180.1	1479.2	1787.3	2201.7
黑龙江	Heilongjiang	697.6	787.8	968.5	1187.3	1542.3	1877.7	2253.3	2794.1
上海	Shanghai	1382.5	1646.3	1795.6	2181.7	2593.9	2989.6	3302.9	3914.9
江苏	Jiangsu	1312.0	1673.4	2013.3	2553.7	3201.6	3885.0	4835.2	6221.7
浙江	Zhejiang	1062.9	1265.5	1471.9	1806.8	2208.3	2653.8	3208.4	3842.6
安徽	Anhui	601.5	713.1	940.2	1243.8	1621.6	2101.0	2566.9	3303.0
福建	Fujian	516.7	593.1	728.7	910.6	1125.3	1403.8	1678.7	2198.2
江西	Jiangxi	454.1	564.0	696.4	905.1	1208.4	1548.6	1911.0	2534.6
山东	**Shandong**	**1189.4**	**1466.2**	**1833.4**	**2261.8**	**2704.7**	**3267.7**	**4145.0**	**5002.1**
河南	Henan	880.0	1116.0	1440.1	1870.6	2283.9	2902.6	3413.2	4248.8
湖北	Hubei	646.3	778.7	1047.0	1277.3	1638.0	2107.3	2465.2	3214.7
湖南	Hunan	719.5	873.4	1064.5	1357.0	1717.7	2118.6	2702.5	3520.8
广东	Guangdong	1853.0	2289.1	2553.3	3159.6	3756.7	4305.4	5414.8	6712.4
广西	Guangxi	507.5	611.5	729.5	985.9	1287.1	1606.3	1994.4	2545.3
海南	Hainan	127.2	151.2	174.5	245.2	356.0	485.0	578.5	778.8
重庆	Chongqing	395.7	487.4	594.3	768.4	1010.7	1298.4	1771.0	2570.2
四川	Sichuan	895.3	1082.2	1347.4	1759.1	2965.4	3591.0	4242.5	4674.9
贵州	Guizhou	418.4	520.7	610.6	795.4	1048.6	1358.8	1640.2	2249.4
云南	Yunnan	663.6	766.3	893.6	1135.2	1470.7	1949.8	2285.7	2929.6
西藏	Tibet	133.8	185.5	200.2	275.4	380.7	470.1	551.0	758.1
陕西	Shaanxi	516.3	639.0	824.2	1054.0	1435.6	1839.9	2217.6	2930.8
甘肃	Gansu	356.9	429.4	528.6	675.3	965.4	1245.6	1466.7	1791.2
青海	Qinghai	137.3	169.8	214.7	282.2	363.8	486.7	743.4	967.5
宁夏	Ningxia	123.0	160.3	193.2	241.9	323.1	427.8	555.9	705.9
新疆	Xinjiang	421.0	519.0	678.5	795.2	1056.1	1349.2	1698.9	2284.5

注:本表数据为地方财政本级支出。

a)Data in this table are the expenditure of local governments.

附录 1–12 居民消费价格分类指数(2012年)

Consumer Price Indices by Category and Region(2012)

(上年=100) (preceding year=100)

地 区	Region	居民消费价格指数 General Index	食 品 Food	烟 酒及用品 Tobacco, Liquor and Articles	衣 着 Clothing	家庭设备用品及服务 Household Facilities, Articles and Services	医疗保健和个人用品 Health Care and Personal Articles	交通和通信 Transportation and Communication	娱乐教育文化 Recreation, Education and Culture	居 住 Residence
全 国	**Total**	**102.6**	**104.8**	**102.9**	**103.1**	**101.9**	**102.0**	**99.9**	**100.5**	**102.1**
北 京	Beijing	103.3	106.6	102.2	100.9	102.8	101.5	99.1	102.3	103.9
天 津	Tianjin	102.7	106.4	104.9	107.0	101.6	102.2	97.6	99.3	100.9
河 北	Hebei	102.6	103.8	104.7	104.7	102.8	102.4	100.3	100.6	101.7
山 西	Shanxi	102.5	104.2	103.1	102.1	101.7	101.9	99.7	101.0	102.7
内蒙古	Inner Mongolia	103.1	105.8	102.8	103.8	101.4	102.1	99.7	100.8	102.4
辽 宁	Liaoning	102.8	104.9	102.3	102.3	102.9	101.9	100.1	101.1	102.8
吉 林	Jilin	102.5	104.9	102.1	101.2	100.7	102.2	100.2	101.0	101.8
黑龙江	Heilongjiang	103.2	105.5	103.0	102.8	101.7	102.5	99.5	99.9	103.9
上 海	Shanghai	102.8	105.8	101.4	103.0	103.5	100.6	100.8	99.3	102.8
江 苏	Jiangsu	102.6	104.7	103.9	103.6	103.6	101.3	99.8	99.9	102.4
浙 江	Zhejiang	102.2	105.3	101.5	101.3	102.5	101.3	99.7	99.4	101.6
安 徽	Anhui	102.3	103.8	103.3	102.5	101.6	101.5	100.7	101.7	101.0
福 建	Fujian	102.4	104.6	102.4	105.0	101.7	102.3	100.1	98.8	101.6
江 西	Jiangxi	102.7	105.2	102.2	100.2	101.7	102.2	100.1	100.9	102.7
山 东	**Shandong**	**102.1**	**103.5**	**102.8**	**103.3**	**101.2**	**102.1**	**100.2**	**100.3**	**101.8**
河 南	Henan	102.5	103.6	103.4	103.2	102.8	101.9	100.7	101.2	102.5
湖 北	Hubei	102.9	105.4	103.0	102.5	102.2	102.8	99.8	100.6	102.3
湖 南	Hunan	102.0	103.3	102.0	101.1	101.4	102.7	99.9	101.2	101.7
广 东	Guangdong	102.8	105.6	102.6	104.0	101.9	101.9	99.2	100.7	101.8
广 西	Guangxi	103.2	105.2	103.1	103.6	101.1	102.0	100.2	101.5	103.7
海 南	Hainan	103.2	105.2	101.2	102.8	103.5	102.0	101.6	102.1	101.7
重 庆	Chongqing	102.6	104.7	107.1	102.2	100.9	101.9	98.3	100.9	102.5
四 川	Sichuan	102.5	104.2	102.7	109.7	99.6	101.7	100.3	99.5	100.8
贵 州	Guizhou	102.7	104.7	102.8	103.8	101.1	102.5	99.6	101.2	101.4
云 南	Yunnan	102.7	106.2	100.6	98.7	101.4	101.6	100.2	101.2	102.2
西 藏	Tibet	103.5	106.9	101.5	104.3	101.5	100.9	101.2	100.3	101.4
陕 西	Shaanxi	102.8	104.8	103.0	102.7	102.4	103.9	99.1	100.6	102.2
甘 肃	Gansu	102.7	104.1	103.0	102.6	101.1	103.8	100.4	101.0	101.8
青 海	Qinghai	103.1	106.6	102.8	98.4	99.3	100.9	99.4	100.8	105.0
宁 夏	Ningxia	102.0	104.5	101.5	103.0	100.2	101.6	99.5	98.6	100.8
新 疆	Xinjiang	103.8	107.6	105.6	101.9	101.9	102.9	99.5	100.1	102.8

附录 1-13 城镇居民人均可支配收入
Per Capita Disposable Income of Urban Households

单位:元 (yuan)

地区	Region	2005	2006	2007	2008	2009	2010	2011	2012
全国总计	**Total**	**10493**	**11759**	**13786**	**15781**	**17175**	**19109**	**21810**	**24565**
北京	Beijing	17653	19978	21989	24725	26738	29073	32903	36469
天津	Tianjin	12639	14283	16357	19423	21402	24293	26921	29626
河北	Hebei	9107	10305	11690	13441	14718	16263	18292	20543
山西	Shanxi	8914	10028	11565	13119	13997	15648	18124	20412
内蒙古	Inner Mongolia	9137	10358	12378	14433	15849	17698	20408	23150
辽宁	Liaoning	9108	10370	12300	14393	15761	17713	20467	23223
吉林	Jilin	8691	9775	11286	12829	14006	15411	17797	20208
黑龙江	Heilongjiang	8273	9182	10245	11581	12566	13857	15696	17760
上海	Shanghai	18645	20668	23623	26675	28838	31838	36230	40188
江苏	Jiangsu	12319	14084	16378	18680	20552	22944	26341	29677
浙江	Zhejiang	16294	18265	20574	22727	24611	27359	30971	34550
安徽	Anhui	8471	9771	11474	12990	14086	15788	18606	21024
福建	Fujian	12321	13753	15506	17961	19577	21781	24907	28055
江西	Jiangxi	8620	9551	11452	12866	14022	15481	17495	19860
山东	**Shandong**	**10745**	**12192**	**14265**	**16305**	**17811**	**19946**	**22792**	**25755**
河南	Henan	8668	9810	11477	13231	14372	15930	18195	20443
湖北	Hubei	8786	9803	11486	13153	14367	16058	18374	20840
湖南	Hunan	9524	10505	12294	13821	15084	16566	18844	21319
广东	Guangdong	14770	16016	17699	19733	21575	23898	26897	30227
广西	Guangxi	9287	9899	12200	14146	15451	17064	18854	21243
海南	Hainan	8124	9395	10997	12608	13751	15581	18369	20918
重庆	Chongqing	10244	11570	12591	14368	15749	17532	20250	22968
四川	Sichuan	8386	9350	11098	12633	13839	15461	17899	20307
贵州	Guizhou	8151	9117	10678	11759	12863	14143	16495	18701
云南	Yunnan	9266	10070	11496	13250	14424	16065	18576	21075
西藏	Tibet	9431	8941	11131	12482	13544	14980	16196	18028
陕西	Shaanxi	8272	9268	10763	12858	14129	15695	18245	20734
甘肃	Gansu	8087	8921	10012	10969	11930	13189	14989	17157
青海	Qinghai	8058	9000	10276	11640	12692	13855	15603	17566
宁夏	Ningxia	8094	9177	10859	12932	14025	15344	17579	19831
新疆	Xinjiang	7990	8871	10313	11432	12258	13644	15514	17921

注:本表绝对数按当年价格计算。
a)Absolute figures in this table are calculated at current prices.

附录 1-14　城镇居民人均收支情况(2012年)

Per Capita Income and Expenditure of Urban Households(2012)

单位:元 (yuan)

地　区	Region	总收入 Total Income	#可支配收入 Disposable Incom	总支出 Total Expenditure	消费性支出 Living Expenditure	非消费性支出 Non-living Expenditure	恩格尔系数(%) Engel's Coefficient (%)
全国总计	**Total**	**26959**	**24565**	**22341**	**16674**	**5667**	**36.2**
北　京	Beijing	41103	36469	30828	24046	6782	31.3
天　津	Tianjin	32944	29626	29425	20024	9401	36.7
河　北	Hebei	21899	20543	16117	12531	3586	33.6
山　西	Shanxi	22100	20412	17105	12212	4893	31.6
内蒙古	Inner Mongolia	24791	23150	22563	17717	4845	30.8
辽　宁	Liaoning	25916	23223	23457	16594	6863	35.0
吉　林	Jilin	21660	20208	19728	14614	5114	31.7
黑龙江	Heilongjiang	19368	17760	17229	12984	4245	36.1
上　海	Shanghai	44755	40188	35432	26253	9179	36.8
江　苏	Jiangsu	32519	29677	26129	18825	7303	35.4
浙　江	Zhejiang	37995	34550	30640	21545	9095	35.1
安　徽	Anhui	23525	21024	21421	15012	6409	38.7
福　建	Fujian	30878	28055	25274	18593	6681	39.4
江　西	Jiangxi	21150	19860	16190	12776	3415	39.7
山　东	**Shandong**	**28006**	**25755**	**20657**	**15778**	**4879**	**33.0**
河　南	Henan	21897	20443	17300	13733	3568	33.6
湖　北	Hubei	22904	20840	20107	14496	5611	40.3
湖　南	Hunan	22805	21319	20121	14609	5512	37.2
广　东	Guangdong	34044	30227	29129	22396	6733	36.9
广　西	Guangxi	23209	21243	18889	14244	4645	39.0
海　南	Hainan	22810	20918	18290	14457	3833	45.4
重　庆	Chongqing	24811	22968	20984	16573	4411	41.5
四　川	Sichuan	22328	20307	19496	15050	4446	40.4
贵　州	Guizhou	20043	18701	17313	12586	4727	39.7
云　南	Yunnan	23000	21075	18447	13884	4564	39.4
西　藏	Tibet	20224	18028	14205	11184	3021	49.3
陕　西	Shaanxi	22606	20734	20003	15333	4670	36.2
甘　肃	Gansu	18498	17157	16767	12847	3920	35.8
青　海	Qinghai	19747	17566	16633	12346	4287	37.8
宁　夏	Ningxia	21902	19831	19240	14067	5173	33.9
新　疆	Xinjiang	20195	17921	18448	13892	4556	37.7

附录 1-15 农村居民人均纯收入

Per Capita Net Income of Rural Households

单位:元 (yuan)

地　区	Region	2005	2006	2007	2008	2009	2010	2011	2012
全国总计	**Total**	**3255**	**3587**	**4140**	**4761**	**5153**	**5919**	**6977**	**7917**
北　京	Beijing	7346	8275	9440	10662	11669	13262	14736	16476
天　津	Tianjin	5580	6228	7010	7911	8688	10075	12321	14026
河　北	Hebei	3482	3802	4293	4795	5150	5958	7120	8081
山　西	Shanxi	2891	3181	3666	4097	4244	4736	5601	6357
内蒙古	Inner Mongolia	2989	3342	3953	4656	4938	5530	6642	7611
辽　宁	Liaoning	3690	4090	4773	5576	5958	6908	8297	9384
吉　林	Jilin	3264	3641	4191	4933	5266	6237	7510	8598
黑龙江	Heilongjiang	3221	3552	4132	4856	5207	6211	7591	8604
上　海	Shanghai	8248	9139	10145	11440	12483	13978	16054	17804
江　苏	Jiangsu	5276	5813	6561	7356	8004	9118	10805	12202
浙　江	Zhejiang	6660	7335	8265	9258	10007	11303	13071	14552
安　徽	Anhui	2641	2969	3556	4202	4504	5285	6232	7160
福　建	Fujian	4450	4835	5467	6196	6680	7427	8779	9967
江　西	Jiangxi	3129	3460	4045	4697	5075	5789	6892	7829
山　东	**Shandong**	**3931**	**4368**	**4985**	**5641**	**6119**	**6990**	**8342**	**9446**
河　南	Henan	2871	3261	3852	4454	4807	5524	6604	7525
湖　北	Hubei	3099	3419	3997	4656	5035	5832	6898	7852
湖　南	Hunan	3118	3390	3904	4512	4909	5622	6567	7440
广　东	Guangdong	4690	5080	5624	6400	6907	7890	9372	10543
广　西	Guangxi	2495	2770	3224	3690	3980	4543	5231	6008
海　南	Hainan	3004	3256	3791	4390	4744	5275	6446	7408
重　庆	Chongqing	2809	2874	3509	4126	4478	5277	6480	7383
四　川	Sichuan	2803	3002	3547	4121	4462	5087	6129	7001
贵　州	Guizhou	1877	1985	2374	2797	3005	3472	4145	4753
云　南	Yunnan	2042	2250	2634	3103	3369	3952	4722	5417
西　藏	Tibet	2078	2435	2788	3176	3532	4139	4904	5719
陕　西	Shaanxi	2053	2260	2645	3136	3438	4105	5028	5763
甘　肃	Gansu	1980	2134	2329	2724	2980	3425	3909	4507
青　海	Qinghai	2151	2358	2684	3061	3346	3863	4608	5364
宁　夏	Ningxia	2509	2760	3181	3681	4048	4675	5410	6180
新　疆	Xinjiang	2482	2737	3183	3503	3883	4643	5442	6394

注:本表按当年价格计算。

a)Figures in this table are calculated at current prices.

附录 1-16　农村居民家庭人均收支情况(2012年)

Per Capita Income and Expenditure of Urban Households(2012)

单位:元　　(yuan)

地　区	Region	总收入 Total Income	#纯收入 Net Income	#现金收入 Cash Income	总支出 Total Expenditure	#消费支出 Consumption Expenditure	#现金支出 Cash Consumption Expenditure	恩格尔系数(%) Engel's Coefficient (%)
全国总计	**Total**	**10990.7**	**7916.6**	**9787.2**	**9605.5**	**5908.0**	**8961.9**	**39.3**
北　京	Beijing	19132.2	16475.7	18902.1	15292.8	11878.9	15155.9	33.2
天　津	Tianjin	18019.1	14025.5	17609.1	12663.2	8336.5	12625.0	36.2
河　北	Hebei	11189.4	8081.4	10226.3	8927.0	5364.1	8664.9	33.9
山　西	Shanxi	8203.7	6356.6	7066.3	7946.1	5566.2	7588.3	33.4
内蒙古	Inner Mongolia	13647.2	7611.3	11064.5	13379.9	6382.0	12020.9	37.3
辽　宁	Liaoning	15274.6	9383.7	14171.2	13327.0	5998.4	12761.6	38.3
吉　林	Jilin	15018.8	8598.2	12675.0	14480.0	6186.2	13668.5	36.7
黑龙江	Heilongjiang	16557.9	8603.8	13397.3	14225.4	5718.0	13790.6	37.9
上　海	Shanghai	19078.0	17803.7	18868.0	14727.2	11971.5	14490.0	40.5
江　苏	Jiangsu	15347.5	12202.0	14523.9	13219.5	9138.2	12814.7	33.4
浙　江	Zhejiang	18631.1	14551.9	18381.8	15794.0	10652.7	15586.0	37.1
安　徽	Anhui	9630.2	7160.5	8505.1	8562.6	5556.0	8095.0	39.3
福　建	Fujian	12136.8	9967.2	11374.4	10132.1	7401.9	9682.8	46.0
江　西	Jiangxi	10040.3	7829.4	8797.2	7872.0	5129.5	7174.1	43.5
山　东	**Shandong**	**13645.3**	**9446.4**	**12758.1**	**11463.2**	**6776.1**	**11116.5**	**34.3**
河　南	Henan	9829.4	7524.9	8444.6	7852.1	5032.1	7585.5	33.8
湖　北	Hubei	10525.7	7851.7	9337.0	8923.7	5726.7	8149.2	37.6
湖　南	Hunan	10030.3	7440.2	8726.9	9356.8	5870.1	8378.0	43.9
广　东	Guangdong	12521.4	10542.8	11777.2	9795.6	7458.6	9173.4	49.1
广　西	Guangxi	8458.9	6007.5	7380.5	7753.5	4933.6	6828.2	42.3
海　南	Hainan	9843.8	7408.0	9337.1	7379.1	4776.3	7022.3	50.5
重　庆	Chongqing	9551.6	7383.3	8122.4	7942.2	5018.6	6974.4	44.2
四　川	Sichuan	9497.9	7001.4	8090.6	8366.1	5366.7	7174.3	46.8
贵　州	Guizhou	6443.9	4753.0	5078.3	6370.2	3901.7	5390.3	44.6
云　南	Yunnan	8188.1	5416.5	6693.1	7746.0	4561.3	6534.0	45.6
西　藏	Tibet	6986.2	5719.4	5395.3	3968.3	2967.6	3100.8	53.6
陕　西	Shaanxi	7999.4	5762.5	7209.0	8071.2	5114.7	7734.5	29.7
甘　肃	Gansu	6705.0	4506.7	5668.4	6657.4	4146.2	6056.4	39.8
青　海	Qinghai	7039.8	5364.4	6154.9	7406.6	5338.9	6677.7	34.8
宁　夏	Ningxia	9485.8	6180.3	8247.0	9707.1	5351.4	8960.8	35.3
新　疆	Xinjiang	13675.8	6393.7	12596.5	13536.1	5301.3	12872.4	35.7

附录 1-17 农林牧渔业总产值及增长速度(2012年)

Gross Output Value and Growth Rate of Farming,Forestry, Animal Husbandry and Fishery(2012)

地区	Region	农林牧渔业总产值(亿元) Gross Output Value (100 million yuan)	#农业 Farming	#林业 Forestry	#牧业 Animal Husbandry	#渔业 Fishery	农林牧渔业总产值比上年增长(%) Growth Rate (%)
全国总计	**Total**	**89453.0**	**46940.5**	**3447.1**	**27189.4**	**8706.0**	**4.9**
北京	Beijing	395.7	166.3	54.8	154.2	13.0	2.9
天津	Tianjin	375.6	196.0	2.8	105.0	61.7	3.2
河北	Hebei	5340.1	3095.3	77.9	1747.7	177.7	4.0
山西	Shanxi	1304.3	847.4	79.1	298.8	8.4	5.6
内蒙古	Inner Mongolia	2449.3	1172.0	97.8	1118.9	26.1	5.7
辽宁	Liaoning	4062.4	1539.6	128.7	1621.2	618.7	4.9
吉林	Jilin	2502.0	1166.6	98.1	1130.4	34.1	5.9
黑龙江	Heilongjiang	3952.3	2315.6	134.5	1350.7	77.9	6.7
上海	Shanghai	321.7	171.5	9.5	72.6	57.5	0.5
江苏	Jiangsu	5808.8	2966.7	99.7	1226.2	1235.4	4.8
浙江	Zhejiang	2658.7	1229.4	142.1	549.0	687.0	1.8
安徽	Anhui	3728.3	1867.6	209.5	1119.7	384.4	5.6
福建	Fujian	3007.4	1263.7	256.5	481.3	903.4	4.3
江西	Jiangxi	2399.3	1003.2	228.9	752.7	333.1	4.6
山东	**Shandong**	**7945.8**	**3960.6**	**107.0**	**2285.9**	**1267.1**	**4.7**
河南	Henan	6679.0	3958.9	140.9	2255.6	86.4	4.5
湖北	Hubei	4732.1	2488.1	100.1	1334.0	626.2	5.6
湖南	Hunan	4904.1	2651.7	260.0	1488.6	279.9	3.0
广东	Guangdong	4656.8	2229.3	222.7	1134.1	914.0	3.7
广西	Guangxi	3490.7	1724.0	245.3	1072.8	331.7	5.7
海南	Hainan	1082.1	460.7	137.9	214.1	236.3	6.3
重庆	Chongqing	1402.0	841.8	43.5	453.9	45.0	5.1
四川	Sichuan	5433.1	2764.9	151.5	2269.9	163.8	4.5
贵州	Guizhou	1436.6	864.9	54.2	421.5	28.2	9.3
云南	Yunnan	2680.2	1398.2	225.8	913.0	63.1	7.0
西藏	Tibet	118.3	53.4	2.6	59.0	0.2	3.6
陕西	Shaanxi	2303.2	1526.3	58.4	598.7	14.6	6.0
甘肃	Gansu	1358.2	984.2	20.1	231.7	1.8	6.4
青海	Qinghai	263.9	117.1	4.6	137.1	0.6	5.4
宁夏	Ningxia	385.1	240.5	9.8	105.7	13.4	6.0
新疆	Xinjiang	2275.7	1675.0	43.0	485.4	15.3	7.4

注：本表绝对数按当年价格计算，增长速度按可比价格计算。
Absolute figures in this table are calculated at current prices while growth rate at constant prices.

附录 1–18　主要农产品产量(2012年)

Output of Major Agriculture Products(2012)

单位：万吨　　(10 000 tons)

地　区	Region	粮 食 Grain	油 料 Oil Crops	棉 花 Cotton	蔬菜 Vegetables	水 果 Fruits	肉 类 Meat	#猪 肉 Pork	#牛 肉 Beef	#羊 肉 Mutton	奶 类 Milk
全国总计	**Total**	**58958.0**	**3436.8**	**683.6**	**70883.1**	**24056.8**	**8387.2**	**5342.7**	**662.3**	**401.0**	**3868.6**
北　京	Beijing	113.8	1.3		279.9	113.6	43.2	23.9	2.2	1.2	65.1
天　津	Tianjin	161.8	0.6	5.8	447.7	58.2	45.8	29.2	3.3	1.5	68.2
河　北	Hebei	3246.6	142.8	56.4	7695.1	1814.9	442.9	259.0	55.3	28.7	479.0
山　西	Shanxi	1274.1	19.6	4.7	1073.3	677.3	77.4	56.3	4.9	5.9	81.0
内蒙古	Inner Mongolia	2528.5	145.1	0.2	1476.3	283.5	245.8	73.9	51.2	88.6	930.7
辽　宁	Liaoning	2070.5	120.9	0.1	2977.6	894.3	418.7	230.2	43.2	7.9	130.2
吉　林	Jilin	3343.0	80.7	0.8	957.5	217.5	260.0	132.7	45.0	4.1	49.1
黑龙江	Heilongjiang	5761.5	22.5		866.4	268.6	216.2	128.4	39.7	12.1	565.0
上　海	Shanghai	122.4	1.7	0.4	406.9	87.2	25.8	18.7	0.0	0.6	30.2
江　苏	Jiangsu	3372.5	146.9	22.0	4984.6	796.0	396.5	228.8	3.5	7.6	61.3
浙　江	Zhejiang	769.8	38.3	3.0	1819.8	703.8	180.8	139.7	1.2	1.7	19.3
安　徽	Anhui	3289.1	227.7	29.4	2327.5	885.4	397.7	249.7	18.1	14.6	24.1
福　建	Fujian	659.3	28.1	0.0	1673.9	708.8	200.8	155.6	2.5	2.0	15.4
江　西	Jiangxi	2084.8	117.1	15.2	1213.1	571.3	311.1	237.3	12.1	1.1	12.6
山　东	**Shandong**	**4511.4**	**351.0**	**69.8**	**9386.0**	**2924.5**	**764.2**	**376.7**	**67.0**	**33.1**	**294.1**
河　南	Henan	5638.6	569.5	25.7	7011.7	2535.0	677.4	432.5	80.4	24.8	330.4
湖　北	Hubei	2441.8	319.7	54.5	3506.4	885.7	412.3	317.3	18.9	8.2	15.7
湖　南	Hunan	3006.5	207.8	25.1	3480.9	909.2	515.3	427.6	16.8	10.3	8.5
广　东	Guangdong	1396.3	96.6		2982.7	1390.1	443.2	276.4	6.7	0.9	13.9
广　西	Guangxi	1484.9	54.5	0.2	2356.7	1325.0	411.0	252.5	13.9	3.2	9.4
海　南	Hainan	199.5	10.4		499.0	428.7	79.5	48.1	2.5	1.0	0.2
重　庆	Chongqing	1138.5	50.1		1509.3	291.2	201.2	150.7	7.1	2.8	7.7
四　川	Sichuan	3315.0	287.8	1.3	3764.7	821.6	670.2	496.4	29.3	24.0	72.2
贵　州	Guizhou	1079.5	87.4	0.1	1375.6	147.7	190.3	156.1	13.0	3.5	5.1
云　南	Yunnan	1749.1	62.8		1472.7	581.1	348.7	264.1	31.9	13.6	58.0
西　藏	Tibet	94.9	6.3		65.6	1.4	25.2	1.5	15.1	8.5	25.6
陕　西	Shaanxi	1245.1	60.3	6.7	1525.6	1693.8	107.1	83.5	7.5	6.9	189.1
甘　肃	Gansu	1109.7	67.0	8.1	1460.4	565.0	87.8	48.6	16.7	15.9	38.6
青　海	Qinghai	101.5	35.2		158.7	3.7	30.5	9.4	9.6	10.4	29.4
宁　夏	Ningxia	375.0	18.0		471.1	250.5	26.5	7.7	7.9	8.5	103.5
新　疆	Xinjiang	1273.0	59.0	353.9	1656.0	1222.1	134.2	30.2	36.2	48.0	136.3

注：水果产量含果用瓜。

a)Data of output of fruits include yield of melon and fruit.

附录 1-19 主要工业产品产量(2012年)

Output of Major Industrial Products(2012)

地　区	Region	原　油 (万吨) Crude Petroleum Oil (10 000 tons)	发电量 (亿千瓦小时) Electricity (100 million kwh)	生　铁 (万吨) Pig Iron (10 000 tons)	粗　钢 (万吨) Crude Steel (10 000 tons)	钢　材 (万吨) Steel (10 000 tons)	水　泥 (万吨) Cement (10 000 tons)
全国总计	**Total**	**20747.8**	**49377.7**	**65790.5**	**71716.0**	**95317.6**	**221000.0**
北　京	Beijing		290.9		2.6	253.8	874.5
天　津	Tianjin	3098.3	589.7	1974.6	2124.2	5708.6	784.3
河　北	Hebei	584.0	2372.9	16350.2	18048.4	20995.2	12809.8
山　西	Shanxi		2534.9	3996.5	3950.1	3797.6	4720.4
内蒙古	Inner Mongolia		3116.9	1326.4	1734.1	1661.8	5872.1
辽　宁	Liaoning	1000.0	1420.0	5311.2	5177.0	5916.1	5557.7
吉　林	Jilin	810.4	691.6	1000.8	1174.2	1229.5	3242.0
黑龙江	Heilongjiang	4001.5	846.8	674.7	697.6	610.2	3872.9
上　海	Shanghai	5.3	886.2	1800.4	1970.9	2340.8	794.7
江　苏	Jiangsu	194.5	3928.5	5871.9	7419.7	10989.2	16775.5
浙　江	Zhejiang		2773.9	1006.1	1305.2	3361.3	11539.6
安　徽	Anhui		1767.5	1926.6	2147.0	2765.4	10869.8
福　建	Fujian		1622.6	725.3	1318.6	2034.4	7197.6
江　西	Jiangxi		728.2	2027.0	2140.9	2368.9	7420.9
山　东	**Shandong**	**2774.7**	**3195.2**	**6013.1**	**5957.0**	**7817.9**	**15386.0**
河　南	Henan	476.6	2643.0	2116.0	2215.8	3481.4	14805.1
湖　北	Hubei	78.9	2204.1	2407.1	2806.7	3558.4	10255.5
湖　南	Hunan		1318.7	1706.4	1679.7	1847.5	10445.4
广　东	Guangdong	1209.3	3753.7	842.0	1228.5	2993.0	11384.3
广　西	Guangxi	2.3	1187.8	1298.1	1338.1	2142.4	9864.1
海　南	Hainan	19.0	198.5			20.9	1672.4
重　庆	Chongqing		597.7	517.3	545.6	1150.2	5499.6
四　川	Sichuan	17.5	2152.4	1670.2	1674.3	2281.6	13342.1
贵　州	Guizhou		1607.8	552.9	531.3	560.2	6100.5
云　南	Yunnan		1745.5	1582.8	1526.7	1600.0	7793.7
西　藏	Tibet		26.2				286.7
陕　西	Shaanxi	3527.6	1341.3	803.1	828.7	1283.6	7552.7
甘　肃	Gansu	69.9	1103.0	746.6	810.2	883.0	3615.1
青　海	Qinghai	205.0	589.2	150.8	141.2	139.5	1371.0
宁　夏	Ningxia	2.3	1007.6	80.7	21.7	109.1	1605.3
新　疆	Xinjiang	2670.7	1135.5	1311.7	1138.2	1284.6	4025.8

附录 1–19　续表 continued

地　区	Region	布（亿米） Cloth (100 million m)	家用电冰箱（万台） Home Refrigerators (10 000 units)	农用化肥（万吨） Chemical Fertilizes (10 000 tons)	汽车（万辆） Motor Vehicles (10 000 sets)	程控交换机（万线） Program Controlled Switchboards (10 000 lines)	移动电话机（万部） Cell Phones (10 000 units)	微型电子计算机（万部） Micro computers (10 000 units)
全国总计	**Total**	**840.8**	**8427.0**	**7296.0**	**1927.7**	**2826.3**	**118154.3**	**35411.0**
北　京	Beijing		80.4		166.2	839.6	19949.3	1074.5
天　津	Tianjin	2.0	51.4	11.8	63.8	4.3	9193.9	0.2
河　北	Hebei	65.7		184.3	82.5	8.7		
山　西	Shanxi	0.5		389.1	0.7		1517.0	
内蒙古	Inner Mongolia	0.4		123.0	2.1			
辽　宁	Liaoning	4.0	101.5	82.2	83.6	216.4	1650.0	0.2
吉　林	Jilin	0.4		49.5	156.5			
黑龙江	Heilongjiang	0.1		71.6	9.8			3.6
上　海	Shanghai	1.7	151.6	2.6	202.4	121.9	4086.6	9804.8
江　苏	Jiangsu	80.3	1103.2	270.6	88.7	4.6	2525.8	8862.1
浙　江	Zhejiang	143.2	887.2	27.8	32.7	132.9	651.8	161.8
安　徽	Anhui	9.7	2589.1	309.8	104.2		3.9	339.4
福　建	Fujian	48.2		45.9	18.3		2968.0	929.0
江　西	Jiangxi	9.3	107.0	93.7	34.4	1.5	4440.0	20.8
山　东	**Shandong**	**143.4**	**575.0**	**1304.6**	**132.0**	**137.2**	**4511.5**	**254.0**
河　南	Henan	27.8	455.9	403.8	37.6		6853.6	
湖　北	Hubei	69.2	202.4	1142.9	118.9	45.7	419.0	213.3
湖　南	Hunan	3.5	17.2	209.7	17.3		71.4	61.0
广　东	Guangdong	23.5	1655.0	41.6	138.5	1313.4	57599.3	5374.5
广　西	Guangxi	0.2		116.4	167.3			
海　南	Hainan			60.0	12.9			
重　庆	Chongqing	4.6	191.2	206.4	191.0		1095.8	4160.9
四　川	Sichuan	14.2	68.8	425.3	39.7		970.8	4384.5
贵　州	Guizhou	0.1	159.0	499.5	0.5		46.9	
云　南	Yunnan			345.4	10.9			
西　藏	Tibet							
陕　西	Shaanxi	6.5	31.1	97.9	54.5			
甘　肃	Gansu			78.9	2.4			
青　海	Qinghai			357.0				
宁　夏	Ningxia			88.0				
新　疆	Xinjiang	0.3		295.6	0.2			

附录 1-20 规模以上工业主要经济指标(2012年)

Main Indicators on Economic Efficiency of Industrial Enterprises above Designated Size(2012)

单位:亿元 (100 million yuan)

地 区	Region	主营业务收入 Revenue from Principal Business	主营业务成本 Cost of Principal Business	主营业务税金及附加 Taxes and Other Charges on Princpal Business	销售费用 Cost of Business	税金总额 Total Taxes	利润总额 Total Profits
全国总计	**Total**	**915914.8**	**776396.3**	**14435.1**	**22150.9**	**40939.0**	**55577.7**
北 京	Beijing	16851.2	14307.4	262.8	753.6	725.4	1216.6
天 津	Tianjin	23570.4	20020.9	291.5	529.7	1022.3	1940.0
河 北	Hebei	43466.9	38061.1	416.7	653.8	1498.2	2296.9
山 西	Shanxi	17788.4	14919.6	158.2	473.6	964.2	806.5
内蒙古	Inner Mongolia	17898.7	14163.0	234.6	452.4	903.3	1754.2
辽 宁	Liaoning	47965.1	41293.7	856.0	944.1	1965.1	1906.3
吉 林	Jilin	19727.3	16236.9	489.9	660.7	983.0	1161.7
黑龙江	Heilongjiang	12295.6	9425.8	696.9	268.2	1296.0	1201.0
上 海	Shanghai	33738.3	28342.1	803.5	1186.5	1637.3	2131.3
江 苏	Jiangsu	117774.3	102325.3	972.4	2573.4	4332.4	6881.8
浙 江	Zhejiang	56729.9	48930.5	619.6	1331.9	2089.0	2899.8
安 徽	Anhui	27911.2	23978.9	351.2	673.8	1072.8	1470.2
福 建	Fujian	28892.9	24688.8	350.5	749.2	1110.4	1779.2
江 西	Jiangxi	22267.6	19320.2	228.6	343.6	844.7	1285.1
山 东	**Shandong**	**118086.9**	**99445.4**	**1410.5**	**2142.7**	**4647.4**	**8016.4**
河 南	Henan	51558.3	43975.0	631.3	972.1	1966.8	3889.1
湖 北	Hubei	31372.8	26798.5	632.4	877.5	1402.2	1602.9
湖 南	Hunan	27575.5	22097.8	738.6	714.5	1726.6	1322.7
广 东	Guangdong	92089.6	78823.6	1034.0	3045.8	3134.6	4635.9
广 西	Guangxi	14324.4	12260.1	292.7	316.8	713.3	749.0
海 南	Hainan	1686.1	1364.6	102.3	48.2	164.2	123.7
重 庆	Chongqing	12715.7	10871.4	172.7	340.4	579.5	608.3
四 川	Sichuan	31065.7	25541.0	528.7	884.3	1749.4	2142.7
贵 州	Guizhou	5686.2	4338.0	247.2	186.6	531.7	466.0
云 南	Yunnan	8662.8	6666.6	705.5	240.8	1131.5	507.7
西 藏	Tibet	89.6	73.4	1.6	4.2	8.5	13.1
陕 西	Shaanxi	16101.3	12101.6	508.9	384.3	1341.8	1982.6
甘 肃	Gansu	7587.8	6371.5	260.6	113.6	471.4	259.2
青 海	Qinghai	1951.4	1520.4	43.9	61.9	131.6	152.4
宁 夏	Ningxia	2972.6	2531.1	62.0	61.8	153.3	107.0
新 疆	Xinjiang	7375.3	5602.0	319.6	161.1	641.2	841.7

附录 1—20 续表 continued

单位:亿元 (100 million yuan)

地 区	Region	亏损企业亏损总额 Lossed Value of Loss-suffering Enterprises	应收帐款净额 Net Value of Accounts Receivable	产成品 Finished Product	资产合计 Total Assets	负债合计 Total Liabilities	全部从业人员平均人数（万人） Average Number of Employed Persons (10 000 persons)
全国总计	**Total**	**5922.1**	**82189.9**	**30183.2**	**744919.7**	**430830.7**	**9272.9**
北 京	Beijing	137.2	2961.3	627.7	28541.7	14795.5	118.9
天 津	Tianjin	132.1	2697.6	791.3	19390.1	12375.5	153.8
河 北	Hebei	302.9	2441.5	1152.1	32201.8	19187.6	376.6
山 西	Shanxi	321.2	1811.5	706.3	24723.1	16838.2	214.9
内蒙古	Inner Mongolia	165.9	1369.0	563.6	20791.1	12371.9	127.1
辽 宁	Liaoning	569.6	3140.9	1232.3	33620.8	19497.7	383.0
吉 林	Jilin	159.5	982.2	443.6	13589.6	7254.3	151.6
黑龙江	Heilongjiang	173.7	1067.7	470.2	12906.5	7320.7	138.9
上 海	Shanghai	307.0	4978.0	1296.9	30729.5	15430.6	258.1
江 苏	Jiangsu	524.2	13263.7	3768.4	81868.0	46951.6	1092.6
浙 江	Zhejiang	253.7	7808.8	2828.4	54853.5	33013.9	700.0
安 徽	Anhui	126.5	2290.3	903.1	21929.1	13161.2	281.7
福 建	Fujian	119.3	2904.1	1078.7	20700.6	10992.1	396.6
江 西	Jiangxi	75.6	885.3	520.8	11474.1	6403.2	209.0
山 东	**Shandong**	**346.2**	**5496.0**	**2738.8**	**71107.7**	**39241.6**	**918.5**
河 南	Henan	274.5	2902.2	1094.1	34182.8	17696.3	580.4
湖 北	Hubei	154.3	2288.7	1079.8	25720.5	14957.8	294.2
湖 南	Hunan	133.3	1772.8	661.4	16700.7	9301.3	295.7
广 东	Guangdong	491.9	11836.5	3279.3	68928.9	39790.3	1370.6
广 西	Guangxi	121.2	956.3	608.5	11326.3	7113.2	151.9
海 南	Hainan	9.0	157.8	80.9	1934.3	981.4	12.0
重 庆	Chongqing	83.9	1283.8	408.3	10880.8	6854.8	151.8
四 川	Sichuan	230.3	2769.9	1053.0	29935.3	18387.1	386.3
贵 州	Guizhou	84.7	474.6	220.7	8032.1	5191.7	84.4
云 南	Yunnan	128.9	733.0	482.7	12440.0	7950.4	95.6
西 藏	Tibet	10.2	12.0	3.5	495.6	154.1	1.6
陕 西	Shaanxi	165.2	1450.9	717.0	19841.8	11109.8	164.0
甘 肃	Gansu	113.1	482.4	502.7	8859.3	5591.5	60.9
青 海	Qinghai	40.6	148.8	87.7	3999.8	2638.2	18.9
宁 夏	Ningxia	64.0	282.1	222.6	4913.2	3244.1	30.6
新 疆	Xinjiang	120.3	540.2	380.5	11207.6	6371.3	62.1

附录 1-21 规模以上工业主要经济效益指标(2012年)
Main Indicators on Economic Efficiency of Industrial Enterprises above Designated Size(2012)

地　区	Region	总资产贡献率 (%) Ratio of Total Assets to Industrial Output Value (%)	资本保值增值率 (%) Value-insured and Appreciaton Rate of Total Assets (%)	资产负债率 (%) Assets-Liability Ratio (%)	流动资产周转次数 (次) Number of Times of Annual of Turnover Circulating Funds (time)	成本费用利润率 (%) Ratio of Profits to Industrial Cost (%)	产品销售率 (%) Sales Rate (%)
全国总计	**Total**	**15.3**	**113.0**	**57.8**	**2.7**	**6.6**	**98.0**
北　京	Beijing	8.0	107.6	51.8	1.6	7.6	99.1
天　津	Tianjin	17.1	111.3	63.8	2.4	9.1	98.9
河　北	Hebei	14.3	115.0	59.6	3.4	5.7	97.8
山　西	Shanxi	9.3	112.5	68.1	1.7	4.8	95.2
内蒙古	Inner Mongolia	15.4	116.2	59.5	2.4	11.3	97.2
辽　宁	Liaoning	13.6	109.0	58.0	3.3	4.3	97.9
吉　林	Jilin	18.1	118.3	53.4	3.6	6.5	98.4
黑龙江	Heilongjiang	21.3	108.9	56.7	2.3	11.5	97.7
上　海	Shanghai	13.2	110.6	50.2	1.9	6.8	99.3
江　苏	Jiangsu	15.9	110.8	57.4	2.7	6.3	98.3
浙　江	Zhejiang	11.6	110.3	60.2	1.8	5.4	97.4
安　徽	Anhui	14.2	116.7	60.0	3.1	5.7	97.8
福　建	Fujian	16.7	114.4	53.1	2.8	6.7	97.8
江　西	Jiangxi	21.4	113.3	55.8	4.5	6.3	99.3
山　东	**Shandong**	**19.7**	**113.5**	**55.2**	**3.6**	**7.3**	**98.6**
河　南	Henan	21.0	125.9	51.8	3.8	8.3	98.4
湖　北	Hubei	14.0	116.5	58.2	2.9	5.5	97.3
湖　南	Hunan	21.5	120.6	55.7	4.2	5.5	98.7
广　东	Guangdong	12.7	107.1	57.7	2.4	5.4	98.2
广　西	Guangxi	15.7	109.1	62.8	3.0	5.6	95.4
海　南	Hainan	16.8	115.1	50.7	2.3	8.3	99.2
重　庆	Chongqing	13.4	114.1	63.0	2.6	5.1	97.5
四　川	Sichuan	14.3	118.3	61.4	2.5	7.6	98.2
贵　州	Guizhou	15.5	122.3	64.6	2.0	9.4	95.0
云　南	Yunnan	15.8	107.7	63.9	1.8	6.8	95.0
西　藏	Tibet	5.6	137.1	31.1	0.7	15.0	102.2
陕　西	Shaanxi	19.5	120.4	56.0	2.0	14.6	95.9
甘　肃	Gansu	10.4	116.3	63.1	2.3	3.7	93.4
青　海	Qinghai	10.1	110.4	66.0	1.8	8.8	93.1
宁　夏	Ningxia	8.2	121.6	66.0	1.8	3.8	97.5
新　疆	Xinjiang	15.7	110.5	56.9	2.2	13.6	97.5

附录 1-22 建筑业总产值和房屋建筑面积

Output Value of Construction and Floor Space of Buildings

地 区	Region	总产值(亿元) Total Output Value (100 million yuan)		施工面积(万平方米) Floor Space of Buildings Under Construction (10 000 sq.m)		竣工面积(万平方米) Floor Space of Buildings Completed (10 000 sq.m)	
		2011	2012	2011	2012	2011	2012
全国总计	**Total**	**116463.3**	**135303.3**	**851828.1**	**981489.8**	**316429.3**	**345853.7**
北 京	Beijing	6046.2	6564.8	36506.9	42558.4	6455.5	7694.9
天 津	Tianjin	2986.5	3257.0	10058.8	11732.1	2637.6	2726.0
河 北	Hebei	3972.7	4784.4	30832.7	33742.8	10641.8	11816.9
山 西	Shanxi	2324.9	2622.2	8798.4	10473.6	2537.8	2872.6
内蒙古	Inner Mongolia	1394.7	1433.9	9323.1	10754.1	4064.8	3574.2
辽 宁	Liaoning	6217.5	7508.0	34890.4	39367.1	16692.1	16428.7
吉 林	Jilin	1626.6	1958.6	7446.7	11206.3	4194.6	5907.2
黑龙江	Heilongjiang	2029.2	2367.4	8904.8	8755.9	4438.4	4133.8
上 海	Shanghai	4298.3	4564.1	24885.8	27059.5	5984.7	5196.1
江 苏	Jiangsu	15122.8	17927.2	145451.5	161904.2	54650.2	58446.8
浙 江	Zhejiang	14907.4	17144.7	147121.8	169186.0	51151.8	54566.5
安 徽	Anhui	3597.3	4185.1	28226.9	33678.9	11897.8	12743.3
福 建	Fujian	3692.6	4399.9	35674.4	41603.6	10943.8	12119.8
江 西	Jiangxi	2095.5	2729.9	15514.3	19109.1	7813.2	9880.1
山 东	**Shandong**	**6482.9**	**7281.3**	**50504.5**	**56902.1**	**19277.4**	**21536.0**
河 南	Henan	5279.4	6081.9	33282.0	37557.5	15146.8	15700.6
湖 北	Hubei	5586.4	6865.7	31023.8	39741.9	16468.1	19812.6
湖 南	Hunan	3915.0	4375.7	32768.8	36344.1	11750.0	12721.0
广 东	Guangdong	5774.0	6343.4	37876.8	42038.4	12420.8	13496.3
广 西	Guangxi	1553.1	1866.0	12906.3	15545.7	4670.2	4892.4
海 南	Hainan	255.5	280.0	2735.9	2252.4	583.5	801.1
重 庆	Chongqing	3328.8	3934.1	21976.2	26345.0	8989.3	11126.6
四 川	Sichuan	5256.6	6255.8	34738.3	38916.1	13660.3	15189.9
贵 州	Guizhou	824.7	1028.7	6779.4	8189.3	1530.4	1811.5
云 南	Yunnan	1868.4	2386.4	10452.7	13488.2	4444.2	5683.1
西 藏	Tibet	124.5	84.9	198.0	190.0	120.4	122.3
陕 西	Shaanxi	2908.3	3533.5	13969.9	16881.5	5678.9	5203.6
甘 肃	Gansu	925.8	1227.1	5925.1	8972.6	2409.8	4152.2
青 海	Qinghai	319.4	312.4	739.0	841.4	323.8	319.8
宁 夏	Ningxia	427.9	461.9	3367.4	3753.1	1385.8	1491.8
新 疆	Xinjiang	1320.4	1614.7	8947.7	11001.8	3465.5	4402.5

附录 1-23 建筑业主要效益指标(2012年)

Main Economic Indicators on Construction Enterprises(2012)

地区	Region	企业个数(个) Number of Enterprises (unit)	计算劳动生产率的平均人数(万人) Average Number of Employed Persons (10 000 persons)	按建筑业总产值计算的劳动生产率(元/人) Labor Productivity in Terms of Total Output Value (yuan/person)	人均竣工产值(元/人) Per Capita Output Value of Buildings Completed (yuan/person)	人均施工面积(平方米/人) Per Capita Floor Space of Buildings Under Construction (sq.m/person)	人均竣工面积(平方米/人) Per Capita Floor Space of Buildings Completed (sq.m/person)
全国总计	**Total**	**74042**	**5051.3**	**267860**	**149475**	**194.3**	**68.5**
北京	Beijing	3169	194.6	337320	157877	218.7	39.5
天津	Tianjin	1414	57.0	571511	229312	205.9	47.8
河北	Hebei	2304	142.9	334747	173354	236.1	82.7
山西	Shanxi	1965	95.1	275854	97588	110.2	30.2
内蒙古	Inner Mongolia	825	60.4	237249	142590	177.9	59.1
辽宁	Liaoning	5506	286.4	262114	151135	137.8	57.4
吉林	Jilin	1569	79.4	246566	155173	141.1	74.4
黑龙江	Heilongjiang	2005	108.8	217515	104754	80.4	38.0
上海	Shanghai	2842	114.2	399708	190322	237.0	45.5
江苏	Jiangsu	8457	706.1	253892	186453	229.3	82.8
浙江	Zhejiang	5479	618.2	277332	169597	273.7	88.3
安徽	Anhui	2511	164.6	254201	135494	204.6	77.4
福建	Fujian	2375	261.9	167989	97124	158.8	46.3
江西	Jiangxi	1492	99.6	274032	163089	191.8	99.2
山东	**Shandong**	**5847**	**270.3**	**203105**	**108453**	**164.4**	**58.7**
河南	Henan	4295	228.1	266691	143645	164.7	68.8
湖北	Hubei	2774	218.7	313891	158236	181.7	90.6
湖南	Hunan	1892	168.1	260254	159358	216.2	75.7
广东	Guangdong	4097	186.4	340363	174027	225.6	72.4
广西	Guangxi	1056	65.8	283625	147118	236.3	74.4
海南	Hainan	119	6.1	456397	291699	367.1	130.7
重庆	Chongqing	2285	206.5	190502	99715	127.6	53.9
四川	Sichuan	3200	245.1	255257	128610	158.8	62.0
贵州	Guizhou	533	34.7	296894	104537	236.4	52.3
云南	Yunnan	2018	86.5	276053	149009	156.0	65.7
西藏	Tibet	172	3.8	224354	94886	50.2	32.3
陕西	Shaanxi	1232	89.7	393860	137638	188.2	58.0
甘肃	Gansu	1086	68.0	180368	107909	131.9	61.0
青海	Qinghai	370	13.6	230317	82266	62.0	23.6
宁夏	Ningxia	508	18.6	248576	194430	202.0	80.3
新疆	Xinjiang	860	67.6	238826	139097	162.7	65.1

附录 1-24 客运量和旅客周转量(2012年)
Passenger Traffic and Passenger-Kilometers(2012)

地 区	Region	客运量 (万人) Passenger Traffic (10 000 persons)	#铁 路 Railways	#公 路 Highways	#水 运 Waterways	旅客周转量 (亿人公里) Passenger Kilometers (100 million passenger km)	#铁 路 Railways	#公 路 Highways	#水 运 Waterways
全国总计	**Total**	**3804035**	**189337**	**3557010**	**25752**	**33383.1**	**9812.3**	**18467.5**	**77.5**
北 京	Beijing	142731	10398	132333		421.2	116.4	304.8	
天 津	Tianjin	27529	2970	24483	76	314.7	164.0	150.4	0.3
河 北	Hebei	105064	7846	97218		1369.2	791.0	578.2	
山 西	Shanxi	39987	6208	33662	117	423.1	192.4	230.6	0.1
内蒙古	Inner Mongolia	27630	4320	23310		436.4	172.4	264.0	
辽 宁	Liaoning	103283	12045	90650	588	977.0	542.3	427.2	7.5
吉 林	Jilin	72679	6263	66175	241	536.2	229.1	306.8	0.3
黑龙江	Heilongjiang	52404	10524	41551	329	559.6	262.4	296.8	0.4
上 海	Shanghai	10859	6758	3748	353	182.1	68.4	112.7	1.0
江 苏	Jiangsu	267710	11758	255358	594	1872.4	452.6	1418.4	1.4
浙 江	Zhejiang	233115	9144	220517	3454	1317.6	390.3	921.2	6.2
安 徽	Anhui	213432	6385	206888	159	1824.6	496.6	1327.7	0.3
福 建	Fujian	82041	5295	75044	1702	556.0	184.8	368.5	2.7
江 西	Jiangxi	84240	6335	77650	255	956.3	584.1	371.9	0.3
山 东	**Shandong**	**264935**	**7650**	**254711**	**2574**	**1832.0**	**509.5**	**1310.0**	**12.5**
河 南	Henan	207247	9213	197785	249	2084.0	773.8	1309.6	0.6
湖 北	Hubei	127079	8266	118369	444	1361.5	554.4	804.1	3.0
湖 南	Hunan	184336	8601	174386	1349	1636.8	780.3	854.0	2.6
广 东	Guangdong	574266	15031	556510	2725	2998.2	518.1	2470.1	10.0
广 西	Guangxi	90229	3310	86449	470	1048.0	187.7	858.0	2.3
海 南	Hainan	47117	1162	44374	1581	173.1	22.3	147.6	3.2
重 庆	Chongqing	156545	3040	152249	1256	597.9	115.9	470.6	11.3
四 川	Sichuan	277611	7997	266338	3276	1310.2	302.8	1004.7	2.7
贵 州	Guizhou	83527	3902	77172	2453	631.9	199.2	426.8	5.9
云 南	Yunnan	48456	2762	44839	855	568.7	96.5	470.2	2.0
西 藏	Tibet	3849	110	3739		33.5	10.3	23.2	
陕 西	Shaanxi	111773	5757	105647	369	898.0	408.8	488.6	0.6
甘 肃	Gansu	64361	2383	61884	94	666.4	379.8	286.4	0.2
青 海	Qinghai	12692	544	12100	48	110.1	50.5	59.5	0.1
宁 夏	Ningxia	16343	535	15666	142	121.0	41.1	79.7	0.1
新 疆	Xinjiang	38331	2125	36206		535.8	210.4	325.4	
不分地区	Not Classified by Region	31936				5025.7			

注：不分地区合计为民航完成数。
a)The total passenger traffic not classified by region refers to that completed by civil aviation.

附录 1-25 货运量和货物周转量(2012年)
Freight Traffic and Freight Ton-kilometers(2012)

地 区	Region	货运量(万吨) Total (10 000 tons)	#铁 路 Railways	#公 路 Highways	#水 运 Waterways	货物周转量(亿吨公里) Total (100 million ton-km)	#铁 路 Railways	#公 路 Highways	#水 运 Waterways
全国总计	**Total**	**4099400**	**390438**	**3188475**	**458705**	**173770.7**	**29187.1**	**59534.9**	**81707.6**
北 京	Beijing	26162	1237	24925		1001.1	861.4	139.8	
天 津	Tianjin	46015	7909	27735	10371	7844.1	513.2	318.2	7012.7
河 北	Hebei	219130	21010	195530	2590	10605.0	3961.9	6133.5	509.6
山 西	Shanxi	144608	71428	73150	30	3341.1	2138.8	1202.2	0.1
内蒙古	Inner Mongolia	189942	64682	125260		5870.3	2570.5	3299.8	
辽 宁	Liaoning	206789	19803	174355	12631	11563.7	1404.9	2675.4	7483.3
吉 林	Jilin	54808	7347	47130	331	1596.1	621.0	974.1	1.1
黑龙江	Heilongjiang	65231	16591	47465	1175	2002.3	1065.7	929.0	7.6
上 海	Shanghai	94038	825	42911	50302	20373.4	18.0	288.2	20067.2
江 苏	Jiangsu	220007	7670	153698	58639	7904.1	398.7	1452.4	6053.0
浙 江	Zhejiang	191817	4607	113393	73817	9183.4	291.4	1525.6	7366.4
安 徽	Anhui	312437	12260	259461	40716	9817.8	937.4	7266.8	1613.7
福 建	Fujian	84345	3814	59431	21100	3871.4	177.4	771.1	2923.0
江 西	Jiangxi	127196	5562	113703	7931	3433.5	666.5	2559.8	207.3
山 东	**Shandong**	**330270**	**19814**	**296752**	**13704**	**10991.2**	**1493.8**	**7059.2**	**2438.1**
河 南	Henan	272115	12638	251772	7705	9490.3	2143.1	6863.0	484.1
湖 北	Hubei	122945	5882	97136	19927	4439.8	917.2	1565.4	1957.2
湖 南	Hunan	191052	5677	166670	18705	3976.9	1022.1	2392.5	562.3
广 东	Guangdong	256077	9306	189034	57737	9566.2	311.0	2434.9	6820.3
广 西	Guangxi	161356	6846	135112	19398	4110.6	860.0	1878.3	1372.3
海 南	Hainan	26880	752	16600	9528	1548.1	9.6	109.4	1429.1
重 庆	Chongqing	86474	2328	71272	12874	2653.3	181.5	731.9	1739.9
四 川	Sichuan	174349	8793	158396	7160	2238.3	809.4	1325.2	103.7
贵 州	Guizhou	52655	6665	44892	1098	1174.7	693.7	464.6	16.5
云 南	Yunnan	68735	5031	63239	465	1123.4	412.1	702.5	8.7
西 藏	Tibet	1127	85	1042		46.2	18.3	27.9	
陕 西	Shaanxi	136727	31942	104593	192	3192.1	1446.8	1744.6	0.7
甘 肃	Gansu	45832	6290	39517	25	2351.7	1457.1	894.6	
青 海	Qinghai	13484	3784	9700		527.6	246.6	281.0	
宁 夏	Ningxia	41113	8467	32646		1065.7	365.6	700.1	
新 疆	Xinjiang	58794	6840	51954		1614.5	790.7	823.8	
不分地区	Not Classified by Region	73558	1222		10553	15166.1	295.2		11529.7

注：不分地区合计中包括铁路行包运输、管道运输企业、民航运输企业及中远集团海外公司完成数。
a)The data not classified by region refers to railway baggage freight、pipelines、civil aviation and that completed by companies abroad under the china ocean shipping(group) company.

附录 1-26 社会消费品零售总额

Total Retail Sale of Consumer Goods

单位:亿元 (100 million yuan)

地 区	Region	2005	2006	2007	2008	2009	2010	2011	2012
全国总计	**Total**	**68352.6**	**79145.2**	**93571.6**	**114830.1**	**132678.4**	**156998.4**	**183918.6**	**210307.0**
北 京	Beijing	2911.7	3295.3	3835.2	4645.5	5309.9	6229.3	6900.3	7702.8
天 津	Tianjin	1201.6	1383.1	1650.6	2078.7	2430.8	2860.2	3395.1	3921.4
河 北	Hebei	2969.5	3435.7	4053.8	4991.1	5764.9	6821.8	8035.5	9254.0
山 西	Shanxi	1410.7	1635.4	1953.3	2421.1	2809.0	3318.2	3903.4	4506.8
内蒙古	Inner Mongolia	1358.1	1628.6	1964.0	2463.0	2855.3	3384.0	3991.7	4572.5
辽 宁	Liaoning	3014.4	3471.6	4097.8	5032.4	5812.6	6887.6	8095.3	9346.6
吉 林	Jilin	1470.3	1697.6	2038.3	2549.2	2957.3	3504.9	4119.8	4772.9
黑龙江	Heilongjiang	1773.8	2029.0	2386.2	2928.3	3401.8	4039.2	4750.1	5491.0
上 海	Shanghai	2979.5	3375.2	3873.3	4577.2	5173.2	6070.5	6814.8	7412.3
江 苏	Jiangsu	5735.5	6706.2	7985.9	9905.1	11484.1	13606.8	15988.4	18331.3
浙 江	Zhejiang	4645.9	5358.0	6271.3	7533.3	8622.3	10245.4	12028.0	13588.3
安 徽	Anhui	1776.7	2056.5	2451.9	3045.2	3527.8	4197.7	4955.1	5736.6
福 建	Fujian	2351.7	2717.6	3212.3	3866.7	4481.0	5310.0	6276.2	7256.5
江 西	Jiangxi	1244.9	1448.2	1718.9	2142.0	2484.4	2956.2	3485.1	4027.2
山 东	**Shandong**	**6166.9**	**7217.1**	**8607.5**	**10658.8**	**12363.0**	**14620.3**	**17155.5**	**19651.9**
河 南	Henan	3380.9	3932.6	4690.3	5815.4	6746.4	8004.2	9453.6	10915.6
湖 北	Hubei	2985.9	3461.1	4115.8	5109.7	5928.4	7013.9	8275.2	9562.5
湖 南	Hunan	2474.3	2869.4	3419.2	4222.6	4913.7	5839.5	6884.7	7921.9
广 东	Guangdong	7915.5	9194.3	10731.3	12986.6	14891.8	17458.4	20297.5	22677.1
广 西	Guangxi	1405.5	1620.3	1932.7	2395.8	2790.7	3312.0	3908.2	4516.6
海 南	Hainan	270.8	313.4	370.9	463.2	537.5	639.3	759.5	870.8
重 庆	Chongqing	1227.8	1431.5	1711.1	2147.1	2479.0	2938.6	3487.8	4033.7
四 川	Sichuan	3003.5	3472.5	4105.6	4944.8	5758.7	6810.1	8044.6	9268.6
贵 州	Guizhou	615.7	710.0	858.2	1075.2	1247.3	1482.7	1751.6	2027.6
云 南	Yunnan	1041.3	1204.8	1422.5	1764.7	2051.1	2542.4	3000.1	3511.6
西 藏	Tibet	73.2	90.0	112.6	130.0	156.6	185.3	219.0	254.6
陕 西	Shaanxi	1331.3	1542.4	1837.3	2317.1	2699.7	3195.7	3790.0	4383.8
甘 肃	Gansu	638.1	729.5	854.4	1023.6	1183.0	1394.5	1648.0	1906.5
青 海	Qinghai	161.6	182.6	212.6	259.7	300.5	350.8	410.5	476.0
宁 夏	Ningxia	175.8	202.5	239.5	295.4	339.3	403.6	477.6	548.8
新 疆	Xinjiang	640.2	733.2	857.5	1041.5	1177.5	1375.1	1616.3	1858.6

附录 1-27 货物进出口总额(按经营单位所在地分)
Total Volume of Imports and Exports (by Location of Foreign Trade Managing Units)

单位:亿美元 (100 million USD)

地区	Region	2005	2006	2007	2008	2009	2010	2011	2012
全国总计	**Total**	**14219.1**	**17604.4**	**21765.7**	**25632.6**	**22075.4**	**29740.0**	**36418.6**	**38667.6**
北京	Beijing	1255.1	1580.4	1930.0	2716.9	2147.3	3017.2	3895.6	4079.2
天津	Tianjin	532.8	644.6	714.5	804.0	638.3	821.0	1033.8	1156.2
河北	Hebei	160.7	185.3	255.2	384.2	296.3	420.6	536.0	505.5
山西	Shanxi	55.5	66.3	115.8	144.0	85.7	125.8	147.4	150.4
内蒙古	Inner Mongolia	48.8	59.6	77.4	89.2	67.7	87.3	119.3	112.6
辽宁	Liaoning	410.1	483.9	594.7	724.3	629.3	807.1	960.4	1039.9
吉林	Jilin	65.3	79.1	103.0	133.3	117.4	168.5	220.6	245.7
黑龙江	Heilongjiang	95.7	128.6	173.0	231.3	162.3	255.2	385.2	378.2
上海	Shanghai	1863.4	2275.2	2828.5	3220.6	2777.1	3689.5	4375.5	4365.4
江苏	Jiangsu	2279.2	2839.8	3494.7	3922.7	3387.4	4658.0	5395.8	5480.9
浙江	Zhejiang	1073.9	1391.4	1768.5	2111.3	1877.3	2535.3	3093.8	3122.3
安徽	Anhui	91.2	122.5	159.3	201.8	156.8	242.7	313.1	393.3
福建	Fujian	544.1	626.6	744.5	848.2	796.5	1087.8	1435.2	1559.3
江西	Jiangxi	40.6	61.9	94.5	136.2	127.8	216.2	314.7	334.1
山东	**Shandong**	**767.4**	**952.1**	**1224.7**	**1584.1**	**1390.5**	**1891.6**	**2358.9**	**2455.4**
河南	Henan	77.2	97.9	127.9	174.8	134.8	178.3	326.2	517.5
湖北	Hubei	90.5	117.6	148.7	207.1	172.5	259.3	335.9	319.6
湖南	Hunan	60.0	73.5	96.9	125.5	101.5	146.6	189.4	219.4
广东	Guangdong	4279.6	5272.0	6341.9	6849.7	6110.9	7849.0	9134.7	9838.2
广西	Guangxi	51.8	66.7	92.6	132.4	142.5	177.4	233.6	294.7
海南	Hainan	25.4	28.5	35.1	45.3	48.8	86.5	127.6	143.3
重庆	Chongqing	42.9	54.7	74.4	95.2	77.1	124.3	292.1	532.0
四川	Sichuan	79.0	110.2	143.8	221.1	241.7	326.9	477.2	591.3
贵州	Guizhou	14.0	16.2	22.7	33.7	23.0	31.5	48.9	66.3
云南	Yunnan	47.4	62.2	87.9	96.0	80.5	134.3	160.3	210.0
西藏	Tibet	2.1	3.3	3.9	7.7	4.0	8.4	13.6	34.2
陕西	Shaanxi	45.8	53.6	68.9	83.3	84.1	121.0	146.5	148.0
甘肃	Gansu	26.3	38.2	55.2	61.0	38.7	74.0	87.3	89.0
青海	Qinghai	4.1	6.5	6.1	6.9	5.9	7.9	9.2	11.6
宁夏	Ningxia	9.7	14.4	15.8	18.8	12.0	19.6	22.9	22.2
新疆	Xinjiang	79.4	91.0	137.2	222.2	139.5	171.3	228.2	251.7

附录 1−28 货物进出口总额(按境内目的地、货源地分)

Total Volume of Imports and Exports (by Destination and Origion of Goods in China)

单位:亿美元 (100 million USD)

地区	Region	2005	2006	2007	2008	2009	2010	2011	2012
全国总计	**Total**	**14219.1**	**17604.4**	**21765.7**	**25632.6**	**22075.4**	**29740.0**	**36418.6**	**38667.6**
北京	Beijing	534.9	704.6	820.4	950.4	870.9	1106.9	1293.0	1286.6
天津	Tianjin	546.3	672.8	755.6	869.0	720.3	916.1	1116.8	1228.5
河北	Hebei	193.3	234.8	344.7	508.8	402.7	620.5	841.5	822.6
山西	Shanxi	90.9	96.6	152.4	201.9	93.2	138.6	162.2	165.9
内蒙古	Inner Mongolia	53.0	61.1	90.9	104.3	94.6	116.8	148.2	139.7
辽宁	Liaoning	470.4	524.2	651.8	821.6	698.5	952.9	1129.5	1181.1
吉林	Jilin	73.6	87.0	113.1	136.2	118.8	170.2	230.5	244.8
黑龙江	Heilongjiang	104.7	140.7	184.3	204.2	133.6	183.4	261.6	282.1
上海	Shanghai	1815.0	2212.3	2738.7	3138.8	2733.3	3654.4	4331.5	4341.0
江苏	Jiangsu	2384.8	2990.4	3722.5	4304.7	3659.3	4987.8	5812.4	5887.9
浙江	Zhejiang	1238.1	1600.8	1992.0	2444.1	2107.1	2872.5	3514.1	3482.4
安徽	Anhui	92.6	122.5	157.4	195.5	156.6	233.8	303.3	329.7
福建	Fujian	568.0	648.9	752.9	867.2	812.4	1105.5	1345.7	1462.0
江西	Jiangxi	49.6	72.5	103.1	150.1	138.3	209.5	279.9	302.2
山东	**Shandong**	**891.2**	**1106.4**	**1408.0**	**1876.4**	**1635.2**	**2251.6**	**2845.6**	**2966.5**
河南	Henan	90.7	109.8	142.1	198.9	150.7	200.2	355.9	543.5
湖北	Hubei	99.9	121.1	153.1	213.6	176.7	260.3	337.5	324.3
湖南	Hunan	69.6	79.8	102.0	136.0	116.1	156.1	201.0	214.4
广东	Guangdong	4391.8	5418.3	6524.1	7177.8	6319.9	8340.1	10067.9	11151.2
广西	Guangxi	57.6	76.1	104.7	148.6	135.6	195.5	323.2	408.6
海南	Hainan	21.2	33.9	70.7	95.9	84.8	103.7	134.5	145.7
重庆	Chongqing	42.3	53.1	71.6	90.5	77.2	118.3	244.8	452.4
四川	Sichuan	76.7	106.7	136.2	199.3	215.2	263.0	401.1	517.0
贵州	Guizhou	20.4	22.1	32.0	48.1	27.3	34.6	49.2	50.5
云南	Yunnan	50.0	63.8	88.0	93.3	74.6	103.3	122.6	121.2
西藏	Tibet	1.3	2.3	3.2	3.5	2.9	5.9	11.0	21.2
陕西	Shaanxi	61.5	69.2	82.4	104.6	86.7	117.0	140.8	151.9
甘肃	Gansu	29.9	44.4	58.7	65.6	44.8	73.9	78.3	71.7
青海	Qinghai	4.9	9.4	6.8	8.0	7.2	8.2	7.6	8.1
宁夏	Ningxia	11.8	16.1	19.6	25.8	19.6	25.7	28.1	26.7
新疆	Xinjiang	83.0	102.1	154.4	249.8	161.3	213.6	299.2	336.3

附录 1−29　货物进出口总额(2012年)
Total Volume of Imports and Exports (2012)

单位:亿美元　(100 million USD)

地　区	Region	按经营单位所在地分 by Location of Foreign Tade Managing Units		按境内目的地、货源地分 by Destination and Origion of Goods	
		出口额 Exports	进口额 Imports	出口额 Exports	进口额 Imports
全国总计	**Total**	**20489.3**	**18178.3**	**20489.3**	**18178.3**
北　京	Beijing	596.5	3482.7	312.6	974.0
天　津	Tianjin	483.1	673.1	490.6	737.8
河　北	Hebei	296.0	209.4	372.8	449.8
山　西	Shanxi	70.2	80.3	84.5	81.4
内蒙古	Inner Mongolia	39.7	72.9	54.0	85.8
辽　宁	Liaoning	579.5	460.4	525.1	656.0
吉　林	Jilin	59.8	185.9	60.3	184.5
黑龙江	Heilongjiang	144.4	233.9	99.1	183.0
上　海	Shanghai	2067.4	2298.0	1935.6	2405.4
江　苏	Jiangsu	3285.4	2195.6	3342.5	2545.5
浙　江	Zhejiang	2245.7	876.7	2447.1	1035.3
安　徽	Anhui	267.5	125.7	206.5	123.1
福　建	Fujian	978.4	580.9	888.4	573.5
江　西	Jiangxi	251.1	83.0	200.2	102.0
山　东	**Shandong**	**1287.3**	**1168.1**	**1359.6**	**1606.8**
河　南	Henan	296.8	220.7	319.4	224.0
湖　北	Hubei	194.0	125.6	187.5	136.8
湖　南	Hunan	126.0	93.4	123.4	91.1
广　东	Guangdong	5741.4	4096.8	6363.0	4788.2
广　西	Guangxi	154.7	140.1	92.1	316.5
海　南	Hainan	31.4	111.9	28.1	117.6
重　庆	Chongqing	385.7	146.3	310.5	141.9
四　川	Sichuan	384.6	206.6	311.5	205.5
贵　州	Guizhou	49.5	16.8	31.5	19.1
云　南	Yunnan	100.2	109.9	54.2	66.9
西　藏	Tibet	33.6	0.7	20.2	0.9
陕　西	Shaanxi	86.5	61.5	85.0	66.9
甘　肃	Gansu	35.7	53.3	18.3	53.4
青　海	Qinghai	7.3	4.3	4.3	3.9
宁　夏	Ningxia	16.4	5.8	18.7	8.0
新　疆	Xinjiang	193.5	58.2	142.6	193.7

附录 1-30　外商投资企业进出口总额

Volume of Import and Export of Foreign-funded Enterprises

单位:万美元　　(10 000 USD)

地　区	Region	2011 进出口总额 Total	2011 出口额 Exports	2011 进口额 Imports	2012 进出口总额 Total	2012 出口额 Exports	2012 进口额 Imports
全国总计	**Total**	**185989874**	**99522704**	**86467170**	**189399771**	**102274850**	**87124921**
北　京	Beijing	7679756	2164526	5515230	7446920	2135021	5311900
天　津	Tianjin	7113264	3085243	4028020	7742908	3280932	4461977
河　北	Hebei	2022204	1017219	1004985	1774883	942375	832508
山　西	Shanxi	264502	90781	173721	443295	221497	221798
内蒙古	Inner Mongolia	246266	143589	102676	175215	87722	87493
辽　宁	Liaoning	4598764	2322010	2276754	4702250	2349523	2352728
吉　林	Jilin	919356	144656	774700	1104121	149690	954431
黑龙江	Heilongjiang	113682	69932	43750	104584	55994	48590
上　海	Shanghai	29232879	14237994	14994885	28988951	13868737	15120215
江　苏	Jiangsu	38531121	21519202	17011920	35789017	20468393	15320624
浙　江	Zhejiang	10792591	6528698	4263893	10298835	6299479	3999357
安　徽	Anhui	1028561	435117	593444	997815	459135	538680
福　建	Fujian	6868116	3912418	2955698	7390862	3912733	3478129
江　西	Jiangxi	1352999	597155	755844	1329806	646277	683529
山　东	**Shandong**	**10743801**	**6372487**	**4371314**	**10203345**	**6049739**	**4153606**
河　南	Henan	1497885	836757	661127	3378156	1874386	1503770
湖　北	Hubei	1409993	760056	649937	1382597	762022	620575
湖　南	Hunan	455239	190455	264784	628137	293730	334407
广　东	Guangdong	54988586	32479001	22509584	57117580	34059185	23058395
广　西	Guangxi	694528	264683	429845	962687	354236	608451
海　南	Hainan	1006193	117261	888932	1149333	161624	987709
重　庆	Chongqing	1342670	685554	657117	2494774	1616607	878167
四　川	Sichuan	2335441	1207356	1128085	3020341	1826162	1194179
贵　州	Guizhou	22401	13793	8608	19009	11753	7256
云　南	Yunnan	74904	36048	38857	62374	34126	28248
西　藏	Tibet	40	2	37	41	15	26
陕　西	Shaanxi	562954	236559	326395	614912	303992	310920
甘　肃	Gansu	13870	10782	3088	11796	9806	1990
青　海	Qinghai	3928	1727	2201	4988	2496	2493
宁　夏	Ningxia	40091	22413	17678	32800	21816	10984
新　疆	Xinjiang	33290	19230	14061	27438	15651	11788

附录 1－31　国际旅游接待情况
Basic Statistics on Tourism

地　区	Region	2011 旅游人数（万人次）Number of Tourists (10 000 person-times)	2011 #外国人 Foreigner Toutists	2011 旅游外汇收入（亿美元）Tourism Earnings (100 million USD)	2012 旅游人数（万人次）Number of Tourists (10 000 person-times)	2012 #外国人 Foreigner Toutists	2012 旅游外汇收入（亿美元）Tourism Earnings (100 million USD)
北　京	Beijing	520.4	447.4	54.16	500.9	434.4	51.49
天　津	Tianjin	73.1	63.6	17.56	73.7	63.7	22.26
河　北	Hebei	114.1	98.3	4.48	129.3	106.7	5.45
山　西	Shanxi	155.3	98.3	5.67	189.2	120.4	7.20
内蒙古	Inner Mongolia	151.5	147.6	6.71	159.2	151.5	7.72
辽　宁	Liaoning	405.3	339.4	27.13	473.1	388.6	32.64
吉　林	Jilin	99.3	85.5	3.85	118.3	100.9	4.95
黑龙江	Heilongjiang	206.5	197.8	9.18	207.6	194.7	8.35
上　海	Shanghai	668.6	555.0	57.51	651.2	539.6	54.93
江　苏	Jiangsu	737.3	537.9	56.53	791.5	575.2	63.00
浙　江	Zhejiang	773.7	515.0	45.42	865.9	570.5	51.52
安　徽	Anhui	262.9	151.7	11.79	331.5	190.4	15.63
福　建	Fujian	427.4	140.0	36.34	493.7	167.0	42.26
江　西	Jiangxi	135.8	44.0	4.15	156.2	50.4	4.85
山　东	**Shandong**	**424.2**	**312.3**	**25.51**	**469.9**	**342.2**	**29.24**
河　南	Henan	168.3	104.3	5.49	190.8	118.7	6.11
湖　北	Hubei	213.5	160.1	9.40	264.7	193.0	12.03
湖　南	Hunan	227.6	119.8	10.14	224.6	90.6	9.28
广　东	Guangdong	3331.6	749.3	139.06	3489.4	773.0	156.11
广　西	Guangxi	302.8	171.5	10.52	350.3	192.7	12.79
海　南	Hainan	81.4	56.2	3.76	81.6	52.0	3.48
重　庆	Chongqing	186.4	132.6	9.68	224.3	152.6	11.68
四　川	Sichuan	164.0	113.7	5.94	227.3	151.3	7.98
贵　州	Guizhou	58.5	23.6	1.35	70.5	30.4	1.69
云　南	Yunnan	395.4	281.0	16.09	457.8	329.8	19.47
西　藏	Tibet	27.1	24.9	1.30	19.5	17.5	1.06
陕　西	Shaanxi	270.4	189.9	12.95	335.2	233.7	15.97
甘　肃	Gansu	9.1	5.5	0.17	10.2	6.7	0.22
青　海	Qinghai	5.2	4.1	0.27	4.7	3.8	0.24
宁　夏	Ningxia	1.9	1.4	0.06	1.9	1.4	0.05
新　疆	Xinjiang	56.4	48.8	4.65	62.5	49.0	5.51

附录2

国际统计资料

International Statistical Data

简 要 说 明

一、本篇资料的主要内容

本篇资料反映了近年来世界主要国家经济社会事业发展基本情况，主要包括人口、土地面积、国内生产总值及其增长、农业、工业、国际贸易、直接投资、国际旅游、国际储备、外债、医疗卫生、互联网用户、人文发展指数和世界500强等方面的内容。

二、本篇资料的来源

本篇资料来源于中国统计出版社出版的《国际统计年鉴2013》，由省统计局综合处整理。

Brief Introduction

I. Content

Data in this chapter show the social and economic indicators of other countries, mainly including population, territory, GDP, agriculture, industry, international trade, direct investment, international tourism, international reserve, international debts, public health, internet users, indicators on development of population and culture, and TOP500 of international companies, etc.

II. Source of Data

Data in this chapter come from International Statistical Yearbook 2012 published by China Statistics Press and are prepared and compiled by the Division of Comprehensive Statistics of Shandong Provincial Bureau of Statistics.

附录2-1 中国主要指标居世界的位次

Ranking of China in the World in Terms of Main Indicators

资料来源：联合国FAO数据库、联合国贸发会议数据库、世界贸易组织数据库、世界银行WDI数据库、国际货币基金组织数据库。
Source: FAO Database;UNCTAD Database;WTO Database;World Bank WDI Database;IMF Database.

指　标	Indicator	1978	1980	1990	2000	2005	2010	2011
国土面积	Country Area	4	4	4	4	4	4	4
人　口	Population	1	1	1	1	1	1	1
国内生产总值	Gross Domestic Product	10	11	11	6	5	2	2
人均国民总收入①	GNI per capita ①	175(188)	177(188)	178(200)	141(207)	128(208)	120(215)	114(214)
进出口贸易总额	Foreign Trade Total	29	26	15	8	3	2	2
出口额	Exports	30	28	14	7	3	1	1
进口额	Imports	27	22	17	9	3	2	2
外商直接投资	Foreign Direct Investment Inflow		60	12	9	4	2	2
外汇储备	Foreign Exchange Reserves	38	37	7	2	2	1	1

注：①括号中所列为参加排序的国家和地区数。
Note: ① The number in the parentheses indicates the number of countries or territories the order based on.

附录2-2 中国主要指标占世界的比重

Major Chinese Indicators as Percentage of the World

资料来源：联合国FAO数据库、联合国统计司数据库、世界银行WDI数据库、国际货币基金组织数据库。
Source: FAO Database; UNSD Database; World Bank WDI Database; IMF Database.
单位：%　　(%)

指　标	Indicator	1978	1980	1990	2000	2005	2010	2011
国土面积	Country Area	7.2	7.2	7.2	7.2	7.2	7.2	7.2
人　口	Population	22.3	22.1	21.4	20.6	20.1	19.4	19.3
国内生产总值	Gross Domestic Product	1.8	1.7	1.6	3.7	4.9	9.4	10.5
进出口贸易总额	Foreign Trade Total	0.8	0.9	1.7	3.6	6.7	9.7	9.9
出口额	Exports	0.8	0.9	1.8	3.9	7.3	10.3	10.4
进口额	Imports	0.8	1.0	1.5	3.4	6.1	9.0	9.5
外商直接投资	Foreign Direct Investment Inflow		0.1	1.7	2.9	7.4	8.8	8.1
外汇储备	Foreign Exchange Reserves				8.6	19.0	30.7	31.2
稻谷产量	Rice Production	36.4	36.0	37.0	31.7	28.7	28.3	28.0
小麦产量	Wheat Production	12.1	12.5	16.6	17.0	15.5	17.6	16.7
玉米产量	Maize Production	14.2	15.8	20.1	17.9	19.6	21.1	21.8
大豆产量	Soybeans Production	10.1	9.8	10.2	9.6	7.6	5.7	5.6

附录2-3 中国农业主要产品产量居世界的位次
Ranking of China in the World in Terms of Major Agricultural Products

资料来源：联合国FAO数据库。
Source: United Nations FAO Database.

项 目	Item	1978	1980	1990	2000	2005	2009	2010	2011
谷 物	Cereals	2	1	1	1	1	1	1	1
肉 类①	Meat①	3	3	1	1	1	1	1	1
籽 棉	Seed Cotton	3	2	1	1	1	1	1	1
大 豆	Soybeans	3	3	3	4	4	4	4	4
花 生	Groundnuts in Shell	2	2	2	1	1	1	1	1
油菜籽	Rapeseed	2	2	1	1	1	1	1	2
甘 蔗	Sugar Cane	7	9	4	3	3	3	3	3
茶 叶	Tea	2	2	2	2	1	1	1	1
水 果②	Fruit②	9	10	4	1	1	1	1	1

注：①1990年以前为猪、牛、羊肉产量的位次。②不包括瓜类。
Note: ①Data refer to pork,beef and mutton prior to 1990.②Excluding melons.

附录2-4 中国工业主要产品产量居世界的位次
Ranking of China in the World in Terms of Major Industrial Products

资料来源：联合国统计月报数据库、联合国FAO数据库。
Source: United Nations MBS Database; FAO Database.

项 目	Item	1978	1980	1990	2000	2005	2009	2010	2011
粗 钢	Crude Steel	5	5	4	2	1	1	1	1
煤	Coal	3	3	1	1	1	1	1	1
原 油	Crude Petroleum	8	6	5	5	5	4	4	4
发电量	Electricity	7	6	4	2	2	2	1	1
水 泥	Cement	4	4	1	1	1	1	1	1
化 肥	Fertilizer	3	3	3	1	1	1	1	
棉 布	Woven Cotton Fabrics	1	1	1	2	2	1	1	1

附录2-5 国土面积与人口密度

Surface Area and Population Density

资料来源：世界银行WDI数据库。
Source: World Bank WDI Database.

国家和地区	Country or Area	国土面积（万平方公里）Surface Area (10 000 sq.km)	人口密度（人/平方公里）Population Density (persons/sq.km)		
		2010	2000	2005	2010
世　　界	World	13426.9	47.2	50.1	53.2
中　　国	China	960.0	135.4	139.8	143.4
中国香港	Hong Kong, China	0.1	6396.4	6538.6	6782.9
中国澳门	Macao, China	…	15423.8	17192.5	19416.3
孟加拉国	Bangladesh	14.4	995.6	1080.0	1142.3
文　　莱	Brunei Darussalam	0.6	62.1	68.9	75.7
柬 埔 寨	Cambodia	18.1	70.5	75.7	80.1
印　　度	India	328.7	354.5	383.4	411.9
印度尼西亚	Indonesia	190.5	117.8	125.5	132.4
伊　　朗	Iran	174.5	40.1	42.8	45.4
以 色 列	Israel	2.2	290.6	320.2	352.3
日　　本	Japan	37.8	348.1	350.5	349.7
哈萨克斯坦	Kazakhstan	272.5	5.5	5.6	6.0
韩　　国	Korea, Rep.	10.0	476.1	497.0	508.9
老　　挝	Laos	23.7	23.0	24.9	26.9
马来西亚	Malaysia	33.1	71.3	79.4	86.4
蒙　　古	Mongolia	156.4	1.6	1.6	1.8
缅　　甸	Myanmar	67.7	68.8	70.9	73.4
巴基斯坦	Pakistan	79.6	187.5	205.8	225.2
菲 律 宾	Philippines	30.0	259.3	286.9	312.8
新 加 坡	Singapore	0.1	6011.8	6273.2	7252.4
斯里兰卡	Sri Lanka	6.6	304.6	313.3	329.3
泰　　国	Thailand	51.3	123.6	130.6	135.3
越　　南	Viet Nam	33.1	249.6	265.7	280.3
埃　　及	Egypt	100.1	68.0	74.5	81.5
尼日利亚	Nigeria	92.4	135.8	153.5	173.9
南　　非	South Africa	121.9	36.2	38.9	41.2
加 拿 大	Canada	998.5	3.4	3.6	3.8
墨 西 哥	Mexico	196.4	51.4	54.8	58.3
美　　国	United States	983.2	30.8	32.3	33.8
阿 根 廷	Argentina	278.0	13.5	14.1	14.8
巴　　西	Brazil	851.5	20.6	22.0	23.0
委内瑞拉	Venezuela	91.2	27.6	30.1	32.7
捷　　克	Czech Rep.	7.9	132.9	132.5	136.2
法　　国	France	54.9	111.2	115.4	118.8
德　　国	Germany	35.7	235.6	236.5	234.6
意 大 利	Italy	30.1	193.6	199.2	205.6
荷　　兰	Netherlands	4.2	471.7	483.4	492.6
波　　兰	Poland	31.3	126.3	124.6	125.5
俄罗斯联邦	Russian Fed.	1709.8	8.9	8.7	8.7
西 班 牙	Spain	50.5	80.7	87.0	92.4
土 耳 其	Turkey	78.4	82.7	88.5	94.5
乌 克 兰	Ukraine	60.4	84.9	81.3	79.2
英　　国	United Kingdom	24.4	243.4	248.9	257.2
澳大利亚	Australia	774.1	2.5	2.7	2.9
新 西 兰	New Zealand	26.8	14.7	15.7	16.6

附录2-6 国内生产总值

Gross Domestic Product

资料来源：世界银行WDI数据库。
Source: World Bank WDI Database.

单位：亿美元 (100 million USD)

国家和地区	Country or Area	1990	2000	2005	2009	2010	2011
世　界	**World**	**219769**	**323293**	**456753**	**578767**	**631360**	**699937**
高收入国家	**High Income**	**182734**	**264422**	**359145**	**411975**	**431195**	**466435**
经合组织高收入国家	**High Income: OECD**	**176812**	**253122**	**343245**	**391877**	**408271**	**439313**
非经合组织高收入国家	**High Income: nonOECD**	**5906**	**11333**	**15956**	**20179**	**23063**	**27516**
中等收入国家	**Middle Income**	**35622**	**57201**	**95212**	**163003**	**196554**	**229755**
中等偏下收入国家	**Lower Middle Income**	**8682**	**12640**	**20715**	**34676**	**41813**	**47533**
中等偏上收入国家	**Upper Middle Income**	**26933**	**44560**	**74487**	**128303**	**154712**	**182215**
中低收入国家	**Low and Middle Income**	**37029**	**58886**	**97690**	**167057**	**201014**	**234763**
东亚和太平洋	**East Asia and Pacific**	**6708**	**17272**	**30729**	**63662**	**76364**	**93039**
欧洲和中亚	**Europe and Central Asia**	**9518**	**7099**	**17015**	**26099**	**30633**	**36159**
拉丁美洲和加勒比	**Latin America and Caribbean**	**11163**	**20541**	**26738**	**40567**	**50386**	**56502**
中东和北非国家	**Middle East and North Africa**	**2663**	**4335**	**6343**	**10620**	**12045**	
南　亚	**South Asia**	**4117**	**6228**	**10453**	**16846**	**20480**	**22718**
撒哈拉以南非洲	**Sub-Saharan Africa**	**3003**	**3418**	**6438**	**9415**	**11033**	**12457**
低收入国家	**Low Income**	**1452**	**1667**	**2412**	**3915**	**4251**	**4744**
最不发达地区	**Least Developed Countries**	**1593**	**1865**	**3140**	**5515**	**6161**	**6804**
重债穷国	**Heavily Indebted Poor Countries**	**1319**	**1398**	**2290**	**3910**	**4308**	**4680**
中　国	China	3569	11985	22569	49913	59305	73185
中国香港	Hong Kong, China	769	1691	1778	2093	2245	2437
中国澳门	Macao, China	30	61	118	213	283	364
阿富汗	Afghanistan			68	142	172	203
阿尔巴尼亚	Albania	21	37	84	121	119	130
阿尔及利亚	Algeria	620	548	1023	1381	1620	1887
安哥拉	Angola	103	91	282	755	825	1010
安提瓜和巴布达	Antigua and Barbuda	4	8	10	12	12	11
阿根廷	Argentina	1414	2842	1832	3071	3687	4460
亚美尼亚	Armenia	23	19	49	86	94	102
澳大利亚	Australia	3141	4169	6965	9242	11316	13718
奥地利	Austria	1648	1921	3050	3818	3766	4185
阿塞拜疆	Azerbaijan	89	53	132	443	529	634
巴哈马	Bahamas	32	63	77	77	78	78
巴　林	Bahrain	42	80	135	193	229	
孟加拉国	Bangladesh	301	471	603	894	1004	1106
巴巴多斯	Barbados	17	26	30	36	41	37
白俄罗斯	Belarus	174	127	302	493	552	551
比利时	Belgium	2028	2327	3774	4734	4667	5115
伯利兹	Belize	4	8	11	13	14	15
贝　宁	Benin	18	23	43	66	66	73
百慕大	Bermuda	16	35	49	58	58	
不　丹	Bhutan	3	4	8	13	15	17
玻利维亚	Bolivia	49	84	95	173	196	244
波　黑	Bosnia and Herzegovinian		55	109	171	166	181
博茨瓦纳	Botswana	38	56	103	115	149	176
巴　西	Brazil	4620	6447	8822	16217	21430	24767
文　莱	Brunei Darussalam	35	60	95	107	124	
保加利亚	Bulgaria	207	129	289	486	477	535
布基纳法索	Burkina Faso	31	26	55	83	88	102
布隆迪	Burundi	11	8	11	18	20	23
柬埔寨	Cambodia		37	63	104	112	129
喀麦隆	Cameroon	112	101	166	222	225	255
加拿大	Canada	5827	7249	11338	13376	15770	17361
佛得角	Cape Verde	3	5	10	16	17	19

附录2-6 续表 1 continued

单位：亿美元 (100 million USD)

国家和地区	Country or Area	1990	2000	2005	2009	2010	2011
中　　非	Central African Rep.	15	10	14	20	20	22
乍　　得	Chad	17	14	53	71	85	95
智　　利	Chile	316	752	1231	1726	2163	2486
哥伦比亚	Colombia	403	1004	1465	2362	2888	3317
科 摩 罗	Comoros	3	2	4	5	5	6
刚果(金)	Congo, Dem. Rep.	93	43	72	112	131	156
刚果(布)	Congo, Rep.	28	32	61	96	120	147
哥斯达黎加	Costa Rica	74	159	200	294	362	410
科特迪瓦	Cote D'Ivoire	108	104	164	230	229	241
克罗地亚	Croatia	248	215	448	634	609	639
古　　巴	Cuba	286	306	426			
塞浦路斯	Cyprus	56	93	170	235	231	247
捷　　克	Czech Rep.	387	588	1301	1962	1977	2152
丹　　麦	Denmark	1358	1601	2577	3111	3122	3327
吉 布 提	Djibouti	5	6	7	10		
多米尼克	Dominica	2	3	4	5	5	5
多米尼加	Dominican Rep.	71	240	340	468	516	556
厄瓜多尔	Ecuador	104	159	369	520	580	670
埃　　及	Egypt	431	998	897	1890	2189	2295
萨尔瓦多	El Salvador	48	131	171	207	214	231
赤道几内亚	Equatorial Guinea	1	13	82	122	145	198
厄立特里亚	Eritrea		6	11	19	21	26
爱沙尼亚	Estonia	50	57	139	192	188	222
埃塞俄比亚	Ethiopia	121	82	123	320	297	317
法罗群岛	Faeroe Islands		11	17	22		
斐　　济	Fiji	13	17	30	29	32	38
芬　　兰	Finland	1389	1218	1958	2397	2365	2661
法　　国	France	12442	13263	21366	26197	25490	27730
加　　蓬	Gabon	60	51	87	109	132	171
冈 比 亚	Gambia	3	8	6	10	11	11
格鲁吉亚	Georgia	77	31	64	108	116	144
德　　国	Germany	17145	18864	27663	32986	32589	35706
加　　纳	Ghana	59	50	107	260	322	392
希　　腊	Greece	933	1244	2401	3218	2991	2987
格 陵 兰	Greenland	10	11	17	13		
格林纳达	Grenada	2	5	7	8	8	8
危地马拉	Guatemala	77	193	272	377	413	469
几 内 亚	Guinea	27	31	29	42	47	51
几内亚比绍	Guinea-Bissau	2	2	6	8	8	10
圭 亚 那	Guyana	4	7	8	20	23	
海　　地	Haiti	29	37	42	65	66	73
洪都拉斯	Honduras	30	71	97	141	153	173
匈 牙 利	Hungary	331	464	1103	1266	1286	1400
冰　　岛	Iceland	64	87	163	121	126	141
印　　度	India	3266	4747	8342	13611	16843	18480
印度尼西亚	Indonesia	1144	1650	2859	5396	7080	8468
伊　　朗	Iran	1160	1013	1920	3310		
伊 拉 克	Iraq		259	313	642	811	1154
爱 尔 兰	Ireland	478	975	2033	2231	2053	2173
马 恩 岛	Isle of Man		16	29			
以 色 列	Israel	525	1249	1340	1949	2174	2429
意 大 利	Italy	11334	11040	17863	21111	20436	21948
牙 买 加	Jamaica	46	90	113	124	139	151

附录2-6 续表 2 continued

单位：亿美元 (100 million USD)

国家和地区	Country or Area	1990	2000	2005	2009	2010	2011
日　本	Japan	31037	47312	45719	50351	54884	58672
约　旦	Jordan	40	85	126	238	264	288
哈萨克斯坦	Kazakhstan	269	183	571	1153	1480	1862
肯尼亚	Kenya	86	127	187	306	322	336
基里巴斯	Kiribati		1	1	1	2	2
韩　国	Korea, Rep.	2638	5334	8449	8341	10149	11162
科威特	Kuwait	184	377	808	1059	1243	1766
吉尔吉斯斯坦	Kyrgyzstan	27	14	25	47	48	59
老　挝	Laos	9	17	27	58	72	83
拉脱维亚	Latvia	74	78	160	259	240	283
黎巴嫩	Lebanon	28	173	219	349	390	422
莱索托	Lesotho	5	7	14	17	22	24
利比里亚	Liberia	4	5	5	9	10	12
利比亚	Libya	289	339	440	624		
列支敦士登	Liechtenstein	14	25	37	48		
立陶宛	Lithuania	105	114	260	368	363	427
卢森堡	Luxemburg	127	203	377	519	530	595
前南马其顿	Macedonia, FYR	45	36	60	93	91	102
马达加斯加	Madagascar	31	39	50	85	87	99
马拉维	Malawi	19	17	28	47	51	57
马来西亚	Malaysia	440	938	1380	1929	2378	2787
马尔代夫	Maldives	2	6	10	19	21	21
马　里	Mali	24	24	53	90	94	106
马耳他	Malta	25	40	60	81	82	89
马绍尔群岛	Marshall Islands	1	1	1	2	2	2
毛里塔尼亚	Mauritania	10	13	22	30	36	41
毛里求斯	Mauritius	27	46	63	88	97	113
墨西哥	Mexico	2627	5814	8489	8824	10359	11553
密克罗尼西亚	Micronesia, Fed.	1	2	3	3	3	3
摩尔多瓦	Moldova	36	13	30	54	58	70
摩纳哥	Monaco	25	26	43	61		
蒙　古	Mongolia	26	11	25	46	62	86
黑　山	Montenegro		10	23	41	41	46
摩洛哥	Morocco	258	370	595	909	908	1002
莫桑比克	Mozambique	25	42	66	97	92	128
纳米比亚	Namibia	24	39	73	89	111	123
尼泊尔	Nepal	36	55	81	129	160	189
荷　兰	Netherlands	2949	3851	6385	7934	7742	8363
新西兰	New Zealand	445	516	1131	1174	1425	
尼加拉瓜	Nicaragua	10	39	49	62	66	73
尼日尔	Niger	25	18	34	53	54	60
尼日利亚	Nigeria	285	460	1122	1686	1968	2359
挪　威	Norway	1176	1683	3041	3748	4178	4858
阿　曼	Oman	117	199	309	469	578	718
巴基斯坦	Pakistan	400	740	1096	1618	1769	2111
帕　劳	Palau	1	1	1	2	2	2
巴拿马	Panama	53	116	155	241	268	307
巴布亚新几内亚	Papua New Guinea	32	35	49	79	95	129
巴拉圭	Paraguay	53	71	75	143	183	239
秘　鲁	Peru	263	533	794	1269	1539	1767
菲律宾	Philippines	443	810	1031	1683	1996	2248
波　兰	Poland	645	1713	3039	4309	4698	5145
葡萄牙	Portugal	777	1173	1918	2341	2272	2375

附录2-6　续表 3 continued

单位：亿美元　(100 million USD)

国家和地区	Country or Area	1990	2000	2005	2009	2010	2011
波多黎各	Puerto Rico	306	617	828	952	963	
卡 塔 尔	Qatar	74	178	430	976	1273	1730
罗马尼亚	Romania	383	371	989	1611	1616	1798
俄罗斯联邦	Russian Fed.	5168	2597	7640	12226	14875	18578
卢 旺 达	Rwanda	26	17	26	53	56	64
圣基茨和尼维斯	Saint Kitts and Nevis	2	4	5	7	7	7
圣卢西亚	Saint Lucia	4	7	9	11	12	12
圣文森特和格林纳丁斯	Saint Vincent and the Grenadines	2	4	6	7	7	7
萨 摩 亚	Samoa	1	2	4	5	6	6
圣马力诺	San Marino		8	14			
圣多美和普林西比	Sao Tome and Principe			1	2	2	2
沙特阿拉伯	Saudi Arabia	1168	1884	3156	3767	4508	5768
塞内加尔	Senegal	57	47	87	128	129	143
塞尔维亚	Serbia		61	252	401	384	450
塞 舌 尔	Seychelles	4	6	9	8	10	10
塞拉利昂	Sierra Leone	6	6	12	19	19	22
新 加 坡	Singapore	361	959	1235	1759	2132	2397
斯洛伐克	Slovakia	117	287	613	872	871	960
斯洛文尼亚	Slovenia	174	200	357	491	469	495
所罗门群岛	Solomon Islands	3	4	4	6	7	8
南　　非	South Africa	1120	1329	2471	2830	3635	4082
西 班 牙	Spain	5210	5803	11308	14556	13833	14908
斯里兰卡	Sri Lanka	80	163	244	421	496	592
苏　　丹	Sudan	124	124	274	546	670	551
苏 里 南	Suriname	4	9	18	39	44	
斯威士兰	Swaziland	11	15	26	29	37	40
瑞　　典	Sweden	2444	2473	3706	4058	4619	5381
瑞　　士	Switzerland	2382	2499	3725	4923	5294	6357
叙 利 亚	Syrian Arab Republic	123	193	289	539	591	
塔吉克斯坦	Tajikistan	26	9	23	50	56	65
坦桑尼亚	Tanzania	43	102	141	214	229	237
泰　　国	Thailand	853	1227	1764	2635	3189	3456
东 帝 汶	Timor-Leste		3	5	8	9	11
多　　哥	Togo	16	13	21	32	32	36
汤　　加	Tonga	1	2	3	3	4	4
特立尼达和多巴哥	Trinidad And Tobago	51	82	161	197	209	225
突 尼 斯	Tunisia	123	215	323	435	442	459
土 耳 其	Turkey	1507	2666	4830	6146	7311	7731
土库曼斯坦	Turkmenistan	32	29	81	187	200	241
乌 干 达	Uganda	43	62	92	158	172	168
乌 克 兰	Ukraine	815	313	861	1172	1364	1652
阿 联 酋	United Arab Emirates	507	1043	1806	2703	2976	3602
英　　国	United Kingdom	10126	14772	22805	21714	22519	24316
美　　国	United States	57508	98988	125643	138636	144471	150940
乌 拉 圭	Uruguay	93	228	174	305	394	467
乌兹别克斯坦	Uzbekistan	134	138	143	328	393	454
瓦努阿图	Vanuatu	2	3	4	6	7	8
委内瑞拉	Venezuela	470	1171	1455	3294	3938	3165
越　　南	Viet Nam	65	312	529	972	1064	1240
也　　门	Yemen	56	96	168	251	310	338
赞 比 亚	Zambia	33	32	72	128	162	192
津巴布韦	Zimbabwe	88	67	58	58	75	99

附录2-7 人均国内生产总值

GDP per Capita

资料来源：世界银行WDI数据库。
Source: World Bank WDI Database.
单位：美元 (USD)

国家和地区	Country or Area	1990	2000	2005	2009	2010	2011
世　界	**World**	**4139**	**5284**	**7024**	**8491**	**9158**	**10037**
高收入国家	**High Income**	**18618**	**25189**	**33049**	**36761**	**38229**	**41095**
经合组织高收入国家	**High Income: OECD**	**19301**	**25990**	**34200**	**38098**	**39487**	**42262**
非经合组织高收入国家	**High Income: nonOECD**	**9038**	**14951**	**19211**	**21914**	**24543**	**28811**
中等收入国家	**Middle Income**	**932**	**1294**	**2028**	**3319**	**3957**	**4575**
中等偏下收入国家	**Lower Middle Income**	**491**	**594**	**897**	**1412**	**1676**	**1877**
中等偏上收入国家	**Upper Middle Income**	**1317**	**1943**	**3121**	**5225**	**6257**	**7321**
中低收入国家	**Low and Middle Income**	**856**	**1162**	**1804**	**2933**	**3486**	**4021**
东亚和太平洋	**East Asia and Pacific**	**418**	**952**	**1624**	**3268**	**3894**	**4713**
欧洲和中亚	**Europe and Central Asia**	**2429**	**1781**	**4264**	**6465**	**7551**	**8872**
拉丁美洲和加勒比	**Latin America and Caribbean**	**2557**	**3995**	**4865**	**7043**	**8650**	**9593**
中东和北非国家	**Middle East and North Africa**	**1181**	**1563**	**2089**	**3263**	**3639**	
南　亚	**South Asia**	**351**	**445**	**689**	**1047**	**1254**	**1371**
撒哈拉以南非洲	**Sub-Saharan Africa**	**588**	**513**	**853**	**1131**	**1293**	**1424**
低收入国家	**Low Income**	**285**	**258**	**334**	**500**	**532**	**581**
最不发达地区	**Least Developed Countries**	**309**	**283**	**424**	**683**	**747**	**806**
重债穷国	**Heavily Indebted Poor Countries**	**359**	**292**	**419**	**646**	**695**	**735**
中　国	China	314	949	1731	3749	4433	5445
中国香港	Hong Kong, China	13478	25374	26092	29882	31758	34457
中国澳门	Macao, China	8313	14129	24493	40121	51999	65550
阿富汗	Afghanistan			228	425	501	576
阿尔巴尼亚	Albania	639	1200	2666	3796	3701	4030
阿尔及利亚	Algeria	2452	1794	3112	3952	4567	5244
安道尔	Andorra	19498	17539	32608			
安哥拉	Angola	993	656	1712	4069	4322	5148
安提瓜和巴布达	Antigua and Barbuda	6295	10334	12193	13830	13006	12596
阿根廷	Argentina	4330	7696	4736	7665	9124	10941
亚美尼亚	Armenia	637	621	1598	2803	3031	3305
澳大利亚	Australia	18405	21766	34149	42101	50746	60642
奥地利	Austria	21470	23974	37067	45638	44885	49707
阿塞拜疆	Azerbaijan	1237	655	1578	4950	5843	6916
巴哈马	Bahamas	12361	21258	24130	22807	22665	22431
巴　林	Bahrain	8582	12489	18571	16518	18184	
孟加拉国	Bangladesh	286	364	429	608	675	735
巴巴多斯	Barbados	6591	9565	11109	13181	15035	13453
白俄罗斯	Belarus	1705	1273	3090	5183	5819	5820
比利时	Belgium	20350	22697	36011	43849	42833	46469
伯利兹	Belize	2185	3331	3821	4049	4064	4133
贝　宁	Benin	387	346	562	766	741	802
百慕大	Bermuda	26321	56042	76543	90161	89739	
不　丹	Bhutan	504	749	1242	1772	2088	2288
玻利维亚	Bolivia	731	1011	1044	1774	1979	2421
波　黑	Bosnia and Herzegovinian		1491	2896	4534	4427	4821
博茨瓦纳	Botswana	2743	3204	5468	5822	7427	8680
巴　西	Brazil	3087	3696	4743	8392	10993	12594
文　莱	Brunei Darussalam	13964	18350	26248	27390	31008	
保加利亚	Bulgaria	2377	1579	3733	6403	6335	7158
布基纳法索	Burkina Faso	333	212	385	522	536	600
布隆迪	Burundi	202	131	154	222	242	271
柬埔寨	Cambodia		294	471	744	795	900
喀麦隆	Cameroon	916	643	945	1157	1147	1271
加拿大	Canada	20968	23560	35088	39656	46212	50345

附录2-7 续表 1 continued

单位：美元 (USD)

国家和地区	Country or Area	1990	2000	2005	2009	2010	2011
佛得角	Cape Verde	973	1233	2055	3256	3345	3798
中非	Central African Rep.	507	259	336	459	451	483
乍得	Chad	289	168	542	648	761	823
智利	Chile	2393	4878	7549	10179	12640	14394
哥伦比亚	Colombia	1213	2524	3404	5173	6238	7067
科摩罗	Comoros	571	359	602	748	736	809
刚果(金)	Congo, Dem. Rep.	257	87	125	175	199	231
刚果(布)	Congo, Rep.	1172	1027	1723	2434	2970	3563
哥斯达黎加	Costa Rica	2411	4069	4633	6404	7774	8676
科特迪瓦	Cote D'Ivoire	862	628	908	1191	1161	1195
克罗地亚	Croatia	5185	4862	10090	14323	13774	14488
古巴	Cuba	2710	2753	3789			
塞浦路斯	Cyprus	9642	13422	22431	29428	28779	30670
捷克	Czech Rep.	3375	5725	12706	18707	18789	20407
丹麦	Denmark	26423	29980	47547	56330	56278	59684
吉布提	Djibouti	804	753	877	1203		
多米尼克	Dominica	2345	4718	5341	7085	6964	7126
多米尼加	Dominican Rep.	983	2793	3670	4776	5195	5530
厄瓜多尔	Ecuador	1009	1291	2751	3648	4008	4569
埃及	Egypt	759	1476	1209	2371	2698	2781
萨尔瓦多	El Salvador	900	2211	2825	3354	3460	3702
赤道几内亚	Equatorial Guinea	353	2410	13521	17960	20703	27478
厄立特里亚	Eritrea		173	245	364	403	482
爱沙尼亚	Estonia	3193	4144	10330	14345	14045	16556
埃塞俄比亚	Ethiopia	250	125	166	394	358	374
斐济	Fiji	1836	2075	3655	3377	3687	4391
芬兰	Finland	27852	23530	37319	44890	44091	49391
法国	France	21384	21775	33819	40477	39170	42377
加蓬	Gabon	6407	4103	6322	7409	8768	11114
冈比亚	Gambia	328	606	423	585	608	625
格鲁吉亚	Georgia	1611	692	1470	2441	2614	3203
德国	Germany	21584	22946	33543	40275	39852	43689
加纳	Ghana	398	260	495	1090	1319	1570
希腊	Greece	9190	11396	21621	28521	26433	26427
格陵兰	Greenland	18327	19004	29903	22508		
格林纳达	Grenada	2298	5120	6788	7450	7500	7780
危地马拉	Guatemala	857	1717	2140	2689	2873	3178
几内亚	Guinea	463	373	325	427	474	502
几内亚比绍	Guinea-Bissau	240	174	419	562	551	629
圭亚那	Guyana	547	972	1105	2690	2994	
海地	Haiti	403	424	444	656	664	726
洪都拉斯	Honduras	624	1143	1412	1896	2019	2226
匈牙利	Hungary	3186	4543	10937	12635	12863	14044
冰岛	Iceland	25009	30929	54885	37974	39463	44072
印度	India	363	450	732	1127	1375	1489
印度尼西亚	Indonesia	621	773	1258	2273	2952	3495
伊朗	Iran	2115	1550	2754	4526		
伊拉克	Iraq		1063	1135	2066	2532	3501
爱尔兰	Ireland	13604	25629	48866	50034	45873	48423
以色列	Israel	11264	19859	19330	26032	28522	31282
意大利	Italy	19983	19388	30479	35073	33788	36116
牙买加	Jamaica	1921	3479	4263	4615	5133	5562
日本	Japan	24754	37292	35781	39473	43063	45903

附录2-7 续表 2 continued

单位：美元 (USD)

国家和地区	Country or Area	1990	2000	2005	2009	2010	2011
约　旦	Jordan	1268	1764	2326	4027	4370	4666
哈萨克斯坦	Kazakhstan	1647	1229	3771	7165	9070	11245
肯尼亚	Kenya	366	406	526	775	795	808
基里巴斯	Kiribati	395	812	1184	1306	1519	1760
韩　国	Korea, Rep.	6153	11347	17551	16959	20540	22424
科威特	Kuwait	8827	19434	35688	40023	45437	62664
吉尔吉斯斯坦	Kyrgyzstan	609	280	476	871	880	1075
老　挝	Laos	206	326	475	954	1158	1320
拉脱维亚	Latvia	2796	3301	6973	11476	10723	12726
黎巴嫩	Lebanon	963	4612	5394	8321	9227	9904
莱索托	Lesotho	330	380	662	796	1004	1106
利比里亚	Liberia	181	186	170	229	247	281
利比亚	Libya	6669	6480	7626	9957		
列支敦士登	Liechtenstein	49041	75606	105440	134915		
立陶宛	Lithuania	2841	3267	7604	11034	11046	13339
卢森堡	Luxemburg	33182	46458	80960	104354	104512	115038
前南马其顿	Macedonia, FYR	2342	1785	2937	4528	4434	4925
马达加斯加	Madagascar	273	252	282	422	421	467
马拉维	Malawi	200	155	215	327	339	371
马来西亚	Malaysia	2418	4006	5286	6902	8373	9656
马尔代夫	Maldives	980	2285	3362	6230	6570	6405
马　里	Mali	279	214	403	601	613	669
马耳他	Malta	7192	10377	14810	19564	19625	21209
马绍尔群岛	Marshall Islands	1660	2127	2643	2838	3015	3169
毛里塔尼亚	Mauritania	511	490	717	896	1045	1151
毛里求斯	Mauritius	2506	3861	5054	6922	7584	8797
墨西哥	Mexico	3116	5817	7973	7876	9133	10064
密克罗尼西亚	Micronesia, Fed.	1528	2181	2285	2528	2678	2852
摩尔多瓦	Moldova	972	354	831	1526	1632	1967
摩纳哥	Monaco	80312	75382	121386	172676		
蒙　古	Mongolia	1168	471	991	1690	2250	3056
黑　山	Montenegro		1556	3601	6569	6510	7197
摩洛哥	Morocco	1033	1272	1931	2828	2795	3054
莫桑比克	Mozambique	182	233	317	423	394	535
纳米比亚	Namibia	1661	2062	3491	3983	4876	5293
尼泊尔	Nepal	190	225	298	438	535	619
荷　兰	Netherlands	19722	24180	39122	47998	46597	50087
新西兰	New Zealand	12907	13376	27354	27197	32620	
尼加拉瓜	Nicaragua	245	776	898	1088	1139	1243
尼日尔	Niger	319	165	262	351	349	374
尼日利亚	Nigeria	292	372	803	1091	1242	1452
挪　威	Norway	27732	37473	65767	77610	85443	98102
阿　曼	Oman	6255	8775	12721	17280	20791	25221
巴基斯坦	Pakistan	358	512	691	949	1019	1194
帕　劳	Palau	5096	6252	7306	8095	8370	8730
巴拿马	Panama	2199	3931	4776	6956	7614	8590
巴布亚新几内亚	Papua New Guinea	774	655	804	1181	1382	1845
巴拉圭	Paraguay	1241	1323	1267	2254	2840	3635
秘　鲁	Peru	1213	2061	2881	4412	5292	6009
菲律宾	Philippines	719	1048	1205	1836	2140	2370
波　兰	Poland	1694	4454	7963	11294	12303	13463
葡萄牙	Portugal	7779	11471	18186	22016	21358	22330
波多黎各	Puerto Rico	8652	16192	21670	25455	25863	

附录2-7　续表 3 continued

单位：美元　　(USD)

国家和地区	Country or Area	1990	2000	2005	2009	2010	2011
卡 塔 尔	Qatar	15537	30053	52425	61075	72398	92501
罗马尼亚	Romania	1651	1651	4572	7500	7539	8405
俄罗斯联邦	Russian Fed.	3485	1775	5337	8616	10481	13089
卢 旺 达	Rwanda	364	214	281	509	529	583
圣基茨和尼维斯	Saint Kitts and Nevis	3788	8599	10394	13307	12847	13364
圣卢西亚	Saint Lucia	2962	4622	5361	6413	6890	7001
圣文森特和格林纳丁斯	Saint Vincent and the Grenadines	1845	3684	5070	6153	6172	6291
萨 摩 亚	Samoa	695	1391	2287	2880	3249	3532
圣多美和普林西比	Sao Tome and Principe			746	1209	1215	1473
沙特阿拉伯	Saudi Arabia	7236	9401	13127	14051	16423	20540
塞内加尔	Senegal	789	494	802	1055	1034	1119
塞尔维亚	Serbia		809	3391	5484	5273	6203
塞 舌 尔	Seychelles	5265	7579	11061	9637	11130	11711
塞拉利昂	Sierra Leone	163	153	240	323	325	374
新 加 坡	Singapore	11845	23815	28953	35274	41987	46241
斯洛伐克	Slovakia	2211	5330	11385	16100	16036	17646
斯洛文尼亚	Slovenia	8699	10045	17855	24051	22898	24142
所罗门群岛	Solomon Islands	977	1065	881	1147	1261	1517
南 非	South Africa	3182	3020	5235	5738	7272	8070
西 班 牙	Spain	13410	14414	26056	31707	30026	32244
斯里兰卡	Sri Lanka	463	855	1242	2057	2400	2835
苏 丹	Sudan	468	362	713	1286	1538	1234
苏 里 南	Suriname	981	1911	3593	7486	8292	
斯威士兰	Swaziland	1292	1508	2540	2827	3503	3725
瑞 典	Sweden	28557	27869	41041	43640	49257	56927
瑞 士	Switzerland	35472	34787	50083	63568	67644	80391
叙 利 亚	Syrian Arab Republic	999	1209	1561	2692	2893	
塔吉克斯坦	Tajikistan	496	139	358	734	820	935
坦桑尼亚	Tanzania	172	308	375	506	527	529
泰 国	Thailand	1495	1943	2644	3835	4614	4972
东 帝 汶	Timor-Leste		381	462	710	766	896
多 哥	Togo	444	270	391	535	527	584
汤 加	Tonga	1194	1926	2573	3072	3435	4168
特立尼达和多巴哥	Trinidad And Tobago	4170	6311	12231	14772	15614	16699
突 尼 斯	Tunisia	1507	2245	3219	4169	4194	4297
土 耳 其	Turkey	2784	4189	7088	8554	10050	10498
土库曼斯坦	Turkmenistan	881	645	1707	3745	3967	4722
图 瓦 卢	Tuvalu	980	1480	2289	2664	3190	3634
乌 干 达	Uganda	243	256	325	488	515	487
乌 克 兰	Ukraine	1570	636	1829	2545	2974	3615
阿 联 酋	United Arab Emirates	28033	34395	44385	38960	39625	45653
英 国	United Kingdom	17688	25083	37867	35129	36186	38818
美 国	United States	23038	35082	42516	45192	46702	48442
乌 拉 圭	Uruguay	2991	6914	5252	9117	11742	13866
乌兹别克斯坦	Uzbekistan	651	558	547	1182	1377	1546
瓦努阿图	Vanuatu	1080	1470	1862	2526	2875	3335
委内瑞拉	Venezuela	2381	4819	5475	11606	13658	10810
越 南	Viet Nam	98	402	642	1130	1224	1411
也 门	Yemen	473	544	811	1077	1291	1361
赞 比 亚	Zambia	418	317	626	1006	1253	1425
津巴布韦	Zimbabwe	839	535	458	468	595	776

附录2-8 三次产业对国内生产总值增长的贡献率

Share of the Contributions of the Three Strata of Industry to the Increase of GDP

资料来源：世界银行WDI数据库。
Source: World Bank WDI Database.

单位：% (%)

国家和地区	Country or Area	第一产业对国内生产总值增长的贡献率 Contributions of the Primary Industry to the Increase of GDP		第二产业对国内生产总值增长的贡献率 Contributions of the Secondary Industry to the Increase of GDP		第三产业对国内生产总值增长的贡献率 Contributions of the Tertiary Industry to the Increase of GDP	
		2000	2011	2000	2011	2000	2011
中　国	China	4.4	4.6	60.8	51.6	34.8	43.7
孟加拉国	Bangladesh	30.4	14.9	25.8	36.2	43.8	48.9
文　莱	Brunei Darussalam	2.3	-2.7②	66.5	35.2②	31.2	67.5②
柬埔寨	Cambodia	-1.7	19.0②	64.2	58.1②	37.4	22.8②
印　度	India	…	6.2	37.7	14.5	62.3	79.3
印度尼西亚	Indonesia	6.1	6.9	53.9	32.4	40.0	60.6
伊　朗	Iran	10.2	11.1③	60.1	47.0③	29.7	41.9③
日　本	Japan	1.2	-2.1②	29.8	79.9②	68.9	22.3②
哈萨克斯坦	Kazakhstan	-3.2	4.8	60.1	22.7	43.2	72.6
韩　国	Korea, Rep.	0.7	-2.4②	50.9	69.3②	48.4	33.0②
老　挝	Laos	38.5	1.9	26.1	63.5	35.5	34.6
马来西亚	Malaysia	6.0	2.2②	70.6	48.2②	23.4	49.6②
蒙　古	Mongolia	316.7	0.5	-25.5	27.7	-191.3	71.7
巴基斯坦	Pakistan	39.1	10.7	7.7	-0.7	53.2	90.0
菲律宾	Philippines	10.8	6.9	50.1	30.6	39.1	62.5
新加坡	Singapore	-0.1	…	46.1	43.9	54.0	56.1
斯里兰卡	Sri Lanka	4.4	7.2	34.2	17.4	61.4	75.4
泰　国	Thailand	15.2	677.3	49.2	1646.7	35.6	-2224.0
越　南	Viet Nam	16.2	6.7	51.0	44.6	32.8	48.7
埃　及	Egypt	8.9	-14.3	30.5	-10.8	60.7	125.2
尼日利亚	Nigeria		-2.6③		-1.1③		103.7③
南　非	South Africa	1.9	0.6	21.7	15.8	76.4	83.5
加拿大	Canada	-0.7	1.0②	47.8	50.1②	52.9	48.9②
墨西哥	Mexico	0.3	0.9	32.0	37.3	67.7	61.8
美　国	United States	3.0	-1.4②	14.9	37.3②	82.1	64.1②
阿根廷	Argentina	15.0	3.0	137.4	14.2	-52.4	82.8
巴　西	Brazil	1.9	9.3	16.9	16.0	81.2	74.7
委内瑞拉	Venezuela	9.6	5.1②	50.2	100.4②	40.2	-5.6②
捷　克	Czech Rep.	2.6	-3.7②	53.2	66.0②	44.2	37.7②
法　国	France	-1.0	-2.5①	26.9	58.7①	74.2	43.8①
德　国	Germany	-0.1	-.1②	38.1	56.9②	62.0	43.2②
意大利	Italy	-1.5	1.1②	26.5	32.8②	75.1	66.1②
荷　兰	Netherlands	1.1	1.3②	30.7	41.0②	68.2	57.7②
波　兰	Poland	-5.0	-1.5②	35.1	70.6②	69.9	30.9②
俄罗斯联邦	Russian Fed.	8.5	-16.7②	48.2	72.4②	43.3	44.3②
西班牙	Spain	6.0	-78.6②	28.3	-874.5②	65.7	1053.1②
土耳其	Turkey	13.7	2.4	32.1	44.3	54.1	53.3
乌克兰	Ukraine	22.7	22.3	49.0	53.3	28.3	24.4
英　国	United Kingdom	-0.1	-1.0②	9.3	34.6②	90.9	66.4②
澳大利亚	Australia	4.0	19.5	25.8	11.7	70.2	68.7
新西兰	New Zealand	5.4	-1.1①	5.8	233.0①	88.7	-131.9①

注：①2009年数据。②2010年数据。③2008年数据。
Note:①Data refer to 2009.②Data refer to 2010.③Data refer to 2008.

附录2-9　资本形成总额、消费支出及净出口对国内生产总值增长的贡献率

Share of the Contributions of Gross Capital Formation, Final Consumption Expenditure and External Balance on Goods and Services to the Increase of GDP

资料来源：世界银行数据库。
Source: World Bank Database.

单位：%　　(%)

国家和地区	Country or Area	资本形成总额 Gross Capital Formation		消费支出 Final Consumption Expenditure		净出口 External Balance on Goods and Services	
		2000	2011	2000	2011	2000	2011
中　国	China	22.4	48.8	65.1	55.5	12.5	-4.3
中国香港	Hong Kong, China		35.6①		59.4①		5.0①
中国澳门	Macao, China	-172.1	9.7	-73.7	14.8	345.9	75.5
文　莱	Brunei Darussalam	-122.5	25.6①	-0.5	-63.0①	223.0	137.4①
印度尼西亚	Indonesia	46.9	32.9	20.3	40.8	32.7	26.3
伊　朗	Iran	37.5		74.7		-12.2	
以色列	Israel		86.6		56.6		-43.2
日　本	Japan		62.7②		5.0②		32.4②
哈萨克斯坦	Kazakhstan	33.7	29.2	47.3	96.3	19.0	-25.5
韩　国	Korea, Rep.	51.8③	51.6①	35.8③	46.0①	12.4③	2.4①
马来西亚	Malaysia	195.8	99.1①	158.6	49.5①	-254.5	-48.6①
巴基斯坦	Pakistan		35.4④		127.1④		-62.5④
菲律宾	Philippines		70.3①		37.1①		-7.4①
新加坡	Singapore	81.9	43.1	82.1	32.9	-64.0	24.0
泰　国	Thailand	52.5	10.6	72.1	64.2	-24.6	25.3
埃　及	Egypt		30.0		47.4		22.5
南　非	South Africa	10.2		66.7		23.1	
加拿大	Canada	28.4	48.7④	53.1	439.4④	18.5	-388.1④
墨西哥	Mexico	16.1③		88.3③		-4.4③	
阿根廷	Argentina		46.8①		75.4①		-22.2①
巴　西	Brazil		64.0④		94.4④		-58.4④
委内瑞拉	Venezuela	49.8		84.1		-33.9	
捷　克	Czech Rep.		-17.2		-22.4		139.6
法　国	France	46.6		64.4		-11.0	
德　国	Germany	50.7⑤	45.0	88.5⑤	32.9	-39.2⑤	22.1
意大利	Italy	33.2	64.5②	52.6	13.7②	14.2	21.9②
荷　兰	Netherlands	7.2	92.5	58.7	-35.7	34.2	43.2
俄罗斯联邦	Russian Fed.	85.8	-911.1①	36.2	-366.1①	-22.0	1377.2①
西班牙	Spain	55.2⑤		72.6⑤		-27.8⑤	
土耳其	Turkey	68.5⑤	93.3①	-13.9⑤	55.2①	45.4⑤	-48.5①
英　国	United Kingdom	50.4③		85.2③		-35.6③	
澳大利亚	Australia	22.0	94.0	68.6	160.9	9.4	-154.9
新西兰	New Zealand	-6.1	95.6①	21.9	103.5①	84.1	-99.1①

注：①2010年数据。②2009年数据。③1998年数据。④2008年数据。⑤1999年数据。
Note:①Data refer to 2010.②Data refer to 2009.③Data refer to 1998.④Data refer to 2008.⑤Data refer to 1999.

附录2-10 年中人口

Mid-year Population

资料来源：世界银行WDI数据库。
Source: World Bank WDI Database.

国家和地区	Country or Area	年中人口（万人） Mid-year Population (10 000 persons)				增长率(%) Growth Rate (%)
		2000	2005	2010	2011	2011
世　界	**World**	**611813.1**	**650318.6**	**689437.8**	**697373.8**	**1.2**
高收入国家	**High Income**	**104973.5**	**108671.1**	**112791.6**	**113500.4**	**0.6**
中等收入国家	**Middle Income**	**442206.1**	**469524.9**	**496665.8**	**502192.4**	**1.1**
中低收入国家	**Low and Middle Income**	**506839.6**	**541647.5**	**576646.1**	**583873.4**	**1.3**
低收入国家	**Low Income**	**64633.5**	**72122.6**	**79980.4**	**81681.0**	**2.1**
中　国	China	126264.5	130372.0	133782.5	134413.0	0.5
中国香港	Hong Kong, China	666.5	681.3	706.8	707.2	0.1
中国澳门	Macao, China	43.2	48.1	54.4	55.6	2.2
阿富汗	Afghanistan	2595.1	2990.5	3438.5	3532.0	2.7
阿尔巴尼亚	Albania	307.2	314.2	320.4	321.6	0.4
阿尔及利亚	Algeria	3053.4	3288.8	3546.8	3598.0	1.4
美属萨摩亚	American Samoa	5.8	6.3	6.8	7.0	1.6
安道尔	Andorra	6.5	7.8	8.5	8.6	1.5
安哥拉	Angola	1392.6	1648.9	1908.2	1961.8	2.8
安提瓜和巴布达	Antigua and Barbuda	7.8	8.4	8.9	9.0	1.0
阿根廷	Argentina	3693.1	3868.1	4041.2	4076.5	0.9
亚美尼亚	Armenia	307.6	306.6	309.2	310.0	0.3
阿鲁巴岛	Aruba	9.0	10.1	10.7	10.8	0.6
澳大利亚	Australia	1915.3	2039.5	2230.0	2262.1	1.4
奥地利	Austria	801.2	822.8	839.0	841.9	0.3
阿塞拜疆	Azerbaijan	804.9	839.2	905.4	916.8	1.2
巴哈马	Bahamas	29.8	31.9	34.3	34.7	1.2
巴　林	Bahrain	63.8	72.5	126.2	132.4	4.8
孟加拉国	Bangladesh	12959.2	14058.8	14869.2	15049.4	1.2
巴巴多斯	Barbados	26.8	27.1	27.3	27.4	0.2
白俄罗斯	Belarus	1000.5	977.6	949.0	947.3	-0.2
比利时	Belgium	1025.1	1047.9	1089.6	1100.8	1.0
伯利兹	Belize	25.0	29.2	34.5	35.7	3.4
贝　宁	Benin	651.8	763.4	885.0	910.0	2.8
百慕大	Bermuda	6.2	6.4	6.4	6.5	0.7
不　丹	Bhutan	57.1	65.9	72.6	73.8	1.7
玻利维亚	Bolivia	830.7	914.7	993.0	1008.8	1.6
波　黑	Bosnia and Herzegovinian	369.4	378.1	376.0	375.2	-0.2
博茨瓦纳	Botswana	175.8	187.6	200.7	203.1	1.2
巴　西	Brazil	17442.5	18598.7	19494.6	19665.5	0.9
文　莱	Brunei Darussalam	32.7	36.3	39.9	40.6	1.7
保加利亚	Bulgaria	817.0	774.0	753.4	747.6	-0.8
布基纳法索	Burkina Faso	1229.4	1419.8	1646.9	1696.8	3.0
布隆迪	Burundi	637.4	725.1	838.3	857.5	2.3
柬埔寨	Cambodia	1244.7	1335.8	1413.8	1430.5	1.2
喀麦隆	Cameroon	1567.8	1755.4	1959.9	2003.0	2.2
加拿大	Canada	3077.0	3231.2	3412.6	3448.3	1.0
佛得角	Cape Verde	43.7	47.3	49.6	50.1	0.9
开曼群岛	Cayman Islands	4.0	5.2	5.6	5.7	0.9
中　非	Central African Rep.	370.2	401.8	440.1	448.7	1.9
乍　得	Chad	822.2	978.6	1122.7	1152.5	2.6
海峡群岛	Channel Islands	14.5	14.9	15.3	15.4	0.3
智　利	Chile	1542.0	1630.2	1711.4	1727.0	0.9
哥伦比亚	Colombia	3976.4	4304.1	4629.5	4692.7	1.4
科摩罗	Comoros	56.2	64.3	73.5	75.4	2.6
刚果(金)	Congo, Dem. Rep.	4962.6	5742.1	6596.6	6775.8	2.7
刚果(布)	Congo, Rep.	313.6	353.3	404.3	414.0	2.4
哥斯达黎加	Costa Rica	391.9	430.9	465.9	472.7	1.4
科特迪瓦	Cote D'Ivoire	1658.2	1802.1	1973.8	2015.3	2.1

附录2-10 续表 1 continued

国家和地区	Country or Area	年中人口（万人） Mid-year Population (10 000 persons)				增长率(%) Growth Rate (%)
		2000	2005	2010	2011	2011
克罗地亚	Croatia	442.6	444.2	441.8	440.7	-0.2
古　巴	Cuba	1110.4	1125.4	1125.8	1125.4	…
塞浦路斯	Cyprus	94.3	103.3	110.4	111.7	1.2
捷　克	Czech Rep.	1027.2	1023.6	1052.0	1054.6	0.2
丹　麦	Denmark	534.0	541.9	554.8	557.4	0.5
吉布提	Djibouti	73.2	80.8	88.9	90.6	1.9
多米尼克	Dominica	7.0	6.9	6.8	6.8	-0.1
多米尼加	Dominican Rep.	859.2	926.4	992.7	1005.6	1.3
厄瓜多尔	Ecuador	1234.5	1342.6	1446.5	1466.6	1.4
埃　及	Egypt	6764.8	7420.3	8112.1	8253.7	1.7
萨尔瓦多	El Salvador	594.0	605.1	619.3	622.7	0.6
赤道几内亚	Equatorial Guinea	52.0	60.8	70.0	72.0	2.8
厄立特里亚	Eritrea	366.8	448.6	525.4	541.5	3.0
爱沙尼亚	Estonia	137.0	134.6	134.0	134.0	…
埃塞俄比亚	Ethiopia	6557.8	7426.4	8295.0	8473.4	2.1
法罗群岛	Faeroe Islands	4.6	4.8	4.9	4.9	0.3
斐　济	Fiji	81.2	82.3	86.1	86.8	0.9
芬　兰	Finland	517.6	524.6	536.3	538.7	0.4
法　国	France	6091.1	6317.6	6507.6	6543.7	0.6
法属波立尼西亚	French Polynesia	23.8	25.5	27.1	27.4	1.1
加　蓬	Gabon	123.5	137.1	150.5	153.4	1.9
冈比亚	Gambia	129.7	150.4	172.8	177.6	2.7
格鲁吉亚	Georgia	441.8	436.1	445.3	448.6	0.7
德　国	Germany	8221.2	8246.9	8177.7	8172.6	-0.1
加　纳	Ghana	1916.5	2164.0	2439.2	2496.6	2.3
直布罗陀	Gibraltar	2.7	2.9	2.9		
希　腊	Greece	1091.7	1110.4	1131.6	1130.4	-0.1
格陵兰	Greenland	5.6	5.7	5.7	5.7	0.4
格林纳达	Grenada	10.2	10.3	10.4	10.5	0.4
关　岛	Guam	15.5	16.9	18.0	18.2	1.2
危地马拉	Guatemala	1123.7	1271.7	1438.9	1475.7	2.5
几内亚	Guinea	834.4	904.1	998.2	1022.2	2.4
几内亚比绍	Guinea-Bissau	124.1	136.8	151.5	154.7	2.1
圭亚那	Guyana	73.3	74.6	75.4	75.6	0.2
海　地	Haiti	864.5	934.7	999.3	1012.4	1.3
洪都拉斯	Honduras	621.8	687.9	760.1	775.5	2.0
匈牙利	Hungary	1021.1	1008.7	1000.0	997.1	-0.3
冰　岛	Iceland	28.1	29.7	31.8	31.9	0.3
印　度	India	105389.8	114004.3	122461.4	124149.2	1.4
印度尼西亚	Indonesia	21339.5	22730.3	23987.1	24232.6	1.0
伊　朗	Iran	6534.2	6973.2	7397.4	7479.9	1.1
伊拉克	Iraq	2431.4	2759.8	3203.1	3296.2	2.9
爱尔兰	Ireland	380.5	416.0	447.4	448.7	0.3
马恩岛	Isle of Man	7.7	8.0	8.3	8.3	0.6
以色列	Israel	628.9	693.0	762.4	776.6	1.8
意大利	Italy	5694.2	5860.7	6048.3	6077.0	0.5
牙买加	Jamaica	258.9	265.0	270.2	270.9	0.3
日　本	Japan	12687.0	12777.3	12745.0	12781.7	0.3
约　旦	Jordan	479.8	541.2	604.7	618.1	2.2
哈萨克斯坦	Kazakhstan	1488.4	1514.7	1632.3	1655.8	1.4
肯尼亚	Kenya	3125.4	3561.5	4051.3	4161.0	2.7
基里巴斯	Kiribati	8.4	9.2	10.0	10.1	1.5
朝　鲜	Korea, Dem.	2289.4	2374.6	2434.6	2445.1	0.4
韩　国	Korea, Rep.	4700.8	4813.8	4941.0	4977.9	0.7

附录2-10 续表 2 continued

国家和地区	Country or Area	年中人口（万人） Mid-year Population (10 000 persons)				增长率(%) Growth Rate (%)
		2000	2005	2010	2011	2011
科威特	Kuwait	194.1	226.4	273.7	281.8	2.9
吉尔吉斯斯坦	Kyrgyzstan	489.8	516.3	544.8	550.7	1.1
老挝	Laos	531.7	575.3	620.1	628.8	1.4
拉脱维亚	Latvia	237.3	230.1	223.9	222.0	-0.9
黎巴嫩	Lebanon	374.2	405.2	422.8	425.9	0.8
莱索托	Lesotho	196.4	206.6	217.1	219.4	1.0
利比里亚	Liberia	284.7	318.3	399.4	412.9	3.3
利比亚	Libya	523.1	577.0	635.5	642.3	1.1
列支敦士登	Liechtenstein	3.3	3.5	3.6	3.6	0.8
立陶宛	Lithuania	350.0	341.4	328.7	320.3	-2.6
卢森堡	Luxemburg	43.6	46.5	50.7	51.7	2.0
前南马其顿	Macedonia, FYR	200.9	203.8	206.1	206.4	0.2
马达加斯加	Madagascar	1536.4	1788.6	2071.4	2131.5	2.9
马拉维	Malawi	1122.9	1282.3	1490.1	1538.1	3.2
马来西亚	Malaysia	2341.5	2610.0	2840.1	2885.9	1.6
马尔代夫	Maldives	27.3	29.5	31.6	32.0	1.3
马里	Mali	1129.5	1317.7	1537.0	1584.0	3.0
马耳他	Malta	38.1	40.4	41.6	41.9	0.7
马绍尔群岛	Marshall Islands	5.2	5.2	5.4	5.5	1.4
毛里塔尼亚	Mauritania	264.3	304.7	346.0	354.2	2.3
毛里求斯	Mauritius	118.7	124.3	128.1	128.6	0.4
墨西哥	Mexico	9996.0	10648.4	11342.3	11479.3	1.2
密克罗尼西亚	Micronesia, Fed.	10.7	10.9	11.1	11.2	0.4
摩尔多瓦	Moldova	364.0	359.5	356.2	355.9	-0.1
摩纳哥	Monaco	3.5	3.5	3.5	3.5	0.1
蒙古	Mongolia	241.1	254.7	275.6	280.0	1.6
黑山	Montenegro	63.3	62.7	63.1	63.2	0.1
摩洛哥	Morocco	2879.3	3039.2	3195.1	3227.3	1.0
莫桑比克	Mozambique	1820.1	2077.0	2339.1	2393.0	2.3
缅甸	Myanmar	4495.8	4632.1	4796.3	4833.7	0.8
纳米比亚	Namibia	189.6	208.0	228.3	232.4	1.8
尼泊尔	Nepal	2440.1	2728.2	2995.9	3048.6	1.7
荷兰	Netherlands	1592.6	1632.0	1661.5	1669.6	0.5
新喀里多尼亚	New Caledonia	21.3	23.4	24.7	24.9	0.8
新西兰	New Zealand	385.8	413.4	436.8	440.5	0.9
尼加拉瓜	Nicaragua	507.4	542.4	578.8	587.0	1.4
尼日尔	Niger	1092.2	1299.4	1551.2	1606.9	3.5
尼日利亚	Nigeria	12368.9	13982.3	15842.3	16247.1	2.5
北马里亚纳群岛	Northern Mariana Islands	6.8	6.7	6.1	6.1	0.4
挪威	Norway	449.1	462.3	488.9	495.2	1.3
阿曼	Oman	226.4	243.0	278.2	284.6	2.3
巴基斯坦	Pakistan	14452.2	15864.5	17359.3	17674.5	1.8
帕劳	Palau	1.9	2.0	2.0	2.1	0.7
巴拿马	Panama	295.6	323.8	351.7	357.1	1.5
巴布亚新几内亚	Papua New Guinea	537.9	609.5	685.8	701.4	2.2
巴拉圭	Paraguay	534.4	589.8	645.5	656.8	1.7
秘鲁	Peru	2586.2	2755.9	2907.7	2940.0	1.1
菲律宾	Philippines	7731.0	8554.6	9326.1	9485.2	1.7
波兰	Poland	3845.4	3816.5	3818.4	3821.6	0.1
葡萄牙	Portugal	1022.6	1054.9	1063.7	1063.7	…
波多黎各	Puerto Rico	381.1	382.1	372.2	370.7	-0.4
卡塔尔	Qatar	59.1	82.1	175.9	187.0	6.1
罗马尼亚	Romania	2244.3	2163.4	2143.8	2139.0	-0.2
俄罗斯联邦	Russian Fed.	14630.3	14315.0	14192.0	14193.0	…

附录2-10　续表 3 continued

国家和地区	Country or Area	年中人口（万人） Mid-year Population (10 000 persons)				增长率(%) Growth Rate (%)
		2000	2005	2010	2011	2011
卢 旺 达	Rwanda	809.8	920.2	1062.4	1094.3	3.0
圣基茨和尼维斯	Saint Kitts and Nevis	4.4	4.9	5.2	5.3	1.2
圣卢西亚	Saint Lucia	15.6	16.4	17.4	17.6	1.1
圣文森特和格林纳丁斯	Saint Vincent and the Grenadines	10.8	10.9	10.9	10.9	…
萨 摩 亚	Samoa	17.7	18.0	18.3	18.4	0.4
圣马力诺	San Marino	2.7	3.0	3.2	3.2	0.6
圣多美和普林西比	Sao Tome and Principe	14.1	15.3	16.5	16.9	1.9
沙特阿拉伯	Saudi Arabia	2004.5	2404.1	2744.8	2808.3	2.3
塞内加尔	Senegal	950.6	1087.2	1243.4	1276.8	2.6
塞尔维亚	Serbia	751.6	744.1	729.1	726.1	-0.4
塞 舌 尔	Seychelles	8.1	8.3	8.7	8.6	-0.6
塞拉利昂	Sierra Leone	414.3	515.3	586.8	599.7	2.2
新 加 坡	Singapore	402.8	426.6	507.7	518.4	2.1
斯洛伐克	Slovakia	538.9	538.7	543.0	544.0	0.2
斯洛文尼亚	Slovenia	198.9	200.0	204.9	205.2	0.2
所罗门群岛	Solomon Islands	40.9	47.0	53.8	55.2	2.6
索 马 里	Somalia	739.9	836.0	933.1	955.7	2.4
南　非	South Africa	4400.0	4719.8	4999.1	5058.7	1.2
西 班 牙	Spain	4026.3	4339.8	4607.1	4623.5	0.4
斯里兰卡	Sri Lanka	1910.2	1964.4	2065.3	2086.9	1.0
苏　丹	Sudan	2755.6	3077.8	3360.4	3431.8	2.1
苏 里 南	Suriname	46.7	49.9	52.5	52.9	0.9
斯威士兰	Swaziland	101.1	101.7	105.6	106.8	1.2
瑞　典	Sweden	887.2	903.0	937.8	945.3	0.8
瑞　士	Switzerland	718.4	743.7	782.6	790.7	1.0
叙 利 亚	Syrian Arab Republic	1598.9	1848.4	2044.7	2082.0	1.8
塔吉克斯坦	Tajikistan	617.3	645.3	687.9	697.7	1.4
坦桑尼亚	Tanzania	3403.8	3883.1	4484.1	4621.8	3.0
泰　国	Thailand	6315.5	6669.8	6912.2	6951.9	0.6
东 帝 汶	Timor-Leste	83.0	98.3	114.3	117.6	2.9
多　哥	Togo	479.4	540.8	602.8	615.5	2.1
汤　加	Tonga	9.8	10.1	10.4	10.5	0.4
特立尼达和多巴哥	Trinidad And Tobago	129.2	131.5	134.1	134.6	0.4
突 尼 斯	Tunisia	956.4	1002.9	1054.9	1067.4	
土 耳 其	Turkey	6362.8	6814.3	7275.2	7364.0	1.2
土库曼斯坦	Turkmenistan	450.1	474.8	504.2	510.5	1.2
特克斯和凯科斯群岛	Turks and Caicos Islands	1.9	3.1	3.8	3.9	2.1
图 瓦 卢	Tuvalu	0.9	1.0	1.0	1.0	0.2
乌 干 达	Uganda	2421.3	2843.1	3342.5	3450.9	3.2
乌 克 兰	Ukraine	4917.6	4710.5	4587.1	4570.6	-0.4
阿 联 酋	United Arab Emirates	303.3	406.9	751.2	789.1	4.9
英　国	United Kingdom	5889.3	6022.4	6223.1	6264.1	0.7
美　国	United States	28216.2	29551.7	30935.0	31159.2	0.7
美属维尔京群岛	Virgin Islands(US)	10.9	11.0	11.0	11.0	-0.1
乌 拉 圭	Uruguay	330.1	330.6	335.7	336.9	0.4
乌兹别克斯坦	Uzbekistan	2465.0	2616.7	2856.2	2934.1	2.7
瓦努阿图	Vanuatu	18.5	21.1	24.0	24.6	2.5
委内瑞拉	Venezuela	2431.1	2657.7	2883.4	2927.8	1.5
越　南	Viet Nam	7763.1	8239.4	8692.8	8784.0	1.0
约旦河西岸和加沙	West Bank and Gaza	300.4	357.5	390.5	401.9	2.9
也　门	Yemen	1772.3	2064.9	2405.3	2480.0	3.1
赞 比 亚	Zambia	1020.2	1146.2	1292.6	1347.5	4.2
津巴布韦	Zimbabwe	1250.9	1257.1	1257.1	1275.4	1.4

附录2-11 万美元国内生产总值能耗

Energy Consumption per Ten Thousand USD of GDP

资料来源：世界银行WDI数据库。
Source: World Bank WDI Database.

单位：吨标准油/万美元 (ton of oil equivalent per 10 000 USD)

国家和地区	Country or Area	2000	2005	2007	2008	2009	2010
世　界	**World**	**3.01**	**3.00**	**2.92**	**2.93**	**2.97**	
高收入国家	**High Income**	**2.04**	**1.93**	**1.84**	**1.82**	**1.81**	**1.81**
中等收入国家	**Middle Income**	**7.34**	**7.07**	**6.59**	**6.53**	**6.48**	
低收入国家	**Low Income**	**11.83**	**10.88**	**10.42**	**10.18**	**9.93**	
中　国	China	9.14	8.89	7.99	7.86	7.68	
中国香港	Hong Kong, China	0.79	0.61	0.61	0.59	0.64	
孟加拉国	Bangladesh	3.95	3.89	3.80	3.78	3.78	
文　莱	Brunei Darussalam	4.09	3.82	4.78	5.32	4.66	
柬 埔 寨	Cambodia	10.89	8.33	7.32	6.98	6.96	
印　度	India	9.63	8.17	7.55	7.54	7.61	
印度尼西亚	Indonesia	9.43	8.72	8.07	7.76	7.81	
伊　朗	Iran	12.76	13.24	12.88	13.33	13.65	
以 色 列	Israel	1.46	1.46	1.39	1.39	1.33	1.29
日　本	Japan	1.10	1.04	0.99	0.96	0.97	0.97
哈萨克斯坦	Kazakhstan	19.45	16.94	18.30	18.56	17.44	
韩　国	Korea, Rep.	3.53	3.16	3.02	3.02	3.04	3.08
马来西亚	Malaysia	5.04	5.29	5.22	5.23	4.86	
蒙　古	Mongolia	20.79	16.45	16.34	15.26	16.17	
巴基斯坦	Pakistan	8.59	8.07	7.95	7.70	7.67	
菲 律 宾	Philippines	4.99	3.86	3.35	3.34	3.24	
新 加 坡	Singapore	2.01	1.54	1.09	1.15	1.28	
斯里兰卡	Sri Lanka	5.10	4.54	4.06	3.71	3.71	
泰　国	Thailand	5.90	6.10	5.88	5.97	5.94	
越　南	Viet Nam	11.84	11.38	10.66	10.59	10.88	
埃　及	Egypt	4.52	5.12	4.95	4.86	4.72	
尼日利亚	Nigeria	19.53	16.83	15.13	14.95	13.64	
南　非	South Africa	8.61	8.13	7.77	8.10	7.90	
加 拿 大	Canada	3.47	3.31	3.15	3.06	3.01	2.93
墨 西 哥	Mexico	2.50	2.67	2.54	2.59	2.66	2.45
美　国	United States	2.30	2.08	2.00	1.96	1.93	1.94
阿 根 廷	Argentina	2.14	2.14	1.99	1.94	1.87	
巴　西	Brazil	2.93	2.91	2.89	2.90	2.81	
委内瑞拉	Venezuela	4.82	5.01	4.04	3.94	4.13	
捷　克	Czech Rep.	6.97	6.25	5.63	5.32	5.26	5.16
法　国	France	1.90	1.88	1.76	1.78	1.76	1.78
德　国	Germany	1.79	1.74	1.59	1.59	1.60	1.60
意 大 利	Italy	1.55	1.59	1.49	1.48	1.46	1.49
荷　兰	Netherlands	1.90	1.92	1.80	1.77	1.80	1.89
波　兰	Poland	5.20	4.63	4.28	4.12	3.89	4.05
俄罗斯联邦	Russian Fed.	23.84	18.64	16.38	15.94	16.25	
西 班 牙	Spain	2.10	2.08	1.96	1.87	1.78	1.80
土 耳 其	Turkey	2.86	2.53	2.68	2.63	2.74	2.69
乌 克 兰	Ukraine	42.80	31.59	26.23	25.40	25.30	
英　国	United Kingdom	1.51	1.31	1.16	1.16	1.15	1.17
澳大利亚	Australia	2.59	2.44	2.39	2.38	2.38	2.23
新 西 兰	New Zealand	3.26	2.64	2.60	2.69	2.73	2.82

附录2-12 广义货币占国内生产总值比重
Money and Quasi Money (M2) as Percentage of GDP

资料来源：世界银行WDI数据库。
Source: World Bank WDI Database.
单位：% (%)

国家和地区	Country or Area	2000	2005	2007	2008	2009	2010	2011
中　　国	**China**	**137.0**	**153.0**	**151.8**	**151.3**	**179.0**	**180.8**	**180.1**
中国香港	Hong Kong, China	227.8	257.1	303.8	305.0	331.8	331.5	334.8
中国澳门	Macao, China	173.4	143.4	127.6	114.0	124.5	107.3	101.9
孟加拉国	Bangladesh	34.6	54.5	58.4	58.9	62.9	67.4	69.5
文　　莱	Brunei Darussalam	85.7	57.8	54.1	53.6	76.8	74.5	
柬 埔 寨	Cambodia	13.0	19.3	32.2	28.4	37.5	41.6	38.9
印　　度	India	53.9	64.5	71.0	75.8	78.0	77.3	77.8
印度尼西亚	Indonesia	53.9	43.4	41.8	38.3	38.2	38.4	38.7
伊　　朗	Iran	36.4	36.8	40.2	36.1	45.0		
以 色 列	Israel	86.2	98.3	99.9	104.7	104.5	87.7	92.1
日　　本	Japan	240.6	206.8	203.2	209.5	227.4	226.6	240.0
哈萨克斯坦	Kazakhstan	15.3	27.2	36.0	39.0	44.0	38.9	35.7
韩　　国	Korea, Rep.	68.5	65.5	60.9	67.1	72.5	75.6	78.1
老　　挝	Laos	16.5	19.1	24.1	24.3	30.8	35.9	
马来西亚	Malaysia	122.7	130.0	129.7	124.0	145.9	139.0	143.1
蒙　　古	Mongolia	21.1	37.5	48.4	34.6	43.7	55.6	59.2
缅　　甸	Myanmar	31.5						
巴基斯坦	Pakistan	38.6	49.2	50.5	45.2	41.8	41.2	37.9
菲 律 宾	Philippines	57.7	54.3	60.5	59.4	62.1	61.4	59.8
新 加 坡	Singapore	105.1	105.3	111.2	132.6	149.1	130.0	135.7
斯里兰卡	Sri Lanka	38.4	41.7	39.3	34.6	37.4	37.4	38.1
泰　　国	Thailand	114.5	111.4	106.4	109.1	117.0	116.1	128.3
越　　南	Viet Nam	44.6	77.3	109.6	101.9	115.2	125.1	109.4
埃　　及	Egypt	76.7	97.1	96.2	88.4	83.1	80.7	76.1
尼日利亚	Nigeria	22.2	17.7	28.0	36.4	40.7	37.7	34.9
南　　非	South Africa	54.1	69.9	82.7	84.6	81.2	78.3	76.1
加 拿 大	Canada	73.1	151.9	114.7	126.0			
墨 西 哥	Mexico	27.3	27.5	26.4	26.7	30.4	31.3	31.4
美　　国	United States	71.0	74.9	82.1	87.2	88.8	83.5	86.0
阿 根 廷	Argentina	31.8	31.4	30.8	26.2	27.6	29.2	28.8
巴　　西	Brazil	47.3	54.6	61.8	64.1	69.4	68.8	74.4
委内瑞拉	Venezuela	19.8	22.6	31.3	28.8	35.6	31.6	36.6
捷　　克	Czech Rep.	63.7	58.2	65.0	70.2	72.5	73.1	74.5
法　　国	France	101.0	118.0	133.2	140.2	145.9	150.1	158.9
德　　国	Germany	169.6	182.2	183.0	188.1	193.4	185.5	181.4
意 大 利	Italy	81.5	94.6	113.2	126.0	140.9	152.3	153.6
荷　　兰	Netherlands	138.2	184.3	194.8	198.5	223.0	225.2	231.6
波　　兰	Poland	40.6	43.5	47.8	52.4	53.7	55.4	58.0
俄罗斯联邦	Russian Fed.	21.5	33.4	42.8	39.4	49.2	52.7	52.8
西 班 牙	Spain	97.8	141.0	184.6	194.2	209.9	210.8	199.7
土 耳 其	Turkey	34.5	40.5	43.8	48.6	54.6	56.1	54.9
乌 克 兰	Ukraine	18.6	44.0	55.0	54.4	53.4	55.2	52.1
英　　国	United Kingdom	106.1	129.6	152.8	176.4	181.4	179.6	166.6
澳大利亚	Australia	67.4	78.9	100.0	105.1	99.8	106.6	106.3
新 西 兰	New Zealand	80.4	79.9	87.0	94.3	92.6	95.2	

附录2-13 生产者价格指数

Producer Price Indices

资料来源：联合国统计月报数据库。
Source: UN Monthly Bulletin of Statistics Database.
2005年=100 (2005=100)

国家和地区	Country or Area	2007	2008	2009	2010	2011
中国香港	Hong Kong, China					
工业产品价格指数	Industrial Products	105.3	111.1	109.2	115.8	
孟加拉国	Bangladesh					
按生产阶段分	by Stage of Processing					
中间产品价格指数	Intermediate Products			218.5	218.3	
按最终用途分	by End-Use					
消费品价格指数	Consumers' Goods			294.3	296.8	
投资用品价格指数	Capital Goods			269.3	280.8	
印　度	India					
按供给组成分	by Components of Supply					
国内供应价格指数	Domestic Supply	111.1	120.8	123.7	135.5	148.4
农业产品价格指数	Agricultural Products	118.8	127.4	143.6	169.0	184.3
工业产品价格指数	Industrial Products	109.7	117.3	119.2	125.7	134.9
按生产阶段分	by Stage of Processing					
原材料价格指数	Raw Materials	119.0	131.6	144.2	171.8	192.5
伊　朗	Iran					
按供给组成分	by Components of Supply					
国内供应价格指数	Domestic Supply	125.5	168.6	181.1	211.2	
农业产品价格指数	Agricultural Products	130.5	179.5	200.7	225.5	
工业产品价格指数	Industrial Products	123.5	166.7	171.7	209.5	
按生产阶段分	by Stage of Processing					
原材料价格指数	Raw Materials	132.1				
以色列	Israel					
按供给组成分	by Components of Supply					
工业产品价格指数	Industrial Products	108.3		115.0	116.3	125.4
日　本①	Japan①					
按供给组成分	by Components of Supply					
国内供应价格指数	Domestic Supply	107.4	113.2	102.3	100.0	107.2
国内生产价格指数	Domestic Production	104.0	108.7	103.0	100.0	105.0
农业产品价格指数	Agricultural Products	97.4	98.7	96.1	100.0	96.0
工业产品价格指数	Industrial Products	103.8	108.4	102.8	100.0	104.7
进口产品价格指数	Import Products	122.4	133.0	99.3	100.0	116.9
按生产阶段分	by Stage of Processing					
原材料价格指数	Raw Materials	132.6	165.2	110.4	100.0	151.1
中间产品价格指数	Intermediate Products	109.7	115.7	105.6	100.0	109.7
按最终用途分	by End-Use					
消费品价格指数	Consumers' Goods	100.0	100.9	96.8	100.0	96.6
投资用品价格指数	Capital Goods	98.9	98.0	95.9	100.0	93.1
韩　国	Korea, Rep.					
按供给组成分	by Components of Supply					
国内供应价格指数	Domestic Supply	102.3	111.1	110.9	115.1	
国内生产价格指数	Domestic Production		111.1	110.9	115.1	122.1
农业产品价格指数	Agricultural Products	100.1	101.0	107.1	118.1	127.6
工业产品价格指数	Industrial Products	99.8	113.0	111.2	115.9	124.8
按生产阶段分	by Stage of Processing					
原材料价格指数	Raw Materials	120.1	179.2	152.9	177.5	221.2
中间产品价格指数	Intermediate Products	102.1	120.8	118.8	123.7	134.0
按最终用途分	by End-Use					
消费品价格指数	Consumers' Goods	99.6	105.4	108.3	112.5	118.3
投资用品价格指数	Capital Goods	96.6	105.9	115.0	111.6	113.9
马来西亚	Malaysia					
按供给组成分	by Components of Supply					
国内供应价格指数	Domestic Supply	108.8	119.9	111.1	117.3	127.8
国内生产价格指数	Domestic Production	111.2	125.8	112.2	120.9	135.4
进口产品价格指数	Import Products	104.0	108.2	108.8	110.2	112.8

附录2-13 续表 1 continued

2005年=100 (2005=100)

国家和地区	Country or Area	2007	2008	2009	2010	2011
巴基斯坦	Pakistan					
按供给组成分	by Components of Supply					
国内供应价格指数	Domestic Supply	117.4	147.2	100.0	119.2	
农业产品价格指数	Agricultural Products	119.7	152.6	100.0	127.5	
工业产品价格指数	Industrial Products	106.9	119.8	124.8	151.3	
按生产阶段分	by Stage of Processing					
原材料价格指数	Raw Materials	128.1	148.5	170.9	262.4	
菲 律 宾	Philippines					
按供给组成分	by Components of Supply					
国内供应价格指数	Domestic Supply	108.6	125.0	119.8	126.9	137.9
工业产品价格指数	Industrial Products		113.0	111.5	105.9	106.9
按生产阶段分	by Stage of Processing					
新 加 坡	Singapore					
按供给组成分	by Components of Supply					
国内供应价格指数	Domestic Supply	105.5	113.1	97.5	102.1	110.7
国内生产价格指数	Domestic Production	101.2	104.2	90.7	91.8	96.7
进口产品价格指数	Import Products	101.3	103.9	95.7	96.4	101.0
泰 国	Thailand					
按供给组成分	by Components of Supply					
国内供应价格指数	Domestic Supply	110.5	124.2	119.5	130.7	137.9
国内生产价格指数	Domestic Production					
农业产品价格指数	Agricultural Products	134.2	162.0	171.3	209.2	204.0
工业产品价格指数	Industrial Products	106.8	118.8	112.1	119.4	128.5
进口产品价格指数	Import Products					
按生产阶段分	by Stage of Processing					
原材料价格指数	Raw Materials	111.9	129.6	120.5	141.7	159.2
中间产品价格指数	Intermediate Products	108.2	125.2	106.9	119.0	
按最终用途分	by End-Use					
消费品价格指数	Consumers' Goods	125.7	149.8	165.3	185.8	176.0
投资用品价格指数	Capital Goods	100.5	101.1	101.6	102.2	103.7
越 南	Viet Nam					
按供给组成分	by Components of Supply					
农业产品价格指数	Agricultural Products	118.3	165.1			
工业产品价格指数	Industrial Products	111.4	135.7			
进口产品价格指数	Import Products	109.1	128.9			
埃 及	Egypt					
按供给组成分	by Components of Supply					
国内生产价格指数	Domestic Production			148.7	156.1	180.9
农业产品价格指数	Agricultural Products			185.2	202.1	244.6
按生产阶段分	by Stage of Processing					
原材料价格指数	Raw Materials			144.5	152.4	202.3
中间产品价格指数	Intermediate Products			135.7	129.7	141.5
按最终用途分	by End-Use					
消费品价格指数	Consumers' Goods			106.3	110.2	111.2
投资用品价格指数	Capital Goods			136.3	140.6	156.6
南 非	South Africa					
按供给组成分	by Components of Supply					
国内生产价格指数	Domestic Production	119.5	136.6	136.5	144.8	156.9
农业产品价格指数	Agricultural Products	146.5	156.1	157.6	155.3	165.9
进口产品价格指数	Import Products	118.1	137.4	120.5	124.2	136.5
加 拿 大	Canada					
按供给组成分	by Components of Supply					
农业产品价格指数	Agricultural Products	112.2	126.2	117.6	117.3	133.8
工业产品价格指数	Industrial Products	103.9	108.4	104.6	105.7	110.5
按生产阶段分	by Stage of Processing					
原材料价格指数	Raw Materials	120.2	136.0	104.9	117.2	135.1
间产品价格指数	Intermediate Products	106.4	111.7	105.4	107.9	114.0

附录2–13　续表 2　continued

2005年=100　　(2005=100)

国家和地区	Country or Area	2007	2008	2009	2010	2011
按最终用途分	by End-Use					
投资用品价格指数	Capital Goods	96.1	97.2	101.4	96.8	95.8
墨西哥	Mexico					
按供给组成分	by Components of Supply					
国内供应价格指数	Domestic Supply	111.2	119.8	125.8	130.0	136.4
国内生产价格指数	Domestic Production	110.3	118.1	123.4	128.6	137.4
农业产品价格指数	Agricultural Products	110.7	120.6	133.2	139.6	147.9
工业产品价格指数	Industrial Products	108.3	114.3	123.0	126.3	132.0
进口产品价格指数	Import Products	110.2	119.5	115.0	119.9	128.9
按生产阶段分	by Stage of Processing					
中间产品价格指数	Intermediate Products	112.3	123.0	126.6	133.4	145.2
按最终用途分	by End-Use					
消费品价格指数	Consumers' Goods	109.5	116.5	124.4	129.1	134.7
投资用品价格指数	Capital Goods	113.8	125.2	128.1	131.6	139.1
美国	United States					
按供给组成分	by Components of Supply					
国内供应价格指数	Domestic Supply	109.7	120.5	109.9	117.4	
国内生产价格指数	Domestic Production		120.5	109.9	117.4	127.7
农业产品价格指数	Agricultural Products	121.1	136.2	113.6	127.5	157.6
工业产品价格指数	Industrial Products	109.3	120.0	109.1	116.7	126.1
按生产阶段分	by Stage of Processing					
原材料价格指数	Raw Materials	113.7	138.2	96.2	116.5	136.9
中间产品价格指数	Intermediate Products	110.9	122.3	112.0	119.1	129.8
按最终用途分	by End-Use					
消费品价格指数	Consumers' Goods	108.2	116.2	111.7	117.9	126.8
投资用品价格指数	Capital Goods	103.4	106.4	108.4	108.8	110.5
阿根廷	Argentina					
按供给组成分	by Components of Supply					
国内供应价格指数	Domestic Supply	123.1	140.6	149.8	172.2	195.3
国内生产价格指数	Domestic Production	123.5	140.9	150.6	173.9	197.6
农业产品价格指数	Agricultural Products	162.3	156.7	160.3	208.3	238.1
工业产品价格指数	Industrial Products	121.1	140.2	150.2	170.3	191.4
进口产品价格指数	Import Products	118.6	138.1	139.1	151.6	167.1
委内瑞拉	Venezuela					
按供给组成分	by Components of Supply					
国内供应价格指数	Domestic Supply	131.5	162.4	212.6	270.3	330.3
国内生产价格指数	Domestic Production	135.4	169.3	222.7	283.9	350.7
农业产品价格指数	Agricultural Products	163.8	234.7	376.1	538.2	715.1
工业产品价格指数	Industrial Products	129.8	164.3	199.2	250.0	301.9
进口产品价格指数	Import Products	119.4	140.7	181.0	227.3	266.1
白俄罗斯	Belarus					
按供给组成分	by Components of Supply					
国内生产价格指数	Domestic Production	131.6	151.6	172.3	195.7	
工业产品价格指数	Industrial Products	125.9	144.4	165.4	187.9	335.6
按生产阶段分	by Stage of Processing					
中间产品价格指数	Intermediate Products	132.9	153.9	179.2	210.7	413.0
按最终用途分	by End-Use					
消费品价格指数	Consumers' Goods	115.4	131.9	150.1	164.1	264.1
投资用品价格指数	Capital Goods	116.2	126.6	136.1	147.7	242.0
捷克	Czech Rep.					
按供给组成分	by Components of Supply					
农业产品价格指数	Agricultural Products	118.1	128.9	96.6	101.7	121.4
工业产品价格指数	Industrial Products	105.8	110.5	107.0	108.3	114.3
进口产品价格指数	Import Products	99.2	96.0	92.6	94.5	98.5

附录2-13 续表 3 continued

2005年=100 (2005=100)

国家和地区	Country or Area	2007	2008	2009	2010	2011
按生产阶段分	by Stage of Processing					
中间产品价格指数	Intermediate Products	105.7	108.6	100.8	102.8	109.7
按最终用途分	by End-Use					
消费品价格指数	Consumers' Goods	101.8	105.6	104.1	102.1	106.8
投资用品价格指数	Capital Goods	101.9	102.2	103.1	100.7	100.6
法　国	France					
按供给组成分	by Components of Supply					
国内供应价格指数	Domestic Supply	117.4	124.0	108.1	116.2	
农业产品价格指数	Agricultural Products	117.4	124.0	108.1	116.2	128.9
工业产品价格指数	Industrial Products	105.3	110.3	104.1	107.3	113.0
按生产阶段分	by Stage of Processing					
中间产品价格指数	Intermediate Products	107.9	111.7	105.5	108.4	114.9
按最终用途分	by End-Use					
消费品价格指数	Consumers' Goods	101.7	105.0	100.3	100.1	102.2
投资用品价格指数	Capital Goods	101.9	104.0	104.0	104.3	105.6
德　国	Germany					
按供给组成分	by Components of Supply					
国内供应价格指数	Domestic Supply	106.0	111.0			
国内生产价格指数	Domestic Production	106.8	112.6	108.0	109.7	
农业产品价格指数	Agricultural Products	119.9	124.3	100.7	114.9	130.7
工业产品价格指数	Industrial Products	107.8	112.7	108.0	109.7	115.9
进口产品价格指数	Import Products	105.1	109.4	100.1	107.4	115.9
按生产阶段分	by Stage of Processing					
中间产品价格指数	Intermediate Products	107.4	110.8	105.0	109.1	114.9
按最终用途分	by End-Use					
消费品价格指数	Consumers' Goods	104.0	106.9	105.6	106.2	109.9
投资用品价格指数	Capital Goods	101.6	101.6	102.4	102.5	103.7
意大利	Italy					
按供给组成分	by Components of Supply					
工业产品价格指数	Industrial Products	108.7	115.1	108.9	112.2	117.8
按生产阶段分	by Stage of Processing					
中间产品价格指数	Intermediate Products	110.5	113.0	106.6	110.6	117.1
按最终用途分	by End-Use					
消费品价格指数	Consumers' Goods	104.3	107.9	106.9	107.5	111.0
投资用品价格指数	Capital Goods	103.9	109.0	109.0	109.0	110.6
荷　兰	Netherlands					
按供给组成分	by Components of Supply					
工业产品价格指数	Industrial Products	109.6	124.4	112.2	116.6	126.9
按生产阶段分	by Stage of Processing					
中间产品价格指数	Intermediate Products	113.0	121.0	108.4	115.4	127.5
按最终用途分	by End-Use					
消费品价格指数	Consumers' Goods	106.6	112.1	109.6	113.8	121.6
投资用品价格指数	Capital Goods	106.1	110.3	110.0	110.8	112.8
波　兰	Poland					
按供给组成分	by Components of Supply					
国内生产价格指数	Domestic Production	107.6	113.4	116.1	120.4	129.7
工业产品价格指数	Industrial Products	103.9	109.2	106.4	109.5	118.8
按生产阶段分	by Stage of Processing					
原材料价格指数	Raw Materials	110.7	125.9	134.2	149.4	169.8
中间产品价格指数	Intermediate Products	112.1	115.7	112.8	116.2	126.3
按最终用途分	by End-Use					
消费品价格指数	Consumers' Goods	100.5	101.3	103.1	101.4	103.9
投资用品价格指数	Capital Goods	98.9	97.5	97.3	92.5	92.4
俄罗斯联邦	Russian Fed.					
按供给组成分	by Components of Supply					
农业产品价格指数	Agricultural Products	121.1	151.2	147.0	156.3	181.6
工业产品价格指数	Industrial Products	128.2	155.7	144.5	162.2	190.9

附录2-13 续表 4 continued

2005年=100 (2005=100)

国家和地区	Country or Area	2007	2008	2009	2010	2011
西班牙	Spain					
按供给组成分	by Components of Supply					
工业产品价格指数	Industrial Products	109.2	116.3	112.4	115.9	124.0
按生产阶段分	by Stage of Processing					
中间产品价格指数	Intermediate Products	112.5	118.7	112.3	115.5	122.5
按最终用途分	by End-Use					
消费品价格指数	Consumers' Goods	105.7	110.3	109.6	109.8	112.5
投资用品价格指数	Capital Goods	106.5	109.2	110.0	109.5	111.6
土耳其	Turkey					
按供给组成分	by Components of Supply					
国内供应价格指数	Domestic Supply	116.2	131.0	132.6	143.9	
国内生产价格指数	Domestic Production		131.0	132.6	143.9	159.9
农业产品价格指数	Agricultural Products	114.9	128.8	131.8	158.1	166.6
工业产品价格指数	Industrial Products	116.7	131.5	132.8	141.0	158.3
乌克兰	Ukraine					
按供给组成分	by Components of Supply					
农业产品价格指数	Agricultural Products	141.3	151.9	168.8	229.6	270.8
工业产品价格指数	Industrial Products	131.0	177.5	189.0	228.5	271.9
英国	United Kingdom					
按供给组成分	by Components of Supply					
国内生产价格指数	Domestic Production	104.4	111.4	113.2	117.9	
农业产品价格指数	Agricultural Products	116.6	142.4	136.8	142.4	156.7
工业产品价格指数	Industrial Products	102.9	111.4	113.2	117.9	124.5
进口产品价格指数	Import Products	104.2	117.8	122.5	130.5	143.4
按生产阶段分	by Stage of Processing					
原材料价格指数	Raw Materials	113.0	138.1	132.9	146.1	168.6
中间产品价格指数	Intermediate Products	114.0	118.7	118.0	122.4	130.6
按最终用途分	by End-Use					
消费品价格指数	Consumers' Goods	95.6	111.2	115.2	117.4	123.5
投资用品价格指数	Capital Goods	122.5	106.5	109.8	112.2	114.6
澳大利亚	Australia					
按供给组成分	by Components of Supply					
国内供应价格指数	Domestic Supply	106.6	112.4	113.7	115.3	118.8
国内生产价格指数	Domestic Production	108.5	114.8	115.3	118.6	123.2
农业产品价格指数	Agricultural Products	111.0	123.6	113.4	117.6	129.7
工业产品价格指数	Industrial Products	110.5	119.6	113.1	115.3	119.2
进口产品价格指数	Import Products	95.8	98.0	104.3	96.5	93.0
按生产阶段分	by Stage of Processing					
原材料价格指数	Raw Materials	111.9	123.3	119.0	120.4	127.5
中间产品价格指数	Intermediate Products	111.0	120.0	117.3	118.5	124.3
按最终用途分	by End-Use					
消费品价格指数	Consumers' Goods	106.5	112.6	114.9	118.0	124.0
投资用品价格指数	Capital Goods	106.8	112.3	112.8	113.4	114.8
新西兰	New Zealand					
按供给组成分	by Components of Supply					
农业产品价格指数	Agricultural Products	106.9	120.8	122.5	132.3	146.0
工业产品价格指数	Industrial Products	110.8	127.3	121.2	126.4	133.7
按生产阶段分	by Stage of Processing					
中间产品价格指数	Intermediate Products	108.7	120.4	118.6	121.8	127.5

注：①2010年=100。
Note:①2010=100.

附录2-14　消费者价格指数

Consumer Price Indices

资料来源：联合国统计月报数据库。
Source: UN Monthly Bulletin of Statistics Database.

2005年=100　　(2005=100)

国家和地区	Country or Area	消费者价格指数 Consumer Price Indices			食品消费价格指数 Food Consumer Price Indices		
		2009	2010	2011	2009	2010	2011
中　　国①	China①	119.6	123.5	130.2	153.9	165.2	184.7
中国香港	Hong Kong, China	109.2	111.7	117.6	118.4	121.2	129.7
中国澳门②	Macao, China②	116.0	119.3	126.2	133.8	140.2	151.6
孟加拉国①	Bangladesh①	168.8	182.5	202.0	177.2	195.1	220.1
柬 埔 寨③	Cambodia③	99.3	103.3	109.0	99.7	104.0	110.7
印　　度①	India①	163.1	182.7	198.9	173.1	193.8	208.1
印度尼西亚④	Indonesia④	115.1	120.3	127.4	124.6	136.0	148.6
伊　　朗⑤	Iran⑤	203.0	228.2	277.2	218.6	254.1	320.0
以 色 列	Israel	110.9	113.9	117.8	123.0	126.1	130.5
日　　本⑥	Japan⑥	100.7	100.0	99.7	100.3	100.0	99.6
韩　　国⑥	Korea, Rep.⑥	97.1	100.0	104.0	94.0	100.0	108.1
老　　挝	Laos	120.2	127.4	137.0	134.5	144.9	159.1
马来西亚⑥	Malaysia⑥	98.3	100.0	103.2	97.6	100.0	104.8
蒙　　古②	Mongolia②	150.9	166.2	181.3	160.9	180.7	194.5
缅　　甸②	Myanmar②	144.6	155.7	163.5	143.3	154.2	159.7
巴基斯坦①	Pakistan①	205.5	234.0	249.8	229.6	268.0	306.7
菲 律 宾②	Philippines②	116.0	120.4	126.2	124.5	129.5	136.5
新 加 坡	Singapore	110.6	113.7	119.6	115.2	116.8	120.3
斯里兰卡	Sri Lanka	103.5	109.9	117.3	103.1	110.3	120.0
泰　　国④	Thailand④	104.5	108.0	112.1	116.5	122.8	132.6
越　　南	Viet Nam	152.9	166.9	195.1	179.4	198.6	247.6
埃　　及	Egypt	155.8	173.1	190.5	179.0	214.5	247.8
尼日利亚①	Nigeria①	296.6	337.9	374.5	309.6	355.8	392.4
南　　非③	South Africa③	107.1	111.7	117.3	109.4	111.0	118.9
加 拿 大	Canada	106.9	108.9	112.0	114.1	115.7	120.1
墨 西 哥	Mexico	119.3	124.2	128.5	129.4	134.5	141.4
美　　国	United States	109.8	111.7	115.2	113.3	113.7	119.2
阿 根 廷	Argentina	139.4	152.9	168.9	136.9	155.6	170.2
巴　　西	Brazil	119.7	125.7	134.1	127.7	135.5	147.5
委内瑞拉③	Venezuela③	127.1	162.9	205.4	128.0	170.1	221.1
捷　　克	Czech Rep.	113.3	114.9	117.1	109.7	111.3	116.4
法　　国	France	106.2	107.8	110.1	108.5	109.3	111.5
德　　国	Germany	107.0	108.2	110.7	110.8	112.5	115.7
意 大 利⑥	Italy⑥	98.5	100.0	102.8	99.8	100.0	102.4
荷　　兰	Netherlands	105.4	106.7	109.2	107.9	107.8	110.2
波　　兰	Poland	111.6	114.5	119.4	116.5	119.6	125.5
俄罗斯联邦	Russian Fed.	152.3	162.8	176.5	160.6	171.2	189.8
西 班 牙	Spain	110.4	112.4	116.0	113.1	112.2	114.5
土 耳 其	Turkey	139.9	151.9	161.7	150.2	166.1	176.5
乌 克 兰	Ukraine	178.6	195.3	210.9	175.3	194.5	206.9
英　　国	United Kingdom	111.3	116.4	122.5	122.9	126.8	134.3
澳大利亚	Australia	112.6	115.8	119.7	119.7	121.6	127.5
新 西 兰	New Zealand	112.3	114.9	119.5	122.9	124.0	130.7

注：①2000年=100。②2006年=100。③2008年=100。④2007年=100。⑤2004年=100。⑥2010年=100。
Note:①2000=100.②2006=100.③2008=100.④2007=100.⑤2004=100.⑥2010=100.

附录2-15　主要农产品产量(10 000 tons)

Production of Major Farm Crops

资料来源：联合国FAO数据库。
Source:FAO Database.

单位：万吨　(10 000 tons)

国家和地区	Country or Area	谷物 Cereals,Total 2000	谷物 Cereals,Total 2010
世　界	**World**	**206019.7**	**245766.2**
中　国	China	40733.7	49773.5
美　国	United States	34262.8	40167.0
印　度	India	23493.1	26016.3
印度尼西亚	Indonesia	6157.5	8479.7
巴　西	Brazil	4589.3	7519.2
法　国	France	6569.9	6828.5
俄罗斯联邦	Russian Fed.	6432.6	5962.4
孟加拉国	Bangladesh	3950.3	5187.5
阿根廷	Argentina	3875.6	4620.4
加拿大	Canada	5109.0	4541.0
越　南	Viet Nam	3453.7	4459.8
德　国	Germany	4527.1	4431.4
乌克兰	Ukraine	2380.7	3867.9
泰　国	Thailand	3052.9	3636.9
缅　甸	Myanmar	2196.1	3504.8
墨西哥	Mexico	2799.1	3492.3
巴基斯坦	Pakistan	3046.1	3481.1
澳大利亚	Australia	3444.7	3350.6
土耳其	Turkey	3224.9	3274.1
波　兰	Poland	2234.1	2712.0
伊　朗	Iran	1287.4	2227.2
菲律宾	Philippines	1690.1	2214.9
英　国	United Kingdom	2398.9	2094.6
埃　及	Egypt	2010.6	1954.1
尼日利亚	Nigeria	2137.0	1952.9
西班牙	Spain	2455.6	1933.5
意大利	Italy	2066.1	1882.5
罗马尼亚	Romania	1049.9	1671.3
埃塞俄比亚	Ethiopia	802.0	1548.4
南　非	South Africa	1452.7	1469.9
匈牙利	Hungary	1003.6	1230.4
哈萨克斯坦	Kazakhstan	1154.0	1211.6
日　本	Japan	1279.6	1136.3
塞尔维亚	Serbia		929.1
柬埔寨	Cambodia	418.3	901.9
丹　麦	Denmark	941.3	877.2
摩洛哥	Morocco	199.6	783.4
尼泊尔	Nepal	711.6	776.3
乌兹别克斯坦	Uzbekistan	391.4	741.6
保加利亚	Bulgaria	438.7	702.7
坦桑尼亚	Tanzania	362.3	698.6
捷　克	Czech Rep.	646.0	688.4
白俄罗斯	Belarus	456.5	672.6
马　里	Mali	231.0	641.8
韩　国	Korea, Rep.	750.1	634.5

国家和地区	Country or Area	稻谷 Rice, Paddy 2000	稻谷 Rice, Paddy 2010
世　界	**World**	**59935.6**	**69632.4**
中　国	China	18981.4	19721.2
印　度	India	12746.5	14396.3
印度尼西亚	Indonesia	5189.8	6646.9
孟加拉国	Bangladesh	3762.8	5006.1
越　南	Viet Nam	3253.0	3998.9
缅　甸	Myanmar	2132.4	3320.5
泰　国	Thailand	2584.4	3159.7
菲律宾	Philippines	1238.9	1577.2
巴　西	Brazil	1109.0	1123.6
美　国	United States	865.8	1102.7
日　本	Japan	1186.3	1060.0
柬埔寨	Cambodia	402.6	824.5
巴基斯坦	Pakistan	720.4	723.5
韩　国	Korea, Rep.	719.7	613.6
马达加斯加	Madagascar	248.1	473.8
埃　及	Egypt	600.1	433.0
斯里兰卡	Sri Lanka	286.0	430.1
尼泊尔	Nepal	421.7	402.4
尼日利亚	Nigeria	329.8	321.9
老　挝	Laos	220.2	307.1
秘　鲁	Peru	189.2	283.1
马来西亚	Malaysia	214.1	254.8
朝　鲜	Korea, Dem.	169.0	242.6
哥伦比亚	Colombia	269.4	241.2
马　里	Mali	74.3	230.8
伊　朗	Iran	197.2	228.8
厄瓜多尔	Ecuador	124.7	170.6
意大利	Italy	123.0	151.6
几内亚	Guinea	114.1	149.9
委内瑞拉	Venezuela	67.7	125.0
阿根廷	Argentina	90.4	124.1
乌拉圭	Uruguay	120.9	114.9
坦桑尼亚	Tanzania	78.2	110.5
俄罗斯联邦	Russian Fed.	58.6	106.1
塞拉利昂	Sierra Leone	19.9	102.7
西班牙	Spain	82.7	92.6
土耳其	Turkey	35.0	86.0
科特迪瓦	Cote D'Ivoire	62.2	72.3
阿富汗	Afghanistan	26.0	67.2
塞内加尔	Senegal	20.2	60.4
多米尼加	Dominican Rep.	58.1	56.7
圭亚那	Guyana	44.9	55.6
加　纳	Ghana	24.9	49.2
古　巴	Cuba	55.3	45.4
尼加拉瓜	Nicaragua	29.0	45.4

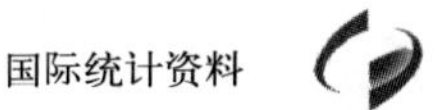

附录2-15 续表 1 continued

单位：万吨 (10 000 tons)

国家和地区	Country or Area	小麦 Wheat 2000	小麦 Wheat 2010	国家和地区	Country or Area	玉米 Maize 2000	玉米 Maize 2010
世 界	**World**	**58569.0**	**65365.5**	**世 界**	**World**	**59247.9**	**84030.8**
中 国	China	9963.6	11518.1	美 国	United States	25185.2	31616.5
印 度	India	7636.9	8080.0	中 国	China	10617.8	17754.1
美 国	United States	6063.9	6006.2	巴 西	Brazil	3187.9	5539.5
俄罗斯联邦	Russian Fed.	3445.6	4150.8	墨 西 哥	Mexico	1755.7	2330.2
法 国	France	3735.3	4078.7	阿 根 廷	Argentina	1678.1	2267.7
德 国	Germany	2162.2	2410.7	印度尼西亚	Indonesia	967.7	1832.8
巴基斯坦	Pakistan	2107.9	2331.1	印 度	India	1204.3	1406.0
加 拿 大	Canada	2653.6	2316.7	法 国	France	1601.8	1397.5
澳大利亚	Australia	2210.8	2213.8	南 非	South Africa	1143.1	1281.5
土 耳 其	Turkey	2100.9	1966.0	乌 克 兰	Ukraine	384.8	1195.3
乌 克 兰	Ukraine	1019.7	1685.1	加 拿 大	Canada	695.4	1171.5
伊 朗	Iran	808.8	1502.9	罗马尼亚	Romania	489.8	904.2
阿 根 廷	Argentina	1614.7	1491.5	意 大 利	Italy	1013.8	882.8
英 国	United Kingdom	1670.4	1487.8	尼日利亚	Nigeria	410.7	730.6
哈萨克斯坦	Kazakhstan	907.4	963.8	塞尔维亚	Serbia		720.7
波 兰	Poland	850.3	948.8	埃 及	Egypt	647.5	718.3
埃 及	Egypt	656.4	716.9	匈 牙 利	Hungary	498.4	696.7
意 大 利	Italy	746.4	685.0	菲 律 宾	Philippines	451.1	637.7
乌兹别克斯坦	Uzbekistan	353.2	673.0	坦桑尼亚	Tanzania	196.5	473.6
巴 西	Brazil	166.2	617.1	越 南	Viet Nam	200.6	460.7
罗马尼亚	Romania	445.6	581.2	泰 国	Thailand	447.3	445.5
西 班 牙	Spain	729.4	561.1	土 耳 其	Turkey	230.0	431.0
丹 麦	Denmark	469.3	506.0	德 国	Germany	332.4	407.3
摩 洛 哥	Morocco	138.1	487.6	埃塞俄比亚	Ethiopia	268.3	389.7
阿 富 汗	Afghanistan	146.9	453.2	巴基斯坦	Pakistan	164.3	370.7
捷 克	Czech Rep.	408.4	416.2	马 拉 维	Malawi	250.1	341.9
保加利亚	Bulgaria	278.1	399.5	肯 尼 亚	Kenya	216.0	322.2
匈 牙 利	Hungary	369.3	376.4	西 班 牙	Spain	399.2	317.9
墨 西 哥	Mexico	349.3	367.7	巴 拉 圭	Paraguay	64.7	310.9
阿尔及利亚	Algeria	76.0	310.0	俄罗斯联邦	Russian Fed.	153.0	308.4
叙 利 亚	Syrian Arab Republic	310.6	308.3	赞 比 亚	Zambia	104.0	279.6
埃塞俄比亚	Ethiopia	123.5	307.6	奥 地 利	Austria	185.2	216.9
土库曼斯坦	Turkmenistan	169.0	300.0	委内瑞拉	Venezuela	169.0	214.5
伊 拉 克	Iraq	38.4	274.9	克罗地亚	Croatia	152.6	206.8
瑞 典	Sweden	237.2	218.4	保加利亚	Bulgaria	80.4	204.4
比 利 时	Belgium	168.8	185.0	莫桑比克	Mozambique	118.0	187.8
白俄罗斯	Belarus	96.6	173.9	加 纳	Ghana	101.3	187.2
立 陶 宛	Lithuania	123.8	170.8	尼 泊 尔	Nepal	141.5	185.5
塞尔维亚	Serbia		163.0	伊 朗	Iran	112.0	173.6
希 腊	Greece	232.6	160.0	希 腊	Greece	209.4	172.0
尼 泊 尔	Nepal	118.4	155.7	波 兰	Poland	92.3	171.6
智 利	Chile	149.3	152.4	朝 鲜	Korea, Dem.	104.1	168.3
奥 地 利	Austria	131.3	151.8	喀 麦 隆	Cameroon	74.1	167.4

附录2-15 续表 2 continued

单位：万吨 (10 000 tons)

国家和地区	Country or Area	大豆 Soybeans 2000	2010	国家和地区	Country or Area	根茎类作物 Roots and Tubers 2000	2010
世　界	**World**	**16129.1**	**26499.2**	**世　界**	**World**	**69937.6**	**72998.4**
美　国	United States	7505.4	9060.6	中　国	China	18987.8	16244.6
巴　西	Brazil	3273.5	6875.6	尼日利亚	Nigeria	6516.4	7285.0
阿根廷	Argentina	2013.6	5267.6	印　度	India	3212.5	4573.2
中　国	China	1541.2	1508.3	巴　西	Brazil	2663.2	2879.9
印　度	India	527.6	1273.6	印度尼西亚	Indonesia	1926.9	2751.0
巴拉圭	Paraguay	298.0	746.0	泰　国	Thailand	1937.0	2245.5
加拿大	Canada	270.3	434.5	俄罗斯联邦	Russian Fed.	3398.0	2114.1
玻利维亚	Bolivia	119.7	191.7	加　纳	Ghana	1318.7	2094.0
乌拉圭	Uruguay	0.7	181.7	美　国	United States	2392.2	1942.1
乌克兰	Ukraine	6.4	168.0	乌克兰	Ukraine	1983.8	1870.5
俄罗斯联邦	Russian Fed.	34.2	122.2	刚果(金)	Congo, Dem. Rep.	1652.8	1636.8
印度尼西亚	Indonesia	101.8	90.7	安哥拉	Angola	468.4	1568.7
南　非	South Africa	15.4	56.6	越　南	Viet Nam	391.4	1028.5
意大利	Italy	90.4	55.3	德　国	Germany	1369.4	1020.2
塞尔维亚	Serbia		54.1	乌干达	Uganda	784.2	881.5
尼日利亚	Nigeria	42.9	39.4	波　兰	Poland	2423.2	876.6
朝　鲜	Korea, Dem.	35.0	35.0	孟加拉国	Bangladesh	331.1	823.7
越　南	Viet Nam	14.9	29.7	白俄罗斯	Belarus	871.8	783.1
日　本	Japan	23.5	22.3	科特迪瓦	Cote D'Ivoire	667.9	782.9
缅　甸	Myanmar	9.7	20.0	马拉维	Malawi	483.2	767.5
泰　国	Thailand	31.2	17.7	法　国	France	643.4	721.6
乌干达	Uganda	12.0	17.5	埃塞俄比亚	Ethiopia	471.3	715.8
墨西哥	Mexico	10.2	16.8	荷　兰	Netherlands	822.7	684.4
伊　朗	Iran	14.2	16.3	莫桑比克	Mozambique	587.8	673.9
柬埔寨	Cambodia	2.8	15.7	坦桑尼亚	Tanzania	590.9	655.4
克罗地亚	Croatia	6.5	15.4	贝　宁	Benin	416.1	606.5
罗马尼亚	Romania	7.0	15.0	英　国	United Kingdom	663.6	605.6
法　国	France	20.1	14.0	秘　鲁	Peru	470.3	563.4
哈萨克斯坦	Kazakhstan	0.4	11.4	喀麦隆	Cameroon	354.6	533.6
摩尔多瓦	Moldova	1.2	11.1	卢旺达	Rwanda	290.8	521.3
韩　国	Korea, Rep.	11.3	10.5	哥伦比亚	Colombia	351.5	498.1
奥地利	Austria	3.3	9.5	土耳其	Turkey	537.0	454.9
土耳其	Turkey	4.5	8.7	马达加斯加	Madagascar	345.3	442.3
匈牙利	Hungary	3.1	8.5	加拿大	Canada	456.7	442.2
马拉维	Malawi		7.3	柬埔寨	Cambodia	20.2	437.0
厄瓜多尔	Ecuador	9.4	7.0	埃　及	Egypt	206.6	413.8
孟加拉国	Bangladesh		7.0	伊　朗	Iran	365.8	405.5
澳大利亚	Australia	10.5	6.0	日　本	Japan	447.9	370.0
津巴布韦	Zimbabwe	14.4	5.7	巴基斯坦	Pakistan	230.1	357.0
卢旺达	Rwanda	1.4	5.7	比利时	Belgium	292.2	345.6
哥伦比亚	Colombia	3.9	5.4	阿尔及利亚	Algeria	120.8	329.0
埃　及	Egypt	1.1	4.3	罗马尼亚	Romania	347.0	328.4
委内瑞拉	Venezuela	0.5	4.0	菲律宾	Philippines	252.1	293.4

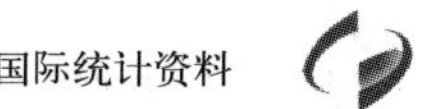

附录2-15 续表 3 continued

单位：万吨 (10 000 tons)

国家和地区	Country or Area	花生 Groundnuts, with Shell 2000	2010	国家和地区	Country or Area	油菜籽 Rapeseed 2000	2010
世　界	**World**	**3472.8**	**3795.4**	**世　界**	**World**	**3951.8**	**5907.1**
中　国	China	1451.6	1570.9	中　国	China	1138.1	1308.2
印　度	India	648.0	564.0	加 拿 大	Canada	720.5	1186.6
尼日利亚	Nigeria	290.1	263.6	印　度	India	578.8	641.0
美　国	United States	148.1	188.6	德　国	Germany	358.6	569.8
缅　甸	Myanmar	63.4	134.1	法　国	France	347.7	481.6
塞内加尔	Senegal	106.2	128.7	英　国	United Kingdom	115.7	223.0
印度尼西亚	Indonesia	129.2	77.9	澳大利亚	Australia	177.5	218.1
苏　丹	Sudan	94.7	76.3	波　兰	Poland	95.8	207.8
阿 根 廷	Argentina	42.0	61.1	乌 克 兰	Ukraine	13.2	147.0
加　纳	Ghana	20.9	53.1	美　国	United States	90.9	111.4
越　南	Viet Nam	35.5	48.6	捷　克	Czech Rep.	84.4	104.2
喀 麦 隆	Cameroon	19.7	46.0	罗马尼亚	Romania	7.6	94.3
尼 日 尔	Niger	11.3	40.6	俄罗斯联邦	Russian Fed.	14.8	67.0
乍　得	Chad	35.9	39.4	丹　麦	Denmark	29.4	58.0
刚果(金)	Congo, Dem. Rep.	38.2	37.1	保加利亚	Bulgaria	2.0	54.5
布基纳法索	Burkina Faso	16.9	34.0	匈 牙 利	Hungary	17.9	53.1
马　里	Mali	19.3	31.5	立 陶 宛	Lithuania	8.1	41.5
坦桑尼亚	Tanzania	5.2	30.0	伊　朗	Iran	…	38.0
马 拉 维	Malawi	12.2	29.8	白俄罗斯	Belarus	7.3	37.5
几 内 亚	Guinea	20.0	29.2	斯洛伐克	Slovakia	13.4	32.3
巴　西	Brazil	18.5	26.2	瑞　典	Sweden	12.2	27.9
埃　及	Egypt	18.7	20.3	拉脱维亚	Latvia	1.0	22.6
尼加拉瓜	Nicaragua	9.7	18.0	孟加拉国	Bangladesh	24.9	22.2
乌 干 达	Uganda	13.9	17.2	芬　兰	Finland	7.1	17.9
赞 比 亚	Zambia	5.2	16.4	奥 地 利	Austria	12.5	17.1
中　非	Central African Rep.	10.5	14.0	巴基斯坦	Pakistan	29.7	16.2
冈 比 亚	Gambia	13.8	13.8	爱沙尼亚	Estonia	3.9	13.1
贝　宁	Benin	12.1	11.7	哈萨克斯坦	Kazakhstan	0.3	10.9
安 哥 拉	Angola	1.3	11.5	土 耳 其	Turkey	…	10.7
津巴布韦	Zimbabwe	19.1	10.6	巴 拉 圭	Paraguay	…	8.8
肯 尼 亚	Kenya	3.0	9.9	瑞　士	Switzerland	3.9	6.8
土 耳 其	Turkey	7.8	9.7	意 大 利	Italy	4.1	5.0
塞拉利昂	Sierra Leone	1.5	9.4	智　利	Chile	4.8	4.4
科特迪瓦	Cote D'Ivoire	7.2	9.0	阿尔及利亚	Algeria	2.9	4.3
南　非	South Africa	13.6	8.8	巴　西	Brazil	4.1	4.2
墨 西 哥	Mexico	14.2	8.2	比 利 时	Belgium	1.4	4.2
莫桑比克	Mozambique	12.4	7.0	埃塞俄比亚	Ethiopia	1.4	4.0
几内亚比绍	Guinea-Bissau	2.0	7.0	摩尔多瓦	Moldova	0.1	3.7
巴基斯坦	Pakistan	9.1	6.8	西 班 牙	Spain	5.0	3.6
孟加拉国	Bangladesh	3.2	5.4	乌 拉 圭	Uruguay	…	3.4
老　挝	Laos	1.3	5.1	克罗地亚	Croatia	2.9	3.3
摩 洛 哥	Morocco	3.9	5.0	南　非	South Africa	…	3.3
多　哥	Togo	2.6	4.7	塞尔维亚	Serbia		2.4

附录2-15 续表 4 continued

单位：万吨 (10 000 tons)

国家和地区	Country or Area	芝麻 Sesame Seed 2000	芝麻 Sesame Seed 2010	国家和地区	Country or Area	籽棉 Seed Cotton 2000	籽棉 Seed Cotton 2010
世　界	**World**	**278.8**	**383.6**	**世　界**	**World**	**5310.4**	**6829.9**
缅　甸	Myanmar	29.6	72.3	中　国	China	1325.1	1791.0
印　度	India	51.8	62.3	印　度	India	512.8	1779.7
中　国	China	81.2	58.8	美　国	United States	958.1	947.4
埃塞俄比亚	Ethiopia	1.6	31.4	巴基斯坦	Pakistan	547.6	570.0
苏　丹	Sudan	28.2	24.8	乌兹别克斯坦	Uzbekistan	300.2	344.3
乌干达	Uganda	9.7	17.0	巴　西	Brazil	201.0	293.1
尼日利亚	Nigeria	7.2	11.6	土耳其	Turkey	226.1	127.3
布基纳法索	Burkina Faso	0.7	9.1	土库曼斯坦	Turkmenistan	103.0	100.0
尼日尔	Niger	1.4	8.6	澳大利亚	Australia	178.7	93.9
索马里	Somalia	2.3	7.1	阿根廷	Argentina	41.8	75.4
中　非	Central African Rep.	3.7	5.0	希　腊	Greece	129.7	70.0
坦桑尼亚	Tanzania	3.9	4.8	叙利亚	Syrian Arab Republic	108.2	62.8
泰　国	Thailand	3.9	4.8	布基纳法索	Burkina Faso	21.3	53.0
埃　及	Egypt	3.7	4.6	尼日利亚	Nigeria	39.9	48.6
莫桑比克	Mozambique	0.5	4.6	墨西哥	Mexico	22.4	44.1
孟加拉国	Bangladesh	2.2	4.5	埃　及	Egypt	55.4	37.8
巴拉圭	Paraguay	0.8	4.0	坦桑尼亚	Tanzania	12.3	31.5
墨西哥	Mexico	4.1	3.8	塔吉克斯坦	Tajikistan	33.5	31.1
乍　得	Chad	3.3	3.5	马　里	Mali	24.3	26.1
阿富汗	Afghanistan	2.3	3.2	哈萨克斯坦	Kazakhstan	28.7	24.0
巴基斯坦	Pakistan	5.1	3.1	伊　朗	Iran	49.7	23.2
柬埔寨	Cambodia	1.0	3.0	贝　宁	Benin	34.0	22.5
伊　朗	Iran	2.7	2.8	缅　甸	Myanmar	17.6	20.0
危地马拉	Guatemala	1.9	2.8	喀麦隆	Cameroon	20.4	19.0
也　门	Yemen	1.8	2.6	科特迪瓦	Cote D'Ivoire	40.2	18.8
越　南	Viet Nam	1.7	2.5	莫桑比克	Mozambique	3.5	17.5
委内瑞拉	Venezuela	3.3	2.4	苏　丹	Sudan	14.7	13.6
土耳其	Turkey	2.4	2.4	津巴布韦	Zimbabwe	32.7	11.5
斯里兰卡	Sri Lanka	0.5	1.7	玻利维亚	Bolivia	4.5	10.7
巴　西	Brazil	1.5	1.6	赞比亚	Zambia	6.2	10.7
乌兹别克斯坦	Uzbekistan	2.0	1.6	乌干达	Uganda	7.6	8.2
肯尼亚	Kenya	1.0	1.4	西班牙	Spain	29.5	8.1
马　里	Mali	0.4	1.3	乍　得	Chad	18.0	7.6
韩　国	Korea, Rep.	3.2	1.3	吉尔吉斯斯坦	Kyrgyzstan	8.8	7.4
贝　宁	Benin	1.0	1.0	埃塞俄比亚	Ethiopia	4.6	7.0
老　挝	Laos	0.5	0.9	秘　鲁	Peru	15.4	6.4
伊拉克	Iraq	1.4	0.6	阿富汗	Afghanistan	5.7	5.4
塞内加尔	Senegal	0.1	0.5	孟加拉国	Bangladesh	4.1	4.7
刚果(金)	Congo, Dem. Rep.	0.5	0.5	伊拉克	Iraq	3.3	4.5
叙利亚	Syrian Arab Republic	0.4	0.5	几内亚	Guinea	6.6	4.0
塞拉利昂	Sierra Leone	0.1	0.4	阿塞拜疆	Azerbaijan	9.2	3.8
沙特阿拉伯	Saudi Arabia	0.3	0.4	哥伦比亚	Colombia	11.1	3.6
尼加拉瓜	Nicaragua	0.4	0.4	印度尼西亚	Indonesia	2.8	3.4

附录2–15　续表 5　continued

单位：万吨　　(10 000 tons)

国家和地区	Country or Area	甘蔗 Sugar Cane 2000	甘蔗 Sugar Cane 2010	国家和地区	Country or Area	甜菜 Sugar Beets 2000	甜菜 Sugar Beets 2010
世　界	**World**	**125749.9**	**168544.5**	**世　界**	**World**	**25010.2**	**22845.2**
巴　西	Brazil	32770.5	71915.7	法　国	France	3112.1	3191.0
印　度	India	29932.4	27775.0	美　国	United States	3254.1	2894.0
中　国	China	6929.9	11145.4	德　国	Germany	2787.0	2385.8
泰　国	Thailand	5405.2	6880.8	俄罗斯联邦	Russian Fed.	1405.4	2225.6
墨西哥	Mexico	4410.0	5042.2	土耳其	Turkey	1882.1	1794.2
巴基斯坦	Pakistan	4633.3	4937.3	乌克兰	Ukraine	1319.9	1374.9
菲律宾	Philippines	2449.1	3400.0	波　兰	Poland	1313.4	982.3
澳大利亚	Australia	3816.5	3145.7	中　国	China	807.4	929.6
阿根廷	Argentina	1840.0	2900.0	埃　及	Egypt	289.0	784.0
印度尼西亚	Indonesia	2390.0	2650.0	英　国	United Kingdom	907.9	648.4
美　国	United States	3611.4	2482.1	荷　兰	Netherlands	679.8	528.0
哥伦比亚	Colombia	3500.0	2027.3	比利时	Belgium	615.2	446.5
危地马拉	Guatemala	1655.2	1839.2	伊　朗	Iran	433.2	389.7
南　非	South Africa	2387.6	1601.6	白俄罗斯	Belarus	147.4	377.0
越　南	Viet Nam	1504.4	1594.7	意大利	Italy	1237.0	355.0
埃　及	Egypt	1570.6	1570.9	西班牙	Spain	793.0	339.9
古　巴	Cuba	3640.0	1130.0	塞尔维亚	Serbia		332.5
缅　甸	Myanmar	580.1	971.5	奥地利	Austria	256.0	313.2
秘　鲁	Peru	753.5	966.1	日　本	Japan	367.3	309.0
委内瑞拉	Venezuela	883.2	950.0	捷　克	Czech Rep.	280.9	306.5
厄瓜多尔	Ecuador	540.2	834.7	摩洛哥	Morocco	288.3	243.6
洪都拉斯	Honduras	397.4	781.9	丹　麦	Denmark	334.5	235.6
苏　丹	Sudan	498.2	752.7	瑞　典	Sweden	260.2	197.4
玻利维亚	Bolivia	360.2	743.8	叙利亚	Syrian Arab Republic	117.5	149.3
肯尼亚	Kenya	394.2	571.0	智　利	Chile	309.3	142.0
伊　朗	Iran	236.7	568.5	瑞　士	Switzerland	140.9	130.2
孟加拉国	Bangladesh	691.0	530.4	克罗地亚	Croatia	48.2	124.9
巴拉圭	Paraguay	224.5	513.1	斯洛伐克	Slovakia	96.2	97.8
萨尔瓦多	El Salvador	514.0	512.7	罗马尼亚	Romania	66.7	83.8
斯威士兰	Swaziland	388.5	500.0	摩尔多瓦	Moldova	94.4	83.8
尼加拉瓜	Nicaragua	352.4	489.4	匈牙利	Hungary	197.6	81.9
多米尼加	Dominican Rep.	451.1	478.1	希　腊	Greece	303.3	76.2
毛里求斯	Mauritius	511.0	436.6	立陶宛	Lithuania	88.2	72.3
赞比亚	Zambia	160.0	405.0	芬　兰	Finland	104.6	54.2
哥斯达黎加	Costa Rica	380.0	373.5	加拿大	Canada	82.1	50.8
津巴布韦	Zimbabwe	422.8	310.0	阿塞拜疆	Azerbaijan	4.7	25.2
马达加斯加	Madagascar	218.9	300.0	土库曼斯坦	Turkmenistan	23.0	23.4
莫桑比克	Mozambique	39.7	280.0	哈萨克斯坦	Kazakhstan	27.3	15.2
圭亚那	Guyana	271.0	276.6	吉尔吉斯斯坦	Kyrgyzstan	45.0	13.9
坦桑尼亚	Tanzania	135.5	275.0	葡萄牙	Portugal	46.2	13.7
尼泊尔	Nepal	210.3	259.3	巴基斯坦	Pakistan	15.9	5.3
马拉维	Malawi	210.0	250.0	阿尔巴尼亚	Albania	4.2	4.0
乌干达	Uganda	147.6	240.0	黎巴嫩	Lebanon	34.2	3.7
埃塞俄比亚	Ethiopia	217.7	240.0	委内瑞拉	Venezuela	1.7	2.1
牙买加	Jamaica	202.5	196.8	哥伦比亚	Colombia	1.2	1.9
留尼汪	R閿nion	184.5	193.0	伊拉克	Iraq	0.8	1.8

附录2−15 续表 6 continued

单位：万吨 (10 000 tons)

国家和地区	Country or Area	茶叶 Tea 2000	茶叶 Tea 2010
世　　界	**World**	**298.7**	**451.8**
中　　国	China	70.4	146.8
印　　度	India	82.6	99.1
肯 尼 亚	Kenya	23.6	39.9
斯里兰卡	Sri Lanka	30.6	28.2
土 耳 其	Turkey	13.9	23.5
越　　南	Viet Nam	7.0	19.9
伊　　朗	Iran	5.0	16.6
印度尼西亚	Indonesia	16.3	15.0
阿 根 廷	Argentina	7.4	8.9
日　　本	Japan	8.5	8.5
泰　　国	Thailand	3.2	6.7
马 拉 维	Malawi	4.2	6.7
孟加拉国	Bangladesh	4.6	6.0
乌 干 达	Uganda	2.9	4.1
坦桑尼亚	Tanzania	2.4	3.6
缅　　甸	Myanmar	1.9	3.2
卢 旺 达	Rwanda	1.5	2.5
津巴布韦	Zimbabwe	2.2	2.1
巴　　西	Brazil	0.8	1.8
尼 泊 尔	Nepal	0.5	1.7
莫桑比克	Mozambique	1.1	1.6
马来西亚	Malaysia	0.6	0.9
布 隆 迪	Burundi	0.7	0.8
巴布亚新几内亚	Papua New Guinea	0.6	0.7
埃塞俄比亚	Ethiopia	0.4	0.5
喀 麦 隆	Cameroon	0.4	0.4
格鲁吉亚	Georgia	2.4	0.4
秘　　鲁	Peru	0.6	0.3
刚果(金)	Congo, Dem. Rep.	0.2	0.3
厄瓜多尔	Ecuador	0.1	0.3
毛里求斯	Mauritius	0.1	0.2
南　　非	South Africa	1.3	0.1
韩　　国	Korea, Rep.	0.1	0.1
玻利维亚	Bolivia	0.1	0.1
赞 比 亚	Zambia	0.1	0.1
留 尼 汪	R閡nion	0.1	0.1
马达加斯加	Madagascar	0.1	0.1
危地马拉	Guatemala	0.1	0.1
老　　挝	Laos	…	0.1
阿塞拜疆	Azerbaijan	0.1	0.1
俄罗斯联邦	Russian Fed.	0.2	…
巴 拿 马	Panama	…	…
哥伦比亚	Colombia	…	…
马　　里	Mali	…	…
葡 萄 牙	Portugal	…	…
塞 舌 尔	Seychelles	…	…

国家和地区	Country or Area	水果(不包括瓜类) Fruit excl. Melons 2000	水果(不包括瓜类) Fruit excl. Melons 2010
世　　界	**World**	**47434.6**	**60921.4**
中　　国	China	6450.3	12218.5
印　　度	India	4300.1	8479.1
巴　　西	Brazil	3698.7	3928.7
美　　国	United States	3280.5	2538.4
意 大 利	Italy	1799.0	1690.8
菲 律 宾	Philippines	1075.1	1618.2
墨 西 哥	Mexico	1330.7	1525.6
西 班 牙	Spain	1611.6	1518.4
印度尼西亚	Indonesia	841.3	1486.8
土 耳 其	Turkey	1086.1	1394.6
伊　　朗	Iran	1228.8	1212.6
乌 干 达	Uganda	1009.1	1020.4
尼日利亚	Nigeria	928.3	998.0
埃　　及	Egypt	696.6	958.1
厄瓜多尔	Ecuador	767.1	929.2
法　　国	France	1126.5	869.2
泰　　国	Thailand	869.7	855.9
哥伦比亚	Colombia	685.1	799.0
阿 根 廷	Argentina	717.4	744.6
巴基斯坦	Pakistan	518.6	650.7
越　　南	Viet Nam	436.3	601.4
南　　非	South Africa	511.1	591.4
智　　利	Chile	389.0	567.4
秘　　鲁	Peru	318.7	481.6
哥斯达黎加	Costa Rica	381.1	462.0
加　　纳	Ghana	239.1	436.4
坦桑尼亚	Tanzania	185.4	431.0
孟加拉国	Bangladesh	136.1	395.5
危地马拉	Guatemala	197.3	395.2
喀 麦 隆	Cameroon	199.4	387.9
阿尔及利亚	Algeria	142.8	353.6
澳大利亚	Australia	308.4	331.3
摩 洛 哥	Morocco	268.1	329.2
希　　腊	Greece	415.2	323.0
卢 旺 达	Rwanda	230.4	294.1
肯 尼 亚	Kenya	214.8	293.3
日　　本	Japan	382.1	289.9
波　　兰	Poland	224.7	277.4
韩　　国	Korea, Rep.	262.6	273.4
乌兹别克斯坦	Uzbekistan	141.5	269.8
刚果(金)	Congo, Dem. Rep.	242.7	254.1
俄罗斯联邦	Russian Fed.	340.2	246.2
巴布亚新几内亚	Papua New Guinea	166.6	242.2
委内瑞拉	Venezuela	319.0	230.2
德　　国	Germany	529.1	220.1
多米尼加	Dominican Rep.	103.2	219.6

附录2-16 国际互联网用户
Internet Users

资料来源：世界银行WDI数据库。
Source: World Bank WDI Database.

单位：个/千人 (unit per 1 000 persons)

国家和地区	Country or Area	2000	2007	2008	2009	2010	2011
世　界	World	**67.60**	**205.78**	**231.87**	**257.40**	**295.15**	**327.73**
高收入国家	High Income	**308.34**	**671.13**	**691.41**	**699.93**	**728.55**	**756.02**
中等收入国家	Middle Income	**17.00**	**127.16**	**158.67**	**191.57**	**234.47**	**271.99**
低收入国家	Low Income	**1.16**	**21.82**	**28.07**	**33.62**	**45.21**	**59.35**
中　国	China	17.85	160.44	226.62	289.77	343.90	383.98
中国香港	Hong Kong, China	283.22	643.03	662.09	692.44	718.51	750.33
中国澳门	Macao, China	136.09	473.27	492.40	540.00	538.00	580.00
孟加拉国	Bangladesh	0.71	18.00	25.00	31.00	37.00	50.00
文　莱	Brunei Darussalam	89.96	446.80	460.00	490.00	530.00	560.00
柬埔寨	Cambodia	0.47	4.90	5.10	5.30	12.60	31.00
印　度	India	5.28	39.50	43.80	51.20	75.00	100.70
印度尼西亚	Indonesia	9.26	57.86	79.17	69.20	109.20	180.00
伊　朗	Iran	9.34	94.70	102.40	110.70	160.00	210.00
以色列	Israel	199.64	463.86	576.31	612.26	656.83	681.66
日　本	Japan	297.19	735.70	747.15	773.85	776.49	787.09
哈萨克斯坦	Kazakhstan	6.72	40.18	109.87	179.15	310.25	440.44
韩　国	Korea, Rep.	437.30	770.19	789.89	795.79	816.22	814.64
老　挝	Laos	1.11	16.40	35.50	60.00	70.00	90.00
马来西亚	Malaysia	213.85	557.00	558.00	559.00	563.00	610.00
蒙　古	Mongolia	12.56	121.93	124.90	126.00	129.00	200.00
缅　甸	Myanmar		2.17	2.20	2.20	2.50	9.80
巴基斯坦	Pakistan		68.00	70.00	75.00	80.00	90.00
菲律宾	Philippines	19.82	59.70	62.20	90.00	250.00	290.00
新加坡	Singapore	350.29	679.45	680.42	684.20	711.36	750.61
斯里兰卡	Sri Lanka	6.35	39.25	58.74	88.74	121.20	151.27
泰　国	Thailand	36.89	200.30	182.00	201.00	224.00	237.00
越　南	Viet Nam	2.58	209.49	241.53	268.20	309.75	354.50
埃　及	Egypt	6.41	160.50	180.10	242.80	302.00	356.20
尼日利亚	Nigeria	0.64	67.70	158.60	200.00	240.00	284.30
南　非	South Africa	54.41	81.63	85.21	100.87	180.51	209.47
加拿大	Canada	511.29	733.06	767.20	801.71	800.42	826.79
墨西哥	Mexico	50.81	208.10	217.10	263.40	310.50	361.50
美　国	United States	431.30	752.62	742.18	712.12	742.47	782.36
阿根廷	Argentina	70.39	259.47	281.13	340.00	400.00	477.04
巴　西	Brazil	28.71	308.80	338.30	392.20	406.50	450.00
委内瑞拉	Venezuela	33.65	209.14	259.93	328.57	375.59	404.38
捷　克	Czech Rep.	97.53	518.26	626.86	641.39	686.44	728.89
法　国	France	138.70	637.49	681.85	690.63	772.84	767.70
德　国	Germany	302.67	753.88	783.47	794.85	825.27	834.43
意大利	Italy	231.29	408.72	445.74	488.75	537.40	568.17
荷　兰	Netherlands	438.11	861.44	877.27	897.87	907.07	921.27
波　兰	Poland	72.57	486.88	532.59	591.21	624.72	650.21
俄罗斯联邦	Russian Fed.	19.83	248.67	270.59	292.36	433.15	493.13
西班牙	Spain	136.34	547.73	590.64	620.32	658.09	679.22
土耳其	Turkey	37.62	286.30	343.70	364.00	398.20	421.00
乌克兰	Ukraine	7.12	65.18	109.37	177.69	230.85	302.55
英　国	United Kingdom	268.13	749.79	782.33	778.00	777.55	817.07
澳大利亚	Australia	467.84	696.07	717.21	740.83	758.93	789.48
新西兰	New Zealand	473.84	698.29	721.80	798.26	830.06	861.82

附录2–17　世界主要国家和地区货物进出口总额

Merchandise Imports and Exports by Country or Area

资料来源：世界贸易组织数据库。
Source: WTO Database.

单位：亿美元　　(100 million USD)

国家和地区	Country or Area	2000	2005	2008	2009	2010	2011
世　界	World	**131800**	**213550**	**326810**	**252780**	**307380**	**366930**
中　国	China	4743	14219	25633	22075	29729	36419
中国香港	Hong Kong, China	4167	5923	7632	6817	8421	9665
中国澳门	Macao, China	52	70	79	57	65	88
孟加拉国	Bangladesh	153	232	392	369	470	606
文　莱	Brunei Darussalam	50	77	129	96	114	154
柬埔寨	Cambodia	33	70	112	100	119	163
印　度	India	939	2425	5159	4221	5766	7672
印度尼西亚	Indonesia	1090	1627	2671	2134	2934	3775
伊　朗	Iran	426	963	1711	1296	1663	1936
以色列	Israel	691	899	1290	972	1196	1433
日　本	Japan	8588	11108	15439	11327	14639	16776
哈萨克斯坦	Kazakhstan	139	452	1091	716	911	1262
韩　国	Korea, Rep.	3327	5457	8573	6866	8916	10796
老　挝	Laos	9	14	25	25	38	51
马来西亚	Malaysia	1802	2556	3564	2813	3632	4147
蒙　古	Mongolia	12	22	62	40	62	113
缅　甸	Myanmar	40	57	112	111	136	173
巴基斯坦	Pakistan	199	414	627	492	592	694
菲律宾	Philippines	768	907	1095	843	1100	1120
新加坡	Singapore	2723	4297	6580	5156	6627	7753
斯里兰卡	Sri Lanka	126	152	224	174	221	305
泰　国	Thailand	1310	2291	3570	2861	3782	4573
越　南	Viet Nam	301	692	1434	1270	1571	2037
埃　及	Egypt	199	354	746	680	794	894
尼日利亚	Nigeria	297	712	1362	906	1282	1710
南　非	South Africa	597	1139	1824	1357	1751	2185
加拿大	Canada	5214	6829	8755	6465	7904	9151
墨西哥	Mexico	3458	4424	6096	4712	6085	7106
美　国	United States	20412	26338	34569	26613	32474	37463
阿根廷	Argentina	515	690	1275	945	1246	1579
巴　西	Brazil	1141	1962	3803	2867	3935	4929
委内瑞拉	Venezuela	497	797	1446	982	1053	1402
捷　克	Czech Rep.	611	1546	2888	2180	2596	3138
法　国	France	6666	9676	13330	10457	11331	13099
德　国	Germany	10490	17480	26312	20464	23137	27262
意大利	Italy	4793	7579	11047	8220	9343	10807
荷　兰	Netherlands	4514	7702	12189	9410	10907	12597
波　兰	Poland	808	1911	3793	2860	3378	3951
俄罗斯联邦	Russian Fed.	1502	3692	7635	4952	6493	8458
西班牙	Spain	2714	4814	7023	5206	5814	6829
土耳其	Turkey	823	1903	3340	2431	2994	3758
乌克兰	Ukraine	285	704	1525	853	1124	1511
英　国	United Kingdom	6335	8981	10931	8357	9672	11110
澳大利亚	Australia	1354	2314	3875	3198	4143	5141
新西兰	New Zealand	272	479	649	505	620	748

附录2-18 货物出口总额

Merchandise Export

资料来源：世界贸易组织数据库。
Source: WTO Database.
单位：亿美元 (100 million USD)

国家和地区	Country or Area	2000	2005	2008	2009	2010	2011
世　界	World	**64560**	**104950**	**161400**	**125420**	**152740**	**182550**
中　国	China	2492	7620	14307	12016	15778	18984
中国香港	Hong Kong, China	2027	2921	3702	3294	4007	4556
中国澳门	Macao, China	25	25	20	10	9	9
孟加拉国	Bangladesh	64	93	154	151	192	244
文　莱	Brunei Darussalam	39	62	103	72	89	124
柬埔寨	Cambodia	14	31	47	42	51	70
印　度	India	424	996	1948	1649	2264	3046
印度尼西亚	Indonesia	654	870	1396	1196	1581	2006
伊　朗	Iran	287	563	1137	788	1013	1315
以色列	Israel	314	428	613	479	584	678
日　本	Japan	4792	5949	7814	5807	7698	8226
哈萨克斯坦	Kazakhstan	88	278	712	432	600	883
韩　国	Korea, Rep.	1723	2844	4220	3635	4664	5552
老　挝	Laos	3	6	11	11	17	24
马来西亚	Malaysia	982	1410	1995	1574	1986	2270
蒙　古	Mongolia	5	11	25	19	29	48
缅　甸	Myanmar	16	38	69	67	87	93
巴基斯坦	Pakistan	90	161	203	175	214	253
菲律宾	Philippines	398	413	491	384	515	483
新加坡	Singapore	1378	2296	3382	2698	3519	4095
斯里兰卡	Sri Lanka	54	63	85	73	86	102
泰　国	Thailand	691	1109	1778	1524	1953	2288
越　南	Viet Nam	145	324	627	571	722	969
埃　及	Egypt	53	129	262	231	264	305
尼日利亚	Nigeria	210	505	863	567	840	1160
南　非	South Africa	300	516	808	617	809	968
加拿大	Canada	2766	3605	4565	3166	3879	4524
墨西哥	Mexico	1664	2142	2913	2297	2983	3496
美　国	United States	7819	9011	12874	10560	12783	14804
阿根廷	Argentina	263	404	700	557	681	840
巴　西	Brazil	551	1185	1979	1530	2019	2560
委内瑞拉	Venezuela	335	557	950	576	657	926
捷　克	Czech Rep.	291	781	1468	1130	1330	1623
法　国	France	3276	4634	6162	4848	5235	5961
德　国	Germany	5518	9709	14462	11200	12589	14723
意大利	Italy	2405	3731	5427	4069	4473	5232
荷　兰	Netherlands	2331	4064	6379	4979	5743	6610
波　兰	Poland	317	894	1705	1365	1597	1874
俄罗斯联邦	Russian Fed.	1056	2438	4716	3034	4006	5220
西班牙	Spain	1153	1926	2815	2273	2544	3087
土耳其	Turkey	278	735	1320	1021	1139	1349
乌克兰	Ukraine	146	342	670	398	515	685
英　国	United Kingdom	2854	3845	4598	3529	4057	4732
澳大利亚	Australia	639	1061	1873	1543	2126	2704
新西兰	New Zealand	133	217	306	249	314	377

附录2-19 货币汇率(年平均价)

Exchange Rate (Period Average)

资料来源：世界银行WDI数据库。
Source: World Bank WDI Database.
单位：1美元合本币数 (local currency unit per US dollar)

国家和地区	Country or Area	2000	2005	2008	2009	2010	2011
中　国	China	8.28	8.19	6.95	6.83	6.77	6.46
中国香港	Hong Kong, China	7.79	7.78	7.79	7.75	7.77	7.78
中国澳门	Macao, China	8.03	8.01	8.02	7.98	8.00	8.02
孟加拉国	Bangladesh	52.14	64.33	68.60	69.04	69.65	74.15
文　莱	Brunei Darussalam	1.72	1.66	1.42	1.46	1.36	1.26
柬埔寨	Cambodia	3840.75	4092.50	4054.17	4139.33	4184.92	4058.50
印　度	India	44.94	44.10	43.51	48.41	45.73	46.67
印度尼西亚	Indonesia	8421.78	9704.74	9698.96	10389.94	9090.43	8770.43
伊　朗	Iran	1764.95	8963.96	9428.53	9864.30	10254.18	10616.31
以色列	Israel	4.08	4.49	3.59	3.93	3.74	3.58
日　本	Japan	107.77	110.22	103.36	93.57	87.78	79.81
哈萨克斯坦	Kazakhstan	142.13	132.88	120.30	147.50	147.35	146.62
韩　国	Korea, Rep.	1130.96	1024.12	1102.05	1276.93	1156.06	1108.29
老　挝	Laos	7887.64	10655.17	8744.22	8516.05	8258.77	8058.40
马来西亚	Malaysia	3.80	3.79	3.34	3.53	3.22	3.06
蒙　古	Mongolia	1076.67	1205.25	1165.80	1437.80	1357.06	1265.52
缅　甸	Myanmar	6.52	5.82	5.44	5.58	5.64	5.44
巴基斯坦	Pakistan	53.65	59.51	70.41	81.71	85.19	86.34
菲律宾	Philippines	44.19	55.09	44.32	47.68	45.11	43.31
新加坡	Singapore	1.72	1.66	1.42	1.46	1.36	1.26
斯里兰卡	Sri Lanka	77.01	100.50	108.33	114.95	113.06	110.57
泰　国	Thailand	40.11	40.22	33.31	34.29	31.69	30.49
越　南	Viet Nam	14167.75	15858.92	16302.25	17065.08	18612.92	20509.75
埃　及	Egypt	3.47	5.78	5.43	5.55	5.62	5.93
尼日利亚	Nigeria	101.70	131.27	118.55	148.90	150.30	154.70
南　非	South Africa	6.94	6.36	8.26	8.47	7.32	7.26
加拿大	Canada	1.49	1.21	1.07	1.14	1.03	0.99
墨西哥	Mexico	9.46	10.90	11.13	13.51	12.64	12.42
美　国	United States	1.00	1.00	1.00	1.00	1.00	1.00
阿根廷	Argentina	1.00	2.90	3.14	3.71	3.90	4.11
巴　西	Brazil	1.83	2.43	1.83	2.00	1.76	1.67
委内瑞拉	Venezuela	0.68	2.09	2.15	2.15	2.58	4.29
捷　克	Czech Rep.	38.60	23.96	17.07	19.06	19.10	17.70
法　国	France	1.09	0.80	0.68	0.72	0.76	0.72
德　国	Germany	1.09	0.80	0.68	0.72	0.76	0.72
意大利	Italy	1.09	0.80	0.68	0.72	0.76	0.72
荷　兰	Netherlands	1.09	0.80	0.68	0.72	0.76	0.72
波　兰	Poland	4.35	3.24	2.41	3.12	3.02	2.96
俄罗斯联邦	Russian Fed.	28.13	28.28	24.85	31.74	30.37	29.38
西班牙	Spain	1.09	0.80	0.68	0.72	0.76	0.72
土耳其	Turkey	0.63	1.34	1.30	1.55	1.50	1.68
乌克兰	Ukraine	5.44	5.13	5.27	7.79	7.94	7.97
英　国	United Kingdom	0.66	0.55	0.54	0.64	0.65	0.62
澳大利亚	Australia	1.73	1.31	1.19	1.28	1.09	0.97
新西兰	New Zealand	2.20	1.42	1.42	1.60	1.39	1.27

附录2-20 外商直接投资
Foreign Direct Investment

资料来源：联合国贸发会议FDI数据库。
Source: UNCTAD FDI Database .

单位：亿美元 (100 million USD)

国家和地区	Country or Area	外商直接投资 FDI Inflows			对外直接投资 FDI Outflows		
		2000	2005	2011	2000	2005	2011
世　界	World	**14005.41**	**9807.27**	**15244.22**	**12266.33**	**8885.61**	**16943.96**
中　国	China	407.15	724.06	1239.85	9.16	122.61	651.17
中国香港	Hong Kong, China	619.38	336.25	831.56	593.74	271.96	816.07
中国澳门	Macao, China	-0.01	12.40	43.65		0.60	0.62
孟加拉国	Bangladesh	5.79	8.45	11.36	0.02	0.03	0.09
文　莱	Brunei Darussalam	5.50	2.89	12.08	0.30	0.15	0.10
柬埔寨	Cambodia	1.49	3.81	8.92	0.07	0.06	0.24
印　度	India	35.88	76.22	315.54	5.14	29.85	147.52
印度尼西亚	Indonesia		83.36	189.06		30.65	77.71
伊　朗	Iran	1.94	31.36	41.50	0.22	4.52	3.60
以色列	Israel	69.57	48.18	113.74	25.56	14.35	29.98
日　本	Japan	83.23	27.75	-17.58	315.57	457.81	1143.53
哈萨克斯坦	Kazakhstan	12.83	19.71	129.10	0.04	-1.46	45.30
韩　国	Korea, Rep.	90.04	70.55	46.61	42.33	63.66	203.55
老　挝	Laos	0.34	0.28	4.50	0.10		0.07
马来西亚	Malaysia	37.88	40.65	119.66	20.26	30.76	152.58
蒙　古	Mongolia	0.54	1.88	47.15		0.02	0.94
缅　甸	Myanmar	2.08	2.36	8.50			
巴基斯坦	Pakistan	3.09	22.01	13.27	0.11	0.45	0.62
菲律宾	Philippines	22.40	18.54	12.62	1.25	1.89	0.09
新加坡	Singapore	155.15	180.90	640.03	66.50	115.89	252.27
斯里兰卡	Sri Lanka	1.73	2.72	3.00	0.02	0.38	0.50
泰　国	Thailand	34.10	80.67	95.72	-0.20	5.29	106.34
越　南	Viet Nam	12.98	19.54	74.30		0.65	9.50
埃　及	Egypt	12.35	53.76	-4.83	0.51	0.92	6.26
尼日利亚	Nigeria	13.10	49.78	89.15	1.69	0.15	-8.24
南　非	South Africa	8.87	66.47	58.07	2.71	9.30	-6.35
加拿大	Canada	667.95	256.92	409.32	446.78	275.38	495.69
墨西哥	Mexico	181.10	244.07	195.54	3.63	64.74	89.46
美　国	United States	3139.97	1048.09	2269.37	1426.26	153.69	3966.56
阿根廷	Argentina	104.18	52.65	72.43	9.01	13.11	14.88
巴　西	Brazil	327.79	150.66	666.60	22.82	25.17	-10.29
委内瑞拉	Venezuela	47.01	25.89	53.02	5.21	11.67	1.73
捷　克	Czech Rep.	49.85	116.53	54.05	0.43	-0.19	11.52
法　国	France	432.52	849.49	409.45	1774.49	1149.78	901.46
德　国	Germany	1982.77	474.39	404.02	565.57	758.93	543.68
意大利	Italy	133.75	232.91	290.59	66.86	393.62	472.10
荷　兰	Netherlands	638.55	390.47	171.29	756.34	1230.72	318.67
波　兰	Poland	94.45	102.93	151.39	0.17	34.37	58.60
俄罗斯联邦	Russian Fed.	27.14	128.86	528.78	31.77	127.67	672.83
西班牙	Spain	395.75	250.20	294.76	582.13	418.29	372.56
土耳其	Turkey	9.82	100.31	158.76	8.70	10.64	24.64
乌克兰	Ukraine	5.95	78.08	72.07	0.01	2.75	1.92
英　国	United Kingdom	1187.64	1760.06	539.49	2333.71	808.33	1070.86
澳大利亚	Australia	156.12	-242.46	413.17	42.21	-311.37	199.99
新西兰	New Zealand	13.47	15.48	33.69	6.10	-15.21	28.56

附录2-21 外汇储备与黄金储备

Foreign Exchange Reserves and Gold Reserves

资料来源：国际货币基金组织IFS数据库。
Source: IMF IFS Database.

国家和地区	Country or Area	外汇储备（亿美元）Foreign Exchange Reserves(100 million USD)			黄金储备（万盎司）Gold Reserves(10 000 ounces)		
		2000	2005	2011	2000	2005	2011
世　界	World	**19358.6**	**43199.6**	**101956.1**	**106603.9**	**99151.7**	**100322.9**
发达国家	Developed Countries	**12170.3**	**20784.9**	**33987.7**	**81688.3**	**74421.0**	**70517.7**
发展中国家	Developing Economies				**14028.4**	**13886.6**	
中　国	China	1655.7	8188.7	31811.5	1270.0	1929.0	3389.0
中国香港	Hong Kong, China	1075.4	1242.4	2852.6	6.7	6.7	6.7
中国澳门	Macao, China	33.2	66.9	340.3			
孟加拉国	Bangladesh	14.9	27.7	77.8	10.9	11.3	43.4
文　莱	Brunei Darussalam	3.6	4.3	21.3			6.3
柬埔寨	Cambodia	5.0	9.5	33.5	40.0	40.0	40.0
印　度	India	372.6	1310.2	2629.3	1150.2	1150.2	1793.2
印度尼西亚	Indonesia	282.8	329.3	1036.1	310.1	310.0	235.0
以色列	Israel	231.6	278.4	730.5			
日　本	Japan	3472.1	8288.1	12212.5	2454.7	2460.2	2460.2
哈萨克斯坦	Kazakhstan	15.9	60.8	246.5	184.0	192.1	263.6
韩　国	Korea, Rep.	958.6	2099.7	2982.3	43.9	45.8	175.0
老　挝	Laos	1.4	2.2	6.6	1.7	14.6	28.5
马来西亚	Malaysia	274.3	693.8	1289.6	117.0	117.0	117.0
蒙　古	Mongolia	1.8	3.3	22.1	8.5		11.3
缅　甸	Myanmar	2.2	7.7	70.0	23.1	23.1	23.4
巴基斯坦	Pakistan	15.0	98.2	134.7	209.1	209.8	207.0
菲律宾	Philippines	129.8	158.0	657.0	722.8	496.8	511.7
新加坡	Singapore	795.1	1155.0	2353.6	409.6	409.6	409.6
斯里兰卡	Sri Lanka	9.8	25.8	61.7	33.6	16.7	32.1
泰　国	Thailand	319.3	505.0	1652.0	236.7	270.0	490.0
越　南	Viet Nam	34.2	90.5	131.3			
埃　及	Egypt	129.1	205.1	136.6	243.2	243.2	243.1
尼日利亚	Nigeria	99.1	282.8	326.4	68.7	68.7	68.7
南　非	South Africa	57.9	182.6	398.5	590.0	398.7	401.9
加拿大	Canada	290.2	306.6	528.1	118.4	10.9	10.9
墨西哥	Mexico	351.4	730.2	1374.9	24.9	10.8	340.8
美　国	United States	312.4	378.4	518.8	26161.1	26155.1	26149.9
阿根廷	Argentina	244.1	227.4	400.8	1.9	176.0	198.5
巴　西	Brazil	324.3	532.2	3433.8	211.8	108.0	108.0
委内瑞拉	Venezuela	126.3	234.5	60.0	1024.0	1147.0	1176.0
捷　克	Czech Rep.	130.2	291.4	378.5	44.6	43.5	40.0
法　国	France	321.1	240.0	261.5	9724.5	9085.2	7830.1
德　国	Germany	496.7	397.7	380.8	11151.9	11020.7	10919.4
意大利	Italy	224.2	235.3	341.6	7882.9	7882.9	7882.9
荷　兰	Netherlands	70.0	70.8	91.6	2931.5	2234.3	1969.1
波　兰	Poland	263.2	404.9	896.9	330.6	330.8	330.9
俄罗斯联邦	Russian Fed.	242.6	1756.9	4411.6	1235.9	1243.8	2838.8
西班牙	Spain	295.2	85.9	258.4	1682.9	1471.7	905.4
土耳其	Turkey	223.1	504.0	766.6	373.9	373.3	628.0
乌克兰	Ukraine	11.0	189.9	303.9	45.4	78.0	90.1
英　国	United Kingdom	341.6	358.5	562.4	1567.3	999.3	997.5
澳大利亚	Australia	167.8	409.7	360.0	256.3	256.5	256.7
新西兰	New Zealand	36.2	86.9	152.4			

附录2-22　研究与开发经费支出和公共教育经费支出占国内生产总值比重

Research and Development Expenditure and Public Spending on Education as Percentage of GDP

资料来源：世界银行WDI数据库。
Source: World Bank WDI Database.

单位：%　　(%)

国家和地区	Country or Area	研究与开发经费支出占国内生产总值比重 Research and Development Expenditure as of GDP			公共教育经费支出占国内生产总值比重 Public Spending on Education, Total as of GDP		
		2000	2005	2009	2000	2005	2009
世　　界	**World**	**2.13**	**2.04**	**2.14①**	**3.97**	**4.43**	**4.56①**
高收入国家	**High Income**	**2.42**	**2.32**	**2.43①**	**4.96**	**5.35**	**5.26**
中等收入国家	**Middle Income**	**0.66**	**0.86**	**1.07①**	**3.96**	**4.10**	**4.39①**
中　　国	China	0.90	1.33	1.47①	1.91②		
中国香港	Hong Kong, China	0.47	0.79	0.79		4.20	4.49
中国澳门	Macao, China		0.09	0.08	3.68	2.36	2.57
孟加拉国	Bangladesh				2.38		2.23
文　　莱	Brunei Darussalam				3.71		
柬 埔 寨	Cambodia				1.67	1.70	2.10
印　　度	India	0.77	0.78	0.76③	4.41	3.13	3.09④
印度尼西亚	Indonesia	0.07	0.05	0.08	1.07⑤	2.87	3.53
伊　　朗	Iran		0.74	0.79①	4.39	4.72	4.68
以 色 列	Israel	4.32	4.41	4.27	6.49	6.12	5.83
日　　本	Japan	3.04	3.32	3.45①	3.67	3.52	3.42①
哈萨克斯坦	Kazakhstan	0.18	0.28	0.23	3.26	2.26	3.06
韩　　国	Korea, Rep.	2.30	2.79	3.36①	3.76②	4.15	5.05
老　　挝	Laos				1.50	2.43	2.26①
马来西亚	Malaysia	0.47		0.64④	5.97	7.48	5.79
蒙　　古	Mongolia	0.19	0.24	0.24	5.55		5.15
缅　　甸	Myanmar	0.11			0.57		
巴基斯坦	Pakistan	0.13	0.44	0.46	1.84	2.25	2.69
菲 律 宾	Philippines		0.11	0.11③	3.27	2.43	2.65
新 加 坡	Singapore	1.85	2.19	2.66①	3.38		3.08
斯里兰卡	Sri Lanka	0.14		0.11①	3.05⑥		2.06
泰　　国	Thailand	0.25	0.24	0.21③	5.41	4.23	4.13
越　　南	Viet Nam						5.32①
埃　　及	Egypt	0.19	0.24	0.21		4.79	3.76①
尼日利亚	Nigeria			0.22③			
南　　非	South Africa	0.60⑤	0.90	0.93①	5.59	5.28	5.47
加 拿 大	Canada	1.91	2.05	1.96	5.56	4.93	4.77①
墨 西 哥	Mexico	0.37	0.41	0.37③	4.86	5.01	5.29
美　　国	United States	2.71	2.57	2.79①	5.04②	5.27	5.40
阿 根 廷	Argentina	0.44	0.46	0.52①	4.60		6.03
巴　　西	Brazil	1.02	0.97	1.08①	4.01	4.53	5.72
委内瑞拉	Venezuela	0.38	0.23				3.69③
捷　　克	Czech Rep.	1.21	1.41	1.53	3.97	4.26	4.52
法　　国	France	2.15	2.11	2.23	5.69	5.67	5.89
德　　国	Germany	2.45	2.49	2.82	4.46	4.53	4.57①
意 大 利	Italy	1.05	1.09	1.27	4.45	4.41	4.67
荷　　兰	Netherlands	1.83	1.90	1.84	4.96	5.48	5.94
波　　兰	Poland	0.64	0.57	0.68	5.01	5.47	5.10
俄罗斯联邦	Russian Fed.	1.05	1.07	1.25	2.94	3.77	4.10①
西 班 牙	Spain	0.91	1.12	1.38	4.28	4.23	4.98
土 耳 其	Turkey	0.48	0.59	0.85	2.59		2.86④
乌 克 兰	Ukraine	0.96	1.17	0.86	4.17	6.06	5.28③
英　　国	United Kingdom	1.81	1.73	1.87	4.51	5.42	5.63
澳大利亚	Australia	1.57		2.35①	4.69	4.72	5.11
新 西 兰	New Zealand	0.98②	1.14	1.17③	6.76②	6.38	6.42

注：①2008年数据。②1999年数据。③2007年数据。④2006年数据。⑤1997年数据。⑥1998年数据。
Note:①Data refer to 2008.②Data refer to 1999.③Data refer to 2007.④Data refer to 2006.⑤Data refer to 1997.⑥Data refer to 1998.

附录2-23 医疗支出占国内生产总值比重及人均医疗支出

Health Expenditure as Percentage of GDP and Per Capita Health Expenditure

资料来源：世界银行WDI数据库。
Source: World Bank WDI Database.

国家和地区	Country or Area	医疗支出占国内生产总值的比重(%) Health Expenditure, Total as Percentage of GDP(%)			人均医疗支出(美元) Health Expenditure per Capita (USD)		
		2000	2005	2010	2000	2005	2010
世　　界	World	**9.22**	**9.72**	**10.60**	**10.39**	**484.08**	**682.03**
高收入国家	High Income	**10.10**	**10.90**	**12.55**	**12.55**	**2562.27**	**3660.29**
中等收入国家	Middle Income	**5.35**	**5.43**	**5.83**	**5.70**	**71.80**	**109.72**
低收入国家	Low Income	**4.00**	**4.82**	**5.28**	**5.34**	**11.45**	**15.32**
中　　国	China	4.62	4.73	5.15	5.07	43.72	80.58
孟加拉国	Bangladesh	2.82	3.21	3.41	3.48	9.09	12.08
文　　莱	Brunei Darussalam	3.01	2.49	3.04	2.84	540.70	640.08
柬 埔 寨	Cambodia	5.76	6.38	5.29	5.61	16.54	28.94
印　　度	India	4.61	4.03	4.16	4.05	20.68	29.97
印度尼西亚	Indonesia	1.97	2.06	2.48	2.61	15.84	26.84
伊　　朗	Iran	4.60	5.67	5.65	5.60	225.62	153.83
以 色 列	Israel	7.32	7.63	7.63	7.63	1450.87	1477.55
日　　本	Japan	7.69	8.16	9.51	9.49	2827.45	2907.88
哈萨克斯坦	Kazakhstan	4.16	4.07	4.48	4.29	50.87	152.99
韩　　国	Korea, Rep.	4.79	5.73	6.92	6.93	543.06	1005.40
老　　挝	Laos	3.19	4.27	4.35	4.47	10.24	20.84
马来西亚	Malaysia	3.18	4.13	4.59	4.39	128.12	222.07
蒙　　古	Mongolia	4.90	3.79	5.71	5.44	22.34	34.27
缅　　甸	Myanmar	2.12	2.12	2.12	1.97	3.26	4.92
巴基斯坦	Pakistan	3.03	2.78	2.19	2.20	14.56	18.34
菲 律 宾	Philippines	3.43	3.65	3.60	3.61	33.47	42.12
新 加 坡	Singapore	2.80	3.04	4.13	3.96	648.25	897.16
斯里兰卡	Sri Lanka	3.72	4.04	3.20	2.95	33.12	50.54
泰　　国	Thailand	3.40	3.55	4.17	3.88	66.84	94.90
越　　南	Viet Nam	5.44	5.97	6.90	6.84	21.54	37.57
埃　　及	Egypt	5.43	5.25	4.84	4.66	75.78	63.39
尼日利亚	Nigeria	4.56	6.60	6.08	5.07	16.95	52.61
南　　非	South Africa	8.47	8.81	9.16	8.94	250.68	452.94
加 拿 大	Canada	8.84	9.39	11.40	11.30	2082.27	3297.81
墨 西 哥	Mexico	5.07	5.87	6.47	6.32	324.25	471.54
美　　国	United States	13.41	14.72	17.61	17.89	4703.47	6258.60
阿 根 廷	Argentina	8.95	8.45	9.53	8.10	688.97	399.86
巴　　西	Brazil	7.16	8.17	8.75	9.01	265.19	387.27
委内瑞拉	Venezuela	5.69	5.43	6.02	4.91	273.12	295.53
捷　　克	Czech Rep.	6.55	7.24	7.99	7.88	361.61	879.69
法　　国	France	10.07	11.10	11.89	11.88	2184.26	3801.85
德　　国	Germany	10.29	10.69	11.72	11.64	2366.05	3635.10
意 大 利	Italy	8.06	8.59	9.43	9.53	1546.86	2613.41
荷　　兰	Netherlands	7.96	9.83	11.98	11.92	1908.71	3861.65
波　　兰	Poland	5.52	6.21	7.35	7.46	246.98	494.20
俄罗斯联邦	Russian Fed.	5.40	5.19	5.57	5.08	96.01	278.14
西 班 牙	Spain	7.21	8.29	9.57	9.54	1030.06	2150.71
土 耳 其	Turkey	4.95	5.45	6.75	6.74	204.49	382.19
乌 克 兰	Ukraine	5.56	6.91	7.80	7.72	35.54	126.80
英　　国	United Kingdom	7.05	8.26	9.79	9.64	1766.67	3115.71
澳大利亚	Australia	8.03	8.43	8.73	8.73	1728.46	3157.75
新 西 兰	New Zealand	7.72	8.85	9.97	10.10	1054.71	2379.93

附录3

山东省统计局工作大事记

Chronicle of Events of Shandong Provincial Bureau

简 要 说 明

一、本篇资料的主要内容

本篇按时间顺序记载了 2012 年山东省统计局发生的大事要事，包括局领导重要活动、方法制度改革、统计法制建设、统计基层基础建设、统计信息化建设、统计干部队伍建设等方面的内容。

二、本篇资料的来源

本篇资料由省统计局办公室整理提供。

Brief Introduction

I. Content

Events happened in 2012 of Shandong Statistical Bureau are recorded in time order, mainly including important activities of leaders, reform of statistical laws, development of primary-level statistical work, construction of information system, and training of statistics professionals, etc.

II. Source of Data

Data and files are provided by the Administrative Office of Shandong Provincial Bureau of statistics.

2012年山东省统计局工作大事记

1月9日-10日，全省统计工作会议在济南召开。会议的主要议题是，深入贯彻落实党的十七届六中全会、中央经济工作会议和省委九届十三次全会、全省经济工作会议精神，传达学习李克强副总理重要讲话精神和全国统计工作会议精神，总结2011年全省统计工作，表彰全省统计系统“调查研究年”活动先进集体，部署2012年统计工作任务。省委副书记、省长姜大明向会议发来贺信，省统计局局长刘俭朴作工作报告。会议由省统计局巡视员姜玉山、副局长潘振文分别主持。省统计局副局长刘银田、刘兴慧，纪检组长刘福谋，副巡视员左振华，副厅级检查员张莉出席会议，各市统计局局长及助手，省统计局各处室、中心主要负责人参加了会议。

1月10日,省统计局被省政府授予“山东省‘十一五’主要污染物总量减排目标考核突出贡献单位”称号。

1月20日，马建堂局长在省统计局报送的《山东省统计局关于报送2011年工作总结的报告》上批示：过去的一年，山东统计系统在以俭朴同志为班长的局党组领导下，围绕省委省政府的工作大局和工作重点，不折不扣地贯彻落实国家统计局以“四大工程”为重点的部署和要求，谋划早、行动快、力度大，“四大工程”建设及各项常规工作都取得了新成绩，为山东经济社会科学发展和转变发展方式提供了优质高效的统计服务。2012年是“四大工程”决战决胜的一年，意义十分重大，任务尤其繁重。希望你们保持和发扬优良作风，认真总结经验，抓紧解决存在的问题，以务求必胜的信心、扎实细致的工作、良好的精神状态投入到这场重大战役中来，精心准备，精益求精，确保打赢2-3月份集中上报这场硬仗，努力争当“四大工程”建设的先行者，努力争当践行“三个提高”的排头兵。

1月20日，马建堂局长在省统计局报送的《统计“四大工程”建设三十问》宣传册上批示：山东省统计局“四大工程”建设和宣传都动手早、抓得好。这本小册子深入浅出地宣传解读了“四大工程”有关问题，对工作的顺利开展将会起到主要推动作用。设管司与综合司春节后要认真总结山东等地好的做法，在联网直报正式实施前形成极大的宣传声势，做到被调查人人皆知，家家皆晓（此批示印发全国各省统计局)。

1月29日，省政府下发《山东省人民政府关于任命左振华等工作人员职务的通知》（鲁政任〔2012〕7号)，任命左振华为山东省统计局副局长(试用期一年)；刘绍辉为山东省统计局副巡视员。

1月29日，夏耕副省长在省统计局报送的《关于2011年度我省保障性安居工程统计情况的报告》上作出批示：过去的一年，省统计局的保障性安居工程统计工作做得很好，较为客观及时准确地反映了我省保障性安居工程进展情况。新的一年里，望继续努力，完善措施，提高水平，提升质量，全面准确地反映这项工作情况，为做好这项工作提供依据，提出意见，以便做得更好。

2月7日-8日，国家统计局纪检组长罗兰来山东检查“企业一套表”联网直报分节点建设情况。检查期间，山东省委常委、副省长王军民会见了罗兰一行。国家统计局能源司司长文兼武、数管中心主任许剑毅、设管司副巡视员徐荣华，省政府办公厅副主任李世瑛，省统计局局长刘俭朴、副局长潘振文，山东调查总队总队长刘同星、副总队长谭杰等陪同检查调研。

2月24日，省委副书记、省长姜大明在省统计局报送的《关于国家统计局对我省2011年能耗数据初步认定结果及相关情况汇报》请阅件上批示：“省统计局在节能降耗监测预警工作中，做了大量艰苦细致的工作，应予充分肯定。今年全省节能任务很艰巨，望再接再厉，密切部门配合，抓早、抓实，保质保量完成任务。”同日，省委常委、副省长王军民也在此件上作出批示：“‘十二五’开局之年节能降耗取得成绩来之不易，统计监测预警工作扎实有效，向大家表示祝贺和感谢。在新的一年里，要继续发扬成绩，再接再厉，按照早、细、实的要求，始终牢牢把握节能减排工作的主动权，以此为动力，推动转方式、调结构，以优异成绩迎接党的十八大和省十次党代会胜利召开。”

3月8日，省统计局印发《“能力建设年”活动实施方案》。

3 月 22 日，临沂市统计局举行“全国文明单位”揭牌仪式。国家统计局副局长张为民，临沂市委副书记李峰为临沂市统计局“全国文明单位”揭牌。省统计局局长刘俭朴，临沂市委常委、常务副市长左沛廷发表讲话，国家统计局机关党委专职副书记曹志刚、山东调查总队总队长刘同星等出席揭牌仪式。

3 月 25 日，省政府副秘书长张德宽在省统计局报送的《关于 2011 年各市万元 GDP 能耗下降情况的汇报》上批示：“谢谢同志们付出的辛苦！GDP 能耗统计核算是一项创新性工作，对推动完善基层能源统计，促进产品产业结构调整，提高 GDP 核算质量都具有十分重要的作用，希望加强深度分析，更好地发挥节能减排的倒逼机制作用，为落实我省富民强省的目标、为生态山东建设作出新贡献！”

4 月 18 日，山东省省委副书记、省长姜大明对省统计局局长刘俭朴在省政府常务会议上关于一季度经济社会发展情况的汇报进行了充分肯定，认为“材料质量高，意见提得好，对认清形势、做好下一步工作具有很好的指导作用”。

4 月 26 日，省统计局下发通知，要求认真开展全省劳动力抽样调查工作。

5 月 7 日，省统计局、省人力资源和社会保障厅联合下发文件，决定开展评选全省统计系统先进集体和先进个人活动。

5 月 8 日，各市统计局长紧急会议在济南召开。会议传达学习了国家统计局局长马建堂给市县统计局长的一封信和国家五部委关于做好联网直报工作保障数据质量的通知，通报了国家局关于三起干预企业独立上报联网直报数据的统计违法案例。省统计局局长刘俭朴出席会议并讲话。

5 月 17 日，省统计局局长刘俭朴赴庆云县东辛店镇孔李社区调研“第一书记”包村帮扶工作。德州市委常委、常务副市长徐春福，庆云县委书记刘长民等陪同调研。

5 月 28 日，省统计局党组书记、局长刘俭朴当选为中国共产党山东省第十届纪律检查委员会委员。

5 月，省统计局编辑出版《山东发展统计报告-2012》。

6 月 5 日，山东省副省长张建国来省统计局实地检查软件正版化工作。

6 月 8 日，省统计局印发《山东省“三上”企业统计星级单位验收办法》。

6 月 13 日—14 日，山东省统计系统第一届乒乓球比赛在济南举行。国家统计局机关工会巡视员宋嘉兴、工会主席姚建墉，省委省直工委副书记赵修东，山东调查总队总队长刘同星等应邀参加开幕式，省统计局局长刘俭朴出席开幕式并致辞。

6 月 18 日、25 日，山东省省长姜大明、副省长王随莲分别在省统计局报送的《关于出生人口性别比情况的汇报》上作出批示。

6 月 20 日，省经信委、省统计局、省节能办在济南联合召开资源产出率统计试点调查工作会议。省统计局巡视员姜玉山到会并讲话。

6 月 21 日，省统计局组织全局处级以上党员干部到聊城开展了以“增强理想信念、转变工作作风、提高履职能力”为主题的党性教育实践活动。省统计局局长刘俭朴参加活动并讲话。

7 月 9 日，省统计局转发《国家统计局关于做好第三次全国经济普查准备工作的通知》。

7 月 23 日，省统计局印发《山东省统计局“行政程序年”活动实施方案》。

7 月 31 日-8 月 2 日，省统计局党组中心组（扩大）理论学习读书会议在海阳召开。省统计局局长刘俭朴到会并讲话，全体局领导以及处级干部，各市统计局局长参加了会议。会议的主要议题是，党组中心组（扩大）集体学习，通报全省上半年经济形势，各市总结交流上半年统计工作和下半年工作打算，总结全省上半年统计工作，安排部署全省下半年重点统计任务。

8 月 7 日，全国统计系统表彰大会在北京召开。临沂市统计局、济阳县统计局、嘉祥县统计局被人力资源和社会保障部、国家统计局表彰为全国统计系统先进集体，烟台市统计局局长李广被表彰为全国统计系统先进工作者。

8 月 14 日，省统计局印发《山东省统计局加强廉政风险防控工作实施方案》。

8 月 16 日，省统计局印发《第三届“中国统计开放日”活动实施方案》。

9 月 20 日，省统计局召开副处级以上干部会议，省委组织部副部长胡文容受省委委派，宣读了省委关于省统计局主要负责同志职务调整的决定。省委决定：潘振文同志任山东省统计局局长、党组书记；刘俭朴同志不再担任山东省统计局局长、党组书记职务，转任山东省国土资源厅厅长、党组书记。

9 月 20 日，省统计局、济南市统计局和国家统计局济南调查队共同举办庆祝第三届“中国统计开放日”活动，主题为“改革创新的中国统计”。省统计局副局长刘兴慧出席活动并讲话。

9 月，《山东统计年鉴（2012）》正式出版发行。

10月9日，省统计局印发《山东省部门统计工作规范化管理办法》。

10月10日，省统计局开展山东省行风测评电话调查。

10月19日，全省统计系统政务信息和公文处理培训视频会议在济南召开，省统计局副局长刘银田主持会议并讲话。

11月5日，贾万志副省长对省统计局报送的《我省设施农业规模、结构与对策》作出批示。

11月12日，张建国副省长对省统计局报送的《我省规模以上工业生产平稳回升稳中有进态势正逐步形成》作出批示。

11月12日，省统计局下发通知，决定开展县级政府统计机构统计工作规范化建设考核。

11月19日，省委副书记、省长姜大明，省委常委、常务副省长孙伟对第三次经济普查工作作出重要批示。

11月22日，省委常委、常务副省长孙伟到省统计局调研。孙伟常务副省长看望慰问了干部职工，现场查看了企业一套表联网直报情况，主持召开座谈会并作重要讲话。省政府副秘书长张德宽、省统计局局长潘振文等陪同调研。

11月30日，省统计局举办全省“我与统计法同行”主题演讲比赛活动，省统计局副局长刘银田、纪检组长刘福谋、副局长左振华、副巡视员刘绍辉参加活动。

11月，省统计局被省政府授予2011年度全省服务业发展先进单位称号。

12月17日，省统计局开始进行2012年度全省公安机关群众满意度电话调查。

12月20日，省统计局党组理论中心组学习暨述职述评会议在泰安召开。会议集中学习了党的十八大精神学习辅导报告；各处室、中心汇报了2012年主要工作情况，围绕“学习十八大，统计工作怎么干”这一主题，对明年的工作提出了思路和设想。党组书记、局长潘振文代表局党组作重要讲话。巡视员姜玉山，副局长刘银田、刘兴慧，纪检组长刘福谋，副局长左振华，副巡视员刘绍辉出席会议。

12月，省委办公厅向省统计局发出感谢函，对省局上报省委信息工作取得的成绩给予充分肯定，并表示祝贺。

12月，省政府向省统计局发来感谢信，对省统计局督查工作取得的成绩予以肯定，同时感谢省统计局对省政府督查工作的支持。

12月，省统计局被表彰为“2012年度机关党建宣传报道先进单位”。

中国统计出版社最新图书简目

(仅供参考,以最后出书为准)

统计资料

中国统计年鉴-2013
中国统计摘要-2013
国际统计年鉴-2013
2013 中国发展报告
中国第三产业统计年鉴-2013
中国区域经济统计年鉴-2013
中国劳动统计年鉴-2013
中国社会统计年鉴-2013
中国城市统计年鉴-2013
中国建筑业统计年鉴-2013
中国人口和就业统计年鉴-2013
中国工业经济统计年鉴-2013
中国商品交易市场统计年鉴-2013
中国房地产统计年鉴-2013
中国能源统计年鉴-2013
中国民政统计年鉴-2013
中国贸易外经统计年鉴-2013
2013 中国地区经济监测报告
中国科技统计年鉴-2013
中国农村统计年鉴-2013
中国农产品价格调查年鉴-2013
中国高技术产业统计年鉴-2013
中国教育经费统计年鉴-2013
中国农村贫困监测报告-2013
全国农产品成本收益资料汇编-2013
中国科学技术协会统计年鉴-2013
工业企业科技活动资料-2013
大中型批发零售和住宿餐饮企业统计年鉴-2013
中国价格统计年鉴-2013
第二次全国 R&D 资源清查资料汇编一工业企业卷
中国住户调查年鉴-2013
中国农村全面建设小康监测报告-2013
中国县域统计年鉴-2013
中国零售和餐饮连锁企业统计年鉴-2013
第二次全国 R&D 资源清查资料汇编一综合卷
中国人才资源统计报告-2011
2010 年中国第六次人口普查公报
中国民族统计年鉴-2013

2013 年省级综合统计年鉴系列

北京 天津 河北 山西 内蒙古 辽宁 吉林 黑龙江 上海 江苏 浙江 安徽 福建 江西 山东
河南 湖北 湖南 广东 广西 海南 重庆 四川 贵州 云南 西藏 陕西 甘肃 青海 宁夏
新疆 新疆生产建设兵团

2013 年市(县)级综合统计年鉴系列

天津滨海新区 石家庄 唐山 邯郸 太原 大同 长治 阳泉 晋城 朔州 晋中
运城 忻州 临汾 呼和浩特 包头 沈阳 大连 长春 吉林市 四平 哈尔滨 黑龙江垦区
上海浦东新区 南京 苏州 无锡 常州 徐州 南通 盐城 镇江 江阴 丹阳
杭州 宁波 绍兴 台州 温州 金华 嘉兴 衢州 福州 福州经济技术开发区
厦门经济特区 南昌 上饶 济南 青岛 潍坊 郑州 洛阳 三门峡 南阳 武汉 宜昌
十堰 荆州 咸宁 长沙 广州 东莞 惠州 深圳 桂林 南宁 柳州 来宾 河池 海口 成都 绵阳
贵阳 昆明 庆阳 西安 兰州 银川 乌鲁木齐

2010 年人口普查资料系列

中国 2010 年人口普查资料
北京 天津 河北 山西 内蒙古 辽宁 吉林 黑龙江 上海 江苏
浙江 安徽 福建 江西 山东 河南 湖北 湖南 广东 广西 海南 重庆 四川 贵州 云南
西藏 陕西 甘肃 青海 宁夏 新疆 新疆生产建设兵团
河南省各市 2010 年人口普查资料丛书
中国分县 2010 年人口普查资料
中国分乡镇、街道 2010 年人口普查资料
中国分民族 2010 年人口普查资料

“十一五”规划教材

统计学（“十二五”规划，黄良文）
抽样调查理论与实践（“十二五”规划，冯士雍）
统计学（“十二五”规划，单微）
试验设计（“十二五”规划，茆诗松）
贝叶斯统计（“十二五”规划，茆诗松）
统计学：从数据到结论（十二五规划，吴喜之）
医学统计学（陆守曾）
非参数统计（吴喜之）
概率论与数理统计（茆诗松）
现代金融投资统计分析（李腊生）
多元统计分析（任雪松）
应用时间序列分析（王振龙）
统计指数理论及应用（徐国祥）
经济计量学教程（贺铿）
质量管理统计方法 （茆诗松）
统计实验系列教材（许涤龙）
社会统计学（蒋萍）
市场调查与预测（蒋志华）
统计学原理（非统计专业用，朱胜）
国民经济核算教程(杨灿)
概率论与数理统计(经济、管理类专业使用，朱胜）

重点图书

挑大学选专业 2013—高考志愿填报指南
挑大学选专业 2013—考研择校指南